许庆瑞文集

许庆瑞 著

第一卷

科学出版社
北京

内 容 简 介

许庆瑞院士是我国著名的创新发展、技术创新与管理学专家，长期从事管理科学与工程的教学、科研与工程实践，以技术创新为重点，注重理论联系实际，致力于推动我国企业自主创新发展、创新能力建设和创新人才培育，是我国技术创新管理领域的创始人，在全国率先提出以企业为主体，开创了"二次创新–组合创新–全面创新"的中国特色技术创新理论体系。本文集为五卷，所选内容基本涵盖了许院士学术研究的各个领域，依次为管理学综论、生产管理、战略经营管理、战略管理、技术创新、二次创新、组合创新、全面创新、创新能力建设、创新人才培养与创新文化构建，展现了许院士的学术生涯和研究历程，为学界和年轻人理解中国管理学理论的发展提供了一种途径。

本书可供对管理学感兴趣的读者阅读参考。

图书在版编目(CIP)数据

许庆瑞文集. 1 / 许庆瑞著. -- 北京：科学出版社, 2025. 1. -- ISBN 978-7-03-081201-8

Ⅰ. F273.1-53

中国国家版本馆 CIP 数据核字第 2025RS0233 号

责任编辑：魏如萍／责任校对：贾娜娜
责任印制：张　伟／封面设计：有道设计

科 学 出 版 社 出版
北京东黄城根北街 16 号
邮政编码：100717
http://www.sciencep.com

北京中科印刷有限公司印刷
科学出版社发行　各地新华书店经销

*

2025 年 1 月第 一 版　开本：720 × 1000　1/16
2025 年 1 月第一次印刷　印张：23 1/2
字数：472 000
定价：568.00 元（全五卷）
（如有印装质量问题，我社负责调换）

目 录

第一篇 管理学绪论板块

绪论 …………………………………………………………………… 3

管理过程 ……………………………………………………………… 31

第二篇 生产管理板块

生产系统与生产管理 ………………………………………………… 57

产品生命周期及其管理 ……………………………………………… 75

产品的研究与设计 …………………………………………………… 90

社会主义工业企业技术管理的任务和内容 ………………………… 115

生产技术准备 ………………………………………………………… 134

社会主义工业企业的机器设备管理和工具管理 …………………… 156

社会主义工业企业产品质量的管理 ………………………………… 177

第三篇 战略经营管理板块

企业经营战略概述 …………………………………………………… 197

企业战略管理过程 …………………………………………………… 207

工业企业经营环境与内部条件的分析 ……………………………… 224

市场调查与市场开拓策略 …………………………………………… 240

职能策略与生产、技术策略 ………………………………………… 262

企业的营销、财务与人力资源策略 ………………………………… 289

第四篇 战略管理的分析方法与信息系统

企业经营战略的分析方法 …………………………………………… 305

工业企业经营组织 …………………………………………………… 343

我国国有企业经营管理基本规律研究 ……………………………… 361

第一篇　管理学绪论板块

绪 论[①]

本章着重讨论以下几个问题。
（1）管理的起源与概念。
（2）管理理论与思想的发展。
（3）管理学的性质。

第一节 管理的起源与概念

一、管理的起源

管理是人们在一定组织环境下所从事的一种智力活动。它随着人们共同劳动的出现而出现。人们在共同劳动中为有效地达到一定的目标，需要有管理地活动，以组织人们的有效劳动与生存发展。

人类在与自然作斗争和改造环境的进程中，必然伴随着群体活动的增多和社会组织的出现。这种群体活动需要有管理的功能来保障其秩序和有效性。同样，社会组织的产生、存在和发展，都需要有管理的功能来进行组织和协调。可以说，管理是共同劳动和社会组织的产物。

由于共同劳动的无所不在，种种社会组织的普遍存在，管理也就成为人类社会中最普遍的行为之一。大到一个国家、一个大的跨国企业（集团），小到一个班组、一个小商店，无一不需要进行有效的管理。这种管理的普遍性正是推动管理成为一门科学的动力之源。

二、管理的复杂性与重要性

人类历史从某种角度上讲是社会组织发展的历史。随着生产力的发展，以及人类的进步、社会文明的进步，各种组织应运而生，包括企业、学校、医院、政府机构、跨国公司、工会等。科学技术的进步，使各种社会组织越来越多地采用先进的技术装备，从而对管理提出越来越高的要求。因而，设计和管理一个组织，特别是大型的复杂组织，必须有高水平的管理技术，需要有受过良好管理教育、具有优良素质的管理者队伍，并且要有多种形式的专业管理教育体系为不同行业和社会组织培养不同层次与规格的管理人才，以满足各种社会组织的需要。

[①] 节选自：许庆瑞. 管理学. 2版. 北京：高等教育出版社，2005：第一章。

随着组织复杂程度的增加，管理的复杂性日益增强。促使组织复杂程度增加和组织的管理日益复杂化的因素主要有以下几个方面。

（一）组织的规模

针对内外部环境相对稳定的小型组织系统，管理工作可以在面对面的条件下直接进行。一旦创造出了有效的管理方式与方法，便可以在相似的条件与环境中有效地推广并重复应用。随着生产力的发展、生产的集中，当组织规模扩大时，面对面的直接管理方式已不适用，组织内分工的细化、部门的增加和工作人员的大量增加，使部门间、工作人员间的关系变得错综复杂，管理人员无法在组织中事事通过直接接触来了解情况和解决问题。

生产力发展、组织规模扩大和人口不断增长，给国家、地区的管理和企业及其他很多组织的管理带来更加复杂的环境变化。经济的发展和人口的集中带来了城市中的住房紧张、就业压力、交通阻塞和环境污染等问题，这种种的社会问题使城市和组织的管理变得非常复杂。如何解决这些问题是国家、政府和企业等各种社会组织今后相当长时期内面临的重大管理问题。

（二）科学和技术

生产力的发展表现为科学和技术的加速发展。科学技术的高速度发展、技术储备的增加，使技术创新的速度加快，最终体现为产品生命周期的缩短。

技术创新速度加快和新产品品种的增多，必然要求组织与管理进行相应的创新与变革。为此，计算机技术不仅用于计算机辅助设计（computer-aided design，CAD）和计算机辅助制造（computer-aided manufacturing，CAM），并且应用于管理、规划，构成计算机集成制造系统（computer integrated manufacturing system，CIMS），以适应科学技术发展与管理进步的要求，适应世界竞争加剧与环境多变的需要。

信息技术的高速发展对整个社会、经济、各种组织及其管理产生了深远的影响。信息技术发展与网络的高度发展极大地提高了人们和组织获得信息的质和量，极大地开阔了人们和组织的视野，改变了人们的思维方式，同时改变着管理的结构、方法和整个管理模式，也改变着企业间的竞争基础和方式。国际和国内企业的流程再造潮流，正是信息技术急剧变化的产物。电子商务的产生改变了人们的生活方式，也大大提高了人们对生活质量的要求。

（三）生活质量要求的提高

随着科学技术的进步与社会文化的发展，人民对生活质量的要求也不断提高。这要求相关的社会、经济组织提供高质量、高水平和多样化的产品与服务，以满足人民日益增长的文化与物质需要。这也对相关的社会组织与经济组织及其管理提出了更高的要求，促使这些组织不能停留在传统的旧产品、老服务的水平上，必须不断进行技术创新，摒弃简单化的单一品种的生产与服务，学会掌握组织多品种生产与服务的管理技术与管理方法。人们消费观念和需求结构、层次发生了很大变化，突出地表现为对产品和服务的需要越来越多样化与个性化，对产品和服务的功能、质量、交货期和价值合理化的要求日益提高。企业间的竞争不单单是各个企业间的竞争，而是联盟体之间的竞争，需要从战略到文化、从组织结构到流程进行创新。

（四）竞争的加剧和环境的速变

当前的环境与四五十年前的环境大不相同。那时世界市场不像当前这样容易趋于饱和，企业开发一种产品后可以持续生产与盈利 8～10 年以至更长，在这种稳定的环境下管理工作比较容易做好。在当今环境迅速变化的条件下，一个企业若不能学会适应多变的环境，就难以生存发展。

竞争加剧还表现在竞争范围的扩大。企业开始走向世界范围的竞争，在世界范围内争夺市场，部署研究、发展、制造与销售。谁能在世界范围内利用当地（区域）的科技优势、制造力量、优质廉价的劳动力、开阔的市场，谁就能取得竞争中的胜利。

环境的这种变化，要求企业的管理跨出国门，学会跨国经营与管理，要求各种相关的组织（包括政府与企业）从局部、短期的管理转向全局、长远的管理——战略管理。20 世纪 80 年代以来，世界竞争态势表明，谁能掌握好战略管理，谁就能适应当今时代的潮流，取得世界竞争的主动地位和优势，立于不败之地。

由此可见，生产力的发展、科技的进步、生产规模的扩大和竞争的加剧，推动了管理学科的发展。组织为了求生存、求发展，必须发展能具有远见、适应环境急剧变动、能预见和减少风险的管理系统和管理技术。管理的重要性日益突显了。

三、管理的概念

什么是管理？对此，有很多种不同的见解和定义，最主要的有以下几种。

（1）赫伯特·西蒙（Herbert Simon），诺贝尔经济学奖获得者。他认为："管理就是决策。"这不能说是管理的规范化定义，但指出了管理的实质与核心。

（2）孔茨（Koontz）对管理的定义是："管理是在正式组织起来的团体中，通过他人并同他人一起把事情办妥的艺术。"与此类似的提法有："管理可以定义为通过人们把事情办成。"

（3）法国著名管理学家法约尔（Fayol）等则把管理定义为："管理，就是实行计划、组织、指挥、协调和控制。"

（4）美国管理学家路易斯·布恩和大卫·库尔茨认为："管理就是使用人力及其他资源去实现目标。"

（5）我国学者对管理的定义有："管理就是……根据计划，进行指挥、监督和调节。凡是许多人在一起共同劳动的单位，都需要有管理。"我国的台湾学者认为："管理，就是研究如何将人力与物力，投向于几个动态的组织之中，使达成目标，使得接受服务者得到最大的满足；对内还要使得提供服务者，不但士气高昂，而且在工作上感到有所成就。"

从以上分析可以看出两点：一是对管理的概念有不同的见解；二是对管理所涵盖的内容有不同见解。不同学者对管理的定义有不同的见解，概括起来是以下两种。

一种见解把管理定义为：管理乃是协调人力、物力、财力以实现组织的目标。

另一种典型的定义为：管理是计划、组织、领导和控制。

前一种定义强调管理的协调作用，因为管理是组织内把各个子系统的活动加以协调的主要力量。后一种定义则强调管理作为一个过程的作用。两种定义从不同方向突出了管理在不同方面的作用。

另外，学者对管理对象所涵盖的因素也有不同看法。一种见解认为管理涵盖两方面的因素：人及组织的目标，代表人物有美国的学者孔茨、赫特格脱等，但他们忽略了管理中物的要素。在经济发展的早期阶段，资源（物质资源）尚未像今天这样制约着经济的发展，人们往往容易忽视资源这一因素。另一些学者明确提出了管理涵盖三要素，如胡祖光提出："管理就是组织人力与物力以实现正式组织的目标的过程。"[①]

管理的实践与管理学派的发展均表明，管理的三元素（人、物、组织）观点更为全面，它反映了管理的现实世界。我国大庆油田的成功管理经验亦表明，只有处理好人与物的关系，管理才能更有效地发挥作用，管理不仅要使"人尽其才"，还要使"物尽其用"，只有这样才能取得更大的经济效益。管理学派中的管理科学学派（运筹学派）就是把研究物的利用作为重点之一的一个学派，在第二次世界大战中充分显示了它的作用，其研究成果在战后直至今天仍是管理学科中的重要内容与有效方法。从我国持续发展所要求的转变经济增长方式来看，资源与环境成为制约持续发展的瓶颈，是当今管理中不可忽视的重要因素。

第二节 管理理论与思想的发展

管理现象随着人类共同劳动的出现已有几千年的漫长历史。但是，人们对于

[①] 胡祖光. 管理金论——东方管理学. 北京：电子工业出版社，1994.

管理进行有意识的系统研究,仅有上百年的历史。这一节将对各学派在管理思想与理论的发展所做的贡献及其局限性展开较为系统的讨论。

将管理知识体系作为一个独立的领域进行研究与发展虽只有百年左右的历史,但却经历了若干个明显的发展阶段,有许多实际工作者与科学家、工程师为它做出了贡献。其中,典型的管理思想和理论分成三个阶段:①传统管理阶段(早期的组织理论);②行为管理与管理科学阶段(近代管理学派);③现代系统管理阶段。

一、传统管理阶段

传统管理思想与理论的代表人物主要是弗雷德里克·W. 泰勒(Frederick W. Taylor,1856—1915 年)和法约尔。他们对管理理论的主要贡献是科学管理与早期行政管理理论。

虽然人们所关注的是现代管理的理论与方法,但是研究传统的早期管理理论与方法对理解现代管理理论、方法仍然是有益的。因为,现代管理的很多概念是同传统理论的概念相联系的,不是截然无关的。而且当代管理的很多方法有意无意地会受到传统理论概念的影响和引导。我们在这一节里不可能完整无遗地讨论所有传统的管理理论,但可以提供做进一步研究的系统框架,作为研究现代管理理论与方法的基础。本节将分别讨论以下几个问题。

(1)传统管理理论出现的背景。

(2)科学管理(scientific management)原理。

(3)行政管理理论(administrative management theory)。

(4)官僚模式(bureaucratic model)组织理论。

(一)传统管理理论出现的背景

工业革命与生产规模的扩大是推动管理知识体系产生与发展的重要物质条件与历史背景。工业革命推动了企业使用机器体系和扩大生产规模,它要求为之研究和发展新的工业组织形式和管理方法。这就是 19 世纪后半叶在先进工业国家发生的基本情况,它为管理理论的萌芽提供了适宜的气候与土壤,当时这些国家的政治哲理与经济理论也为管理理论的出现创造了必要的前提条件。

那时虽然一些大的工业组织与商业组织相继出现,但是管理理论的发展还很缓慢。当时所盛行的是经验管理的方法,管理模式是非常个性化的,在很大程度上凭借工业资本家的个人经验与个性,而不是依靠精确定义的知识体系,管理具有鲜明的个人性质。管理中的知识是靠个人的观察来获得的,通过口述、言传教给他人。一个企业的经验不能有效地传输给其他企业,其他企业必须从头开始去摸索自己的管理方法。换言之,主要靠业主的个人经验来对组织进行管理。

直到泰勒、法约尔和韦伯（Weber）等先后提出了科学管理和早期的管理理论，才发展成了管理的知识体系，并逐步为广大组织所采用。

（二）科学管理原理

科学管理作为管理思想与理论的发动阶段，是于19世纪末和20世纪初在泰勒的倡导下进行的。泰勒作为一个工程师，强调实干苦干和合理化运动。他不提倡一般性的管理，而是着重致力于实验、工程和机械，集中于提高工作者的效率。在其早期著作中，他把自己的思想说成是"对工作的管理"，而直至1910年人们才把它叫作科学管理。科学管理的重点内容是计划、标准化和在操作层次提高人们的工效，实现以最小投入获得最大的产出。

泰勒的思想是他在钢铁厂工作时根据实际工作经验产生和形成的。在他的早期工作实践中，他热衷于改进工作方法、提高工效，并且认为每项工作均有一种科学的最佳工作方法，采用此法可以提高效率，使得工人与雇主双方得益，借助于科学方法可解决劳动者与雇主间的矛盾。

1. 科学管理的基本论点

泰勒认为工作可以被科学地加以分析和设计，给操作者提供科学的指导，这是管理者的职责。这一思想引向为每种工作发展一种最佳的工作方法，运用动作与时间研究方法将此操作法标准化，然后选择最适合做此工作的操作者，通过操作训练让他们掌握完成工作的最有效方法。这是一种工程的方法，它把工人当作机器的附属品。这种方法建立在这样的假设之上：工人将被更多的经济收入所激励，这种较高的收入又从提高效率中获得回收。这不是一种单因素的作用，而是在自觉的科学管理下的系统组合，这里不再是经验，而是科学。在泰勒的这种管理哲学影响下，管理的作用比过去更为重要。其中心思想是使管理成为一门科学，而不是凭借个人的经验。他为管理设定了如下的新的责任。

（1）给每一工人的工作设定科学方法而不是老一套的经验工作法。

（2）要通过科学地选择工人，加以训练，提高其能力，不能像过去那样任凭他自己按其经验进行任意操作。

（3）要与工人进行很好的合作，保证所有工作均按照科学的原理进行。

（4）在工人与管理者之间规定各自明确的责任，管理者要履行全部的职能，因为工人不可能履行这些职能。

科学管理要求管理做好计划、组织和控制工作绩效。它要求管理上实行新的、系统的管理过程。正因如此，推行泰勒的科学管理，阻力主要来自管理部门，因为实行科学管理要求他们摒弃老一套的经验，采用新的、科学的方法。

2. 科学管理的推行与局限性

泰勒的科学管理对此后数十年的管理实践产生了重大影响。即使从今天来看，他的基本思想与原理仍构成管理思想的重要部分，特别是在工厂和工业部门。泰勒和他的后继者在科学管理方面产出了大量演说、文章和书籍，传播科学管理的思想、理论与方法，形成了一个科学管理运动，使之在很多国家获得推广与应用，对各国的工业发展产生了不小的影响。

同样，科学管理的思想、理论与方法于20世纪40年代传入我国，首先在我国的机械行业与纺织业中获得推广与应用。应用较多的具体管理方法是其标准化、动作与时间研究、计件工资制等。我国20世纪50年代初大量推广的合理化操作运动、工时定额制定法，均含有泰勒的科学管理的思想与方法。

泰勒科学管理的传播与推广不仅影响操作层的工作质量与绩效，并且会引起工厂组织结构的变化。贯彻标准化与操作定额和计件工资，必然要求改进相应的管理工作，如劳动工资（人事）管理、设备维修管理和质量控制与管理等。

一种新思想、新事物的发展与推广不可能是一帆风顺的。科学管理的推广同样遭遇到各方面的反对，反对最强烈的是管理层。因为科学管理迫使他们放弃长期习惯的经验管理方法，而代之以科学的管理方式，科学的管理以科学的分析与设计取代了他们的主观判断和自行决定。泰勒以为他的科学管理会受到工人的欢迎，以为科学管理能使他们增加收入。实际上，工人对标准化操作和时间研究抱有反感的态度，工人认为：在泰勒的设想中，他们被当作机器的附属品，不再是一个具有思维和自主能动的人了。至于收入的增加，也更是欺人之谈，因为提高工效所获得的超额利润，绝大部分被公司、资本家所占有。美国工会也反对泰勒的科学管理，认为它对工会的作用和工会运动提出了挑战。

虽然科学管理遭到了来自不同方面的非难和反对，但它在美国和英国等国家的工业发展中仍起了不小的作用。它不失为当时环境下的重要的管理思想和创新。

科学管理的局限性主要在于其单纯的经济观点，把操作者当作"经济人"来对待，认为只要用经济刺激就能调动工人的积极性，没有充分从心理和社会的方面来理解人和工作。它虽在19世纪末被认为是一种有价值的管理思想与方法，但在今天看来过于简单化。

（三）行政管理理论

1. 科学管理与早期的组织理论

泰勒及其后继者是从事实际管理的而不是组织理论工作者，他们没有在早期组织理论方面做出系统的论述。但泰勒在这方面的很多思想却为其后的行政管理理论工作者提供了概念的框架，它包括：责权的统一、设计与操作的分工、建立职能机构、采用控制标准、对工人实行奖励制度、管理的例外原则和专业化分工。

这些科学管理的思想与以后韦伯的层次模式相类似。泰勒还认为："管理者自己亦应有理性的原则和程序来节制。"这也是一个很有价值的思想。他写道："我试图指出：老式的经理在科学管理中不复存在。在科学管理中管理者（经营部门的头头）也要受到法规的制约，这种法规是经过上百次实践所验证的，它们类似于为工人确立的标准。"

如果说科学管理着眼于操作层的工作效率，那么组织理论则应用于较高的组织层次（管理层），它着重于发展组织内的宏观概念。有些学者如西蒙和马契（March）把这一知识体系称作行政管理理论。另一些学者称之为传统的或古典管理理论。这一理论集中在正式的组织结构方面，与一般管理的基本过程相一致。

法约尔是早期管理理论的代表人物之一，他是一个法国的实业家。法约尔的管理理论主要体现在 1916 年出版的著作《一般管理与工业管理》中，该著作在 1949 年前在欧美很流行，其英译本于 1929 年出版。他将管理定义为五个主要要素：计划、组织、指挥、协调和控制。这五个要素成为管理功能（基本过程）的基础。他认为这种管理过程和原则不仅适用于一般工业管理组织，也同样适用于其他各种社会组织，如政府、军队、医院、教会等。法约尔提出了如下 14 条管理原则。

（1）分工原则。这一劳动专业化的原则着眼于提高工效。

（2）责权原则。法约尔认为：责与权是紧密相连的。权力使管理者可以发号施令，使他人服从自己。责任制是使用权力的回报或滥用权力的惩罚。其后，这一原则被描述为"责权统一"，其意是两者必须平衡。

（3）纪律。纪律的本质是"服从、勤奋、精力集中、态度端正、外表端庄"，以组织和雇员间的合同来规定和约束。

（4）命令的统一。每个人只能有一个上司。

（5）管理的统一。要求每个管理人员和一个计划对所有的作业具有统一的目标。

（6）个人利益服从于共同目标。组织的目标应高于个人或小集体的利益。

（7）按劳付酬原则。对所有雇员应按劳付酬。劳动报酬应做到：①公平合理；②具有鼓励作用，使今后工作更出色；③不应超过合理的界限。

（8）集中原则。权力的集中是一个组织的自然趋向，因为所有的重要决策总是由少数人在最高管理层次上做出的。

（9）层次结构。层次结构也称等级链。这是一种组织内自上而下的分层次的宝塔状结构，以保证组织内命令的统一和组织内有信息沟通的正式渠道。

（10）有序原则。物有其所，物处其所，使事事秩序井然。

（11）平等。只有当友谊与公正共同存在时，平等才得以实现。

（12）专职人员稳定原则。要使一个职能人员胜任其工作需要相当长的时间，因而组织应鼓励专职人员能长期稳定下来。

（13）主动性。主动性就是敢于想又能使之付诸实施。

（14）企业精神。企业精神来自组织成员的齐心协力。

这里所提到的管理原则并不是法约尔管理原理的全部内容，只是列举了最常用的部分原则。

法约尔在其著作的第二部分指出了管理的五要素：计划、组织、指挥、协调和控制。为了避免重复，这部分内容将留在"管理过程"一章做进一步讨论。

2. 法约尔与其后继者的贡献与局限性

1920—1930年及以后的十余年间，以卢瑟·古利克（Luther Gulick）和林德尔·厄威克（Lyndall Urwick）为代表的一批学者，继法约尔之后发展了其早期的组织理论，特别是根据企业和政府的管理经验发展了其组织理论与原则，1937年他们编著了《管理科学论文集》，提出了如下的管理原则：①使人们同组织结构相适应；②确立最高管理者的权威，作为一切权力之源；③服从统一指挥；④使用一般的管理者和专责管理者；⑤按目标、过程、人员和地区进行分部门管理；⑥授权和运用"例外原则"；⑦做到责任与权力相一致；⑧考虑适当的管理辖度。

在这个时期中，另一个做出贡献的是玛丽·帕克·芙丽特（Mary Parker Follett）。她在政府和企业管理方面发表了大量的言论并出版了大量的著作，建立了管理哲学（原理），她特别强调了管理的社会与心理方面，把管理视作一个社会过程，并把组织视作一个社会系统。她有许多独到的管理思想，如承认权威、重视横向合作、组织成员间的一体化、动态管理过程中不可避免的变化等，是她的独特贡献。根据她的贡献，可以把她视作行政管理理论学派与行为科学学派之间的桥梁。

在美国，通用汽车公司的高层经理詹姆斯·D. 穆尼（James D. Mooney）与阿伦·C. 瑞莱（Alan C. Reiley）提出管理原则：①协调原理，以达到统一行动和目标；②层次组织形式和权力；③功能原则，按工作组成部门；④职能原理，在确立直线管理的基础上，组成为生产指挥提供咨询和信息的职能人员。他们的这些思想发展为：由一个配合直线权力系统、有专门分工、进行协调活动和利用专职系统的金字塔形组织结构。他们的思想和管理实践对美国工业发展做出了重要贡献。

行政管理理论工作者可以说是管理过程学派的先驱。管理过程学派的基本理论方法是把管理过程分解为：计划、组织、配备职能人员、指挥与控制，并且据此设立各项管理原则（有关管理过程的内容将在"管理过程"一章讨论）。

法约尔的14条管理原则为早期组织管理理论学派提供了理论的框架和思想基础。法约尔指出这些原理、原则不是绝对的、不可变动的，又指出他不可能穷尽这些原则，应根据管理实践补充新的原则。他写道："原则是柔性的并能根据需要来应用；要懂得如何应用这些原则，这是一种复杂的艺术，需要智能、经验、决策和匀称。"

以法约尔为首的行政管理理论学派对管理做出了重要贡献，他们的很多理论与原理、原则至今仍在应用，如金字塔形的层次结构、层次原理、统一命令、例外原则、授权、管理辖度、分部门管理等。许多近代管理学者都还保持了古典管理理论的基本框架,并把它与近代发展的行为管理和管理科学相结合。他们往往将古典管理理论作为他们发展组织和管理理论的一个基本方法,然后根据最近的实证研究和理论发展,加以补充与修改。

他们的一个最重要的贡献是强调管理是一个独立的领域,必须加以独立研究、发展、改进,因而必须在学科上做出努力。

(四)官僚模式组织理论

这是古典组织理论的第三个分支学派,创始人是韦伯。必须说明,这里的官僚的意义与我们常用的"官僚主义"有不同的含义。这里的官是官员、主管的意思,僚是指幕僚,系指专职人员,这里的官僚,不要理解为贬义词。它是指一种特定的组织结构形式,广泛地应用于复杂的组织中,如大企业、政府机构、军事机构。这是一种有效的复杂组织形式,是现代社会中仍运用着的一种组织形式,运用得好,会取得良好效果,但也有许多缺点。

韦伯是近代社会学的奠基人,他对经济、社会和管理思想的发展均有贡献。他不仅研究行政管理,而且对宏观经济学和社会政治结构均有研究兴趣。他关于官僚组织的思想是其整个社会理论的一个组成部分。

理性化,指含有法定权力意义上的合理化,其目的在于提高组织的效率。理性化就是根据韦伯的官僚模式概念导出的。含有法定权力的理性化是根据组织中的地位确立的,当它涉及有组织的行政幕僚时,它采取了"官僚结构"形式。在这种结构内,每个行政幕僚占有一个职位并赋予一定权力(给予一定薪金),不同的职位组成一个分层权力结构。办事机构须由技术能力相称的人员来担任职位。组织制定一系列必要的规章与守则。韦伯认为官僚型管理模式是大规模机构管理的最有效机制,特别适合于工业社会中庞大复杂的组织。

二、行为管理与管理科学阶段

根据第二次世界大战以来管理思想、理论和方法的发展情况,近代管理学可划分为四个学派:管理过程学派、数量学派(管理科学学派)、行为科学学派和决策理论学派。

(一)管理过程学派

管理过程学派的渊源,可以追溯到其先驱人物法约尔。但这个学派的真正形成和发展却是在第二次世界大战之后。

管理过程学派的主要特征是按照管理的各项功能,如计划、组织、指挥、协调、控制来定义管理,进行理论与方法的研究、发展与应用。管理过程学派认为这是一个适用于任何一个部门或领域的共性过程,具有普遍的意义。确实如此,第二次世界大战以后学术界出版的管理学教材大多是以此为框架进行编写的。

管理过程学派将管理人员的工作视为存在着相互联系的各功能的过程(图1)。

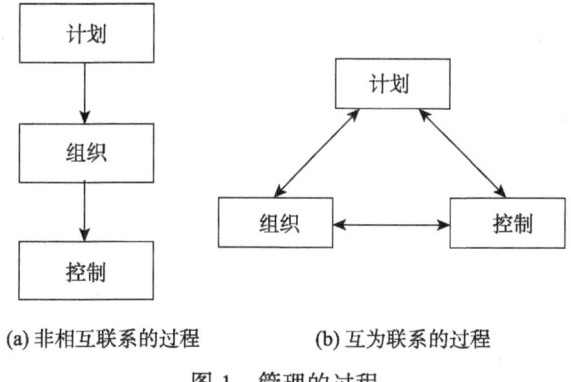

(a) 非相互联系的过程　　(b) 互为联系的过程

图 1　管理的过程

图1(b)较正确地反映了管理过程的内在联系,因为它体现各功能间的相互作用关系,这种关系既不是无关的、随机的联系,也不是绝对的、互为前提条件的联系。相反,它们是一种动态的功能,即每一功能均在一个整体相互联结的大系统中起着完整的作用。管理过程学派的另一特征,是发展了一系列的管理原则,例如全责的原则,即上司在给下级授权的同时,仍然对下属的工作负有全责,不能因授权而减少应负的责任。管理过程学派认为管理原则只是工作的指导方针,不是绝对不可变的。这一点在前文中已讨论过,不再赘述。

管理过程学派认为管理功能是普遍的,即在一个组织的不同层次中,均可有不同的管理功能存在。

管理过程学派重视发展管理哲学,要求人们回答这样的问题,诸如:明确说明管理者做什么?哪些价值对管理者是重要的?哪些价值对工人是重要的?发展管理哲学为何有利于管理者搞好工作、发挥作用?他们认为管理者遵循管理过程的理论可以顺利地完成其任务,因为管理者的工作是围绕管理职能进行的。近年来,管理过程学派认为发展内企业家有利于提高企业的业绩。关于这一点将在"管理过程"一章中进行讨论。

(二)数量学派(管理科学学派)

数量学派,也有称作管理科学学派或运筹学派的。该学派的学者把管理视为运用数量方法和工具,辅助管理者解决与行业和生产有关的决策知识体系。

运筹学是在第二次世界大战中发展起来的一个数学分支,它对有效运用军事资源进行作战规划和决策起了十分重要的作用。第二次世界大战以后,运筹学派被应用于解决经济与管理问题,并取名为管理科学(management science)。许多管理科学家进入管理学界,取用了多种名称,如管理分析家、系统分析家、运筹学家等。不论取用何种名称,他们具有以下一些共同特征。

（1）运用科学分析去研究、解决管理问题。
（2）旨在提高管理者的决策能力。
（3）关注经济效益的准则。
（4）运用数学模型。
（5）运用电子计算机。

数量学派提出了优化（最大化）与次优化的概念。实际上达到最优化是非常困难的。相反，管理者的心目中不求利润的最大化（取得所有可能的利润），而是代之以"满意解"，达到能满意的水准就可以了。

数量学派广泛采用和依靠各种数学模型与数学工具，广泛应用如线性规划、非线性规划、蒙特卡罗理论、模拟、排队论、对策论、系统动力学等，并借助计算机采用有效的数学模型解决经营与管理中的复杂问题，为决策的数量分析提供了有效的方法与手段，已成为近代管理中不可或缺的有效手段和工具。

可以认为数量学派是科学管理学派的延伸，不同的是前者以数学科学为基础，后者以工程方法为基础。

（三）行为科学学派

行为科学学派是近代管理学派中另一个重要而且有完全不同学科基础的管理学派。

行为科学学派又可细分为几个不同的分支：人际关系学派、人力资源学派和组织行为学派，现分别加以讨论。

1. 人际关系学派的产生与发展

20世纪30年代初美国爆发了经济危机，失业人口在1300万以上，政府颁布了《国家劳动关系条例》和《公平劳动标准条例》，美国工会势力上升，劳资关系紧张，科学管理理论已显得无能为力。就在此时，出现了"霍桑实验"，促成了人际关系学派的产生。霍桑实验旨在寻找照明改善对工人效率的影响，但实验结果未达到预期效果（反响是负的）。1927年邀请哈佛大学教授 E. 梅奥（E. Mayo），用设置奖励工资、变换监督方式来测试对工效的影响，结果又是负反响。1928年起改从人际关系方面通过大量访问面谈（访谈21 126人）来了解分析影响工人积极性的因素。通过访谈发现了职工中存在无形的社会性组织，其对个人起着约束作用。1932年的"布线实验"发现了工人中存在着一种团体的约束力，制约着工人日产量的水平。

经过这一系列实验，得出了如下一些结论（由西部电器公司研究员迪克森所作）。

（1）揭示了工人不是简单的"经济人"，不能单纯依靠经济报酬来提高人们的积极性。

（2）认识到人们的工作态度对人们行为的决定性作用。

（3）证实了工人或小组的满意感对完成组织目标的重要作用。

（4）证实了工作团体中的非正式组织对完成组织目标的影响。

1933年梅奥总结了实验结果，出版了《工业文明中人的问题》，继之参加实验的迪克森等出版了《管理和工人》，霍曼斯于1950年出版了《人类群体》。这些著作又发展了霍桑实验的观点。随之形成了以梅奥为中心包括经济学家、管理学者、心理学家和社会学者的"人际关系学派"。其主要思想是工人不是"经济人"而是"社会人"，他们有归属和被尊重的要求，不能把工人当成机器的附属品。管理者要调动工人的积极性，必须倾听他们的申述，了解他们的需要，让他们参与有关工作的决策。

人际关系学派的主要局限性是把处理好人际关系、提高职工满意度作为调动人们积极性的主要途径，而忽略了以完成组织目标来调动人们的积极性。于是又有了人力资源学派的产生。

2. 人力资源学派的产生与形成

人力资源学派的代表人物有两个：阿吉里斯（Argyris）与 D. 麦格雷戈（D. McGregor）。阿吉里斯主要从组织角度来分析影响职工发挥潜力的原因。他批评人际关系学派不注意让职工多负责任，他呼吁企业管理人员应从组织上进行改革，鼓励职工多负责任，让他们有成长和成熟的机会，以此来调动人们的积极性。

麦格雷戈认为传统的管理理论来源于军队和教会，没有涉及现代的政治、社会和经济，因而把人看作厌恶工作、需要加以控制的消极因素。他将这种错误称为X理论。他认为现实情况并非如此，人并不是天生就厌恶工作，人们有自我控制的能力，只要妥加引导，一般来说人们均能充分发挥其潜力（他称之为Y理论）。管理者应让职工担负更多责任，以发挥他们的潜力。

3. 组织行为学派的形成

以上诸学派均受19世纪确定性思想理论的支配，认为管理问题总有一个普遍适用的最佳原则或方案。在人力资源学派形成过程中，权变理论逐渐进入管理领域，认为管理的对象与环境是变化着的，普遍适用的原则或方案是不存在的，必须根据当时当地的环境与对象，因地制宜地选择具体的方针与对策。组织行为学正是在这一思想的基础上形成的。组织行为学派的理论与方法倾向于人力资源学派，但对其他学派也兼收并蓄，形成了一个综合的知识体系。

（四）决策理论学派

同行为科学学派相联系的是以西蒙为代表的决策理论学派。他们以"有限理性"与"满意解"为主要观点的决策理论在管理学界产生了重要影响。在西蒙周围有一批以卡内基理工学院（今天的卡内基梅隆大学的前身）的教师组成的研究队伍，其中的重要成员有 J. 马赫（1958 年出版《组织学》一书）、R. 舒尔特（同马赫合著《组织中的行为理论》，1963 年出版）。他们关于组织学的著作是迄今为止的重要著作。他们认为，决策过程不是像在他们以前的经济学家那样看作是"理性"的抉择过程。相反，他们认为管理人员只能根据现实的限制条件做出"有限的理性"的抉择，并认为，管理者迫于条件在决策中只求"满意"不求"最优化"。因而，他们这一派把决策者视为"管理人"而不是"经济人"。"经济人"这一概念则集中体现了前期的经济学派在决策理论上的基本观点。

行为科学理论把人视为提高效率的关键，与科学管理学派的"经济人"的观点相比，有了很大的进步。但是，其思想观点在处理复杂的管理问题时仍然过于简单与片面；在调动人们积极性方面缺乏向人们阐明明确的整个目标，缺乏从多方面因素着手去调动积极因素，因而在此学派的基础上又出现了现代管理学派——系统管理学派。

三、现代系统管理阶段

随着系统论的出现以及管理实践的发展，人们开始把组织视为一个由相关的许多因素组成的复杂系统。过去的传统理论与实践却是把组织中各个部分（因素）割裂开来进行研究和处理，特别是脱离环境因素去解决组织中的各种管理问题。按照系统论的观点，要求管理人员在解决管理问题时把所有有关的组织因素全部考虑在内，在大系统的范围内来观察、分析和解决管理中出现的问题，即采用系统的思维方法，而不是片面、孤立地观察和解决问题。早期的一些管理学派处理问题的方法往往是只见局部不见整体，例如，科学管理学派只注意完成工作任务的效率与经济制度，早期的管理过程学派只重视管理的职能，人际关系学派只注意人们之间的关系。系统管理学派力图把这些组织因素全部考虑在内，按现实世界的实际情况去研究和解决问题。

一般来说，系统是为完成一个共同目标的各相关的运作部分的集合。按照系统论的思想，管理者必须明确界定实现系统目标的各有关因素，揭示各部分间的关系及实现目标的有效途径。这不是很容易的事，特别是在复杂的大组织系统内，从现象入手弄清楚其间错综复杂的关系和本质联系绝非易事。

（一）巴纳德的早期系统观点

有丰富管理实践经验的切斯特·I. 巴纳德（Chester I. Barnard）曾任美国贝尔电话公司新泽西州分公司总裁，他步法约尔后尘在研究与发展管理理论方面做出了重要贡献。他与法约尔不同之处是采用抽象的系统方面（而不是定义普遍的管理功能）。他在 1938 年出版的《经理人员的职能》一书中提出了组织是一个合作系统。他写道："合作系统是一个包括物质的、生命的、人员与社会因素在内的复杂系统，这些因素间具有特定的系统关系，互相协作实现共同的目标。"

他指出，一些组织系统能存在，必须通过信息沟通使人们愿为实现组织的共同目标进行工作（服务）。他认为人们的工作（服务）的愿望取决于一系列的组织因素与人事因素。工作动机出自劳动者本身，而潜在的动力与积极性的调动却来自组织方面。

共同目标的确立是十分必要的，如果没有超越个人目的的共同目标，一个抱着个人自私目标的群体是不可能有很好协作的。

联系与信息沟通是构成组织的能量来源的动态因素，它在个人服务意愿与实现共同目标之间起着桥梁作用。

巴纳德早期的系统观点对现代管理理论和实践起到了重要作用。他指引管理理论工作者从系统整体（不是片面地、割裂地）去研究组织，为管理研究指出了新途径。

（二）一般系统理论

受巴纳德的影响，一批管理学者相继以系统论的观点从事管理的研究，并卓有成效地借鉴了其他学科的成就。

一般系统理论研究中的代表人物之一是路德维希·冯·贝塔朗菲（Ludwig von Bertalanffy），其被称为一般系统理论之父，他是一个生物学家。贝塔朗菲向人们指出，我们这个"无序的世界"是由无数"有序的系统"所构成的，又指出，我们要理解这个由许多系统所组成的世界，不能老用传统的分析研究方法（把整体化为部分，一块块作研究），相反，必须用综合的方法，把相互独立而又相互作用的部分作为一个整体来进行研究。按照他的观点，"要理解一个作为整体的组织，我们必须弄清楚各个部分以及它们之间的相互关系"。

把世界（组织）作为一个整体只是系统论的第一步。下一步应把系统视为一个多层次的结构，从理解各种特定的系统进入到一般的系统。作为一个普遍的系统，它包括了一个层次系统，而一个高层系统又由许多子系统所构成。例如，从一个国家到企业、车间、班组直至个人，就是一个多层结构的例子。

一般系统理论又提出了用开环与闭环系统的观点来研究社会组织。实际上很少有绝对意义的开环系统和闭环系统，而关键在于根据系统与外界环境相互作用的多少实现相对开环系统或相对闭环系统。一个电子表可被视为闭环系统，而太阳能表则可被视作开环系统；人体是一个开环系统，因为其生命的体能依赖于定时的能量供给和排出废物。企业必须是一个开环系统，因为它脱离了环境是无法生存的。由于长期受"计划经济"（实质是自然经济）的影响，我国很多企业习惯于把企业当作一个闭环系统来对待，不能适应环境（特别是市场）变化来进行管理和经营，这是造成目前我国很多企业亏损的思想原因之一。

系统思维与理论把管理思想与理论推向了系统管理的新阶段。但也存在不少问题，遭到了不少批评，其中最突出的一点是：系统思维提出了不少高水平的、响亮的口号和观点，但却并未见到用以解决实际管理问题的具体方法。权变管理理论与方法在这方面做了补充。

（三）权变管理理论

权变论是管理理论工作者新提出的思维趋向。它不同于传统学派提倡的普遍性管理原理与原则，认为解决任何管理问题必须根据现实问题采用"具体分析"情况的方法。"权变"一词可以认为是"情景管理"的同义语。正如权变理论者所论述的那样，"管理模式的有效性取决于很多因素以及它们同这一特殊情况的相互关系"。换言之，一种管理方法与管理技术，必须适合于解决这一特殊问题的特定环境和条件。例如，多层次结构和分级按职能系统来管理的办法，适用于外界环境相对稳定的情况。在不稳定的多变环境中，需要的是柔性的工作组管理方法，它能快速适应环境的变化。

权变管理往往是一个折中的管理方法，它处于非常一般化的管理原则、方法（极端 U）与非常特殊条件的情景管理（另一极端 S）这一谱带之间的某一个中间点（C）之上（图2）。

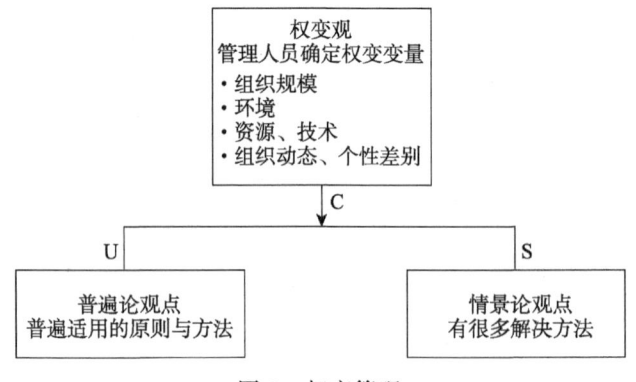

图 2 权变管理

从权变管理理论来看，管理人员所遇到的种种问题是不相同的，因而很难说有一种最好的办法去解决此问题。但也并不认为所有的情况都各异而无相似之处。因而，有可能根据类同的情况，找到合适的解决问题的原则与方案。这里，首先要找出有关这一情况的权变变量（contingency variables），然后对这些因素进行评价。

这里可以以确定某一特定条件下的领导方法为例来说明。在这种情况下，下属的个性（个性差别，见图 2）是一个有关的权变变量。同时，下属的工作性质是另一个要考虑的权变变量。这样，我们就可以根据工作的性质——结构化的（常规性的工作）或非结构化的（不定型的工作，可用多种方案去完成）情况，采用不同的领导方法。前者可以用较严格的领导方法，后者宜用较灵活的开放式管理。

纵观管理理论与思想的发展，可以看出以下内容。

（1）管理学已构成了一个由众多学科的科学家、工程师与实际工作者参与研究与发展的新兴学科。

（2）管理理论已形成了完备的思想理论体系。从最早的基层效率的研究发展到对整个组织、社会的系统管理理论体系。

（3）管理理论在实践的发展过程中受到社会变革与思想进化运动的强烈影响。这种变革和进化还将进一步推动管理理论与思想的发展。

（4）管理理论与方法的进展表明，对于复杂的管理现象和庞大的组织系统，不可能依赖单一或少数学科、依靠一些简单的原则与方法就能达到有效的管理。现代的管理必须借助于一个完整的管理科学的知识体系和以马克思主义辩证法为基础的方法论体系。这将在本章第四节讨论。

第三节 中国古代管理思想

管理是一种文化现象，无论何种层次、何种规模的管理活动都离不开特定的历史条件和民族文化背景，管理思想也无不深深地镌刻着民族文化的印迹。中国是四大文明古国之一，中国古代有许多成功的管理经验，也形成了丰富的、独具特色的管理思想。美国学者克劳德·小乔治曾说："从《墨子》、《孟子》和《周礼》（约公元前1100年至公元前500年）的古代记载中，已看到当时的中国人早已知道组织、计划、指挥和控制的管理原则。"因此，探寻管理思想的源流，发展管理学的基本理论，寻找适合中国国情的管理理论和方法，都有必要对中国历史上的管理思想进行发掘。

中国古代系统的管理思想及理论框架在先秦至汉代这一时期已基本确立，此后全国管理的总格局（郡县制）已没有大的变化，只是局部有些修正或调整。所以，研究中国古代管理思想，只研究先秦到汉代部分，已能基本反映中国古代管理思想的特色。限于篇幅，本节仅从先秦至汉代的诸子百家中选取有代表性的五家，即儒家、黄老道家、法家、兵家和商家，对其管理思想扼要阐明，"管窥全貌"，以见中国古代管理思想之一斑。

一、以"仁"为核心的儒家管理思想

儒家的特点是关心人生、社会问题，他们在伦理道德方面建立了相当完整的思想体系，其中蕴含着丰富的政治管理及人事管理思想。

（一）孔子的管理思想

孔子是中国儒家文化的主要代表。"仁"是孔子人生哲学的核心，也是其管理

思想的理论基础。所谓"仁",孔子说,"仁者人也"(《礼记·中庸》),一般可理解为同情心。在孔子那里,"仁"是管理者的首要因素,居于道德"五常"之首。在"仁"的思想指导下,孔子把人类社会各种关系概括为五种,即君臣、父子、夫妇、兄弟、朋友。《大学》中规定这五种关系的道德规范为"为人君,止于仁;为人臣,止于敬;为人子,止于孝;为人父,止于慈;与国人交,止于信",称为"五伦"。从五伦出发又推演出十义,即:父慈,子孝;兄良,弟悌;夫义,妇听;长惠,幼顺;君仁,臣忠(《礼记·礼运篇》)。孔子进一步提出"修身、齐家、治国、平天下",即"天下之本在国,国之本在家,家之本在身"的道理。这样,孔子把政治与伦理结合起来,把国家、家庭与每个人联系起来,构成了社会管理系统。从管理角度看,要把天下治理好,就得使国家安定。为使国家安定,需要人人从自己做起。

在孔子的管理思想中,管理人才的选拔处于非常突出的地位。"举贤才"是孔子的基本主张。更进一步,他又提出了"有教无类",扩大教育对象的范围。

对于人民,孔子则认为应先"富"之,然后再"教"之。这种把社会管理建筑于物质和精神两个方面不断提高的基础上的思想,迄今仍有借鉴意义。

(二)孟子的管理思想

孟子是孔子之后最大的儒学者,他的管理思想体现在《孟子》中。孟子在下述方面发展了孔子以"仁"为核心的管理思想。

1. 行"王道"施"仁政"

孟子认为,"王如施仁政于民,省刑罚,薄税敛,深耕易耨。壮者以暇日修其孝悌忠信,入以事其父兄,出以事其长上",就可以"王天下"。

2. 贤能政治与"定于一"原则

孟子认为应使"贤者在位,能者在职",这样,实行王政就能得民心,使天下"定于一"。

3. 提出"民贵君轻"的观点

孟子认为"民为贵,社稷次之,君为轻",他还提出了管理社会、治理国家都有一个民心向背的问题。

4. "以和为贵"

孟子从他的政治、伦理主张出发,提出要把仁心"推己及人",要保持人与人之间和谐的关系,以达到群体的安定协调。

5. "仁义"思想

孟子在孔子"仁"的思想基础上增加了"义"的伦理思想,把"义"与"仁"并列起来,称为"仁义"。他用"仁义"思想鼓励人们"舍生而取义"。

（三）儒家的"性善论"与"性恶论"

人性和人的行为，是管理学的重要研究内容之一。早在两千多年前，我国古代思想家就对人性是"善"还是"恶"进行过深入探讨。

孟子认为，人的本性是善良的。"人性之善也，犹水之就下也。人无有不善，水无有不下。"（《孟子·告子章句上》）人之所以会干坏事，那并非他的本性，而是受环境的影响，就像击水能使水跃起，堵水能使它止流一样。因为人性是善的，所以每个人生来就有"恻隐之心"、"羞恶之心"、"恭敬之心"和"是非之心"。孟子称这些为"四端"，即四种内在因素。它们发展起来就成为"仁、义、礼、智"四种道德。

针对孟子的"性善论"，荀子提出了"性恶论"。荀子认为，如果说人性是善的，那也是人为的结果。因为人的本性生来就是"饥而欲饱，寒而欲暖，劳而欲休，此人之情性也"（《荀子·性恶》）。此外，他还从人的日常生活中，证明人的本性是恶的。"夫薄愿厚，恶愿美，狭愿广，贫愿富，贱愿贵，苟无之中者，必求于外。故富而不愿财，贵而不愿势，苟有之中者，必不及于外。用此观之，人之欲为善者，为性恶也。"（《荀子·性恶》）正因为人性本是恶的，所以人生来就有欲望和需要，管理要研究人的欲望，满足人的需要。荀子说："人生而有欲，欲而不得，则不能无求。求而无度量分界，则不能不争；争则乱，乱则穷。先王恶其乱也，故制礼义以分之，以养人之欲，给人之求。使欲必不穷于物，物必不屈于欲。两者相持而长，是礼之所起也。"（《荀子·礼论》）

二、以"无为"为最高原则的道家管理思想

道家创始人是老子，他的道德经今称《老子》，是道家的经典。《老子》蕴藏着丰富的管理思想，既有"治国"，又有"用兵"，既有宏观调控，又有微观权术，被称为"君王南面之术"的重要著作。道家在战国后期的发展形态之一是"黄老之学"，其中则不乏独到的经济管理思想。

（一）老子的管理思想

《老子》哲学的最高范畴是道。道本义指道路，后来引申为法则、规律。《老子》把道作为宇宙的本原，认为万事万物都是由道派生出来的。关于道的性质，《老子》讲："道法自然""道常无为而无不为"。"无为"是《老子》的宇宙法则。自然界无为，道法自然也是无为的，人循道便也要无为。于是，"无为"就成为道家管理思想的最高原则。

作为老子管理思想最高原则的"无为"，具有下述几个特点。

（1）"无为"是一个普遍适用于任何管理过程的原则，不论是政治管理、经济管理、军事管理或社会文化管理，都概莫能外。

（2）"无为"作为一个宏观的管理原则，意味着国家对私人的活动采取不干预、少干预的态度，也即采取放任的态度。

（3）"无为"绝不是要人们什么都不干，而是指人的行动及其指导思想必须顺应自然，必须符合自然的要求，而不是主观随意地蛮干、胡为。

（4）"无为"不是教人什么事都不干，而是对做事要求非常认真、审慎和严格。老子说："图难于其易，为大于其细；天下难事，必作于易；天下大事，必作于细。"

（5）"无为"对管理者而言，还包含着管理方法方面的要求。作为管理方法，"无为"就是要求管理者善于抓大事，把具体的工作分配给具体的机构和人员去做，无须事必躬亲。这样，分工协作，权责分明，各展其长，各尽其力，管理者看似比较清闲，但却能把各方面工作都做得井井有条，取得最佳效果。这也正是"无为而无不为"。

（6）"无为"还包含着政策要有稳定性，不可朝令夕改的意思。《老子》里有这样一句话："治大国，若烹小鲜。"意思是说，治理大国要像烹煎小鱼一样，少搅动。治理国家而政策没有稳定性，就会造成严重的混乱和烦扰。

从"无为"的原则出发，老子提出了一整套以弱胜强的道家管理策略："反者道之动；弱者道之用。"意思是说，向对立面转化是"道"在运动中的表现，善于运用这种"道"的人，不会因自己处于弱势而悲观失望，而是能够从敌强我弱的现状出发，通过对"道"的妙用达到以弱胜强和转弱为强。在此基础上，老子又提出了"后敌而动"的思想。在人与人、国与国的关系中，老子一贯主张"居后""处下"，认为这是处理人和人、国和国之间关系所普遍适用的原则。正所谓"不敢为天下先"。

（二）《淮南子》中的经济管理思想

战国后期，有些人伪托黄帝著书，称《黄帝书》，以《老子》和《黄帝书》的思想为基础，吸取诸子百家思想，融会成新的学说体系，称为"黄老之学"。黄老之学将《老子》中的"无为"思想用于治国，产生了"无为而治"的管理方针。《淮南子》（原名《淮南鸿烈》）集黄老学说之大成，是道家思想的丰富与发展。尤其是《淮南子》中的经济管理思想更为引人注目。

具体地说，《淮南子》提出了如下一些经济管理思想。

（1）主张一切经济举措必须顺民之心，因民之性。

（2）提出了君主治理经济的总方针——从"安民定用"到"省事节欲"再归于"虚平无为"。

（3）"因资""乘势"以推动社会生产全面发展。其中"因资"包括三层意思：一是顺随天时地利而成其事；二是发挥人之所长，提高经济效益；三是以有易无，物畅其流，以促进生产发展。"乘势"则是指：第一，明君为治，必须君臣异道，君逸臣劳；第二，下必行之令，使民知利害，造成天下风从之势。

（4）反对贪剥赋敛无度，主张蓄积于民。

（5）主张人君应廉俭率下，切勿耗竭民力国财。

三、以"法治"为基础的法家管理思想

历史上以法治国的思想是到战国时期才建立起来的。从管理的角度讲，法家都是为君王服务的，以成文法或不成文法作为标准，以赏罚为手段，进行比较简单的管理，一般不重视教育工作，不重视道德方面的培养。

"法治"管理思想的主要代表人物是韩非（公元前280年至公元前233年），他也是法家的主要代表人物。韩非博采众家之长，自成刑名法术之学，形成了以专制主义为特色的管理思想体系。韩非反对"人治主义"或贤能政治，主张"立法为教"。只要"法不败"，就能保持政治的常轨。但是虽有善法，如果"主无术以知奸"，也还不行。所以，韩非认为人君要有善于驾驭臣下的"南面之术"。不过术必须要以法的有效性为依据，也就是要保证法的效力。法既立，术亦备，如果缺乏"势"（即强制势力），即使有法也会无效而不可依，有术也难保群臣会服从管理。因此，法的执行还得靠"势"。在法、术、势三者之中，法是中心，术与势是行使法的必要条件。这就是韩非的法、术、势三者结合的法治理论。

在韩非看来，实行法治，中人之君也可使国治；实行人治，则非要靠贤人、能人、上等智慧之人不可，这种人又"千世一出"，很不容易找到，其结果是要俟千世才有一治。如果"抱法处势"，中人和上人都一样能治。所以，韩非坚持法治，抨击人治主义。

四、《孙子兵法》中的管理思想

《孙子兵法》是一部含有丰富管理思想的重要著作。它的许多基本观点，对于现代企业经营管理具有启迪作用。《孙子兵法》共十三篇，它的管理思想包括管理职能的计划、组织、指挥、协调、监督和领导艺术等方面。

孙子在《孙子兵法·始计篇》中着重指出了研究和谋划的重要性。他强调事前必须周密分析各种条件，对"道""天""地""将""法"这"五事"给予充分考虑，做到"凡此五者，将莫不闻，知之者胜，不知者不胜"。在"五事"的基础上，还要探求和对比敌我双方的强弱优劣，称为"七计"："故校之以计，而索其情，曰：主孰有道？将孰有能？天地孰得？法令孰行？兵众孰强？士卒孰练？赏罚孰明？吾以此知胜负矣。"认真地分析、比较"五事""七计"，在研究的基础上，提出各种方案，进行决策，这就是"夫未战而庙算胜者，得算多也；未战而庙算不胜者，得算少也"。将帅在谋划中，还要分析有利和不利的情况变化："是故智者之虑，必杂于利害，杂于利而务可信也，杂于害而患可解也。"（《孙子兵法·九变篇》）有了充分的思想准备和应变计划，祸患就可以解除。这样制订的作战计划，

才能做到"知己知彼,百战不殆"。

在组织、指挥、协调和监督方面,孙子认为"凡治众如治寡,分数是也"(《孙子兵法·兵势篇》),将人员按编、裨、卒、伍建制,组织起来,而每一种编制都按一定的数组织,正确地运用组织力量。分数已定,就用"道"教育士卒,用纪律、军法来统一步伐,即"令之以文,齐之以武"(《孙子兵法·行军篇》)。作战时,"夫金鼓旌旗者,所以一民之耳目也。民既专一,则勇者不得独进,怯者不得独退,此用众之法也"(《孙子兵法·军争篇》),主要依靠金鼓旌旗等信息指挥工具来统一指挥、统一行动。"故善用兵者,携手若使一人"(《孙子兵法·九地篇》),指挥、协调得当,统帅三军,就像使用一个人那样。这些组织指挥的原则与现代管理的主要职能相比较,确有"古为今用"的价值。

孙子在对人的管理问题上,强调上下协调一致:"道者,令民与上同意也,故可与之死,可与之生,而不畏危也"(《孙子兵法·始计篇》)。他还提出"上下同欲"作为"知胜有五"中的一条。为此,孙子主张要有"赏"。因为"赏"是满足士兵的欲望,激励士兵士气的重要方法,而"利"则是"赏"的主要内容。但是,也不能滥施奖罚,要注意度量。孙子指出:"数赏者,窘也;数罚者,困也。"(《孙子兵法·行军篇》)对有突出贡献的人,实行重奖,如"车战得车十乘已上,赏其先得者"(《孙子兵法·作战篇》)。《孙子兵法》中关于领导、用人的管理思想非常丰富,对于提高我们的管理水平,无疑具有积极的借鉴意义。

五、商家的经营管理思想

商家是先秦至西汉前期的一个颇具特色的学术思想流派,但却被后代研究者长期忽视。直到近代,当新式的资本主义工商业开始在中国出现后,学术界才有人对古代商家的思想感兴趣。商家的主要代表人物有范蠡、白圭、吕不韦、桑弘羊等,本节主要介绍范蠡、白圭的思想。

(一)范蠡"积著之理"的经营思想

范蠡曾为越国大夫,辅佐勾践灭吴复国,后弃官到当时的商业中心陶(今山东定陶区)定居,自称"朱公",人称"陶朱公"。由于他既"居货",又"耕畜",农牧商结合,善于经营,19年之中三致千金,成为天下富翁。

陶朱公在商业贸易活动中取得巨大成就的重要原因之一,在于他运用了一套理论知识来指导他的商业经营实践。这套理论知识名为"计然之策"。"计然之策"分为两个部分:一部分是国家管理粮食市场的办法,称为"治国之道",另一部分是关于私人经商致富的理论原则,称为"积著之理"。正是"积著之理"体现了范蠡的主要经营思想。其主要内容包括以下几点:

(1)"知斗则修备,时用则知物,二者形则万货之情可得而观已"(《史记·七十列传·货殖列传》)。意思是说,懂得军事,并打算投入战争,就要做好战备工作；而知道货物的生产季节和社会需求的关系，才算是懂得货物经营。能够充分理解作战与战前准备的关系，能够及时明了季节和需求之间的关系，则天下货物的供需行情，就看得很清楚了。这是范蠡从事商业经营的基本原则。

（2）范蠡把商品价格的变化概括为"论其有余不足，则知贵贱。贵上极则反贱，贱下极则反贵"（《史记·七十列传·货殖列传》），即：看看商品是供过于求还是供不应求，就能判断价格的高低、涨落。一种商品价格涨到了最大限度，就会反落下来；如果低落到极限，就会反涨上去。

（3）在市场价格的变化面前，范蠡规定商人的反应应该是"贵出如粪土，贱取如珠玉"（《史记·七十列传·货殖列传》）。货物价格高时，就要把货物大量地抛售出去；货物价格低时，就要大量买进。

（4）范蠡提出要注意加速商品和资金的周转，"财币欲其行如流水"（《史记·七十列传·货殖列传》）。主张"无息币"，即不要把货币滞压在手中；"无敢居贵"，不要囤积居奇，贪求过分的高价。主张增加利润要从加速周转中实现。

（5）范蠡在具体商品的经营上，提出要注意商品的质量，"务完物"（《史记·七十列传·货殖列传》），即储藏货物务必保持完好。

（二）白圭"治生之学"的经营思想

白圭，名丹（约公元前370年至公元前300年），战国时期周人。白圭是战国时期商人的突出代表，他提出了一套能够指导商人从事商业贸易活动的思想原则，这成为商家经营管理思想中一个十分重要的组成部分。

白圭治生之学的基本原则，就是"乐观时变"四个字。说的是要善于预测行情并根据这种预测进行决策。白圭不但善于"观时变"，而且敏于"趋时"，也就是说，他不但善于预测行情，而且在看准行情之后，能够及时决策，迅速行动，不失时机地利用有利的行情来达到自己的目标。白圭经营目标的确定也是建立在市场预测的基础上的，他采取"人弃我取，人取我与"的选择方法。所谓"人弃我取"，是指对那些人们并不急需而又暂时供过于求的价格最便宜的商品，应当予以购存；所谓"人取我与"，则指对那些消费者迫切需要而又暂时供不应求的价格昂贵的商品，应当予以抛售。"人弃我取"是为了"人取我与"，即"人取我与"是以"人弃我取"为前提的，二者在具体经营过程中是连续运用而又不可分割的经营原则。

在具体的商业经营活动方面，白圭总结了两条重要的经验。一是"欲长钱，取下谷"。要想盈利，就要经营低价格的下等谷物。因为下等谷物常常是社会的大宗消费物，尽管价格低，但由于市场需求相对稳定，成交量大，利润也就比较有保证。二是"薄饮食，忍嗜欲，节衣服，与用事僮仆同苦乐"。节制个人消费，目的在于将资金尽可能地用于商业经营上。经营者与"僮仆"一样勤勤恳恳地工作，目的在于更有效地推动经营活动的运转。

古为今用是我国管理现代化所面临的课题。从上面的分析可以看出，中国古代虽然没有专门的管理学著作，但古代思想家在论述人生观、社会观、兵法之类问题中，都涉及管理学的重要原则。同西方管理学相比，中国古代管理思想有许多特点，诸如"顺道重人，仁和守信，利器求实，制法运筹"等，成为现代管理学的重要思想渊源。其中具有代表性的是儒家和法家，他们的许多管理思想今天仍不乏借鉴意义。儒家所倡导的仁政思想和中庸思想对历代国事管理一直具有积极影响。当代美国管理学家汤姆·彼得斯和南希·奥斯汀提出的"面向顾客""不断创新""以人为核心"等三项管理原则，与儒家的仁爱、创新、至善有异曲同工之妙。儒家的中庸思想因其注重排除管理者个人感情因素，秉公按照事物规律进行管理，而成为当代有效管理的根本原则。法家思想后来则逐渐演变成一整套法制体系，包括田土法制、财税法制、军事法制、人才法制、行政管理法制、市场法制等，成为历代宏观与微观管理的重要基础。法家思想对于现代经济管理与企业管理仍有重大借鉴价值。

第四节　管理学的性质、对象与研究方法

由于管理学的性质与管理性质是密切相关的，因而将它们结合在一起讨论。

一、管理的性质

管理的性质是同管理的概念密切联系的。

把管理涵盖和研究的对象局限于物质资源研究的流派，将管理作为研究物质资源的利用，从而把管理学定义为一门技术性的科学，以研究生产力的组织为主要对象，主要研究人与自然界的关系。

若管理涵盖和研究的对象包括人在内，并把研究如何正确处理人们在生产过程中的相互关系作为重要内容之一的话，那么管理学必然带有社会科学的性质。

管理除了其社会性之外，其自然属性的方面也随着大生产的集中和科学技术的发展而日益显著。现代化生产不仅使用复杂的机器体系，而且其生产过程与产品的技术含量正持续攀升，技术系统在企业（组织）中所占比重日益增加，其作用日益提高，管理技术子系统的功能与分量也日益增加。

随着社会的进步与工人运动的发展，劳动者在社会系统中的作用与地位日益提高，人们的思想、愿望、价值观这一社会思想系统和文化心理系统亦占有日益重要的地位。

即使在科学技术十分发达的现代社会，劳动者（包括科技脑力劳动者）仍然是生产的主体。他们的积极性与创造性决定着任务完成的好坏。从第二节管理学

派的产生与发展中可以看到，研究人们心理、行为与动机的学科自 20 世纪 30 年代应运而生以来，日益显示出重要的作用。

二、管理学的性质

现代的管理学不仅具有社会科学属性，亦具有自然科学（应用技术科学）的属性。它既应用社会科学（经济学、社会学、政策科学等）方面的新成果，也应用自然科学、思维科学与心理学以及技术科学的成果。从第二节管理理论发展过程中各学派对管理学科做出的贡献，已可看出各门学科对管理学的贡献。下面进一步列举各学科对管理学科所做的贡献。

（一）心理学

心理学是一门从事测度、解释与改变人和其他动物行为的科学。心理学研究和试图理解个体行为。先后从事管理领域研究并为之做出贡献的心理学家包括：学习心理学家、个性理论学家、咨询心理学家、语言心理学家和组织心理学家。

早期的组织心理学家主要从事关于提高工作效率和业绩、疲劳问题、厌倦和工作条件问题的研究。近期的贡献已扩展到训练、监督、领导方式、需求、激励、业绩评定、态度测定、改变组织中人们的行为等方面。

（二）社会学

当心理学家致力于研究个体行为时，社会学家则致力于研究个体发挥作用的社会系统，即研究人与人之间的关系，特别是通过研究复杂组织中的小组行为对管理等做出了重大贡献。

管理学在小组动态、正式组织理论、官僚模式、权威、信息沟通、权力与矛盾等管理领域得到了社会学方面的有益贡献。但也必须指出，在沟通过程、矛盾处理、政治过程和权力关系等方面的研究进展却不大。

（三）社会心理学

心理学与社会学分别研究个体与群体行为，而社会心理学则研究和说明个体在群体中行为的缘由和状况。社会心理学的另一个重要贡献是对"变革"（改革）的研究，这是现代管理中一个非常重要的领域，如何实现改革，如何减少其阻力正是近年来社会心理学着重研究并做出贡献的领域。

（四）人类学

研究文化如何影响人们的行为是人类学对管理做出的重要贡献。文化区别不仅存在于国与国之间，在同一个国家中也存在文化上的区别。在基本价值观、士气和接受行为的规范方面均存在文化区别的影响。个人价值系统（如人们对事物重视的优先序）会影响人们的士气、工作态度和行为。

（五）政治科学

政治科学的研究者在权力、权威和矛盾的构成等方面做出了贡献。最值得注意的是人们如何以权谋私。政治、权力与矛盾是管理活动中的现实问题，这些问题的研究不容忽视。

（六）工程学

早期的管理工作，特别是在20世纪初的20余年，集中于提高工效、工作的设计与业绩的优化。这时期主要是工业工程做出的贡献。

工程师在改善环境、提高人的能力方面做了重要贡献。他们通过改善工作设计、工作流程和程序、选择场址和工厂设计，减轻了人们的疲劳程度，提高了劳动者的效率——劳动生产率。

（七）计算机科学与控制论

计算机科学与控制论的产生和发展对管理学产生了重大影响。控制论中的反馈原理，为管理学中的决策科学化提供了正确决策的基础。反馈原理也为管理现代化特别是管理决策分析中模型与模拟的应用，提供了理论上的基础，例如福雷斯特提倡和发展的系统动态学，就是以系统论、控制论和反馈原理为其理论基础的。

计算机的产生和应用，导致了管理的重大变化，计算机代替人力进行了有效的信息传递，为减少管理中间环节提供了物质基础。计算机的广泛应用给生产过程带来了重大变革，导致按顾客的不同要求进行多品种流水生产，为生产集成系统的产生和应用提供了物质基础。特别应提到的是我国著名的系统科学创始人钱学森教授提出的系统科学理论，为我国管理的理论和实践做出了重大贡献。

（八）经济学

经济学家通过他们在预测和决策方面的工作对管理做了大量贡献。他们在优化资源分配方面给管理者提供了有效方法，以改进内部投入的决策和调整外部条件。经济学家向管理领域提供了许多有用的概念和工具，诸如不变与可变费用、机会成本、边际效用、弹性系数、贴现率、盈亏分析、计划-目标-预测系统、投资回收、经济预测等。

（九）数学与统计

数学与统计也在决策方面做出了贡献。实际上，计量经济学家和数理经济学家可以看作是运用数量方法进行资源优化分配的经济学家。数量方法对管理和决策所做的贡献包括：不确定性与风险、评价系统、排队论、线性规划等数量决策技术。

（十）生理学

生理学与生物学是一个被忽略的、已经对管理学产生并持续做出贡献的领域。

其研究成果已用于工作设计，以及理解焦急与紧张的原因。另一个潜在领域是组织心理医药学，即研究如何在工作环境中运用药物影响人们的行为。其效用表现为改进了安全保障和缺勤率。

（十一）哲学

对各学科具有指导意义的哲学科学，同样是管理学产生和发展的思想理论基础。我国的古代哲学思想对管理学的发展产生了重大影响，同样，马克思主义哲学思想为管理学提供了重大的思想武器。西方学者提出的权变理论，不外乎应用了列宁提出的具体矛盾具体分析和毛泽东的《矛盾论》中矛盾的具体性的某些哲学思想。但由于权变理论认识上的片面性，并未能真正体现具体矛盾具体分析的全部哲学思想，因而具有片面性，表现为不承认真理的普遍性原理。可见，哲学思想是管理学重要的思想理论基础。可以这样说，没有正确、完整的马克思主义哲学思想就不可能有正确、科学的管理学理论和方法。马克思主义哲学是管理学理论与方法论的基础。

从管理理论的发展以及上述的各学科对管理学所做出的和正在做出的越来越多的贡献可以看出，管理学已从经验发展成为实用科学，又从单一性学科发展为现代的由多种学科杂交、融合而成的新型交叉学科。它融合了数理科学、工程技术、心理学、社会学、经济学等多种学科的思想、原理和方法。

由于管理科学的实用性和普遍性的特点，它自20世纪50年代以来吸引了各学科的知名科学家和教授，成为一门蓬勃发展的新兴交叉学科。

三、研究对象

从管理理论的发展来看，不同学派把研究的对象主要集中在组织、人及其行为和组织的绩效等方面。本书研究的对象也主要集中在组织、人及管理的绩效诸方面，阐明一个组织如何适应环境变化，合理组织和利用人力与其他资源以实现组织的目标，取得良好的绩效。

本书与其他管理学著作的不同之处在于：不限于研究某种部门或某种领域的具体管理原理与方法，而力图用抽象方法舍去部门与行业的特点，从基本理论与方法上阐明一个组织管理的共同规律性问题。当然，不排斥在深入讨论时，以某个部门的特例来说明一般原理。在这种情况下，本书往往以较复杂的管理系统——企业管理作为说明问题的例子。

四、研究方法

马克思主义辩证法是本学科的方法论基础。系统方法与具体矛盾具体分析法是本门课程最基本的方法。

对管理来说，系统方法是研究组织与管理问题的主要思维方法。按系统方法，把组织视作有统一目标的相互联系的各部分的组合，以期在环境中获得生存和发展。

从系统观点来看，管理在研究和解决组织中一个部分的问题时，必须全面地顾及对组织中其他部分所产生的影响。因为，系统论认为系统中一个部分不能脱离组织中其他部分而孤立地生存。因此，管理者在解决问题时必须把组织当作一个动态的整体。

系统方法不仅把组织的各组成部分视为相互联系的，同样也把组织及其环境视为相互联系的。组织的绩效及生存都取决于它和环境的相互作用。组织从环境中取得信息、能量与资源，又将其产出返回给环境。

对绝大部分组织来说，必须按照开放系统来运行，并运用系统理论与观点从事管理，否则难以生存。管理者必须从广阔的视野观察与考虑问题，不能局限于只考虑其产出的结果，因为所预期的结果会引起其他问题，会影响到组织中的其他部门，以致影响到超越组织的环境。

只有具备系统观点的管理者，才能以整个组织"一盘棋"的思想，处理好本部门目标与整个组织目标的相互关系，使整个组织协调地发展。

具体矛盾具体分析的矛盾分析法是研究管理问题和解决管理问题的重要方法。按照某些管理学派的观点，特别是古典学派中持统一论（universal approach）观点的学者，认为管理中主要是找出放之四海而皆准的原理、原则，这样就可以解决管理中的一切问题。这种学术观点实质是形而上学的方法论，是管理学中的教条主义。这种学术观点在20世纪四五十年代以前尚占有非常重要的地位。其客观上的原因是世界环境的变化没有像最近二三十年那样复杂多变，在相对稳定的条件下，某些管理原理、原则也的确可以在环境稳定的条件下发生作用。但在20世纪50年代初，人们已日益感到一些管理原理、原则无法在不同条件下照搬照套。于是有以哈佛学派以"案例"为研究管理问题的思想流派。确实，这一学派对管理学发展做出了不少贡献，哈佛管理学院的案例库积累的大量案例对今天的管理教学仍发挥着积极作用。但是，单纯的"案例"教学容易使人犯经验主义的毛病。不视环境条件的变化照搬过去的经验也同教条主义一样是形而上学的思想方法，同样是有害的。正确的思想方法应是马克思主义的辩证法，按具体矛盾做具体分析。

乍一看来，权变观和"案例"派的方法论与具体矛盾具体分析的矛盾分析法相同。它们之间确在反对教条主义的形而上学方面有其共同之处，但也存在着本质的不同。权变论者只是在"统一观"（普遍论）与"条件观"（情景论）之间寻求一个折中点，"案例"派也强调了条件区别的一面，而不承认矛盾的共性与普遍性，因而也拒绝了研究、分析、解决问题的普遍真理——矛盾论的基本原理与基本方法。作为以矛盾论学说为基础的具体矛盾具体分析的方法，正是在承认马克思主义辩证法是放之四海而皆准的普遍真理的同时，而又不是机械搬用，能根据具体环境、条件而灵活应用这些普遍的真理、原理、方法去解决具体问题。

管 理 过 程[①]

在了解管理理论与思想发展的历史过程与管理学的性质后，我们从系统的角度来讨论管理的内容与过程。由于管理的普遍性，不同行业与不同部门有不同特点的管理内容与过程。本章只能就其共性，抽象出不同行业、部门中管理的共同性的内容与过程进行讨论。

由于管理过程的复杂性和多重属性，必须从不同的侧面予以剖析，只有这样方能从总体上了解管理过程的内容与诸多属性。首先，从管理的内容与功能入手分析管理过程；其次，作为管理过程，它是一个确定目标并组织其实施的过程；再次，从决策和信息传输、沟通的角度来分析管理过程；最后，从矛盾处理来分析管理过程。具体说，分成以下几个问题来讨论。

（1）管理的基本任务与内容。
（2）管理过程的功能。
（3）管理过程——决策制定与实施的过程。
（4）管理过程中的信息沟通。
（5）管理过程中矛盾的处理。

第一节 管理的基本任务与内容

管理工作是普遍存在的。任何一项管理工作都不能没有目的性，在一个社会组织内，管理工作均离不开组织的目标。管理的基本任务在于通过制定和实施组织的目标，取得良好的业绩与效益。

一、组织的业绩与效益

管理工作的结果集中体现在其组织的业绩与效益方面。组织需要有能干的管理人员去有效地完成组织的目标。要理解某一特定的管理工作，必须弄清在特定条件下应达到怎样的绩效。对最高层的管理人员来讲，其绩效应包括整个组织的总目标完成情况。对基层的管理人员来讲，其绩效是指他对从总目标分派给他的那一部分任务完成的好坏。对任何一个组织单位来说，绩效完成的情况都可用有关的标准来度量。这些标准针对各种组织的具体情况各不相同，但也有一些基本

[①] 节选自：许庆瑞. 管理学. 2 版. 北京：高等教育出版社，2005：第二章.

标准适用于一般的组织机构。

生存几乎是适用于所有组织的基本目标。一些企业单位如果经营不善，就会破产。但对大部分组织的管理来说，是寄期望于其生存与发展。

对于组织绩效标准的模式应是具有时间向量的完整体系。不应局限于一时一事的业绩，以避免短期行为。从系统观点来看，组织绩效的标准应是：首先，反映组织的整个投入-产出过程，不应只限于其产出；其次，反映组织与环境间的关系。

从这两个要求来看，组织的绩效应是如下两点。

（1）一个包括许多分量的完整概念。

（2）管理工作应在这众多分量间保持其最佳的平衡。

如何确定构成总绩效的各个分量以及各分量间的相互关系是一项复杂的工作。

从时间向量来看，可把组织看成是一个较大系统（环境）的组成部分，组织从这个大系统中取用资源，并经过一段时间的努力又将产出的资源返归这个大系统。从长远来看，生存是衡量组织的绩效标准。但对于组织中的各个组成部分来说，必须有其相应的评价指标来反映它们对维护组织生存的可能性。这些指标往往是短期的，包括生产/业务、效率和满足程度。还有中间指标，诸如适应性和发展程度。这些指标间的关系可以用图1表示。

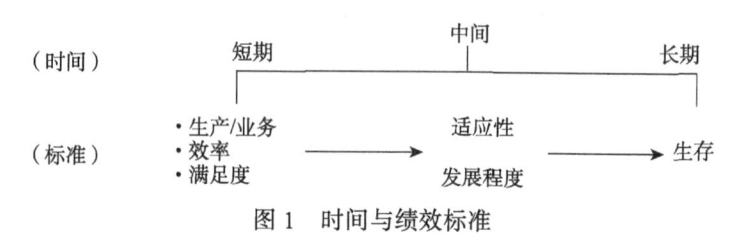

图 1　时间与绩效标准

关于时间长度的具体设定和指标的具体内容，应根据不同部门与行业的具体条件和环境来确定。现就其一般情况简述如下。

（一）生产/业务

生产是反映组织生产（从事）环境（社会与市场）所需产品（服务）的能力。其业绩标准包括：利润、销售额、市场份额、资金增值、治疗的病人数、处理的文件量、服务的顾客数等，根据不同行业而不同。这些度量标准同组织所服务的顾客和产出有关。财务状况一般是衡量一个经济组织业绩的"底线"，这是管理的焦点之一。一个经营性组织若不能稳定地盈利，其发展就是不可能的。

（二）效率

效率一般指投入-产出比。这个短期标准集中反映"投入—过程—产出"的完整的循环，而其重点则在投入与过程方面。效率指标包括资金的回收、资产的报酬、单位成本（费用）、单位病人治疗费、学生培训费、占用费等；其度量单位一般用比例数表示：如效益/费用、产出/时间等。

（三）满足度

对于一个社会系统的组织，必须考虑它给予顾客、用户等参与者的利益。社会组织满足他们的需要情况往往用满足度、满意程度等来表示。度量单位包括：态度数据、周转额、缺席率、拖延和抱怨等。

（四）适应性

它是指组织对内外部变化的反应能力。它同组织的管理能力直接相关，反映管理上能否敏感地意识到内外部的变化和做出相应处理。如果组织没有适应能力，就会危及组织的生存。适应性不像短期标准那样可以客观地具体计量。管理部门可以通过政策及其实施来应变，提高组织的适应性。

（五）发展

组织必须对自身做投资。发展的目的是增强组织的长期生存能力。从这点意义上讲，发展是为了生存，是生存的条件。发展工作的一项重要措施是对管理人员和其他人员进行培训。近期的组织发展工作还包括许多心理与社会方面的措施。

之所以在绩效模型中引入时间向量，是避免某些组织负责人的短视与片面性。因为一些对短期指标有效的措施，不一定能带来长期的效果，"竭泽而渔"反而殃及长远的生存和发展。因而，我们要以系统观点、战略眼光进行最佳平衡，从长远考虑来平衡组织的业绩，不求一时一事之功绩。为了达到最佳平衡，必须注意在一定时间长度内进行各时期、各绩效指标间的适度调整与安排。因为，在生产、满足度与效率之间不存在固定的关系，指标之间不一定正相关，为了长远发展与生存，可以让不同指标在一定时期内做反向发展（一定程度的回落）。例如，为了长期发展增加投入而减少当前盈利，压低回收期和利润额指标以提高中长期的适应能力等。

评价业绩的另一方面是评价组织获取资源的能力。因为资源是一个组织生存和发展的重要条件。对于非营利组织来讲，要实现一定目标必须要有资源的供应和实现该目标所需的资金。向组织内部分配资源时往往是以各下属单位（部门）过去和未来预期能达到的业绩为依据。

对于管理工作来讲，完成目标和获取资源是相辅相成的而不是互相排斥的。对经济组织来说，完成目标和增加利润有利于进一步发展和实现下一步目标，对事业单位来说，更好地完成业绩有利于争取更多的资源。

二、提高完成业绩的能力

管理工作必须超越业已达到的业绩，要保证组织能力的不断提高，以达到未来所预期的业绩水平。这意味着需要改进、更新和变革。不断地改进和改革是管理工作的又一个重要内容。乍看起来这似乎是易懂的道理，实际上很多组织却只关心组织的当前业绩，很少考虑长期绩效，不在提高组织的能力上下功夫。

提高能力，必须要有财力的投入。但很多企业做资金平衡时，往往只考虑完成当前的利润率，不肯对未来的改革与改进进行投资。

为提高能力，管理工作必须致力于提高技术水平，更新设备，采用现代技术装备和工艺过程。

人力资源是提高能力、更好地完成业绩的重要因素。管理工作须不断搜罗实现组织目标所需的各种人才，并注意培养、提高现有人员的水平与能力。

管理人员必须为人们施展才能创造和保持良好的组织环境与条件，必须注意调动人们的积极性与创造性，使职工的潜力充分发挥出来。

管理工作的一项重要内容是给有能力的人提供良好的机会，使他们能为组织业绩做出贡献。

三、决策：管理过程是决策的过程

决策贯穿于一切管理活动之中。西蒙认为决策与管理是同义词。哪里有管理，哪里便有决策。管理在其极为广泛的范围内都包含着决策。有些决策是程序化的，例如，组织如何根据最大-最小存储量，按订货点去购买生产需用的原材料，这种决策有预先拟订好的决策准则为指导，只要按章办事，就能很容易做出决策。而另一些决策则是非程序化的，例如，组织上要决定提拔一个部门的负责人，这里不再是按固定的决策指南或准则就可以做出决定的。

管理工作的决策往往具有很大难度。有时情况不明，在具有较大不确定性、很大分散性的条件下要求管理者拿出主意来：应该做什么？有时在对其下属尚不能直接控制时，就要求带领他们去完成一项艰巨的任务。这都是管理工作中经常遇到的情况。

管理者在进行决策时必须记住哪些同组织的业绩有关、哪些关系着组织目标的实现，这就是决策的目标性原则。有时，某些目标、优先序、战略、策略和计划是很明确的；而实际上在很多情况下，具体的目标与策略还不很明确，却要求管理者在一定时限内做出决策。这就要求决策者依靠和运用自己积累起来的智力和信息源网络（上级、同事、下属和外部的协作者），它们有助于在短时间内提供解决问题的信息或途径。

优秀的管理者能不断地发现问题和机会，并且能够根据问题和机会的重要性、迫切性与解决的可能性进行排序，把自己的注意力放在优先级最高的问题上，放在完成组织目标、达到业绩最需要解决的问题上。

决策包括进行深入的诊断和选择最优的方案。决策往往是在不确定性很大的条件下，根据对未来的估计做出判断和决定。

决策往往不是一劳永逸的，很少有一次决策后不需再继续进行决策的。相反，管理工作往往包含着一系列连续的选择和行动，以保证原先的决策能按照预定的轨迹逐步实现。问题往往不是一次能彻底地解决的。重要的是沿着预先设定的目标和轨迹不断调整和做出新的决策。最好的组织也是在纠正不断的偏离中向前迈进的。这里重要的是善于学习，在学习中摸索前进。在当前复杂多变的环境中，决策过程又是一个不断学习、提高决策水平的逐步前进的过程。

四、管理过程体现于其基本职能（功能）

管理的任务是以较好绩效实现组织的目标，而组织目标的拟定和实施都离不开管理过程的各项功能，因而管理工作的内容可以根据其功能来体现。管理工作的分工，不完全按照管理的功能来进行。因为管理者进行管理往往包括了相互关联的几个功能，很少有纯属一种功能的管理工作。拿计划工作来说，它必须包括对计划完成情况的监督控制，否则难以做好计划工作。

管理工作主要包括：①目标设定；②计划；③资源配备；④组织；⑤实施；⑥控制。

在每一个关键功能上，管理者均须进行决策，这些决策会影响到组织成员的行为，并引导他们去实现组织的绩效。

各项管理功能将在本章第二节展开，这里只说明它们间的相互关系（图2）。

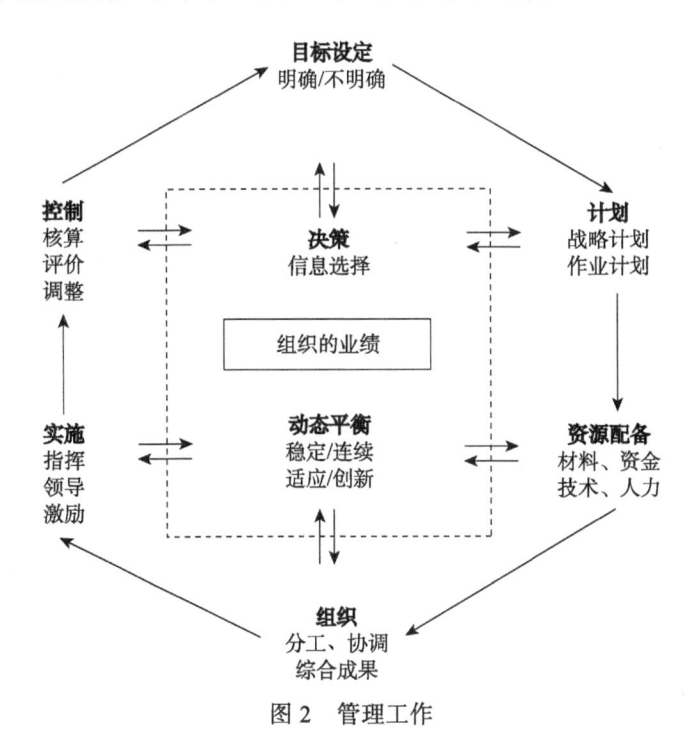

图2　管理工作

第二节 管理过程的功能

在管理功能的划分上，不同学派有不同见解。最常见的有"三功能"说，这是最经典的，指计划、组织和控制。有主张"五功能"的，即增加指挥与协调两个功能。还有主张"七功能"的，即再增加领导与职能人员配备两个功能。也有主张以"领导"功能来代替"指挥"更为妥切，因为领导比指挥含义更广泛，包括组织与调动力量来组织实施。

本书按近代管理的发展，以目标设定、计划、资源配备、组织、实施和控制六个功能来叙述。

一、管理的功能

（一）目标设定

目标的作用是很明显的，组织中所有的行为均受组织目标的指导和激励。行为不能是无目标、任其自流的，总是或暗或明存在着一定的目标。目标与行为之间的关系应是：目标决定行为，行为指向目标。要做到这一点便需要有良好的组织与管理工作。人们的行为导向目标，往往需要有一定的引导与激励。为实现这一管理过程，首先要找出达到目标所存在的差距，差距揭示出我们现处的条件与达到目标所需的条件之间的距离，然后激励人们做出努力、采取行动去消除这个差距。这个过程可能是由一个人、一个部门自动地实现；也可能需要向上级部门报告，取得资源来加以实现。

目标必须加以设定。有时目标是很明显的、正式的，如拟定的战略目标；有时则不是很明显，较模糊、不是很正式。目标管理（management by object，MBO）就是强调设定明确目标及其未来的条件，然后组织实现的一种管理方法。

目标设定在组织的不同管理层次上有各种不同的表示方法。在最高层次的战略管理中设定的是组织的长期战略目标，到各职能层次和战略执行单位上则将总战略目标分解为本部门、本单位的策略目标或具体部门目标，而到了最基层（操作层或作业层），目标将是具体的数量、金额、完成日期等。

（二）计划

目标一经设定，管理工作将是计划完成目标所应采取的手段与措施，即预先确定该做什么和如何去做。高层的计划管理将包括制定出总的战略和总的政策，以及稳定的计划与程序。

计划应提供一个可将组织内不同时期的决策加以综合的框架。在战略层次上，最高层管理拟订完成总任务的长远的综合性计划。基层则制订出短期的、详细的实施计划。处于两者中间的协调层（管理层）的管理人员将战略规划化解为基层的战术计划，为各下属单位制定政策与程序，并进行计划的协调工作。

计划为管理者提供了使组织适应环境变化的手段与措施。急剧变化着的政治、经济、技术和其他因素，要求管理者注意及时修订战略与策略。为了保有一个有效的、长远的综合战略，管理者必须对环境的变化保持警惕和灵敏的反应能力。总之，管理者必须有一个长远的谋略、宽广的视野和持久的警觉与洞察力。这个战略规划过程应考虑以下四点。

（1）环境机会——组织应该做些什么。
（2）能力与资源——组织实际上能做什么。
（3）管理者的期望——组织想干什么。
（4）对社会的责任——组织应干什么。

要全面考虑到以上四点，就必须制订一个有效的战略规划，这是取得成功的基础之一。拟定战略可采用系统论的观点和方法，只有系统的方法可以综合考虑和处理以上四方面的内在关系，制订切实可行的计划。有时组织看到了市场机会，但往往没有资金力量去投入，或是缺乏资源与能力。同样，也可能在做战略规划时管理人员对此机会很感兴趣，但组织（企业）没有能力或没有考虑到履行的社会责任（如没有预见到形成污染环境的后果）。要在战略规划中对以上四点做综合考虑，是一个非常细致和复杂的工作。

也有这种情形，计划人员并没做细致的战略规划，却得到了意想不到的成功。这种幸运的机遇的可能性是存在的。主要是由于他们的直觉刚好与环境机会相吻合，无意识地符合了客观存在的需要。但无论如何，如果经过更仔细的、科学的规划工作，成功的可能性肯定会大大增加。

（三）资源配备

计划过程最终将得出执行任务的作业计划（进度计划）。实现这些计划必须要有相应的资源。管理者的职责是配备所需的资源并督促人们用好资源。任何组织和作业都有人力、物力、财力与技术需求。对于日常作业，要求有一定现金、原材料、人力和作业方法（程序）。对于技术上的创新，则需要有新的资金来源、不同的原材料、特种技术人才和不同的作业程序。

在小的组织里，主要管理人员往往亲自参加对这些资源的筹措与调度。在大型组织里，各分部门（总部的下属部门）的负责人将参与资源的准备：申请资金、购买新设备、准备所需的特种材料、训练新人员、配备后勤与职能人员、进行工程设计、法律咨询等。新产品开发项目组的管理人员往往要为获得所需资源努力"奋战"。

在非营利组织和政府机构中，配备资源的工作要占用管理人员相当大的一部分时间。做预算和分配资源过程是永不终止的，要对预算进行审核和再审核。资源分配往往是根据过去的预算做少量的调整。另一种方法是根据目标和计划做出预算，这种方法能鼓励人们进行创新性改进。

管理人员不仅要注意资源的数量，更应关心其质量，特别是人员的素质与水平，必须经过严格的挑选，精选有用的人才。

（四）组织

有了所需的人才与物力、财力，把它们简单地放在一起并不能产生出应有的绩效。这里需要由管理工作去设计、开发与建立一种组织结构，以有效实施所拟订的计划，达到预期的目标与效益。建立组织结构包括进行分工和进行整合（综合）。结构的模式与相互关系往往用组织结构图和工作流程图来体现。组织图表中要表明分工情况、生产指挥系统与职能部门的关系、上下左右的关系及各部门的责权。流程图反映生产过程或提供服务的工作过程。

组织结构和流程的设计必须符合特定的条件。考虑的因素包括：人员的数量、工作专门化程度、所运用技术的种类、工作的复杂程度、工作的独立程度、与外界环境相互作用的情况。总之，情况越复杂，越需要管理人员进行精心的、明确的组织设计。

对于环境稳定的情况，组织结构和过程可以经年稳定不变。相反，在环境多变的情况下，例如，高技术产业，必须用柔性组织结构，建立工作组、项目组等形式来应对。

（五）实施

在目标、计划、资源和设计均安排就绪后，就需要发挥能力去实现它，在日常活动上坚持不懈，直到得出预期的结果。组织的整个业绩是建立在日常活动的基础之上的，管理人员须按照计划和程序来指导日常的活动。

一般说来，在实施上投入力量的大小在很大程度上取决于管理人员的影响力，包括对其上级、下属和同事们的影响能力。在财力、物力与技术能力均具备的情况下，实施主要取决于人们潜力的发挥，这里的关键因素是领导艺术和激励。有效管理者应具有以下的行为。

（1）支持：要使人们感到从事该活动有价值而且重要。

（2）互相促进：鼓励小组成员间建立和保持亲密、融洽的关系。

（3）强调目标：鼓励成员热情地去完成目标，达到优异的业绩。

（4）创造工作条件：通过计划、协调和材料、工具与技术知识的准备，帮助人们更好地完成目标。

上述的支持与互相促进是做好人的工作，处理好人际关系；强调目标与工作条件是做好同工作有关的准备。从下属来看，一个好的领导既要帮助下属明确目标，又能给他们创造良好的完成目标的条件。

好的管理者要能创造出激励人们努力工作的气氛。

（六）控制

度量和评价结果是评估组织业绩的必要步骤，并且可得知完成工作的情况。控制的功能是使组织的活动不偏离目标，它同计划功能是密切相连的。计划为控制过程提供了框架，同时，控制阶段的反馈又向计划提出进行计划调整或重新制订计划的需要。

控制工作不仅要关心工作的结果（产出多少），而且要关心工作的质量如何（如完成的手段是否合法，资源利用率如何，工作者精神状态如何）。如果产出无法计量，那么可以了解人们的行为如何，因为它直接关系到工作的绩效。

优秀的管理者集中注意力于关键的目标和行动计划。做好控制必须要有准确可靠的信息，需要时间和精力。因而，必须注意摆脱琐事，抓住要害。

事物是在动态中发展的，各项功能也不总是按部就班、四平八稳地进行的。但它们之间又是高度相关的（图2）。管理工作包括保持稳定、连续、适应和创新。要在环境、目标变化情况下做好动态平衡，根据环境的变动进行适当的调整。

二、组织的社会责任

任何一种组织均是社会的一个组成部分，是整个社会系统的一个子系统。因而一个组织除了完成其组织目标和绩效外，必须履行社会责任。

在很多情况下，组织完成目标与提高组织本身的绩效，就是履行社会责任。学校完成培育人才的任务，提高教学质量，本身就是履行社会责任。医院做好治疗工作，本身就是履行了救死扶伤的社会责任。企业提高其产品质量及扩大生产规模、增加从业人员，也是履行了社会责任。因而，在完成本组织目标和提高绩效同增进社会利益目标一致的情况下，促进组织发挥功能、提高绩效是一个社会组织的首要社会责任。

但在不少情况下，提高本组织绩效同履行社会责任是相违背的。最明显的例子是本组织的活动造成对环境的污染。某些新技术的应用虽给本单位带来效益，但却危及人民健康。在这种情况下，一个组织必须正确处理本单位绩效与社会责任之间的矛盾。首先是努力使本单位绩效同履行社会责任的矛盾统一起来。例如，工厂采用的工艺流程污染环境时，应设法开发不产生污染的绿色工艺，从根本上解决对环境的污染，如一时无法采用清洁工艺时，至少应在末端技术上设法改进，以防止污染物的排出。

许多发展中国家步先进工业国家走过的老路即"先污染后防治"，为此付出了很大代价。我国工业发展的道路不应再走前人走过的弯路，应走可持续发展的道路，将发展与环境、资源统一考虑。只有走可持续发展的路子，发展道路才会越走越宽。相反，片面强调发展，忽视环境，以致破坏性地运用资源，到头来必然造成资源枯竭、生态环境破坏、人民健康水平下降，无法维持长期的持续发展。因而，在当今社会日益进步，人民生活质量要求不断提高但又面临着环境恶化威胁的情况下，任何一种组织，特别是工业企业，必须把履行社会责任、保护生态环境、提高生活质量放在头等重要的位置。

第三节 管理过程——决策制定与实施的过程

从本章第二节讨论中得知，决策贯穿于管理过程的各个环节，管理工作的好坏取决于决策是否正确。正确的决策使一个组织得到良好的业绩，使组织得到生存、发展和兴旺发达。反之，错误决策导致组织的失败与破产。要保证组织获得良好业绩，必须重视管理与决策。

本节讨论以下问题。

（1）管理过程就是决策的过程。
（2）决策过程的程序及剖析。
（3）非程序化决策与程序化决策间的转化。
（4）决策过程的渐进性与不连续性。
（5）抉择行为与理性限度。
（6）管理过程中决策的组织与分工。
（7）组织影响决策执行的方式。

一、管理过程就是决策的过程

管理过程之所以是决策过程，首先在于管理过程中的各项功能（职能）都离不开决策，决策是管理的中心工作。也就是说决策寓于管理过程的始终，寓于管理过程的不断反复循环的过程之中，这一点已在本章第一节和第二节中说过。

在复杂的具有多层管理的组织中，为拟定决策和执行决策以实施组织的目标与战略，从组织的最高层领导到各高层管理者、中下层管理者直到基层管理者，各级均在进行各种各样的管理决策，构成了一个庞大的多层决策系统。因此，一个复杂组织的管理过程就成为一个上下联系、互相沟通的多层决策过程。这个复杂组织的业绩在很大程度上取决于这个多层决策系统工作的效率与工作质量，取决于其决策的正确性。

要保证这个庞大的多层决策系统有效地运转和开展工作，并使组织上下沟通做出互相联系、目标一致的正确决策，必须对管理过程的决策进行良好的组织、分工、协调，这些内容将在本节和第四节继续讨论。

二、决策过程的程序及剖析

简单地说，决策过程可以定义为对备选行动方案的抉择。一般地说，完整的决策过程的程序包括：确立目标、定义问题、拟订备选方案、评价方案、方案抉择、决策的实施、控制与评价等七个步骤（图3）。

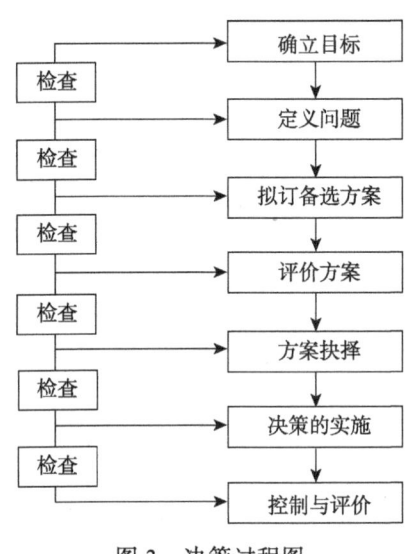

图 3　决策过程图

（一）确立目标

组织要对影响其绩效的各个领域均设定目标和完成目标的度量标准。

（二）定义问题

决策必须是针对问题的。问题的重要性取决于它同实现目标差距的关系。在决策过程诸多步骤中定义问题是最重要和最困难的一步。造成其困难的主要因素如下。

（1）人们认知能力的限制。

（2）如何真正把定义的问题同所需解决的主要问题切实地联系起来，如果问题不针对所需解决的主要矛盾，将事倍功半。

（3）如何真正找到问题的症结所在。

（三）拟订备选方案

进一步的关键在于如何从众多备选方案中选择出少数有效而又可行的方案。运用"制约因素原理"是解决这一问题的有效方法。如果能先找出解决所定义问题的"制约因素"，那么就可把拟订备选方案集中到针对"制约因素"的为数不多的备选方案上。

(四) 评价方案和方案抉择

这两步的关键是抉择的观点与标准。经济学家与管理者往往持有不同的观点，寻求最优解还是满意解是分歧的主要方面。这里有一个理性限度问题，下面将作进一步展开。

(五) 决策的实施

问题真正得到解决，不仅在于有一个好的决策，而且更重要的在于使好的决策得到真正、切实的实施，见到效果。在多层管理系统中，高层领导亲自拟定决策，深知决策的重要性。而通过层层下达，很可能遇到不经心的下属，他们很可能不如上级那样来认真地把制定的决策切实付诸实施。解决问题的要点：一是领导要亲自抓重大决策的实施，把决策转化为整个组织的行为；二是要加强信息沟通，使层层下属了解决策的重要性，并能把下属对决策实施中的问题及时反馈给高层管理者。

(六) 控制与评价

决策执行得如何，需要通过"控制与评价"系统将执行结果与完成目标的度量标准（具体的可度量目标）相比较。如果发觉有偏差，便需分析是执行中的问题，还是目标不切实际。如属后者，必须对目标进行调整，这将导致重新确定目标。在当今世界动荡、环境多变的情况下，重新制定目标、重新决策的情况往往是不可避免的。即使总目标不变，中间层次目标根据环境变化做相应改变是完全可能的。由此可见，"控制与评价"系统在通过决策过程使组织适应环境调整目标，保证制定的决策切实实施，提高绩效方面是必不可少的。

以上所述的是决策过程的一般步骤。在实际工作中，许多决策会或多或少遵循上述步骤有意识地进行，这主要是处于组织上层的较常规的重大决策问题。处于组织下层的生产/业务活动中的一些日常的决策活动（如操作者的日常作业活动），其决策过程要简单得多，而且往往是下意识地进行着其日常决策。

三、非程序化决策与程序化决策间的转化

组织中存在着各种各样的决策，决策理论学派从各种角度对其进行分类剖析。这里用图示法来说明各种决策及其与问题性质和管理层次的关系（图4）。

程序化决策主要是对结构性的问题做决策。结构性问题一般是指日常的、重复出现的、具有规则性的问题。例如，一个车工在其操作过程中所做的决策是程序化的决策。他在操作车床中有许多指导操作的工艺程序卡与操作守则。他可以根据这些程序卡和守则上的规定有序地进行操作，因此一般情况下他的决策是非

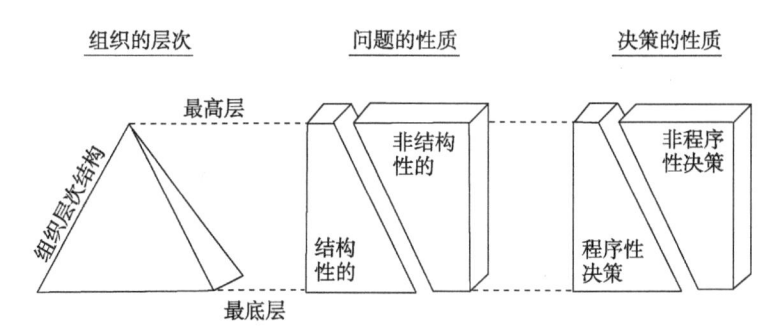

图 4　决策与问题性质和管理层次的关系

常程序化的。另一个说明程序化决策的例子是，对库存标准件制定订货单。仓库管理定期要对各类常用的标准件做订货决策。管理员可以遵循常规根据预先拟定好的最高（最大）、最低（最小）储备量和订货点发出订货通知。可见，这种决策是程序化的、重复性的工作，主要根据已经拟定好的标准来做决策。非程序化决策是针对非结构化的新问题和不重复出现的复杂情况。例如，开发一种创新型汽车的决策、聘任一位大企业总经理或副总裁的决策。一般说来，战略性的决策都属非程序化决策，无常规可循，需要根据特定情况进行独立判断和决策。

纯程序化的或纯非程序化的决策是很少见的，大部分的决策介于两者之间：偏程序化的或偏非程序化的决策。一般说来，上层管理所面临的大多是非结构性的问题，以非程序化决策为主。下层管理面临的大多是结构性问题，因而以程序化的决策为主。根据 H. 马丁对组织中四个不同层次管理人员所做决策的研究与分析，高层次的管理人员的决策大多是针对时间跨度长、不连续性大、时间限制的弹性较大、数据少、因果关系较抽象、不确定性较大的问题。

在实际管理工作中，组织的高层领导与管理部门要将其所遇到的非程序化决策问题进行分析、解剖，转化为若干程序化的决策问题，下达到下级单位去研究解决。从这一点来讲，上层管理的一项主要工作是设计和拟定为下属进行决策所需的具体政策规定和程序。

四、决策过程的渐进性与不连续性

这是决策过程的又一个特征。决策的实践表明，对于一些重大的非结构性问题的决策，不可能是一次完成的，往往需要经历较长的时间，进行决策—评价、修正—再决策—再评价、再修正……再决策的反复过程。这种决策的渐进性是符合认识论的规律的。由于人们认识能力的限制，或是由于事物的显露需要一个过程，对于复杂问题的认识和决策需要有一定的时间。另外，信息供应的不足，分析所需人力、费用等条件的不足，问题的复杂性高和确定目标的难度大等，也是形成决策过程长的因素。因而对于一些重大目标的确定，往往需要有一定灵活度，采用连续、分步的确定，根据反馈进行逐步修正和变更，决策—再决策反复进行的方法。有些学者认为重大政策的决策是一个分步进行、永无终止的过程。

五、抉择行为与理性限度

在决策备选方案的抉择上存在着两种不同的观点和理论。其中一种是早期经济学家的主张和理论，主张按理性原则，要寻找出所有可能的备选行动方案，计算出各方案的效果，从中选择最优方案，达到最大的利益（或效果）。这就是西蒙所指出的"客观理性"原则。在西蒙看来，这种理论（理性原则）包含了三层意思：①决策之前，全面寻找备选方案；②考察每一抉择可能导致的全部后果（效果）；③具备一套价值体系，作为对全部备选方案进行抉择的准则。

按照西蒙的观点，这种被人们认为是理性的行为，实际上是不现实的。其原因至少有如下三个方面。

（1）按照理性的要求，行为主体应具备关于每种抉择后果的完备知识和预见。而实际上，对执行备选方案所得结果的预见总是不完整的。

（2）由于后果发生在未来，在评价时只能凭想象来弥补其欠缺。因而，对实现方案的价值的预见也不可能是完整的。

（3）按照理性的要求，行为主体要在全部备选方案中做抉择。但实际上人们只能考虑全部可能备选方案中极其有限的几个。

这几点是西蒙所称"理性的限度"的主要原因。除此以外，管理实践经验还表明，构成"有限理性"的因素还有以下几点。

（1）人们知识与能力的局限性。

（2）资源的有限性。在一定条件下人们能用来进行备选方案设计、分析和抉择的资源是有限的，限制了人们"穷举"所有备选方案。

（3）时间的有限性。实际管理决策在很大限度上受制于时间。特别在当前环境多变、竞争激烈的条件下，一个方案所能带来的效果在很大程度上取决于方案实施的迟早，这往往是决定成败的关键。如市场竞争剧烈条件下的新产品开发，人们宁肯选择效果次优但能及时供给的方案，而放弃那些虽能获最佳效益但时间拖得过长以至丧失时机的备选方案。

（4）不确定性是制约人们去追求理性行为的主要客观因素。备选方案中对未来的估计充满了许多不确定因素，极大地制约了人们寻求最优方案的拟订与抉择。

（5）对理性影响的另一个极其重要的因素是政治、社会因素。任何层次组织中均存在着权力链,这种权力的层次控制必然会对处于不同层次管理者的决策行为产生影响。一个社会组织中往往存在着不同利益集团之间的矛盾，它们会影响决策者的行为。决策者为了协调不同利益集团的关系，往往会做出折中性的决策。例如，在一个大的股份有限公司内，股东、职工和经理层之间存在着利益上的矛盾，企业的某些战略性决策往往兼顾不同利益集团的需要,以谋求组织的稳定。

以上分析表明,理性的决策实际上是不存在的,决策行为上的理性是有限的,决策往往是折中的,管理者寻求的是现实的、"满意"的方案,而不是不切实际的"最优"方案,人们称之为决策的相对性。有些学者把这一种决策理论称作为"管理者"的决策理论,而把单纯从经济观点的理性决策理论称为"经济人"的决策理论。当然这里的"经济人"的概念与人们批判泰勒管理理论时所指的"经济人"不是完全相同的概念,只是在"单纯"的经济观点上有类同之处。

六、管理过程中决策的组织与分工

在一个组织的庞大决策体系中,如果任凭组织成员各自为政地进行决策,那么要想实现组织目标,提高组织的绩效,是不可能的。必须对管理过程中的决策进行组织,作必要的集中。

在组织中进行决策的组织分工有以下几种方式。

(一) 决策制定者与执行者的分工

这是一种把执行者(操作者)的决策权集中到决策制定者(管理者)手中的方法,其目的是达到行动的一致性。例如,军队中长官与参谋拟订出作战方案,由士兵去执行,这便是西蒙所说的用长官头脑指挥士兵的手足去打仗。

(二) 上层管理者与下层管理者之间的分工

在多层次的庞大决策系统中,将浩繁的决策工作分别交给不同层次的管理部门,有利于提高决策的效率与质量。

一般说来高层与上级管理部门主要负责非结构性问题的非程序性决策,而且负责将非程序性决策分解、转化为程序性决策,交由下级管理部门去进行。下级与基层大多从事结构性问题的程序性决策。

以上两类均属纵向分工。

(三) 按管理职能的横向分工

在经济组织和一部分社会组织内,一般会按计划管理、技术管理、财务管理、人事管理、后勤管理等不同管理职能进行决策分工。这种按管理职能的专业化分工,有利于提高决策的质量与效率。许多涉及科学技术与管理专业领域的决策问题,其决策的拟定与执行不仅要具有一般知识与管理经验,更需要有足够丰富的专业知识与经验。为了积累知识和经验,需要进行决策的分工与组织,让一部分专业人员稳定在专门的岗位上。

管理过程中决策的组织,除了组织分工以外,还必须有集中的一面,这也是提高决策过程质量与效率的需要。

协调是使组织中成员的决策趋于一致的重要功能与措施。这种协调可以是程序性的协调，也可以是业务性的协调。程序性协调是组织本身的规定，也就是规定成员的决策行为和相互关系，并通过构造出的权力关系链条（权力链），规定了组织中每个成员的决策活动范围。而业务性协调则规定了组织成员的工作内容。例如，对一个机床厂来讲，工厂的组织系统图体现了程序性的协调内容，而工厂的设计图纸、工艺规程等则属于业务性协调的内容。

职责和规章是把组织中成员的决策范围加以确定以保证决策一致性的组织措施。它把协调功能加以固定化和制度化，从而用行政管理手段迫使个人遵守集体及上级管理所做出的决定。下属人员的决策权，将被限制在高层与上级管理人员（部门）所制定的规章与职权范围之内。

七、组织影响决策执行的方式

组织中上层所做的决策，必须下达到基层，去指导操作人员（业务人员）的活动。决策的这一下达过程和影响操作人员的方式大致有两类：①影响操作人员的精神状态、工作态度和习性，引导操作者做出有益于组织的决策；②驱使操作人员接受别人的决策。第一类影响方式主要是通过谆谆教诲，使职工树立对组织的忠诚心，激发职工关注提高效率和效益。改善第一类影响方式的途径是培训。第二类影响方式主要是通过行使权力、进行劝说和信息沟通。下面我们就影响决策执行的方式做扼要讨论。

（一）权力

上级管理人员在行使权力时，不谋求下属心服，取得下属的默认即可。实际上行使权力往往和建议、说服结合在一起。行使权力的一个重要作用，就是在存在意见分歧时，仍可以做出决策并予以执行。但权力不宜过度使用，以免引起下级的不服。只有当人们在某一具体问题的决策及其执行上无法取得一致意见时，才求助于使用这种正式的权力关系。在组织中建立正式的权力结构通常是同人事任命与免职等相联系的。在组织的日常工作中，正式的权力链往往以非正式的权威关系（权威则更多是依靠人们在群众中树立的威信）作为补充。

（二）对组织的忠诚心

一个有组织的团体的成员，往往倾向于把自己同那个团体联系在一起，以那个团体来代表自己。这种认同的现象，是有组织的人们行为的一个普遍的特征。在决策拟定过程中，组织成员在认同机制作用下，以决策后果对组织的影响来评价备选方案。

认同机制有时会给组织带来不同程度的困难。在大型组织或团体、机关内，有些部门的成员往往以对本部门的认同代替了（胜过了）对整个组织的认同，形成了小团体主义与部门的本位主义。这往往是大型管理组织所特有的部门间"扯皮"和冲突的一个主要原因。因而在大型组织中，首先要强调和教育职工对整个组织的认同，以全局观点来正确处理本部门与其他部门之间的关系，特别是关于资源（资金）分配上的关系。

（三）信息沟通

通过各种信息渠道（正式的与非正式的）把组织的决策传达到组织各层次和有关职工，是影响决策执行的重要方式。发布通知是组织沟通的一种方式。关于信息的沟通，将在本章第四节做专门讨论，这里不赘述。

（四）培训与学习

培训与学习作为一种组织影响成员执行决策的方式，同对组织的忠诚心一样，是一种"由内而外"（从组织成员内心出发）影响组织成员执行决策的方式。从这一点讲，它与以上讨论的几种影响方式不同：培训与学习的结果会使组织成员自己做出满意的决策，而不是不断依靠外力的强制作用（权力、发布通告、提出建议、劝说等）去影响执行者。

培训包括在职培训和职前培训。在选干部时考虑根据一定学历委以职务，组织的着眼就在于依靠职前培训保证被委托者能做出正确的决策。培训和授权范围两者是相关的，两者的匹配是保证决策的正确与顺利执行的重要条件，也是在管理组织设计中必须考虑的一个重要因素。

在同样的因素会在大量的决策过程中反复出现的情况下，培训是非常有必要的，因为：①培训可以向受训人提供处理决策所需要的价值因素（价值观）；②培训可以给受训者提供一个在决策中进行思考的框架；③它可以向受训者传授解决问题的各种方法；④可以向受训者提供处理决策所需的事实依据（决策执行的后果）。

第四节　管理过程——信息联系过程

我们将管理过程作为功能实现过程和决策过程进行讨论后，接着将管理过程作为信息联系（沟通）的过程进行讨论，这是因为三者是紧密联系、合而为一的过程。管理诸功能的实现无不包括决策的行为，而决策的正确又不能离开信息的沟通。

一、组织中的信息联系功能

首先，可以毫不夸张地说，信息联系的功能是组织中达到目标统一、行动一致的重要手段，离开了组织中上下左右的信息沟通，组织的统一目标与统一行动均无法实现。正如我们在前文中所阐明的，信息联系是把人们连接到组织目标的桥梁。

其次，信息的反馈是正确决策赖以进行的物质基础。"情况明，决心大"，如果决策者对情况一知半解、模糊不清，就无法正确判断和做出决策。正确的决策不能来自臆想、猜测，必须有翔实的情况为依据。

再次，信息沟通是改变人们行为和调动人们积极性的重要手段。组织中存在着上下级、各类人员之间的种种矛盾，这些矛盾的处理一刻也不能离开人们的信息沟通，特别是上司和下属的信息沟通是调动职工积极性的重要方面。

最后，信息沟通是组织综合和实现各项管理功能的手段。通过信息联系才能将组织的统一目标分解下达到各部门和基层，才能拟订实施目标的计划，才能组织人力、物力、财力有效地完成任务，才能实现领导、指挥和对人们的激励并营造出发挥人们潜力的气氛，才能实现对绩效的控制。

图 5 描绘了信息联系沟通了各管理功能，并促进了各管理功能的实现。同时，从图 5 中也可以看出通过信息联系使组织内部同外界沟通了联系，了解了顾客、政府、社会对本组织的愿望、需求和法令法规等。只有通过信息联系，组织才真正成为与环境相互作用的开放系统。

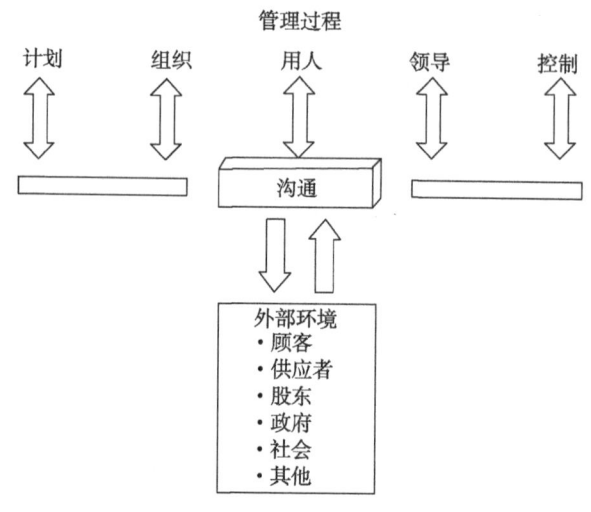

图 5 沟通的目的与功能

二、信息联系过程在现代高速管理中作用的变化

在现代高速管理中，信息联系过程在组织中已从非核心的地位转化为核心地位。随着环境变动速度的加快，企业竞争优势的构成发生了变化。在竞争加剧的 20 世纪 80 年代里，企业竞争优势主要取决于企业的多样化战略，谁能不断提供质优价廉的新产品，谁就能取得竞争的优势，立于不败之地。在这种竞争战略下，

信息沟通虽然起着非常重要的作用，但居于核心地位的还不是信息沟通，第一位是产品的独创性和研究发展活动，信息沟通功能是第二位的支撑活动。

然而，随着竞争的进一步加剧，对迅速变化的市场反应快慢成为决定竞争优势的首要因素时，企业中的信息联系功能就已转化为构成一个组织（企业）竞争优势的最核心的活动。20 世纪 80 年代后期日美竞争的事实结果充分证明了这一点。日本企业就是依靠以快速、有效的信息联系为核心的高速管理（high-speed management）在国际竞争中战胜了其竞争对手。

在把产品迅速推向多变的国际市场的国际竞争中，速度为何起着决定性作用？主要取决于以下三个因素。

（1）迅速变化着的技术。
（2）市场的迅速饱和。
（3）估计不到的世界范围内的竞争。

为了应对这种难以估计的高速变化，企业发展了适应这种变化的高速管理。高速管理包括一组由信息联系和管理组成的管理方法①。它采用了由信息联系原则和信息技术组成的快速反应系统，这种系统具有创新、适应、柔性、高速等特性。它要求减少层次、简化管理系统，以便使组织内的信息联系过程得以迅速、有效地进行。

高速管理实现了以下几种信息联系过程。
（1）相互联系的协商过程。
（2）经常的会议联系过程。
（3）多功能的小组活动过程。
（4）对达到世界水平竞争者的发展过程做典型研究。

第五节　管理过程——正确处理矛盾的过程

任何一个组织中均有不同专业、技术、教育水平、年龄、性别、种族的职工，这些职工又会根据组织任务的需要组成各个部门和工作单位，被划分为不同的管理层次。这样就不可避免地会出现各种各样的矛盾：部门之间的矛盾、领导与群众之间的矛盾、群众之间的矛盾。这些矛盾若处理得好，则可以调动各部门和广大职工的积极性，使组织的任务完成得更好。反之，矛盾发展得很尖锐以致形成对抗性矛盾，就会起破坏作用，不仅不能完成组织的使命和任务，还会使整个组织蒙受重大损失。因而必须正确对待、谨慎地处理好组织中出现和存在

---

① 对高速管理的进一步了解可参考 S. King（金）等主编的 *High-speed Management and Organizational Communication in the 1990s*，State University of New York Press（《20 世纪 90 年代的高速管理与组织沟通》，纽约州立大学出版社）。

的种种矛盾。

一、对组织中的矛盾的观点及其变化

对组织中存在和出现的矛盾怎么看？不同学派有不同的看法。早期的传统管理学派的一些代表人物和实际管理者认为，矛盾对组织是有害而无益的，他们把矛盾同暴力、破坏、缺乏理性视为同义词。鉴于这一认识，他们认为管理的主要责任是保证避免出现、消除和杜绝组织中的一切矛盾。但是，矛盾的客观存在和不断出现是无法消灭、无法回避的。由于缺乏对待矛盾的正确态度和方法，20世纪初期曾出现了工人捣毁机器、罢工等各种对抗性事件。

行为学派的出现，正是有意无意地认识到了组织中矛盾的不可避免性。他们试图用心理学、社会学等方法来认识组织中存在的各种矛盾现象并寻求正确的解决途径。

但这两个学派却在管理哲学思想上具有同样的局限性：不能以两点论来全面看待矛盾的作用与意义，没有认识到功能性矛盾存在的必要性与价值，看不到矛盾对促进组织进行改革从而保证一个组织像有机体那样健康发展的作用。之后，有第三种观点的出现，持有这种观点的也被称作为"互动论"者，其早期的代表人物是社会学家路易斯·A. 科斯尔（Lewis A. Coser）。他认为矛盾与不平衡从长远观点看对组织和社会可能是有益的，因为矛盾可以破除常规和产生出创新的火花。社会中的矛盾可能导致某些衰弱组织的失败，但同时促进了优势组织的发展，最终有利于整个社会和产业的发展成长。这种互动论的观点与行为学派的主要分歧点如下。

（1）互动论承认矛盾（功能性矛盾）的绝对必要性。

（2）互动论鼓励功能的对立。

（3）互动论主张正确处理矛盾，包括激发矛盾和解决矛盾两个方面。

（4）互动论主张正确处理矛盾是一切管理者的一项主要职责。

按互动论者看来，变革来自矛盾的不满，来自改革的愿望，来自不同的创造性发展。换言之，变革不会自行到来，而是由矛盾引发的。他们又认为矛盾到达最高点引发革命，如矛盾达不到所需高度则应加以激发。

传统论者最大的不足之处是不能区别功能性矛盾与非功能性矛盾，行为学派在这一点上也存在很大不足。

毛泽东同志在《关于正确处理人民内部矛盾的问题》一文中对矛盾的论述对当时、今天以至未来，认识、把握以及处理组织中的矛盾具有十分重要的意义。正是在这种思想影响下，我国不少企业和组织中出现了领导和群众相结合、群众参加管理的种种正确处理组织矛盾的新创举，极大地调动与发挥了群众的积极性和创造性，不仅保证各种组织完成了任务、目标，而且极大地推动了我国经济、科技和社会文化的蓬勃发展。

二、正确处理组织中矛盾的重要性

上述诸派别对矛盾所持的不同观点，除了其哲学思想和认识论上的不同之外，最重要的分歧之一在于：对矛盾在组织中的作用做何估价。

在本章第一节中我们讨论了组织的目标在于求生存、求发展。如何才能赋予组织以生命力，使其健康发展？这里必须弄明白组织生存与其矛盾的关系。从辩证法与矛盾论的观点来看，矛盾是普遍存在的。作为社会中一员的任何一种组织，同样生存于各种矛盾之中，正是这些矛盾的运动促进了组织的活力、生存和发展。其间的关系如图 6 的"矛盾-生存"模型所示。

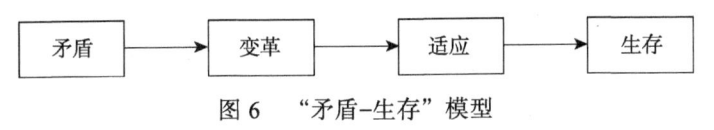

矛盾 → 变革 → 适应 → 生存

图 6 "矛盾-生存"模型

组织为了求生存，必须适应环境的不断变化，要适应变化着的环境，组织自身必须不断改革（变革），而变革的动力主要来自矛盾的运动。正如图 6 所描绘的（自左而右），矛盾推动变革，改革带来了适应，通过适应，组织才能生存和发展。

按照相似的思路，可以推断得出处理好矛盾与组织绩效的关系。组织行为科学家的大量试验和分析表明，矛盾多的小组如果处理得当其绩效要比那些一团和气而无矛盾的小组的业绩好得多。据调查，高矛盾小组的平均改进比低矛盾的小组要高出 73%。

有些无矛盾的小组的情况往往是这样的：组织中绝大多数成员具有相同的背景、经历和工作态度。如果"矛盾-业绩"模型成立的话，最高的业绩应属于那些小组内不完全一致的情况（图 7）。很多实验证明了这一特征。很多行为科学家组织的实验证明，成分复杂的小组的业绩比成分单一的小组要好。"杂交"之所以出优势，就在于这是小组内正确处理矛盾运动的结果。

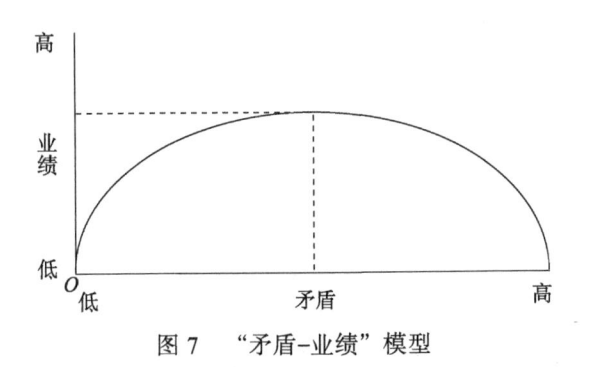

图 7 "矛盾-业绩"模型

矛盾有益，但也不能走向另一极端："矛盾越大越深，越好"。对矛盾的处理必须适当,过高的矛盾同样具有破坏作用。图 7 较形象地描述了掌握矛盾的度（"火候")及其与组织业绩的关系。

三、组织内矛盾的类别及成因

组织内矛盾很多,管理中最常见的矛盾可以分为三大类:第一类是人际矛盾,主要有工作者与工作者之间的矛盾、工作者与管理者之间的矛盾、领导与群众之间的矛盾、管理者与管理者之间的矛盾及领导成员与领导成员之间的矛盾。第二类矛盾是部门与部门之间的矛盾,例如,企业中生产部门与技术部门之间的矛盾、技术部门与营销部门之间的矛盾是最常见的矛盾。第三类矛盾是组织与环境之间的矛盾。下面分别讨论这些矛盾及其成因。

(一)人际矛盾

上面已列出了组织中的各种人际矛盾。从管理学的角度来分析,最主要的是工作者与管理者的矛盾、领导与群众之间的矛盾。引起矛盾的最主要因素是人们在组织中所处地位的不同,因而看问题、处理问题的角度不同。操作者与基层管理人员重视日常工作的完成,而处于上层或最高层的管理者与领导者往往从长远的战略和全局考虑较多。这种地位、观点、目标上的差异是形成组织中上下级之间矛盾的主要原因。引起领导与群众之间矛盾的一个主要因素是领导者与管理者的作风。官僚主义作风、缺乏民主作风是引起和激发人际矛盾的要因。解决的方法主要是改进领导作风,领导者与管理者要深入群众、倾听群众的意见,改进工作作风。引起领导与群众矛盾的另一方面原因是来自工作者方面,例如不遵守劳动纪律、不注重整体利益。这时领导者应多做思想工作,提高群众的觉悟和全局观点,教育群众遵守纪律和国家法令。

引起人际矛盾的另一方面因素是政策处理不当,例如在劳动报酬制度、奖惩制度上缺乏公正性,男女同工不同酬、智力劳动与体力劳动报酬的倒挂,也是引起人们不满和产生矛盾的重要因素。解决的关键在于从组织的实际出发改进政策的处理。政策性处理不当的另一个常见的情况是责权间的不平衡,使工作者或下属感到有责无权。解决的方法是赋予责任时应给予完成职责的应有权力,做到责权的统一。

(二)部门与部门之间的矛盾

部门与部门之间、组与组之间的矛盾也是组织中常见的矛盾。例如,在企业中最常见的矛盾是生产部门与技术部门之间的矛盾、技术部门与营销部门之间的矛盾、科室(职能部门)与车间(生产部门)之间的矛盾。这种种矛盾均是由人们所从事职能(功能)不同而引起的。例如,生产部门往往抱怨营销部门接受的订货量小、品种杂,不利于车间组织批量生产、提高效率与效益,营销部门则责怪车间缺乏市场观念,不重视品种与质量,不考虑用户实际需要。又如,营销部门往往责怪技术部门只追求新技术、不从用户使用实际出发开发新产品，技术部门则抱怨营销部门不重视高新技术、缺乏长远的眼光。这种组织中部门间的矛盾是由所处功能地位不同而引起的。解决的方法，一是从加强整体观点的思想教育着手，二是采用部门工作人员的轮换制，使职能人员获得在不同职能部门工作的经历。

部门与部门之间矛盾的另一个形成原因是在资源分配上的矛盾。一定时期内组织中可供分配的资源是有限的。解决矛盾的办法，除扩大资源来源外，尽量做到从实际出发，分配中注意公平合理。

部门与部门之间矛盾的另一形式是上级公司（总部）与下属分公司（分厂）之间的矛盾，往往由总部集权过多、对下级部门干预过多而引起。解决的方法是尽量做到责权统一，保证下级单位进行独立工作（经营）所必需的完整责权。只有如此才能做到及时正确决策，取得良好业绩。集权过多、干预过多、规定过死的管理方法不适应当前环境多变的情况。

（三）组织与环境之间的矛盾

组织与环境之间的矛盾包括组织与市场之间的矛盾、组织与政府之间的矛盾、组织与用户（群）之间的矛盾、组织与供货组织之间的矛盾等。在当今国际环境多变的情况下，组织与环境之间的矛盾往往是引发组织内部矛盾的根源。例如，市场的多变会激化企业内部生产部门与技术部门、技术部门与营销部门、营销部门与生产部门之间的矛盾。政府政策的变化也往往是促使企业内部矛盾激化的因素之一。因而，如何使组织适应环境的变化，相应调整组织的战略与策略和进行组织内管理体制的改革，是当今组织，特别是企业转亏为盈、提高业绩的关键。关于拟定与调整战略的问题将在以后的篇章中讨论。

四、正确处理矛盾的方法

矛盾普遍存在，无法回避，只有正视它，积极引导和处理，发挥其积极有用的方面，克服其不利的方面，才能达到更好完成组织任务的目的。正确处理矛盾主要是两个方面：从积极方面出发，适当激发矛盾；适时控制矛盾和及时解决矛盾以防不可收拾。

（一）激发矛盾

若一个组织长期处于四平八稳的消极平衡的状态，领导者与管理者为了克服"死水一潭"的状况，有必要从积极的建设性的目的出发，引发和激发一些矛盾。例如，在现存的组织中注入新生力量，它的进入会带来新的观点、作风，使原有的组织得以激活和受到一定的震动。另外一种常用的方法是树先进、立标兵，在组织内、在各工作单位（组织）之间开展健康的竞争（竞赛），形成找差距、赶先进的风尚，有利于激发人们的斗志和提高组织的绩效。

及时废除陈规陋习，也是激发矛盾、推动人们进取的重要方法。有些人习惯于墨守成规、不思改革，当人们破除它时，必然会遭到保守思想的阻碍。这种矛盾的引发是必要的，也是积极的。冲破这种阻力后，组织的业绩才能达到一个新的水平。

（二）矛盾的控制

为避免矛盾导向不利于组织的方面，防止矛盾从非对抗性向对抗性方面发展，以致到不可收拾的地步，组织中的领导者与管理者必须适时控制矛盾的过度激化。控制与消除矛盾的方法是多种多样的，必须针对矛盾产生的根源。

对于因资源分配产生的组织间（工作单位）的矛盾，必须设法寻求额外来源或通过折中的方法来妥善处理。必须注意做好思想工作，要求各单位克服本位主义，服从全局，把有限资源优先用于对全局发展有决定作用的环节。

积极引导下属组织去争取更高层次的目标，是解决下属各组织间矛盾的有效方法。

在配备人员时，组织上要注意因才录用，用人之长，根据人们的不同个性和习俗配备人员，这些也是防止组织（工作单位）中人际矛盾产生的有效方法。

最后，正确运用各种协调机制和手段，也是控制矛盾的重要方法。

第二篇　生产管理板块

生产系统与生产管理[①]

这章讨论生产系统及其构成，并讨论生产系统与经济效益的关系。为说明生产系统与经济效益的关系，将引入生产系统的投入-产出模型，并以此模型为基础进行盈亏模型的分析，以阐明产量与效益的关系。然后，讨论生产管理的任务与功能。具体分以下几个问题讨论。

（1）生产系统的概念和构成。
（2）生产系统与效益。
（3）投入-产出模型与盈亏分析。
（4）生产管理的目的、基本功能与框架。
（5）生产管理课程的对象与方法。

第一节 生产系统的概念和构成

社会产品的生产与服务是通过生产系统来实现的，因而研究生产系统必须联系生产进行讨论。

一、生产与生产系统

生产是人们有目的的活动，生产过程为人们提供有用的产品或劳务（服务）。从定义来看，无一定目的的、偶然性的产品生产不属于我们所研究的范围。所谓有用的产品，是指能达到有用目的的产品。在商品经济条件下，这种产品是采取商品的形态提供给社会消费。[②]

从系统观点来考察产品生产，可以把将生产过程各要素转化为有用产品的系统称为生产系统。这个系统体现为一个有序地把投入转变为产出的过程，如图 1 所示。

从图 1 中，可以看到生产系统包括如下三个基本部分。
（1）投入（或称输入）。它主要指加工的对象和要素。
（2）转换过程（或称生产过程）。它指如何进行加工、生产或服务。

[①] 节选自：许庆瑞，王爱民，张友仁. 生产管理. 北京：高等教育出版社，1988：第一章。
[②] 至于武器是否可作为有用的产品，还是一个待商榷的问题。

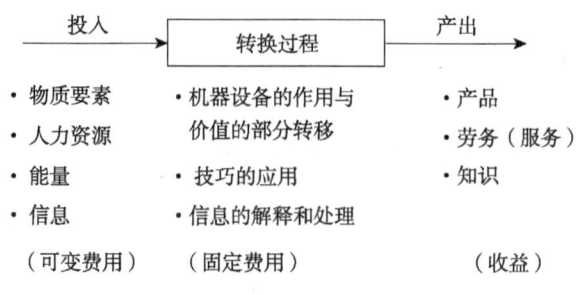

```
                投入              转换过程              产出
                  →            ┌─────────┐           →
                               │         │
                               └─────────┘
          · 物质要素        · 机器设备的作用与        · 产品
          · 人力资源          价值的部分转移         · 劳务（服务）
          · 能量            · 技巧的应用           · 知识
          · 信息            · 信息的解释和处理
          （可变费用）       （固定费用）          （收益）
```

图 1　生产系统的投入–产出过程示意图

（3）产出（或称输出）。它指产出的结果是什么。

由图 1 可以看到，与传统的生产相比，在现代生产中，知识和信息的作用越来越重要，知识和信息在投入要素中占着越来越大的比重。生产过程既是物质与能量的转换过程，又是信息的处理和变换的过程，这是由科学技术的迅速发展及其在生产过程中的广泛应用和世界经济的一体化与变化着的经营环境所决定的。因此，重视知识和信息的投入与转换，重视科技人员在生产过程中的创造性作用（这种创造性作用主要表现为对信息的解释和处理），是组织现代化生产的重要准则。

为了分析生产过程的经济效益，还必须从价值转移的角度来考察生产系统中的投入、转换和产出间的数量关系。

一种产出往往需要几种投入（如人力、原材料等）。在工业生产过程中，以费用来表示的投入，大多表现为可变费用；转换过程的设施与装置一般表现为固定费用；输出则表现为收益。关于这三者间的关系，将在本章第二节与第四节作进一步分析。但这里应指出的是，产品的生产过程不仅是使用价值（有用产品）的生产过程，而且是价值的再生产和增加的过程[①]，即生产中最活跃的要素——劳动力创造新价值的过程，这一过程可用投入–产出系统图表示（图 2）。

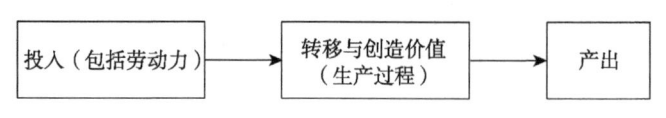

```
   ┌──────────────┐      ┌──────────────┐      ┌──────┐
   │ 投入（包括劳动力）│ →  │  转移与创造价值  │ →   │ 产出 │
   │              │      │   （生产过程）   │      │      │
   └──────────────┘      └──────────────┘      └──────┘
```

图 2　价值创造的投入–产出过程示意图

生产过程的组织与管理者的任务之一，就是使生产过程组织得最有效，使新创造的价值达到最大。

二、生产系统的构成

任何系统都是由若干个相互作用的组成部分在统一目标下构成的，各个组成部分本身可以是一个较为简单的系统。各个系统是以不同目的区别开来的。一个

---

① 也称为价值附加的过程。

系统可以因实现其目标的需要而产生出一个组成部分（子系统）。这个子系统可以同其他组成部分相作用而共同实现整个大系统的目标。在研究复杂系统时需要较高深的理论与技术。

在社会-经济系统中，企业是其一个组成部分，是其一个子系统。而一个企业自身又可以区分为若干不同的子系统。

一般说来，一个大中型企业包括以下几个主要的子系统。

（1）生产系统（或称制造系统）。这里所说的生产系统是狭义的，这一系统是直接进行产品的生产加工或实现劳务的过程。这个子系统的工作直接决定产品的数量、质量与生产费用。

（2）研究开发系统。这一系统中进行着生产前的各项技术性准备工作以及产品的研究与开发过程。在现代化生产中，这一子系统的作用日益重要，在很大程度上预先决定了产品的品种、数量和其他经济效益指标。

（3）生产供应与保证系统。这个系统将提供足以保证生产不间断所需的物料、能源、机器等各种要素，并使它们处于良好的状态。这些虽属辅助性生产过程，但其重要性不亚于上述的生产与研究开发子系统，其工作质量对生产产生直接的影响。这一子系统的工作直接影响基本生产的进行与企业的经济效益。

（4）营销与服务系统。该子系统进行着生产后的销售与服务过程。广义的营销工作还包括生产前的市场调查与研究过程。

（5）生产计划与控制系统。该系统也可简称为生产管理系统。它好比人的大脑和神经系统，指挥与调节整个生产系统的各方面工作，保证生产高效率、高质量地进行。工业管理工程师将在这一系统中发挥其重要的组织作用与管理才能。

除以上系统外，企业中还有生活后勤系统、财务系统、政工与人事系统等。

本章所说的生产系统是广义的生产系统，它包括上述子系统中的生产系统（制造系统）、生产供应与保证系统、生产计划与控制系统。

可以看到，与大多数系统一样，企业系统包括了很多个平行的子系统。作为企业子系统之一的生产系统，一方面与其他系统并存，另一方面其自身又包含了许多子系统。这些子系统指挥并调节着整个生产系统各个环节的工作，以保证生产过程高质量、高效率地进行工作。工业管理工程师应在这个系统中担负重要的组织作用，担负着系统的设计、分析与管理工作。近代管理中也有把工业管理工程师称为系统工程师、系统分析师的。

第二节　生产系统与效益

生产系统作为一个投入-产出系统，必须讲求效率与效益。但企业作为一个社会和国民经济的基层单位，不仅要考虑自身的效益，还要考虑其活动对整个社会的效益，不断提高为社会作贡献的份额。因而对企业生产系统效益的评价必须具有全面的观点，既要考虑企业本身的效率、效益，又要考虑对国民经济、对整个社会的效益。不仅要从经济上考虑对社会所提供的效益，还要考虑对环境等非经济方面所产生的影响。这一点对社会主义企业来说，更是一个重要的问题。

一、生产率[①]

把企业生产系统看作一个投入-产出系统，生产率是衡量其活动效果的直接标准。

生产率是对生产效率[②]的度量，是指所产出的产品（或劳务）与生产过程中所耗费的资源的数量之比。简言之，生产率是产出与投入（或输出与输入）之比。

生产率有多种表示方法。把产出与以人时计算的投入（指实现这一产出量所需的人时数）相除，所得出的生产率就是劳动生产率。由于这种生产率没有把物化劳动的耗费计算进去，不能全面地反映投入产出之比，因而一种全面生产率指标应运而生。全面生产率指标是指产出与全部投入（包括劳动力与资金的投入）之比，这种指标对资金密集型产业具有更为重要的意义。

组织高生产率的生产，直接关系到企业经济效益的提高。高效率生产使单位产品成本降低，利润增加。生产率不高，不仅会影响到企业的经济效益，而且将对宏观经济产生不良影响。在生产率降低的情况下，产出数量下降了，但工资的支付往往并不因此而减少，也就是说，为社会提供的可供消费的产品数减少了，但消费基金并未成比例下降。这种因生产率下降而造成的供需间的差额，将成为形成通货膨胀的压力。相反，生产率提高，企业产品成本下降、利润增加，不仅有利于搞活企业经济，而且增加了社会主义积累，有利于经济的增长与社会主义国家的巩固与壮大。正如列宁所指出的，劳动生产率归根到底是新制度战胜旧制度的根本保证。

本章将讨论不同情况下组织高效率的生产的途径与方法。

高效率生产的重要前提之一是生产系统的产出（生产的产品或提供的劳务）符合社会与市场的需求。只有符合需求的产出才是真正高效率的产出，否则效率越高，社会效益越差。

由此可见，生产系统所需要的过程不是任意的一种过程，而必须是能将各项投入（包括人力、原材料、能量、固定资产）转化为符合社会与市场需求的种种产出（产品或劳务的输出）的过程。这需要发挥人们的创造性去设计与组织良好的生产系统。在这种系统中能将过程与产品（或劳务）很好地结合起来，使产品具有高质量，能充分满足使用者的需要，具有竞争能力（表现为最高的市场占有率），产品（劳务）成本最低，从而使利润或效益最高。

[①] 生产率的英文为 productivity。

[②] 生产效率的英文为 production efficiency。

必须指出，这里的过程是泛指的，不仅包括生产过程，还包括各种服务过程以及数据处理过程。它们同样存在着取得最大效益的问题。

二、成本、利润与价格

这里将从价值形态方面来讨论生产系统的设计与组织中常遇到的几个重要概念，以及它们之间的相互作用。这些概念是系统设计与决策中必不可少的。

从生产系统的投入-产出过程来分析（对照图1的投入-产出图），生产过程也是一个消费的过程，随着生产过程的推进发生着各种耗费。这些耗费从费用角度（称为成本）可分为两大类：可变费用与固定费用。那些与投入有关、随产量变化而变动的费用为可变费用（如生产工人的工资、产品直接消耗的原材料等）；那些同转变过程有关的费用如固定资产折旧费、管理人员和工程技术人员的工资等，往往不随产量变动而变化，一般称之为固定费用（或不变费用）。产品的成本主要由这两部分费用构成。用数学公式表示，则为

$$C = F + vQ \tag{1}$$

式中，C——成本；

F——固定费用；

v——单位产品的可变费用；

Q——产品产量。

如果说，成本是反映生产系统工作成效的综合性指标，那么价格则在更大范围内（包括产品品种的构成、营销活动等）综合地反映企业及其生产系统的效益。成本与价格、利润的数量关系可用数学公式表示如下：

$$Z = R - C \tag{2}$$

式中，Z——利润；

R——销售收入。

销售收入又可以用各种产品的销售量及价格表示如下：

$$R = \sum_{i=1}^{n} \text{Pr}_i \cdot Q_i \tag{3}$$

式中，Pr_i——产品 i 的售价；

Q_i——产品 i 的销售量（这里为简化起见假设产量等于销售量）；

i——销售的品种，$i=1,2,\cdots,n$。

销售收入（也称销售收益）与利润都是企业经营的重要目标，因而也是评价生产系统的重要指标。这两个指标同企业所生产产品的品种、数量、质量直接相关。从价格形成理论中，我们知道成本是构成价格的基础，价格高低决定了企业的利润总额。另外在商品经济条件下，存在着价格弹性，也就是说，价格影响市场对产品的需求。在商品竞争的环境中，企业某种产品的市场占有率受其价格高

低的影响。一般说来，价格上升会使需求减少。可用图 3 表示产品价格与需求间的关系。图 3 中虚、实两线是两条需求曲线，实线表示需求对价格变动有较大的弹性，虚线表示需求对价格变动弹性较小。在需求对价格变动弹性大的情况下，市场对生产系统提出了降低产品成本的更严格的要求。因为在市场竞争的环境中，如果因成本高而使价格高于竞争对手，企业销售额将会下降，其情况将如图 4 所示。

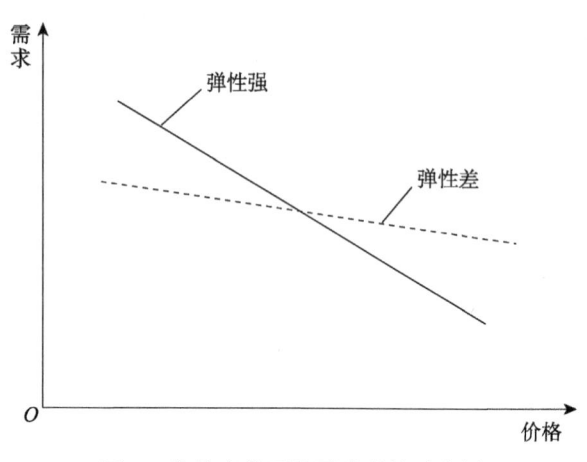

图 3　价格变化下的需求弹性示意图

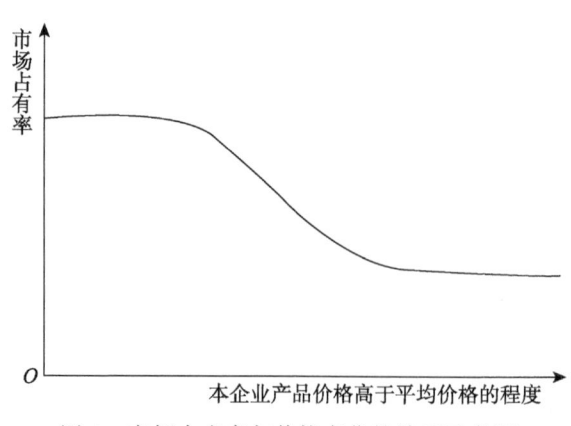

图 4　市场占有率与价格变化的关系示意图

以上分析表明，企业必须组织高效率的生产以降低成本，从而降低产品售价以获取较高的市场占有率。作为生产系统的设计与管理者，必须掌握价格、产量、成本这些概念及其相互作用的原理，并应用它来组织和规划生产。一般可按下列程序开展工作。

（1）选择生产系统的产出数量。

（2）确定单位产品成本。

（3）根据生产成本确定产品的合适售价（包括估计的销售费用、管理费用及应有的利润)。

（4）根据所定价格，估算社会与市场对产品的需求量。

（5）如果感到需求量过低，无法补偿生产过程的产出，那么应重新考虑定价水平；反之，则可以提高生产量去满足需求。

（6）反复平衡产量、单位产品成本、售价与需求量，以达到满意的结果，寻求一个能满足需求的生产量，同时又使成本达到最低。

为了降低产品成本，必须根据已确定的产量规模选择合适的生产系统。选择何种类型的生产系统不是任意的，必须根据产品与生产工艺的特点，同时应考虑竞争对手所采用的工艺与设备。由一定产量规模制约的生产系统的类型，对产品成本是有很大影响的。竞争环境对选择生产系统也有影响。强有力的竞争对手的存在，将影响到本企业的市场占有率，从而有可能使本企业得不到能保证降低产品成本的产量规模，也就无法选用高效率的生产系统。如果竞争对手不强，则企业有可能实现较高的市场占有率，有可能获得高生产率生产过程所必需的产量规模，从而达到高产、优质、低成本。

三、品种、质量与交货期

品种、质量与交货期也是评价企业及其生产系统效益的重要标准。多品种生产已日益成为现代企业经营的重要方针。它不仅是满足社会与市场多样化需求所必需的，也是企业减少风险，使生产稳定增长的重要条件。组织并保证多品种生产是生产系统设计与组织必须考虑的重要方面。

在有计划的商品经济条件下，按品种、按质、按量、按期交货也是有计划建设必不可少的条件，它关系到国民经济的整体经济效益，也是保证企业在社会与市场上赢得用户信誉的重要条件。因而，企业必须在组织生产时把按品种、按质、按量、按交货期生产作为必须严格履行的职责。

当然，在不同情况下，对于不同的产品（新产品或标准产品）可以在品种、质量、成本、交货期之间规定不同的优先顺序，以满足社会与用户在一定时期内的不同需要。

第三节　投入-产出模型与盈亏分析

本章第二节讨论了产量、成本、价格、利润之间的相互作用，这一节将用投入-产出模型与盈亏分析方法从定量方面作进一步的说明。

一、投入-产出模型

上面讲过，生产是一个将投入（往往是一组要素），通过设计好的转变过程转换成产出的过程。生产系统就是由这些相互联系的投入、转换和产出要素所构成的。具体说来，生产系统可分为三个组成部分：投入、产出与过程。下面分别加以讨论。

（一）产出和收益[①]

具体规定所需的产出，是进行生产系统设计与规划的起点。企业将产出投放到市场，能否获得收益（或称销售收入），必须从财务上进行投资回收的分析。在具有追加投资的情况下，必须认真分析和研究产出的情况，看产出是否具有潜在价值，是否足以保证回收所追加的投资（这里主要是指固定资金的支出）。财务部门也要考虑筹措这些资金的可能性。有潜在价值的产出对用户、消费者来说是物美价廉的产品，因而具有广大的潜在市场；对制造厂来说，它是能创造利润的产品。要保证产出具有潜在价值和畅销的前景，必须进行周密的市场调查，充分了解消费者与用户的需要。

生产系统的设计与规划一般说来是从产出分析开始的。但也不排斥把"投入"与"过程"这两个因素作为分析生产系统的起点。如一种新原材料或新能源的开发，有时会导致产出的改进，新的价廉质优材料的开发往往也能使原来经济上不可行的产出变得可行。同样，工艺上的创新能导致新过程的出现，引出能满足社会与市场需要的新的产品。往往也有这种情况，一种过程产出的副产品成为市场上畅销的产品。

由于市场具有不断变化的动态性质，因此会不断涌现出对新的产出的需求。必须根据这种需求的规律性变化，来规划和确定生产系统的产出。为了掌握这种变化规律性，产品生命周期分析是一种有用的工具，这一点将在"产品生命周期及其管理"一章展开说明。

（二）生产过程和固定费用

从价值形态上来分析，产出必须大于投入与生产过程的耗费的总和。与单纯的物理过程不同，生产过程的效率应大于1，否则企业将入不敷出，濒临破产。

一般地说，厂房和设备构成生产过程的要素，其在费用上一般表现为固定费用，除了一部分同产量直接相关、占比较大的设备的折旧费有时作可变费用处理外，一般的固定资产折旧均作固定费用处理。因为大部分设备折旧同设备的使用年限相关，同产量不直接发生联系。另外，固定的能源与照明费等也作不变费用处理。这些已在工业会计中详细讨论过，不再赘述。

（三）投入与可变费用

一般地说，材料、劳动力、能源构成投入。投入的生产要素在费用上一般表

[①] 收益对应的英文为 revenue。

现为可变费用，它们是按单位产品的产量来计算的。最典型的是直接生产工人的工资、产品直接耗用的原材料，它们都能按每个产量单位进行直接计算。而生产管理人员、办公室人员的工资无法直接计算到每件产品上去，需同辅助材料消耗一样，通过间接费的分配方法，分摊到每件产品上去。

通过对投入要素及生产过程进程的安排，生产管理人员控制着逐日的产出。

最后，简要地讲一讲对固定费用与可变费用的控制。

生产管理一般通过以下两种途径对生产系统进行控制。

（1）通过投入速率、费用、质量等对投入方面加以控制，以达到对可变费用的控制。

（2）通过对生产过程进行变动（即重新安排生产过程中各要素），以达到控制固定费用的目的。

管理人员为方便起见，把生产系统的投入-产出模型分为三大部分，由不同管理部门归口管理。

（1）可变费用系统——主要由生产管理系统管理。

（2）固定费用系统——一部分由生产管理部门管理，主要由财务管理部门管理。

（3）收益——主要由营销部门管理。

二、盈亏分析[①]

盈亏分析模型是投入-产出模型的扩展与延伸。

这一模型同投入-产出的费用、效益相关。它是生产管理方面的一个基本模型，是深入考察生产系统的重要工具。其原理如图 5 所示。

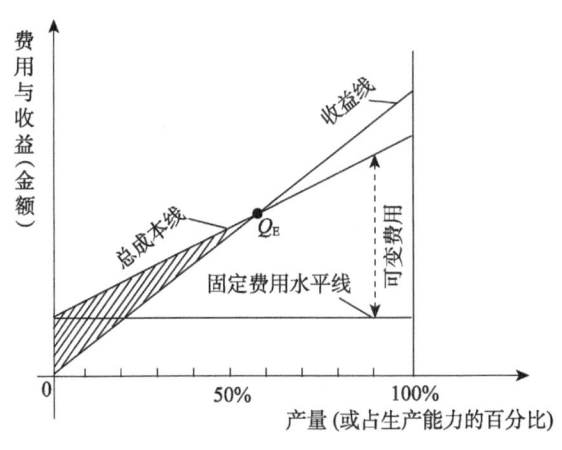

图 5 盈亏分析图（Q_E 指盈亏平衡点）

[①]由于盈亏分析在管理会计中有详细论述，这里仅就它在生产管理中的应用，特别是作为投入-产出模型，进行必要阐明。

盈亏分析图的纵轴表示以金额计的固定费用、不变费用与收益，横轴可以表示一定时间内的产量（销售量），也可以表示销售量占企业现有生产能力的百分比（%）。

图 5 中有三条线，其中一条为固定费用水平线。因为盈亏分析图是针对一定时期的，在一定时期内固定费用一般是稳定在一定水平上的，即当产量变化或生产能力利用有所改善时，它基本上维持原来的水平。

图 5 中的另一条线是按直线增长的总成本线，它表示总成本随产量上升而增长的情况。总成本线在某些情况下是曲线，但其原理仍是相似的。总成本线上的值是一定产量条件下固定费用与可变费用的总和。

收益线一般为一条与产量成比例上升的直线。收益线与总成本线相交的点为盈亏平衡点，即在这一临界产量上，企业收支相抵，无盈利也无亏损。大于这一产量将有盈余，小于这一产量则为亏损。为了清晰地表示盈亏状况以便进一步分析，选择生产系统，可将盈亏平衡图转变为以产量与盈亏为坐标的利润与产量关系图，如图 6 所示。

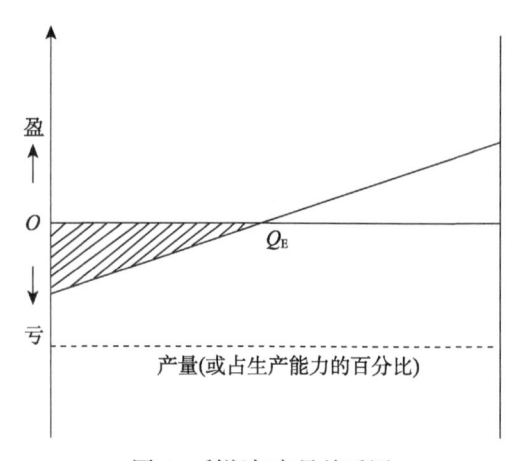

图 6 利润与产量关系图

图 6 中过圆点 O 的水平线表示无盈亏的状况。产量大于临界点（Q_E）将产生盈利，反之为亏损。

三、盈亏模型的分析

在具体分析各种盈亏情况时，必须考虑两方面的因素。一是盈利线的斜率，即在改善生产能力的情况下，每增加一个产品能获得多少利润；二是盈亏平衡点所处的位置，即临界产量的选择。

当将图 6 中的收益线顺时针方向旋转到水平位置时，无论将产量增至多大，均无盈利可言。反之，如果收益线的斜率增大（即收益线以盈亏平衡点 Q_E 为中心逆时针方向旋转一定的角度），超过 Q_E 的产量的盈利增大，斜率越大，盈利增加越多。

接下来，我们来讨论盈亏平衡点所处的位置发生变化会产生什么影响。若该点（Q_E）右移，那么生产系统必须有一个较大的产量（更充分运用生产能力）才能取得盈亏平衡。相反，当盈亏平衡点左移时，将减轻企业追求较大产量的压力。以上分析的两点，可供选择生产系统时参考。

图 7 表示两个不同生产系统方案的盈利与产量的关系。产量高时（图 7 的右侧 $\frac{1}{4}$ 处），方案 A 的盈亏平衡点低于方案 B 的。在产量低时方案 A 优于方案 B（如在 $Q_E(A)$ 至 $Q_E(B)$ 的产量范围内），但当产量达到并超过 a 点时，方案 B 显示出较高的盈利水平。

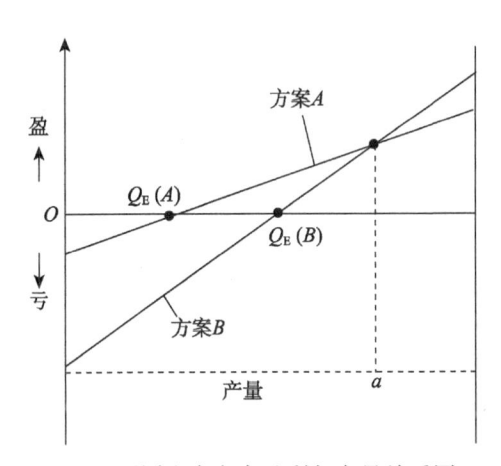

图 7　不同生产方案盈利与产量关系图

根据图 7 所揭示出的固定费用、可变费用、销售量、收益与利润间的关系，可以对不同的生产系统方案做出分析和评价。一种方案（如方案 A）需要的投资少，能在低产量时按一定的质量要求实现一定的产量，所需的固定资金投资不大，但其可变费用增长得较快。这一方案虽能在压低产品销售价的情况下增加一些销售量，但到了产量较高的区域内却不能与投资较大的高效率生产方案（如方案 B）相比。后一种高效率方案虽然有其投资大的不利一方面，但却有可变费用小的长处，因而在高产量区域能显示出其优越性。总之，不同的生产系统方案都有其各自不同的适用范围。

四、盈亏分析在不同类型生产系统选择中的应用

生产系统类型虽多，但归总起来主要可分为以下三种类型。

（1）单件生产。其特点是无重复性，如工程项目[①]属于这一类型。

（2）大量生产。其特点是产量大，工作地专门化程度高，可以在各工作地之间使用传送装置进行物料的单向运输，一般采用流水生产。

（3）成批生产。工作地专业化程度较低，较少使用高效率专用设备，在制品按批在各工作地之间流转。

对于固定费用较高的流水生产来说，生产主管人员希望可变费用较低。成批生产的工厂中，生产主管人员必须设法控制住较高的可变费用支出。

在有稳定的大量需求情况下，企业可考虑采用高质量、高效率的流水生产方案。由于流水生产投资大，必须认真分析有关因素。如果产品需用昂贵的材料，那么究竟是采用大量流水生产还是成批生产，则要分析实现流水生产后，其劳动力费用支出的节约额能否补偿所需固定费用的支出，否则应采用成批生产的生产系统。

再举一个例子。在需求对价格变化弹性很大的情况下，流水生产可以在高产出的条件下大大降低单位成品成本。因此如经调查表明，在竞争环境下，从现有的与潜在的需求来看，确定存在着稳定的需求量，那么可以采用大量流水生产。

盈亏分析是进行这一类决策分析的必需的工具（分析时要把需求弹性考虑在内）。日本的工业在20世纪70年代里，就是采用大量流水生产，提高效率降低其产品成本。由于其采用降低产品价格的策略，大力开拓市场，因而在很多商品领域中大量地占有了世界市场。

一般说来，大量流水生产是一种较好的生产系统，但是在采用时必须认真分析，充分考虑各种不利因素与制约条件。在条件不具备时，也可根据情况采用在连续性上较低一级的方式如间断流水生产。

第四节　生产管理的功能与框架

本节将阐明生产系统的管理问题与决策问题。

一、生产管理的目的

生产管理的目的是根据社会与市场的需求，最经济地按期、按质、按量、按品种生产或提供消费者所需的产品或劳务。

为了实现这一目的，生产管理系统要进行大量的组织与管理工作。这些活动基本上可以分为以下两大类。

（1）与生产系统设计有关的活动，包括新厂的选址、工厂与车间的设计、新

[①] 工程项目对应的英文为 project。

的物料运输方式的选择、新工艺过程的选择、新产品设计的组织与管理等。

（2）同生产与作业有关的计划、分析与控制。这一类活动与上一类不尽相同，它是生产管理中的日常管理活动。

二、生产管理的功能

为了实现日常的生产管理，生产管理必须具备以下三种基本功能。

（1）计划功能。通过对市场需求的预测，根据用户与顾客的要求，在按品种、按质量、按期交货的前提下，编制各种生产计划。广义的计划工作包括组织与协调的功能，如劳动力的组织与调度，生产前各项技术准备工作的组织与协调，等等。

（2）分析的功能。经常分析计划实现的情况，以进一步挖掘生产中各种潜力。对现有生产系统的诊断、评价，是改进生产管理，实现优质、高效率生产的重要条件。进行系统的分析，充分做好分析阶段的工作，是有计划改进生产系统及其管理的前提，也为收集资料以改善计划和控制奠定了基础。

（3）控制的功能。为了保证计划按时完成，确保最经济地按质量、按期完成生产任务，必须重视生产控制的功能，包括存储的控制、质量的控制、物料使用的控制、能源耗用的控制等。

计划、分析、控制三种功能与系统设计合在一起构成生产管理必不可少的四项基本功能。

在生产管理中，既要重视运用各种科学的定量方法，也不能忽视人们的直觉和经验。

定量分析方法，特别是数据的积累与分析，为生产管理中的科学决策提供了基础，支持着生产管理中的正确的决策。

生产管理中存在着人的因素，对人们潜力的估计往往是正确决策的重要条件，这方面人们的直觉（包括过去的有用经验）起着重要作用。直觉往往使人们对面临的事物产生一种感觉，使其采取某种特殊的行动。它不能言喻，但却能使问题得到正确解决。

科学的系统分析、定量方法与定性分析相结合、正确运用人们在生产管理中积累起来的经验并使之与直觉判断结合，是生产管理中的重要方法。

三、生产管理的框架

生产管理是各项管理工作中涉及面最广的一个领域，它涉及相互联系的很多方面。为了了解与掌握生产管理，必须将它划分为各个部分以便进行深入研究与讨论。划分的方法很多，这里采用的是这样一种框架，即划分为产品（product）、工厂（plant）、过程（process）、计划（planning）和人（people）这五个方面（简称 5P)。

(一) 产品

产品是营销、生产、研究与开发各方面结合的产物。不仅要确认社会与市场对产品的需要，而且要组织力量将它研制成功，生产出来供给消费者。必须使企业各职能部门对产品的以下各点达成一致的意见，这就是：①产品性能；②外观；③质量与可靠性；④数量；⑤售价与生产成本；⑥交货期。

为了对上述各点达到认识上的一致，必须认清企业内外部环境与因素。外部因素包括社会与市场的需求，现有文化、法律方面的约束与限制，以及环境效益方面的要求，等等。内部因素方面，必须考虑生产新、老产品对现有生产系统、设备及企业文化的不同要求，要考虑到一种新产品的生产是否会引起各方面工作的多样性与复杂性，从而引起生产秩序的混乱。多样性是现代经营的重要策略，但会引起管理的复杂性与成本的提高。这些矛盾均应在企业总体策略中加以充分考虑和统筹安排。

(二) 工厂

为了生产产品，必须要有工厂、厂房、场地，并安装所需的设备。这些物质条件与设备要符合产品生产和操作者的需要。工厂管理者必须关注以下各方面问题：①市场的潜在需求；②建筑物的设计与平面布置；③设备性能与可靠性；④维修；⑤安装与运行的安全性；⑥社会责任（如防止污染环境）。所有这些必须结合企业的财务状况和同企业生存环境有关的政治、文化等约束条件一起考虑。

(三) 过程

对产品生产过程的决策，必须结合多方面因素进行综合考虑：一是技术上和组织上的需要，二是组织工作，三是组织中的人。加工产品的过程是多种多样的，选择何种过程既要发挥人们的创造性又不能没有约束。这便要在发扬民主的基础上加以集中，订立技术规程加以统一。

在确定一个过程时，必须考虑以下诸因素：①现有的设备能力；②现有的技能水平；③生产类型；④工厂与设备的位置；⑤安全性；⑥维修的需要；⑦应达到的成本水平。

(四) 计划

广义的计划工作包括控制与组织、生产前的准备与生产保证条件的计划与组织。

生产计划工作不仅要做好生产预测，还要做好中长期计划，编制好各种进度表。计划中要考虑生产与市场的结合、生产与技术开发的结合，要考虑到资金的流转以及资金对生产安排的制约，并要考虑到加速企业资金的周转。

在编制计划与进度表时要注意考虑以下各方面：①采购；②制造；③维护；

④现金流；⑤存储；⑥运输。

计划工作的复杂性在于要同时满足多目标的需要，这些目标之间往往是相互矛盾的。这种矛盾也表现为加强计划与基层要求增强自主权之间的矛盾。

（五）人

生产，自始至终是离不开人的。人有着不同的思想、智力、技能与愿望。组织人的工作是一项复杂的工作，先要了解人。思想政治工作、心理学与社会学有助于这项工作的开展。企业的主管人员应集中精力落实各种有关人事和劳动的政策。主管生产的人员应对下列方面作研究与讨论：①政治思想工作；②工资与奖励；③安全与环境；④教育与培训。

第五节 生产管理课程的对象与方法

生产管理在管理科学中是产生较早也是较为成熟的。生产管理也称生产组织（这里指广义的生产组织，狭义的生产组织是指生产过程的组织）。随着服务行业的发展与它在国民生产总值中所占比值的增大（西方已大于50%），20世纪60年代前后西方国家把"生产管理"发展为"生产-业务管理"[1]，充实了服务部门业务管理的内容。我们这里仍用"生产管理"作为课程名称，但其含义则与生产-业务管理类似。

一、课程研究的对象

生产管理是依据经济规律研究企业发展与管理生产的各种规律性，以及根据这些规律发挥生产管理各项功能（包括系统设计、组织、计划、分析、控制等）的知识体系。

本课程是以马克思主义经济学、哲学、管理学为理论基础，广泛运用现代有关学科领域中的先进成就（包括系统学、运筹学、控制论、计算机模拟等）的一门交叉性应用学科。

本课程在阐明原理的同时，注重实际应用。

二、课程的研究方法

马克思主义辩证法是本课程的方法论基础。系统的方法、综合分析方法、动态的方法以及具体矛盾具体分析的方法是本课程研究的主要方法。在工业企业中，生产系统是同营销系统、研究与发展系统、财务管理系统、人事劳动管理系统并存的一个子系统，生产管理中重大问题的解决不可能是孤立的，而是要同各子系

---

[1] 生产-业务管理对应的英文为 production-operation management。

统中的相关问题联系起来综合加以解决。因而必须具有系统观点，从相互联系、相互作用、相互制约的观点出发，运用分析与综合的方法来研究与解决生产管理中的各种问题。

动态观点是研究现代生产管理学的重要观点。不能把现存的生产系统看成理想的、最优的、一成不变的东西。由于人们的习惯势力，往往把现有的生产系统看作合理的，只在这个基础上实现生产管理的计划与控制功能。对生产系统投入-产出模型的分析表明，市场需要是设计合理生产系统的起点。现代经济的动态性质、市场的不断变化决定了生产系统的不断变化与发展。因而生产管理者必须具有动态的观点，应用动态的方法来研究生产系统设计与管理中的种种现象。

生产管理又是一个广泛的领域，从中央到地方，从省到县再到乡，有各种类型不同的大中小企业。它们的生产任务、产品方向、工艺技术特征、人员素质、技术水平、管理水平等各不相同，很难寻求出一种或几种能适用于各种不同条件的生产系统、生产管理方法及管理程序。本书主要讲述生产管理中带有普遍性、规律性、原理性的东西。各个不同类型的企业必须根据各自的特点，结合本单位生产管理的实际，因地制宜地、灵活地运用本课程所阐明的基本原理与方法。具体矛盾具体分析是辩证法的核心，也是学习本课程的一项重要准则。

三、生产管理课程与其他管理课程的关系

为了更好阐明与理解本课程与其他课程的关系，有必要说明生产管理与企业内其他管理的关系。

前面讲过，需求量是生产系统设计与组织的起点，要获得正确的需求量数据，主要靠周密的市场调查与研究，而且生产系统的产出要通过营销工作开辟销售渠道加以推销，使之在市场上得到实现，并回收资金，实现企业资金的循环。因而营销工作是企业生产管理的重要支柱。

企业产品的质量、生产过程的效率在很大程度上依赖于企业技术部门与研究部门的工作，特别是设计与工艺部门的工作，产品设计质量又依赖于企业的科研工作与开发工作。而且，企业要在竞争环境中立于不败之地，必须不断地进行技术创新，包括产品的创新、工艺过程的创新、原材料的创新、生产组织与管理方面的创新，而重大的技术创新源于研究与开发工作。

可见，生产、营销、研究与开发是现代化企业赖以生存发展的三大支柱。这三方面工作能否有机结合，以及其结合的紧密程度，直接关系着企业的成败（图8）。

因而企业要加强生产管理必须相应加强企业的营销管理和研究与开发管理，孤立地强化生产管理是无济于事的。我国工业管理发展的实践也证明了这一点。1953年开始的以加强企业作业计划为中心的计划管理，推行中因技术管理不善无法得到巩固，于是相应加强了以生产技术准备（设计、工艺准备）为中心的技术管理。

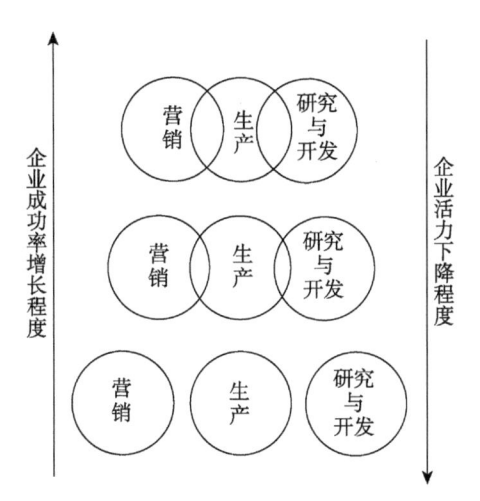

图 8　企业生产、营销、研究与开发三大功能结合的不同情况及其后果示意图

以上阐明的关系同样说明了生产管理、营销管理、研究与开发管理三门课程的作用及其相互关系。要深入全面地了解与掌握企业的生产管理，应学好这三门课程。对研究生层次的学生来说尤其是这样。

企业的生产管理不能脱离企业总的经营方针与策略（图 9），因而学习企业经营策略（或称企业经营战略）对掌握生产管理学有重要意义[①]。因而可以把经营策略作为生产管理学的后继课程。

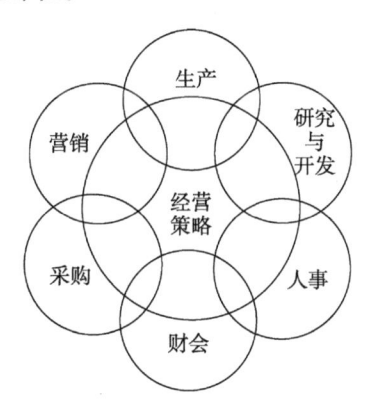

图 9　大中型企业中经营策略与各项管理的关系示意图

对于一般工业管理工程本科生来说，特别是对侧重攻读生产管理的本科生来说，由于教学上时数的限制，不能分别单独学习市场学（或称营销学）、研究与开发管理及企业经营策略的课程，则可以在学习生产管理学之后（或同时）学习经营管理学教材。该教材包括了市场学、企业经营策略、研究与开发管理三门课的

---

① 关于策略与经营策略的概念可参考本书"产品生命周期及其管理"一章中第二节的简要说明。

主要内容。

　　工艺学课程是本课程的技术基础课，掌握工艺学，有助于理解生产过程的组织。

　　运筹学，尤其是其中的图与网络、线性规划、动态规划、系统分析、模拟技术等是本课程的先行方法性基础，掌握这方面的知识有助于学习本课程。

产品生命周期及其管理[①]

产品的决策与营销的决策是密切相关的。在考虑与选择生产系统的类型（是采用流水生产、单件生产还是成批生产方式）时，如果不知道市场对产品质量与价格的需求，便无从决定哪种生产系统类型是合理的。

生产过程的设计会影响产品质量、生产成本，从而影响到产品销售价格。在一定的生产效率下，可以估算出：能获得多少利润，能从盈余中分出多少利润来支持低价与高质量产品，能有多少支出可用以从事产品的推销与广告宣传。可见，在生产过程的选择与设计前，必须很好地理解生产与营销的相互关系及相互作用。市场是产品及生产系统最客观的鉴别者。如果一个企业的产品在市场上的成本比别的企业高，服务比别的企业差，那么用户、顾客一定不满意。由于市场是鉴别生产系统的地方，因此，有必要对反映产品（或劳务）营销特点的产品生命周期及有关的管理问题进行讨论。本章分如下三个问题来讲。

（1）产品生命周期与生产系统的生命周期。
（2）多品种生产与企业的多样化经营策略。
（3）对多样化的控制。

第一节　产品生命周期与生产系统的生命周期

这一节要讨论的产品生命周期，不是物理上的产品使用寿命，而是从经济角度来讨论的产品生命周期，从严格意义上讲，是指产品的经济生命周期。

一、产品生命周期的概念与阶段

产品生命周期是指新产品研究成功后，从投放市场为用户、顾客接受开始，一直到被淘汰为止的整个时期。

产品的生命周期可以用一条产品的销售额曲线来表示（图1）。

产品生命周期各阶段的基本特征如下：

[①] 对于那些将经营管理学课程安排在生产管理学课程之前的学校，可略去第一、二节，重点讲授第三节。节选自：许庆瑞，王爱民，张友仁. 生产管理. 北京：高等教育出版社，1988：第二章。

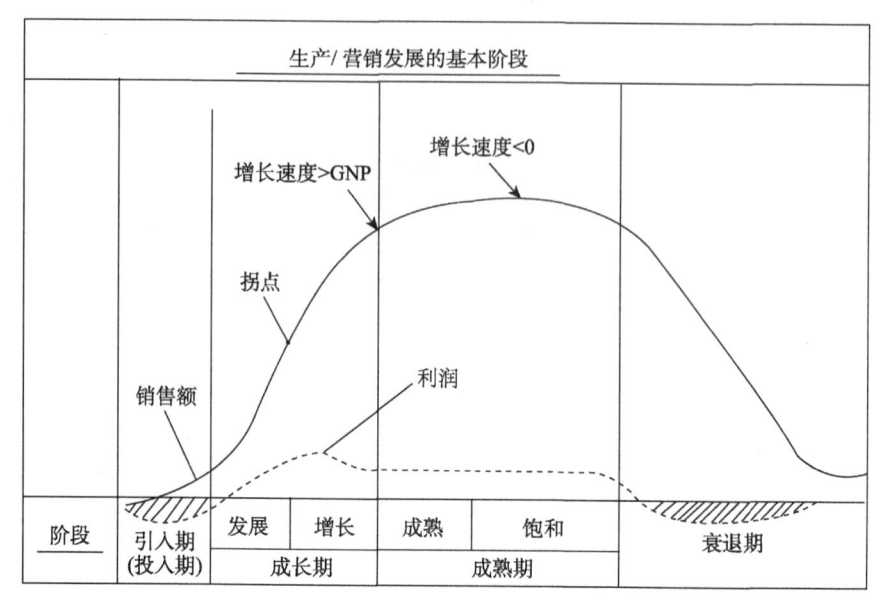

图 1　产品生命周期示意图

1. 投入期

这是产品投入市场的初期，支出大，能否成功尚无定论。具体特点表现在以下各个方面。

产品虽经过了研究与开发，但结构与工艺尚未最后定型，企业正在搜集市场对其所开发产品的反应。

生产的新产品尚不为人们所认识，产量小，不具备大量生产的条件，因而生产成本高。此时生产此种新产品的厂家也很少。

为了向市场推销这种产品，必须加强宣传，让用户了解产品性能并乐于使用。广告及推销费在这一时期达到高峰。

因销售量有限，在引入市场方面又花费了大量费用，因而产品成本高，产品售价一般也较高，获利很少，甚至无盈利。而且能否在商业上获得成功尚无把握。

2. 成长期

这一时期盈利的可能性很大。产品已引入市场并已具备迅速发展的能力，具有固定的市场，一般说来在一定期内可在市场上占统治地位。这一时期具有如下一些特征。

销售量迅速上升。一方面，通过投入期的广告宣传与推销，产品已为用户所熟悉；另一方面，产品经试销与改进，已经定型，再加上工艺定型，质量趋于稳定，具备了大量生产的条件。

仿制成功者纷纷进入市场，竞争激烈。

由于进行了大量生产，使单位产品的固定费用下降，产品成本降低。

利润迅速增长。虽然竞争使售价降低，但由于生产批量大，成本大幅度下降，企业获利迅速增加，达到产品生命周期中的最高点。

3. 成熟期

市场趋于饱和与利润下降是这一阶段最基本的特征。由于市场竞争，企业通过提供各种优惠条件与改进服务以增强产品的竞争能力。这时期具有如下的特征。

由于市场需求量渐趋饱和，市场已分割完毕，大部分销售属于替换性购买，产品销售量虽还有所增加，但增长极其缓慢。成熟期一般经历比其他阶段更长的时间。

由于销售量增长缓慢，使生产能力剩余，供大于求。经营策略转向降低成本与价格方面。

利润开始下降，一方面由于价格下降，另一方面竞争也迫使广告与推销费用再度上升。即使销售量仍有增加，但该产品的销售利润也只能维持原有水平或趋于下降。

4. 衰退期

这期间产品继续拥有一定的用户，但市场占有率开始下降。由于产品已在技术上日趋陈旧，被迫进一步降低售价，最终将因无销路而退出市场。同时，市场上出现了新的品种规格与性能更好的产品，将逐步取代原有的产品。

二、生产系统的生命周期

生产系统是以产出为起点进行设计与组织管理的，产品生命周期的起落决定了生产系统的起落与变化。这一点对大量流水生产的企业来说最具有典型性。因为在大量大批生产的企业中，生产系统完全是根据一种或少数类似品种的产品进行设计和运行的。

在通过市场调查与研制、生产、销售的可行性分析，做出了对某种产品进行生产的决策后，就要根据产品的销售计划，进行产品的研制，并根据研制成功的样品规定产品的性能、规格、质量，设计工厂与建筑物，确定平面布置，选定与购买所需的设备，设计生产系统、存储和质量的控制系统，配备好劳动力和职能人员。然后开始产品的正式生产。在初始生产阶段（相当于产品生命周期中的引入期），还有可能根据用户的意见更改设计，甚至重新布置部分工艺与生产过程，调整部分人员。以上的整个活动基本上属于生产系统设计的范畴。经过这个阶段，生产投入正常运行后，需要解决的就是日常性的生产管理问题，如确定车间生产进度、为增进与提高效率而进行的小的技术革新与组织措施、为保证设备经常处于良好工作状态而进行的日常维护等。这后一个大阶段就是系统的稳定运行阶段

(相当于产品生命周期中的成熟期)。

这种稳定的运行状况也是相对的,可能因种种原因被打乱而进行系统的部分重新设计与调整。例如,系统中需要增加新品种的生产或提供新的服务,新的研究开发成果使现有的工艺方法进行重大的更新,或由于市场的急剧变化使销售量急剧下降,以致根本性地失去销售市场。如果这一类变化不大,那么,只要稍作更动就可以使生产系统恢复正常生产。不过,在有些情况下往往要作比较大的更动,重新经历产品生命周期中的某一阶段(如重新引入),或者是重新进行部分研制、重新设计、重新调整工艺过程、重新安排劳动力、重新开始运行经过重新设计的系统。也有可能,系统无法调整到市场的要求,以致无法销售出产品,那么出现最严重的状况,便是企业宣告破产。

大部分企业就是在上述动态的生命周期中运行的。系统在生命周期的各个阶段均会遇到需要进行决策的关键问题,归纳如图 2 所示。

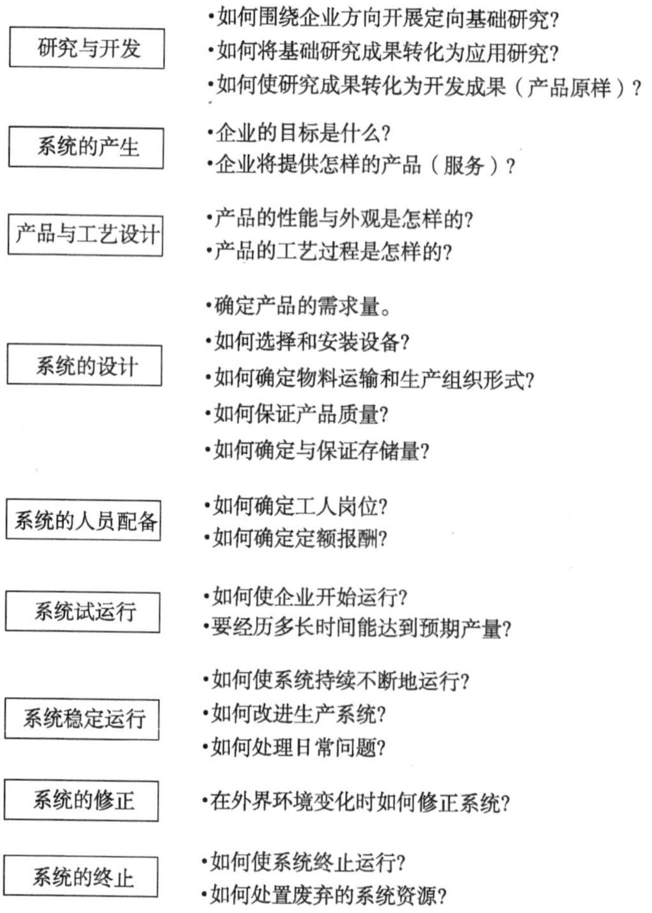

阶段	主要决策问题
研究与开发	·如何围绕企业方向开展定向基础研究? ·如何将基础研究成果转化为应用研究? ·如何使研究成果转化为开发成果(产品原样)?
系统的产生	·企业的目标是什么? ·企业将提供怎样的产品(服务)?
产品与工艺设计	·产品的性能与外观是怎样的? ·产品的工艺过程是怎样的?
系统的设计	·确定产品的需求量。 ·如何选择和安装设备? ·如何确定物料运输和生产组织形式? ·如何保证产品质量? ·如何确定与保证存储量?
系统的人员配备	·如何确定工人岗位? ·如何确定定额报酬?
系统试运行	·如何使企业开始运行? ·要经历多长时间能达到预期产量?
系统稳定运行	·如何使系统持续不断地运行? ·如何改进生产系统? ·如何处理日常问题?
系统的修正	·在外界环境变化时如何修正系统?
系统的终止	·如何使系统终止运行? ·如何处置废弃的系统资源?

图 2 生产系统在其生命周期各阶段上的主要决策问题

这里须指出的是，这是一个动态的过程，生命周期中的某些阶段可以同时发生。例如，有些企业在研究与开发阶段进行较大的投资，以不断增加企业的活力与竞争力，这样第一、第三、第四等各阶段可以平行或交叉地进行。

第二节 多品种生产与企业的多样化经营策略

在研究过产品生命周期后，这一节将讨论产品生命周期的意义与作用，讨论它对企业经营管理和生产管理的影响。

一、研究产品生命周期的意义

研究产品生命周期及其表现形式，对于企业管理的许多方面均有不同程度的作用。特别是对企业经营策略（或称经营战略）的拟定，对企业营销策略和规划的安排，对企业经营计划的安排，对企业研究发展策略及其计划的安排，以及对企业品种发展、生产计划的拟订与管理，均有重要作用。现择其要点略加讨论。

其一，借助于产品生命周期的分析，企业经营决策人员可为新产品投入市场选择最合适的时机。企业管理决策人员，可根据本企业各种产品在其产品生命周期中所处的阶段，制定相应的策略。

其二，产品生命周期原理表明，企业必须有不断创新的精神。如果一个企业不进行技术创新，不努力开发新产品，就会失去生命力与生存的条件。技术创新是企业经营与管理中的重大策略问题。由于科学技术的迅速发展，产品的生命周期呈现出缩短的趋势。在这种形势下，企业必须努力开发新品种，才能增强企业的活力。从生产管理的角度来看，必须研究改进生产系统的设计与生产系统的组织与管理，以适应多品种生产的要求。

其三，产品生命周期揭示了企业延长产品生命周期的意义与主要途径。

当前科学技术发展迅速，国际市场竞争激烈。开发产品既要加速创新的进程，又要以老产品养新产品，依靠老产品为开发新产品提供所需的研究开发资金。因此，企业一方面要努力开发新产品，同时要注意对现有产品的改进，尤其是那些经过改进后仍然畅销的产品，要尽量延长其生命周期。任何产品都要经历一个不断改进与完善的过程，只有经历了这个过程，产品才能在使用性能、质量、外观、成本、价格等主要方面不断改善。因而，不断改进现有产品，延长其成熟期，也是企业研究发展管理与生产管理必须重视的一个方面。

延长产品生命周期的方法是多种多样的，主要有以下几个方面。

（1）改进产品。在产品处于成熟期而趋于饱和时，企业可以通过改进产品的性能、质量来稳定原有用户和吸引新的用户。改进产品的方向是多种多样的，可以是性能、质量的提高，可以是改进产品特征、提高产品的适用性，也可以是外形的改进。

（2）扩展产品用途。当产品趋于饱和时，企业可以通过为该产品开发新的用途，从而获得新用户。

（3）寻找潜在用户，开拓新市场。当产品在原有市场日趋饱和时，应积极从国内外的其他市场上寻找潜在用户，以扩大销售量，延长产品成熟期。

（4）改进营销策略。这方面包括采用降低售价、扩展销售渠道和加强促销等策略，或其他综合性策略，以稳定和增加销售量，达到延长产品成熟期的目的。

图 3 是延长产品生命周期曲线的示意图。延长产品生命周期的主要措施有以下几点。

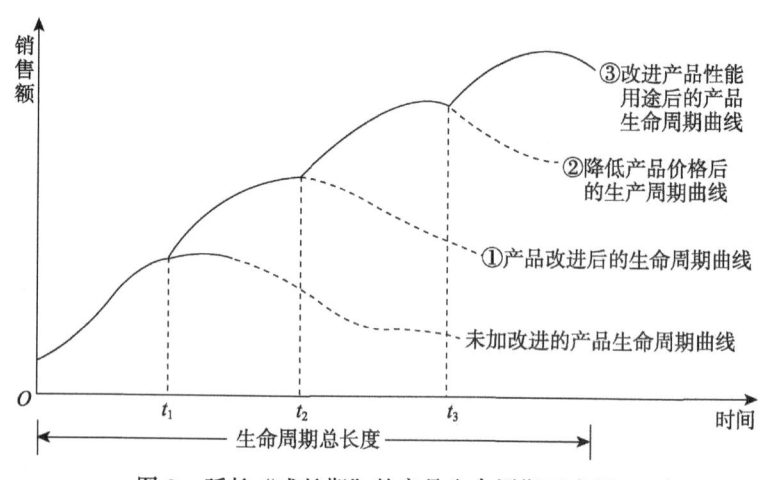

图 3　延长"成长期"的产品生命周期示意图

（1）在时间 t_1 改进产品设计。

（2）在时间 t_2 将产品价格降低（如降价 500 元），并改进对用户的技术服务。

（3）在时间 t_3 增加产品设施（如增加空调和除尘设施）并增加一套附件，以扩大产品用途。

其四，产品生命周期的分析，有利于安排新老产品的交替，进行必要的科学技术储备与产品储备。

在具备产品生命周期资料的条件下，可以选择产品生命周期的合适阶段，以此作为新老产品交替的时间，保证企业生产和利润的稳定增长。为了保证新产品的及时投产，必须要有技术储备。技术储备有两种形态，一种是理论性的科学研究储备，如基础性应用研究的储备，另一种是方案性的新产品开发储备。为了做好技术储备，企业必须加强科学研究与开发力量，提高新产品开发能力，并规划好各发展阶段上各种形态的技术储备，使企业在生产第一代产品的同时，试制第二代，研究试验第三代和构思设想第四代。保证有源源不断的新产品投入市场，满足社会与用户的需要。

其五，产品生命周期也是进行预测的重要依据。

总之，掌握产品生命周期理论是搞好生产管理的重要条件。

二、多样化经营策略

产品生命周期的有限性与企业长期生产发展的要求之间的矛盾，推动企业实行多品种生产与多样化经营。

为了便于理解多样化的经营策略，必须对一些基本概念略加说明。

首先，要弄清楚什么是策略①。

策略一般可以理解为"为了达到既定的目标所采取的途径"。

经营策略，可以理解为为了实现企业经营目标（譬如说，一定的产量增长目标、利润目标等）而在经营上所采取的种种途径。

在现代化企业中，在拟定经营目标的同时，相应拟订其各方面的策略。这些目标与策略便构成了企业的目标-策略体系。图4为其示意图。

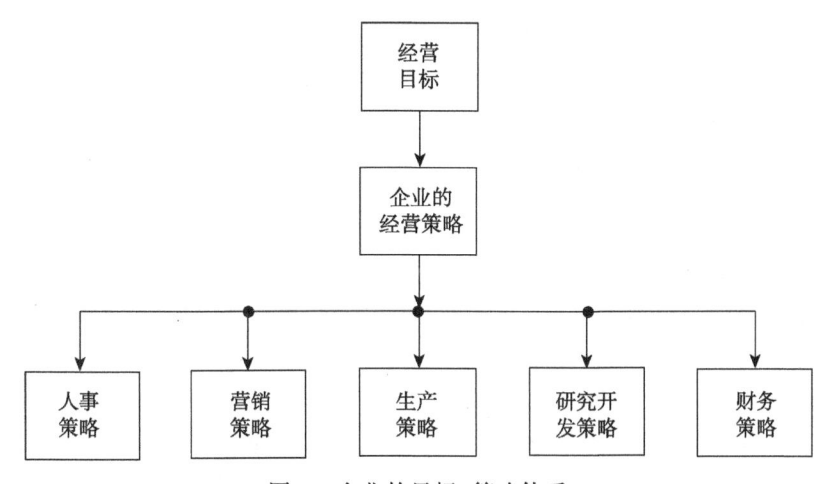

图 4　企业的目标-策略体系

由于现代化企业是多功能、多层次的结构，因而企业的策略体系也相应地表现为一个多层次的结构体系。

企业可选择的基本策略有：①单一性经营策略；②多样化经营策略；③联合经营策略；④调整和紧缩策略。

这些策略将在企业经营学或企业经营管理学中展开讨论。这里仅就同多品种

---

① 策略的英文为 strategy。也有将此词译作为战略的，如日本通常用"经营战略"来代替"经营策略"一词。

生产发展有关的多样化经营策略略加以说明。

多样化经营是企业广泛采用的经营策略。这里只扼要介绍两种常用的经营策略。

（一）纵向多样化经营策略

这种经营策略指的是企业充分利用自己在产品、市场和技术上的优势，从后向（把原来属于外购的材料和零件改为自行生产）或前向（原来本厂的产品是为加工厂提供的半成品或零部件，现改为自行进一步加工）发展。

采用这种经营策略可以提高企业在供应上（后向）或销售上（前向）的主动地位，同时可增加企业盈利。当企业原来产品的市场需求趋向饱和时，采取这种策略显得更有吸引力。

这种经营策略也有其弱点，主要是：需较多的投资，并要求掌握多方面的技术，使企业的经营管理，尤其是生产管理趋于复杂；前、后向产品的相互关联和相互牵制，不利于新技术和新产品的开发；此外，整个生产过程的各个阶段的生产能力的平衡也较困难，因为各个生产阶段的最经济的生产批量可能不同，常会发生有些生产阶段能力不足而另一些生产阶段能力过剩的情况。

（二）同心型（或称集中型）多样化经营策略

这种经营策略指的是企业以其主要产品为中心，充分利用生产该产品具备的技术上的优势和特长，不断扩展在生产工艺上与技术上相似的多种产品。

这种经营策略具有很大的吸引力。采用这种策略的企业既保持了它的经营业务在生产技术上的统一性，同时又能把经营风险分散到多种产品上去。更为重要的是，当一个企业从事多种产品的生产和经营时，企业的适应能力能得到较多的锻炼，有利于企业素质的提高。

有些企业的同心型多样化是以相同的工艺技术为基础的，如钢铁、铝业等，它们用相同的工艺可制造出多种产品来。也有一些企业进行跨部门的联营，经营上有重大的发展，如某些机械行业按产品相似、工艺相近实行联合（如铸、锻等）以利于专业化生产，增加品种。

第三节　对多样化的控制

在多样化经营策略的指导下，以及多品种生产成为现代工业生产发展趋向的情况下，多样化已成为在任何一个企业中都不可避免的现象。企业中的多样化不仅表现为产品的多样化，还表现在工艺方法上的多样化，所用材料与外购半成品的多样化，以及组织形式上的多样化。企业的多样化是社会生产发展的必然。但多样化会使组织管理工作复杂化并相应地增加费用开支和提高产品成本。例如，当产品所用的元件种数增加了，便要增加存放元件的建筑面积与器具，会增加登记存储量收付账的困难，要增加订购元器件及外购件的订货数，等等。此外，多样化增加了，实现的可行性将在很大程度上相应地下降。因此，一方面，为使企业立足市场，必须进行多样化生产；另一方面，从企业的内部组织管理方面来讲，又必须尽可能地减少多样化。如何将这两者结合在最佳点，以达到最好的经济效益，是管理工作的重要任务。由此可见，在推行多样化经营策略的同时，在企业内部控制多样化是十分重要的。控制的重点是减少不必要的多样化，并相应地保留必不可少的多样化。这是一项复杂但却富有成效的工作。

一、控制多样化是管理的职责

多样化的增加往往是在不知不觉中进行和加剧的。有很多新的部件、新的车间和工厂、新的方法、新的材料往往只是在短时间内被需要。

从整体上说，控制多样化是管理部门的责任，并且应把它变成企业的一种传统。这并不是说要阻止任何变化与创新，相反，控制不必要的多样化，往往有利于创新，例如，实行机器零部件的标准化与通用化是加速发展产品创新的有效途径和有力的措施。对于变化与革新既要从最广泛的方面来予以考察和鉴别，也要看到它对整个组织的整体效益。因为，改变不一定意味着进步。经营者与生产主管人的职责就是要从以最低的耗费取得最大的效果的目标出发，处理好发展多样化与控制不必要的多样化的关系。

控制多样化的途径主要有如下三个方面。

（1）简化——减少不必要的多样化。

（2）标准化——控制所必需的多样化。

（3）专业化——把力量集中于企业具有专门知识的工作方面。

上述方面综合起来构成一个减少并控制多样化的体系。减少与控制多样化应建立起一个大纲或计划，其内容包括以下几个方面。

（1）使产品多样化减少到最必需的程度。

（2）使元件部件的多样化减少到最低限度。

（3）使原材料品种的多样化减少到最低限度。

（4）使工艺过程多样化降到最低限度。

（5）使人员需要的多样化降到最低限度。

上述某个方面的措施可以先在企业中某个部门中首先试行、推开，也可同时进行。

减少与控制多样化是一项艰巨的工作，必须坚持不懈地进行才能见效。即使在某个方面取得了一些成效，也决不能因此停步不前。要长期宣传控制多样化的重要意义，让广大职工懂得不重视这一工作将给企业带来什么危害，使广大职工树立起减少与控制多样化的习惯与优良传统。

二、控制多样化的效益

控制多样化的效益可以从下列三方面来考虑。

（一）营销方面

产品过于多样化往往会使销售量减少，使销售收入与利润下降。对产品多样化的需求必须经过严格的审查。有时往往一些顾客提出对某些产品的特殊要求，而需求量很少，这时更需要审查这一特殊需求的合理性。销售小批量特殊需求的产品往往不能保证收回产品成本，造成企业的亏损。对产品多样化缺乏控制的企业，往往是那些新兴办的企业、走下坡路的企业、对总成本不加控制的企业。集中力量于较狭的产品领域，在质量与价格上取得竞争的绝对优势，正是很多企业（如不少日本企业）立足国外市场的重要策略。

产品售后服务的好坏关系到企业经营的成败。显然，产品多样化控制得越适当，售后服务越容易做好。因为所要储存的备品、配件少了，所需的服务费也可降低。

（二）产品设计方面

在产品设计方面压缩不必要的零件品种数目，可使产品设计效率提高，费用下降。实际上，有些专用的零部件是完全可以用现有的零部件取代的。多余的多样化设计不仅浪费设计力量，也相应浪费生产能力以及生产控制与管理的力量。

产品系列化、零部件及元件的通用化与标准化是限制不必要的多样化、节约设计力量、提高设计质量与效率的重要途径。

设计人员的专业化与协作也是减少多样化的途径之一。

（三）生产方面

减少零部件的种数，就可增加有效生产时间和减少辅助时间（如调整时间、中断时间），生产的项目对象可以减少，并改善设备与厂房的利用情况。多样化的减少一般会导致存储材料品种与数量的减少，并相应减少占用的仓库面积、容量，节约存储开支。产量大而品种少可以简化生产管理，也有利于缩短交货期，使订户早得到订货和减少用户所需储备的备品配件的种类和数量。

总之，减少与控制多样化对使用者与制造者均是有利的。以下简明地概括控制多样化的效益：①增强销售效果；②改善售后服务；③提高设计效率；④减少设计问题；⑤延长生产有效时间；⑥减少辅助时间；⑦减少生产对象；⑧提高厂房利用率；⑨减少整个存储量；⑩更好利用存储空间；⑪便于存储控制；⑫加速备品交货；⑬简化生产管理；⑭节约购、销力量。

以下我们再分别讨论对最终产品零部件、外购件及生产管理进行多样化控制的一些方法。

三、对最终产品多样化的控制

在考虑对最终产品进行多样化控制时，必须调查清楚所有产品如下两方面的情况。

（1）每种产品能带来的收入。

（2）每种产品能创造的贡献或利润额[①]。

下面举例说明（表1）。

表1　产品所创造的收入和利润（单位：万元）

产品	所创造的收入	所创造的利润
A	620	70
B	240	60
C	890	50
D	78	35
E	58	24
F	35	12
G	9	−6
H	110	−8
总计	2040	251−14=237

如果将这些产品分别按其销售收入多少与利润高低重新排序，则可得如下结果。

（1）按销售收入多少排列顺序如表2所示。

表2　按销售收入多少排列顺序

顺序	产品	销售收入 金额/万元	销售收入 占比/%
1	C	890	43.6
2	A	620	30.4
3	B	240	11.8
4	H	110	5.4
5	D	78	3.8
6	E	58	2.8
7	F	35	1.7
8	G	9	0.5
总计		2040	100.0

---

① 这里所谓的贡献，是指价格与可变费用之差，即：贡献＝销售价格－可变费用。

以上结果可排列如图 5 所示。

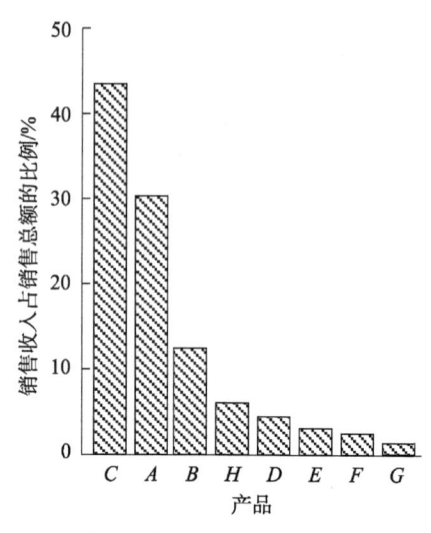

图 5　产品按销售收入排列

（2）按利润高低排列顺序如表 3 所示。

表 3　按利润高低排列顺序

顺序	产品	利润 金额/万元	利润 占比/%
1	A	70	29.5
2	B	60	25.3
3	C	50	21.1
4	D	35	14.8
5	E	24	10.1
6	F	12	5.1
7	G	−6	−2.5
8	H	−8	−3.4
	总计	237	100.0

以上结果也可排列如图 6 所示。

从上述的排序分析和统计图表中可以看出，产品销售额高的，其利润收入却不一定很高。形成这种现象的原因很多，从动态方面分析，产品所处生命周期阶段的不同，也是出现此现象的原因之一。因此，我们不能片面地根据一个方面的指标（销售收入或利润）来决定一个产品的取舍，须进行综合考虑和深入分析。例如，产品 H 虽然销售收入较高，即在按销售收入排序时排第 4 位，但按销售利润排序时却位于亏损最高的一位。

图 6　产品按利润排列

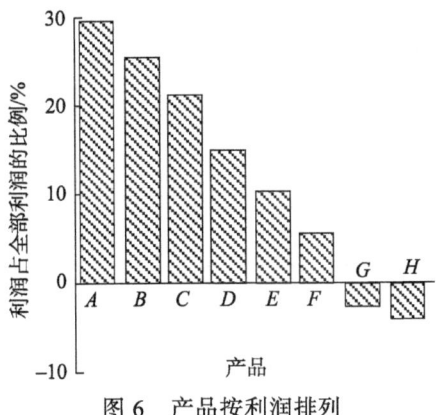

为了作较全面考虑，一般可分两个阶段进行分析。首先把产品按销售收入进行排序，对于销售收入较低的则要作更进一步的深入分析。很可能有些产品是因其未到达销售的成熟期，有些产品是为企业创声誉的，有些产品是为了社会的特殊需要，虽然销售收入不高，也必须予以保留。如果没有足够的理由，销售收入较低的产品应作为减少多样化时考虑放弃的对象。

其次，分析每种产品所做的贡献。这种分析的重要性仅次于对销售收入的分析。在经过按销售收入标准筛选剩下来的产品项目中，仍存在一些销售利润低或亏损的产品，例如，产品 F、G、H。同样，在将某些产品列作舍弃对象前应做仔细的分析，分析其利润增长的可能性和降低成本的可能性，并考虑编制一个降低产品成本的计划。

可以绘制收入-利润分析图来进行上述两个阶段的分析。这种分析图的形式如图 7 所示。其中横轴为销售收入的序，纵轴为销售利润（或贡献）的序。可将产品的收入与利润两个指标排在一个表上，见表 4。

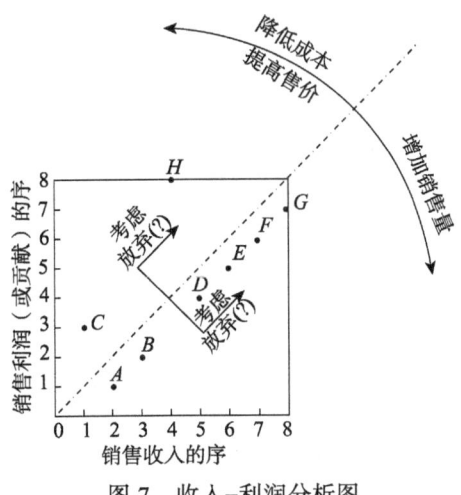

图 7　收入-利润分析图

表4　产品收入-利润顺序表

产品	排序 按销售收入	排序 按利润
A	2	1
B	3	2
C	1	3
D	5	4
E	6	5
F	7	6
G	8	7
H	4	8

根据表4中的数据，将所有产品绘入销售收入-利润分析图（图7）中，如产品A，按销售收入列为第2位，按利润排在第1位，故它在收入-利润分析图中的坐标为（2,1）。比较理想的是产品销售收入与利润相当，可以用一条45°的对角线表示（见图7中的虚线）。对在此线下部分的产品应考虑如何增加销售量，对在此线上部分的产品应考虑如何降低成本，或通过改善品质以适当提高价格。

以上的方法为控制产品多样化的决策提供了有效的手段和依据。产品项目过分多样化的企业可以从收入-利润分析图中选择生产那些销售量大而利润又较高的产品如产品A、B、C，舍弃那些不畅销的和处于衰退阶段的亏损产品。例如，某些化工企业按下列程序控制多样化。

（1）舍弃所有年销售量低于0.01%的产品项目。
（2）对所有亏损的与利润过低的产品进行审查。
（3）对余留下来的产品，仔细分析其销售前景。

四、对零部件及外购件的多样化控制

机械、电气、电子、宇航、轻工等不少行业的产品是由零部件组合、装配而成的。在这些行业中，如果最终产品本身不能标准化，那么应使构成最终产品的零件与部件最大限度地标准化与通用化，以达到控制多样化的目的。

大型机电产品有成千上万个零件。在多品种机器制造企业中，零件的种数往往数以万计，即便是小的企业，经营几年后，其零件品种也往往超过2000种。可见，减少零部件的多样化是一项十分重要但又复杂的工作。

控制零件多样化的工作，首先要从设计阶段开始进行，建立起科学的零部件分类编号方法与制度，使设计人员能很迅速地查阅到是否已有相同的或相似的零件可用，以免重复设计。其次，设计图纸的标准化审查是消除不必要的多样化的一项重要工作。为了做好这一工作，必须建立标准化审查的组织机构，配备合格的标准化工作人员，并建立标准化审查的责任制度。

在专业化分工日益发展的现代企业中，为了提高经济效益，通常大量采用外购件以节约企业的设计力量与制造力量。由于企业所需外购件数量的增长，控制外购件的工作显得日益重要。这方面的工作包括：建立科学的分类编号制度、进行标准化审查并加强外购件的管理工作。前两项管理将在"生产技术准备"一章中讨论。

与此相似的是原材料的多样化控制。这一工作不仅关系到供应工作本身的复杂性，而且关系到由此所构成的产品的多样化，关系到整个生产管理工作。显然，原材料、外购件的多样化会引起工具、夹具等一系列的多样化，这一点在大量生产中表现得更加突出。

可见，产品、零部件、外购件、原材料之间的多样化控制是相互关联的，必须进行统一安排与管理。

五、对生产工艺多样化的控制

企业中往往存在着很多类似的工艺过程与加工方法，有时过程虽不同，但其加工结果却是相似的。完全可以对某些工艺过程或加工方法略加修改，使之统一起来，以减少工艺上的不必要的多样化。这样，虽然会增加个别工艺过程的消耗，但却可以降低整个企业的成本。减少工艺与加工方法的多样化，有利于劳动力的组织与配备，有利于改善工厂能力的利用情况，有利于简化生产管理工作，有利于效率的提高。例如，把两种零件的加工统一于同一种加工方法，设备调整的时间可以大大节约；同样，两种不同类型的加工设备统一为一种，那么设备维修与管理问题将大大简化。控制工艺多样化的收效，在单件、小批生产中比大量流水生产更为显著。

产品的研究与设计[①]

产品生命周期的有限性与企业生存发展的长期性之间的矛盾，可以通过不断的产品创新来获得解决。产品的创新，也是企业实施多样化经营策略的关键。

企业要使产品不断推陈出新，一是要做好市场的调查与分析，摸清社会与市场的需求，使开发的新产品适销对路；二是要加强产品的研究与开发，将现代科技成就用于新产品。从广义的生产组织来看，这些都是生产管理的前期工作。市场调查问题将在经营管理学或市场学的课程中进行专门讨论。产品研究与开发的一般原理与方法，由研究与发展等课程进行全面叙述。本章仅就同生产管理有关的方面，对产品的研究与设计作简要讨论。主要讨论以下几个问题。

（1）产品开发的初期管理。
（2）研究工作。
（3）产品设计。
（4）详细设计。
（5）产品试验。

第一节　产品开发的初期管理

为了便于了解一个产品从设计思想的孕育到鉴定、使用的全过程，可按产品生命周期勾画出产品的开发过程（图1）。经历所有阶段的路线为路线 A（图1中未标出 A）。

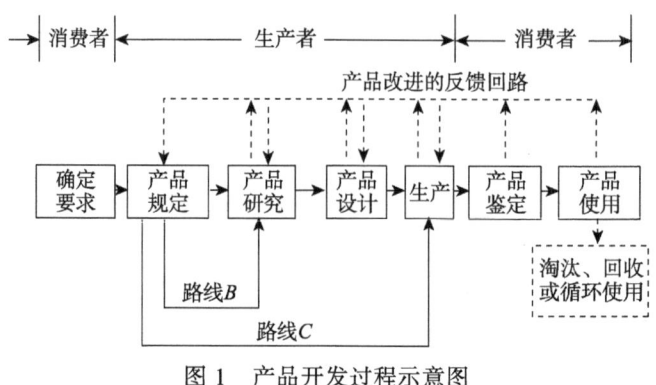

图1　产品开发过程示意图

[①] 节选自：许庆瑞，王爱民，张友仁. 生产管理. 北京：高等教育出版社，1988：第三章。

研制一款新产品，特别是现代化的大型复杂系统，需要从市场和用户调查开始开展大量的工作，包括市场与技术信息的收集和处理、试验研究、设计、工艺、制造、装配、鉴定使用等各方面的工作。产品开发初期各项工作的组织和管理是至关重要的，它决定着产品开发工作的成败和效率。

一、产品开发的初期管理的内容与意义

由于近代科技的迅猛发展与市场竞争的加剧，企业必须加快技术创新的速度。如一个企业不能对产品进行不断更新和改型，提高产品的创新速率，就难以保持它在市场上的竞争能力和创利能力。

但是，随着新产品更新速度的提高而出现的世界性趋势是：新产品研制和市场销售的成功率均在下降。因而，如何提高新产品研制的成功率和使新产品在市场上获得畅销，并改善开发新产品的投资效果，日益成为新产品开发的重要问题。解决这些问题的关键，是在新产品开发之前与开发的前期加强初期管理工作，其中包括：①确定对新开发产品的需求；②初步的市场分析；③可行性研究；④早期的产品规划。上述各项工作的先后顺序和关系，可用图2表示。

加强开发新产品的初期管理具有重要意义，主要表现在以下几方面。

（1）有利于使新开发的产品符合社会与市场的需要。

（2）由于加强了对新产品开发的可行性研究，有利于提高新产品开发的技术成功率与商业成功率。

（3）有利于提高新产品开发的投资效益。

（4）由于加强了早期产品规划，有利于合理安排科技力量并发挥其潜力。

二、确定需要与初步市场分析

确定对某种产品、系统或服务的需求，可以从两个方面来进行考虑。一是从当前某种需求得不到满足来考虑。例如，社会或市场上有某种需求，或是某个企业、政府机构或个人有某种需求。二是通过对社会、政治、生态、技术和经济发展趋势的预测来决定需求。例如，目前使用的某些系统可能会因某些经济因素或资源因素而无法使用，这就需要开发另一种优质低价的新系统来代替它。

需求确定后，就应分析目前拥有的技术是否满足需求。如果不能满足需求，则应预测获得所需技术的时间。这主要通过各种技术预测方法，如技术监视法来进行前景预测。技术预测的各种方法将在研究与发展管理、工业企业经营管理学课程中讨论。

有了适用的技术，出产产品或系统的企业就可对市场潜力与市场销售的范围以及份额进行初步分析。

所谓市场潜力，是指在最佳情况下，于一定时间内市场可以容纳的产品或服

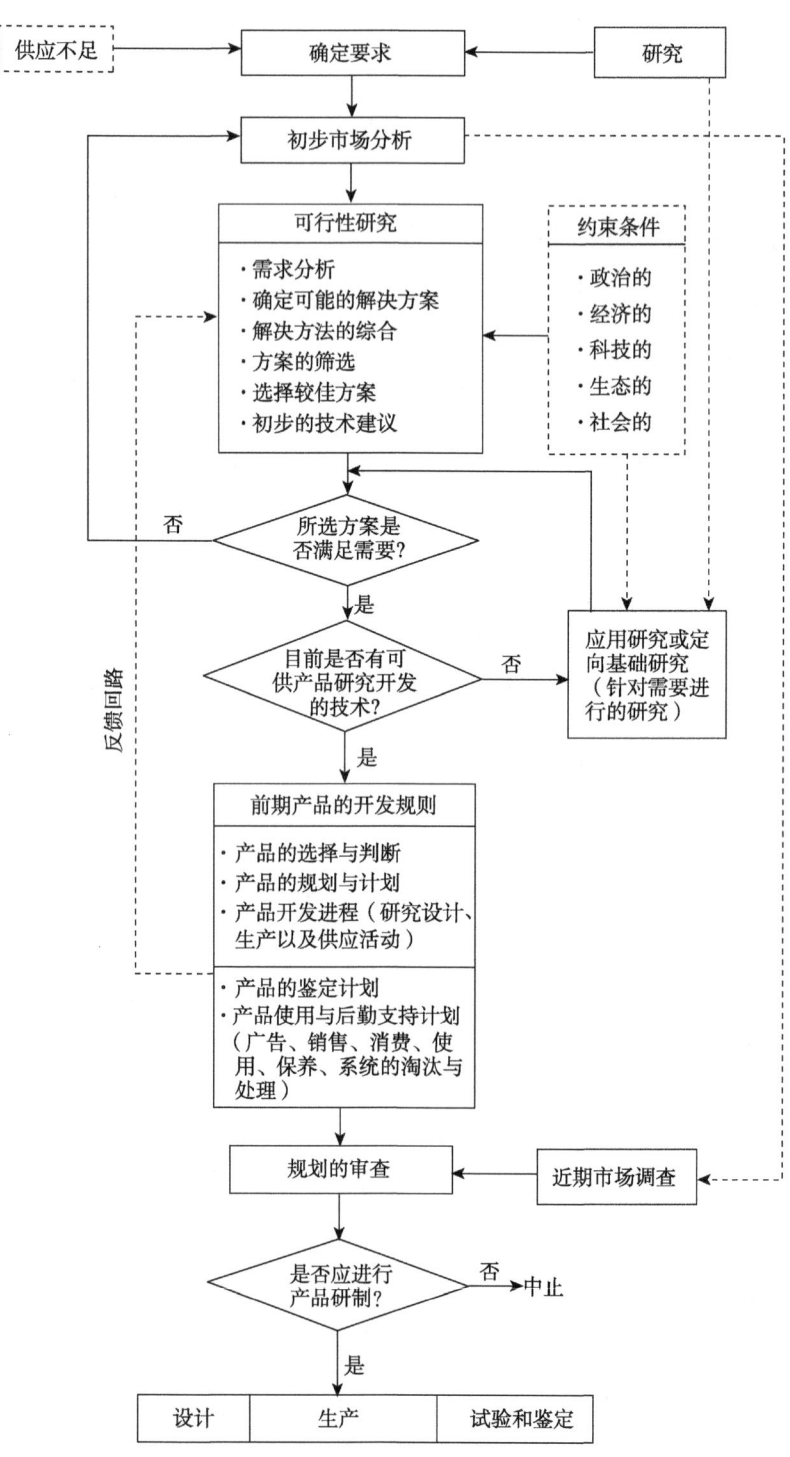

图 2 产品开发前期工作关系示意图
图内虚线表示信息

务的总量。它不是对销售的预测，而是表示一种市场机会。市场份额是某一企业预计的销售额与根据市场潜力预计的总销售额之比。

对市场进行初步分析的目的是从经济角度来考虑系统与产品的生命周期，对未来的销售收入和费用做总的估计。这些数据均可用产品生命周期图表示出来，它对费用和预计的销售收入均做了估计，并估算了投资回收的大致期限。一个正确的决策必须要周密地考虑到预计的生命周期、市场潜力及大小、竞争形势和废弃的可能性等各方面的因素。

三、可行性研究

由于做初步市场分析所用的资料是很粗略的，大多是从生产者的角度假设出来的，因此有必要进行更深入的反复研究，以便使需要更加明确，并能更好地确定系统（产品）的范围与最优结构。可行性研究所涉及的范围因系统类型及复杂程度不同而有所不同。一般说来，可行性研究包括：详细的需要分析（确定系统运行与保养的要求），鉴定所提供的可选的结构方案，对所有的方案进行筛选和评价，选择最优方案。经可行性研究可以得出对所选系统的技术特征的建议。下面扼要讨论可行性研究的三个主要方面。

（一）详细的需要分析

这里的需要分析是指确定系统运行和维修保养的要求。

系统的运行要求包括系统的任务和范围、性能参数、运行的部署、运行的生命周期、使用要求、效率因素、环境的限定。

（二）初步的系统分析

确定系统的运行和维修要求是研制过程的起点。要使系统发挥效用，必须知道如何使用与保养该系统。根据所规定的系统运行和维修保养的要求，需要给主要设备、软件和后勤支持提出目标。这些目标可以定性和定量地予以表示。数量目标有时也可用最大或最小限定值来表示，例如，规定范围至少为200公里，每一单位部件的生命周期成本费用不能超过1500元，等等。

有了一套系统研制的指标，就可对能达到系统要求的各种不同技术方法进行调查和研究，并做出决定。这时虽然各种备选方案比较粗略，但应尽最大努力对项目是否继续进行做出决定。可行的方案一经确定，就要进行初步分析以决定最适合的具体方法。

（三）可行性研究的结果（技术建议）

可行性研究的结果一般以技术建议的形式提交给管理部门。其中包括：功能结构的定义和系统的物理特性；系统运行和维修保养要求的说明。

这些建议将成为产品设计过程中进行管理决策的重要依据。

四、早期的产品规划

产品的前期规划包括：产品（系统）的评价、选择和鉴别，产品的规格及产品（系统）研制计划，产品（系统）实现计划①，分别简述如下。

（一）产品（系统）的评价、选择和鉴别

综合初步市场分析和可行性研究的结果，可据以进行产品或系统的鉴别。这些结果还需要从商业角度进一步审查。必须根据生命周期成本②（也可称生产周期费用）对所选的产品或系统进行评价。产品生命周期成本是指产品或系统在生命周期内的一切费用，包括产品前期工作、产品研究、产品设计、生产、产品鉴定、产品使用和后勤支持（如试验、辅助设施、供应支持、人员培训、技术资料等）和产品逐步淘汰（材料淘汰、处理和回收）等所发生的全部劳务费用和材料费用、直接费用和间接费用。

这些费用以年度来进行估计和预测。计算的目的是进行全面分析，取得最大的投资效果。

（二）产品的规格及产品（系统）研制计划

在产品（系统）选定后，可通过制定产品（系统）的规格和研制计划继续进行前期规划工作。

产品规格主要包括产品的技术设计要求，具体包括以下各类。

（1）系统规格——说明整个产品或系统的技术、操作和保养的要求。

（2）研制规格——包括从初步设计到详细设计以至生产所需的性能、效率和保养特征。

（3）采购规格。

（4）工艺规格——包括对产品或材料的加工与操作的要求。

（5）材料规格。

系统规格拟定后并不是一成不变的，可以根据概念性设计和初步设计的结果不断进行更新。工艺和材料规格主要根据生产的操作情况决定，并在详细的工作图设计时具体规定。

产品（系统）研制计划包括如下三个组成部分。

（1）产品实现计划，包括：研究计划，系统设计计划，生产、制造计划，分包计划，供应计划。

---

① 产品实现计划的英文为 product acquisition plan。
② 生命周期成本的英文为 life cycle cost（简称 LCC）。

（2）产品鉴定计划，主要包括产品试验计划及产品返工计划。

（3）产品使用与后勤支持计划，包括产品分配计划、后勤计划与产品淘汰计划。

对大型系统或复杂产品来说，管理部门要拟定一个"文件树图"，用来表明规格和计划的级别，明确规定文件的优先级别。图 3 是文件结构的一个例子。

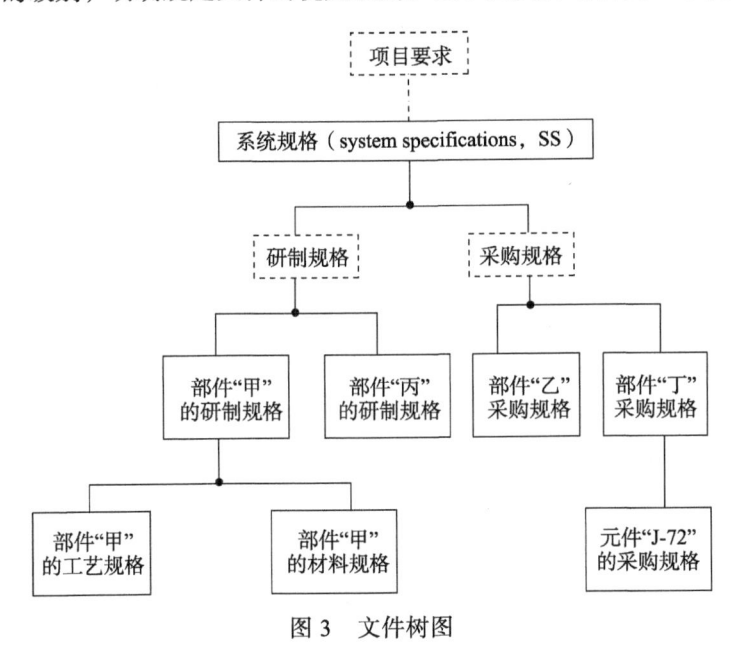

图 3　文件树图

将系统规格和计划结合，同有关的费用资料汇合在一起，并经审查合格，将成为以后进行研究、设计、组织生产、鉴定和试验、使用的依据，这也是管理决策的基础。

（三）产品（系统）实现计划

这一计划是指得到一种产品或系统的过程。简单的产品一般用自行研制和生产方式获得。对大型复杂系统来说，从经济角度考虑，不一定全部由制造厂自行研究和组织生产，可以将一部分子系统或产品分包出去。

在这一计划里要规定哪些产品或子系统要用当代先进技术自行研制，哪些产品或子系统可以用改进现有产品的方式来获得，哪些产品或子系统可以采用现有产品，哪些产品或子系统可以分包出去研制或生产。

在这一计划里要对上述各项内容——做出具体规定（确定其任务和进度）并进行协调。采用的计划形式可以是简单的线条图，也可以是事件图表或网络图表[如 PEST（program evaluation and review technology，计划评审技术）采用的网络图形式]，也可以是以上几种方式的混合。

在产品鉴定计划中应包括以下几方面。
（1）试验与鉴定的要求。
（2）试验与鉴定的种类。
（3）试验的准备。
（4）试验与鉴定的程序。
（5）收集数据、进行分析和修正的方法。
（6）系统的返工、修改以及再次试验的程序。
（7）试验和鉴定的报告。

第二节　研　究　工　作

企业要经营得兴旺发达，取得良好的经济效益，需要具有处于领先地位的产品，进行不断的产品创新。而要实现企业的这一经营目标，离不开对产品的研究与开发。

通过研究可以揭示新的原理，获得新的发现。科学技术的储备是企业提高技术水平、发展新产品、提高产品质量不可缺少的重要因素。

研究可以分为基础研究与应用研究。这一节除了研究的一般原理外，也将讨论防止产品开发负效果（对社会、生态等方面产生的不良后果）的技术评估[①]方法。

一、基础研究

一般说来，基础研究是为了认识世界、推动科技进步而进行的科学探索，研究成果是广泛真理、普遍的原则、新的原理，没有特定的商业目的。基础研究也称纯理论研究。

对于工业企业中的基础研究来说，它往往有一定的范围，或多或少关系到当前或未来的经营范围，因此企业的基础研究往往是一种具有应用前景的定向基础研究。例如，造纸企业为了提高纸张质量而对树木纤维形成理论的研究，就是一种定向的基础研究。

基础研究虽不直接影响某种产品或工艺，但其研究成果却对产品或工艺创新产生突破的作用，形成崭新一代产品或工艺。这方面的成功例子有杜邦公司研究开发的尼龙产品，柯达公司研制成的胶片加工技术，美国 3M 公司研究开发的静电复印技术等。这些均是企业长期重视进行基础研究所产生的直接成果。对于经营目标为进入领先地位的企业来说，必须将其研究开发投资的一部分（如研究开发总费用的 5%）用于基础研究。

---

① 技术评估也译作技术评价，英文为 technological assessment。

对于一些缺乏基础理论研究力量的企业，可采用横向联系方式，委托高等院校或独立科研单位进行定向基础研究，或是同高等院校或独立科研单位进行合作研究。

二、应用研究

工业与企业的应用研究是为了一定的实际目标而进行的系统的创造性探索活动。它运用基础研究所获得的科学知识，探寻具有实用目的的新的技术途径。在工业企业中一般是同新产品、新工艺、新材料有关的研究，或是为了开发某一种新产品，或是改进原有产品，或是为了提高某一种或几种专业技术的技术水平，其最终目的是解决某些具体问题或纠正某些缺陷。例如，在飞机制造公司里，为获得设计与制造飞机所需的空气动力学数据所进行的气流中压力条件和固体浮力的研究，就属于应用研究。又如，为获得保存果汁的方法，就加热和辐射对酵母生存的影响而进行的微生物学方面的研究也是应用研究的一例。

同基础研究相比，应用研究对工业企业较有吸引力。因为它一般直接指向同企业生产技术有关的某些特定问题：或是用于产品发展、提高产品质量，或是用于改进工艺过程、生产方法，或是指向采用新材料、降低生产成本，或是用于改善包装、改进外观质量，以增加对顾客的吸引力等。由于应用研究具有这些明显的目的性，因而用于应用研究的投资可望得到较快的回收。在强调应用研究的重要性与经济效益的同时，不能忽视基础研究的作用。应用研究的成功要以纯理论研究成果和自然科学知识的大量储备为基础。虽然在解决一个实际问题时，可能会偶然地获得成功，但在致力于科学研究时，不论是纯理论研究还是应用研究，解决问题必须强调系统的研究，要求在基础科学方面有良好的基础。

三、产品研究

几乎所有问题的研究均可以区分为纯理论研究与应用研究。从其应用范围来看，往往还可进一步加以细分。产品研究就是企业中最常见的一种研究。产品研究旨在发现开发新产品、改进老产品的新思想，并研究系统（产品）的硬件和软件，以满足用户的需要和吸引新的顾客，保证企业销售的增长与经济效益的提高。

产品研究是根据确定了的需要来进行的。在发展产品研究时，特别要注意发展新的、不同类型的品种，扩大现有产品的用途，以及利用副产品。激发产品研究的来源是多方面的，包括纯理论研究的结果、顾客（用户）的设想和意见、企业所拥有的特种技术的应用、企业畅销产品品种的扩展、企业扩展新市场的打算、扩展现有产品的副产品的设想等。

四、制造工艺的研究

产品的研究与新产品的开发是保持企业兴盛的途径之一，改进工艺过程从而使产品成本降低同样是一个重要的途径。

工艺研究一般是为了开发工具与设备、运输装置，以及各种旨在提高生产率和降低产品成本的制造方法。为此，越来越多的企业努力改进工艺方面的研究，并取得了良好的结果。近代科学技术的综合化发展趋势，使越来越多的产品开发在很大程度上依赖于工艺的创新，例如超大规模集成电路的发展，离不开工艺上的精微加工技术，这就要求工艺研究必须与产品研究同步进行。也就是说，一个产品研究方案是否可行，取决于是否有一个切实可行的工艺方法。

产品研究与工艺研究虽可以作为独立的研究工作分别进行，但在很多情况下，为了取得整体最佳效果，这两项研究工作必须结合起来进行。

五、材料研究

材料研究是为了研究新材料的开发和应用。材料研究基本上是同产品研究和工艺研究联系在一起的，材料上的新发现往往使原来无法实现的新产品和新工艺成为可能。在这科学技术迅速发展的时代里，对材料的研究大大加强了。很多空间研究计划得以成功实现，都是依靠能承受各种应力的材料研究。在新材料研究和应用方面的成功例子包括：耐高温、高压的金属与非金属材料、合成材料、玻璃纤维、各种塑料、环氧化合物等。

六、市场研究

市场研究是同上述各项研究密切联系的一项研究。市场研究的主要目的是掌握顾客（用户）的需求。只有具备了这种信息，企业所进行的技术方面的研究计划才能更有把握。同样，有了这些信息，企业在规划其价格和销售活动方面才可处于更有利的地位。有不少这样的情况：企业没有摸清顾客对所生产产品的接受程度，就贸然进行研制、生产和投入市场，结果造成产品的大量积压。因此，面对当前高技术带来的高成本、高风险的动态的世界市场，必须在产品的研制和投产前，进行周密的市场研究。有条件的企业应尽量做好试销工作以摸清用户对产品的反应。至于市场研究的详细内容，将在市场学课程中讨论。

七、技术评估

一项新技术（包括新产品）可能给人类造福，带来技术上的进步与经济上的效益，但处理不善，也可能带来负效果，对整个社会与生态产生不良的副作用。因而，不能只根据技术本身来评价一项新技术，而要全面地估量它对社会、政治、经济和生态（环境）产生的影响。例如，一个工厂发展某种产品的制造工艺可能排出有害的废料，其结果就会危害厂区及工厂附近的整个地区，污染其空气和水源，影响人们的身体健康，缩短人类的寿命，进而影响该地区经济的增长。因而，在评价某项新技术对社会产生的影响时，企业主管人员和科技人员应考虑以下的一些问题。

（1）新技术在空气污染、水污染、固体废料、城市噪声和人的健康等方面会对自然环境产生什么影响？

（2）新技术对现有人力资源（劳动力总量）、社会状况、家庭生活习惯、社会人口增长、社会环境等方面产生什么影响？

（3）新技术会对该地区的经济环境产生什么影响？

（4）技术评估是系统地评估新技术和确定技术变革后果的过程。评估的方法是通过确定同技术变革有关的成本与收益，选择最优方案。选择时应根据对近期与长期可能产生的影响，进行成本与收益或成本与效率的分析。评估过程见图4。

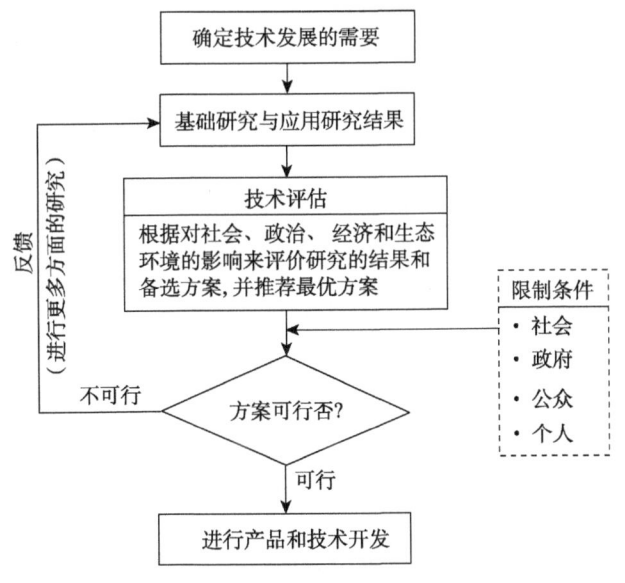

图4　技术评估过程示意图

八、从研究推向研制

这里的研制也可称为开发或发展①。

研究是发现新的事实和基本原理，研制则是对这些事实或原理进行应用。研制的结果是产生某种固定的产品结构。只有通过严密的研制，企业才能真正掌握新产品的生产，做到稳定地批量生产。

不少企业缺乏对严格研制工作重要性的认识，不注意从产品设想向研制阶段过渡的适当安排。很多研究部门与研究人员在发现新的原理与关系后，就放弃了这一研究工作。他们认为通过产品研制来实现这一新的设想太费事并阻碍新的研

---

① 开发或发展的英文为 development。

究工作，因而造成研究与产品开发之间的脱节。这种科研与生产脱节的现象，是延缓新产品试制，恶化企业经济效益的主要原因。为了杜绝这一现象，必须加强产品试制的组织与管理工作，安排好从产品研究向产品研制的转移。具体要注意以下几个方面。

（1）在计划安排上做好科研、研制与生产之间的衔接。

（2）组织好向研制部门转移研究成果的工作。

（3）在转移技术同时，做好人员转移的安排。例如，让参与产品研究的科研人员随着科研成果的转移，参加产品研制部门的新产品开发工作，等等。

第三节 产品设计

产品的类型、结构、规模在不同部门和行业中相去甚远，从小的家用电器到规模很大的宇航系统，都有其设计问题。为了适应现代生产管理的需要，这里将以复杂产品与系统为重点进行产品设计工作的剖析。掌握了复杂产品与系统的设计方法，对简单产品的设计就不言自明了。

一、产品的系统设计过程

近代的产品或系统的设计，一般是运用系统设计的方法来进行的。系统设计是在设计中运用系统原理和系统工程的方法，具体表现为以下几点。

（1）通过反复地进行功能的分析、综合、优化、设计、试验和鉴定，把实际需要变成系统的性能参数和最佳结构。

（2）综合有关的技术参数，并保证在物质上、功能上和程序上协调一致，使整个系统的设计达到最优状态。

（3）在整个设计中，系统地综合了有关因素，包括可靠性、可维修性、后勤支持、人的因素、安全性、保险性、结构的完整性、制造工艺性等。

（4）系统设计的目标在于：在运行性能、效率、经济和后勤等各因素之间取得适当的平衡。在这一过程中通过不断反复地平衡来提高费用-效益比。

系统的设计过程如图5所示。不论产品（系统）产量的大小和属于哪种生产类型，其设计都是根据需要从可行性研究入手。在这个基础上，进行功能的分析和分配，将根据系统的要求分配给各子系统、装置以及层次更低的系统单元。此外，还要通过权衡各种方案，进行选择和优化研究，评价能满足规定需要的各种方案。其最终结果将反映在所选定的系统的结构上。通过拟定系统的规格来确定其结构。

图5中的方块①与②分别为概念设计和初步的系统的设计。从方块②的反馈回路中可以看出，这种设计是反复进行的。系统设计方法要求设计反复进行，直到最终使系统的结构既符合性能要求，又能在整个生命周期中有效地运行和保养。

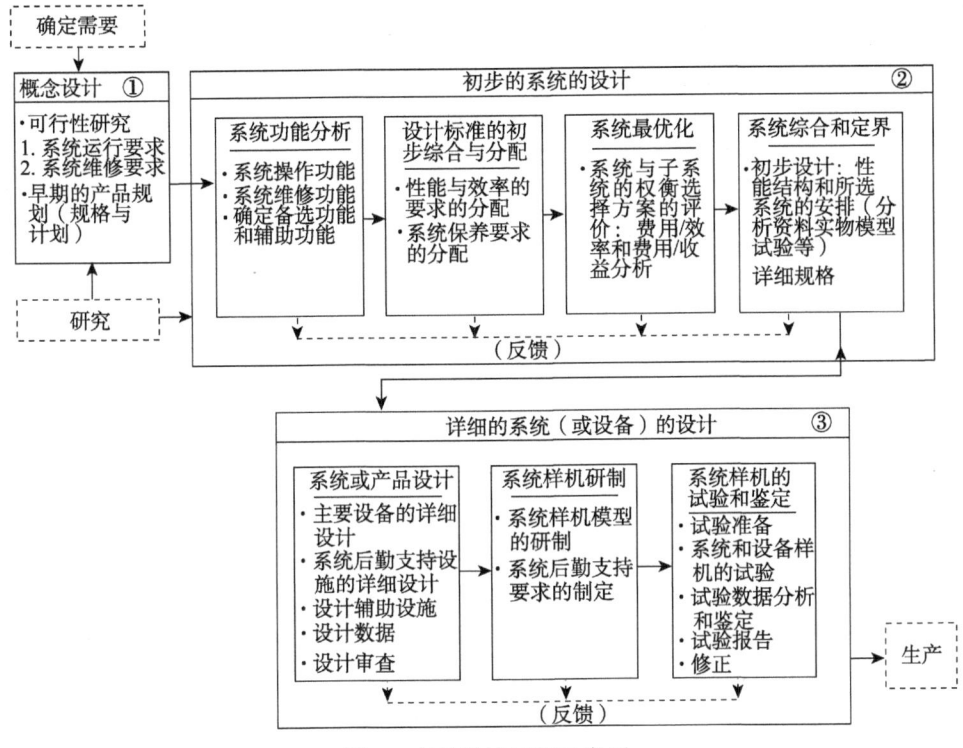

图 5　产品设计过程示意图

系统的结构得到优化后，就可制定初步保养规格、设备平面图和详细的设计文件（见前文中有关规格的部分），并开始进行详细的系统（或设备）的设计，如图 5 中的方块③所示。还要根据原先规定的要求对设计结果进行审查并进行必要的修正，然后将根据经过审查与批准的图纸及设计文件做成模型或样机，进行试验和鉴定。通过这一阶段的试验与鉴定，要确保产品（系统）在投产前各项准备工作完全达到系统的要求。下面将分别对概念设计、初步设计及试验等作进一步讨论。

二、概念设计与初步的系统设计

概念设计是设计工作的起点。它包括为确定一套解决问题的办法而进行的可行性研究。可行性研究要确认系统的技术水平，包括需求分析、系统的运行和维修保养的要求、结构的初步系统分析。由于可行性研究已在本章第一节中讨论过，因此不再赘述。在一个新产品项目开始后，所有的设计活动都应以可行性研究为基础。当系统提出新的要求时，则需要进行新的可行性研究，以支持新的设计活动。

初步设计是根据可行性研究中确定的技术水平着手进行的，将确定了的系统要求变成各种定性定量的要求。如图 5 的方块②所示，初步设计包括功能的分析和分配，权衡折中、选择与优化以及综合和确定，对此分别讨论如下。

（一）功能的分析和分配

通过合理的功能分析和分配，可将对系统的运行和维修要求转化成定性与定量的设计要求。一般说来，功能的分析和分配过程主要包括：确定达到系统要求所需的运行功能与维修功能并确定其顺序，确定与各功能有关的性能参数和运行效率，等等。

功能分析是设备设计的起点。

1. 系统的功能分析

系统的功能分析的第一步包括系统功能的说明和系统研制和运行方面的分析。为了建立以功能表示的系统要求，要确定功能并绘制工作原理流程图。功能表示最高的性能特征和作用，可分为独立功能与不独立（从属）的功能，可用顺序格式、平行格式或两者结合的格式来表示。

系统的功能包括运行功能与维修功能两个方面。现着重讨论运行功能。

运行功能的说明是对整个系统活动所需功能的全面描述。总的运行活动是根据各种任务来确定的，它包括各种系统运行和使用方法的说明，也对维持运行方法所需的系统功能进行了说明。通过功能说明，要设想出初步的装配概念。图 6 是一种典型的系统运行功能流程图，称之为"T"系统。该系统的主要运行功能已列于图 6。为了便于分析和阅读，本书对各方块均编了号码。

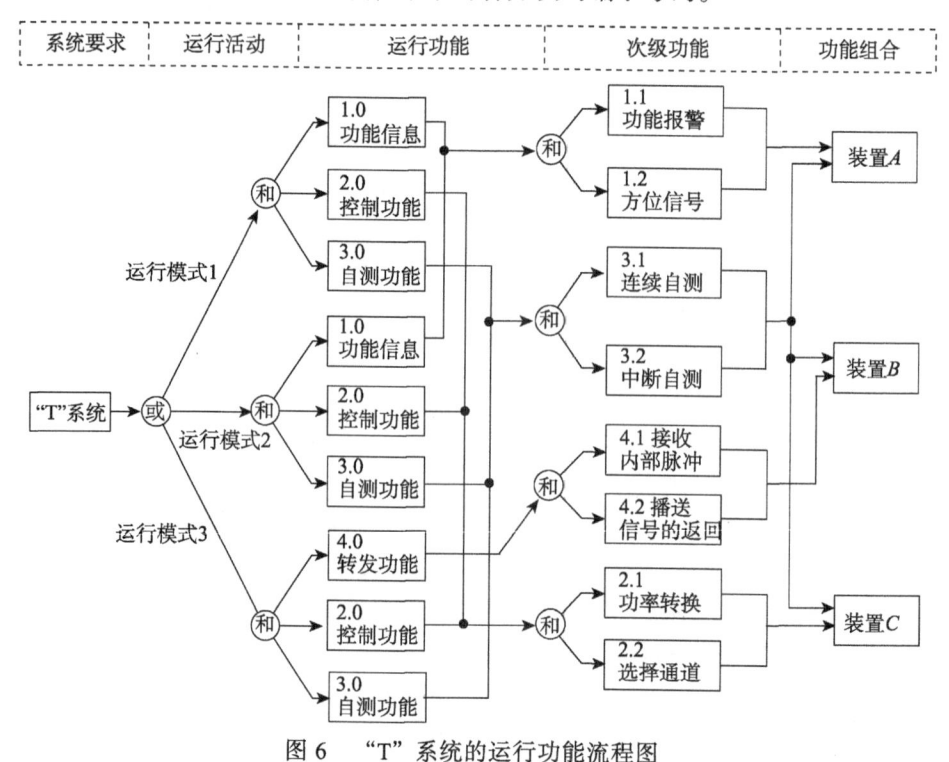

图 6　"T"系统的运行功能流程图

考虑到按功能来组合设备（保持同系统大小、重量等约束条件相一致），将"T"系统划分为三个基本装置（装置 A、装置 B 和装置 C），各装置的运行功能见图 6。根据设计思想进一步对各装置内功能进行分析后，即可确定主要的组件。有了概略的功能组合安排，就可以对装置和组件分配性能参数与运行效率系数。这种分配是以后详细设计的基础。

在运行功能确定后，总的维修功能就可根据系统说明来制定。所确定的维修功能将反映出保证系统效率和保养所需的后勤人员和资源。维修功能流程的制定是一个反复的过程。

制定功能流程图具有如下明显的优点。

首先，该过程能使科技人员以系统的观点来对待设计，可以随时确定合适的顺序与设计关系。

其次，功能流程图的制定能使在系统研制和运行中存在的多种多样的关系互相结合起来。各种内部和外部关系均可在生命周期的早期阶段很快地确定。

2. 系统要求的分配

以上阐明了如何把系统运行和维修要求变成具体设备的设计准则。功能分析提供了主要系统功能的说明，并初步规定了设备配置的轮廓。下一步要给各子系统的设计人员提供一些明确的指导思想，把最高一级系统的要素分配到系统的各部分。例如，图 6 中所提到的"T"系统，若允许其重量为 600 千克，那么装置 A、装置 B 和装置 C 应分别为多重？又如，系统一级的工作可靠性（MTBF[①]）为 450 小时，那么装置一级的值应为多少？如果系统生命周期的费用目标是 2 万元，那么装置 A、装置 B、装置 C 各自的费用目标为多少？

以上所列举的这些因素必须分配到各级子系统，以便提供技术参数、约束条件、功能要求和设计准则。否则，各子系统的设计人员独立地确定出各自的目标，最后综合起来很可能会超出系统所要求的规定数值。因而，有必要在系统一级首先规定目标值，然后将它分解后，分配给各级子系统，作为它们的设计指导原则。这样可保证各级的设计结果与整个系统的要求相符合。

分配过程可从图 6 所确定的组件配置方案开始。这个配置方案（即将系统划分为装置 A、装置 B 和装置 C）构成了设计指导原则的初步基础。进一步再将装置分解为组件，组件分解为支组件，如此等等。这种分解的例子如图 7 所示。一般说来，系统一级确定的参数分配到装置一级，装置一级再分配到组件一级。在实际中，分配时应考虑到必要的公差范围，即重要系统参数的最大、最小值。

总之，分配的目的是给设计人员提供一些指导原则，帮助他们设计出符合系统所要求的产品。

---

① MTBF 为平均故障间隔时间(mean time between failures)。

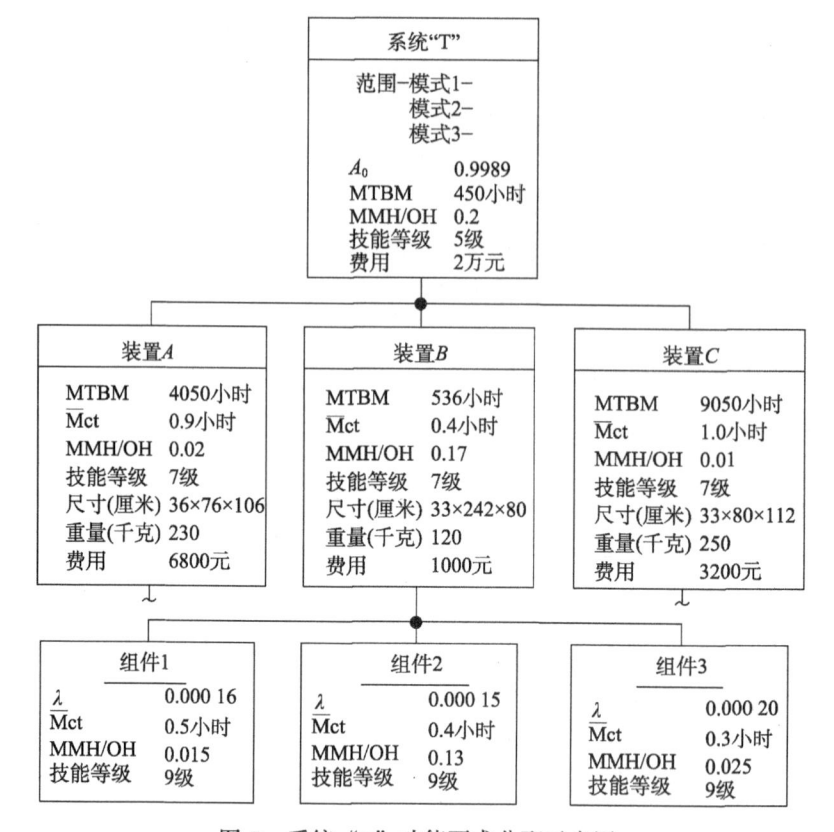

```
                    ┌─────────────────────┐
                    │      系统"T"        │
                    │ 范围-模式1-         │
                    │     模式2-          │
                    │     模式3-          │
                    │ $A_0$      0.9989   │
                    │ MTBM     450小时    │
                    │ MMH/OH     0.2      │
                    │ 技能等级    5级     │
                    │ 费用       2万元    │
                    └─────────────────────┘
```

┌──────────────────┐   ┌──────────────────┐   ┌──────────────────┐
│   装置A   │   │   装置B   │   │   装置C   │
│ MTBM 4050小时   │   │ MTBM 536小时   │   │ MTBM 9050小时   │
│ $\overline{Mct}$ 0.9小时 │ │ $\overline{Mct}$ 0.4小时 │ │ $\overline{Mct}$ 1.0小时 │
│ MMH/OH 0.02   │   │ MMH/OH 0.17   │   │ MMH/OH 0.01   │
│ 技能等级 7级   │   │ 技能等级 7级   │   │ 技能等级 7级   │
│ 尺寸(厘米) 36×76×106 │ │ 尺寸(厘米) 33×242×80 │ │ 尺寸(厘米) 33×80×112 │
│ 重量(千克) 230 │   │ 重量(千克) 120 │   │ 重量(千克) 250 │
│ 费用   6800元   │   │ 费用   1000元   │   │ 费用   3200元   │
└──────────────────┘   └──────────────────┘   └──────────────────┘

┌──────────────────┐   ┌──────────────────┐   ┌──────────────────┐
│   组件1   │   │   组件2   │   │   组件3   │
│ λ 0.00016 │ │ λ 0.00015 │ │ λ 0.00020 │
│ $\overline{Mct}$ 0.5小时 │ │ $\overline{Mct}$ 0.4小时 │ │ $\overline{Mct}$ 0.3小时 │
│ MMH/OH 0.015   │   │ MMH/OH 0.13   │   │ MMH/OH 0.025   │
│ 技能等级 9级   │   │ 技能等级 9级   │   │ 技能等级 9级   │
└──────────────────┘   └──────────────────┘   └──────────────────┘

图7 系统"T"功能要求分配示意图

A_0：操作可用性。MTBM：平均维修间隔时间（小时）。MMH/OH：每一操作小时所需的维修人时。$\overline{Mct}$：平均检修时间。λ：故障率。技能等级：人员能力（即级别）

（二）权衡折中、选择与优化

以上所讲的分配过程为产品及系统的设计确定了界限及限制条件，即设计必须符合的最大值和（或）最小值。在这些界限和限制条件以内，科技人员可以设想满足设计要求的各种设计结构。任务因此而变为选择尽可能好的方案以满足需要。

图8揭示了对各种不同备选方案进行权衡、评价和选择的步骤与过程。这些步骤是制定决策的必要组成部分。这里要选择各种备选方案、确定评价标准、选用分析方法、收集输入数据，并在同等对待的基础上对各种方案进行评价。评价过程是反复进行的，包含进行具体权衡、折中、平衡的研究过程，要根据相互影响对两个或更多的参数进行审查、权衡、折中。图9列示了一个以平均维修间隔时间作为生命周期费用函数的权衡、折中方法。这一类的权衡、折中处理可根据费用来处理不同的性能参数，例如，以生产率作为费用的函数，以性能作为可靠性的函数，等等。最后，要将这些折中方案综合起来，并以如系统效率和生命周期费用等高一层次的系统参数来进行审核。通过全面综合评价，选定优先采用的方案。

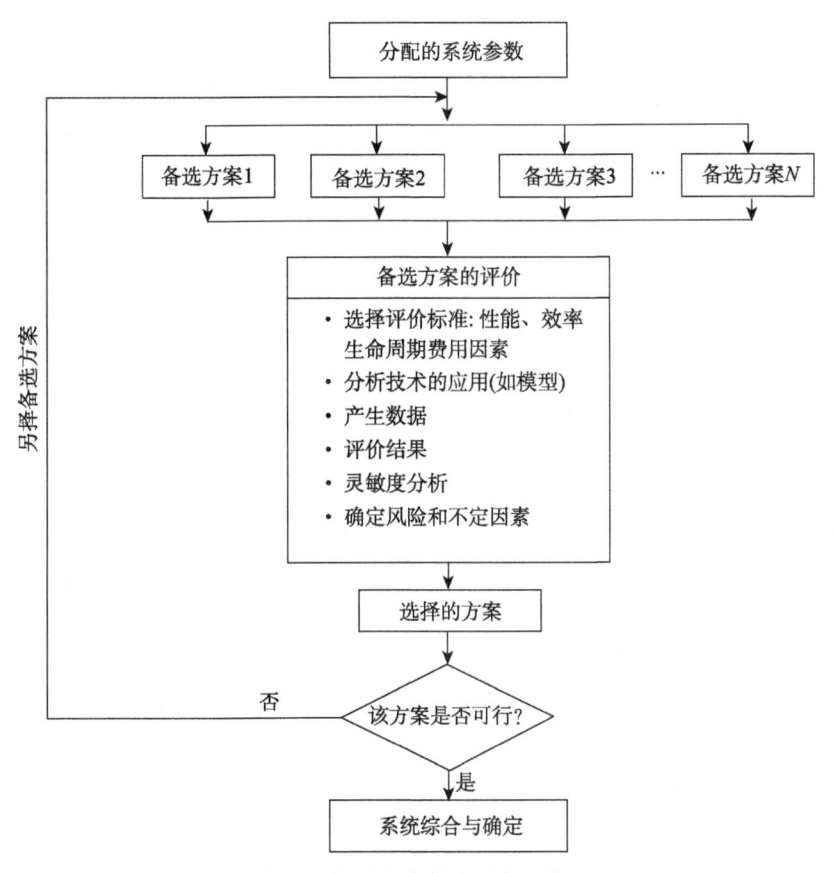

图 8　备选方案的选择与评价

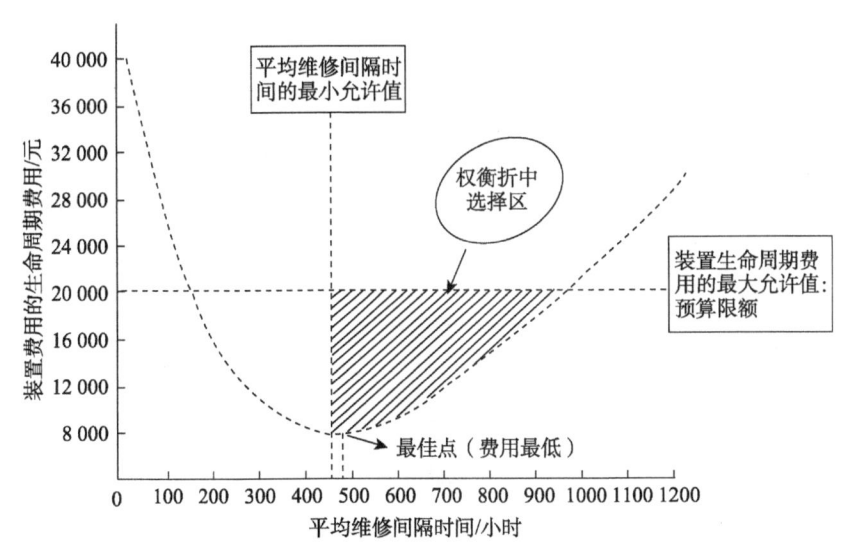

图 9　平均维修间隔时间与费用的权衡、折中选择

（三）综合和确定

这里的综合是指构成系统实体的各部分的结构和各要素的综合。综合是为了证实并保证分配给各部分的、赖以进行详细设计的系统性能和设计要求是完备的和切实可行的。这里要将所选择的系统的性能、结构与安排以及它的组成部分和它们的试验、操作和生命周期内的保养方法一起加以说明。这些说明涉及系统内、系统间和各项内容之间的关系，并为以系统规格表示的技术水平提供详细的细节，见表1。

表1　"T"系统规格（规格编号：S132）

1. 范围	3.3.2 工艺水平
2. 适用文件	3.3.3 电磁干扰
3. 要求	3.3.4 安全性
3.1 系统定义	3.3.5 互换性
3.1.1 综述	3.3.6 定名法
3.1.2 运行要求	3.4 系统文件
a）配置及使用	3.5 后勤支持
b）工作范围	3.5.1 试验和辅助设备
3.1.3 维修要求	3.5.2 供应支持
3.1.4 系统功能图	3.5.3 人员和培训
3.1.5 连接要求	3.5.4 技术数据
3.2 系统特性	3.5.5 装置
3.2.1 性能特性	3.5.6 维修计划
3.2.2 物理特性	4. 质量保证措施
3.2.3 效率特性	4.1 要求
3.2.4 设计特性	4.2 试验准备
a）可靠性	4.3 进行测试
b）可维修性	4.3.1 环境合格试验
c）人的因素	4.3.2 可靠性试验
d）可运输性	4.3.3 可维修性说明
e）制造工艺性（可生产性）	4.3.4 后勤支持的适合性
f）标准化	5. 准备交货
g）其他	6. 设备淘汰
3.2.5 环境特征	7. 变更或修改
3.3 设计和结构	8. 备注
3.3.1 材料、工艺规程、部件	

综合可以通过分析的方法或通过实物模型的研制和初步试验来完成。这样，就对所建议的系统结构实现了综合。

第四节 详细设计

详细设计阶段是根据初步系统设计所得出的思想和结构进行的，也就是根据由系统规格说明的具体性能、效率、后勤支持、费用和其他要求着手进行的。在一个全面的系统设计结构确定后，就要把这个结构转换成硬件、软件和辅助部件。其过程如下。

（1）对主要设备和后勤支持部件（如试验和辅助设备、装置、人员和培训、技术资料、备件和配件）的子系统、装置、组件及级别更低的元件（和零件）的说明。

（2）拟定说明系统全部部件的设计文件（如规格，分析结果，关于权衡、折中的研究报告和详细图纸）。

（3）确定和制定计算机软件（根据实际情况）。

（4）制作系统及其部件的工程模型、性能试验模型和样机模型，用以进行试验和鉴定，以验证设计的正确性。

（5）对制作的系统模型进行试验和鉴定。

（6）为了修正在初步系统试验中发现的缺陷，对系统的某个部件进行再设计与再试验。

在初步设计阶段确定了最高一级的系统结构之后，就需确定子系统、装置、组件直至零件的结构。它可以通过制作表示系统各级功能的详细的系统或设备功能器件图或树状图来实现，这种功能器件图或树状图是类似图 7（系统功能要求分配图）所示的分配功能的分层解体图的扩展。其树状系统应包括主要设备、软件和后勤支持的全部部件。

这阶段的系统分层解体为详细设计提供了基础资料。这里把各子系统、装置、组件等都当作单独的实体来看待。也可做出可供多方案选择的设计方案，并用前述的用于系统评价的方法进行评价。在确定了分支组件或更低一级的组件的设计方法后，要把这些方法综合起来，以确保在系统一级和系统各部件之间的一致性。在正式设计形成前，这个过程一直在反复进行着。

最后，将各子系统和更低一级部件的设计结果放入系统功能器件图中，就构成了有较详细说明的设计文件的基础。这种详细说明的设计文件可用以制作系统模型。通过这些模型的试验，可在进入生产前对设计的正确性进行鉴定。

详细设计大体上包括设计活动、样机研制和试验三个部分。后两部分内容将分别在下一节及"生产技术准备"一章中进行讨论，这里仅分别按设计目标、详细设计的程序、设计组的建立、计算机辅助设计四个方面来阐明。

一、设计目标

设计目标必须与运行要求和维修要求相一致。设计目标随系统的类型和结构的不同而不同（如设计一项单一的卫星装置还是研制系列的机床或无线电，它们的设计目标是不一样的）。但无论是何种情况，设计必须考虑如下一系列目标。

（1）功能或性能的设计（功能设计）——大小、重量、体积、范围、精度、能力、流速、运行速度、功率输出以及系统必须具备的所有技术特性。

（2）可靠性设计——系统结构与安装的特点，它关系到提高运行可靠性，并减少产品（或系统）的故障率。

（3）可维修性设计——它是为了使人与机器之间的关系达到最佳状态，即在系统（或设备）的运行、维修和保养中，确保系统的物质功能特性与"人的因素"之间的协调一致。考虑人的因素，即要考虑到操作方便及设备的外观。前者能降低对操作人员技术水平的要求，最大限度地降低培训要求和降低人为错误的发生率。

（4）安全设计——系统设计的特点将关系到能否消除由不安全因素所造成的对人员和设备的危害。

（5）可生产性（即结构工艺性）设计——这一设计的目的在于使某一结构能被有效地、高效率地进行批量生产。

（6）可处置性设计——这一设计的目的在于：使产品在停止生产或被淘汰后能被有效地进行处置，其材料的处置必须符合环境和生态的要求。

实际上，在产品（或系统）设计中会有很多不同的考虑，但其最终结果必须是不仅要能达到性能要求，而且必须考虑费用/效益（费用/效率）。真正的费用/效益是很难测定的，因为有许多影响系统运行和保养的因素是无法确切地加以定量的，例如，由于其他系统、政治关系、某些环境因素相互影响的结果有时很难测定。因此，一般只能取具体的费用/效率（性能）系数。例如：

$$f_{\text{C-E}} = \frac{E_\text{S}}{C_{\text{LC}}} \tag{1}$$

式中：$f_{\text{C-E}}$——费用/效率（性能）系数；

E_S——系统效率；

C_{LC}——生命周期费用（或成本）。

也可表示为

$$f_{\text{C-E}} = \frac{E_\text{u}}{C_{\text{LC}}} \tag{2}$$

式中：E_u——系统或设备的利用率。

此外，还可以系统的各种能力 C_S（如生产能力、质量能力等）来表示，这时，费用/效率系数的表示式如下：

$$f_{\text{C-E}} = \frac{C_\text{S}}{C_{\text{LC}}} \tag{3}$$

运用这些系数，可以对多个备选方案进行比较和选择。用统一的标准对不同备选方案进行评价，就可根据这些系数的数值在备选方案中选出最优方案。

用图 10 列示费用/效率的组成内容。该图列出许多对费用、效率有影响的因素及它们之间的关系。设计要影响到系统效率及生命周期成本（费用）两方面的平衡，设计的结果决定了对后勤支持系统的要求，而后勤支持系统反过来又影响上述两方面。例如，主设备设计的复杂性会影响到对人员技术水平的要求和培训要求，而这些会对系统效率以及系统的操作和维修费用有很大影响。同样，各种后勤支持部件（如试验和辅助设备、装置）的设计对主要设备也会有影响。实际上，针对存在着相互影响的系统特性，只有对这些相互影响的结果加以评价才能充分理解。

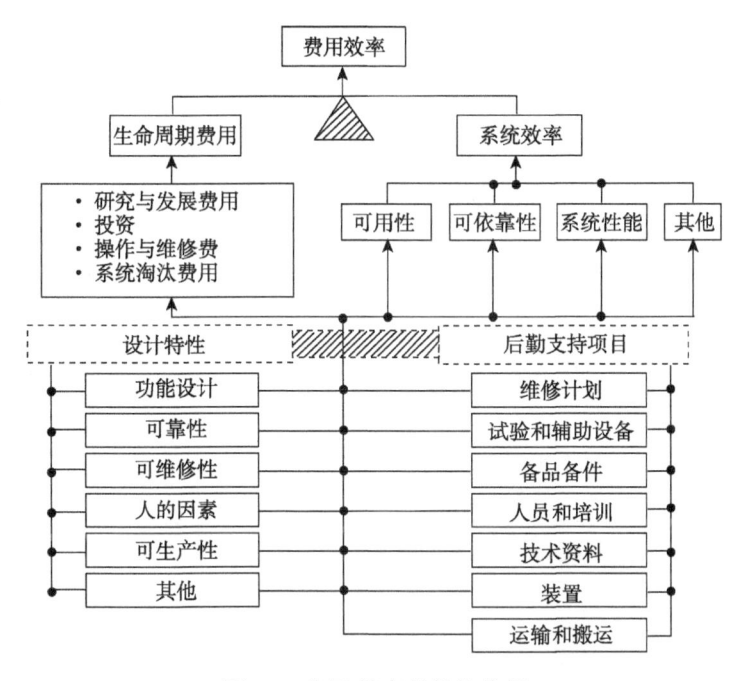

图 10　费用/效率的结构分析

总之，设计的基本目标是要在充分考虑费用/效率的情况下，研制一种能执行预想功能的系统（即在最低生命周期总费用情况下进行有效的工作）。要达到这一目标就要求工程技术人员和管理人员认识到这里涉及许多因素，要完整地对系统的所有部件进行仔细研究，进行权衡和选择，以取得一种最佳方案从而利于系统的详细设计。

二、详细设计的程序

我们分别用设计进程图（图 11）和设计基本程序图（图 12）来描述详细设计的进程与基本工作程序。

图 11　设计主要阶段的进程

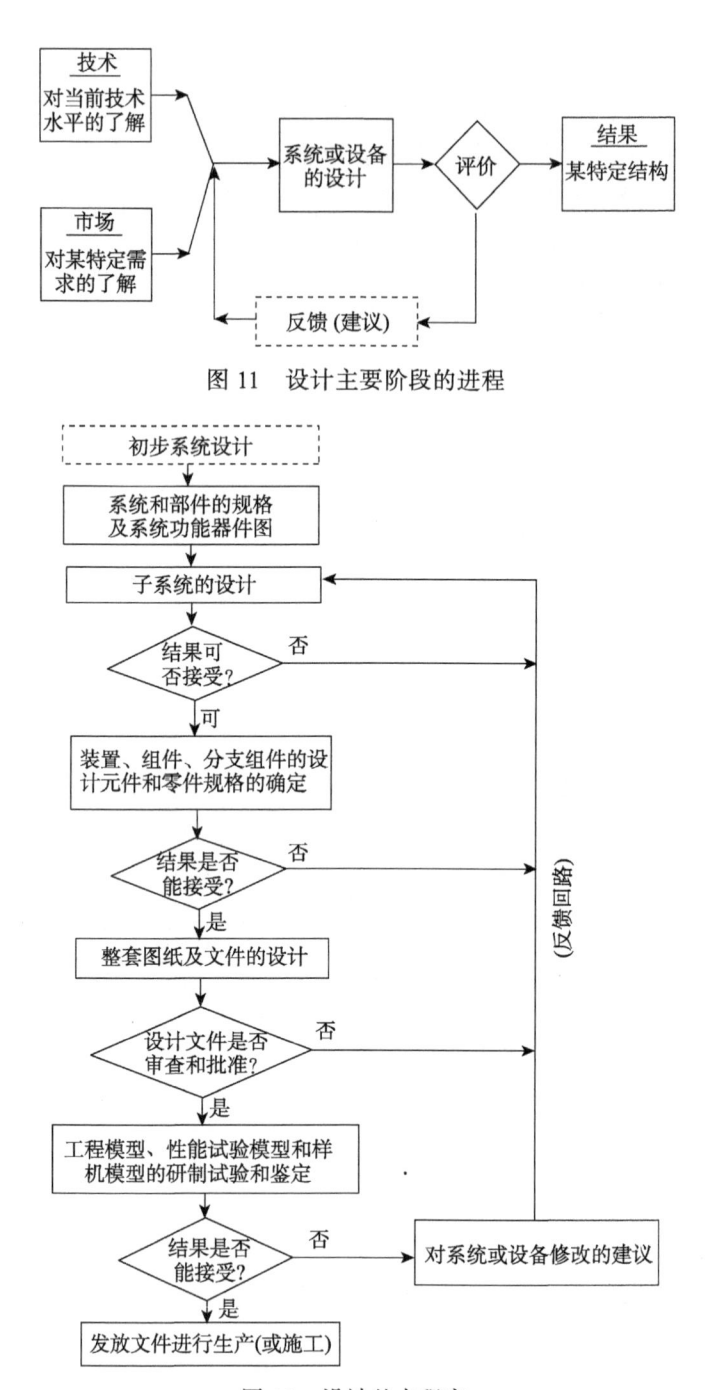

图 12　设计基本程序

图 12 描绘了从确定初步系统设计到为单件或成批生产准备好设计文件的基本工作程序。在设计进程的各个阶段，都要进行必要的审查与平衡，并有一个反

复修正的过程，如图12中的反馈回路所示。这个详细设计的过程从概念上看，与初步系统设计阶段的系统分析、最优化和综合有类似之处，所不同的是详细设计中的要求是针对较低层次的各系统级别，即子系统、装置、组件、分支组件等。

为了适应组织与管理生产的需要，随着详细设计的进展，可以制定出各种规格和设计文件，包括图纸、材料清单、外购件清单、零件清单、计算程序等。有了这些规格与文件，企业有关部门和人员才能了解设计要求与结构，才可能将设计要求投入生产，转化为有形实体。

设计结果一般是通过下列设计文件来表达的。

（1）设计图纸——原理图、装配图、部件图、零件图、控制图、逻辑图、安装图等。

（2）材料与零件清单——零件清单、材料清单、外购件清单、外协清单等。

（3）分析和报告——支持设计决定的权衡折中研究报告、可靠性和可维修性的分析和预计、人的因素分析、安全报告、后勤支持分析、确定结构的分析报告、计算机资料、安装和组装程序等。

三、设计组的建立

在现代化的复杂系统的设计中，在确定详细设计目标和任务后，为把初步设计阶段确立的内容从"书面上"的东西转变为供生产准备用的系统结构样机，就必须组织和建立一个由管理、工程技术和辅助人员组成的综合工作组，来负责设备、软件和后勤支持部件的详细设计，以及包括初步系统试验和评价在内的设计鉴定。

设计组的规模应根据系统目标不同而不同。大的系统设计组织可以包括数百、上千以至上万名的工程技术人员和辅助人员。小的产品设计组可以只包括少数几个工程技术人员与辅助人员。一般说来，在详细设计阶段，设计组应包括下列各类人员。

（1）工程技术人员——电气工程师、机械工程师、计算机工程师、系统工程师、土建工程师等。

（2）技术辅助人员——零件（元件）设计员、制图员、实验室技术员、计算机程序设计员、试验技术人员等。

（3）非技术性辅助人员——营销、采购、合同、预算和财会、法律咨询等方面的人员。

四、计算机辅助设计

计算机辅助设计[①]是产品设计工作中的一个新发展，是人和计算机组成的一个

---

① 计算机辅助设计的英文为：computer-aided design，简写为CAD。

协调进行设计工作的统一体系。设计人员借助计算机辅助设计方法，可较快地完成产品的轮廓设计。借助计算机进行设计可以在很短的时间内对许多设计方案进行评价，从而，有可能在风险和不定因素较少的情况下取得较好的设计。因为设计师能借助计算机辅助设计，完成比过去多得多的工作。

应用计算机辅助设计时，设计人员使用"光笔"在计算机控制的阴极射线管荧光屏上绘图形，计算机通过预先存入机内的程序对图形进行译释。在程序执行完毕后，计算机将显示出一个简单的图形，设计人员可将它放大或从任何角度加以剖视。需要时，设计人员可直接修改图形，或是增减一些线条，或是改变参数，或是变更方案。当认为所显示出的图形是合用的时，可以借助图像处理装置产生一个图形的副本。设计工作完成后，设计师可以命令计算机制出供自动绘图机或数控机床使用的程控带。

计算机辅助设计已广泛地用于各种设计工作，包括飞机、汽车、船舶、变压器与电路等各方面的设计。随着计算机硬件与软件价格的下降，其使用范围将日益广泛。计算机辅助设计应用较广泛的具体业务领域如下。

（1）用于分析模型的制造和设计分析，如系统要求的分析、评价备选方案、应力或强度分析、设计余量分析、统计和数学分析、最优化研究。

（2）将设计概念变成图纸、立体显示、图示资料和零件（元件）清单。

（3）在过去经验的基础上对具体设计数据进行储存和检索（即数据库）。

（4）制定工艺规格和程序。

在使用计算机辅助设计时，要注意避免设计与编码错误，尽可能地保证语言的一致性，要避免逻辑语法的错误、语义上的问题和运算上的错误。

第五节　产　品　试　验

通过设计要求和规格、分配和设计准则的确定、设计文件的编制等工作，设计人员可以确定具体的系统目标，并可以通过对设计结构的评价，检查能否达到这些目标。但到此为止仍然是分析性质的。而对一个系统或设备的更为真实的评价，检查它是否符合原来规定的要求，最主要的是通过对主要设备的硬件、软件及其有关的后勤支持的试验和示范来验证。

从对整个系统性能和效率评价的角度来看，真正的试验是在实际运行环境下根据实际使用条件对系统进行评价。例如，评价一个飞行器或一辆汽车，应当在它的实际飞行或驾驶中，在其执行预定任务时来进行评价。

理想的办法是等待系统完全可供使用时再进行系统性能、效率和后勤支持性能的评价。但是，从进行修改和减少浪费的角度来看，这是不可行的。加强中间试验与评价，可及早暴露与发现系统不符合规定的方面，在系统设计进程中尽早做出修正。因此，应建立一个全面的试验计划，在逐步进展的基础上对系统的硬件和辅助部件进行评价。在运用分析方法进行早期的设计评价时，对硬件的评价要从制作的第一个模型就开始，一直到对设备在现场进行试验为止。这种评价过程包括各种类型的试验与示范。现将试验与示范分别讨论如下。

一、早期的设计试验

这是第一种类型的试验。在详细设计的早期阶段，为了鉴定某种性能和结构设计特性，应制作必要的模板、工作台试验模型、工程模型和维修性能试验模型。这些模型或者代表整个系统，或者代表某个指定的系统元件，它一般只能进行功能方面的运行（电机的或机械的），但不能代表生产设备。虽然这些试验并不是运行环境下的正式验证，但可以取得有关实际系统特征的资料，并可用来作为全面系统评价的输入数据。

二、设计后期试验

在取得设备样机后，在详细设计的后一阶段要进行正式的试验与示范。设备样机类似于生产设备，但在此时尚不完全符合条件。这一阶段包括以下一系列的各种试验。

（1）性能试验——它是对各系统性能特征进行鉴定的试验。例如，对设计的机器能否提供必要的功率输出进行试验，又如对管道能否承受一定的流体压力进行试验，等等。同时也要鉴定形式、装配、互换性、产品安全性以及其他类似的特性。

（2）环境合格试验——要对温度循环、冲击与振动、湿度、气流、盐雾、灰砂、噪声、防爆、电磁干扰和污染传播进行试验。选择这些测试因素是为了正确地判断该系统或设备在运行、维修及运输搬运中将受到哪些条件的影响。同时，也应注意所试验的设备对整个环境的影响。

（3）结构试验——通过这方面试验，来确定同应力、延伸率、疲劳度、弯曲、扭转有关的材料特征。

（4）可靠性合格试验——对一台或多台设备进行试验，以确定平均故障间隔时间和平均维修间隔时间。同时，要经常进行专门试验以测定元件的寿命和确定故障的形式。

（5）可维修性示范——对一台或更多的设备进行试验，以决定平均有效维修时间、平均故障检修时间值、平均预防维修时间值、单位设备操作小时的维修人时等。另外，要对维修任务、次数、顺序、维修人员的数量与技术水平、维修用设备及程序等进行不同程度的鉴定。

（6）辅助设备的适应性试验——通过试验鉴定主要设备、试验和辅助设备以及运输设备之间的相互适应性。

（7）技术数据的鉴定——最理想的是将上述的各个试验在完整进行的基础上做一个全面性试验。把一个试验的数据输出作为另一个试验的输入可能会有利于试验的进行。对试验进行全面安排也可避免不必要的重复和额外费用开支。因此，合适的试验计划是十分重要的。

在批量生产时也要对生产样品进行上述试验。一旦一个系统初步合格，就必须提供保证，使以后所有批量生产的制品能同样合格。因此，在大批量生产的情况下，要从生产线上选取样品进行试验。

这一类试验一般在生产工厂或供应工厂内进行。用户方面通常派出人员进行监督和参加试验活动。

三、现场试验

这是在初步系统鉴定试验后，在生产准备工作完成前，开始的正式试验和示范，是在由用户方面指定的试验现场进行的。这里要使用各种主要设备与辅助设备、备件、维修程序，并由正式操作工来进行。它包括通过一系列模拟操作和对许多系统部件进行评价。

这是第一次系统地对全部部件（包括主要设备和后勤支持部分）进行完整的运行和评价。

四、使用阶段的试验

在产品使用阶段，必要时也应进行正式的试验，以便对某些具体方面更深入地了解。可通过改变对设备的任务分配或系统的使用率，来判定对整个系统效率所产生的影响，也可以对几种可供选择的保养方针进行评价，以便判断系统的利用率能否提高。这种试验可以使人们真正了解系统的真实能力。

这一类试验是由用户、操作者和维修人员在正常后勤能力的支持下，在一个或几个现实的运行地点进行。

下面用图 13 表示以上四类试验分布在产品研制各阶段的情况。

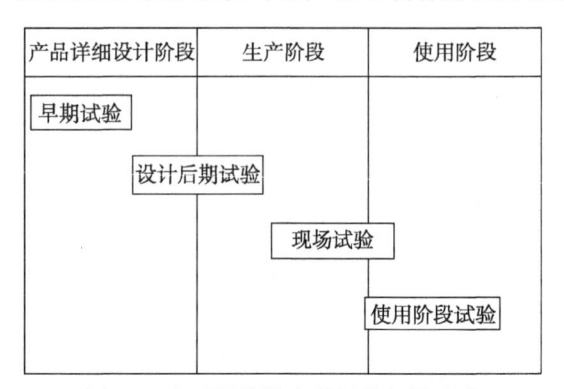

产品详细设计阶段	生产阶段	使用阶段
早期试验		
设计后期试验		
	现场试验	
		使用阶段试验

图 13　在不同阶段内进行的各类试验

社会主义工业企业技术管理的任务和内容[①]

社会主义工业企业的生产，同现代的技术，有着十分密切的联系。要使工业企业的生产能够顺利地进行，并且不断地向前发展，就必须做好一系列的、复杂的技术工作，就必须做好技术的组织和管理工作。在这一章里，先概括地说一说技术管理工作中一些综合性的问题。分以下五节来说。

（1）技术管理的主要任务。
（2）技术标准、技术规程的制定和执行。
（3）技术革新、技术革命和科学实验研究工作。
（4）技术后方的组织。
（5）生产技术责任制。

第一节 技术管理的主要任务

现代工业企业里，广泛地采用着现代化的技术装备，生产具有高度的科学性和技术性。要保证企业生产顺利发展，就必须进行一系列的技术工作。这些技术工作组织得好不好，对于发展产品品种、改进产品质量，对于提高企业的经济效益，具有极大的作用。

首先，做好技术管理工作，是工业企业在增加产品产量的同时，不断地发展产品品种、改进产品质量的重要保证。

工业产品的品种、质量问题，是工业生产的一个最为重要的问题。工业产品的品种齐全不齐全、质量优良不优良，是衡量一个国家技术经济发展水平高低的重要标志，也是关系着能不能把国民经济的发展建立在自力更生的基础上的一个重要问题。有了品种齐全、质量优良的工业产品，才能够主要地依靠自己的力量，用新技术来装备国民经济各个部门，从而不断地满足社会主义建设和人民生活的需要。

发展工业产品品种、改进工业产品质量的任务，是要靠各个工业企业来实现的。工业企业要实现这个任务，就必须做好各个方面的工作，特别是要做好技术管理工作。这是因为，技术管理工作同品种、质量问题的关系最为直接、最为密

---

① 节选自：《中国社会主义国营工业企业管理》编写小组. 中国社会主义国营工业企业管理. 北京：人民出版社，1964：第十章。

切。例如，要发展品种、改进质量，就必须进行科学试验研究工作；必须做出先进的产品设计和工艺设计；必须保证设备正常运转；必须建立一套保证产品质量的检验制度和检验方法；等等。所有这些，如果离开了技术管理工作，都是不能很好地解决的。

其次，做好技术管理工作，也是工业企业全面提高经济效益的重要保证。

前面说过，每个社会主义工业企业，都要努力增加产品产量，提高劳动生产率，节约物资消耗，降低生产成本，不断提高生产经济活动的经济效果。这些问题，同产品的品种、质量问题一样，都是关系着能不能多快好省地发展社会主义建设事业的重要问题。

工业企业要提高劳动生产率、增加生产、降低成本，就必须在生产过程中，节约活劳动和物化劳动的消耗。而要做到这一点，最重要的，是依靠群众不断地发展和运用先进的技术。特别是在现代化的工业企业里，要节省人力、物力，更离不开技术上的努力和改进。比如说，要有效地节省活劳动的消耗，就需要从提高生产和运输过程的机械化、自动化水平，改进产品设计，采用先进的工艺方法等方面采取措施；要有效地节省物化劳动的消耗，就需要从产品设计和工艺方面，以及从节约、代用和综合利用原料和材料等方面采取措施。所有这些，离开了技术管理工作，也是不能很好地实现的。

由此可见，工业企业的技术管理工作是非常重要的。要不断地提高企业管理工作水平，就必须不断地加强技术管理工作。

那么，在社会主义工业企业里，技术管理的任务是什么呢？

就主要的来说，有以下四个方面。

第一，正确地处理人同技术的关系，充分利用企业现有物质技术条件。

现代工业企业的生产，物质技术条件具有重要的作用。但是，我们知道，一切技术、一切技术设备，都是由人运用和掌握的。人同技术相比，人的因素是主要的。人的政治觉悟，是建设社会主义、共产主义的根本保证。那种片面地强调物质技术条件的作用，否定人的作用，否定人的社会主义、共产主义觉悟的作用的观点，是错误的。我们必须坚决地反对只见物、不见人的机械唯物论。同时，我们也知道，具有高度政治觉悟的人，一旦掌握了先进技术，就如虎添翼，会在生产中发挥出不可估量的作用。所以，在工业企业管理工作中，特别是在技术管理工作中，既要见物，更要见人，在努力做好人的工作，充分发挥职工群众的积极性和创造性的基础上，正确解决人如何掌握技术的问题，把职工群众的积极性，引导到钻研技术、掌握技术、提高技术的方面来。只有这样，才能充分地利用企业现有的物质技术条件，更好地发展生产。

第二，不断地采用新技术，提高企业的技术水平。

工业企业的技术管理工作，必须根据可能的条件，积极地采用新技术，不断地提高企业的技术水平。具体地说，就是要经常开展群众性的技术革新、技术革命运动，充分地利用生产设备，并且对生产设备进行不断的改进；采用新技术、新工艺；充分发挥技术人员和技术工人的作用，不断地提高他们的技术水平；等等。实现这方面的任务，可以使企业生产技术工作高效率地进行。

第三，在工业企业里，建立起良好的生产技术工作秩序。

良好的生产技术工作秩序，是保证企业生产有节奏地、正常地进行的重要条件。

良好的生产技术工作秩序，主要是指设备、工具必须保持良好的技术状况；要为生产提供先进合理的技术依据，及时地准备好设计图纸和各种规程；要有严格的质量检查制度和其他方面的技术工作制度；要保证工人能够严格地按照设计、工艺和质量标准进行生产；等等。这些，都是保证工业企业生产顺利进行的基本条件。为生产提供这些条件，是工业企业技术管理工作必须完成的重要任务。

第四，保证安全生产。

工人和设备的安全，是工业企业生产正常进行的前提，也是社会主义制度的一个重要要求。如果工业企业不能够保证生产的安全，工人的健康就会受到威胁，国家的财产就会遭受损失，企业也不能顺利地进行生产。

企业生产的安全，是靠企业工作的各个方面、各个部门共同来保证的。但是，改进生产技术工作，从技术上采取措施，是实现安全生产的最重要的保证。因此，这是技术管理工作的一项重要任务。

为了保证上述任务的实现，工业企业需要进行一系列的技术管理工作。例如，要保证设备、工具处于良好的技术状况，就必须进行设备和工具的管理工作；要为生产提供先进合理的技术依据，就必须做好技术准备；要提高企业的技术水平，就必须开展技术革新工作和科学实验研究工作；要保证生产安全，就必须做好安全技术工作；等等。由此可见，工业企业技术管理工作的内容是很丰富的。就主要的工作来说，有如下几方面：①生产新产品和改进老产品的设计、试制的管理工作；②工艺设计和工艺管理工作；③产品质量的管理工作；④设备和工具的管理工作；⑤安全技术的组织工作；⑥技术文件的管理工作；⑦技术力量的培养工作；⑧技术革新、技术革命和科学实验研究的组织工作；⑨技术组织措施的管理工作；等等。

工业企业在进行上述各项技术管理工作的过程中，必须遵循党和国家的技术政策，把在战略上的"迎头赶上"和在战术上的"循序渐进"结合起来。这就是说，在战略上，必须迎头赶上世界先进技术水平，用最短的时间，走完其他国家几十年甚至上百年所走过的路程；在战术上，即在解决具体技术问题的时候，又必须循序渐进，踏踏实实地进行工作。只有这样，我们才能够迅速地提高企业的技术水平。

党和国家制定的一系列的技术政策，是进行各项技术工作的指针，在工业企业中，许多技术问题和经济问题的解决，都离不开有关的技术政策。工业企业技术管理工作，只有正确地贯彻执行党和国家的技术政策，才能够有效地解决产品的品种和质量问题，才能够全面地提高企业的经济效益。

工业企业在开展技术管理工作的时候，还必须坚持尊重科学、破除迷信、解放思想的原则，坚决采用领导干部、技术人员和工人三结合的群众路线的工作方法，等等。关于这些问题，在本章以下几节和其他有关章节里再做讨论。

第二节 技术标准、技术规程的制定和执行

技术标准和技术规程，是工业企业生产技术工作的准则。在现代化的工业企业里，无论生产哪一种产品，都是由许多工人参加，经过很多道工序，才能完成的。如果没有一整套科学的、统一的技术标准和技术规程，企业的生产、技术管理工作，就没有必要的依据，也就不可能生产出质量合格的产品。俗语说："不以规矩，不能成方圆"，就是这个道理。正确地制定和贯彻执行技术标准与技术规程，是企业技术管理的一项重要的基础工作。只有做好了这项工作，才能建立起正常的、健全的技术工作秩序，保证生产的顺利进行。

那么，什么是工业企业的技术标准和技术规程呢？应当怎样来制定和贯彻执行技术标准与技术规程呢？

一、技术标准的制定和执行

技术标准的种类很多，例如，有各种基础标准、原料和材料标准、产品标准、零件和部件标准，以及设备和工具标准等。这些技术标准，都是工业企业进行生产、开展技术管理工作的依据。现在，着重地说一说有关产品标准的问题，因为这是工业企业生产过程中最重要的一种技术标准。

工业产品的技术标准，是对产品的质量、规格及其检验方法所作的技术规定，是从事工业生产，评定和检验产品质量的技术依据，任何一种工业产品，只有按照技术标准进行生产和检验，才能够保证质量，达到应有的技术水平，实现预期的经济效果。每个工业企业，只有按照技术标准进行生产和检验，才能够保证实现国家规定的标准化、系列化的要求。

工业产品的技术标准，包括的主要内容如下。

（1）产品名称、用途和适用范围。

（2）产品的规格和技术条件。

（3）产品的检验方法和验收规则。

（4）产品的包装、储存和运输等方面的要求。

按照工业产品技术标准的适用范围，可以把它分为国家标准、部颁标准和企

业标准三种。

国家标准，是在全国范围内，都必须贯彻执行的统一的技术标准，是对全国经济技术发展具有重大意义的技术标准。

部颁标准，是在有关工业部门范围内，必须贯彻执行的技术标准。

企业标准，是仅限于本工业企业范围内适用的技术标准，是对那些尚未颁布或者不需要颁布国家标准和部颁标准的产品，由企业自行规定的技术标准。有一些产品，虽然有国家标准或者部颁标准，但是需要对这些标准进行补充的时候，也可以规定企业标准。

各个工业企业在制定和修订企业技术标准的时候，应当注意些什么问题呢？

第一，技术标准的制定和修订，应当贯彻多快好省的精神，体现党和国家的技术政策和经济政策，密切结合我国的自然条件，合理利用国家资源，达到实用、经济、安全的要求。既要便于使用，又要便于生产；既要从现有基础出发，又要充分考虑科学技术的先进成就；既要照顾当前利益，又要照顾长远利益，做到宽严适度，繁简相宜。

第二，技术标准的制定和修订，必须贯彻不断革命论和革命发展阶段论相结合的精神。既要根据当前的经济、技术水平，及时制定相应的标准，坚持按标准办事，又要根据经济、技术发展的要求，不断集中群众的革新创造和科学研究成果，适时修订原有标准，或者制定新的标准。

第三，技术标准是总结广大群众生产斗争和科学实验的经验的产物。因而，技术标准的制定和修订，必须走群众路线，采取三结合的办法，把有关的领导干部、科学技术人员和工人群众组织起来，共同进行。

第四，工业企业在制定和修订技术标准的时候，必须同有关方面协商，充分考虑各方面的要求，特别是使用部门的要求，使有关的各项技术标准，能够配合一致，以便共同执行，互相促进，互相提高。

只有很好地注意了以上这些要求，才能制定出先进合理的技术标准，依据这种标准来组织生产，就能使生产取得良好的效果。

当然，只有好的技术标准是不够的，还必须很好地贯彻执行这些技术标准。

标准是技术上的"法律"。凡是已经规定了的技术标准，各个工业企业都必须严肃认真地贯彻执行。一个工业企业，有没有严格地按照技术标准来组织产品的生产和检验产品的质量，是对待生产有没有科学态度的问题，也是关系着工业企业能不能确实保证产品质量，对社会、对国家是否负责的重要问题。

为了保证各项技术标准的贯彻执行，工业企业应当做好以下几个方面的工作。

第一，组织全体职工认真学习各项技术标准，树立严格执行技术标准的科学态度。

任何技术标准，都要通过职工群众来执行。如果技术标准不被广大群众所掌握,或者虽然掌握了,但是不能自觉地、认真地贯彻执行,那么,无论技术标准制定得多么好,也是不能兑现的。因此,在全体职工中严格执行技术标准的宣传教育,组织职工学习和掌握技术标准,是贯彻执行技术标准的首要环节。

第二,对国家标准、部颁标准和企业标准,进行分解和具体化。

工业企业必须根据产品的性质和企业生产过程的特点,把有关的产品技术标准,进一步分解为零件、部件标准,各种原料、材料、协作件标准,各道加工工序的质量标准,以及产品的包装、运输和储存标准,等等,把产品的技术标准具体化,原因如下。

(1)工业产品生产过程的各个环节,是相互联系、相互影响的。不同的原料、材料以及不同的设备,都会对生产的进程和生产的结果产生不同的影响。因此,必须按照产品标准的统一要求,从原料、材料开始,直到成品的包装为止,规定出具体的标准。只有这样,才能做到用统一的标准来组织整个生产过程,有效地保证产品的质量。

(2)在现代化工业企业里,工人的分工是很精细的,每个工人,只负责生产产品的某一个部分或者某一道工序。因此,直接指导工人生产活动的技术依据,一般不是以产品为对象的技术标准,而是经过分解以后的具体的标准。只有把产品的技术标准分解成具体的标准,才能真正落实到每一个人,建立起明确的、具体的责任制度,使贯彻执行技术标准,成为每一个工人的事情。

第三,加强质量检验,精确地进行化验和计量工作。

每一种原料,每一件产品,是不是达到了技术标准,必须通过检验来判定。在质量检验工作中,是不是严格地掌握技术标准,对于技术标准的贯彻执行,有重要的作用。在检验工作中,一丝不苟地坚持按技术标准来验收,就会促进操作者认真地按技术标准来生产,保证产品的质量。

为了做好质量检验工作,企业必须加强化验分析工作和计量工作,经常保证化验分析和计量工具的准确性。如果放松了这方面的工作,就难以正确地贯彻执行技术标准。有的时候,产品经过检验,似乎达到了技术标准的要求,但是,由于化验分析有误差,或者由于量具本身不可靠,实际上产品的质量并不合格,这就等于没有贯彻执行技术标准。

最后,要贯彻执行技术标准,还必须根据技术标准的要求,正确地制定和执行各种技术规程。

二、技术规程的制定和执行

技术规程,是工业企业为了贯彻执行技术标准,保证企业生产有秩序地进行,而对产品的加工过程,工人的操作方法,机器设备和工具的使用、维修和技术安全等方面所做的技术规定。技术规程与技术标准不同。技术标准主要是对各项生产技术工作提出的技术要求；技术规程则主要是达到这种要求的一种手段，它规定着各方面的技术工作应当怎样进行才能达到技术标准的要求。

技术规程的种类很多，就主要的来说，有以下几类。

（1）指导加工过程的规程。

（2）指导工人操作的规程和守则。

（3）保证安全生产和设备安全运行的规程和规定。

上述各种技术规程，适用于不同方面的技术工作，所以，它们的具体内容也是不同的。比如说，指导加工过程的工艺规程，是为产品或者零件规定的加工步骤和加工方法；指导工人操作的规程，是为工人使用每种设备规定的操作方法和注意事项；安全技术规程，则是为各个工种工人规定的安全注意事项；等等。

正确地制定和修订技术规程，对于保证技术标准的贯彻执行，以及组织企业的正常生产和改进各项技术经济指标，都有很重要的作用。工业企业在制定和修订技术规程的时候，应当注意些什么问题呢？

第一，严格地按照各项技术标准的要求，来制定各种技术规程。这样，才能够保证技术标准得到贯彻执行，保证和提高产品质量，保证生产的顺利进行。

第二，从实际出发，走群众路线。工业企业中有关部门和有关人员，应当深入实际、深入群众，听取工人群众的各种意见，从本企业的具体条件出发，考虑设备、工人以及其他方面的特点，以此来制定各种技术规程。这样的技术规程，才会有群众基础，才便于贯彻执行。

第三，注意在合理地利用企业现有生产技术条件的同时，尽可能地采用国内外先进的技术成就。要在本企业群众性技术革新、技术革命的基础上，把那些经过研究、实验和审查鉴定切实可行的方案，纳入技术规程。并且，要注意搜集国内外的有关资料，把新技术和新工艺，纳入有关的技术规程。

技术规程一经制定，就应当严格地贯彻执行。工业企业在贯彻执行技术规程的时候，同贯彻执行技术标准一样，也要组织全体职工，学习和掌握技术规程的内容；经常对群众进行遵守技术规程的教育，严格遵守劳动纪律；加强技术检查和监督，建立责任制度；为贯彻执行技术规程提供必要的物质技术条件；等等。

在贯彻执行技术规程的时候，工业企业必须进行深入细致的思想工作。我们知道，工业企业的技术规程，是在总结工人群众的生产操作经验的基础上，在一定的科学原理的指导下制定的，它与每一个工人已经养成的操作习惯，不可能完全一样。因此，在贯彻执行技术规程的时候，就要求每个工人改变那些不符合技术规程要求的操作习惯，严格按照技术规程办事。但是，要改变一个人长期养成的习惯，并不是一件容易的事情，常常会遇到这样或者那样的阻力。这就要求我们在贯彻执行技术标准的时候，必须进行深入细致的思想工作，并且以非常慎重的态度来对待新技术、新工艺的推行和采用。一定要经过实验鉴定，对那些确实成熟了的东西，才能纳入技术规程，加以推行。在推行过程中，要循循善诱，使群众深切体验到它的好处。只有这样做，才能减少阻力，有利于技术规程的贯彻执行。

上面说的技术标准和技术规程的制定和执行，是工业企业技术管理的一项重要的基础工作。每一个工业企业，要加强技术管理，都必须认真地做好这项工作。

第三节　技术革新、技术革命和科学实验研究工作

在工业企业中开展技术革新、技术革命和科学实验研究工作，对于不断地提高工业企业的技术水平，具有重要的作用。

一、技术革新、技术革命

目前，我国技术和经济的发展水平，同世界上技术先进、经济发达的国家比较起来，还是落后的。我们必须逐步地实现技术革命，迎头赶上世界先进的科学技术水平，实现农业、工业、国防和科学技术的现代化。

逐步地实现技术革命，是我国社会主义建设的一项重大任务。只有在经济战线、政治战线和思想战线上实现社会主义革命的同时，努力实现技术革命的任务，才能使我国落后的经济面貌得到根本改变。毛泽东同志早在1955年就曾经指出："我们现在不但正在进行关于社会制度方面的由私有制到公有制的革命，而且正在进行技术方面的由手工业生产到大规模现代化机器生产的革命，而这两种革命是结合在一起的"[1]"中国只有在社会经济制度方面彻底地完成社会主义改造，又在技术方面，在一切能够使用机器操作的部门和地方，统统使用机器操作，才能使社会经济面貌全部改观"。[2]

现在，在社会制度方面，由私有制到公有制的社会主义革命，已经取得了决定性的胜利。技术革命的任务，已经摆在全国人民的面前。技术革命，是国民经济各部门、各行业都要进行的。工业是发展国民经济的主导力量，要把我国包括农业在内的全部国民经济转移到现代化的技术基础上，工业部门具有特别重要的作用。这就要求每一个工业企业，都应当踏踏实实地开展工作，不断地进行技术革新、技术革命，为迎头赶上当代先进的科学技术水平，贡献最大的力量。

工业企业技术革新、技术革命的内容是多方面的，概括起来，主要有以下几点。

（1）产品设计的改进。

---

[1] 毛泽东. 关于农业合作化问题. 北京：人民出版社，1955：23.
[2] 同[1]，第33页。

（2）工艺方法和操作技术的改进。

（3）设备、工具的改进。

（4）原料、材料、燃料利用方法的改进。

（5）生产和运输设备的半机械化、机械化、半自动化、自动化的逐步实现。

（6）其他方面的技术改进。

工业企业在实现技术革命的过程中，经常地、大量地进行的，是技术革新工作。大家知道，技术革命，是对原有物质技术基础的根本性的改造，是在技术发展上的质的飞跃，这种质的飞跃，是逐步实现的。工业企业的技术革新，是对企业现有技术的不断改进，这是工业企业经常要做的工作。通过不断的技术革新，日积月累，就可以使企业的技术面貌发生很大的变化。因此，下面我们要着重地说一说工业企业技术革新的组织工作。

在工业企业里，应当怎样来开展技术革新的工作呢？

第一，密切结合生产，解决生产关键问题。

技术是发展生产的手段。工业企业的技术革新工作，一定要有的放矢，围绕着企业当前生产中的关键问题来进行。这样做，就能够把职工群众的智慧集中起来，把有限的人力、物力、财力集中起来，有效地促进生产的发展。这样做，就能够更好地调动职工群众的积极性，使他们在革新技术方面始终保持旺盛的斗志。

要使技术革新密切结合生产，关键在于广泛深入地发动群众，摸清生产情况，确切地了解生产的需要。生产是不断发展的，生产当中需要解决的问题也是会不断出现的。在进行技术革新的时候，应当远近结合，既要从当前迫切的需要出发，又要看到生产发展的需要。对这些不同的需要，应当全面地规划，有计划地、有步骤地加以解决。

第二，放手发动群众，一切经过试验，讲求实际效果。

技术革新的工作，一定要放手发动广大群众来进行。工业企业的各级生产行政负责人，应当根据不同时期生产上的关键问题，向群众提出技术革新的方向和课题，引导和发动群众找窍门、提合理化建议，组织大家围攻关键。

组织职工群众提合理化建议，是集中群众智慧，发动群众参加技术革新工作的有效办法。工人群众在生产实践中积累的经验和知识是很多的，对生产中存在的问题和潜力也了解得比较深。经常注意吸取工人群众的意见，组织他们提合理化建议，并且认真地研究、采用和推广那些切实可行的、合理的建议，就能够把群众的智慧和经验集中起来，推动企业技术不断革新，生产不断发展。

有些同志，在技术革新的工作中，不敢放手发动群众，怕群众发动起来会打乱生产秩序，这是不对的。实践证明，只要把放手发动群众同一切经过试验，同加强技术管理正确地结合起来，就能够集中群众智慧，并且使技术革新运动有秩序地进行。这不但不会打乱企业的正常生产秩序，相反，还会有力地推进生产的发展。

一切经过试验，是对待工作的一种科学的、郑重的态度。在技术革新运动中，坚持这种科学的、郑重的态度，才能够避免盲目性。我们知道，革新技术的过程，是一种对生产技术上的未知进行探索的过程。在探索的过程中，人们由于认识上的局限性，往往使自己提出来的设想、建议和方案，不可能一开始就十分完善和正确。一定要经过多次实践、反复试验，才能逐步完善和获得成功。

正因为这样，我们在技术革新工作中，就要坚持一切经过试验的原则，满腔热情地支持群众的发明创造。通过试验，肯定职工提出的技术革新建议中正确的东西，修正不正确的东西，补充和丰富职工群众的建议，使之更加完善，更加符合实际，这不仅能使技术革新取得良好的效果，而且是对职工群众的积极性和创造性的最好的支持和鼓励。

试验的最终目的，是得出肯定的结论，在生产中运用和推广。因此，在试验的时候，应当正确地选择试验的条件，使试验的条件具有代表性。这样，试验成功的东西，才能够在比较大的范围内推广。否则即使试验获得成功，也不能普遍地推广。

为了使技术革新成果能够普遍推广，最好是选择几种不同的条件进行反复的试验，取得不同条件下的不同经验，以便使技术革新成果在更大范围内发生作用。

经过反复试验，成功了的技术革新方案，还要经过鉴定，对其做出全面的评价，判断革新成果在技术上的成熟程度，在经济上的合理性，以及它的使用范围和使用条件。这样，就有助于正确地决定这项成果能否在生产中推广使用，在哪些范围中使用，以及需要为这项成果的运用创造一些什么条件，等等。在评价技术革新成果的时候，特别要做好经济效果的评价和比较。

由于新技术从不完善到完善，总要有一个过程，而且，新技术当中的缺点和不完善的地方，又往往要经过一段时期的使用，才能逐渐地暴露出来。因而，鉴定也往往不能只进行一次，而要组织多次鉴定。一般有初步鉴定和使用后鉴定的区分。当一项技术革新建议试验成功以后，先进行初步鉴定，在实际使用一段时间以后，再进行使用后的鉴定。

鉴定做得及时，有利于发挥群众的创造性和积极性，也有利于将技术革新成果及时运用于生产。要做到及时鉴定，一方面可以采用分级鉴定的办法，即一般的技术革新成果由车间组织力量鉴定，将鉴定结果报厂部备案；重大的技术革新成果由厂部鉴定，有时还要由上级行政主管机关或者由国家派代表参加组织鉴定。另一方面，可以采用定期鉴定和不定期鉴定相结合的办法。做到"有革新、有鉴定、再革新、再鉴定"。革新一批，就鉴定一批，推广和提高一批。

第三，及时做好巩固、推广和提高的工作。

革新技术，是为了推动生产迅速发展，经过鉴定，证明是行之有效的新技术和新经验，就要组织有关方面的力量，加以推广，使它们为广大职工群众所掌握，从而变个别的先进水平为普遍水平。一切新技术、新经验，只有广泛地推广和使用，才能真正得到巩固和提高，才能真正促进生产的迅速发展。

怎样做好技术革新的巩固、推广和提高的工作呢？

（1）要把经过鉴定成功的技术革新成果，纳入有关的技术标准和技术规程。同时，要根据革新以后的技术要求，来组织原料、材料、半成品等供应工作。没有这些技术的、物质的保证，新技术是不可能推广的。

（2）任何新技术、新经验，只有当它真正为职工群众所掌握的时候，才能在生产中起到应有的作用。因此，工业企业要组织新技术、新经验的传授，适应新技术的要求，提高操作者的操作技术。

（3）要进行深入细致的思想工作，使广大职工群众对于新技术、新经验乐于接受，乐于使用。在推广新技术的过程中，应当耐心地采用典型示范、技术表演等生动、具体的形式，向职工群众宣传新技术、新经验的好处，而不可以简单地采用行政命令的办法。这样，才能使群众真正乐于使用这些新的技术。也只有采用这种方法，推广了的新技术、新经验，才能巩固，才能在实践中更加丰富和提高。

（4）要注意把分散的、单项的新技术、新经验集中起来，系统地进行推广。一方面，要注意把职工群众创造的适用于同一工序的新技术、新经验集中起来；另一方面，也要注意把前前后后的许多工序的新技术、新经验集中起来，汇集成为一整套完善的操作经验。这样，才能够把点点滴滴的、分散的经验汇集成为系统的、完善的经验，更好地促进生产的发展。

第四，坚持实行尊重科学、破除迷信、解放思想的发挥群众创造性的原则。

前文已经提到，在现代化的工业企业里，一切生产活动的进行，都同科学技术有着密切的联系，要使这些活动取得预期的效果，就必须尊重科学技术发展的客观规律。特别是在工业企业开展技术革新的时候，必须更加严格地按照科学技术发展的客观规律办事。

按照科学技术发展的客观规律办事与发挥群众的创造性，不是对立的，而是统一的。大家知道，现有的科学技术成就，既是前人生产斗争经验的科学总结，也是我们进一步探索和掌握新的科学技术原理的出发点。我们对于现有的科学技术上的结论，不能抱迷信、守旧的态度，而应当采取尊重科学、破除迷信的态度，大胆地解放思想，充分地发挥主观能动作用，积极地探索和发现新的科学技术，推动技术不断进步。工业企业是经常进行生产斗争的场所，在广大职工的生产实践中，经常孕育着新的科学技术的萌芽。这是一种巨大的潜力，应当把它充分地发挥出来。

二、科学实验研究工作

前面说过,科学实验是一项伟大的群众性的革命运动,是建设社会主义强大国家的三项伟大的革命运动之一。科学实验研究工作,是认识和掌握科学技术发展的客观规律,是不断提高生产和技术水平的一项重要工作。在工业企业中,加强科学实验研究工作,对于解决企业生产中各种技术上的关键问题,对于推动技术革新、技术革命,不断地提高企业的技术水平,都起着重要的作用。

为了促进我国科学技术的发展,迎头赶上世界先进的科学技术水平,凡是有条件的工业企业,都要根据生产的需要,加强生产技术的实验和研究工作。

工业企业的科学技术实验研究工作,不同于国家专设的科学研究机构的实验研究工作。企业的科学实验研究工作,必须面对本企业的生产实际,在总结实际经验的基础上,针对当前企业生产中迫切需要解决的各种技术问题,以及生产进一步发展所需要解决的技术问题,进行技术上和理论上的研究。

工业企业在组织科学实验研究工作的时候,要注意的重要问题,有以下几点。

第一,科学技术实验研究工作,必须有计划地进行。

工业企业在进行科学技术实验研究工作的时候,要根据企业发展产品品种、改善产品质量、增加产品产量等方面的任务,正确地制订科学实验研究计划。在这个计划里,应当列出:科学实验研究的题目,完成的时间和进度,需要的经费和物资,以及需要占用的生产能力,等等。

在科学技术实验研究计划中,研究题目的确定,是一个最为重要的问题。在选择和确定研究题目的时候,要正确处理当前需要和长远需要之间的矛盾,从满足当前需要出发,用完成企业当前的生产任务的办法,来带动企业生产技术水平的不断提高,为满足长远需要,逐步地创造条件。同时,还要正确地处理需要和可能的矛盾,根据企业本身的人力、设备和原料、材料等可能的条件,努力解决科学实验研究工作方面提出的问题,以保证这一工作的顺利进行。

工业企业在制订科学技术实验研究计划的时候,要吸收有关科室、车间的负责人和先进的工人参加,进行充分的讨论,提出初步方案,经企业党委和上级行政主管机关批准后执行。在计划执行的过程中,企业的行政负责人,应当定期检查,以便发现问题,采取措施,保证计划的完成。

第二,科学技术实验研究工作,要有专门机构负责。

为了开展科学技术实验研究工作,工业企业应当根据需要和可能,设立专门的科学技术实验研究机构。在一些新产品试制任务和提高产品质量的任务都比较重的大型厂矿中,科学技术实验研究机构必须同它所担负的任务相适应。为了使这些实验研究机构的工作取得良好的效果,工业企业特别要注意技术力量的合理配备。应当为科学技术实验研究机构配备具有比较高的技术理论水平和比较丰富的实际经验的人员，并且使他们的工作岗位有一定的稳定性。

给这些科学技术实验研究机构配备一些必要的研究、实验用的机器设备、仪器、仪表等，也是保证科学技术实验研究工作能够顺利地进行所必需的条件。

第三，科学技术实验研究工作，必须走群众路线，注意调动各方面的积极因素。

工业企业的科学技术实验研究工作，是由专门机构和人员负责组织的。这些机构在开展工作的时候，要注意加强同各个生产车间的技术人员和生产工人的密切合作。工业企业的生产部门和生产工人，对于企业的科学技术实验研究机构来说，不只是能够提出要求，提出研究课题，而且也能够提供解决问题的线索、提供进行科学研究实验所必需的技术力量，帮助科学技术实验研究机构解决问题。在进行科学技术实验研究工作的时候，除了要注意发挥企业内部上述各个方面的积极性以外，还要有计划地和其他有关的企业、专业的科学研究机关和高等院校进行合作，开展技术协作活动。这同样是加速科学技术实验研究工作的进度，提高工作的质量，迅速取得研究成果的一个重要途径。

第四节　技术后方的组织

工业生产也像打仗一样，既要有坚强有力的前方，又要有充实稳固的后方。

在工业企业中，一般是把直接生产产品的车间称为生产前方，把为生产产品服务的某些车间和技术部门称为技术后方。

一、技术后方的内容和任务

技术后方所包括的具体内容，需要根据不同企业的具体条件，因地制宜地加以确定。一般地说，在规模比较大的工业企业里，技术后方是由设计、工艺、科学技术实验研究、安全技术、机修、工具、动力、技术检验，以及计量室、中心实验室、技术资料室等部门组成的。在新产品试制任务比较重的企业里，还要根据需要和可能，设立试制车间或者试制工段。在规模比较小、产品结构比较简单、技术工作不太复杂的企业里，技术后方所包括的部门，就相对少一些。

技术后方，是工业企业生产活动正常进行的重要保证之一，是任何企业都不可缺少的。它的这种重要作用，是由现代工业生产的特点决定的。

前面说过，现代工业的生产，同现代的技术是不可分割的。在现代工业企业里，没有设计图纸、设计资料和工艺规程，就无法进行生产；不进行质量检验和计量工作，就无法保证产品质量；不进行机器设备的检修，以及工艺装备的制造和修配工作，生产也无法顺利地进行。所有这些工作，都是由技术后方的有关部门去做的。因此，工业企业应当加强技术后方的工作。

技术后方的中心任务，是为生产前方服务。

所谓为生产前方服务，并不是要直接地承担生产前方的生产任务，而是要按照生产前方的需要，为生产前方提供保证正常生产的必要条件。因此，技术后方的建设和发展，必须适应生产前方的需要，保证技术后方同生产前方在人力、物力上，具有适当的比例。既不能脱离生产的实际需要，盲目地发展技术后方；也不能只顾生产前方的需要，削弱技术后方，或者放松技术后方本身的工作。

为了使工业企业的技术后方能够更好地为生产前方服务，工业企业应当把技术后方的工作组织好。为此，需要注意下面几个问题。

第一，根据前方坚强、后方充实的要求，合理地分配技术力量。

工业企业在分配技术力量的时候，要从全局出发，统筹兼顾生产前方和技术后方的需要。应当为技术后方配备必要的具有比较高的技术理论水平和实际经验的技术人员与技术工人，并且要尽量地固定他们的工作。同时，工业企业还要根据实际需要，为技术后方，特别是技术检验部门、机修车间、工具车间和各种试验室、化验室，装备比较精密的机器设备、工具和仪器。这对于提高技术后方的服务质量，具有重要的意义。

工业企业在分配技术力量的时候，如果只片面地注意加强生产前方，而忽视加强技术后方，使技术后方的力量过分薄弱，那就必然会影响技术后方许多工作的正常进行。技术后方的工作做不好，生产前方也必然会受影响，生产就不可能顺利地进行。

第二，选择合理的技术工作程序，建立正常的技术工作秩序。

技术后方的工作，包括的方面是很多的。无论是哪一个方面的工作本身，或者是各个方面的工作之间，都要按照一定的工作程序进行。例如，产品设计、新产品试制、工艺工作、合理化建议的处理等，都有各自的工作程序。各项技术工作之间也是一样的，例如，没有产品的设计，就不能进行工艺设计，没有工艺设计，就不能进行工艺装备的设计和制造，等等。

有了上述各种技术工作程序，并且严格地按照程序办事，才能够保证技术后方的工作有秩序地进行。

第三，加强对技术后方的领导。

工业企业的领导干部，不仅要重视生产前方的工作，也要重视技术后方的工作，注意加强对技术后方的领导。要注意随着生产发展的需要，不断地从人力、物力上充实技术后方。总工程师应当深入地、具体地组织技术后方的各项工作，经常注意帮助这些部门解决工作中的疑难问题，以便使技术后方更好地为生产前方服务。

二、技术文件的管理

关于技术后方各部门的各项具体工作，本书都有专门的章节叙述。在这里，只是着重地谈谈技术文件管理的问题。这个问题，看起来是一项具体的管理工作，但是，它对于保证整个技术后方工作的顺利进行，起着重要的作用。往往由于对这项工作的疏忽，而引起部分生产工作，甚至整个生产工作的混乱。

工业企业中的技术文件，包括各种产品的设计图纸（或配方）、各种技术标准和技术规程、有关的技术档案和技术资料等。

对于工业企业技术文件管理工作的总的要求是：做好各种技术文件的登记、保管、复制、收发、注销和保密等工作，有条有理地管好这些技术文件，保证它们的准确和统一，保证及时对生产的供应，保证节省技术文件管理费用的支出。为了达到这个总的要求，工业企业在技术文件管理方面，要进行以下几项工作。

第一，集中技术文件修改的权力，建立修改技术文件的会签制度。

工业企业现行的技术文件，是企业内各个有关部门和人员进行生产活动的共同的技术依据。因此，必须把技术文件的修改权力集中起来，建立严格的修改审批和会签制度。只有这样，才能保证技术文件的完整和统一。一般地说，哪一级、哪一部门制定的技术文件，还要由哪一级、哪一部门统一负责修改，其他车间和部门的职工，对于不合理的或者已经落后的技术文件，有权并且有责任提出修改建议，但是不能自行修改。

负责修改技术文件的部门，在修改技术文件之前，要提出修改理由，请有关领导人员审批；在修改过程中，还要经有关部门会签，以便有关单位为实现新的技术文件准备条件，并且对其他有关的技术文件做相应的修改。

第二，建立和健全技术文件的管理机构。

工业企业应当根据实际需要，建立技术文件的管理机构。厂部应当建立技术档案资料室，负责组织全厂技术文件的管理工作。有关科室和车间，应当设立本部门的技术资料组（员），负责收发、保管本单位使用的技术文件。

工业企业内部各级技术文件管理机构，都应当经常对职工开展有关爱护技术文件的宣传教育工作，保证技术文件的完整和统一。

第三，建立和健全技术文件的科学分类、保管、复制和回收等制度。

建立和健全技术文件的科学分类方法和保管方法，是有条理地管理技术文件的重要条件。工业企业的各级技术文件管理机构，必须按照规定，对各种技术文件进行分类、编号，以便于保管和使用。

工业企业的技术文件，必须集中复制。企业的各个车间、科室需要技术文件的时候，都应当向厂部的技术资料室申请领用或者借用，不能自行复制。

在一种产品生产结束以后，厂部的技术资料室，就要向有关的车间、科室收回生产这种产品所用的全部技术文件；当技术文件由于修改、污损，不能继续使用的时候，使用单位也应当把旧文件退回技术资料室，申请换发新文件。

第五节　生产技术责任制

前面说过，现代工业企业，生产与技术是紧密地结合在一起的。因此，工业企业的技术责任制，往往同生产责任制不可分割。这里所说的就是生产技术责任制。

生产技术责任制，是加强工业企业技术管理，做好技术工作，使技术工作更好地为生产服务的重要手段。

工业企业生产技术工作的内容，是非常丰富和复杂的。这些技术工作，环环相扣、紧密地联系在一起，如果其中某一个环节脱了节，就会给企业的生产技术工作带来不利的影响。为了防止技术工作中无人负责的现象产生，避免工作的脱节，工业企业必须实行严格的生产技术责任制，使一切生产技术工作都有专人负责，并且有人负总责。

工业企业的生产技术责任制，主要包括各级生产技术领导责任制、生产技术职能部门的责任制和生产岗位责任制。下面，分别说一说这些责任制的主要内容。

一、生产技术领导责任制

生产技术领导责任制，是指工业企业中以总工程师为首的，各级生产技术领导的责任制。

总工程师，是工业企业生产技术的总负责人，一般来说，他是企业的第一副厂长。他在厂长的领导下，对企业的生产技术工作负全部责任，实行生产技术的统一领导。在一些没有条件设置总工程师的小型工业企业里，也应有专人主管企业的生产技术工作，在厂长的领导下，实行对生产技术工作的统一领导；或者由厂长直接领导这项工作。

总工程师（生产技术副厂长）的基本职责是什么呢？

第一，对从原料、材料进厂到成品出厂的全部生产和技术准备过程进行领导，保证全面地完成生产计划和各项技术经济指标。

第二，领导产品设计和科学技术实验研究工作。

第三，领导设备维修和安全技术工作。

第四，领导技术革新和对职工的技术教育工作。

第五，领导技术管理的其他工作。

为了很好地履行上述职责，总工程师根据生产的需要，有权临时指挥本企业生产技术系统以外的各个职能部门，调动有关人员，处理和解决生产上的迫切问题，在工业企业内，对工程技术人员的提拔、晋级、奖惩和调动，应当征求总工程师的意见。

根据工作需要，在总工程师领导下，可以设置副总工程师作为助手。在某些大的工业企业，也可以根据需要，分别设置总工艺师、总设计师、总冶炼师、总地质师等，领导各有关生产技术方面的具体工作，或者兼任有关生产技术部门的行政领导职务。

在工业企业里，在总工程师的统一领导下，实行分级的生产技术责任制。

总工程师在生产技术方面，直接领导各个车间。在车间内部，则由车间主任实行行政与生产技术的统一领导。在某些大的车间，也可以根据需要，配备生产技术副主任，或者按照专业，配备专职工程师、技术员或者技师，作为车间主任在生产技术方面的助手。

在连续生产的车间，还要设立值班主任或者值班长，负责组织和管理当班的生产技术工作。值班主任有权指挥当班生产，有权调动工人，处理生产中发生的问题，并有责任给下一班创造良好的生产条件。

在设有工段的车间里，车间主任直接领导工段。工段长负责本工段行政和生产技术的全面领导。在不设工段的车间里，车间主任直接领导小组，由小组长负责领导和组织全组工人，严格按照技术操作规程进行生产，保证完成班组作业计划及各项指标，组织工人参加小组管理的工作。

二、生产技术职能部门的责任制

工业企业应当根据生产的需要，设立主管生产、技术、科学技术实验研究、安全技术、设备动力和技术检查等方面工作的职能部门。除了技术检查部门由厂长直接领导以外，其余都由总工程师直接领导。

这些职能部门，是总工程师处理日常生产技术工作的助手。总工程师应当加强对职能部门的领导，给他们应有的权力，充分发挥他们的作用。

下面，分别说一说这些职能部门的主要责任。

生产调度部门的总负责人或者生产长，是总工程师在生产管理工作上的助手，负责协助总工程师统一指挥全厂日常的生产活动。

设计、工艺和综合技术部门，要协助总工程师掌握和处理日常技术行政工作。负责制订企业有关技术工作的计划和技术措施；负责产品的设计和试制工作；制订工艺方案和工艺文件；制定各种消耗定额；管理产品技术标准和各种技术规程；管理技术资料和技术档案，收集国内外技术情报和组织技术交流、技术协作；负责技术革新的日常工作；并且做好企业的技术分析工作。

科学技术实验研究部门，应当围绕扩大产品品种，提高产品质量，创造新的生产流程，采用新技术、新工艺，改进装备，节约原材料，以及生产中其他重大技术问题，开展科学技术实验研究工作。企业的科学技术实验研究部门，还对技术检验工作负有技术指导的责任。

安全技术部门，负责企业安全生产和劳动保护工作。负责制订和贯彻执行安全技术规程与安全技术措施计划；经常对职工进行安全教育，随时制止违章作业；经常注意劳动保护，不断地改善劳动条件。

设备动力管理部门，负责制定有关机械动力设备的使用、保养、维修的规章制度；做好设备的计划检修和指导日常维护保养工作；领导企业的机修、电修部门，组织备品配件的生产和供应，保证设备的安全和正常运转；负责企业水、电、风、汽等的供应，合理地使用各种动力资源。设备动力管理人员，有责任向有关生产行政负责人，提出制止设备超负荷运转或者违章作业的意见。

技术检查部门，负责对于产品质量，以及对于技术标准、操作规程的执行情况，进行检查和监督，经常征求用户意见，加强质量分析工作，帮助生产部门采取措施，提高产品质量。技术检查人员，有责任向有关生产行政负责人，提出纠正工人违反操作规程的建议。遇有严重违反操作规程，大量产生废品的情况，技术检查和监督部门，有权停止生产，并立即报告总工程师处理。

三、生产岗位责任制

现代工业企业的生产，是成百、成千以至上万的人在一起共同进行的。生产中需要解决的问题，也是千头万绪的。如果组织得不好，分工不明，责任不清，就会使职工群众感到有劲没处使，另外，也会有大量需要解决的问题，却没有人管，没有人去解决。这是一个很大的矛盾。不解决这个矛盾，不但不能充分地调动职工群众的积极性，而且会造成企业管理工作的混乱，妨碍生产的正常进行。

怎样才能解决这个矛盾呢？

最有效的办法，就是建立生产岗位责任制。生产岗位责任制，是工业企业责任制度的基础。建立起明确、具体的生产岗位责任制，才能够使企业的生产技术责任制落实到每个人，才能够把工业企业中成千上万的职工、成千上万件工作高度地组织起来，使整个工业企业像一个大的机器一样，协调而有节奏地开展工作。

生产岗位责任制的核心是：从厂部到生产小组，直到每一个人，都要有明确的分工，有明确的职责。每个人都要有固定的生产岗位和工作岗位。工厂的每一台设备、每一种工具、每一份材料、每一个产品、每一件事情，都要有专人负责。由谁管哪一种工作，都要有具体的要求，都要有具体的责任。

生产岗位责任制，主要是生产工人的岗位责任制，同时也包括管理人员和技术人员的岗位责任制。关于管理人员和技术人员的岗位责任制，实际上是和生产技术领导责任制、生产管理部门的责任制结合在一起的。这里，只是着重地说一说工人的岗位责任制。

工人的岗位责任制，就是要明确每个工人在自己生产岗位上的具体职责，使每个人都知道自己应当做什么事情和应当负什么责任。具体地说，就是要使每个人都有固定的岗位，要明确地规定每个工人的工作内容、工作数量和质量要求，以及规定他们在设备、工具和原料、材料的维护与使用方面的责任，等等。

工人岗位责任制的具体内容，对于不同工作岗位的工人来说，是不相同的。但是，实行这种责任制的目的和要求，是相同的。这些要求如下。

（1）服从计划调度。

（2）遵守操作规程、工艺纪律。

（3）爱护设备和工具，保持设备和工具经常处于良好的状态。

（4）生产使用的原料、材料和工具摆放整齐，保持工作地的整洁。

（5）保证安全生产。

（6）做好交接班工作。

这些要求，包括通常所说的"文明生产"的基本要求。实现了这些要求，就能够保证生产的顺利进行，保证生产效率不断提高。

生产岗位责任制的制定，必须依靠直接参加生产的职工群众，总结生产实践经验。只有依靠成天和机器打交道的工人、技术人员和基层干部，制定出来的责任制度才能反映出实际生产中的固有的规律，才能具有科学性。

职工群众的政治责任心，是岗位责任制的灵魂。因此，不断地提高群众的政治觉悟和主人翁责任感，不断地同不负责任的现象做斗争，是贯彻执行岗位责任制的根本保证。应当依靠工人自觉地遵守制度，做到在黑夜同在白天干活一样，生产条件不好同生产条件好的情况下干活一样，领导不在场同在场的时候干活一样，没人检查同有人检查的时候干活一样，都能自觉地坚守岗位，认真地尽到自己的责任。只有坚持这种"四个一样"的革命作风，岗位责任制才能持久地坚持执行。

熟练的技术，是执行岗位责任制的技术基础。如果工人的岗位基本功差，岗位技术不"过硬"，只会凑合着用机器设备，出了问题不知道怎么处理，那么，岗位责任制也就无法贯彻执行。因此，在执行岗位责任制的过程中，要不断地提高工人的技术水平，使大家都能掌握基本功。

上面说的各种生产技术责任制，都是同经济责任制分不开的，工业企业的生产技术干部和工人，对完成各项技术经济指标负有重要的责任。企业在进行一切技术工作的时候，都必须考虑经济效果。企业中的任何一项技术工作、技术措施，不但要有技术上的先进性，而且要有效地提高企业的经济效益。

生产技术准备[1]

从产品生命周期的原理可以看出，企业要不断开发新产品，淘汰老产品。企业研究开发部门开发出的原型和新产品样品只有投入批量生产后才可能带来经济效益。而从原型或样品到批量生产，还有一个相当长的生产技术准备过程。这一时期内，生产技术准备工作的质量直接关系到新产品投入批量生产的时间、生产成本、产品质量及其竞争力。在本章中，首先叙述生产技术准备的总过程，然后分别阐述软件（指技术文件）与硬件（工艺装备与设备）方面的准备，进而论述生产技术准备的进度计划与控制，最后讨论技术信息服务。分以下几节来讨论。

（1）从样品到产品的过程——生产技术准备。
（2）技术文件的编制与管理。
（3）生产工艺准备。
（4）生产技术准备的计划工作。
（5）系统动态方法在研制项目计划中的应用。
（6）技术情报服务。

第一节 从样品到产品的过程——生产技术准备

生产技术准备的投资因基本生产系统的条件、产品的复杂性、生产规模的大小而不同。与原型的研制费相比，这一阶段的投资要大数倍、数十倍乃至上百倍。因而，合理组织生产技术准备的进程和提高技术准备工作的质量和效率具有重要意义。

一般说来，生产技术准备可分以下几个环节。

（1）选型论证。大型系统在开始生产前要进行可行性分析，新产品的生产技术准备也应进行技术经济论证，论证的目的是确认产品在技术准备阶段的耗费可以被投产后的销售收益所补偿。这个环节的工作主要是编制设计任务书、确定总的工艺方针、编制生产技术准备的费用概算以及预测产品成本和销售量，以供企业领导决策。

---

[1] 节选自：许庆瑞，王爱民，张友仁. 生产管理. 北京：高等教育出版社，1988：第十四章。

（2）总体制造方案的确定。总的工艺方针中要确定新产品利用现有设备的程度。对于一般的新产品生产来说，应尽量以现有设备为主。为此，总工程师和总设计师应对产品各部分的工艺做出规定，使设计产品所需的加工能力能与现有设备能力相适应。为做到这一点，必须对产品各部分的工艺方案进行统一平衡。

（3）定型设计。原型试制的目的是出样品，以便用样品来估计产品的性能。为了保证原型试制的进度，原型的零件可以是按草图生产的，加工方法也往往采用通用设备，尽可能不采用专用工艺装备，以降低研制成本。定型设计则不同，为了使产品具有较高的工艺性，以便用较低的成本生产产品，从而必须对原型进行一次改型设计。例如，原型上的某一零件采用型材切削而成，但因型材切削的工艺方法的金属利用率低，批量生产中应采用锻坯切削成形。采用锻坯切削出来的零件强度要高些。为了减轻产品净重，零件的尺寸就要设计得比原型小。如果这个零件改用精密锻造成形，那么零件的某些细部结构也要做相应的改变。又例如，研究所在研制一台声光电性能俱佳的彩色电视机样机时，不必过多考虑安装的工艺性。但是，定型设计过程中必须使装配流水线上调试环节具有较高的时间确定性，否则这种彩电的流水线日后就不可能正常运行。从以上两例可见，为了进行批量生产，定型设计是必不可少的。

（4）定型设计的审查。定型设计既然是为提高工艺性而进行的再设计，难免会有两种倾向。一种是定型设计对原型的改动产生了不良影响，丧失了原有的优异性能，以致技术经济指标达不到设计任务书的要求；另一种是工艺性没有达到按相应的生产类型组织生产过程的要求，或者虽从各个部分来看工艺性没有问题，但总体上产品生产所需的各种生产能力与现有基本生产系统的能力产生的差距很大，以致产品无法按总的工艺方针组织工艺准备。为了及时纠正这两种倾向，必须对定型设计过程进行审查。其内容主要是可靠性审查、一致性审查、标准化审查与工艺性审查等。

（5）工艺方案确定与工艺规程编制。定型设计中，产品结构已考虑了工艺性要求，但还要进一步确定工艺方案，即确定专用工艺装备采用的程度和机床分配方案，进而列出尚需添置的设备清单。工艺方案确定之后，可以开始编制工艺规程。

（6）工艺装备设计。工艺规程的编写是与工艺装备的设计相互影响的，因此工艺装备设计应与工艺规程编制同步进行。专用工艺装备也是单件小批生产性质，因而工艺装备设计也存在标准化、可靠性、全寿命成本等问题，需要有审查环节。

（7）工艺装备制造。工艺装备制造是典型的单件小批生产，也应当积极推行成组技术，扩大批量。目前已有专业化的制造厂生产一些精度要求较高的工艺装备，如模具。这些制造厂采用了先进的技术设备和高效的制造工艺，有利于保证质量、降低制造成本。在这种情况下，专用工艺装备是自制还是外协加工，需加以研究。

（8）工艺验证。工艺装备制造出来之后应在相应的机床上试用，以验证工艺与设计的合理性。工艺验证将为新产品投产一次成功打下基础。对于大量、大批生产的新产品，工艺验证往往结合小批试制进行。工艺验证中发现的问题应及时解决，必要时应按一定手续对设计和工艺进行修改。

（9）新产品投产车间的调整。基本生产系统在新产品投产之前的调整与工艺方案有关。有的只要就地调整设备、更换工装，有的却要对车间进行重新布置乃至扩建厂房、添置设备。基本生产系统因调整而停工的时间也因此不同，少则几个小时，多则几个月。由于调整是在基本生产系统部分或全部停产的情况下进行的，每分钟的代价都很高，因此必须事先编制周密的计划。这个计划的实施往往需要负责生产的技术与计划调度部门同负责生产技术准备的设计、工艺部门通力合作，与有关车间协同完成。这个环节的完成标志着一个新产品生产技术准备过程的终结和批量生产的开始。

上述九个环节大致可分为以下三个决策阶段。

（1）总的决策：某个新产品是否投入批量生产，以何种方式投入批量生产的决策。

（2）分步决策：零件如何制造以及如何使其制造方便的决策。

（3）硬件的准备与布置中的决策：分步决策实施前的准备及其实施过程中的决策。

生产技术准备的决策必须有系统观点，因为它属于单项工程的性质。产品的各个零件是分别作定型设计的，但是设计的目的是使产品的整机技术经济性能得以提高。工艺规程与工艺装备是针对具体零件与具体设备进行编写和设计的，其目的是要使基本生产系统在生产新产品时在总体上有高效率并使整个产品有高性能。因而，设计师和工艺师完成具体设计时都应从系统观点出发，保证生产技术准备系统处于最佳的状态，使企业获得最大的经济效益。

第二节　技术文件的编制与管理

从某种角度来看，生产技术准备是生产一套软件与硬件的单项工程。在这里，软件指各种技术文件与计算机程序，硬件指工艺装备与设备。在基本生产系统高度计算机化的条件下，软件的重要性越来越大。

一、技术文件的种类与编号

技术文件是指产品结构设计的记录和产品制造、使用、维护所需的各种书面指示与说明的总和。

技术文件的种类主要有以下几种。

(1) 设计图纸。包括：①装配图，如总装配图、部件装配图、液压系统图、电气系统图、传动系统图等；②工作图，如零件工作图；③设计原理的说明文件，如电气线路图、液压系统原理图、设计计算书、设计说明书等。

(2) 工艺文件，如工艺规程、工艺卡、工艺守则等。

(3) 制造过程的说明与指示文件，如零部件明细表，通用件、标准件、外协件明细表，材料明细表，备件及易损件清单，特殊外购件、外协件清单，制造过程中各环节（如加工、装配、检验）的技术条件说明，等等。

(4) 使用维护用的说明，如产品使用说明书、产品检修保养说明书等。

编写技术文件之前必须对技术文件及技术文件说明的对象用统一的编号命名，以便分类保管、查阅、修改。

编号必须按一定的规则进行编码。

编码体系是在企业建立管理信息系统时创立的。企业的各种产品、零件、原材料乃至厂房、机器、文件、人员都应有自己的代码。在编码系统中，代码必须与物件一一对应。由于新产品开始设计时，生产系统中会出现一些原来没有的物件，因而需有对应的新代码进入代码系统。新代码应根据系统既定的编码规则编制，经过批准，记入有关文件，有条件的可输入计算机。

二、技术文件的一致性

作为对一个产品的描述，技术文件是一个系统，各种文件之间存在着相互联系。由于文件是多人合作编写的，常常发生总体上确定下来的指标在分部分设计中又须修改的情况。因而就定型设计而言，往往要从总体到部件到零件再从零件到部件到总体反复几次。否则会出现文件之间的相互矛盾，给以后批量生产留下隐患。工艺方案、工艺规程与工艺装备的设计也有类似问题。

为了保证技术文件的一致性，必须规定一个合理的技术文件编写、修改、保管、复制的流程，建立必要的审查环节与批准制度，明确各级设计、工艺负责人对本部门出版的技术文件正确性与一致性的责任。对于已经通过审查，并复制出多份的技术文件，如发现因某种原因确须修改之处，则修改必须通过一定的批准手续方可进行。修改必须系统地进行，不但所有有关文件的原件应当同时做相应修改，而且发出的副本也应全部一并修改。这些原则也适用于老产品的技术文件的管理。为了做到这一点，技术文件的复制、发放、借用必须有记录。

三、技术文件的审查

技术文件的审查既应当贯彻对技术文件本身的要求，也应当贯彻对产品的要求。

技术文件的审查可分为校核性审查、批准性审查和会签性审查。

校核性审查是对设计计算正确性的审查，也是保证技术文件一致性的措施。

批准性审查是保持技术文件一致性的措施。

会签性审查是两个以上部门的共同审查。工艺性审查、标准化审查和可靠性审查都属于会签性审查。

这里的标准化有两个方面的含义：一方面是指技术文件本身的标准化，也就是技术文件本身的表达方式是否符合有关标准；另一方面是指产品的标准化，即产品的参数规格是否属于标准系列，产品是否采用了通用零部件，产品零部件是否采用了标准化的材料，产品采用的标准件是不是厂内常用标准件，等等。前一方面的标准化主要是为了保证技术文件的可读性，避免执行中发生误解造成损失。后一方面的标准化可以简化厂内存储，扩大零部件生产批量，减少产品不合理的多样化，是提高产品的经济性所必需的。

工艺性是指产品是否具备经济地实现其功能的结构特性。为了达到同一目的的设计，在加工中易于实现的为工艺性好的设计。这里的"易于实现"不仅指加工成本低，而且指在一定的设备精度条件和一定的人员技术水平下容易保持较高的正品率。加工中难以处理的结构、超过需要不恰当地提高零件精度要求、不必要地选用贵重材料都是工艺性不好的表现。在保证产品性能的基础上提高工艺性是定型设计的中心任务。因而工艺性分析与审查应当贯穿整个定型设计过程。设计人员与负责产品的工艺人员在设计过程中应协同工作，共同解决结构工艺性问题。图纸完成之后，要经主管工艺的人员在底图上签字方可晒印。

就机械产品来说，保证产品的工艺性主要从如下四方面入手。

（1）考虑选用适当的材料与毛坯形式，避免所选用的材料与加工方式不相适应，注意材料和毛坯的性质与零件功能相匹配。

（2）零件的几何形状、尺寸和公差配合要与加工方式相适应。绝大多数加工方式都有其弱点，某些几何形状、尺寸和公差用某些方法是难以实现的。例如，铸件壁厚薄相差悬殊会使铸件变形或开裂；有锐边尖角的零件在热处理中容易报废；薄壁零件由于刚性不足在切削加工中会产生装夹变形和让刀，难以达到较高的形状精度。如果选定了这些工艺，则零件的设计就要有所考虑。如果零件的几何形状、尺寸、公差因产品的要求而不可改变，那么就要从选择工艺入手来解决工艺问题。比如，游标卡尺的抛光如果采用普通机械抛光必然会使卡尺变形，影响精度，因而通常选用电化学抛光工艺。

（3）零件的精度等级、光洁度及技术要求要经济合理，适合本厂生产条件。

（4）提高标准化、通用化程度，减少厂内自制零件的种类。

可靠性是衡量产品质量的重要指标。可靠性用产品在规定时间内预定条件下正常工作的概率来表示。产品失效时后果的严重性对产品的可靠性提出了不同的要求。例如，核电站、大型喷气客机的故障与电动玩具汽车相比，造成的损失是上亿元、几十亿元与几元的差别，因而对这三类产品的可靠性要求也存在显著差异。

产品可靠性首先是由设计来保证的。纠正设计中的缺点是提高可靠性最直接的方法。各个元件在系统中的地位不同，对系统可靠性的影响大小也不同。在设计过程中，要对产品进行可靠性分析，找出引起系统失效的主要零部件，在设计中对其可靠性加以保证。

在零件的可靠性一定的情况下，简化产品结构，减少零部件数量，减少机构中的可调环节以及可调环节在使用中的运动次数是提高可靠性的基本方法之一。

采用冗余设计是提高系统可靠性的另一常用方法。所谓冗余设计，就是在系统中设计两套或两套以上的相同或不同的装置来实现同一功能，根据这些装置在系统工作时的运行情况，冗余可分为并行冗余和备用冗余。前者是多套装置同时运行实现同一功能，在其中一套装置失效时不至于发生系统失效；后者是一套装置运行，其他装置备用，运行的装置失效时启用备用装置。

简化设计原则以及冗余设计方法通常都是在原型设计中就采用的。定型设计中主要是注意强度、应力校核，保证零件的安全系数。避免采用难以保证关键零件强度的材料、毛坯形式、结构与工艺方法。

当系统的性能和重量不允许采用冗余设计时，系统失效总是以一定概率发生的。从提高系统的服务率的角度来看，改善系统的可维修性、缩短故障修理时间是十分重要的，定型设计中应当注意在保证原型可维修性的基础上，用部件通用化等方式来节约产品的维修费用，从经济上提高产品的可维修性。

设计的可靠性审查应当从原型设计开始进行，定型设计中的审查也是必不可少的。

第三节　生产工艺准备

生产工艺准备通常是指工艺方案、工艺规程的确定和工艺装备的设计制造。这个过程也为基本生产系统的调整作准备。

一、工艺方案

工艺方案是产品生产工艺的总安排。为了使企业的加工工艺水平能随新产品的开发而不断提高，新产品的工艺方案应当尽可能采用那些本企业有条件采用的先进工艺。对于关键性工艺，应当制订多种方案进行分析比较。在工艺方案中应当从系统观点出发规定零件加工车间的划分原则，确定零件加工的工艺路线。应根据产品的精密、复杂程度和生产类型，来确定产品的工艺装备系数及工装配备原则和工艺规程的形式。工艺方案可由主管工艺人员编制，并会同有关科室对方案的技术可行性和经济性进行论证。

工艺方案的经济性是以工艺总成本来分析的。分析时要对以下几方面的工艺成本进行比较。

（1）直接材料费，即用于产品制造的直接材料的耗费。

（2）基本生产工人工资及附加费用。

（3）设备运行费用，即产品生产过程中设备折旧、维修及动力消耗等。

（4）专用工艺装备的运营费用。包括专用工艺装备的设计制造费中按使用年限与产量分摊的部分以及工艺装备维护费用的分摊部分。

（5）设备的调整费用，即生产过程中工艺装备安装调整所需要的人工成本和设备停台损失。

上述五项费用，从总量来说，前三项是随产品产量的增加而增加的，后两项基本上与产品产量无关。从费用性质来说，前者为可变费用（可变成本或变动成本），后者为不变费用（或固定成本）。

在进行工艺成本比较时，必须注意工艺成本的结构。比如有甲、乙两个不同的工艺方案。以目前的年产量计算甲方案的年工艺成本低于乙方案，只能说明目前年产量水平上甲方案较优。如果成本构成中甲方案的固定成本较小，变动成本较大，那么一旦年产量增加，甲方案工艺成本增加得比乙方案快，到达一定的年产量水平以上时，乙方案的工艺成本反而较小。使两个方案的优劣发生变化的这种临界产量的分析是盈亏分析的一种应用。它同时也说明了生产类型对工艺方案选择的影响。

工艺装备系数是工艺方案的重要内容之一。工艺装备系数，即产品中平均每种专用零件采用专用工艺装备的套数。采用专用工艺装备通常是为了保证加工质量或提高劳动生产率，因而产品越复杂、越精密，生产产品的工序专业化程度越高，工艺装备系数也应越大，如表1所示。

表1 各类产品工艺装备系数

产品名称	工艺装备系数	生产类型
航空喷气发动机	22.05	成批生产
活塞式航空发动机	19.00	成批生产
C630 车床	2.20	成批生产
C630-1 车床	5.52	大批生产

工艺装备系数是工艺人员决定某一工序是否采用和采用多少专用工艺装备的决策依据。

二、工艺规程

工艺规程是指导工人操作的技术文件，也是安排生产作业计划、进行生产调度、确定劳动组织、进行质量检验、组织物资供应等的主要技术依据。

工艺规程的形式有下列三种。

（1）工艺过程卡。工艺过程卡按零件编制。内容包含零件所经过的工艺阶段（车间）、每个工艺阶段的工作内容、每道工序的设备及主要工艺装备和工时等。这是最简单、最基本的工艺规程。

（2）工艺卡。工艺卡按零件、按工艺阶段编制。内容有毛坯种类和尺寸、零件草图、各工序的加工内容、采用的设备和工艺装备、加工表面、切削用量、时间定额等。

（3）工序卡。工序卡按零件、按工序编制。内容主要有该工序的零件加工草图、工步走刀操作的划分、详细的操作方法、切削用量和工时定额等。

单件小批生产的产品，其一般零件只编工艺过程卡，只有关键零件才编工艺卡。成批生产的产品，一般零件编工艺卡，重要零件编工序卡。大量大批生产的产品，全部零件都编工序卡。

为了减少编制工艺规程的工作量，可使工艺规程典型化，即把零件按一定特征进行分类，以每类零件中的代表件的工艺规程来代替为这类零件中的每种零件单独编制的工艺规程，从而缩短工艺规程的编制周期。

典型工艺与成组工艺是工艺典型化的两种形式。前者是以工艺过程相同为基础，后者是以工序加工内容相似为基础。成组加工的推广不仅可以简化工艺规程的编写，在单件小批生产中还可以加大工序加工批量以利于采用高效率的工艺方法。因而，成组加工是提高加工经济性的重要手段。

三、工艺装备

工艺装备简称工装，是刀具、量具、夹具、模具和辅助工具的总称。工装分为通用工装和专用工装两类。通用工装常由一些专业化的工装制造厂采用高效的工艺手段成批制造。专用工装一般是厂内自行设计和制造。有些专用工装也可以委托专业化的工装制造厂按产品零件图纸及有关的设计要求定制。专用工装的设计和通用工装的选择通常与工艺规程的编制交叉进行。

工装设计与产品设计一样，也有一个参数设计阶段。对于成批生产的零件，工装的安装调整时间长短直接影响零件生产的经济批量大小。因而工作的专业化程度不同，对工装的安装调整性能要求也不同。有些可以大大提高生产率的工装，其制造费用很高，只有在零件产量足够大时才采用。工装的设计也需要标准化、提高可靠性。

专用工装的标准化设计主要是指在专用工装上尽可能采用标准化零件。这样做既可以缩短专用工装的设计周期，也有利于降低专用工装的制造成本和维修费用。如同产品设计中的模块化思想那样，把工艺装备的所有零件都标准化，而专用工装全部用这些标准化零件装配而成，这就是组合工装技术。由于这样装出来的专用工装用过之后，其零件可以拆下来再装配其他工装，运营成本较低，因而可以在新产品试制和单件小批生产中采用。

专用工艺装备的制造通常是单件小批生产。由于多数专用工艺装备中有大批相似零件，采用成组技术，或建立柔性工艺装备制造系统是降低专用工艺装备制造成本的重要途径，而后者则要以专用工艺装备生产的社会化为条件。

四、现有设备条件对工艺准备的影响

工艺方案、工艺规程和工艺装备的拟订与设计，都有与现有设备相适应和充分利用现有设备的问题。不同的设备条件对工艺准备的内容与工作量均有影响。对于大量生产来说，如果现有设备是老式的专用自动线，那么新产品的工艺准备中不但有大量的工艺装备设计与制造工作，而且还要对自动线中的某些专用设备进行改造或更新。这些专用设备的原设计可能为了降低造价、提高可靠性等省略了大量的可调环节，因而一旦产品设计有变化就不得不彻底改造。如果现有设备是普通机床加专用工艺装备的形式，则新产品的工艺准备中通常就没有设备变更问题。如果现有设备是计算机化的可调生产线，那么工艺准备过程中专用工装的设计制造工作量可能相对少一些，但是计算机软件的编制工作量却很大。如果采用了人工智能机器人的自动线，由于人工智能机器人具有学习功能，不必为每个细节都编程序，只要在自动线调整时由调整人员手把手地教机器人即可。单件小批生产的加工车间和成批生产车间的生产技术准备也有类似的因设备条件不同而工作量相差很多的情况。对于新产品投产的同时将更新设备的项目，设备选型往往先于工艺卡的编制和工艺装备设计，因为工艺卡是指导工人操纵新设备的，而工艺装备是安装在新设备上的。

第四节　生产技术准备的计划工作

一种样品或原型能否尽快地转入批量生产，不仅关系到样品或原型的研制费用能否尽快回收，也关系到该产品在市场上能占有多大的销售份额。生产技术准备耗费巨大，缩短技术准备周期对于提高投资效益意义很大。从技术角度来说，新产品的技术先进性会随时间推移而丧失，如果生产技术准备周期过长，有可能

使全部有关开发研究和准备工作变得无用，浪费全部研制费用，企业也会因而处于困境。由于生产技术准备采用的是经过验证的设计与技术，估计各设计制造环节的周期比原型或样品研制阶段要容易一些，因而有可能编制周密的计划并据以协调企业内外的各种资源以加速生产准备进度。

一、生产技术准备计划的种类

生产技术准备计划主要有以下三种。

（1）年度综合计划。这是企业的年度生产经营计划的一部分，它包括全部正在进行生产技术准备的新产品的进度，它应与物资供应计划、生产计划、销售计划相衔接。

（2）专项计划。它是每种新产品的生产技术准备的详细计划。这种计划往往采用网络计划技术或甘特图来编制。表 2 所示为用甘特图编制的专项计划。图 1 所示为用网络计划技术编制的新产品试制的计划。

表 2　M80 改型生产技术准备计划

工作项目	执行部门	86/12	1	2	3	4	5	6	7	8	9	10	11	12
改型设计	磨床研究所	■	■	■										
图纸一致性审查	总工程师			■										
工艺设计	工艺科				■									
工艺规程编制	工艺科					■	■							
工装设计	工艺科					■	■							
工艺装备制造	工具车间					■	■	■	■	■				
工艺验证	第二机加工车间							■	■	■				
小批试制	第二机加工车间										■	■		
鉴定														■

（3）各科室、车间分月或逐日生产技术准备计划。同生产作业计划中需要编制设备负荷计划一样，由于企业中在同一时刻往往有几项新产品同时在作生产技术准备，它们需要共享资源，因而必须编制分车间、分科室的生产技术准备计划以保证各单项计划的进度。

图1 新产品试制计划的网络图

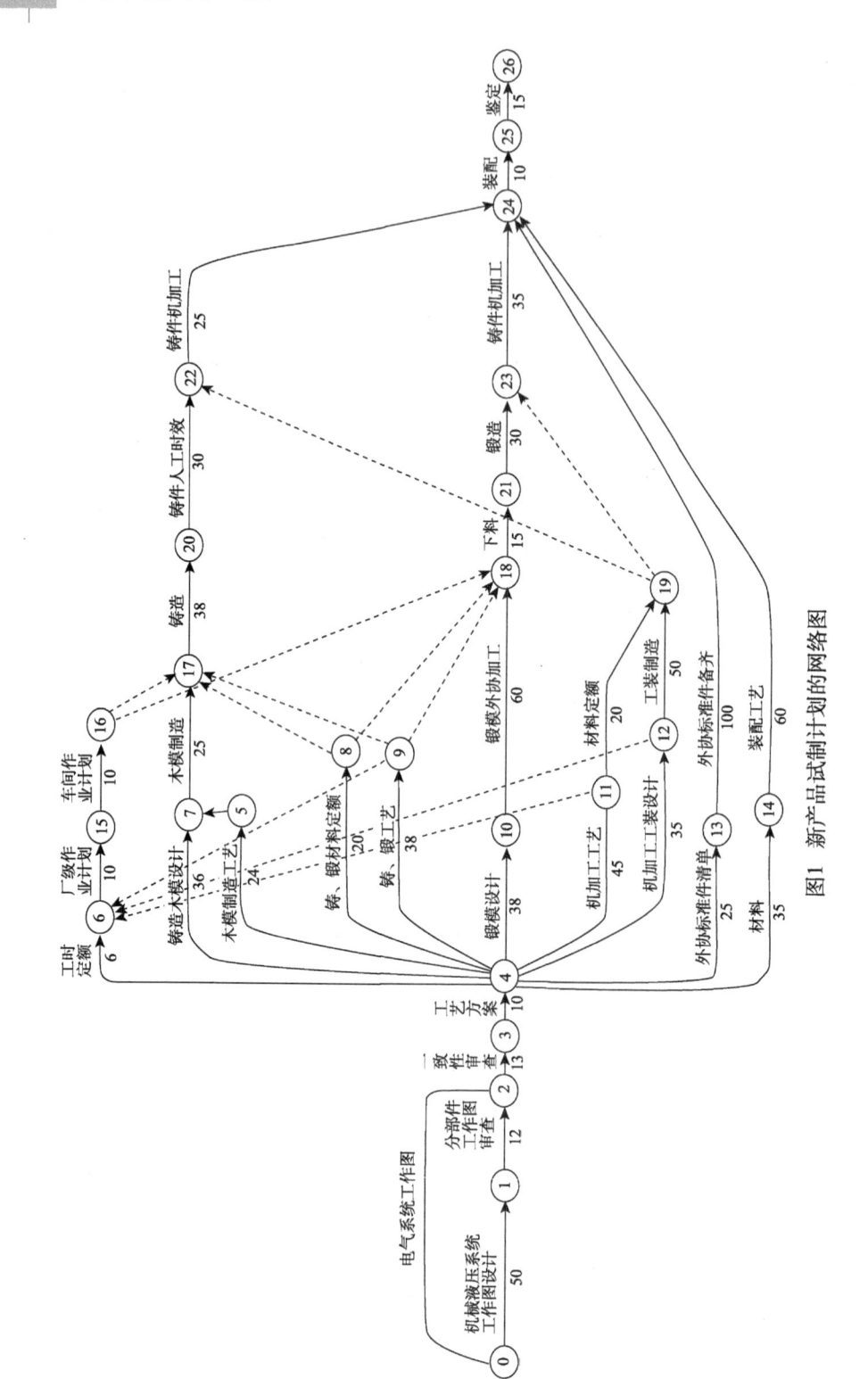

二、各准备环节的工作量估算

要估计各项生产技术准备工作的周期长短，首先必须估计具体工作的工作量大小。工艺装备的制造可以参照产品生产的时间定额，而各种技术文件的编制、审定工作量则是难以精确预计的。目前主要采用以下两种方法。

（1）系数换算法。此法主要用于系列产品设计工作量的估算。通常是以代表产品的生产技术准备有关环节的工作量为基准，乘上一个换算系数来估算新产品准备中相应环节的工作量。换算系数根据新产品与基准产品的某项参数的比例或某几项参数的比例的加权平均值来确定。

例如，基准产品的定型设计总工作量为 t_F，换算系数根据产品重量、输入功率和转速来确定。设新产品上述三项参数与基准产品对应参数之比分别为 α_1、α_2、α_3，各项参数在换算系数中的权重分别为 ω_1、ω_2、ω_3，其中 $\omega_1+\omega_2+\omega_3=1$ 且 ω_1、ω_2、ω_3 都为正实数。则换算系数 $\alpha = \sum_{i=1}^{3} \omega_i \alpha_i$，新产品定型设计工作量 $t_N = \alpha \cdot t_F$。

计算换算系数的参数选择及权重的确定可以因生产技术准备的阶段而异。确定的方法以专家调查法为主，也可以辅以统计分析方法。

（2）复杂系数法。根据以往生产技术准备工作的经验以及同行业的标准，将零件按复杂程度分类，并为每类零件规定设计、制图、描图、审定、编写说明等具体工作的时间定额，然后根据新产品技术准备中各种具体工作的件数求出新产品各生产技术准备阶段的工作量。

表3与表4是机床行业的零件分类和概略劳动量定额。

表3　零件按设计复杂程度分类及概略劳动量定额

设计复杂程度组别	零件复杂程度	典型代表零件	零件设计 设计	零件设计 测绘	制图	审图	描图	校核
1	不需特别计算的简单件	法兰盘、小轴、套筒等	2	0.5	0.8	0.3	0.3	0.2
2	需特别计算的零件	小齿轮、齿条、阶梯轴	4	1.5	1.5	0.8	0.9	0.35
3	简单铸件	皮带轮、支架、拨叉等	8	3.5	3.5	1.5	2.0	0.6
4	中等复杂程度的铸件	尾架、中心架等	25	10	12	4	4	1
5	复杂铸件	变速箱、减速器箱体	50	25	30	8	12	3
6	特别复杂的铸件	机座、床身	100	50	60	15	20	7

表4　零件按工艺复杂程度分类及概略劳动量定额

工艺复杂程度组别	零件工艺复杂程度	典型代表零件	编制工艺路线	编制工序工艺			
				工序草图	制定定额	检查	核对底图
1	简单零件	销子、小轴、套筒等	1.0	4.0	1.5	0.5	0.1
2	毛坯经过铸锻加工的简单零件	小齿轮、传动轴	3.0	12.0	4.0	2.0	0.2
3	加工的简单零件	阶梯轴、精密齿轮	6.0	25.0	10.0	5.0	1.0
4	一般零件	主轴、箱体、长轴等	15.0	60.0	16.0	12.0	1.5
5	复杂零件	大型机床的复杂零件	40.0	120.0	20.0	18.0	2.0

各项工作劳动量定额/（小时/件）

三、生产技术准备周期的估算

整个新产品的生产技术准备周期的估算是通过在网络计划上求取关键路线而获得的。关键路线长度是关键路线上各项工作的周期长度之和，关键路线的走向与全部工作的周期长度关系和先后次序有关。因此，必须对每一项工作的周期进行估算。

某一工作的周期可按下列公式计算。

$$T_C = \frac{t(1+\beta)}{P_T \cdot H_t \cdot K}$$

式中，t——某项工作的工作量（以时间表示）；

　　　β——附加时间系数，即该工作等待处理的时间与处理时间之比；

　　　P_T——同时参加该工作的人数；

　　　H_t——每天工作小时数；

　　　K——超额完成系数；

　　　T_C——该项工作的工作周期。

已知每项工作的周期，不难求出关键路线，从而确定新产品的整个生产技术准备周期。

四、单项计划的优化与协调

单项计划作为一个网络计划，其编制和实施过程中的优化，主要从以下四方面入手。

（1）提高部件、零件设计的平行性，增加位于关键路线上的设计工作的设计人员人数，从而缩短设计周期。

（2）安排好工具车间的生产，保证工艺装备制造的材料供应，以缩短自制专用工艺装备的制造周期。

（3）按网络中的地位规定各种文件的优先数，减少关键路线上的工作的等待处理时间。

（4）对于某些复杂的子项目，比如，新产品投产时的生产线调整、编制详细的作业计划等，协调各种资源，保证进度。

五、多个单项计划之间的平衡与协调

网络计划中各项工作的周期长短，与投入这项工作的人员和设备的数量有关。而某一时刻可以调动多少人员与设备投入某项工作，不但与有关单位中具备该种能力的人员数与设备数有关，还与在同一时刻内其他工作是否需要该种人员与设备有关。因而，在编制各个单项计划时，必须同时对应地编制有关科室和车间的人员与设备负荷计划，检查人员与设备是否落实。如果发现某时期人员不足，那么，或者推迟该时期中非关键路线上工作的开始日期，或者减少参加非关键路线上工作的人数，延长这些工作的周期。如果资源不足的时期中的所有工作都在关键路线上，则必须对新产品排序，规定出它们投产的优先顺序，进而确定放慢哪个产品的生产准备进度。

新产品的优先级应当根据准备阶段的耗费大小、投产之后的收益大小以及尚未完成的工作量大小等指标来确定。一般说来，耗资大而且已经投入的人力、物力大的，尚未完成的工作量小的，投产之后收益大的项目的优先级应较高。

图 2 反映了某厂编制生产技术准备计划的工艺师的人数平衡过程。该厂共有工艺师 42 人，按原来分别编制的单项计划，2 月工作量负荷最高时需 100 人。将非关键路线上的工作推迟，2 月与 3 月尚需 58 人，仍不能使所有项目都按时完成。推迟一个优先级较低的项目的完成日期之后，最高负荷时需 50 人，可以通过提高效率或加班完成。

—————— 未协调之前的工艺师工作量负荷
—————— 把非关键路线上的工作推迟后的负荷
—————— 推迟一个项目的完成日期后的负荷

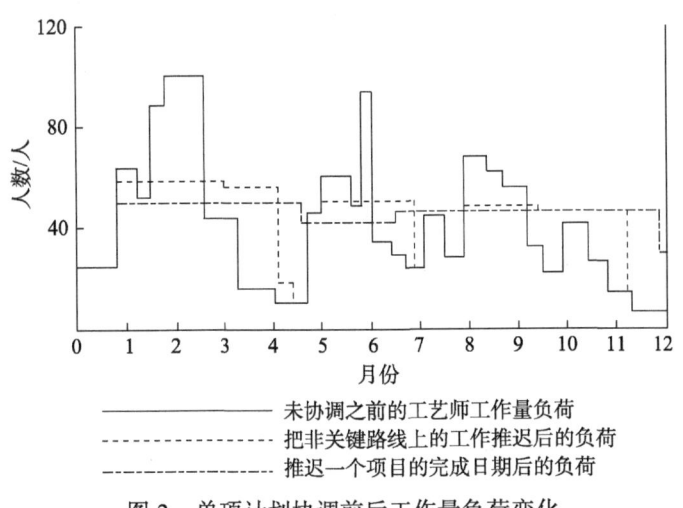

图 2　单项计划协调前后工作量负荷变化

上述情况说明，单项计划的编制与分科室、分车间的日历负荷计划的编制应交叉进行。在新产品较多的情况下，往往要来回反复多次才能编制出整套可行的计划。在计划实施工作中也必须照顾到每项新产品的准备进程。根据不断发展的情况进行计划的调整。

总之，生产技术准备计划工作是一个多目标、多因素、反复平衡的动态过程。在不确定性更大的技术准备的前期阶段（如应用研究、应用性开发），计划的变动、调整和在动态中寻求最优更为频繁。为了适应这种情况，以寻求最优计划方案，必须开发和采用借助于计算机模拟的动态的计划方法。系统动态学[1]的方法在这方面具有广阔的应用前景。

第五节　系统动态方法在研制项目计划中的应用[2]

为了提高生产技术计划工作中的决策水平，近代的技术计划工作中采用了各种现代化管理方法，包括决策树法、计划协调技术、目标管理方法、多维计划法、系统动态方法等。这里扼要介绍最后一种方法在技术准备及项目计划中的应用。

系统动态方法在长远技术发展规划作战略性决策分析时具有很大的优越性。首先，这种方法发展了一个可用作分析和确定复杂信息网络联系的框架。其次，它应用了对系统行为进行描述的数学模型。最后，它具有对不同方案进行模拟试验的实验基础。正是由于以上各点，在运用系统动态模拟方法做技术计划时，可以对计划中拟采用的各种策略方案进行事前的系统分析，并可通过模拟试验得出的数据，对比不同决策方案可能导致的不同结果。借助这些模拟结果，决策者可根据不同情况和要求，因地制宜地做出较正确的决策。下面，首先说明动态模型建立与应用的一般原理。

一、系统动态建模原理

动态模型是一组数学模型。这些数学模型是用来说明现象的状态方程，其特征是随时间而变化。因此，当为这些现象给定初始条件并用方程描述它们的相互关系后，就可计算未来任何时刻的情况（条件）。这里，对于未来的预测主要不是凭借过去的历史数据，而是借助于因果关系的分析。

在系统动态模型中，可对系统、动态与模型分别定义如下。

（1）系统是由为达成某一目标并相互作用的许多要素（或组成部分）所组成的。

---

[1] 系统动态学也称系统动力学，英文为 system dynamics。
[2] 本节供高层次班级参考。

（2）动态是指系统内各组成要素的值将随时间而变化。

（3）模型是对系统简要的抽象描述，包括对各要素的定义以及一系列用以确定各要素间相互作用的数学关系。

运用系统动态对事物进程进行研究时，包括以下三个阶段。

（1）定义问题、其动态现象及期限。

（2）确定同问题有关的各要素。

（3）构造因果环图（或称因果图），它表示出各项活动的因果关系。

图 3 为因果图的最简单的例子。

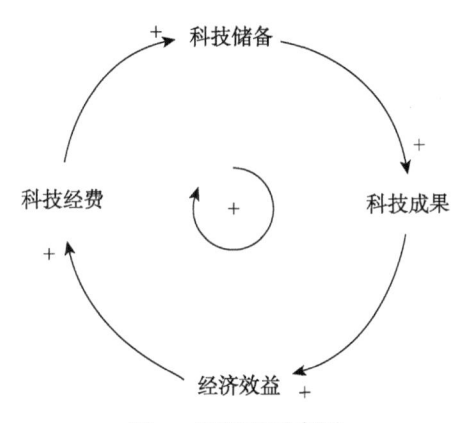

图 3　因果环示意图

环路有正反馈回路与负反馈回路两种，图 3 是一个正反馈回路。

反馈回路在系统动态中具有重要作用。

根据因果环路即可进入包括一系列速率与水平的动态模型的流程图，见图 4。

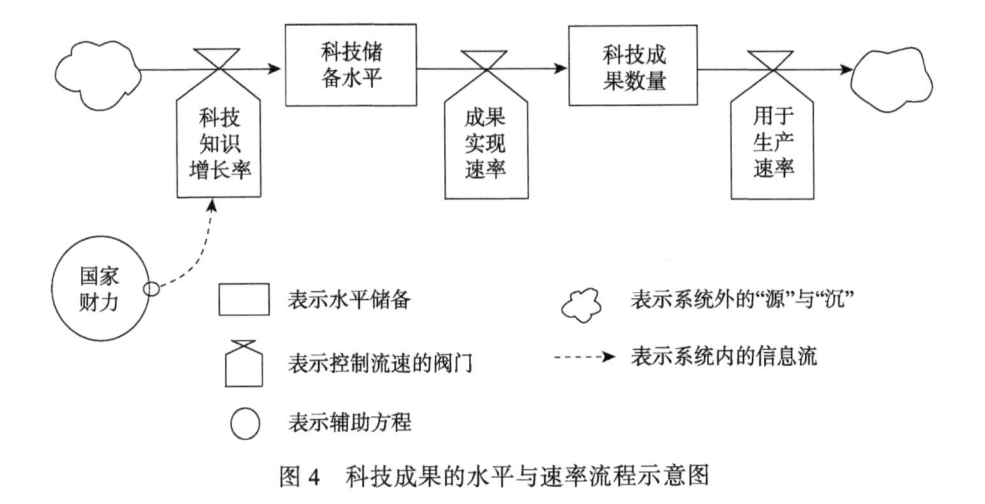

□ 表示水平储备　　　○ 表示系统外的"源"与"沉"

▽ 表示控制流速的阀门　----▶ 表示系统内的信息流

○ 表示辅助方程

图 4　科技成果的水平与速率流程示意图

图 4 流程图的结构包括三个速率与两个水平；图中的辅助方程往往决定着系统的速率。下面简要说明系统动态的基本概念。

系统动态主要运用两种方程。

在水平方程中，

$$当前的量 = 过去的量 + 时间增量 \times 变化率$$

$$L: STR \cdot K = STR \cdot J + DT(NCR \cdot JK)$$

式中，$STR \cdot K$——K 时刻的科技（知识）储备；

$STR \cdot J$——J 时刻的科技储备；

$NCR \cdot JK$——从 J 时刻到 K 时刻的知识增长率。

在一般的速率方程中，

$$R = \frac{L}{T}$$

式中，R——变化率；

L——水平；

T——时间。

这里的基本公式是："速率—水平—速率"，即速率与水平的组合。

整个模拟过程是通过对一定时间增量不断地重复计算上述方程组，以获得模拟的结果。

在模拟过程中，可通过变换决策变量，进行反复模拟，以比较不同策略下的模拟结果，从而达到政策分析的目的[①]。

二、不同策略下系统行为的分析

我们接着以新产品的技术准备中的研制进度为例讨论在不同策略下，模拟得出的不同结果。这里选择了以下几种不同的策略进行模拟分析。

（一）"周密计划"策略

这种策略的要点在于精确地预计研制进度，使计划进程上的任何偏差均能得到及时纠正。

模拟结果表明，研制项目可以在第 32 个月完成，比原计划落后 2 个月。所投入的最高人力是 24 名研制人员。

（二）"进度第一"策略

根据这个策略，按进度完成计划将列为头等重要的策略。这种策略下计划进

---

① 对系统动态方法的详细说明可参阅系统动态学教程。

度是不允许更动的，不能有任何灵活性。它一般适用于下列情况。

（1）紧急任务。

（2）大系统中的短线与薄弱环节。

（3）赶工项目。

（4）其他进度被列为最高优先级的项目。

这个策略下的模拟结果表明计划完工日期非常接近规定的完工日期，所产生的几个重要结果如下。

（1）效率大大提高，在第 27 个月时，劳动生产率最高可达每人每月 2 个单位，比初始期效率将近增加 40%。

（2）项目上占用人力大大增加，增至 31.5 人，超过原来 20 人水平的 50%。

（3）项目上费用水平大大提高，比基本情况和其他策略增长 35% 以上。

（4）在第 31 个月完成项目，比原计划滞后 1 个月。

（三）"固定人力"策略

在这个策略下，即便计划有所波动，人员也固定不动。这个策略常常用于初期的研究阶段或是时间上无严格限制的项目。模拟结果如下。

（1）在整个项目进程期间没有给出研究开发人员的变化。在费用水平方面也没有多大变化。

（2）在 25~26 个月，效率上有较大变化，达到每人每月 2 个单位。

（3）在第 35 个月末，项目方告完成，比原计划滞后了 5 个月。

（4）所需总工作量达 700 人·月，反映了效率的提高。

（四）"及时修改计划"的策略

在这一策略下，根据项目预测进度及时调整计划。这个策略通过经常及时地修订计划，类似于"固定人力"策略。这个策略通常用于：资金有限制或缺少熟练的研究开发人员，项目完成时间无严格限制的场合，如初期的研究项目，或是由于缺乏可分配到这个项目上来工作的研究开发的后备力量。在以上的任意一种情况中，一旦发现了滞后于预计完成日期的，就立即修改计划。这种策略的诸特性，也可以在模拟结果中找到，具体如下。

（1）由于没有计划压力，因此也就没有推动研究开发人员提高效率的动力。

（2）能将人员编制的大小保持在一个稳定的水平上，在整个项目生命期内，人员必须以 1 个人为单位。

（3）完成日期落后于计划 6 个月，即超过原计划的 20%。

（4）这种低效工作的后果是，项目进行期间耗用人力大，增达 726 人·月（超过原定 600 人·月的 21%），而且费用高达 1.60 万元。

三、模拟结果对比与策略选择

为了选择最优策略，可将上述各种策略的所有模拟结果列于表 5。

表 5　各种策略的比较

策略	完成时间/月	花费/万元	最高人力/人	总工作量/（人·月）
基本模型行为	33	1.56	26	709
周密计划	32	1.59	24	722
进度第一	31	2.02	31.5	713
固定人力	35	1.54	20	700
及时修改计划	36	1.60	20.5	726

系统动态方法是一种有效的科学方法，它能为策略分析提供大量动态模拟资料，从而可根据由环境所决定的目的和决策，选择所需的最优策略。

每个策略有它自己的特性和决策重点以及优点和缺点。策略的选择必须服从主要目标。例如，若计划的最高优先级是按期完成，那么"周密计划"策略和"进度第一"策略将是最好的策略。反之，在人力有限的情况下，"固定人力"策略和"及时修改计划"策略是最优策略。

总之，企业可以根据特定的主要目标，通过系统动态的大量模拟，寻找出能较好地满足各个指标要求的满意解决方案。

第六节　技术情报服务

提高产品设计与工艺装备设计的继承性，是降低设计成本和制造成本的重要手段。产品系列化与组合工装技术，是贯彻继承性原则的重要手段。要提高设计的继承性，还必须有健全的技术情报服务，充分利用以往的设计资料，积极采用厂内目前已有的专用工装。如果情报服务工作组织得不好，查阅一份本厂过去采用过的专用工装的设计资料所需的时间，比重新设计这套工装的时间还要长，那么工装设计人员就宁肯重新设计工装。因而技术情报服务的好坏，不但取决于情报资料是否正确与完备，而且取决于情报资料的检索速度。

技术情报系统最简单的形式，是在设计部门中建立资料室或技术档案室。资料室应配备适当数量的资料员。资料员负责搜集有关技术资料，分类保管、编制有关文摘、手册并协助设计人员查找有关资料。对于小企业来说，资料员的重要性大于资料的重要性。有经验的资料员可以很快地收集到必要的参考书和手册来满足设计人员的需要。有条件的企业，使用与国际、国内有关数据库联机的计算机情报检索系统，可以大大扩展查询范围和缩短查询时间。

一、技术情报服务的内容

对于生产技术准备来说，技术参考资料首先是有关的国家标准、国际标准和设计规范。为了简化厂内的标准紧固件种类，节约存储费用，企业可以汇编"厂内常用紧固件手册"供设计人员选用。有的企业还编制"厂内已有工艺装备手册""通用零件、部件索引"等供设计人员使用。

情报系统也应为原型研制服务。资料人员编摘的报道与论文摘要，可以使研究人员节约通过浏览专业刊物从而了解技术发展动态的时间。有资料人员帮助查找专利公报和专利文献也能够使研究人员大大节约收集资料的时间，扩大资料阅读范围。

二、编码方法

为了使资料容易查找，必须按一定规则对资料进行编号。编号方法可以分为两类：一类是随机编号法，另一类是逻辑分类编号法。随机编号法可以按技术资料产生的先后顺序编号。这样做的优点是码的位数比较少，缺点是没有可读性，很难根据编号直接猜出对应的资料是什么。逻辑分类编号法是技术资料保管中常用的方法。

在社会上公开发行的期刊、图书、专利资料，收藏它们的图书馆、情报研究所通常采用中国图书馆图书分类法和有关国家的专利分类方法进行分类。资料员应当熟悉这些方法，以便帮助设计人员收集有关资料。厂内的技术资料可以自行设计分类编码方法。由于技术资料说明的对象是生产系统中的某种物件，分类编码的基本对象也应是生产系统的各种物件。

厂内物件的分类编号一般应具有以下特点。

（1）一个代码只代表一种物件。
（2）一种物件只有一个代码。
（3）识别代码的规则尽可能简单。
（4）代码应是一个字母数字串，所使用的字母、数字能为计算机所识别。
（5）代码的长度是统一的。
（6）代码的长度尽可能短。
（7）厂内物件种类越少，代码也应越简单。
（8）分类应当根据物件的永久特征。

上述八个特点可以概括为三个特性：可读性、一一对应性和精练性，此外，一个编码系统还应具备可发展性，即能容纳没有规定类别编码的新物件。

编码分类规则系统可以分为面向设计和面向制造两种模式。从技术资料主要的服务对象是设计人员这一点来说，编码系统首先应面向设计。为了满足制造过程的某些需要，比如成组技术推行的需要，也可以在面向设计的基本码后面加上几位面向生产的辅助码。当然，也有些企业采用专门面向生产的编码体制。

分类方法很多，这里仅介绍有代表性的四种外国编码方法以及我国正在研究的成组技术编码方法。企业也可参考这些方法确定自己的编码规则。

（一）布列什法

这是一种以一个八位数作为基本码，后面可以跟面向生产的辅助码的系统。基本码的第一位描述物件所属类别：

0——组织与项目；

1——原材料；

2——外协件、外购件；

3——零件；

4——总成或产品；

5——工艺装备、可移动设备；

6——工厂、机器；

7——建筑、服务、水电煤气；

8——废料；

9——其他。

基本码的其他七位和辅助码根据编码规则手册确定。

（二）米特洛凡诺夫法

这是最早为工人识别的用于成组加工的一种编码方法。它基本上是一种面向生产的编码方法。码由七位组成：

第一位——车间；

第二位——类，以零件共同功能和结构特征来区分；

第三位——子类，以零件共同形状和相似工艺特点来区分；

第四位——组，以形状相似、制造作业数目接近来区分；

第五位——型，作业形式；

第六、七位——尺寸。

从第一位到第五位的编号意义可以从相应的手册中查到。由于规则简单、易于记忆，这种码主要是用于单机床成组加工技术。

（三）奥匹兹法

这是一种零件分类编码的方法，共九位。前五位是用来描述零件的形状与结构特征的，后四位描述尺寸类别、材料、毛坯形式和精度。全部编码细则写在 8 张四开的大卡片上，通过几个小时的熟悉过程，使用者就可以借助这些卡片编写和识别编码。这种码非常详尽，一般企业只要用其中一小部分编码定义就够了，因而这种码在精练性方面是明显不足的。

（四）浮索法

这是 1959 年由捷克的一个研究所提出来的。所有编码细则可以写在一张卡片上。它虽然没有布列什码和奥匹兹码那样详尽，但是它的简练是不容小觑的。这种码只有四位。所以这么短是因为码中不包含图纸上已经包含的信息。

（五）JLBM-1 码

这是我国研究单位吸收国外经验编制的，共 15 位，分三段。第一段 1~2 位，表示名称类别；第二段 3~9 位，表示形状与加工；第三段 10~15 位，表示材料、毛坯、热处理、主要尺寸、精度。

不论采用哪一种分类系统，重要的是定义明确，保证码的一义性和物件的码的唯一性。对于一个小企业或一个内部物件种类较少的企业来说，采用过于详尽的编码制是没有必要的，因为那样会大大加重计算机处理的负担。由于分类编码在资料检索方面比随机编号方便得多，因而绝大部分企业都采用分类编码，尽管分类编码一般都要比随机编号长。

在采用面向设计的编码时，为了便于在生产中查找有关物件，还可以按统一编码的次序建立卡片，记录有关的生产管理信息，有条件的可以把卡片上的这些信息输入计算机，使每张卡片上的信息成为一条记录。

编码系统的有效性不但取决于编码本身的合理性，还取决于资源保管记录的正确性。如果一个设计人员很容易地根据编码查到企业工具库内有某一套适用的工艺装备，但是按照有关的记录却找不到这套工艺装备，这套工艺装备还是不可能被重新使用。这也说明，内部技术情报的可靠性是与整个企业的信息管理相联系的。

社会主义工业企业的机器设备管理和工具管理[1]

社会主义工业企业进行生产活动，除了要有劳动力和原料、材料以外，还必须有一定的机器设备、工具。管好和用好机器设备和工具，是工业企业顺利地进行生产和不断地提高劳动生产率的重要条件。在这一章里，将讨论机器设备和工具管理中的一些主要问题。分以下七节来论述：

（1）机器设备管理的内容；
（2）机器设备的合理使用；
（3）机器设备的维护和修理；
（4）机器设备的修理计划；
（5）机器设备的改进和更新；
（6）机器设备管理的组织机构和责任制度；
（7）工具的管理。

第一节 机器设备管理的内容

工业企业使用的机器设备，是多种多样的。不仅在不同部门、不同性质的工业企业里，使用的机器设备有很大的区别，就是在同一部门、同一性质的工业企业里，使用的机器设备，也不完全一样。概括地说，工业企业的机器设备主要有：各种工作机、动力机、起重运输机、工作炉窑、管道线路、各种容器以及仪表等。

工业企业需要对各种机器设备进行科学的管理，原因如下。

第一，保证机器设备经常处于良好状态。

机器设备，是现代工业企业生产的物质技术基础，是构成生产力的要素之一。现代工业企业的生产能不能正常进行，在很大程度上，取决于机器设备的完善程度。随着社会主义建设的不断发展，以及工业生产的机械化、自动化水平日益提高，机器设备的完善程度，对于生产的影响越来越大。这就要求每个工业企业都要保证机器设备经常处于良好状态，否则，就会导致企业生产的中断。

---

[1] 节选自：《中国社会主义国营工业企业管理》编写小组. 中国社会主义国营工业企业管理. 北京：人民出版社，1964：第十二章。

要保证机器设备经常处于良好状态，就应当保证设备的零件、部件完整、齐全，设备性能良好，设备出力达到铭牌规定，做好设备的清洁、润滑、紧固、调整和防腐蚀等工作，并且使设备的技术资料和设备使用记录资料齐全、准确。为了达到这些要求，就需要加强工业企业的设备管理工作。我们知道，机器设备在使用的过程中，由于物理的或者化学的作用，它的零件、部件，总会逐渐地磨损和腐蚀，使它的工作能力、精度和生产效率逐渐降低。虽然这种磨损和腐蚀，一般是不可避免的，但是，如果对于机器设备管得好、用得好，也可以把这种磨损和腐蚀降到最低限度。相反，如果对于机器设备管得不好、用得不好，不但不能减少正常的磨损，并且还会造成不应有的磨损和腐蚀，甚至造成意外的损坏。只有加强对于机器设备的管理，经常注意机器设备的正确操作和维护保养，按时进行检修，才能避免各种不正常的磨损和腐蚀，才能及时地、迅速地更换已经磨损的零件和部件，恢复机器设备的工作能力、精度和生产效率，从而保证企业生产正常地进行。

第二，提高机器设备的效能，提高工业企业的技术装备程度。

工业企业要顺利而有效地进行生产活动，不仅需要保证机器设备经常处于良好的状态，同时，还要保证机器设备的效能不断提高，保证企业技术装备程度不断提高。

工业企业机器设备效能的高低和技术装备程度的高低，是企业技术水平高低的一个重要的标志。要提高机器设备的效能和提高企业的技术装备程度，就必须加强设备管理。一方面，要对陈旧的设备及时进行更新，用更先进的、效率更高的设备来替换。另一方面，要在群众性技术革新的基础上，对那些技术水平比较低，但是还可以使用的机器设备，进行改进，实现现代化。这样做，才能够提高工业企业的技术水平，充分地发挥企业的生产潜力。

在资本主义企业里，机器设备是资本家的固定资本，是剥削工人的手段，因此，它和工人是对立的，广大工人群众不但不会去精心地爱护机器设备，而且，还经常会有意地损坏机器设备。与资本主义根本相反，在社会主义国营工业企业里，机器设备是全民所有制的财产，是为劳动人民谋幸福的手段，因此，广大职工群众对机器设备是亲切爱护的。对待机器设备是否爱护，是是否爱护国家财产的一个重要表现，它反映了一个职工劳动态度和觉悟程度的高低。

工业企业机器设备管理工作的内容，是非常广泛的，具体说来，主要是以下几方面。

第一，根据机器设备的性能和使用要求，合理地使用机器设备。防止不按使用范围或者超负荷地使用设备，防止不按操作规程进行操作。

第二，经常地、及时地做好机器设备的维护和保养工作，防止和减少机器设备的磨损和腐蚀，避免设备性能和效率的降低。

第三，有计划、有准备地进行机器设备的检查和修理，发现隐患，并且对已经损坏的部分，及时加以修复。

第四，根据需要和可能的条件，有计划、有步骤、有重点地积极地进行机器设备的更新和改进。

第五，切实做好机器设备的验收、登记、保管、报废、调拨等日常管理工作，建立和执行设备的管理制度与责任制度。

总之，工业企业的机器设备管理工作，包括从设备的进厂验收、安装、使用到维护检修，以及日常的登记、保管、调拨、报废、更新、改进等一系列的具体工作。这些工作，都是相互联系的。工业企业只有全面地做好这些工作，才能使机器设备经常处于良好状态，为企业全面地完成生产任务，提供良好的物质技术基础。

第二节 机器设备的合理使用

保证机器设备的合理使用，是工业企业设备管理工作的一个重要方面。

机器设备耐用期限的长短、生产效率和工作精度的高低，固然取决于机器设备本身的结构和性能的好坏，但是，在很大程度上，也取决于机器设备的使用情况。同样一台机器设备，如果使用得合理，操作得正确，就能够减轻磨损，延长寿命和保持应有的精度，发挥应有的工作效率。反之，就会加速磨损，使机器设备"未老先衰"，过早地失去它应有的工作效率和工作精度。

那么，怎样才能够使机器设备得到合理的使用呢？

第一，要根据工业企业的生产过程和工艺特点，正确地配备各种类型的机器设备。

前面说过，工业企业拥有的机器设备是很多的。这些机器设备，必须根据企业生产的需要，根据企业的工艺技术特点，配备起来。无论在全厂范围内，还是在车间范围内，都要保证各种主要设备和各种辅助设备、动力设备、起重运输设备等有适当的比例，使它们有机地结合起来；各种主要设备，在性能上和生产效率上，也应当相互协调。只有这样，才能够使所有的机器设备各得其所，充分发挥它们的作用。

工业企业的生产，是不断发展的；产品的品种和数量，是不断变化的。因此，各种机器设备之间的比例关系，应当根据不同时期的生产任务，进行及时的调整。如果不能及时地采取措施，使设备能力同生产任务相适应，那么，机器设备的能力就不能充分地发挥，机器设备就不能得到合理的使用。

第二，要根据机器设备的性能、结构和其他技术特征，恰当地安排加工任务和工作负荷。

我们知道，机器设备的应用，是科学技术发展的结果。因此，如何使用机器设备，不能光凭人们的主观愿望，而必须依据一定的科学技术原理。不同的机器设备，是依据不同的科学技术原理设计制造的。它们的性能、结构、精度、使用范围、工作条件和能力，以及其他技术条件，是各不相同的。工业企业在使用机器设备的时候，应当按照每台机器设备的技术条件，安排相应的工作任务。同时，每台机器设备，都有一定的负荷极限，工业企业应当根据各种设备的合理负荷来安排工作，不要使机器设备超负荷运转。只有这样，才能保证机器设备正常运转，避免意外的损坏，保证生产安全。

第三，为机器设备配备相应工种的、熟练的操作者。

操作者的技术水平和熟练程度的高低，对于能否正确地使用机器设备，影响很大。如果操作者的工种同机器设备的要求不相适应，或者，操作者的技术熟练程度太低，就不仅不能充分地发挥机器设备的效能，而且往往会使机器设备受到不应有的损坏。

工业企业在为机器设备配备操作者的时候，应当考虑每个工人的工种、文化技术水平、技术特长和实际操作的经验。要求操作者熟悉和掌握机器设备的性能、结构和维护保养技术，能够按照机器设备的使用规程进行操作，并且知道发生了故障或者事故以后，应当怎样处理，等等。

新工人必须考试合格以后，才被允许独立操作机器设备。对于精密的、复杂的和其他关键性的机器设备，应当指定具备专门技术知识和操作经验的技术人员或者高级技工去操作。

工业企业的每一台机器设备，应当有设备卡片，载明这台设备的性能、结构、维护保养的基本知识，以及使用和检修中的基本情况，以便加强对设备的管理，并且帮助工人正确地操作和使用设备。

为了便于操作者提高技术和积累经验，工业企业还应当注意尽量固定各种机器设备的操作者，不要轻易地调换他们的工作。

第四，正确地制定和严格地贯彻执行有关设备使用和维护方面的规程和制度。

有关设备使用和维护方面的规程和制度，是指导工人操作、维护和检修机器设备的技术法规。这些规程和制度里，规定着机器设备的使用方法、操作和维护检修的要求，以及其他的注意事项。正确地制定和执行这些规程和制度，是使机器设备得到合理使用的重要保证。

设备使用和维护方面的规程和制度，是根据机器设备说明书中注明的各项技术条件制定的。这些规程和制度一经确定，就要教育工人自觉地贯彻执行，并且相互督促和帮助。对于严格遵守规程和制度有显著成绩的，应当给以适当的表扬和奖励；对于不遵守规程的，要给以批评，情节严重的，应当酌情给以纪律处分。

第五，在生产过程中，为机器设备创造良好的工作条件。

良好的工作条件，是保证机器设备正常运转，延长耐用期限，保证安全生产的重要条件。

不同的机器设备所要求的工作条件，是不相同的。一般地说，机器设备都要求保持设备本身和工作环境的整洁与正常的秩序，安装必要的防护、保安、防潮、防腐、保暖、降温装置，配备必要的测量、控制和保险用的仪器装备，等等。对于那些复杂、精密的机器设备来说，它们要求的条件，就更加严格了。例如，在精密机器设备的工作室里，对于温度、湿度、防尘、防震等工作条件，有更严格的要求。工业企业在使用机器设备的过程中，一定要保证这些必要的条件。否则，就会破坏机器设备的精度，妨碍机器设备的正常运转。

第六，建立和健全机器设备使用的责任制度。

工业企业的厂长、总工程师、设备管理部门、车间主任、生产小组长，直到生产工人，都应当在保证机器设备合理使用方面，负相应的责任。对此，每个企业，应当根据本企业机器设备的特点，做出明确的规定。

第七，要经常地对职工进行爱护机器设备的宣传教育。

职工群众对机器设备爱护的程度，对于机器设备的使用和保养，对于机器设备效能的充分发挥，关系极大。企业的各级生产行政负责人和设备管理部门，都要把爱护机器设备的宣传教育，当作一项经常的工作。应当运用各种典型事例，通过总结各种正面和反面的经验，对职工进行宣传教育，使每一位职工都能爱护自己所使用的机器设备。

第三节　机器设备的维护和修理

工业企业的机器设备，能不能经常地保持完好的状态，除了合理地使用以外，还要做好日常的维护和修理。

设备的维护，是一项经常要进行的工作。对于机器设备进行维护，就是要严格地按照操作规程精心地使用设备，经常观察设备的使用和运转情况，经常擦洗灰尘和油垢，按照规定加注润滑油脂，及时地调整和消除机器设备的小缺陷，紧固松脱的部位，等等。通过这些维护保养工作，来避免机器设备过早的磨损和遭受不应有的损坏。

设备的修理，是修复由正常的或者不正常的原因而引起的机器设备的损坏，通过修理和更换已经磨损的零件、部件，使机器设备的效能得到恢复。

对机器设备进行良好的维护，能够大大减轻机器设备磨损的程度，防止意外的损坏。但是，它不能够完全消除设备正常的磨损，不能够恢复已经损坏了的机器设备。因此，维护不能代替修理。如果只有维护而没有修理，就不能使已经损坏了的机器设备恢复应有的效能，甚至还会使小毛病变成大毛病。同样，机器设备的修理，也不能代替经常的维护。如果只有修理而没有维护，就不能防止和减轻机器设备的磨损，并且会加剧机器设备的损坏，增加修理的工作量和修理费用。由此可见，机器设备的维护和修理都很重要，必须把二者很好地结合起来。工业企业首先要动员职工群众，大力做好机器设备日常的维护保养，同时，也要有计划地进行检修。这样，才能使机器设备经常保持良好状态。

在工业企业里，将机器设备的维护和修理结合起来的有效措施是实行机器设备的计划预防修理制度。

机器设备的计划预防修理制度，是维护和修理并重，以预防为主的方针的具体体现。它是通过对机器设备进行日常的维护，通过有计划的检查和修理，来预防机器设备损坏，保证机器设备经常处于良好状态的一种有效的工作制度，是目前我国工业企业比较普遍地采用的一种制度。这一制度的主要内容如下。

（1）机器设备的日常维护。
（2）机器设备的定期检查。
（3）机器设备的计划修理。

一、机器设备的日常维护

经常地、精心地维护保养机器设备，是贯彻执行机器设备计划预防修理制度的一项重要内容。做好日常维护保养工作，能够有效地贯彻执行以预防为主的方针。

怎样才能做好机器设备的日常维护保养工作呢？

除了本章第二节所说的正确地使用机器设备以外，还应当注意下面的问题。

第一，建立机器设备日常维护保养的责任制度。所有机器设备，都要有保养制度。哪些保养工作由专业的队伍负责，哪些由生产工人负责，应当有明确的规定。各种保养，必须根据设备的特点，制定出保养的周期、作业项目和质量要求，并且严格执行。建立机器设备的维护保养制度和明确地规定维护保养机器设备的责任，也是做好机器设备的日常维护工作的重要条件。

第二，要做好机器设备的日常维护保养工作，必须加强专业的检修工人同生产工人的配合协作。专业维护工人，除做好本身的维护工作以外，还应当督促和帮助生产工人进行机器设备的日常维护工作。

第三，准备好维护机器设备所必需的材料和工具。例如，润滑油、冷却液、注油器、棉纱头、抹布、板刷，以及各种工作炉用的补炉材料、补炉工具等。

第四，及时总结机器设备日常维护保养工作的经验，进行竞赛评比，进行表扬和批评，加强宣传教育，教育工人自觉地做好机器设备的日常维护保养工作。

二、机器设备的定期检查

机器设备的定期检查，是定期对机器设备的运行情况、工作精度、磨损程度进行的检查和校验。

实行机器设备的定期检查，能够深入地掌握机器设备的运转和磨损情况，及时地查明和消除机器设备的隐患；根据检查情况，提出加强和改进机器设备维护保养工作的措施；有目的地做好下次计划修理前的各项准备工作，提高修理质量。

怎样才能做好机器设备的定期检查工作呢？

第一，检查工作必须按计划定期进行。不能拖期检查，更不能长期不进行检查。

第二，检查的时候，要按照计划规定的检查项目，逐项地、全面地进行检查。

第三，要把定期检查同操作者和维修工人的经常检查结合起来。操作者和维修工人的经常检查，是对定期检查的补充，通过经常检查，可以更及时地消除机器设备的隐患，预防机器设备发生突然事故。

三、机器设备的计划修理

机器设备的计划修理，就是按照计划规定的时间，有计划地、有准备地进行修理工作。在修理计划中，根据机器设备的性能、质量和使用情况，规定连续运转多长时间，就要进行小修、中修和大修。到了计划规定的修理期限，不管机器设备的运转情况怎样，都要按期进行检修，一般不得延期修理或者不进行修理。

实行计划修理，一方面可以及时地恢复设备的工作能力，预防可能发生的设备事故；另一方面，也可以事先安排好生产和检修时间，准备好修理所需要的人力、工具、材料和备品配件，使生产和检修工作都能主动，以便缩短修理时间，更好地提高修理质量，保证生产顺利进行。

但是，对于机器设备计划修理的重要性，并不是所有的人都认识得很清楚。有的人，不注意机器设备的计划修理，认为"随坏随修"是个好办法；有的人认为，计划修理要占用一定时间，怕妨碍生产。这些想法，都是不对的。因为，不按计划规定的时间进行修理，对机器设备来说，零件、部件磨损了不及时更换和修理，使它"带病"运转，就会把小毛病拖成大毛病；对生产来说，由于小的毛病得不到及时修理，不仅不能保证产品的质量，而且等机器设备损坏严重了再去修理，还会增加修理停工的时间，如果由于不及时检修造成了机器设备事故，则会给生产带来更大的损失。因此，实行计划检修，虽然会占用一定的时间，但这是合理的、必要的，从长远看，比起"随坏随修"和非计划修理来说，更能保证企业生产有计划地进行，保证生产的安全。

在不同行业的工业企业里，由于机器设备的性质不同，所以修理种类的区分方法也不完全相同。一般说来，机器设备的计划修理，可分为小修理、中修理和大修理三种。

小修理是对机器设备进行的局部修理。它的工作量较小，通常只是更换和修复少量磨损的零件，以及调整机器设备的结构，以保证机器设备在下次计划修理之前能够正常使用。

中修理要更换和修复机器设备的主要零件和数量较多的其他磨损零件，并校正机器设备的基准，中修必须保证机器设备能够恢复和达到应有的标准和技术要求,并保证在下次计划修理之前能够正常使用。

大修理是对机器设备进行的全面修理。它的工作量最大,需要把机器设备全部拆卸,更换和修复全部的磨损零件,恢复设备原有的精度、性能和生产率。

设备的小修理和中修理所需的费用,直接计入企业的生产费用,大修理的费用,则由企业大修理基金开支。

无论是机器设备的小修理、中修理或是大修理,都应当有相应的修复标准。设备修理以后,应当按标准进行验收,以保证修理的质量。

机器设备计划修理的方法,一般可分为以下三种。

（一）标准修理法

采用这种方法的时候,对机器设备修理的日期、内容和修理工作量等,都要事先规定,并且严格地按计划进行。这种方法的优点,是便于在修理前充分做好准备,并且能够最有效地保证设备的正常运转。这种方法,一般用于那些必须严格保证安全运转和特别重要、复杂的机器设备,如重要的动力设备、自动流水线上的设备等。

（二）定期修理法

这种方法要根据机器设备的零件、部件的使用期限和磨损情况,事先只规定修理工作的计划日期和大致的修理工作量。具体的修理日期和修理工作内容,则在每次修理前的检查中再详细规定。采用这种方法,要求具备比较完整的技术资料和比较高的修理业务组织水平。维修工作基础较好的企业,一般都采用这种方法。这种方法的优点,是有利于做好修理前的准备,缩短修理占用的时间和提高修理工作质量,也便于修理部门更好地安排和组织自己的工作。

（三）检查后修理法

采用这种方法,事先只制订机器设备的检查计划,规定检查的日期,然后,根据检查的结果和以前修理的资料,确定修理的性质、日期和内容。检查周期的长短,是根据机器设备零件、部件的磨损资料确定的。这种方法,比较简单,但同前两种方法相比,它不便于做好修理前的准备,不便于安排检修工作。因此,采用这种方法的企业,应当努力创造条件,争取实行定期修理法。

第四节 机器设备的修理计划

机器设备修理计划,是工业企业生产技术财务计划的一个组成部分。

机器设备修理计划,一般分为年度修理计划、季度修理计划和月度修理计划。年度修理计划又分为分车间按各台设备编制的年度计划,主要设备的大、中、小修理计划和高精度的、大型的生产设备大修理计划。

年度修理计划，一般只在修理种类和修理时间上做大致安排，季度修理计划，则将年度计划中规定的修理项目进一步具体化，月度修理作业计划，是更为具体的执行计划。

现在分别说一说机器设备修理计划的编制和组织执行问题。

一、机器设备修理计划的编制

在设备修理计划中，要规定企业在计划期内，有哪些机器设备需要修理，以及修理的内容、时间、工时、修理停工天数等。

编制机器设备修理计划，也和编制其他计划一样，必须以大量的资料为根据。

编制机器设备修理计划，通常所依据的资料有：企业的年度生产任务和完成生产任务所需要的机器设备的种类和数量；企业现有机器设备的种类和数量；上年度修理计划的完成情况，以及目前机器设备的技术状况；经过修订的各种定额资料，如修理周期、修理间隔期、修理周期结构、修理复杂系数、劳动量定额等。

在编制季度、月度修理计划的时候，还要考虑最近一次机器设备检查所获得的资料，以及设备的实际使用情况；当季、当月的生产任务；上季、上月修理计划的完成情况；修理前的准备工作情况和修理力量平衡的情况；等等。

编制机器设备修理计划，要计算修理时所需要的设备和人力，对修理任务和修理力量进行平衡。进行这些计算和平衡的主要依据，是修理周期定额和修理工作定额。

（一）修理周期定额

修理周期定额，包括修理周期、修理间隔期和修理周期结构。它们是编制机器设备修理计划的重要依据。

修理周期：相邻两次大修理之间，机器设备的工作时间。对新机器设备来说，就是从开始使用到第一次大修理之间的工作时间。

修理间隔期：相邻两次修理（不论是大修理、中修理或是小修理）之间，机器设备的工作时间。

修理周期结构：在一个修理周期内，大修理、中修理、小修理的次数和排列的次序。

例如，一般金属切削机床的修理周期结构如图1所示。

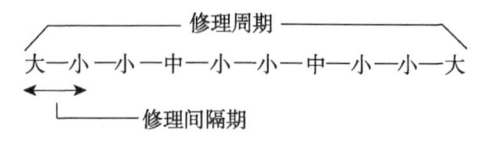

$$\overbrace{\text{大}—\text{小}—\text{小}—\text{中}—\text{小}—\text{小}—\text{中}—\text{小}—\text{小}—\text{大}}^{\text{修理周期}}$$
$$\underbrace{\phantom{\text{大}—\text{小}}}_{\text{修理间隔期}}$$

图1　修理周期结构

图中"大"表示大修理，"中"表示中修理，"小"表示小修理修理周期、修理间隔期和修理周期结构,对于不同种类的机器设备是不相同的。这取决于以下一些因素:机器设备的性能、结构、制造方法和制造时所用的材料,机器设备使用时的工作条件和工作班次,加工对象的性质、操作者的技术水平、维护保养和修理工作的质量,等等。

有了修理周期定额,再参照企业上期机器设备修理计划的完成情况,以及本期的生产任务和当前机器设备的完好程度,就可以计算出企业在计划期内,究竟有多少台机器设备需要修理,以及修理的内容和日期。

(二)修理工作定额

修理工作定额,是确定修理工作量大小,计算修理工人人数,确定机器设备修理停工时间的依据。它包括修理复杂系数、修理工作劳动量定额、机器设备修理停歇时间等三项内容。

修理复杂系数:用来表现不同机器设备的修理复杂程度,计算不同机器设备的修理工作量的假定单位。这一假定单位所消耗的修理劳动量,通常是以 C620 车床修理劳动量的十分之一来代表的。也就是说,C620 车床的修理复杂系数被规定为 10。其他机器设备的修理复杂系数,都是用这个统一的假定单位比较和度量的。例如,某一机器设备修理工作的劳动量要比 C620 车床多一倍,那么,它的修理劳动量就是 20 个假定单位,修理复杂系数就是 20。

修理复杂系数有以下用途。

(1)用来表示整个企业机器设备修理工作量的大小。

(2)用来计算修理时所需要的材料、设备和劳动力。

(3)通过各个企业不同的平均修理复杂系数,可以看出各个企业机器设备的复杂程度。通常的情况是:机器设备越复杂,技术水平越高,修理复杂系数也越高;反之,则越低。

修理工作劳动量定额:工业企业为完成机器设备的各种修理工作所需要的劳动时间。它通常用一个修理复杂系数所需要的劳动时间来表示。表 1 就是对各种检修工作规定的劳动量定额的例子。

表 1　一个修理复杂系数的劳动量定额(单位:小时)

修理项目	钳工工作 1945年以前	钳工工作 1945年以后	机工工作 1945年以前	机工工作 1945年以后	其他工作 1945年以前	其他工作 1945年以后	总计 1945年以前	总计 1945年以后
清洗	0.75	0.75	—	—	—	—	0.75	0.75
精度检验	0.60	0.60	—	—	—	—	0.60	0.60
检查	1.00	1.00	0.50	0.50	—	—	1.50	1.50
小修	7.00	6.00	4.00	4.00	1.00	—	12.00	10.00
中修	33.00	28.00	10.00	10.00	2.00	2.00	45.00	40.00
大修	56.00	40.00	20.00	20.00	4.00	4.00	80.00	64.00

工业企业有了各种机器设备的修理复杂系数，以及上述一个修理复杂系数的劳动量定额等资料，就可以计算出企业在计划期内为完成全部修理工作所需要的劳动力。

同样，修理机器设备所需要的材料和其他费用等，也可以用一个修理复杂系数为单位，制定定额。

机器设备修理停歇时间：机器设备进行修理的时间长度，即从机器设备正式停止工作到修理工作结束，经质量检查合格验收，并重新投入生产为止，所经过的时间。

修理一台机器设备所需要的时间，一般按下列公式计算：
修理一台机器设备所需要的时间（工作日）=一台机器设备修理一次的定额工时
÷（在一个轮班内修理该设备的工人数
×每个轮班工作时间×轮班次数
×定额完成系数）

工业企业应当尽量提高修理工作效率，缩短机器设备修理的停歇时间。停歇时间越短，机器设备实际工作的时间就越长。缩短停歇时间的基本方法是：加强修理工作的计划性，合理地组织修理力量，运用各种先进的修理方法和不断地提高修理工人的技术水平，等等。

除了以上各项修理工作的定额以外，工业企业还有设备修理的材料消耗定额和备品定额等。这些定额资料，是编制企业物资供应计划的依据之一。

有了修理周期定额和修理工作定额以后，工业企业就可以开展编制年度、季度和月度修理计划的工作。

二、机器设备修理计划的组织执行

工业企业的机器设备修理计划确定以后，应当坚决地贯彻执行。在执行的时候，要做好修理前的技术准备，及时地组织备品、配件的制造和供应，合理地组织维修力量，做好修理后的鉴定和验收工作，制定和执行修理工作的责任制度，开展劳动竞赛，等等。这里只着重地说以下几点。

第一，充分做好修理前的技术准备。

这主要是设计和工艺方面的准备。在设计方面，要为不同类型的机器设备收集和编制更换易损零件、部件的明细表；绘制更换零件、部件的图纸、结构装配图、传动系统图及其他技术文件等。在工艺方面，要制定零件的修理、制造以及机器设备检修的工艺规程，设计和制造必要的工艺装备，等等。除此以外，企业还应当配备足够的修理技术力量。

第二，做好修理前的物质准备，配备修理用的机器设备和工具，特别是要合理地确定备品配件储备定额，组织备品配件的制造和供应。

工业企业机器设备的备品配件的种类很多。有机械备品配件，有电气备品配件；有标准件，有专用件；有本厂自制的，有靠国家计划分配、市场采购和请外厂协作制造的。企业应当全面地安排不同类型的备品配件的储备、制造、采购和供应等工作。

储备的备品配件包括：使用期限较短、耗用量大的易损件；稀有的备品配件；特殊和关键设备经过一定时期需要更换的零件、部件；制造复杂、制造时间长、需要量大或者需要外厂协作制造的备品配件。

合理的备品配件储备定额，应当是既能满足修理工作的需要，又不过多地占用流动资金。在确定储备定额的时候，应当全面考虑设备和有关零件、部件的使用期限，上年度的实际消耗量，以及本年度设备的工作情况等因素。

在安排备品配件的制造和供应的时候，对于本厂自制的，要制订生产计划，提前安排制造时间；由厂外协作制造的，要通过国家计划或者经济合同的形式，提前与外厂联系；需要从市场采购的，也要及早进行采购。对于关键性的备品配件，还需要详细地列出品种、规格、制造或者采购完成的日期，以确保及时供应。

第三，广泛采用各种先进的修理方法，不断提高修理工作效率，保证修理质量。一般说，比较先进的修理方法，主要有以下几种。

（一）部件修理法

这种方法，是事先准备好质量良好的各种部件，修理时，只需将设备上已经损坏的部件拆掉，换上准备好的同类部件，然后，将换下来的部件，送到修理车间进行修复，以备下次再用。这种方法的优点是，可以节省部件拆卸、装配的时间，使修理停工时间大大缩短。但是，由于采用这种方法需要一定数量的部件做周转，需要占用一定的流动资金，所以，这种方法，适用于那些具有大量同样类型的机器设备的工业企业和不能停工修理的关键机器设备。

（二）分部修理法

这种方法，是按照设备各个独立的部分，并按顺序进行修理，每次只修理它的一部分。这种方法的优点是，可以利用假日或者非生产时间进行修理，以增加机器设备的生产时间，提高设备利用率。这种方法，适用于那些担负生产任务比较重的关键设备和修理时间比较长的机器设备。

（三）修理站修理

这种方法，是将损坏的机器设备移至修理站去修理。这种方法的优点，是修理的工作效率比较高，同时能保证修理质量。但是，它仅适用于那些体积不大、易于搬动的机器设备，对于大型设备就比较困难。

另外，为了做好机器设备的修理工作，还要正确地选择设备维修工作的组织形式，并且要在企业上级行政主管机关的领导下，在企业之间组织修理工作中的协作，建立区域性的修理站，组织精密、稀有、关键设备的专门的维修队伍，等等。这些，都是保证企业机器设备修理计划顺利实现的有效措施。

第五节 机器设备的改进和更新

机器设备的改进和更新，是社会主义生产不断发展、技术不断进步、劳动生产率不断提高的客观要求和保证。

机器设备的改进，主要是指对工业企业的机器设备进行技术改革，在原有的基础上，对机器设备的结构做局部改变，改善它的性能和提高它的生产率。工业企业随时注意各个方面的先进技术经验，吸取职工群众在改进设备方面的合理化建议，结合机器设备的检修，特别是结合机器设备的大修理，有计划地进行设备改进，就可以有效地提高现有生产能力，用比较少的资金，产生比较快的效果。因此，工业企业生产能力的提高，首先应当通过对现有设备的改进来实现。这是最经济、最有实效的一种办法。

机器设备的更新，主要是指工业企业用新的、效率更高的机器设备，去更换已经陈旧了的、不能继续使用，或者继续使用，在技术上不能保证产品的质量，在经济上极不合理的机器设备。我们知道，机器设备的使用期限，总是有一定的限度的。机器设备在使用过程中，不可避免地要逐渐地磨损，使用了一定时期以后，就不能再用，或者不适宜再用。如果不加以更新，企业的生产就难以继续进行，或者生产虽然可以勉强地进行，但是，不能保证产品的质量，不能保证生产的安全，并且严重地浪费工时和原料、材料、燃料。在这种情况下，就需要用新的机器设备来替换旧的机器设备，这是保证工业企业生产正常发展的一个必要条件。

机器设备的改进和更新，是提高工业企业劳动生产率的一个重要途径。机器设备的改进，总是要越改越先进；机器设备的更新，也总是要用技术先进的设备来代替技术落后的设备。工业企业机器设备的技术越先进，它的工作效率就越高，生产的产品就可能越多，产品的质量就可能越好，消耗的人力、物力就可能越少，这样，企业的劳动生产率就可能越高。

工业企业机器设备的改进和更新，不但关系到企业本身生产的正常发展，而且关系到整个社会扩大再生产的进行和技术的进步。社会主义生产是在不断扩大的基础上进行的。社会主义的扩大再生产，从长远来说，当然靠建设新的企业，而就每一个年度来说，主要的是而且首先是靠现有的企业来实现。现有的工业企业，要在扩大再生产的过程中充分地发挥作用，就必须使机器设备经常保持良好的状态，而且，要注意通过机器设备的改进和更新，使现有机器设备的生产能力，得到逐步提高。这就是说，要加强现有企业，扩大它的生产能力，而不是去削弱它，"吃老本"。如果我们不注意这一点，那么，社会主义扩大再生产就难以顺利地进行，甚至，社会简单再生产的进行，也会受到影响。

所以，不注意工业企业机器设备的改进和更新，对于那些应当而且可以改进的机器设备，不去积极地进行改进，对于那些应当而且可以更新的机器设备，不去有步骤地进行更新，是不对的。至于"吃老本"，更是不对的。当然，如果不根据国家的统一计划，不根据生产发展的实际需要和可能条件，盲目地去进行设备改进和更新，也是不对的。我们的工业企业，必须在国家统一计划下，根据可能的条件，认真地做好机器设备改进和更新的工作。

为了做好机器设备的改进和更新工作，工业企业应当特别注意哪些问题呢？

在进行机器设备改进的时候，工业企业要特别注意以下几个问题。

第一，要采取慎重的态度，要经过反复的试验。

对于职工提出的改进设备的各种建议和方案，应当认真加以研究、审查，特别是对于那些需要对现有机器设备作较大改动的建议和方案，一定要经过反复试验，在确有把握的时候，才能采纳，进行设备改装，以保证机器设备越改越好，取得良好的效果。如果在进行设备改进的时候，不是采取这种科学的、慎重的态度，对各种设备改革的建议和方案，不作仔细的研究，在技术上没有可靠的依据的时候，就贸然去改装机器设备，那么，就不可能保证设备改进工作正确地进行，甚至，还可能把设备改坏，造成不必要的损失。

第二，要注意各种机器设备能力之间的平衡。

工业企业的各种机器设备，都是相互联系、相互制约的。在对某一种机器设备进行改进的时候，一定要考虑到和它有关的各种机器设备之间的平衡关系，只有这样，这种设备改进的预期效果，才能真正在生产中得到发挥。否则，如果一种机器设备经过改进，大大地提高了生产效率，而和它有关的机器设备，不能同它相适应，那么，这种设备的改进，就不可能达到预期的效果，就会造成人力、物力的浪费。

第三，要考虑到材料、部件供应的可能性，考虑到设备改进的经费来源。

机器设备的改装，总需要用一些部件和材料，这些部件和材料，有的企业自己能够制造，有的需要别的单位供应，企业在进行设备改装以前，必须正确地计算对各种部件、材料的需要量和供应的可能性，以保证设备改进顺利地进行。进行设备改进，也需要花一些费用，这种费用，有时可以从大修理基金中开支（如结合大修理进行的设备改装），有时可以从技术组织措施费中开支。对于改进机器设备所需要的费用，企业也要事先加以平衡计算。在这个方面，企业既应当考虑某一种机器设备改进所必需的费用，又应当照顾全面，不要因为把大修理基金和技术组织措施费过多地用于某一种机器设备的改进，而影响了其他设备的大修理和其他技术措施项目的进行。

在进行机器设备更新的时候，工业企业要特别注意以下几个问题。

第一，必须在国家的统一计划下，根据可能的条件，实事求是地、有步骤地、有重点地进行。机器设备的更新是一件好事情，每个工业企业，都想多更新一些旧设备，多换一些新设备。但是，在一定时期内，国家能够提供的先进的技术装备是有一定的限度的，而且这些先进的技术装备，有相当大一部分还要用来建设新的工业企业，这里是存在着一定的矛盾的。因此，工业企业在进行机器设备更新的时候，一定要严格执行国家的统一计划，一定要根据可能的条件，量力而行，一定要有步骤、有重点，不能一下子换得很多。

第二，要注意克服薄弱环节，提高工业企业的综合生产能力。这就是说，要尽可能先更新薄弱环节的陈旧设备，保证企业扩大再生产的顺利进行。

第三，要注意减轻工人笨重的、费力很多的劳动。这就是说，要尽可能先更新那些费力多的机器设备，保证不断减轻工人的劳动强度，提高劳动生产率。

第四，对于国家已经批准，决定进行更新的机器设备，在更新以前，企业应当继续认真地做好维护保养工作，合理地使用，充分发挥它的效能；在更新的时候，要根据国家的可能和企业生产发展的需要，尽可能地采用技术上最先进的机器设备；对于更换下来的旧设备，企业也应当妥善保管，根据国家的规定，妥善处理。

工业企业无论是进行机器设备的改进还是更新，都应当注意经济效果，讲求经济核算，力求做到少花钱，多办事，取得最大的实效。在进行机器设备的改进和更新的时候，要进行经济效果的分析和比较，凡是不需要进行改装的设备，就不必进行改装；凡是能通过改装提高功率的设备，就不要过早地更新，以便充分利用现有的生产能力和节约资金。但是，有些设备，如果继续使用，消耗的人力、物力过多，进行改装和大修理的费用同更新的费用相等，甚至比更新的费用还多，那么，就应当根据可能的条件，及早地更新。

第六节　机器设备管理的组织机构和责任制度

要做好工业企业的设备管理工作，企业必须正确地选择设备维修工作的组织形式，建立相应的设备管理机构，并且制定和贯彻执行设备管理的责任制度。

一、设备维修的组织形式和设备管理机构

设备管理的组织机构的建立，同设备维修工作的组织形式有一定的联系。

在工业企业里，采用得比较多的，一般有下面三种维修工作组织形式。

（一）维修工作的集中的组织形式

这种组织形式，是把工业企业供修理用的主要的机器设备、工具、备品配件和修理工人，集中起来，由厂部统一组织和领导。企业的设备修理工作，由厂部的设备动力部门和所属的修理车间负责进行。

这种组织形式的好处是：有利于集中地、合理地使用维修力量；便于有计划地组织备品配件的制造和供应；便于在修理工作中采用先进的修理方法和高效率的机器设备；便于集中地使用技术水平比较高的工人，有利于精密的、稀有的和大型的关键设备的维修；等等。

工业企业在采用修理工作的集中的组织形式的时候，应当注意防止各个生产车间在维修工作中产生依赖思想。专业的维修人员，应当深入车间，主动地同生产车间配合，共同搞好维修工作。

（二）维修工作的分散的组织形式

这种组织形式，是把设备的修理和维护工作，交给各个基本生产车间分别负责进行；修理工人、修理用的机器设备、工具等，大都分别配置在各基本生产车间。

这种形式的好处是：把设备的使用、维护和修理统一起来，交由车间管理，使维修工作的进行比较方便和灵活，并且有利于发挥各个基本生产车间的积极性和主动性。但是，这种组织形式，不利于集中使用维修力量。同时，由于各基本生产车间的修理工作量往往是不平衡的，所以，在修理工作量比较小的车间里，专业的修理人员，常常要停工或者从事其他工作，劳动力得不到充分利用。因此，这种形式，一般适用于那些规模比较大，车间比较分散，进行集中修理比较困难的企业。

（三）修理工作的混合的组织形式

这是介于集中和分散两种组织形式之间的一种组织形式。它具有上述两种组织形式的优点，既有集中，又有分散。这种组织形式，在我国工业企业中，运用得比较广泛。

究竟采用哪一种组织形式，工业企业可以根据自己的实际情况来决定。但是，无论采用哪一种组织形式，都要在厂部设立设备动力管理机构（处、科、组），在总工程师的领导下，统一组织全厂的设备管理工作。

在采用集中的组织形式的企业里，要设立机修车间，在厂部设备动力处（科、组）的领导下，负责配件的制造和设备的大修理工作。

在采用分散的组织形式的企业里，一般在各个基本生产车间里设立机修组，负责车间设备的检查和大、中、小修理工作。

在采用混合的组织形式的企业里，要设立机修车间，负责机器设备的大、中修理工作,并且要在基本生产车间里设立修理站,负责设备的日常维护和小修理工作。

二、机器设备管理的责任制度

机器设备管理的责任制度,是保证工业企业机器设备管理工作正常进行,提高设备利用率的重要条件。

工业企业机器设备管理的责任制度种类很多,概括地说,有以下几种。

(一) 工业企业的各级生产行政负责人员,在设备管理方面的责任制度

工业企业各级生产行政负责人员,在设备管理方面的责任,应当有明确的、具体的规定。他们对本单位的机器设备的使用、维护和检修工作,要负领导责任;要把设备维修计划纳入各级的生产计划,结合生产的情况和需要,妥善地安排维修工作和维修时间;要经常地检查设备的维护保养情况,保证维修质量;要负责领导建立和贯彻执行机器设备日常的管理制度;等等。

(二) 设备维修工人的责任制度

工业企业的设备维修人员,应当在企业各级设备管理机构的领导下,把主要力量放在机器设备的维护检修和制造备品配件上。每个维修队、班、组和个人,都要对自己维护和检修的机器设备切实负责。在维修工人当中,可以实行设备维护检修的分区、分片或分机包干负责制。维修工人在开展工作的过程中,要帮助生产工人熟悉机器设备的性能,指导他们维护保养设备,提高设备的生产效能。

(三) 生产工人的责任制度

生产工人是机器设备的操作者,对机器设备的维护保养负有直接的责任。只有每一个生产工人都切实对自己所使用的机器设备的维护保养负责,才能使机器设备的维护保养工作,建立在可靠的基础上,取得实际的成效。

工业企业在确定机器设备使用、维护的责任制度的时候,应当使企业的每一台机器设备的使用,都有人负责,应当尽量做到定人、定机、定活。凡是能够按人分工,专人专用专管的机器设备,都应当按人分工;对于集体共同使用而不能按人分工的机器设备,也应当建立集体使用和维护保养的责任制度。这种集体责任制度,也应当有总负责人(如机长)和个人的分工负责制。应当做到机器设备归谁使用,就由谁负责维护保养,实行包使用、包维护、包寿命的"包机制"。对于不能实行"包机制"的机器设备,也应当由专职的保养工负责保养。对于精密设备、关键设备,还应当制定特殊的维护保养办法。

工业企业只有建立和健全生产工人的责任制度,才能使生产工人熟悉设备的性能和及时发现设备隐患,才能强化他们的责任心,认真学习机器设备维护保养

的技能，提高维护的质量。

合理地组织交接班工作，贯彻交接班制度，也是建立和健全设备管理责任制度的重要方面。在交接班制度中，要明确地规定交接双方应负的责任和交接手续。例如，在机床的交接班工作中，交班的人，要负责清扫机床，整理常用的工具、夹具等；接班人要检查机床导轨和油孔的加油工作，设备的运转情况，等等。这样，通过班与班、组与组、个人与个人之间相互交代设备情况，就可以起到互相检查督促、互相帮助、严格责任的作用，为共同维护好机器设备创造条件。

机器设备的管理工作，是一项专业性、技术性的工作，也是一项群众性的工作。工业企业在建立统一的设备管理机构，建立和健全责任制度的同时，必须发动群众，教育群众，使他们注意加强对机器设备的使用和维修。在机器设备的维护工作中，要教育生产工人很好地爱护设备、使用设备。必要时还要吸收生产工人参加一定的修理工作，使维修工人和生产工人密切配合。

在工业企业中开展群众性的设备"大检查"、设备"升级"运动等，是依靠和发动群众做好设备维修工作的良好形式。通过这些群众性的活动，不仅可以及时地查清设备隐患，迅速地改善设备状况；而且可以通过竞赛评比，提高大家爱护机器设备的责任感，可以使生产工人和维修工人、专业管理人员和工人群众更紧密地结合起来，互相取长补短，交流经验。从而使企业机器设备的管理工作，建立在更加广泛的群众基础上。

第七节　工具的管理

在现代化工业企业里，一般都使用着大量的、各种各样的工具。管理好工具，也是搞好工业企业生产必不可少的一项重要工作。

正确地组织工具的管理，对于保证企业生产的正常进行，改善产品质量，提高劳动生产率，降低产品成本和加速流动资金周转，都有重大的意义。

工业企业工具管理的任务是：及时地、不断地以品质优良的成套的工具，供应给各个车间和工作地；努力节约工具消耗，并且努力节约工具在制造、运输、保管和使用等方面的费用；在保证工具正常供应的条件下，尽量压缩工具的占用量，节约流动资金。

为了实现上述任务，工业企业的工具管理部门，应当做好以下工作。

（1）正确地确定企业年度、季度和月度的工具需要量，编制工具的需要量计划。

工业企业工具的需要量，是由工具消耗量和工具周转量的变动额组成的。工具消耗量，是工业企业为了完成生产任务，而消耗的工具数量。工具周转量，是为了使工业企业的生产不间断而用作流转的工具数量。

工业企业计划期的工具消耗量,是根据企业的生产计划和工具消耗定额确定的。工具消耗定额,是生产一定数量的产品,需要消耗的工具的数量。它是决定工具消耗量和工具周转量的必要数据。

工具消耗定额的制定方法,主要有两种:一是技术计算法,二是经验统计法(有时也分为经验估计法和统计分析法)。

技术计算法,是根据工具的耐用期限和使用这种工具的时间长短,来制定消耗定额的方法。利用这种方法制定消耗定额,比较准确。它的计算公式是

$$某种工具的消耗定额 = \frac{制造一定数量产品时某种工具的使用时间}{某种工具的耐用期限}$$

上式中的单位产品数量,通常是以 100~1000 个零件或者 100~1000 个产品来表示的。

经验统计法,是根据实际经验或者通过对工具消耗的统计资料进行分析,来制定工具消耗定额的方法。用这种方法制定的消耗定额,比较概略,工作量比较小,因而便于采用。

工业企业无论采用哪一种方法来制定工具消耗定额,都需要运用"三结合"的形式,吸取先进生产工人的操作经验,以及听取他们的意见。

有了工具消耗定额,按照企业计划期生产产品的数量,就可以计算出计划期的工具消耗量。

工业企业工具的周转量,是存在于使用和储备过程中的一定的工具数量。为了加速流动资金的周转,工具的周转量不能过大,应当在保证工具供应不间断的条件下,尽量使工具的周转量缩小。

工业企业工具的总周转量的构成,可用图 2 表示。

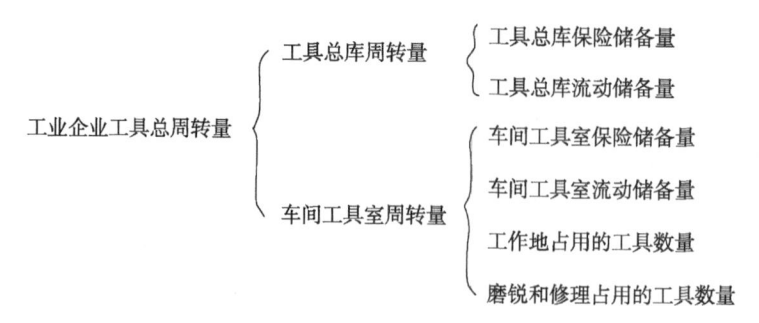

工业企业工具总周转量
- 工具总库周转量
  - 工具总库保险储备量
  - 工具总库流动储备量
- 车间工具室周转量
  - 车间工具室保险储备量
  - 车间工具室流动储备量
  - 工作地占用的工具数量
  - 磨锐和修理占用的工具数量

图 2　工业企业的工具总周转量的构成

同样,工具周转量的确定,也有技术计算法和经验统计法两种。目前,在我国工业企业里,应用得比较多的,是经验统计法。

（2）组织工具的供应和管理。

工业企业为了保证生产的正常进行,要组织工具的供应工作和管理工作,防

止工具丢失和损坏。

首先，工业企业要有计划地、合理地组织工具的生产和采购。工业企业使用的各种工具，基本上有两种类型：一种是标准工具，是由工具厂制造的；另一种是专用工具，通常是由企业自己组织设计和制造的。对于需要外购的工具，应当事先提出计划，由企业供应部门负责购进；对于企业自行生产的专用工具，则应当纳入企业的技术准备计划，编制具体的工具生产计划，并组织工具车间，按时生产出工具，供应生产的需要。

其次，要合理地组织工具的保管和发放工作。为了便于生产，可以根据工作地的性质，为各工作地配备成套的常用工具，由生产工人负责保管。至于那些不常用的工具，则宜于集中保管，各工作地与生产小组需用时，可以通过一定的手续，向工具保管部门借用。负责工具经常保管和发放的主要部门，是企业的工具总库和各车间的工具室（员）。

工具总库（或称中央工具库），由工业企业的工具科（组）领导。全部自制和外购的工具，都由工具总库进行统一登记和管理，并负责向各车间工具室（员）发放。发放工具的数量，是按照工具消耗定额和消耗量计划来计算的。工具总库要经常进行库存工具数量的统计，按时把库存情况报告工具科，以便进行采购和制造，避免供应中断。

车间工具室（员）要定期从工具总库领取本车间所需要的工具，妥善地组织保管，并按照一定手续进行发放和借出的工作；定期从工作地收回用钝和损坏了的工具，送往工具车间进行磨锐、修理和翻新；组织工具消耗的统计工作，并且进行合理使用工具的指导与检查等工作。

最后，在工具的管理方面，应当建立必要的责任制度。例如，工具的收、发、领、借都应当规定明确的手续和制度；对于工具的使用、磨损和维修，也应当有明确的规定；中央工具库和各车间工具室（员），还应当建立工具账目，并且建立定期检查、核对和定期盘点的制度；等等。

（3）要不断地降低工具消耗，节约地使用工具。

工具费用，是构成工业企业产品成本的要素之一。并且，很多工具又是用比较贵重、稀缺的金属材料制成的。因此，节约工具消耗，不仅可以降低企业产品成本，而且，还可以节约金属材料，特别是稀缺、贵重的合金。这对于企业，对于国家，都有很大的好处。

那么，怎样才能够有效地降低工具的消耗呢？

第一，要发动工人参加工具管理，教育和提高工人爱护工具的主人翁责任感。例如，在生产小组设置工人工具管理员，负责收发、保管小组内的工具；将工具消耗指标下达到小组和个人，作为实行班组经济核算的一个指标，作为组织劳动竞赛评比的内容之一；吸收工人参加消耗定额的制定；等等。这样做，对于进一步提高工人当家作主的责任感和爱护工具、节约工具消耗的积极性，都有重要的作用。

第二，要加强对工具使用的指导和技术监督，保证工具的合理使用。工具的合理使用，是降低工具消耗的关键。工具的合理使用，是指对工具的使用应当适合于工具的用途；工人使用工具的各种操作应当正确；在操作过程中，严格遵守工艺规程，防止工具的过度磨损和损坏，等等。与此同时，要加强技术监督，经常分析造成工具磨损过多或者不正常消耗的原因，并且提出合理使用工具的措施，以便有效地减少工具的消耗量。

第三，要做好工具的维护、保管、回收和翻新等工作。做好工具的维护和保管，可以防止工具过早的磨损和遭受不应有的损坏，防止丢失和差错。工具的回收和翻新，可以使变钝和受损的工具，经过修理后仍能按其原来的用途继续使用，或者改制成其他工具。这些，都是降低工具消耗所不可缺少的工作。

第四，要不断地提高自制工具的质量，延长工具耐用期限。工具的质量好、耐磨、耐用，使用的时间就长，就可以降低消耗，达到节约的目的。

社会主义工业企业产品质量的管理[1]

社会主义工业企业产出的产品，都要用来满足国民经济的需要。国民经济对工业产品的需要，在任何时候，都必须从质和量两个方面来满足。这就要求，每个工业企业产出的产品，不仅要有一定的数量，更重要的是，必须具备一定的质量。加强产品质量的管理工作，保证产品质量的优良，是每个社会主义工业企业的一项重要任务。

这一章，分四节来讨论工业企业产品质量管理的问题。

（1）工业企业产品质量管理的内容。
（2）提高产品质量的途径和有关的组织工作。
（3）工业企业产品质量的检验工作。
（4）工业企业产品质量检验机构和质量责任制度。

第一节 工业企业产品质量管理的内容

工业产品的质量，是指工业产品适合一定用途、满足国民经济一定需要的特性。这些特性，通常表现为产品的机械的、物理的或者化学的性能，以及它的尺寸、形状和重量等。

工业产品如果没有一定的质量，如果不具备上述特定的属性，就不能是有用的，不能用来满足社会的需要。马克思在分析商品的时候，曾经说过："每一种有用物，都是有许多属性的一个全体，从而可以在种种不同的方面有效用。"[2]

工业产品质量水平的高低，是国家的技术和经济发展水平高低的一个重要的标志。我们知道，无论哪一个国家，要想产出优质的工业产品，都必须具有一定的技术经济条件，如果没有这些条件，就不可能生产出优质的工业产品。比如说，要制造精度高、质量好的新式机床，就必须有精湛的制造技术，有先进的技术装备和品种齐全、质量优良的金属材料；同样，要为人民提供精致耐用的生活消费品，也不能脱离一定的物质技术条件。所以，一个国家技术经济是否先进和发达，工业力量是否强大，根基是否牢固，一方面要看工业产量发展的水平，另一方面，

---

[1] 节选自：《中国社会主义国营工业企业管理》编写小组. 中国社会主义国营工业企业管理. 北京：人民出版社，1964：第十三章。

[2] 马克思. 资本论. 第1卷. 北京：人民出版社，1953：6.

也是更重要的，是要看产品的品种齐不齐全，质量好不好。

为了满足社会主义建设和人民生活的需要，每个工业企业，都要保证产出质量优良的产品。

工业企业不断地提高工业产品的质量，产出质量优良的产品，对于国民经济的发展，有着重要的意义。具体地说，主要是以下几方面。

第一，提高工业产品质量，是促进国民经济进一步发展的重要条件。

工业产品质量的提高，可以为国民经济的进一步发展创造条件。这是因为，国民经济各个部门的发展，需要大量的质量更好、效率更高的生产资料，而这些生产资料，特别是技术装备，是由工业部门提供的。因此，工业产品的质量好不好、品种齐不齐全，直接关系着国民经济的发展。工业部门和工业企业，只有不断地提高工业产品的质量、不断地增加工业产品的品种，才能够经常地为国民经济各部门，提供优质的原料、材料和技术装备，用现代技术把国民经济各个部门装备起来，从而使国民经济的发展，建立在先进的技术基础之上。

第二，提高工业产品质量，对于改善人民生活，巩固工农联盟，有重要作用。

我们的许多工业产品，要用于改善城乡人民的生活。这些产品质量的好坏，涉及的面很广，关系着全国每个人的切身利益。不断地提高工业产品的质量，才能为城乡人民提供优质的工业品，促进城乡人民生活的改善，促进工农联盟的巩固。

第三，提高工业产品质量，是极大的增产节约。

大家知道，工业产品质量的提高，一方面表现为生产过程中废品率的降低，原料、材料和工时损失的减少。这样，就能够保证用比较少的劳动和原料、材料，生产出更多、更好的工业产品。

另一方面，工业产品质量的提高，还表现为产品性能好、效率高、坚固耐用。这样的工业产品，如果用于生产，就能够带来更高的生产效率；如果用于人民生活，也能更好地满足需要，带来很大的节约。就生产资料来说，例如，一台精度高、效率高、消耗少、寿命长的优质的机床，在使用过程中，要比质量差的同种机床能够为国家生产更多的产品，并且能够大量地节省人力和物力的消耗。就人民的生活消费品来说，也是这样。例如，一只电灯泡，如果提高质量，使它的耐用期限延长一倍，那不仅对消费者有利，而且对整个社会说来，也是很有利的。因为这意味着用同样多的工时和原料、材料所生产的产品，它的实际效用提高了一倍。

工业产品质量的提高，除了具有上述几方面的意义以外，由于我们的工业产品，有许多要用于国防，有些要支援兄弟国家、支援其他友好国家，有些要在国际市场上销售，所以产品质量的好坏，对于我国国防力量的增强，对于支援兄弟国家和其他友好国家，以及对于我国的国际信誉的提高，也都有重要的意义。

正是因为这样，我们党在领导经济建设事业的过程中，对于产品的质量一贯是非常重视的。早在1945年1月，毛泽东同志就说过："一切产品，不但求数量多，而且求质量好。"①把品种、质量放在第一位。我们按照毛泽东同志的指示去做，使我国工业产品的生产，不但在数量上有了很大的发展，而且在品种上有了很大的增加，在质量上有了很大的提高。

但是，也应当看到，在我们的企业里，还有一些同志，对于提高工业产品质量的重要意义缺乏正确的认识，他们只强调数量而忽视质量。认为要满足需要，最要紧的是增加产量，即使质量稍差一些也无关紧要；认为"慢工才能出细活"，重视了质量，势必会减少数量；等等。这些看法，是对数量同质量的关系，做了片面的理解。只有纠正这种片面观点，才能更有效地促进生产多快好省地发展。

工业产品的质和量，是不可分割的。无数的事实告诉我们，任何不具备一定质量的产品，即使有了一定的数量，也不能够起到它应起的作用，甚至根本没有用处。当然，任何产品的质量，又都要通过数量表现出来，没有数量，产品就不存在，质量也无从谈起。

因此，质和量的这种关系，是对立物的统一。它们之间，是相互依存、相互促进的，又是相互制约、相互矛盾的。在一定的人力、物力条件下，如果过分地追求数量，就会影响工作的细致程度，不利于保证和提高质量；同样，如果不切实际地要求提高质量，也会影响工作的速度，不利于增加数量。那种认为质和量之间没有制约关系，认为可以无限制地要求一个方面，而不致妨碍另一个方面的观点，是一种脱离实际的片面观点。

既然质量和数量是统一的、不可分割的，同时又是相互制约、相互矛盾的，因此，各个工业企业在组织产品生产的时候，就不能片面地强调一个方面，忽视另一个方面，而应当既抓数量，又抓质量，在保证产品质量的基础上，力争增加产品数量，就是说，要在"好中求快""好中求多"。

在保证质量的基础上，力争增加数量，这是正确处理质量和数量矛盾的唯一正确和有效的办法。只有正确地强调质量，才能对数量的增加起到促进的作用，实现优质高产的要求。这是因为，在产品生产过程中，只有保证了质量，才能减少各道工序加工中的废品和返工，这样，不但不会妨碍数量的增长，反而会加快生产进度、增加产量；同时，我们所要求的质量，是靠提高技术、改进工作来保证的，只要提高了技术、改进了工作，就不仅能够提高产品质量，同时也会增加产品的数量。

在实践中，提高产品质量，有时还会同企业降低产品成本的要求产生矛盾。在质量和成本产生矛盾的时候，我们同样要在保证质量的基础上，力求降低成本。就是说，要在"好中求省"。

---

① 毛泽东. 必须学会做经济工作//毛泽东. 毛泽东选集（第三卷）. 2版. 北京：人民出版社，1952：1020。

工业企业必须保证完成降低产品成本的任务。但是，这也只能从改进技术、改善经营管理等方面挖掘潜力，而不应当从降低产品质量方面寻找出路。在实际工作中，有时会出现这样的情况，即产品质量的提高，暂时甚至会增加产品的成本，但却给使用这些产品的单位，也就是说，给社会带来更大的节约。在这种情况下，企业应当从整个社会的利益出发，从节约社会物质财富，提高整个社会的经济效果着手来处理问题，而不应当片面地强调企业本身的利益。

总之，工业企业在增加产品数量、降低产品成本的时候，必须切实保证产品的质量。按照产品的技术标准进行生产，保证产品质量符合技术标准的各项要求，是工业企业的一项重要任务。因此，每个工业企业都必须加强产品质量的管理工作。

工业企业产品质量管理工作的基本任务，是组织企业全体职工正确地贯彻执行产品技术标准，从各个方面采取积极的措施，保证和提高产品质量。实现这一任务，必须做好一系列具体的管理工作，这些管理工作的主要内容如下。

（1）对本企业全体职工进行"质量第一"的思想教育。
（2）对本企业产品的质量情况进行分析。
（3）制订改善产品质量的措施计划。
（4）组织和检查改善产品质量措施计划的执行。
（5）根据有关的技术标准，进行产品质量的检验工作。

第二节　提高产品质量的途径和有关的组织工作

工业产品，都是由各个工业企业生产出来的。虽然决定产品质量的因素并不完全存在于企业内部，因为每个企业的生产，都需要有关的企业提供一定的物质技术条件，这些条件，有时甚至是决定产品质量的关键。但是，应当看到，在工业企业内部，有许多更为直接的因素，决定着产品的质量。因此，从工业企业内部来改进工作，对于保证和提高产品的质量，有很重要的作用。只有每个工业企业都尽一切努力，生产质量优良的产品，才能相互提供有利的条件，保证所有的产品质量优良。

一、提高产品质量的途径

在工业企业内部，应当怎样来保证和提高产品的质量呢？

从根本上说，是要做好思想政治工作，提高职工群众的政治觉悟。只有使广大群众不断地提高政治觉悟，树立起正确的劳动态度，树立起质量第一的思想，才能促进他们技术和业务能力的充分发挥，有效地保证和提高产品的质量。与此同时，还应当通过加强技术管理工作，来提高产品的质量，在这方面，主要的途径，有以下几方面。

（1）改进产品的设计（配方）。

产品的设计或者配方，是决定产品质量的重要环节。提高产品设计（配方）的质量、消除产品设计（配方）中的缺陷，可以有效地改善产品的质量。

（2）改进产品制造的工艺方法和工艺装备，严格地执行工艺纪律。

要生产优质的工业产品，不但要有正确的设计和配方，并且还必须有正确、先进的工艺。采用先进的工艺方法和工艺装备，严格地按照图纸和工艺规程进行生产，才能提高生产效率，保证产品的质量。

（3）加强原料、材料的管理工作，改善原料、材料的质量。

原料和材料构成产品的实体，是加工工业企业保证产品质量的重要物质前提之一。通过一定的措施，使原料、材料的品种、规格和性能更加稳定和更加符合产品制造的要求，就能为保证和提高产品质量提供有利的条件。

（4）改善机器设备的状况。

机器设备，是工业企业主要的生产手段，这些生产手段，如果不能保证正常运转，或者不能保持一定的精度，就难以保证产品质量。消除机器设备的缺陷，保证它们经常处于良好状态，对于减少废品和保证产品质量，有显著的效果。

（5）改进生产组织和劳动组织。

良好的生产组织和劳动组织，可以保证生产有节奏地进行，保证生产的良好秩序，有助于工艺规程和劳动纪律的贯彻执行。这样，就可以减少生产过程中的混乱现象，防止突击赶工，以保证产品质量。

（6）提高工人的技术水平和熟练程度。

虽然在现代工业生产中，由于机器和机器体系的广泛采用，产品质量不完全取决于工人的手工技巧，但是，机器和机器体系本身，总是需要人来掌握。因此，工人的技术水平和技术熟练程度的高低，对于保证和提高产品的质量，仍然起着决定性的作用。

（7）加强质量检验工作和计量工具的鉴定工作。

（8）改进产品的包装。

改进产品的包装是保证产品质量的一个重要措施。如果包装不好，就会破坏原有的质量，不能把合格的产品，运送到使用部门和消费者的手里。因此，工业企业必须重视产品的包装工作，应当为产品制定包装标准，并且严格按标准的规定进行包装。

（9）改善产品的保管、运输工作。

产品的保管、运输工作，虽然不能直接提高产品的质量，但是，这些工作中的缺陷，对于产品的质量却具有一定的破坏作用。比如，在制品和半成品的保管和运输不好，很容易引起磨损、碰伤，影响原有的精度和质量；产品在销售和储存过程中，管理不善，也很容易引起变质和损坏。因此，针对这些方面的缺陷，采取必要的措施，会对保证产品质量，起到积极的作用。

二、产品质量的分析工作

上面所说的，是保证和提高产品质量的一般途径。至于每个工业企业，应当怎样来保证和提高产品质量，就需要从本企业的具体情况出发，进行具体分析，特别是要对本企业产品质量的情况，进行具体分析。

对产品质量进行分析，才能够深入地了解和掌握本企业产品质量的情况和关键，为制订提高产品质量的计划和相应的措施计划提供依据。

产品质量的分析，应当是经常的和全面的。厂部、车间和小组，都要进行。在分析的时候，既要经常分析产品的各个生产阶段产生的废品，又要分析成品的质量。现在，就分别地说一说这两个方面的分析工作。

（一）废品分析

废品，是指工业企业或者车间出产的，不符合技术标准，不能按原来用途使用的产品。

分析废品，是为了掌握产品质量情况，找出造成废品的原因和责任者，发现废品产生和变化的规律，以便有计划地采取减少废品的技术组织措施。

废品分析工作，要进行得及时，并且对造成废品的原因和责任者，要准确、具体地提出。这是对于废品分析工作最重要的要求。我们知道，一件废品的产生，可能是一种原因、一个人造成的，也可能是几种原因、几个人造成的。在几个原因同时起作用，或者几个方面的人员都有责任的情况下，应当分出主次。凡是能够划分到人的责任，一定要具体到人，不能归结为某某单位。这样，才能避免无人负责现象，才便于总结经验，改正缺点，防止废品的继续产生。

怎样才能够实现上述要求呢？

要实现上述要求，就需要做到以下几点。

第一，依靠群众，采用专职检验人员和工人群众相结合的方法。

废品分析方面的经常工作，主要是由专职检验人员系统地进行的。但是，废品分析是一项很复杂、很细致的工作，光靠少数专职检验人员是难以做好的。必须依靠群众，采用专职检验人员和工人群众相结合的方法。这就要求，厂部和车间的专职质量检验人员，要经常深入工作地和废品库，同工人一起，直接对废品进行分析，判明导致废品的原因和责任者。这样做，才能够把废品产生的原因和责任者，分析得准确、具体。

第二，开好废品分析会议。

废品分析会议，是发动工人群众参加废品分析工作的一种有效的组织形式。工业企业的厂级、车间和班组，都要定期召开废品分析会议。

班组的废品分析会议，可以和班前、班后会结合，也可以定期做专题分析。通过对实物的分析，具体地查明产生废品的原因和提出改进措施。在班组分析的基础上，确定车间分析会议的对象和内容。在遇到重大的质量事故，或者对废品的处理发生了重大分歧意见的时候，则由厂部召开扩大的废品分析会议。

班组废品分析会议，由全组工人参加。车间和厂级的废品分析会议，则采用"三结合"的形式，由厂部或者车间有关行政领导人员主持，吸收技术人员、检验人员、生产小组长、老工人和产生废品的有关人员参加，共同分析产生废品的原因和研究改进措施。

开好废品分析会，能够及时地发现问题，深入地掌握质量情况，更好地集中群众的意见，把废品分析工作做好。

第三，做好废品的统计分析工作。

对于废品，要进行分类统计和分析。

首先，要按废品产生的原因和责任者，对废品进行分类和排序，并对分类和排序的统计资料进行综合分析。通过这种分析，就可以掌握不同时期废品的产生和变化的规律。比如，通过分类和排序，可以看出是哪些原因和哪些责任者造成废品增多了，或者减少了，从而为编制提高产品质量的措施计划，明确主攻的目标。

其次，要按废品不同的处理情况，进行分类统计和考核。

按照不同的处理情况，废品分为可修废品和不可修废品两类。可修废品，是指在技术上可能、经济上合理的条件下，经过一般修理以后，可以使用的废品；不可修废品，是指不能采用一般修理方法修复使用，或者修理起来不经济的废品。

在不可修废品当中，有些成品或者半成品，降低某些次要指标的要求，而又不影响它的主要性能，经过一定手续，可以按原来的用途或者改变用途使用的，叫作回用废品。

工业企业应当对上述可修的、不可修的和回用的废品，分别地进行统计，并且分别计算和考核废品率、返修率和回用率。这三个指标，是考核工业企业、车间和个人在保证产品质量方面，工作做得好坏的主要指标。它们的计算公式是

$$废品率 = \frac{废品-(返修后合格品+回用废品)}{总产量} \times 100\%$$

$$返修率 = \frac{返修后合格品}{总产量} \times 100\%$$

$$回用率 = \frac{回用废品}{总产量} \times 100\%$$

上述三个指标，可以按人、按车间或者按企业分产品和工序计算，也可以不分产品和工序计算。在分产品和工序计算的时候，可以按产品的重量、件数计算，也可以按工时和产值计算；在不分产品和工序计算的时候，只能综合地按产值或

者工时计算。

第四，强化小组（班）质量管理员的工作。

小组（班）质量管理员，应当在本单位做好提高产品质量的宣传教育工作，定期掌握本组产品质量的情况，系统地分析本单位废品产生的原因和变化的情况，组织班组废品分析会议，经常向车间行政领导人员和专职质量检验人员提供情况。

班组质量管理员是直接的生产者，他们对本组生产情况和质量问题了解得最深刻。加强班组质量管理员的工作，依靠他们进行废品分析，就能够更准确地找出产生废品的原因和责任者，把废品分析工作做好。

第五，做好废品管理和隔离工作。

管好废品，把废品同合格品划分清楚、隔离开来，不使它们混在一起，是做好废品分析的基本条件。如果废品同合格品混淆不清，连到底哪些是废品，一共有多少废品，都搞不清楚，那还谈得上什么对造成废品的原因和责任者进行全面、系统的分析呢？因此，在企业日常生产活动中，对于废品，要注意及时做出标记，同合格品隔离，及时把它送入废品库。

（二）成品质量分析

这里说的成品，是指那些经过检验确定合格的产品。分析成品质量，是为了全面掌握产品达到技术标准的各项要求的情况，以及产品符合消费者需要的程度，以便进一步改善产品的质量。

工业企业对成品质量的分析，应当从企业内部和企业外部两个方面来进行。

在企业内部，除了对日常质量检验的统计资料进行分析以外，还应当通过各种形式，对成品的质量情况进行全面的复查。例如，在机械工业企业里，可以广泛地发动群众，对逐个零件进行分析，把每个零件的每个项目，都同图纸的要求做比较，深入细致地查明提高质量的关键和薄弱环节；也可以进行产品解剖，通过对一些成品的拆卸和重新检验，来发现零件加工和产品装配等环节上的缺陷，以及验证日常质量检验工作的质量，从而对产品做出全面的评价。

在工业企业内部，对成品质量的复查，可以定期地进行，也可以根据实际需要不定期地进行。虽然进行复查需要占用一定的时间和人力，但是，为了更好地掌握产品质量情况，这种复查还是不可缺少的。特别是在产品质量不够稳定，而企业的检验部门对产品质量的某些情况掌握得又不是很具体的时候，或者在人们对产品质量中存在的问题，以及造成这些问题的原因，认识得不是很一致的时候，通过对成品进行复查，可以更好地了解情况、明辨是非、统一认识，这对进一步改善产品质量，是有益处的。

在工业企业外部，主要通过对用户的调查，从销售部门、使用部门和消费者那里收集反馈，以发现产品的缺陷，从而掌握质量情况。企业经过出厂检验后售出的产品，应当是完全合格的。那么，这是不是说，对售出的合格品，就不需要再做质量情况的调查访问了呢？

不，仍然需要。这是因为，有些质量上的缺陷，只有在实际使用中，才能暴露出来，因此，产品是否达到了标准，有的时候，在出厂检验中不如在实际使用中看得更清楚、更准确，通过对用户的调查访问，才可以更好地发现产品在质量方面的缺陷。并且，向用户调查还可以更加具体地了解使用者的要求，了解产品技术标准的各项要求同消费者的需要相适应的程度，为进一步改善产品质量提供资料。

为了精益求精，在进行产品质量分析的时候，还应当同国内、国外生产同类产品的先进工业企业进行比较，这样做，可以帮助本企业发现问题，找出差距，以便组织全体职工学先进、赶先进，力争产品质量达到一流。

上述这些产品质量的分析工作，是工业企业编制提高产品质量计划的基础工作。每个企业，都要在掌握和分析产品质量情况的基础上，制订提高产品质量的计划和相应的措施计划。

三、提高产品质量的计划工作

工业企业除了在编制年度生产计划的时候必须根据上级行政主管机关的指示和有关的订货合同的规定，确定提高产品质量的计划任务以外，还应当具体地按产品编制提高质量的计划，根据这个计划，来组织企业中有关提高产品质量的工作。

提高产品质量的计划，是企业在一定时期内，提高产品质量的目标。对于不同的工业企业和不同的工业产品来说，提高质量的计划指标是不相同的。一般来说，可以分为两类：一类是把产品分成几个等级，规定等级品率；另一类是把产品分为合格的和不合格的，规定合格品率。

在纺织、造纸、食品以及其他制造消费品的轻工业企业，采用等级品率指标的比较多。

产品的等级，是根据产品符合有关质量标准的程度来区分的。等级品率，就是不同等级的产品，在总产量中所占的比重。

在产品等级分得比较多的条件下，不便于从各级产品所占比重的变化中，直接看出总的动态，这就需要采用品级系数指标。

所谓品级系数，是一种反映每种产品中不同等级产品数量构成情况的综合指标，它是通过不同等级产品产值的加权平均来计算的，具体的计算方法是

$$品级系数 = \frac{各级产品的产值合计}{全部产品按一级品单价计算的产值合计}$$

例如，某种产品共 100 件，其中一级品 80 件，二、三级品各 10 件，假定一级品单价是 100 元、二级品单价是 90 元、三级品单价是 85 元，那么，这种产品

的品级系数就是

$$\frac{(80\times100)+(10\times90)+(10\times85)}{100\times100}=0.975$$

表 1 是采用品级系数编制的提高产品质量计划的一个例子。

表 1　品级系数编制

产品名称	总计/件	产量					单价			计划期的品级系数	上期的品级系	品级系数提高/%
^	^	一级品		二级品		三级品		一级品/元	二级品/元	三级品/元	^	^	^
^	^	数量/件	占比/%	数量/件	占比/%	数量/件	占比/%	^	^	^	^	^	^
甲	800	640	80	80	10	80	10	90	70	50	0.933	0.90	3.6
乙	60	42	70	12	20	6	10	40	30	20	0.90	0.80	12.5

在生产生产资料的工业企业里，一般采用合格率指标。在这种企业，提高产品质量的计划，表现为提高合格品率的计划。在计划中规定着降低废品的任务。这种计划比较简单，可以直接从合格率或者废品率的变化中，看出企业产品质量变化的某些情况。

上面说的提高产品质量的计划，是企业全体职工在提高产品质量方面的奋斗目标。实现这个计划，需要有具体的措施来保证。因此，工业企业还应当编制相应的提高产品质量的措施计划。

提高产品质量的措施计划，是工业企业技术组织措施计划的一个组成部分。

它的内容一般应当包括：有关提高产品质量的措施名称、执行措施的单位、执行期限、执行人、效果，以及所需费用等。

工业企业提高产品质量的措施计划，是为实现提高产品质量计划服务的。只有制订出好的措施计划，并且切实地贯彻执行，才能保证提高产品质量计划的实现。

第三节　工业企业产品质量的检验工作

工业产品的生产，是一个相当复杂的过程。在工业企业里，成千上万的工人相互配合，共同为完成某种产品进行着许多道工序的操作，常常会有很多复杂的因素影响着产品的质量。这就使得每个工业企业，在它的生产活动中，都有出现次品甚至废品的可能性，因而必须开展产品质量的检验工作。

一、产品质量检验工作的任务

质量检验工作的基本任务，是对产品生产过程各环节进行检查，发现和检出废品，并且查明原因，采取减少废品、预防废品的技术组织措施，保证产品质量符合标准,符合用户的要求。

要保证产品质量符合标准、符合用户的要求,就必须把不合格的产品挑出来。但是,质量检验工作仅仅做到这一点还不够,更重要的是做到预防废品的产生。

怎样才能预防废品的产生呢?

第一,把好各道工序的检验"关"。任何工业产品的生产,都是一道道工序相继进行的,某一道工序出了废品,不仅使已经完成的各道工序前功尽弃,而且,如果不把它挑出来,还会影响后面的工序。把好各道工序的检验"关",就可以避免废品流入下道工序,造成更大的损失。可见,把"关",并不是消极地剔除废品,它本身也具有积极的预防作用。

第二,运用一些预防性比较强的检验形式和方法,例如,首件检查、统计检查等。关于检验形式和方法的问题,我们留在后面再来详细地讨论。

第三,加强技术管理和技术教育工作。生产每一种产品,都要事先对工人进行技术交底,组织工人学习图纸和工艺规程,进行遵守工艺纪律的教育,等等。这样做,能使工人明确产品生产的技术要求,准确和熟练地进行生产操作,避免技术操作上的错误,防止废品的发生。

第四,在产品生产过程中,对于同产品质量有关的因素,做全面的检查和监督,把那些可能产生废品的因素,消除在发生作用之前。这也就是说,质量检验工作的对象和内容必须是全面的。

二、产品质量检验的对象和内容

为了有效地预防废品的产生,工业企业应当对以下各个方面做全面的检查。

1. 原料、材料、外购半成品的检验

这包括入库前的检验、库存材料和半成品的定期抽验、保管情况的检查,以及车间领料或退料时的检验。

工业企业的检验部门,应当派出检验组或者检验员驻在仓库,按照订货合同规定的技术条件,负责检验原料、材料、半成品的外观、尺寸等一般项目。凡需要做物理或者化学分析的项目,要按照规定的方法取样,委托理化实验室进行鉴定。

2. 生产设备的检验

这分为新购进的生产设备的验收,修理过的设备的验收,以及使用中的设备运转情况的检查。工业企业购进的生产设备,先由机械动力科对数量、零部件和备品配件的完整性等进行验收;在安装以后,投入生产以前,还要经机修车间的检验组,按照技术条件做全面检验。修理完毕的设备,以及使用中的设备,也要由机修车间的检验组负责验收和定期检查。

3. 工具、夹具、模具和模型等工艺装备的检验

外购的工艺装备，在进厂入库以前，要经检验人员验收；自制的工艺装备，在工具车间加工过程中，要经工具车间检验站逐序检验，入库前再经验收。使用中的工艺装备，也要定期检查和验证。这一工作，由车间检验人员负责进行。

4. 各种量具的检验

外购的和自制的量具，都要经过计量室的验证才能使用。全厂各个检验站使用的各种量具，都要定期由计量室鉴定和校正，操作工人使用的主要量具，也应当定期由计量室鉴定和校正。

5. 生产环境的检查

在一些工业企业里，生产的环境和卫生条件，对产品的质量影响很大。例如，在纺织企业，特别是精纺车间，温湿度对产品质量有很大的影响，车间内空气条件如果不正常，就会增加断头率、降低质量和劳动生产率。在制造精密仪表的企业里，车间的温湿度、灰尘、震动，以及照明等生产条件，对产品质量也有影响。制造医药、食品的企业，对于车间卫生更有严格的要求。在这样一些企业里，应当按照一定间隔期，对有关的生产条件进行检查。

6. 工艺过程的监督和检查

生产任何产品，都要经过一系列相互紧密联系着的加工程序，在整个加工过程中，生产车间必须严格执行工艺文件中规定的合理的加工方法和加工顺序，只有这样才能保证加工质量的稳定。因此，检验人员要对生产中工艺规程和工艺纪律的贯彻执行情况，进行监督和检查。尤其在冶金、化工等企业，在冶炼和化学反应过程中，无法对产品直接检验，因此，在这类企业中，加强对工艺操作过程的监督和检查，对预防废品的产生就有更加重要的意义。

7. 在生产过程中直接对产品本身进行检验

产品的质量好坏，最终还是要靠对产品本身做直接的检验才能鉴别出来；影响产品质量的各种生产、物质条件的作用，最终也要由产品本身的质量反映出来。因此，在生产过程中，要对在制品、半成品和成品的质量进行检查，同时，还要对产品的包装、容器的质量等进行检查。

通过对上述各个环节的检查，就能够有效地预防和减少废品的产生，即使产生了废品，也能够及时地检出来，以保证出厂的产品符合质量标准。

三、产品质量检验的方式

对产品生产过程各环节进行检验的方式，是多种多样的。按照各种检验方式的不同特点和不同作用进行分类，见表2。

表2　产品质量检验的方式

分类标志	检验方式	特征
按工艺阶段分	预先检查	加工车间在加工开始之前对拨来的原料、材料、半成品进行的检查
	中间检查	产品加工过程中，完成每道工序后或完成数道工序后的检查
	最后检查	车间完成本单位全部加工或装配程序后，对半成品的检查，以及企业对产品的完工检查
按检查地点分	固定检查	在固定的检查地点进行的检查
	流动检查	在产品加工或装配地点进行的检查
按检查数量分	普遍检查	对检查对象进行逐件检查
	抽样检查	在检查对象中按一定百分率抽查
预防性检查	首件检查	对改变加工对象或改变生产条件后生产出的头几件产品进行的检查
	统计检查	运用数理统计和概率论原理进行的一种检查

上述几种检验方式，各有不同的适用条件。每个工业企业在运用这些检验方式的时候，要进行认真的选择。在选择的时候，要从便于为生产服务出发，既要保证质量，又要节约检验人员的劳动。下面说一说这些检验方式的主要特点和适用条件。

第一，按工艺阶段划分的检验方式。

预先检查，主要是检查供本车间加工用的原料、材料的性能与牌号是否符合标准；毛坯和半成品的形状、尺寸是否正确；对于那些需要装配的产品，还要检验待装配零件的加工质量和成套性；等等。这些原料、材料、半成品和待装配的零件，在材料库或者有关车间都已经做过检验，但转入本车间以后，在拨交加工以前，还需要经过本车间的检验。

中间检查，是在本车间内，对半成品加工过程的检查。中间检查分为逐道工序检查和几道工序集中检查两种。逐道工序检查的工作量比较大，但对保证加工质量比较有效，在制造重要的和精密的零件的时候，以及在每道工序的加工精度都决定着下道工序的质量的情况下，应当采用这种检验方式。有些产品的加工过程不能逐道工序检查，或者几道次要工序相继进行，不需要逐道工序检查的时候，可以在数道工序结束以后，集中检查。

最后检查，是每个车间在完成本单位负担的全部工序以后，在送出车间之前，对半成品进行的检查，以及企业的成品在出厂前进行的检查。这是保证不合格的半成品不出车间和不合格的产品不出厂的必要的检查方式。

第二，按检查地点划分的检验方式。

固定检查，是在固定的地点设立检查站，操作工人把产品送来检验的一种方式。在一些场合，这是必须采用的一种方式。例如，在使用不易移动的技术检验装备或者使用比较多的检验仪器的时候，只能采用固定检查的方式。

流动检查，是检验人员定时到各个工作地去检验的一种方式。采用这种方式，可以节省操作工人的辅助时间，有助于检验人员深入实际、掌握情况，也便于检验人员对操作工人进行技术指导，密切生产工人和检验人员的关系。因此，只要条件允许，都应当尽可能地采用流动检查。采用流动检查的时候，应当安排好检验员的巡回路线，合理确定每班巡回次数。

第三，按检查数量划分的检验方式。

普遍检查，是对每一件产品都进行检查的一种方式。这样做，能够比较可靠地保证产品的质量。但是，检验的工作量比较大。这种方式，通常适于在下列情况下采用：精度要求比较高或者对下道工序影响比较大的工序；手工操作的工序或者所用设备、工具、原料、材料的质量不够可靠，不能保证加工质量稳定的产品和工序；在进行精加工或者成本较高的加工之前的工序；以及一些批量不太大的产品的出厂检验；等等。

抽样检查，是按一定比例，对一批产品当中的一部分产品进行检验，用来判断这一批产品的质量的方法。抽样检查，可以减少检验工作量，它比普遍检查的可靠程度要差一些，但是，正确运用这种方法，也可以有效地检验产品的质量。例如，对批量比较大，自动化程度比较高，并且所用设备、原料、材料的质量能够保证加工质量稳定的工序，采用抽查的方法，就能够获得良好的效果。

为了保证抽样检查的准确性，首先应当正确地确定抽验率。在确定抽验率的时候，需要注意下面几个问题。

（1）抽验率应当高于一定时期的实际废品率。

（2）精度要求越高、加工质量越不稳定，抽验率应当越高。

（3）批量越大、检验费用越高和检验工序的工作量越大，抽验率应当相对低一些。

为了保证抽样检查的准确，还应当规定抽样中允许存在的废（次）品率，检查结果如果超过了规定限度，就应当扩大抽查比例，做重抽检查或者对这一批产品做普遍检查。

上面说的这些检验方式，经过选择确定以后，应当载入工艺技术文件中。例如，在工艺规程中，应当规定加工工序和检验工序的顺序；应当注明固定检查或者流动检查；在采用抽查法的时候，还要注明抽验率和允许的废品率；等等。

除了上面一些检验方式以外，还有一些预防性的检查方法，这里只介绍以下两种方法。

第一，首件检查。这是对变换操作者、变换设备和改变加工对象以后的第一件或者前几件产品进行的检查。通过这种检查，查明生产条件是否处于正常状态，避免生产设备、工艺装备没有调整好而造成成批报废。在对前几件产品进行检查的时候，如果发现有不合格品，就应当立即查明原因，并且在积极地设法消除这些不正常的因素以后，再继续生产。

第二，统计检查。这是用数理统计和概率论的原理，通过对一定数量样品的检查和分析，来判明产品质量的一种检验方法。在大量、大批地生产某种产品或者零件的条件下，运用这种方法可以减少检验工作量，节省检验时间，并且可以通过对抽样的分析，发现生产中开始出现的不正常因素，从而及时调整设备，预防废品产生。目前，在我国工业企业中，这种方法还采用得比较少。

第四节　工业企业产品质量检验机构和质量责任制度

工业企业产品质量检验工作，必须有专人经常地进行。每个工业企业，都要设立专门机构，全面负责企业产品质量的检验工作。

检验机构要按照统一领导、分级管理的原则设置。厂部设立检验科，在厂长直接领导下，统管全厂的质量检验工作；车间设立检验站（组）、直属检验科领导。

检验科的主要工作是，进行提高产品质量的宣传教育工作，组织对产品生产的各个环节的检验，进行产品质量分析，制订保证和提高产品质量的措施计划，协助生产部门改进产品质量，等等。这些工作，大都要通过车间检验站来进行，因此，也是车间检验站的主要工作。

工业企业要根据本企业的具体条件，设立理化实验室和计量室。理化实验室根据检验科的委托单对全厂需要进行物理或者化学性能鉴定的原料、材料、半成品和成品进行实验。计量室负责全厂工具、量具精度的检验和校正工作，保持量度的统一和准确。所有这些，对保证产品质量都有重要意义。

工业企业检验产品质量的权力，应当集中在厂级。检验权力的集中，主要是指以下内容。

（1）车间检验站直属检验科领导，检验科直属厂长领导。

（2）车间检验站人员的工作，由检验科负责安排，车间行政有责任帮助和监督他们的工作，但不能随便调动他们的工作。

（3）车间出产的产品是否合格，由检验站根据统一的标准判定，车间如有不同意见，可以提请检验科复查，但是无权改变检验站的结论。

这样做的好处是：能够保证全厂统一技术标准的贯彻执行；保证从厂部到车间都有专人经常研究和掌握产品的质量情况；促进生产部门认真执行各种规程、制度，从而有效地保证和提高产品的质量。

各个车间的专职检验员，要按照产品和零件的工艺文件中规定的检验项目和检验方式，对产品进行检查，并且对工艺过程进行监督。

在现代化的工业企业里,一个大的车间,就有上千名工人,一种产品的生产,就要包括几十道甚至上百、上千道工序。要监督每个工人的生产操作,严格检验每道工序的质量,仅仅依靠专职检验机构和少数专职检验人员,显然是不够的。一定要广泛地发动职工群众参加,实行专职人员检验和生产工人自检、互检相结合的制度,只有这样才能把质量检验工作做好。在社会主义制度下,职工群众不仅关心自己生产的数量,而且把提高产品质量,看作自己光荣的职责。因此,在社会主义工业企业里,依靠职工群众,实行专业人员同工人群众相结合的检验制度,不仅是十分必要的,而且是完全可能的。

什么是自检和互检呢?

自检,是生产工人对自己生产的产品进行的初步检验。实行自检的制度,要求生产工人在生产过程中,经常检查加工情况,并且在生产出一批产品以后,在送交专职检验人员检验之前,自己先查一遍,该修的及时修理,不合格的主动挑出来,分别放置,分别送验。

互检,是生产工人之间相互进行的检验。互检的形式是多种多样的,例如,班组质量管理员对本组工人的抽验;下道工序的工人对上道工序的检验;同工序工人的互检;下一班的工人对上一班的工人的检验;等等。

专职人员的检验和生产工人自检、互检相结合的制度,这是群众路线的工作方法在质量检验工作中的具体运用。实行这种制度,具有重要的意义。

首先,这种制度体现了社会主义工业企业中,生产工人和专职检验人员之间同志式的分工合作的关系。在社会主义工业企业里,专职检验人员同生产工人之间,只是分工的不同,他们进行的生产和工作,都是为了多快好省地发展生产,总的目标是一致的。在这里,不是专职检验人员把"关",生产工人闯"关",而是共同把"关"。因此,产品的质量更能够得到有效的保证。

其次,通过生产工人自检和互检,能够减轻专职检验人员的工作量,有助于他们集中力量抓好关键,对加强专业管理起到积极的促进作用。

最后,通过自检和互检,也可以使工人及时明了自己所生产的产品质量情况,及时改进操作,并且便于互相监督、交流经验,避免一个人检验时容易发生的差错,这对保证产品质量有积极作用。

怎样才能更好地贯彻执行这种检验制度呢?主要应当注意下面三个问题。

第一,在实行专职人员检验同生产工人自检、互检相结合的制度的时候,应当把三者的地位摆对。检验工作,应当以专职的检验人员为主。生产工人的自检和互检,应当作为工人的技术互助,作为检验工作的辅助手段,原因如下:

(1)在现代工业企业中,随着科学技术的广泛运用和分工的日益发展,检验工作已经成为独立的工序,它同加工工序通常是不能同时进行的,如果生产工人每生产出一件产品以后,就停止操作,进行检验,那对于设备的充分利用和劳动生产率的提高，是很不利的，所以，必须有专职人员完成检验工序。

（2）工业企业的检验工作很繁重，往往要使用复杂的、专用的技术装备，必须有专人从事这些工作，才便于掌握检验技术，提高检验工作的质量和效率。

（3）生产工人分别担负产品生产的一个部分，他们对自己负担的加工部分的质量要求了解得比较多，对产品的其他各道工序的质量要求了解得比较少；专职检验人员则没有这种局限性，他们往往要负责许多道工序的检验，经常进行产品质量的分析，对产品的全面要求了解得更清楚，对质量问题也更敏锐。

（4）生产工人在进行生产的过程中，容易受自己的操作习惯和经验的限制，对自己操作中的毛病和产品中的缺陷往往不清楚，这也需要别人来检查。俗语说："旁观者清。"通过专职人员的检验，就能够更客观地发现质量问题和有助于广泛传播和交流操作技术经验。

第二，在实行专职人员检验同生产工人自检、互检相结合的制度的时候，应当把三者的责任分清。

生产工人，在任何时候，都应当对自己生产的产品负责。因此，对生产工人来说，自检的责任制，同生产岗位责任制是密切结合在一起的。例如，有些工业企业在实行自检制度的时候，规定：凡是生产工人自检发现的废品，只要经过自己返修合格的，都算为合格品；如果不认真进行自检，而由专职检验人员发现的废品，经返修合格后，算为返修后的合格品，计算返修率。这样，就有助于提高生产工人自检的责任心。

生产工人之间的互检，通常是一种技术互助。互检中漏检的废品，一般应当由造成废品的工人自己负责，不能算作检查者的责任。但是，在有些情况下，应当由被检查者和检查者共同负责。例如，在实行上下道工序之间互检的时候，下道工序的工人由于对上道工序转来的不合格的半成品，没有进行认真的检查就继续加工，这时造成的废品，不能仅仅算为"料废"，而应当同时算为本工序的"工废"，计算废品率。

专职检验人员，要对检验工作的质量负主要责任。车间检验人员，对送出本车间的漏检废品负责；检验科对出厂的漏检废品负责。在检验工作中，应当考核检验人员的漏检率。为了便于查找漏检的责任，每个检验员都应当在自己检验过的产品上加盖特定的标记。

第三，在实行专职检验人员同生产工人自检、互检相结合的制度的时候，还应当处理好检验人员同生产工人的关系。

我们知道，保证生产出符合质量要求的产品，是生产工人和检验人员双方共同的责任。但是，由于他们所处地位的不同，在处理质量问题的时候，往往会有不同的意见。对于生产工人和检验人员之间客观存在着的一些矛盾，应当积极地去处理。如果不是积极地处理这种矛盾，而是为了掩盖这种矛盾，把质量检验的权力分散到车间，要检验人员服从生产车间的意见，就会使产品质量下降，结果，从表面上看，分歧减少了，但是，却给国家造成很大的浪费。这种做法是不正确的。

在解决检验人员同生产人员关于产品质量的不同意见的时候，不应当片面地削弱专职检验工作，而应当在充分依靠群众的基础上，加强专职检验工作，使专业管理和群众管理结合起来。只有这样，才既可以保证产品质量，又可以减少废品和返工浪费，从而加快生产的发展。

为了解决检验人员同生产人员的矛盾，还要做深入细致的思想工作，教育生产工人把检验人员作为自己的耳目，借以发现问题，改进产品质量；教育检验人员，既要坚持原则，又要帮助生产工人解决问题。要做到这些，就要求生产工人尊重检验人员的意见，支持检验工作，尽量为他们创造良好的工作条件；同时，也要求检验人员提高思想水平和技术水平，树立良好的工作作风，不仅把好质量"关"，还要做好技术指导工作，做好提高质量的宣传工作。

第三篇 战略经营管理板块

企业经营战略概述[1]

在社会主义市场经济条件下，特别是在经营环境多变的情况下，企业经营成败在很大程度上取决于企业有无正确的、符合社会与市场需要的经营战略。一个鲜明对比的实例是，在20世纪70年代的石油危机中，日本汽船公司没能根据剧烈的动荡环境改变经营战略，而是死守住"稳定"战略，最终公司以破产而告终，震惊了日本朝野。与此相反，包玉刚的航运集团却能适应形势变化，采取"紧缩—转移"战略，把资金转向房地产和航空运输，结果不仅避开了风险，而且在总体经营上得到了巨大发展。可见经营战略决定着一个企业的兴亡盛衰。经营战略是管理现代化的核心和最主要的内容之一。

企业经营战略最早出现在20世纪20年代，而作为一门学科被研究，在广大企业中被应用，而且成为制胜竞争对手的重要武器，则是近30年来的事。本章的重点在于阐明学科的性质及其产生和发展，分以下四个问题进行讨论。

（1）企业经营战略的概念及特征。
（2）企业经营战略的产生和发展。
（3）不同社会制度下企业经营战略的本质区别。
（4）经营战略研究的对象与方法。

第一节 企业经营战略的概念及特征

对企业的经营战略，目前尚无统一规范化的定义。但可以把众多的不同定义概归为两类：一类是狭义的理解，把经营战略定义为实现企业经营目标的途径；另一种理解较宽泛，把经营目标的确定及其达成的手段与途径均包括在经营战略的概念之中。我们着重讨论后一种理解。

一、企业经营战略的概念

企业经营战略是企业在商品经营和竞争条件下，对企业长期发展的目标、达成目标的途径和手段的谋划，以期在充分运用可取得资源的条件下获得最大的经济效益。

按照这种对经营战略的广义理解，企业的经营战略首先要根据企业经营所处

---

[1] 节选自：许庆瑞. 企业经营战略. 北京：机械工业出版社，1993：第一章。

的外部环境和内部条件确定企业较长时期内的经营目标；其次是企业达成这一长远目标拟选取的途径，包括选择产品的发展方向、新技术优势的形成、资源的获取和合理配置等；最后，包括达到经营目标所采取的种种手段和重大战略措施，如重大技术创新项目的实施、战略方面的推移、实行兼并、组织结构和生产结构的重大调整等。

二、经营战略的一般特征

经营战略是在管理科学发展到一定阶段产生的，但仍未失去管理两重性的属性，即既具有同现代化大生产相关联的一面，又具有同社会制度和生产关系相联系的一面。经营战略的一般特征是对前者而言，具体说来具有以下特征。

（一）全局性与整体性

全局性指经营战略是以研究企业全局的发展为对象，而不是以研究企业的某一个功能领域或单项业务为目标，它寻求的不是个别部门或环节的效率而是整个企业的最佳经济效益。为了整个企业的效益，甚至可以降低乃至必要时牺牲某个部门或生产经营单位的利益。

整体性有两方面的含义。一是经营战略不是发挥某一项管理功能，而是将组织、规划、控制等多种功能结合起来加以综合运用。正是这一原因，经营战略的学科已进入战略管理这一新的、更高层次的领域。二是经营战略不是某一部门、环节的单独行动，而是研究如何综合协调各方面的力量，形成统一的整体行动，充分发挥企业的总体优势。

（二）长远性

经营战略不只是谋划企业眼前的近期目标，而是以谋划企业中长期（5年、10年、15年以至更长）的经营目标和行为为目的。它的着眼点是企业的未来。在长远利益与眼前利益发生不可调和的矛盾时，作为高层领导应从企业的长远利益、根本利益出发而不惜牺牲眼前的一点利益。因为长远的利益往往是带有方向性的根本利益所在。当然，在进行经营战略的规划时也不能片面地把长远利益与眼前利益对立起来。应尽量研究和选择那些能将远近结合，即既考虑长远方向又能兼顾当前需要的战略方案。这样的战略可以最大限度地得到各方面的支持，从而易于实施。因此，着眼未来、立足当前、兼顾当前与长远利益两者的关系是研究和选择战略方案的一项基本要求。

（三）科学性与现实性的统一

企业的经营战略是在相当长时间内指导企业经营的方针、政策和指导思想，应具有高度的科学性与现实性。这就首先要求经营战略的拟定必须有科学的理论和方法为指导，不能以个别人的经验为基础。如果说企业经营中的战术可以以经营者、管理者的经验为基础，那么作为企业的经营战略必须以经济学、管理科学等学科的知识体系为基础。

其次，科学性与现实性的统一要求企业在制定和实施企业经营战略时，必须充分研究与分析企业经营的外部环境和内部条件，使企业的经营战略方案是切实符合宏观的，而不是出自人们头脑中的臆想，只有这种来自宏观分析的战略方案才有现实的可行性，在贯彻和实施中易于得到各方面的支持。

为了做到以上三点，领导与群众的结合，特别是高层领导亲自参加和领导经营战略的制定，是战略制定成败的关键。

（四）竞争性

在资源和市场十分充裕的条件下，这一特征可能不显得突出，但在市场和社会对资源需求相当紧缺的情况下，企业间对紧缺资源的竞争将成为经营战略斗争的焦点。竞争者双方为了竞争特定需求和紧缺资源而相互作用，是战略中实质性问题之所在。这就要求企业在制定和实施经营战略的过程中，摸清竞争对手的动向，并寻求竞争有限资源的有效战略。在资本主义条件下，这种竞争往往带有对抗性质，以一家企业挤垮另一家企业或达成某种均势而告终。在社会主义条件下，这种竞争虽未表现为对抗形式，但有时也会发展得相当激烈，如不加处理也会向对抗性方面发展。这是社会主义企业经营中必须注意防止的一面。应以社会主义的原则来正确对待企业间的竞争问题。要尽量通过挖掘潜力、开展技术创新、开辟新资源渠道和相互调节等途径来解决资源不足的问题。

（五）应变性

针对变化着的经营环境制定和实现企业的经营战略，是企业战略及其管理的核心所在。从环境变化出发来考虑企业的长期打算与前景规划，也是企业经营战略区别于计划经济条件下长远计划的根本点。

在20世纪50年代以来的世界经济的一体化及动荡变化中，如何在动态变化的经济形势和激烈竞争的环境中进行应变，从应变中求得企业的生存发展是企业及其领导面临的挑战性任务，也是高于一切经营管理的最重要的问题。从变动的环境出发拟订战略，根据变动的环境，组织修订和实施战略是近代经营战略及其管理的根本特征。

第二节 企业经营战略的产生和发展

战略最早产生于军事和战争。军事上取胜，一方面固然取决于双方军事实力的对比，另一方面，军事战略的正确与否往往起着决定性作用。我国解放战争的胜利，就是毛泽东同志的军事战略起了决定性的作用。如果说军事战略的产生是敌对双方军事抗争上的需要，那么经营战略的产生，则是竞争各方争夺市场和有限资源的需要。

一、经营战略产生的环境与条件

经营战略最早产生于美国，尔后又在西方经济发达国家广泛采用。这是商品经济的发达、市场机制的完善，竞争者林立的必然结果。20世纪初期，在市场需求远未得到满足的条件下，企业处于生产导向阶段，企业生产能力不足、效率不高是主要矛盾，因而经营及其战略提不到企业管理的议事日程上。但是随着生产力的发展，商品经济的发展，同一经营领域里陆续出现竞争者，市场争夺日益激烈。同时，科技发展迅速，一种重大技术创新的出现可以摧毁一个旧产业，创造出一个新产业，在这种动态经济环境中，企业如果没有一个长远的规划和打算，树立起自身的产品和技术优势，往往难以在竞争日益激烈的环境中生存和发展。因而，从经济上分析，企业经营战略的产生是生产力发展和商品经济发达后的必然产物。

从管理方面来看，随着生产的高度集中，企业生产规模日趋庞大。大企业不仅生产产品，而且产品进入流通领域。产品向多样化发展，企业内往往有几十个甚至上百个相对独立的战略经营单位（strategic business unit，SBU）[①]。科学技术的飞速发展，各企业在技术上的竞争使企业拥有成千上万名的科技人员和庞大的研究开发机构，没有一个综合的、长远的战略思考和规划，无法使企业有秩序地工作、发挥效能和战胜对手。第二次世界大战后，西方发达国家已从商品竞争时代转为战略竞争时代。企业普遍制定经营战略，以适应时代的需要，求生存、图发展。

客观环境的要求和企业管理上的需要，迫使企业考虑经营战略问题。

二、经营战略学科的基础

20世纪50年代以来，几门重要学科的萌芽和发展，对企业经营战略学术思想的产生和形成起了重要的奠基作用。与战术管理不同，经营战略必须基于对客观复杂环境的科学分析和预见，因而没有对事物进行规律性研究分析的最低限度的科学知识体系是不行的。首先是1953年管理科学方面的对策论研究；然后是20世纪60年代初期J.福雷斯特的反馈环和高阶动态系统的研究，为调整竞争双方相互作用提供了动态模拟和定量分析的手段和方法；接着，在60年代中期，经验曲线的发现提供了许多重要事实，它揭示了产量积累和成本的函数关系：随着

[①] SBU亦曾译作事业部，这里按原意译作战略经营单位（strategic business unit），它是一个核算利润的经济实体。

产量增长，产品成本呈指数下降，随产量积累而产生的经验直接关系着产品的市场占有率，如果增长速率是恒定的，那么成本下降也是常数，经验曲线始终呈指数下降，不会畸变为"L"形或"U"形。

由此可以导出：市场占有率和成本存在直接的函数关系，而市场占有率同现金流增长有直接关系，进而可以证实：某一经营单位或产品（业务）的发展必须由投资去支持；一个经营单位或产品的迅速发展需要有大量投资的支持；其数额大大超过该单位（产品）在发展期的收入；一个慢速增长的经营单位无力以更快速度作自我发展（再投资）。

根据以上的发现和研究，创立了用作经营战略分析的"市场增长-市场占有率"矩阵，它对经营战略的拟定和分析有重要的价值。

对经营战略学术思想体系建立和发展起着重要作用的另一门重要学科是社会生物学。20世纪70年代中期哈佛大学教授O. 威尔逊出版了社会生物学的著作。它揭示了生物界自然竞争的漫长历史及其规律性，提出了许多对企业经营战略有用的概念，如寻求竞争平衡、人为干预加速达到竞争平衡的观点（利用战略）。他提出的很多生物界自然竞争模式对经营竞争是十分重要的。

由于社会-生态系统和企业经营系统之间存在着许多共同点，我们可以引申出若干有关竞争系统的很多合理的、有用的假设。例如：①一个纯属偶然的机遇为最初的竞争者提供了一个进入竞争领域的初始条件。这个事实又构成了第二个竞争者进入这个特定领域时的客观环境。②定义一个新的竞争领域，要求特定的竞争者具有独特的、不同于现有领域的明显的优越之处。③如果竞争者非常相似，而又势均力敌，那么它们难以共存，必然是其中的一个取代另一个。④如果竞争者甚少而市场又很小，那么经营范围宽泛的具有优势，因为它可以从不同的地方取得资源，以利生存。⑤相反，市场很大时，对具有广泛经营领域的竞争者反而不利，因为大市场可能细分为若干个领域，它们均被具有专营特长的竞争者占领。⑥在环境处于周期性变化的条件下，必须具备这样的能力，即在条件有利时能迅速发展，在条件不利的情况下能长期维持生存。⑦由于规模能提供巨大优势，而且规模这一因素又非其他因素所能比拟的，因此当市场或环境中具有多个重要因素时，可以根据不同规模做有序的预测。⑧由于距离和后勤往往是重要的因素，因此规模与整个市场容量是决定数量、规模、输配和竞争领域边界的重要因素。⑨顾客偏好上存在的每一种重大的差别都为建立细分的竞争领域提供可能。⑩经营的基本资源是资金（或收益），合适的技能、能力和人才，材料、供应、能源和企业的外购元器件，知识和沟通能力。⑪由于始终需要多种资源，因而必将存在许多竞争者，各个竞争者都制约着某种特定资源的存在。⑫每个竞争者对各种资源都具备一定的竞争能力，以便在竞争中保持平衡。⑬在适应某一特定竞争者时，往往降低了对另一个竞争者的应对能力。⑭环境的每一变化都要求所有竞争者去适应它或互相适应，或是同时适应二者。

这就是阐明竞争系统主要约束条件的逻辑。其复杂性是显而易见的，因为它是处于运动着而又呈动态平衡的数百万名竞争者所固有的。

对于特定的个别竞争者运用策略这一点来说，竞争者必须能够识别系统行为和竞争者自身同它的关系。开发这种战略的基本要求是：一个重要的知识体系；把这种知识转化为一种相互作用系统的能力；系统分析的能力，确定原因的各种概率和投入的效果；具有超过需求的后备资源可供再配置，并且不能"急切求利"，以获取长远效益。

在企业里，必须把上述的基本点转化为具体的分析过程以开发一种特定的战略。它具有以下五个步骤。

（1）通过自我检查确定为实现组织的目的（以及隐含的目标）需要做些什么？这将决定着为了持续地运转需要哪些资源。

（2）确定在获取这些资源时哪些竞争者将是我们的障碍。

（3）确定已给定的竞争者和各特定竞争者之间的差别。这些特定的竞争者在各自的竞争领域中均为优胜者。

（4）确定哪些因素的组合决定着它们能力的差异。

（5）描绘出竞争的特征资源、行为模式及方案。

从以上看来，战略的制定过程具有高度分析性，要致力于评估不同方案的收益、风险和成败的可能性。但这种组合方式可以是无穷的，因而最后的抉择，如同其他经营决策一样，主要是直觉的决策。

三、我国企业经营战略产生的理论基础

经营战略在我国的产生发展是同我国经济理论的发展和经济体制改革的各项原则密切相关的。

自从我国突破了计划经济和商品经济相对立而又不可调和的陈旧观点之后，经过经济体制的改革实践和理论上的探讨，提出了社会主义市场经济的理论以及所有权与经营权分离的原则，它不仅指导了经济体制的进一步改革，也为企业实现战略发展提供了理论依据。

根据社会主义市场经济的理论，企业应是一个"自主经营、自负盈亏、自我改造、自我发展的商品生产者和经营者"。为此，必须改革那种政企不分、企业成为行政附属品的状态。

社会主义市场经济理论，提出了企业所有权与经营权分离的原则，使企业成为相对独立的经济实体，具有自身的经济利益和必要的经营自主权，使企业具有了制定和实施经营战略的可能性和内在活力。

为使企业真正成为自主经营、自负盈亏的商品生产者和经营者，进行了"政

企分开、国家对企业的管理从直接转向间接管理"的改革，并充分发挥银行、信贷、税收等经济杠杆的作用。这就为企业制定和实施自立的经营战略提供了进一步的可能性和现实性。

社会主义市场经济的理论要求建立市场机制和完善的社会主义的市场体系。市场建立和商品竞争的开展，在外部环境上促使企业考虑如何在长期的竞争环境中求生存、求发展。这样，势必增强企业制定经营战略的紧迫感。

总之，我国的企业经营战略是在社会主义市场经济理论下产生和发展的。我们研究和制定企业的经营战略不能离开社会主义市场经济理论的指导和制约。

第三节　不同社会制度下企业经营战略的本质区别

由于西方经济发达国家较早地进入商品经济，从事大规模生产和经营，更由于社会条件迫使它们十分重视经营及其战略管理，经过几十年的实践，在经营战略方面积累了较为丰富的经验，这些经验中有很多可供借鉴的地方，特别是在经营战略的制定与实施的方法和技巧方面。因为有些经营战略管理方法不是资本主义生产经营过程中所特有的，它们同雇佣和剥削没有必然的联系。这些方法反映了社会化大生产和经营的共同规律，是属于人类实践中所形成的共同文明成果，它不受资本主义制度的制约，可以在社会主义企业经营中加以运用。马克思认为：从事企业管理的劳动是一种生产劳动，只要这种劳动由作为社会劳动的劳动形式引起，由许多人为达到共同结果而形成的结合和协作引起，就同资本主义完全无关，就像这个形式本身一旦把资本主义的外壳炸毁，就同资本主义完全无关一样。我们应按照马克思提出的充分批判地吸收和运用"与资本主义"无关的属于人类共同文明的成果。但也应看到不同社会制度下经营战略及其管理的本质不同。

第一，不同社会制度下企业经营战略赖以建立的基础不同。社会主义企业的经营战略是以生产资料公有制为基础的，以摒弃人与人之间的雇佣与剥削为基础的。相反，资本主义制度下的企业经营战略及其管理却是以生产资料私有制和雇佣剥削制度为基础的。生产资料与劳动者的分离决定了资本主义企业经营成果大部分为资本家占有。这种所有制和分配关系，使资本主义经营战略及其管理只能是资本家和企业高层管理少数人的事，广大职工群众不可能自觉地参加关系企业整个前景和命运的大事——企业经营战略的制定，使资本主义企业的经营战略在相当大的程度上失去了其制定的群众基础和宏观性、科学性。

第二，不同社会制度下企业经营战略的目的和手段不同。资本主义企业经营战略目标服从资本主义的基本经济规律，以追逐资本的增殖、满足资本家获取最大限度利润为目的。马克思指出，在资本主义制度下任何商品生产的经营都同时成为剥削劳动力的经营，劳动力的剩余劳动使产品价值超过产品形成要素的价值而形成的余额，也是资本的果实。相反，社会主义企业的经营战略，是在保证不断提高企业经济效益和社会效益的基础上，最大限度地满足社会日益增长的物质和文化生活的需要。

经营战略基础和目的的不同，决定了战略竞争手段的不同。一般说来社会主义企业间的竞争是非对抗性的，是在根本利益一致的前提下的竞争。通过竞争主要是促进企业不断提高其技术水平与管理水平，提高企业经济效益，为国家提供更多的积累，为职工增加工资和福利。当然竞争中也会不可避免地淘汰一些产品不符合需要、产品质量低、消耗大且经营不善的企业，这样做的最终结果，是驱使那些经营不善的企业下决心整顿或兼并给其他企业，以便通过生产要素的重新组合和产业结构的调整，使人力、物力发挥其应有的效益。

由于在两种不同社会制度下，企业经营战略的基础不同，目的和方法手段不同，因此我国企业的经营战略带有我国自己的特色。

（1）企业经营战略的国家性与计划性。企业制定经营战略必须自觉地按照经济规律办事，认真贯彻党和国家的有关方针、政策，保证国家任务的完成。国家性并不排斥企业按照社会和市场的需要来拟定自己的经营战略。企业要在保证服从国家计划前提下进行周密的市场调查、技术与经济发展的预测，以制定切实可行的经营战略。我国社会主义市场经济要求企业在制定战略时必须考虑与适应市场需求，并在可能的条件下将这两方面结合起来。例如企业可以根据市场调查的情况主动向上级主管部门提出建议，使上级主管部门能更好地了解市场变化及企业实际情况，从而保证下达的计划任务更切合社会和市场的需要。

社会主义条件下生产资料的全民所有制性质以及由此而产生的社会主义国家的经济管理职能决定了社会主义企业经营战略的国家性和计划性。国家的宏观控制与调节必然要体现在企业经营战略及其管理上。社会主义企业在进行经营战略的拟定与管理时，必须认识到这一宏观现实，不能无视或摆脱国家管理的职能。与此相反，应重视社会主义企业经营战略的国家性与计划性的特征，在经营战略的管理中主动了解国家的方针、政策及其变化，自觉贯彻党和国家的方针政策并争取和依靠上级主管部门的领导与支持。企业经营的实践表明：如果没有这种支持，企业难以获得发展；相反很多经营成功的企业，其领导者往往能很好地研究了解国家的方针政策，积极依靠政府主管部门领导的支持。

（2）企业经营战略的群众性。社会主义企业的职工是国家的主人，每个职工都对企业的生存和兴衰负有责任，都有权参与企业的经营和管理，当然也应积极参与关系企业存亡和兴衰的企业经营战略的制定和实施。企业领导应在整个经营战略制定过程中发动广大职工群众积极参加，以便集中群众智慧制订出更好的战略方案。广大职工群众的参加有利于提高企业经营战略的科学性和现实性。

这一特点在战略管理的具体做法上表现为企业的经营战略要在企业的职工代

表大会上进行讨论、获得通过。这样，不仅可以使战略方案得到完善，而且由于战略为广大职工所了解，在战略实施中会得到广大群众的支持，大大减少执行过程中的阻力。而在一些资本主义企业中，制定经营战略，虽也宣扬工人参加管理，但最多也只能是吸收各级经理人员参与战略管理。

战略管理的群众性，还表现在企业的战略目标中，不局限于经济效益与经营方面的目标，还包括了职工的精神文明建设、思想素质以及文化技术水平的提高。当然也包括提高职工物质生活水平，提高职工工资福利的目标和重大措施。

（3）企业经营战略的多方案对策。经营战略的应变性特征，要求企业能针对环境变动可能出现的种种状况，拟订多种应变方案。这种经营战略的多方案性，在我国当前所处的转变阶段中显得格外突出，尤为需要。在我国经济体制巨大变革时期，经济系统的不稳定性较一般稳定的经济形态要大得多。在这种不稳定因素很多的复杂环境中，不仅在经营战略的制订过程中要设想出更多的可供应选的应变方案，而且要适应外界环境多变的现状，针对经营战略实施中可能出现的种种情况，拟订出多个应变方案，这样有利于经营战略目标的落实和贯彻实施。

第四节　经营战略研究的对象与方法

生产力的发展和经济体制的改革，为企业的独立自主经营创造了条件，随着改革的深入，这种条件必将得到完善。如何运用这些条件发动职工将企业经营好，以获得稳定而长远的经济效益与社会效益，就是"经营战略"需要研究的问题。可以这样认为，"经营战略"作为一门学科的产生是改革的需要，是时代发展的需要。

一、经营战略研究的对象

毛泽东同志曾指出："科学研究的区分，就是根据科学对象所具有的特殊的矛盾性。"[1]因此，对于某一现象的领域所特有的某一种矛盾的研究，就构成某一门科学的对象。如不研究矛盾的特殊性……就无从区分科学研究的领域。

什么是经营战略研究的特有矛盾？

长期以来我国习惯于外延式扩大再生产，依靠增加投入、增添设备，增加人力以扩大再生产。发展速度虽然上去了，但经济效益并未得到提高。速度与效益的矛盾是新中国成立以来40多年未曾解决的困难问题。由于国家与企业在"责、权、利"三者的相互关系上未处理好，造成了"企业吃国家的大锅饭""职工吃企业的大锅饭"的现象。这种运行机制无法提高经济效益，而是造成企业资源的

---

[1] 毛泽东. 毛泽东选集（第一卷）. 北京：人民出版社，1991：309.

大量浪费。

经营战略所研究的特有矛盾就是：企业稳定的经济效益与资源制约之间的矛盾。也就是说，要研究如何发挥和充分运用企业的优势，在使有限资源发挥最大效用以满足社会日益增长的需求的同时使企业获得最优的、长期的经济效益。具体说来，企业经营战略要研究如何根据内外部环境条件的制约，充分发挥企业优势与内在潜力，最大限度地满足国家计划与市场需求，并通过确定和拟定经营目标、经营战略和有关实施途径，包括人才开发、技术创新、市场开拓、资金筹措等重大措施，不断提高企业长远的经济效益，持久地满足国家建设和人民生活日益增长的需要。

二、经营战略的研究方法

经营战略是一门研究社会主义商品经济条件下企业的总体管理与高层经营决策的综合性学科。马克思主义辩证法是本学科的指导思想和方法论基础。

系统的方法和动态分析的方法是研究经营战略的重要方法。经营战略把企业作为社会-经济大系统中的一个子系统来进行研究。在研究企业的经营目标和拟定企业经营战略时，从事物内部联系和相互作用的原理出发，把企业所处的外部环境、企业的内部条件和企业经营目标，作为一个相互作用的动态系统来研究。又如，把企业的经营目标、经营战略和实现目标与战略的各项战术行动，作为一个"目标-战略-战术"系统来进行分析和研究。所有这些均体现了辩证法的系统分析和动态分析方法在"经营战略"中的运用。

系统方法要求我们全面地观察和分析问题，动态分析方法则要求我们从发展的观点来观察和处理问题，这些都体现了马克思主义辩证法的基本观点及其运用。

马克思主义及其辩证法要求人们从相互联系中，透过因果关系去了解和揭露事物的内在本质。不同社会制度下企业经营活动中的种种现象都是由其不同的社会制度所固有的矛盾（即生产力与生产关系的矛盾）以及生产的目的所决定的。因而，马克思主义的政治经济学是经营战略的理论基础。

企业战略管理过程[①]

现代企业经营面临的最大挑战是变革——环境的变化与内部条件的变动。对于这些种种变革，如果缺乏预见，不预先采取防范措施，往往会使企业无法实现其预定的目标与计划，甚至经营失败、濒临绝境。企业拟定经营战略和实现战略管理的核心在于：如何应对种种变革，使企业能在变革中求生存、求发展，取得良好的经济效益，为社会做更大的贡献。本章着重阐明经营战略中所涉及的概念并扼要阐明战略管理的过程和体系。拟讨论以下几个问题。

（1）经营战略与战略管理的概念和意义。
（2）战略管理的方式与演变。
（3）战略管理的层次。
（4）战略管理的模型。
（5）战略管理的职责分工。

第一节 经营战略与战略管理的概念和意义

"企业经营战略概述"一章已概要叙述了战略的含义及其作用，这一节将在此基础上，结合现代企业战略管理的重要性，从战略本身发展的历史作进一步的说明。

一、从战略到战略管理

事物的变化和变化结果的不确定性是客观现实中普遍存在着的。在战争中，这种事态变化的突然性和不确定性是人们最熟悉的。正因如此，战略（strategy）最早产生于军事战争中。作战的一方为了赢得战争的胜利，必须谨慎、周密地拟定种种军事战略和策略，以达到最终战胜对方、保护自己的战争目标。

随着生产力的发展，生产与经营规模的扩大，市场机制的发展和竞争的加剧，在商业和经济领域中的"竞争战"也日益加剧。经营者为了应对这动态变化着的竞争形势，开始拟定企业的经营战略，制定种种策略，以寻找应对可能发生的变革（如购买方向的转移、市场的紧缩、新替代产品的出现、原材料的枯竭、银根

[①] 节选自：许庆瑞. 企业经营战略. 北京：机械工业出版社，1993：第二章。

抽紧等）的种种方案。

从决策科学的角度来看，战略与战略管理从最初的个人单一决策发展为现代化的群决策体系，其历史演变过程经历了以下几个阶段。

（1）经理（厂长）个人做决定。

（2）经理（厂长）成为方针政策的制定者。

（3）经理（厂长）成为战略家。

（4）最高领导层成为"战略经营家"。

在企业的生产经营规模非常大的情况下（如跨国公司和具有几十个战略经营单位等），最高领导层不可能亲自制定所有的战略，而是将战略拟定和贯彻的责任下放给更接近执行政策和策略的下一层次的经理（厂长）。最高领导层主要是领导和驾驭战略的拟定、实施、评价和修订，使战略能迎合变化着的环境和形势，有效地发挥战略的指导作用。

这一发展过程说明，最高层领导的作用已逐渐从实际的经营管理转移到引导和改变职工的行为，使之实现预定的结果和经营目标。

二、战略管理的作用

从战略发展到战略管理，并不只是战略在数量上的增减与变化，而是战略思想上的重大变化。它要求战略家根据变化发展着的形势及时修改原有的不合新形势的战略和策略，从而使战略永远迎合变化着的形势，它比战略的拟定和实施在战略思想上又上了一个层次；战略管理使战略得到不断更新，始终充满着指导实践的活力，保证企业在竞争中不失优势。

一个企业的战略，应阐明企业将如何在所处的环境中的威胁和机会以及组织所具有的资源和能力等条件下实现经营目标。战略主要说明企业将如何进行竞争。

战略的三个主要组成要素是：战略目标、达成目标的途径和内外部环境（当然，狭义的战略不包括第一个要素）[①]。

战略管理是指一个过程，高层领导通过战略的制定、实施和不断评价来决定：①企业的长远方向；②企业的经济效益。

战略管理是基于这一战略思想：决定战略的诸要素是始终处于运动和变化状态，单靠在实施中进行调整是无法解决的。环境、内部条件以至企业的经营目标本身也会发生变化，这样就必须改变整个战略。不这样便不能在竞争中获得成功。战略管理过程的作用就在于决定战略的诸要素进行不断的再评估，以确定是否有必要改变战略。

从战争史上看，拿破仑是一个成功的军事家和战略家。他在征服欧洲时制定

---

① 狭义的战略可以理解为策略，其要素只包括达成目标的途径(手段)和外部环境(内部条件). 西方的策略一般都是这个含义。

了一个非常成功的战略。他运用庞大的非职业性军队屡屡战胜欧洲诸国训练有素的军队，巧妙地应用大炮和地形进行作战，并能集中优势兵力（2∶1）击破孤立无援的敌军。这一整套战略使他在欧洲战场上获得了巨大的成功。但是到了俄罗斯和西班牙战场，那里的情况发生了根本的变化，他无法施展速决战，最后导致了毁灭性的失败。

可以说拿破仑是一个伟大的战略家，但他没有实现战略管理。在环境变化的情况下，他没有修改自己的战略以适应这一变化，最终导致了失败。

在生产经营上同样不乏类同的事例。许多公司在原有的产品-市场上能成功地运用其经营战略取得很好的经济效益，但当其规模扩大后面临着变化的环境，高层领导不能相应调整其经营战略而导致经营失败。

战略管理并不能保证提供一个最优的战略或最好的战略思想。但它提供了一个框架和方法来改进战略的制定和实施以取得较好的效益。战略管理的实践，确保了对内外部变化的不断评估并在评估的基础上适时地调整企业的竞争战略和方法。

战略管理的作用在于使企业中各个组织和部门统一目标、统一行动，避免组织内部各行其是，相互抵消力量。在战略管理中，战略作为统一协调各方面制定的不同改革的重要手段，可以有效地防止改革的不协调、不配套。战略管理过程迫使各级管理者能了解其所处环境并及早做出反应，使管理者不仅看到眼前，而且习惯于考虑未来。

此外，战略管理的作用还在于把不同层次的管理者纳入统一的战略决策过程，减少他们应变的阻力。当各层次的管理者了解整个企业的战略及其各个方案后，将自觉地协助这一战略的贯彻执行。

事实上，很多企业的夭折，往往是由于缺乏必要的战略经营思想与有效的战略管理。据统计，美国每年有 250 000 家新建企业，其中 55%的企业不过 5 年就宣告失败，80%的企业超不过 10 年就无法支持下去。

企业失败的原因主要在于：不懂得导致经营成功的基本决策模式；不懂得战略是导致其初始成功的重要因素；不懂得环境变化时或改变经营方式时（如由单一品种经营转入多种经营，由窄小市场转向开拓市场，进行兼并，等等），应改变原有经营决策，采用适应新经营方式的经营策略。一句话总结就是，不懂得科学的经营战略管理。

这些数字和事实从另一个方面说明了现代经营中管理，特别是战略管理的重要性。

三、战略管理术语

关于战略的概念我们已在"企业经营战略概述"一章中讲过，为了今后讨论的方便，下面将战略管理中所涉及的术语扼要予以说明。

战略管理：它是一个过程，高层领导借助于对战略的仔细研究、制定适当的实施和对战略的不断评价，确定组织的长远发展方向与绩效。

战略：包括战略目标、环境与内部条件分析、达到战略目标的途径。

策略：一般是指对外部环境和内部条件的分析及达到目标的途径的选择。

不论是战略还是策略，都要保证环境和达成目标所需资源之间的匹配，并且应体现一个组织（或经营单位）是如何进行竞争的。为此它的三个主要环节如下。

战略（策略）的形成：包括环境和内部条件的分析，方案的产生与选择。它主要是一个分析过程。

战略（策略）的实施：组织或单位为实现战略（策略）规定所采取的行动。

战略（策略）的评价：对战略（策略）是否合适所做的不断的评估。

经营政策：指导经营活动的方针、准则，它是协调组织运营的方法。

计划：管理的一种重要功能，它确定未来所寻求的目标和实现此目标应做什么。

长期计划：时期长短依情况而定，一般指次年起的 3~7 年或 5~10 年。

中期计划：一般指 1 年以上 3 年以下的计划。

短期计划：一般指 1 年以内的计划。

战略规划：战略规划过程中应设定拟完成的组织目标、实现目标所需的策略和政策以及短期计划以确保战略的实现。在实用上，它类同于高层的长期计划。

战术计划：这是旨在指导行动的短期计划。

第二节　战略管理的方式与演变

如前所述，战略管理是涉及企业有关长远发展方向和绩效的决策，包括企业使命（宗旨）的确定，经营目标的设定，企业的经营策略的制定、实施和评价，以及在整个管理过程中所有这些因素的必要调整。

这个过程在很多已实现战略管理的企业里是大体相同的，其区别主要表现在以下三个方面：①管理过程正规化的程度；②管理过程涉及的企业的层次；③管理过程制度化的程度。这一节主要讨论战略管理过程的各个方面，并引出战略管理的模式，它包含战略管理的共同要素和管理的基本程序。

一个企业不论它在主观上是否意识到，总是在自觉或不自觉地执行某种正规的或非正规的战略管理模式，总会对它的未来长远目标有所考虑、有所打算、有所谋划。但在同样情况下战略管理正规化程度的不同，在相当大的程度上会影响现代企业经营的成败。

一、战略管理过程的方式

　　战略管理的正规化程度，不仅取决于高层领导对战略管理的意识与自觉程度，还取决于其他种种因素，如企业的规模、企业面临的经营环境、企业管理水平等。其中，最主要的还是企业领导对战略管理的认识与自觉性。一般说来，自觉程度越高的企业，其战略管理过程的正规化程度就越高，战略管理的程序越细化。从我国企业的情况来看，规模大的、管理水平较高的企业，其战略管理较为正规。

　　西方学者明茨伯格将战略的拟定分为三种方式（mode）：企业家方式；适应方式；计划方式。

　　在这三种方式中企业家方式是最不正规的，计划方式是最正规的。采用哪种方式主要取决于企业的规模和成熟程度。规模较大的、较成熟的企业大多采用计划方式；小而年轻的、不成熟的企业大多采用企业家方式。这三种方式的主要特征如下。

　　企业家方式：战略的制定主要在于积极寻求新的机会；权力集中在企业领导层手中；战略制定在面临不确定性的情况下采用大胆跃进的方式；增长是主导一切的目标；适宜于小的或（和）年轻的企业。

　　适应方式：目标不是很清楚，战略制定在很大程度上取决于各联合者（合伙者）之间的权力划分；战略制定过程，不像上一种方式那样去积极寻找新机会，而是着眼于解决已存在的问题；决策是按部就班的渐进过程；决策之间往往缺乏连贯性；它适用于已建立的大企业，这些企业有较大的沉入费用并且由多个相互牵制的集团所控制。

　　计划方式：在战略制定过程中，战略分析人员或计划人员起主要作用；着重于系统分析，特别是对不同可替代方案做费用-效益分析评估；最重要的特点在于战略与决策的整体化；适用于那些规模合理又不面临激烈竞争的企业或组织。

　　由上述特征也可以看出企业有无计划部门也是影响采用哪种方式的重要因素之一。在企业设有独立的计划处、室的情况下，往往采用比较正规的计划方式。正规的方式并不是在任何情况下都是最好的方式。换言之，有了独立的计划部门和采用正规的计划方式，并不一定能保证企业经营成功。企业经营成功还取决于很多因素，特别是计划人员的素质和工作的努力程度。相反，在一些小企业中，虽无独立的计划部门，但领导者具有战略头脑又善于管理，往往也能取得成功。总之，企业应针对本身情况选用合适的战略管理方式。随着企业的发展与情况的变化，在不同的发展阶段应采用不同的管理模式。

二、战略管理的演变

　　根据国外一些咨询公司对 120 个企业战略管理演变情况的分析：虽然不同企

业的战略管理沿着各自的轨道以不同的速度改变着自己的战略管理内容与模式，但大体上都经历了四个不同的发展阶段，每一个阶段都比上一阶段有明显的改进，在正规化、工作质量、领导层的参与和指导战略的决策以及有效地实施等方面均有进展。

第一阶段，以财务为基础的计划。

在商品经济条件下，对一个独立自主经营的企业来说，财务、预算、资金是每一个企业的各级管理人员均需关注的问题。战略管理的第一阶段重点就放在制定年度财务预算方面，并仔细检查所拟定的财务目标、成本和费用的收支状况。总的说来在这一初始阶段，人们的注意力大多放在近期目标上（以1年左右为期），而且主要注重各个职能部门的工作。应指出的是，在第一阶段也可能有许多出色的策略，但并没有很正规地形成文件。往往只是保留在企业领导层的头脑里，特别在小的企业或年轻的企业中更是如此。对于那些规模小的企业或组织往往不超出第一阶段的战略管理模式。而当企业意图有一个长期规划时，则将步入第二阶段。

第二阶段，以预测为基础的计划。

在该阶段，首先的一个明显标志是延长预算（计划）的时间跨度。决策往往从基本建设或固定资产的投资计划开始。由于时间跨度的延长，管理人员必须尽可能地做好预测，了解那些将给予企业影响的外部环境。这种对未来若干年进行预测的规划，往往促进计划过程的有效性。两个最有效的结果是：资源的更有效部署；对企业长期的竞争地位做出及时的决策。对这一阶段的计划也存在某些问题：长远利益的考虑往往同眼前短期的激励需要有矛盾；长远的精确预测，往往被充斥的数据所淹没，达不到预期的意图。这一阶段常见的毛病是：长期计划只是根据报告期的计划略作变更。

第三阶段，以外部环境为基础的计划。

鉴于以上缺点，企业进一步的改进仍是以外部环境为导向的计划。这阶段的特点是充分了解市场。重点的转移是：从完善基于统计数据的预测技术转向摸清市场与顾客的需要。该阶段中计划人员开始寻求新的方法（途径）去了解和满足用户的需求。同时，经营管理者考虑如何改变现有产品与劳务，以更好满足顾客需求。这就要求管理上更具备动态配置资源的观点和过程。

第三阶段与以上阶段的不同之处还在于，随着企业的扩大，企业已正式划分为许多战略经营单位。战略经营单位亦需作战略规划，针对外部环境做出有关战略决策。

第三阶段的另一特点是要求战略规划人员为高层领导做出一系列行动方案。这一过程已表现出"战略思维"的性质。从第三阶段开始高层领导开始正式地评价各种战略方案。在此以前的阶段只是由高层领导中的1~2位成员做非正式的评价。

第三阶段的主要缺点是各个部门各自所做的规划往往不能高度统一。

第四阶段，战略规划与战略管理过程的统一。

把战略规划与战略管理纳入一个统一过程，是本阶段的特点。战略规划过程直接同作业决策连接在一起。这种将规划与行动统一的方法主要借助以下几方面来达到。

（1）普遍的战略思考。各级管理人员均已学会进行战略思考；所有的管理层次，包括生产第一线的管理人员（如工长）都不同程度地包括在战略管理体系之中。

（2）综合的规划过程。计划过程是综合的，同时又是灵活而富有创造性的。特别要注意防止战略规划变成一种烦琐的、官僚主义的东西。

（3）上下思想一致。企业领导提倡和崇尚的思想、精神，能得到下级和广大职工的支持，如爱厂如家、精诚团结、创业精神、广泛沟通思想等。

值得指出的是，不仅是大中企业可以进入具备成熟计划体系的第四阶段，小企业也同样可以采用第四阶段的计划体系。

第三节 战略管理的层次

与战略管理的方式与方法相联系的一个重要因素是战略管理的层次问题。

战略管理的层次是同企业规模的扩大和现代经营管理采用分权方式直接相关的。

在规模很大的企业中，企业高层领导不宜集权过多，宜采用"集中领导、分权管理"的经营管理体制。与此相适应，在大规模的企业（包括跨国大企业）可采用三级管理的战略管理体系，即：公司、企业一级的战略；战略经营单位（事业部）一级的战略；职能策略。

企业战略，要拟定出企业的长远战略目标，以及达到战略目标的各种战略方案（途径）。它包括如下一些要素：企业的经营方向和目标；企业的资金流向和其他资源的流向，包括企业（总部）与其下属战略经营单位之间的资金与资源流向；企业提高经济效益的主要途径。

战略经营单位的战略，只涉及企业经营的某一方面（产品、服务）的战略，也就是大企业中公司（企业）所属下一级独立核算的经营单位的战略。

这一层次的战略着重在如何改善和提高企业在某一产品（服务）或市场领域中的竞争地位。企业为了加强这方面的工作，往往把很多同类或相似的产品组织在一个独立的生产-经营单位（即常说的战略经营单位或事业部）中，由它来独立经营这类产品，从而使公司（企业）一级的战略管理可以在更高的层次上展开。例如，家用电器、工业电子装置等均可组成公司下的一个战略经营单位。企业的领导人也可以摆脱日常生产经营中的琐事，集中精力考虑企业的长远发展，重点抓好全公司的长远战略规划。

要做好上述这一点，企业高层领导必须把下属的战略经营单位当作一个独立的生产经营体系来看待，给予独立自主经营所必需的经营自主权，让它们在公司所规定的经营战略目标和策略的范围内自主地拟定自己的战略和进行相应的战略管理。

战略经营单位的战略，往往集中于通过生产与经营中产品与劳动销售收入的增长，来增加盈利额和改善其他效益指标。战略经营单位的战略亦须协调和统一本单位的各种职能活动以完成本部门的目标。

职能策略或称功能策略，其重点是最大限度地提高资源的效率。各职能部门（包括生产制造、营销、研究开发、财务、人事等部门）要根据公司和战略经营单位所拟定的战略提出的要求和制约条件，将各种活动和能力协调统一起来以提高经营效益。例如，营销部门的典型策略可能集中在研究和采取各种手段去提高当年的销售额，使之超过以往几年的销售额。研究与发展部门的典型策略是为新产品开发做好研究与发展工作，及时为生产技术部门提供产品原样。生产制造部门的典型策略是通过实现产品与工艺的创新，在提高产品质量的前提下使产品成本下降，以增进企业的竞争力，等等。

以上三个层次的（企业的、战略经营单位的和职能部门的）战略在大企业内构成了一个有机的、统一的、分层次的战略体系，三层次的战略（或策略）既相互联系又相互作用和制约，彼此之间的协调一致和紧密结成一体是企业在竞争中取胜的重要条件。

它们之间的关系可用图 1 表示，从图中可以看出，上一层次的战略环境将成为下一层次的环境，如企业的战略是企业内战略经营单位的战略环境，战略经营单位的战略又成为其职能部门的战略环境。

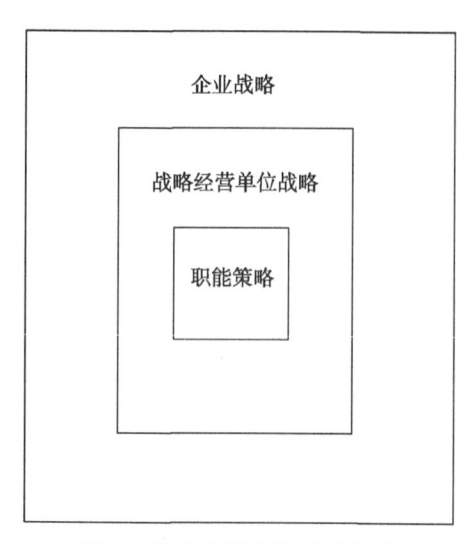

图 1　战略的层次体系示意图

图 2 表示各层次战略的制定、实施和评价控制的相互关系。

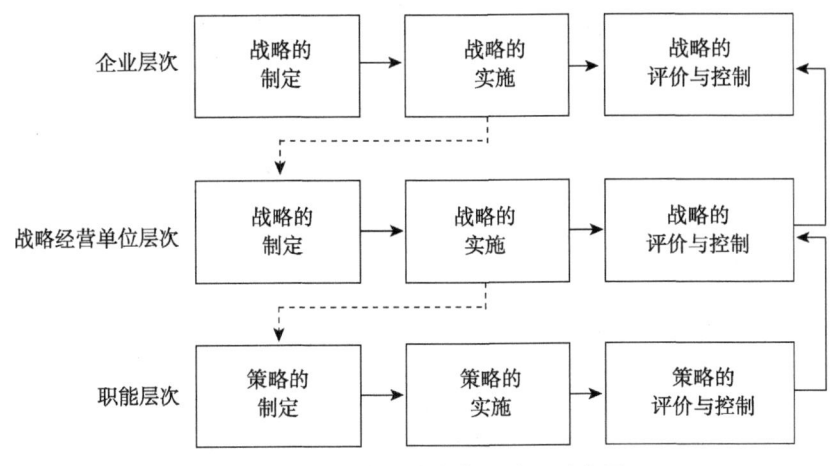

图 2　不同层次的战略管理过程示意图

第四节　战略管理的模型

虽然不同的企业在战略管理过程中采用不同方式,但其中大部分有共同的要素和相同的程序。这些要素和程序可以用两个模型表示出来,如图3(模型1)、图4(模型2)所示。

模型1(图3)是按战略管理的主要阶段以顺序方式表示的,这种顺序方式能一目了然地揭示出过程的主要阶段和环节的先后顺序及主要反馈关系;不足之处

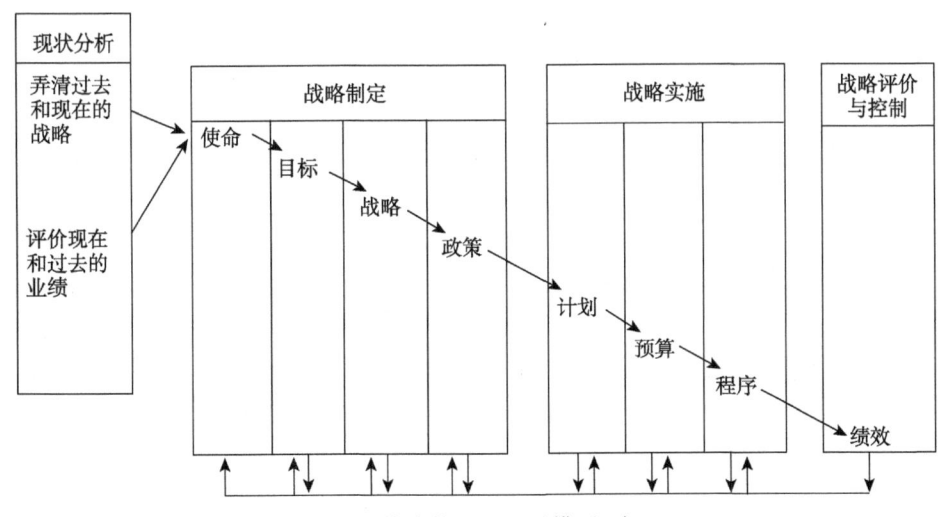

图 3　战略管理过程(模型 1)

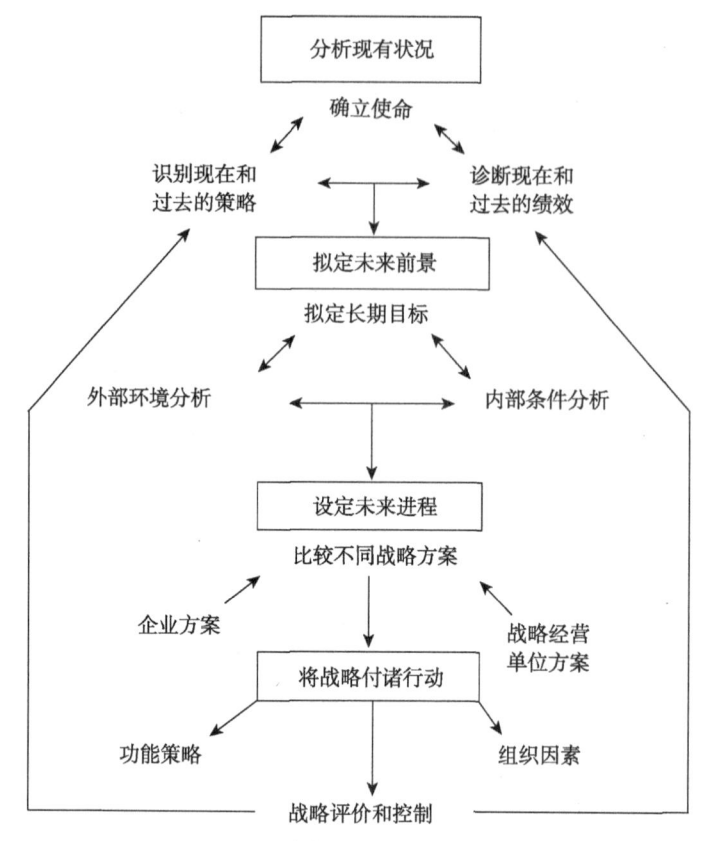

图 4　战略管理过程（模型 2）

是不能表示各环节之间的内在联系和相互作用。模型 2（图 4）揭示了战略管理过程各环节的内在联系与相互作用，正由于它具有这一明显的特点和优点，本节将按模型 2 来讨论经营战略管理过程的各个阶段、各个环节。

模型 2 不仅适用于大企业，同样适用于小企业，不仅适用于单一品种（服务）的企业，也适用于多种经营的企业。该模型将战略管理过程划分为 4 个部分：分析现有状况；拟定未来前景；设定未来进程；将战略付诸行动。

先讨论这样划分的逻辑依据。作为一个企业，拟定未来战略，首先必须分析和弄清楚企业经营的现状。只有当企业对自己当前现状的底细掌握得较彻底时，才有基础展望企业的未来前景，否则会使远景战略基于不扎实的基础。当前景确定后，企业（组织）应通过仔细评价和选择方案设定未来的进程。在最后阶段中，企业（组织）实施所选择的战略方案并进行相应的控制和监督。

必须指出，战略管理过程呈现为一个迭代过程，如图 4 中箭头所示，其路线自上而下，接着又从模型的底层返回到模型的上部。它意味着这个过程是循环不已，永不终止的；需要经常地修订与更新。双向箭头表示出双向关系，即一个变量（因素）既受另一个变量（因素）的作用与影响，但又反过来影响该变量（因素）。下面将分段对这四个主要因素和有关的次要因素进行讨论。

一、对企业现有状况的分析

无论企业是否首次拟定战略还是已有多年战略管理的经验，在着手拟定企业战略时，首先必须弄清企业的现有状况，包括企业现有的宗旨（使命）、目标、绩效和战略。弄清了这些情况再制定战略展望未来，这是合乎逻辑的。但是，很多经营管理人员在拟定战略时却往往忽视了这一点，一开始就急于从环境分析着手拟定企业目标和战略。

从图4中可以看出，分析企业现状时有三个主要因素：企业宗旨（使命）、过去和现行的策略、企业过去与当前的绩效。

（一）识别企业使命（宗旨）

企业的使命规定了企业的基本目的。企业的使命应该为全企业广大职工群众所充分了解。但是有时企业也会根据情况改变其既定的使命，使之符合当时形势的需要。特别是当企业的使命不是很清楚时，更需要加以修订使之明确起来。企业的使命一般由企业的所有者或其代表来确定。在国营企业中要根据党和政府的方针及其对企业所规定的经营方向，由企业领导人在职工群众参与的情况下制定。在多种所有制成分的企业里，除上述因素外还可能由股份持有者或其代表参与决定。在合资企业中，则由合资者根据政策、环境等条件协商制定与修订。

（二）识别过去和现行的战略

国外有不少大企业在20世纪60年代时为了提高其形象和服务质量，纷纷制定或修订了战略。它们在制定新战略时，首先分析现行战略，并评估其过去不同时期所施行的战略。换言之，在进行战略变更之前，必须对过去的和现行的战略作充分的分析和评价。

一般要对以下问题进行分析并做出回答：过去实行的战略（策略）是否是在对战略管理有足够认识的基础上自觉地拟定和实施的？如果没有做到上述这点，还能否对实际实施的战略进行分析并做出明确的表述？战略是否有正规程序和文件记载？

不论属于哪种情况，都要弄清反映企业实际经营活动和意向的企业战略（策略）。

（三）评价企业过去与当前的绩效

为了评价企业过去实施战略的情况和决定是否应做战略上的变化，必须对企业过去和当前的经营绩效进行评定。评价内容是：企业当前的经营绩效如何？企业过去几年的经营绩效如何？企业经营效益的变化趋向如何？是上升还是下降？

战略家与战略分析者在拟定新战略前必须认真分析研究这些问题并做出回答。

评价企业的绩效应包括对企业财务状况进行深入的分析和诊断。这一点从模型2中自图底部向上反馈的箭头中可以看到。它也表示企业现在和未来的绩效是由企业过去和现行的战略所决定的，同时也可以看出战略管理是一个永无止境的迭代过程。

二、拟定未来发展前景

拟定未来发展前景的第一步，是从现定的使命出发确定中、长期的经营目标。但中长期目标的确定必须建立在对内外部环境与条件的分析之上。因而拟定中长期的发展目标和对内外部环境和条件的分析是同时进行的，并且是相互影响的过程。这一点从模型2上半部的以双向箭头连接的"外部环境分析—内部条件分析—拟定长期目标"三角形中可以看到这三个因素的循环作用关系。

（一）拟定长期目标

在企业使命（宗旨）确定后，要考虑企业在长远的发展中应完成和实现怎样的目标。在建立长期目标时，应着重确定公司（企业）和各战略经营单位这两个层次的目标。

第一步要决定企业目标所涉及的范围。一般要选定所拟生产经营的产品、销售额、市场占有率、成本、资金回收及社会目标。一旦目标和领域定下后，下一步就要确定由目标所决定的有关经营指标幅度大小和完成经营目标以及达到这些揭示幅度的期限。

（二）内部条件分析

分析内部条件的基本思想是客观地评估企业现有状况。哪些事情企业做对了，哪些事情企业没做好。从资源角度来看，哪些是企业的长处和优势？哪些是企业的弱点？哪些方面还要做补充调查，如企业的组织结构和企业的文化等。往往需要从权力分配、信息交流模式和工作流方面去分析企业结构。

如前所述，拟定企业长期目标要基于内部分析的结果。内部条件分析的重点应围绕长期目标所影响的诸因素。内部条件同长期目标之间存在着相互作用、相互影响的双向关系。

（三）外部环境分析

外部环境涉及范畴很广，包括企业以外的所有事物，但评价的重点只是那些影响企业经营的环境因素。环境因素按其对企业接近程度可分为两大类：一般的环境因素（宏观的或间接的环境因素）与竞争环境因素（直接因素）。前者与企业有较大距离，但终究会影响企业的经营，这方面有一般的经济条件和社会、政治与技术发展趋向。竞争环境因素是指那些离企业近且经常影响企业的因素，也称工作因素，如顾客、供应者、竞争者、持股人等。同内部条件一样，外部环境因素同长期目标也存在着互相作用、相互影响的双向关系。

经过现状分析和对未来前景的展望，企业可考虑达成目标的未来行动进程。

三、设定未来的进程

设定未来的进程，即行动方向，主要包括两方面的内容：一是根据企业的使命（宗旨）和长期目标，拟订出许多备选方案；二是从这些可替代方案中选择最佳的战略方案（策略途径）。

战略管理过程在这一阶段的目标是根据以上各阶段的工作，拟订出可行的战略方案，然后从中选择最佳方案。

根据企业已定的使命和长远目标，可以拟订若干个战略备选方案。内外部环境的分析也将对可行的战略方案提出特定的限制。例如，内部财务状况分析的结果将严格限制企业采用扩大规模的方案。同样，对外部环境中人口变化趋势的分析，也可能会提出限制企业的扩张计划。拟订出一系列备选方案后，必须进行方案的选优抉择。

在评价和最后选定一个合适的战略方案进程中，包括了使命、目标、内部分析和外部环境分析的综合过程。在这一阶段中要选择关系企业全局的大战略方案，以便使企业能根据其风险和能力采取行动实现企业的使命和目标。一旦大战略定案后，随即着手拟定那些支持大战略实施的子战略。

在多种经营跨行业的企业里，对战略方案的比较还包括评价不同的经营业务，以及评价各种经营业务的组合方案。下一步是评价每一战略经营单位的特定战略方案。可以认为本模型在这阶段的重点是：根据需要在企业和战略经营单位这两个层次中产生多种战略备选方案。

四、将战略付诸行动

模型的最后一部分强调将拟定的战略转化为组织行动，并保证这些行动成功。在大战略和支持大战略实施的子战略已定的情况下，要考虑为实施这些大小战略应采取什么行动。战略的实施应包括使战略付诸行动的一切。必需的行动包括决定和实施最适当的组织结构、拟定短期目标和拟定职能策略（功能策略）。这也关系到战略实施过程中的战略评价和控制。

（一）战略实施中的结构问题

一个组织或企业，不仅有其战略的历史，而且存在着现有结构、政策和系统等问题。虽然后述诸因素可以随战略变化而变化，但必须将各因素作为战略实施中的一部分并予以评价。

虽然，组织结构可以变化，但其相关的代价却很高。例如，改变组织结构时必须为新建的组织培训人员和进行人事调整，这些均需支出大量费用并引起一定的人事矛盾。因此，从现实的角度来看。一个组织的现行结构往往是对战略实施的某种制约或限制。

战略必须与现行的组织方面的政策相适应，否则便须修改与战略有矛盾的组织方面的政策。在很多情况下往往对那些影响未来战略的不合适的政策进行修改或予以废除。例如，过去有一家公司曾拟订了产品终生包用制度，几年后发现公司无力承受这种政策，最后只能予以取消。

同样，企业的现有组织系统（如信息系统、通信系统、控制系统和计划系统等）可能也会影响战略的实施，包括正式的与非正式的，必要时也应予以调整。

（二）职能策略（功能战略）的实施

经营战略是依靠职能策略来进行运营（操作）的。职能策略要为实现战略目标而具体地规定各职能部门（如生产制造部门、营销部门、研究开发部门、财务部门、人事部门等）的行动方案。

职能策略的主要目标是使企业和下属的战略经营单位的战略具有现实性。

职能策略在决定企业和下属战略经营单位战略的可行性方面起着重要的作用。如果不能很好地拟订和实施职能策略，那么企业和下属战略经营单位的战略可能会返工重订。可以说职能策略是企业战略的"落脚点"。

（三）识别战略管理过程中的难点

在战略付诸实施后，下一个具有挑战性的问题是监督企业实现其使命和目标的进程，这里的问题是：应采用什么样的管理控制来保证进程的顺利进行？大战略是否可行，是否需要修订？什么环节可能出现问题？

这里的重点在于如何及时掌握战略实施中可能出现的问题，以及问题出现后应采取怎样的措施来解决。

如前所述，箭头从模型的最底层反馈到上部，如此周而复始地进行，表明了战略管理过程是连续不断、永不终止的。

我们用图5表示社会主义企业经营战略模型（模型3）。这里考虑到如下特征：①社会主义企业的全民所有制性质决定了企业在确定其战略经营目标时，必须首先服从党的方针政策和国家下达的任务；②模型中列出了经营计划，明确了其在战略管理中的作用与地位；③模型中突出了各职能策略，同样明确了其地位与作用。模型同样显示了战略的反馈、循环、周而复始不断更新的特征。

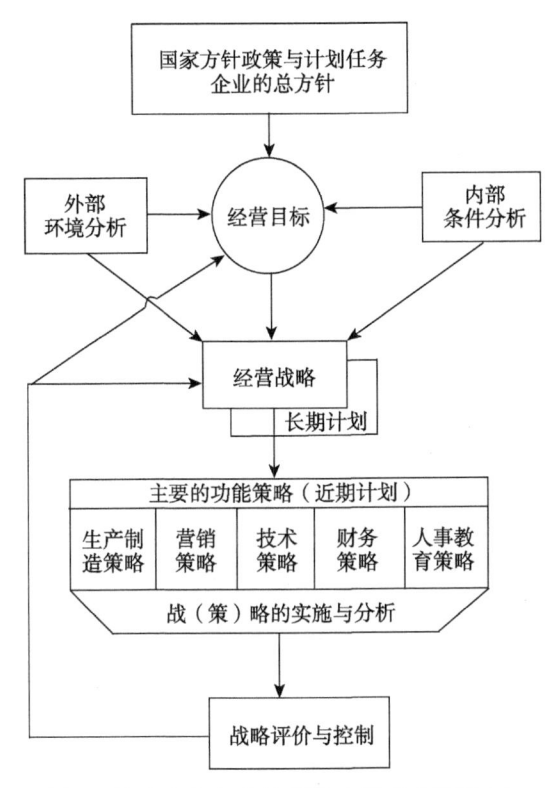

图 5　社会主义企业经营战略模型（模型 3）

【实例】　某汽车公司的战略管理战略的形成如下。

1. 使命

广义的：运输。

狭义的：制造和销售轿车和卡车。

2. 企业目标

（1）在 1990~1993 年经营轿车和卡车方面提高经济效益，使投资回收效率提高 10%。

（2）完成国家标准中提出的每公里耗油量要求。

3. 战略

（1）更新工厂设备以降低成本。

（2）研究节油车型（包括轿车与卡车）以达到国定标准。

4. 政策

（1）在 1990~1993 年，以销售收入的 1%投入研究与开发以及提高汽车效率和安全性有关的项目。

（2）加快以高效率的设备替换低效率的旧设备的进程；从国外引进先进适用

的关键设备。

（3）优化劳动组合，提高劳动效率，对多余人员集中轮流进行技术培训，以适应生产进一步发展的需要。

5. 战略的实施

（1）在1990年底以前关闭那些效率低、亏损大、无前途的工厂。

（2）在1990年底以前30%的工厂实现自动化、半自动化。

（3）在1991~1993年使40%的元件用轻金属或塑料替代。

（4）对以上各计划实施项目进行费用/效益分析。

（5）拟定更新设备、处理陈旧设备的程序。其程序如下：

①由设备部门为每台设备拟定各项标准（包括折旧值、重置费用、设备使用年限、工况等）以决定待更新状况。

②由设备制造工程师按设备记录标出待处理状况。

③由设备工程师按每台设备估计其费用及收益，包括：残值、转移费用、存储费用和售出价格。

④由公司卡车将拆除设备转移到指定地点。

⑤将废弃设备售给收购单位。

6. 战略评价与控制

（1）需要以下各种月报：实际成本和标准成本；实际销售额与计划销售额；关闭低效工厂的进度；安装自动化、半自动化设备的进程；利用轻金属的进度等。

（2）需要以下各种年报：各战略经营单位的效益指标（如产值、销售额、利润、资金回收等）；油耗达国家标准的情况；对全公司和每个部门（战略经营单位）进行战略审计的状况。

第五节　战略管理的职责分工

战略管理的好坏在很大程度上取决于各层次的协作和配合程度，取决于各战略管理层次上有无明确的职权分工。

一、企业领导的作用

战略是作为战略家的企业领导的思考，战略家的头脑是企业战略的主要源泉。企业领导在战略管理上不仅负有领导责任而且必须是直接的参与者。在小企业中，企业的战略管理主要依靠企业家；在大企业中，战略管理同样离不开企业领导人。实践经验表明，如果企业领导人不参与战略管理，战略管理就失去了中心，战略管理系统的工作人员就会因领导不重视而失去信心。因而，"领导参与"是战略管理的重要条件，也是搞好战略管理的必要条件。

企业领导参与战略管理的主要职责是抓住以下几个环节：企业使命的拟定；企业的中长期目标；战略方案的比较和选择。

具体说来，企业高层领导在战略管理中的主要职责与作用表现在以下几个方面：①企业领导必须明确他在战略管理中负有重要责任，不能把战略管理中所有责权都推给下级；②企业领导必须为企业内实现战略管理创造良好的气氛和环境；③企业领导必须保证本企业的战略管理过程的设计确实符合本企业的特点；④确定是否应建立独立的计划部门（人员）来负责企业的战略管理；⑤企业高层领导必须亲自参加战略的拟定；⑥企业领导应面对面地与其下属讨论战略的拟定与实现，对下属提出的战略方案与意见应及时予以评价和反馈；⑦企业高层领导应将战略实施情况向上级汇报并向职工代表大会报告。

二、企业计划部门的职责

在大中型企业中一般应设置计划部门，负责协助企业领导进行战略管理。计划部门的职责因企业而异，一般说来应包括以下五个方面：协助企业领导搞好企业战略管理；协调各部门的战略（策略）及其规划、计划；协调企业领导健全计划体系；作为环境分析，并给出关系全局的指导准则；为企业领导拟订整个公司的规划，包括做出如兼并、实现多种经营等方案的建议。

计划部门工作人员主要从事协调、评价和咨询，并应努力做好环境与内部条件分析所需的信息的收集与分析工作。要认真做好战略方案的比较，以及战略的实施和控制评价。

计划部门直接向厂长负责，人员不宜过多，应保持精简、效能，以10人左右为宜。

三、生产指挥系统的职责

一般说来，生产指挥系统的各级指挥人员（分厂、车间、工段负责人）并不像企业高层管理那样关心战略管理工作，但也必须懂得战略管理过程，这样才有利于参与战略的制定和实施，以及提供战略管理所需的信息和数据。他们一般要向计划部门提供以下两方面资料：有关企业环境与内部条件分析所需的资料；有关企业中长期目标选择的资料。

在战略实施中他们起着重要作用，负有直接的责任。

应让各级生产指挥人员了解企业战略，这样，才能使他们在战略管理中发挥应有作用，并为公司战略出谋划策，根据企业战略规划拟订本单位的作业计划。

让各级生产指挥人员了解与参加企业战略拟定，不仅有利于获得他们提供的信息，也有利于在战略实施中减少不必要的阻力。

鉴于以上目的，有必要设计一个能吸收各级生产指挥系统人员参与战略管理的程序。"目标-战略-战术"系统就是依据这一思想设计而成的，并在实际运用中产生了良好的效果。

工业企业经营环境与内部条件的分析[1]

第一节 概 述

一、企业是个系统

社会主义工业企业是个有机整体。一方面，它包括了在产品的制造和流通过程中的物质技术因素；另一方面，由于这些过程又都是由人来组织和完成的，因而又包括了种种社会因素。因此，工业企业作为一个系统，是社会技术系统。

在工业企业内部，各个部分的活动既受自然规律的支配，也受社会规律的支配。在自然规律和社会规律的制约下，企业内部生产经营过程的各种要素，构成了企业的内部条件。

一切系统都只有在一定条件下才能存在。系统与它的外部条件存在着相互依赖关系。这个外部条件就是系统的环境。系统与系统的环境组成一个更大的系统。

企业作为一个社会技术系统，从属于我国乃至世界范围这个更大的社会技术系统。这个更大的系统中的各种政治、经济、技术和社会等因素都是企业的环境因素。

企业与企业环境之间存在着固有的内在联系。企业的一切活动都受企业环境各个因素的制约。企业的活动也对周围的环境产生或大或小的影响。

企业与企业环境都在不断地发展变化。企业的一切活动、企业的各种内部条件都必须适应环境的变化才有生命力。

一切系统都有其自身的质的规定性，都有其相应的系统边界。我国企业在扩大企业自主权的前后，它的作用、任务以及它与社会的联系都发生了很大的变化。以前，工业企业是生产型的，它只是国家这个大的经营管理系统里的一个生产单位，它的环境只局限于由国家直接管理的某些领域。目前，企业正在向经营开拓型转变。企业的内部条件发生了很大变化，企业与社会接触的边界也扩大了。它现在所面临的是比过去更为广阔、更为复杂多变的环境。

企业要能完成国家所赋予企业的使命，取得更好的经济效益，就不得不更多地注意环境因素的变动以及这种变动对企业所产生的影响。企业如何充分发挥企业内部条件的作用，以适应环境变化，就成为企业能否取得经济效益的关键问题。

---

[1] 节选自：许庆瑞. 工业企业经营学. 杭州：浙江人民出版社，1985：第二章。

二、企业与环境的相互关系

企业环境是企业存在的条件。环境向企业输入企业生产经营过程所需要的资源，企业向环境输出产品（劳务）。企业的生产经营要考虑到环境因素的影响。

（1）变化的环境对企业产生的影响，主要有以下两种。

一方面，有利的影响。它会使企业的长处得到更大程度的发挥，或是弥补企业的弱点。这样的环境因素给企业带来有利的影响，构成了企业的"机会"，它有利于企业达到预定目标，取得更大的成就，促进企业的更快发展。

另一方面，不利的影响。有的环境因素的变化，使企业的长处得不到发挥，或是突出了企业的弱点。这种环境因素的变化，给企业带来不利的影响，对企业构成了"威胁"，这就抑制了企业的发展，严重时甚至危及企业的生存。

（2）面对不断变化着的环境因素，企业领导者的任务如下。

第一，分析环境因素的改变对企业产生的影响，制定新的策略，采取相应的措施，对企业现有的条件做某些调整，以适应环境的变化。这样，一方面可以避免或减少"威胁"给企业造成的损失；另一方面要尽量利用一切可以利用的机会，以便在变化的环境中，仍能圆满地达到企业的目标。

第二，采取积极措施，主动改造环境，使其向有利于企业的方向转化。

第三，努力提高企业素质，改善企业内部条件，增强企业适应环境的能力。

为了适应环境、改造环境，就要从环境中找出对企业造成机会和构成威胁的是哪些因素，研究其对企业产生了什么影响，影响的程度。这是企业环境分析的任务。

在对环境进行分析的同时，还要分析企业自身的内部条件，明确其长处和弱点，以便对这些条件进行调整。这是企业内部条件分析的主要任务。

对企业的环境因素和企业的内部条件进行分析，都是企业做出正确决策的前提条件。

第二节　工业企业的环境因素

一、企业的环境因素

与企业的经营管理有联系的环境因素的数量众多而且互相影响。从中找出对企业有重要影响的环境因素，是进行环境分析和对环境状况做出判断的重要前提。

哪些环境因素对企业具有重要的影响，取决于企业的生产和经营特点。不同的社会经济制度赋予这种特点以更大的差别。虽然给予企业以重要影响的因素必须根据企业的特定情况来确定，但可按照共同的特点进行某些大致的划分。

不同的学者对环境因素有不同的分类方法。

例如，日本中村元一教授主张按照主体、机能和地区三个方面来划分环境因素。

主体指的是与企业有直接利害关系的人群，如企业的股东、经营者、职工、工会、顾客、商人、金融机构、企业的竞争者等，还可以扩大到地区、政府机关、广大群众等与企业有间接利害关系的人群。

机能指的是影响企业为达到经营目标而履行的各种生产经营职能的因素，如经济、技术、政治、社会等。

地区包括国内和国外，即除国内情况外，还得考虑到国际性的因素。

多数学者都主张主要从机能方面对环境因素进行划分。

按照环境对企业的影响，可以把企业环境分为如下两大类（图1）。

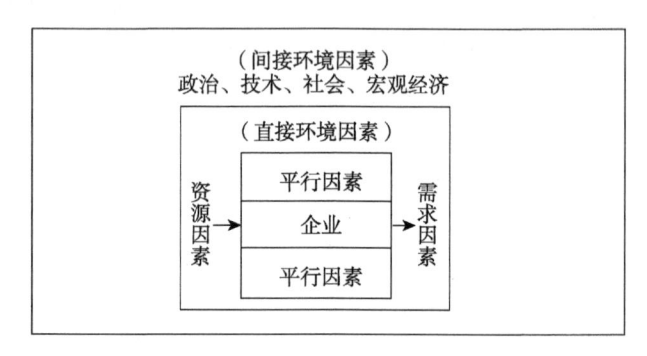

图1 企业环境示意图

（一）直接环境因素

直接环境因素是那些给企业带来直接影响的环境因素，也就是企业与外界有直接联系的环境因素，包括以下几方面。

（1）需求因素，即向企业提出需求的环境因素，主要是市场需求，属于企业产出的环境因素。

（2）资源因素，即向企业供应资源的环境因素。这是属于向企业投入的环境因素，如各类资源的供应条件。

（3）平行因素，即与企业平行的或可以相互替代的环境因素，如同行业的竞争者。

（二）间接环境因素

间接环境因素和直接环境因素相比，是一种属于更大范围的系统领域。它通过直接环境因素对企业产生影响。间接环境因素包括政治因素、技术因素、社会因素及宏观经济因素等各个方面。

二、企业环境因素的内容

以上各个主要环境因素所包括的内容大体如下。

（一）需求因素

企业向环境输出的产品（服务）要适合环境向企业提出的需求。这是企业受环境经济因素影响的最主要的一个方面。在商品经济存在的条件下，环境向企业提出的需求主要表现为市场的需求。市场需求的状况对企业产品（服务）的产量、品种、质量等方面都有重大影响。

市场需求取决于需求者的数量和购买力两个因素。这两个因素在消费资料领域和生产资料领域有不同的表现形式。

1. 消费资料

消费有个人消费和集团消费两种。

1）个人消费

（1）"需求者的数量"主要受人口因素的影响，包括以下几点。

总人口：对该地区总体消费市场的大小有影响。

人口结构：人口的地理分布、年龄构成、职业构成、民族和性别差异、不同的教育程度、不同的收入水平的分布等因素都对消费资料的需求有不同的影响。

家庭因素：由家庭户数、住宅数与家庭人数（家庭由两个以上有亲属关系的人构成。住宅指一人或多人的居住单位。一个住宅可以有数个家庭，或一个家庭可有数个住宅）。这些因素都对消费形态有不同的影响。

（2）"购买力"的大小，体现消费者的消费水平，它主要由收入因素所决定。特别是其中可归消费者个人支配的货币收入。这种收入不包括公共福利事业所给予消费者的实际收入（如我国的公费医疗费）。它是形成市场上生活资料需求的主要部分。收入因素主要包括以下两点。

第一，每人平均收入。它体现社会的消费水平。

第二，消费结构。随着平均收入的增长，消费结构也随之变化，生活中吃、穿、用、住的比例都在发生变化。西方经济学家特别强调可任意支配的收入在改变消费结构中的作用。这种收入是指在个人收入中除去吃、穿、住等维持生活的必需支出之外的剩余部分。影响这部分收入的因素最多，也最易变动。它所占的比例随着平均收入水平的提高以更快的速度增加。这些因素对消费的模式有特别重要的影响。

不同地区、不同职业类别的居民具有不同的消费水平与消费结构。

2）集团消费

集团消费包括由国家支配的用于国防、国家管理、文教卫生与社会福利方面的消费。这方面的消费受社会消费基金总量和消费基金结构的影响。

2. 生产资料

对生产资料的需求，除用于基本建设的部分取决于国家积累基金的总数和构成外，其他部分主要取决于生产部门的数量、特点和购买力。

生产部门的数量是指生产资料的需求者的数量，主要指各生产部门分行业的企业数量。分行业的企业对某种生产资料有共同的需要，因而对生产该生产资料的企业具有重要影响。

生产部门的特点和购买力，包括企业的规模大小、构成和地理分布等。规模大的企业，数量虽少，但购买力高，在总的需求量中占很大比重，影响大。地理分布对生产资料生产点的设置、销售量和销售活动的进行都有影响。

（二）平行因素

企业向环境输出产品（服务）是否能适合环境向企业提出的需要，还涉及平行企业的竞争问题。处于竞争者地位的同行业或可替代产品的行业，它们的情况对企业具有重大的影响。涉及这方面的主要因素有以下几点。

（1）同行业与可替代产品行业的现有企业数目、生产能力、产品的种类、质量、性能、价格、市场占有率及服务工作等。

（2）新建的、自其他领域转入本行业的和自本行业转出去的该类企业，它们的数目、生产能力、产品特性、种类、价格及市场占有率等。

（3）同一行业的各企业在竞争策略上的变化。

（4）竞争对手过去所取得的实绩，预计他们在将来可能达到的目标。

（三）资源因素

企业所关切的是，它在生产过程中所需要的各种资源（包括能源、原材料、资金和劳动力等）是否能以适当的代价从环境中获得，而这些资源也是环境按照企业的需要所能提供的。资源的因素也牵涉到企业与资源供应者之间的竞争问题。涉及这方面的因素如下。

（1）资源供应者在该资源行业中所处的地位是否重要。

（2）需要资源的企业是否为资源供应者的主要顾客。

（3）是否存在具有合理价格的替代资源。

（4）需要者是否属于供应者所具有的"前向兼营"（如塑料厂沿塑料产品的供应方向自制塑料制品）能力的范围。

（5）供应者是否属于需要者所具有的"后向兼营"（如洗衣机厂沿洗衣机零部件供应的相反方向自制电机）能力的范围。

（6）从长期看，各种资源及其价格的发展趋势如何。

（7）对较近于枯竭的不可再生的资源（如矿物）是否有替代资源，特别是能替代石油的某些能源。

（四）政治因素

企业的政治环境因素，在国内主要集中在国家与国民经济各个部门的关系、国家与企业的关系上，这种关系往往以国家的政策与法令的形式表现出来；在国际上，涉及国与国之间的关系。

在资本主义社会，资产阶级国家无法对整个国民经济进行合理的组织与统一的计划。但为了加强剥削，协调各资本家集团之间的利益矛盾，缓和劳动阶级和资产阶级的矛盾，以及在同其他国家进行政治和经济斗争中巩固自己的地位，同时也迫于现代化大生产必须有统一计划的客观要求，资本主义国家近年来有对企业加强干预的趋势。如资产阶级政府通过制定各种经济法规，来控制某些产品价格和工资水平，防止环境污染等；有时也采取低息贷款、减免税等办法，扶持本国产品，同时加强进口限制，以提高国际竞争能力。

西方企业都极其注意政府的动向，极力利用有利于本企业的法规，逃避对自己的限制。我国企业在对外贸易中，也必须十分注意了解和分析对方国家与政府所制定的各种法规，以便采取有利于我国的对策。

社会主义国家负有组织人民群众全面进行经济文化建设的任务。国家按照社会主义经济建设的规律，统筹兼顾，妥善安排全局利益和各行业、各企业之间的相互关系。企业必须在服从全局利益的前提下，规划自己的行动。因此，党和国家关于建设社会主义的总任务以及为实现总任务而制定的各项经济政策，应是企业一切工作的出发点。国家给予企业的计划任务或为企业指出方向的指导性意见是企业做出决策、见诸行动的主要根据。因此，在各个环境因素中，政治是首要的因素，也是对企业影响最大的一个因素。企业必须经常注意党和国家各项方针政策，如关于我国社会主义建设的总方针，关于调整、巩固、充实、提高的八字方针，关于经济体制改革的决定，关于各个工业部门的具体政策，等等。

（五）技术因素

经济增长率的提高，主要取决于技术的发展。技术的发展将给企业提供有利的机会，但也会给某些企业带来威胁。一项新技术的出现，有时会形成一个工业部门，但同时也会摧毁另一个工业部门。新技术的长远影响，常常不易为人们所发现。为做好战略性决策，必须经常注意技术发展的主要动向。近几十年来，技术发展有如下特点。

（1）技术发展的速度，有日益加快的趋势。

（2）技术创新的机会日益增加。

（3）研究开发的经费高速增长。

（4）产品小改良比大项技术创造增加得快。

（六）社会因素

不同的民族、国家，有不同的适应其生活环境的社会组织形式，以及不同的社会生活行为准则。

这些社会组织形式与行为准则的核心部分，是在长期社会发展中形成的，具有全民族的特点，有它的传统持续性。在保持其全民族特点的同时，某些局部因素，如不同民族、不同收入水平、不同的职业、不同的年龄有其各自的某些特异性。在保持其传统持续性的同时，在不同的时期，也在发生着某些渐变。如西方发达国家的家庭结构，从过去比较典型的一家四五口人向人口更少甚至只有夫妻两人的家庭发展。更多的妇女参加工作也给家庭生活带来了很大变化。这些都对生产与消费产生了巨大的影响。

（七）宏观经济因素

宏观经济因素的变化，也会对企业产生重大影响。

我国近年对国民经济进行调整，产生了如下一些对企业具有重大影响的经济因素。

（1）国民收入分配中积累与消费的比例、积累基金和消费基金的分配和使用方向上的变化。

（2）国民经济各部门结构的调整，如农业、轻工业、重工业的比例的调整，以及将能源、交通作为目前经济建设的重点。

（3）国民经济管理体制的改革和变化。

（4）对外开放政策的实施。

资本主义国家经常关心的一些宏观经济因素如下。①物价上涨或是下落的趋势。②金融方面，通货膨胀趋势，货币升值还是贬值。③财政方面，各种产品的税率高低。④经济危机周期处在哪个阶段，即危机、萧条、复苏还是高涨。

第三节 环 境 分 析

一、环境分析的内容

由于环境因素很复杂，不同的企业所面临的问题和情况也很不相同。对环境因素进行分析时，需要针对不同的情况，采取不同的分析内容与方法。但共同的内容主要有以下几方面。

（1）企业现行的经营方针与策略是什么？它所依据的环境状况怎样？

（2）对各个环境因素在预计期内的变化趋势做一般的调查和预测。

（3）找出在将来会对企业产生较为重大影响的环境因素。分析这些因素给企业带来了什么样的机会或构成了什么样的威胁。

（4）环境因素对现行策略产生了什么影响？其程度如何？

（5）对这样的影响应做出怎样的反应？是采取措施适应这种变化，还是可以不做出反应？将反应提供给决策者作为修改策略的依据。

二、环境分析的方式

对环境进行分析的最主要方法是调查和研究。首先，要进行广泛而有针对性的调查，以获取有关环境因素的信息；其次，进行决策分析。

对经营管理进行调查和预测的具体方法，将在以后的市场调查和经营预测的章节里详细讨论。这里仅就调查预测环境因素的几个主要方式作简要的介绍。

（一）获取口头信息

这是一种在各种正式的或非正式的场合收集到的通过人们口头传递的信息，如个别交谈、调查、访问、座谈会、讨论会等。这是目前了解环境情况，特别是直接环境情况的主要方法。

口头信息的来源主要有以下几方面。

（1）广播、电视等新闻媒介。

（2）企业工作人员，包括从最高层领导到基层的各级人员和各种职能机构的人员。

（3）企业外部的各种人员，如顾客、经销人员、代销人员、企业的供货者、同行业人员、各种金融机构的人员、咨询机构的人员、政府机关的工作人员、各类学校的教师和研究机构的人员等。

由于环境的复杂多变，从口头获得的信息有助于迅速考察环境因素的变化情况并提高分析效果。需要更多地增加与人们的接触，交换意见，只有这样才能获得最新的信息。在目前，越是高层领导，越需要这种口头信息。

（二）获得书面信息

这是一种通过各种书面资料而得到的信息，如杂志、报纸、会议记录、各种企业的年报、专业机构编写的各种专题报告、企业向政府呈送的各种报告等。这是了解间接环境因素情况的主要方法。

书面信息多数只是提供一般的信息，对企业环境因素的分析针对性不强。但由于企业无法对极为广泛的间接环境因素做专门的深入调查，因而这种书面信息的获得就不失为获得间接环境因素情况的主要方法。

（三）专题性调查

这是在对某些环境因素的情况需要进行重点、深入的了解时所用的主要调查方法。这种调查是针对环境因素的某个方面，在应用了口头或书面的方法无法得到所需要的信息时所做的专门调查。

专题性调查针对性强，可以满足环境分析中某个关键问题的需要，但费用较高，进行调查所花费的人力、物力较多。

资本主义国家的企业，为了能在竞争中战胜对方，常常不择手段，向竞争对手派遣"间谍"，刺探对方的工业秘密。这种"间谍"常是竞争者的雇员、供货者、顾客等，有时也派遣职业"间谍"。

（四）有系统的预测

企业的高层领导为掌握环境因素的发展趋向，常对某些因素提出预测要求，由企业的计划机构或有关的职能人员负责进行。有时也请企业外专司预测的咨询机构帮助。

有系统地进行预测，可以对某个关键性的因素开展比较深入的研究，对企业高层领导在做决策时是个重要参考。但做决策时所涉及的因素很多，不可能在一个预测中都体现出来，所以，领导者不能只靠预测来做决策。对于其他应用数学模型等方法所提供的资料也有同样的情况。

三、环境分析的组织问题

为使资料的收集和分析研究工作能够经常化，许多企业在高层领导者的领导下，设有专门的情报信息机构，负责各种情报资料的收集、整理、归纳和分析工作。

一些大企业建立了企业的管理信息系统，把各个职能机构和各级组织收集资料的工作纳入正轨，使情报信息工作更加系统化、经常化，并能较及时、精确地提供资料和反映情况。但在目前，管理信息系统对于具有经常性和重复性的日常业务性的决策帮助较大。而战略性的决策涉及的因素复杂得多，需要依靠决策者的经验、智慧和判断力进行直觉的估计，对所需的信息也要求更大的综合性和灵活性，这就增加了信息处理的复杂性。目前，管理信息系统对战略性决策的帮助不如对日常业务性决策的帮助那样大，但随着信息技术的发展，其对战略性决策的作用也将日益增加。

在当前企业管理上的许多经营性、战略性决策，还在很大程度上依靠决策者的知识和经验的情况下，企业中建立的情报信息机构对于战略性决策所需要的信息，还要依靠建立一个有效的人员网络。这个网络要给环境分析输入有效和全面的信息。这个网络应包括企业内各个职能部门、各个单位和地区以及企业外的一些知识广博和经验丰富的人员。

四、影响环境分析质量的因素

环境分析工作做得好坏，受以下一些因素的影响。

（1）从事分析的工作人员的素质。如应具有较为广阔的知识面和分析判断的能力，善于思考，能从全局着眼，从本质上去认识环境影响的主要问题，工作时能客观地分析环境，能集思广益，不主观武断，等等。

环境分析的质量除受以上这些个人的内在素质的影响之外，还与分析工作人员当时的心理状况、情绪乃至他们所受到的鼓励与信赖等有关。

（2）从事分析的工作人员的工作条件，如资源力量（人力、财力、物力等）的大小，时间上的紧迫性，从事分析工作的人员的精神状态，等等。

（3）分析工作的环境。企业的情况和所处的环境也会影响环境分析工作，如企业对环境依赖性大，企业在市场中所遇到的竞争激烈，处在一个比较动荡的环境之中，等等，这些情况都要求企业对环境因素的了解和分析工作做得更好、更及时。

第四节　工业企业内部条件的分析

一、企业内部条件分析的意义

在分析企业环境因素的同时，还要掌握企业自身的内部条件的情况。对企业环境因素与企业内部条件的了解和分析是正确做出经营决策必须具备的条件，也是制订企业经营计划的重要基础。

对企业内部条件进行分析，主要是了解企业对环境、对竞争者来说有何长处和弱点，以及形成这些长处和弱点的是企业自身的哪些因素。

了解和掌握企业的内部条件对企业的经营管理有很大作用，如以下两方面。

（1）明确了企业的长处所在，就可以更好地利用和选择环境变化给企业带来的众多机会，也能更有把握地避开威胁，为企业的发展创造条件。

（2）通过对企业内部条件的分析，为企业不断提高素质创造条件。

二、企业内部条件和企业素质的概念

要切实掌握企业内部条件中的那些最突出的长处和短处，首先必须明确企业内部条件的概念、实质和范畴。

企业的内部条件是指构成企业内部生产经营过程的各种要素。企业的内部条件，在日本，有人把它叫作"内部环境"，也有人把它叫作"素质"或"结构"，但指的都是同一性质的概念。

我国在1983年提出了提高企业素质的问题。许多人从不同角度对什么是企业素质、如何提高企业素质等问题进行了探讨。尽管对它有不同的理解，但就其基本内容来看，企业素质和国外学者对企业内部条件所提出的各种不同名称都属于同一范畴。

分析最近我国学术界讨论的企业素质的问题，并对企业素质的概念作如下表

述：企业素质是指企业当前在生产经营活动中所具有的潜在能力。

这个概念，有如下三方面含义。

（1）企业素质是个质的概念，主要表现为企业从事生产经营活动所具备的能力。能力是最能表现企业在从事生产经营活动时，在内部条件方面的最本质的东西。它对适应外部环境的变化，提高企业的经济效益具有决定性的作用。

日本学者把企业素质（即企业内部环境）说成是由服从于内部控制的人和物所构成的。国内的企业素质"要素论"者也认为企业素质是企业活动能量大小的各种内在因素的综合。他们都把企业素质看成各种要素的集合，而不把企业素质看成企业能力的表现。应该说，成为生产经营过程的各个构成因素（如人的因素、技术因素、管理因素等）是构成企业素质的基础，但如果不把它们提高到要素所表现的能力、功能上来看，就好像只把骨骼、心、肺、神经等的组合看成人的素质而不涉及各器官在人的生命活动中所起的功能和作用一样，因而不能说明人的素质的本质。

（2）企业素质，主要地体现为企业的总体生产经营能力，如体现为企业的竞争能力（在激烈的竞争中获胜的能力）、应变能力（适应外界环境变化、调节生产经营活动的能力）和开发能力（开发新产品、提高产品质量、降低产品成本、增加产量、开拓市场的能力）等。

（3）企业素质是个动态的概念，它随着企业的实力和水平的提高而不断提高。但在某个历史阶段，只能是作为现实的条件予以考虑，不能把将来可能达到而今天尚未具备的能力，作为企业今天的内部条件来加以考虑。

三、企业内部条件的分析

对企业内部条件进行分析，目的在于掌握企业种种内部条件的现状，发现其中影响企业经营成果的关键因素，明确企业的长处和短处。经过分析，企业领导对企业现状心中有了数，在决策时，就可采取集中力量发扬其长处的策略，使企业在竞争中处于有利地位，对企业的短处，采取积极改进的措施。有些企业的短处是历史上长期形成的，不是企业在短期中所能改进的，对这些短处要列入企业的长期计划，逐步改进。但在制订近期计划时，则要注意避免把决策建立在企业的弱点上。

长处和短处是相对的，企业素质的高低也是对某一个标准而言的。由于用以比较的标准不同，因而对企业内部条件的分析方式也不同。

目前，较多采用的分析方法是以企业现在所处的环境，特别是以同行业中最强的竞争者为标准，与自己内部的生产经营条件相比较，来分析本企业在经营能力上的优缺点。

表1是某个企业在企业调整中分析其企业素质的例子。

表 1 某个企业素质分析表（1980 年）

构成因素	性质分析	评价
1. 企业一般素质		
（1）经营管理	• 高层领导具有较强的专业知识与组织管理决策能力 • 有较好的产品开发与市场开发的策略 • 适应市场需要的管理组织调整工作居同行业的前列	+8
（2）研究与发展	• 新产品开发能力强 • 现在产品还不能完全适应轻工市场发展的需要	+5
（3）生产	• 生产设备性能好 • 生产组织还不适合于大批量生产新产品	+5
（4）销售	• 有较多的老用户 • 新用户销售渠道开始沟通	+7
平均		+6.25
2. 产品素质		
（1）产品的市场优势	• 本厂所生产的产品符合轻工行业迅速发展的需要	+8
（2）产品的获利能力	• 新产品比老产品获利能力大	+6
（3）市场占有率	• 在轻工行业有较高的市场占有率（12%~55%）	+7
（4）产品质量	• 关键产品获得国家银质奖，在国内同类产品中质量占优势	+7
（5）价格水平	• 与国外同类产品比，价格占优势	+4
（6）产品信誉	• 在国内用户中享有较高的声誉	+6
（7）销售服务	• 有较强大的服务机构和售前、售后的服务措施，在用户集中的城市设有技术服务网点	+5
（8）销售渠道	• 适应市场需要的自销渠道居同行业前列	+8
平均		+6.375

企业素质的构成因素可分为两大类（表 1 第一栏）。一类为企业一般素质，它表示企业共同的和最基本的能力，常常按照企业管理的基本职能来划分，如表 1 中所列的经营管理、研究与发展、生产、销售等因素。另一类为产品素质，按产品的类别和产品的竞争要素进行比较，这样的比较可为今后制定产品策略提供依据。

针对以上两大类的企业素质因素，可以根据企业性质的不同，作进一步的划分，可以比较得更细致，分析得更深入。例如，经营管理因素可以进一步划分为以下几点。

（1）领导班子与规划部门的经营管理与决策能力。

（2）产品规划与市场开发策略的好坏。

（3）经营管理人员的知识和能力、管理用设备（如电子计算机）的装备情况、管理组织机构、管理方法的完善程度等。

对各构成因素进行质的对比分析时，尽量进行定量的对比分析，用数量来显示其优缺点。因此，对历史资料要进行统计计算，对前景的预计，应尽量运用预测所得出的数字进行对比分析。

对于那些无法用确定的数量来表示的因素，如经营管理的完善程度、产品在用户中的信誉等，可把主观上对它的质的分析，用评分的方法，求得一个相对的比较量（见表 1 的"评价"一栏）。这样做的好处是：对某个因素素质的高低有明确的量的概念，而且还便于相加，便于进行综合比较。在表 1 的例子中，把企业素质的各个因素对竞争者的绝对优势定为+10，绝对劣势定为-10，双方势均力敌定为 0，则可按各因素对竞争者的优劣势程度，分别在+10 与-10 之间评定出一个适当的相对数字，以表明其与竞争者对比时的企业素质的高低。

第五节　工业企业外部环境与内部条件的综合分析

企业的环境条件和内部条件之间互有影响。必须在充分掌握它们之间的相互作用和主要联系的基础之上，制订出正确的策略和计划。

这一节的内容，就是在上面几节对环境因素和内部条件分别进行分析的基础上，综合考虑它们的相互影响。

表 2 是对企业内外部条件进行综合分析的例子。横向和纵向各栏分别是对企业环境和企业内部条件经过分析后，找出的关键因素。表 2 中各数字表示两者的综合影响。

表 2　企业内外部条件综合分析表

企业环境		企业内部条件											综合影响 (I_1)	
		企业一般素质（策略）								产品素质（任务）				
		S_1	S_2	S_3	S_4	S_5	S_6	S_7	S_8	何人需要(M_1)	何种需要(M_2)	多少代价(M_3)	+	−
间接环境（一般趋势）	T_1	0	0	0	+5	−3	−5	+3	0	+1	0	0	+9	−8
	T_2	0	−5	−4	−4	+1	0	0	0	0	+5	0	+6	⑬
	T_3	+1	−2	−1	+3	0	−2	+2	0	0	+5	−5	⑪	−10
	T_4	+1	−1	+3	0	0	−1	+4	0	0	0	−5	+8	−7
	T_5	0	0	+2	0	+3	0	+1	0	+3	0	−4	+9	−4
	T_6	0	+1	0	+3	0	−1	0	0	0	+4	0	+8	−1
	T_7	+5	0	0	+1	+3	−4	0	0	0	0	0	+9	−4
	T_8	0	0	0	0	−2	0	+4	0	0	0	+2	+8	−5
直接环境（联系户）	E_1	−5	+2	−2	0	0	−4	−4	0	0	−5	+1	+3	⑳
	E_2	−1	−2	0	0	0	+1	−5	−1	−3	0	0	+1	−12
	E_3	−2	0	+1	0	0	−1	−2	0	−1	+1	+1	+3	−6
	E_4	0	+3	−2	+2	+3	+2	0	0	0	+2	0	+12	−2
	E_5	0	0	0	+5	+3	−2	+1	+5	+4	0	0	⑱	−2
	E_6	+2	0	+2	−1	−3	+3	+1	0	0	+5	0	+13	−4
	E_7	0	0	0	−1	0	0	0	0	+1	+1	0	+2	−1
	E_8	−3	0	0	0	0	0	0	0	0	+1	+5	+11	−6
	E_9	+2	−3	0	0	0	0	+5	0	0	+2	0	+9	−3
综合影响 (I_2)	+	+11	+8	+8	+19	+15	+9	㉑	+5	+9	㉖	+9		
	−	−11	−13	−9	−8	−8	㉓	−12	−1	−4	−5	⑭		

一、企业环境因素

企业环境所涉及的范围广，又处于发展变化之中。对企业环境进行分析，就是要通过掌握和分析环境在变化之中的大量信息，研究其发展趋势，找出在一定时间内对企业的经营活动具有重大影响的因素，作为进行综合分析时重点考虑的事项。

仍以本章第二节对企业环境进行分析时所划分的间接环境与直接环境两个方面进行讨论。

（一）间接环境

间接环境的发展趋势，是从最一般意义来看的有关整个社会的政治、宏观经济、科学技术、社会等几大环境因素的发展趋势。一般环境范围极广，要从近期在环境中所发生的重大事件中，找出对发展前景可能具有重大影响的还处于萌芽状态的事物，预计其发展趋势，并选择其对本企业影响较大的项目作为重点考虑的因素。例如，我国在农村试行家庭联产承包责任制的初期，某手扶拖拉机制造厂从个别农户积极购买拖拉机这一处于萌芽状态的事物中，看到在实行家庭联产承包责任制后农业机械能够在农村广泛发展的前景，做出增产小型手扶拖拉机的决定，因而既满足了社会的需要，又大大提高了企业的经济效益。

除考虑最一般的间接环境发展趋势外，还要考虑影响某个行业的行业环境因素。一般环境因素不限于某个行业，而行业环境因素只与某个行业有密切联系。

从企业环境中找出的关键因素，一般要具有下列特点。

（1）具有长远影响。

（2）具有重大影响。

（3）与本企业关系密切。

（4）变化的征候明显，发生的可能性大。

（5）地理关系上比较接近，等等。

从以上一般环境因素与行业环境因素中各选取最重要的因素列入表 2 的间接环境一栏（表 2 从一般环境与行业环境中各选取 4 项，从 T_1 到 T_8 共 8 项）。

（二）直接环境

企业直接环境的各因素，如市场、竞争者、资源供应等都与企业的经营有更为密切的联系。这种联系集中地表现在企业的"联系户"的要求与愿望上。

所谓"联系户"，是指直接或间接与企业发生联系并对企业经营活动产生影响的个人或团体，如用户、商业部门、上级机关、物资供应机构、银行、生产技术或经济上有联系的企业、同行业等。

每类联系户对企业都有各种不同的要求，企业能否满足这些要求，对企业的经营活动的顺利开展有很大影响。要仔细分析每类联系户的要求与愿望，找出其中对本企业最有影响者给予考虑。

表 2 中直接环境一栏所列举的 E_1 到 E_9 共九项，即从各种联系户中选取最有影响的三类联系户，又从每类联系户的要求与愿望中选出最有代表性的要求各三项。

二、企业内部条件

在动荡的、变化万千的环境中，决定企业在社会生产体系中的地位和状况的是企业的内部条件。外部环境因素对企业虽有重大影响，但决定企业成败的根本因素还是企业的素质。

在本章第四节中已论述了构成企业内部条件的产品素质和企业一般素质。现分别讨论如下。

（一）产品素质

决定企业在社会生产中地位的是企业能对社会做出多大的贡献，而这种贡献最具体的体现是企业能够满足社会的何种需要，能对社会承担什么样的任务，以什么样的代价，产出什么样的产品，提供什么样的劳务。

能够体现产品素质的企业任务，主要是指在什么样代价的基础上，为满足社会哪些方面的需要提供什么样的产品（劳务）。具体地说，包括如下几方面。

（1）企业能满足何种人的需要，即企业能够面对什么样的市场（表 2 中的 M_1 一栏）。

（2）企业能满足何种需要，即企业能够提供什么样质量的产品（M_2 一栏）。

（3）企业能以何种代价满足以上需要，即企业在提供以上产品时，资源的消耗与资源的占用的情况（M_3 一栏）。

（二）企业一般素质

企业一般素质是产品素质的基础。企业的一般素质高了，其应变能力和适应能力也就强了，就能够制定出更多样、更灵活的策略，更能适应环境的变化。因此，企业所制定出的策略能反映企业的一般素质。

策略和一般素质一样，是按企业的各个职能领域来制定的。各个职能领域可以按照下列准则选出最重要的策略。

（1）该策略影响比较长远。

（2）对企业的发展与生存影响大。

（3）对企业具有全局性的影响。

（4）该策略一旦实施，就不易变更或撤销。

（5）执行该策略需要投入大量资源，等等。

表 2 企业一般素质（策略）一栏中，列举 S_1 到 S_8 共八项。

三、综合影响

通过对企业环境因素与内部条件的分析，确定了它们各自的主要因素。在此基础上，要进一步研究其综合影响，即确定它们之间相互影响的性质以及影响的程度，以便从中找出影响最大的因素。把表 2 中横行的企业环境因素与纵列的企业内部条件各因素在矩阵图中一一加以比较来确定其影响的性质与程度。

影响的性质分为正影响与负影响。

正影响是某个环境因素创造了发扬企业某个长处的机会，因而可以促使企业采取某个有效的策略，促进了企业经营的发展。企业应该积极利用这种正影响。

负影响是企业环境的某个因素在企业的某个方面造成发展的不利条件，阻碍了企业优势的发挥，影响企业任务的完成。企业要采取措施避免不利影响，尽量减少其对企业所造成的损失。

在表 2 中，正影响与负影响各以"+"与"−"的符号表示。

影响的程度以相对数字表示。在表 2 中，规定最大的正影响为+5，最大的负影响为−5，稳定或没有相互影响的为 0。各项因素依其相互影响的程度，在+5 与 −5 之间评出适当的数字。

将各个横行与纵列的数字计算出来后，再将结果分别归纳在综合影响栏 I_1 与 I_2 中。

综合影响栏中的各个数字，表示企业各个内外部因素对企业经营的影响程度和重要性。其中以圆圈画出的数字，表示间接环境、直接环境、企业一般素质和产品素质这四个方面中的最大的正影响因素与最大的负影响因素，如 T_2 的−⑬，T_3 的+⑪，E_1 的−⑳，E_5 的+⑱，M_2 的+㉖，M_3 的−⑭，以及 S_6 的−㉓，S_7 的+㉑。这些最大的影响因素要首先予以注意，当然对其他相对重要的因素也不应当忽视。

在表 2 的分析中，只是明确了企业内外部的各个因素对企业经营的不同重要程度。要使这些相对重要的因素作为制定策略的重要依据，还要用更多的力量，收集更多的资料，做进一步的分析。

（1）要进一步弄清那些重要的环境因素发生变化的背景、性质、特征、发展趋势，以及它们对企业各方面工作所产生的各种具体影响，制定出各种利用机会、避免威胁的策略和措施。

（2）要研究企业的内部条件在环境变化面前，企业能做出怎样的反应。研究在经营管理、研究发展、生产和销售各个管理领域里，对于机会与威胁，要各自解决一些什么样的关键问题，为此，要增加投入什么资源，数量多少，如何取得这些资源，等等。

在对以上问题做了深入分析之后，就可综观全局，研究在当前的内、外部条件之下，如何扬长避短，给自己确定一个最有发展前途的任务目标和采取相应的、有内部条件保证的经营策略。

市场调查与市场开拓策略[1]

第一节 市场与经营

市场是指买卖双方进行商品和劳务交易的场所。它是由人口、购买力和购买欲望三个基本要素构成的，而且是在一定的地点和以一定的形式进行的。市场是伴随着社会分工和商品生产而产生和发展的，是生产发展特别是现代化大生产发展的客观要求。市场是现代企业一切经济活动的出发点和归宿，是经营的研究对象。

一、市场与经营的关系

社会主义企业的经营方针、经营目标和经营计划归根结底都是为了满足消费者的各种需求；同时，又以满足消费者的需要为生存条件。因此，企业的一切经营活动就必须以消费者为中心，也就是以市场为中心。

以市场为中心，这是社会主义生产的目的所决定的。在商品经济的条件下，社会需要只有通过市场才能敏感地、及时地得到正确的信息。企业的产品也只有经过市场转入消费才能得到社会的承认，满足人民的需要。企业要不断满足人民物质生活的需要，就必须重视市场，经常研究市场，摸清市场的变化规律，了解消费者的需要。从企业本身来看，只有从市场上及时地采购到合适的原材料，并能及时地把自己所生产的商品按合理的价格销售出去，企业才能生存和发展。可见，以供、产、销各个经济活动过程紧密地衔接为出发点，以最少的劳动消耗取得尽可能大的经济效益为目标的企业经营与管理是同市场紧密联系着的。

随着经济体制的改革，企业作为经营上相对独立的经济实体，自负盈亏，自行支配本身的生产、流通、分配等方面的经济活动，有权根据市场变化及时做出反应。企业需要考虑市场的需求、用户的需求，按消费者的意愿和需求来组织生产，即"以销定产、产销结合"，才能打开销路，受到消费者的欢迎，提高企业的经济效益。"以销定产、产销结合"，是从顾客的需要开始，先有顾客，然后有销售，再返回考虑如何组织生产。这样，既可以使消费者的需要得到满足，又可以避免造成社会和企业的浪费。

企业在进行经营决策时面临着如何处理市场上的需求、经济上是否合理及技

---

[1] 节选自：许庆瑞. 工业企业经营学. 杭州：浙江人民出版社，1985：第六章。

术上是否先进这三者之间的关系。从经营的观点看，市场需求是第一位的，其次是经济上的合理性，最后才是技术上的先进性。因为产品在技术上无论如何先进，如不适销对路，无人购买也就等于零；或者有人要，但经济上不划算，这种先进技术也无法存在。当然对具体的企业来说，这三者之间的关系也不是绝对不变的，在一定时期内要进行具体分析。

二、社会主义市场的作用

在社会主义条件下，市场对整个国民经济的发展，仍然具有十分重要的作用。社会主义市场的作用表现如下。

（1）利用市场衔接供、产、销，更好地解决生产和需要的矛盾，使计划更加符合客观实际，使生产更好地为满足人民的需要服务。

社会主义生产的目的是满足人民物质生活的需要。计划的任务是力求使产品生产同社会需要相适应。然而，社会需要是复杂的、多方面的，国家计划不可能把它们完全反映出来。特别是像我们这样一个大国，不仅多种所有制同时并存，而且各经济部门、各地区乃至各企业的状况又都是错综复杂的，不可能将一切指标都纳入国家计划，也不可能用产品交换的方式来满足整个社会各方面的需求。同时，社会主义经济又是社会化的大生产，它必须以商品经济的充分发展为前提。因此必须利用市场，通过市场调节，补充计划的不足，辅助解决产需脱节的问题。企业根据计划和市场需求来安排供、产、销活动，生产市场急需和短缺的产品，既可以满足社会需要，又可以避免造成产品积压。

（2）利用市场及时调整和修订计划，保证生产的顺利进行。

市场是沟通供、产、销的枢纽，它联结社会生产和再生产过程的各个环节，是保证生产顺利进行的条件。社会主义市场在社会再生产过程中的作用表现在两个方面：第一，企业生产的商品必须通过市场销售出去，使商品转化为货币资金，使生产过程中消耗掉的劳动得到价值补偿，并获得必要的积累资金，只有这样才有可能继续进行生产和扩大再生产；第二，企业继续进行再生产所需要的生产资料和生活资料也只有通过市场才能够取得。生产资料和生活资料是进行再生产的物质要素，如果供应中断，再生产也无法顺利进行。因而市场既是商品交换的总枢纽，又是一面镜子，它反映着商品的供求状况，并能准确地反映出计划工作中的问题。

建立在生产资料公有制基础上的社会主义计划经济，为按比例高速度发展国民经济提供了可能，但国家计划只能确定国民经济中重大的比例关系，不可能包揽一切。因此，社会再生产过程中所要保持的很多比例关系就要通过市场来灵活调整。某种产品在数量、规格、品种、质量、价格上符合社会的需要，就有销路；否则，就会造成滞销或积压；不足则会造成供应紧张。产品的滞销、积压给企业造成一定的经济损失，企业就会自动减少这些商品的生产。产品销路好，不仅证明社会需要这种产品，而且给企业带来较多的经济利益，企业就会自动地增加这种产品的生产。这样，社会再生产过程中所需要保持的各项比例关系就会得到自动调整。

总之，只要我们认真研究市场，进行市场调查和市场预测，就可以帮助我们及时调整和修正计划，保证计划的顺利完成。

（3）市场可以促使企业之间展开竞争，推动技术革新，改善经营管理，提高企业与社会的经济效益。

市场的存在必然促使企业之间展开竞争。社会主义制度下的竞争，是促进社会主义经济发展的一种动力。各个企业都要将产品拿到市场上来，比花色，比品种，比质量，比价格，比服务，由消费者选购。这种市场竞争的压力，促使企业不断革新技术，改善经营管理，挖掘生产潜力，提高劳动生产率，提高产品质量，降低生产成本，为取得更大的经济效益而努力。

第二节 市场调查的意义、内容与程序

一个企业生产出来的产品，究竟能不能以比较理想的价格销售出去，这就要看这种产品是否符合市场的需要。而市场需要又是在不断的变化，畅销品可能成为滞销品；同时，市场上又有很多的竞争者，要想在竞争中取胜，就需要了解竞争者的情况。这些，都要求企业认真研究市场，以便在不断变化着的市场中抓住有利时机，取得最佳的经济效益。而要研究市场，就要进行市场调查。市场调查就是为了达到特定的经营目的，通过各种途径和手段去摸清市场的现状及其发展趋势。为领导部门和企业的决策者制定政策、进行预测、做出经营决策、制订计划提供重要依据。

一、市场调查的重要性

我们在制订计划时，如果不了解总体市场的商品需求变化及其趋势，盲目地组织商品生产和供应，势必造成市场供求比例的失调。一个企业，如果不了解自己产品市场的大小、消费者的消费习惯、购买商品的心理变化及对自己的产品或服务的意见、要求等，盲目经营，就会造成决策上的失误，给企业带来严重的经济损失。

市场调查的作用，主要表现在以下几方面。

（1）为进一步做好市场预测提供充分的、准确的资料。市场调查是市场预测的基础。没有市场调查收集的资料，就根本没有办法进行市场预测，而且资料不充分、不准确也难以做出准确的市场预测。

（2）为进一步做出正确的经营决策奠定必要的基础。正确的经营决策是建立在对市场情况了解的基础上的，市场情况不明，就无法进行决策，即使做出决策也往往是错误的。

（3）为全面完成国家计划提供条件。市场调查既可促使计划落实到市场实际需要的坚固基础上，也可以为计划所需要原材料的来源提供信息。

（4）为正确地制定市场竞争策略提供依据。通过市场调查，全面了解市场情况，就可以使企业在竞争中充分发挥自己的长处，争取最佳的经济效益。

二、市场调查的内容

市场调查的内容很广泛，包括市场及其环境的调查，消费者和消费行为的调查，产品和销售情况的调查，技术发展的调查和竞争情况的调查。但是，一个企业在一定时期内只能根据实际需要进行一项或几项调查。

（一）市场及其环境的调查

市场情况调查的主要目的是了解市场对商品的需求量，发现潜在市场，确立目标市场。因此，要调查如下内容。

（1）市场对整个行业或同类产品的总需求量及总销售量的发展趋势。

（2）本企业产品在同类产品市场的占有率及其在某地区、某城市的占有率。

（3）市场上有无替换产品，本产品有无潜在市场。

市场是极其庞大复杂的，受到社会政治、经济、文化的影响，因此，还应当了解影响市场变化的各种社会因素。从社会政治、经济方面看，要调查国家的有关政策、法令、人口及其增长趋势、地理分布、家庭及个人的收入水平、消费水平、能源及各种资源的状况。从文化风俗习惯方面看，要调查文化教育程度、风俗习惯、宗教信仰等。

（二）消费者和消费行为的调查

市场是由消费者的需要构成的，因此，对消费者和消费行为的调查，是市场调查的重要部分。具体内容如下。

（1）现有顾客的数量及情况，如民族、年龄、性别、职业和地区分布。

（2）消费者的购买欲望和购买动机，如影响购买者做出购买决定的主要因素有哪些？不同收入水平的消费者各有什么不同需要？消费者愿意或不愿意购买本企业产品的原因。

（3）消费者的购买习惯，如购买地点、时间、数量。

（4）对潜在顾客的调查和发现。

（三）产品和销售情况的调查

这方面的调查内容相当广泛，又可分为如下几个方面。

1. 产品方面

（1）消费者对本企业新老产品的评价、意见和要求。对新产品，主要是设计、功能、用途和使用操作方面的评价；对老产品主要是质量、性能、价格、交货期限的意见和要求。

（2）本企业产品生命周期的调查。分析产品处于生命周期的哪个阶段，何时投放新产品，何时淘汰老产品。

（3）对产品的外观、包装、厂牌和商标的调查。

（4）对老产品的改进和发现新用途的调查。

（5）对产品线或产品组合的调查。

（6）对产品售前、售后服务工作的调查。

2. 价格方面

（1）消费者对产品价格变动的反应。产品最适宜的售价是多少？

（2）对新产品的定价策略和老产品价格的调整的调查。

（3）对替换产品的价格的调查。

（4）如何确定产品的批发价格、零售价格？

3. 销售推广和销售渠道的调查

（1）推销方式的调查，如人力推销还是非人力推销。

（2）广告媒体与效果的调查。如广告媒体的比较与选择，广告公司的选择，广告效果的调查。

（3）展览会、展销会和橱窗、陈列室的情况和效果的调查。

（4）销售服务方式的调查。如分期付款、打折扣、设立修理网点、代为培训技术力量等，采用哪些服务方式为好？

（5）中间商销售情况调查。如销售额、利润及中间商所在地区的产品市场占有率等。

（6）对各地区零售网点的调查。如网点密度，消费者对零售商的印象等。

（7）产品的包装、储存运输情况的调查。

（四）技术发展的调查

（1）新技术、新工艺、新材料的发展趋势和发展速度。

（2）新产品的技术现状和发展趋势、发展速度，应用新技术、新工艺、新材料的情况。

（3）新产品的国内外先进水平。

（五）竞争情况的调查

（1）竞争对手的调查。如了解全国或本地区同类企业或相近企业的个数及其产品的市场分布和市场占有率，对本企业产品销售的影响，了解它们的现实生产能力、潜在生产能力及工艺和成本状况。

（2）竞争产品的情况调查。如质量、性能、用途、包装、价格、商标及交货期限等。

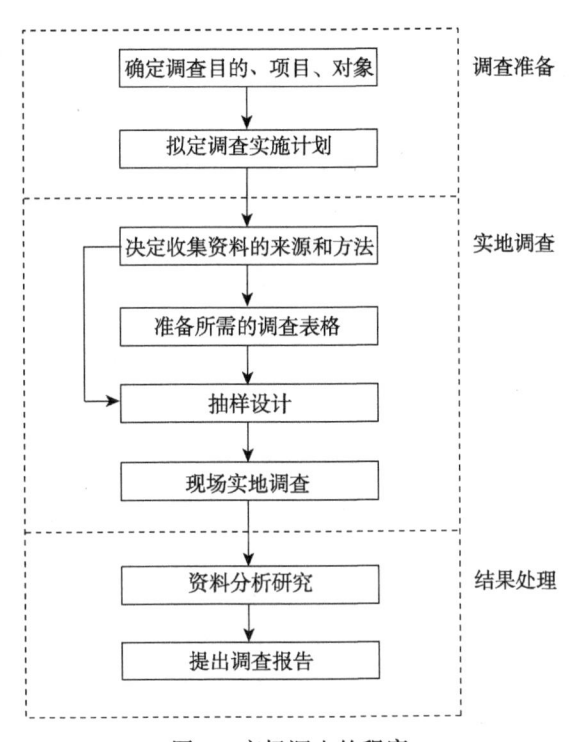

三、市场调查的程序

市场调查的程序如图 1 所示，可概括为三个阶段：调查准备阶段、实地调查阶段和结果处理阶段。

图 1 市场调查的程序

（一）调查准备阶段

（1）确定调查的目的、项目、对象。进行市场调查的主要目的，是通过收集与分析资料，研究解决企业在市场经营中存在的问题，针对问题寻求正确可行的措施。因此，市场调查必须有明确的目的，确定问题所在及其调查范围。要从本企业的实际出发，需要解决什么就去调查什么。有了明确的调查目的，就可以围绕着这个调查目的，确定调查的具体项目和调查对象。

（2）拟定调查实施计划。调查目的、调查项目、调查对象确定以后，就可以拟定更具体的调查实施计划。其主要内容有：调查机构的建立，调查的内容、时间、步骤的安排，调查材料的汇总、分析，调查力量的配置，完成任务的期限、经费等。

（二）实地调查阶段

（1）决定收集资料的来源和方法。主要包括下列内容。

第一，调查收集什么资料——是通过实地调查收集第一手资料，还是收集第二手资料。

第二，用什么方法进行调查——确定调查方法。

第三，由谁提供资料——确定调查对象。

第四，在什么地方进行调查——确定调查地点。

第五，什么时间调查最合适——确定调查时间。

第六，一次调查还是多次调查——确定调查次数。

调查收集的资料，一般分为两种：第一手资料又称原始资料，是调查人员通过现场实地调查所收集的资料，其收集的方法有访问调查法、观察法、实验法三种；第二手资料是他人搜集并经过整理的资料，这些资料比较容易取得。

第二手资料主要有以下几个来源：①企业内部的各种记录、统计表、报告、用户来函等；②政府机关、银行、计划、统计、商业、物资等主管部门、学术团体公布的统计资料；③各专业公司及企业的产品目录和样本；④公开出版和发行的报纸、杂志、书籍和研究报告等；⑤推销员提供的情报资料。推销员经常在顾客和市场中活动，他们直接接触市场。因此，他们提供的资料是十分有用的情报。第二手资料的搜集法不外是直接查阅、购买、交换、索取以及通过市场情报网搜集和复制等。

无论是第一手资料，还是第二手资料，搜集资料的目的都是利用资料。因此，资料的搜集要有针对性，根据具体需要，有目的、有计划地进行搜集；要注意保持资料的系统性、完整性与连贯性，不可时有时无、时断时续；要有预见性，注意及时搜集有关调查的问题的发展动向和发展趋势的情报资料。

（2）准备所需的调查表格。调查中所需要的调查表格，要根据调查方法来确定。一般包括询问表、观察记录表和实验记录表，以及一些统计表。观察记录表及实验记录表比较简单，只要能正确记录调查的时间、地点、情况和便于计算即可。询问表的设计无一定的格式和规则，要根据常识和经验来设计。

（3）抽样设计。由于市场调查面广量大，因此，调查中普遍采用抽样调查。调查人员在实地调查前应决定抽查的对象、采用什么抽样方法进行抽样和样本的大小。例如，抽查的对象是消费者个人，还是社会集团；是在合同单位中抽查，还是包括非合同单位；是选择在合同单位中用简单随机抽样法抽取样本，还是在合同单位中按大型、中型、小型企业分类随机抽取样本。抽查的对象、方法和样本大小确定后，参加实地调查的人员必须严格按照抽样设计的要求进行抽查，以保证调查质量。

（4）现场实地调查。现场实地调查就是到现场去调查搜集资料。在实地调查过程中，由于各种原因可能会使调查产生误差，发生困难，乃至失败，此时调查人员应采取妥善办法解决，尽可能按抽样设计的要求取得调查资料。现场实地调查工作的好坏，直接影响调查结果的正确性。为了搞好实地调查，必须做好现场调查人员的选择和培训工作。

（三）结果处理阶段

（1）资料分析研究。从各种现成来源搜集到的第二手资料，原来都是针对各自不同的目的，按照各自不同的要求，在不同的情况下编辑而成的，不一定对解决企业所面临的问题完全适用。即使是根据特定的目的调查搜集而来的第一手资料，在没有系统整理以前也是零碎的、杂乱的、分散的、片段的，还不能系统而集中地说明问题。因此，从各方面搜集到的市场情报资料必须经过编辑整理加工，去粗取精，去伪存真，以保证资料的系统、完整和真实可靠。

在情报资料的编辑整理过程中，首先要检查调查资料的误差。产生调查误差的原因一般有两种：一是抽样误差，用抽样调查的结果推算全体，其推算结果必定存在一定的误差，故必须加以测定，以确定样本的可靠性；二是非抽样误差，如统计计算错误、询问表内容设计不当、询问表记录不完整、前后答案相互矛盾等。错误资料必须剔除，同时要考虑是否需要补充资料。其次，要对情报资料进行评定，即要审核情报资料的依据是否充分，推理是否严谨，阐述是否全面，观点是否正确，以保证情报资料的真实与准确。

经过编辑整理的情报资料，要按适当的分类表分类编号，并对已经分类的资料进行统计计算，有系统地制成各种计算表、统计表，以便进行分析。分析就是运用调查所得的数据和事实，分析情况并得出结论。分析既包括对调查资料的总结，又包括对今后的经营决策提出合理的建议。

（2）提出调查报告。凡进行特定目的的调查，都应当编写调查报告。内容力求客观、扼要、重点突出，使委托调查者或企业决策者能在最短时间内对整个报告有一个概括的了解。

第三节　市场调查的类型与方法

一、市场调查的类型

市场调查根据调查的对象和范围的不同，一般可分为三种类型。

（一）市场普查

市场普查就是对涉及同一问题的全部对象进行逐一的调查。一般是某一组织对市场上的某些产品的供应、销售、库存与消费进行一次性的全面调查。市场普查主要是搜集那些不能或不宜通过经常调查取得的比较全面的、精确的统计资料。这种调查的优点是搜集到的资料比较全面、细致、精确；缺点是工作量过大，占用的人力过多，时间过长，因此，在市场调查中运用较少。

一般来说，如果被调查的对象不是很多，可以用这种办法进行调查。比如生产石油加工设备的企业，基本上是为石油工业服务的，用户单位并不太多，就可以用这种办法了解有关企业对各种石油加工设备的实际需要量。相反，如果生产的是日用消费品，就无法对购买者进行全面调查。

（二）随机抽样调查

所谓抽样调查，就是从需要了解的整体中，抽出其中一个组成部分进行调查，从而推断出整体的状况。抽样调查按抽样的方法不同，又可分为随机抽样、等距抽样、分层抽样、随意抽样等。其中最常用的是随机抽样调查。调查时，调查总体中每个个体都具有同等的被抽选的机会。

随机抽样法又可分为简单随机抽样、分层随机抽样和分群随机抽样。简单随机抽样是按抽签法或随机数表选取样本，比较简单。分层随机抽样时首先要把被调查的总体按一定标准分成若干组，每一组即称为一层，然后对每一层再随机选取部分个体作为样本进行调查；采用这种办法时按什么标准来分层，要视调查的目的以及企业产品销售对象的性质而定，例如，可按工资收入、平均收入，或按企业大小、企业的性质，或按城乡，或按工农兵学商，或按男女，或按老中青等标准来分层。分层随机抽样有时也会遇到困难，而且这种方法选取的样本极为分散，增加了调查的费用，此时可以采用分群随机抽样调查法。分群随机抽样时，把调查总体按区域划分成几个群，各个群的特性应尽量保持相近，然后随机地选取群体进行调查。分群随机抽样可以减少调查费用，缩短调查时间，但是由于抽样偶然性大，准确程度较低，应当多抽取群体样本进行调查。

（三）典型调查

所谓典型调查，就是通过对具有代表性的单位、团体或消费者的调查，达到全面了解市场某一方面问题的目的。例如，通过对民用建筑的典型调查来推断民用建筑对五金商品市场的需求。这种方法节省人力、财力，取得资料比较快，但由于选择对象有随意性，有较大局限性，因此为了提高典型的代表性，调查者在选择典型单位或消费者时应当对调查总体有充分的了解，避免选择那种极端的类型作为调查对象。为此，可先把调查总体按一定的标准分成若干类别，然后，再从各类中选出一部分单位或消费者作为调查对象。例如，对职工进行耐用消费品需求的典型调查，可先按工人、干部分类，再分别按不同收入进行分类，然后从不同收入的工人与干部中按比例选出几户作为典型调查户，从而提高典型的代表性。

因为市场是十分复杂的，企业不可能都采用抽样调查的办法。市场普查工作量更大，因此，典型调查是企业进行市场调查时经常采用的一种方法。例如，对耐用消费品的调查，对百货、针纺织品的调查，对消费者购买心理的调查，对商品销售、广告及新产品发展的调查等，都可用典型调查的方法，以此来推测市场的供求关系及其变化。

二、市场调查的方法

市场调查的方法很多，最基本的是访问法、观察法、实验法。市场调查方法的选择是否恰当对调查的结果影响很大。因此，不仅要掌握具体办法，也要了解各种方法的优缺点，以便根据实际问题选择最合适的方法。

（一）访问法（询问法）

访问法是将所要调查的事项以当面或书面或电话的方式向被调查者提出询问，以获得所需要的资料。它是市场调查中最常用的一种方法。按调查者与被调查者的接触方式和询问表传递方式的不同，访问法又分为面谈调查、电话调查、邮寄调查、留置询问表调查四种。

（1）面谈调查。面谈调查可分为个人面谈与小组面谈。调查者面对面地向被调查者询问有关问题，回答可以当场记录。这种方法的关键是调查者要善于启发引导，引起对方的兴趣而乐意回答。其优点是能直接听取对方的意见和反应，富有灵活性，问卷的回收率较高；其缺点是调查成本较高，调查结果易受调查人员的技术熟练与否的影响。

（2）电话调查。电话调查就是由调查人员根据抽样要求用电话询问调查对象的意见。这种方法的优点是资料搜集最快、成本最低，其缺点是调查对象只限于有电话的用户，对没有电话的消费者或家庭无法进行调查，故调查总体不够完整，而且不易获得对方的合作，不能询问较为复杂的问题。

（3）邮寄调查。邮寄调查就是将设计好的问卷通过邮局寄给被调查者，请其填好后寄回。此法的优点是调查区域较广、调查成本低；其缺点是回收率通常较低、回收时间较长，填写回答内容的可能不是被调查者本人，被调查者可能误解询问表中某些询问事项的含义。

（4）留置询问表调查。这种方法由调查人员将询问表当面交给被调查人，说明回答方法后，留给被调查者，由其自行填写，再由调查人员定期收回。

（二）观察法

观察法是调查人员直接到调查现场进行观察，从而获得调查资料的方法。调查者不直接向被调查者提出问题，而是从旁观察，并记录所发生的事实，因此，不会让对方感到正在被调查，所以这种方法获得的结果准确性较高；其缺点是经费开支大、花费时间长，而且只能报告事实的发生，而不能说明其原因。常用的观察法有以下几种。

（1）直接观察法，或称顾客动作观察法。这种方法通常用于调查研究消费品的包装、商标和橱窗陈列等对用户的吸引力，也用于了解某种产品最吸引用户的是哪些事项。一般由调查人员站在商店适当的位置，详细地观察并记录用户的行动，以便作为研究、改进设计时的参考。

（2）实际痕迹测量法。这种方法是通过对某事件留下的实际痕迹的观察来调查情况。一般用于调查用户的流量、广告的效果等。例如，企业在几种报纸、杂志上做广告时，在广告下面附有一张表格或条子，请读者阅后把表格或条子剪下分别寄回企业的有关部门，企业从回收的表格或条子中可以了解到在哪种报纸或杂志上刊登广告最有效。为今后选择广告媒介和测定广告效果提供可靠资料。

（3）店铺观察。调查者在商店进行观察并记录商店的实际销售情况。例如，有一家灯具制造厂派设计人员和销售人员到灯具商店站柜台，观察或调查顾客的情况、顾客的购买习惯及对产品造型、色彩、价格方面的要求，为设计新产品、制订合理的价格提供了依据。

（三）实验法

实验法通常用来调查某种因素对市场销售量的影响。这种方法是在一定条件下进行小规模的实验，然后对实验结果做出分析，研究是否值得大规模推广。

实验法的应用范围很广，凡是某一种商品在改变品种、品质、包装、设计、价格、广告、陈列方法等因素时，都可以采用这种方法先做一个小规模的实验，观察用户的反应，然后研究是否值得推广。我国工商部门常用的展销会、新产品试销门、市部试销等均属于实验调查法。实验调查法的优点是方法科学，可获得较正确的原始资料；其缺点是实验时间过长、成本高，而且，实验市场不容易选择。

在实际调查中究竟采用哪种调查方法，主要取决于调查问题的性质，可以采用其中一种、两种，也可以三种同时采用。例如，要调查有关消费者的态度，以个人访问法为好，可以进行深入详细的面谈，用邮寄或电话调查方式都存在困难。又如介绍新产品，可结合采用访问法、观察法和实验法，先把新产品设计送给有关消费者，利用访问了解新产品是否受消费者的欢迎，同时在不同市场进行销售实验和观察调查，然后把三种方法所得到的资料进行分析比较，得出调查结论。

第四节 市场研究

为了深入分析、研究、比较各种市场的特点，可以从不同角度对市场进行划分，如按商品用途可以将市场划分为工业用品市场、消费品市场及服务市场；按地区可以分为国内市场、国际市场；按地理环境可以分为城镇市场、农村市场。此外，还可以按使用者、推销方式等来划分。了解各种市场的特性和购买形式，分别采取不同的经营策略，对于促进企业发展、满足消费需要具有重要意义。

下面就工业用品市场、消费品市场和农村市场进行具体的分析研究。

一、我国的工业用品市场

（一）工业用品市场的主要特点

工业用品市场简单地说，就是买卖生产资料的市场，是直接为企业和团体的生产和工作服务的市场。工业用品市场是不能离开消费品市场而存在的。工业用品的需求主要是依据消费品的需求，工业用品市场是随着消费品市场的发展而发展的，如果消费品的生产不发展，生产资料的生产就会因没有广阔的市场而不能更快地发展。所以，列宁说过："生产消费（生产资料的消费）归根到底总是同个人消费联系着，总是以个人消费为转移的。"[1]我们还必须认识到，社会主义生产是扩大再生产，而工业用品市场是扩大再生产的重要手段。因此，我们要在重视消费品市场的同时，充分认识工业用品市场的地位和作用。

工业用品市场规模巨大，品种繁多。我国有大量工交企业，产品数十万种。每个企业往往需要有成百上千个企业供应各种品种、规格的工业用品，各企业所需的品种往往又是千差万别的，因此，整个生产资料市场的品种规格多达几万种甚至几十万种。一般地说，工业用品市场的规模要大于消费品市场，其品种规格也要多于消费品市场；而且，经济越发展，工业用品市场就越扩大。

在一定的经济水平下，工业用品的需求，主要取决于生产结构的比例和生产的发展速度。1980年前后，我国实行经济改革，调整轻、重工业的比例，减少对重工业的投资，大力发展轻纺工业。因此，对于直接为重工业和基本建设服务的生产资料，如机床、冶金设备、采掘机械等的需要量大大减少，原来主要是为重工业和基本建设服务的机械行业，生产任务普遍不足，纷纷转产生产轻工和纺织机械。近年来，随着我国工业结构的相对稳定，基本建设和国家重点项目逐渐恢复，对机械制造业产品的需求量逐年增加，机械行业的生产又逐步上升。

工业用品市场具有技术复杂和知识性强的特点。一般地说，购买者必须具备一定的产品知识，在采购前企业的领导人员和采购员必须充分掌握和熟悉各供应者所提供产品的优缺点以及品质、价格、交货期及服务质量等情况，进行反复比较，正确选择竞争品、代用品和供应者，做到货比三家。同样，企业在推销产品时，推销人员的知识和服务质量也十分重要，不仅要熟悉本企业产品的性质和特

---

[1]《列宁全集》第4卷第44页。

点，而且要充分了解使用者的不同要求。从而选用最有效的推销方式，以扩大销售市场。工业用品市场的销售多采用人力推销，因此培养、训练、提高推销人员的技术业务水平，对企业具有十分重要的作用。由于工业用品技术复杂，因此，产品设计及售后服务比一般性的推广促销活动显得更为重要。工业用品市场购买的多数商品经过加工、制造，出售给最终消费者，因此，购买者为了提高本身产品的声誉，一般选择物美价廉的商品，并乐意采用名牌商品。

（二）工业用品市场的购买特点

购买工业用品的目的，并不是自身的消费，而是为制造用户满意的产品，并保证取得适当的利润。因此，对工业用品购买的动机多数属于理智动机，是理性购买，这就是特别注重品质、规格、价格、交货期和产品服务等方面。而在品质、数量和服务等保证的条件下，总是选择价格便宜的产品和其他代用品。但是，对工业用品购买的动机也不能完全排斥感情动机和偏爱动机。因为工业用品的购买者在购买时不可能完全抛开个人的感情和偏爱因素，如买卖双方长期的业务联系建立了较好的信誉，使购买者对特定企业的产品产生偏爱，尤其是已经创立的名牌产品对其更具有强大的吸引力。

工业用品的另一个购买特点是数量大、金额多，而购买次数少、准备时间长。由于工业用品市场技术复杂、知识性强，因此，购买者在购买前需要对品种、品质、价格和服务等各方面进行反复比较，经过多次谈判，最后由部门和企业的领导做最后决定。这样，准备时间必然较长。为了生产的需要，企业都有一定的储藏能力，在购买时要考虑最经济、最合理的采购批量，在品种上选择最佳的供应者和最佳的产品。因此，一旦达成协议做出购买决定后，购买数量大、金额多。

工业用品的购买者为了保证自己产品的品质和经济利益，十分重视产品的售前、售后服务和技术保证。一般地说，任何企业都具有特定的生产条件和技术、工艺上的某些特殊困难，如果工业用品的销售者能够考虑他们的特殊要求，解决他们的困难，购买者自然乐意选择他们的产品。可以说，售前服务是打开销路的有效办法；售后服务包括技术服务和备品备件的供应，技术服务如实行三包和技术培训，解除用户购买时的后顾之忧，都是深受用户欢迎的。因此，售后服务是扩大销路的有力措施。

租赁代替购买是工业用品购买的又一个特点。生产企业可以通过出租收费的形式逐步收回全部费用，而对于使用者来说，可以节约大量的投资，尤其对于中、小企业，在缺乏资金的情况下，可以及时获得理想的最新产品。

二、我国的消费品市场

（一）消费品市场的特点

消费品市场也就是生活资料市场。在消费品市场，消费者购买的目的是满足个人或家庭的需要，而不是获取利润，因此，消费品市场的特点，实际上也就是消费者的各种需要的特点。生产工业用品的企业尽管与消费者不直接发生联系，但是，购买工业用品的目的之一仍是为了最终消费者，仍是按照最终消费者的需要而购买的。因此，任何企业都必须充分认识消费品市场的重要性，认真研究消费者的需要。

消费品市场极其广阔，涉及千家万户，关系全体人民的衣食住行。我国幅员辽阔，人口众多，十多亿人就是十多亿个消费者。若以家庭为单位计算，也有两亿多个消费单位。消费品市场又十分复杂。消费者的年龄、性别、民族、地理区域、传统习惯、收入情况和文化程度都各不相同，对消费品的需求也千差万别。此外，消费品市场又具有小型、分散的特点，即每次购买的数量不多、金额不大，而购买次数则较为频繁，一个家庭一天往往要购买多次，购买时间又相当分散，有些商品往往在上下班前后反而形成购买高峰。因此，消费品市场的经营特点是：研究消费者的各种需要，为他们提供方便，并要求品种齐全、花色多样、供应及时，同时，要扩大供应网点，延长工作时间，满足消费者的各种需要。

消费者的购买主要是凭个人的经验和印象，大多数消费者对商品缺乏专门的知识，因此，容易受广告、包装、服务质量及推销方式的影响，同时，受情感和心理作用的影响也较大。所以，企业必须认真研究和运用各种市场营销策略及手段，以扩大自己的市场。

（二）消费品市场的购买特点

购买动机的多样性是消费品市场的一个购买特点。消费者的购买行为受到社会的、政治的、经济的、心理的和生理的各种因素的影响，其购买动机是复杂多样的。除了理智动机之外，还有感情动机和偏爱动机，就是说，购买是为了满足好奇、友谊、一致、地位等心理方面的需要。有时，一个购买行为可同时具备两种动机。举例说，一个家庭买一台洗衣机，其动机除了洗衣方便、减轻家务劳动外，可能是出于有机会买到名牌货，而且价格也不贵等经济上的原因，也可能是为了显示现代化，出于赶时髦等心理上的原因。详细地研究消费者的购买动机，可以帮助我们了解消费者的各种需要，发展适销对路的产品，改善经营，更好地为消费者服务。

商品不同，消费者的消费习惯和购买行为也不相同，这是消费品购买的另一个特点。消费品具体可分为日用品、选购品和特殊品三种类型。由于这些商品的用途、价格和品质的差异很大，就造成了消费者对它们的不同的要求。

（1）日用品。日用品一般是指价格低廉、体积较小、消费者比较熟悉的各种日常必需的消费品。如日用杂货、书报杂志、柴米油盐等。这类消费品大多属于低档消费品，只要品质和价格不受较大影响，消费者主要考虑供应方便，希望就近、就地随时能够买到。因此,从市场经营的角度看,这类消费品最重要的是扩大销售渠道,设立各类零售商店,方便顾客。对制造厂来说也必须注意商品品质,力求包装美观,并充分利用橱窗陈列和广告宣传自己的商品。

(2)选购品。选购品是指消费者在购买前要进行选择、比较,对质量、价格或式样等在购买时持慎重态度的那一类商品,如服装、布料、家具、皮鞋等,大部分属于中档消费品,不像日用品那样经常需要购买,或者希望立即得到,因此是消费者愿意花时间去寻找的自己所喜爱的商品。

选购品的市场经营特点,无论对消费者、制造厂或者零售商都起着较大的作用。消费者在挑选时往往注重零售商的招牌胜过制造厂,零售商的服务质量对消费者有重大的影响。而对制造厂来说,多数选购品不经过批发商而与零售商直接联系,因此,制造厂与零售商的关系非常重要。此外,制造厂必须及时掌握市场动态,大力发展新产品,只有这样才能生产出更多的品质优良、价格适当、式样新颖、适应时令的产品。

(3)特殊品。特殊品主要指高档消费品和专门定制的高级消费品,由于价格较高,故消费者宁愿多花一些时间与精力去购买自己所需要的特定商品,如某种牌子的电视机、录音机、电冰箱、洗衣机、高档手表、摩托车等。这类商品由于价格高,绝大多数消费者要花较长的时间才做出购买的决定,在购买时对该商品的特性及各种牌号的优缺点已有充分的认识,故宁可等待购买自己喜爱的厂牌也不愿意接受其他代用品。在市场经营中,特殊品的厂牌商标和零售商的声誉对消费者都有十分重要的影响,尤其名牌商品更具有吸引力。因此,制造厂应努力创造名牌商品,并大力开展广告宣传。在销售服务方面,应当为顾客提供可靠的保证,实行包退、包修、包换,加强售后服务工作,实行分期付款、送货上门等新的推销办法。

消费品的另一个购买特点是,购买形式和购买习惯的复杂性。对消费品来说,消费者在何时买、何处买、怎样买、谁买等方面都存在很大的差别。掌握消费者的购买规律和习惯对于做好产品的销售具有重要作用。

(1)消费者在何时购买。消费者的购买时间受季节、上下班时间、节假日等影响,往往形成一定的习惯。了解消费者购买的时间规律性,在适当的时间将产品投入市场,就可以最大限度地满足消费者的需要。

(2)消费者在何处购买。这其中又包括两个方面,即消费者在何处决定购买与在何处实际购买。做出决定的地点不同,所采取的销售策略也应当不同。如果消费者是在商店中才做出购买决定,则应当加强包装陈列与现场广告的宣传。如果消费者是在家庭中做出决定,就应当通过报纸、杂志和电视等广告以及其他宣传方式,深入介绍商品性能、特点来影响消费者。

(3)消费者怎样购买。这就是消费者的购买习惯,不同类型的消费者有不同的购买习惯，有的特别注意价格，喜欢购买最便宜的商品，对厂牌并不在乎，而有的宁愿花较多的钱，购买自己所喜爱的商品。随着经济水平的提高，消费者对于购买"方便"有更多的要求，例如，要求产品具有多种形式，像药品就要求备有胶丸、糖浆、药粉、药片等多种形式；在商品的数量和规格上必须具备所需要的各种尺码、规格和数量等。

（4）谁买。在一个家庭当中，购买的决定者、实际购买者与商品的使用者往往是不同的人。深入地研究家庭成员在购买某种商品时所起的作用及影响，无论对于产品的设计、定价，还是对于决定广告宣传的办法，都是非常有价值的资料。

三、我国的农村市场

（一）农村市场的特点

我国十多亿人口，八亿多是农民，这就造成了农村市场的巨大需求量。加上我国农村土地辽阔，物产丰富，因此，我国农村市场是一个十分庞大的市场。如轻工业许多产品的原料来自农村，轻工产品的三分之二以上销往农村。在党的十一届三中全会以后，随着农村各项经济政策的落实，家庭联产承包责任制的推广，农业生产发展很快，农民购买力显著提高，农村市场的容量也越来越大，广大农民对生产资料和生活资料都提出了许多新的需求。因此，农村市场正成为国内市场的主体，农民是我们主要的服务对象。从多方面满足广大农民的需要，是我们生产的主要出发点。农村市场在国民经济发展中起着重要的作用。

农村市场既是工业品的主要消费市场，又是农产品的供应者，是各种商品流通的重要枢纽，在国民经济中有着重要的作用。农产品是人民的主要生活资料。现阶段，我国人民生活中吃的食物，穿的衣着的大部分，用的消费品的相当部分，都直接或间接地来自农产品，农产品的供应状况如何与人民生活的关系极大。农产品也是工业特别是轻纺工业的重要原料，没有棉、麻、烟、丝等原料的增产，相应的轻纺和加工工业就不可能得到发展。农村市场承担着农产品收购、运输和销售的繁重工作，是经济发展的重要保证。凡是农业丰收的年份或时期，农产品购销两旺，农村市场发展，人民生活的需要就有保障；反之，农产品购销紧张，农村市场清淡，人民生活水平就难以提高。

农村市场具有季节性和地域性。农业生产受土地、气候条件的影响，具有强烈的季节性。在主要农产品的收获季节，一方面是收购旺季，要及时做好作为工业原料的农产品的收购，不能错过时机；另一方面又是各种消费品购买的旺季，农民用出售农产品得到的钱，大量购买所需要的各种消费品。在主要农作物的播种和生长季节，农民大量需要各种生产资料，如化肥、农药及优良的种子。我国土地辽阔，自然条件多种多样，不同地区的农业生产有很大的差异，农林牧副渔各业又各有特点。农村市场的地域性要求我们在农产品收购中，根据不同产区的情况，在制定具体办法时有所区别，而在工业品的供应中，则要考虑不同地区对商品的不同要求，满足他们的特殊需要。

由于土地辽阔、居住分散、交通不便，我国农村市场的分布又是小型而分散的，这给农产品的收购和工业品的供应带来了困难。要求农产品的收购采取多种方式，通过各种渠道，把零星分散的市场中的农产品收购起来，供应城市在生活和生产上的需要，活跃市场，而工业品的供应则要求增加销售网点，方便广大农民的购买。

（二）农村市场购买的新特点

如前所述，农村市场承担着农产品的收购、运输、供应及工业品销售的双重任务。这里，我们从工业企业经营的角度来研究农村市场的购买特点，特别是近几年来，农村经济发展后农村市场出现的新特点。

党的十一届三中全会以后，农村经济政策落实，农民的生产积极性空前提高，经济收入增长很快，农村购买力所占的比重不断上升。不少地区农村商品购买力的增长幅度大于城镇商品购买力的增长幅度。此外，近年全国农村农民的储蓄存款的增长率也十分惊人，农民储蓄的增加激发了农村市场巨大的潜在购买力。因此，农村市场的商品购买力将持续增长，农村市场的地位也将不断提高。

随着家庭联产承包责任制的实行，农村购买力的投向发生了新的变化。几年前，农村购买力的投向重点还是买盖新房的材料和结婚用品，现在，农民优先购买生产资料，发展生产，增加收入，然后才是准备建房和筹办婚事。所以，近年来农村生产资料零售额的增长幅度之大是几年前所没有的，而且不少地区农业生产资料购买的增长幅度大于生活消费品购买的增长幅度。农民普遍欢迎一人能搬、二人能抬、一机多用、适合当前生产规模的小型农机具，如大小路都能走，转弯灵活，田边地角也能犁的小型耕作机械及脚踏式小型脱粒机。前几年，人们还普遍认为实行家庭联产承包责任制以后，农机行业没有市场了，而实践证明，新的生产组织形式使农机市场有了进一步的发展，也对工业企业部门提出了新的要求，即加速产品更新，生产出更实用、高效的小型农业机械。

我国农村市场广阔，广大农民对消费品的需求多种多样、千变万化，即使是同一地区差异也很大。因此，只有了解农村的乡土风俗、购买能力和消费习惯，熟悉农民的生活、生产情况，才能使产品适销对路，满足农民的实际需求。如农民经常劳动，蹲上蹲下，因此，穿直筒裤不方便，喜欢穿普通款式的裤子。从事农业劳动的人脚板宽，适宜穿大而肥的鞋子等。此外，农村还有许多特殊的需要，如盐工渔民就迫切需要适合特殊生产条件的各种产品。

从农民的消费结构看，近年来，农村购买力增长很快，农村虽然也有购买中、高档商品的趋势，但是总的说来，目前仍以中、低档和大路商品为主。有些企业通过调查，总结出"老年人守旧，青年人喜新，儿童爱艳，学生求素，农民图实"的消费规律。因此，农村不少消费品如果一味向京、津、沪和沿海城市看齐，脱离当地农村的实际，反而不能满足农民的要求。有些商品在大城市已不行销，而在某些农村备受欢迎。就服装来说，不少农村的面料、品种、花色乃至款式的要求约迟于大城市 2~3 年，在大城市中已过时的在某些农村却正盛时。因此，为满足农村市场的需要，一方面要组织好如电视机、录音机、电风扇、电冰箱等高档耐用消费品的生产和供应；另一方面则要从农民图实的特点出发，生产更多价廉物美的产品，满足广大农民的需要。

第五节　市场开拓策略

一、市场细分策略

（一）市场细分及其作用

因为消费者的需要及购买行为的多元性，我们可以根据不同消费者之间需求上的差别，把需求相同的消费者归为一类，于是，消费者整体就分为若干个消费者群，整体市场也就分为若干个细分市场（每一个细分市场通常称为市场面），每一个细分市场都由需求大体相同的消费者组成。这就是市场细分。

市场庞大而复杂，任何一个企业都不可能满足市场内所有消费者的整体需求，因此，每个企业都必须为自己的市场规定一定的范围和目标，即具体确定企业的服务对象和目标市场，以利于提高市场声誉和市场占有率。企业要选择有效的目标市场是一件很困难的事，这就需要通过市场细分了解市场中各消费者群体的需求及总体市场的结构。市场细分为企业认识市场、研究市场、选择适当的目标市场提供了依据。市场细分后的每一个市场面都由需求大体相同的消费者组成，因此，企业也能够比较有效地制定营销策略，达到预定的目标。进行市场细分的必要性也就在于此。

市场细分具有下列重要的作用。

（1）有利于分析和发掘市场机会。企业通过市场细分可以了解每一细分市场的竞争状况及需求的满足程度，发现那些需要尚未得到满足的消费者，他们往往就是极好的市场机会。

（2）有利于企业制定营销策略。通过市场细分，企业一方面可以根据内部条件选择合适的目标市场，另一方面可以根据各细分市场的特点分别制定有效的营销策略，适应各细分市场的需求。

（3）有利于研究市场的潜在需要与开发新产品。通过市场细分可以切实掌握不同市场中消费者需求的变化状况，从而不断发掘消费者的潜在需要，发展新产品，满足消费者新的需求。

（4）有利于企业合理使用资源，提高经济效益。通过市场细分，选定目标市场，企业可以将营销资源（生产能力、资金、推销力量等）集中用于该市场，避免力量分散，从而大大提高企业的经济效益。

（二）市场细分的标准

市场细分，不是在产品的分类和求新上产生的，而是基于消费者的不同需求。因此，市场细分的标准也就是使消费者的需求产生差异的因素。这些因素大致可以归结为以下三大类。

（1）社会和经济的因素，包括消费者的年龄、性别、家庭人数、收入、职业、教育程度、宗教信仰、民族、国籍等。

（2）地理的因素，包括地区、气候、人口密度、城镇大小等。

（3）消费者的性格和购买行为的因素，包括消费者性格特点、购买动机、购买方式，对推销宣传的敏感程度等。

对于生产工业用品的企业来说，虽然也可以按上述标准进行市场细分，但是由于工业用品市场具有不同于消费品市场的特点，因此主要依据下列标准。

（1）按最终用户的要求来分。如按军用、工业用或商业用来分；或者按行业，如汽车制造业、建筑业、服装制造业等来分。

（2）按用户规模和购买力大小来分。

（3）按用户的地理位置来分。

不论消费品市场还是工业用品市场，在具体进行细分时，自然不可能采用全部标准来划分，但一般也不只用单一的标准来细分，而是有层次地或交错地用一系列因素来辨别、寻找目标市场。

（三）目标市场的选择

市场细分之后，企业就可以根据自身的条件，从许多不同的市场面中经过分析比较，选择一个或几个最有利的市场面，即目标市场，然后把营销重点放在这些目标市场上，扩大市场占有率。目标市场的选择也称作市场定位。

选择目标市场时，一般依据这样一条原则：企业与其在大市场中具有较小的市场占有率，还不如在小市场中争取较大的市场占有率更为有利。企业应当选择具有最大吸引力的市场面作为自己的目标市场。所谓具有最大吸引力的市场面，应具备下列条件。

（1）有足够的销售量，有尚未满足的现实需求和潜在需求。

（2）本企业有能力满足该市场面的需求。

（3）该市场面中竞争不激烈或本企业具有竞争优势。

（四）市场细分策略类型

企业选择的目标市场不同，对目标市场所采取的策略也就不同，一般可归纳为下列三种。

（1）无差异市场策略。企业认为所有消费者对某一种商品有着共同的需要，不考虑他们之间实际存在的差异。因此，把整个市场看作一个大的目标市场，企业向市场只投放单一的产品，并采取最广泛的销售渠道和广告宣传方式，以便吸引尽可能多的顾客。

这种策略的优点在于大批量生产，可降低成本，同时不需要细分市场，可以相应地节省市场调研和推销宣传等费用。但是，这种策略对大多数商品是不适用的，一方面会造成市场的激烈竞争，另一方面则是小的市场面的需求得不到满足。

（2）差异性市场策略。企业把大的市场细分为若干个市场面，针对不同的市场面，设计不同的产品，并且根据每个市场面分别制定销售策略来满足各类顾客的需要。

实行差异性市场策略，既能增加总的销售量，又能较好地满足不同消费者的需求；而且企业如果同时在几个市场面都占有优势，就会大大提高企业的声誉。但实行差异性市场策略后，生产费用、库存费用、销售费用都要大量增加，这是它的缺点。

（3）密集性市场策略。前两种策略都是以整个市场为目标，而密集性市场策略是选择一个或几个市场面为目标，推出专门的产品，制定适用于特定目标市场的销售策略。

采用这种策略的原因在于：与其在整个大市场中拥有很低的占有率，不如在部分市场中拥有很高的占有率。这样，不但可以提高企业和产品的声誉，而且可以节约市场销售费用，在必要时还可以迅速扩大市场。不过，密集性市场策略有较大的风险，因为目标市场比较窄，一旦市场情况突然发生变化，企业可能陷入困境。因此，很多企业宁可少冒风险，把目标分散到几个市场面中去。

上述三种市场细分策略各有其优缺点。一个企业在具体选择市场策略时要考虑到企业本身的特点及产品和市场的状况，决不能随心所欲地选择自己的市场策略，具体地说应当考虑如下因素。

（1）企业的实力。若企业的实力很强，就可采用无差异市场策略或差异性市场策略；若实力不足，则最好采取密集性市场策略。

（2）产品的特点。如果产品差异性较小，竞争主要集中在价格上，比较适用无差异市场策略；如果产品的差异较大，就宜采用差异性或密集性市场策略。

（3）市场特点。如果消费者的需求、爱好和其他特点都比较接近，就可以采取无差异性市场策略；相反，如果市场需求的差别很大，就应当采取差异性或密集性市场策略。

（4）产品生命周期。处于投入期、成长期的产品，宜采取无差异市场策略；当产品进入成熟期或衰退期时，宜采用差异性或密集性市场策略。

（5）竞争者的策略。企业采用哪种市场细分策略，往往要视竞争者的策略而定。例如，一个强的竞争对手采取无差异市场策略，那么，本企业采用差异性或密集性市场策略可能取得良好的效果。企业应当具体地分析对方的策略和双方的优势与劣势，再慎重地决定自己的市场策略。

二、市场发展策略

市场发展策略就是企业生产发展的总设想。它决定企业以怎样的产品种类去满足目标市场的需求，从而求得企业的生存和发展。简单地说，市场发展策略就是占领目标市场的基本策略。

市场发展策略根据市场和产品的不同关系，可以分为如下几种。

（一）密集性发展策略

密集性发展策略是以企业现有产品或现有市场为基础，利用本身的发展潜力，求得企业发展的策略。密集性发展策略，按市场与产品的不同组合，又可分为几种形式。

（二）一体化发展策略

一体化发展就是从原有产品出发，向这个产品领域的不同阶段发展。如电视机制造厂原以组装整机为产品，若现在同时生产或销售元件，或同时开展修理服务，这就是一体化发展。一体化发展按照生产流程的先后又可以分为如下三种策略。

（1）向后一体化。向后一体化就是一个企业由过去其他企业提供原料和零部件发展到现在自己生产。例如，拖拉机厂过去买进轮胎，现决定自己生产轮胎，这就是向后一体化。

（2）向前一体化。向前一体化就是一个企业由原先提供半成品发展到提供成品，直接销售给消费者。例如，一个生产塑料原料的化工厂现在同时生产塑料制品，这就是向前一体化。

（3）水平一体化。水平一体化是指一个企业与其同行业企业合并，以扩大同类产品的经营。水平一体化能够大大提高企业的竞争能力。但由于企业生产能力大大增加，所以，企业必须事先对市场销售的潜力做慎重的估计。

三种一体化发展策略之间的关系，如图2所示。

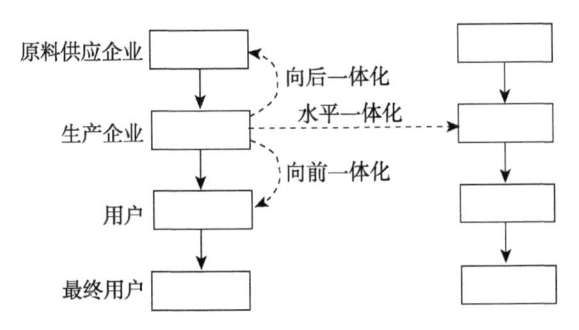

图 2　一体化发展策略之间的关系

（三）多样化发展策略

多样化发展就是企业的经营范围扩大到原来的产品或行业的范围以外，并且发展到同时经营其他多种行业。因此，也称多角化经营。

多样化发展主要有下列几种形式。

（1）同心多样化。其是指一个企业向外发展时，都以其原有的产品、技术、装备与特长为基础，围绕着这个基础，逐步向其他行业与产品发展。

（2）水平多样化。其是指一个企业向市场相同而生产技术不同的行业发展。水平多样化总是通过采用与原产品路线不同的技术发展新产品，在原有市场上争取更大的销售量。

（3）整体多样化。其是指一个企业向一个在技术和市场上跟原来完全不一样的行业发展。国外不少大公司由于财力雄厚，为增加投资的可靠性，提高企业的市场适应性，增加获利机会，往往采用这种策略。

职能策略与生产、技术策略[1]

我们之所以把生产与技术策略放在同一章内进行讨论，原因之一在于两者都存在技术选择问题。它们两者受科技进步的影响大而且直接。在进入生产、技术策略讨论之前，有必要首先对职能策略的性质、构成与作用等共同性问题作扼要讨论。

第一节 职能策略概述

企业经营战略的科学性与现实性在很大程度上取决于企业职能策略的制定与实施。因而在讨论了企业经营战略制定之后，有必要专门讨论企业的职能策略。本节作为企业职能策略的概述，主要讨论以下三个问题：战略与策略（政策）的关系；职能策略的性质与构成；企业职能策略的任务与作用。

一、企业职能策略的性质与构成

企业的经营战略，统观企业经营的全局，为企业的经营与发展确定目标、指明方向。但要根据这一既定的方向，抓住经营上的重点，有效地予以实施，则还有一系列的问题要明确，并要解决组织力量的问题。这些就是企业经营策略与政策所要研究和解决的问题。

战略固属重要，但战略只解决方向、目标等问题，而不能解决实现目标的主要途径及行动的纲领和准则。没有实现目标的策略和政策，战略目标也只能停留在书面上。毛泽东同志曾提出："政策和策略是党的生命。"[2]对此，绝不可以掉以轻心。

企业的职能策略是企业实现经营目标的路子和途径，也是企业用以指导某一方面特定经营活动的行动纲领。

经营策略必须以企业的经营战略为依据。服从企业所拟定的经营战略的要求，以实现企业的战略目标为己任。这是事物的一个方面，事物的另一方面是，企业的经营战略，关系着企业的长远、总体发展，不可能对企业经营全局的各个方面

---

[1] 节选自：许庆瑞. 企业经营战略. 北京：机械工业出版社，1993：第七章.
[2] 毛泽东. 毛泽东选集（第四卷）. 北京：人民出版社，1991：1298.

考虑和设想得很周全，相反，战略的文字表达有时较笼统、欠精确，人们往往可以作各种不同的理解。这些都需要有经精心拟定的策略途径和政策来加以精确化、明朗化和具体化，以指导各方面的经营活动，辅助企业经营战略的实现，从这一层意义上讲，企业的战略与企业的职能策略（含政策）又是相辅相成的两个方面。

企业战略目标的实现，不仅要靠企业有高效率的生产、经营活动，还要有各职能领域的良好工作来辅助和保证。因而，企业的经营策略，必须囊括企业所有的职能领域，包括生产制造、技术、研究开发、营销、财务、人力资源管理等各个方面。起主要作用的是以下五个方面的职能策略：生产（制造）策略；技术策略与研究开发策略；营销策略；财务策略；人力资源策略。

企业的主要职能策略，在企业的纵向战略体系中虽属同一层次（图1），但是，由于种种情况，企业所处的环境不同，企业所面临的任务不同，或企业所处的发展阶段的不同，等等，企业中各职能策略所处的地位和作用也就不同。例如，在生产型的企业中或以国家计划任务为主导的企业中，生产策略往往占优先位置，而在那些以市场为导向的中小型企业中，营销策略往往占优先地位[图1（b）]。在一些高技术的企业中，往往依靠高技术产品的研究开发诱发市场，创造顾客，那么，技术策略往往成为主导策略[图1（a）]。

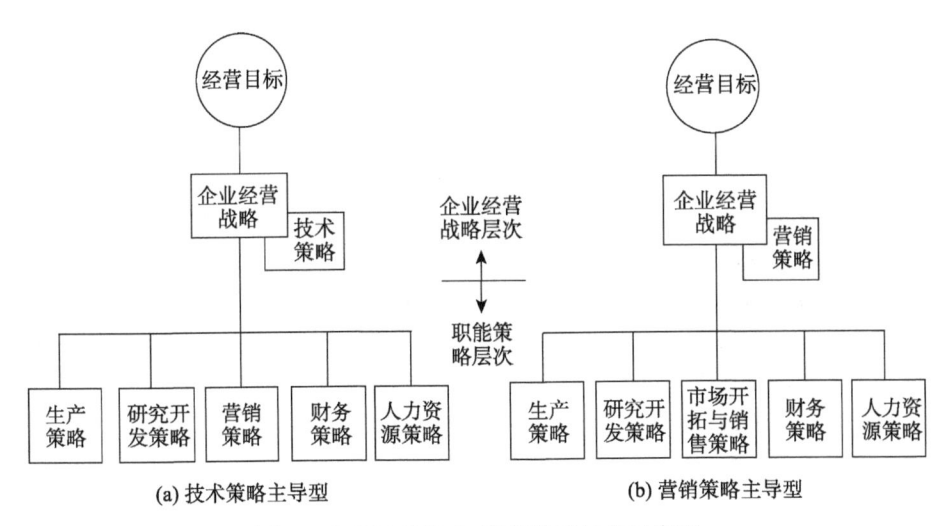

图1　企业经营战略-职能策略结构示意图

二、企业职能策略的重要性

企业拟定职能策略的重要作用，首先体现在企业经营战略的实施方面。

企业经营战略的拟定，仅仅是战略的开始，重要的在于贯彻和实施。战略的实施并不是一件简单的事情,而是一个涉及面很广的、复杂的综合性问题。影响实施战略的因素很多,图 2 列示了影响企业经营战略实施的主要因素。

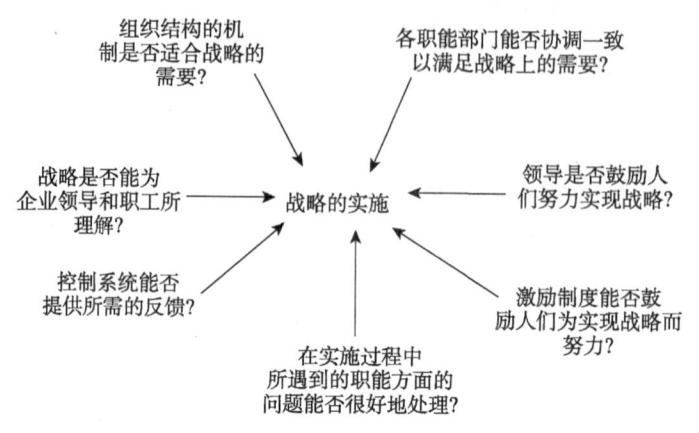

图 2 战略实施的主要因素

从图 2 中可以看出,在企业经营的实施上,职能部门的工作及相互配合与企业战略的顺利实施有很大关系,在影响战略实施的七个主要因素中,有五个都同企业的职能领域有关。

其次,企业各职能领域之间存在着相互联系、相互促进的密切关系。若各职能部门的工作配合得不好,各行其是,各自制定一套独立的策略和政策,将直接影响生产第一线和经营活动的工作效率和质量。例如,研究开发部门致力于新产品的研制与开发,而生产与营销部门却热衷于大量增产和推销老产品。这样势必影响企业集中力量开发和销售新品种的战略。可见,为了实现企业的经营战略,必须拟定各职能部门的策略,通过它使部门在各个时期上都能保持协调一致,相互配合,以确保企业战略目标与规划的完成。

再次,战略发展的职能策略的重要作用,还在于通过各职能部门的策略,可以使企业总体战略思想与目标进一步具体化,达到经营战略思想在各职能部门间沟通,为各职能部门乃至主要的主管人员规定指导准则和行动纲领。

最后,职能策略的重要性还在于,通过拟定企业职能策略,可以引出各职能领域的一系列具体政策和战术问题,从而使企业的总体经营战略得到分解和落到实处。

总之,职能策略是企业实现企业经营战略不可缺少的重要环节,是与企业总体战略相辅相成的有机组成部分。

第二节 生 产 策 略

生产策略亦称制造策略,它是企业基本职能策略之一。与其他职能策略一样,生产策略的基本任务与作用是使企业在其生产（制造或服务）领域内为企业取得竞争优势，如多品种、高质量、低成本等诸方面或一个方面的优势，保证企业总体经营战略的实现。

在以国家计划任务为主的大中型企业中，国家计划是企业生产经营的导向，因此生产策略往往成为职能战略的中心，处于主导地位。在那些以市场调节为主的中小型企业中，生产策略必须以企业经营战略与营销策略为依据来拟定，落实企业经营战略与营销策略对生产功能提出的各项要求。

生产的功能在于将原材料、劳动力与信息等投入转化为产成品或劳务的产出，它包括原材料与外购件的获得、制品的生产、在制品的适量存储与控制、质量与生产率的提高、生产能力的调整等。在企业改变经营战略或拟定新的战略时，作为企业主要职能策略的生产策略必须根据企业经营战略与有关职能策略变动的需要进行相应的调整或重新制定战略。它所涉及的主要策略问题，有以下几个方面：①企业的产品品种与质量是否合适？企业的生产系统是否适应企业产品品种、产量与质量的需要？生产过程的组织形式应如何选择？②企业的生产能力是否适应？是否应增加？采取怎样的方式来增加？③企业的纵向一体化的程度是否恰当？是否需要扩大？企业生产的专业化程度应如何控制？如何正确处理生产专业化与灵活性的矛盾？④产品与生产过程的技术水平是否合适？应如何选择？⑤在制品存储水平是否合适？应如何控制合理存储水平？⑥生产过程中人员的素质是否适应？是否需要组织培训？如何组织？

后三个方面的问题，有的已在生产管理课程中讨论过，本节主要讨论以下几个问题：集中策略；产品多样化与产品创新策略；产品-生产系统策略；纵向一体化策略；生产能力策略。

一、经验曲线效应与生产的集中策略

在开始生产集中策略的讨论之前，必须先简短介绍一下经验曲线效应的含义。

经验曲线效应在 20 世纪 30 年代已被发现，在 60 年代被广泛用于企业经营策略的拟定和评价。

经验曲线效应表明，企业生产某制品的累计产量每增加一倍，其单位直接生产成本将下降一定的百分比。累计产量越大，单位直接成本均按此百分比下降越多[①]。这种经验曲线效应在产品生命周期的迅速发展期与成熟期表现得最明显，对

---

① 一条 80%效应的经验曲线表明：累计产量每增大一倍，该产品的单位直接生产成本将下降20%，意为：当产量从 1000 件增至 2000 件时，单位直接成本从每件 100 元下降到 80 元；若再增至 4000 件时，单位成本再下降为 64 元（80×80%）。这个百分率（本例中的 80%）可用来标定该经验曲线的效应。"企业经营战略的分析方法"一章将进一步详细讨论经验曲线问题，这里不作赘述。

策略的拟定显得特别重要。这时的生产系统应尽可能按产品原则来组织。在这些阶段中，可充分利用经验曲线的效应于策略的制定，其原因在于：企业具有最大的市场占有率，这时，即使有其他竞争者利用其经验效应也无济于事；由于成熟期产量大，可采用先进工艺与专用装备，凭借工艺上的优势，有利于进一步补充与发挥经验曲线效应（使低百分率的经验曲线提高其效率）；在这一阶段由于有较多的经验积累，可以运用定价策略获取更大的市场占有率；运用技术策略与采用先进工艺、工艺创新策略，在工艺上增加投资，在发展初期与成熟期实现机械化与自动化，以改进经验曲线效应，进而维持企业在其经验曲线上的有利形势（相对于竞争对手而言）。这一点在产品生命周期的成熟阶段特别重要，因为这个阶段的竞争集中在成本与定价方面。

利用经验曲线效应拟定长远战略时必须考虑的一点是产品陈旧的可能性。因而在应用此效应于某产品的低成本策略时，需对该产品作重大改进或创新，以保证该产品有足够长的产品生命周期和成熟期。关于产品创新问题将在下文进一步展开。

为了充分运用经验曲线的效应，以形成企业在质量和成本，特别是低成本方面的优势，企业可在产品策略上采取集中的策略，减少品种和工艺的多样化，集中生产某一产品或产品的一部分，或集中于工艺过程的某一阶段，如铸造阶段。

生产的集中策略提高了企业的生产专业化程度。这亦是企业经营战略必须考虑的重要策略性问题。在生产实力不强的小企业中这是一种可行的策略，即使是大企业亦在一定时期内采用这种策略。因为当企业把力量集中在一个有限目标上，针对了一个较小的市场面时，它可以取得较好的经济效益（同非专业化的企业相比）。这是由于生产集中的企业可以使其工艺、设备、支持系统集中地为有限的生产目标服务，从而达到提高质量、效率和降低成本的良好效益。这也就是说，使经验曲线效应在采用生产集中策略的企业中得到充分的体现。所以，生产的集中策略是企业的一种重要竞争武器。

生产的集中策略固然有很多优点，但生产集中也会给企业带来风险。这种风险主要表现在随生产集中化而产生的"不灵活性"，对迅速变化的环境来说将会削弱乃至失去应有的适应能力。因而集中策略不能盲目搬用，策略拟定者的任务在于对生产专业化与生产组织应持的灵活性之间进行权衡与平衡。在管理史上这方面的典型教训是美国福特汽车公司生产经营 T 型车的例子，由于过分地坚持了生产的集中策略，没有适时地根据环境变化改变经营策略而陷入了几乎濒临绝境的地步。

【实例】图 3 是 T 型车在其整个漫长的产品生命周期内价格下降的情况。其价格下降的情况是同它成本按经验曲线规律下降的情况是完全一致的。

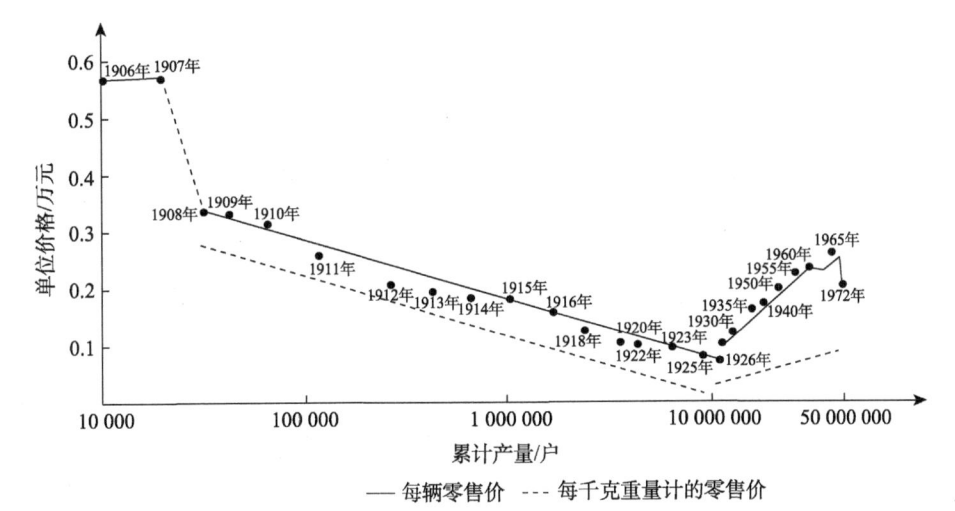

图 3　经验曲线实例（福特汽车，以1958年固定价格绘制）

在1908年初福特汽车公司宣布了价格猛降的政策，从5000余美元猛降为3000美元左右。自此以后，T型车的售价完全遵照85%的经验曲线下调。在此期间，市场占有额从1910年的10.7%，上升为1921年的峰值55.4%。在这段时间中产品设计维持不变，技术创新大量地集中在工艺过程与设备的创新方面，企业改建了厂房，使用高效率的专门装备，建立了流水生产线，进行了精密的劳动分工，使产品劳动量压缩了50%。在这一段时间内，福特公司还没有转向资金密集型的生产。

为了进一步降低成本，福特汽车公司又接着实现了纵向一体化的策略，通过前向、后向的一体化以减少运输和原材料的费用，保证了供应的可靠性和控制了销售。资金回收率从1913年的每美元11美分提高到1921年的每美元22美分。大量地使用了先进的技术装备。产品生产周期从原来14天减为4天。在制品储存压缩了1/2。单位产品的劳动量又下降了50%~60%。由于生产过程的不断改进，日益机械化、一体化和增加了对自动传输装置的应用。生产计划与管理工作因而简化，从而进一步节约了管理费用。

在福特汽车公司沉湎于生产集中与大量生产的同时，通用汽车公司却于20世纪20年代中期将自己的竞争策略集中在产品创新方面，并取得了很大成功。而福特汽车公司由于完全集中于生产标准型汽车，失去了需求变化了的顾客，几乎使企业濒临绝境。

这样的事例在汽车行业不仅发生于20世纪20年代，同样也发生在70~80年代，当日本汽车工业根据石油危机后市场的需求大量推出节油车型之际，美国一些汽车公司却处于无法招架的状况，有的处于濒临破产的边缘。

所有这些史实表明，集中与专业化策略既具有为企业在成本、质量、效率等方面形成竞争优势的长处，也隐含着使企业失去灵活性的风险，必须根据不同情况灵活地应用。

二、产品多样化与产品创新策略

由于产品单一化与生产集中的策略存在着风险性的一面，企业为了分散风险与扩大规模，越来越多地采用品种多样化的策略。我国不少企业从20世纪50年代中期以来已从自己经验中理解和体会到发展多品种生产的重要性，日益广泛地采用这一策略。产品多样化不仅能使企业更好地满足社会与市场多方面的需要，而且通过产品创新和多样化，锻炼并推动企业提高技术水平与管理水平，也有利于提高企业在国内外市场上的竞争能力。

产品多样化是企业求发展的重要策略与手段，只有在增加花色品种满足社会和市场多种多样的需要的前提下，企业才有可能增加产量、扩大规模和增加销售额，以提高企业的经济效益。

产品多样化也是企业应对市场疲软、产品不畅销情况的一项重要策略，是企业走出低谷、转危为安的策略。但实行多样化策略也不是很容易就能做到的。为了实现多样化的策略，必须花大力量、坚持不懈地依靠发展科学技术进行产品的创新。产品创新的基础是研究与开发，这一问题将在技术策略中进行讨论，这里仅指出企业产品创新的几种主要策略。

（一）领先策略

当企业的经营战略目标放在创造一个由本企业独占的市场，而且拟长久地占领这一市场，则企业可在产品创新方面采用领先策略，即赶在所有竞争对手前面，率先开发出创新型产品，第一个投放国内、外市场，创出名牌产品，独占市场（或占领绝大部分的市场面）。这种策略尤其适用于高技术产品。

这种创新策略的主要特点在于：彻底否定过去的品种，包括否定过去本企业开发的畅销产品，如 IBM 公司在开发 360 型号计算机时，就是采用这一策略和做法的；产品的研究和开发工作量大；风险大，突破型的技术创新需要大量投资，但技术上与商业上成功率不高，又受到"创造性模仿者"的威胁，他们有可能后来者居上，夺去首创者的大片市场，致使首创者的巨额投资无法回收。

由于以上的特点，选用这一产品创新策略时，必须非常慎重，对环境和条件做系统、周密的分析，并对企业自身实现这一策略和产品的创新方案的可能性进行充分的论证。

采用这一产品创新策略，必须具备以下的条件：必须具有雄厚的实力，首先有雄厚的资金，其次有强大的研究开发力量；领导要有企业家的魄力和雄心壮志，敢于冒风险，又善于率领职工克服困难攀登技术高峰；目标要选准，领导必须要具有企业家的锐利眼光。创新产品项目一经投入研制一般不易中途退却，因而除了有锐利的眼光外，在项目的选择和评价上还须有一套科学的程序和方法；要有坚韧不拔、百折不回的精神，能经受数以百计的失败与挫折的考验，始终不渝地排除种种干扰，确保创新项目的成功。

即使产品创新成功后，仍要不断努力加以完善、提高防止被"紧跟者"乘虚而入，后来居上，致使企业的创新成果毁于一旦。

（二）创造性的模仿战略

创造性模仿，严格地说不能算是创新。但由于它仍具有创造性的一面，仍不失为一种行之有效的，而且被运用得越来越广泛的产品创新策略。

创造性模仿并不是一种"防御性"的、"甘居人下"的消极策略，而是企业可用来争夺市场领导地位的一种进攻型策略，其目标仍可设置在独占整个市场或占领绝大部分的市场面。

这一策略的主要特征如下：①所开发的产品必须具有技术上的创新性，甚至要比首创者高出一筹；②产品研制周期短，能在最短期内推出所开发的新产品；③更加着眼于市场和用户，比首创者能更好地满足用户的要求，能更好地为用户服务；④有更好的销售渠道，易于为用户获得；⑤风险小，由于成功率高、研制周期短、所需资金少，其风险比上一策略要小得多，因而日益广泛地被很多企业采用。

运用这一策略也应具备一些条件，主要有如下几点：企业有很强的开发能力（而不是研究能力），能在短期内把被模仿的产品创造性地开发出来；有较强的营销力量；有畅通的销售渠道；客观上有一个正在迅速增长的市场需求；有灵活的经营思想与策略。

在这方面日本企业应用得很好，以其特有的"柔道"精神，灵活地运用于这种产品创新策略，战胜了众多的竞争对手。

运用这种策略时还必须注意以下几个问题：要注意抓住时机、掌握时机；这种策略不是创造需求的策略，而是一种满足需求的策略，因此，在需求分析上要做得深入。从这点来看，这种策略不适用于高技术产品；应先插入"滩头"阵地，而后向纵深发展。

这是一种只能"撇油"、不能喝汤的策略。

（三）特种产品策略

这一策略的特点，是通过掌握某一特种技术、创新某一特种产品，独占某一市场面。也就是说，企业具有某种独一无二的技术与特种产品。

一些中小企业可以运用这种策略来成功地战胜大企业，如联邦德国的某天线制造厂用以战胜了西门子公司的天线生产部分。

运用这种策略的条件和应注意之点如下：①企业在选定其特种产品时，要进行系统的分析和调查，在充分了解市场、技术与同行的基础上，选择适合企业创新的特定技术与产品。②必须在产业发展的初期，寻找特种技术和产品的机会。

只有早动手、早起步，才能有足够的时间形成具有自己特色的技术与产品。③要防止形成技术上的局限性。如果长时期停留在一个小范围内从事特种技术与产品的研制与生产，往往会使企业的技术与生产能力畸形发展，失去应变能力。④要注意做好战略转移的准备。当某一特种技术与产品逐渐被竞争对手掌握而将变为"大路产品"、适销产品前，企业要及早注意另辟新的技术与产品创新的途径。

总之企业要依据自身条件与特点，采用合适的产品创新策略，发展品种，实现多样化。

那么，多样化是否意味着品种越多越好，产品创新速度越快越好？回答是否定的。

产品的多样化不是越多越好。过分的多样化，特别是缺乏特色的多样化，以及不被顾客赏识的多样化，是没有效果的，反而会使企业因多样化而耗费的研究开发力量、制造力量与销售费用得不到补偿，招致企业产品总成本的升高，盈利下降，以致亏损。特别是小企业不宜追求过多的品种。

同样，产品的创新速度也不宜过快。创新的速度过快，即产品更新换代过快也会引起不良的后果，诸如：①使创新的代价过大。产品创新，特别是重大创新要支出大量研究开发费用。②使产品制造成本提高，增加技术培训费，因缩短生产周期而支出额外的费用。③使管理复杂化，特别是在制品的管理，在频繁更改产品设计的情况下，新旧产品使用不同结构的零部件，使在制品的配套管理复杂化，处理不好会影响交货期。④产品创新速率过高，旧产品淘汰过快，也会引起售后服务工作的复杂化，需要准备很多种不同型号新旧产品的备品配件。配件不能及时供应将会引起用户的不满。这是关系新产品成败的一个重要因素。此外，配件中断供应，会导致产品转让价格的下降，所有这些都将导致企业经济效益下降。

因此，在制定产品的创新政策时，必须全面考虑提高产品创新速率可能带来的种种不良后果。必须谨慎地处理产品创新的速度问题。

三、产品-生产系统策略

生产作业活动基本上分为两大类：系统设计与作业的计划和控制。系统设计是从产品（或服务）的设计开始的，因而在分析生产系统之前先讨论一下主要的产品类型及其策略。

产品的类型可分为三类。

第一类是根据用户的特定要求设计与制造的。这类产品的策略重点在于性能与质量，对费用、成本和价格的考虑往往放在第二位。

第二类是高度标准化的产品。这类产品是从已制成的存货中供应给顾客与用户，由于产品是标准化的，而且这类产品的竞争相当激烈，因而策略的重点放在：保证供货、降低价格（通过降低成本）、不追求多样性、限制过多的变型。这类产品包括标准钢材、铝材、日用消费品，如食糖、汽油等。对于这些产品的经营策略来说，最重要的是降低成本和保证供应。

第三类产品介于上述两类产品之间。这里采用的是混合策略：既要考虑需求上的多样化和一定程度的灵活性，又要考虑价格低廉和保证供货。在这种情况下，产品质量是重要的但又不是压倒一切的重要因素。对于这个处于中间类型的产品，在供货方式上的策略考虑，可以是从存储中进行多品种供货，也可以根据订货专门制造和供应。究竟采取何种方式则取决于企业在战略与费用上的考虑。在这类中间产品中，如汽车、家电等消费产品均是大量生产并从存储中提供给顾客的；而对于生产资料类产品则可按订货生产或根据用户的特殊要求进行设计和制造。

这三类产品的区分也是相对的。有些产品在其产品生命周期的初期表现为第一类型的产品，在其成熟期表现为第二类型的产品；而在发展期则处于中间状态（如第三类型的产品）。

在讨论产品类型之后，可以接着分析适用于不同类型产品的生产系统及其选择的策略。

企业采用的生产系统策略是同产品策略密切相关的。很明显，适用于生产几十万吨的连续生产系统决不能用于实验用化工制品的生产。

生产系统主要分为两大类：按工艺与按产品构成的生产系统。

按工艺构成的生产系统，适用于根据用户订货进行生产，它具有灵活性，能适应用户的不同要求生产制品。生产人员具备较高的技艺和素质，设备具有通用性，因而适应性强。生产过程是间歇性的。

相反，按产品构成的生产系统，使用专用设备对标准产品进行连续的大量生产。这里保有较大的储备量。

在间歇与连续性生产系统之间，存在着中间状况的生产系统，它既能适应小批量的多品种生产，也能进行多品种的大量生产。其设备布置可以类似于按工艺原则，但生产是按成批生产形式来组织的。这是一种多品种、大批量生产的混合系统。其零件生产可按成批-间歇生产方式组织，而装配则按大量连续方式组织。

我们用表1对两类生产系统作一小结。

表1 生产系统的分类

生产系统的类型(系统的性质和特点)	产出进入存储	产出无存储(用能力替代存储)
间歇性 (按工艺原则)	成批处理	印刷厂
		小型机加工车间
		大规模工程项目
		医院
		政府办公室
连续性 (按产品原则)	消费品生产	政府服务
	炼油	社会保险服务
	食糖生产	大宗食品服务
	汽车生产	运输服务
	运输系统	

随着技术进步，加工中心、柔性生产线的采用，多品种、大批量生产系统日益增加，它既具备连续性生产的特点与优点，又具有间歇性生产系统的灵活性。

在拟定产品-生产系统的综合策略时，可以将产品产量作为自变量，把生产系统形式作为因变量，图4为两者关系的示意图。

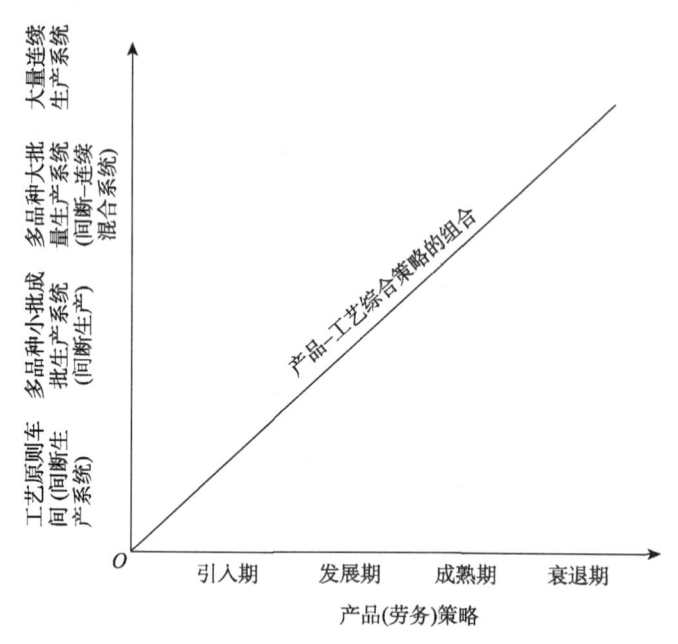

图4　产品生命周期中产品-生产系统关系变化示意图

从图4中可以看出，产品在其生命周期中，随着其产量由低到高的逐步发展，生产系统将由引入期的间断性单件小批生产类型的按工艺原则构成的车间，发展为成熟期的大量连续生产系统。

产品-工艺的这些发展阶段是相互关联、互相促成的，前一阶段推动着后一阶段的成长。产量特别是销售量起着重要的推动作用。而销量的增长又促使成本的下降和质量的提高，从而形成价格-质量优势，这一竞争优势的取得又依赖于采用了先进的适合产量变化的生产系统类型。这里，经验曲线反映了这些变化因素，推动了采用有利于降低产品成本的生产系统，成为高层领导确定竞争战略的一个重要因素。经验曲线也可作为企业确定竞争价格的依据。

但实际上企业往往并不长期单纯地实现单一品种策略。有时，要根据社会与市场需要的变化发展多种产品或变形产品。有时，要根据用户对产品高质量的需求进行生产，这就适宜采用图4中斜线以下区域的产品-生产系统的组合方式，这样便于根据用户可能提出的订货要求进行制造。相反，有时也可能会根据社会与市场需要大量增加平价的产品供应并能做到保证供应使市面上不缺货，在这种情况下，需要采用图4斜线以上的产品-生产系统的组合形式。因而，要将图4变得更切实用，应绘制成图5的形式，在这里是用一个实用的区域范围来代替一条理想的界线。

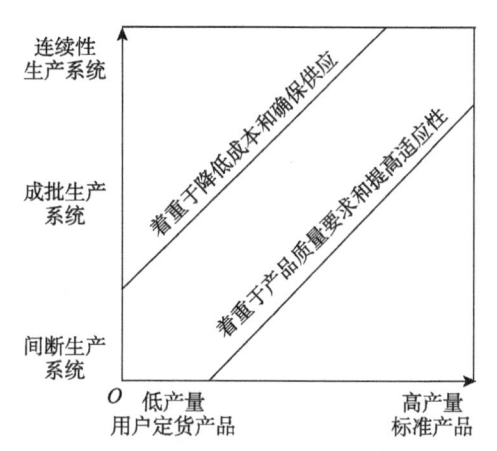

图5 产品-生产系统策略选择图（综合策略的可行区域划分）

图5将可选用的产品-生产系统综合策略划分为三个区域，最上面的区域是适宜于降低成本和保证供应的产品-生产系统区域，最下面的区域是适宜于高质量和提高生产适应性的产品-生产系统综合策略区域。中间则是一个介于两者之间的混合的产品-生产系统策略区域。从图5中可以看出，针对每一经营环境，有一个可行的区带，而不仅仅限于一个正确的解答。

【实例】作为上述综合策略应用的典型例子是美国得克萨斯（TI）和惠普（HP）公司的策略。这两个公司面对基本相同的市场生产、经营计算机（器）。TI公司是运用廉价进行大量生产和销售策略的典型，运用经验曲线效应在相当长时期内生产出售高度标准化的计算器。与此相反，HP公司奉行的是为市场提供创新的、多种高质量的计算器。HP公司冀望在创新中获取较高的收益率。当现有市场被较多的竞争者拥入，HP公司却进入更高一层次的创新。

同经验曲线效应具有相同功能——使企业形成低成本竞争优势的另一个生产策略，是企业生产集中与加深纵向一体化深度的决策问题。

四、纵向一体化策略

纵向一体化的主要作用表现在以下几个方面：有利于提高企业的产品质量；有利于增加企业的销售额；有利于提高企业的附加价值和增加盈利；有利于企业原材料的控制（通过后向一体化）；有利于更好为顾客服务，满足顾客的特殊要求（通过前向一体化）。

但所有这些效益的取得都基于这一条件，即企业仅能在产品生命周期的成熟期阶段内取得。从这一点也可以推论，企业必须在其产品生命周期的成熟期结束前基本上回收其在纵向一体化上进行的投资。

决定企业纵向一体化程度的主要因素有以下几个方面。

（1）减少企业面临供应风险的需要。在估计到企业原材料、外购半成品的供应来源有缩减或供应不上的趋势时，企业须考虑增加（或通过兼并）原材料、半成品的生产部分，作为一种保护性的措施。

（2）通过自制与厂内协作提高企业的效益。如企业能增添自制原材料、半成品的部分在运输、生产与技术准备等各方面都不成问题，则可以考虑实行纵向一体化，以减少采购原材料、半成品的费用支出。我国很多工厂都依靠自力更生通过设备创新发展自己的专用设备，以减少订购专用设备的支出。

（3）产业进入的难易程度。如果企业半成品与原料产业是一个比较容易通过资金转移而进入的产业，那么搞纵向一体化的必要性就不那么迫切。如果企业的原材料与半成品是相当难进入的产业，为了摆脱这些行业的垄断与控制，适当通过纵向一体化来自己解决原料、半成品的供应，以摆脱这种控制原材料、半成品供应渠道的威胁。

（4）对灵活性的影响。企业纵向一体化生产部分投产后，要轻易下马都不是容易的，一旦不用，会使企业背上沉重的包袱。只有包袱少的企业进退容易，进可攻、退可守。因而企业在考虑纵向一体化策略时要考虑进退的难易程度。

（5）灵活性的影响，企业纵向一体化的深化，会限制产品开发的领域。因为企业对某类产品在厂房、设备及原材料、半成品供应上的大量投资，会影响到对不同领域产品的创新和发展以及材料品种开发方向的投资，限制对品种转换的灵活性。另外，不搞纵向一体化的企业可以随时变换其原材料的供应厂商，而纵向一体化深入的企业就往往缺少这种灵活性。

（6）规模经济的影响。小企业很少实现后向一体化的策略，因为企业扩建的生产原材料与部件产出量往往超出本企业的需求，不能使这部分生产能力获得应有的利用。有时，不得不出售多余能力生产的制品（原材料或零部件）。这种做法，若处理不好则会影响到企业在主要经营范围上的力量和对分散资金的集中利用。因而小企业在实现纵向一体化时须特别慎重。

（7）企业的财务状况。我国很多企业在资金需要量的构成来源中，自有资金只占一部分或很小一部分，仅能维持主要的经营活动，没有多余的资金搞纵向一体化，或投向自制原材料或零部件的生产。对于一部分实力较雄厚的企业，或是能集资争取到投资的企业，如果在供应线上受到威胁或限制时，可考虑采取纵向一体化策略，扩建原材料与半成品生产，如果在这部分生产上进行技术创新则往往能增强企业的竞争优势。

(8）企业管理部门（包括高层领导）对增添部门的驾驭能力。这里重要的是企业领导不要因为增添原材料、半成品生产与经营而放松了对企业整体的经营。在大企业中可以对扩建的原材料、半成品部分建立相对独立的战略经营单位（如分厂），使高层领导不陷入新建部分的日常生产与经营。

总之，企业要全面权衡、全盘考虑实现纵向一体化的优势与不利因素，在综合分析的基础上进行决策。

五、生产能力策略

企业以怎样的生产能力来适应和满足社会和市场增长与变化的需求，这里有不少具有策略意义的决策问题。下面着重讨论两方面问题：一方面是应建立多大的能力和建成怎样的能力？决定企业生产能力的主要依据是什么？另一方面的问题是如何处理生产能力与需求之间不平衡的状态？

在社会主义企业中，决定企业生产能力的最主要因素是社会和市场的需要。

为了正确估计社会和市场的需要以确定企业的生产能力，企业必须通过各种渠道收集估计出企业生产能力所需的各种信息，包括：有关销售量的信息；有关市场变化的趋势；关于外购零部件、制品的策略；关于生产能力测定的资料；有关设备使用的计划；有关行业中同行企业的生产策略；等等。

决定生产能力的主观因素方面，最主要的是企业的经营战略。企业经营总战略所确定的经营范围、方向以及企业生产策略中所确定的产品方向、品种发展与创新策略等都对生产能力的确定起着重要的指导性作用。

生产能力决策上的另一个战略性问题是：企业的生产能力水平的选择。

能力与需求的不平衡是绝对的。社会主义条件下生产的发展和人民文化物质生活不断提高，是社会和市场需求不断增长的决定性因素。但这种需求又不是静止的、一成不变的，而是动态地、呈波浪形地向前发展。在这种有时高、有时低的不均匀需求的情况下，企业应如何来决定生产能力的水平，是一个重要的策略问题。

决定生产能力的水平有三种可供选择的策略：按需求的峰值来定生产能力水平；按需求的低值来定生产能力水平；按需求的平均值来确定生产能力水平。

按低值来确定生产能力水平，是一种最稳当的防卫性的策略。它在任何时候都不会受到因滞销而带来的损失，但它将蒙受在旺季时因脱销而失去顾客的风险。这种策略不为开拓型经营的企业所取，对于关系国计民生的重要产品更不能采用这种决定生产能力的策略。

对于关系国计民生的产品或服务，一般均按峰值需要或平均需求量来确定生产能力水平，如公用事业、制药业等。这里，便产生了一个如何在需求下降到低谷时，充分利用企业的富余生产能力的问题。解决的主要途径有两种：一种是将高峰时的能力转让给其他企业（如电网富余电力的转让），或将高峰时的富余能力造成的损失通过调整价格来予以补贴，如有些国家实行的补贴电价。如果高峰时生产能力具有可储性，那么可采用另一种解决途径，即用高峰的富余能力制作其他制品或半成品储藏起来供需求超出能力的时候使用，或出售给其他企业或接受来料加工等。

在采用按平均需求量决定生产能力水平的策略时，会出现需求达峰值时，能力不敷的现象。如果产品为可储存型，可以以丰补歉，不至于产生供求严重脱节的现象，只是在产供的时间上需妥加安排。如属不可储存的劳务型产品（如电、服务等），则可采用以下措施予以缓解或解决：使产品或劳务标准化，以便于企业间的调节；通过转包方式，将产品委托其他企业制造；采用加班加点的方式；利用过时的设备作后备机组，在需求高峰时投入运行；运用高峰前后给予价格优惠的办法，以便分散用户的集中使用时间；等等。

能力与需求不平衡的另一种状态是能力增长模式（阶梯形）与需求增长连续型之间的矛盾，其解决方式与上述的类似，不再赘述。

总之，企业应根据产品的不同特征和用户消费特点等因素，有区别地考虑生产能力水平的决策。

第三节 技 术 策 略

随着科学技术的迅速发展，技术进步已成为国民经济和企业生产的主要推动力，技术策略在企业发展和提高经济效益中起着日益重要的作用。技术策略涉及的范围很广，这一节主要讨论以下几个问题。

（1）企业的主要技术策略及其选择。
（2）研究与开发的主要策略。
（3）技术策略的制定。
（4）企业研究开发规模的确定。

在讨论这四个问题之前有必要阐明技术策略的概念及作用。

一、企业的技术策略及其作用

企业的技术策略是以实现企业的战略目标为出发点的，它指导技术政策的拟定。技术策略作用的范围超出技术部门，属于企业一级的综合性策略。而研究与发展策略则同生产、财务、营销和人力资源策略一样属于部门一级的策略。

另外，从内容与性质来看，也有区别。生产策略以及与这方面有关的具体政策是在一种既定的技术范围内拟定的，而技术策略与技术性政策则涉及新技术的选择、产品与工艺过程中使用新技术的准则。例如，一个电子企业在拟定技术策略，开发某种以集成电路为基础的新存储器时，面临着技术上的抉择，即在下列3种主要技术中进行抉择：①金属—氧化物—半导体；②双极的；③磁泡。对于生产策略来说，在做出上述主要技术选择之后，要考虑怎样从生产制造方面实现生产，包括选择厂址、确定生产规模、设备负荷程度等的政策与策略。

拟定技术策略，必须注意以下两方面的问题：首先，要掌握科技发展的规律性，能预见科技发展趋势。其次，要有一个科学的工作程序与框架。它可把影响企业技术进步的所有政策与决策因果加以归纳、综合，以利于正确判断和决策。

随着科学技术进步在国民经济发展和企业经营成败中发挥着日益重要的作用，技术日益成为企业中生产增长、效益提高的决定性因素，作为技术发展长远决策的技术策略，在企业及其经营管理中的地位和作用也越来越重要。

我国企业经十年来外延式经济发展之后，在资金、原材料、能源等日感不敷生产发展需要的情况下，已经开始和日益认识到企业发展和提高经济效益，必须走依靠科技进步、以内涵为主的发展生产的路子。在企业拟订长远的发展规划时注意到了制定技术策略、规划企业技术发展远景的重要性。由于科技的发展和成熟需要有一个较长的时间过程，如果说扩大生产能力需要一年左右时间的话，那么开发和应用一项新技术，少则三年（如轻工行业的一般技术创新），多则5~7年（如机械行业的全新产品），而对于尖端的技术往往要十年以上才能见成效。因而，企业要真正地依靠技术进步来发展生产，必须有长远的谋划，拟定出切实可行的技术策略。

拟定与实施技术策略有利于企业规划和实现依靠技术进步来发展企业生产和提高效益的途径；有利于挖掘企业潜力、增强企业后劲；有利于落实企业战略目标和规划，形成企业的竞争优势；有利于协调各有关部门的工作和有关技术发展与科技管理的各项政策。

企业的技术策略，须很好地解决以下三个问题：选择要开发的技术；确定要在哪些技术领域中寻求领先地位；确定应转让的技术及其时机。

二、技术的选择

企业技术策略拟定的核心在于：寻求能使企业获得竞争优势的模式。运用什么途径使企业具备竞争优势。应选择怎样的技术，能对企业的通用战略（降低成本、特色经营等）做出最大贡献。

技术策略是发挥企业潜力的强有力工具。拟定出好的技术策略，企业可以得心应手地运用三个通用战略中的任何一个战略。企业的具体情况千差万别，但技术创新（变革）的类型（模式）主要有两种：产品技术创新与工艺技术创新。这两种类型的创新都会对企业的通用战略做出贡献，参见表2。

表 2 产品和工艺技术与通用战略

类型	成本领先	独具一格	成本集中	独具一格集中
产品技术创新	产品开发:通过降低材料消耗、方便制造、简化后勤要求、降低产品成本	产品开发:提高产品质量、增加特色、促进交货能力、降低转换成本等	开发产品:使产品仅能满足目标细分部门的需要	产品设计:使产品在满足一个具体细分部门需要方面比竞争者更有优势
工艺技术创新	改进学习曲线:减少原材料使用、改进加工方法、降低劳动力投入 工艺开发:促进规模经济性	工艺开发:改进公差配合、更严格的质量控制、更可靠的进度计划、缩短交货时间及提高对买方的使用价值	工艺开发:使价值链与细分部门的需要协调,降低为细分部门服务的成本	工艺开发:使价值链与细分部门的需要协调,提高买方价值

从表 2 中可以看到,企业的技术创新（企业的研究与开发项目）的集中点应同企业所拟采用的通用战略保持一致。

从表 2 还可看出:产品技术创新与工艺技术创新均能对通用战略做出贡献。而有些企业往往存在着一种错觉,工艺技术创新都是为降低产品成本服务的,而产品技术创新只是为特色经营服务的。事实上,日本的很多企业惯用的方法是:把工艺技术创新作为创制产品特色（独具一格）的关键。

这里很重要的一点是,企业的技术策略要打破传统的产品开发和工艺变革,要寻求新思想、新方法来进行产品与工艺的研究与开发。

要注意应用价值链的分析方法。技术实际上渗透了企业价值链的一切环节,而产品的成本及产品特色是同价值链密切相关的。因此,对企业进行全面系统的考察分析可以揭示出降低产品成本和促进使产品别具特色的各个方面。例如,在信息系统部门做得出色的企业里,它对技术创新的影响,可能发挥出比研究开发部门更大的作用。又如对其他一些在我国企业中不够重视的技术（如材料运输和处理、通信、工厂与车间布置、操作合理化与环境改善……）往往也是很重要的环节。

由于技术的作用是多方面的,技术涉及的领域宽、部门多,技术策略的一个重要作用是协调各有关部门在技术创新与发展上的活动与相关政策。

技术策略的重要作用之一是指导研究开发部门的工作方向。例如,有的公司的研究开发工作主要是及时解决具体的消费者的需要,很少去进行新产品的开发（如瓶盖公司）。而另一些企业可能把研究与开发的主要力量放在研究新的基础材料和开发新产品上。由此可见,企业的技术创新（变革）与竞争优势的形成两者之间有着密切的联结关系。企业所寻求的竞争优势决定着企业技术创新的研究开发的主要方向。

技术创新与竞争优势之间的联结关系,也决定了要通过价值链分析来寻求需集中力量开发的具体技术。这里可以看出技术选择同竞争优势间的关系。竞争优势的需要,决定了一个企业应当集中力量开发那些对降低成本和使产品有特色作用最大、最持久的技术。

在技术选择中经常碰到的另一个问题是：改进某项技术还是投资开发新技术。

在确定对新技术投资时，不能简单地以一两项指标（如技术的年龄）作为决策的依据，而应通过充分理解对企业价值链中各方面的作用，以此作为决策的基础。

在技术选择时，要防止"自我满足"的危险，也要防止"熟悉了的技术"舍不得改变的习惯势力，还要防止"贪大求洋"看不起小的技术改进的倾向。有时，价值链上起改进作用的几种技术（虽不是突破性技术）加在一起会对竞争优势做出很大贡献。例如，日本企业在技术上的成功，很少是通过重大技术突破获得的，大多是通过价值链的分析对现有技术的改进。

三、技术策略的选择

从经营战略的角度来分析，主要的技术策略有以下几种：技术领先策略；技术跟随策略；仿制策略；实用工程策略。

技术领先策略，要在所有竞争者之前，率先采用新技术，使新产品最先进入市场，创名优产品。采用该策略要求企业有较强的研究与开发力量；由于风险大，要求企业有雄厚的财力。

技术跟随策略，要求有较强的开发力量和工程技术能力。要善于吸取"领先者"的经验教训，及早开发出质量更高的产品。

仿制策略亦称"成本最低"策略。它通过仿制以较低的成本进入市场。这一策略要求产品设计与工艺部门在降低成本方面有较强的能力。

实用工程策略是一种把基本技术用于少数特定需求的策略。它亦要求采用这一策略的企业有较强的设计力量与工艺力量，并要求生产部门有较强的适用性。

表 3 中列出了各策略的应用条件，以下重点讨论技术领先策略与技术跟随策略的选择。

表 3 不同技术策略选用条件分析表

技术策略	各项特征		
	企业的特征	市场的特征	财务方面的特征
技术领先策略	在技术能力（包括人力、设备等）、营销力量等方面有足够的保证，并且领导重视	市场对新产品的需求迫切，推销费用低	成本较高，但潜在利润大
技术跟随策略	科研能力一般，但开发工程能力很强 有灵活的组织能力与非常敏捷的反应	非常大的市场容量，非领先进入市场的企业所能独占	成本相当高，但比领先者的成本低很多
仿制策略	研究力量很少，或几乎没有，有一定的开发力量 非常擅长于低成本生产费用低	新进入市场，有能力在价格上进行竞争	低成本和薄利 在短期内仍可获取较大利润

续表

技术策略	各项特征		
	企业的特征	市场的特征	财务方面的特征
实用工程策略	擅长生产热门产品 有良好的开发与组装能力 营销部门与研究开发部门配合得好	现有产品仍有市场,但已为竞争者的改进产品所威胁 无重大突破	研究开发费用不大,但有时销售费用支出大 利润低,但相当长时间内产量很大 有时可借助于改进工艺取得较高利润

技术领先策略有较明确的概念,即企业力图成为领先实现技术变革,并借以支持企业的通用战略(基本竞争战略)。

人们往往把领先者企业以外的企业均列入技术跟随者行列,并错误地把技术跟随策略看作一种被动的、防卫型策略。其实,技术跟随策略同技术领先策略一样,是一种自觉、主动的策略。选择这种策略的企业,很明确地认定不在各种技术创新方面成为率先行动者。

同样,不论是采用技术领先或是技术跟随都可以形成企业不同的竞争优势和支持不同的通用战略。从表4中可看到,不论是选择技术领先还是技术跟随的决策,都可能获得低成本或特色经营的途径。

表4 技术领先与技术跟随策略

项目	技术领先	技术跟随
成本优势	以最低成本进行产品设计,成为利用学习曲线的第一家企业 创造低成本的方法	通过学习领先者的经验,降低产品成本 通过模仿、降低研究与开发费用
独具一格 (特色经营优势)	开发提高买方使用价值的独特产品 在其他活动中创新,提高买方的使用价值	通过学习领先者的经验,使产品更符合买方需要

很多企业倾向于把技术领先策略作为实现特色经营(独具一格)的策略,而把技术跟随作为实现低成本的途径。其实,如果技术领先者第一个采用成本最低的新工艺,它就成了低成本的生产者;同样,如果技术跟随者从领先者那里吸取了经验教训,改进了产品性能,更好地满足了用户的需要,它同样实现了特色经营(别具一格)的策略。

在某种技术上,选择技术领先或技术跟随,应以下列三个因素为基础:技术领先的持久性,即企业在某种技术保持其对竞争者领先的程度;率先行动者的优势;率先行动者的劣势。

这三个因素相互作用并决定着企业技术策略的选择。例如,一个企业虽具有技术领先的基本条件,但由于存在作为领先者的重大劣势,可能排除它作为领先地位的合理性。相反,某些企业虽不具备技术领先的条件,但率先行动带来的优势可能将它转化为一种持久的竞争优势。

下面将分别讨论作为选择基础的三个因素。

(一) 技术领先的持久性

技术领先地位如能在相当长的时期内予以保持，则寻求这种地位才是可取的，因为获取技术领先地位所支出的费用比技术跟随者要大得多。因而只有在作为跟随者的竞争对手不易复制这种领先技术，或是企业的技术创新速度大于竞争对手的追随速度，这种领先地位才是巩固的，并能获益，反之，则取得领先地位的代价将得不到补偿。目前很多国家的专利制度不能保障领先者的利益，这是造成技术创新速率下降的重要原因之一。

技术领先的持久性受到以下方面因素的直接影响。

（1）技术创新的来源（来自内部还是外部）。一般说来当技术创新来自产业外部时，要维持一种技术的领先地位更为困难。

（2）企业在技术创新上投入的大小和研究开发的深度。一般说来，企业对技术创新所作研究开发的深度大，投入多的项目，竞争者一般不易复制，因而可以保持较长时期的领先地位。

（3）新技术所需的各种专业技能。一个企业如能在领先技术上拥有独特的技能，拥有较强的研究开发人才、设施与管理技术，那就能更久地维持其技术领先地位。

当今成功的技术领先企业都密切关心其研究开发专业技能的储备。尽量不在经济紧缩时削减研究开发人员；努力同各个科技领域中的领先研究中心建立联系；并通过在全球范围内建立研究开发机构来搜罗与使用各国的研究开发力量和其特有的优势。表5为几个发达国家和地区在全球布点寻求研究开发优势的示意。

表5　在几个发达国家和地区中扩展研究开发的计划

企业	美国	欧洲	日本
美国企业		软件 无线电通信	电子材料与设备 集成电路 电子系统 特种材料 仪器
欧洲企业	生物技术 样品 电子材料与先进聚合物 集成电路 通信		药品 电子材料 半导体
日本企业	软件 人工智能 国家处理	软件	

（4）技术的扩散速度。决定技术领先持久性的最后一个重要因素是领先者技术的扩散速度。如果一个企业开发的技术很容易被竞争对手所复制，那么领先企业在技术上的优势，包括成本优势就显得不是很重要。产品创新与工艺创新相比，精细的工艺技术可以更持久地保持专有，日本企业始终注重工艺上的改进与创新，因而能更持久地保持其技术优势和领先地位。企业可以通过以下途径减慢技术扩散速度：专利制度的完善程度；保密情况；企业内部的开发能力与深度；企业对稳定科技人员所实行的政策。

（二）率先行动者的优势

技术领先者的率先行动，可以取得如下的种种优势，这些优势的存在是保证技术领先策略在竞争上占有优势的重要方面。

（1）信誉。率先行动有利于树立开拓者与领先者的信誉，这种信誉往往是竞争对手难以夺取的。

（2）优先选择所生产产品的品种及市场定位。

（3）优先选择产品供应和销售渠道。

（4）优先掌握住一批用户，形成用户改用其他企业产品时必须支出的转变费用。

（5）有利于首先获得经验曲线的效应。

（6）取得制定标准的主动权。

（7）取得专利权之类的法律保护。

（8）取得早期利润。

率先行动者要想长期保持其优势，须在技术上不断投资，否则其优势会被跟随者的大量投资所击破。很多小的技术领先的计算机生产企业被美国国际商业机器公司（IBM）所超越，就是最明显的例子。其主要原因在于这些小计算机制造公司缺乏进一步开发和维持这种优势所需的各种资源。又如美国的数字设备公司（Digital Equipment Corporation，DEC）虽然不是第一台计算机的生产者，但因为它坚持积极开发实用产品而获得许多优势。该公司通过在产品品种、产量规模（运用可以降低成本的学习曲线效应）和增强推销力量方面的大量投资而获得了其竞争优势。

（三）率先行动者的劣势

率先行动者也有很多不利因素从而产生劣势。这些劣势主要来源于其开拓费用和因条件变化而带来的风险。

率先行动者往往需要承担如下方面的巨大开拓费用：获取法律和政府的批准（如医药方面的新产品）；巨大的开发和试销费用；广告和教育顾客与用户的费用；服务和培训的基础设施；各种投入资源，包括原材料、新型设备的开发费用；

各种配套产品的开发投资；弥补早期的高成本、低需求的支出。

率先行动者还会遇到各种风险，包括：需求的不确定性，须在没有确切需求信息条件下配置一定的生产能力；用户需求的变化，用户在变换其所信用的产品或技术时，往往把率先行动者（首创者）视为老一代陈旧技术的代表，使之处于很不利的劣势地位；技术的迅速变化，会使率先行动者早期为创建这一技术所耗用的投资与努力变得无用；低成本模仿和反求工程的应用，使率先行者受到很大的威胁。

四、技术引进与技术转让

技术引进与技术转让是现代企业在科技迅猛发展下经常采用的技术策略。

技术引进策略同上述的技术跟随策略和仿制策略密切相关，是我国企业广泛采用的策略，这一策略应用得当可以达到"投资少、见效快"的良好效果。即便是在发达国家的技术力量雄厚的大公司也不失时机地运用这一技术策略发展本企业的技术。日本各公司自二战以来很好地运用了这一技术策略，在"少花投资、快上水平"的情况下迅速提高了企业和产品的水平，取得了巨大的经济效益。

为了有效地运用技术引进策略，必须要有一套完整的政策体系，使企业沿着"引进—消化吸收—创新"的良性循环的路子稳步前进。为此，必须把技术引进与开展企业的自主研究与开发紧密结合起来，通过自主开发增强研究开发的能力，以便不失时机地从技术引进走向技术创新。要防止陷入"引进—引进—再引进"的恶性循环之中。

技术转让是同技术引进相联系的技术策略，它们是一个问题的两个方面，技术转让者可为引进企业提供技术与装备。

一方面，技术转让有利于技术扩散，使人类的创造性劳动结晶——技术创新成果能通过扩散使整个社会受益。技术转让从广义来看是扩大新技术社会效益的重要途径。

但另一方面，技术转让又往往会使企业失去其竞争优势，因而企业必须在综合考虑和正确处理社会效益和企业效益的原则上，处理好技术转让问题，拟定出适合本企业的技术转让策略。在很多条件下，技术转让是合理的，诸如：企业本身没有利用该技术的能力；企业没有开发市场的力量；通过转让可以挖掘其他市场的潜力；可以迅速将技术标准化；有利于改进产业结构的状况；创造好的竞争者，通过转让鼓励竞争者协同开拓和扩大市场；获相互转移的效益；企业已具有制造和销售新一代产品的能力。

五、研究与开发中的主要策略与主要比例关系

企业的研究开发可以从不同角度来加以分类，从经营战略的角度可分为进攻

型的研究开发与防卫型的研究开发。相应地，研究与开发策略可分为进攻型策略与防卫型策略。

进攻型研究开发策略是一种开拓型策略，它的潜在收益高，风险大，对企业的要求也高。具体说来有以下几个方面：①要求企业在技术创新方向有较强的能力，能搞出较高水平的技术创新使之具有一定程度的突破性；②要求企业能从技术角度预见未来市场的潜在需求；③要求企业对创新产品有生产和营销的足够力量；④要求企业有较强的应用研究能力和必需的基础研究力量。

防卫型研究开发策略的特点与上述策略相反，其是一种低收益、低风险的策略。它要求企业在激烈的竞争中，以低成本、高质量的产品来占领市场，获取更大的经济效益。实现这一策略，要求企业有健全的营销机构与较强的营销力量，并具备较强的生产技术准备能力与制造力量，而在研究与开发力量方面，则可低于上述的进攻型策略。

一个企业的发展并不是呈直线上升的，在经济动态变化的竞争环境中，企业往往在不同情况下交替采用不同的研究开发策略。因而企业中同时存在着进攻型的研究开发项目与防卫型的研究开发项目。而保持两者之间的合理比例关系，则是企业高层管理，特别是作为研究开发的主管人员的重要任务。

实践表明，在企业缺乏长远规划和明确的战略目标情况下，企业中的研究开发项目，往往会被防卫型的项目所充斥。当防卫型项目占主导地位时，企业就失去后劲，没有活力，缺乏生气。

企业中两类项目所占的比例，同企业所采用的技术策略是分不开的。当企业采用技术领先策略时，应有更多的进攻型研究开发项目。而在采用技术跟随策略时，企业必须有较强的研究与开发力量，可以从事快速的反求与开发。

除了上述进攻型与防卫型的研究开发项目间的比例关系外。企业的研究开发策略中还必须注意保持以下几方面的比例关系：中长期与短期项目间的比例关系；研究项目与开发项目间的比例关系；产品研究与工艺研究间的合理比例关系。

这里特别值得指出的是最后一种比例关系。由于人们认为新产品的开发更密切地关系到企业的生存和发展，因而习惯于把绝大部分的研究经费投放在资源的研究与开发方面，而忽视了对工艺的研究、开发与创新。国外如此，我国也是如此。例如，根据对美国某些机械行业的调查，它们把45%的研究开发力量放在新产品上，把41%的研究开发力量放在现有产品的改进方面，投放在工艺方面的研究开发力量仅占3%。

与此相反，在日本、联邦德国的一些大企业中在保持产品与工艺研究的比例关系上都有不少良好的经验。日本在研究开发策略的选择上，与美国采取完全不同的模式，重视工艺的研究与改进。在工艺技术上持"精益求精"的态度。因而其产品质量不断提高，在国际竞争中争得了更好的信誉。联邦德国的一些大企业也重视工艺的研究与开发，它们在进行新产品研究与开发的同时，即进行新工艺的研究与开发，这样就能以较低的成本生产出新产品。一些大企业（如西门子公司）不仅有庞大的产品研究所，同样有规模巨大的工艺研究所和生产组织、工业工程研究所，它们用在新工艺制造方法上的研究费用，占其全部研究费用的8%~9%；而投入新产品的研究费用则为5%~6%（其余80%以上用于工程性开发）。

六、确定研究与发展规模的策略与方法

确定研究发展的规模是具有战略意义的重大决策问题，也是一项非常复杂的工作。规模定得太小，没有足够的人力、物力与资金去保证必要的研究与发展活动，会影响长远的发展。不利于提高企业素质，使企业缺乏后劲，缺乏活力，最后导致经济效益下降。如果把研究与开发的规模定得过大，以致超过企业在一定时期内所能承受的限度，将使许多研究项目因战线太长、资源不足，而半途而废。确定研究与发展规模时，必须考虑以下主要准则：所定的规模要能保证企业战略目标、策略与规划的实现；所定的规模必须要保证企业的长远发展与长远的经济效益，要能保证企业具有技术发展的潜力；所定规模不宜过大，要在企业资金力所能及的范围之内；要保持研究与发展的连续性和研究与发展组织的稳定性；要防止大上大落，避免突击性赶工或导致正常科研的中断；注意综合运用各种定量与定性、经验与分析相结合的科学方法；要注意保持最低限度的人力、物力。如小企业中，至少应保持有一两名专职人员从事研究与发展方面的技术监督工作。

确定研究与发展规模（资金额）的方法很多，如固定资金额法、延续法（参考历史水平确定）同行类比法、项目汇总法、销售额比例法、矩阵法、系统分析法。

销售额比例法，即用研究与发展资金对年销售额的比例来确定研究与发展的规模，是应用最广泛的方法。此法简单明了，计算数据又易于取得，因此获得了最广泛的应用。这个方法的另一优点是指标较稳定，一般不会大起大落，使企业的研究发展规模可以与企业的发展基本上保持一致。但这一方法也有缺点，主要是资金的需要时间往往与提供资金的时间相脱节，如当市场需要新产品而致企业原有产品销售额下降时，却正是企业需大笔研究开发费用的时刻。另外，这种方法一般是参考历史数据确定其平均值，或是凭主观的直觉判断，缺乏系统的科学分析。

矩阵法在一定程度上克服了以上的缺点。它的最大优点是可做到根据企业目标来分配研究开发的资金，保证了研究开发中的种种必需的比例关系。表6是某电子企业研究开发经费分配的示例。各类研究的划分及研究期限的划分，应按不同行业的特点具体规定。

表 6　电子企业研究开发费用分配矩阵

研究阶段	短期	中期	长期	合计
基础研究	0	0	5%	5%
基础性应用研究	0	10%	5%	15%
应用性研究	5%	8%	7%	20%
开发性研究	15%	15%	5%	35%
工程开发	10%	10%	0	20%
技术服务	0	5%	0	5%
合计	30%	48%	22%	

从上述矩阵分配表中可以看出企业在资源分配上的策略：①研究与开发间的比例关系是4∶6，即40%的研究开发费用用于研究，60%用于发展，这是新兴行业所必需的；②短、中长期的资金分配关系是3∶7，即用于短期项目的占30%，中长期占70%。从增强后劲着眼，这样的分配适合于高技术的电子企业。

矩阵法有其策略决策上的优点，但在很大程度上依靠人们的主观判断，系统分析仍显不足，因而有系统分析法的产生与应用。

系统分析法的核心，是通过系统的分析和结构的建立构筑出一个可供定量分析的模型，它包括所需决策问题的各个主要因素。其作用是把一个复杂系统的大问题分解为各个简单因素，再经过各子系统与要素间的相互作用，运用计算机模拟，对各主要决策变量进行试验和分析，最终获得企业在不同条件下的最优研究开发经费投入比例。表7为最近应用系统动态学对企业研究开发与技术创新经费投入比例进行政策分析的初步结果。

表 7　机械行业创新投入政策分析总表

指标	比例及时期										
	1%			2%			3%			4.5%		
	短期	中期	远期	短期	中期	远期	短期	中期	远期	短期	中期	远期
销售额/×10³万元	1.694	1.878	3.462[1]	1.888*S	2.028	3.160	1.798	2.056*M	3.194*L	1.8586	1.9856	2.6691
利润/×10³万元	0.61	0.66	1.04	0.68*S	0.71	1.12	0.64	0.78*M	1.32*L	0.66	0.71	0.94
创新成果/个	21	33	68	23	35	74	24	38	79	26*S	40*M	83*L
新产品比重(两年)/%	42	41	35	41	42	46	43*S	45*M	53*L	42.5	38	38

*表示相关指标最优者(S——短期，M——中期，L——远期)
1) 虽然数值较高，但物化劳动投入最多。故不是最优者

从表 7 所列出的结果可以得到机械制造企业研究开发投入与销售额比例的结论如下：从短期效益来看投入为销售额的 2%左右时，企业的销售额与利润为最大。从中-远期效益来看，研究开发的投入为 3%左右时，企业的销售额与利润为最高。以更长远的技术发展（技术成果储备来看）投入在 4.0%~4.5%为好。

同样，我们对丝绸企业研究开发与创新投入比例进行了政策模拟与分析，其结果如下：从短期效益来看，研究开发投入与销售额之比控制在 0.5%~0.7%为好，销售额、利润与新产品比重三个主要指标的值最大，从长期发展分析，研究开发与销售额投入比控制在 0.7%~1.0%为宜。从长远的技术成果储备角度来看，投入比可以在 1%~1.5%。

七、技术策略的制定程序

根据本章所讨论的概念与内容，为制定技术策略提出了分析的步骤和策略制定的程序。分以下七个步骤进行讨论。

（1）弄清对价值链有影响的所有技术。事实上每一项经营活动往往都涉及某一种或几种技术。作为制定技术策略的起始点，需要弄清楚企业及其竞争对手所应用的各种技术。另外，还应了解供应者和顾客（用户）在其经营活动中所使用的技术，因为这些技术同本企业所使用的技术往往是有联系的、是相互依存的。有些企业往往只注意同产品和工艺有关的技术，而忽视其他经营活动中的有关技术，也不注意用于开发技术时所用的技术，如 CAD、CAM 等。

（2）弄清科学发展和其他产业有关的潜在技术。实际上，企业的技术创新往往来自其他产业或科技部门。这些潜在的技术往往构成企业技术突破的来源。因而，需要认真考察各项经营活动是否能应用外部技术。为此，应经常调查和监视各种信息系统、新材料、电子技术、生物工程的发展情况。这些领域的技术正在对各种新技术的产生发生着重大影响。

（3）弄清关键技术变化可能遵循的路线。企业必须认真评估各个经营活动和用户与供应者价值链中的技术的变化方向。

（4）确定对竞争优势和产业结构影响最大的技术。并不是价值链中所有的技术对竞争优势都有重大影响。有重大影响的技术变革，必须满足以下条件：它能创造持久的竞争优势；给率先行动者带来优势；改善产业结构。

关键技术往往是对降低成本及形成特色经营有重大影响，而且能保证持久性技术领先地位的技术。

企业必须了解这些技术是怎样影响企业的产品成本、经营特色或产业结构的。在这方面，供应者与用户的技术常常是很重要的。

（5）评估企业在变革技术上的能力和降低使用技术时所需费用的能力。企业必须了解自己在关键技术上的相对优势，并对自己适应技术变革的能力做出现实的评估。

（6）选定一个包含所有重要技术并能加强企业全面竞争战略的技术策略方案。这种技术策略必须能加强企业所寻求的竞争优势，有利于企业保持其领先地位、低成本优势或特色经营的优势。在一般情况下企业的技术策略应包括如下内容：技术开发项目对形成竞争优势重要性的优先顺序；对在关键技术领域成为技术领先者还是成为技术跟随者做出决策；所选定的技术转让政策应当能推进和巩固企业的总体竞争地位，而不能只考虑完成短期利润压力的需要；确定所需的引进技术。

（7）从企业最高领导层出发，加强对下层战略经营单位技术策略的指导。由于技术最终要在生产第一线发生作用，因而公司一级的技术策略功能包含着对基层技术策略的指导作用和督促监控的作用。另一方面的作用是协调各战略经营单位在技术创新方面的相互联系和协作。一个战略经营单位如能同其他单位在技术上相互联系和协作，往往可以产生竞争优势。为此，企业（公司）一级的技术策略责任部门宜采取以下措施：①在公司范围内确定影响多个战略经营单位的核心技术；②在公司范围内积极地协调各战略经营单位的技术研究，并使技术能在各经营单位间进行转移（内部技术转移）；③在重大的技术上筹措资金开展联合开发研究，以创造关键技术知识和培养人才；④通过购买、引进、兼并、合资等途径为公司引进新的技能或补充现有的技能。

企业的营销、财务与人力资源策略[①]

第一节 营销策略

随着经济体制改革的深化及市场机制的发育和不断完善,企业的营销功能获得了相应发展。通过转轨变型,大部分企业从生产型向生产经营型转变,转变过程中最显著的标志之一是企业的营销功能得到迅速的增强。

在计划经济与市场调节相结合的运行机制下,除一小部分关系国计民生的大企业完全依据国家计划组织生产外,大部分企业均不同程度地通过市场了解需求情况并据以编制计划,从事生产经营活动,特别是中小型企业,通过市场调节的份额占了企业产量的大部分或全部。在这种情况下,职能策略中的营销策略发挥主导作用,其模式如上一章图1(b)所示。

由于营销策略在市场学和经营管理学的课程中已有较详细的讨论,本书只讨论营销策略中的几个主要问题,包括:营销策略在企业经营战略中的地位与作用;市场细分策略;细分市场吸引力与竞争战略的选择。

一、营销策略在企业经营战略中的地位与作用

顾客与产品是企业营销策略的中心问题。一个企业如果不能以其优势产品吸引足够数量的顾客,占有一定的市场面,企业就难以生存和发展。而企业与市场的联系正是通过营销这一功能来实现的。通过营销的市场研究功能,企业可以确认应该生产什么产品以满足社会与市场的需要;通过营销的市场细分和定位的功能,企业可以明确应怎样开拓市场,为哪些目标市场服务;通过营销的售后服务功能,企业能同广大顾客联系,了解如何改进产品与服务以便更好地满足社会与市场的需要。总之,营销功能对确定企业的经营范围、服务宗旨直至战略目标和途径,都有重要的作用。可以这样说,满足顾客的需要是企业经营战略的前提,而营销策略在这里起着核心作用。

正是由于营销策略的这一重要作用,在大多数生产经营型的企业中,特别是以市场调节为主的企业中,营销策略在所有职能策略中居于主导地位。

企业的营销策略主要包括:产品营销、市场细分与定位策略、定价策略、促

[①] 节选自:许庆瑞. 企业经营战略. 北京:机械工业出版社,1993:第八章。

销策略与销售渠道策略，即通常惯用"4P-1C"来描述的营销的五个方向策略[①]。作为战略性问题列入企业或公司最高领导层议程进行讨论的营销策略问题，主要有以下几个方面：商业道德和社会服务以及与顾客的关系；产品方向和重大创新产品；市场；推销。

商业道德是关系企业信誉和经营成败的重大问题，应经常列入社会主义企业领导的重要议事日程。守信誉和诚实地对待顾客和用户是商业道德中最核心和最重要的准则。企业领导要经常不懈地注意和教育广大职工遵守商业道德和爱护企业信誉，并保持清醒头脑预见到这方面可能出现的危险并采取果断措施避免其发生。

建立良好的售后服务策略，是改善企业同顾客关系和树立企业信誉的重要方面。而建立良好的售后服务又同建立良好的销售人员队伍密不可分，销售人员的素质是建立健全销售队伍的中心问题。素质良好的销售人员可以协助顾客和用户解决产品使用中的技术问题和管理问题。还可以把用户对产品的潜在需求带回企业，成为企业产品开发与市场开拓的重要信息来源。因而建立健全销售人员的队伍应在高层领导的营销策略决策中占有一席之地。

产品策略的设计与拟定为企业未来的发展指明了方向，是各种模式的企业均须重视的重要战略性问题，产品决策的好坏关系着企业经营的兴衰成败。美国国际商业机器公司（IBM）与施乐公司（Xerox），虽然都在信息领域内发展产品，但因为产品决策上处理得当，两家均成为国际上享有盛誉的跨国公司，而且这两大企业也未在产品领域上因发生严重的重复而造成不必要的竞争与冲突。企业的产品品种发展策略关系着企业的发展与成败，将在下面作进一步讨论。

市场策略方面最为困难的一点是对现有市场的渗透。根据经营成功企业的经验，以下的市场策略有利于对现有市场的渗透：①拟定产品覆盖策略，以具有竞争力的产品投放市场；②使产品更符合顾客的习惯和使用特点，例如轿车、服装、烟、酒等均按这一方向进行产品改进与市场渗透；③以成套产品（产品系统）的销售来取代单个产品的生产和销售，例如以组合家具的营销替代单个家具的营销；④以优惠价格与优良服务的组合策略来增强企业的竞争优势和市场渗透能力；⑤寻求特种推销技术，它在广告方面和营销方面能产生独特的优势，并能降低成本和改善服务以增强竞争优势；⑥通过减少不必要的产品变形和型号以强化某些市场。集中到少数、更有把握的市场面上，以产生自己的独特竞争优势。如在计算机产品的竞争上，有些公司放弃原来较宽的市场面，集中生产小型机、台式机，或在程序软件方面改善服务以增强在某些市场面上的渗透能力。

经济发展往往不是直线上升的，而是呈现波浪形的螺旋状发展形式。企业在考虑发展战略时，不可避免地会遇到产品滞销和市场疲软的状况，在这种情况下，

---

① 4P-1C 是指 product（产品）、position 或 place（市场定位或细分）、price（定价）、promotion（促销）和 channel 或 distribution（销售渠道）。

企业应冷静地反思和审查自己的营销策略，分析并思考以下问题。

（1）企业是否贯彻了"计划经济与市场调节相结合"的原则？是否真正理解和具备了营销的观念？

（2）是否懂得和建立了营销策略与政策体系？

（3）是否在企业经营战略的框架范围内很好地拟定了各方向的营销策略？

（4）是否有效地在策略指导下开展了有效的营销业务？

（5）是否根据营销策略的特点，选用科学的方法，如系统模拟、层次分析法、市场坐标定位法等，拟定各层次的营销策略和进行资源的合理分配？

必须指出，有些企业虽已具备营销观念并拟定了营销策略与政策，但在营销策略的拟定和贯彻执行过程中，政策界限与分寸掌握得不好，同样会陷入困境，为此，有必要指出在营销方面不自觉易犯的失误：①销售量扩张过猛，脱离了企业生产能力可能达到的水平；②过分热衷于少数大客户，忽视了众多的小顾客；③没有认识到每个顾客均是重要的，尤其是市场为卖方市场的情况下；④没有跟上技术的变革、客户消费行为的变化以及环境的变化；⑤过于注重营销的决策方面，而缺乏足够的研究与分析以及内部状况的记录分析；⑥公司在经营管理方面，没有有意识地建立能让潜在顾客看得到的竞争优势；⑦变型和模式繁殖过多，以致顾客无法正确选择，同时造成研制、生产和销售费用剧增；⑧企业缺乏明确的目标，不能在顾客中树立明确的形象；⑨只注意降低产品售价而不注重提高产品的质量与价值；⑩营销部门与生产部门陷入纠缠不清的日常矛盾，以致不能在市场预测、存储控制、改进包装与服务方面通力合作；⑪不能很好地使销售、广告和促销人员协调一致；⑫没有把销售队伍的建设当作具有长远投资价值的项目来考虑和安排。

二、市场细分策略

从理论上讲，一个产业中的某一类顾客或产品均可构成一个细分市场。一个产业的细分市场总是一种（或几种）产品和购买这种产品的若干个顾客群构成的一种组合。在市场细分中，往往把注意力集中于明显的产品品种和顾客的差异；而最重要的却是划分那些不是很明显的或潜在的细分市场，因为它给企业提供了可以抢先去获取和维持竞争优势的机会。

制定竞争战略必须进行市场细分的原因在于，产品与顾客影响到所开发产品在该细分市场上的内在吸引力，影响到企业获取竞争优势所采取的方式和途径。企业的竞争优势不是抽象的，而是具体体现在该企业的产品与顾客群之上的。

另外，竞争优势又同五种竞争力量（指潜在的竞争者、供应者、顾客、替代产品与现有企业之间的竞争）的存在与消长有关。这五种竞争力量因产业不同而不同，其强度与作用力又落实到特定的产品、顾客与具体的市场上。可见，市场细分同分析竞争优势，进而拟定获取竞争优势的种种策略是分不开的。可用图 1 表现市场细分与五种竞争力量之间的关系。

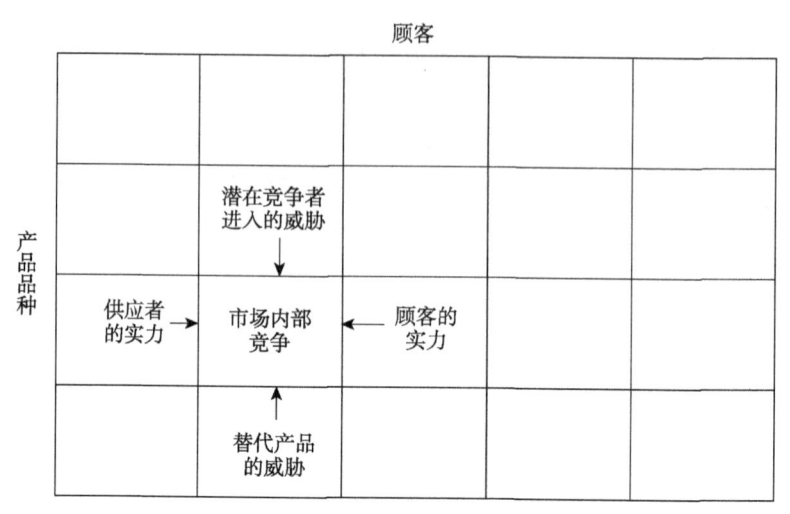

图 1 在不同细分市场中五种竞争力量的分析

市场细分是一项复杂细微的工作，其工作程序可用图 2 表示。

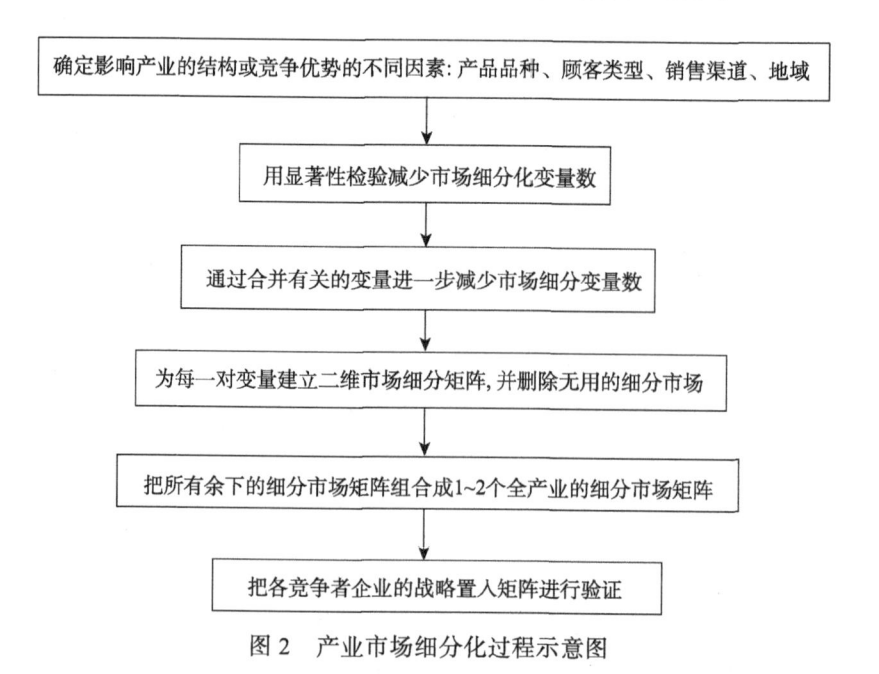

图 2 产业市场细分化过程示意图

进行产业市场细分时有 4 类市场细分变量，这些变量可以单独使用，也可合并使用，这四类细分变量如下：①产品品种，指已经生产的产品品种或可能生产的产品品种；②顾客类型，指已经购买或可能购买本企业产品的顾客类型；③销售渠道，指已经使用过或可能购买企业产品再转售给最终用户的种种渠道；④客户的地理分布。

以上各类市场细分变量又包含了许多可进一步细分的变量。以销售渠道细分变量来说，又可细分为：经批发商与通过经纪人销售两种，后者自己不备存货，因而可以比批发商经营更多种类的商品；也可以划分为批发商与零售商两种类型。销售可划分为独家销售与非独家销售；零售可分为直接零售与邮寄零售。再以按产品品种进行细分的变量来看，品种变量又可以进一步细分为：产品外形尺寸、价格水平、产品性能、产品技术复杂程度、生产工艺特点、使用原材料特点、包装、产品替代、所需辅助设施与服务等变量。又如按顾客类型可粗略分为产业用户和消费品顾客，前者包括顾客所在产业、顾客的策略、纵向联合程度、规模、所有制、订货方式等十多个变量，后者包括人口分布、生活方式、语言、采购时间等近十个变量。所有这些细分变量加在一起不下三五十个，这么多的变量如不按其影响程度加以区分与挑选，将很难建立市场细分矩阵，因而细分过程的第二步是通过显著性检验减少市场细分化的变量数。

市场细分化的第三步，是在初步压缩细分变量的基础上，通过合并有关的变量进一步减少市场细分的变量数。

最后为每一对变量建立二维的市场细分矩阵。如图 3（a）与（b）所示。图 3 为油田设备产业中按顾客类型、地理分布、所有制等几个细分变量建立的二维市场细分矩阵，图中的空白单元是指逻辑上不合理、不存在的、可予剔除的细分市场。

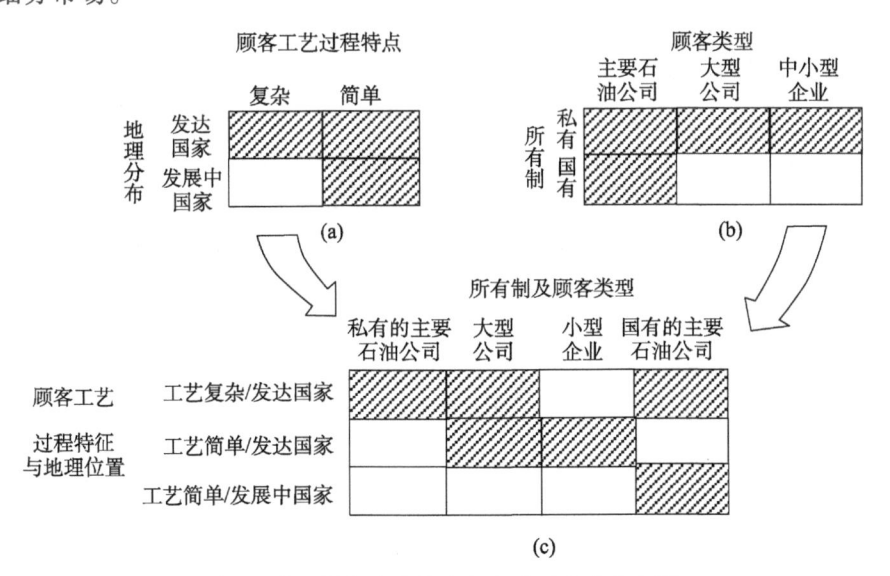

图 3 油田设备产业的市场细分（组合）矩阵

经变量合并与剔除无用的细分市场后，可以得到一个（或两个）全产业的细分市场矩阵。这个矩阵可能相当大，但展示了全部产业的细分状况，可据以进行战略分析。

制作市场细分矩阵应注意以下几点。①市场细分化不仅要包括目前已被占领的细分市场，还必须包括潜在的细分市场，因潜在的细分市场隐含着新的市场细分变量。②一个市场细分变量矩阵应通过列入竞争者企业的战略来加以检验。通过这一工作，可以在矩阵表上发现哪些是竞争激烈的市场区域，哪些是提供机会的潜在市场。③必须指出：市场细分矩阵只是一种分析用的工具，企业要通过这一分析来设计本企业的竞争战略。为此，须分析细分市场的吸引力、确定目标市场和选择战略与策略。

三、细分市场吸引力与竞争战略的选择

市场细分及其分析为企业提供了机会，企业可根据企业内部条件与实力进行战略选择。

市场细分化引出的重要的战略性问题在于：企业应如何面对这一市场细分选择自己的战略、策略，企业应在哪些市场范围从事经营和开展竞争。

企业在细分市场上的目标选择应集中在以下两个问题上：选择集中策略，即针对某一个或少数几种细分后的目标市场；选择广泛的目标市场，即在多个目标市场上从事经营。

究竟选择哪一种策略，企业必须根据所处的环境与内部条件进行全面分析。从外部市场环境来看应集中于细分市场吸引力的分析。一个细分市场的吸引力主要表现在以下三方面：结构性吸引力；细分市场的规模和发展速度；企业能力与细分市场要求的匹配程度。

一个细分市场的吸引力是由五种竞争力量在某一细分市场上的强度及相互作用的结果所决定的。以潜在的新竞争者来说，既要包括在其细分市场上的经营者，也应包括目前尚不在该产业中但将来会进入的竞争者。对替代品来说，不仅包括本产业的替代品，还应考虑产业以外的可能替代品。同样，对顾客和供应者来说，其实力的分析应更加具体地针对该细分后的市场。

分析每个细分市场的吸引力，是决定企业准备在哪里进行经营和开展竞争的第一步。为了对分析的结果做检验，可以计算企业在各个细分市场上进行经营后可能获利的能力，企业在各细分市场上的获利水平在有些情况下是相差很大的。

决定一个细分市场吸引力的另一因素是细分市场的规模与发展速度。

规模与发展速度对企业选择哪个细分市场作为目标市场是十分重要的。一个细分市场的预期发展速度与规模，不仅影响企业对目标市场的选择，也同样影响竞争者进入市场的意愿，因为，过小的市场规模非但一般大公司不愿进入，就是

后来的竞争者往往也会因市场规模小且无发展前途而不愿再进入。但是，确定细分市场的规模和预期发展速度是相当困难而复杂的，需要投入相当大的力量从事数据收集和进行市场研究，来分析和估算市场的发展速度与规模。

在分析细分市场的吸引力之后，应考虑到它与企业实力的匹配情况，以便进行策略的选择。这里可供选择的策略主要有两个：集中策略与多个目标市场策略。

集中策略是把目标市场选择在一个或少数几个细分的市场上，在选择时应做好可行性分析。首先，可从市场规模大小来分析它能否支持一个企业的全部费用支出，并保证一个企业的平均盈利水平。其次，可通过估算不同竞争对手在该市场上售出产品的成本，以确定是否适宜进入该市场，并进一步考虑本企业进入该市场时将采用什么样的通用竞争战略——低成本战略还是产品特色战略。最后，应分析企业所采取的战略的优势在该细分市场上能持续多久。因为细分市场是动态地变化着的，不能持久的细分市场是不宜在市场开拓上做大量投资的。

多个目标市场策略适用于若干个有联系的细分市场，一些实力较强的大企业往往采用这个策略。采用得当往往是有益的，但过于广泛的目标市场是不利的，力量过于分散，使企业在某些品种上实力单薄，以致敌不过那些实现集中于一点战略的厂商。因而，对于一个目标市场很广泛的企业来说应放弃下列的细分市场：不能在同其他细分市场联系中取得任何竞争优势的细分市场；无结构吸引力的细分市场；销售与发展速度非常有限的细分市场；无法防止竞争对手进入的细分市场。

不过，事情的另一方面是随着技术的迅速发展，有关市场细分化的陈旧观念正在改变，新技术（特别是微电子和信息技术等高技术）为新的集中战略和广泛的多个目标市场策略创造条件。例如，计算机辅助设计正在降低新产品的设计成本。又如，加工中心和柔性制造系统可以灵活地为不同细分市场的产品提供零部件。另一些新技术能使企业制造、后勤等系统得到灵活调整，以适应各细分市场。

第二节 财务策略

财务策略作为一种职能策略，以实现企业整体经营战略为目标，同时，也使企业的整体经营战略由抽象变为现实。资金是企业经济活动的第一推动力，企业经营的全过程实质上是资金活动的全过程。因此，从一定意义上来讲，企业的财务策略应该是一种具有决定意义的制胜策略。

企业财务策略的内容有：资金的筹措及其构成优化策略；资金的投向及其效益最大化策略；财务主导型策略；远近期结合的利润分配策略；国际性财务策略。

一、企业筹集资金的渠道

任何一个经营战略必须有资金的支持,特别是发展型的总战略,更需要大量的资金,因此,筹措资金是实现战略必须解决的主要问题。

在经济发展的不同时期,筹措资金的策略也有所不同。

我国在实行计划经济的年代中,企业资金是国家无偿拨付,企业无偿使用的,资金的效益难以提高。实行经济体制改革以来计划经济与市场调节相结合,企业筹措资金呈多渠道趋势。自1983年以来,国家对企业的预算内投资由拨款改为贷款,强化了银行在企业投资活动中的调节作用。此外,还规定了税前还贷制度,颁布了《企业债券管理暂行条例》,进行了企业集团、企业兼并、企业股票、债券等的试点工作,逐步理顺国家与企业间的经济利益关系,以增强企业自我积累、自我改造、自我发展的能力。

此外,随着对外开放方针的执行,外资和国际性金融交往频繁,为企业集资开辟了新的途径。

目前我国企业的筹集资金渠道大致上有以下几种。

(1)国家拨款。

(2)银行贷款,包括基建贷款、技措贷款、更新改造贷款和流动资金贷款。

(3)企业自筹资金,包括:①自有资金;②发行债券;③发行股票。

(4)利用外资,包括国际金融机构贷款(如世界银行贷款、国际货币基金组织贷款)、外国政府贷款以及补偿贸易、合资经营等。

(5)租赁,即商品信贷与资金信贷相结合,包括国际租赁与国内租赁。

近年来,我国企业多渠道集资的格局已初步形成,并具备以下特点:①国家拨款所占比重逐步下降。②企业自筹资金所占比重逐步上升,主要是由企业税后留利中的专用基金(指生产发展基金、后备基金等)以及由固定资产折旧转化而来的更新改造资金等。至于发行股票,目前尚处试点阶段,没有大面积推广。③外资的引进,合资、合营企业的出现,为我国企业开辟了新的集资渠道。④银行贷款比重上升,1987年末银行固定资产投资贷款余额超过1200亿元,当年贷款发放额占全民所有制单位固定资产投资比重的24.6%。

国际上以股票形式筹集的资金,也当作企业自有资金对待,原因是其本金一般不需归还,只需按期支付股息红利。

因此,从一定意义上来讲,企业资金来源基本上可分自有资金和借入资金两大类。上述企业资金来源的五个渠道中,其中第(1)、(3)两项来源可称为广义的自有资金,而第(2)、(4)、(5)三项来源为借入资金。

二、资金来源构成的优化策略

企业实现其经营总战略,是依赖于自有资金,还是依靠借入资金?两者构成的结构比例保持什么状态才是优化状态？这是企业财务策略面临的首要课题。

日本企业资金来源构成策略的变化经历了以下三个阶段。

（1）战后20世纪50年代，日本处于经济高速度发展时期，日本从欧美引进新技术，采取了"贷款经营"的策略，即全部依赖贷款来扩充设备，除支付利息外，仍可获得足够的利润。

（2）1963年，日本出现了经济衰退、金融紧缩，欧美对日本持强烈戒心，禁止向日本输出新技术，日本由引进技术转向开发新技术，风险增加，因此，改用稳妥、谨慎的"合理化投资"策略，尽量避免贷款。

（3）1973年日本进入经济低速增长期，日本企业采取"自有资本和贷款相结合"的方针，但以自有资本为主，努力提高自有资本率，因此也可称之为"自有资本经营策略"。

日本主要企业的自有资本率和自有资金利益率见表1。

表1　日本主要企业的自有资本率和自有资金利益率（单位：%）

主要企业	自有资本率	自有资金利益率
富士照相机软片	56.1	18.5
CASIO计算机	53.9	9.2
TDK公司	66.3	13.5
松下电器	56.0	9.4
丰田汽车	62.7	11.5

自有资本率是指企业税后利润除以自有资本的比率，表示股东投资下资本的利益，自有资本率是日本判定企业经营效益的一个尺度。

欧美等国家和地区的企业，一般采用负债经营策略，负债多并不能说明经营不善，有的还有较好的效益，但盲目负债是不可取的，一个卓越的企业往往根据经济发展周期的变化交替运用负债或自有资本的财务策略以实现其总体经营目标。

我国企业资金来源的优化结构应采取什么策略？这是值得探讨的问题。在经济高速发展时期，负债经营是可行的，因为市场广阔，所获利益扣除支付的利息后仍是可观的。但在经济调整或低速发展时期，如采取负债经营策略，不仅要支付高额利息，而且在全国处于控制信贷规模下，往往难以如期、如额贷到资金，因此，提高自有资金利益率，仍不失为一个好的财务策略。企业应立足于用税后留利充实企业的流动资金，增加生产改造和设备投资，与此同时，按现行设备的经济寿命适当提高固定资产折旧率，由企业成本负担后转入专用基金，用于企业的技术改造和更新设备，使企业真正进入自我积累、自我发展、自我改造的良性循环之中。

据1988年底的统计，我国股份制企业已达6000多家，集资额60多亿元，证券市场和股票市场已开始在大城市中试办，其优点是筹集资金、分担风险，有利于两权分离，增强职工的主人翁责任感。但相应的政策配套还有待完善。

三、投资策略

投资能产生多少利益？需要几年才能回收全部投资？这是测定企业经营效益的一项重要标准。

投资效益一般以资金利润率表示。计算资金利润率，国际上有两种意见。

第一种意见的计算公式如下：

$$资金利润率 = \frac{税后利润 + 利息支出}{自有资金 + 借入资金} \times 100\%$$

上述公式的解释是：投资应包括全部资金来源，而收益则应指支付利息前的利润。这一公式使借入资金比例大的企业产生一种假象，即资金利润率大大高于实际。因此，这一公式是不可取的。

第二种意见的公式如下：

$$资金利润率 = \frac{税后利润总额}{总资金} \times 100\%$$

这一公式为国际上通用的计算公式。

提高资金利润率是企业的一项重要任务，是相当长时期内需研究解决的课题，涉及企业经营和各个环节，也是企业财务策略的重点。

资金利润率的高低又决定了投资回收率的高低。任何投资方案，如不能满足最低投资回收率的要求，则是不可取的，应予摒弃。

以上提到的投资回收率还应考虑货币的时间价值因素，即用现值法将若干年后回收的投资用贴现率折算为今天的金额，以避免产生错误决策。因为3年后的5万元收入与今天的5万元收入，在价值上是不相等的。

资金的投向策略，除上述提高资金利润率策略、最低限度投资回收率策略外，还有降低材料、半成品、产成品、压缩固定资产投资等策略。

由于近几年来企业可支配的财力增多，企业可以通过联营、补偿贸易等形式向企业外部投资，同时也可参加跨部门、跨地区、多形式、多层次的企业集团，发挥规模经济的优势，因此，联营的投资策略是一项有意义的策略，可以使小型企业走向"小而专""小而精"，从而提高技术素质和效益。

对固定资产投资，是扩大，还是压缩控制？这是企业投资策略中必须认真抉择的重大问题。在经济高速发展时期，投资环境优异，扩大生产规模，增加固定资产投资，常常是有益的。但在治理整顿时期，由于经营风险强大，市场不稳定，盲目扩大生产规模，增加固定资产投资，往往不能带来效益。必须实行减量经营的策略，合理控制固定资产投资规模，着眼于企业经营素质的提高，走节能、节约原材料、提高工效、改造现有设备的内涵道路。

对生产销售过程中必须储存的原材料、半成品、产成品等流动资产，应分别制定合理的储备资金定额及其最高库存量指标，尽可能压缩库存，加速资金周转。

在通货膨胀的情况下，对库存材料、半成品、产成品的出库价格有一个重新估价的问题，否则将造成利润数字不实。通常采用"后进先出法"来确定库存品的出售价格，使之尽可能接近实际的价格水平。

四、财务主导型策略

财务主导型策略是相对于贸易主导型、销售主导型而言的。财务主导型企业在制定技术创新、开发新产品、扩大经营规模等方针时，首先考虑财务策略的要求，使任何决策的归结点落到财务上都是制胜的，经济上都是成功的，否则就是不可取的。实行这种策略要求协调企业的经营活动和财务策略两者的关系，重视财务策略对企业经营过程的可控性，以增强企业的生存能力和应变能力，并从利润积累中增强自我发展的能力。

财务主导型企业的特点之一是利润导向，即企业重视利润的增长甚于重视销售收入的增长。某些企业认为，只要销售收入大幅度增长，利润就会跟着到来，这一观点显然是不全面的。在计划经济与市场调节相结合的经济体制下，盲目扩大销售、追求销售额的上升，往往会造成过度竞争和价格竞争，最终导致企业销售利润率的下降。

应该认识到，增加销售不过是增加利润的一种手段。在某些情况下，增加利润可以不依靠销售额的提高。因此必须重视考核销售利润指标，以实现财务主导型策略。

日本企业十分重视利润导向策略，并将它称为 20 世纪 80 年代企业制胜的财务策略。

五、远近期结合的利润分配策略

企业税后利润的分配，是涉及企业发展和职工奖励、福利水平的重大问题，实质上是一个远期与近期、企业与职工之间的分配关系。一个优秀的企业在利润分配方面应采取远近期结合的策略，不能只看到企业发展必须积累资金这一目标，而忽视改善企业职工的生活福利和劳动条件，但也不能盲目扩大消费基金，置企业发展于不顾，使企业行为短期化。

按现行政策规定，企业的税后利润应建立专用基金，包括生产发展基金、职工福利基金、奖励基金和后备基金。具体分配比例应兼顾企业的远近期生产需要妥善决定，其原则是：企业留利的使用顺序，应是先流动资金和技术改造，后福利、奖励；企业留利不论多少，必须留出一定比例用于发展，强调留利中生产发展基金的刚性原则,不得任意挤占;在此前提下,也应充分考虑企业职工的积极性和利益,在生产增长的基础上使他们的生活福利水平能有所提高。

企业提高自有资金率,是"自富自强、自我发展"的前提,而自有资金率的提高,依赖于利润的留用于发展。西方企业十分重视把利润作为新增资本的来源,它们限制股息的分配比例,使利润直接成为资本的源泉,增强企业的资金实力,为企业的发展提供资金基础。

我国实行股份制的企业,在税后利润中除建立上述四项基金外,增列按股分红基金。这一比例在企业留利的整个比例中应适当控制,不宜过高,同时在当年分红时也应留有余地,以备以丰补歉。

远近期结合的利润分配策略包括以下内容:①供给与需求的平衡,即远近期发展目标(包括积累和消费两个方面)对资金的需求以及利润留成中可以提供资金的平衡关系;②恰当确定企业留利中积累与消费的分配比例关系;③防止过大需求的存在,避免积累率过高或消费膨胀的片面行为。

六、国际性财务策略

推进国际性财务策略已成为当代卓越企业的重要特点。它们瞄准了国际市场,将资金、产品转移到国外,谋求高效益,在国际竞争中将企业素质提高到新的水平。

国际性财务策略的内容包括:积极扩充对外输出贸易;开展在海外的生产或合营;在世界上最有利的地方,以最有利的方式与条件在海外筹措资金;对海外投资者开展财务宣传活动,树立起国际性优秀企业的形象;面向世界各国和地区,开展多元化的经济技术合作,提高参与国际竞争的灵活性和应变能力。

日本企业已把推进国际性财务策略作为提高企业在国际上知名度和信用度的重要策略。如 TDK 公司产品对外输出率为 42%,再加上在海外的生产额,其海外销货率已超过 50%,该公司在纽约、伦敦以及其他城市都有股票上市,外国人持有股票率已达 36%。

当前,开拓国际市场对我国企业来说是极大的潜力和机会,有的企业已积极推进国际财务策略并取得了成功。如何打入国际市场,主要依靠出口产品的竞争能力、灵活多样的广告宣传、及时准确的市场信息和多元化的销售渠道。这就要求提高企业素质和经营管理水平。对我国企业来讲,推行国际性财务策略是一项长期的任务。

第三节 人力资源策略

将人力资源策略安排在职能策略的最后来讨论,并不是由于这一策略的重要性次于前面几个职能策略,而是因为企业的总经营战略到各个职能策略的拟定与实施无一能离开人力资源。从这一点讲人力资源是战略管理中最富能动性和核心的部分。

只有当企业中的领导和职工打成一片、齐心一致、拧成一股绳，企业的战略目标才能制定得先进合理、才能得到广大职工的支持而顺利实现。要很好地动员和吸收广大职工群众参加企业战略管理，是社会主义战略管理的特点和优点。人力资源管理涉及的方面很广，本节主要讨论三个问题：人力资源的选择与开发；改善职工生活福利的策略；人力资源策略的决策过程。

一、人力资源的选择与开发

在选择和开发人力资源上必须遵循的原则很多，但以下几点是主要的：①人力资源的选择与开发必须根据企业战略的需要，不能脱离战略目标及其实施的需要去开发人力资源。②必须根据形势变化适时改变人力资源的招聘策略。现代社会中，经济与技术发展很快，这些变化会反映到人员需求结构的变化上来，如现代技术发展要求营销人员有工程训练的背景。企业应根据这一需求，适时招收工科大学毕业生加以将其培训成为企业新的营销力量。③须为企业明天的发展招聘和储备人才。技术的发展是无穷的，企业要不断开发新技术、新产品来满足社会与市场的需要，必须要有不断增长的科学技术积累。这就要求在做长远策略安排时，做好各种所需学科人才的储备，使企业技术能力的不断增长具有可靠的来源保证。④与此同时，也必须注意不做过量的人才储备。要防止因发展和运转过快而使人员编制过大，使企业背上包袱。⑤根据企业的传统、文化等选择适合本企业的人才开发途径。人才开发途径有两个：企业内部开发与依靠企业外部力量（主要是大专学校的力量培养人才）。一些大企业（如德国西门子公司、美国通用汽车公司等）有依靠企业内部力量开发和培养人才的传统。而美国的另一些大企业则愿意更多依靠外部力量开发人才。

二、改善职工生活福利的策略

提高职工的社会主义觉悟，关心职工的成长，以及改善职工的生活福利是社会主义企业的重要战略任务。企业在拟定经营战略的目标上，应该有改善职工生活福利的目标和计划。这也是社会主义企业经营战略不同于资本主义企业经营战略的重要特征之一。

此外，企业拟定和实现改善职工生活福利的策略，也是吸引人才的重要方面。

在改善职工生活福利方面有如下一些策略：①保证本企业职工收入和生活福利条件高于一般水平的策略。企业在有条件的情况下，应尽量采用这一策略。②保证企业职工收入逐年上升的策略。如果只奉行上一策略，而不能使职工收入随生产发展、劳动生产率上升而逐年提高，也不利于调动职工积极性。有战略眼光的企业家在安排分配政策上，均注意做到不使企业的分配政策存在不稳定，而注意以丰补歉，将多收年份的分配金额留待歉收年份分配，以防止历年分配上的大起大落。③收入的上升应低于劳动生产率增长的速度，但应大于通货膨胀的速度。④注意内部分配上的协调。既要防止平均主义，要拉开差距，又要防止高低悬殊。要注意增加企业家的收入，但又要不使领导脱离群众。⑤在分配政策和生活福利待遇上要保证稳定住企业中的关键部分和关键人才。如浙江某厂把企业的科技骨干、管理骨干和老技术工人列为应保的三个重点。⑥对企业科技发展与技术创新上有重大贡献者，应予重奖。

提高职工生活福利的策略是人力资源策略的重要组成部分，这一政策的正确实施，能激励广大职工为克服种种困难努力实现企业的战略目标，从这一点来讲它既是企业经营目标的组成部分，又是实现企业经营战略的最终保证。

最后，我们用图 4 来表明人力资源策略的决策过程。它描述了企业经营战略与各职能策略的相互关系，从中也可以看到人力资源策略的地位和作用。

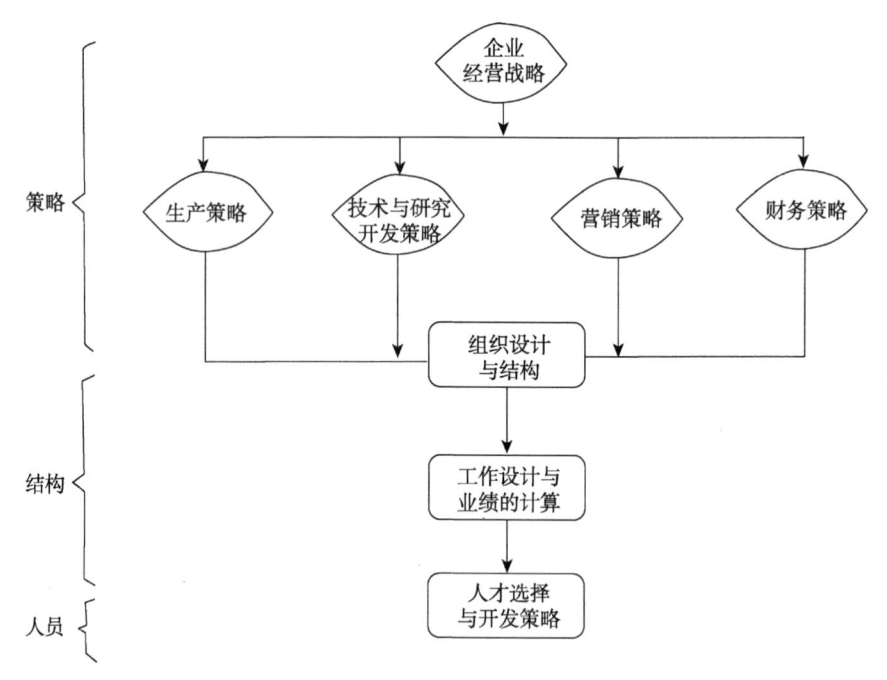

图 4　从经营战略到人力资源策略的拟定过程

第四篇 战略管理的分析方法与信息系统

企业经营战略的分析方法[①]

理性分析是企业经营战略制定方法的一个主要方面。从这个角度，本章按照战略制定的过程，讨论如下几个方面的问题：对企业当前地位的评价分析；企业内外部环境条件的评价分析；战略方案的抉择方法。

在第一节中将比较全面地从几个方面介绍评价企业当前地位的方法。第二节是企业内外部环境条件的分析，是在第一节评价企业当前状况的基础上，对内外部环境作进一步的分析。在第三节中，介绍战略方案抉择中使用的几种分析方法，从全局介绍这几个主要方法的性质及相互关系。第四节到第八节分别讨论经验曲线、市场增长-市场占有率矩阵、行业引力-企业实力矩阵、战略盈利影响分析法和前景分析法等五个与战略抉择有关的分析方法。

第一节 对企业当前地位的评价分析

评价企业当前地位是制定或修改战略的出发点。以下几个方面是评价企业当前地位的重点。

一、评价企业当前绩效

评价企业的经营绩效就是检查企业经营成果的大小。企业经营成果的大小是企业制定和实施战略的结果，它最能客观地衡量企业经营的好坏和实施经营战略的效果。评价当前绩效是企业制定新战略的起点。

评价绩效的方法是比较法，就是把企业的经营成果与某一标准进行比较，从比较中发现经营成果与标准的绩效差距，对产生绩效差距的原因进行分析，发现企业当前在社会和行业中的地位高低、存在的问题、进一步发展的潜力以及发展的可能趋向。

常常将衡量企业经营状况的指标作为比较的标准，如发展指标（产品品种、销售额等）、财务指标（营利性、资金利用率等）以及其他可表示企业经营特点的指标。选取什么指标作为标准，可因企业情况的不同而有所不同。

因进行比较的目的不同和选择比较对象的不同，评价企业绩效也有各种不同的比较形式：①与历史比较，即与本企业历史时期（如过去的 5 年、10 年）的绩效进行比较。做这种比较有助于明确企业发展的趋势，了解经营状况是在不断改

---

① 节选自：许庆瑞. 企业经营战略. 北京：机械工业出版社，1993：第九章。

善还是日趋衰败。②与竞争者比较。当企业的经营重点是在竞争活动时，需要与竞争者的绩效比较，以发现企业在竞争中的地位。③与某种标准目标比较。这种标准目标可以是行业中公认的最高水平、行业的平均水平或是企业想比较的其他标准目标。选择什么目标进行比较，常依企业的特定目的而定。④与预定的目标比较。制定与实施战略是为了达到预期的目标。将企业绩效与原预定目标进行比较，能最有效地检查战略的制定是否正确，在战略实施中是否发生了偏差以及经营环境是否发生了出乎预料的变化等。掌握这些情况，是制定下一阶段企业战略的重要依据。

二、利益群体分析

所谓利益群体（stakeholder），是指与企业的经营具有利害关系的、有组织的某种人群、团体、某个组织的部门乃至整个组织。这些群体有分布在企业的外部的，如企业的所有者、股东、企业产品的用户（顾客）、原材料供应者、与企业有信贷关系的金融机构、政府机关、公共团体、大学、研究机构、新闻信息传播单位、竞争者等，分布在企业的内部的利益群体，主要是企业的职工，如企业的领导者、中下层负责人和职工等。

由于不同的利益群体各自追求的利益和目标不相同，他们与企业的利害关系也就互不相同，他们对企业各有各的愿望与要求。此外，由于他们对企业经营的重要性与作用各不相同，因而他们对企业战略决策的影响力也不相同。对企业来说，为了达到自己的目标，也要尽量争取对企业的经营有影响的利益群体的支持。因此企业与企业的利益群体是相互依赖的关系。

企业在制定战略时，必须充分了解和考虑各利益群体的要求与态度，争取他们的支持。由于不同的利益群体对企业的要求是多种多样的，而且时常是互相冲突的，企业必须在这些相互矛盾的利益群体之间进行协调，对他们所给予企业的影响力，作最有利于企业的平衡。从某种意义上说，企业未来经营战略的成功，在很大程度上，取决于企业对利益群体所持的态度是如何设定的，对他们所可能采取的行动做何估计，以及在总体上对他们如何协调平衡。

要从以下几个方面对利益群体做分析。

（1）企业利益群体的确定。与企业发生利害关系的群体可能很多，既要尽量罗列出与企业有关系的群体，不使重要的群体被遗漏，又要从中选择出对企业起重要作用的群体。

（2）对所确定的重要利益群体，评价它们对企业的影响力的大小。

（3）评价每一群体对企业战略（或某项特定策略）的态度：在哪些方面会支持，在哪些方面会反对。

（4）评价每项支持或反对的态度对企业战略的重要程度。

对以上各个方面做出综合估计，就可评价出企业的现有战略受利益群体影响的情况及程度如何，以作为考虑将来新战略的基础。

三、评价企业精神（企业文化）

企业精神是企业素质的一种重要表现，它是存在于企业职工的思想意识中的，对企业内外部环境，对企业经营的事业所持的各种信念、价值观、传统和行为的总称。一个企业的企业精神是企业历史上在经营活动中逐步形成的。企业的创始人、经营有方的企业家和企业中杰出的职工所具有的创业精神、经营哲学和献身精神是企业精神的代表，对企业精神的形成具有特别重要的影响。如我国以王进喜为代表的大庆精神，是大庆企业、石油行业乃至整个工业部门企业精神的象征。

企业精神是企业的一种无形力量，能在很大程度上影响企业的战略决策、管理行为和经营活动。在制定企业战略时，如对企业精神有充分的考虑，就容易理解形成企业当前状况的原因，对企业将来能够完成什么样的使命、可达到什么样的目标、能够有效地实施什么样的战略易于做出恰当的判断。

企业精神包括的内容是多方面的，最主要的是企业如何对待环境和对待自身活动的态度。不同的外部环境，要求有不同的企业精神与之相适应。例如，变化迅速的环境比相对稳定的环境，更要求企业具有敢冒风险、反应迅捷的企业精神。

对企业精神的评价是战略分析中的重要一环，它的作用是：①了解企业精神在企业战略形成上的影响；估计现有战略是否与企业精神相适应；评价将要制定的哪个战略是与本企业的企业精神相适应的。②估计企业精神与环境匹配的程度；明确在新的环境条件下，企业精神必须进行的改变。

四、评价当前的企业使命与战略行动方向

企业使命的表现形式很不相同，有些企业的企业使命有明确的书面形式，往往可在企业各种形式的报告、文章中了解到。但有不少企业的企业使命没有明显的表现形式，必须通过各种途径，使用各种方式才能间接地了解和把握企业使命的实质内容。这些方式是：①通过与企业领导的接触、与企业职工的业务往来中，了解企业所经营的产品、所面向的市场的发展方向等。②研究企业所执行的政策、所实施的战略，从中间接地探索这些政策和战略所依据的企业使命。

企业在企业使命之外还规定为完成企业使命达到预定目标所应遵循的战略行动方向（strategic thrust）。战略行动方向是在达到预定目标的计划期内，企业战略计划为企业各级组织所规定的主要战略行动要求，它是企业战略的具体化。例如，企业为完成企业使命，规定在企业一级的组织所应采取的主要战略是开展多种经营，它的战略行动方向则包括了收购兼并某种业务、扩充新的产品门类等的计划要求等。又如在某个战略经营单位采取成本领先的业务战略，则其战略行

动方向可以包括达到经济规模的设备现代化、重新设计低生产成本的产品，或为增加产品销量而变更的销售渠道等。

必须对过去所采取的战略行动方向是否实现了战略要求、是否有益于达到目标和完成企业使命做出评价。

第二节 企业内外部环境条件的评价分析

在评价企业的当前地位之后，还需要进一步对企业内外部经营环境的现状及发展的趋向做出全面详细的调查和深入细致的分析。这样做的目的是在复杂的环境中找出影响企业经营成败的关键因素，发掘企业外部环境中有利于企业经营成功的机会因素和危及企业成功的威胁因素，在企业内部，则着重于认识企业自身的长处，以发挥企业的竞争优势，发现企业本身所存在的弱点，以便限制和削弱其发生作用的范围。在对内外部环境分别进行分析的基础上，进行长处、弱点、机会、威胁四个方面相互关系的综合比较衡量，以期能从多种战略方案中选择出尽量利用环境机会、防止威胁、扬长避短的新的企业使命、目标和战略。

一、行业分析

行业分析是企业环境分析中的重要一环，它可帮助企业更具体地认识与企业最密切相关的外部直接环境因素。

进行行业分析除应明确该行业的范围，了解行业发展的历史之外，应着重综合了解对影响该行业的战略力量、行业内企业的竞争活动、全行业所存在的某些共同问题以及据此应采取的措施和建议等。

（一）分析影响行业战略的各种关键因素

如下一些外来因素及其对一个行业的战略与盈利的影响是分析的重点。

（1）技术变化及其对行业在当前与将来的影响，如：了解当前的技术发展状况，如技术的发展水平、可应用程度、技术的变化速度等。研究技术变化对该行业影响的性质，是创造了某种机会还是构成了威胁。例如，快递行业、印刷信息行业被电信技术所替代的可能性等。估计技术变化对所采取战略的影响并做出改变相应战略的决定。

（2）可取得的资源状况。同行业竞争者所依赖的都是同一类的资源，是否能取得和控制关键的资源将在很大程度上影响企业的销量、盈利和竞争成败。可从以下几方面评价行业的资源状况：①该行业的所有企业共同需要的关键资源是什么？包括原材料、能源、技术人员、管理技术、运输后勤能力等。这些资源依行业而异的相对重要性如何。②确定取得这些重要资源的可能性，如现有资源可取得程度及发展的趋势如何，近远期对该行业有怎样的影响等。③估计这些资源的供应者的策略可能发生的变化及其对行业的影响。

（3）社会经济发展趋向。社会经济发展趋向主要分析对该行业有较大影响的社会变化因素，如人口、消费行为、消费者生活方式、消费价值观等，并研究其正在变化的趋向及对该行业的潜在影响等。

（4）政府行动。各级政府机构的行动对各行业都会产生正面或负面的影响。特别是政府制定的政策和法规（如贸易法、环境保护法等）对企业的影响最大。对正在制定中的法规也要给予充分关注，并要事先估计到它对行业战略可能产生的影响。另外，也要考虑企业通过行业组织或与其他同行业企业采取联合行动，对政府在法规的制定上产生影响的可能。

（5）顾客需求与活动。就顾客的行为来说，企业可能对顾客产生影响，但却无法控制他们的行为。企业应了解并采取行动适应他们的要求，需要对整个行业的顾客有全面的了解，如哪些是主要的顾客群？每群包括多少顾客？每个顾客群的销量多少？销售趋势如何？顾客的购买习惯是否有改变？顾客能否从其他行业取得替代产品？顾客是否有与该行业实现一体化的可能？等等。

（6）相关业务的概貌。与该行业有关联的相关业务的发展也会对该行业产生影响。例如，某些大企业可能企图打进该行业作为扩展其多种经营业务的对象。某些行业可能生产可以替代该行业产品的替代产品。由于某些与该行业产品有互补作用的行业的衰退，从而对该行业产品的产销产生影响。本行业还会受提供财务服务行业的变化的影响。因此，必须时刻关心分析企业周围的相关行业的业务发生变化的苗头并充分估计其对该行业的影响。

（二）评估行业的竞争结构

行业中的竞争结构往往影响到企业在各种力量作用之下的经营方式。评估一个行业的竞争结构，可从如下三个方面着手。

（1）行业竞争结构归类。首先要把行业的竞争结构从性质上归类。核行业竞争结构的性质，可分为完全竞争、不完全竞争、少数卖主垄断、垄断等几类：①完全竞争指一个行业有许多小企业，但没有一个企业能规定或影响市场的价格；在不完全竞争的行业中，大、中竞争者是少数，大量企业是小竞争者。大竞争者或多或少能在左右定价上发生作用，但其力量是很有限的。②少数卖主垄断指由少数几个（如四个或五个）大竞争者控制该行业产量的大部分。这些少数大企业能暗中联盟操纵市场价格。在这类行业中，采用类似于"跟随领先企业"的定价策略是很普遍的；垄断意味着某个企业能够统治与控制着这个行业的市场价格。

（2）对该行业经营成功的与经营不成功的企业进行评价。做这种评价，有助于从中概括出各种可行的与不可行的竞争战略。

（3）通过绘制战略集团来表明行业中各竞争者之间的关系，选取两三个对该行业有意义的战略因素（如专业化、产品质量、技术领先、成本地位、所面向的市场、服务、价格政策等）作为行业中各企业划分为战略集群的标准。根据这些标准，把各企业划分成的战略集群显示在图上，即为某行业的战略集群图。图1所表示的是一个民航行业的战略集群图。该行业以面向的市场与成本地位两个战略因素为标准，将行业内各企业划分成为五个战略集群。对每个集群都归纳出其成功的与不成功的战略特点。图1中的箭头表示 B 群有向 E 群发展的趋势。把行业内企业作这种划分，可较明显地看出各战略集群在行业中的相对地位关系，并可分析做出这种划分的战略上的意义。要把企业在战略上划分得有意义，并通过这种战略集群的图析，鲜明地描绘出行业中的竞争形势并不是一件易事。这是一个创造与试验的过程。开始时可以多选几种标准，多作几种划分，经过几次试验，通过直觉与判断，可找到一些有意义、有见地的分析。

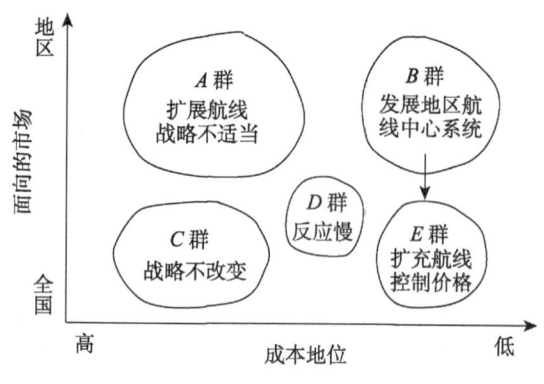

图 1　某民航行业的战略集群图

（三）评价行业的营销工作

评价营销工作情况，通常从研究营销组合入手。要研究行业的营销组合在行业中的通行方式和在行业中各企业的不同之处，有以下几方面。

（1）产品战略。同行业的产品在表面上看往往是类似的，对这些产品的性质（如产品满足顾客需求的程度）较难区分。但有些企业对同行业产品能做细致研究，发现并利用其微小的不同之处，采取了面向不同市场层面的不同产品策略，避免了同行业企业之间的直接竞争。

（2）定价战略。考察行业的定价战略，要研究定价战略在全行业有何共同之处、在企业间有何不同之处，定价的方式，在时间上的稳定程度如何，等等。

（3）推销战略。研究行业的销售渠道的采用方式，会发现不同产品行业的不同做法。例如，软饮料行业普遍采用类似的销售渠道：浓缩液生产→分装→尽量多的零售点。而电视机行业则不一定采取相同的渠道。有的强调集中，有的强调分散。

（四）弄清行业的机会与威胁

这里要研究的是对全行业所有企业都共同存在的机会和威胁。

当研究一个行业的威胁时，要能确定产生威胁的来源、可能造成的危害以及提醒行业中的企业如何避免或减少每个威胁所产生的影响。同样在研究行业机会时，也要能确定机会的来源、可能产生的好处以及利用机会的建议。

发现这些机会和威胁的方法，可以是把以前积累的资料和对行业的印象加以综合，也可通过有关人员有系统地讨论和设想，尽可能不遗漏地考虑到可能对行业有影响的机会和威胁。为便于思考，也可以结合前述的影响战略的关键因素来研究。

（五）评价行业投资需求

每个行业的资金需求是不同的。需要研究该行业资金需求的如下一些特点，供投资决策参考：①为在该行业采取重大的战略活动（如为了打进该行业，或为了战胜该行业的主要竞争者等）的资金需要的特点。②该行业的资金密集度和技术变化率等因素，对资金产生了何种特殊需要。③该行业经营的周期性特点如何，这对资金需求的周期性产生了怎样的影响。④该行业的投资构成（如对硬件及软件投资的比例）的现状怎样，变化趋向如何。

（六）做出改变战略的建议

预测行业变化与做出战略改变的建议是进行行业分析的重要部分，也是行业分析的主要目的。通过对以上各个方面的详细分析，应该对如下的几个主要方面得出结论：①根据以上所分析的行业情况，企业的战略方向是否应做重大改变，如何改变；②企业应如何针对行业机会进行投资，需要什么样的投资；③估计行业中的威胁对企业的影响程度，如何避免或减少威胁；④预计10年内有可能发生的重大事件或变化对企业的影响。

二、企业履行社会责任的分析

企业作为社会的一个细胞，有它对社会应尽的义务和责任。这也是社会支持和扶植企业，使它能够成功地进行经营的一个重要条件。了解社会要求企业履行怎样的责任，企业是否履行了它的社会责任，是了解企业环境的一个重要方面。

以下是评价企业履行社会责任的方法。

企业履行社会责任的总绩效，可用企业的各个利益集群要求企业解决的社会迫切问题的处理效果的总和来衡量。图 2 是运用这种方法的具体评价图。

迫切的社会问题	重要性权重	利益群体								评分小计	绩效总分
		1 企业所有者	2 顾客	3 企业领导	4 职工	5 政府部门	6 地方团体	7 原材料供应者	8		
		绩效评分									
1. 经济的	4	−2	+3	−1	+1	0	−1	0		0	0
2. 环境的	3	+1	+1	+1	0	+1	+1	0		5	15
3. 社会歧视问题	2	0	0	+2	+1	+1	+1	+1		6	12
4. 人事的	2	+2	0	+2	−3	−1	−2	0		−2	−4
5. 产品上的	3	+1	+4	+3	+2	+3	+1	+2		16	48
6. 社会团体的	1	0	0	+1	0	+1	−2	0		0	0
⋮											
利益群体评分		+2	+8	+8	+1	+5	−2	+3		企业总分	71

图 2 企业履行社会责任评价图

评价的大体步骤如下。

（1）确定企业要处理的迫切社会问题的项目。企业所面临的社会问题多种多样，比如：经济上的，如营利性、市场渗透、顾客的信赖、商誉等；环境上的，如污染控制、废料的循环利用等；社会歧视问题的，如妇女、少数民族的平等雇用问题等；人事上的，如职业卫生、安全、培训与教育等；产品上的，如产品质量、使用安全等；社会团体的，如社区活动、公共卫生与公共教育等。

企业要从中选择出与本企业关系密切，对企业影响大的、相关利益集群需要迫切解决的问题加以解决。遇到要解决的问题互相矛盾冲突时，要进行折中平衡调节。

（2）确定这些待解决的问题的重要性权重。

（3）确定与企业相关的、重要的利益群体。

（4）评价企业对每个利益群体和对每项问题所做工作的绩效并进行评分。图 2 中，评分的范围从−5 到+5。如果没有绩效或该项问题与某一利益群体无关，则评为 0；如果绩效极佳，只需极少改善，则可评为+5；如绩效极其恶劣，甚至接近非道德的边缘，则可评为−5。正面从最佳的+5 开始，逐步过渡到反面绩效，直到−5。

（5）汇总各利益群体对某项问题的评分，再乘以该项问题的重要性权重，即可得到企业在解决该问题上的绩效的总分。

（6）汇总每一利益群体在各项问题上的评分。从中可以看到，企业在解决各项社会问题中，各个利益群体可从中得到的利益的大小。这也是企业对各利益群体对企业会持支持或持反对态度的一种衡量。

三、战略薄弱环节分析

企业通过对内外部环境的分析，可发现企业环境中的机会、威胁和企业自身的优势和弱点。企业经营的成功，主要依靠发挥企业自身的优势，可充分利用外部环境中的机会，而其失败往往是由于存在着企业自身的弱点而又面临着环境的威胁。战略的制定和实施要着眼于识别和利用环境中的机会，发扬并扩大自身的优势。但这绝不意味着可以忽视包括环境威胁和企业弱点在内的战略薄弱环节对企业战略的严重影响。所以对战略薄弱环节的分析也应是战略分析的重点。特别是在战略薄弱环节对企业战略的影响特别敏感时，更是如此。对于重大的战略问题，虽未发现明显的战略薄弱环节，但仍需主动寻找潜在问题，以便使之早日暴露，有所准备。

对战略薄弱环节的基本分析方法，是对作为支持企业的发展与生存的基础因素做严重性分析，即当发现如果这些基础因素发生问题时，将会给企业造成怎样的损害。

战略薄弱环节分析的基本步骤如下。

（1）确定影响企业经营的重要基础因素。一些专家认为如下一些基础因素较为重要。①所面向的市场的需求及可能的收益。②资源与资产，例如人员、资金、设施、原材料、技术诀窍等。③竞争者的成本优势。④消费者因素，如购买力大小、地理条件、消费倾向等。⑤技术因素。⑥特殊技能。⑦企业标志：如企业形象、产品、企业精神等。⑧社会价值观、生活方式等。⑨商誉、产品安全、质量等。⑩竞争阻碍，如法规、许可证、专利法等。⑪各种制裁性的、支持性的与鼓励性的规定，如对医药、核材料、餐馆、保险业等的特殊规定。⑫从互补产品或服务的变化所产生的威胁。

对这些因素的确定，一般由高层领导来确定，如有具有不同背景与利益的人员参与则更好。

（2）以上某些基础因素发生问题时，要分析对企业或某项业务将会产生什么样的重大威胁。例如，遇到消费倾向大变动，则要考虑可能导致企业库存过剩的危险等。

（3）如果潜在的威胁发生了，就要从最保守的角度，估计其产生的后果将会怎样。

（4）从最坏的前景考虑，估计威胁的影响程度（如可用从0到10的数字来表示从无到最大的威胁的影响程度）。

（5）估计潜在威胁变成现实的可能性的大小。

（6）估计如果威胁发生，对问题能做出反应或能采取的应急措施的能力的大小（也可用从 0 到 10 的数字，表示最低到最高的应对能力）。

把威胁影响程度与反应能力两个因素，组成如图 3 所示的战略薄弱环节评估图。两个因素交叉形成的四个区域如下。

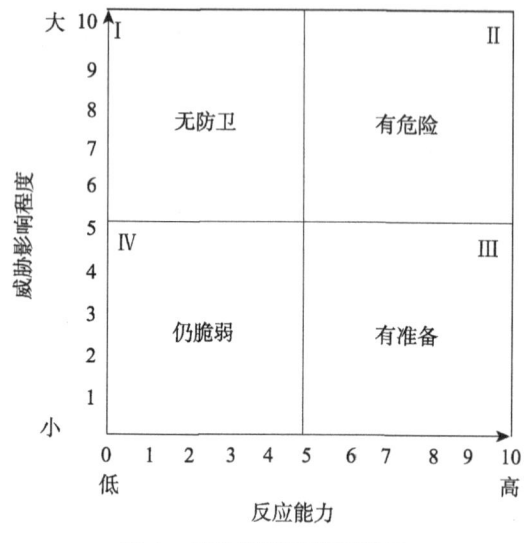

图 3　战略薄弱环节评估图

Ⅰ无防卫区——处于这个区域里的威胁，影响大而反应能力弱，必须迅速加以注意，并采取措施。

Ⅱ有危险区——在该区的威胁，影响大，存在潜在危险，但有反应能力，要制定应急措施。

Ⅲ有准备区——在该区，企业已具备了反应能力，但威胁影响小，只要有较小的监视威胁的力量就可以。

Ⅳ仍脆弱区——在该区的威胁，影响虽不大，但企业却没有准备。企业虽无制订应急计划的必要，但应有较强的监视力量。

第三节　战略方案抉择中使用的几种分析方法

在对企业内外部环境分析的基础上，产生了一些可使企业内部条件与外部环境相匹配的战略方案。这些战略方案如何形成、评价与选择就成为制定战略的最重要问题，需要认真研究。从本章的第四节到第八节，将对可应用于有关战略方案抉择的一些重要分析方法进行较详细的讨论。本节只对各个方法的主要内容及其相互关系作一简单介绍。

一、经验曲线

价格是竞争战略中最重要的一个。成本是价格的基础，因而成本对一个企业来说，具有高度的重要性。在其他条件都相同时，具有最低的成本，就能获得较高的利润，这对任何行业都一样。成本竞争战略的一个理论基础是经验曲线效应。分析经验曲线效应，了解积累产量和成本、价格之间的关系，对于低成本战略的选择有重要作用。

二、市场增长-市场占有率矩阵

通过经验曲线分析，采取低成本战略只涉及一个产品的竞争问题，但不能解决具有多种产品、业务的企业的战略抉择问题。通过市场增长-市场占有率矩阵分析方法，可以进一步解决这类企业的如下两个问题。

（1）如何评价每项产品、业务在其特定市场中所处的战略地位，进而确定对该项业务应采取的战略。

（2）如何解决一个多种业务企业在经营的多样性与达到企业目标的统一性之间的关系。

市场增长-市场占有率矩阵分析的基础，是把体现经验曲线效应和竞争优势的相对市场占有率和以市场增长率为代表的行业发展前景结合起来，以衡量每个产品、每项业务的相对地位。在市场增长-市场占有率矩阵中综合分析各个产品的相对地位，可从而决定企业的总战略和资源分配、资金流向、投资决策，这也决定了每个产品的发展战略。

三、行业引力-企业实力矩阵

这种矩阵是在市场增长-市场占有率矩阵两因素法基础上的扩大，从而部分地弥补了前一矩阵的局限性。根据同样的思路，以后通用电气公司还开发了"交通灯"战略，壳牌公司开发了"方向-政策矩阵"，以及以后从两因素发展为行业优势、竞争优势、财务优势与环境稳定四因素的"战略地位与行动评价"（strategic position and action evaluation，SPACE）等方法，但基本的原理都是类似的。

四、战略盈利影响分析法

以上两类矩阵是基于对各项产品的相对地位的相互比较，而战略盈利影响分析法则着重于利用大量数据资料，分析影响企业经营成功的因素，以及这些战略要素的变化对企业资金利润率的影响，并根据以上的分析，做出相应的战略决策。

五、前景分析法

这是一种随机应变式的制订战略方案的方法。通过估计和设想环境中各种可能的发展前景，并把它们与可以采用的各种战略进行比较，选择能应对各种情况的最合适的战略。

第四节 经验曲线

本节阐明经验曲线的原理与应用，内容包括经验曲线的基本概念，经验曲线效应产生的原因以及经验曲线效应在战略管理中的作用等。

一、经验曲线的基本概念

经验曲线的基本概念是：某项产品（业务项目）的成本，将随着该产品生产总量的增加、生产经验的积累，呈有规则的下降趋势，体现这种关系的曲线是经验曲线。

这种现象，在开始时，是在生产产品时与直接劳动经验积累有关的成本下降时发现的。当时叫学习成本与学习曲线。20 世纪 60 年代，经过波士顿咨询团的工作，发现当产品积累的产量加倍时，能使产品的全部单位成本以固定的百分比下降。这个百分比约在 20%~30%。当这种在成本与经验（产品积累量）之间的关系用图解表示时，即为经验曲线。

图 4 表示的经验曲线是根据表 1 某产品的单位成本与累积产量的数据绘制的。这是一种 80% 的经验曲线，即每当经验加倍，生产的单位成本下降 20%。成本下降到原来成本的 80%。例如，生产第 64 件的成本 33 元，为生产第 32 件的成本 41 元的 80%。

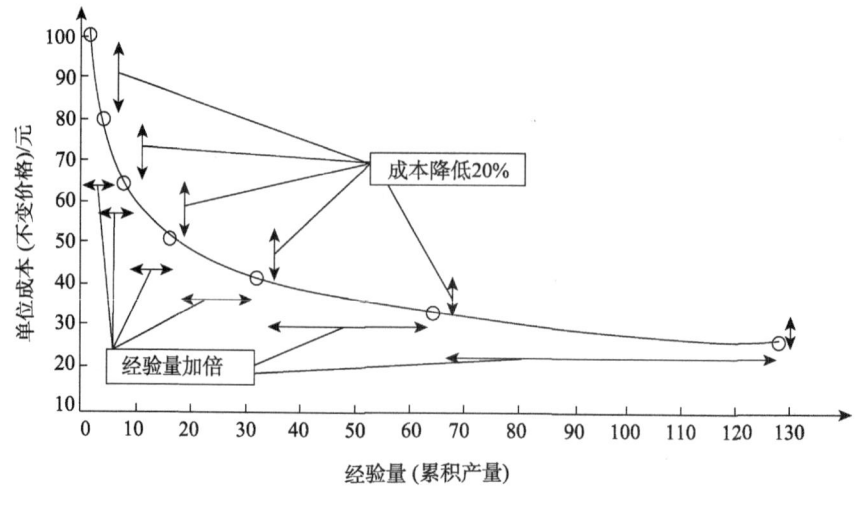

图 4 80% 的经验曲线

表 1　某产品 80%经验曲线数据

累积产量	2	4	8	16	32	64	128
单位成本/元	100	80	64	51	41	33	26

图 4 的经验曲线是个双曲线函数：

$$C_n = C_1 n^{-\lambda} \tag{1}$$

式中，C_n——第 n 件产品的成本；

C_1——第 1 件产品的成本；

n——经验量（累积产量）；

λ——函数的弹性系数。

对公式的两边取对数，使这双曲线函数可线性表示：

$$\lg C_n = \lg C_1 - \lambda \lg n \tag{2}$$

用双对数坐标，可把以上经验曲线表示在图 5 中。

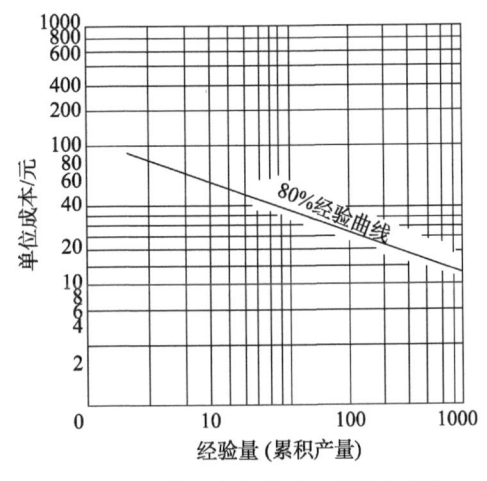

图 5　80%的经验曲线（双对数坐标）

经验曲线的斜率为 K。

$$K = \frac{C_{2n}}{C_n}, \quad K \leqslant 1 \tag{3}$$

斜率表示经验效应的强度。K 越小，表示一倍累积产量所降低的成本越低。例如 100%经验曲线的 K 为 1，表明没有经验效应，即 $C_{2n}=C_n$。90%经验曲线的 K 为 0.9，其一倍累积产量的成本 C_{2n} 可降到 C_n 的 90%，而 70%经验曲线，K 为 0.7，C_{2n} 只为 C_n 的 70%。

图 6 表示出 K 为 0.7、0.8 与 0.9 的三种经验曲线。

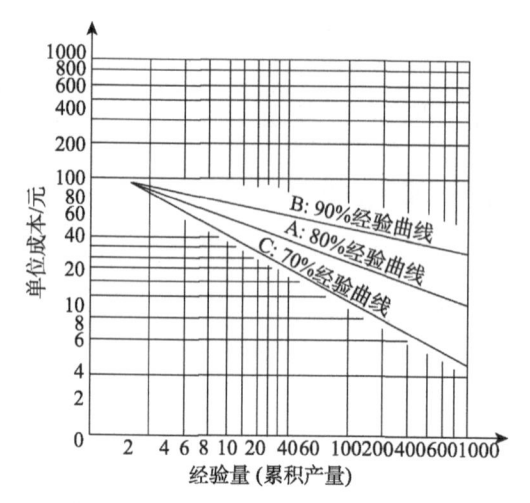

图 6　70%、80% 与 90% 的经验曲线

在公式（1）与公式（2）中，经验曲线的斜率由弹性系数 λ 表示。从以下的关系式中可以看到 λ 与 K 是相当的。

把公式（1）代入公式（3）得

$$K = \frac{C_{2n}}{C_n} = \frac{C_1(2n)^{-\lambda}}{C_1 n^{-\lambda}} = 2^{-\lambda} \tag{4}$$

$$\lg K = -\lambda \lg 2$$

$$\lambda = -\frac{\lg K}{\lg 2} \tag{5}$$

这表示 λ 与 K 之间有固定关系。一个值已知，就可求出另一个值。例如，70%、80% 与 90% 的 λ 分别为 0.515、0.322 及 0.152。

二、经验曲线效应产生的原因

经验曲线效应是指由于累积产量的增加，产生成本下降的效应。这只是表示两个变量之间的内在联系。要使成本下降成为现实，还要靠人的努力才能达到。只有人们了解到成本下降的真正原因，才能自觉地促使这种效应发生。

通过产量的积累，促进了成本的下降，其原因是多种多样的，主要有如下一些。

（1）由于学习而提高了劳动效率。由于重复从事某项工作，可在实践中学习。劳动者提高了操作的熟练程度，从而提高了劳动效率。管理人员也学习了如何组织有效率的劳动，也促进劳动效率的提高。但要使累积的经验传给他人，不必因人事变动，而重新靠学习来积累经验，就必须采取培养教育的方法。

（2）新型劳动组织的建立。随着产量增加，可以进行专业分工，实行工作的专业化。在专业分工的同时，必须有劳动的协作。建立新型的适应这种分工协作的劳动组织，也会大大提高劳动效率。

（3）使用新的生产方法。生产工艺方法的创新与改进，对降低成本有很大作用。新的生产工艺方法，实际上是累积经验的有系统的科学总结与推广。在资金密集行业尤应推行新生产工艺方法。

（4）产品的标准化。学习所积累的经验促使产品的标准化，并成为使这些经验可继续重复作用的重要条件。

（5）产品的重新设计。随着生产产品经验的累积，产品的生产者和用户都增加了他们对所需的产品功能的了解。通过价值工程等方法，重新设计产品，在保持同等材料和劳力的条件下，可改善绩效。

（6）变更资源的组合。当产品所需资源影响到成本优势时，可以变更产品组合，以重新取得这种优势。又如发达国家因熟练工人的工资提高，而以机器人代替，以取得成本优势。

（7）规模经济。扩大生产规模可导致单位产品成本投资额的减少、单位产品固定费用的下降，因而提高了经济效益。

（8）生产和管理的合理化。随着累积产量的增加，管理工作和生产的自动化程度都会有所改进，从而提高各种资源使用的效益，降低成本。

三、经验曲线效应在战略管理中的作用

由于价格、成本和经验曲线的密切关系，运用经验曲线的知识对战略管理有重要意义。从经验曲线可知，成本的下降取决于曲线的斜率和累积产量的增加。前者取决于行业的生产技术条件和新技术的采用。显然如果这方面条件相同，则行业内的企业要取得成本优势必须以较快的速度增加累积产量，但这要以具有较大的市场占有率为条件。从经验曲线导出了这样一个具有战略意义的基本观点：高市场占有率→低成本→高利润。具体说来，经验曲线效应有以下几方面的应用。

（一）预测成本

知道了经验曲线的斜率、企业积累经验的速率以及市场的增长率，就可以预测将来的成本。有了对成本的正确预测，就易于处理好与成本、价格有关的战略问题，例如在投标时，由于掌握了将来的成本概况，就可制定出正确的报价战略，提高竞争能力，得标的可能性就大大增加。

（二）指导定价

虽然通过经验曲线，可以预测将来的成本，但由于价格与成本往往不一致，决定定价战略，还要在预测成本的基础上，考虑在不同条件下采取不同的定价战略形式。主要的形式有如下几种。

（1）稳定形式。这种形式，当成本随经验而下降时，价格也随之下降。图7显示了当行业的平均成本遵循下斜的经验曲线时，利润保持为价格的固定百分数。

按照这种定价形式所采取的定价战略,能取得的利润不是很高但较稳定。而由于保持了这种成本优势,价格不断随成本下降,因此提高了行业的进入壁垒,阻碍新竞争者的加入竞争。

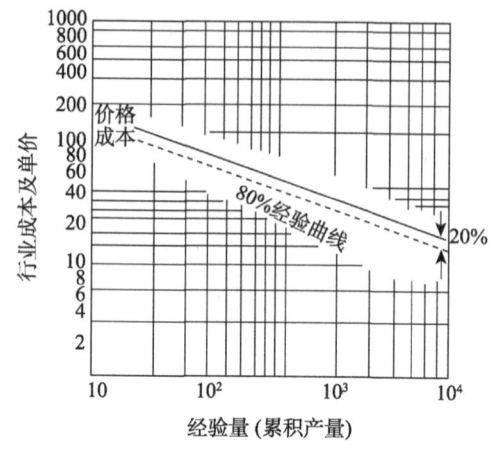

图 7　稳定的成本-价格形式

（2）稳定—不稳定形式。如图 8 所示,开始时,价格低于成本。后来,虽然成本急剧下降,但生产者仍保持价格不变。这样,早期的生产者由于其在成本(经验效应上)的领先地位,而处于价格保护伞下。只要是在供应不超过需求的情况下,这种状况可保持不变。但这种越来越高的利润,吸引了大量竞争者的加入,供给增加,竞争就逐渐加剧。在达到某一点时（如 t_1）,竞争者为争夺市场,相互间发生价格战,竞相降低价格。这时市场开始出现不稳定状态,价格开始急剧下降,曲线发生了突然转折。按照这种形式所采取的定价战略,在开始阶段可取得高利润,但更容易吸引大量竞争者的加入,到后期产生激烈的价格竞争,这时如果经营不善,有遭受淘汰的危险。

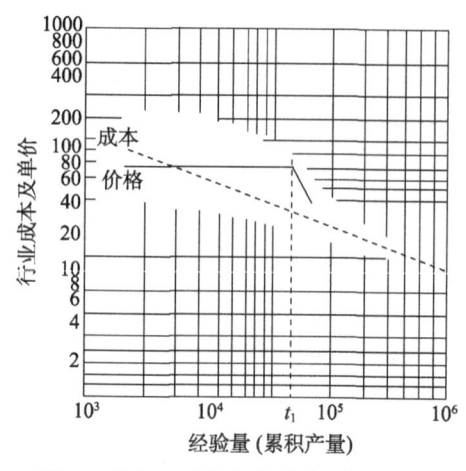

图 8　稳定—不稳定的成本-价格形式

（3）稳定—不稳定—稳定形式。这种形式，如图 9 所示，是前文稳定—不稳定形式的继续发展。大量的生产者，在达到图 9 中的 t_2 点时，有的在竞争中已被淘汰并消失了，有的或能继续应用经验曲线效应，增加累积产量，保持住成本优势，或者在产品上能保持与众不同，吸引顾客，保持了竞争力量。这时，在价格战中幸存的竞争者，其竞争力量相当，可以保持住较和谐的竞争，进入稳定阶段。在此阶段，与过去激烈的价格战相比，大家都能得到较多盈利，回到正常的利润率。这时价格随成本沿经验曲线平稳下降，处于平稳状态。采取这种形式的定价战略，要具有较高的竞争能力，才能避免中途被淘汰。如能坚持到后面稳定状态，则可期望有持续稳步发展的前景。

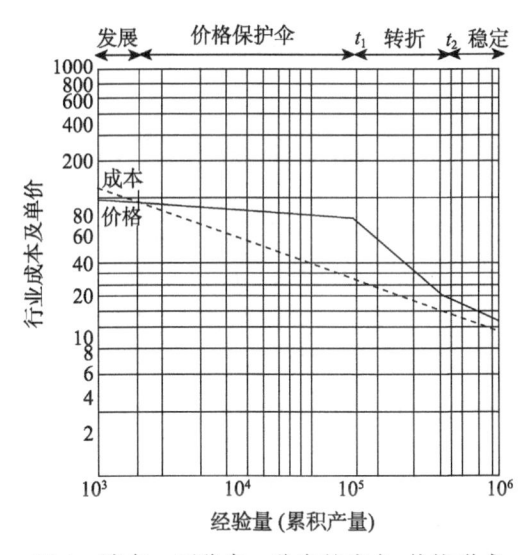

图 9　稳定—不稳定—稳定的成本-价格形式

（三）指导进入新行业的竞争战略

一个行业的老企业具有较大的累积产量，其在成本上往往也具有优势。新进入一个行业，如要在竞争中站得住脚，必须充分应用经验效应的知识，选择恰当的竞争战略。

（1）进入新行业时，采用与老企业相同经验曲线的生产技术。在这种情况，要采取各种能够超过老企业市场占有率的战略，只有这样才能逐渐达到并超过老企业的累积产量，从而取得成本优势。也可采取引进技术的方法，即引进他人已积累的经验，转变自己因累积产量不足而产生的成本劣势。

（2）采用不同于老企业经验曲线的生产技术。这时所采用的生产技术的水平，要足以使所形成的经验曲线的斜率小于老企业经验曲线的斜率，以取得进入新行业时，初始成本的优势。

（3）采用各个环节的经验曲线不同的生产技术或经营方式。经验曲线不同的环节，其经验曲线的斜率也不相同。新进入者如能在某个增值环节，具有技术优势，或有过去的经验，则在这个环节的经验曲线斜率较小，可形成较大的成本优势。

四、应用经验曲线的局限性

虽然采取遵循经验曲线的战略会取得经营成效。但使企业经营成功的途径还有许多，而且企业经营的成功往往是综合运用多种经营方法的结果。经验曲线效应所能起作用的领域，主要是在成本领先战略的领域，对其他战略领域作用不大。如果一味强调经验曲线效应的作用，忽视其他经营途径战略的采用，盲目扩大产量，也会产生危险的后果。例如，过于强调采取市场渗透，不断降低成本的战略，就可能降低经营的灵活性，忽视发展新产品所需的创新能力，以致减弱竞争力量。

第五节　市场增长-市场占有率矩阵

市场增长-市场占有率矩阵是在20世纪60年代开发而且应用较广的一种战略管理方法（工具）。随着战略管理的发展与深入，在大企业中有的已逐渐使战略的制定与管理趋于正规化与规范化。要做到这一点必须借助于一些方法与工具，使用最普遍的是两个坐标的矩阵，其中市场增长-市场占有率矩阵是应用较广泛的一种。由于这一矩阵是由美国波士顿咨询组开发的，故又称BCG矩阵[①]。其形式如图10所示。

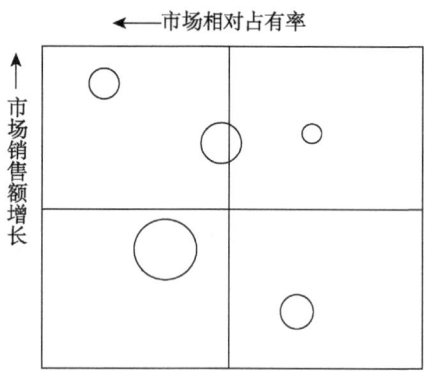

图10　市场增长-市场占有率矩阵

这一矩阵的建立是考虑到经验曲线效应，即企业产品成本降低与较大市场占有额相互作用的原理。

矩阵以市场相对占有率与市场销售额增长作为两个坐标轴。

---

① 波士顿咨询组英文名为 Boston Consulting Group，三个单词首字母合成为 BCG，故称 BCG 矩阵。

这一矩阵目前主要用于大企业中对多种经营业务（产品或战略经营单位）进行战略规划时分析它们的相互关系和地位时用。

一、市场增长-占有率矩阵概述

按照销售额增长与市场占有率这两个变量，以将矩阵图划分为四个区域。市场占有率大小可以表示一个战略经营单位或一种经营业务的实力地位。纵坐标为市场销售额的增长，表示该业务（产品）的市场吸引力，圆圈面积表示该业务（产品）的销售额大小。

下面扼要讨论这三个变量。

矩阵中所用的销售额增长率可以根据历史资料按下式计算：

$$销售额增长率 = \frac{本期销售额 - 上期销售额}{上期销售额} \times 100\%$$

在计算不同时期销售额时，应剔除价格变动因素。

销售额增长率表示某种经营业务或产品在市场上的吸引力。之所以选它来表示市场吸引力是由于这一变量同产品的生命周期理论有关。产品生命周期是按市场销售量的变化来划分生命周期各个阶段的，这对经营战略的拟定是有重要作用的。因为在一个迅速增长和发展的市场（即处于产品生命周期的投入期与发展期），企业可以采用市场渗透的策略，由于潜在市场大，采用扩大市场占有率的策略不致引起竞争对手的强烈对抗。相反，在一个处于成熟以至衰退期的产品或经营业务，市场竞争已处于激烈阶段，采用扩大市场占有率方面的策略必然会遇到同行竞争者的强烈对抗，企业除非在工艺创新方面采取强有力的措施，否则难以取得成功。

对于销售额增长率高与低的分界线，有不同的处理方法。①如果企业所经营的各种业务或产品均属于同一个行业，则可以把行业的平均销售额增长率作为分界线。分界线以上可以看作处于投入期与成长期的高速增长阶段；分界线以下是处于低速或负增长的成熟期与衰退期。②在企业所经营的各种业务分散于不同行业的情况下，可用各项业务的加权平均增长率作为分界线。③如企业所经营的各种业务极度分散而且种类繁多，则为简化起见，可以采用国民生产总值或省、市工业生产总值等宏观方向的增长率作为划分增长率高低的分界线。④也可以全公司的目标增长率作为分界线。

关于市场相对占有率的计算，由于各行业集中程度的不同，以百分数表示的市场占有率往往不能正确反映某项经营业务或产品在同行业中的地位。比如说，10%的市场占有率对一个高度分散的行业来说，可能算得上是相当高的市场占有率，表示它已处于较强的地位，而这一占有率对于一个高度集中的行业来说，却还是一个较低的占有率，表示着一种软弱的地位。因而，需要以一个相对数而不是绝对数来表示企业某项经营业务或产品的实力，计算公式如下：

$$市场相对占有率 = \frac{企业某项经营业务的销售额}{同期最强竞争对手在该项业务上的销售额}$$

市场增长-市场占有率矩阵中的第三个参数是各项业务或产品的销售额（销售收入），在矩阵图中以圆圈的面积表示。它用以说明公司在所有业务中的相对地位和对企业贡献的大小。当然用以说明各项经营业务对企业贡献大小的指标很多，如利润指标等。之所以采用销售额，是由于它可以直接取得、可靠而且准确。

二、市场增长-市场占有率矩阵在战略管理中的应用

市场增长-市场占有率矩阵可以以简单、明了的结构和少量的参数来分析一个企业各项业务的经营状况。主要的用途有以下几个方面：①用以分析企业中各项经营业务所处的地位和对企业的贡献。这一点已在上一段中作了说明。②用以分析企业中各战略经营单位的经营状况、所处的地位与作用。这一分析有助于企业根据总的战略目标，对各战略经营单位进行战略部署。③用以分析各项经营业务间的资金流向关系，有利于企业在战略管理中进行资金的调度。

用市场增长-市场占有率矩阵来分析各项经营业务间的资金流向时，其矩阵的形式如图 11 所示。

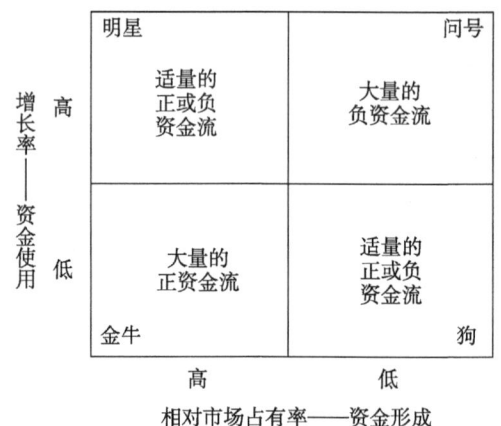

	高 相对市场占有率——资金形成 低	
增长率——资金使用 高	明星 适量的正或负资金流	问号 大量的负资金流
低	金牛 大量的正资金流	狗 适量的正或负资金流

图 11　市场增长-市场占有率矩阵中各类业务的资金流向

图 11 中处于矩阵左上角的业务称作为"明星"，它们是具有高度吸引力的业务（增长率高），而本企业又具有强大的实力地位（相对市场占有率高）。由于它们所处的优越地位，能回收大量资金；但企业如果要在迅速增长的市场中保持其优势，也需投入大量的资金。两者相抵，资金的净投入或净回收结果都将是不多的。

图 11 中处于矩阵左下角的业务称作为"金牛"，它们是企业资金的主要来源。这是因为对于这些业务，企业具有变得强大的实力而又处于一个走下坡路的市场。它们能回收的资金大于再投资的需要。因此，它们能给其他业务提供资金。当然，这是以资金由企业集中调度为前提的，否则经营这些业务的部门将继续把回收的

资金用于本身的投资，不利于企业对整体资金的最合理使用。

图 11 矩阵右上角为"问号"区，这里的经营业务或产品具备待发展的机会。由于企业在这些市场上尚不占有优势地位，可以从中选择一部分适合于企业条件的业务或产品进行开发，但这需要资金与资源的投入，这正是企业领导需要做出决策的。如果选择得体，并有合适的投入，这一部分经营业务可以上升进入"明星"区；反之，则下降退入"狗"区。

图 11 右下角的"狗"区，既无市场吸引力，又处于软弱地位，往往是资金需求的"无底洞"，如果在近期或将来没有转机的可能，只能是加以利用（不再投资）或转让。

第六节　行业引力-企业实力矩阵

市场增长-市场占有率矩阵虽具有简单、明了、使用方便等许多优点，但也存在一些缺点，如矩阵两维的片面性，销售增长率不能全面反映行业的吸引力，同样，市场占有率不能全面反映企业的实力，等等。正是由于这些缺点的存在，20 世纪 70 年代初美国通用电气公司开发了一种新的行业引力-企业实力矩阵分析法，简称 GE 矩阵，并获得了很广泛的应用。

一、行业引力-企业实力矩阵概述

开发 GE 矩阵的指导思想是：不能把市场占有率看作企业竞争实力的唯一指标。在 GE 矩阵中把企业实力作为内部可控因素的综合反映，它包括市场占有率、产品（服务）形象、管理水平等一系列变量。而矩阵中的行业引力则是市场容量、行业盈利率、供应条件及其他一系列社会、环境等因素的综合作用的结果，并以它来代替销售增长这一变量。图 12 为这一矩阵的示意。

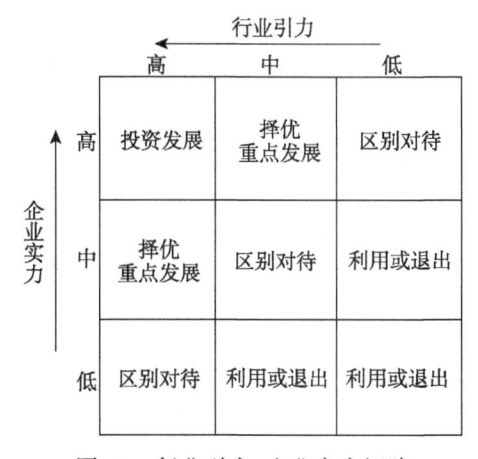

	行业引力 高	行业引力 中	行业引力 低
企业实力 高	投资发展	择优重点发展	区别对待
企业实力 中	择优重点发展	区别对待	利用或退出
企业实力 低	区别对待	利用或退出	利用或退出

图 12　行业引力-企业实力矩阵

图12把行业引力和企业实力各分为三个等级：高、中、低，形成9个区域，并相应提出处于各个区域的经营业务的基本战略方针：投资发展、择优重点发展、区别对待和利用或退出。

二、行业引力-企业实力矩阵的应用步骤

应用行业引力-企业实力矩阵包括现状分析和未来环境分析两部分，有如下八个步骤。

（1）确定主要的内外部因素。
（2）评价外部因素。
（3）评价内部因素。
（4）在矩阵内定位。
（5）预测外部各因素的发展趋势。
（6）确定各内部因素应达到的实力。
（7）确定各项经营业务在矩阵中预期应占据的位置。
（8）制定各项经营业务的策略。

前四个步骤属现状分析，后四个步骤为未来的环境分析。以下对各步骤做扼要讨论。

（一）确定主要的内外部因素

影响企业战略的内外部因素是很多的，如何从中识别出那些同战略、策略有关的主要因素却不是一件容易的事情，这里需要具备多学科的知识、丰富的经验和企业家的卓越见识。

（二）外部因素的评价

对上一步已识别出的主要外部因素，必须予以逐个评价。

评价的方法很多，一般采用较广的是加权评分法，即对每个因素按其对所评价经营业务的有利程度（影响强度）区分为五类，最有利的强度为5，最弱的为1，图13为其示意图。

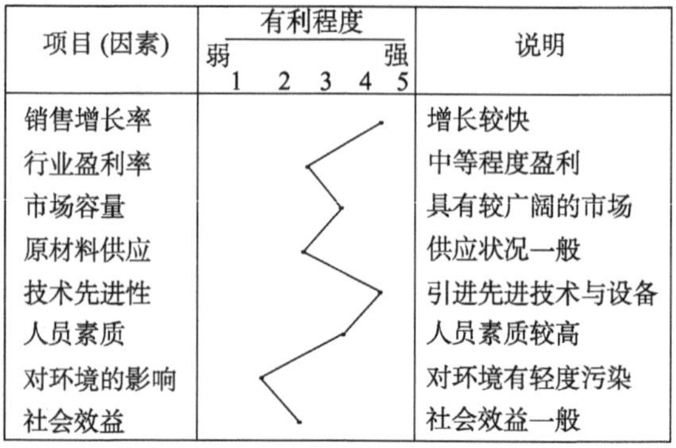

项目(因素)	有利程度 弱 1 2 3 4 5 强	说明
销售增长率		增长较快
行业盈利率		中等程度盈利
市场容量		具有较广阔的市场
原材料供应		供应状况一般
技术先进性		引进先进技术与设备
人员素质		人员素质较高
对环境的影响		对环境有轻度污染
社会效益		社会效益一般

图13　外部因素评价图

为了把各项因素的不同影响程度加以综合，以求出行业引力的综合评价，必须确定各因素的权重。表 2 列出了各因素的权重，并用加权平均法求得综合评分值（本例中为 3.65）。按照这一分值，行业引力定位属"中"。

表 2　以加权计分法评价

评价因素	权重	分值	加权分
销售增长率	0.15	5	0.75
行业盈利率	0.15	3	0.45
市场容量	0.15	4	0.60
原材料供应	0.10	3	0.30
技术先进性	0.10	5	0.50
人员素质	0.10	4	0.40
对环境的影响	0.10	2	0.20
社会效益	0.15	3	0.45
合计	1.00	—	3.65

必须指出，加权平均法得出的值，具有一定的主观成分，个人的经验在这里起着相当大的作用，如估计正确则可靠性大，如战略分析人员经验不足、主观判断有误，则可靠性大大降低，因而运用此法需要有经验、有学识的专家，使定性分析可靠，并进行充分的调查分析和深入分析。

（三）内部因素的评价

这一步骤的基本做法与外部因素的评价方法相类同，不再重复。需要指出的是，这里的评价往往是采用同一个最强的竞争对手相比较的办法。但要注意，不要在每项因素的比较上均采用与各该因素上都属最强的对手相比的方法，这样会导致过高估计对方、过低估计自身实力的趋向，不利于做出符合客观的评价，从而不利于正确制定战略目标与策略。

（四）按每项经营业务的现状在矩阵中进行定位

在对每项经营业务或战略经营单位的内外部因素的现状做出评价后，便可在行业引力-企业实力中对它定位。如按上一步骤对实力、引力的综合评分均为"中"等，则在矩阵中的定位亦属中位，如图 14 所示。

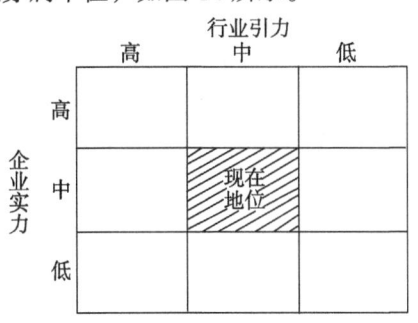

图 14　某经营业务在行业引力-企业实力矩阵中定位图

（五）预测外部因素的发展趋势

这一步骤所用的方法与第二步中的相同，只不过第二步中以分析历史与现状为基础，而在这一步中要对未来进行预测。其目的是制定企业的某一经营业务所面临的行业引力在今后若干年中会有什么样的变化，以便在战略方案的拟订中予以考虑。有时得出不止一个预测前景，那么应用前景法拟订出几个必要的权变方案。

（六）确定各个内部因素今后要达到的实力地位

在确定了某项经营业务所面临的行业引力后，接下来就可以对企业在该项经营业务上的实力的发展进行评定（定位）。这里要确定对每个关键的内部因素须采取些什么措施以达到所需的实力地位。这里须分别研究企业主要功能领域，如生产、研究开发、营销等方面的力量，使之与竞争强手相比，预计今后较长时期内（3~5年或5~10年）可能发生的变化。进而综合出企业在各该经营业务上应达到的实力地位。

（七）确定各项经营业务在行业引力-企业实力矩阵上未来将占据的位置

在完成了行业引力的预测和企业实力未来的定位后，就可在矩阵中对该项经营业务的未来发展进行定位。如果上例中的企业实力仍要求继续保持在"中"的水平，那么该项经营业务在行业引力-企业实力矩阵中的位置将如图15所示。

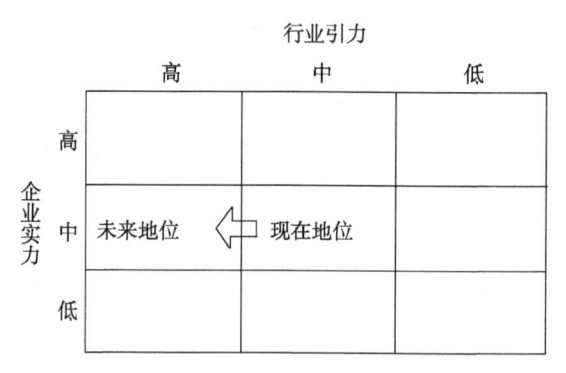

图15　某经营业务的现状及未来定位

实际上，第六步和第七步是交叉进行的，也就是说在确认了行业未来引力后，便要考虑企业的该项业务在未来的位置（矩阵中的哪一格），再反过来识别每项内部因素所构成的企业实力能否适应未来竞争地位的需要。经过在此两者的综合平衡后才完成了上述两个步骤。

（八）为每项经营业务拟定策略

在分析了拟定战略、策略的各有关因素后，可从内外部因素分析中寻求各种可选用的战略和策略。所用的战略方案主要来自两个方面：如何利用外部机会，防止外部不利因素对企业的影响；如何增强企业实力，改善、克服企业弱点的战略方案。

前一种战略方案更为复杂，要求有更多的创造性，尤其是需要针对不确定的外部变化条件拟订多种权变方案。在组织内部则应有监视和启动机制，以便在外部因素变化到一定程度时，能及时做出反应、发出信号，采取相应的应变措施。

三、行业引力-企业实力矩阵在战略管理中的应用

（一）行业引力-企业实力矩阵可用来分析企业的经营业务结构

当企业中所有的经营业务均在行业引力-企业实力矩阵中得到定位后，就可进而用以分析企业的业务结构。图16为这种经营业务分布的示意图，图中表示一个具有11项经营业务（可是战略经营单位）的结构图。其中圆圈面积表示各经营业务的销售额，扇形的黑色面积表示该业务的盈利大小。运用这一GE矩阵结构形式可以对企业各经营业务的状况有一个全面的了解，以便在此基础上拟订战略方案和进行战略规划。

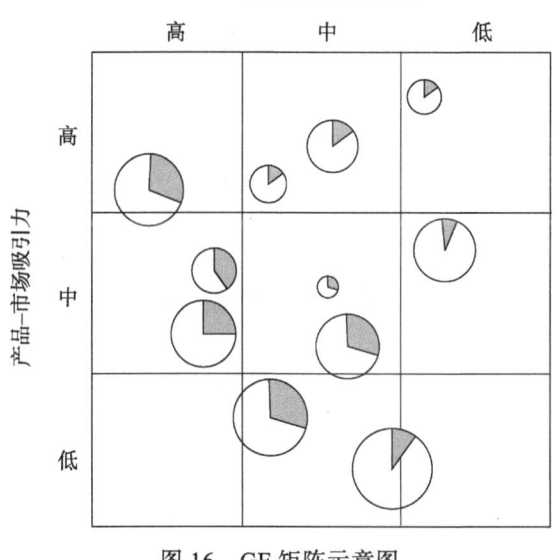

图16 GE矩阵示意图

（二）用来确定投资的优先顺序

从行业引力-企业实力矩阵可以得出公司对各项业务在投资中的优先顺序，也就是用以指导资源的调配。与市场增长-市场占有率矩阵不同，不强调资源流的内部平衡，而是把资源优先使用于那些吸引大、实力强的经营业务。本节一开始提出的图12已对此做了概括，图17进一步对此展开，在图中每格的左上角标出了

投资的优先顺序,每格中还指出了相应的战略方针。应当指出,图中的投资优先顺序和相应的战略方针只是一种合乎逻辑的决策,虽具有一定的指导意义,但企业必须结合实际情况灵活地加以运用。此外,行业引力-企业实力矩阵中的"定位"也只是一定时段的反映,应联系各项业务的历史的动态发展做滚动的修订。

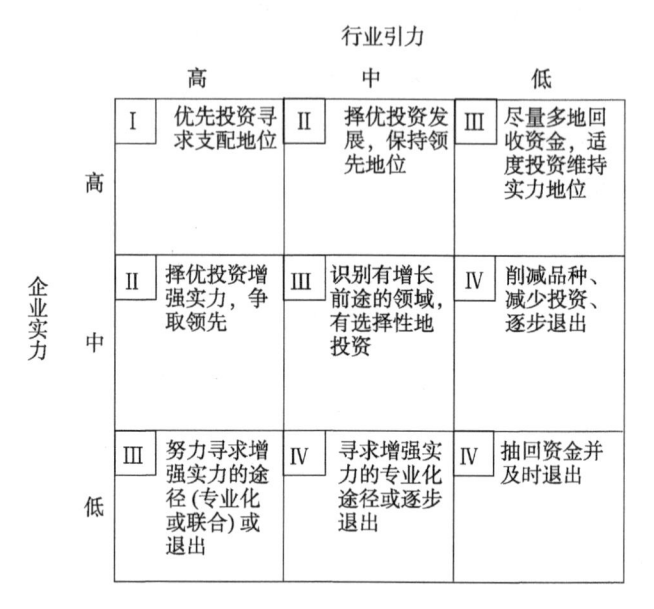

	行业引力		
企业实力	高	中	低
高	I 优先投资寻求支配地位	II 择优投资发展,保持领先地位	III 尽量多地回收资金,适度投资维持实力地位
中	II 择优投资增强实力,争取领先	III 识别有增长前途的领域,有选择性地投资	IV 削减品种、减少投资、逐步退出
低	III 努力寻求增强实力的途径(专业化或联合)或退出	IV 寻求增强实力的专业化途径或逐步退出	IV 抽回资金并及时退出

图 17　行业引力-企业实力矩阵中的投资优先顺序和相应的战略方针

以上是 GE 矩阵应用的主要方面,此外它还可用于审核企业的投资决策等方面。

第七节　战略盈利影响分析法

以上各节所讨论的有关战略方案选择的分析方法,各有特点,但共同存在的问题如下。

(1)都没有以充分的经验资料为基础,因而无法充分利用统计学方法。

(2)没有对企业的战略制定提出具体而周密的建议,而只是一种思路。

战略盈利影响分析法可弥补这些不足。

一、战略盈利影响分析法的发展过程

美国通用电气公司在 20 世纪 50 年代,研究该公司所属的许多战略经营单位的经营状况时,发现各单位的资金利润率有很大差别。在对这些差别进行分析研究时,创造了这种战略盈利影响分析(profit impact of market strategy,PIMS)法。当时,美国通用电气公司汇总和分析了许多业务项目的大量历史资料,打算从中

找到影响利润率的市场法则。目的在于想根据这个"法则",只要凭借对历史经验资料的分析,就能预测各个业务项目的未来绩效。后来的哈佛大学营销科学研究所和美国的麻省战略计划研究所,把美国通用电气公司形成的这个系统,扩大到美国通用电气公司以外的大批公司,正式建立 PIMS 系统。该系统在当时已有二三百家欧美大公司的 3000 多个独立业务项目包括在 PIMS 的资料库里。每个项目都拥有 4~8 年的资料。

二、PIMS 系统的内容

PIMS 系统实际上是个多公司参与的一项共同活动。活动的大致过程如图 18 所示。

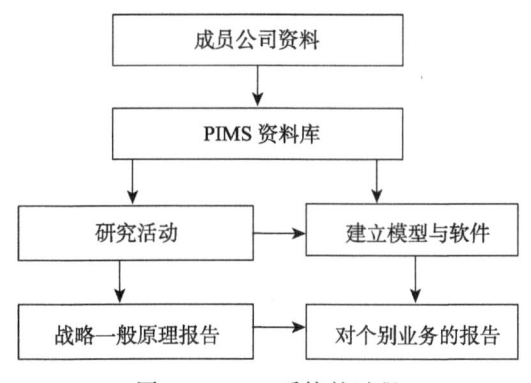

图 18 PIMS 系统的过程

PIMS 的主要工作目标有如下三个方面。

(一)建立 PIMS 系统资料库

建立资料库的目的是系统地汇集和整理各成员公司的实际资料,用以及时反映成员公司的经验。

成员公司按照规定项目,向 PIMS 系统选出 PIMS 模型所需资料。发送资料的最小单位为战略经营单位。当时每一战略经营单位要选送的业务项目资料有一百多项。

选送资料的主要内容如下。

(1)经营环境特征:长、短期市场增长率,通货膨胀程度,顾客的数目与购买力容量等。

(2)与竞争者比较,该业务项目的竞争地位:市场占有率、产品质量、价格、营销工作、劳动力成本、新产品投放率等。

(3)生产过程结构:资金密集程度、生产能力利用、生产率水平、库存水平、一体化程度等。

（4）预算分配：研究开发费用、营销费用等。

（5）战略活动：各种可控因素的变化模式。

（6）经营成果：营利性、资金流量等。

（二）研究经营战略规律

分析研究所汇集的资料，探索能驾取经营战略的市场法则。研究的目的在于得出经营战略的一般原则。这种研究不联系某个具体项目，只与业务的总体或某一类业务有关，但其结论可用以指导具体业务战略的制定。PIMS 在战略一般原理领域发表过的知名报告颇多，如："创业报告"——关于新建业务战略的研究；"业务战略的基本原则"——阐明市场法则的研究报告；"陷于利润困境的业务"——研究业务的经营是如何陷于利润困境以及摆脱这种困境办法的报告。

此外还有著名的 PIMS 回归模型，其包括 37 个独立变量，能解释在 PIMS 资料库中各项业务的 80% 的营利性变异。

（三）为个别具体业务提供研究服务

所提供的研究服务，使研究成果能用于解决参与的成员公司的具体业务战略问题，如确定怎样才是"正常"的经济效益水平；是什么因素影响这些水平；若改变战略，会产生什么影响；应采用什么战略才能达到目标等。

PIMS 解决这些问题的方法，主要就是把在类似条件下经营的其他公司的经验加以分析归纳，用以指导该项具体业务。

对于每项具体业务的战略，在这里无法详细研究，下文着重讨论 PIMS 所研究的，用以指导这些具体业务的经营战略的一般原则。

三、PIMS 研究经营战略所达到的几点认识

（1）PIMS 认为，企业经营状况的变化，一般是有规律可循的，并且可以运用实验的科学方法，预先做出估计。对大多数的业务项目，在适当的时期内（如 3~5 年），都可以预计其经营成果。这种认识，可以说，是 PIMS 思想的基础。

（2）不同的企业，如果所遵循的正好都是市场法则的同样的某类原则，其经营状况，应该基本是相似的。对所有的这类企业，在给定的同类环境条件中，都能按相同的原则来经营。

（3）不同业务的经营效果产生差异的大部分原因，都可由市场法则来说明。这意味着企业的经营绩效，客观上很大程度取决于所经营业务与经营环境的特点，这种情况约占 80%，而余下的 20%，是由经营技巧和运气来决定的。因此，认识业务项目的性质及所处环境的特点，对管理者来说，是首要的任务。

四、影响盈利与净现金流量①的战略因素

PIMS 研究,有 80%业务项目的成败,是受如下 9 项战略因素的影响,现在按这些影响因素的重要性顺序,阐明如下。

(一)投资密集程度

投资密集程度由单位销售额的投资或单位增加价值②的投资来度量(均以百分数表示)。

PIMS 总结许多公司的大量资料,证明:

(1)投资密集程度越高,投资利润率就越低。图 19 为各种密集投资对降低营利性的影响,以实际的统计资料说明了这一点③。分析其原因,主要是以下几点。

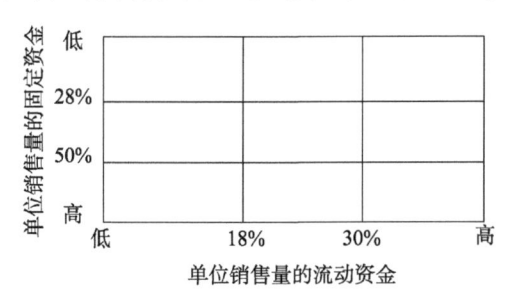

图 19 各种密集的投资对降低营利性的影响

第一,投资利润率因投资额增大而降低。

第二,由投资密集型行业的性质所决定。

密集的投资提高了社会效益,如工资提高、价格降低、质量改善等,而对企业本身的效益,则要通过销量上的竞争才能达到。因而业务战略的核心,就成为"一切为了销量"。例如,要尽可能充分负荷、进行价格战、用大量广告刺激需求等。但这些措施,都使费用增加、盈利减少,从而降低了资金利润率。因此,必须考虑投资对成本的影响,减少密集投资对利润的损害。例如,把力量集中在市场的特定层面;拓宽产品范围;提高生产率;进行需要资金不多的研究开发;可能时,用租赁代替购买等。

(2)在投资密度高时,市场地位越弱(相对市场占有率低)或产品门类越少,

---

① 留存收益(扣除了所得税和股息的收益)加上折旧费,这在西方叫作净现金流量(net cash flow)。

② 增加价值(value added) 是西方国家常用的经济概念。生产过程中的增加价值为销售额与原材料费用、服务费用之差。

③ PIMS 研究结论所引用的论证数据,均以与图 19 类似的形式表示。为节省篇幅,在下文阐述的 PIMS 研究结论中,均不援引类似的论证数据,读者可参考 P. B. McNamee(P. B. 麦克纳米)著《战略管理的方法与技巧》。

则 ROI（return on investment，总投资收益率）越低。

（二）劳动生产率

这个因素可用每个职工的销售量或每个职工的增加价值来衡量。PIMS 的研究表明：劳动生产率越高，越能盈利。高的劳动生产率还可扭转不利因素的影响，如以下两点。

第一，高劳动生产率可以部分抵消因投资密集性对提高 ROI 的不利影响。

第二，劳动生产率对扭转企业低的一体化程度的影响作用很大。企业的一体化程度低时，由企业自身增加的价值部分比重低，在单位销售额中，原材料等外购费用部分所占比重高，增加价值小。如果这时企业的劳动生产率也低，可对企业的盈利产生致命的影响。但如果提高劳动生产率，则能显著地扭转这种局面。统计的资料表明：高劳动生产率对低一体化程度所提高的 ROI 并不亚于高一体化程度下的情况。

（三）市场地位

高的相对市场占有率，对盈利和资金流量均具有正影响。其主要是由规模经济效应与经验曲线效应等因素所起的作用。

针对市场地位弱的业务项目，应采取一些与其市场地位相适应的"安全"策略，如避免使用费钱的营销方法、减少不必要的研究开发工作、保持生产能力充分负荷等。换言之，就是采取能把握得住的跟随战略。

对市场占有率战略的决策，运用 PIMS 方法应作如下一些考虑。

（1）是否应全力保住已有的市场占有率，要对为提高或保持一定市场占有率所需的费用与因此而得到的可能益处之间进行权衡。当市场增长迅速，或需要在降低价格上花很大功夫，才能保住市场占有率时，这时的费用特别高。如果费用超过了所能得到的益处，这时要保住市场占有率，并不一定都值得。

（2）假如预期的收益能超过预期的费用，而且没有其他合适的投资项目，则要争取保持或提高市场占有率。

（3）假如争取市场占有率的费用相对高于得益，与其为争取市场占有率而增加投资，不如不投资而尽量回收过去的投资。

（四）所面向的市场的增长率

PIMS 的研究认为：在市场增长率高时，高劳动生产率可大大提高 ROI；在市场增长率低时，提高劳动生产率，对 ROI 的提高，没有什么大影响；另外，在劳动生产率低时，一般盈利已很少，而市场增长率越高，越需要投入资金，只有这样才能在竞争中站得住脚，这样 ROI 就越低。

市场增长率高时，净流动资金总是负增长。

（五）所提供的产品（服务）的质量

质量对经营的绩效有重大影响。质量高，在财务上的收益一般都是正影响。

质量与营利性密切相关。出售高质量产品比质量低的产品，获利要多得多，特别是在质量特别好与特别坏的两个极端的对比中最明显。在垄断性大的市场中，高质量产品最能获利。研究开发工作如果不能达到产品的高质量，就不能获利。产品质量低，即使加强市场营销工作，也很难奏效。

质量与市场占有率也是密切相关的。质量高的产品，它的市场占有率往往也是高的。但 PIMS 发现，不论市场占有率高低，产品质量与 ROI 总是直接正相关的。这表明当一个产品既有高质量，又有市场占有率，确实能处于一种极能盈利的有利地位。

几乎在任何情况下，高质量总是重要的，即质量的重要性不受业务领域、资金密集性、纵向一体化程度、市场增长率等因素的影响。

质量领先者，往往进入市场早，并常是该市场的开拓者和业务上的创新者。

（六）创新工作

研究与开发工作，往往对已有较高市场地位的业务绩效有正影响。PIMS 的研究表明：新开发的产品的营销费用如果太高，会降低 ROI。在产品的质量低时，新产品所占比重越大，盈利率就越低。

（七）纵向一体化

从事多种经营的企业，以及处于成熟与稳定的市场中的业务项目，可从纵向一体化（如由自己生产而不是去买）中得到较大的好处。

如果市场是在迅速增长、衰退或者正在剧烈变化，则纵向一体化没有什么好处。

（八）成本

工资与材料价格提高的速度对盈利与现金流量的影响的大小，取决于企业能把它们转嫁给顾客或在内部消化的程度。

（九）当前采取的战略行动

以上各种战略因素在当前变化的方向，会对盈利与现金流量产生影响，但盈利和现金的流向常常又反过来影响这些因素。例如，拥有较大的市场占有率，常常会增加净现金流量，但为提高市场占有率的战略行动，又会消耗资金。在这里，经营者的"优""劣"起着重要作用。

五、在运用上述战略因素时，应考虑的问题

战略因素的运用是错综复杂的，在运用时必须注意如下一些问题。

（一）要综合考虑各种因素

各种因素相互作用的情况很不相同。有些因素彼此是互相加强的（如强的市场地位与高的质量），有些又是相互抵消的（如高投资密度要降低收入，而高投资密度形成的较大的劳动生产率会增加收入，两者在一起则相互抵消）；有时一个因素，其作用的正反，取决于其他因素的不同状况。如高水平的研究开发工作和由具有强的市场地位，则会增加收入；如果市场地位弱，则使收入减少。

因此在制定战略时，切忌简单、片面地考虑一个因素，而不问其他因素对它的作用如何。

（二）要注意业务的共同特点

在对一项业务作评价时，重要的不是具体的产品是什么，而是要注意该项业务在上述的九项因素上的特点。例如，两项业务所制造的产品十分不同，但如果它们具有相同的投资密集度、市场地位等，常会得到相似的经营成果。

（三）要注意业务战略特点的影响作用是持久的

某种业务的表面征象在变，而实际上，业务战略特点的作用却一直在起作用。例如：当影响一项业务的战略因素（如质量、市场占有率等）发生了变化，则会导致该项业务的盈利、净现金流量随之发生变化。但其变化的方向仍是沿着指导该业务的准则的方向而变化。

（四）要注意市场法则的正确运用

由于正确运用市场法则而制定出好的战略，总能期望因此会有好的效果。但市场法则的作用是受多种复杂因素的影响的。从现象看，目前某个业务项目还是很强的，但也可能正受到某种不易察觉到的因素的影响而处在某种潜在危险的边缘，这个项目未必总是应该发展的，所以运用市场法则也应该注意到它的各个方面的联系。

第八节 前景分析法

一、前景分析法在战略方案抉择中的作用与特点

制定战略的基础是对未来的估计。未来发生的事件将在很大程度上影响企业所从事的各项业务的性质和它在社会中的地位。因此正确地估计未来是战略获得成功的首要环节。

在西方企业普遍采用 20 世纪 50 年代逐步兴起的战略管理方法之前，企业多以长期计划的方式来安排长远性的重大活动。由于当时的环境相对比较稳定，社

会经济稳步增长，竞争还不十分激烈，环境变化相对有规律，发展趋向也较明显，因而可以使用指数平滑、时间序列、多元回归等定量预测的方法来预计未来的情况。在情况比较简单、影响因素少、环境变化不大、计划期较短的条件下，这类预测有某些准确性，对企业长远计划也有一定的作用。

20世纪50年代以后，世界环境动荡程度增加，大量经济事务跨越国界，影响经济发展的因素日益复杂，依靠传统的预测方法来估计复杂事件的动荡的未来，显得越来越不可靠。例如在20世纪70年代利率、汇率的巨大变化，使得对通货膨胀前景等的预测常不成功，对许多大企业的销售额往往预测偏高就是证明。

在面临着这种动荡不定的世界，而又不能较为准确预知将来重大事件的发展的情况下，企业的对策，有的是采用能迅速做出反应的信息与控制系统，有的则转向采用德尔菲、前景分析等定性、半定性的预测方法。

定性预测较定量预测方法，具有如下一些特点：①能比较全面地考虑与分析环境中的多方面因素。②可集中各方面有关人员，对各方面因素进行综合的认识和评估。③可运用人的主观的推理分析，来寻找复杂情况中的关键因素及其发展状况。决策者对将来发展情况的认识起着重要的影响作用。

前景分析法除与以上定性预测具有共同之处外，还有其本身的特点。

前景分析的目的是给决策者提供将来的环境中可能发生的各种事件的发展前景，据以设计出适应各种情景事件的战略及其相互作用的方式。

美国国防部的战略分析是前景分析法的起源，也是最好的例子。他们把在军事力量上的决策与各种政治、军事冲突情景相联系。根据他们所设想的发生政治、军事冲突的每一种可能情景，制订各种应急的战争计划并把它与情景相比较，从这种比较所得到的结论中，决定其军事力量的建立和配置。

前景分析法的关键在于设计出对将来具有各种不同设想的情景。设计得好的情景应当根据经过仔细分析的事实与在此基础上所做出的假设。既要有与过去的比较，又要经过合理的逻辑推断。要按照战略问题的逻辑过程，用系统的全面观点和丰富的想象，设计好从现状逐步发展到将来的种种可能状况。这样设定的前景以及在它的发展过程中的事件应会把将来的"未知"加以描绘。

情景设定后，要把企业的计划、战略或内部条件与每个前景相比较，以检验其是否健全灵活，并能与情景相适应。从比较中选择出应采取的战略。

二、前景分析法的实施步骤

（一）建立资料库

建立资料库的目的是能够迅速地给前景的勾画提供充分的信息来源。

资料库包括两个部分：一是与企业经营有关的资料；二是与企业经营环境有关的资料。

所需收集资料的时间跨距因行业而异。过去决定时间跨距的经验法则是：能够预测的时间长度不应超过能够收集到的历史资料的时间跨距。在当今环境多变的时代，这种粗糙的做法是有问题的。特别对于面临环境多变的行业，收集资料的时间需要长得多。

资料在资料库中的存储方式要便于更新与查找，最好使用计算机的信息系统软件，以便在分析需要时就能取得。

以下是两部分资料库要收集资料的主要内容。

（1）有关企业经营的资料。这部分资料主要是收集企业在所选择的历史时期中一切经营成果的记录。由于牵涉的面很广，最好把每个职能领域里的绩效资料先汇总一下。除按传统的资料项目收集之外，如果还能按照上节 PIMS 中度量绩效的项目来收集则更好。

要收集的资料主要包括以下几种。

第一，财务成果资料，如总额（总资产、总负债等）、营利性指标（投资利润率、毛利、净利等）、固定资产和流动资产利用指标（百元资金产值率，资金利税率，资金周转的次数、天数等）、企业变现能力（流动比、速动比等）。

第二，市场营销绩效资料，如总销售额（按产品门类、数量）、销售额增长率、市场占有率及相对市场占有率、产品品种数、地区覆盖状况、营销费用、顾客数目、新产品投放率、产品开发资金率、产品质量、专利数等。

第三，生产及经营绩效资料，如与竞争者比较的生产经营费用、人均产量、库存水平、生产能力利用率、设备役龄等。

第四，劳动人事工作绩效资料，如劳动力费用、缺勤率、流动性、停工损失工作日、职工素质等。

（2）有关企业经营环境的资料。环境的无所不包的性质与影响企业的相关因素之多使经营环境资料的收集面临很多困难。为便于比较，经营环境资料仍可按传统的分类领域收集，但要密切结合本企业、本行业的情况，选择收集的具体项目，每领域的资料同样要经过汇总整理。环境资料包括的主要领域如下。

第一，有关竞争的资料，如用户与原材料供应者的竞争力、替代产品及新打进的竞争者的威胁情况、竞争的激烈程度等。

第二，经济方面的资料，如增长速度及实际水平（国内总产品、可支配的个人收入、进口、出口等）、通货膨胀率、金融政策、财政政策、在其他主要贸易领域的经济活动。

第三，政治方面的资料，如政府管理经济的政策，政府对本行业的态度，政府对垄断、自由贸易、保护国内经营、促进出口等的管理法规，外国政府对保护本国产品的态度等。

第四，法律方面的资料，如有关保健安全、最低工资水准、消费者保护、环境保护等方面的法规。联合国、欧洲共同体等超国家组织的法律制度等。

第五，社会方面的资料，如社会对工商业及本行业的态度，对污染、生态与节能等社会问题的态度，教育与旅游的影响，社会的与特定行业的顾客的消费力量与特征。

第六，技术方面的资料，如本行业与可能受其影响的行业，其技术发展的速度、赶上技术变化的费用、值得出力与可能取得技术领先地位的领域等。

第七，地理资料，如处于行业领导地位的地区状况、老市场衰败及新市场产生的情况、促成地区优势的因素（如接近技术、原料产地、市场、廉价劳动力及政府鼓励的地区）等。

第八，能源资料，如充足与廉价的能源供应对该行业的重要性、世界能源分布及其对世界经济的影响等。

（二）构造环境的发展前景

在构造环境的发展前景前，先要从上述有关企业经营环境的资料库中挑选出最能决定环境因素性质的关键因素。根据这些因素的不同情况，构造出环境中各种发展的前景。构造时要充分发挥自由思想，也可用德尔菲等方法帮助做决定。

例如，一个受电力供应影响很大的企业，把电力供应选作一个关键的环境因素，在它考虑能源对策时，要先考虑电力供应的可能性。在没有肯定的把握时，不妨先根据资料的分析，构造出能源供应的两种前景，如表3所示。

表3 电力供应前景分析

因素	乐观的（供应无问题）	悲观的（供应能力不足）
关键因素:		
能源管理	鼓励核电发展 煤炭供应增长	限制核电发展 煤炭供应短缺
环境管理	现有控制标准有些放松	更新过的更严格的控制标准
需求增长	比现行慢 峰谷差趋小	比现行快 峰谷差趋大
影响企业因素:		
电力供应	充分	断电或缩减
能源费用	比现行高	与现行同

表3列出电力供应的乐观与悲观的两种前景，在复杂的情况下，也可列出发展程度不同的多种前景。但前景的数目最好成双，以免在最好与最坏的两个极端之间出现"中性"现象，这有利于定出非此即彼的鲜明情景。

对表3中所列的各种前景要在对资料做深入分析的基础上，进行数量上的和性质上的判断，才能得出结论。这些分析和判断可借助内外专家的力量。

(三) 分析企业经营状况

对以上环境的不同发展前景，企业要做出各种不同的战略决策来适应。这要在全面分析企业当前经营状况的基础上做出。采取的具体策略应当是很有针对性的。要本着扬长避短、利用机会、应对威胁的原则，具体制定，不能一概而论。但是如果粗略一些，可以把它分为几类。如上述某企业在电力供应的这两种发展前景下，把业务策略粗略地分为以下五类。

（1）经营业务项目不变。
（2）把现有业务改组为不同的战略经营单位。
（3）业务一体化扩大。
（4）业务一体化缩小。
（5）经营多种业务。

如果是比较复杂的情况，只是列出以上的策略方案对各种发展前景进行比较，资料还嫌不足的话，则需要更全面地分析企业的各主要方面的情况，包括企业的目标、企业精神、领导素质、能力以及在财务、营销、生产、劳动人事、产品研究开发等方面的资源能力情况。

(四) 综合评价内外因素的影响，找出关键因素

在分别分析了环境的发展前景和企业经营状况的各种因素之后，需要对它们一一进行对比，评价它们的各种影响程度。上述电力供应情况的这种比较，见表4的前景-状况矩阵。

表4　前景-状况矩阵

前景	策略				
	业务不变	业务改组	一体化扩大	一体化缩小	多种业务
乐观	++	+	++	−	+
悲观	−−	+	−−	+	++

要在一一对比中确定其影响大小，首先要定出一些符合目的的比较标准。资金利润率、企业实力的提高及有利于发挥企业潜力等都可以作为确定影响大小的标准。另外影响的性质也有不同，有利的影响为正影响，不利的影响为负影响，例如电力供应的悲观前景即供电不足，对业务不变或一体化扩大都是不利因素，为负影响。正影响与负影响各以+与−的符号来表示。+与−的多少，则表示影响程度的大小。前景对某个策略影响大小是相对于其他四个策略而言的。根据矩阵中各种前景对各个策略影响的大小和性质，就可找出其中的关键策略并给予充分注意，这对企业的决策有重要的参考作用。从以上电力供应前景矩阵中，可以看到业务不变和扩大一体化的策略在电力供应乐观的前景中十分有利，而应对悲观的

前景，风险就很大；业务改组和多种业务策略在任何一种前景中都是可行的，这对在无法预测其环境的状况时，是很有用的。

（五）扩大对环境因素前景的对比

以上是在将企业经营状况的各因素（在上例是以五种业务策略为代表）与一个环境因素（在上例为电力供应）的一对前景进行对比时，选出关键因素。这些关键的企业经营因素还要与其他环境因素的前景，用同样的方法做对比，寻找出其他的关键环境因素。这些环境因素应是针对企业战略分析的目的，在与环境有关的关键领域中，选择出的具有重要意义的因素，如市场需求状况、顾客爱好、原材料供应状况、资金来源、技术发展、进入一个行业的阻碍、社会价值的变化等。

（六）关键因素的精练和确定

从以上企业经营因素与环境因素的多方面对比所得出的关键因素是多种多样的，要通过合并、修改、删节等方式加以精练。这样经过综合精练的关键经营因素与关键环境因素的前景，再次进行反复比较评价后，最后确定出应付诸实施的战略和有关的权变方案。

三、前景分析法的应用

前景分析法是进行战略分析、战略管理的有用工具。在复杂的环境中，它避免单纯依靠某些定量的预测方法得出简单化的结论。而是鼓励人们开动脑筋多方寻找各种可能的方案，因而具有较多的灵活性。特别是在动荡变化的环境中，面对复杂的环境因素的多种前景，要对大量的战略做选择，前景分析法是进行评价的好方法。

前景分析法对于某些行业更为适宜。图20表示行业特点与预计未来方法的关系。石油、矿业与化学之类跨国公司多处于资金密集行业，具有较长的产品开发前导期，应用前景分析法较多。至于有些企业如家用视听设备租赁业、小型建筑队之类的企业，资金密集程度低，新产品开发前导期短，转业阻力不大，或许用简单的预测方法就够了，不一定要使用前景分析法。

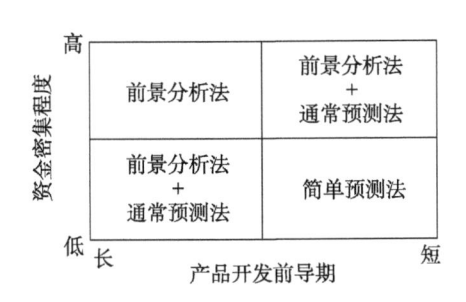

图20 行业特点与预计未来方法的关系

在西方，推广应用前景分析法的阻力主要在于企业的主管人员过于相信传统的预测方法。有名的壳牌石油公司就花了八年时间，才使人们相信，在当今十分动荡的世界，前景分析法是据以分析未来、制定战略的十分有价值的方法。

工业企业经营组织[1]

工业企业是相对独立的经济实体,它既承担经济组织的职能,也承担社会组织的职能。那么,什么是组织,什么是经营组织?随着我国经济体制改革的不断深入,企业的客观环境从组织上向企业提出了怎样的要求,企业怎样适应这种形势?这就是本章要讨论的基本问题。

第一节 工业企业经营组织的意义

一、经营组织的概念

组织,是一个广义的概念,它可以包含以下两层含义:组织是一种单位、机构;组织是一种活动。我们这里指的是前者。如组织有党派的组织、经济管理的组织,还有文化艺术团体的组织等。所谓组织,是指众多的人为了实现共同的目的而有效地进行协作的体系或系统。因此,目的性和协同性是组织的两个基本特点。组织必须是有效的,它要求对组织中的成员指定职位,明确职责,交流信息,协调工作。所以,一般将组织归纳为五个基本因素,即人员、职位、职责、相互关系、信息。

显然,所谓管理组织,就是从事管理活动的人们的协作体系或系统。一般的理解,企业管理组织就是企业经营组织。具体地说,企业经营组织就是企业的全体成员为实现企业经营目标而通力协作的完整、有效的系统。谈到组织与管理的关系,那是十分明确的,组织是管理的一个极其重要的职能,它的地位和作用向来受到国内外管理学者的高度重视。在管理学理论界中,虽然对管理职能的组成有不同的见解,但是组织是管理的一个基本职能,这一点认识却是一致的(表1)。关于这一点,在国内已经出版的管理学书籍中也是一致的。

表1 学者对管理职能组成的见解

年份	管理学者	管理职能										备注
		计划①	组织	指挥②	控制	协调	激励③	人事	集合资源	通信联系	决策	创造革新	
1916	法约尔	√	√	√	√	√							①计划包括预测;
1934	戴维斯	√	√		√								

---

[1] 节选自:许庆瑞. 工业企业经营学. 杭州:浙江人民出版社,1985:第十二章。

续表

年份	管理学者	管理职能										备注
------	---------	计划①	组织	指挥②	控制	协调	激励③	人事	集合资源	通信联系	决策	创造革新	------
1937	吉利克	√	√	√		√		√		√			②指挥包括命令、指导；
1947	布朗	√	√		√				√				③激励包括动力、动机或鼓励促进
1949	厄威克	√	√	√	√								
1950	纽曼	√	√	√	√						√		
1955	孔茨	√	√	√	√	√		√					
1964	米	√	√		√		√						
1970	希克斯	√		√			√	√					
1972	特里	√	√		√		√						

在我国，由于历史的原因，忽略了对企业组织的理论探讨和研究，没有形成一个独立的科学概念，通常用组织机构、管理体制、责任制等相近似的概念来代替组织的某个局部，并没有从组织整体上进行认识；在实际工作中，局限于生产型管理所涉及的范围，视野比较窄。目前，我国管理学理论界正在展开这方面的研究；在实际工作中，许多企业借鉴国外企业先进的组织形式，同时，认真总结自己的经验，建立起具有我国特色的经营组织。

二、经营组织的基本原则

由于企业的规模、生产工艺、管理水平以及企业领导者的素质的不同，企业经营组织也是不同的。因此，企图提出一套对所有企业组织都适用的原则是困难的。但是下面一些原则则是建立和健全企业经营组织必须加以考虑的。

（一）有效性原则

所谓有效性原则，是指企业的经营组织及其结构和活动是富有成效的，它有助于企业经营目标的实现。例如，组织机构要有明确的职责范围，良好的信息渠道，合理的费用支出，有利于发挥企业职工的积极性，等等。

（二）管理的幅度和层次原则

管理幅度原则，也称管理跨距原则。所谓管理幅度，是指一个领导者能直接有效地领导下属人数的限度。由于知识、觉悟、时间和生理上的限制，一个人领导下属人员总是有限的。一般地说，当下属人员以算术级数增加时，则领导者和被领导者之间可能发生的联系数会以几何级数增长。这可用下式表示：

$$C = N\left[2^{N-1} + (N-1)\right]$$

式中，C——可能发生联系的总数；

N——下属人员数。

将上式展开，可得表2。

表2　下属人员数和可能发生联系的总数

下属人员数(N)	1	2	3	4	5	6	7	8	9	10
可能发生联系的总数(C)	1	6	18	44	100	222	490	1080	2376	5210

尽管表2所列的可能发生的联系数，在实际中不可能全部出现，但随着下属人员的增加，可能发生的联系数会迅速增长。因此，需要在领导者与被领导者之间设立不同的层次。根据经验，对上层领导者来说，直接的下属人数以3~5人为宜；对中层领导者来说，以5~10人为宜；而对基层领导者来说，一般以10~15人为宜。

（三）权责相符原则

权责相符就是权责一致。职权和职责是组织管理中的两个基本因素。职权是指人们在一定职位上的权力，主要指执行任务时的决定权；职责是指为完成任务所尽的义务。权责相符原则要求在工作中，一个人有多大的权力就必须承担多大的责任。因此，就上级而言，必须授予下级与其职位相符的权力；就下级而言，不应拥有职责范围以外的职权。在实际工作中，需将各种职务、权力和责任形成规范，编制在企业经营组织的规程、手册一类的章程、法规或文件中，并有相应的监督措施，以保证其正确有效地执行。

（四）统一指挥原则

企业经营组织要贯彻统一指挥的原则，需遵循以下要求。

（1）统一指挥，使上下之间形成一条不可中断的等级链。

（2）任何一个下级只能由一个上级领导。

（3）上级不允许越过直属下级进行指挥，下级不能超越直属上级接受更高一级的指令。

（4）企业内的参谋部门有权提供信息和提出建议，无权过问企业中有关直线指挥系统的下属的工作。

此外，企业经营组织还要遵循以工作为中心的原则和专业化协作的原则等。

第二节　工业企业经营组织形式

企业经营组织形式，是指企业所采用的组织结构。一般来说，它受行业特点、企业的生产规模、生产技术水平、专业化程度、市场需求、企业的地理分布以及企业的管理水平和管理者的素质等因素的影响。因此，企业经营组织形式具有多样性和适应性的特点。

企业经营组织形式，大体上经历了两个历史阶段：传统的组织形式阶段和现代经营组织形式阶段。

一、传统的组织形式

传统的组织包括以下三种形式：直线制、职能制和直线参谋制。

（一）直线制

直线制组织形式也称军事组织。在军队组织中，责任和权力是以完整的直线的形式行使的，即由一个上级总揽对下级的命令，责任和权力是明确的、直线式的。企业的直线制经营组织形式如图1所示。

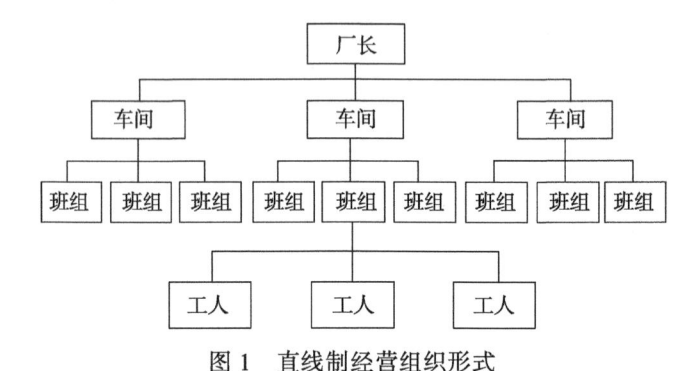

图1 直线制经营组织形式

这种形式的优点是结构简单，权力集中，决策、执行迅速，信息反馈快。缺点是要求企业领导者知识全面，通晓各种业务。因此，一旦企业生产规模扩大，产品结构复杂化，企业领导者就难以应付局面。

（二）职能制

这是由执行不同职能的管理者分担管理职能的组织体系。这种职能制组织形式最早是由泰罗（1856~1915年）提出来的，其形式如图2所示。

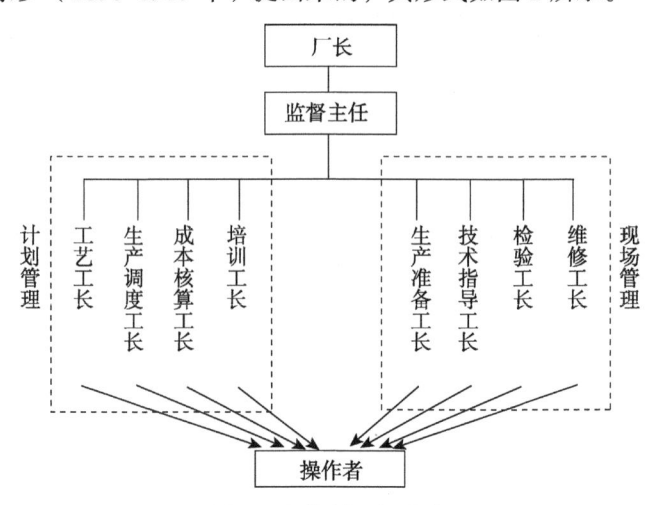

图2 职能制组织形式

这种组织形式的特点是能够提高管理专业化程度,是同企业规模日益大型化、复杂化的企业管理相适应的。它的最大缺点是操作者,即基层人员要接受一个以上的多头领导,以致无所适从。这既不符合一般组织原则,又不符合大工业生产对集中指挥的客观要求。所以,历史上泰罗的职能制并没有真正得到推广。

(三)直线参谋制

这是一种在直线组织中吸收不同职能的专家作为参谋,让其充当助手的企业经营组织形式。这种组织形式首先是由法国的著名管理学家法约尔(1841~1925年)提出来的。在这种组织形式中,既保持直线制那种有力的集中指挥原则,又通过设置参谋部门,使其具有专业化的优点,并使两者有机地结合在一起,如图3所示。

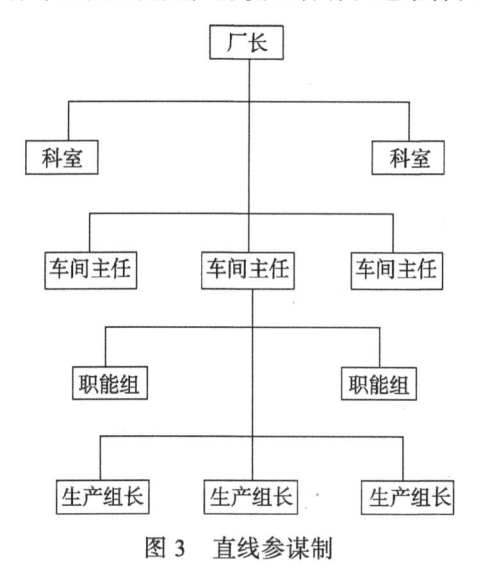

图3　直线参谋制

直线参谋制组织形式保留了直线制和职能制的优点,同时避免了直线制和职能制的缺点。我国企业至今沿用的正是这种组织形式。随着企业生产社会化程度的提高,企业规模不断扩大,企业内部门日益增加,企业的产品越来越多样化,尤其是新技术的不断引进,这一切都促进了企业经营的多样化,于是要求企业经营组织形式不断得到改进。

二、现代经营组织形式

(一)集中决策、分散经营的事业部制

所谓事业部制,是指按照不同产品或不同地区进行独立核算的组织形式。这种形式的关键是必须给事业部在财务、供应、生产、销售等方面以独立经营活动必要的权力。所以,它又称企业的分权组织。图4是我国东南某电机工业公司部门结构式的经营组织形式图。

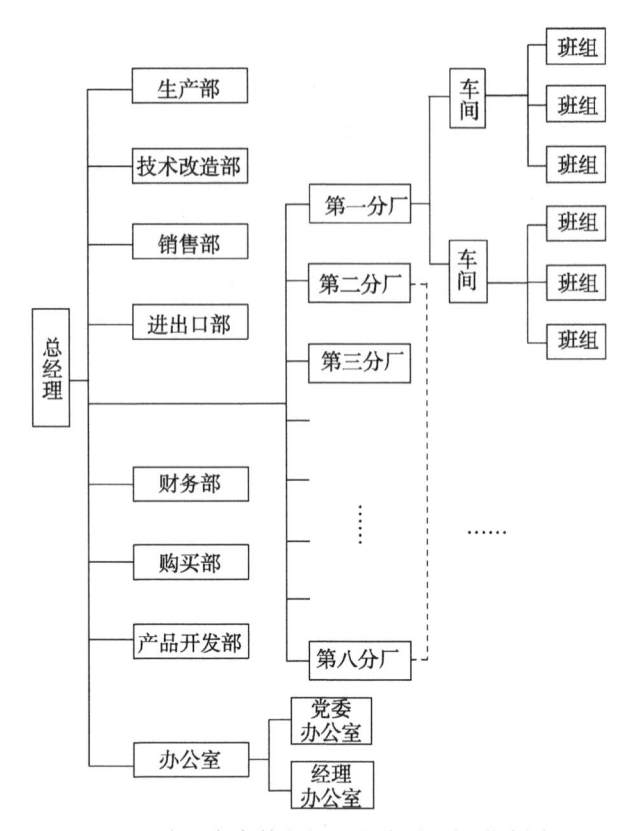

图 4 我国东南某电机工业公司组织形式图

图 4 是集中决策、分散经营事业部制的一个雏形。事业部制的特点是由公司或总公司集中决策,事业部独立经营。事业部长统一领导由他主管的部门,一方面他受公司或总公司的严格监督,对实现公司或总公司的经营目标负有责任;另一方面他在部门的经营管理上有很大的独立性。事业部制的优点是,使公司或总公司的最上层领导摆脱日常的、具体的管理业务,能集中精力做好企业经营战略决策和长期计划的制订;在具体管理中,提高了企业经营管理的灵活性和适应性,有利于企业的产品专业化等。

(二)矩阵制

矩阵制也称目标规划制。矩阵制是在直线职能参谋制垂直领导的基础上,增加横向的领导系统,两者有机地结合,形成一个类似框架式的矩阵型结构,是企业经营管理中一种新型的组织形式。它加强了企业各部门之间横向的联系,便于企业集中各种专门的知识和技能,迅速完成某一特定项目,提高了管理组织的灵活性和对企业环境的适应性。

当前,在国外的一些企业中,正在推行"超事业部制""多维立体组织结构"

等形式，它们的实践，已经引起了人们的注意。

第三节　工业企业经营组织发展的趋势

组织是为实现经营目标服务的，随着经营环境、经营目标的变化，企业必须相应变革其经营组织。

一、我国企业经营组织的发展

随着我国经济体制改革的深入，企业的外部环境发生了很大变化，企业遇到了一系列重大的经营问题，如产品开发、质量管理、价格决策、交货期限、销售、竞争、技术服务、企业改造、专业化协作、合资经营等。这些问题的解决对企业的经营组织提出了新的要求。我国工业企业中至今沿用的直线参谋制组织结构已日益暴露出它的弊端，这些弊端主要如下。

（1）权力过于集中，厂长疲命于日常事务，因而决策能力削弱，企业对环境的适应性差。

（2）企业管理中存在着技术与经济、生产与销售、专业管理与综合管理的脱节现象，即横向协调性差，缺乏灵活性。

（3）在人事管理上权责分离，指挥生产经营者不能管人，管人的人不承担责任。

（4）机构庞大，部门科室林立，办事效率低下。

为了适应外部环境的变化，谋求企业的生存和发展，企业经营组织的改革势在必行。从国外企业经营组织的发展过程来看，大多数工业化程度较高的企业都经历了老板亲自经营—直线参谋制—分权的事业部制的发展过程，近来又出现了矩阵型结构。从中我们还可以看到，经营组织的每一次重大改革，都发生在环境的重大变化之时。一些成功的企业家都是适时地顺应环境变化，调整企业的组织机构。20世纪20年代，斯隆出任美国通用汽车公司经理，他以协调控制与分散经营、决策和执行分离为原则，建立起分权的事业部管理制度，而且大胆、果断地改革了公司的组织体制，使企业摆脱困境，开创了崭新的局面。他的经验一直受到西方管理学家的青睐。

我国也有不少企业对经营组织进行了各种各样的改革尝试，归纳起来有以下三种类型。

（1）增设机构。几乎所有的大、中型企业都在原有科室的基础上增设了新的科室，如销售科、教育科及新产品开发机构。应当承认，这些科室的增设一时满足了工作的需要，缓和了矛盾。但是，这些科室仍然属于直线参谋制中的职能科室，不能满足经营对管理组织提出的要求，而且机构进一步庞杂，使管理的横向协调更加困难。

（2）合并科室。为了适应环境的变化，一部分企业把作用不大的或职能相近的科室组织裁减或并入其他科室组织，从而精简了机构，缩短了管理事务流程的环节，缩小了管理幅度，加强了组织间的横向联系，在一定程度上解决了人浮于事的现象。

图5是浙江省某大中型机器制造企业的组织结构图，它反映了上述阶段企业组织形式发展变化的特点。

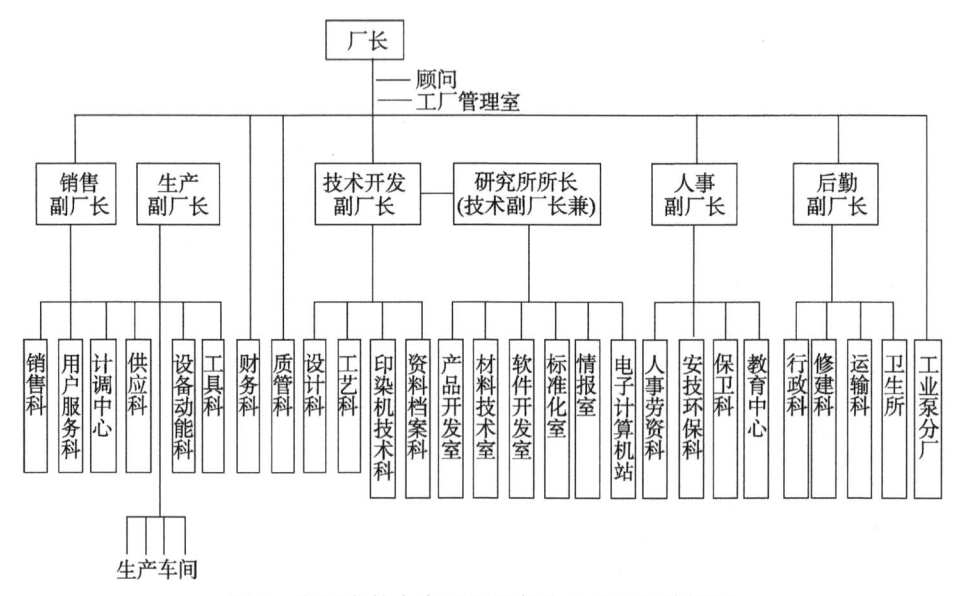

图5　浙江省某大中型机器制造企业组织结构图

与以往的企业组织形式相比较，上述组织结构，具有下面几个特点。

第一，设置了工厂管理室，它类似国外大公司中的经理部和战略参谋部。它在厂长的直接领导下，通过调查研究，向厂长提供经营决策、中长期规划、各种经营信息和建议方案，供决策时参考。

第二，突出企业经营职能，强化了销售部服务部门的力量。例如，企业首先增设了用户服务科，负责用户使用设备的技术培训、安装调试及建立用户档案和用户信息反馈。考虑到该厂产品是技术密集型产品，它的销售目标总是和一些大的成套建设项目联系在一起。所以，在新设的销售科中，一方面要加强市场调查、预测、广告宣传、报价谈判、合同管理等工作，同时要强调增强工程设计的力量，以提高成套供货的能力。

第三，加强了研究开发部门，把研究所建成了一个具有相当实力的科研机构，以专门研究企业产品的发展方向和新产品的发展战略。

第四，建立了智力开发机构，把教育科扩建成教育中心。

第五，加强了现代化管理手段，如设置和强化电子计算机的计调中心，以加强生产经营指挥系统。

（3）部门式结构的采用。有些企业在直线参谋制结构的基础上，建立了部门式结构，即职能事业部。这是一种分权的结构，一般有两种表现形式，一种是反映在副厂长的分工和权力上，另一种是反映在职能部的建制上。图6所示的我国华东地区某无线电厂经营组织系统图，即属于后者。

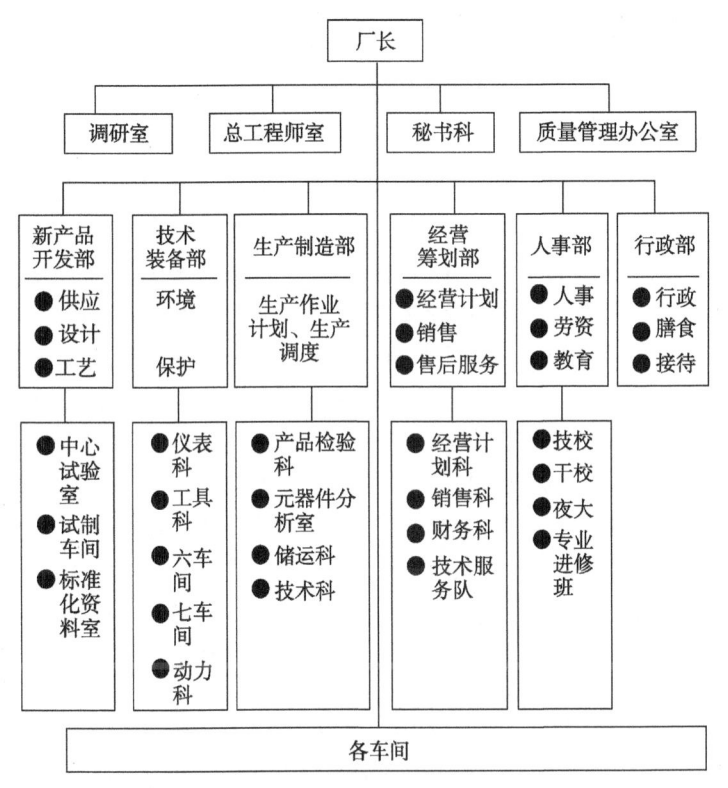

图 6　我国华东地区某无线电厂经营组织系统图

部门式结构保留了直线参谋制职能专业化的效率，同时，还具有以下特点。

（1）由于企业部门的组成充分考虑了环境因素，因此它比较适应环境的需要，适应能力较强。

（2）由职能相近、联系密切的组织组合成一个个有机的整体，这样有利于加强组织间横向的联系和平衡；由于部门有一定的独立性，因此，较直线参谋制有更大的灵活性。

（3）部门集中处理各科室的共同事务，把联系紧密的工作人员安排在大办公室里办公，从而提高了工作效率，精简了机构和人员。

（4）厂部领导摆脱了日常事务，有更多的时间从事企业的重大经营决策，从事调查研究，从事企业经营策略的研究。

（5）部门式结构较直线参谋制有更大的生产经营权力和责任，这样也有利于培养较高层次需要的具备多种经营管理才干的管理人才。

二、企业经营组织发展的趋势

总的来说，我国企业经营组织发展的趋势是以经济效益为中心，提高企业的适应性和灵活性。这是新形势下经营管理对企业组织提出的要求，也是企业管理组织改革的基本方向。为了提高企业的灵活性和适应性，做好下述几方面的工作是必要的。

（1）提高企业组织的决策能力。现在，在理论上，我们已承认企业是一个经济实体，国家在处理同企业的关系时，努力采用经济的办法，而少用行政干预。也就是说，企业将是一个具有充分活力的细胞。对于企业的生产经营活动，企业具有了更大的自主权，即决策权；同时，企业对国家、社会承担了更大的责任和享有更大的利益。企业为了在复杂多变的竞争环境中谋求生存和发展，必须在经营战略决策上胜人一筹，企业的经营组织必须适应这一环境变化的要求。在这里，企业经营组织中的高层决策层组织具有关键的作用。它应当努力提高本身的决策能力；同时，利用企业中各种非正式组织来提高企业决策能力也是一个好办法，如成立各种民间的学术团体、协会或借助社会力量和咨询机构，以集思广益。

（2）提高企业组织的营销能力。现在，大家都已经清楚了，过去那种企业生产什么，社会就消费什么的时代已经过去了，作为企业的销售，也不再是企业生产什么就销售什么，生产多少就销售多少。也就是说，企业的销售组织从事后的单纯推销产品逐渐过渡到参与生产过程的控制活动，一般称这种销售为营销。为了提高企业的营销能力，必须加强企业的营销组织。营销组织的活动内容可以包括经营预测、市场调查，乃至企业经营决策和策略的制定、实施，即参与企业生产经营活动的全过程。因此，它要求有一支精锐的市场营销队伍和灵活性、适应性很强的营销组织。目前，在我国的企业经营组织中，市场营销组织的地位越来越显著，在许多企业中它已独立出来，展开了日益广泛的活动。

（3）企业组织要具有开发性。新产品、新技术的开发，潜在市场的开发，人力资源等的开发，对于一个现代企业来说，是取得胜利的可靠保证。在这一点上，西方国家企业的经验值得借鉴。20世纪20年代末的世界性经济大危机以后，尤其是第二次世界大战以后，为了适应日益险恶的竞争环境，西方国家的企业普遍重视如产品、技术、人力等资源的开发。它们不惜工本投资开发；在组织上，把开发部门独立出来，加快发展扶植。这个趋势，在我国目前的经营组织改革中也日益明显，企业普遍地把开发部门独立出来，如成立科研机构（研究所）或产品开发部，成立市场开发部或产品销售部等。而在过去，我国企业的新产品开发工作是由技术副厂长下属的设计科或工艺科兼管。由于企业以生产为中心，指标层层、年年加码，生产技术力量都放在日常生产上，加上国家对企业新产品生产的鼓励不足，新产品开发在人、财、物和时间上都不能保证，所以，往往造成新产品的先天不足，甚至长期不能投产。

（4）采用分权的部门结构等先进组织形式。从国外经验看，随着企业规模的扩大，采用分权的部门结构是适宜的。在分权的部门结构中，由于权力下放，可以做到近点决策，这样，业务流程短，信息反馈快，决策迅速，反应灵敏。每一个部门都是一个"利润中心"或"成本中心"或"预算中心"，对经营成果的评价比较客观，而且便于控制。部门式结构还能较好地解决企业经营组织间的横向协调问题。在条件成熟的时候，企业还可以采用矩阵型结构等现代经营组织形式。

（5）实行目标管理。实行目标管理，是企业大规模组织的较好的联系方法。这是系统工程思想在企业管理上的应用。实行目标管理，首先建立企业总体目标，各组织作为企业的子系统依据企业总体目标确定其分目标，分目标既是总目标的保证手段，又是更下一级目标的依据。各组织职能系统的目标与直线系统的目标相互配合，层层分解目标，层层保证落实。这样，各级目标围绕着总目标展开，又互相配合、协调，使各种联系走上正轨。

第四节　工业企业经营组织中的最高层组织

目前，企业由生产型管理逐步转向生产经营型管理，迫切需要调整和改革现有的企业经营组织形式，逐步建立起适应这种变化的组织，在这里，加强企业经营管理中最高层组织是首要的。

一、企业最高层经营组织的职能

企业最高层经营组织，实质上是企业经营中最高的决策机构，所以也叫企业决策层。任何企业，无论规模大小，管理体制、生产工艺等的千差万别，都有这样一个高层次的决策层组织。

目前，我国工业企业中高层经营组织的任务可以归纳为如下几点。

（1）根据党和国家的方针、政策、计划任务与经营环境，确定企业的经营目标、任务、规划。

（2）制定企业的经营策略，包括管理组织、管理体制，以及工作方法、程序的总体设计。

（3）充分调动企业全体成员完成共同目标的积极性，确定收入分配和奖惩条例。

（4）处理企业和外部环境各方面的关系。

（5）紧急处理企业中的突发事件等。

因此，企业最高层经营组织的职能可以包括：制定企业的经营方针，选择经营策略和实施措施，编制企业长期计划，设置相应的组织机构，选拔合适的人担任各级领导，尤其是为企业上层组织机构配备具有各种经营知识的人才，引进先进的经营管理手段，对企业实行有效的指挥和监督。

与企业的中层、基层以及其他职能管理组织相比，最高层经营组织的管理具有以下三个特点：首先是它的全局性。最高层经营组织的管理与整个企业的总体劳动有关，而与局部劳动无关。因此，它对最高层组织的成员及其结构、工作方法的要求比较高。其次是最高层组织管理的非标准化与非程序化。它要求最高层经营组织在工作中要富于创造性。最后是工作任务的自行规定性。企业其他各个部门的工作都可以由上级部门确定，而最高层经营组织的工作则是由它自己确定的。因此，它要求坚决克服官僚主义。

二、企业最高层经营组织机构

企业最高层经营组织，是解决企业长远的、未来的、全局性的、战略性问题的。可以说，企业的成败是与最高层经营组织息息相关的。国内外的企业界和管理学界都十分重视对它进行探索研究与实践。目前比较一致的看法是：第一，企业最高层组织应当是由众多的人组成的一个集团或集体，而不是一个人。这是因为，企业最高层经营管理工作需要有多方面的知识、能力，即较高的人员素质，但在现实中很难找到一个全能式的"通才"。只有将各具专长的"专才"组合起来，才能取长补短，相映生辉。同时，为了使决策、执行过程不因个别人的变动而发生中断，也需要有一个决策结构层，能保证连续有效地进行工作。第二，参与或组成企业最高层经营组织的成员，有企业的主要领导（如厂长、经理）；有时根据需要可以吸收一些具有各种业务专长的顾问等参谋人员参与意见。第三，要求参加决策层的企业主要领导人的助手（如厂长助手等）一般不兼任部门领导的职务。这是基于这样的考虑：如果兼任部门领导职务的人员参与了决策，该成员往往坚持部门立场，使全局性的企业决策形成折中方案，缺乏创造性，从而削弱了决策层的工作。在国外，废除"担当制"（即兼任部门工作），就是这个道理。在我国的工业企业中，有人建议取消副厂长，多设几个厂长助理，其道理也在于此。

目前，在我国工业企业中正在推行厂长负责制，厂长（经理）是企业最高层组织的主要负责人，由他主持组成企业的决策层。由于企业的行业、生产规模以及企业的发展阶段的不同，企业最高层经营组织的结构具有不同的特点。例如，在一些中小企业中，如果处于产品发展的引入阶段，销售是企业最关心的问题，这时销售部门的负责人就参与企业决策层的工作；如果处在产品成熟阶段，开发新产品是企业最关心的问题，这时主持新产品开发工作的领导就参与企业决策层的工作。许多企业在实际工作中十分注意吸收企业内外专家、顾问的参谋意见，取得了一定的效果。目前，国外的大企业中，最高层经营组织一般由三个基本部分组成：董事会、总裁（经理）和辅助他们工作的部门经营管理者。

三、最高层经营组织的参谋机构

在企业经营管理组织中，直线和参谋是两个基本概念。所谓直线，是指对管理职能具有决策的权力和责任的部门。直线关系就是领导与被领导之间的关系。参谋与直线不同，它的特点是没有决定权和命令权；它的职责是向直线负责人提出建议或提供咨询。也就是说，参谋的职能是按直线领导的要求提出建议和充当助手，具体地说，包括以下内容。

（1）为最高层经营组织的决策和策略选择设计、论证各种可能的方案。

（2）调查、整理企业制订经营计划时所需的各种基础资料。

（3）对企业内各组织机构和各部门之间的计划与执行进行综合和调整。

（4）负责企业经营分析，对企业经营进行监督和业绩考核等。

参谋的职能，一般通过参谋机构发挥作用。企业中的厂长办公室，计划、技术（产品）开发部门等职能部门就是最具代表性的参谋机构。有的参谋部门具有双重职能，如企业的劳动人事部门，它掌握着人事权，即人员调配和任免权，就这一点来说，它具有直线职能组织的作用；但是，它又要为提高企业职工素质，如为提高职工的文化技术水平、教育培训等做一些服务工作，这样，它又具有参谋部门中服务职能的作用。

目前，在我国的一些中小企业中，尤其是乡镇企业，有另外一种类型的参谋和参谋机构。这些企业从社会上聘请科研单位和高等院校中的各种专家作为企业的顾问、高级参谋。有些科技咨询服务机构，向这类企业提供各种信息情报，成了企业的参谋机构，是企业最高层经营组织的参谋机构的一种延伸。

第五节　工业企业中的市场营销组织

一、崭新的企业经营思想

随着企业由生产型管理向生产经营型管理的转变，企业不但要解决怎样组织生产的问题，而且要解决生产什么、如何销售的问题。过去，一般都认为，企业只要生产出质量上等、成本费用低的产品，就能获得较好的经济效益。实践证明，产品质量好、成本费用低只是企业获得成功的基本条件之一，其他如产品的包装、价格、品种及其销售渠道等，也都成为企业获得成功的基本条件。企业都希望自己能大量生产、大量销售。殊不知只有大量销售，才能大量生产。马克思说："消费也媒介着生产，因为正是消费替产品创造了主体，产品对这个主体才是产品。产品在消费中才得到最后完成""没有消费，也就没有生产，因为如果这样，生产就没有目的"[①]。因此，企业管理由过去的以生产为中心逐步转向以用户的消费

---

① 《马克思恩格斯选集》第 2 卷第 94 页。

为中心，乃是企业经营管理中崭新的经营思想。它要求企业做到：第一，用户是企业的最高目标；第二，企业不能单纯追求生产方面的优势，同时也要追求市场方面的优势；第三，企业不仅要生产那些比较容易生产的产品，而且要生产用户欢迎的产品；第四，要经常从用户的立场来检查、指导企业的经营策略。

新的企业经营思想有力地推动了企业经营的各项工作。为了不断满足用户的需要，企业产品不能满足现状、停滞不前，必须不断更新换代。这样，促使企业争取各种机会，挖掘产品开发潜力。由于强调用户需要，企业的利益和社会的利益比较一致。显然，新的经营思想为企业增添了活力，也对企业的市场营销组织提出了新的要求。

二、市场营销组织的形式

企业的市场营销组织是在不断发展的，从国外的历史看，这种发展可以分为三个阶段。

（1）第一阶段。这一阶段大约从1930年到第二次世界大战前夕。在这个阶段中，生产部门在企业中居于极其重要的地位，是典型的以生产为中心的企业组织，其结构如图7所示。

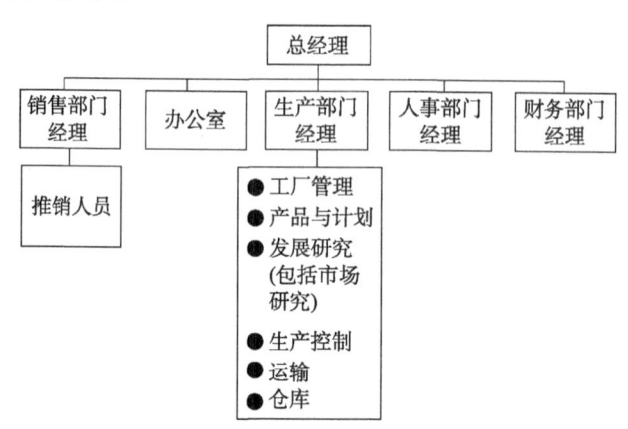

图7　以生产为中心的组织结构图

从图7中可以看到，企业内的市场营销组织结构简单，一个企业设一个销售部门，由销售部门经理对总经理负责。其他的市场营销活动，如市场计划、广告宣传、市场研究、产品计划等都由别的部门兼管，销售部门的经理在这里居次要地位。目前，我国的大多数企业还处在这种经营组织形式的阶段上。

（2）第二阶段。这一阶段从第二次世界大战到1960年以前。在这一阶段中，企业的市场营销组织有了显著的变化，市场营销组织的职能扩大了，在企业中的地位也提高了。虽然名称无多大变动，但其职能已扩大到如市场研究、广告、销售人员培训、产品服务等与市场营销直接有关的营销活动中，同时还兼有销售分析等。其组织结构如图8所示。目前我国已有少数企业采用这类组织形式。

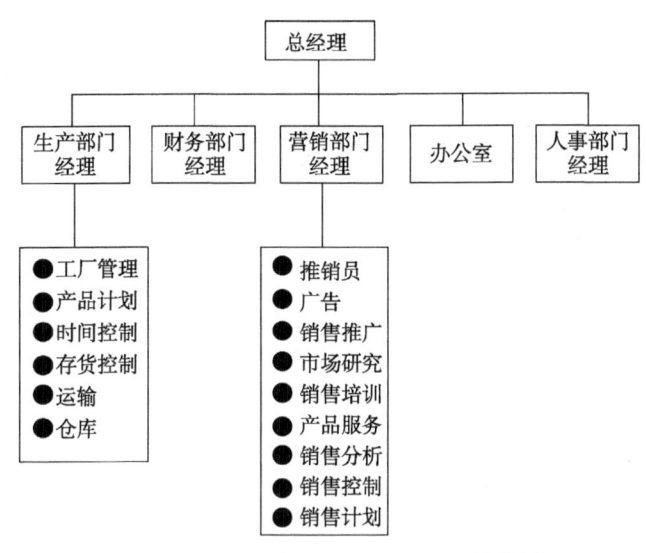

图 8 扩大营销部门后的企业组织结构图

（3）第三阶段。这一阶段从 1960 年以后至今。这一阶段的特点是市场营销部门已成为企业的独立部门，并且日益发挥重要的作用。这时，营销部门的经理和生产、财务部门的经理一样，同属企业的最高层主管，协助总经理决定企业的重大决策问题。在实际工作中，传统上属于生产、财务部门或其他部门的许多工作，转移到市场部门中来。这一阶段的企业经营组织形式，如图 9 所示。

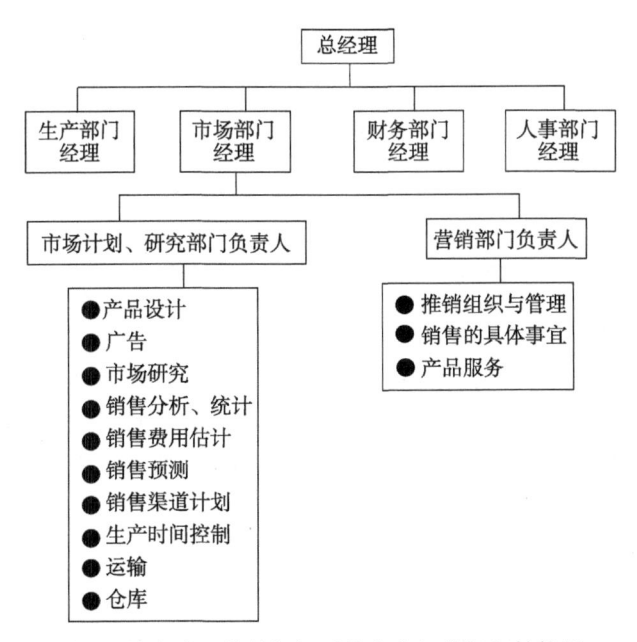

图 9 具有独立营销部门后的企业经营组织结构图

三、我国企业市场营销组织形式的发展

我国的工业企业,长期以来受管理体制的制约,由于企业所有制形式及行业、产品的特点,企业对市场的反应是不同的,总的趋势是与市场的关系越来越密切。为了适应环境的变化,企业在市场营销组织上不断摸索前进。从党的十一届三中全会以来,大体经历了以下两个阶段。

(1)第一阶段。这段时间比较短,一般是在 1978 年以后的一两年间。这段时期,企业开始接触市场,企业市场营销的职能原由生产部门有关的职能组织执行的,现一般由企业的供销科或生产科来承担。其主要工作是推销已经生产出来的产品,其推销人员是从企业内部临时召集而来的,有的甚至是企业的主要负责人。这一阶段的企业营销组织形式,如图 10 所示。

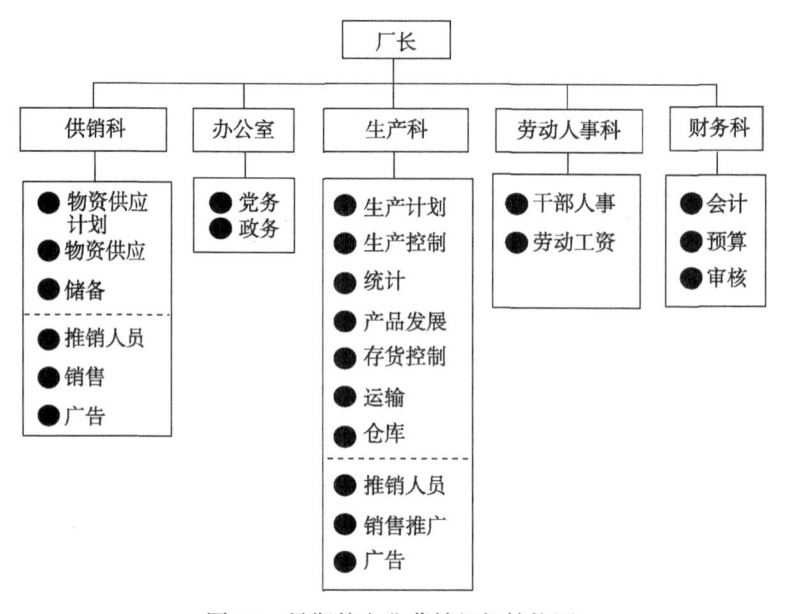

图 10　早期的企业营销组织结构图

(2)第二阶段。这段时间一般认为在 1980 年以后。随着国家经济管理体制改革的深入,许多企业对市场、市场营销观有了更深刻的了解和认识,因此,在企业市场营销组织形式上也相应有了变化。图 11 是我国东南某电机工业公司的组织形式图,该公司在市场营销组织上花了很大的力量,提高了企业产品在国内、国外的竞争能力。

在这一阶段里,企业市场营销组织有了明显的变化。第一,市场营销组织作为企业的重要职能部门独立出来,其职能也越来越大。第二,由于加强了市场调查、预测和合同签约工作,市场营销的工作重点由原来单纯推销产品转变成提供信息、参加企业的产品生产及长远发展规划的制订。

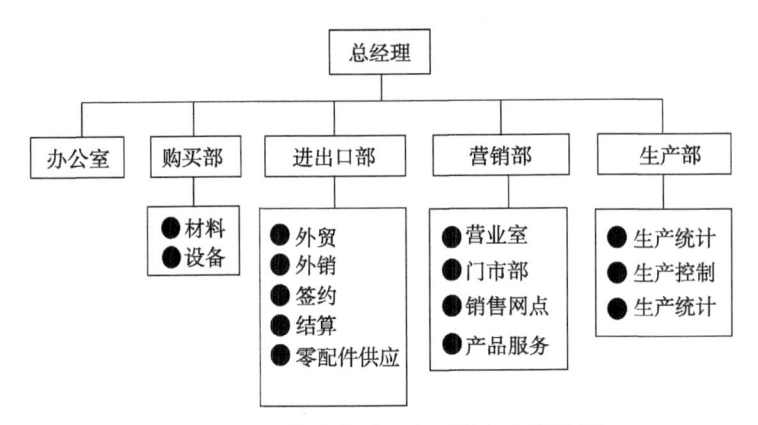

图 11　企业扩大营销组织后的组织结构图

目前，有些企业正在采用新的营销组织形式，使企业的营销组织在企业生产经营管理中进一步扩大了管理领域，充分发挥了营销组织的职能作用。这种新的营销组织形式，如图 12 所示。

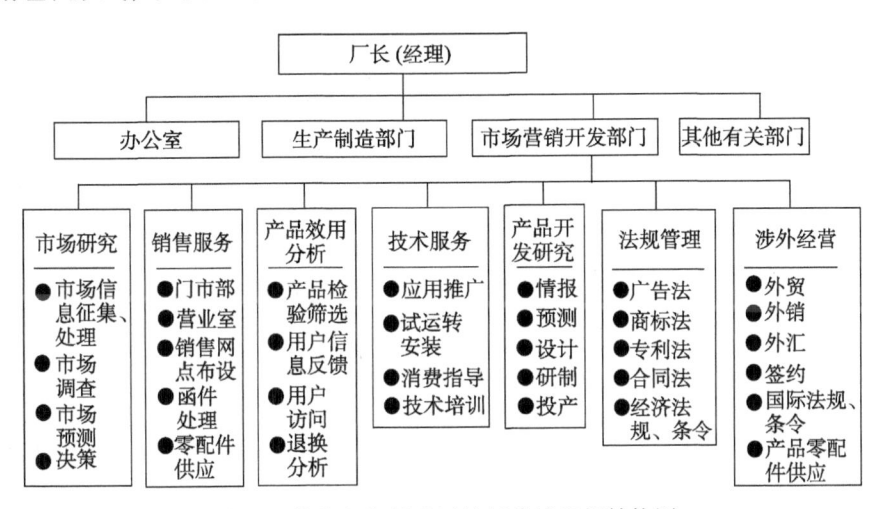

图 12　某些企业所采用的新营销组织结构图

图 12 中的企业营销组织形式一般有以下几个特点。

（1）市场营销组织的活动范围扩大了，从市场研究、销售服务、产品效用分析到产品开发研究，有的甚至还包含涉外经营活动。

（2）营销部门的职能进一步提高，由单纯的产品销售提高到直接参与生产经营的决策。

（3）重视新产品的开发。在这种组织形式内，信息反馈快，而且技术经济结合得较好，管理体制又较统一，这样有利于新产品开发。

（4）企业适应环境的能力显著加强。这种组织形式，与外界环境接触密切，信息来源广泛，企业反应敏捷，在采用电子计算机管理的企业，效果更加明显，从而大大提高了企业的决策水平和适应环境的能力，提高了企业的竞争能力。

在实际工作中，这种营销组织形式，对市场营销开发部门的负责人以及具体的职能人员的素质要求比较高，同时也要求管理的手段比较先进。这样，在开始阶段会增加企业的费用开支。但它的优点也十分明显，它代表着企业营销组织发展的方向。

我国国有企业经营管理基本规律研究[①]

我国社会主义性质的国有工业企业，迄今已有五十年以上的历史。经过半个多世纪的发展，尤其是改革开放后的二十多年，我国国有企业的面貌发生了根本性的变化，国有企业的力量得到了极大的壮大和提高，国有经济在国民经济中一直处于支配和主导地位，为我国国民经济的发展做出了突出的贡献。随着我国客观经济环境的变化和国有企业改革的深入，虽国有经济在国民经济中的比重不断下降，但通过国有经济战略性大调整，国有经济对国民经济的引导和调控能力可以得到加强。

不容忽视的是，在新的社会主义市场经济中运行的国企，由于各种主客观原因，出现了较大面积的亏损，许多国企在为生存而苦苦挣扎，而这正同其他经济成分性质的企业蓬勃发展的态势形成了鲜明的对比。生产力和生产关系、经济基础和上层建筑之间的矛盾，始终是推动社会向前发展的两对基本矛盾。只有在生产关系适应生产力，上层建筑适应经济基础的条件下，生产力的水平才能发展和提高，人类社会才能不断进步。但生产关系和上层建筑往往表现出较强的变化刚性和滞后性，因此随着生产力水平的提高，需要不断调整与生产力和经济基础不相适应的生产关系和上层建筑。我国国有企业改革，本质上也就是根据变化了的生产力的发展水平的要求而调整与之不相适应的生产关系和上层建筑。为改变国企的现状，一方面我们需要继续深化体制改革，将国有企业从传统观念和体制的束缚中解脱出来。另一方面要加强国企内部管理，用现代化的管理思想、方法和手段，不断提高国企对市场的适应能力与先导能力。虽然不同企业的具体情况各异，但作为国有性质的工业企业，在其经营管理活动中，又存在许多共性的规律，因此以生产力和生产关系、经济基础与上层建筑这两对基本矛盾为基本指导思想，揭示国有企业经营管理的基本规律，为加强和改善国企的经营管理工作提供一个指导性的基本框架，是一项具有开创性的工作。本文试图在这方面作初步探讨，抛砖引玉，引起学术界、企业界等各方面对这一问题的重视和讨论。

国企的经营管理工作涉及面较广，是一项庞大的系统工程。本文以总结揭示国有企业经营管理基本规律为最终目的，同时为避免凝练、抽象的基本规律难以运用于国有企业经营管理实践，采取先总结国有企业经营管理的主要几个领域中

[①] 本篇文章发表自："我国国有企业经营管理基本规律研究"课题组. 我国国有企业经营管理基本规律研究. 管理工程学报, 2001, 15（2）: 1-5。

的若干具体规律，然后在此基础上，概括出国有企业经营管理的基本规律，企望通过构建基本规律—具体规律的层级体系，为国企经营管理实践提供有益引导。虽然不同的国有工业企业有各自不同的管理方法、模式和侧重点，但处在相同社会、经济和技术环境中的企业，在它们看似迥异的行为方式后面实际上蕴含着共同的规律。在当今经济全球化、竞争国际化的新的经济条件下，国企要在竞争中寻求生存和发展、赢得优势，需要按照社会化大生产的客观要求，科学地组织规划自己的生产经营活动，通过有效的技术创新活动，不断地以新的产品、服务满足市场和社会的需求；充分调动和发挥员工的积极性、创造性，以求员工与企业的共同发展。同时，在生产经营中，厉行节约，注重自我积累，不断提高自身的造血功能。也就是说，国有企业的经营管理活动，以战略制胜规律、技术创新规律、人企合一规律以及资本积累规律为主线来展开。以下讨论国有企业经营管理若干规律及其要点。

一、以市场-社会需求为导向，以核心能力为基础的优势战略制胜规律

"凡事预则立，不预则废。"在中国古代管理思想中，早就蕴含着谋划与战略制胜的思想。随着经济发展，社会进步以及生产力水平的提高，战略管理的内涵和外延都得到了极大的丰富和扩展。

现代国有工业企业，是建立在现代技术基础之上的高度社会化的经济组织。面对飞速发展的科学技术、动态多变的市场环境以及越来越理性和挑剔的顾客，企业不仅要协调好组织内部各部门、各单位、各环节之间的关系，而且还要协调好组织与外部的关系，以增强组织的预见性，提高组织的适应能力。而这一切都离不开以战略为中心的有计划管理的体系。高度社会化的大生产，使得任一产品的生产需经过几道、几十道有时乃至成千上万道工序，产品工序的组织和整合需要许多部门、人员的协调配合。为保持各工序和部门、生产单位之间的协调性，需要借助一个严密的生产计划体系对生产过程进行组织。企业目标的实现需要靠向市场提供市场需要的产品。市场需要往往是动态多变的，具有较大的不确定性，而建立在现代技术基础上的生产体系则具有较大的刚性。为解决组织外部市场需求的不确定性和组织内部生产体系刚性之间的矛盾，企业需要一个充分考虑组织内外环境的战略规划与计划。通过战略同具体计划的衔接实施，增强组织的整体性、灵活性和市场适应能力。

我国国有企业诞生和成长于计划经济体制下，与计划有着较深的渊源，但随着客观经济和社会环境的变化，企业计划的内容、侧重点以及计划方法有所不同。早期的企业计划，是以厂内计划为主要形式。企业的工作重点在于通过厂内计划系统，如生产作业计划、物料供应计划等，合理组织企业内部生产活动，以确保国家计划任务的完成。随着市场取向型改革的推进，企业面临的外部环境日趋复

杂，企业计划工作的重点在于在企业外部环境、内部条件和企业目标之间形成某种形式的动态均衡。在这样的背景下，原有的计划管理方式已不适应生产力发展状况，必须探索、建立一套以培植企业核心能力为战略目标的计划管理方式。有计划发展规律一直是我国国有企业经营管理活动中的一条基本规律。而在当前转型时期运用这一规律要遵循以下几个具体运作规律。

1. 需求导向与遵循国家战略意图相结合的规律

企业在市场中生存和发展的前提是企业提供的产品和劳务的价值被用户理解和承认。企业的生产经营活动需围绕市场和顾客的需求展开。作为统筹企业内外环境、合理安排组织生产经营活动的企业计划，更要以市场-顾客为导向，切实发挥计划的导向作用，避免生产与市场脱节现象的产生。

在计划经济向社会主义市场经济过渡的阶段中，国家仍是主导经济发展的重要力量，国家担负着调控整个国民经济和改善人民生活质量的任务。国家虽不直接从事企业生产经营活动，但仍通过间接调控参与对国企的指导。作为以公有制为主要经济基础的社会主义国企，必须要在战略及其规划中遵循国家的战略意图，考虑社会的需要。

2. 长短期计划相结合，战略先导的规律

计划不仅仅是对生产过程以及与此相关的活动预先进行的周密性安排，更需要在分析内外环境的基础上，结合自身优势，对企业的发展方向、道路进行长远部署。在复杂多变、竞争激烈的环境中，计划管理的重点在于加强企业战略管理。科学的战略是企业有效开展其他计划和组织工作的前提与重要条件。

转型期计划管理的重点在于从以厂内为主的短期计划向以环境预测与战略定位为主的中长期战略规划过渡。这种管理转型的关键一方面在于预测未来技术发展的趋势和环境的变革，另一方面在于结合顾客需求变化的远景进行企业的战略定位。

3. 能力培植优先，任务与能力相匹配的规律

核心能力是企业竞争优势之源。只有拥有核心能力，才能开发自己的核心产品，才能在各种市场上获得持续竞争优势。核心能力是企业通往未来之门（Hamel and Prahalad，1994），企业核心能力的培育和形成是一个长期过程。在企业战略规划中，要以着力培育和不断形成新的企业核心能力为基本指导思想，合理分配企业资源，以形成自己独特的核心能力与竞争优势。

4. 全员参与规律

优势战略的一个最主要特征是其创新性和现实性。广大职工群众的创造性是创新思想取之不竭的源泉。无论是战略计划的制订，抑或实施，都要发动广大职工共同参与。职工是企业战略的重要信息源，也是企业实现战略意图和计划的保证。因此要从制度、激励等方面保证职工参与企业战略和各项计划工作。企业战

略管理要处理好高层领导决策与职工参与的关系，把自上而下的战略思维导引和自下而上的群众首创精神相结合。依靠少数人的英才式战略管理模式已不适用于环境急剧变化的 21 世纪。

二、以战略为导向，以技术核心能力为基点的全方位创新规律

企业竞争力的强弱，最终体现在企业能否积极有效地生产出市场所需的产品。在科技日新月异的今天，科技商业化的周期越来越短，市场需求更新越来越快，产品的寿命周期也越来越短。面对不断变化的市场需求和强大的竞争压力，企业只有不断地以新的产品、新的服务去满足新的市场需求，才能赢得市场的主导权，赢得竞争优势。而这一竞争优势就源自以技术核心能力为基础的技术创新。持续的技术创新是企业获得持续的竞争优势的重要保证，而有效的技术创新又离不开组织文化创新和制度创新。因此，以技术创新为主要内容的全方位创新是国企经营管理中的又一条重要规律。在运用这一规律时，特别是在转型期必须遵循和把握以下具体的运作规律。

1. 目标导向规律：技术创新要以企业战略目标为导向

企业的一切工作都要围绕企业战略目标来展开，技术创新工作也不例外。技术创新工作是一项高风险、高投入的复杂性系统工作。把握技术创新的方向是技术创新成功的关键，因而技术创新工作离不开战略目标的指引，只有在战略目标的指引下，技术创新工作才能收到预期效果。

2. 匹配协调规律：技术创新要与组织文化创新、制度创新等匹配协调

创新是一项系统性工程，系统目标的实现是同创新相关的各子系统协调整合的结果。技术创新是一项风险较高的工作，不仅有技术风险、财务风险，而且还有市场风险。因此在组织内部要塑造一种勇于创新，敢于冒险的创新文化。创新的实现，需要各方面人力、物力、财力的支持和配合，并且必须要有相应的制度保证。为此，为取得预期的技术创新成果，组织在进行技术创新的同时，要不断地进行相应的组织文化创新和制度创新。

3. 组合创新规律：创新要积极运用组合创新的新范式

从 20 世纪 70 年代以来，组合创新走过了产品间组合（70~80 年代初期）、产品与工艺组合（80~90 年代）、技术、组织与文化创新的组合（90 年代以来）和基于核心能力的组合创新（90 年代后期至今）四个发展阶段。组合创新是企业有效创新的根本途径，包括多个方面：渐进创新与重大创新组合、产品创新与工艺创新组合、技术创新与制度创新组合、自主创新与协作（外源）创新组合。其中前两个方面是企业组合创新的基础层次，后两个方面则直接决定企业组合创新效益的实现。企业创新之所以走向组合创新范式，除了正确处理上述四对基本矛

盾的要求外，重要原因之一是合理的组合创新效益要大于单个创新效益之和，理由是：技术基础共享和技术积累要求组合创新；通过协调研究开发费用来节约研究开发和创新费用；以及共担市场风险与技术风险。

4. 积累投入规律：技术创新要注重技术积累，加大研究与发展的投入

技术创新是一个从量变到质变的渐进、积累、突变的过程。任何一项技术创新活动都是建立在现有技术基础之上的，企业技术积累的程度在很大程度上决定了企业技术创新的层次和水平，也决定了技术创新的速度和效率。企业内部技术积累是形成核心技术能力的基础，技术积累必须与核心人才的积累、培养和激励同步进行；必须从技术文档的制度化、规范化管理着手。技术的积累和重大科研成果的获得，离不开研究与发展（R&D）上的投入。大量实证研究证明，企业的技术创新能力乃至企业在市场中的竞争能力同企业 R&D 投入强度正相关。当前我国部分国有企业产品技术落后，竞争乏力的一个重要原因就是 R&D 投入不足。

5. 机制配套规律：完善技术创新机制和技术创新系统是持续创新的重要保证

企业要实现持续的创新，必须建立包括动力机制、运行机制、激励机制在内的全面有效的技术创新机制，即建立市场拉动、技术推动、政府支持、群众参与四方面因素相结合的动力机制；建立包括决策机制、界面管理机制、风险投资机制等在内的技术创新运行机制；建立多种物质奖励和精神鼓励手段相结合的灵活有效的激励机制。建立和完善企业创新系统是技术创新成功和高效的关键。创新系统的建立和完善，首先需要企业家精神与优秀的科技人才，其次是保持不同层次的技术创新机构的通力合作，通过加强管理来保持创新链的联结，最后是密切与政府合作，使企业的创新符合政府中长期战略而获得进入市场或保证市场的契机，最终实现创新全过程。

三、凝聚以知识工作者为主体的全体员工，运用多种激励手段，充分发挥他们的积极性与创造性，融育人与用人为一体的人企合一规律

现代企业之间的竞争实际上是人才的竞争。在知识经济条件下，知识工作者在企业中的重要性日益突出，企业员工的素质决定了企业的素质，企业在市场上的成功程度取决于企业员工素质的高低。但要将单个的人才所拥有的知识转化为企业的竞争优势，需要企业遵循一定的人力资源运作规律，合理选择和培养人才、凝聚人才并充分调动员工积极性，在增强组织资本、提高组合效率的同时，谋求企业员工的共同发展。企业只有遵循这一规律，才能在生产经营中赢得主动。在整个过渡期，企业在运用这一规律时，要遵循以下诸运作规律与原则。

1. 凝聚规律：从思想上、感情上和远景（愿景）上将员工融于企业生命体中

凝聚人心是企业兴旺发达的前提。在转型期，劳动力市场和人才市场的建立和完善，为员工和企业家变换职业、更换工作单位创造了众多的机会。企业若不能把员工的利益和其职业生涯的发展愿景（vision）列入主要议事日程，就难以留住职工，尤其是企业的关键核心人才，如企业家、关键的顶尖技术人才、管理人才以及高级技术（知识）工人。

留人先留心，在思想上、感情上留人是国企的特点和优势，这不仅是由国企的性质决定的，同时也受制于国企在转型期的资源有限性。邯钢的经验表明，在国企资源有限的情况下，一方面要加强思想政治工作，提高职工思想水平、责任感和事业心；另一方面，要努力创造条件，不断提高职工物质报酬水平，达到和超过行业的一般报酬水平。

2. 激励规律：建立有效的激励分配制度，发挥多种激励的组合效应，充分调动人的积极性

哈佛大学詹姆斯教授曾说过："一个人若没有受到激励，仅发挥其自身能力的 20%~30%就能保住工作；若受到充分而正确的激励，则能发挥其自身能力的 80%~90%，效益可提高 3~4 倍。"由此可见，激励在调动员工积极性及提高组织绩效方面的作用。良好的激励效果离不开一个科学的激励分配制度。由于人的需求的多重性和个体之间的差异，企业应该注重运用多种激励手段，发挥多种激励的组合效应。实现组合激励，需要利用物质激励（包括岗位津贴、住房分配、项目奖、销售提成等）、产权激励（如科技入股、送配股、职工持股等）、职业发展激励（如晋升机会、培训学习机会等）、文化激励（包括企业价值观和企业理念激励）、竞争激励（包括竞争上岗、主办各种竞赛活动等）、精神激励（如科技进步奖、先进个人、荣誉等）、工作激励（如工作挑战性、自由度、重要性、决策参与等）等激励手段相结合的方式。组合激励的具体内容，既要因具体情况、具体群体而异，又要能够切实起到促进预期行为的产生，最大限度地提高员工满意度的作用。

3. 向组织资本转化的规律：以核心能力为重点，根据企业经营战略的需要加强人力资本投资，促进个体资本向组织资本的转换

构建企业核心能力，是企业生产经营管理工作的重点。企业在人力资源方面的能力，是企业核心能力的一个重要组成部分。为实现企业在人力资源方面的优势，改变国有企业人才匮乏的被动局面，企业应结合企业经营战略，围绕企业的战略方向加大人力资本的投资力度，积极引进、培养所需人才，构筑自己的人才优势。

传统经济意义上的人力资本是以自然属性的人为基础，这种纯粹的人力资本也称个人资本。人力资本还应该包括以社会属性的人为基础的那部分。依赖于特定的组织与社会交往模式的那部分资本，即组织资本。组织资本是企业特有的信息资产，它是个人知识技能中已转化为组织的那部分。个人资本通过个体学习和锻炼获得，而组织资本主要依赖于组织学习和建立健全各种规章制度，包括尊重人才的激励制度。个体资本与组织资本的积累与转换是形成企业竞争优势的基础和关键。

4. 集权与分权相结合，增强集中领导为先的原则：构建有机的组织结构体系，有效地实现分权和集权的动态结合

要增强企业的合力，必须要有合理的组织结构，要有合理配置责、权、利的统一规章。环境的发展已不允许组织是一个森严的金字塔式的层级体系，而是一个有机体。在这一有机体内，组织内部各部门、各环节自主地进行相互间的动态协调、配合，为完成某一使命而共同努力。与僵化的传统机械式的组织结构模式对应，有机的组织结构模式不仅是现代环境变化的需要，而且是企业技术创新不可缺少的重要条件。为增强组织的灵活性、适应性，同时为保持一定的稳定性，有效地实现分权，赋予成员企业、职能部门和员工足够的自主权和相应的决策权，实现分权和集权的辩证统一，是现代企业的必然选择。而在转型期的前期，由于资源条件限制，特别是缺乏素质全面的经理人才，在分权的同时增强集中领导尤为重要。

5. 共同发展规律：坚持企业与员工的共同发展

企业的发展，是广大员工共同努力的结果。没有员工的共同努力，就不会有企业的发展。只有企业发展了，员工才能实现自身的发展。在企业中要积极培养员工的主人翁地位和责任感，提高员工对企业的忠诚度。同时，企业在发展的同时要尽可能地为员工创造和提供发展机会，将员工的愿景纳入企业的愿景，使企业和员工成为命运共同体。

四、以节约劳动为基础，重视资本增值的自我积累的规律

经过市场取向型的改革，我国国有企业已逐步从原来国家的生产车间过渡到独立的市场主体。国企作为独立的法人单位，需要靠自身的力量在市场竞争中谋求生存和发展。对任一企业而言，生存是前提，发展是目的，而这两者都离不开积累。积累既可能是以节约劳动为基础的内向型积累，也可能是通过资本运作的外向型积累。国有企业发展和积累的过程，也是国有资产实现增值的过程。因此，以节约劳动为基础、以资本增值为目标的自我积累、自我发展是国有企业在经营活动中应遵循的一条普遍性规律。

1. 坚持劳动生产率增长大于职工平均收入增长率的规律

企业内部积累的资金主要来源于企业的税后利润，企业劳动生产率的提高是企业利润增长的一个重要途径，但作为费用支出的职工平均收入的增长幅度直接削弱了劳动生产率增长对企业利润增长的贡献，在企业经营管理中，要坚持劳动生产率增长率大于职工平均收入增长率的原则，增强企业造血功能和自我积累能力。

2. 节约劳动规律：加强成本管理，寻求降低成本的新途径

价格竞争是现代竞争的一个重要手段。优质的产品、低廉的价格，必须有较低的成本作为支撑。另外较低的成本、相近的价格可以获得比竞争对手更多的利润，从而提高企业的自身积累能力。为此企业需要加强战略性成本管理，以成本链为准绳，保持成本的相对和绝对节约，积极寻求降低成本的新途径，在成本管理过程中，既要注重活劳动的节约，又要注重物化劳动的节约。

3. 资本增值规律：加大资本运营力度，积极拓宽融资渠道，合理运用社会资本

在竞争白热化的今天，企业的发展仅靠自身缓慢的积累是远远不够的。随着国内资本市场的建立和完善，国企应解放思想、加大资本运营力度，通过资本运营手段迅速扩充自己的规模，增强自己的实力，获取和充实自己的核心能力，以实现基于核心能力的资本增值。同时要积极拓宽融资渠道、合理运用社会资本，以此来壮大国企，迅速完成规模扩张过程。

4. 约束监督规律：加强企业财务监督，杜绝贪污浪费

从现代契约理论和代理理论来看，企业是一组契约的集合，国有股股东和企业经营管理者之间实质上是一种委托代理关系。委托人和代理人各自追求的目标和效应函数不尽相同，因此委托人为确保代理人按自己期望的行为方式行事，就要建立相应的监督机制。

财务监督是现代企业中常用的一种监督方式。通过财务监督，加大审计力度，可减少或杜绝贪污浪费和损害委托人行为的产生。在国有企业内部，由于国有股股东缺乏人格化的代表，所以更应该加强财务监督职能，防止国有资产流失。

五、国企经营管理基本规律总述

在对我国国有企业管理实践进行深入调查研究和运用国际国内企业管理理论前沿对上述具体规律进行深入剖析的基础上，我们认为，我国国企经营管理的基本规律可表述如下：在充分发挥企业员工和经营者积极性与创造性的基础上，构建先进扎实的技术基础与管理基础并形成和发展企业核心能力，以市场和社会所需的优质产品和服务满足人民增长的物质与文化的需要并增加企业的社会主义积

累。在基本规律中，主要体现了以下几点思想。

（1）经营目的。国企的经营目的体现在两个方面：一是满足市场与社会的需要，最终是满足人民日益增长的需要；二是实现国有资产增值。

（2）国有企业的特殊性，不仅在于提供市场所需的产品与劳务，还肩负特殊的社会责任——满足社会需求（这种需求往往是一般私营企业不愿和无力承担的）。对于不同类型的国企所担负的社会责任和盈利要求，要区别对待。但在整体上以不降低整个社会经济体系的效率与效益为原则。

（3）国有企业是我国产业工人聚集的主要场所，国有企业必须把依靠工人阶级（包括知识分子在内）和充分发挥他们的积极、创造性作为重要基础和主要力量。

（4）要构建两个先进扎实的基础：技术基础和管理基础，为此必须持续地进行技术创新、制度创新和组织文化创新，并不断地将个人智力资本转化为组织资本。

（5）人力资本的发展是构建和发展技术基础与管理基础的关键。同样，人力资本也是核心能力的载体和源泉。必须把人力资本的发展作为企业头等重要任务。

参 考 文 献

樊纲. 1996. 渐进改革的政治经济学分析[M]. 上海：上海远东出版社.
景维民. 2000. 过渡经济论：目标、道路与制度[M]. 天津：天津人民出版社.
林毅夫, 蔡昉, 李周. 1997. 充分信息与国有企业改革[M]. 上海：上海人民出版社.
宋承先. 1996. 过渡经济学与中国经济[M]. 上海：上海财经大学出版社.
吴敬琏. 1999. 当代中国经济改革：战略与实施[M]. 上海：上海远东出版社.
中国企业管理协会调研组. 1998. 国有成功企业的管理特色[J]. 中国工业经济, (2): 64-69.
Chowdhury S. 2000. Management 21C: Someday We'll All Lead This Way[M]. Upper Saddle River: Prentice Hall.
Christiansen J A. 2000. Building the Innovative Organization: Management Systems That Encourage Innovation[M]. London: MacMillan Press.
Daft R L, Lengel R H. 1998. Fusion Leadership: Unlocking the Subtle Forces That Change People and Organizations[M]. New York: John Wiley & Sons.
Gratton L. 2000. Living Strategy: Putting People at the Heart of Corporate Purpose[M]. Upper Saddle River: Prentice Hall.
Grosse R E. 2000. Thunderbird on Global Business Strategy[M]. New York: John Wiley & Sons.
Hamel G, Prahalad C K. 1994. Competing for the Future[M]. Cambridge: Harvard Business School Press.
Heinecke W E. 2000. The Entrepreneur: Twenty-One Golden Rules for the Global Business Manager[M]. New York: John Wiley & Sons.
Tidd J. 2000. From Knowledge Management to Strategic Competence[M]. 3rd. London: World Scientific Publishing.
Tracy B. 2000. The 100 Absolutely Unbreakable Laws of Business Success[M]. Oxford: Barrett-Koehler Publishers.

许庆瑞文集

许庆瑞 著

第二卷

科学出版社

北京

内 容 简 介

许庆瑞院士是我国著名的创新发展、技术创新与管理学专家，长期从事管理科学与工程的教学、科研与工程实践，以技术创新为重点，注重理论联系实际，致力于推动我国企业自主创新发展、创新能力建设和创新人才培育，是我国技术创新管理领域的创始人，在全国率先提出以企业为主体，开创了"二次创新–组合创新–全面创新"的中国特色技术创新理论体系。本文集为五卷，所选内容基本涵盖了许院士学术研究的各个领域，依次为管理学综论、生产管理、战略经营管理、战略管理、技术创新、二次创新、组合创新、全面创新、创新能力建设、创新人才培养与创新文化构建，展现了许院士的学术生涯和研究历程，为学界和年轻人理解中国管理学理论的发展提供了一种途径。

本书可供对管理学感兴趣的读者阅读参考。

图书在版编目(CIP)数据

许庆瑞文集. 2 / 许庆瑞著. -- 北京：科学出版社，2025.1. -- ISBN 978-7-03-081201-8

Ⅰ. F273.1-53

中国国家版本馆 CIP 数据核字第 2025S0L339 号

责任编辑：魏如萍／责任校对：贾娜娜
责任印制：张　伟／封面设计：有道设计

科学出版社 出版

北京东黄城根北街 16 号
邮政编码：100717
http://www.sciencep.com

北京中科印刷有限公司印刷
科学出版社发行　各地新华书店经销

*

2025 年 1 月第　一　版　开本：720×1000　1/16
2025 年 1 月第一次印刷　印张：16 3/4
字数：336 000

定价：568.00 元（全五卷）
（如有印装质量问题，我社负责调换）

目　　录

绪论 ··· 1

第一篇　研究、发展与技术创新过程

研究与发展的性质、类型、内容与演变 ·································· 27

技术创新 ··· 40

创造过程 ··· 71

第二篇　技术创新战略与实施

技术路径与技术轨道 ··· 95

资源分配与项目选择 ·· 118

第三篇　技术能力与创新能力

技术信息流和创新源 ·· 151

研究、发展与技术创新的组织结构和团队管理 ···················· 176

技术创新系统 ·· 214

技术创新、劳动生产率与产业结构 ····································· 237

创新战略与劳动生产率 ·· 245

中国技术创新与技术管理展望 ·· 255

绪　　论[①]

什么是研究[②]？什么是发展[③]？

研究是针对某个主题的科学知识进行大量的、系统的、反复的探索，通过对事物现象的周密调查与反复思索而揭示出事物的本质。它是一个重要的科学调查、实验与分析过程。

发展，或称开发，有多种含义。这里是指运用科学知识对基本思想、基本原理作进一步的发展，以产生一种新的物质形态。

因而，研究是探索未知，开发（发展）则从潜在的或基本的因素中创造出某种具体的物质形态，如新产品、新工艺、新材料等。

人们往往习惯把研究与发展统称为科学研究。因而研究与发展、研究与开发（简称研究开发）、科学研究（简称科研）一般来说可以视为同一含义。

研究与发展的范围主要包括基础研究、应用研究、试验发展、原样制作与试验鉴定。批量试制一般不列入研究与发展的范围。

在讨论研究与发展管理前，拟在本章就科学技术的概念及其相互关系、研究发展、技术创新与经营管理的关系作简要叙述。本章分以下几节来讨论。

（1）科学与技术。
（2）科学发展的理论。
（3）当代科技发展的特点。
（4）研究、发展、技术创新与经济增长。
（5）研究、发展和技术创新与企业经营管理的关系。
（6）技术创新的理论与发展。
（7）本课程的研究对象和方法。

第一节　科学与技术

日常生活中，经常用到"科学"和"技术"这两个术语。但科学与技术的含

[①] 节选自：许庆瑞. 研究、发展与技术创新管理（第二版）. 北京：高等教育出版社，2010：第一章。

[②] 研究的英文为 research。

[③] 发展与开发在英文中为同一词，即 development。

义是什么？它们确切的概念是什么？

目前，虽然对科学与技术的概念还未有定论，但是在讨论研究与发展的管理之前，又必须对它们的概念、含义有一个基本的了解。为此，我们先就这一问题进行讨论。

一、什么是科学

科学是正确反映客观事物本质和规律的知识体系。它是建立在实践基础上，并经过验证或严密的逻辑论证的、关于客观世界各个领域中事物的本质特征、必然联系与运动规律的理性认识。

从这一概念可以引申出科学的三个基本特征。

（1）科学是经过验证或论证的。科学之所以称为科学，正是因为它反映了客观世界的规律性，经历了反复实践、反复认识和反复检验的过程。

（2）科学是规范化的，即运用定理、原理、定律等把零散的知识整理成系统的规范化形式。

（3）科学是体系化的，即它本身有一套完整的认识、思维和解决问题的理论与方法。

科学既然是体系化的知识体，我们接着讨论科学体系的构成。

有人曾提出了知识单元的概念，把知识单元作为构成科学体系的最基本单位。所谓知识单元，是指能反映客观事实和运动规律的认识，是形成知识的基本单位。例如，波-马定律、查理定律、胡克定律，都是知识单元。知识单元的系统化构成了知识体系，成为学科，而各学科知识的总和进一步构成科学总体。它们之间的关系可以形象地表示为图1。

知识单元 → 学科 → 科学总体

图1　知识单元、学科、科学总体的关系

科学研究活动正是从探索新的知识单元着手进行的。从知识单元的研究开始，进而进入学科领域，再而进入科学门类，最后构成自然观。科学研究活动的逐步深入和体系化的过程，可以用图2作形象的剖析。

由于认识和研究的范围不同，一种见解认为科学总体可以分为自然科学和社会科学两大类。另一种见解把科学分为自然科学、社会科学与思维科学三大类。

从社会科学的观点出发，科学是一种社会现象，是人类社会发展到一定阶段的产物，是一般的生产力，自20世纪以来，它更明显地渗透到人类社会的各个方面，成为现代社会的生产力。科研管理的重要任务之一，在于如何最有效地组织科研活动，使潜在的生产力转化为直接的生产力。

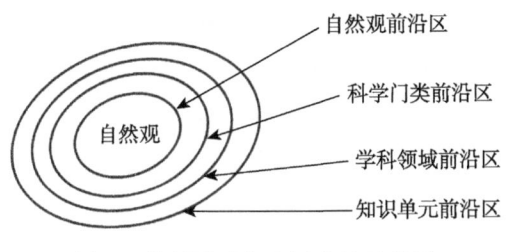

图 2　科研活动各个层次的示意图

二、什么是技术

"技术"一词来自外来语，由"technique"一词翻译过来。technique 有技巧之意。而"巧"是劳动熟练的产物，正所谓"熟能生巧"。因而，技术是同生产实践相联系的。

技术发展的历史，与人类发展的历史几乎是一样长的。古代人类社会经过石器、青铜和铁器时代，就是以人类加工自然物的技术水平作为划分标志的。从这个意义出发，加工自然物的方法，包括所使用的工具，构成了技术的概念。

对于"技术"一词的概念，到目前为止还没有一个统一的认识，主要有两种不同的看法，形成两大派别。一派是以最早提出技术概念的法国启蒙思想家、《百科全书》主编 D. 狄德罗（D. Diderot，1713—1784）为首。他认为，技术是"为某一目的共同协作组成的各种工具和规则的体系"，因此他的技术概念包括两个部分：一是工具，二是规则。另一派是以苏联科学院科学史研究所达尼雪夫斯基为首的，他提出，"技术是解决社会生产体系中的劳动手段""技术是解决社会上发生的实际问题而发展起来的劳动手段体系"。

正是由于人们对技术概念与含义上的不同认识，从而产生了对科学与技术两者关系上的不同见解。

我国学术界对技术概念的理解，长期以来受苏联"劳动手段"学派的影响，把技术的含义局限于劳动手段与生产工具。20 世纪 60 年代以来，特别是通过技术革新与技术革命，人们开始对"技术"一词作广义的理解，把它理解为劳动工具、劳动对象与劳动者的劳动技能的总称。

随着近代科技的发展以及科技经济学家和科技管理学者对技术发展、演进和技术能力的研究，他们认为技术的本质是知识和信息。这种理解看来更加符合当今世界技术革命和知识经济的时代。

三、科学与技术的关系

在科学与技术的相互关系上，存在着两种不同的见解。有一种认识认为：科学与技术之间是一种平行的关系，即科学和技术沿着不同的轨道平行前进，科学对技术只有单向的作用。另一种见解认为，科学与技术虽然各有其独立性，但两者之间相互依存，相互促进，随着科学和技术的不断发展，这种关系将日益密切。恩格斯在1894年1月25日致符·博尔吉乌斯的信中写道："如果像你所断言的，技术在很大程度上依赖于科学状况，那么科学却在更大的程度上依赖技术的状况和需要。社会一旦有技术上的需要，则这种需要就会比十所大学更能把科学推向前进。"[①]

下面，我们从两者的发展历史来考察它们间的关系。

在18世纪工业革命以前，科学和技术之间联系甚微，可以说是分道扬镳的。那时，科学研究是少数科学家的个体活动，而技术则是按照生产自身的需要独立地发展，并且在时间上先于科学，即技术上的实现优先于科学理论的形成。例如，在热力学形成之前，早已发明了蒸汽机，第一台蒸汽机的产生（大约在1764年）比N. L. 萨迪·卡诺（N. L. Sadi Carnot, 1796—1832）等在改进蒸汽机的研究中所创立的热力学（1850年）早了近90年的时间。再如，17世纪所建立起的牛顿力学，虽然是划时代的科学成就，但对当时的技术和生产并未产生直接的影响。之后，情况发生了变化，出现了科学指导技术发展的情况，但也经历了一个漫长的过程。1820年，H. C. 奥斯特（H. C. Oersted, 1777—1851）发现了电流产生磁场的现象。1831年M. 法拉第（M. Faraday, 1791—1867）根据磁铁在导线附近运动感应出电流的现象，发现了电磁感应原理，并进一步把电学和磁学统一起来，产生了电磁学。在电磁学的理论指导下，1885年G. 弗拉利斯（G. Ferraris）研制成第一台二相感应电动机。从此以后，科学与技术之间发生了交叉效应，发展为彼此依赖、相互促进的紧密关系。这种关系可以用图3表示。

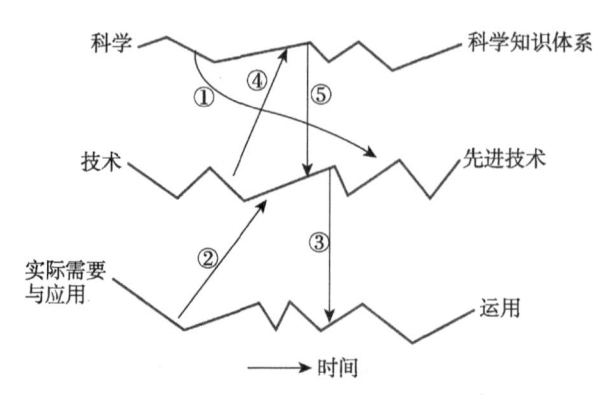

图3　科学、技术与应用之间相互关系示意图

图3中，①表示科学成果为技术所吸收的正常过程；②表示"认识到了对某

[①] 马克思，恩格斯. 马克思恩格斯全集：第39卷. 中共中央马克思恩格斯列宁斯大林著作编译局译. 北京：人民出版社，1974：198.

种技术、科学解释或设备的需求"；③表示技术为生产所吸收和应用的过程；④表示为了理解某种物质现象而对科学提出的要求；⑤表示科学对技术所做出的反响。

图 4 则为第一种见解，即科学与技术的平行关系或科学对技术的单向作用示意图。

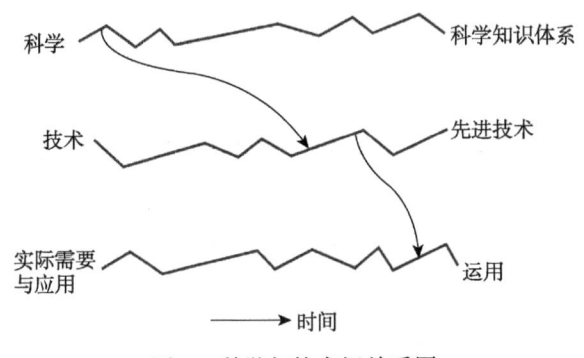

图 4　科学与技术间关系图

我们认为，科学和技术之间的相互关系是一种辩证的关系。它不仅表现为科学对技术的理论指导作用，也体现在技术实践对科学理论的反作用。因此，第二种见解是正确的，符合历史发展的客观规律和辩证唯物主义的世界观，特别是，近年来高技术的发展，充分证明了技术对科学的依存性，有人把高技术称为"以科学为基础的技术"（science-based technology）。而第一种见解，则是早期的，带有一定的形而上学色彩。

根据唯物辩证法对立统一的基本观点，科学和技术既有联系，也存在差异。其区别主要表现在目的任务、形态、与生产的关系、对经济的作用、研究特征等五个方面，如表 1 所示。

表 1　科学与技术的区别

项目		科学	技术
目的任务		认识客观世界	改造客观世界
形态		纯知识形态	物质形态，直接物化的知识形态
与生产的关系		间接，属于潜在生产力	直接，达到直接生产力
对经济的作用		不能完全确定，较长远	确定且直接
研究特征	选题	自由探索	目标明确
	方法	归纳分析、逻辑推理、想象力、数学工具较为重要	实验、演绎推理与综合较为重要
	完成课题期限	较长或很长，无法严格规定	可明确规定
	社会监督	弱	强

第二节 科学发展的理论

科学到底如何发展，对于这个问题，现在仍存在几种不同的、具有代表性的观点。

一、知识积累模式理论

恩格斯指出，科学的发展同前一代人遗留下来的知识量成比例。因此，在最普通的情况下，科学也是按几何级数发展的。

历史事实有力地说明了知识积累模式理论的合理性。通过对近三百种标明科学发展的代表值进行统计，也能清楚地看到这一点。例如，以指标翻一番所需年限（倍增周期）为例，15 年翻一番的包括文科学士数、理科学士数、科学期刊种类、科学学会成员数、各学科领域中的科学文摘数量、化合物数量；10 年翻一番的包括发电量、美国的工程师数量等；20 年翻一番的有国民生产总值、在校大学生数量（一般情况）、人口数量等。

从科学家人数增长情况看，其倍增周期为 15 年，近似按指数型规律变化，如图 5 所示。

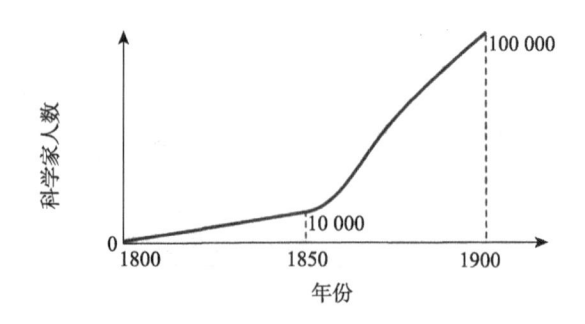

图 5　科学家人数倍增周期图

显然，科学家人数倍增周期比人口倍增周期短，即前者增长速度大于后者增长速度。另外，随着科学的不断发展，知识的更新越来越快，但科学的产生量大于淘汰量。现在，科学总量中 80% 以上是本时代的，20% 是老化的。

在此，需要指出的是，单纯指数型积累是不合乎逻辑的，在积累过程中可能发生中断。重大科技成果发明数的统计资料表明，在经过约 250 年的传统科学的青年期后，发生了中断。第一次指数型发展中断是在 1670—1740 年，第二次则为 1940 年，如图 6 所示。

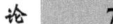

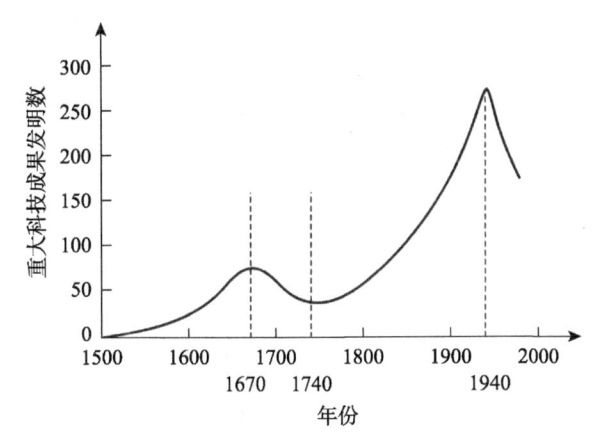

图 6　重大科技成果发明数统计

二、科学革命理论

科学革命理论的主要代表人物是美国的著名科学家、哲学家和科学史学家 T. 库恩（T. Kuhn）。他于 1962 年在《科学革命的结构》一书中提出：单纯按积累模式来描述科学的发展过程，歪曲了科学进化的图景。他提出了新的科学发展理论——科学革命理论。按照这个理论，科学发展的模式为

前科学→常态科学→危机→科学革命→新常态科学

在这里，前科学处于某门科学理论众说纷纭、争论不休的混乱期；常态科学处于形成范式以后的阶段，在这个阶段，科学理论得到公认并被广泛应用；危机是指原有理论不足以解释新的现象的情况；科学革命则是指出现新范式，为建立新的理论创造条件；新常态科学则是指建立起了新理论，形成了新的范式。

库恩认为，科学本身具有革命的功能，即突破旧范式进入新范式的革命功能，因此，科学本质上是革命的。据此，他在科学革命理论中，提出了三个基本论点。

（1）和"单纯积累的模式"这一科学观相对立，确立"变革范式"的科学观。

（2）"周期结构"，即科学的发现和发明是"按一定规律和周期出现的结构"。

（3）科学发展路线是由"量的丰富"和"质的变化"所构成的，不是单纯渐进性的发展过程。

三、波浪形发展规律理论

波浪形发展规律理论是根据知识积累模式理论和科学革命理论，对科学发展的纵向规律进行研究后提出来的。这一理论认为，科学的发展既有积累性，又有变革性。这种积累性和变革性的矛盾，正是科学作为一种知识体系纵向发展的基本矛盾。这两个侧面的相互作用，使科学在它发展的长河中有起有伏，如图 7 所示。

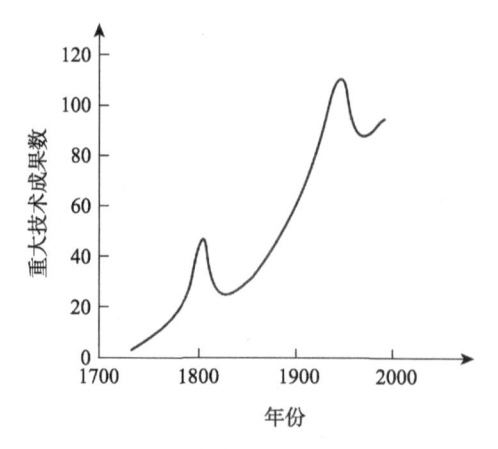

图 7 科学波浪形发展规律示意图

科学的兴衰成败，在经过从发明到创新的若干年后，使得技术、经济也按此周期发展。

四、逻辑型规律（"S"形规律）

普雷斯、纳利莫夫评述过的逻辑型规律，是以饱和限理论为基础的，即某一特定的技术因受其物理的或自然的制约而使其性能参数渐趋于饱和的上限（图 8 为其原理图）。按照这一规律，其性能的提高将近似按指数型发展。新技术在其产生的初期，由于存在初始性困难而发展缓慢，这困难一旦被克服，发展速度加快，在到达某一界限时（如图 8 中"S"形曲线的中点 M）又会放慢其发展速度，曲线开始反曲，发展速度变慢，尔后渐趋饱和，逼近饱和限。"S"形曲线可以有许多不同的形状，以不同的数学形式存在。

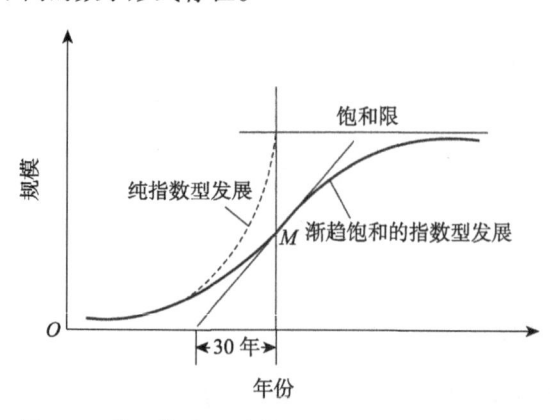

图 8 以饱和限为基础的"S"形发展规律示意图

逻辑型发展规律反映了事物在其内在矛盾以及外界环境推动下，呈现一条前期缓慢发展、中前期加速发展、中后期减速发展、后期饱和发展（不是事物发展的终止与消亡，而是达到系统的平衡）的曲线（图9）。

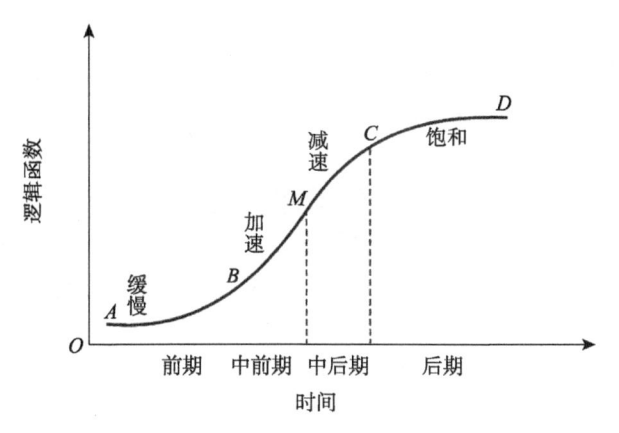

图9 逻辑型规律的"S"形发展曲线示意图

逻辑型发展规律真实地反映了某些事物的发展规律，如胎儿身高发育情况。在某些方面，如建设规模、客车速度等，逻辑型发展规律比其他规律反映得更切合实际。

需要指出的是，每一条具体的"S"形曲线稳定饱和状况的到来，都潜伏着新的质的飞跃，如照明灯的技术能力趋势（图10）。

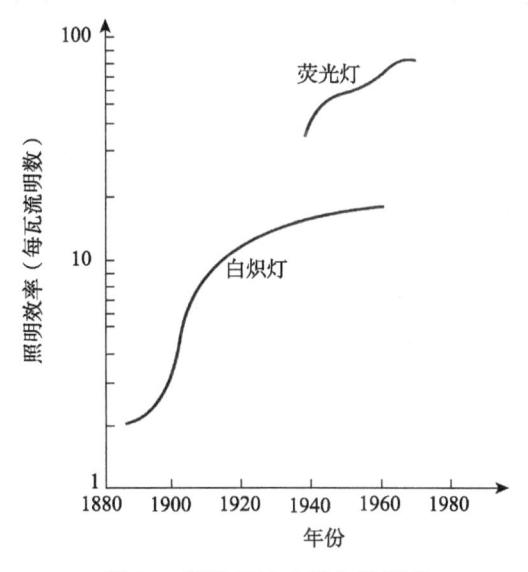

图10 照明灯技术能力趋势图

科学是一种继承性发展的事业，是一个不可逆过程。在描述科学发展的"S"形曲线的每一局部线段上（相应于每一特定的历史时期），由于科学发展在地理分布上和学科分布上的不平衡性，科学总量也经历了它们的逻辑型曲线中的各个发展阶段。

以上四个理论从不同侧面揭示了科学发展的规律。正由于存在着这种规律性，预测和规划才成为可能，并能根据所得到的结论，正确制定科学技术发展的策略，促进科学发展，进而促进技术和社会经济的发展。

第三节　当代科技发展的特点

19世纪以来，特别是20世纪40年代以来，科学技术的重大成就越来越强烈地影响人类社会的发展，现代科学技术日益广泛地渗透到各个方面。和以前的科学技术相比，现代科学技术有明显的特点。

现代科学技术发展的基本特点是科学技术的发展趋向于综合化与整体化，主要表现在以下几个方面。

一、科学理论趋于统一

关于科学理论趋于统一这一点，我们可从下面的几个实例中看出。

物理学的发展过程，就是物理学的统一过程。17世纪，科学巨匠牛顿把天体运动和地上物体运动的规律统一了。

19世纪30年代，法国青年工程师N. L. 萨迪·卡诺（N. L. Sadi Carnot, 1796—1832）最早发现能量守恒原理，把机械运动、分子热运动、电磁运动、化学运动等各物质运动加以统一。

19世纪60年代，苏格兰的J. C. 麦克斯韦（J. C. Maxwell, 1831—1879）的电磁理论将光、电、磁等现象融合为一体。

20世纪初，爱因斯坦的相对论揭示了空间、时间、物质及运动之间本质上的联系与统一。

目前正在进行研究的"统一场论"的目标就在于把自然界的各种物质和场的相互作用统一起来。

分子生物学的进展，必将导致生命与非生命之间界限的消除。今后生物学将取代物理学占据科学前沿地位。

二、技术发展的综合化

技术综合化是社会发展的客观要求。20世纪50年代中期以前技术的更新特点是代替性居多，如晶体管代替真空管、喷气式代替螺旋桨。20世纪50年代中期以后技术更新的特点是综合性居多，即利用已有技术，根据新技术重新组合。许多重要工程技术（如空间技术、海洋技术、能源技术、管理技术等）都是多学科技术的重新组合。美国著名的"阿波罗登月计划"就是技术发展综合化的典型实例。它历时11年之久，耗资300亿美元，由120余所大学和实验室的42万余名技术人员参加研究工作，由700多万个零部件组成，涉及2万多家企业。在如此庞大的系统中，所有的新技术、新工艺和新发明都是现有技术、理论综合的结果。

技术发展的综合化对国家技术政策也有影响。有些国家十分重视利用技术综合化发展这一规律，从而取得很好的效果。日本所采取的一项技术政策是："引进中寻求综合，综合中寻求创造"，从而发挥了技术上杂交的优势，推动经济迅速发展。20世纪50年代后，日本经济"起飞"，由经济萧条的战败国一跃成为超越西方世界的第二经济大国，其技术政策所起的作用决不能低估。例如，日本钢铁工业引进奥地利的氧气顶吹炼钢技术，法国的高炉吹重油技术，美国、苏联高炉的高压、高温技术，德国的熔钢脱氧技术，瑞士的连续铸钢技术和美国的带钢轧制技术，将这些世界上先进的六大技术加以综合，发挥了技术上的综合杂交优势，形成了自己的技术体系。

三、科学与技术的接近

科学和技术相接近的结果，必然是"科学技术化、技术科学化"。由于人们日益重视科学技术的经济效益与应用价值，因此科学与技术之间的界限正在逐步消失，形成一个互相关联的统一体。科学与生产之间的鸿沟，靠加强技术科学（应用科学）的研究来填补。

技术科学是介于基础科学和工程技术之间的科学，它具有基础科学认识自然的一面，又具有工程技术改造自然的一面，起着承上启下的作用。它是针对很多工程技术上共同存在的理论问题进行研究的，如固体物理、工程物理、射电天文学、流体力学等。第二次世界大战（简称二战）后，技术科学大发展是当代科学的一大特点。例如，我们可通过对比战前真空管研究和战后晶体管研究，看出这一巨大的变化。战前，真空管是在电子管理论的推动下研制成功的，科学在这里的作用只是解决了电流、电压等宏观的数量关系，而对真空管的工艺，如管球结构、灯丝加工、高真空实现等一系列问题毫无办法，这些工艺问题只有靠技术自行解决。与它相比，战后晶体管的发展大不一样。晶体管不再只是基础科学——半导体理论研究的产物，而是基础科学和技术科学的综合产物。不仅半导体的作用、结构与元件的特性等方面得到了科学理论的阐明，而且半导体工艺如单晶硅控制等许多技术，也都是在固体物理理论（技术科学之一）的指导下完成的。没有固体物理理论，就很难想象半导体工业的技术发展。所以，二战后电子工业被称为"科学工业"。

四、高技术的发展与基础研究的加强

高技术的发展是同上述科学与技术的接近密切相连的。目前虽尚无对高技术

的统一的、公认的定义，但对高技术的诸特征，如技术密集、知识密集、高附加值带来的高收益和以密集的研究与发展①为基础，有着基本一致的认识。以密集的研究与发展为基础，意味着以大量的科学研究为基础，因而可以将高技术看作以科学为基础的技术②。以科学为基础的高技术，最突出的领域是基因制药，其次是生物制药、激光技术、电子技术与燃料电池等。

高技术的出现和发展对科学研究、经济和社会发展以及教育改革都产生了越来越大的影响。高技术的发展和应用加速了产业结构的高级化，增强了应用高技术的产业和企业的竞争能力。高技术具有的知识密集型的特征要求加速对教育体系和教学方法的改革，需要高等教育提供具有创新思维和创造性的高级科技人才。高技术的研究与发展密集的特点，要求加强基础科学的发展和增加对基础研究的投入。从发达国家在研究与发展上的投入，如美国与日本的投入数据来看，其基础研究、应用研究和试验发展的投入比，已从20世纪70年代的1∶2∶6提高到20世纪90年代的1.5∶2.5∶6③。

五、自然科学与社会科学的交叉

今天的科学是两大科学体系不断交叉、接近中的统一。一方面，自然科学的发展，给社会科学提供了方法和手段。例如，考古、经济学等广泛应用自然科学提供的最新技术与手段，经济学中的数学应用，管理科学中数学、控制理论、信息理论和计算机的广泛应用等都属于这种情况。

另一方面，自然科学的发展是以社会要求和经济发展的需要为动力的。社会科学在自然科学的发展方向、布局等方面发挥了指导作用。未来学、预测学、技术经济学的产生就是很好的例证。此外，看上去属于自然科学解决的问题，却又同社会经济问题的解决不能分开。例如，我国黄河的断流问题，表面上看，断流涉及的是上下游之间水资源调节的科技问题，而实际上是上下游间的经济利益问题。一个合理的解决办法是，下游出资协助建立上游的节水农业，上游将节约的水放给下游。这既是自然科学问题，又是社会科学要研究解决的问题④。

现在，具有代表性的交叉学科是系统科学和系统工程。它属于第二代边缘科学，横跨基础学科、数学、社会科学、技术科学和工程技术，涉及计算技术、信

---

① 英文原词为 R&D intensive-based technology，许多学者和机构认为高技术的特征可以 R&D 的投入作为计量。

② 英文原词为 science-based technology。

③ 参见李政道：《从一些国家的科技政策看科技发展趋势》，《中国科学报》，1997年9月3日。这一数字在1998年后又有进一步变化。

④ 见《实施科教兴国战略，促进科学技术发展》，《科技管理与成就》（人大复印资料），1998年第8期，37页。

息论、控制论、经济学、哲学等基础理论。它在科研、生产、工程等方面发挥了重要的组织作用。

六、科研成为国家规模的大科学——规划科学

科学研究的发展大体上经历了三个阶段。

第一阶段为个人研究时代，从1543年近代科学的诞生开始，到1870年为止。正如前述，在该阶段，科学与技术之间、科学与科学之间关联甚微。

第二阶段为集体研究时代，以1871年卡文迪什实验室和1881年爱迪生实验室的创立为标志，进入了集体研究时代[1]。其原因，一是科学技术形成了比较完整的体系，二是各学科间发生广泛联系，任何问题都不是单一学科所能解决的。因此，客观上需要集中各种专门人才，才能提高效率，研究出新成果，推动科学技术不断发展。

第三阶段为国家规模时代。二战时期，由于战争的迫切需要，科学技术以不寻常的速度迅猛发展，从而使得科学技术发展到国家规模阶段。例如，英国研制出了雷达，进而建立了雷达网；德国在1933—1936年短短的3年时间研制出了30吨V-1火箭；美国在1941年12月6日通过制造原子武器的决议，代号"曼哈顿计划"，1943年进入具体设计、安装阶段，1945年7月16日5时30分爆炸成功，耗费了20亿美元，有几千名科学家和几十万工人参加。战后，科技又跨入了规划科学的新阶段。美国、苏联等超级大国疯狂开展核武器和空间技术竞赛，使科学成为国际政治斗争的武器。

规划科学具有三个特点：一是一开始就方向明确，具有确定的目标、资源和实现日期；二是作为大科学，以解决大问题为目的；三是其组织类似工业企业的组织，其管理工作类似工业管理或工程管理。

科研发展成为规划科学的后果，一是使科研经费大幅度上升。例如，美国从1776年到1925年这150年间，科研费用仅10亿美元，但到了20世纪60年代，10年间就耗用了1900亿美元。1973年为300亿美元，1980年高达609亿美元。苏联1977年的研究开发费用为183亿卢布，占苏联国民生产总值的3.74%。全世界的科研费用在1896年还不到50万英镑，50年后增加了400倍。据统计，各工业发达国家的科研经费，平均每年增加15%，每5年增加1倍，发达国家的科研经费占国民生产总值的2%以上。我国近年研究与发展经费约占国内生产总值的0.7%左右。

---

[1] 卡文迪什实验室是世界上大学中建立最早的一个从事基础研究的集体研究组织。1871年由英国剑桥大学校长H. 卡文迪什（H. Cavendish，1731—1810）捐款建立，故以卡文迪什命名这个实验室。爱迪生实验室是由美国著名发明家爱迪生于1881年投资建立。实验室内有科学家、工程师、技术人员、技术工人共一百多人，其组成和结构与现代研究所很相似，被称为世界上第一个研究所。

后果之二是研究人员增多。据统计，在发达国家，每千人中有 2—4 人为研究人员。现在世界科学研究人员总数超过 300 万人。

后果之三是科研发展速度加快。现在，科研成果的倍增周期为 15 年。

科研向国家规模趋势发展，是社会发展的客观要求。只有国家化，才能使强大的工业为科研提供最先进的技术装备，促进科研发展；只有国家化，才能在科技日益综合化的今天，集中力量攻关；也只有国家化，才能充分发挥科技的作用，改进经济结构和武器结构，使国家经济迅速繁荣，使国防力量迅速加强，将国家建设得日益强大。

七、科技与经济、社会协调发展

从历史发展来看，一方面，经济与社会发展的需要是推动科学和技术发展的巨大动力。另一方面，科学与技术的发展对经济的发展和社会的进步，又产生越来越大的影响，特别是技术的发展在经济增长中的贡献，其份额已从 20 世纪初期的 20%增加到 20 世纪后期的 50%—80%。科技与经济是相互推动而又相互制约的一对矛盾，科技发展对经济发展的作用日益明显，但科技发展在很大程度上又受到经济发展的制约，受到一国经济实力的影响。发达国家在科技上的投入，是促使这些国家基础研究和高技术发展的主要动因，而发展中国家在科技上的投入较低（一般来说这些国家研究与发展总投入占国内生产总值的比例，不及发达国家的一半），主要受到国家经济实力和资源条件的影响。

科技与社会发展也是一对相互推动而又相互制约的矛盾。科技与社会的互相作用是多方面的，包括文化、教育、环境等。从环境来看，生态的恶化已成为人类面临的三大严重问题之一，一方面，技术的发展提高了人们的生活质量，另一方面，工业化所带来的环境污染严重地破坏了生态环境，影响人们的身体健康。人类为了长期的生存，在《21 世纪议程》中提出了"持续发展"的观念，要求在技术、工业发展等各个方面，把改善人类后代的生存环境作为头等重要的任务。这个条件向技术提出了"绿色化"的发展方向，于是出现了"绿色技术""环境友善技术""持续技术"等反映要求技术发展与生态环境改善相协调、符合"持续发展"要求的概念[①]。

科技与教育更是密切相关的两个系统，两者统一于知识的创造与知识传播的链环之中。一方面，随着科学与技术的发展，人类创造出越来越多、越深的知识，丰富了教育的内容。另一方面，科学技术的发展和水平的提高，需要越来越多的高水平、高素质的人才。教育的落后会成为科技和经济发展的瓶颈。随着知识经

---

① 绿色技术的英文为 green technology；环境友善技术的英文为 environment sound technology；持续技术的英文为 sustainable technology，sustainable 一词出自 sustainability，为要求技术能符合持续发展之意。

济社会的来临，人们已愈益认识到发展教育的重要性，认识到科技与教育必须同步发展。不少国家，包括我国在内，都将科技和教育作为国家发展战略的重点领域，加大对这两个领域的投入。

随着高技术的发展，科技、经济、教育三者的联系，已从外部的相互作用，演化为内在的融合，成为一种"你中有我、我中有你"的关系。新技术、高技术产品的附加值的增大，不仅是由于高技术产业的科技密集、研究与发展投入的加大、科研劳动量投入的加大，还由于知识劳动在产品劳动总量中的比重增大。而这种高素质的智力劳动正源自教育部门能不断产出高素质、高智力的人才。因而在人类迈向21世纪的知识经济社会的过程中，科技必须同经济、教育和社会融合为一体，协调发展。

八、多构思、多方案与高淘汰率

科学技术在各个领域纵深发展，科技综合化发展，科研规模扩大，多种学科人才汇聚于一个组织，这些趋势导致了现代研究与发展过程中多构思、多方案与高淘汰率的特点。多种多样的构思与多方案评选有利于集思广益，汲取多种学科的成就以组合更优方案，同时又借助多评价标准与多阶段、多机构的评价，通过大量的筛选与淘汰，确保科技成果的先进与合理。

第四节 研究、发展、技术创新与经济增长

一个国家、一个地区和一个企业能否保持其经济持续增长和生态环境不断改善，在很大程度上取决于其所采用的经济增长方式。在粗放的经济增长方式和经营方式下，经济虽然能取得一时的增长，甚至高速增长，但由于其经济系统转换效率低下所带来的资源浪费和环境严重污染，最终不仅会制约其经济增长，而且造成生态环境恶化，给人民生活和持续发展带来无法弥补的后果。历史证明，从粗放型的经济增长方式向集约型的经济增长方式转换是一种必然趋势。

从粗放型经济增长方式向集约型经济增长方式的转换，体现在很多方面，主要表现在产业结构和产品结构的高级化，特别是产品附加值的增加，技术含量和知识含量的增加。从而，以较少的资源投入，获得较大的产出，大大提高了经济系统的效率，改善了生态环境。

经济增长方式的转变受到很多因素的制约和影响，包括科学与技术发展的水平、工业化发展的程度及生产技术装备的水平、国民经济教育水平及劳动者的素质、科技成果转化为商品的能力、国家与企业的管理水平等。

具体来说，经济增长方式的转变要经历从宏观到微观的一系列多因素的变革过程。其一，这种变革从教育改革入手，改革教学方法和教育体制，提高劳动者

的素质,特别是创造性思维的能力,为国民经济各部门和企业提供具有创造性的高素质人才。

其二,从国家到企业必须有足够的科技(主要是研究与发展经费上的)投入,使研究与发展部门有充足的经费、资源与试验手段,从而提供源源不断的研究成果。

其三,国家和企业有良好的中试基地和足够的中试力量,可以将研究与发展部门所提供的原样(样品)转化为可供生产的设计图纸和样本。

其四,企业有足够的制造能力和生产管理能力,可以迅速地将样品经过试制,投入批量生产,保证按质、按量、按期生产出能达到设计要求的商品。

其五,企业有强大的销售队伍、畅通的销售渠道和售后服务能力,能及时将产品销售出去。

这样,由研究与发展部门开发出来的高技术含量的产品得以顺利地扩散,改变了企业的产品结构,使企业的生产技术水平不断提高。企业水平的提高和产品结构的优化,将改变产业结构,促进产业结构升级。这种产品结构与产业结构的高级化最终将改变经济增长的方式。为明了起见,可用图11描述这一经济增长方式转化的各个环节。

教育改革与创造型人才 → 研究与发展技术一体化 → 中间试验(基地与能力) → 批量制造(制造能力) → 营销(能力与渠道) → 高、新技术产品在市场上扩散 → 企业水平提高(产品结构优化) → 产业升级(产业结构高级化) → 经济增长方式变化

图11 经济增长方式转化过程示意图

从经济增长方式转化链来看,其中第二个环节(研究与发展)和相继的第三个至第五个环节(试验、制造和营销)居于转变过程的中心地位,这些环节正是研究与发展和技术创新的主要内容。因而,要实现经济增长方式的转变,必须重视和加强研究、发展与技术创新及其相应的管理工作。

第五节 研究、发展和技术创新与企业经营管理的关系

第三节和第四节讨论了科技与经济的关系,以及研究、发展和技术创新对经济增长方式的作用。本节着重从微观上讨论研究、发展和技术创新与企业经营的关系。

一、研究与发展在现代经营中的作用

一个经营单位要增强自身的竞争优势,必须在企业内部储备不断进行技术创新的潜力,并不失时机地将这些潜力转化为有竞争力的畅销产品与科技成果。研

究和发展工作的重点就在于创造出这些潜力,其具体形式就是研究开发的种种成果——发明、发现、新技术、新设想、新工艺、新产品方案等。

经营单位的高层领导十分重视研究与发展工作,已成为二战以来的一个发展趋势。这是现代经营的一个明显特征。

在世界经济渐趋全球化的现代社会中,跨国公司在世界市场中占有很大的销售额。市场经济的激烈竞争,迫使它们在研究与发展上投入大量的资金和人力。据统计到1998年末,跨国公司已达4万家,控制着全球总产值的40%左右,国际贸易的50%以上,国际技术贸易的60%—70%,以及研究与发展经费的80%—90%。[①]

随着经济的对外开放,我国的产品正面临国际市场的严峻挑战,不论在产品质量、外观包装,还是品种与交货期方面,均有很大的差距。加强研究与发展和技术创新正是解决这一问题的主要途径。

从国内来看,在社会主义市场经济条件下,企业同样面临着产品质量、成本和品种上的激烈竞争。企业要在国内市场上立于不败之地,确保经济效益的持续增长,必须从生产经营型转向研究发展密集型,而大力加强研究与发展力量、技术创新能力及其相应的管理工作是实现这一转变的关键。

总之,研究、发展和技术创新系统已成为现代企业经营体系中与生产、营销鼎足而立的重要组成部门。可以说,在现代社会,特别是现代化大企业中,没有强有力的研究、发展和技术创新系统,就没有完整的管理现代化系统。

二、创新对经济和企业发展的作用

创新不仅对整个社会、国家的经济发展,而且对企业的生存和发展都起着决定性作用。威廉·鲍莫尔(William Baumol)在其近著中指出,自18世纪以来所有经济的增长均要归功于创新。

《商业周刊》(*Business Week*)发现,在1995年至2005年期间,世界名列前25家企业的平均利润率是3.4%,而其他企业却只有0.4%。同样地,创新型企业的年度股票回报率是14.3%,而一般企业为11.3%[②]。

一些政府的公报中也指出,导致经济成功的最重要因素是创新。创新型企业比一般性企业(不创新的企业)发展快得多;创新型企业比不创新的企业获得更大的市场和利润。

创新之所以成为推动企业成长和发展的因素,首先在于创新过程的核心是寻找机遇,新进入者可以凭借创新这个机遇重写游戏规则,可以创造新的途径来发展,可以运用与众不同的方法做到后来居上。

---

① 见《无国籍公司崛起在21世纪》,载《经济参考报》,1999年4月2日。

② Tidd J, Bessant J, Pavitt K. Managing Innovation: Integrating Technological, Market and Organizational Change. New York: John Wiley, 2001.

其次，创新可以从多方面给企业带来效益。例如，可以通过研发与新产品研制获得市场营销上的绩效；可以通过工艺创新与新材料的采用提高工效、降低成本，增加企业的盈利；可以通过市场创新，开拓新市场，赢得新顾客；可以通过加速新产品开发、缩短新产品开发周期，增强其竞争能力。

最后，企业能通过创新机制来增强企业的战略优势，举例如下。

（1）通过提供新产品、新服务，创造"人无我有"或"人有我优"的竞争优势。

（2）通过工艺创新，构成低成本、高效率和交货期短及产品顾客定制化的优势。

（3）通过对知识产权的法律保护，提供竞争者无法做到（除非付出专利费）的产品与服务。

（4）通过增加和扩大竞争要素的范围，如保持质优、价廉、交货快的综合优势，使对方无法抗衡。

（5）通过快速研制和交货，赢得第一个进入市场或快速跟上的竞争优势。

（6）通过平台（系列）设计和开发成套新产品，创造占领整个市场面的优势；等等。

三、经营管理对研究、发展和技术创新的作用

研究与发展的成功率相当低，有些已取得的科研成果也得不到推广与应用[①]。这一情况的产生有技术上的原因，也有经营管理上的原因，诸如市场需求没有摸准、所定的研究开发项目没有很好地与企业的目标结合、技术创新没有围绕生产中的关键、研究试制过程大大落后于进度以致耽误了畅销时机等。

目前，科研发展面临人力、物力、财力不足的限制，如何选准那些有应用前景、有未来广阔市场需求的项目，是一件复杂而艰巨的工作，需要有细致的市场调查，以及周密的技术经济分析工作，更重要的是要有敏锐的企业家眼光与敢冒风险的胆略，能在迷离复杂的环境中，做出明智而又科学的判断和决策。

因此，我们一方面要看到，加强经营管理、提高经济效益要依靠研究与发展工作，另一方面也应看到，研究与发展和技术创新工作本身，必须依靠加强经营管理工作来提出目标，了解市场需求，拟订长远的研究与发展计划，正确选择项目，组织研究成果的实现。两者之间存在着互为前提、相辅相成的紧密关系。

四、研究开发与产品生命周期

在研究开发成功的新产品引入市场之初，其销售量的增长往往是缓慢的。随着产品被用户所了解和更多的生产经营单位将同类产品投入市场，该产品的销售额将急剧上升。之后，由于市场饱和销售量趋于稳定。最后，由于产品日趋陈旧

---

① 据国外学者的统计，从新思想开始到在经济上成功，产品失败与成功的比例为 3000∶1。

与新一代产品的出现，或由于用户需求的变化，产品销售量将逐渐减少。这种销售量的变化规律一般呈"S"形曲线，称之为产品生命周期曲线（如图12所示）。

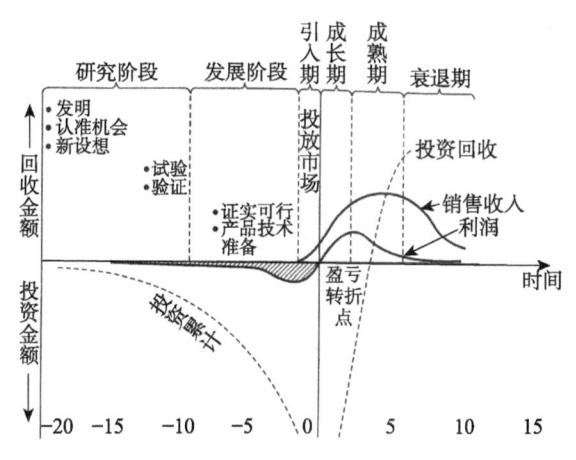

图12 包括研究、发展过程的产品生命周期图

图12中除了描绘出销售量的变化外，也相应绘出了新产品利润在整个产品生命周期中变化的趋势。从图12中可以看到，销售利润的最高点不是处于销售量最高的成熟期，而是在引入市场不久的成长期。在解决了设计与制造的困难之后，该产品的开发单位在竞争者进入市场前可以独占高额利润。在销售额未到达峰值之前，利润额就开始下降。

理解产品生命周期这一概念是很重要的。首先，它指出产品在经济上的生命周期是有一定限度的。在正常状况下，新产品在一个不太长的时期内可以提供较大的利润额。因而，正确估计产品在生命周期中所处的阶段将有助于对新产品开发做出决策，即可以确定该产品的开发在经济上是否有利，是否值得投资进行开发，也就是决定是否要选择该研究与发展项目进行研究开发。不同产品的生命周期的长短相差很大，短的几周、几个月，长的几十年，但终究是有一定期限的。为了保持利润的稳定增长，必须对研究项目与新产品开发项目做好长远安排。此外，运用产品生命周期理论，可以选择新产品开发的不同策略，这一点将在以后讨论。

第六节 技术创新的理论与发展

1912年，约瑟夫·熊彼特首次提出"创新"概念，将创新定义为"企业家对生产要素之新组合"，认为"创新"是经济发展的根本动因。熊彼特的创新概念，包括产品、工艺、市场、生产要素和组织形式等多种创新。此后许多学者将创新研究的焦点从宏观层次的经济增长转向企业的微观层次创新活动，以期揭示企业创新这一"黑箱"。纵观创新管理的主要研究，可以分为五个阶段。

(1) 第一阶段：个体创新（20世纪40—50年代）。

微观层次中企业创新活动的研究起始于20世纪40年代，受熊彼特创新动力论的影响，20世纪40—50年代的研究根植于"企业家动力论"的理论基础，研究企业中具体的创新过程、成功因素和动力。这一阶段处在研究的起步阶段，创新中的一些基本问题还没有被清楚界定，所以研究的侧重点在于创新系统活动中的各构件，因此第一阶段创新研究的显著特征是单一、线性、内源式的创新管理。熊彼特关于创新主体的界定，前期倾向于把创新主体理解为分立的个人，后期倾向于强调垄断公司的创新主体地位。尽管有这种变化，熊彼特从总体上还是把创新空间定位于企业，这种思想在以后较长的时间内具有广泛影响。

(2) 第二阶段：组织推动创新（20世纪60—70年代）。

随着创新活动的深入，研究越来越涉及创新管理中更具体的领域。在第一阶段单一创新管理研究的基础上，第二阶段创新管理研究着重研究创新的组织内源问题，研究组织如何通过对创新活动的有效管理推动创新的发展，实现创新的目标。因此第二阶段的创新管理，实质上在于如何管理研究与发展部门和活动，以及组织自身在创新中的重要地位等。这一阶段的理论贡献者主要有 Edwards Roberts（爱德华兹·罗伯茨）、J. Abernathy（丁·阿伯内西）与 M. Utterback（M. 厄特巴克）等。值得一提的是 J. Abernathy 和 M. Utterback 关于"U-A"创新模式的研究，他们根据产品生命周期将产品创新、工艺创新和产业组织的演化模式分为三个阶段：不稳定阶段、过渡阶段、稳定阶段（详见本书"技术创新"一章）。

(3) 第三阶段：组织外部创新（20世纪70年代）。

第三阶段研究突破了第二阶段组织创新内源的视野，突出用户在组织创新中的地位和作用，将用户作为一个重要的组织外部创新源。这一思想的主要推动者是 Eric von Hippel（埃里克·冯·希佩尔），他提出了用户创新的思想。Stephen M. Shapiro（斯蒂芬·M. 夏皮罗）也提出应该倾听用户并聘雇用户参与企业的研发、营销等过程，与其达成伙伴关系共同创新。他还发展了 Eric von Hippel 的"领先用户"法，进一步提出从"背离用户"和"潜在用户"中寻找创新源泉。

第二阶段和第三阶段的研究的本质在于研究创新的推动力，前者强调的是内部推动，后者则是内外结合的双向推动。受环境的影响，这两个阶段对创新推动力和创新源的研究都是机械论的线性观点，是一种基于牛顿经典力学的机械哲学观。

(4) 第四阶段：组合创新、集成创新和系统创新（20世纪80—90年代）。

上面三个阶段的创新理论研究对象都局限于单个创新过程、活动或者要素，也就是熊彼特所列举出的五种创新形式中的某一种，而没有研究创新中各构成要素间的内在互动关系和机理。到20世纪80年代，随着环境的变化，组织对创新绩效提出了更高的要求，传统单一的创新理论和模式的局限凸显出来。一些学者将研究的视角从单个创新系统构件转到创新系统要素间的关系上。例如，罗思韦尔（Rothwell）、罗森堡（Rosenberg）等进一步揭示了创新过程的动态化、集成化和综合化。例如，罗森堡的创新链环模式尽管主要是就技术创新而言的，但已经显示出创新是多种因素交互作用的过程。另一些学者提出组合创新理论。组合创新的研究和实践大体经过了四个逐渐深入的阶段，即产品的组合创新、技术创新的组合、不同创新的组合、基于核心能力的组合创新。目前，组合创新管理是国内外居于主导的创新管理范式。组合创新至少包含六方面的组合关系，即产品创新与工艺创新的协调、重大创新与渐进创新的协调、创新的显性效益和隐性效益的协调、技术创新与组织文化创新的协调、企业内部独立创新与外部组织合作创新的协调、连续性创新与排斥性创新的组合等。在创新理论发展的第四阶段，在组合创新理论的推动下，到20世纪末，创新理论朝系统观发展更进了一步，出现了集成创新观和系统创新观的创新理论。集成创新观的代表人物是 Marco Iansiti（马尔科·扬西蒂）、H. K. Tang 等。集成创新观强调对现有各创新要素的创造性整合，体现了一定的系统性思想。系统创新观的代表人物是 Robert Tucker（罗伯特·塔克），他提出了创新管理的原则，包括创新必须具有综合性，涉及研发和所有其他部门；创新必须有组织、系统、持续地寻找新机会；创新必须组织所有人的参与等。这些原则充分体现了系统、全面创新的思想。

在第四阶段发展起来的基于系统理论的创新理论，突破了有关创新的线性思维模式，突出了创新系统内各子系统和构件间的匹配与互动对创新绩效的重要作用，但未能就创新作为社会过程本身所具有的人的主体性与时空效应进行基于生态观的分析。

（5）第五阶段：全面创新管理（21世纪）。

进入21世纪后，创新理论向更高层次发展，从生态系统的角度来研究创新理论。人人创新、时时创新、全流程创新、全球化创新以及事事创新的全面创新思想成为创新理论发展的新方向。激发每个员工的创新积极性，实现"人人都是创新者"的思想受到了广泛关注。Shapiro 指出，市场竞争的日益激烈和用户对响应速度的高要求使企业力求做到24/7（即每周7天、每天24小时）创新。一些学者认为，企业外包、战略联盟等组织形式的出现促进了研发、制造、营销等的全球化。"以人为本"实现全方位的创新是第五阶段创新理论发展的特征。但目前该阶段的研究仍是零碎的、非系统的和非连续的，且游离于企业管理过程之外，迫切需要条理化、系统化。作者及其创新团队于2002年提出"全面创新理论"。企业创新管理理论的发展演化如表2所示。

表 2 企业创新管理理论的发展

阶段	主要观点	代表性学者	理论基础	解决的实际问题
第一阶段（20世纪40—50年代）	个体、单个（individual）创新； 线性、内源的创新过程； 创新成功因素	Marquis（马奎斯） Rothwell Freeman（弗里曼）	牛顿经典力学机械观	新技术发展与个体的创造性
第二阶段（20世纪60—70年代）	组织促进； R&D管理； 内部来源； 创新的线性过程模型	Roberts Utterback	牛顿经典力学机械观	新技术应用与组织推动作用
第三阶段（20世纪70年代）	引入外部来源； 用户作为创新者线性过程	Eric von Hippel	牛顿经典力学机械观	技术创新的外部推动与用户参与
第四阶段（20世纪80—90年代）	链式、耦合过程模型； 并行（集成）创新过程模型； 组合创新； 集成创新； 系统创新	Rothwell 许庆瑞 郭斌 陈劲 吴晓波 Ling Su Kim	系统观； 非线性科学 复杂性理论	技术创新的系统性与非技术因素的协同作用
第五阶段（21世纪）	全面创新	许庆瑞 Shapiro Roger Bean（罗杰·比恩） Tucker	生态系统观 复杂性理论	创新作为社会过程与电子化网络环境下创新主体的人的互动关系

资料来源：Xu Q R, Chen J, Xie Z X, et al. Total innovation management：a novel paradigm of innovation management in the 21st century. The Journal of Technology Transfer，2007，32：9-25

第七节　本课程的研究对象和方法

研究、发展与技术创新管理作为一门体系较完整的学科，诞生于20世纪60年代，它随着科学技术作用的增长而不断充实和完善。

一、课程的研究对象

研究、发展与技术创新管理是一门依据科学发展规律和经济规律，研究在科技领域中发现、发展与发挥各种管理功能（组织、计划、战略等）的规律性的知识体系。它是以经济学、哲学、管理学为基础，运用现代各有关学科领域的先进成就（包括系统学、运筹学、控制论、心理学、计算机模拟等）的一门交叉性应用学科。

本课程把科学与技术作为信息过程来分析，在阐明理论问题的同时，重在解决实际问题。

学习本课程可以获得对技术创新管理的系统知识，包括技术创新的概念、过程、模式及其动态演变，以及技术的战略管理和研究与发展的系统知识，有利于了解和掌握提高研究发展与技术创新工作的效率与效益的理论和方法。

二、课程的研究方法

马克思主义辩证法是本课程的方法论基础。系统的方法、动态的方法、具体问题具体分析的方法在本课程研究中占有重要地位。例如，在工业企业系统中，研究发展系统是与生产系统、营销系统相并存的一个子系统，企业中各项问题的解决不是孤立的，而是相互联系、相互制约的，只有用系统的观点、综合的方法来分析研究、发展和技术创新等的管理问题，才能使问题得到完满的解决。又如，只有当研究开发系统与营销系统结合起来，才能有效进行技术创新。

研究与发展是个广泛的领域。从中央到地方的研究机构，以及大中型企业的研究发展系统和技术中心等各类研究机构在性质、任务、规模、资源、设备、人员等条件方面有很大差别，不能设想有一个到处可以套用的管理原则、方法与程序。本书主要讲述研究、发展与技术创新管理中带有普遍规律性的问题。不同类型的企业和研究机构必须结合本单位的具体情况，因地制宜，灵活运用这些管理原则。具体问题具体分析是学习本课程必须特别重视的一项重要准则。

三、与其他课程的关系

马克思主义经济学、哲学与管理学是本课程的理论基础课。

科学学、生产管理学、市场学是本课程的专业基础，有条件时应先于本课程学习。科技史为科技发展及科技管理的规律提供史料，故也是本课程的专业基础之一。

决策分析、网络技术、系统动态学及模拟等课程是本课程的先行的方法性基础。具备这方面的知识将有助于学习本课程的管理方法与技术方面的内容。

经营战略或战略管理同本课程有密切联系。学好本课程有助于学习战略管理或经营战略这一综合性课程。

第一篇　研究、发展与技术创新过程

研究与发展的性质、类型、内容与演变[①]

在讨论研究与发展及技术创新的管理之前,有必要对科研劳动的本质与特征有所了解,只有弄清了科研劳动的特点,才能按照"具体问题具体分析"的原则从事研究与发展以及技术创新工作的管理。这一点对于从属于工业单位的研究与发展机构尤为重要。

为了进行有效的、具体的管理,不仅要弄清生产与科研之间的差别,而且要注意各类研究与发展工作之间的内部差别,以便针对不同的研究与发展工作采用不同的管理方法。为此,本章着重讨论以下几个问题。

(1)科研劳动的性质与特征。
(2)研究与发展是产生(创造)知识的投入–产出过程。
(3)研究与发展工作的分类。
(4)研究与发展的演变。
(5)研究与发展的类型。

第一节 科研劳动的性质与特征

在本节我们讨论两个问题。一是科研劳动的本质特征,二是科研劳动的具体特征。弄清前一个问题,可以为搞好科研管理树立正确的指导思想。弄清后一个问题,有助于根据科研劳动的特点,建立起科研管理的一般指导准则和具体的科学管理方法。

一、现代的科研劳动是生产性劳动

科研劳动是生产性劳动还是非生产性劳动,这不仅是理论上争论的问题,而且是直接关系到研究与发展领域中各种资源特别是人力资源的分配和使用的重要问题。

我们知道,从小生产过渡到现代化的大生产,引起了科学在社会中作用与地位的巨大变化。

首先,自然科学成为人们征服自然界、控制和改造自然能力的重要因素,也

[①] 节选自:许庆瑞. 研究、发展与技术创新管理(第二版). 北京:高等教育出版社,2010:第二章。

就是说科学技术成为一般的生产力。在现代化大生产之前,科学技术只是一种潜在的精神力量,它没有被大量地、直接地用于生产过程。而在现代化的机器大生产中,科学取代了人们的经验,成为生产过程的主要功能和基础。按照马克思的说法,"生产过程成了科学的应用,而科学反过来成了生产过程的因素,即所谓职能。每一项发现都成了发明或生产方法的新的改进的基础"[1]。邓小平同志根据科学技术在推动经济发展中越来越大、愈益直接的作用,提炼概括出了"科学技术是第一生产力"[2]的论断。这对推动我国科学技术的发展起了划时代的作用。

其次,生产向大生产的过渡,也引起了科学技术工作者在生产过程中的作用与地位的变化。在现代化大生产过程中,科技劳动已成为生产劳动的一部分。小生产制造出的产品是个体生产者的直接产品,而社会化的大生产的产品是社会总体劳动者的社会产品。在小生产的个体生产过程中,脑力、体力劳动合在生产者一个人的身上。而在现代化大生产中,劳动的精密分工和协作发展,使生产前的种种科学技术劳动都分离出来,由专门的科学技术人员去进行,这样,科技人员的劳动便成了总体生产劳动的一部分。科技劳动是一般的生产劳动,科技人员也成为生产劳动者总体的一部分(图1)。同时也应指出,生产过程中由于科学技术的渗透,劳动性质也在逐步变化,脑力劳动的比重、科学技术的成分均在逐步增加,要搞好生产与发展经济必须不断提高生产人员的科技水平。

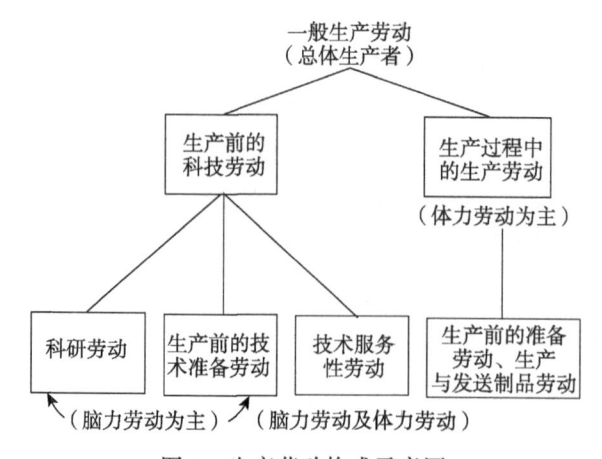

图1 生产劳动构成示意图

二、科研劳动的特殊性

上面我们论述了科研劳动的一般特征,从共性方面说明了科研劳动的本质。

---

[1] 马克思. 机器、自然力和科学的应用. 北京:人民出版社,1978:206.
[2] 邓小平. 邓小平文选(第三卷). 北京:人民出版社,1993:274.

为了有效进行科研管理，还必须了解科研劳动的特殊性，弄清楚科研劳动与生产劳动的区别。

科研劳动不仅是一般生产劳动，而且是一种特殊的生产劳动。探索性是科研劳动的特征。科学研究工作的共同点是探索未知，解决迄今尚未解决的问题。即使是在发展工作方面，对不完善产品的研制与改进，也仍是一种探索未知的过程。任何科研劳动无不处于探索之中，从这一点上来讲，探索与研究是同义的。

探索意味着什么？它意味着开拓、变动、失败与偶然机遇。开拓是研究的目标与希望。变动是探索中不可避免的结果，当然，通过不断摸索，会逐步接近研究的目标。从管理的角度来说，要尽量避免大的变动。在研究过程中往往有偶然的机遇，它跳出预定的目标，呈现出新的科学苗头或方向，这是正常现象，应该及时抓住。偶然性可以说是探索性的必然产物，科学史实充分证明了这一点。在预见性越差的场合，偶然出现的机会就越大。从这一点来说，应该支持科研人员捕捉新的苗头。

如何看待科研中的失败？应把失败看作探索过程必不可少的组成部分，是正常现象，是探索的必由之路。正是经过无数次的失败，最后才获得成功。

为了保证进行有效的探索，必须具备如下四个方面的条件。

（1）必要的物质技术手段。
（2）运用已有的知识与信息。
（3）运用逻辑工具。
（4）具有丰富的想象力与创造性。

从上面对探索性的分析中，我们可以得到如下的认识：探索性决定了科研工作的不确定性，不确定性要求科研管理上的灵活性。

创造性是搞好科研的基本条件，有人把创造性比作科研的灵魂。探索未知，解决迄今未解决的问题，都是创造。科研本身就是创造新的知识，包括各种新概念、新理论、新思想与新设计。

科研劳动中的创造性包括发明与创新这两个概念。创造性的作用主要表现在以下三个方面。

（1）创造新的知识，包括各种新概念、新原理、新规范。
（2）创造新的设计、新产品、新工艺原理，促进社会经济的发展；对生产的作用主要表现为提供新产品与新技术。
（3）创造新的管理理论与方法，如采用新的组织结构、计划体系等，使企业能适应环境变化，不断提高管理水平和经济效益。

继承性是科研劳动的另一个特点。任何科学研究都要利用前人的成果、前人积累下来的知识和信息。一方面要利用前人建立起来的科学技术体系，作为继续进行研究的工具、手段和依据之一；另一方面，又要继续探索前人没有完成的事业。

首先，要继承，就必须十分注意信息的交流。"空想"与"创造"的区别就在于是否"继承"前人的成就。其次，要继承，就必须注意对科研人员的选拔和培养，让科研事业后继有人，并且也要注意对现有科研成果的继承。

第二节　研究与发展是产生（创造）知识的投入–产出过程

科学研究过程的主要任务是产生（创造）知识，而产生新的知识必须投入人力、物力、财力，并要有信息的输入。因而，从经济学的角度来看，科研过程是一个以生产知识为主体的投入–产出过程。广义地看，可以把科学研究的成果看作一种知识产品。这种知识产品按其产生过程和它同最终产品的关系来看，又可以分为两种产品：中间产品和最终产品。

中间产品主要是知识形态的产品，如论文、报告、其他文献资料等种种信息。

最终产品可以表现为两种形态：知识形态或物质形态，如新产品、新工艺等。具体来说，按其目的来分，包括以下几个方面：新材料、新产品的产生；原材料的改进；产品性能的改进；新工艺的产生；工艺与操作技术的改进；资源分配的决策或改进；等等。

如果把知识看作一个不断发展着的"流"，并跟踪剖析这个知识发展的过程，那么，我们可以看到知识发展过程中存在很多科学研究的中间产品。这一连串的中间产品处于总的发展过程的不同发展阶段上。前一个阶段得出的中间研究产品（成果）又成为后一个研究阶段的输入。随着研究进程的深入，中间研究产品得到不断提高与深化，直至得出最终产品。我们用图 2 勾画出这一过程。

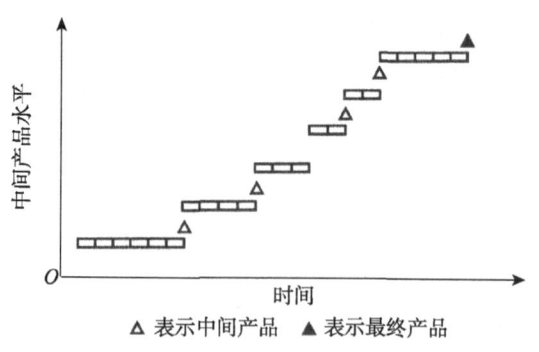

△ 表示中间产品　▲ 表示最终产品

图 2　科研流程与研究产品示意图

我们可以看到，任何一个中间产品的输出，将同以后某一个或几个更高水平的研究阶段相关。例如，一种最明显的中间研究产品是"假设试验法"的开发，得出的研究产品是一种统计技术和试验设计方法，它同获得最终产品（成果）密切相关。

任何一个中间产品都可能用来产生最终产品,也可以用来产生另一个中间产品。"应用研究"就属于后一种情况。而从一个中间产品转化为最终产品(商品化产品)的过程,往往被称为试验发展,简称为发展(实际工作中又简称为开发)。

在结束科研劳动的投入–产出过程的讨论时,必须指出一点:对于科研劳动的投入与产出,不能单纯地以投入产出比来作为评价其经济效益的唯一标准。这里有一个科技"无形"储备问题。这种储备虽没有物质与文字的表现形态,但是以信息、经验和无法以语言表达的知识(tacit knowledge)等形态储存在科技人员的头脑中。尤其是对于那些探索性强的研究失败的项目,这种储备占有更大的比重。这种储备是一种宝贵的科技潜力,它是人们的一种重要的科技能力的积累,它会在适当时机发挥重要的物质作用。

第三节 研究与发展工作的分类

研究是一个人们不断探索、发现和应用新知识的连续过程。在研究与发展的规模日益扩大,投入的人力、物力和资金日益增加的情况下,为了有效地进行研究与发展的管理,获得较好的科研经济效益,为了满足制定科学政策与策略的需要,以及管理的需要,人们把研究与发展的过程划分为几个不同的阶段。国际上最通用的划分法是三分法,即将研究与发展划分为三类:基础研究、应用研究与试验发展。

基础研究[1]的目的在于认识世界,是为推进科技进步而进行的初步探索。这种研究没有特定的商业目的,其研究成果一般是广泛的真理、普遍的原则、理论或定律。对于工业企业的基础研究来说,它一般具有一定的范围,或多或少关系到其当前或未来的经营范围,因而企业的基础研究往往是一种定向的基础研究。例如,造纸工业往往把树木纤维方面的理论研究列为其定向基础研究。

应用研究[2]是为了增加科学技术知识并为了某种特定实际目标而进行的系统的创造性探索活动。它运用基础研究所取得的科学知识,探寻有实用目的的新知识和可能的新的技术途径,其产品是认识世界、改造世界的科学技术知识。在工业企业中,一般是同新产品、新工艺、新材料有关的研究。可见,应用研究的成果从它所涉及的特定领域来看,更加专门化,而对于科学技术领域的影响比基础研究更为有限,不像基础研究成果那样说明普遍和广泛的真理。

区分应用研究与基础研究的标志是科研成果应用的目的性。应用研究有明确的实际目标,而基础研究却没有这种实际目标。

---

[1] 基础研究英文为 fundamental research 或 pure research,故也可称作基本研究、纯理论研究。
[2] 应用研究英文为 applied research。

试验发展也称发展①，是运用基础研究和应用研究及实验的知识，为了引入、开发新材料、新产品、新装置、新方法，或是为了对现有材料和中间生产做重大改进而进行的系统的创造性活动。

为了更好地了解这三类研究与发展的含义与区别，我们在表1中列举几个实例，另外，在表2中从各个方面对三类研究与发展作了比较。

表1　科学研究分类实例表

基础研究	应用研究	试验发展
研究微分方程的理论	为说明无线电波传输的强度和速度而研究微分方程	研制用于微分方程的数值解的计算程序
研究气流中的压力条件与固体浮力	为获得建造导弹和飞机所需的空气动力学数据，进行气流中压力条件和固体浮力的研究	飞机样机机身的开发工作
对地热区的地质位置和地热发生过程的研究	为利用蒸汽、热水等自然储藏而研究	为进行发电、取暖或提取矿物而开发使用地热蒸汽或热水的方法
研究微生物耐辐射的生物化学和生物物理的机制	为获得保存果汁方法所需的知识，就加热和辐射对酵母生存的影响而进行微生物学的研究	发展一种用γ射线保存果汁的方法
研究心理因素对疾病的影响	为得到适当的治疗方法对引起胃溃疡的心理因素（如紧张等）进行研究	开发一种新的方法来治疗心理因素所造成的胃溃疡症
研究植物蛋白质合成与光合速率	为培育更能抗病的新谷物品种，对有关抗病的谷物遗传性质进行研究	培育新的有较强抗病性能的新谷物品种

对研究与发展进行分类是有重要意义的。

首先，有利于研究分析和制定研究与发展的投资政策，以改善科研投资的经济效益。

其次，便于按照不同类别研究与发展的性质和特点，有针对性地采用不同的计划、评价方法和劳动组织形式。

再次，有利于按层次安排研究与发展的项目，组织各方面力量实现共同攻关。

最后，便于分段控制各项目的进程，有效地进行管理。为了进行有效的分段监督与控制，某些发达国家也有将科学研究分为以下五类的。

```
五分类法            传统分类法
研　究              基础研究
开拓性开发 ⎤
扩展性开发 ⎬        应用研究
工程开发   ⎦
运行系统开发        试验发展
```

---

① 发展英文为development，也称为试验发展。

为了更好地理解三类不同的研究与发展的区别，我们将这三种不同类型的研究与发展的目的、性质、内容及其在计划与管理上的不同特点列于表 2 中。

表 2　三种类型科学研究的比较表

类比项目	基础研究	应用研究	试验发展
目的	寻求真理，扩大知识，实现体系化	以工程为目标，探讨新的知识应用的可能性	把研究成果应用于生产上、工程上
性质	探求发现新事实、新规律	发明新事物	完成新产品、新工艺，使它商品化、实用化
内容	发现新现象、新事物，寻求内在联系，预测新发现的作用和意义	探求基础研究应用的可能性，追求最佳条件系统的新工艺、新产品、新发明	用基础研究、应用研究成果从事产品设计、产品试制、工艺改进
成果	论文	论文或专利	专利、专有知识*、设计书、图纸、样品
成功率	成功率小，5%—10%	风险大，成功率 50%—60%	风险较小，成功率最大，一般超过 80%—90%
人员	理论水平高、基础雄厚的科学家	创造能力强、应用能力好的发明家	有广泛知识和经验、动手能力强的技术专家
经费	一般较少（基本粒子等例外）	费用较大，控制松	费用最大，控制严
管理原则	尊重科学家意见，支持科学家个人成果，采用同行评议的评价方法	尊重集体意见，支持整个研究组织在适当时做出评价	尊重和支持集体参加活动
计划	自由度较大，没有确定的指标，没有严格的期限	弹性，可能有很大变化，有战略方向，有期限，期限较长	硬性，有明确目标，有明确期限，期限较短

*专有知识的英文为 knowhow

第四节　研究与发展的演变

科学研究活动已有几百年的历史，而演化为比较规范化的研究与发展工作还不到一百年的时间。工业中的研究与发展工作约始于 20 世纪 30 年代。从这时候起在一些工业发达的国家中，在大企业里开始有较规范的产品研究和程序化的发展工作。与此同时，国家建立了关于研究与发展的经费投入机制。而对于研究与发展工作的正规的定义则还要晚些。

研究与发展工作的规范与进展，是同工业发展与技术发展相伴而行的。环境的发展，尤其是竞争的发展是推动工业研究与发展演变的最重要因素。研究与发展的演化大致可以分为三个阶段，有的称之为三代研究与发展[①]。

最初的研究与发展是一种缺乏明确目的、规划和管理的活动，采用的是放任式的管理。所有的研究发展工作是按部就班、一步一步续贯地进行，走上步，看

---

① Roussel P A, Saacl K N, Erickson T J. Third Ceneration R&D. Boston: Harvard Business School Press, 1991.

下步。对项目成功后会有怎样的影响，不做充分的估计，不采取预先的措施。目前，国内外也不乏这样的研究与发展的管理方式（人们称之为第一代的研究与发展管理）。公司拿出一大笔资金，聘请、雇用最优秀的研究人员，购置最先进的科研用仪器设备，创造良好的环境，期望他们有朝一日能拿出对商业化有用的研究成果。这种管理研究与发展的模式大多用于一些规模巨大的跨国公司，并大多用于研究工作，在发展阶段较少采用这种方式。在这种管理模式中，研究与发展支出作为管理费用开支，研究与发展机构作为费用中心按学科形式来组织，对研究与发展进度的控制采用一般常规的监控方法（按例行公事进行汇报）。第一代的研究与发展没有任何战略框架，未来的技术发展完全由研究与发展部门独自掌握。

如果说 20 世纪 50—60 年代是第一代研究与发展阶段，那么 20 世纪 70—80 年代就是典型的第二代研究与发展阶段。与第一代不同，第二代研究与发展的管理已注意到使研究与发展工作符合经营上的需要，区分出不同研究与发展项目的性质，并对各个项目进行个别的费用与效益的分析，根据项目的目标进行进度监控。但第二代研究与发展的管理仅仅局限在单个项目层次上对各个项目孤立地管理，没有在综合层次上对项目群进行组合的管理。这样，就无法从战略的角度对项目群进行战略性平衡，无法在一个战略经营部门内部和各战略经营部门之间进行平衡，也无法制定项目选择与资源分配的优先级顺序，从而无法针对经营目标与经营战略的需要，最有效地利用能力和资源，取得最大的经济效益。

第二代研究与发展管理向第三代研究与发展管理的转变，不仅仅是企业自身有效利用能力与资源、提高效益的需要，更主要的是客观环境发生了很大的变化，众多的消费品市场日趋饱和，生产能力超过市场需求，大量跨国公司出现，企业间的竞争日益加剧。随着科技的迅猛发展，新产品投放市场的速度大大加快，企业为了跟上这一迅速发展的形势，不得不竞相投入更多的研究与发展的经费，以期取得技术上的优势或领先地位。这样，企业研究与发展的运行环境发生了巨大的变化，要求研究与发展必须在战略指导下有目的地进行，不再允许那种任意浪费可贵的研究与发展能力和资源的放任式管理方式，要求企业领导同研究与发展部门的领导互相交流、紧密合作。研究与发展部门不仅要考虑到企业发展的长远需要，也要考虑到各个战略经营单位（事业部）的需要，并且从项目组合管理的角度，进行费用/效益分析和风险/收益的平衡，以最好地完成公司统一目标为准则进行研究与发展的组合管理。

第三代管理不再是一种被动反应的机械式的管理模式，而是一种积极、主动地广泛吸收企业各部门积极、创造性地参与并在工作中建立融洽关系的管理模式，能根据公司所面临的特定环境，考虑到当前、中期和长远发展的需要。

为了对研究与发展管理的演变有进一步的了解，表 3 对三代不同研究与发展管理的管理与战略环境及运作原理等进行了扼要比较。

表3　三代研究与发展管理特征的比较

项目	第一代研究与发展管理的特征（直觉模式）	第二代研究与发展管理的特征（系统模式）	第三代研究与发展管理的特征（战略与目的性强）
管理与战略环境	• 缺乏长远的战略框架 • 将研究与发展费用视作管理费用	• 过渡状况 • 局部的战略框架	• 统一的战略框架
管理哲理	• 研究与发展部门决定未来技术 • 经营单位决定当前的技术	• 管理与研究发展间为鉴定-提倡关系 • 经营单位与研究发展间为用户-供应者关系	• 合作伙伴
组织	• 强调学科和成本中心 • 避免用矩阵形式	• 集中与分散相结合 • 项目的矩阵组织	• 打破了研究与发展的孤立状况
技术与研究发展战略	• 同经营没有明确的联系 • 技术第一，其次是经营上应用	• 项目层次有战略框架 • 同经营单位或公司之间没有一体化	• 技术/研究发展同公司/经营部门间战略一体化
运作原理	• 缺乏研究发展与经营的统筹观点 • 碰运气	• 研究与发展间有明显区别 • 项目层次上达到经营与研究、发展的联合	• 公司经营单位和研究与发展部门在各方面的观点上能统一起来
资金	• 列入预算 • 充分供给	• 资金根据需要和风险分享 • 按照研究与发展的不同类型	• 不同的技术成熟程度和竞争影响有所不同
资源分配	• 分项考虑 • 缺乏由上而下的统筹安排	• 基础性的研究与发展由公司研究发展部门管理 • 其余的由用户与供应者共同负担	• 按优先级和风险/报酬进行平衡
目标	• 轻视基础和重大的研究与发展 • 分别考虑经营和技术目标	• 在重大的和渐进的研究开发项目上做到经营部门研究发展的目标一致	• 所有的研究与发展均作规定，同经营目标和技术目标相一致
优先级设定	• 无战略上优先序 • 按运行环境定优先序	• 基础性研究与发展由公司研究发展部门设定 • 其他由研究发展部门会同用户或供应者设定	• 根据费用/效益和对战略目标的贡献设定
成果计量	• 无法精确确定预期成果 • 计量往往误导	• 对渐进型研究与发展可定量化 • 对重大的研究与发展确定"市场差距"	• 按照经营目标和技术上的期望计量
评价过程	• 例行公事、不经心的 • 定期的	• 正规的同行评议 • 对重大和渐进的研究与发展同经营部门作完善的信息沟通	• 定期和根据内外发展的需要

第五节　研究与发展的类型

从第四节研究与发展管理的演进中可以看出研究与发展管理的内容不是一成不变的，它受企业内外环境的影响而变化。从外部环境来看，经济环境、市场和竞争环境对它的影响最大。从企业内部来看，企业战略及其管理的演进对它的影响最大。一个企业的战略目标对研究与发展管理的影响尤其直接。另外，企业的产业特征和技术特征也影响到企业的研究与发展及其管理。以科学研究（基础研究）为基础的高技术产业，比传统的产业需要更大的研究与发展投入，更加重视包括基础研究在内的研究工作。因此，不能千篇一律地要求企业在研究与发展和技术创新上做同样规模的投入，而要区分产业、技术密集度的要求，根据不同的战略环境与目标的要求，对研究与发展做不同的安排，进行不同方式的管理，以适应不同时期的不同情况。

一、研究与发展的三种基本类型

从学术研究角度来看，研究乃是采用科学的、有序的方法去发展宇宙中的新知识，其目的是增进知识和理解，因而其探索的边界是无限的。

工业研究则不同，虽然同样是探索新知识，但其目的与学术研究有很大不同。它是探索和获取那些对公司经营有用的知识，以使公司到达新技术前沿，或为公司开发新产品和新工艺奠定科学基础。

工业中的发展的目的在于延续研究所获得的新知识，把这些科学和工程知识加以扩展和延伸，直接使之连接到某个特定的领域，例如，微电子、先进制造技术，以及提高某高质量电子材料的可制造性以降低其制造成本等。工业发展在于通过某些特定的阶段去验证和精炼，把产品或工艺的新概念转向商业应用。

在工业的研究与发展中，并不介意哪一项工作更重要、更能做出贡献，而是把研究与发展看作不可分割的整体。公司不会停留在技术的成功上，必须连续进行开发，以达到商业上、经济上的成功。也就是说，"研究"（R）必须被转化为"发展"（D），通过创造性的发展（D），产生出实用的能带来利润的成果。很多企业往往不做或很少做研究，他们依靠创造性地应用别人的"研究"成果引进成功的"发展"，取得良好的效益。

按照以上所分析的情况和讨论过的定义，根据国内外企业在工业研究与发展中的实践经验，研究与发展主要可区分为以下三种基本类型。

（一）渐进型研究与发展：小"研究"与大"发展"（开发）

渐进型研究的目的是取得小的技术进步，主要立足现有的科学与工程的基础之上。因此，这种工作不需要冒很大的技术风险去寻求新的知识和运用新的知识，只是巧妙、机智地运用现有的科学与工程知识。

这种渐进型的研究与发展的典型例子是降低成本的研究与发展工作。大部分的制造过程都可以通过一系列小而重要的技术进步来得到改进，如降低能耗、运用计算机控制过程、低维护费用的冶炼技术。虽然每一项改进都是细小的，但是综合起来就可以节约可观的费用，往往每年可达上亿元。这一成本降低所带来的价格竞争力，可以促使企业得到更多的市场份额。可以这样说，小的、渐进的技术进步产生巨大的战略性成果。

（二）重大的研究与发展：大"研究"与大"发展"（开发）

由于现有的科学与工程知识不能满足实践的需要，必须进行重大的研究与发展工作以引申、扩展现有的科学与工程知识。这一工作担负着发现和运用新知识这一明确的目标。例如，要发明一种新的血液测试仪和试剂，研究工作必须精心设计特种血液成分分离器和分析方法。

这一研究过程具有发明的性质，即需要学习掌握所不知道的东西。这种发现有重大的技术风险，需要较多的费用和较长时间。即使通过很好的费用/效益分析，使研究与发展取得了技术上的成功，也难保一定能取得商业上的成功。以上述的例子来说，即使是所发明的血液分离和分析装置能达到一定精确度，也不一定能满足市场上对各种血液成分分析与分离的需求，仍可能导致商业上或经济上的失败（无法回收在研究与发展上的投入）。由于这种内在的风险，企业经营部门必须仔细分析，确实看到这一重大研究与发展的潜在的收益。同时，也应看到这种研究与发展的隐性效益，即虽然项目在商业上失败了，却积累了科学技术知识，提高了技术能力、组织能力和核心能力，对今后发展是有益的。

虽然重大研究与发展的成功率不高，但是一旦成功就可带来高额的利益，足以弥补其余失败项目的损失。有的企业经验表明，即使80%的重大研究与发展项目失败了，只要有20%的项目获得成功，由此而带来的高盈利产品的销售收入，足以弥补在其他项目上的损失。再说，重大研究与发展项目也不都是高风险的。在很多情况下，这一类项目属于早期的探索性项目，或者只是做可行性研究，探讨一些项目今后要用的基本概念和思想。在这种早期阶段，往往只有1—2个或2—3个研究人员参加，投入也不是很大，一般要等项目进入发展阶段才会发生大量的费用。但在进入发展阶段之前，一般已做过不少成功的研究和试验，大大减少了不确定性，已达到了经营部门能够接受的程度。因此，用这种稳健的方法管理重大的研究与发展，是一种减少风险的手段。

（三）基础性研究与发展：大"研究"与无"发展"

基础性研究与发展工作是在未知的科学/技术领域中进行探索。它有以下两个主要目的。

（1）在一个经过公司所确认的潜在技术领域里发展深入研究的能力。这一潜在的技术领域将在很长的一段时间里（一般是8—15年，甚至更长），产生重大的战略影响。

（2）在这些领域中为其商业性开发做准备。

对基础性研究与发展做决策，是公司领导最头痛但又必须去做的事。因为一旦决定去做，必须进行重大的投入，而在他的任期内又看不到回报，成功后只是在他的后继者的任期内带来效益。此外，即使决定要投入，究竟投向哪些领域才能日后见效，也是一件不确定性很大、难度很大的战略性决策。

二、发挥研究与发展的战略作用

在较全面地讨论了研究与发展的定义、内容、类型、演变和它在经营发展中越来越大的战略意义后,将集中地讨论研究与发展如何发挥战略作用。

从战略层次上对研究与发展进行管理,首要的是将研究与发展同企业的经营战略和技术战略结合起来,然后进行研究与发展过程的管理,包括将研究与发展工作同企业中的其他职能工作(如营销、创造等)有机联结起来,因为这些功能具有共同的目标。在合适的政策环境下,研究与发展应推动产品的开发与创新,以满足市场的需要;应改进和创新生产中的工艺过程以及管理中所需的组织。

工业研究与发展的主要战略目标有以下三项:支持和扩展现有的经营领域;拓展新的经营领域;扩大和加深公司的技术能力。

支持和扩展现有的经营领域包括:改进现有产品与服务使之更好地为用户所接受,或改进产品使之能适应不同市场面和政府的规定;采用新材料或改善制造过程;解决企业中的某些棘手的问题,如安全问题和环境污染的问题;在现有的经营范围内开发新产品和新工艺,以提高企业的竞争地位。

拓展新的经营领域包括运用现有的或新的技术为开拓新经营领域提供机会。这种新领域可能是企业范围内的,也可以是全球范围内的。同样,所用的新技术可以是企业性的,也可以是全球性的,也可以是运用新的专利或许可证。

扩大和加深公司的技术能力可以是为了满足当前经营的需要,也可以是为了进入新的经营领域,这主要取决于能见到的机会和提高企业的竞争地位的需要。

企业的研究与发展及其宗旨和战略一样,是随着企业所在产业的成熟程度而变化的。产业成熟度和研究与发展的宗旨的变化参见图3。从图3中可以看出,在产业生命周期的初生期,研究与发展的经营使命在于:通过验证新产品的概念和制造过程,向市场投放新产品(新业务)以建立其竞争地位;建立和保护企业的知识产权。

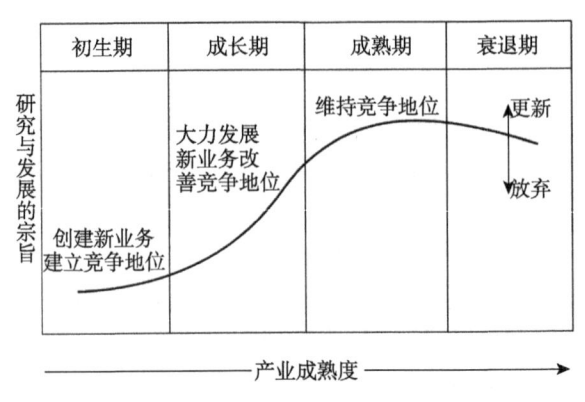

图3 研究与发展的宗旨和产业周期

在成长期（即发展阶段），研究与发展的目标在于：通过扩大产品及其应用范围，或者通过改进外观、性能和降低成本扩大现有产品的应用潜力，使经营业务快速成长、发展，以改善其竞争地位。

当产业进入成熟期，研究与发展的战略作用在于：通过扩大产品的多样化或集中力量降低成本，以保持产品的竞争地位。当企业决定要让处于衰退中的经营业务恢复其活力时，研究与发展有责任使其恢复青春。

在产业进入衰退期时，研究与发展的主要作用是努力降低产品成本和给顾客提供服务，以保证最低限度的利润。如果企业不打算放弃该产业，研究与发展的使命则在于更新产品或更新制造技术，以击败竞争对手而不被对手所击败。

研究与发展对企业生命体具有重要的造血功能，是企业活力的一个重要来源，但研究与发展作用的发挥也不能离开企业其他的管理功能，只有各功能部分有机结合、协调一致地运作，企业这一生命体才能焕发出活力。因而必须强调研究与发展同其他经营功能间的伙伴关系，包括同高层领导的结合。

图 4 是研究与发展的战略循环示意图，它表明研究与发展是一个不断迭代的连续循环过程。它也反映了研究与发展同企业其他功能部门（包括最高决策层）之间既相互促进又相互支持的密切合作关系。但这种紧密的合作关系绝不会自然而然地出现，需要领导层与管理层不懈努力，排除种种障碍来建立和保持这种伙伴间的紧密联系。这将在本书以后的各章中逐步展开。

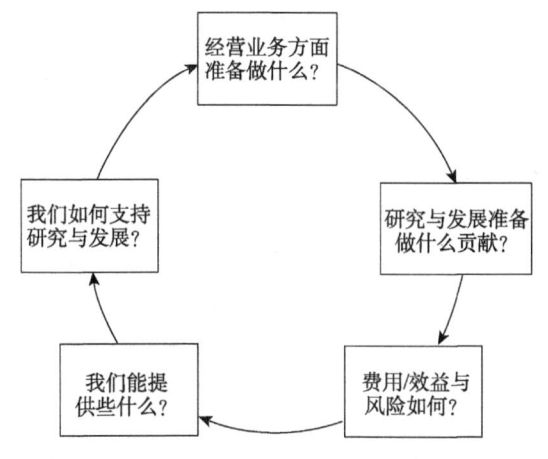

图 4 研究与发展战略循环——不断迭代和连续的过程

技 术 创 新[①]

科学技术的任务在于认识世界和改造世界。科学着重于认识世界，技术着重于改造世界。人类运用科学技术改造世界的过程，也就是技术进步和技术变革的过程。

技术变革大体上要经过发明、创新、扩散三个阶段，其中，发明是基础研究和应用研究的结果，创新则是发展研究的结果。创新阶段要投入大量的人力、物力和财力，其成果直接关系到国民经济的发展和企业的经营成败，因此，讨论研究与发展管理，必须对技术创新及其过程进行剖析。本章主要讲以下几个问题。

（1）技术变革与技术创新。
（2）技术创新的类型。
（3）技术创新过程的一般模式。
（4）技术创新过程模式的演化。
（5）技术创新与产品生命周期。
（6）技术创新的动态模式。

第一节 技术变革与技术创新

一、技术变革

技术从本质上来讲是革命的，它不承认任何一个具体形式为其最终模式。新技术代替旧技术，新产品代替老产品，新工艺代替过时工艺，这是不以人们的意志为转移的客观规律。人类历史上科学技术发展的许多事例都充分证明了这一点。例如，蒸汽机车被内燃机车所取代，电子管被晶体管所取代等。

一项新技术与一种新产品一样，呈现出初生→发展→成熟→衰退的阶段性，也就是说有它的技术生命周期（图1）。

不论是一个工业部门，或是一个工业企业，若不能认识到一项技术已趋衰退而仍然盲目对技术改革进行大量投资，则势必造成人力、物力、财力上的浪费，给企业和国民经济带来不应有的损失。国外许多公司常常因为对技术变革缺乏预

[①] 节选自：许庆瑞. 研究、发展与技术创新管理（第二版）. 北京：高等教育出版社，2010：第三章。

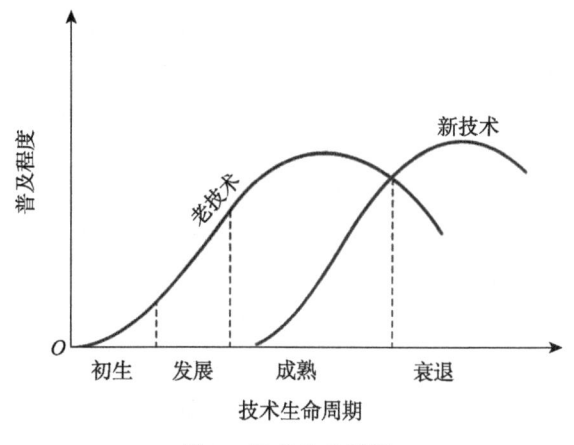

图 1　技术生命周期

见而遭受巨大损失。例如，晶体管在美国兴起并在电子行业中占据优势后，很多原来生产电子管的技术力量很强且资金雄厚的公司遭到失败和破产。又如，美国的汽车工业因没有预见到石油提价产生的后果，被日本开发的节油型汽车占去了大量的市场。因此，在技术变革上不应处于一种消极被动状态，相反，需要积极地发挥人们的主观能动性，很好地利用与发挥技术变革的积极方面，使之成为不断发展生产和提高经济效益的有力手段。

二、发明与技术创新

一般而言，技术变革的过程大体可分为发明、技术创新与扩散三个阶段。

"发明"[1]指有史以来第一次提出某种技术的新概念、新思想、新原理。有人把创造和它画等号，显然是不合适的。因为创造指的是在原有基础上的前所未有的突破，范围较窄，且在这一创造过程中，并未提出、形成或发现有史以来的新理论。

"技术创新"[2]也有称作技术革新的，它是技术变革过程中继发明之后的一个阶段，是一个改造世界的实用阶段。如果说发明阶段是人类认识世界的阶段，那么改造客观世界，就要靠技术创新。技术创新是为了满足社会需要而对现有知识的新的综合，是新技术的第一次商业性应用，也是科学转化为直接生产力的阶段。

不同学科的学者对创新提出了不同的定义，摘其主要的表述于下。

采用一种思想或行为，可以是一个系统、政策、计划、装备、流程、产品或一种服务，对所采用的组织来说它是新的。

——戴曼普（Damanpour），1991 年

---

[1] 发明的英文为 invention，创造为 creation。
[2] 创新的英文为 innovation，技术创新为 technology innovation。

把知识转化为新产品、新工艺（流程）与新服务——不只是科学与技术。它包含着弄清和满足顾客的需求。

——波特（Porter）与斯特恩（Stern），1999年

把创新视作一种能不断地发展新产品和新工艺的手段（device）。

——杜赫尔第（Dougherty）与哈迪（Hardy），1999年

创新是运用资源通过研制、改进新产品、新工艺和新服务并使之商业化，为顾客和本组织创造价值的活动。

——特茨奥夫斯基（Terziovski），2008年

技术创新的内容一般包括产品创新、工艺创新、设备创新、材料创新、生产组织与管理创新。由于一个行业的材料及所用设备，可看成另一个行业的产品，生产组织与管理也可以看作一种具有特殊含义的"绝妙"的工艺，因此，技术创新主要是指产品创新与工艺创新。

需要注意的是，往往由于种种原因，如有很多技术问题尚未解决、缺乏制造所需要的原材料、缺乏制造条件等，技术发明不能达到实际应用的地步。但是，技术发明是引向技术创新的始点和源泉之一。

从技术发明到技术创新的这一段时间，也就是从发明新技术原理到新技术第一次得到商业上的应用的时间，可以称为迟后过程或迟后时间，也有将其称为创新阶段的。显然，缩短发明到创新这一过程，可以使新技术、新产品早日为用户服务，及早满足人们和社会的需要。产生和影响迟后过程的有以下几个主要因素。

（1）与原材料有关的因素。

（2）技术上的可行性。

（3）经济上是否优越于原有技术。

（4）与科学管理组织有关的因素。

下面，列表举出历史上一些重大技术与产品从技术发明到技术创新所经历的时间（表1）。

表1　历史上重大技术创新举例

技术与产品	发明年份	创新年份	从发明到创新的周期/年
日光灯	1859	1938	79
罗盘指南针	1852	1908	56
采棉机	1889	1942	53
拉链	1891	1918	27
电视	1919	1941	22
抗皱纤维	1918	1932	14
喷气发动机	1929	1943	14

续表

技术与产品	发明年份	创新年份	从发明到创新的周期/年
雷达	1922	1935	13
复印机	1937	1950	13
蒸汽机	1764	1775	11
尼龙	1928	1939	11
涡轮喷气发动机	1934	1944	10
保险剃刀	1895	1904	9
无线电报	1889	1897	8
无线电	1912	1920	8
三极真空管	1907	1914	7
圆珠笔	1938	1944	6
链霉素	1939	1944	5
DDT（双对氯苯基三氯乙烷）	1939	1942	3
密纹唱片	1945	1948	3
壳模铸造	1941	1944	3
氟氯烷冷却剂	1930	1931	1

从表1所列的20余种重大发明来看，迟后过程是相当长的，少则二三年，多则六七十年。这20余种重大发明的迟后过程平均达13—15年，其中电子电气工业方面最长，少则10余年，多则20年以上；其次是化学工业，一般在10年以上；比较起来，机械工业产品的迟后过程最短。

从发明到创新的周期长短受到多种因素的影响，有技术上的、经济上的，也有来自社会方面的因素，而且后者具有相当大的影响。例如，日光灯之所以有如此长的迟后过程，是由于原来掌握着白炽灯生产的企业，为了不使其白炽灯的垄断利润被日光灯生产商所瓜分而遏制其技术的投产。从技术方面来讲，由于一个发明的完善需要有一个过程，从原理性的发明到实际应用需要有一个或长或短的应用性研究与试验发展的过程。另外，技术成熟后，往往要有相应的配套技术来支撑，等待配套技术的研究、开发与成熟也是造成从发明到创新迟后的一个重要因素。等待技术应用所需的工业基础的发展，是影响从发明到创新的周期长短的另一个因素。例如，有些技术虽然成熟了，但它所需的原材料或所需消耗的燃料价格却非常昂贵，使其技术制品超出了一般用户的承受能力，这样的技术也还不能被市场和用户所接受。因而，一项发明在解决了技术可行性后，经济上的可行性是必须解决的问题。市场和经济方面的因素对从发明到创新的周期长度的影响起着愈益重要的作用。近一二十年来正是市场竞争的推动力促使创新周期迅速缩短。以汽车工业为例，在20世纪80年代，一种新型号的轿车从开始设计到从总装线完工试车，需 8—10 年的时间。由于日本汽车业的努力，到 20 世纪 80 年代末 90 年代初，这一周期缩短了一半以上。因而从现代科技迅猛发展的势头和市场竞争日益激烈这一趋势来看，从发明到创新的周期必将日趋缩短。企业必须认识这一趋势，从加强战略管理、研究与发展管理和技术创新管理多方面着手，努力采取种种有效措施来缩短创新和生产周期。有关这方面的措施及其原理和策略将在后面各章中讨论。

从发明到创新的周期固然受到上述技术、经济和社会的影响，但这仅是外在的方面，发明至创新的周期长短在很大程度上还取决于技术创新的内在因素，包括技术创新本身的新颖程度、技术创新的内容、范围的广度和规模的大小等。因而在讨论技术创新的管理之前，有必要先讨论一下关于技术创新的类型，即技术创新的分类问题。

第二节　技术创新的类型

技术创新可以从不同角度分类。技术创新按其类型和内容可分为产品（服务）创新和工艺（流程）创新两大基本类型。按创新的新度（新颖性）进行分类，可分为渐进性创新（小创新）、重大创新与突破性创新三大类。另外，还有排斥型创新和开放式创新的分类。

一、产品（服务）创新

传统意义上将产品定义为有形的、物理的物品或原材料，从牙膏到钢管，从计算机到工业黏合剂，从喷气式飞机到汽车到大豆，所有这些都可以称为产品。但是，近年来，服务行业（保健、保险、金融、通信等）也开始把他们提供的服务称为产品。产品和服务具有共同的特性，尤其在涉及创新的时候。

综合起来，产品（服务）创新的定义是：产品（服务）创新就是指提出一种能够满足顾客需要或解决顾客问题的新产品（服务）。例如，苹果公司推出的 iPhone 手机、海尔推出的"环保双动力"洗衣机（"不用洗衣粉的洗衣机"）等，都是产品创新的典型例子。

产品创新中，又有元件创新和架构创新两类产品创新。

大部分产品和工艺是分级嵌套的系统，也就是说，不管用怎样的分析单位，该实体都是一个由元器件构成的系统，并且每一级元器件都是一个由次一级元器件组成的系统，直到某一级上的元器件是不可再分的基本元件为止。举例来说，自行车是一个由车架、车轮、轮胎、车座和刹车闸等元器件组成的系统。这些元器件每一个也都是一个元器件系统，例如，车座可以看作由金属和塑料框架、填料以及尼龙封皮等元器件组成的系统。

创新可能导致个别元器件的变化，也可能导致元器件运转所处的整个结构的变化，或者两者都发生变化。如果创新导致一个或多个元器件发生变化，但是并不严重影响整个系统的结构，这样的创新称为元件创新（或者模块化创新）。例如，一项自行车车座技术的创新（如添加灌有凝胶的材料从而增强减震效果）并不需要对自行车的其余结构作任何改变。

与此相反，如果创新导致整个系统结构或者组件之间作用方式的变化，就称为构架创新。一项严格的构架创新可能改变系统中组件相互连接的方式，却并不改变这些组件本身。但是，大部分构架创新不仅改变了组件相互连接的方式，还改变了组件本身，从整个设计上改变了系统。构架创新会对产业内竞争者与技术用户产生深远和复杂的影响。举例来说，从高轮自行车到安全新自行车的转变是一种构架创新，这项创新要求许多自行车组件变化（并使这些变化可行），人们骑车的方式都发生了改变。要发起或者采用一件元器件创新只要求一个企业具备该元器件的专业知识就行了。然而，发起或者采用一个构架创新则要求企业掌握元器件间如何连接并整合起来组成整个系统的结构知识。企业必须了解各种元器件的特性及其相互作用，必须认识到一些系统特性的改变会触发整个系统或者个别元器件的许多其他结构特性的变化。

二、工艺（流程）创新

工艺（流程）创新是指生产和传输某种新产品或服务的新方式（如对产品的加工过程、工艺路线以及设备所进行的创新）。对制造型企业来说，工艺（流程）创新包括采用新工艺、新方式、整合新的制造方法和技术以获得成本、质量、周期、开发时间、配送速度方面的优势，或者提高大规模定制产品和服务的能力。例如，在生产洗衣机时采用了新材料，或者把生产洗衣机的生产线设备从传统机床更换为数控机床，从而降低成本50%，或提高生产效率3倍以上，这都是工艺创新。区别产品创新与工艺创新是有意义的。产品创新的目的是提高产品设计与性能的独特性，工艺创新的目的是提高产品质量、降低生产成本、提高生产效率、降低消耗与改善工作环境等。

流程创新能够增加企业盈利、降低成本、提高生产率并提高员工的工作满意度，由于流程创新，产品和服务的价值传递将变得更为稳定可靠，从而顾客也能从流程创新中获益。流程创新的独特性在于通常情况下顾客看不到这样的改变，流程创新的过程常常发生在企业的"后台"。只有当公司的内部流程出现失误，导致产品或服务没有及时传递给顾客时，顾客才会意识到企业的运作流程出现了问题。

产品创新和工艺创新经常是交替出现的。首先，新工艺可能使得新产品的生产能够实现。例如，新的冶金技术的开发使得自行车链条的生产能够实现，这又使得多齿轮传动自行车的开发能够实现。其次，新产品也可能使得新工艺开发得以实现。例如，先进的计算机工作站的开发使得企业能够实现计算机辅助制造（computer aided manufacturing，CAM）工艺，从而提高了生产的速度和效率。此外，一个企业的一种产品创新，对于另外一个企业来说可能是一种工艺创新。例如，某机床厂开发出的新款数字机床产品对于使用该产品来加工产品的其他企业来说，提高了生产速度、质量和效率，是一种工艺创新。

三、渐进性创新、重大创新与突破性创新

按照创新强度的不同，技术创新可以分为渐进性创新（incremental innovation）、重大创新和突破性创新（radical innovation），见图 2。

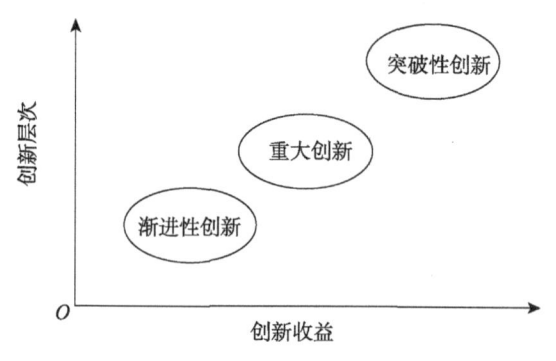

图 2　渐进性创新、重大创新、突破性创新

（一）渐进性创新

渐进性创新是指在原有的技术轨迹下，对产品或工艺流程等进行的程度较小的改进和提升。一般认为，渐进性创新对现有产品的改变相对较小，能充分发挥已有技术的潜能，并经常能强化现有的成熟型公司的优势，特别是强化已有企业的组织能力，对公司的技术能力、规模等要求较低。对火箭发动机、计算机和合成纤维的研究表明，渐进性创新对产品成本、可靠性和其他性能都有显著影响。虽然单个创新所带来的变化很小，但它们的累计效果常常超过初始创新。福特 T 型车早期价格的降低和可靠性的提高就呈现出这种情况。1908—1926 年，汽车价格从 1200 美元降到 290 美元，而劳动生产率和资本生产率却都得到了显著提高。虽然有时渐进性创新对于企业盈利状况的影响力较小，但通过渐进性创新，能够提高顾客满意度，增加产品或服务的功效，由此也可以提高企业的经济效益。同样，渐进性的流程创新能够提高企业生产率并降低成本。

从理论上说，虽然渐进性创新没有显著利用新的科学原理，但随着时间的推移，逐渐产生巨大的积累性经济效果，相对于突破性创新给企业带来的巨大风险

与困难，许多公司经营者倾向于采取渐进性创新模式。许多实证研究显示，渐进性创新只能维持企业现有产品的竞争能力，当市场出现携突破性创新成果进行竞争的企业对手时，现有的成熟大型公司就可能丧失其市场领先地位。历史上，晶体管的出现几乎击溃了所有的电子管生产企业，而当时电子管生产企业正孜孜不倦地致力于渐进性创新；日本石英钟表技术的发展给瑞士的钟表业以致命的打击，而这种技术恰是当年从瑞士流出的，但优秀的瑞士科技人员和企业家正精益求精地进行着自己的渐进性创新以提高机械表的性能。这些教训说明，渐进性创新可以保持优势，但是，片面地固守渐进性创新，也会导致被突破性创新吞噬的危险。

（二）重大创新

重大创新是指在现有的技术轨迹和商业模式下，推出的重大新产品或对现有产品或服务进行的重大改进。

对于顾客和希望得到巨大收益的企业来说，重大创新所发挥的作用处于一般水平。对产品和服务进行的重大创新虽然不能带来突破性的成功，但也能够符合企业的预期目标，提高销售额、扩大市场占有率、降低经营成本（通过重大的流程创新来实现）。

对现有产品和服务进行重大改进或者推出企业新产品，对于服务型公司和顾客来说都是一种显著的进步。

（三）突破性创新

某种新产品、新服务或者新战略能够显著增加企业的利润，就可以称之为突破性创新。这类创新需要全新的概念与重大的技术突破，往往需要优秀的科学家、工程师并花费大量的资金来实现，历时 8—10 年或更长的时间。这些创新常伴有一系列的产品创新与工艺创新以及企业组织创新，甚至导致产业结构的变革。很难用增加多少收入衡量什么是突破性创新，因为这还取决于公司的规模和耗费的成本。因此，突破性创新只能是所谓的"突破"，但如果给突破性创新下个定义，也只能用它自身来界定其含义。通过流程改进显著降低成本或显著提高产量，那么这样的流程改进也可以说是一种突破。

有时候突破性发明也会使企业获得突破性的创新成果。突破性发明是人类向前跨越的一大步，它可能无法使某个企业获得"先来者的优势"，但往往能孕育出一个全新的行业。汽车、电、青霉素、互联网，这些都是具有突破性的发明和发现。

所有成功的技术型企业都需要持续性（渐进性）创新来满足当前客户不断变化的需求，由此实现企业的持续成长。但是这些创新还必须周期性地辅以不连续创新（discontinuous innovation）。突破性创新就是一类主要的不连续创新。一个突破性创新项目有潜力至少达成下列目标中的一个：一套全新的性能特征；已知性能指标至少有 5 倍的改进；成本的大幅度（>30%）下降。

那些生存了数十年的大公司，如 IBM 公司（International Business Machines Corporation，国际商业机器公司）、通用电气、摩托罗拉、惠普、西门子、飞利浦、3M、联合技术、通用汽车和杜邦，都会有规律地用突破性创新来打断正在进行的渐进性创新。

四、排斥型创新与开放式创新

1997 年哈佛商学院的克莱顿·克里斯坦森（Clyton Christensen）教授在其《创新者的窘境》（*The Innovator's Dilemma*）一书中，系统提出并分析了排斥型创新（disruptive innovation）的概念与作用，这本书引起了学术界、产业界的巨大关注。克里斯坦森将创新分为两种：维持型创新（sustaining innovation）与排斥型创新。维持型创新致力于在消费者所重视的维度上对现有产品的改进，向现有市场提供更好的产品；而排斥型创新则要么创造新市场，要么提出一种新的价值主张来重塑现有市场。例如，当个人计算机第一次进入市场时，一个 2000 美元的产品只有 20% 的利润率，它们对那些热衷于向高端市场进军的小型机供应商来说，并不吸引人。在高端市场，他们可以享受每台价值 250 000 美元小型机 45% 的利润率。当小型机生产商数字设备公司（Digital Equipment Corporation，DEC）最终醒悟，感受到来自微型机的严重威胁时，改变在小型机发展过程中确定的、内化的流程和价值观已经太迟了。由此而发生的市场"排斥"导致曾一度让人羡慕的小型机巨头 DEC 迅速破产。

开放式创新是 2003 年美国哈佛大学 H. 切斯布洛夫（H. Chesbrough）教授在其专著《开放式创新：从技术中获利的新策略》（*Open Innovation：The New Imperative for Creating and Profiting from Technology*）一书中首次提出的概念。开放式创新模式是指企业在技术创新过程中，同时利用内部和外部相互补充的创新资源实现创新，企业内部技术的商业化路径可以从内部进行，也可以通过外部途径实现，是与多种合作伙伴多角度地动态合作的一类创新模式。其机理见图 3。

开放式创新模式把外部创意和外部市场化渠道的作用上升到和内部创意以及内部市场化渠道同样重要的地位。

在开放式创新下，企业边界是可渗透的。创新思想主要来源于企业内部的研发部门或其他部门，但也可能来源于企业外部。企业内部的创新思想可能在研究或发展的任何阶段通过知识的流动、人员的流动或专利权转让扩散到企业外部。有些不适合企业当前经营业务的研究项目可能会在新的市场发现其巨大价值，也可能通过外部途径使之商业化。公司不再锁住其知识财产，而是通过许可协议、短期合伙和其他安排，设法让其他公司利用这一技术，自己从中获利。

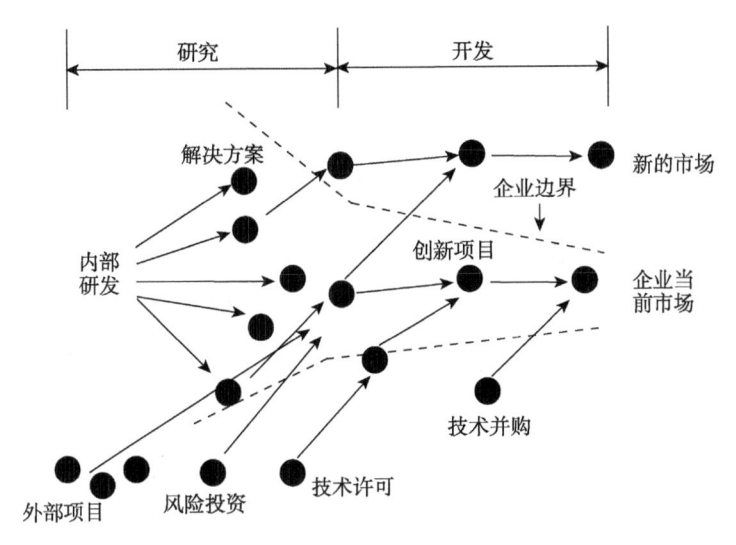

图 3 开放式创新的机理

资料来源：Chesbrough HW. Open Innovation: The New Imperative for Creating and Profiting from Technology. Boston: Harvard Business School Press, 2003: 183

实际上，国际上许多著名企业采取开放式创新模式成功地实现了创新，取得了持续的竞争优势。宝洁公司通过"联发"（联系与开发）这一全新的创新模式，与世界各地的组织合作，向全球搜寻技术创新来源，实现了35%的创新想法来自与公司外部的连接。从"非此地发明"（not invent here）的抵制态度，转变成"骄傲地在别处发现"的充满热情的态度，成功地推动了持续的创新，使经历169年风霜的老牌公司保持创新活力。全球最大的智能手机生产厂商诺基亚公司，在短短的20年内，从技术含量很低的纸浆和胶鞋制造业，发展成为无线电话市场上的行业领导者，通过开放式创新，寻求同业界和学术界广泛深入的合作，不断推出新产品为用户带来全新的体验，打造持续的竞争力。世界领先的制药企业默克公司一直以来都很重视内部研发投资，但该公司2000年的年度报告中指出："在全世界的生物医学研究中，默克只占了1%。为了利用另外的99%，我们必须积极地与大学、研究机构和世界各地的企业联系，以便把最好的技术和最有发展前途的新产品引入默克。"诺基亚、苹果、IBM、宝洁公司等，尽管它们的研发能力很强，但都十分注重利用外部创新力量，有效整合内外创新资源进行创新。

第三节 技术创新过程的一般模式

不同类型的技术创新有不同的模式。本节里主要讨论技术创新过程的一般模式。

技术创新过程的两种最基本的模式如下。

一是以研究与发展为基础的技术创新过程模式。其基本形态如图 4 所示。

研究（基础/应用研究）→ 试验发展 → 生产工程（设计与工艺）→ 试制试销 → 批量生产 → 销售及售后服务

图 4　以研究与发展为基础的技术创新过程模式

这是一种自主开发的技术创新模式，主要用于全新创新、重大的突破型技术创新。它需要有很大的资源投入，以及较大的研究与发展资金和研究与发展力量投入。运用这种模式，必须有较雄厚的技术力量，特别是研究与发展的力量，并具有较多的技术积累。企业为在竞争中取得领先地位时，必须采用这种模式。

二是以引进、消化吸收先进技术为基础的二次创新模式。这种模式的基本形态如图 5 所示。

技术选择 → 技术引进 → 消化吸收 → 改进 → 技术的再创新（二次创新）→ 技术服务

图 5　以引进、消化吸收先进技术为基础的二次创新模式

这种以引进、消化吸收先进技术为基础的二次创新模式，适用于技术力量尤其是研究与发展力量不足、可用于研究与发展的资金不足的情况，可在有限资金和技术力量条件下尽快地满足经济发展的需要，并在较短期限内通过引进与消化吸收，积累技术能力，提高研究与发展水平，以便在不久的将来，迎头赶上并发挥后发优势。一般来说，发展中国家大多采取这种二次创新的模式。采用这种模式，必须注意以下几个方面。

（1）针对需要（包括市场与技术的需要）选择好先进适用的技术。
（2）选择最经济合适的方式引进所选的适用技术。
（3）通过仿制、反求工程做好消化吸收。
（4）在研制的基础上改进所引进的技术，做到创造性的模仿。
（5）在消化吸收和研究发展的基础上进行再次创新。

两种模式各有其优缺点和不同的应用条件，企业必须根据自身条件，选择合适的模式，尽快达到能够自主地进行技术创新的程度。两种模式虽有不同的起点，但殊途同归，最终都将达到技术创新的目的（图 6）。

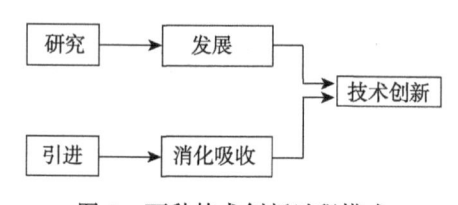

研究 → 发展 → 技术创新
引进 → 消化吸收 ↗

图 6　两种技术创新过程模式

一、技术创新要面向市场

针对市场、用户的需要,是保证技术创新成功的首要条件,也是技术创新过程的起点和归宿。

要使一项新技术、新产品达到经济上可行,很重要的一点在于使新技术、新产品在经济上超过现有技术,这就要努力提高产品的性能、效用和降低生产成本,使用户在采用新技术代替原有技术时能获得实际的效益。

技术创新的成功实现,与正确判断用户的潜在需求是密切相关的。没有社会需求的新技术是没有生命力的。因此,创新之前要系统地研究原有技术的状况,调查与研究市场需求与用户需要。对潜在需求进行估计,对各种创新方案进行决策,需要具有特有的判别力。这里需要"企业家"敏锐的洞察与判断力,特别是对于新产品性能与需求的预测能力。1878年爱迪生在引入白炽灯时,首先仔细地分析了天然气工业的情况,并且分析和估计了进行创新可能发生的种种情况,做出了科学的判断和决策,终于使白炽灯得到了划时代的成功应用。

为了更好地满足国民经济和消费者的多方面需要,工业企业不能长期不变地生产某几种单调的产品,搞几十年一贯制,必须进行研究与发展工作,加强新品种、新花色、新规格的设计,也就是说要不断进行技术创新,使产品不断地更新换代。从这一方面来看,工业企业的生产过程不仅要投入原材料与劳动力,更需要输入新的知识,要有科学技术劳动的投入。在科学技术高度发展的现代化工业企业里,从事研究与发展方面的科技劳动投入的比重越来越大,出现了研究与发展密集型产品,也就是说在这一类产品中,科技人员劳动耗费占很大的比重。在生产这种产品的企业里,科技人员比重很大,进行着大量的科学研究与发展工作。人们往往将这样的企业称为科研-生产型企业,也称为高技术企业[①]或高度技术性企业。在这种企业里,技术创新层出不穷,大大增强了企业的竞争能力,同时也提高了经济效益。因此,现代化的工业企业不仅进行着物质产品的生产过程,同时也进行着以创造新产品、改进老产品为目标的技术创新过程。这两个过程是结合在一起进行的。

社会主义生产不是为了生产而生产。工业企业所生产的产品,作为满足人民需要的一种手段,反映了社会主义生产的最终目的是满足人们不断增长的物质和文化的需要,因而必须把产品生产、产品创新与国民经济和人民的需要挂钩,同市场需求挂钩。从这一点出发,可以把技术创新看作一个面向需要、面向市场的转换过程,也可以看作把科技知识、社会与市场的需求转化为产品的过程(图7)。

强调技术创新是一个为了满足社会需求而进行的科技知识转换过程,既是六

[①] 高技术企业英文为 high-technology company。

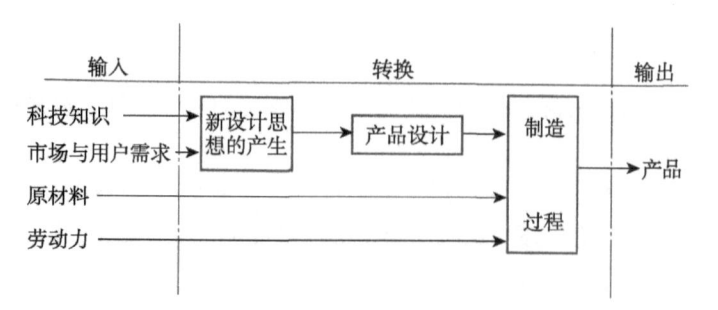

图 7 技术创新作为一个面向用户、面向市场需求的转换过程

十年来社会主义革命和建设的经验总结,也是现实的需要。在社会主义计划经济体制下,人们往往产生一种错觉,似乎生产出产品就是尽了企业对社会的责任,却忽视了社会主义生产的目的应是更好地满足人们的需要。随着改革的深入,人们对社会主义市场经济的认识逐步深化,特别是市场竞争日趋激烈,谁要是不把满足顾客的需要放在首要的地位,就必将被市场所淘汰。另外,从技术发展看,强调创新和用户、市场需求相结合的另一重要意义是,可以使广大科技人员不把他们的视野孤立地封闭在实验室与研究所的狭小范围内,盲目地"为技术而技术",使他们认识到科技必须为发展国民经济服务,为生产服务,为满足人民的需要服务。

二、技术创新过程的各阶段

在指导思想明确之后,下面进一步剖析技术创新过程的各个阶段。按照较粗的划分标准,技术创新过程可划分为以下三个阶段。

一是新思想的产生,包括综合各方面的信息(主要是现有的信息),其中有市场与需求信息、科技情报等。

二是解决问题和进行开发,包括确定各种具体技术指标,然后设计出不同的解决方案去实现这些目标。

三是实现和应用,包括制造工程、工具准备、建立工厂和开拓市场。

如果按较细的标准划分,则技术创新可分为六个阶段。图 8 可详细说明创新过程及其各个阶段,并揭示创新与科技知识、市场需求的关系。

第一个阶段是确认机会的阶段,即弄清社会与市场需要的阶段。成功的创新是从一个新的思想开始的,这种新的思想必须把社会与市场需求同技术上的可能正确地结合起来。技术上的可能是指当前存在的先进技术或技术知识的储备必须具有实现的可能性。与此同时,创新者的新思想还必须基于对当前社会与经济环境的正确分析,从中认识到现有的需求或潜在的需求。现有的需求与潜在的需求是有很大差别的,后者需要经过诱发才能产生。

第二个阶段是思想形成阶段。在这个思想形成过程中,所认识到的需求与技

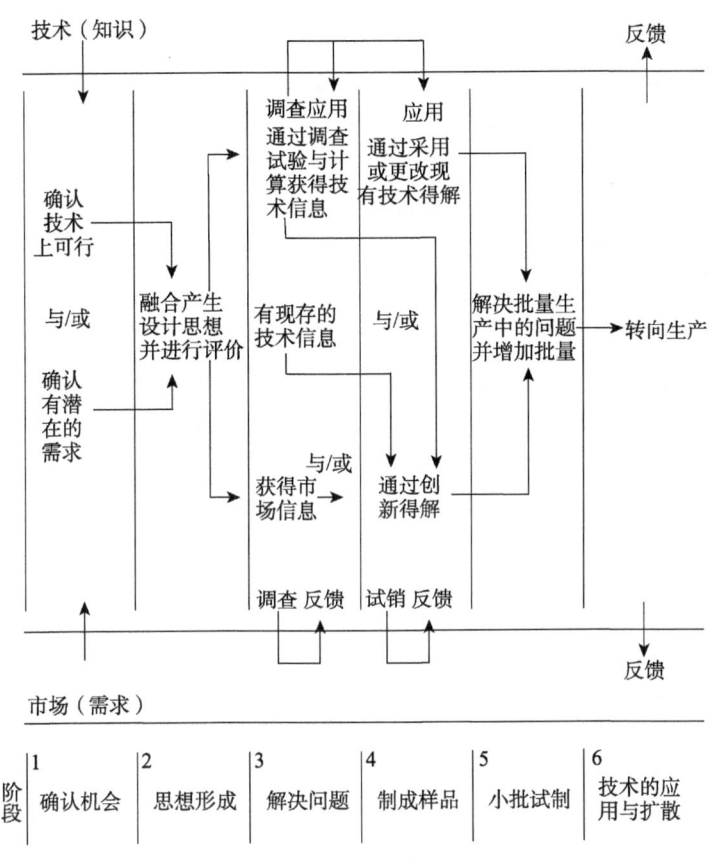

图 8　技术创新作为技术知识和市场需求融合与转换的过程

术上的可能性，在一个设计思想中融为一体，这是一个把两方面因素联系起来的创造活动。如果单纯考虑技术上的先进，那么其成果可能是社会需要的，也可能是社会不需要的；同样，单纯考虑需求而不考虑技术上的先进性与可行性，其产品可能受到社会和用户欢迎，也可能出现相反的情况。因此，必须将两者结合起来。在这个阶段中，还需要对所形成的新设计思想进行评价。虽然在整个创新活动过程中，对创新进行不断的评价是技术创新管理工作的一项重要内容，但在这一阶段，评价具有特别重要的意义。它是一个强有力的判断性决策，决定着该项技术创新是否值得继续投入资源，把创新项目推向下一阶段。

以上一、二阶段，即新思想的产生与形成的阶段。

第三个阶段是问题的求解阶段。思想形成与设计概念的产生，提出需要解决的问题，要求投入人力、物力、财力，寻求解决方法，这就进入了问题求解的阶段。在有些情况下，解决问题所需的信息已经具备，技术条件也已成熟，这样，问题容易得到解决。但有时情况恰好相反，于是要求进行大量的研究和发展（在这种情况下，研究与发展又明显地表现为技术创新过程的一个组成部分）。在研究与发展工作进程中，往往出现不少预计不到的问题，于是要不断地寻求新的解决方法或采用折中的解决办法，并且在很多情况下会遇到一时克服不了的困难，工作不得不因此而中断或终止。

第四个阶段是问题得到解决的阶段。这一阶段可能得到属于创新性质的专利。还有一种情况是采用别人的发明或已有的技术来解决所存在的问题，那么，这就属于应用已有创新的性质，即模仿或仿造。

第五个阶段是批量生产的开发阶段。虽然在解决问题的阶段验证了设计思想，或是对原有目标进行了某些修改，但仍然存在许多未解决的问题与缺点，特别是进行批量生产所必须解决的问题。于是，便需在这个阶段中把创新活动引向改善生产工艺、批量生产、降低成本、满足市场需求等方面。

以上三、四、五阶段，即求解和开发阶段，就是研究与发展管理所要研究的重点。

第六个阶段是新技术的应用与扩散阶段。在这个阶段，新技术、新产品首次得到应用并向市场扩散。并不是所有新产品都能在这个阶段中得到成功，往往只有不到半数的新产品能畅销和顺利地收回花在技术创新上的投资。在这个阶段中，大量资金耗费在制造前的准备、市场的开拓和分配渠道上。这些费用往往大大超过解决问题阶段所花去的费用。同产生新思想、新概念的早期阶段相比，现阶段的不确定性已大大降低，由投资引起的风险则大幅度增加。

三、技术创新过程的分阶段模型的作用

之所以将技术创新过程区分为不同的阶段，首先是因为事物本身演变的属性：过程本身内在矛盾在其发展的不同阶段，因矛盾主要方面的变化而呈现出不同属性。其次，是因为人们对技术创新过程进行管理的需要。

技术创新对企业的生存与发展固然十分重要，但要使之成功，即从技术成功、商业成功到经济上的成功（能收回在技术创新上的全部投入，达到经济上的得益）却是非常困难的。其原因在于以下几点。

（1）技术创新所固有的复杂性与不确定性所带来的风险性。技术创新的不确定性不仅在于技术本身的不确定性，而且在很大程度上在于市场销售的不确定性与风险性。此外，还有社会、政治方面的因素。据麻省理工学院斯隆管理学院贺尔维奇教授的统计与研究，在一些重大的技术创新中（如协和号大型飞机、高速列车等），失败的原因有近一半出自社会和政治方面。

（2）技术创新过程涉及许多综合程度（层次）不同的社会单位，包括个人、群体、组织及其集合体。例如，技术创新是一个需要运用多种资源的复杂协同过程，如何使这些资源（如金融资源）在恰当的时候投入运行是一个系统、复杂的

运行过程，必须有周密的规划与控制，以最好地运用各种资源。

（3）技术创新过程中所内含的矛盾并不是一开始就显露出来的，而是一个渐进的、缓慢的展开过程，因而在技术创新中的决策和行动，也必须是一个逐步收集情况、分段决策和行动的过程。

技术创新决策过程的复杂性驱使人们寻找一种"决策用的智力工具"，以便将复杂的技术决策过程分解为多个简单的决策过程。图8所描述的技术创新过程——阶段划分模型正是这样的一种"智力工具"，因为创新过程的各个阶段都由一个或多个决策及相应的行为所构成。

创新阶段划分模型把许多连续的决策加以组合。一个阶段是由一种或多种决策及有关行为确定的，它们之间有逻辑上的联系，并把整个过程推向后续决策。

应用阶段划分模型可以知道目前处在什么阶段，从而明确工作的性质和任务。可把决策总过程划分为各个相对独立的决策阶段，以便有准备、有步骤、有重点地做好各阶段的决策。

四、技术创新过程形态的多样性

上文以抽象的方法讨论了技术创新的一般过程，它只是从典型化的角度提供和讨论了技术创新过程的共性问题。而现实生活中，技术创新过程是具体的、多样化的。这种多样化源于技术创新的性质、新度、规模、所处的产业等。例如，要开发一种消费品，首先要摸清顾客的潜在需求，同时考虑技术上满足这种需求的可能性，将两者予以融合，产生出新产品的概念，然后选择设计新产品的方案，继而通过研制、生产，最后投放市场。

在工艺创新方面，虽有类似的过程，但具有不同的特点。需求的信息一般出自企业内部，诸如现有的技术手段与设备不足。通过选用新的技术方法产生新的工艺方案，或是针对现有技术设备不足加以改进，或是进行研究，创制新的设备或工艺方法。在创制新的设备与工艺方法时必须结合企业的实际状况，达到实际应用的目的，达到内部用户满意的程度。

对于服务创新来说，它与产品不同，具有较隐含的性质。例如，一种新的金融或保险业务，虽其总的创新过程也是经历摸清需求、产生概念、设计方案、开发劳务和开拓市场，进行投放，但与一种电视机的创新过程相比，没有可以直观显现的实物模型或样品，以征得用户的反馈意见。

对于复杂产品系统的创新来说，它包含着技术系统，这种系统包含的构件往往需要不同企业分工协作，因而研制的周期长而且风险也大。为了减少这种风险，尤其需要仔细地了解用户的使用要求，最好在整个研制过程中同用户密切地合作，邀请用户的介入。在不少产业中用户也是创新者，如半导体的生产设备制造公司、医疗设备企业等，它们在研制和生产产品过程中常常创制出新的制造元器件所需的高效设备[①]。为了减少风险及损失，不少大公司将复杂的创新过程划分为很多阶段，阶段之间设立严格的"关卡"（或"门"），在上一阶段要求未达到前，严禁进入下一研制阶段。这种管理创新的方法能有效地减少风险和损失。但这种线性过程的管理会导致创新周期很长，违背了当前缩短创新周期的趋向与要求。因而，要求创新管理很好地处理减少风险与加速试制间的矛盾。

有人把创新过程比喻为乘坐火车的旅行过程。铁路上有很多个站，旅客们可以从不同的站上车，也可在不同的站下车。相似地，不同性质、规模、新度的创新可以在不同的研究与发展阶段切入，在不同的研制、开发、投放阶段切出。具体说来，以下一些因素影响着技术创新过程的曲折变化。

首先是环境方面的因素对创新过程及其管理的影响，主要包括以下几个方面。

（1）产业。在不同的产业中具有不同的创新特性和要求。例如，对于传统产业，如钢铁、汽车等，其规模效应要求技术创新为其规模经济与范围经济创造良好条件，注意产品平台、系列化、标准化的工作。而对于同科学密切联系的产业，如医药业，则必须加强对基础研究和应用研究的投入与管理。

（2）国家的创新系统。不同的国家对技术创新有不同的支持环境，有不同的创新机制和政策，例如，一些森林资源丰富的国家，对造纸业及其技术创新给以优惠的政策支持。

（3）企业规模。在规模大、管理层次多的企业中，部门界限多、规章制度约束多、企业高层领导离基层远，使技术创新受的束缚多，遇到问题不易及时得到企业领导的支持。反之，小企业层次少，领导接近基层，创新者容易得到企业领导的支持，便于及时获得所需的资源。

（4）生命周期（包括产业的生命周期和技术的生命周期）。在生命周期的不同阶段，技术创新有所侧重，例如，在生命周期的初生阶段，产品尚未定型，性能问题是主要矛盾，因而技术创新的重点应是产品的创新。关于这方面的详细讨论将在本章后半部分的有关节内展开。

其次，除上述四个方面的主要因素外，以下因素也对创新过程产生影响。

（1）外来未预见到的冲击对创新的影响。例如，突然出现一种很成熟的新机遇，或者来自用户的严重不满情绪，往往促使调整现有的创新过程和部署，以利用出现的新机遇，或解决用户的不满。

（2）新思想的增生。当创新已在循着原先决定的方向前进时，到一定时候，随着研究与发展工作的进展，会出现很多不同的途径。这时需要根据新的情况调整既定的研究与发展途径。

（3）出现未料到的逆境与阻碍，诸如原定计划过于乐观、要求投入骤增、错

[①] 参见 Eric von Hippel 的 *The Sources of Innovation*（《创新之源》）（哈佛大学出版社，1988 年），以及许庆瑞主编的《技术创新管理》（浙江大学出版社，1990 年）。

误的积累以致出现恶性循环，这时，势必重新调整创新的进程。

（4）外界的干扰、人员的变动和未料到的突发事件往往要求对创新组织进行重组。

（5）创新成功的标准发生了变化。

（6）企业的战略转移，促使技术创新策略进行相应调整。

以上讨论表明，技术创新过程受到内外环境诸多因素的影响，企业的技术创新过程不可能是千篇一律的，不同的产业、不同的企业、不同的技术均有其创新过程的具体属性和形态。此外，环境在变动，技术创新过程必须适应其变化从而具有动态的特征。关于这一点将在以下两节作专门讨论。

第四节　技术创新过程模式的演化

了解技术创新的过程有助于对创新过程进行有效的决策、组织和管理。但创新过程并不是一种固定不变的程式，随着时代的推进，其发生了很大变化，犹如研究与发展经历了三代变化那样，技术创新过程经历了五代的变化。早期的模式都是由一系列功能构成的线性模型。

最早出现的第一代技术创新模式是一种技术推动型的线性模型，如图9所示。

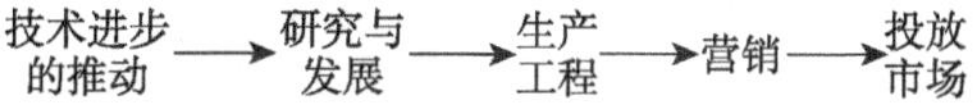

技术进步的推动 → 研究与发展 → 生产工程 → 营销 → 投放市场

图9　第一代技术创新模式：技术推动型

这种模式大多出现在商品经济尚未充分发达，或市场经济虽已成熟，但市场竞争尚未达到十分激烈程度的情况。例如，我国20世纪50年代到70年代中后期，技术创新主要是这种模式。

第二代技术创新模式是一种市场拉动型的线性模型，其示意如图10所示。

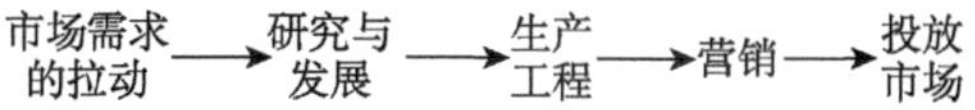

市场需求的拉动 → 研究与发展 → 生产工程 → 营销 → 投放市场

图10　第二代技术创新模式：市场拉动型

根据麻省理工学院斯隆管理学院罗伯茨（Roberts）教授的统计与分析，成功技术创新的主要推动力是市场的需求，其统计结果如表2所示。

表2　成功技术创新的推动力

推动力	美国	英国
来自科学与技术的推动	22%	27%
来自市场需求	47%	48%
来自生产上的需要	31%	25%

根据上述资料可以这样认为：需要是保证创新活动获得成功的更为重要的因素，市场与生产需求的推动力大大超过了科学技术本身发展的推动力。人们将它概括为这么一句话："需求是技术创新之母。"

以上两种模式的缺点很明显，它把技术创新的动力简单地归于一种推动力。实际上，技术创新的动力源是多方面的，这些动力是同时发生作用的，特别是市场拉动与技术推动两者是相互作用、啮合在一起的。第三代技术创新模式就体现了这种关系。

第三代技术创新模式是技术推动和市场拉动的综合过程，其简单的作用原理如图11所示。

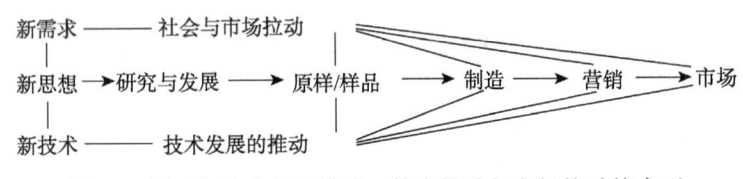

图11　第三代技术创新模式：技术推动与市场拉动综合型

技术创新的实际进展告诉我们，市场与技术两者总是相辅相成、同时发生作用的，有时市场拉动的力量会更强一些，而在另一些场合下，技术推动的力量会更大，但两者总是共同起着作用的。任何一种创新如果没有市场就如无水之鱼，无法商业化；而任何一种创新没有技术支持，也无法向顾客体现出它的价值。可以说，现代的技术创新必须是技术和市场两者共同推动的结果，缺一不可，是一种相互作用的模式，不是单向的线性模式。

由于竞争的激化，企业为了使新产品早日投放市场，竞相采用使各项研制工作平行交叉作业的平行模式，以缩短技术创新的周期。这就是第四代技术创新的平行模式，其原理的示意图如图12所示。

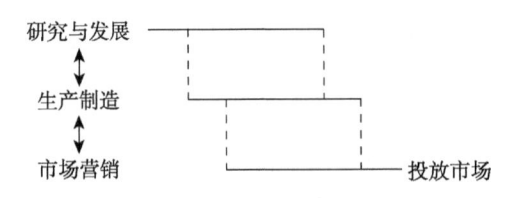

图12　第四代技术创新的平行模式

关于技术创新的平行模式，不仅包括内部各功能部分的高度平行交叉，还包括与其上游供货商和其下游客户的相互支持和协作，以便使新产品能更早、更好地满足用户的需求。

第五代的技术创新过程进入了系统的一体化与扩展的网络模式。创新者企业不仅在内部更好地实现各功能的平行作业和一体化，而且广泛地同供货企业和其他战略伙伴在技术创新上进行广泛的协作和外包；不仅充分利用本企业的创新能力与资源优势，而且通过建立广泛的战略伙伴关系，动员其他战略伙伴的资源，凭借其他战略伙伴的创新能力，更加灵活地进行持续不断的创新，以尽快、尽好地满足用户的需求。

第五节　技术创新与产品生命周期

技术创新具有随时间推移而变化的动态特征。这种动态变化同产品生命周期、竞争环境的变化有关，也同技术创新的过程模式有关。下面分两节来讨论技术创新的动态性问题。本节将先讨论技术创新与产品生命周期的问题，并结合产品生命周期各阶段阐明应采取的相应技术创新策略。

为了进一步揭示技术创新的规律性，这里扼要介绍产品的生命周期理论，因为技术创新过程中呈现的很多规律性是同产品生命周期密切相关的。

产品生命周期一般划分为四个阶段：引入期、发展期（成长期）、成熟期和衰退期（淘汰期）。为详细说明也可划分得更细些。此处使用的图 13 即是一种阶段划分的示例。

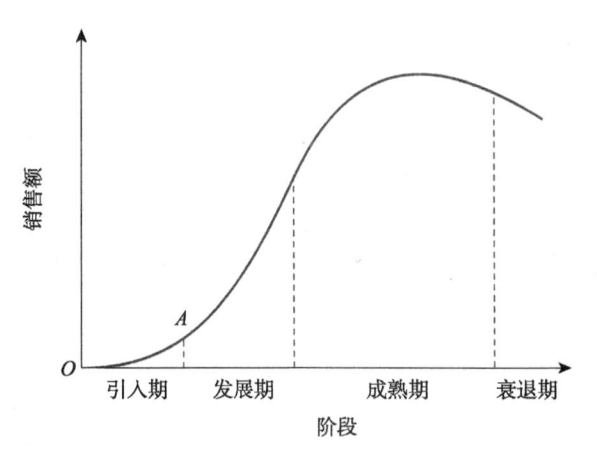

图 13　产品生命周期图

一、引入阶段

引入阶段是指把新产品引进市场的阶段。这个阶段是从开发和产品创新开始，一直延续到制造量到达一定的（较高的）数量。所谓一定的（较高的）数量是指销售曲线开始迅速上升的点（图 13 中的 A 点）。

这里促使新产品销售量急剧上升的因素是产品的性能，即它能否比用途类似的现有产品优越，能否受到用户的欢迎，为市场所接受。一个新产品生命周期的开始或是由于重大创新的出现，或是由于对产品的重大改型（这种改型一般引起生产的中断）。一个重大的创新往往具有影响人们生活方式的潜在力量，如汽车、计算机的产生以及冷冻食品的出现，均引起了人们生活方式的不同程度的变革。这里可以看到技术对社会与经济生活的影响。反过来看，技术创新是否成功，又同该创新是否符合社会需要有关。成功的创新中 70%—80% 是由市场与生产上的需要推动的，这一点在上面已经讲到。

　　创新产品的首次应用往往局限于非常狭窄的范围内，这时，原有的技术已显得不适用了。例如，无线电首先是用于航海船只与岸上的通信联系。同原有产品相比，在产品生命周期的早期，创新产品往往具有成本高、可靠性差、性能不稳定等缺陷。也就是说，初期引入的创新产品还不完善，因而必须充分利用用户和顾客及时反馈回来的信息对新产品进行改进。例如，在 1900 年前的汽油车，比蒸汽车和电汽车都差得多，经过不断改进，到 1904 年以后，汽油车就远远超过它们了。另一个例子是复印机。最早生产的 914 型复印机有严重缺陷，但经过不断改进，到 1962 年，复印机就大大优越于湿印机了。总之，创新产品从不完善到完善要有一个过程。领导者的责任在于扶植新鲜事物，切实地组织力量攻克影响产品质量、性能与经济性的难关，使之不断完善。而且在引入阶段，更大的力量要花在改善产品性能方面，要注意进行品种的筛选，因为竞争不仅存在于新旧产品之间，而且存在于不同型号的新产品之间。必须从多样化的产品创新型号中筛选出性能最好、最有竞争力的型号进行批量生产。

　　经过不断的改进，将对产品进行基型设计。它集中了过去很多型号的优点，但这种综合后的优点又是过去任何一种型号产品所没有的。基型设计是产品引入阶段中一个非常重要的工作，它使产品具有创新的性质。

　　在这个阶段中，研究与发展工作也有很大的变化。在引入阶段初期，市场需求与有关的技术要求尚不是很明确，对有组织的研究与发展工作并没有多大要求。而当逐渐接近结构的基型设计时，有组织的研究与发展工作便变得十分重要了。研究与发展工作要瞄准市场需求与技术要求，要开发新知识和运用现有知识去改进产品的功能和特性。在这个阶段，研究与发展部门要经常同供货单位、购买单位、用户及高等学校保持密切的联系和合作。

　　引入阶段对生产效率的要求，同以后的阶段相比，并不那么重要。此时强调的是创业精神，而不是过死过细的职能分工；强调面对面的联系与解决不同问题，而不是规章与法规；强调要决策及时，而不是正规化的程式。

　　总之，在产品生命周期的引入阶段，不求规模大，需要的是生气勃勃、富有创业精神的灵活的组织形式，依靠技术水平较高的工人，用万能设备，进行着小批量的生产。当完成基型设计并向成批大量生产过渡时，这个阶段便宣告结束。

二、发展阶段

产品标准化和工艺过程合理化，是产品生命周期进入第二阶段的标志。从技术创新的角度来看，发展阶段是从产品创新向工艺创新过渡的阶段。

在这个阶段，销售量开始急剧上升。不需要多长的时间，原有小批量生产的车间、工段的组织形式就会不适应，而且由于销售量的加大，使用高效率的专用设备，在经济上就更具优越性。因而，必须做好销售量增长的预测，在这个基础上及早进行生产组织调整的准备。有一些高层领导，特别是主管生产的厂长或经理，他们总希望生产系统在各方面都具有高效能，寻求一种既能保证高质量、低成本，又能保证做好用户服务工作的"万能"生产系统。这种设想是不切实际的。一种生产组织形式往往只能在某些方面具有优势，满足一两个生产目标，不可能面面俱到。因此必须针对生产发展的阶段性，在几对矛盾中抓住主要矛盾，解决当前最关键的任务。这种关键任务应是有利于实现企业策略方针的（例如，提高质量或降低成本）。

发展阶段与引入阶段相比，工艺创新比产品创新处于更加重要的地位。一方面，由于产品结构已渐趋定型化，有可能在工艺方面进行创新与改革。另一方面，市场上同类产品的竞争，已从性能方面转向价格方面，因此必须在工艺与生产组织方面为降低成本创造良好的条件。

这个阶段开始加强产品与制造过程间的相互依存关系。例如，采用专用设备会限制对产品结构的改革与创新，因而在发展阶段中，做好产品的定型设计与标准化工作是其重要的内容。

要做好定型设计，就必须把下列三个方面很好地结合起来：一是技术上的先进性；二是市场的接受程度；三是企业的策略方针。

在做出产品的定型设计时，要保证定型设计继承、集中与发展过去产品的长处。例如，美国发展的V-8设计和DC-3飞机结构都是集中过去类似产品的优点设计而成的，因而成为经济效益良好的成功设计。DC-3成为最经济的远程飞行器，这一成功的设计左右了美国技术创新的方向达15年之久。在设计时要尽量保证成本低，采用高斜度的经验曲线。福特公司在进行汽车车型设计时曾经采用了大量生产、降低成本的策略。也有一些企业在定型设计时采用保证产品质量、提高产品性能的策略，如美国IBM公司、得克萨斯仪器公司等大公司曾采用提高质量的策略方针。

也应指出，高质量与低成本并非不可统一、绝对对立的一对矛盾，特别是在高度技术发展的现代化企业里，往往通过技术创新使这一对矛盾得到了很好解决，使新产品做到高质量、低成本。

此外，标准化也是实现高质量、低成本的重要途径。在整个产品定型阶段中要注意标准化工作。零部件的通用化、标准化对简化工艺、降低成本、提高产品质量均有重要作用。标准化扩大了零部件批量，为采用高效率新工艺创造了条件。

产品生命周期发展阶段的特点是大量进行工艺创新，销售量增大，生产组织得到改革与调整，企业中的生产线与劳动组织也相应进行了调整。由于产量增加，劳动分工可进一步细分与专业化。这就便于较快地掌握操作技术和采用专用设备与工夹具，用机械化、自动化来代替手工劳动。

在这一阶段中，研究与发展工作的重要性大大提高。只要决定了企业的核心技术和调查了市场需要，便可在这方面进行大量投资（风险比前阶段要小得多）。这一阶段中必然大量地开展应用研究与技术开发工作。但是为了长远的技术发展与储备的需要，在基础研究上应该保证一定的力量（根据经验一般应保持 5%—10%的力量），这一点对企业的长远发展是十分重要的。

在整个阶段中，研究与发展和技术服务部门必须同销售与制造部门加强联系和配合。研究人员必须加强同外界的联系与信息沟通。销售部门向研究与发展部门反映市场对新产品的需要，因而它在这一阶段中所起的作用要超过制造部门。

随着生产规模扩大和较多独立职能部门的建立，企业领导层要加强对各职能部门的协调，使研究与发展、营销、制造、供应各部门协调一致地进行工作。

总之，在产品生命周期的发展阶段，企业要集中力量搞好产品的定型设计和变型工作。产品变革的速度相对下降，而工艺过程的创新速度上升，组织有较大发展，特别是那些同市场、研究与发展、规划与生产有关的职能部门。企业要花很大力气来解决各职能部门间的矛盾，进行综合协调工作。

三、成熟阶段

到了产品生命周期的成熟阶段，销售量基本稳定，不再有大幅度增长，产品已经标准化，产量很高。如果说在上一阶段产品创新数量日益减少而工艺创新大量增加的话，那么这个阶段的产品创新与工艺创新的数量都已减少而趋于稳定。这两种类型技术创新的变化模式将在后面进行讨论。

到了成熟阶段，由于对畅销产品的竞相仿造，同类产品相继进入市场，价格成为竞争焦点。除了努力降低成本外，还应努力减少运输费用，并且努力改善服务质量。

到了成熟阶段，产品创新已降到最低限度，这时制造过程是高效率的，采用各种高效率的加工设备与运输装置，机械化与自动化程度大大提高。由于制造厂在这方面进行了大量投资，生产系统的灵活性大大下降，产品结构与工艺上的相互依赖性进一步增强。一种产品结构的改革往往要大量增加工艺改革费用的支出。这时，研究与发展工作已不如前两个阶段那样显得重要了。研究与发展部门的主要工作，已集中到技术服务工作和工艺改进方面。

在这个阶段，经营单位对来自研究与发展部门的新思想、新技术，已采取"抵制"态度，他们只重视短期的、眼前的小改进了。

总之，在产品生命周期的成熟阶段，经营单位把重点放在提高效率与降低制造成本和改进服务质量方面，这是一个增加产量、扩大组织结构和增加管理层次的阶段，强调组织上的稳定，各职能部门间的矛盾已相应减少，企业领导可以集中进行经营上的重大决策。

从以上分析可以看出，在整个产品生命周期中，产品创新与工艺创新有规律地变化着。要使产品创新和工艺创新能有计划地进行，企业必须在整个产品生命周期各阶段进行相应的组织调整与改革，以及按照产品生命周期不同阶段制定相应的策略。

第六节 技术创新的动态模式

为更好地理解技术创新的动态变化，继从生命周期角度对创新及其策略变化进行讨论之后，本节从创新内容方面讨论技术创新动态变化的规律。

美国学者阿伯内西（Abernathy）与厄特巴克（Utterback）最早对美国汽车工业中的技术创新的动态变化进行了研究，得出了产品创新与工艺创新速率随时间推移而变化的规律，这一规律性同样为我国学者的研究所证实[①]。为了便于理解各种技术创新的动态过程，分别按产品创新与工艺创新讨论。

一、产品创新

从以上的讨论中已看到在产品生命周期的初期，特别是在基型设计出现以前，产品创新的次数多，变动频率高，而且包括很多重大的创新。这是因为，产品必须在其性能、质量、外观、使用方便、安全、可靠等各个方面很好地满足顾客和市场的需要。为了满足这多方面的需要，企业必须进行大量的以提高产品性能为主的研究、发展和技术创新。在产业范围内，各竞争企业间展开了以提高性能为主要目标的产品创新的竞争，以期能获得更多的顾客与市场。一直到在众多的产品型号、模型中产生出基型设计后，产品创新频率才会显著地降低，研究与发展才转向渐进型的产品形态上的创新，因为产品的重大结构上的问题已在基型设计中获得解决。以白炽灯为例，当爱迪生推出了适合商业化的灯泡的整体结构设计时，产品创新的频率便呈直线下降。其他产品，如计算机、打字机等均有相同或类似的情况。图14是对这一现象的描述。

[①] 美国学者工作可参见厄特巴克所著的 *Mastering the Dynamics of Innovation*（《掌握创新动力》）；我国学者的工作可参见许庆瑞、王伟强等著的《技术创新组合理论与方法》（国家自然科学基金"八五"重大项目，第四子课题研究报告，1995年）。

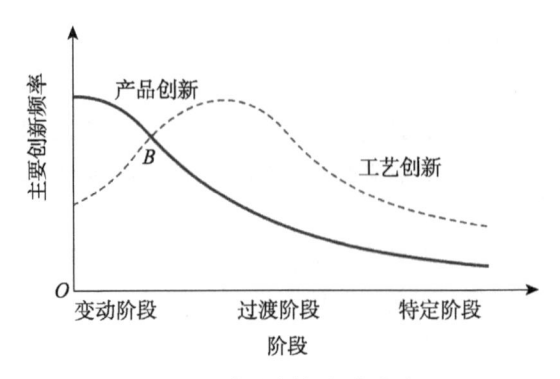

图 14　产品创新频率曲线

国内外学者的研究表明：在产品创新频率曲线的初期阶段（B 点左边），作为竞争的主要基础的产品的性能标准尚未确定和建立[①]。在此时段内，正是频繁的产品创新，使存在的许多有关产品性能的技术问题获得解决，从而使产品的性能和结构得到明显的改进，因而得到用户的赏识和信赖，为市场所接受。

为进一步开拓市场、提高市场占有率，产品创新将集中于满足制造、发运和维修等方面的需求，解决结构的工艺性、产品的系列化、通用化和组件的标准化问题。

用户的比较和评价是把产品创新引向改进与提高产品性能的重要推动力及信息源。为此，如何把用户的意见和设想尽早尽快地吸收到产品创新中来，是技术创新管理尤其是产品创新管理的重要问题。很多企业在这方面创造了很多经验，例如，较早地吸收用户参加到产品的开发过程中来，搞出原样后邀请用户根据原样（甚至比原样更原始的样件）提出意见，在整个新产品研制过程中进行多次市场试销以吸收用户的意见，等等。

美国麻省理工学院的冯·希佩尔教授继其"用户是创新者""黏着信息"等著名发现和论断后，又提出了"领先用户"的新论点和相应方法。根据他的发现，在用户中有一部分对创新产品最敏感、受益较大的用户，最熟悉也最关心创新产品的完善和使用。作为制造企业应尽早吸收这些领先用户参加到产品的创新过程中来。他所开发的"领先用户法"，也在世界著名的跨国公司（如 3M 公司）成功地应用，并创造了良好的经济效益。

创新者企业在进行产品创新时，要十分注意发挥企业的核心技术能力进行独到的创新，使所创造出的产品具有独一无二的性能、外观和其他内在质量，并具有自己的专利。这样的创新产品具有较长的领先时间，不易为竞争对手所仿制，

[①] 参见 Frischmuth 和 Allen 的文章"A model for the discription and evaluation of technical problem solving"（载于 *IEEETransactions on Engineering Management*，1969 年）和许庆瑞、王伟强等《技术创新模式的研究》（国家自然科学基金会"八五"重大课题，研究报告，1995 年）。

从而可最大限度地占有市场和吸引潜在用户。

在产品创新的过程中并不排斥其他创新，如周期较长的关键工艺的创新和战略性的基础性工艺，以及其他方面的创新活动。

二、工艺创新

在新的产品技术的形成期间，工艺一般因陋就简、不讲求效率，只求能最经济地把产品原样/样品试制出来，这时的工艺路线是依靠有高超手艺的技术工人和尽可能使用通用化的设备与工具。例如，在白炽灯商业化生产的头几年，爱迪生的灯泡主要是靠大量手工劳动来制造的，没有专用的设备和工具，也没有精心制定的工艺。因为，这时无论是对创新者企业来说，还是对大胆试用初创产品的顾客来说，都只关心产品本身能尽快地生产出来，做试验或试用。

此外，产品创新与工艺创新具有相互依存性，产品性能、质量、效率的提高要依靠先进工艺的支撑。从图15中可以看到它们之间互补的关系：在产品创新速率下降时，工艺创新的频率急剧地上升。以白炽灯为例，当产品基本定型后，专用的吹泡机、高真空泵以及其他先进制造技术与设备被大量地开发出来和投入运用，白炽灯从依靠熟练工人使用通用设备来制造，变为雇用一般工人使用专用设备来进行生产。据统计，白炽灯泡的制造工步从1880年的200降到1920年的30。灯泡生产从单件生产转向成批生产直到连续性的大量生产。

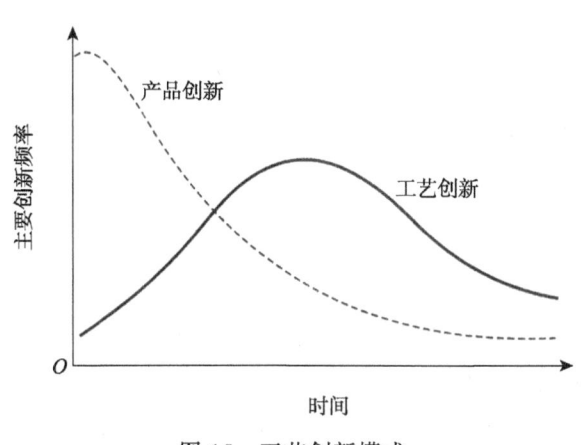

图15 工艺创新模式

三、组织变革

随着创新产品趋于定型，工艺创新因提高产品质量和劳动生产率的需要而大大增加。技术上的变革与产量规模的逐渐上升，使原来适合技术创新的企业家式的富有灵活性的组织形式，变得不能适应产量上升、生产规模扩大的需要。主要表现为：非正规的控制让位于强调结构、目标、规章、程序；结构变为层次型和具有刚性，任务下达正规化；曾经作为企业生命的血液的重大创新，已不被提倡，而是让位于不断的渐进型的技术创新。

变革不仅存在于产品与工艺，而且存在于组织方面。在创新初期，市场与技术具有高度不确定性。在这种不确定的环境之下，要求组织中的成员高度团结、协作，就需要一种有机型的组织结构。这时强调任务的调整和重新分工、限制层次结构、提倡相互间横向沟通交换信息。这种有机组织适合不断变革着的不确定环境，因为其有利于广泛迅速地收集和处理决策所需的信息。

在有机组织中，权力相对地集中在企业家手中，其所关心的是重大创新的成功，作为成功的回报，不是巨额利润而是企业的生存和未来的增长。重大创新的成功和新生市场的开拓主要取决于企业家能团结员工、奋力拼搏。只有这样的组织才具有巨大的创新能力和潜力。

当组织失去其有机型的特点和优势之时，正是企业中的权力从企业家手中转到管理者手中之际。为了达到有秩序的生产管理和提高批量生产的效率，需要强调正规生产的一套管理程序和方法，分工协调和控制变得重要了。因此，当进入过渡阶段时，组织往往放弃早期的企业家式的组织形式，转而按产品或工艺进行部门的建立和分工。

当完成基型设计并根据市场迅速增长的需求组织生产和运作时，就要加强对营销、生产等部门的激励并注重采用各种物质激励手段，如分红、分奖励股等。

在产品完成了标准化后，建立广泛的营销关系和强化生产过程成为主要任务，这就需要通过结构、目标与规章进行组织控制。当组织的经营环境比较确定并且运行程序化时，必须加强协作，建立统一的程序与规章以提高效率、降低成本。这种结构就是机械型的结构。

在这种机械型结构中，由管理能力强的人来掌权和运行。当技术和市场环境趋于稳定，企业的增长主要依靠现有的成熟产品和工艺时，驾驭这个稳定增长过程的能力受到高度重视，不再鼓励那种会破坏或威胁现有过程稳定性的思想，而是鼓励有利于延长现有产品生命期的思想和行动。

四、产品与工艺创新的阶段特征

为了更好地了解产品创新与工艺创新的相互作用及动态特征，现将两者的动态特征综合为一个模型（图16），并分阶段说明两者的动态特征和相互关系。

为了分析和说明的方便，可把技术创新的动态过程划分为三个阶段：可变动的（简称为变动的）、过渡的和固定的（或称特定的）。

（一）变动阶段

变动阶段是一个变化多端而且具有突发性的阶段。在这个阶段中，产品、工艺、竞争中的领头者以及企业的结构与管理均具有高度的不确定性。

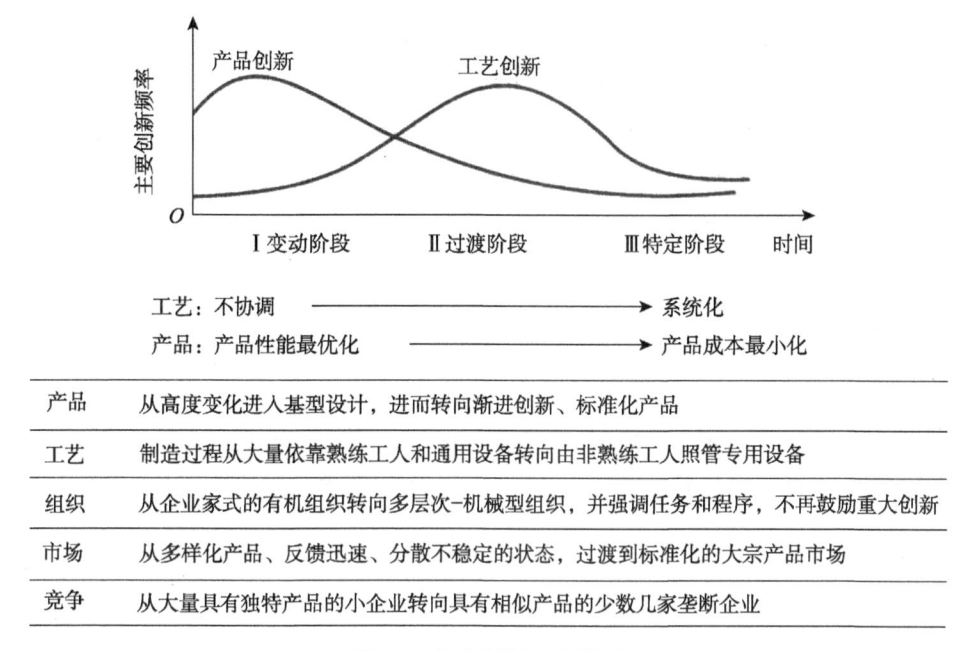

工艺：不协调 ——————————→ 系统化
产品：产品性能最优化 ——————————→ 产品成本最小化

产品	从高度变化进入基型设计，进而转向渐进创新、标准化产品
工艺	制造过程从大量依靠熟练工人和通用设备转向由非熟练工人照管专用设备
组织	从企业家式的有机组织转向多层次-机械型组织，并强调任务和程序，不再鼓励重大创新
市场	从多样化产品、反馈迅速、分散不稳定的状态，过渡到标准化的大宗产品市场
竞争	从大量具有独特产品的小企业转向具有相似产品的少数几家垄断企业

图 16　技术创新动态模型

在这一阶段中，技术与产品的变化速度均极其迅速。新产品使用的技术往往不成熟、昂贵又不可靠，但其功能却可以满足市场中一部分顾客的需求（市场缝隙）。例如，爱迪生的第一个照明系统，只被那些怕引起火灾的企业所采用。又如，第一台计算机笨重又昂贵，只是满足那些亟须运用其快速运算功能的用户。

产品创新在这一阶段同时面临着目标和技术上的不确定性。目标的不确定性在于早期的创新尚未建立起明确的市场面。事实上是市场拉动着创新。而整个新市场的出现和形成，要靠技术创新的力量去探索和创造。但在早期还不知道目标市场在哪里，不知道哪种产品能迎合市场的需求。

在早期变动阶段，研究与发展的目标较分散。当技术处于发散状态，企业不清楚该向何处投放研究与发展的力量。事实是，往往在某些产品技术上投放了很大力量，但却并未被市场接受。在变动阶段，可以见到很多用户的设计和适合使用者的设计。

在变动阶段，以产品创新为主，工艺创新处于从属地位。投入的材料大多是现成的材料，制造过程使用的是通用设备和高级技工，在小规模的接近技术源的工厂中生产。虽然从现代化的生产标准来看，这种生产方法是低效的，但由于该阶段中产品的技术变动很快，不这样做会造成更大的不经济性。

在变动阶段，竞争的基础是产品的功能和质量。这时竞争者尚不多。当领头者企业提高了产品技术并赢得市场后，一部分后来者企业将紧跟着进入市场。

在变动阶段，企业保持着企业家的风格，反映出企业缔造者的性格，创建者往往是科技企业家，其中也有一些是模仿者。创新者为保护其创新的利益，必然要为其技术创新申请专利权，以防被仿造。

（二）过渡阶段

当新产品的市场需求上升时，意味着将进入过渡阶段。市场接受创新的产品并产生基型设计，标志着过渡阶段的到来。这一阶段竞争的重点是产生出众多的、满足各种特定用户的变型产品，因为到了这个阶段用户对该种创新产品已有清晰的理解。企业的重点已从发明者的实验室转到对该创新产品进行大量生产的现场。

在这个阶段中，产品创新和工艺创新开始变得紧密相连。根据定型的产品设计和制造专用的设备和工具，材料改用专用的材料，适用于大量生产的组织形式（如自动化流水生产线）已采用，管理与控制也显得更为重要。这种生产过程日益增长着的刚性，意味着产品结构已不允许做大的变动，否则将会大大提高生产成本和延长生产周期。

（三）特定阶段

这一阶段处于产品生命周期的中后期，相当于产品生命周期的成熟期。这里为何不用成熟阶段，主要是考虑到这时正处于对某种特定产品[①]的高效率-低成本生产阶段。此时竞争的基础已不是创新产品的性能，而是产品的质量与成本之比。因为在特定阶段产品已完全定型，各竞争者企业在产品上已极其相似，差别很小。即便是很复杂的产品，如汽车，也趋于相似的设计和制造工艺过程，基本上具有同样的空气动力形状、发动机、内部构件等。

在该阶段，产品与工艺间的连接更加紧密。产品与工艺中的任何一个细小的变化都会引起其对应方的困难而且昂贵的变化。因为，这时的高度自动化的生产已将完全定型的特定产品及其相应的高效率-低成本的制造过程紧紧地啮合在一起。

从组织方面来看，发明与创新者的时代已经过去，让位于照管者的特定阶段，照管者看管和控制着连续化的平稳的生产过程。照管者不仅包括生产线上的工人，还包括管理人员与工程师。

为了更好地理解技术创新在上述三个阶段中的重要动态特征，用表3加以综合和概括。

表3　工业技术创新三个阶段的重要动态特征

项目	变动阶段	过渡阶段	特定阶段
创新类型	频繁的重大产品变革	上升的需求导致的重大工艺变革	产品的渐进性改进和质量及效率的累积提高
创新源	行业领先者，产品用户	制造商，用户	经常是供应商

[①] 特定产品的英文为 specific product。

续表

项目	变动阶段	过渡阶段	特定阶段
产品	多样化,经常是定制的	至少稳定一种产品的设计以保证足够的产量	大部分为标准产品
工艺	灵活但效率不高,能适应大的改变	比较固定,仅在主要工艺上做一些改进	高效,资金密集和固定,变革成本大
研究与发展	由于技术的高度不确定性,故不集中于特定技术	主导设计出现,集中于特定的产品特性	集中于逐步改进的产品技术,强调工艺技术
设备	通用设备,需要熟练工人	某些子工艺过程自动化,建立独立的"自动化小组"	使用专用设备,大部分自动化,工人主要进行监督和控制
工厂	小规模,接近用户或者创新源	普通工厂,设有专门部门	大规模,对特种产品实行高度专门化
工艺变革成本	低	中	高
竞争者	很少,但随着市场份额波动在增加	很多,但随着主导设计的出现而减少	很少,处于市场份额稳定的典型的垄断阶段
竞争基础	产品功能的性能	产品多样化,适用性	产品的价格
组织管理	强调非正式的企业家式的组织管理	采用项目组或工作组的形式	组织管理中强调结构、目标、规则
行业领导者的弱点	模仿者,专利的挑战;成功的产品突破型创新	更加有效和高质量的产品制造商	技术创新导致的更优的替代品

五、超越特定阶段和下一轮的创新

上述由阿伯内西与厄特巴克所阐明的技术创新的动态模型(简称U-A模式[①]),揭示了在大量生产的装配型产品条件下产品创新与工艺创新相互作用过程中,技术创新和生产效率之间的权衡与变换。到了特定阶段,效率为先,创新退居第二位。在那时,一辆轿车的工时由生命周期前期的 4600 小时,压缩到特定阶段的 100 小时。

在特定阶段下为了提高效率而采用刚性的高自动化设备,导致了同技术创新互不相容的矛盾。近代技术发展所出现的柔性制造系统,在解决这一矛盾中做出了重要贡献。只有大量生产才能提高效率的规律已经被改变。先进制造系统包括柔性制造系统的引入,使企业在小批量的条件下同样能达到高效率、低成本的目的。这种独特的能力使得可以在产品多样化的条件下,采用符合顾客多种需要的大量生产模式。这就是被称为"大量顾客化"的模式,它是新一代经营竞争的前沿。这种大量顾客化的策略运用柔性制造系统,同时从标准化的产品平台生产出满足不同需要的独特产品。很多企业采用这种策略取得了成功。例如,日本的国家自行车公司实行了这种策略,可以在短短的 10 天内从其1100 万个品种、规格

---

① 这里取阿伯内西(Abernathy)与厄特巴克(Utterback)两人英文名的第一个字母作为该模式的代号。

的形态（包括不同的模型、色泽、车架、尺寸、零件等）中生产出顾客所指定的具体规格的自行车。

柔性制造系统和大量顾客化策略，为产品生命周期已走到创新尽头的特定阶段的产品找到了新的出路，以一种新颖的多样化来满足顾客的新需求。

一个创新产品从变动阶段经过成熟而步入特定阶段，虽然意味着产品生命周期即将结束，但同时也正孕育着下一个创新波的到来。新一代的创新产品仍然要周期性地经历变动、过渡和特定诸阶段，其产品和工艺创新的频率变化，依然经历着类同轨迹，这正是技术创新规律性的体现。

创 造 过 程[①]

技术创新和研究与发展都以创造性为基础。发挥科技人员的创造性与积极性，开发他们的创造力，是做好研究与发展工作和技术创新的关键。而了解创造过程又是开发创造力的重要前提。本章将围绕这个中心讨论以下几个问题。

（1）创造性的重要意义。
（2）创造过程。
（3）创造性活动的环境因素。
（4）激发创造力的技术方法（简称创造技法）。

第一节　创造性的重要意义

企业的经济效益在很大程度上取决于能否不断地激发与产生创造性思想，并将这些创造性思想付诸实现。

任何一个成功的技术创新总是从创造性的思维开始，逐步形成一个创新方案。不论是发展一个新品种或是改进一个老产品，不论是采用新技术、新工艺或是改进原有的工艺过程，都需要有新的创造性思想。为了适应经营环境的变化，不断提高经济效益，也需要有创造性的思想和创新的精神，对生产组织与管理组织进行适时的调整与改革。可见，创造性是科学技术进步和推进各项工作不可缺少的源泉，是做好各方面工作的普遍要求。

在技术创新工作的各个阶段，都离不开人们的创造性。以技术方案的选优为例，人们一开始提出的初始技术方案虽具有创新的特征，却不一定是最优方案，因而，决不能停留在第一个方案上。组织与管理的任务就在于激发人们的创造力，寻求更多的技术方案，以便进行对比选优，从中找出技术更先进、经济更合理的创造性方案。因此，做好一项技术创新，需要自始至终地发挥人们的创造性。

在许多企业和科研单位里，人们的创造性发挥得很好，工作生气勃勃，科研成果累累，技术创新层出不穷，经济效益显著。但在另一些单位里，情况截然不同，科研无成果，技术无创新，工作无生气，经济效益不好。究其原因，对创造性的重要意义认识不足，缺少一套发挥人们创造性的组织方法与管理办法，这是

[①] 节选自：许庆瑞. 研究、发展与技术创新管理（第二版）. 北京：高等教育出版社，2010：第四章。

重要原因之一。

要提高一个单位的创造力，首先要注意人员的素质，注意吸收有培养前途、有创造能力的人才，这是进行有效创新的重要条件与前提。

创造力是一种可贵的潜在能力。要使这一潜在能力转化为现实的创造力，还必须做好一系列的组织工作和思想政治工作。从管理方面来看，必须做好以下几个方面。

（1）要注意合理使用人才，使具有不同创造能力的人各得其所，使创造能力强的人从事高度创造性的工作，创造能力一般的人从事一般科技工作。

（2）要创造良好的组织环境，使人们的创造才能有充分施展的余地。

（3）要有良好的管理工作，使人们的创造性得以充分发挥而不受压抑。

（4）要注意创造力的开发，注意运用激发人们创造力的各种有效方法。

第二节 创 造 过 程

科学技术领域中的劳动不同于一般生产性劳动，其最主要的特征在于它的探索性和创造性。创造过程是人们进行创造性思维的过程。

创造性思维过程是一个怎样的过程呢？创造性又是什么？对于这些问题，如果没有一个基本的理解，就不可能按照科技劳动的特点进行有效的管理，也就不能很好地开发人们的创造力，发挥人们的创造性。

因此，在讨论那些有利于开发人们创造力与发挥人们创造性的组织管理工作之前，有必要先对创造过程作简单的剖析。

一、创造性思维过程是理解力与想象力的辩证统一过程

对于创造性，存在着不同的理解。第一种理论认为，想象力在产生新概念与解决技术问题中起决定性作用。第二种理论把创造性定义为：以系统研究方法为基础的分析技术，即理解和分析能力（简称理解力）在创造性思维过程中起决定性的作用。第三种理论则认为，创造性思维过程是理解力与想象力的辩证统一过程。这种看法比较全面，比较科学，下面着重讨论这一种见解。

创造性思维包括两种思维形式——形式逻辑及审美逻辑。前者是理智的、概念的认识，后者是想象的、直觉的认识。两者互相协调，互相补足，构成一个完整的思维活动（图1）。这里所谓的审美逻辑是广义的，不仅限于艺术意义上的审美活动，而是指一种以想象与直觉为基础构成的广义的逻辑思维方式，其判断不是依据概念，而是以直觉为基础。

如果从整体的综合的角度分析思维活动的特点，应提到克罗齐的贡献。他认为认识有两种方式：直觉的认识和概念的认识，或称作想象的认识和理智的认识

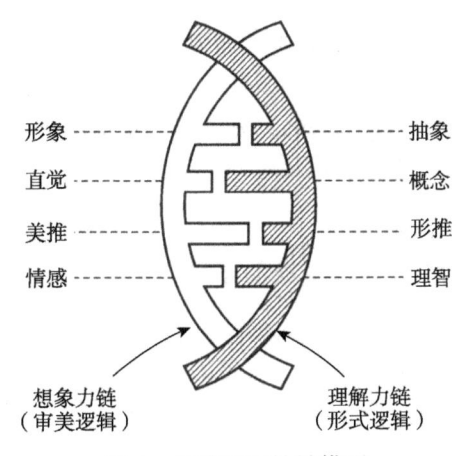

```
形象 -------          ------- 抽象
直觉 -------          ------- 概念
美推 -------          ------- 形推
情感 -------          ------- 理智

      想象力链         理解力链
     （审美逻辑）     （形式逻辑）
```

图 1　思维的互补链模型

（后者为形式逻辑）。这两种认识是一种双度的关系（一种认识为另一种服务）。在审美时刻，人的想象力和理解力处于和谐之中，而想象力占主导地位，或者可以说，"理解力为想象力服务"。也有人把人类思维的这种特征，比作思维运动的互补式模型[①]。按照这种假说，把人的想象力与理解力比作两条互相补足的链，组成类似生物学中脱氧核糖核酸（deoxyribonucleic acid，DNA）的双螺旋结构。这里把人的思维活动（不管是科学还是艺术），都看作想象力与理解力这两条互补链的辩证运动。在具体的思维活动中，它们在各个思维阶段表现出有主有次。人们注意力所集中的那条链便成为主导链。主导链的性质决定了该阶段的思维性质。例如，当主导链是理解力链时，那么思维的性质便是一种概念（或抽象）思维。反之，则是一种直觉（或形象）思维。在一个探索性、创造性的完整认识过程中，一般总要发生若干次主导中心的转移。人们思维中的注意力由一个链转向另一个链，而每转移一次，人们的思维就进入了一个新的境界。通过这种"否定之否定"的前进运动，人们的认识螺旋式地上升。这里必须注意的是，当主导链成为矛盾的主要方面时，其对应的辅助链仍以潜在的形式存在着、运动着，发挥其应有的补助作用。

这种思维的互补模型，已为人脑结构与功能研究的成果所证实。近 40 年来，科学家对人脑的研究有了很大进展。美国的斯佩里教授曾因对这方面的研究有重要贡献获得 1981 年诺贝尔生理学或医学奖。他以实验研究证明：独立的大脑左半球同抽象思维、象征性关系和对细节的逻辑分析有关，左半球功能包括说、写和进行数学的计算，其主要功能是分析，类似于电子计算机。大脑右半球在语言功能方面虽然不及左半球，但是在具体思维能力、对空间的认识能力以及对复杂关系的理解力诸方面，其功能超过左半球。而右半球的功能也有不足之处，几乎没

[①] 刘仲林. 科学创造性思维中的逻辑. 中国社会科学, 1983,（2）: 147-164.

有什么运算能力,只能做 20 以内的加法。斯佩里根据实验性分析研究,提出了大脑两半球既有其各自的专门化功能,又有互补的特性,从而推翻了以往一直认为的大脑左半球功能在思维方面大大超过右半球,左半球在人的思维中占优势的传统观点。人的完整的思维活动,就是通过信息传递,由大脑左右半球相辅相成协调完成的。

二、创造性思维过程是直觉与想象的矛盾运动

什么是想象?按照哲学家伏尔泰的说法,"积极想象把思考、组合与记忆结合起来。它把彼此不相干的事物联系在一起……将它们加以组合,加以修改"。爱因斯坦认为,"这种组合作用似乎是创造性思维的本质特征"。也就是说,"组合"作用是创造性想象的本质特点。

在假说和模型的形成中,想象是重要的组成部分。按物理学家普朗克的说法,"每一种假说都是想象力发挥作用的产物,而想象力又是通过直觉发挥作用的"。

在创造过程中,想象固然很重要,但单纯的想象组合本身不是科学创造的目的,也不能构成思维的运动。当想象组合依次地在人脑中出现时,在一瞬间的片刻里是来不及做完整的形式逻辑推理的,而是依靠直觉来对这些组合做选择判断。当把这些组合和判断的矛盾运动联系在一起时,就构成了完整的推理运动。具体来说,其过程大致是这样的:首先出现一个组合方案,接着被直觉判断所否定;跟着出现第二种组合方案,又有可能被否定;接着又出现第三种组合方案……以此类推,连续不断地把组合推向前去。在一系列的直觉被否定之后,可能会出现一个肯定性的直觉,它的出现正是人们期待的结果。

为了形象地说明以上过程,可用一个三角形来做象征性的比喻(图 2)。图中虚线表示直觉的否定,直觉的高潮是实线 AB,即灵感产生之处。灵感可以看作想

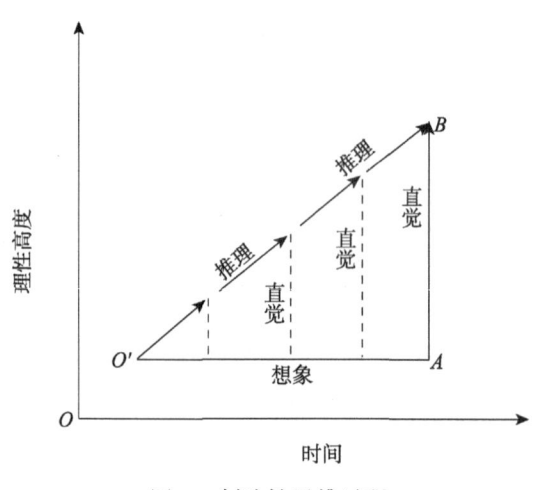

图 2 创造性思维过程

象和直觉的矛盾运动达到高度的统一。

在科学的创造过程中，创造就是通过想象和直觉的矛盾运动，从整体上推出理想结果的思维过程。

三、创造性思维是知识转移、学科相互作用和综合的过程

上面讲到组合是创造的本质特征。不论是运用理解力进行抽象推理，还是运用直觉对想象进行判断，组合的模式都是重要的、本质的因素。一种新的思想，如果单纯是现有状态的延伸，很难构成一种创造。而两种或两种以上独立学科的进展一经组合，不论是直觉地或是分析研究地产生了科学或技术上的综合，便会产生一种新的创造性的东西。举一个最简单的例子来说，人们很早就有了轮子的概念并普遍地使用了几千年，同时，马也长期被人们用来作为动力和运输的工具。但是，将轮子和马结合，产生了四轮马车，却是人类的一种创造。进而在这个基础上，将柴油机与汽油机作为动力，使其逐步演变为现代化的运输工具。

近代科技创造以无数事例证明，科学技术上不同学科的交互作用，产生了种种发明，同时，知识从一个领域转移到另一个领域，相互渗透，相互作用，产生出新的学科、新的知识和以它为基础的新的创造发明。例如，技术的发展将化学工业的成就引入了纺织部门，产生了化学纤维，在满足人们对纺织品的需要方面开创了一个新领域。

单纯的逻辑思维过程，往往不能产生新的创造性思想。因为把思维局限在旧有的框子里，便不能有创造性的思维过程。相反，多学科交叉、广泛的思维却在创造过程中具有强大生命力。

创造性思维的过程，不能是一种收敛式（聚焦式）的思维过程，因为这种思维方式往往限制了人们自由地思维。创造性思维要求人们思想"脱框"，很多创造发明往往是在思维高度集中后，在思想放松的一刹那间突然迸发出来的（所谓灵感的到来）。因而，创造性思维应该是一个"发散"与"收敛"相结合的模式（图3）。

在进行发散型的思维过程中，具有多学科的知识显得非常重要。想象力与幻想在这里也起着重要的作用，幻想往往把人们的思维引入一个新世界。多学科的知识不仅是指各种工程科学的知识，还应包括理科的知识，以至文科、社会科学的知识，经济学、管理学的知识。

虽然我们还不能十分确切地知道创造性思想的产生过程，但通过以上的分析，我们在理解了创造过程的基础上，懂得了必须根据创造性劳动的特点来进行组织与管理，以便更好地激发人们的创造力和发挥人们的创造性。这里包括以下几点。

（1）注意把由想象力与系统分析所产生的概念和现有的知识加以组合。

（2）注意将不同领域中的思想加以综合，以产生出新的思想组合。

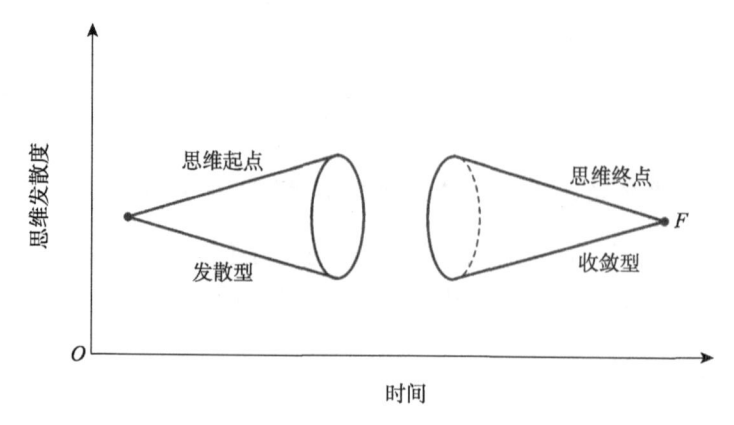

图 3　创造性思维的发散–收敛过程

（3）注意将现有的问题加以再定义，往往可以得到创造性的解答。

（4）注意应用创造学的两条基本原则，即有意识地把熟悉的事物看成陌生的，再按照新的理论来加以研究；有意识地把陌生的事物当作熟悉的事物来对待，采用熟悉的原理与方法来对待和处理。

（5）注意组织具有不同知识基础的人互相沟通与促进，组织多学科的项目组。

（6）注意把人们的思想从单纯逻辑推理的思维方式的束缚中解放出来。

（7）注意发挥想象力与幻想在创造中的作用。

四、创造过程的阶段性

在从理论上讨论了创造过程后，有必要将人们在实际创造过程中的实践经验加以概括和说明。以下是综合了奥斯本等的创造实践经验的创造过程。

一般来说，这一创造过程可以分为三个主要阶段：准备阶段、孵化阶段（英文为 incubation，也可称为孕育阶段）、验证阶段，简称为准备—孵化—验证过程（P—I—V[①]过程）。

（一）准备阶段

该阶段的主要内容包括以下几点。

（1）对需求的分析和观察。

（2）观察、分析难点，并找出问题所在。

（3）收集数据和材料。

（4）分析相关材料。

（5）消化材料。

(6) 通过思想假设积累各种方案。

---

① P—I—V 是英文 preparation（准备）、incubation（孵化）、verification（验证）的第一个字母。

这个阶段的重点如下。
（1）熟悉主题领域。
（2）需全心全意投入艰苦工作。
（3）需要有灵活的思想，包括对问题的定义、形成建议解。

（二）孵化阶段

孵化阶段也称孕育阶段，是创造过程中孕育、产生解决问题的创造性思维的阶段，也可以说是创新过程的核心阶段，因而要经历从孵化到洞察（insight）再到思想闪耀（illumination）的三个小阶段。由于这三个小阶段的英文字头均为 I，故又可称为 3I 阶段。

这个阶段的主要内容包括以下几点。
（1）仔细查阅现有的信息。
（2）形成目标解。
（3）分析不同解的优缺点。
（4）综合：将分散的材料加以分析和整合。
（5）孕育和引出新思想的火花。
（6）产生新思想。
（7）发明。

这一阶段的重点如下。
（1）让思想远离问题，夜以继日地思考。
（2）在显意识不工作时，让潜意识仍然不停地工作。
（3）让洞察发生（当从潜意识状况转入显意识时）。
（4）进一步工作以发展思想。

（三）验证阶段

这个阶段主要是判断创新思想的正确性。其主要内容包括以下几点。
（1）通过试验来测试所得最优解。
（2）通过多次试验，完善所得的解决方案。
（3）通过开发使所得解具有实用性。

这一阶段的重点如下。
（1）进行适宜性检验。
（2）将结果同有关方面沟通。
（3）假设检验。
（4）进行组织和社会系统的变革以克服对创造性改革的阻力。

第三节　创造性活动的环境因素

创造力能否通过培训得到提高？阻碍创造力发挥的因素是什么？怎样组织一个良好的环境以充分发挥人们的创造力？这些都是本节要回答和讨论的问题，下面分三个问题来讲：① 创造力与环境；② 阻碍创造力的因素；③ 创造性活动的组织环境。

一、创造力与环境

创造力可以通过训练和教育而获得提高，这已为实践所证明。自 20 世纪 30 年代以来，美国各大公司（如通用电气公司、通用汽车公司、波音飞机制造公司、美国钢铁公司等）先后开设了培训与提高职工创造力的训练班，并获得了成功。据美国通用电气公司的统计，"创造工程"训练班的培训，使人们的创造力平均提高了 3 倍。此外，在美国一流大学的教育计划中，有专门为理工科学生与管理硕士生开设的提高创造能力的课程，如麻省理工学院及斯坦福大学工程学院均开设"创造性与解决问题"一类课程。这些课程主要讲授进行创造性思维的方法和如何创造性地解决工程技术问题。

开发人们的创造力必须要有正确的指导思想，要具备"破旧立新"的创新精神。首先要敢于对现状（包括思想、技术、方案等）抱有怀疑和批判的态度，有了这种思想和态度才会去冲破根深蒂固的旧观念。

有了正确的指导思想，还需要有良好的环境才能把蕴藏在广大科技人员和职工中的巨大创造力发挥出来，实际上，存在着很多阻碍创造力发挥的因素。

二、阻碍创造力的因素

阻碍创造力的因素很多，可归纳为两类：属于个人方面的因素和属于社会环境与其他方面的因素。

属于个人方面的因素，往往来自所受教育、文化传统、生活环境及认识方法。具体可列举如下。

（1）以固定不变的观点看待事物。例如，用"惯例"或循着"固定路线或程式"去看待事物或解决问题，这就使得科技人员不善于创造性地寻找解决问题的新途径、新方法。

（2）迷信权威。迷信权威会妨碍人们探求新原理、新方法、新途径，并且会导致否定有创造性的新设想。

（3）过早地下结论。有人由于重实效，强调立竿见影，以致不能坚持做调查研究和深入的试验研究工作，这样也就不会有创造性的工作。在创造性活动中，只有更多地设想出可供选择的方案，然后做抉择、下结论，才能提出最优方案。另外，在本章第二节中已提到，在概念的萌芽时期，必须让想象力自由"飞翔"，进行发散性的思维，设想越是天马行空越好，然后再回到现实中来。不要过早地下决断，以免影响创造性思维。

（4）专业过窄。按一种专业培养出来的科技人员，大多有一套自己观察事物的方法，这往往限制了思路和视野。现实的科技问题往往是很复杂的，不能从一个专业学科领域找到答案。事实上很多专业领域中的重大突破都是由该专业以外的人搞出来的。

（5）害怕失败。很多人视失败为"丢丑"，殊不知没有失败就不会有成功。一个新设想要不失败就取得成功是罕见的。爱迪生和他的合作者试验了6000根不同的纤维丝才找到了合用的灯丝。怕失败主要是一种心理状态，通常是由于缺乏自信心，怀疑自己的创造力。因而必须增强自信心，鼓起敢冒风险的勇气和意志，这往往是创造中起关键作用的因素。

（6）贪图安逸。主要是害怕新思想冲破宁静的生活。一种新思想的产生，往往伴随着各方面的改革，冲破原有的旧秩序，建立适应新思想、新技术的组织和体制。因而贪图安逸的人很少有创新思想。

阻碍创造力的因素，除了属于个人方面的之外，还有属于社会环境与其他方面的因素。社会环境与其他一些因素主要如下。

（1）缺乏远景目标。不论是工业企业或研究所，没有一个振奋人心的远景目标，就不能动员和组织广大科技人员把研究方向和创造力引向既定的目标。特别是对于从事定向基础研究与基础性应用研究的单位和人员，由于研究周期长，更需要有长远的目标。

（2）计划与决策的多变。目标与计划确定之后，科研人员需要有一个稳定的环境来从事研究工作。如果计划与决策多变，就会打乱科研单位与科研人员的研究计划、研究方案与工作秩序。因而在计划与决策之前，要充分做好调查研究，仔细分析内外部环境和条件，使计划有可靠的信息与扎实的基础工作为依据。

（3）不恰当的、过多的、过死的规定。研究与发展劳动是一种富有创造性的劳动，因而不能机械地模仿或搬用企业中生产管理的一套办法。那样做，必然会出现很多不利于开发创造力的、过多过死的规定，把本来具有弹性的创造过程变成刻板的重复劳动过程。例如，要求研究人员详细报告从事各项工作的时间是不合适的。当然，为了掌握开发性项目进展情况与进行费用预算，进行适当的工时进度统计是必要的。但过多的烦琐的规定，势必阻碍科技人员创造性的发挥。作为上级科技主管人员，应该相信广大科技人员的智慧和力量，不必进行过多过死的管理。

（4）对研究项目控制过死。在科研工作中，如何做到"管而不死"，是一项重要的领导艺术。目前一般来说，科技人员已认识到在集体的、有组织的（特别是大规模的）研究与发展项目中加强管理的必要性，一般都能做到按计划安排的研究任务进行工作。但从计划管理方面来说，不宜控制过严。由于实现目标的具体技术途径是多种多样的，应该给他们以发挥创造力的充分余地，不能像给生产工人"派活"那样，控制其研究与发展活动的具体日程。科技人员，特别是研究人员在工作方面往往具有这样的特点：他们不仅仅是寻求一个可以解决问题的方案，而往往是寻求解决问题的最优方案。这也是研究与发展工作探索性和创造性的特征。

另外，应理解研究与发展计划的特点。在计划实现过程中，很可能涌现出未经批准的计划外课题（或项目）。应该认真考虑和评价这些项目的价值和经济效益，不能因未列入计划而一概不加考虑。同时，也应该重视和认真考虑在项目执行中根据具体情况而提出的对研究方向与重点的修改建议，只要理由充分，应批准与支持这种建议，这有利于发挥科技人员的创造性。实践证明，有很多重大的发现，往往是由某些科技人员在研究过程中，对一些看起来似乎无关且不值得重视的枝节问题进行研究而引申出来的。

（5）不恰当地过分强调经济评价。应该使科技人员懂得经济评价的重要性，使研究项目能为国家和企业取得经济效益。但是，在科学研究的前期，对于基础研究或基础性的应用研究项目，以及在进行调查研究的早期阶段的项目，只要这些项目具备明显的应用前景就可以了。对于基础研究，不宜苛求经济效益，否则，会束缚科技人员的创造性设想与开拓性工作。

（6）不适当地分配工作。科技人员是经过较长时期专业培养和工作锻炼而成长起来的，一般来说，他们都愿意参加与其专业范围有关或相近的科技工作。为了发挥他们的创造才能，应该在他们的专业或相近的专业范围内分配工作。但是，往往由于缺乏长远的规划与适当的计划，或由于目标的多变及任务的紧迫，或者由于管理不善，会迫使一些科技人员去从事他们专业以外的或低于他们工作能力的不适当的工作。这样就不能发挥他们的创造才能。管理者的任务应该是努力改善管理工作，改进研究与发展工作的计划和组织管理，尽量减少任务分配不当的情况，要做到"量才使用"，按照科技人员的不同创造才能分配给他们相应的创造性工作。

（7）社会原因。这里面最主要的是传统思想的束缚（害怕创新，害怕"脱框"）与教育制度中不利于培养学生创造力的种种方面。例如，专业设置过窄，研究生招生制度中不利于学生变换学科、扩大学科领域的不适当规定，课程设置不利于学生扩充知识领域和缺乏培养学生创造能力的课程与环节，等等。由于它超出本章的范围，故不予展开。

三、创造性活动的组织环境

从以上分析可以看到,激发科技人员的创造力是要从多方面着手进行的。宏观方面关系到改善社会教育,个人方面涉及思想修养和思想方法。这里着重从管理角度来讨论改进组织环境因素,以激发人们创造力的问题。

科技人员是在一定组织环境中从事创造性工作的,并在一个组织中受到各方面因素的影响。最重要的组织因素如下。

(1)创造性活动得到组织上的承认与鼓励。
(2)管理科技活动的是懂行的明白人。
(3)研究与发展主管人员能做到"量才用人",分配给科技人员具有"挑战性"的任务(即经过一番努力才能完成的任务)。
(4)企业和研究所具有明确的目标、稳定的政策和战略。
(5)运用各种激发创造力的技法。
(6)录用具有创造才能的人。
(7)给科技人员以安定的工作环境与良好的工作条件。
(8)运用适合创造性劳动的管理方法。
(9)人员流动。

这些因素的交互作用和影响,形成一个闭环系统,下面将其重要因素的关系用图4表示。

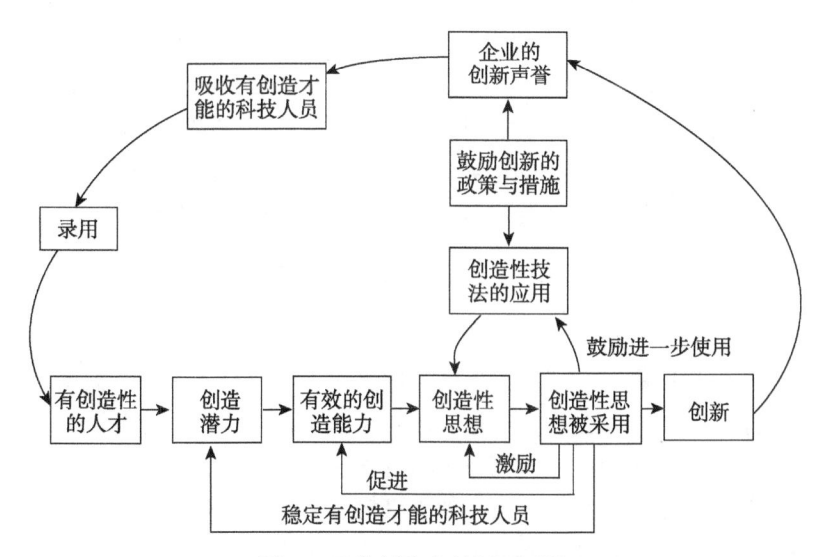

图 4 开发创造力的闭环系统

为了发挥创造力,必须处理好以下五个方面的关系。
(1)给具有创造才能的科技人员适当选择工作范围的自由,同时注意处理好组内人员的关系，使大家为共同目标努力。

（2）在同一专业组成的项目组内，要注意给组内人员提供接触多种学科的机会。

（3）在强调有组织、有计划进行科技活动的同时，要注意允许在"大计划"前提之下的"小自由"，允许少量有创造才能的人自由选题，支持某些有价值但未纳入计划与预算的项目，不应把自由选题与必要的组织管理对立起来。

（4）注意处理好个人兴趣与组织目标的矛盾。

（5）处理好精神奖励与物质奖励的关系，及时接纳创造性成果。

第四节 激发创造力的技术方法

在现实生活中，人们一方面自发地进行创造性活动，另一方面还必须运用一系列的技术性方法（简称技法）来开发人们的创造力。管理工作的任务之一就是要不断总结、运用创造技法，使之推动技术创新工作的开展。

前面讲过，人的思维有两种形式，一种是以理智和概念为基础的形式逻辑，另一种是以想象和直觉为基础的审美逻辑。人们对物质的认识也有两种形式，一种是主要表现为想象的直觉，另一种是主要表现为理智的概念。与之相对应，创造力开发的技法也被分为两大类——分析技法和非分析技法。

分析技法应用逻辑思维的方法激发人们的创造力，包括特性列举法、排列组合法（也称形态分析法）、类比发明法、缺点列举法、希望点列举发明法、情报分析法、检核表（checking list）法、需求研究法、监视（monitoring）法、分析比较法等。非分析技法是按非正统的方法思想，激发人们的想象力，使人们的思想从逻辑思维的过程中解脱出来，因此，其根本出发点是打破框框。它包括智力激励法（也称头脑风暴法）、综摄法、仿生学法、联想发明法、模仿创造法等。

一、分析技法

分析技法是一种科学的方法。它是通过系统的研究，发现新的途径、方法或新的组合来解决问题，对那些看似随机的事件，可寻找其基本的关系，并通过引申找出规律。这样做之所以可能，是由于世界的可知性与规律性。门捷列夫（Mendeleev）的周期表、元素性质和原子量的关系、形态学的方法等，均属于这种性质。管理科学与系统的方法，如决策树、启发式与建模方法等，也是根据这种可知性与规律性去建立基本的关系——数学模式。但有时仅靠此法而不用想象力，并不能成功地解决问题，因为往往只能通过系统方法来发展框架，为想象力提供渠道。

一般来说，在创造工程中，若能运用好下面两条创造原理，往往就能找到一条创造发明的途径。

（1）有意识地把熟悉的事物看作陌生的，然后按照新的理论来加以研究。

（2）对陌生的事物要持熟悉的态度，采用对熟悉事物的态度来衡量比较。

在这里，可举例说明正确运用这两条创造原理的重要性，从而也从一个侧面反映创造力开发技法的重要性。

1928年，英国细菌学家A.弗莱明（A. Fleming，1881—1955）研究各种葡萄球菌的变种时，在实验桌上留了一部分培养皿，以备随时检查。由于要经常开盖子，培养液不免为空气中的微生物所污染。一天弗莱明突然发现，在培养皿边沿生长了一种奇特的霉菌，在这堆霉菌的周围不仅不能生长葡萄球菌，而且离它较远的葡萄球菌也被它所溶解。对此现象，弗莱明进行了仔细的研究，结果发现了青霉素。弗莱明也因此获得1945年的诺贝尔生理学或医学奖。但是，日本科学史家发现，早在弗莱明发现青霉素之前，日本的科学家古在由直在实验室中也观察到了葡萄球菌被污染的霉菌所吞噬的现象，然而，古在由直却没有意识到这是一种新的抗生素在起作用。为什么弗莱明和古在由直对同一现象的反应会导致所获结果有如此大的差异呢？创造工程学家认为，这是两人的思考方法不同，从而导致了不同的结果。弗莱明在对待培养液被污染的问题上，运用了第一条创造原理，即把熟悉的事物有意识地看作陌生的，不轻易放过，经过仔细地观察，发现了这一特殊现象，从而产生了新的概念，最后发现了青霉素这种抗生素。相反，古在由直却把葡萄球菌被霉菌吞噬的现象看作一种普遍熟悉的现象，认为这是被污染的霉菌迅速地繁衍，消耗完了培养皿中的养分从而导致葡萄球菌的消失。

下面，对分析法中的几种有代表性的方法做一介绍。

（一）特性列举法

这个方法用于具体事物的创造发明和革新，主要是对发明对象的特性进行分析，将其一一列出，然后据此探讨能否改革，怎样实现改革，因此，也称为分析创造技法。

一般来说，要着手解决或创新的问题越小，越容易获得成功。例如，创新一辆汽车，因为它涉及的面广，很难一下子得到新的设想。但是，如果将汽车分成各个部分——汽缸、轮胎、车身、内燃机等，相对来说就比较容易。

应用特性列举法，可按下列程序进行。

第一步，选择一个目标比较明确的发明或创新课题，课题宜小不宜大。如果是大课题，也可以分解来进行。课题选定后再列举出发明或创新对象的特性。一般而言，事物的特性包括以下三个部分。

（1）名词特性。采用名词来表达特性，指发明或革新对象的全体、部分、材料、制造方法等。

（2）形容词特性。采用形容词表达特性，指发明或创新对象的性质、状态。

（3）动词特性。采用动词来表达特性，指发明或创新对象所具有的功能。

第二步，从各个特性出发，通过提问，诱发出用于创新的创造性设想。这时可采用智力激励法（详见非分析法），产生多种设想，然后再通过检核、评价，挑选出经济效益高、行之有效的设想来。

在运用特性列举创造法时，对事物的特性分析得越详细越好，这样有利于从各个角度提出问题，得到众多的启示。

例如，创新者为改革一把水壶，先将水壶的特性分别列举如下。

（1）名词特性如下。

全体——水壶。

部分——水壶柄、壶盖、蒸汽孔、壶身、壶口、壶底。

制造方法——焊接法、冲压法。

（2）形容词特性如下。

性质——轻、重。

状态——美观、清洁。

（3）动词特性如下。

功能——烧水、装水、倒水。

显然，特性列举法是一种简单易行的创造发明方法，特别适用于轻工产品的小改小革和产品升级。

（二）缺点列举法

缺点列举法和特性列举法相类似，所不同的是缺点列举法是针对创新或发明对象的缺点而进行的，也就是说通过列举所存在的缺点决定课题。例如，针对篮球运动员奔跑打滑的问题，在吃鱿鱼时看到鱿鱼脚上的吸盘，从而依其原理做成了特殊的运动鞋。

应用缺点列举法时，为抓住关键问题，对现状有一个较清楚的了解，可召开5—10人的缺点列举会。但是，人们往往有惰性，对看惯了的东西就不愿再去思考，因此，应运用一定的艺术和技巧，打开人们的思路，使其能针对提出的问题认真和积极地思考，从而达到各抒己见，百"花"齐放。

（三）希望点列举法

特性列举法、缺点列举法和希望点列举法三者有着相似之处，而后两者更为接近。缺点列举法和希望点列举法相比较，前者的改进设想离不开物品的原型，因此是一种被动型的创造发明方法，而后者却根据列举者的意愿提出各种各样的创新设想，因而不会受到物品原型的限制，是一种积极的主动型的创造发明方法。

应用这种方法时，可将各人提出的希望写在小卡片上，并公布在小黑板上或在与会者之间传阅，从而产生连锁反应。希望点列举会议一般应进行 1—2 小时，产生 50—100 个希望点。当然，它并不仅限于会议形式，还可开展寻求"精辟见解"的征文、献计等活动，采用灵活的形式。在此基础上，即可从中选出目前可能实行的若干项目进行分析、研究、评价，以找出最佳方案。

（四）排列-组合法（或称形态学分析法[①]）

这个方法是一种适用于某一组织范围或区域的方法。它包括确定一个问题的主要功能和参数，以及用来实现这些功能或参数的各种方法，然后对各方法进行组合。每种组合即代表一种可能，在此基础上即可进行组合的验证或选择。

应用形态分析法时，我们可按以下五个步骤进行。

（1）确定问题。

（2）列举主要参数内容，并查明它是否可行。

（3）建立形态参数表。

（4）对各参数内容进行组合，寻求解决问题的方案。

（5）对各方案进行评价和选择。

形态分析法原理可以简单地用图 5 表示。

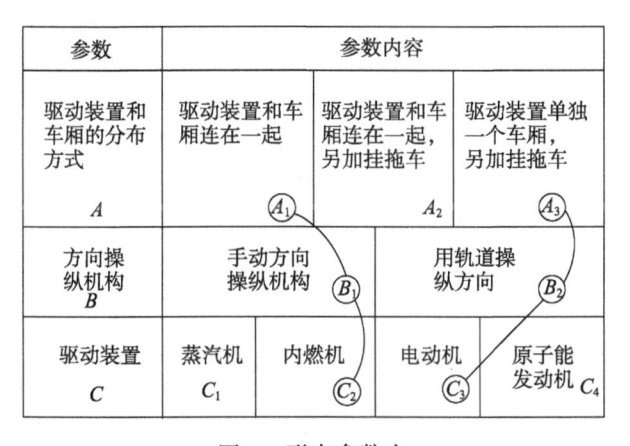

参数	参数内容			
驱动装置和车厢的分布方式 A	驱动装置和车厢连在一起 A_1	驱动装置和车厢连在一起，另加挂拖车 A_2	驱动装置单独一个车厢，另加挂拖车 A_3	
方向操纵机构 B	手动方向操纵机构 B_1		用轨道操纵方向 B_2	
驱动装置 C	蒸汽机 C_1	内燃机 C_2	电动机 C_3	原子能发动机 C_4

图 5　形态参数表

图 5 中左边第一列表示解决问题方案的参数，而右边则为参数的各个可取的内容，我们可以据此找出解决问题的方案。

例如，从每个参数中选择一个参数内容，并将其组合起来，就可得到一个解决问题的方案。组合 A_1–B_1–C_2 就是传统的汽车，组合 A_3–B_2–C_3 则为电动机车，每一个可行的组合表示了一个解决问题的方案。

应该注意，正确地确定各个参数及其内容是一件极为复杂的工作，同时，使

[①] 对应的英文为 morphological analysis。

用这种方法时，要遵循"推迟判断"原则，即不能匆忙决定解决问题的方案，要等一个时期，才能确定方案是否真正可行。

（五）类比发明法

类比方法很多，除了拟人类比法、直接类比法、象征类比法外，还有下列几种。

（1）因果类比法。两个事物的各个属性之间，可能存在着同一种因果关系，因此我们可以根据一个事物的因果关系，推出另一事物的因果关系，这就是因果类比法的要点。例如，合成树脂（塑料）加入发泡剂，使合成树脂中布满无数微小的孔洞，取得了省料、产品重量轻、隔音隔热等好的效果。日本人应用因果类比法，联想到在水泥中加入一种发泡剂，使水泥变得既轻又具有隔热和隔音的性能，结果发明了一种气泡混凝土。

（2）对称类比法。因为许多事物具有对称性，因此可以通过对称关系的变化，发明创造出新东西。例如，英国物理学家 P. A. M. 狄拉克（P. A. M. Dirac, 1902—1984）从描述自由电子运动的方程中，得出正负对称的两个能量解。一个能量解对应于电子，另一个对应于什么呢？由于电荷有正负的对称性，狄拉克从类比中，于1928年提出了存在正电子的见解。后于1932年，由 C. D. 安德森（C. D. Anderson, 1905—1991）实验所证实。

（3）综合类比法。虽然事物属性间的关系很复杂，但我们可以综合它们相似的特征进行比较、类比。例如，设计一架飞机，先做一个模型放在风洞中进行模拟飞行实验，就是综合了飞机飞行中的许多特征进行类比。

类比法在创造发明活动中应用得十分广泛，深受人们的重视，但也有其缺点。用类比法推出的结论或提出的创造发明设想，成功的可靠性不高，有时甚至会把人引入迷途。尽管如此，它仍然是一种有最大创造性的发明方法。

（六）检核表法

检核表法的根本作用在于正确、有效地把握创造发明的目标与方向。它是根据需要解决的问题或需要发明创造的对象，列出有关的问题，然后一个个地核对讨论，从中获得解决问题的方法和创造发明的设想。这是一种能够大量开发创造性设想的创造技法。它适用于任何类型与场合的创造活动，因而有创造技法之母之称。

目前，创造学家有各自的检核表法。下面列举其中著名的奥斯本创造的一种。这种方法易于掌握，便于应用。它从下列方面来检核。

（1）现有发明有无其他用途（包括稍作改革即可扩大的用途），如日本用电吹风去烘干被褥，从而发明了一种新的被褥烘干机。

（2）现有发明能否引入其他的创造性设想，或可否借用其他发明创造，是否有在其他地方见到过类似的发明等，以引入其他创造性设想，发明出新的东西，如泌尿医疗方面引入微爆破技术消除肾结石。

（3）现有的发明可否改变形状、制造方法、颜色、音响、味道等，例如，1898年，亨利·丁根将滚柱轴承的滚柱改成圆球，从而发明了滚珠型轴承。

（4）现有发明能否扩大使用范围，延长它的使用寿命等，例如，在两块玻璃中夹入某些材料，可制成一种防霉、防碎、防弹的新型玻璃。

（5）现有的发明可否缩小体积，减轻重量或者分别化小等，如收音机、电视机、电子计算机等体积的变小、结构的简化。

（6）现有的发明有无代用品，如用其他有色金属（氧化铅等）来代替黄金饰品。

（7）现有发明能否更换一下型号或更换一下顺序，如通过品种杂交，发现新的优良品种。

（8）现有发明创造可否逆转过来使用，如火箭是向空中发射的，但人们需要了解地下的情况，将火箭改为地下发射，就发明了一种探地火箭。

（9）现有几种发明可否组合在一起，如将橡皮和铅笔组合在一起产生了橡皮铅笔；又如 20 世纪 60 年代末 70 年代初，美国物理学家科马克、英国电子学家豪恩斯菲尔德将 X 射线和电子计算机结合起来，成功地取得平面的体层相，为医学发展做出了重大贡献，为此，两人获得 1979 年度诺贝尔生理学或医学奖。

综上所述，不难看出，检核表法能帮助人们开阔思路，突破旧的框框，闯入新的领域。

二、非分析技法

在采用非分析技法创造性地解决问题时，应遵循以下一些准则。

（1）解决的问题是否对路。

（2）能否打破原来逻辑思维的框框，通过幻想、组合、类比等方法，按照新观点来思考问题。

（3）能否容易地接受新思想，扶植新思想。

（4）在创造发明过程中，为了能得到其他人的帮助，一般必须要有一个核心。不仅要有问题的核心，还必须有组织的核心。

下面介绍非分析技法中的几种代表性方法。

（一）智力激励法（头脑风暴法）

它是一种完全非结构化的方法，通过小组会，互相启发、互相激励来解决问题。它尤其适用于新产品、贵重消费品、广告口号等的发明创造。

应用智力激励法包括三个阶段。

第一阶段，发现事实阶段。这一阶段包括弄明白问题和理解它，并通过分析研究找出关键性的东西，对问题要定义得广泛一些，然后再逐渐分小。

第二阶段，寻求新思想阶段。首先应产生思想，然后再通过修改和综合，对思想进行"加工处理"。在此，产生思想这一点是至关重要的。根据统计原理，思想和建议越丰富、越多，则发明创造成功的概率越大，所含的好的设想也越多。它规定了四条规则：不准批评；思想越开阔越好；新思想产生得越多越好；鼓励改进和综合。

第三阶段，求解阶段。这一阶段就是对暂时所得解加以验证和实验，实现"解方案"。

（二）综摄法

这是一种开发人的潜在创造力的技法。一般来说，它是针对某一目标而言的，且允许人们相互之间进行批评。它通过已知的东西作媒介，将互不关联的、不相同的知识要素结合起来，来打开"未知世界的门户"，激发人们的创造热情，使潜在的创造力发挥出来，产生出众多的创造性设想。

综摄法运用的两条基本原则如下。

（1）异质同化。新的发明或创新是迄今为止所没有的，人们不熟悉这不同质的新东西，因而在创造发明时要把它当作熟悉的事物来对待，借用现有类同的（相似的）原理与方法来进行分析研究，启发出新的设想，这就是异质同化的基本原理。例如，脱粒机实质上是运用了"使物体分离"这一原理的简单机械，即使稻谷与稻草分开的机械。

（2）同质异化。对现有的发明，运用新的知识（包括理论知识、经验和各种创造发明方法）或从新的角度来观察、分析和处理，通过移植、模拟、综合等途径引申出新的创造性设想，这就是同质异化。例如，将热水瓶改成茶杯大小，就成了保温杯，又如将电子表装在笔上，就产生了表笔。

一般来说，运用综摄法解决问题的过程包括以下九个步骤。

（1）弄清楚所要解决的问题。

（2）使陌生的事物成为所熟悉的东西（运用异质同化原理）。

（3）阐明对问题的理解。

（4）不断扩大类比的范围（运用类比的方法）。

（5）使熟悉的事物（问题）再次转化为不熟悉的东西（运用同质异化原理）。

（6）在不同情况下，重复上述的两个步骤（顺序为4与5的两步骤），并不断增强其机制。

（7）从幻想返回现实世界，同实际要解决的问题联系起来。

（8）形成观点。

（9）得到问题的解。

以上九个步骤大体上可以分为三个阶段：第1—3步为第一阶段，主要是弄清问题和阐明对问题的理解；第 4—5 步为第二阶段，主要是运用类比方法从新的角度来重新检查问题；最后的四个步骤构成解决问题的第三个阶段。

综上所述，综摄法的出发点在于创造出一种使人们摆脱正规化方法束缚的气氛与环境，从而使发明与创新的问题获得满意的解决。也可以把综摄法理解为一种社会科学的研究分析方法在自然科学中的应用。

（三）模仿创造法

日本物理哲学研究所所长薮内宪雄把人的创造活动分为两个阶段：其一为前期创造活动，主要依赖于模仿，称之为模仿阶段；其二为后期的创造活动，可在模仿创造的前提下进行再创造。创造学家认为，创造往往是从模仿开始的，然后再进入独创。人们只要稍加注意自己身边的事物，善于思索，就能通过模仿来创造发明。例如，针对医院病人喂牛奶时坐起来很困难这一问题，受洗澡用软管喷头的启发，用蛇形管代替了匙子。

应用模仿创造法，一般借助于思考树，即首先绘制一幅供思考用的树状图，然后在树旁列出多种设想方案，进行协调选择。

（四）联想发明法

所谓联想，是指由一事物的形象、词义或动作而想到另一事物的形象、词义或动作。按联想的两个事物之间的关系，可将其分为三种类型。

（1）相似联想。大脑受刺激后，会自然地想起同这一刺激相似的经验、动作或事物。

（2）对比联想。大脑受到外来刺激后，想起与之完全相反的经验、动作或事物，如由地想到天。

（3）接近联想。大脑想起与外来刺激在时间上或空间上有关的经验、动作和事物，如由水库想到水力发电机，由山想到河，再由此想到鱼、虾等。

联想按其形式可分为自由联想和强制联想。一般的创造发明活动鼓励自由联想，这样可引起联想的连锁反应，产生大量的创造性设想。但是，有时在某一特定条件下，也需要利用强制联想。

在科技史上，1876 年，美国发明家 A. G. 贝尔（A. G. Bell，1847—1922）发明电话机是应用联想发明法进行发明创造的典型事例。当时，贝尔在一次实验中，发现把音叉的端部放在带铁芯的线圈前面使音叉振动，线圈中心产生感应电流，再通过电线把这电流送至另一只同样的线圈，该线圈前的音叉也会振动，发出跟那边音叉一样的声音。他由此而联想到如能有一个像音叉一样发生振动的金属簧片，用金属簧片代替音叉，簧片振动，线圈也能产生感应电流，使簧片振动发音，这样金属簧片就会"说话"了。

综上所述，我们讨论了若干种创造技法及其应用，对此，试用表 1 予以归纳。

表 1　创造技法运用表

对象或范围	可使用的方法
新产品，新服务	综摄法、智力激励法、形态分析法
老产品改进	价值工程、特征表法、智力激励法、综摄法
降低产品成本	价值工程、智力激励法
广告推销活动	智力激励法
新工程设计	基本设计方法
较综合的策略计划	前景法
用新的方法和新的思想去解决老问题	仿生学法、综摄法、智力激励法

（五）价值工程

价值工程最早由美国国防部采用，后来日本运用此法较多。一开始其出发点是降低不必要的费用，尤其是制造费用。从这一特点出发，将它应用于发明创造活动中，以达到激励个人、控制运行费用的目的，从而提高整个系统的经济效果。当然，它也要和运筹学、管理学、工程学等相结合。在具体应用时，可分为五步来进行。

（1）收集信息。在选择好项目之后，收集有关此项目的信息，确定每个项目的主要功能与次要功能。

（2）思考（推测）。在此阶段，按越多越好的原则，产生出可以实现上一步骤所确定的功能的设想。

（3）有计划收敛。到达一定程度后，收敛上述思想。

（4）执行。选择一种或多种最有价值的思想。

（5）报告。开发一个可行的方案。

可见，价值工程就是将创造工程的方法用于经营管理之中，从而极大地发挥人们的创造性。

三、TRIZ 方法

TRIZ 是发明问题解决理论（theory of the solution of inventive problems）的俄文缩写。是由苏联发明家阿奇舒勒（Altshuller）在 1946 年创立的，因而阿奇舒勒被尊称为 TRIZ 之父。

阿奇舒勒毕生致力于 TRIZ 的研究和完善。他与苏联数十家研究机构、大学、企业组成了 TRIZ 的研究团体，分析了世界近 250 万份高水平的发明专利，总结出各种技术发展进化遵循的规律模式，以及解决各种技术矛盾与物理矛盾的创新原理和法则，建立了一个解决技术问题、实现创新开发的综合理论体系。

他将发明创造问题归纳为由 5 个层次、39 项技术特性、40 个创新原理、5 个分析和解决问题的方法论构成的一整套解决发明问题的理论方法体系。现列举 TRIZ 中最重要、具有普遍用途的 40 个创新原理，分别是：① 分割；② 抽取；③ 局部质量；④ 非对称；⑤ 合并；⑥ 普遍性；⑦ 嵌套；⑧ 配重；⑨ 预先反作用；⑩ 预先作用；⑪ 预先应急措施；⑫ 等势原则；⑬ 逆向思维；⑭ 曲面化；⑮ 动态化；⑯ 不足或超额行动；⑰ 一维变多维；⑱ 机械振动；⑲ 周期性动作；⑳ 有效作用的连续性；㉑ 紧急行动；㉒ 变害为利；㉓ 反馈；㉔ 中介物；㉕ 自服务；㉖ 复制；㉗ 一次性用品；㉘ 机械系统的替代；㉙ 气体与液压结构；㉚ 柔性外壳和薄膜；㉛ 多孔材料；㉜ 改变颜色；㉝ 同质性；㉞ 抛弃与再生；㉟ 物理/化学状态变化；㊱ 相变；㊲ 热膨胀；㊳ 加速氧化；㊴ 惰性环境；㊵ 复合材料。

TRIZ 解决发明创造问题的一般方法如下。

（1）首先，将要解决的特殊问题加以定义、明确。

（2）其次，根据 TRIZ 提供的方法，将需解决的特殊问题转化为类似的标准问题，从而针对类似的标准问题总结、归纳出类似的标准解决方法。

（3）最后，依据类似的标准解决方法解决用户需要解决的特殊问题。

全面提高人的素质是培植创造力的根本。

创造技法虽能激发人们的创造力，但是最根本的是要通过提高员工素质的教育与培训来提高人们的创造能力，从德智体美四个方面全面提高人们的素质。

脑科学的发展揭示了人们两种思维方式的存在、其间的相互联系和在创造性思想过程中的互补关系。这就要求我们不能片面地把提高智力作为培育人们创造力的唯一途径，相反地，要从全面提高两种思维方式能力方面去培育、提高人们的创造力。

这里可引用我国科学家钱学森院士的一席话来佐证："科学上的创新光靠严密的逻辑思维不行，创新的思想往往开始于形象思维，从大幅度的联想中得到启迪，然后再用严密的逻辑加以验证。"[1]

爱因斯坦的相对论的产生，是他弹奏钢琴时在弹奏一席和弦后的联想中得到了启迪。接着他把自己关在书房中数日后完成了相对论的初稿[1]。

为使人们在两种思维方面得到全面训练和培养，不仅要注重"智"育方面的培训与提高，也要十分注意关系到人们想象力和形象思维能力方面的"艺术"与"美学"的素养的提高。只有这种全面提高人们的素质的教育与培训方式，才是提高人们创造力和创新思维能力的根本。

---

[1] 李岚清. 音乐·艺术·人生：关于《音乐笔谈》的讲座. 北京：高等教育出版社，2006：33.

第二篇　技术创新战略与实施

技术路径与技术轨道[①]

在环境分析的基础上选择好技术发展的战略方向和战略技术固然很重要,但若不选择好发展技术的路径并做好切实的安排,战略技术目标就落不到实处。没有切实可行的技术路径,目标就会落空,即使勉强实现,也可能是事倍功半,效率低下。技术路径的选择和确定的重要性不亚于技术定位,同样是技术创新战略中的重要内容。本章拟从以下几个方面来讨论技术路径问题。

(1)技术轨道。
(2)革命性的技术:技术轨道的突破。
(3)技术路径图。
(4)技术路径图的方法
(5)技术路径图实例。
(6)小企业的技术发展路径。

第一节 技 术 轨 道

技术的路径是否可以由人们自由地选择?如果答案是否定的,那么技术路径的选择又受到哪些因素的限制?

为了回答这些问题,有必要回顾一下科技经济学家在这些问题上的研究成果和观点,包括纳尔逊(Nelson)和多西(Dosi)等在这方面的工作和贡献。本节拟讨论以下两个问题。

(1)技术发展的路径依赖性(path-dependent)。
(2)主要的技术轨道。

一、技术发展的路径依赖性

企业技术战略路径的选择,并非不受任何约束,可以完全自由地选择;相反,它受到企业现有基础,即所处地位的制约,还受到其发展前途、战略目标和未来机会的约束。也就是说,它不能脱离已有轨道任意发展,要受制于现有的发展路径,即存在路径依赖性。任何时候,企业的技术创新战略均受到来自路径依赖性

[①] 节选自:许庆瑞. 研究、发展与技术创新管理(第二版). 北京:高等教育出版社,2010:第七章。

的两方面的约束：受到现有知识和未来知识发展状况的约束，同时也受到企业在这方面认知的制约。

虽然"技术决定论"者认为纯技术的发展有其内在逻辑，它可以使企业发现技术创新的机会。但是，科技发展的历史证明，推动科技发展的是社会发展的物质需要。从目前新技术的发展来看，技术的发展不是随心所欲的，而是受制于科学技术发展的社会、经济和物质技术条件，现有的工业技术基础和科学技术的知识积累。举例来说，人类为了可持续发展，大力发展对大气无污染的电动汽车，但目前研制出的电动汽车笨重而且行驶时间（两次充电之间）有限，主要原因在于现有的电池技术的知识不能进一步改善。汽油燃料的能量密度（即每单位燃料重量能产生的能量）比电池燃料的能量密度高出 100 倍。虽然人们在电池技术改进上进行了大量的投资，但迄今尚无突破性成果。同样的例子是将深埋的煤层加以液化和气化，并要保持其使用价格不变，这一技术突破的效果将不亚于芯片技术的贡献。但受到种种条件限制，主要是现有知识积累的限制，进展甚慢。

除了知识的限制外，还存在认知上的限制，即受制于企业在学习和开拓上的能力。前面讨论过，进行创新需要对复杂的技术系统与组织系统的运行进行改进和变革。这就需要进行试验、调整和学习。学习只能是渐进的，如果变革的步子跨得太大，就会在很多方面大大增加不确定性，从而降低学习的能力。因而，企业的学习也是有路径依赖性的，其探索的方向受到企业在现有开发上所积累的能力的限制，受到现有产品和工艺基础的限制。从一个轨道转到另一个轨道上去学习是很不容易的，代价很大，而且有时几乎是不可能的，因为有认知上的限制。以学习外语为例，从学习英语转向学习日语，将会遇到不少关于句型、发音、方法上的问题。

另外，企业不能很容易地通过聘用一个能人从一个主要轨道跳上另一个轨道。这里，不能仅仅依靠个别的能人，而是要依靠一个具有专门知识和相互合作的群体，要依靠由于经验而形成和积累的难以表达的知识（缄默知识）和组织知识，它具有绝对重要的作用。这就是为什么企业必须在内部完成其大部分的创新活动。当企业从外部通过协作和购买获得有关的部分知识时，不同的实践和认知结构会使其花费巨大代价去进行吸收工作，甚至使消化工作无法进行。例如，就掌握和开发半导体技术而言，电气公司比化工企业要容易得多，这是由于电气公司所具备的技术能力接近于半导体技术开发所需的能力。

根据以上路径依赖性的种种事实，不难引申出技术轨道（技术轨迹）的概念。它首先是由纳尔逊和温特（Winter）提出，尔后由多西确认的。这一概念既适用于受知识约束的技术，也适用于受认知限制的技术。

二、主要的技术轨道

这里讨论的技术轨道是指企业和产业的技术轨道。构成不同产业（包括企业）

的技术是很不相同的。设计和制造汽车同设计和制作药品或计算机是完全不同的。这里讨论的技术轨道，不能限于某一种技术，而必须包括若干种技术，而每种技术各有其历史发展模式、技巧的需要和战略含义。因此，要开发一种能涵盖不同产业技术、用于战略分析的框架具有相当大的难度。以下所讨论的框架总结了不少学者几十年来的工作，他们的研究表明不同产业在技术变革的方向和来源等方面有很大不同，可以概括为以下五个方面。

（1）创新企业的规模不同。典型的大企业有化工、筑路机械、材料处理、飞机和电子产品；小企业则为机械、仪器和软件。

（2）产品类型的不同。典型的价格敏感产品为大宗材料和消费类产品，而性能敏感产品则为治疗用药品和机械产品。

（3）创新对象的不同。典型的产品创新为治疗用药品和机械类产品的创新；典型的工艺过程创新为钢铁、化工业的创新；汽车工业则两者兼有。

（4）创新源不同。农业与传统制造业（如纺织业）中，设备供应商和生产供应商是主要创新源；仪器业、机械和软件业中，用户是主要创新源；化工、电子、运输、机器、仪器和软件业中，本企业技术活动是主要创新源之一；在治疗用药方面，基础研究是主要创新源。

（5）本身创新的轨迹。在化工与电子业中主要创新部门是研究与发展部门；在汽车业和大宗材料产业中主要创新部门是生产工程部门；在机械制造业中主要创新部门是设计部门；在服务业（如银行和超市连锁店）中主要创新部门则是系统部门。

下面分别讨论五种主要的技术轨道。

面对如此分散而多样化的产业，是否能寻求出具有共同特点的通用的技术轨道？显然，把具有各自特点的产业纳入一种技术轨道上是不合适的，会犯经验主义的错误。另一种极端是不去做分类和归纳，这样也就不能积累有用的知识从而对众多产业进行分类指导。正确的选择是寻找各种产业的共同点，而后加以科学归类，分别研究每一类产业的技术轨道。表1是根据产业的性质、创新源、技术战略的含义和创新管理进行归类的五种主要技术轨道。这一工作是基于对英国1945—1983年2000个重要技术创新和案例材料概括而成的。在表1中，按照典型的产业、主要技术积累源和技术战略的主要工作对每一种技术轨道进行描述。

表1 五种主要的技术轨道

项目	供应商主导型	规模密集型	信息密集型	基于科学的	专业供应商
典型的产业	农业 服务业 传统制造业	大宗材料 汽车民用工程	金融业 零售业 出版业 旅游	电子 化学	机械 工具 软件

续表

项目	供应商主导型	规模密集型	信息密集型	基于科学的	专业供应商
主要技术积累源	供应商生产学习	生产工程学习生产设计所专业供应商	软件和系统部专业供应商	研究与发展基础研究	设计高级用户
技术战略的主要工作	使用来自其他地方的技术以增强竞争优势	对复杂系统中的变化进行整合；对最佳设计和生产实践的推广	复杂信息处理系统的设计和操作；相关产品的开发	探索基础科学；相关产品的开发；获得辅助资产，重构部门界限	监测高级用户的需求；渐进地整合新技术

在供应商主导型的企业中，技术变革主要来自供应商提供的设备和其他生产投入。农业和纺织业是典型的例子，这两个产业中的新技术主要由机械制造业和化工业提供。公司的技术选择（选用怎样的设备和原材料）决定了其投入的成本。它们在企业特有技术方面的积累所构成的机会，大多集中在改进生产方法和改变相关的投入。技术战略的主要工作是引进技术以增强自身的竞争优势。过去的十多年中，在设计、运销和生产中运用先进的信息技术使交货期缩短，但还不确定是否能借助这一机会战胜竞争对手。

在规模密集型企业中，技术积累是借助对复杂的生产系统和产品的设计、建造和运行来获得的。这里的典型产业包括大宗材料的提炼和处理、汽车工业和大规模民用工程。由于规模庞大，再加上复杂的产品和生产系统，增加了失败风险和重大变革的潜在风险的代价。这些产业根据运行和操作经验，可以不断地改进产品与工艺，其主要的技术来源是企业内的设计和生产工程部门、操作经验和设备与原件的特殊供应者。在这种情况下，技术战略的主要工作是对复杂产品或生产系统进行渐进创新，并在企业的设计和生产工程部门里运用推广先进经验的方法予以扩散。最近计算机模型和模拟技术的进步加速了原型的建造与试验，并大大降低了成本。

信息密集型企业的出现是过去25年左右的事，主要集中在服务业，如财务、零售、出版和旅游。其主要技术来源是企业内部的软件和系统部门，以及系统和软件的供应者，主要目的是设计和运行信息处理系统，特别是发送系统，它可以更好、更迅速地为用户提供产品或劳务。这种类型的企业技术战略的主要工作是开发和运作复杂的信息处理系统和发展相关的产品。

在基于科学的产业里，主要技术积累来自企业的研究与发展部门，主要依靠科学研究所得到的知识、技能和技巧。这里典型的产业是化工和电子，它们的基本发现（如电磁、无线电波、晶体效应、合成化学、分子生物学）打开了主要的新产品市场和广泛的潜在应用领域。这些企业中技术积累的主要方向是探索新的与技术有关的产品市场。因而，其技术战略的主要任务是监视和开拓基础研究的进展，开发技术上有关的产品和获取、开发辅助资产（同生产和营销有关的辅助资产），并从改革技术和提供市场机会的角度改组经营单位和运行部门。

专业供应商一般规模较小，它们为复杂生产系统和信息处理系统提供高性能的投入（元器件或装备，包括机器、仪器或软件）。其技术积累主要通过设计、建立和运作这些生产投入（元件和装备）。专业供应商得益于先进用户的运作经验，其形式是获取用户的信息、技能和对元件或设备的修改与改进。专业供应商再将积累的技能用来满足用户对改进设备的要求，使其设备的性能和可靠性提高。技术战略的主要工作是跟上用户的需要，向用户中的先进者学习，逐渐地将各种技术上的进展加以整合。

上述主要技术轨道的知识有助于改进对企业技术战略的分析，可以为之提出以下一些问题。

（1）企业的技术来自何处？
（2）这些技术对企业竞争优势的贡献如何？
（3）什么是企业技术战略的主要工作？
（4）企业的机会与威胁何在？应该怎样去处理？

这里应指出，一个企业特别是大企业，可以有不止一个技术轨道。

第二节 革命性的技术：技术轨道的突破

革命性技术会打破原有技术的发展轨道，把工业技术引向突破性的新起点，并对既有产业和企业的技术发展轨道产生广泛影响。

由于企业的知识基础随着新的技术机遇的到来而提高，企业特有的技术轨道也会随时间推移而改变。自20世纪80年代初以来，生物技术、新材料、信息技术被企业的研究与发展主管认为是三个有广泛前途的领域，世界上最大的公司在这些领域的能力的增长数据充分证明了这一点。但这三种革命性技术迄今所起的作用仍存在相当大的差别。下面通过生物技术和新材料的案例证明革命性技术的影响。

第三代生物技术尚未达到像信息技术那样大的广泛影响（案例一），新材料技术由于有一个坚实的科学基础正在稳步增长（见案例二）。

一、案例一

战后生物技术的发展[①]

生物技术曾被定义过多次。经济合作与发展组织（Organisation for Economic

---

① 引自 Burke J 和 Thomas S 于 1997 年发表的《欧洲生物技术的竞争、商业决策》。

Co-operation and Development，OECD）对生物技术的定义是："运用科学和工程原理借助生物介质进行物质的处理。"这个定义被广泛接受，它包含了一系列来自生物学、生物化学、遗传学、微生物学、生物化学工程和分离处理方面的技巧的运用。

生物技术在过去40年的发展是一个持续的过程。遗传物质DNA结构的发现是在20世纪50年代，蛋白质合成的详细分析是在60年代，以抗生素抵抗力为基础的抗生素遗传学的研究是在70年代，它基于70年代关于再结合DNA的突破。人类有史以来第一次可以切断基因序列，并把其他有机体中的DNA插入其中来进行传递。

从那时起，有关生物技术的基础科学就发展非常迅速。基因治疗、消毒技术、自动基因排序以及基因的发现都为发展和应用技术带来许多新的技术机会。而且，基因组分析或特别基因组法开始重视和强调信息的价值，这在工业上可以被广泛使用。生物技术现在已被认为是一系列数量不断扩大的可行技术。

到目前为止，这些技术的最大影响体现在从事制药和农业食品的公司的研究与发展计划上，在这些领域已经有许多公司进行过大量的投资，而且还成立了许多专门从事生物技术的公司。尽管还没有使制药业提高收益率，但生物技术在这些领域中一直会起到很重要的作用。另外，生物技术现在还被广泛用来提高关键产品处理的效率，尤其是在食品处理、饮料和清洁剂上。

这些技术还将会用在纺织品、皮革制品、纸和纸浆、炼油、金属和采矿、印刷、环境服务以及特种化学制品等行业中。

通过生物技术创造价值依赖于一个创新系统的有效功能的发挥。它有三个主要的因素：①科学基础；②生物技术公司的专家；③工业用户。

二、案例二

材料技术的科学基础不断加强[①]

在任何时候、对任何行业，材料技术均具有普遍的重要性。在1986年出版的《美国科学》中，有许多文章涉及信息、通信、航空、地面交通以及能源利用方面所使用的材料。还有许多文章是关于电材料与磁性材料、光子材料、先进金属材料、先进陶瓷材料和先进聚合材料的。这些应用使材料科学和材料技术的联系越来越近，越来越能带来生产力的发展。

直至不久以前，从事材料工程和从事材料科学的实际工作者之间还有一条很宽的鸿沟。各种技能和技术都很活跃。选择、修改和处理材料成为人类文化的基

---

① 引自Liedl G于1986年发表的《材料科学》。

本要素。然而材料科学——试图理解材料的基本原理并解释为什么特定的操作能带来特定的效果——却发展缓慢。直到19世纪，随着化学以及物理学的发展，工匠和工程师们大量的经验努力开始被应用理论和新颖的分析工具所支持。在最近的半个世纪里，材料科学与技术之间的协作变得活跃起来。许多有用的新理论和仪器的引入已使研究性的科学成为工程技术前进的主要的动力。

科学的最主要贡献是把材料的外部特征和内部结构联系起来。科学发现，材料内部拥有一个结构体系——多种层次的层次结构。这种结构体系非常复杂，正是它导致了材料行为的多变。通过对这些层次结构的逐个识别，可以仔细研究某种材料的内部结构并预测出它的特性。

在一系列能够观察得越来越精细的工具和技巧的促进下，这些研究也在不断发展。显微镜之后是电子显微镜，它能够观察到亚结构层的详细情况；再之后是扫描电子显微镜，它能够提供重要的三维表面信息。X射线衍射能够描绘出原子或分子在晶体中的空间结构。物质的原子可以通过各种励磁分光镜来鉴别，还可以用高能粒子轰击某种物质从而探测其原子核。

现在，随着人们越来越了解如何通过处理来改变物质的结构、特性以及性能，科学家对处理过程越来越感兴趣，效果也越来越明显。科学家们的发现已经被用在从钢铁制造到生产玻璃纤维的诸多行业的技术改良中。科学的投入对发展的影响的一个最明显的例子是，大而纯的半导体硅晶体（用来制作电路芯片）的提炼方法的发展。

与上面两种革命性技术相比，信息技术却已经产生巨大的革命性影响，并很可能在不久的将来继续产生重大影响。在所有技术变革的早期阶段，信号都是不完整的、令人困惑的，有时甚至会产生误导，所以信息和经验的解释都必须非常小心。在20世纪70年代，所谓的微电子革命是以半导体技术上的许多成就开始的，特别是微处理器的发明以及能够在越来越小、越来越便宜的电子芯片上存储和处理大量信息的技术。从那以后，信息技术革命这个词语就被越来越多地使用，这同时也反映了信息传输的能力也在进步。

也许更重要的是在软件技术（如信息处理技术）领域的巨大变化。软件技术以前已有所发展，并由计算机硬件制造商紧密控制。硬件成本的急剧下降和标准产品（如个人计算机）的出现带来了软件技术发展的两个主要的源泉：独立的软件供应商（如微软）和大型系统使用者（如银行、连锁店、航空）。结果，许多企业和国家的软件发展技术轨道渐渐地从计算机硬件轨道中分离出来。

表2把两种轨道的特征加以比较和对比，可以总结如下。

（1）微电子革命是关于设计和制造电子芯片的，而信息技术革命是关于生产软件的。

（2）微电子仍属于制造业，它主要包括高熟练度与高难度的设计和硬件制造。

表2　两种技术革命

种类	微电子	软件
主要业务	设计制造电子芯片	生产软件
企业关键职能	·设计 ·制造	·设计 ·制造 ·管理 ·调试 ·分销
所属行业	·电子工业	·制造业 ·服务业
产品通用性	低	高
进入壁垒	高	低
在实用统计学中的可见度	高	低

它主要为处于或接近于电子工业的企业提供了技术机会。

（3）软件不仅包含设计和制造的职能，还包括管理、调试和分销职能。它为制造业和服务业中的所有部门都带来了技术机会。

（4）这两种技术进入障碍大小的不同。在芯片制造业中，进入壁垒非常高，因为它需要把主要的投资用于困难而苛刻的设计与制造上。芯片技术发展的行业集中度实际上是世界上最高的。而软件技术的进入壁垒就低得多，它只要有专门应用所需的软件技术以及到达工作站的通道就可以了。

（5）既然芯片制造是由设施完备的制造型企业所进行的大规模生产，它很容易在公布的大范围统计数据中得到。而软件业的发展通常都是隐藏于服务业中的一些小型专业公司里，或者是依附于零售业和金融业中的大型组织，所以很难在确定的统计中得到。例如，英国的零售企业如玛莎百货（Marks & Spencer）都有很强的软件开发能力，美国的银行中也广泛设立专利部门。也许1993年美国《科学与工程指南》中包含的统计量是最重要、最全面的，这份报告说，1989年受雇于美国制造业的合格的科学家和工程师的人员数已被受雇于服务业的同类人员数超过，而且金融和零售业的同类人员中有很大一部分人是软件专家。

这两种本质不同的技术革命给企业创新战略带来了一些值得深思的问题。

（1）企业是否要建立有很高进入壁垒、不具有通用性的芯片制造技术？或相反，是否应该在诸如时尚纺织品、汽车、滑雪靴等的设计和销售上把软件技术放在中心地位？

（2）由于软件在分销活动上（直接面对消费者需求的产品制造业）的重要性越来越大，那么诸如纺织品和服装行业、银行业、零售业和新鲜水果的出口等分销密集型的行业是否还应被称为"传统的、技术含量低的"产业呢？

第三节　技术路径图

在讨论了技术轨道、企业技术的路径依赖性和一般技术轨道后，需进一步探讨如何来规划企业的技术发展路径，应采取怎样的工具和方法。技术路径图是近年来被开发并在这方面得到有效运用的科学方法和工具。本节中着重讨论该方法的基本原理，然后在下文中讨论案例及其新的发展。

一、技术路径图及其产生

技术路径图是一种战略决策技术，是由美国的研究部门和大企业首先开发的用于科学、技术和产品战略性规划的方法。20世纪60年代末，美国伊利诺伊技术研究所得到美国基金会资助，开发了科技动态路径技术。该技术又进一步在美国摩托罗拉公司被开发和使用，并逐渐扩大其应用领域与功能，从最早单纯用于技术产品规划，发展到20世纪90年代末成为对企业作整体综合战略性运作规划的工具。

迅速变化的市场和技术以及激烈的竞争，使企业必须从战略上加快技术的发展与创新，从而使有助于加速新产品开发的技术路径图法得到更广泛的运用。技术路径图早期是用来估算发展新产品、新技术所需的资源和进行复杂项目管理的。

技术创新和新产品开发，并不是技术部门单独能推动和实现的，它受到企业总体经营战略、各部门（制造、营销、财务、后勤等）的沟通和协作、企业能力（包括核心能力）及其发展等多方面的影响。这种相互联系又相互作用的内在关系，决定了技术路径图的改进和提高方向。从纵向来讲，路径图必须同企业的总体战略相联系，服从企业战略目标的要求，同企业各战略经营单位的目标相一致；从横向来看，它必须与企业的财务部门、营销部门、制造部门、研究与发展部门等各相关职能要求相协调，才能得到各方面的支持，及时获得市场顾客的需求信息、资金的支持并同企业的技术能力（包括核心能力）、生产能力和后勤支持相协调。

二、技术路径图的目标、类型和特征

技术路径图是以技术历史和技术环境分析为基础的战略决策技术。其基本目标在于建立企业的竞争优势。具体目的如下。

（1）引起高层经理和部门经理对企业技术的未来发展和实施的关注。

（2）为高、中层领导班子以及与技术创新有关的职能部门（特别是研究与发展部门、设计部门与营销部门）人员提供一个有效的信息交流和取得统一认识的机会与方法。而统一的认识是战略得以正确决策和顺利实施的必要前提条件。

（3）为技术战略部门及相关部门提供一个有效的预测工具。

（4）建立起部门间的联系，加强高层战略规划与战略运作部门（如战略经营单位、独立经营的分厂等）间的联系。

由于技术路径法的多种作用，技术路径图已有多种类型。根据其使用的领域来划分，主要可分为宏观与微观的技术路径图，前者用于宏观的科技政策的决策与规划，后者用于研究院所与企业。按其使用功能范围来分有以下四类。

（1）初生技术路径图，或称新技术路径图。

（2）产品技术路径图。

（3）制造路径图。

（4）财务路径图。

初生技术（新技术）路径图的重点在于以下几个方面。

（1）对企业的技术能力进行评价。

（2）对企业竞争对手当前和未来的技术能力进行评价，并同本企业的技术能力做比较。

（3）对技术的进展作预测。

产品的技术路径图主要是各部门或小组对产品的过去、现在和未来进行综合性描述，以直观形式（矩阵式图表）描述一种硬件、软件或算法的进展，把顾客需要的特性和功能同具体的技术群相连接，并描述所预测的产品技术将如何随产品生命周期而变化。这种由跨功能工作组负责拟订的产品的技术路径图包含了从产品技术源到研究、发展的主要进度以及各种相关技术的定位，是企业高层管理和研究发展部门决策的有效工具。

技术路径图具有鲜明的特点，而且这些特点随着路径图功能的发展而有所变化。一般来说它具有如下一些特征。

（1）具有同该技术相关的科学与技术的历史信息，这些历史信息是编制路径图的重要依据。

（2）以企业面临的市场和竞争环境为基础，并对它们做出必要的描述，作为编制路径图的依据。

（3）跟踪同企业有关的产品和工艺的发展情况，作为企业拟订技术路径图重要的定位和比较资料。

（4）正确评定企业的技术能力，作为编制路径图的依据，并根据发展需要提出提高技术能力的方向。

三、技术路径图的作用与战略效用

早期的技术路径图用来分析科学与技术的发展历史，这种科技发展路径图有两种作用，一是用于科技发展的学术研究，二是作为政府探索、研究和制定科技政策的依据。

技术路径图是企业进行技术预测的基础。技术路径图包含大量的科技发展史料，对预测未来技术发展轨道和趋向具有重要作用。图 1 是由贝特利（Batelle）研究所编制的技术路径图，它是针对录像机的科学与技术发展历程编制的，详细地描述了各相关学科和技术的发展怎样为录像机的产生创造了科学、技术前提。这种路径图不仅是一种历史资料，而且是一种起着"鉴往知来"作用的重要预测依据与参考资料。人们可以监视多种学科发展的情况，发现其中的发展不平衡状态，找出新技术发展的机会。

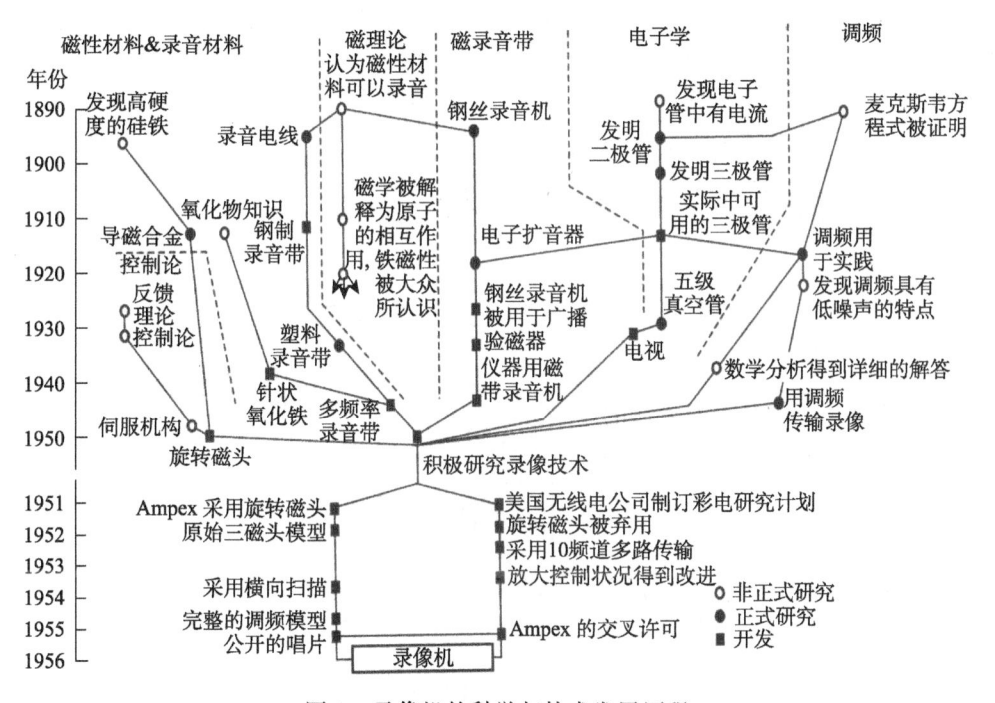

图 1 录像机的科学与技术发展历程

技术路径图可以用来跟踪技术创新，以便根据进展中的问题，采取相应措施排除阻碍创新的种种因素，使创新顺利地进行。

此外，技术路径图还有重要的战略效用。

（1）由于技术路径图描述了过去、现在和未来的发展趋势并对此做了分析，为高层战略决策提供了判断的依据，其可作为领导层进行技术选择的基础。

（2）技术路径图有助于为加速技术创新提供所必需的情况、技巧和产品间共享的可行技术，是企业加速新产品和新技术开发的有效工具。其作用原理将在本章第四节中展开讨论。

（3）技术路径图构筑了领导层共同认识的基础。企业中技术发展和创新进展迟缓的一个重要原因在于，领导层在对市场和技术变革的预见上缺乏一致的认识，包括对企业环境变化上认识的不一致。这导致了在技术战略决策上的意见分歧，影响到企业对市场变化的快速反应。而技术路径图所提供的详细资料和分析，能有效地帮助领导层克服认知上的不足并加速统一认识。

（4）技术路径图有助于人们统一认识的原因还有以下三个方面：第一，路径图收集了许多离散事件并通过分析找出其内在联系，这样有利于领导层与管理层对反映了时代特征的价值观的认同，这种共同认识是保证预测成功的关键。第二，路径图详细地描述了历史性事件发展间的内在联系，为决策者提供了认识的规律，这将大大有助于人们从历史发展的规律对未来做出判断。第三，路径图提供了人们沟通的框架，有利于企业中战略管理人员和技术人员在许多不确定性问题上的沟通，有利于两类人员间认识的统一。此外，路径图还有助于人们在预测时域上的统一，这也有利于人们达到认识上的一致，因为对同一预测事件发生时间，各种人员往往有不同观点和估计，这也是预测分歧的一个主要因素。关于路径图的时域问题的讨论将在本章第四节展开。

第四节　技术路径图的方法

在讨论了路径图的实质、目的、特征和战略效用后，本节着重讨论它的方法与技术。技术路径图方法包括七个步骤（图2）。

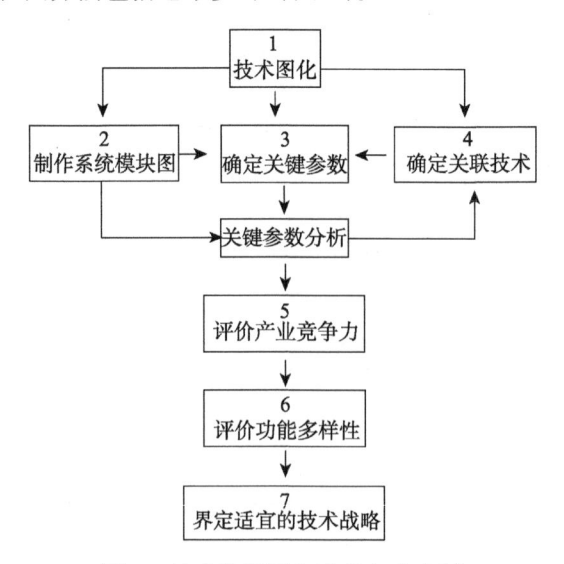

图2　技术路径图方法的七个步骤

一、技术路径图的构成模块

从录像机的发展来看（图1），其研究和发展过程取决于很多科学理论和技术的先行发展，包括磁理论、电子学、调频、磁记录材料和控制论等。以上列举的科技理论及其发展是创造和编制战略性技术路径图的起始点。为了构筑路径图的第一部分，必须追踪产品赖以发展的若干个科学基础。有了这个基础，可以从技术到科学进行反推，以便绘制出构成产品领域的更广泛的历史途径。这里所需数据一般可从大学教材、商业出版物和访谈中获得。一般来说，这一部分路径图是指明通向基本创新的路径，并提供进行改进和创新的基础。

二、关键参数的分析

关键参数是指影响顾客购买决策的一个维度。因此，顾客价值是分析的焦点。这种参数分析法是一种用来描述过去、现在和未来的产业竞争基础的方法。

产品性能参数是随着时间的进展而变化的。在早期的航空产业中用速度、航程和载重三个变量来评价飞机性能。随着时间的推进又增加了燃料效率、可靠性、生命周期的费用效益等度量参数。在计算机产业中，最早使用的参数是时钟频率（即周期时间）、随机存储器（random access memory，RAM）和存储容量，之后又加上外形尺寸、使用功率、兼容性等。在工业实践中，确定若干个性能参数作为度量顾客价值和竞争基础，而后随着时间的推移，这种体现购买者价值的性能参数获得进一步改进。当一些新事业进入市场后，购买者价值又将发生变化，竞争的基础也将随之而改变。

产品性能参数改进的历史，加上体现购买者价值的参数，可以用来说明产业中不同企业命运的变迁。

在技术路径图中可以清楚地看到参数的改进是时间的函数，可以把它们在时间轴上标出。

关键参数的分析可以分三步。

第一步，模块图。在第一步中用系统分析中的模块分解法，把产品品种分解为子系统。以印刷厂为例，它有一个运输机构、一个印刷机构、一个切装机构和一个控制系统，其模块图如图 3 所示。

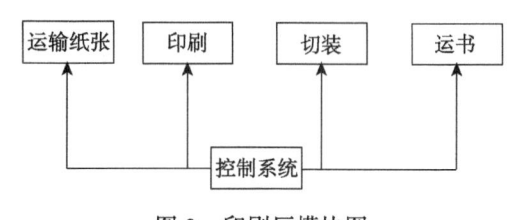

图 3　印刷厂模块图

第二步，确定关键参数。这一步要为每一模块列出关键参数。这些关键参数应反映出购买者所关注的事情和顾客的购买决策。

第三步，确定相关技术。在这一步中分析人员要确定对关键参数有潜在影响的技术。

三、评价产业竞争力

技术路径由什么决定？受哪些因素的影响？

回顾波特五个竞争力的模型和本书关于技术创新的动力模型，可以看到技术的轨道和竞争者的推动因素对企业技术路径的选择有很大影响。

首先，可以从竞争对手进入市场和退出市场的历史分析来寻找其规律性。通过对早期进入的竞争者和晚期进入的竞争者的分析，可以了解到哪些有利因素和优惠状况导引这些竞争者的进入。对退出的竞争对手进行历史分析，可以发现哪些条件阻碍着它们在市场竞争中取得成功。为了进行深入分析，可以将竞争者分为两类：一类是以同样的产品进行直接竞争，另一类是以生产替代品来进行竞争。分析中要分析每个竞争者的优势和劣势，以及其潜在专有技术和防卫地位。

其次，通过分析产业参与者的历史了解竞争结构。分析内容包括：谁是早期参与竞争的；谁是早期退出的；谁是后期进入的；还有哪些潜在的竞争者；留在产业中或退出该产业的理由是什么；为何尚有新进入的可能；这一系列问题是分析和了解产业结构所必需的。弄清了这些缘由，就不难了解为什么那些投资不足的和管理不善的企业会被淘汰，而留下的企业做出了正确的战略选择和管理。路径图必须清楚地反映产业参与者的历史，从而了解竞争转移的模式和预测未来竞争的走向。

最后，寻找和确定创新的动力源泉。在路径图中进行早期情况的分析，可以找出推动新一轮技术创新的外部压力。早期的改进可能是由于需求增加的推动。另外，全新技术的发展，如晶体管的发展，对许多产业和产品均产生了革命性的影响。政府推出的许多科技规划对科学发展和技术进步产生直接影响。经济增长的要求、改善生态环境的社会压力以及国防的需要都是推动创新和技术进步的源泉。很明显，基础科学的突破最终会带来技术方面的众多成果，但有时需要经过漫长的时间。因此，必须仔细分析产业和科技发展的历史，以便获得不寻常的源泉。

上述种种事件说明了产业中技术发展的模式有助于确定技术路径图上推动创新的源泉。

四、功能（应用）扩散的分析

在做技术路径历史分析时，不能只停留在参数价值的分析上，要注意分析创新技术在扩散中功能的扩大和转移。这就要在创新产品被引入市场后，分析其对购买者的价值。如果单纯停留在参数价值的分析上，会忽视正常扩散过程中的新机会。例如，录像机的初始研究目的是作为广播网络的延时装置，最初考虑的使用者是广播电台的工程师。但当该产品进入消费者市场后，原始的设想被打破了，其功能用途发生了转移。这种功能的变化是由购买者的价值所引起的。另外一个例子是计算机功能应用的变化。计算机初始的目的是满足科学的运算和管理上（主要是会计核算）的需要，其后用途获得很大发展。

一般来说，功能的扩散提供了扩大产品市场的机会，同时也创造了市场空隙。

战略技术路径图中必须包括时间进程，以表示出所研制产品用途的扩大和扩散。这就成为一个表现出所有技术机会的分枝图（树状图）。这些技术机会是由其功能用途和需求的发展所带来的。这里所需的数据一般在业务杂志上可以获得。

五、选择适宜的技术战略

技术路径图的最终阶段是确定所选技术领域的适用战略。这里要分别分析经营管理者和投资者的观点。可以用决策树来表示出各种战略的抉择。投资者一般倾向于近期得益，时间域一般为3—5年。经营管理者往往取中长期时域，一般为5—8年。

决策树法一般只是机械地提供一批可供战略选择的方案，而在战略选择中判断才是重要的抉择手段。因为，对如此众多的信息进行综合，必然是一件富于创造性的工作，这种综合是一个判断的过程，也可以说是对未来前景的一种最佳的设想（预期）。

关于战略的选择，将在本章第五节中讨论。

第五节　技术路径图实例

这里以机器视觉技术为例，按本章第四节所指出的七个步骤分别讨论。

机器视觉技术包括一个光学系统和一台计算机。它自动获取图像，以数字形式加以存储，并同标准做比较。其过程的结果是一个接受图像的过程、对制造过程的调整或为满足生产需要改变机器运动的模式。

机器视觉技术的相关基础技术包括三个方面：计算机技术、微型计算机技术、电视摄像机技术。

构建机器视觉的科学技术与工程基础的历史如图4所示。从20世纪30年代到80年代运用的是大型计算机，速度以每秒运算次数计，并以RAM容量代表计算机容量。运算速度从20世纪40年代的三四百次一直提高到80年代中期的10万次（每秒）。RAM从20世纪60年代的98 KB增长到80年代中期的200万KB。微型计算机在20世纪80年代中期运算速度为500万次（每秒），带有512—640 KB的随机存储器。电视摄像机从20世纪20年代最早的阴极射线管发展到50年代的彩色管，在60年代初计算机同电视摄像机首次连接起来并进行图像处理。

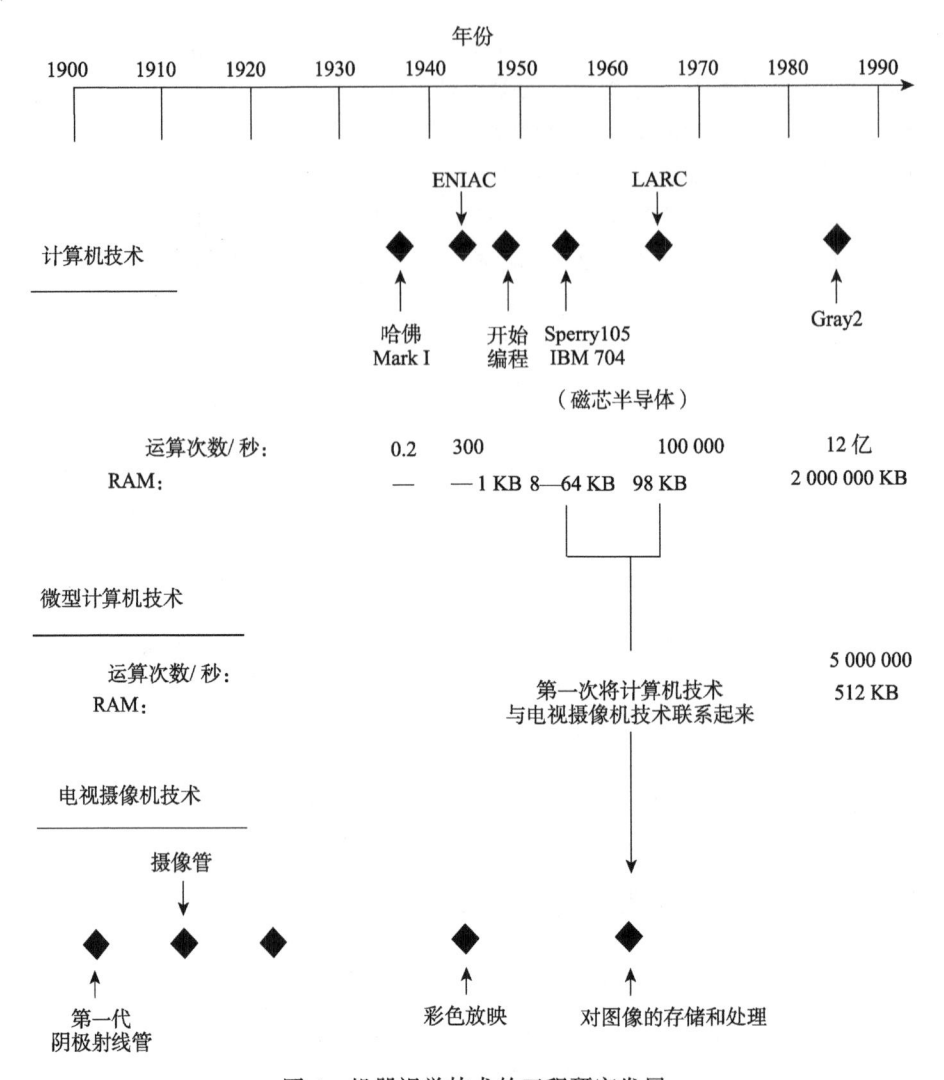

图 4 机器视觉技术的工程研究发展

ENIAC 全称为 electronic numerical integrator and computer，即电子数字积分计算机；LARC 全称为 Livermore automatic research computer，即利弗莫尔自动研究计算机

一、制作系统模块

机器视觉系统包括以下基本模块：传感系统、图像处理系统、缺陷分析系统、过程控制系统。

传感系统具有一个照明子系统，它可以是白炽光也可以是激光。它还包括一个传感子系统，诸如电视摄像机。图像处理系统包括一个微处理机，它将图像做数字处理。缺陷分析系统具有一个部件分类子系统和一个报告与位移子系统。

二、确定关键参数

在机器视觉系统的设计中有八个关键参数，它们是相互影响的，改善其中一个，可能会使另一个参数变坏，因而在设计中要进行权衡（图5）。这八个参数如下。

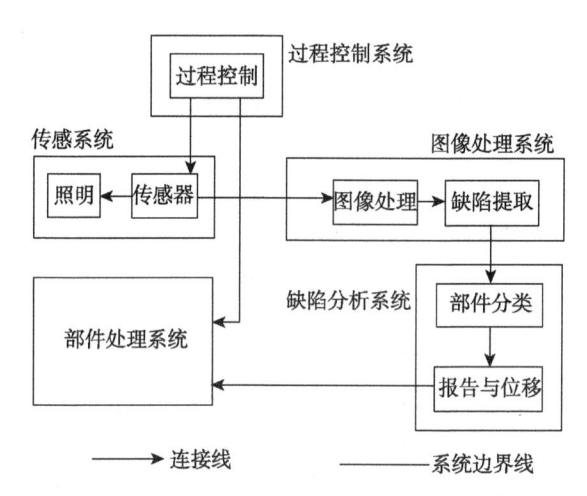

图 5　机器视觉系统模块图

（1）图像尺寸。其标准尺寸是现有的电视标准 512×512 个像素点。缩小图像尺寸会降低系统的精度。但是，较小的图像尺寸可以降低对计算机运算速度和内存的要求。

（2）视野与清晰度。较大的视野范围会降低图像的清晰度。但提高清晰度则要求计算机有更大的内存和更多的图像处理时间。

（3）灰度等级数。在表面特征估测中，需要更多的图像细节，每个细节需要6个或8个字节。

（4）处理速度。图像大小和灰度等级将决定图像处理的速度。

（5）精确度。增大图像细节会降低判别的错误率，但同时会降低图像处理速度。

（6）标准化与用户化。标准化设计强调产品的普遍适用性；而用户化则要求针对顾客的特殊要求设计。要妥善处理这对矛盾。

（7）耐用性与可靠性。

（8）柔性。这里要考虑：系统能在多大范围内适应多品种生产的要求？系统能在多快的速度上进行成批产品的转换？系统能以多快的速度重新编程以适应品种变换？

进行系统设计时除综合考虑以上八个方面的参数外，还要考虑到其他参数，如投资和运行费用，进行权衡，根据不同的具体要求达到满意的使用效果。

三、确定相关技术

系统中相关技术的进步均会对系统产生影响,举例如下。

(1)计算机运算速度的提高和相应地降低计算机成本会对机器视觉系统产生重要影响,诸如改进其费用–性能系数。

(2)摄像机彩色技术的发展将有助于提高系统的精度。

(3)高清晰度电视技术的发展,将提高图像大小的上限和图像的清晰度,并提高图像的精度和分辨率。

(4)计算机辅助设计(computer-aided design,CAD)和 CAM 技术的发展将扩大机器图像技术的应用范围,改善对系统控制的功能,从而进一步提高系统的使用价值。

四、评价竞争力

生产率和产品质量的竞争压力,将推动企业对包括机器视觉技术在内的各种制造工艺的需求。同时,国家科技发展规划也会影响技术参数的变化。工业上对更为复杂的机器人系统的需要,反映了机器视觉技术具有进一步的功能多样性与扩展的可能。

机器视觉系统销售额的增长情况如图 6 所示。

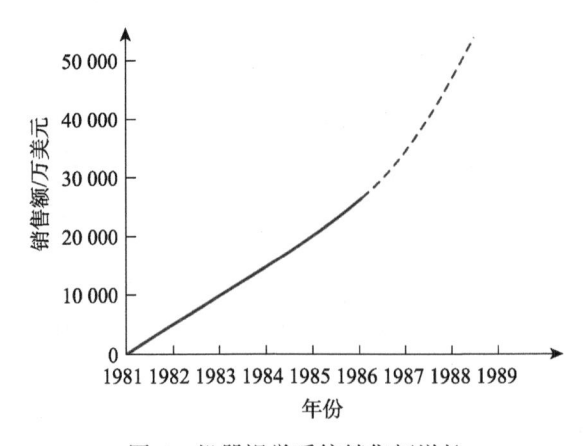

图 6　机器视觉系统销售额增长

市场中竞争参与者状况如下。

主要的竞争者为四家大公司:View 公司、Automatix 公司、Diffracto 公司和 Robotic Vision 公司。其市场占有率依次为 38%、33%、20%和 8%。

70 家小企业的总市场份额不足 1%。

以通用汽车公司为代表的大公司在机器视觉相关技术领域内具有较强的基础,它们具有进入机器视觉系统市场的潜在可能和能力。

五、评价功能的扩散

图 7 的左半部分描绘了机器视觉系统发展中的功能扩散,以及方法与应用的变化和增加,也描述了成本、价值的变化。图 7 的右半部分描述了对该系统功能扩大的预测。

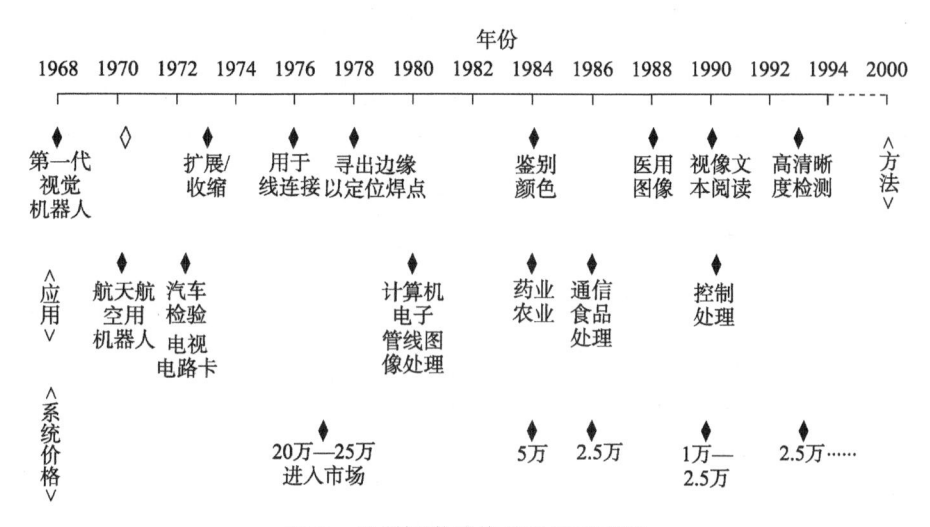

```
                                    年份
1968  1970  1972  1974  1976  1978  1980  1982  1984  1986  1988  1990  1992  1994  2000

第一代  扩展/    用于    寻出边缘              鉴别          医用    视像文   高清晰           <方法>
视觉    收缩    线连接   以定位焊点            颜色          图像    本阅读   度检测
机器人

<应用>  航天航   汽车              计算机         药业    通信          控制
        空用     检验              电子           农业    食品          处理
        机器人   电视              管线图                 处理
                 电路卡            像处理

<系统价格>      20万—25万          5万   2.5万   1万—        2.5万……
                进入市场                         2.5万
```

图 7　机器视觉系统的发展和预测

六、适宜技术战略的选择

这里只简述对技术战略的初步选择。

选择技术战略时必须综合考虑产品的技术特征和市场特征。

对于机器视觉系统,其市场特征如下。

(1) 机器视觉系统的市场尚处于发展的初期或成长期阶段。

(2) 对机器视觉系统的市场状况尚了解不多。

(3) 产品价格与性能相比,购买者更着重于性能。

表 3 为一种典型的战略选择(初选用)矩阵,列出了不同市场和顾客条件下,在产品生产周期各不同阶段(初期、成长期和成熟期)可用的适宜战略。表 4 是对各种战略市场特点和产品特点的描述。

表 3　战略选择矩阵

项目	产品生命周期阶段		
	初期	成长期	成熟期
市场是否对产品非常了解?			
是		B	A,C,F,G″,H,I
否	D,G	E,E′	E,E′,G′

续表

项目	产品生命周期阶段		
	初期	成长期	成熟期
市场是否很大？			
是		B	A,C,G',G'',H,I
否	D,G	E,E'	E,E',F
购买者是否成熟？			
是	D,G	E'	E',I
否		B,E	A,C,E,F,G',G'',H

表4　各种战略市场特点和产品特点

符号	战略名称	市场特点	产品特点
A	寻求技术商品战略	稳定或下降的市场	著名或标准的产品
B	先导战略	工业化市场	产品易于复制
C	生产效率战略	成熟的大批量市场	稳定的和著名的商品
D	生产者偏好战略	市场处于早期阶段	产品较为复杂
E	生产柔性战略	季节性或低产量市场	产品采用柔性制造
E'	柔性-用户设计战略	低产量市场	产品针对用户设计
F	顾客偏好战略	成熟的市场	标准产品
G	产品先锋战略	潜在的/新的市场	技术复杂产品
G'	产品领导者战略	成长的市场	技术复杂产品
G''	产品跟随者战略	成熟的市场	多用途产品
H	垂直一体化战略	巨大的或成长的市场	技术复杂产品
I	互补性战略	巨大的市场	复杂产品

参照战略选择矩阵，根据机器视觉系统的市场特征可为不同时域（不同期限）进行战略选择。表5为机器视觉系统的战略选择一览表。例如，其中为长期战略选择了柔性-用户设计战略。柔性-用户设计战略的特征如下：①对市场具有一定程度的了解；②市场更需要针对用户的设计，而非标准化产品；③竞争优势来自产品零部件的标准化。

表5　机器视觉系统的战略选择

项目	中期（3—5年）	长期（5—7年）
产品生命周期	初期	成长期
市场特征		
对市场的较好了解	否	否
市场较大	否	否
成熟的购买者	是	是
战略选择	D（生产者偏好战略）或G（产品先锋战略）	E'（柔性-用户设计战略）

运用同样方法,可为中期(3—5年)战略选择两种初选战略:生产者偏好战略(D)或产品先锋战略(G),下面分别阐明这两种战略的特征。

生产者偏好战略的主要特征如下:①企业技术开发活动主要是为了扩展基本产品的应用范围;②企业在产品的制造工艺上较为成熟;③企业竞争优势壁垒来自经验曲线效应;④企业对相关技术了解、掌握得越多,企业的竞争优势越大。

产品先锋战略的主要特征如下:①产品先锋战略与生产者偏好战略具有较大的相似性;②两种战略的差别主要在于,产品先锋战略的产品开发是为了提高产品在某个或若干个应用领域内的性能;③其竞争优势来源于对该应用领域的技术的了解、熟悉程度。

这里必须强调指出,战略的选择不仅是单纯的理性选择,成功战略的关键在于创新。虽然我们可以凭借过去长期积累的经验,运用逻辑推理的方法进行战略方案的初选,但更重要的是要运用直觉判断方法对所搜集到的战略环境、竞争对手和企业内部优劣势的众多资料进行综合思考,最后得出能战胜竞争对手的创新性战略。

第六节 小企业的技术发展路径

与大企业不同,限于能力和规模,小企业的技术能力与产品范围趋向于专业化。同大企业相比,小企业在技术轨迹与创新战略上不可能求广求全。欧盟国家的近期研究表明,众多小企业很少专门从事创新方面的研究。他们的研究大多是对成熟技术的专门运用,如将信息技术用于配送传输系统等。

小企业的范围很广,类别很多,表6列出了四类不同类型的小企业的优势来源和它们在创新战略方面的主要任务。

表6 创新型小企业的主要类别

项目	大型明星企业(半个世纪内发展起来的)	新技术企业	专业化的供应商	由供应商主导的小企业
例子	得州仪器,施乐,英特尔,微软,索尼,精工,海尔,华为,惠普,Polaroid(宝丽来)	电子、生物技术和软件行业中的新兴企业,如聚光科技、信雅达	生产机器、零部件、仪表和软件的企业	生产纺织品、家具、食品和服务性企业
竞争优势来源	成功地发展了重要的发明和技术轨迹	在快速发展与专门化领域中开发产品和工艺 学术性开发研究的私人创业	根据用户需求的综合性技术运用	通过供应商进行创新的整合和运用
创新战略方面的主要优势	储备取代原有的发明或发明者	明星企业或专业化供应商知识或增收	同领先用户和广泛的技术相连接	在设计、分销与合作中开发基于信息技术的新机遇

第一类小企业是近半个世纪以来发展成为大型企业的小企业。其中不少已成为世界级的超级明星。它们都是从几个人的小企业开始成功地通过高速成长发展起来的。在技术轨迹上，它们或是依靠研究出了一种重要的发明，如美国的Polaroid公司发展了即时成像技术；或是沿着丰富的技术轨迹（如半导体技术和软件技术），使自身能凭借一个领先创新者的优势，依靠专利保护和学习曲线的优越性使企业不断快速壮大起来。这类成功企业的创新者，有的是靠在原先大企业工作中所学习积累的技术知识，有的是在向大企业提供自己的发明遭到拒绝后，自行创业开发其技术。但在有些行业（化工和生物技术）中却很少见到这一类成功企业，可能的原因是这类行业中的研发、生产或营销的壁垒很高，非一般小企业的能力所及。

在表6中所列的第一类企业中大多是美国大企业。其经验表明：要管理好这种大型企业最大的挑战是持续问题，即从原始的创新转向新的产品线的制造和管理。尤其是，当新产品跨过了其旺盛的高速发展时期，由于企业惯性等原因，核心技术会转化成核心僵化，它阻碍了企业进一步的改革和创新。美国的一些大型企业如施乐公司、DEC（Digital Equipment Corporation，数字设备公司）、Polaroid公司均遭遇到这一方面的困扰。

第二类小企业是新技术企业。这类小企业或是由原来工作于大企业或政府研究部门中的员工创建的，或是由国外学成归来的科技人员创建的。他们往往从事向大企业提供一种关键元器件、子系统、技术或服务，也有少数直接从事面向市场的产品或服务。这一类新技术企业面临两类战略问题。

一是如何保持持续增长。绝大部分小企业由于市场面窄（一般是采用市场缝隙战略），难以做大成为大型企业。这些小企业究竟能发展多久，主要取决于它们能否把握住技术发展轨迹，成功地从原有一代技术转向下一代新技术，并发展相应的能成为强有力支撑的管理能力。

二是企业管理层的长远战略是面向企业长远发展使企业价值最大化，还是仅仅着眼于一时的盈利。例如，很多中小企业往往是在成功几年后，卖掉了企业，改靠投资为生。又如，一些大学中的学者建立公司只是为了取得其学术研究所需的补充资源，往往缺乏对公司长远发展的更深远打算。

第三类小企业是专业化的供应商。这类企业往往是将机器设备、仪器、软件和专门的生产投入提供给应用先进技术的客户。它们很少有正式的研究和发展，主要是通过它们员工的设计和生产实践完成其创新和开发。

第四类小企业也是为数最多的小企业，是由供应商主导的企业。供应商所提供的生产投入是它们新技术的主要来源。由于它们依赖供应商来创新，往往难以具有可作为竞争优势的特有技术（或核心技术）。其未来的重大技术是供应商提供的具有潜力的信息技术，往往将之用于诸如配送或协作的服务性活动。越来越多的小企业感到需要增强其技术能力和竞争能力的软件系统。对于这种能力是否可以称为核心能力，还很难判定，因为它很容易为其他企业所采用；而核心能力的主要特征之一是不易被模仿。在这类小企业中，它们具有的特定能力并不是靠自己力量研发而成的，主要是依赖于供应商的软件服务。

资源分配与项目选择[①]

能力的建设与提升、战略的实施必须有资源的投入和保证。研究、发展与技术创新需要大量的资源，包括资金、人力和物资，而研究、发展的人才和物资的获取在很大程度上取决于资金的投入，因此从这个意义上讲，资源中很重要的一块是资金。现实中企业以货币表现的资金是有限的。如何分配好现有的资金，做好研究、发展与技术创新的立项、选项和评价工作，是本章要讨论的主要内容。本章分以下几节进行讨论。

（1）资源分配问题。
（2）资源分配中的主要比例关系。
（3）研究与发展资源分配的趋势。
（4）研究与发展财务预算与资金分配。
（5）研究与发展项目的评价与选择模型。
（6）研究与发展的财务分析与评价。

第一节 资源分配问题

一、资源与能力

一个组织、国家的实力（力量）有两类：一类是资源（resource），一类是能力（capability）。世界上主要依靠资源实力的典型国家有加拿大，而依靠能力的国家中，最典型的是日本、新加坡、韩国等资源小国，其国力的增强主要依靠不断提高的能力。同样，企业的实力也要依靠资源和能力。而企业与国家又有不同之处，一方面，国家资源在很大程度上是依靠自然的禀赋，而企业的资源要依靠人们的努力去形成和积累，这就是企业能力的提升，能力对其实力的形成更具有根本性。但从另一方面看，能力的形成和提升又离不开资源。首先，人力资源是能力的根本，企业的自主创新能力离不开有创造力的人才；其次，人才的开发、创新能力的形成和积累离不开资金的投入、合理分配与使用。从这个意义上来说，资源又是能力的来源（source）。本章着重讨论关于资金的分配。

[①] 节选自：许庆瑞. 研究、发展与技术创新管理（第二版）. 北京：高等教育出版社，2010：第九章。

关于资源分配与能力形成的关系,我们曾用系统动力学的方法做过一个实验,探讨为形成企业的核心能力,企业需要怎样的资金积累速度。实验表明,资金积累速度过低,例如,资金积累率低于20%,企业难以形成其稳定的核心能力［图1（a）和图1（b）］;一般来说需要有25%左右或更高的资金积累率,企业方能获得恒定的核心能力［图1（c）和图1（d）］[①]。图1中,CC指核心能力,CAR指资金积累率。

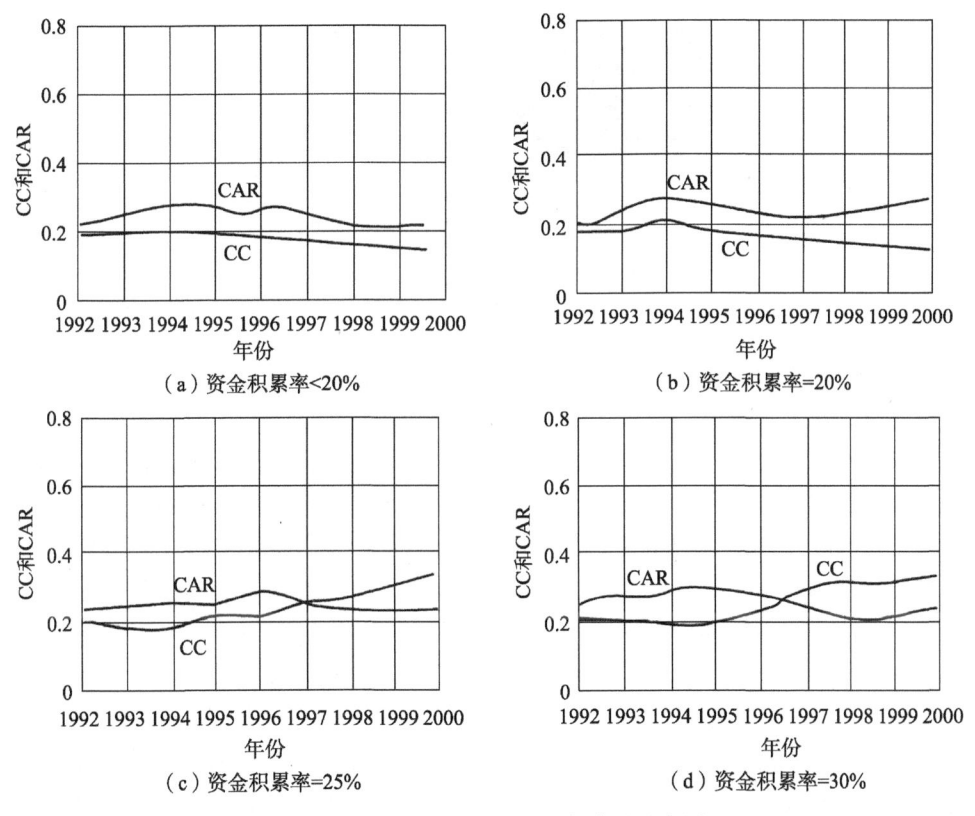

图1 核心能力与资金积累率关系示意图

二、资源分配的战略意义

从上述的资源与能力的关系中可以看出:一个企业的成功和竞争优势植根于企业的能力,尤其是核心能力,而能力又离不开资源。因而资源的分配在很大程度上决定了企业的命运和前途,必须把资源分配作为企业的一项重大战略性工作。

但资源分配中又有很多有挑战性的问题,其中最重要而又最困难的是处理长远和当前、核心与一般以及全局与局部间的关系问题。在资源有限的条件下,如

[①] 详见浙江大学寿涌毅硕士论文。

何最有效地分配和运用资源，是一个动态问题。对一个新企业来说，为了迅速成长和发展，资源必须大部分投放在其核心部分，但从企业成长来看，其非核心部分（外围部分）会占用大部分资源，如图2所示。

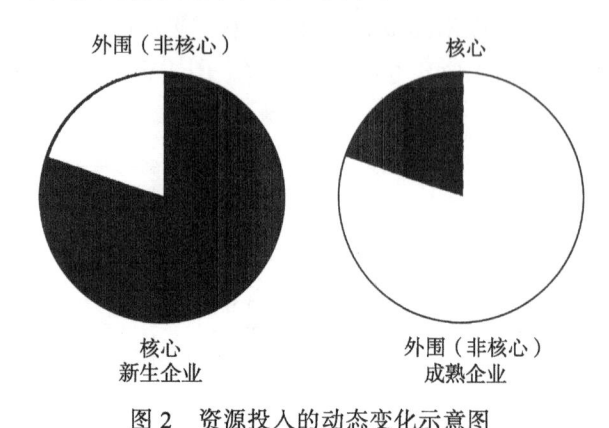

图2　资源投入的动态变化示意图

资料来源：Moore G A. Dealing with Darwin. New York: Portfolio Hardcover, 2005

由于组织中惰性或称惯性的存在，现有的成熟的部分（也就是作为外围的非核心部分）总占大部分，例如，生产成熟产品所需的劳动力、生产设施、辅助装置、通信系统、后勤系统及管理系统等。为了维护这部分的正常性运转，其占用的资源必然大大超过创新所需的资源投入。负责现有成熟部分运作的中层管理者为了避免风险，往往会趋于保守，这样就会使组织中的保守力量大大超过愿冒风险进行创新的新生力量，成为组织中创新的阻力。如何克服这种创新阻力是组织创新中一个严重的挑战性问题。

为了保证企业竞争能力的持续增长，必须在培植核心能力上不断投入并保持其必要的增长率。在资源有限的条件下，往往要从非核心的外围部分抽调力量（人员和资金）去支持核心部分。这样做会遭到外围部分的抵制。例如，要从各事业部（即战略业务单元，strategic business unit，SBU）抽调一些关键或核心技术人员去增强公司一级的研发部门（中央研究院），经常会遭到 SBU 负责人的抵制。因为，SBU 为了满足市场需求的变化，也需要这些具有创新能力的技术力量。这就要从全局战略出发来解决这一矛盾。这也就是核心理论创始人哈默与普拉哈拉德在《竞争大未来》一书中提出的：事业部制是阻碍核心能力形成发展的组织障碍，必须通过全盘的战略规划与措施来解决这一问题。G. A. 摩尔（G. A. Moore）则提出了从外围部分抽调资源支持核心的五项措施[1]，具体如下：

（1）通过集中化来调集资源。
（2）通过标准化来减少资源消耗，以增强核心力量。

---

[1] Moore G A. Dealing with Darwin. New York: Portfolio Hardcover, 2005.

（3）模块化（modularization），把一个产品或流程纳入部件或元素，从而可以通过流程再造提高效率。

（4）优化，当流程模块化后，就可减少冗余和过多的工作。

（5）外协（outsourcing），借助外协节省下来的内部资源充实核心部分。

此外，摩尔还专门讨论了企业中如何解决惯性问题[①]。

第二节　资源分配中的主要比例关系

研究与发展的资源分配，首先要服从于企业的经营战略。企业战略不同，研究与发展资源的投入比例也不同。例如，进攻型战略必须有进攻型研究项目，要求在研究上有较大投入，而防卫型战略则要求在生产工程上投入较多。

在企业不同的发展阶段，其研究与发展资源的投入结构比例也不相同。在企业发展早期，资源贫乏，只能进行一些试验发展项目，而当企业跨入超常规发展期，资源相对较多，就可将较多份额的资源用于大规模科学技术和系统的基础研究与应用研究。图3是西门子公司一百多年来经历的四大发展阶段及其科研资源的分配方向[②]。

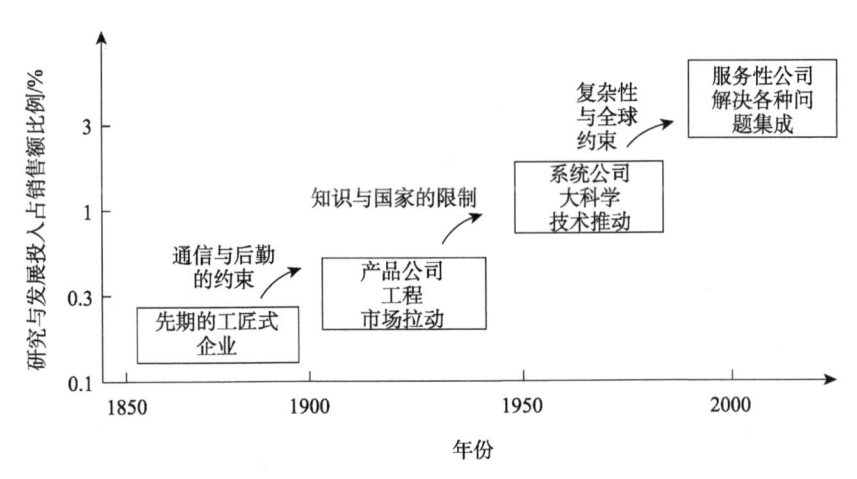

图3　西门子公司各发展阶段的资源分配方向

不同行业、不同企业之间，研究与发展资源分配有其不同的特点和含义。以长、短期研究与发展项目的划分为例，在制药业中，4年的研究期只能算是短期

---

① 参见 Moore G A. Dealing with Darwin. New York: Portfolio Hardcover, 2005. 限于篇幅本书不再讨论这一问题。

② 图3中的"服务性公司"是指公司已从出售产品为主进入为用户提供服务（如整台租机）为主的阶段。

项目，而对机电行业来说，1年至2年的研究项目才是短期项目。

一般来说，在研究、发展与技术创新项目的资源分配中，应协调好以下几个主要的比例关系。

一、进攻型与防卫型项目间的比例

防卫型的研究与发展项目是用来抵御来自竞争方面的压力，以保持企业的现有市场；进攻型的研究与发展项目是为了提升企业在市场上的地位或开拓新市场。如果缺乏长远规划和明确的战略目标，放任自流，那么企业的研究项目中将充斥大量"救火型"的防卫型项目。救急的防卫型项目是需要有一定数量的，但绝不能占主导地位，否则企业就会没有活力，没有生气，没有发展前途。

两种类型研究项目的比例同企业所采用的技术战略是分不开的。当企业采用"技术领先者"战略时，就应有更多进攻型研究与发展项目；而当采用"紧随领先者"战略时，企业要有一支强有力的研究开发力量，能从事快速的防卫型研究与发展项目。

二、短期、中期、长期项目间的比例关系

在很多研究发展单位里，存在着一种把资源集中于短期研究与发展项目的倾向。产生这种情况往往有以下两个原因：一是这种短期项目可凭借已有科技理论与知识来解决问题，因而技术风险小；二是短期项目容易显出成果。这种过多集中于短期项目的倾向，在企业经济状况欠佳时尤为显著。这种做法的最大危险在于使研究与发展工作脱离企业的战略目标，影响到企业今后的长远发展与成长。

事实上，短期内解决的问题往往并不是真正需要花力量去研究与解决的问题。短期研究项目固然可以加速研究资金周转，但绝不能因此而轻视长期研究项目的潜在效益。一般情况下，长期项目研究的结果往往带来突破性的创新成果。

为了保证长短期项目的全面安排，有条件时可以采用两套班子的做法。除保证足够科技力量从事中、短期的研究与发展任务外，还应保持一定的科研力量用于长远的基础性科研项目。

三、基础研究与应用研究间的关系

保持基础研究与应用研究课题间的合理构成比例，是保证研究与发展有效进行的重要前提，也是保证研究与发展为国民经济服务、为生产服务的重要条件。

资源在三类研究与发展间的分配比例是动态发展的，取决于外部环境（政治、经济、政策、环保要求等）与企业战略的变化。

基础研究作为长期投资，往往要30—50年后才能对生产力的突变产生影响。

试验发展是短期投资，一两年内可能见效。

应用研究为中期投资，一般在 5 年至 10 年，多则 20 年内对社会生产力产生重大影响。

为保证企业在今后一二十年中持续发展，必须在应用研究中有足够的投入，根据企业的中、远期战略基础结构，形成企业的技术核心能力，这是 20 世纪 90 年代以来世界著名企业成功的关键。

保持基础研究与应用研究间的合理比例，是由这两种研究既相互支持又相互区别的情况所决定的。应用研究有其明确的特定研究目标，但若无基础研究在理论上与方法论上的支持，应用研究也就不能有效地解决问题。另外，虽然基础研究与应用研究均以增进科学技术知识为目标，但仍然发挥着不同的作用。处于前阶段的基础研究主要是以其对基础理论的研究向后继阶段提供科学储备；应用研究则以其成果为生产提供中期与近期的技术储备，它具有应用价值，并有一定技术保密性。

发展基础研究的关键在于发现和培养人才。要稳定基础理论研究的队伍，长期坚持下去，并着重发展一些与新技术关系密切的理论研究。

四、保持研究工作与发展工作之间的平衡与联系

基础、应用、发展三类不同的科学研究，是处于生产前的不同时期，反映从科学研究转化为生产的各个不同阶段。后一研究阶段同前一研究阶段既相互区别又相互联系。研究工作为生产提供了科学与技术的储备，而发展工作则是将研究成果直接用于生产和工程上，解决生产中的产品设计、工程设计、工艺技术、施工等方面的具体问题，其成果可以直接产生经济效益。应用研究注重解决同产品功能有关的技术问题，而在发展阶段则是解决实用的工程问题：如何能有效地将产品生产出来。正是由于研究工作与发展工作的不同功能，两者之间必须保持必要的平衡。

在一般情况下，工业应用研究的成果体现在原型上。原型是一个体现某种新事物的原始的模型，它具有准备进行生产的产品的本质特征。试验发展往往从原型开始其开发工作。实践证明，只是为了管理上的方便，将应用研究与发展工作截然划开，归属不同部门去进行，不是一种有效的方法。这种划分割断了研究与发展过程的连续性和各阶段之间的内在联系。在发展工作阶段往往需要对产品功能原理做进一步研究，在应用研究阶段也往往要求开发某种特殊的测试装备。另外，把应用研究与发展阶段截然分开，也会割断两者在信息交换上的连续性，不仅造成研究工作的中断，而且造成研究上的不必要的重复，浪费科研力量。因而，应尽可能把应用研究与发展工作组织在一个单位里协同进行。

五、保持产品研究与工艺研究间的合理比例

由于新产品关系到企业的生存与发展，人们习惯于把绝大部分研究与发展力量投放在产品的研究与开发方面，而忽略了对于工艺的研究与发展。据对美国某些机械行业的调查，它们把45%的研究与发展力量放在新产品上，把41%的研究力量投放在改进现有产品方面，而投于工艺方面的研究与发展力量只占3%。

在产品研究与工艺研究上力量分配不当，不但不利于企业提高产品质量，也不利于保证新产品的质量和提高企业的水平。

德国某些大公司具有这方面的良好经验。它们在进行新产品研究与开发的同时，就进行新工艺的研究与开发，保证能以低成本把新产品经济地制造出来。它们放在新工艺与生产方法上的研究费用，占其全部研究与发展费用的8%—9%，投入新产品研究费用为5%—6%，其余80%以上均用于工程性开发以及发展工作。它们不仅有强大的产品研究所，还有强大的工艺研究所与生产工程（包括工业管理工程）研究所，这些研究所的科技人员均在千人左右。

产品研究与工艺研究需要的专业学科很不相同，因而保持两者之间的比例关系，不仅要体现在课题与资金分配方面，还要体现在学科与专业人才结构方面。

以上分析了研究、发展与技术创新资源分配中的主要比例关系。要努力保持它们之间的合理比例关系，使各项研究都能各得其所，协调进行，最终完成企业既定的战略目标。

第三节 研究与发展资源分配的趋势

现代研究与发展资源的分配过程中出现了以下趋势。

一、基础研究的比重上升

资源在三类研究的分配过程中，逐渐向基础研究倾斜，基础研究在总资源分配中所占的比重有所上升。

表1和表2是中美两国研究与发展经费在三类研究中的分配结构表。

表1 美国研究与发展三类费用比例

项目	1965年	1970年	1975年	1980年	1985年	1990年	1995年
基础研究/%	12.7	13.5	13.1	13.5	12.5	14.2	17.3
应用研究/%	21.6	22.0	22.0	22.1	22.7	23.3	23.2
试验发展/%	65.3	64.5	64.6	64.4	64.8	61.6	59.5
三类比例（BR：AR：ED）	1：1.6：5.5	1：1.7：5	1：1.7：5	1：1.7：5	1：1.8：5	1：1.5：4	1：1.5：3.5

注：BR为基础研究，AR为应用研究，ED为试验发展

表2　中国研究与发展三类费用比的变化

项目	1987年	1988年	1989年	1990年	1993年	1994年
基础研究/%	7.7	7.2	7.3	12.5	6.7	6.6
应用研究/%	21.6	33.9	28.5	22.7	30.5	36.2
试验发展/%	65.3	58.9	58.4	64.2	62.8	57.2
三类比例（BR：AR：ED）	1：2.8：8.5					1：5：8

就表1来看，美国基础研究投入比例由1965年的12.7%增长为1995年的17.3%，增加了4.6个百分点。三类研究的比例由1965年的1：1.6：5.5调整为1995年的1：1.5：3.5，试验发展的比例有较大幅度的下降。

表2显示了中国三类研究的投入比例。中国在1987—1994年这八年中，基础研究比例由7.7%降为6.6%，说明我国对基础研究的投入不足，是不符合世界研究与发展资源分配的发展趋势的。基础研究投入不足，将影响知识的生产和科技储备，对国家经济发展产生不良后果。

二、研究与发展经费来源构成中，来自政府的部分逐渐减少

一个国家的研究与发展经费来源结构可分以下三种类型。

（1）政府主体型，即政府拨款所占比例在50%以上，如中国、印度。

（2）产业主体型，即产业自身提供的研究与发展经费占国家总体研究与发展经费的50%以上，如美国、日本、韩国。

（3）政府产业双主型，即政府和产业的投入比例相当，约各占一半，如20世纪80年代的美国、几年前的法国。我国也将逐步走向这一阶段。

表3为中国研究与发展经费的来源分布比例。如表3所示，从1985年到1994年这10年中，政府投入比例由76%降为55%。随着我国经济的发展，来自产业的研究与发展经费呈上升趋势，这是符合世界潮流发展的。

表3　中国研究与发展经费的来源分布（1985—1994年）（单位：%）

来源	1985年	1987年	1988年	1990年	1994年
政府	76	60.9	56.6	54.9	55
企业及其他	24	39.1	43.4	45.1	45

资料来源：国家科学技术委员会统计资料

表4为美国研究与发展经费投入来源结构。美国政府投入比例35年间下降45%，而产业部门投入却上升了76.6%。

表4 美国研究与发展经费投入来源结构（单位：%）

来源	1960年	1970年	1976年	1977年	1980年	1983年	1984年	1985年	1990年	1993年	1995年
政府	64.6	56.9	51.0	50.5	47.1	45.8	45.1	45.8	40.6	36.3	35.5
产业	33.4	40.0	45.3	45.9	49.4	50.8	51.6	50.9	55.0	58.9	59.0
高校	1.1	1.8	2.1	2.1	2.1	2.2	2.1	2.1	2.9	3.1	3.2

图4为美国研究与发展经费来源的变化趋势图。

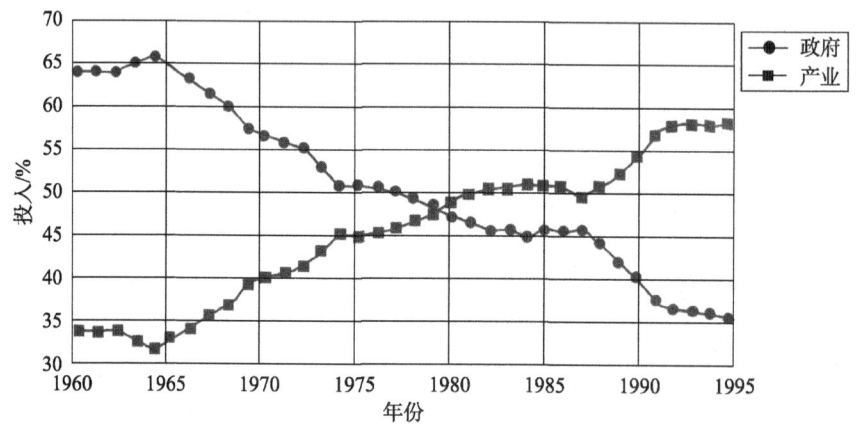

图4 美国研究与发展经费来源（来自政府和产业）的变化趋势图

三、企业研究与发展经费支出占销售额的比重上升

据美国著名学者 Halliday 等[①]对世界领先制药企业（共40家企业，其中美国12家，日本7家，欧洲21家）的问卷调查，1992年该40家被调查制药企业的销售总额为1140亿美元，约占当年全球药品市场销售总额2260亿美元的50.4%。由于是科学知识而不是制造技术推动着全球制药产业的竞争，企业的成功基于强大的研究与发展。制药企业的研究与发展活动，包括失败的成本，都是由企业现有产品的销售收入支持的。研究与发展活动的投入常常用其占销售额的百分数来衡量。一种新化学实体（new chemical entity，NCE）进入市场的全部成本（包括机会成本）约为3.5亿美元。成本如此之高，一方面是由于可进入市场的药物开发包括众多的活动（如发现研究、化学开发、毒理试验、药理研究、临床研究、法规评审、社会经济评估、投放后开发等），另一方面是由于制药研究与发展高失败率带来的高风险，常常一种潜在的药物因为达不到严格的安全标准而终止研究，有的甚至已有多年投入。从一种化合物首次被合成到克服所有障碍成功进入市场，往往要经历10年以上的时间。

---

① Halliday R G, Drasdo A L, Iumley C E, et al. The allocation of resources for R&D in the world's leading pharmaceutical companies. R&D Management, 1997, 27 (1): 63-77.

从历史看，制药产业研究与发展投入比其他产业要高得多。1991年，全球制药产业的研究与发展投入约占销售额的15%。

据该问卷调查的结果，这40家全球领先制药企业1992年的研究与发展平均投入为4.18亿美元，其每一制药企业的平均销售收入为28.65亿美元，因此，研究与发展费用占销售额的比重平均为14.6%。其中10所世界最强制药企业的研究与发展费用占销售额的比重平均为16.8%。

图5为美国国家科学基金会公布的1998年各类行业研究与发展投入占其销售额的比重。如图5所示，制药业的投入平均为10.4%，属最高行业，其次为办公室、计算机和会计用设备，通信设备，电子元件，光学、外科用和照相设备及其他仪器设备，最低为食品和烟草。

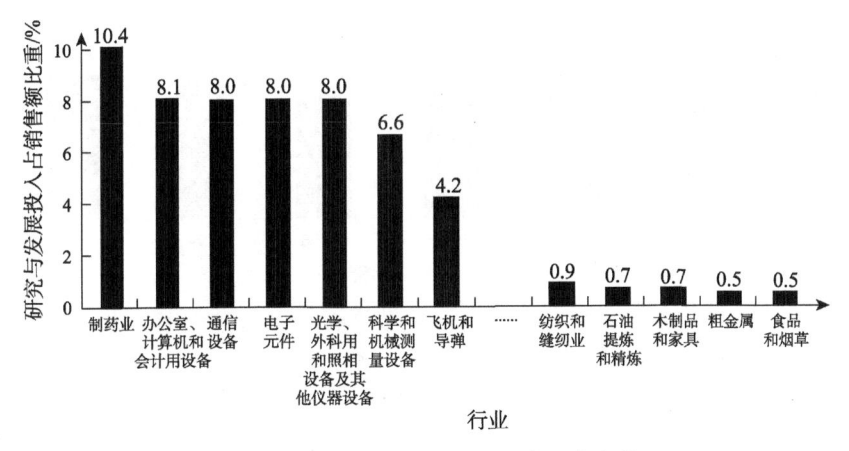

图5 美国各行业研究与发展投入占销售额的比重
资料来源：根据美国国家科学基金会1999年资料绘制

我国企业的研究与发展投入较低，表5为28个调查企业的资料[①]。其中投入最高的为通信企业，约为销售额的4%，最低的仅0.5%以下（主要是纺织企业）。

表5 调查企业研究与发展经费占销售额的比例（N=28）

研究与发展经费比例	0.5%以下	0.5%—1%	1%—2%	2%—3%	3%—4%	4%及以上
企业所占比例	7.1%	21.4%	35.7%	14.2%	10.7%	10.7%

据对世界500强的研究资料[②]，世界500强占有世界上国际技术转让约62%的

---

① 摘自国家自然科学基金"九五"重点项目"我国国有企业经营管理基本规律的研究"报告，2000年。课题负责人：许庆瑞、陈重、陈劲等。
② 资料来源：国务院发展研究中心和中国企业评价协会的"世界500强：中国企业500强的差距与对策"研究报告，以1998年为案例。

份额，全球每年产生的新技术和新工艺中，约有71%以上为世界500强所拥有。据不完全统计，世界500强的研究与发展费用约占全球研究与发展费用的65%以上，并且这一比例还在不断上升。1997年全球大企业研究与发展投入前10名，总计投资433亿英镑。从趋势上看，500强企业研究与发展投入占销售额的比重逐年上升，一般在5%—10%。

与世界500强相比，中国工业500强的创新能力和创新投入明显偏低。图6是1990—1998年中国大中型工业企业研究与发展投入占销售额的比重，均在1.38%及以下，与世界500强的5%—10%差距巨大。而且，这一投入在1996年还降至1.10%。

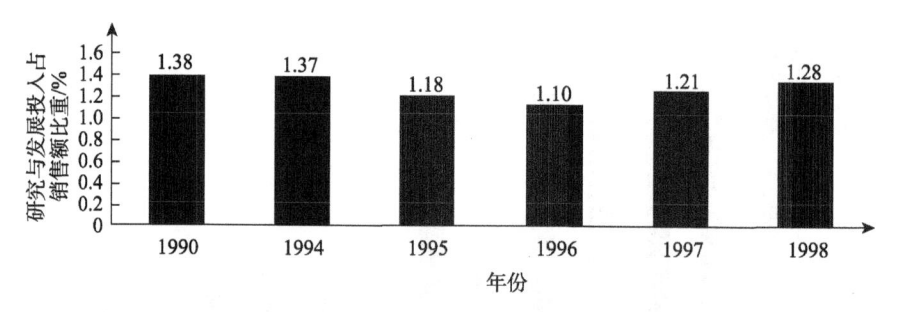

图6　中国大中型工业企业研究与发展投入占销售额的百分比

图7是研究与发展投入强度与企业新产品产值率的关联图。如图7所示，研究与发展投入强度越低（如占销售额的1%以下），则此企业年产值构成中属于新产品产值的份额越低。一个企业如果在一段时间内维持极低的新产品产值率，说明其生命力已接近枯竭，必将遭到市场的淘汰。

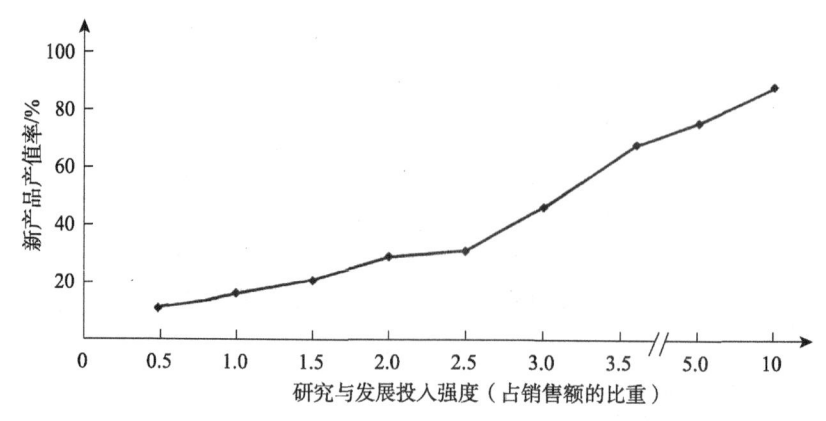

图7　研究与发展投入强度与企业新产品产值率关联图

应该看到，一个企业的研究与发展投入占其销售额比重这一指标，可以衡量这个企业研究与发展工作的强度，以及它的技术核心能力和市场竞争力的强弱。从国际趋势看，这一指标在我国产业界将逐步上升。

因此，企业必须不断增强自我积累的能力，在强化管理和提高劳动生产率的基础上提高积累率，逐步加大研究、发展和技术创新的投入强度，使企业进入高科技投入、高产出的良性循环。

第四节 研究与发展财务预算及资金分配

一、研究与发展预算的编制原则与方法

预算编制的原则是：预算必须满足单位的既定目标；预算的安排不能超过单位的财力可能；预算应确保工作的连续性；预算应与技术计划形成一个密切相关的整体；预算应充分详细，以满足项目控制的需要；预算要经受周期性的慎重评价以及不断修正的过程；预算应留有余地，不能满打满算。

编制预算一般有以下三种方法。

（1）自下而上的方法，即从研究项目所需的费用开始，逐一计算，提出资金需求计划，然后加以汇总。这一方法比较符合基层研究组织的实际情况，但不易集中力量，不易使研究项目对准企业的目标，同时所需资金往往会超出单位财力的可能。

（2）自上而下的方法，即根据可用财力来安排研究课题，各基层研究部门根据下达的指标编制预算。这一方法的优点可以使研究与发展工作符合企业的既定目标和财力可能，但往往限制了基层科研人员的积极性。

（3）将编制预算作为一个自上而下，自下而上的多次反复讨论和结合的过程，使之最大限度地符合企业的目标，发挥资金的效益，充分调动研究人员的积极性。

应该说，第三种方法是比较科学的，也是常用的，常称之为混合方式。

编制研究与发展预算一般有以下几个工作步骤。

第一，企业的研究与发展中心根据企业的中长期战略目标及研究发展计划，提出粗略的年度资金需求估计。

第二，企业领导和财务部门对该年可用于研究与发展的有效资金做出估计。

第三，企业领导和财务部门对这些资金提出各部门的暂定分配额方案。

第四，企业领导、研究与发展部门和各基层研究组织负责人定期召开资金预算会议，反复讨论审定并进行平衡。

第五，要求研究与发展部门和基层研究组织的负责人对每一个项目进行不断的评价，审定其必需的经费。

第六，由企业领导和业务部门汇总各方面的规划、方案做出年度的预算方案或修正方案。

以上研究与发展资金的预算编制应包括对逐项设备与逐个项目资金要求的反复审定过程。不应鼓励企业或研究与发展中心的领导根据历史数据在各基层研究单位间分配经费。分配资金的决策和研究与发展决策是紧密相连的。上述定期的资金预算会议，有助于紧密结合单位的既定目标和研究力量的实际情况，合理地、有效地分配资金。

据美国著名学者 Halliday 等[①]的研究，他们对世界领先制药企业进行了问卷调查，在"计划和批准年度研究与发展费用"的调查中，共有 44 家企业做出了回答。预算的确定方式要求回答为"自下而上""自上而下""混合式"三种方式。答案是：选择"自下而上"的 6 家企业，4 家为日本制药企业，2 家为欧美地区企业；选择"自上而下"的有 5 家企业；而大多数制药企业（共 33 家，占回答者的 75%）选择的研究与发展预算编制方法为"混合式"。

在调查"准备和批准研究与发展预算的决策依据"这一项目中，问卷列出了 10 项因素。调查结果显示，准备研究与发展预算的决策依据的首要因素为"关键 NCE 的阶段、数量和状态"，说明在预算编制的初期，最多考虑的是已投入研究与发展项目的状态及其需求。但在回答批准研究与发展预算的决策依据时，其首要因素却为"下一年度销售额中可用于研究与发展的百分比"。

这一调查结果详见图 8。

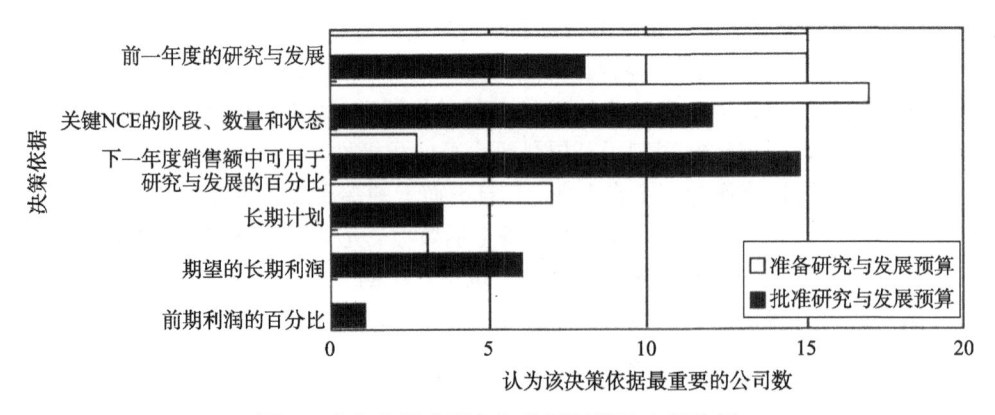

图 8　准备和批准研究与发展预算的决策依据

由此可见，最终获批准的研究与发展预算，常常根据预算年度预测可用于研究与发展工作的销售额百分比。这是近期研究与发展费用与销售额存在某些一致关系的原因。然而，调查也发现，开发中"关键 NCE 的阶段、数量和状态"也是确定研究与发展预算的重要因素。

---

① Halliday R G, Drasdo A L, Lumley C E, et al. The allocation of resources for R&D in the world's leading pharmaceutical companies. R&D Management, 1997, 27（1）: 63-77.

二、研究与发展资金分配的矩阵法

如果预算已经大致确定，应考虑用合理的方式来分配资金。常用的是以开发阶段和时间长度来分配预算。

根据经营目标与战略，确定了计划期内的研究与发展投资规模后，如何根据合理的比例关系来分配资源，是一项重要而又困难的任务。它不仅关系到当前任务的完成，更关系到未来的发展。此外，在各类研究与发展活动间合理分配资源，也将为有系统地选择研究与发展项目提供合理基础，使所选的项目（课题）服从于本企业、本单位长远与计划期的发展目标和任务。

采用矩阵法来安排研究与发展资源的分配方案时，往往选择科研性质及研究期的长短作为矩阵的两个维。其他一些因素，如进攻型、防卫型往往体现在研究与发展期和研究与发展性质之中。例如，进攻型的研究与发展项目往往是中长期的，而防卫型项目一般是短期的。

为了较细致地分配研究与发展资源，往往可以把研究与发展内容按不同的分类法（四分类法或五分类法）加以划分。例如，将基础研究进一步划分为基本理论研究与定向基础研究；将应用性研究进一步划分为基础性应用研究与应用性研究；将试验发展进一步划分为开发性研究、工程性开发、技术服务等。

表 6 为某电子企业研究与发展经费分配的矩阵表。

表 6　某电子企业研究与发展经费分配的矩阵表（单位：%）

分类	短期	中期	长期	合计
基础研究	0	0	5	5
基础性应用研究	0	10	5	15
应用性研究	5	8	7	20
开发性研究	15	15	5	35
工程性开发	10	10	0	20
技术服务	0	5	0	5
合计	30	48	22	

由于电子行业是新兴行业，因而，要在相当长时间内保持基础研究的一定比例，例如，将全部研究与发展投资的 5%用于基础研究。一般来说，在工业单位里应当把更多力量用于应用研究，因而在本例中把全部研究与发展投资的 1/3 以上（即本例中的 35%）用于应用研究（其中 15%用于基础性应用研究）。5%的基础研究主要是长期研究，而 15%的基础性应用研究中又以其 1/3（即研究与发展投资总额的 5%）用于长期研究项目，其他的 2/3（即研究与发展投资总额的 10%）用于中期研究项目。研究与发展投资的大部分（60%）用于试验发展，其中的 1/2

以上用于开发性研究，主要是中期与短期的开发性研究。余下总投资额的 25%用于工程性开发及技术服务。这里的技术服务主要是进行老产品改进。

当然，没有放之四海而皆准的预算分配方法，最佳的预算分配方案应以符合本单位的研究、发展与技术创新战略并达到预定的目标为准则来确定。

应该特别强调预算分配的留有余地问题，因为中途必然会突然出现重要的研究、发展与技术创新设想，如果预算全部分配完毕，那么，当有希望的设想提出时，就必须做出中止某些课题的决定。从资金的消耗来说，若被中止的项目处于初期，损失较少，但若处于后期，则损失较大，同时还会影响技术人员的积极性。因此，分配预算时留有一定的备用资金是必须和可取的。

三、研究与发展的计划−预算系统

在研究与发展这一大系统中，预算是它的一个子系统。预算作为一个子系统，却具备综合和指导的功能。因此，必须摒弃传统的观点，将预算作为一个系统来对待。国际上用于研究与发展的计划−预算系统有以下两种。

（一）目标−规划−预算系统[①]

这一系统是将企业的目标、规划和研究项目联系起来。一般要做以下三项工作：列出企业的目标；列出研究与发展的规划方案；将每一项规划方案与企业的目标联系起来，列出它们的相关树。

由表 7 可知，两种规划均符合企业的既定目标，因此均已确定，并分配资金。其中规划 1 可完成企业的三项目标（提高利润率、提高投资回收率、提高企业的声誉），而规划 2 则只能完成两项目标，不能提高企业的声誉，因此优越性次于规划 1。

表 7 ××公司目标−规划−预算系统表

企业规划的种类		企业目标
1.开发新产品		利润率>X%
2.向外引进或购入专利		投资回收率≥Y%
		企业的声誉≥现有水平
	总预算分配=M 元	
	1.开发新产品 3/5M	
	2.向外引进或购入 2/5M	

上述目标−规划−预算系统还可以扩展，对每一规划对于企业目标的重要性赋予权数，并做进一步的利润分析，见表 8。

[①] 美国称之为 PPBS（planing-programming-budgeting system）。

表8 ××公司目标–规划–预算系统用于利润分析表

规划种类	对目标的影响值	目标	权数
P_1=开发新产品	V_{11}=10 G_1 V_{12}=10 G_2 V_{13}=8 G_3	G_1=利润率 G_2=投资回收率 G_3=声誉	W_1=2 W_2=3 W_3=1
P_2=引进或购入专利	V_{21}=10 G_1 V_{22}=10 G_2		
利润 $S_i = \sum_{j}(V_{ij}W_j)$			
P_1=开发新产品 S_1=(10×2)+(10×3)+(8×1)=58			
P_2=引进或购入专利 S_2=(10×2)+(10×3)=50			

表8中，P_i为规划种类，G_j为企业目标，V_{ij}为i类规划对j类目标的影响值，W_j为每项对目标影响值主要性的权数，S为利润。

分析的结果为，开发新产品这一规划能为企业带来更多的利润。

（二）从"零"开始的基础–预算系统

这一预算系统的特点是从"零"开始，即将不进行任何创新活动、其利润为"0"也列作为一种备选方案，然后以最低限度的必须创新活动为基础，列出创新项目，并一一计算其费用–效益比，再按效益的高低顺序将创新项目重新排队，从而确定在允许的资金范围内具有最高效益的创新项目计划与预算。一般应进行下列六个步骤的工作。

（1）列出企业目标。

（2）列出可选择的创新项目和各种方案。

（3）计算每一项目和方案的费用–效益比。

（4）与基层研究与发展单位负责人共同研究，重新排队项目和方案的优先顺序。

（5）分配资金。

（6）将同类项目组合在一起，建立责任中心，确定在资金允许范围内必须进行的最优项目，列出项目预算。

现举例如表9所示。

表9 ××公司从零开始的基础预算系统表

一、当创新投资为0时：
1. 失去K产品的市场面5年；
2. 公司降低利润，前两年各1%，后三年各5%。
二、X项目的规划目标：
1. 为开发新型号设计Z产品；
2. 5年内新型Z产品可增加市场面100%；
3. 5年内增加利润6%。

续表

三、其他备选规划方案：
1. 改进原有 K 产品的生产，维持原有市场面，增加利润 1%（备用项目Ⅰ）；
2. 改进原有 K 产品的摩擦比，维持原有市场面，增加利润 0.5%（备用项目Ⅱ）。

四、需要预算数：

	合　　计		
项目 X	1 450 000 元		
备用项目 Ⅰ	500 000 元		
备用项目 Ⅱ	120 000 元		

由表 9 可见，若从零开始，不进行创新投资，公司将受到巨大损失。表 9 中列举其他三个规划方案，项目 X 为开发新产品，备选项目Ⅰ与备选项目Ⅱ为原有产品的改造，其效益是明显不同的，当然，相应的投资额也不同。究竟选择哪一个方案，首先应根据公司财力的可能，其次应进一步计算各个规划方案的费用–效益比，还应考虑到技术、设备等多方面的因素，然后才能进行决策。

从"零"开始，也就是"什么也不做"（do-nothing），把"什么也不做"作为一种备选方案，有利于多种规划方案的比较、分析和决策。

第五节　研究与发展项目的评价与选择模型

一、研究与发展选题过程与模型

企业研究、发展与技术创新项目选择是一个多阶段的综合决策过程。不仅要使单个研究与发展项目选择最优，还应做到资源最合理地分配到一批项目上去，达到全局最优。因此，项目的选择又必须是一个连续的决策过程，每隔一定时间（如半年或一年），对所有研究中的项目进行中间评价，并在现有项目或新项目建议中进行筛选、评价和综合平衡。下面用图 9 描述项目选择的决策过程。

图 9 描述了选择项目所涉及的范围。新选题的来源是很广泛的，本单位的人员及用户等都可能提出新课题（项目）的建议。一个新项目的设想可以进入筛选模型进行筛选，也可以暂且放在一边等待以后处理（见图 9 上部）。筛选模型根据预先规定的主要准则（标准）对项目建议进行初选，以提供初步的信息。筛选模型的功能在于以低廉的费用迅速地把大量的课题（项目）建议进行初步的处理。通过筛选模型的处理，可以鉴别出那些看来明显不适用的项目建议，并鉴别出那些在以后能采用但暂时还需搁置一段时间的项目建议，也指出了那些值得进一步深入分析的项目。

为了进一步分析，可将项目送入评价模型（见图 9 中部）。评价模型对项目及其特性进行严密的、综合性分析。同筛选的结果相类似，通过评价，项目将被区

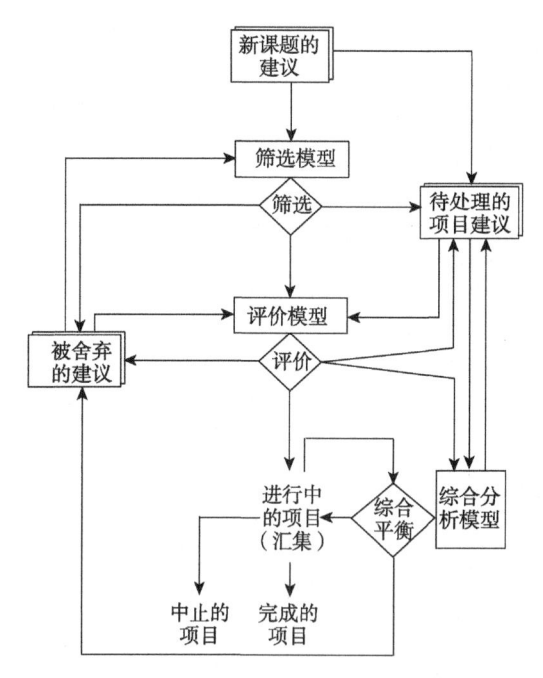

图 9　项目选择的决策过程示意图

分为四个去向：①被舍弃；②等待以后处理；③好的、将被立刻采用的项目，列入研究与发展项目计划，安排研究与发展资金；④进一步送入综合分析模型，以便同现有的类似项目进行比较，以决定其取舍。

综合分析模型是三种模型中最复杂也是最高级的一种。这种模型的运用最费时间，费用也最大。它的主要功能是为各项目间的资金（资源）分配提供最优方案。其作用结果将揭示出某种新课题（项目）具有良好的效果，可用以替代原有的项目，而原有的项目应予中止或暂停下来待观察后再做处理，也可能指出，新项目建议应予舍弃或等待日后做进一步处理。

当从筛选逐步转向综合分析时，将要考虑更多的因素，选题程序也将越趋复杂化。如图 9 所示，每一种决策都会引出不同的结果。随着时间的推移，这三类决策均会因环境与信息的变化而重复多次，也可能因拥有的资源与资金发生变化，因项目完成情况发生变化，或因出现了新项目建议等而重新进行决策。

二、筛选模型

筛选模型能很迅速地淘汰那些最不适合的项目建议，使人们不必为这些项目再进一步花费精力，从而保证了整个评价工作更有效地进行。筛选模型的优点在于：使用方便、易于掌握，并且不要求有很多数据。目前常用的筛选模型有以下几类：剖析模型、简单的评分模型、加权评分模型、界限模型。本章着重介绍前三类模型。

（一）剖析模型

表 10 为剖析模型的一个示例。这里的评价是定性的，是以人们的主观判断为基础的，没有数量化的评估。这种评定可以由个人做出，也可由小组评定。

表 10　剖析模型示例

指标（或需要）	项目 X 及项目 Y 符合指标的状况（或程序）		
	高	中	低
• 可靠性	x		y
• 可维修性	y	x	
• 安全性		x	y
• 费用-效果	x	y	
• 耐用性	x		y
x=项目 X 的分值			
y=项目 Y 的分值			

剖析模型的特点是直观，简便易行。在模型中评定了各项目的特征，简单明了，便于人们交流其看法。例如，根据表 10 人们可以一眼看出，除了一项指标外，项目 X 的所有指标均优于项目 Y；而且可以看出，项目 X 是具有高性能的项目，而 Y 是性能较差的项目。

（二）简单评分模型（也称检核表）

此法的原理将结合例子加以说明。表 11 为检核表的例子。使用此法时，决策者必须能掌握已定的等级标准。在评价前，先要规定出各等级的评分标准（表 11 的表注为其示例）。决策者要善于把自己的主观评价转换为分值。其计算模型如下。

表 11　运用简单评分的检核表

指标或需求	总分	评分标准				
		−2	−1	0	+1	+2
项目 X	+5					
可靠性						√
可维修性				√		
安全性				√		
费用-效果						√
耐用性					√	
项目 Y	−2					
可靠性		√				
可维修性						√
安全性			√			
费用-效果				√		
耐用性			√			

续表

指标或需求	总分	评分标准				
		−2	−1	0	+1	+2
项目 Z	+5					
可靠性						√
可维修性						√
安全性		√				
费用−效果						√
耐用性					√	

注：评分标准：+2=可能获得最好性能；+1=平均性能以上；0=平均性能；−1=低于平均性能；−2=性能可能最差

$$T_j = \sum_i S_{ij}$$

式中，T_j——第 j 就个项目的总分值；

S_{ij}——第 j 个项目在指标 i 上的得分数。

简单评分模型比剖析模型在下列两点上有了改进：使用初具数量化的分值进行图析；为每个备选项目规定出一个总分。

运用这一总分值可以分析和比较各项目方案在实现目标方面的情况。例如，可以按总分值来规定项目的优先级与采用界限，并作如下规定：$T_j > +3$ 为最高优先级的项目；$+1 \leq T_j \leq +3$ 为中等优先级的项目；$T_j > +2$ 为采纳项目的最低限度标准。

简单评分模型固有其简单、方便的优点，但却不能反映出各项指标（需要）的相对重要性与变换关系。因此，这种简单地把各指标的得分相加而得出的总分往往是不精确的。要反映指标间重要性的权衡与变换关系，必须运用加权评分模型。

（三）加权评分模型

下面将加权评分模型的基本原理举例加以说明。加权评分模型的一般形式如下：

$$T_j = \sum_i w_i S_{ij}$$

式中，S_{ij}——项目 j 在指标 i 上的得分值；

w_i——指标 i 的权系数。

表 12 为加权评分模型的例子。对比表 11 可以看出，各指标之间由于其权系数不一，分值间的变换关系不同了，表 12 中的分值的含义不同了。由于考虑到了指标间的权系数与变换关系，计算结果较为精确。由于权系数的存在，两个表中得出了不同的结果，在表 11 中 X 与 Z 两个项目是等价的（$T_1 = T_3 = +5$）；而在表 12 中两个项目处于不等值的状态：T_1（项目 X）=64 分，而 T_3（项目 Z）=62 分。项目 X 优于项目 Z。

表 12　加权评分模型（示例）

指标（i）	分值（S_{ij}）	权重（w_i）	加权分值
项目 X			
可靠性	5	4	20
可维修性	3	2	6
安全性	3	3	9
费用-效果	5	5	25
耐用性	4	1	4
			$T_1 = 64$
项目 Y			
可靠性	1	4	4
可维修性	5	2	10
安全性	2	3	6
费用-效果	3	5	15
耐用性	2	1	2
			$T_2 = 37$
项目 Z			
可靠性	5	4	20
可维修性	5	2	10
安全性	1	3	3
费用-效果	5	5	25
耐用性	4	1	4
			$T_3 = 62$

注：分值标准：5 分为最优，4 分为次优，3 分为中等，2 分为差，1 分为最差

在建立加权评分模型时，必须注意性能指标的选择，要使它们尽量独立，互相排斥。

三、评价模型

与筛选模型不同，评价模型需要有数量较多的、较深入的输入数据，但它能提供比较综合的与精确的分析。这类模型可根据若干特征对被评项目进行评定、排队和确定优先级。目前常用的评价模型基本上属于财务评价系统，这将是本章第六节"研究与发展的财务分析与评价"的内容。

四、综合分析用模型

在项目选择中，经常要遇到将有限的研究与发展资金最合理地分配到各项目上去，使收益达到最大的优化问题。解决这类问题必须要运用综合分析模型，寻

求最优的资金分配方案。这里例举的综合分析模型（表13）就是用来在三个备选的项目中决定最优的资金分配方案的。项目甲、乙、丙都存在着投资水平不同的四个方案，其投资额为：0元、10万元、20万元及30万元。不同投资水平所获得相应的收益额列于表13的第二栏、第三栏与第四栏中。一般来说，投资于改进产品的金额越大，带来的预期利润也越多。

表 13　综合分析模型示例

各项目的不同投资水平/万元 （资金总额 30 万元）	期望利润/万元		
	项目甲	项目乙	项目丙
0	0	0	0
10	100	120	10
20	250	285	215
30	310	335	350
最优组合 项目甲 10 万元 项目乙 20 万元 30 万元		预期利润 100 万元 285 万元 385 万元	

现有30万元资金可以做几种不同的投放方案。例如，可将全部30万元资金投于项目丙，期望获得利润350万元。这时项目甲、乙便无法再投资。也可以将30万元资金平均投放于三个项目（各10万元），预期利润将为230万元（=100万元+120万元+10万元）。

显然，第二个资金分配方案不如前一个方案。为此，进行不断试算，最后获得最优的资金分配方案是对项目甲投资10万元，对项目乙投资20万元，舍弃项目丙。这一资金分配方案可以得到最高的预期利润385万元，如表13下部所示。

综合分析模型可用来处理很多决策问题。通过运用各种已开发出的模型，可以找出在特定条件下的最优组合方案。综合分析模型还可帮助决策者寻求解决问题的不同方案，以及不同条件下采用不同战略途径的模拟结果。在这种情况下，综合分析模型又是一种战略分析的重要工具。

第六节　研究与发展的财务分析与评价

一、研究与发展资金的估算

为提高研究、发展与技术创新的效益，必须在研究与发展的全过程中不断对项目的费用进行预测和估算。

由于科技劳动的特点——探索性及其结果的不确定，研究与发展项目的费用估算存在较大的困难。尤其是在早期阶段，由于缺乏必要的数据和有质量的信息，估算就更加困难。即使是在较易取得数据的技术开发阶段，所估算的资料也往往与实际出入很大。美国科技经济学教授曼斯菲尔德汇集的资料说明，研究与发展的实际进度与预计的约有 30% 的偏差，实际研究与发展费用比估算值一般要高出 80% 左右，而所开展的研究与发展项目只有 13% 能为企业带来经济利益。

造成这种估算偏差的原因是多种多样的，有客观方面的，也有主观方面的。从客观方面来说是科技劳动结果的不确定性。从主观方面来看，主要是人的因素、心理的因素和管理方面的因素等。例如，科技人员为了自己提的方案能获得较好的评价指标，往往人为地低估研制周期和研究与发展费用，以使自己所提方案能得到批准，而实际执行时，项目进度一拖再拖，费用一增再增。造成这种情况往往又同上级管理部门有关。上级部门总希望下面提来的技术方案"用工少、费用低"，于是造成下级研究与发展部门为了迎合上级的偏爱而对方案做了不应有的修改。这种心理上与管理上的因素是造成估算不准确的常见的原因。

为了改变估算偏离实际的状况，应注意以下几个方面的工作。

（1）提高研究与发展项目评估人员的判断力。选择评估人员时，必须选择那些对完成该项目应做的工作有充分了解的科技人员，避免做歪曲的判断。

（2）注意积累数据，做好统计工作。仔细研究过去的评价资料，分析产生偏差的原因，从而提出改进措施，做好跟踪评价。

（3）要有针对性、有重点地收集进行再评价所需的资料与数据。不断地根据工作进程中所得到的较明确的资料，定期（3个月、6个月或1年）进行再评价。

（4）尽量运用多点法。要求多几个人，各自独立地进行评估，用统计方法来处理这些数值。避免依靠个别人的估计做出判断，因为个别人的态度（乐观或保守）会使评估产生不必要的偏差。

二、研究与发展费用的财务分析

研究与发展费用的财务分析，不仅仅是项目完成后的分析，更重要的是这一分析必须贯穿于项目确定前和进行过程的始终，也就是说，重点是事前和事中的分析。从这一意义上来讲，研究与发展的财务分析类似于投资分析，实质上是财务决策工作的一个部分。

图 10 为研究与发展项目的工期长短与费用、效益的比较分析图。

由图 10 可见，当项目开发期限定在最低点时，由于早进入市场，新产品具有竞争优势，因此净收益较高（A'点），但由于开发期限短，赶工多，因此研究与发展费用也最高（A点），获得的利润较小。C点为研究与发展费用的最低点，但其利润低于B。B为获取利润的最高点，因此选择开发期限为B时是最有效益的。D点的开发期限最长，由于缺乏市场优势，获利较少，因此已不可取。上述分析可以帮助我们选择最佳的新产品开发期限，使之达到最大的经济效益。

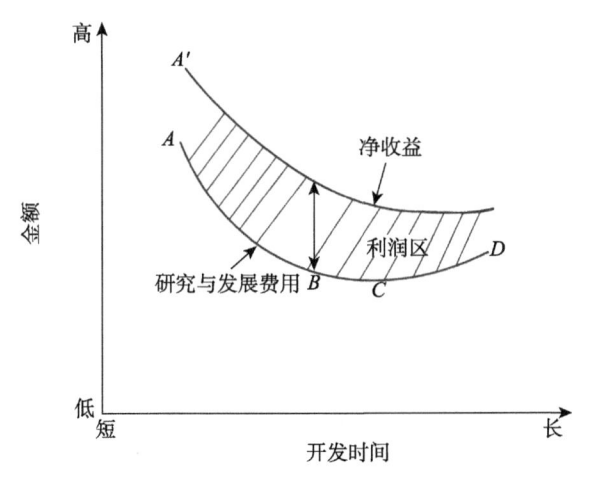

图 10 项目期限和研究与发展费用、效益关系示意图
净收益=销售收入−生产成本−销售费用等；利润=净收益−研究与发展费用

上例仅从开发期限的长短对项目的费用效益进行分析。我们还可以从其他方面，诸如设备、材料、人工、市场等方面进行财务分析，特别是事前、事中的分析，这将有利于进一步做好财务决策工作。

此外，还应重视对风险因素的分析。

经营决策必须考虑风险因素。不可知的因素越多，则其风险越大。研究、发展与技术创新的风险有两个部分，一是技术风险，二是商业风险。技术风险是技术上成功的概率（P_t），商业风险是商业上成功的概率（P_c）。研究、发展与技术创新投资的风险额应是

$$研究与发展费用 \times (1-P_t \times P_c)$$

在考虑了风险因素后，研究与发展的得益指数为

$$I = \frac{B}{C} \times P_t \times P_c$$

式中，I——研究与发展得益指数；

B——利润额；

C——研究与发展费用；

P_t——技术上成功的概率；

P_c——商业上成功的概率。

对重大项目的投资，必须进行风险因素的分析，特别要认识到，最大的风险是研究与发展所需的资金超过单位财力。没有财务资源的保证，一个单位的研究与发展将成为无源之水、无本之木，不管其设想多么出色，也是无法付诸实现的。

现举例如图 11 所示。

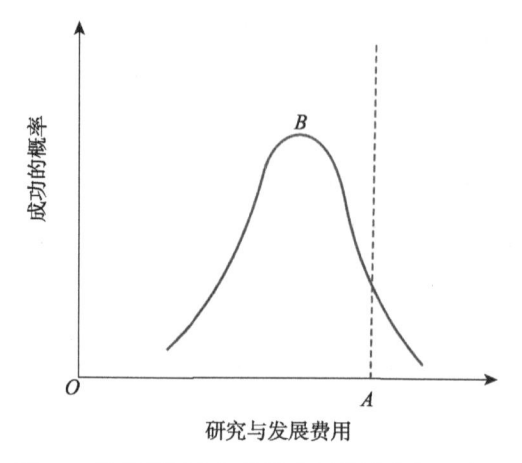

图 11　某公司研究与发展费用风险分析示意图

在图 11 中，A 点为公司可以承受的最高的研究与发展投资额，B 点为研究与发展项目成功概率的最高点。由于到达 B 点时的研究与发展费用小于 A 点，即在公司可承受的投资范围之内，因此，选择 B 点的方案是投资允许且风险最小的方案。

应该看到，风险分析的效果有时不够理想，因为它所依据的数据受种种条件的限制，不可能完全正确。但无论如何，这一分析对研究与发展工作是有益的。它的作用是如下。

（1）表示出每一个研究与发展项目预期的效益费用比和可能遇到的风险率的大小。

（2）可以计算出每一个研究与发展项目的风险投资额和考虑了风险因素后的研究与发展得益指数，使项目的经济评价更加完整，并提高评价的可靠程度。

（3）有利于引进项目比较。

（4）综合各方面的因素，包括风险因素、引进项目的选择，做出财务决策。

三、试验发展与技术创新的财务评价

（一）财务评价的指标和相应的方法

财务评价是试验发展与技术创新评价工作的重要内容之一。技术人员对试验发展项目往往较多考虑技术问题，十分重视技术的先进性，而不注意其经济上的合理性，诸如投资效益的大小、投资回收期的长短、投资的风险性等。如何根据既定的目标，在效益与风险之间进行权衡和抉择，与项目的成败关系极大。

财务评价必须从确定企业的战略和目标开始，调查方向是试验发展与技术创新项目满足这些目标程度的一些参数。评价可以用定性的方法，也可以用定量的方法。

试验发展与技术创新项目的财务评价，一般应用以下几种指标和相应方法。

1. 费用效益比[①]分析法

该法也称成本/效益分析法。这种方法是对比试验发展与技术创新项目的全部费用以及带来的效益，以评定项目的经济效益。

由于试验发展与技术创新具有探索性的特点，存在失败的可能，因此必须考虑到技术上、商业上成功概率这一因素，项目的费用效益比计算公式如下：

$$项目费用效益比 = \frac{(P-C) \times Q \times L \times P_t \times P_c}{C_{dc}}$$

式中，P——产品单位售价；

C——产品单位成本；

Q——年销售量；

L——产品的经济生命周期（年）；

P_t——技术上成功的概率；

P_c——商业上成功的概率；

C_{dc}——产品的试验发展与技术创新费用。

2. 节约额法

年度节约额是指试验发展与技术创新项目完成后每年能节约的数额，可以用货币表示，也可用实物或工时表示。其公式为

$$当年节约额 = \begin{pmatrix} 在单位产品 \\ 上的节约数 \end{pmatrix} \times \begin{pmatrix} 试验发展与技术创新实 \\ 现后到年底的计划产量 \end{pmatrix} - \begin{pmatrix} 应分摊到当年的试验发展 \\ 与技术创新费用额 \end{pmatrix}$$

3. 投资回收期法

这是评价试验发展与技术创新项目经济效益最常用的一种方法，原理是将试验发展与技术创新投资额与该项目实现后带来的年收益额相比较。公式为

$$\tau = \frac{I}{Z}$$

式中，τ——投资的回收年限；

I——试验发展与技术创新费用；

Z——试验发展与技术创新项目实现后每年的平均收益额。

使用这一方法时，往往为不同的产业部门规定投资回收期的标准年限，如5—10年，作为衡量和评价试验发展与技术创新方案的依据。

4. 现值法

由于货币在不同的时点上的价值不同，因此在进行财务决策时，必须考虑到货币的时间价值问题，即使用资金的代价，将来回收的资金必须按贴现率折算成现值后才能进行比较。其公式为

[①] 费用效益比在国外称为"效益：费用"（benefit：cost）。

$$Z_{pu} = \frac{R_1 - C_1}{1+r} + \frac{R_2 - C_2}{(1+r)^2} + \cdots + \frac{R_n - C_n}{(1+r)^n} = \sum_{i=1}^{n} \frac{R_i - C_i}{(1+r)^n}$$

式中，Z_{pu}——以现值表示的总收益；

　　　R_i——第 i 年的销售总收入；

　　　C_i——第 i 年的销售总成本；

　　　r——贴现率。

I_0 为试验发展与技术创新初始投资总额，则当 $Z_{pu} \geq I_0$ 时，将给企业带来盈利；当 $Z_{pu} < I_0$ 时，企业将蒙受损失。

在进行多方案比较时，$Z_{pu}-I$ 的值越大，其优先次序越高。

例如，某项目的试验发展与技术创新费用为 950 万元。项目实现后各年的收益如下：第一年 50 万元，第二年 495 万元，第三年 450 万元，第四年 300 万元。若贴现率（r）为 10%，问该试验发展与技术创新方案是否可行。

解：

$$Z_{pu} = \sum_{i=1}^{n} \frac{R_i - C_i}{(1+r)^n}$$

$$= \frac{50}{1+0.1} + \frac{495}{(1+0.1)^2} + \frac{450}{(1+0.1)^3} + \frac{300}{(1+0.1)^4}$$

$$= 997（万元）$$

$$997 - 950 = 47（万元）$$

这说明企业该试验发展与技术创新项目可获得比利率 10% 稍高的收益，因此在经济上是可行的。

5. 报酬率法（也称回收率法）

其原理与投资回收期法相同，不同的是此法考虑了使用资金的时间价值。其公式如下：

$$I_0 = \frac{R_1 - C_1}{1+r} + \frac{R_2 - C_2}{(1+r)^2} + \cdots + \frac{R_n - C_n}{(1+r)^n}$$

$$= \sum_{i=1}^{n} \frac{R_i - C_i}{(1+r)^n}$$

式中，I_0——试验发展与技术创新的投资额；

　　　R_i——第 i 年的销售总收入；

　　　C_i——第 i 年的销售总成本；

　　　r——投资报酬率。

根据上述公式，求得的 r（报酬率）越大越好，至少应大于贴现率（即利率），才能为企业带来效益。

由于上述第一种、第二种、第三种评价方法没有考虑货币的时间价值因素，因此，从一定意义上讲，难以做出正确的判断。使用现值法，能够提高评价的正确程度。对于某些方案，开始评价时可能是可行的，但使用现值法后，可能会得出截然相反的结论。我们可以用表 14 来说明这一问题。

表 14　用现值法进行项目评价表

年份	贴现率	试验发展与技术创新费用/元	折合成现值后的试验发展与技术创新费用/元	效益/元	折合成现值后的效益/元
项目 A（贴现率 10%）					
1	0.909	10 000	9 090		
2	0.826	20 000	16 520		
3	0.751	20 000	15 020		
4	0.683	20 000	13 660		
5	0.621	10 000	6 210	20 000	12 420
6	0.564			25 000	14 100
7	0.513			25 000	12 825
8	0.467			25 000	11 675
9	0.424			20 000	8 480
10	0.386			15 000	5 790
		80 000	60 500	130 000	65 290
项目 B（贴现率 10%）					
1	0.909	20 000	18 180		
2	0.826	20 000	16 520		
3	0.751	20 000	15 020		
4	0.683	10 000	6 830		
5	0.621	10 000	6 210	10 000	6 210
6	0.564			20 000	11 280
7	0.513			20 000	10 260
8	0.467			20 000	9 340
9	0.424			35 000	14 840
10	0.386			35 000	13 510
		80 000	62 760	140 000	65 440
		费用效益比（不计算现值）		费用效益比（计算现值）	
项目 A		130 000/80 000=1.63		65 290/60 500=1.08	
项目 B		140 000/80 000=1.75		65 440/62 760=1.04	

由表 14 可见，项目 A 在不用现值法的情况下，其费用效益比为 1.63，比项目 B（费用效益比为 1.75）较差。但使用现值法后，情况恰恰相反，项目 A 的费用效益比反而高于项目 B。因此，在项目选择时，从财务评价的角度上看，项目 A 应优于项目 B。

（二）中止项目的决策

对每一研究、发展与技术创新项目，特别是重大的项目，财务评价工作必须在全过程中定期进行。从这一意义上来讲，财务评价也是对研究、发展与技术创新进行控制和监督的手段。财务评价时间点的选择可按下列情况来确定。

（1）在费用支付到原预算的一定比例时进行评价。

（2）在项目投入的劳动量到一定比例时进行评价（一般以工时表示）。

（3）发生重大事件时进行评价。

日本某些企业对研究、发展与技术创新项目的评价用的是"三点法"，即项目确定前、项目进行到一半时以及项目结束后进行三次检查评价。欧洲某些国家使用评价"五点法"，即在项目确定前，进度为 30%、50%、70% 时以及项目结束后进行五次评价。

在对研究、发展与技术创新项目不断进行评价的过程中，综合财务、技术、市场等多方面的因素，对毫无成果或部分成功而耗费过多、费用过大且应用前景不明的项目，必然要做出是继续进行还是中止的决策。

中止项目是十分困难的，因为要研究人员停止其悉心研究的项目是十分痛苦的，这会打击他们的工作信心。因此，对中止的决策要谨慎。但对确无应用前景的项目，则必须在周密研究后以极大的勇气来处理。研究、发展与技术创新的管理和决策者在权衡得失做出评价后，对必须中止的项目应果断地做出决定，并做好各方面的工作。

一般来说，在计划初期，项目不需大量的资金，而当项目进行到一定程度时，就必须及时做出继续投资或中止的决策。这里有一个对待损失费用的态度问题。明智的决策者，绝不能因为已损失的费用而不及时做出项目中止的决策。因为不管过去发生了什么，均已成为事实，不能再改变，重要的是应该从现在开始，判断项目继续下去究竟有无应用前途，或是否有更合理的替代方案，而不要单纯地追溯过去。

图 12 为中止项目的现金流示意图。

图 12 中，现金流曲线 1 为研究与发展项目开始前的估算数。当该项目进行到 t 时，实际发生的负现金流数超过了预计数。此时再对整个项目进行财务评价，计算其费用效益比，同时重新编制现金流预算，可以发现研究与发展费用将大大超过原估算数，而效益则低于原估算数。这一情况反映为现金流曲线 2，其负现金

流超过曲线1,而正现金流又低于曲线1。图中的阴影区为 t 时的实际现金支付数。此时,就应根据多方面的因素,对项目是否应继续进行做出决策。如果该项目工期拖延、效益过低,做出中止项目的决策,为时还不晚。这就是管理的艺术。

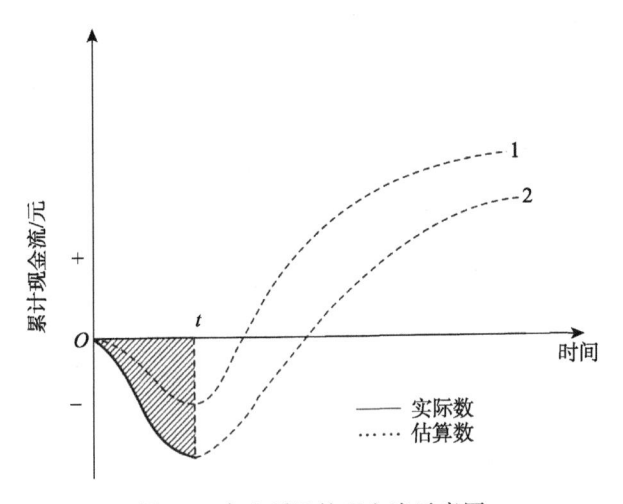

图12 中止项目的现金流示意图

第三篇　技术能力与创新能力

技术信息流和创新源[①]

在信息社会和知识经济条件下,信息和知识已被视为与人才、资金、物质资源同样重要的资源。信息的流畅是组织工作的重要任务之一,因而在进入组织结构讨论之前,必须对组织技术信息流的意义和要点有明确的概念。本章还将讨论技术创新源及其最新的发展。具体分以下几个问题来讨论。

(1)组织科技信息流的任务与意义。
(2)科技信息流的渠道及其选择。
(3)技术创新源与领先用户。
(4)内部信息沟通及其组织。
(5)外部信息联系及其组织。
(6)技术桥梁人物的功能与成长过程。

第一节 组织科技信息流的任务与意义

同任何其他科技活动一样,研究、发展与技术创新活动是一个源源不断地产生知识并加以不断发展的"流",这个"知识流"也是信息流。信息流是指科技信息在企业内部纵横沟通、传递、交换并同外界不断进行交流的运动。

一、科技工作本质是信息的处理

若一个物理系统是不断消耗和传输能量,那么科技系统则是不断地消费、传送、交换和产生信息。

科技工作者的日常科技活动包括技术创新活动,首先是阅读和大量吸取科技信息,并通过交谈、讨论,从各方面获得进行技术创新活动所需的各种信息。科技人员从事研究和发展活动及写报告、著论文时,都是在进行信息处理,并不断产生出新的信息,最后以各种文字形式完成所需实现的任务(论文、报告、说明书、图纸等)。因而,科技工作从本质上来说是信息的处理。

以上是把科学与技术作为一个总体来看待的。当进一步深入分析时,可以看到两者在信息处理上的不同。从输入方面来看,科学家与工程师需要的是同一类

[①] 节选自:许庆瑞. 研究、发展与技术创新管理(第二版). 北京:高等教育出版社,2010:第十二章。

的信息——文字形式的信息。但从科学活动与技术活动的输出（产出）方面来看，它们之间具有某种差别。工程技术人员吸取信息与转换信息，并且通过生产过程产出物质形态的产品，虽然这个产品也还是信息的载体，但终究已不是文字形态的信息。换句话说，工程技术人员把文字形式的信息转换成物质形式的信息，生产出的是物质形态的硬件，表现为产品或工艺装备（当然也包括非实物形态的技术文件，如图纸与工艺规程）。而科学工作者，其输入与产出的都是用人类语言表达的各种信息。

科学工作者的目标，是给人类增添新的知识。而工程技术人员的目标，大多着眼于对客观世界产生某种物质上的变革等。由于目的不同，两者产出的性质也不相同。理解这一点，对于做好这两类活动的信息支持和供应有重要意义。

把科学作为一个系统来看，其输入与输出之间具有同一性质，两者都是文字的形式（图1）。第一个阶段的输出（如作为基础研究，成果即论文）就可以直接用于下一个阶段（如应用研究）的输入。因而对科学工作者的信息供应工作，主要是系统地收集与组织"科学系统"的输出，便于科学工作者的选用。

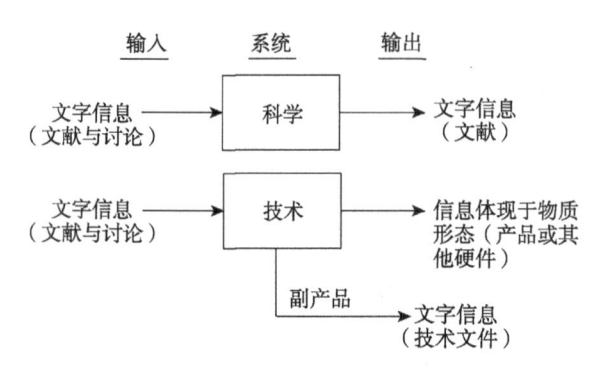

图1　科学与技术中的信息处理示意图

而在"技术"这一系统中，由于输入与输出的不一致性，不能把前一阶段的输出直接用作下一阶段的输入。要把这种物质形态的输出，转换成能用于开发的信息，必须经过困难而复杂的"反求"工程。例如，在商品竞争与武器竞争的条件下，工程技术人员常常要分析对方的产品与武器系统，以反求出其中的"信息"内容。这是一个困难的和不十分有把握的工作。最好是通过某种途径（如合作、技术转让等），直接取得文字形式的信息。对发展中国家来说，在一定时期适当采用这一途径是必要的。

在技术开发过程中往往有这种情况，虽取得了开发新技术所需的技术资料，但仍然不能满足下一阶段开发工作的要求。原因何在呢？原因往往在于：虽然取得了文字形式的技术信息，但若这种信息不能很好地符合信息输入的其他方面的要求，仍然难以进行新技术的开发。从图1中可以看出，技术资料仅仅是一种副产品，直接的输出是物质形态，最详尽的技术资料也总是不完整的，难以把开发新技术的各种信息囊括无遗。因而对于未能包括的实际开发经验，需要由掌握这些实际经验的工程技术人员来做补充和说明。有时即便是已包括在技术资料中的信息，也仍然需要具有实际经验的技术人员来进行解释和补充，从而使接受单位技术人员能更好、更迅速地消化和掌握这些技术资料。总之，只有当编订资料的人亲自来做解释和补充时，技术资料才是最有用的。

至此，可以看出科学与技术工作在信息供应组织上的另一个不同点。在科学领域中，信息的供应主要包括对出版物的收集、组织、供应与分配。在技术领域中，技术人员为了获得齐全的信息，往往要从事艰苦的工作，从物质形态的技术中反求出所需的文字形态信息，或者是通过直接的面对面联系，同其他技术人员沟通信息。也就是说，工程技术人员不像科学工作者那样大量地依赖于直接以文字形态表现的信息，而要较多地凭借口头的信息联系。

二、组织科技信息流的基本任务和意义

科技活动从本质上说是信息的处理，只有在及时获得有用的信息的基础上才能使科技活动有效地进行，取得更好的业绩。大量统计数据表明，那些善于进行广泛信息联系的科学技术人员往往能做出良好的业绩。图 2 是根据在上海某研究所调查的数据绘制的。

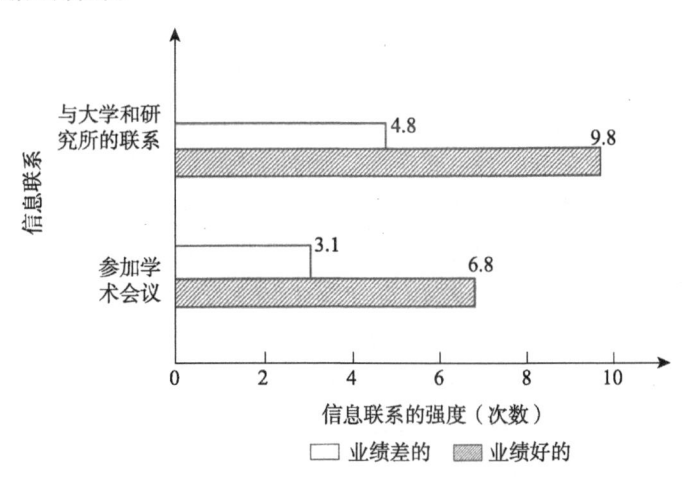

图 2　不同业绩科技人员信息联系情况比较

从图 2 中可以看到：业绩好的科技人员，其信息联系的强度（次数）要比业绩差的大 1 倍以上。例如，业绩好的科技人员与大学和研究所的联系是业绩差的科技人员的 1 倍以上，其参加学术会议的次数也比业绩差的科技人员多出 1 倍以上。不仅我国如此，国外的统计数据同样说明着这种情况。这里列举了只有两个渠道的信息联系的数据，在后文的图 5、图 6 中，还将从不同方面说明业绩良好

的科技人员广泛进行内外信息沟通的情况。

因而，组织科技信息流的第一项基本任务是保证企业或研究机构中的科技人员能最有效地获得所需要的信息。

组织科技信息流的第二项基本任务是根据科学与技术人员的不同信息行为特点，研究如何增加他们沟通信息的途径和方法。

由于现代信息量的大量产生，一个科技人员已无法靠其个人的力量，去获取他专业范围内和工作上所需的信息。因而，组织科技信息流的第三项基本任务是改善和加强科技情报工作，包括实现科技情报工作的自动化，减少科技人员收集、查阅情报资料所耗费的时间，以使他们有更多时间放在阅读资料与试验研究工作上。

第二节　科技信息流的渠道及其选择

科技人员无论在理解问题或是在解决技术问题时，都要有切合需要的科技信息。然而在当前科学技术迅速发展和科技信息量以几倍、几十倍的速度急剧增长的信息社会中，要使科技人员能及时掌握所需的科技信息绝不是一件简单的事情。

有人形象地把科技信息量按指数增长的今天称为信息暴增的时代。信息的暴增带来了严重的后果。由于科技发展速度增长快，科技文献资料以指数速率增长，科技人员按常规速度不可能去读完与其专业领域有关的科技资料。如果说，过去一个科技人员为了适应工作需要，只要读完与其专业有关的几种专业杂志和书刊就可以了，那么现在，他要浏览世界上每年发表的有关其专业的论著，就得花上几十年的时间。所以说，按照常规，一个科技人员不仅无法吸收汹涌而来的新知识，更无法开展研究工作。另一个严重问题是出版物大量重复和粗制滥造。因而怎样获得所需的切题的科技信息就是科技人员和科技管理人员面临的迫切问题。

解决问题的途径在于改造现有的科技情报工作，采用新的技术手段，从硬件与软件两个方面来改善科技情报的组织工作。

此外，深入研究科技人员运用科技信息的规律，对改进科技情报与改进科技组织管理，都是很有益处的。本节与之后几节将讨论这方面问题。

一般来说，科技信息的来源主要有以下几个方面。

（1）文献资料、书籍、专业杂志、技术杂志、商业杂志与其他可以获得的文字资料[其中包括研究所（室）通过不同的渠道获得的内部资料]。

（2）来自供应者方面的信息，主要指零部件或外购件供应者或未来供应者所提供的技术文件及其他信息。

（3）来自用户或顾客方面的信息，主要指课题或工程项目的用户所提供的技术文件及其他技术信息。

（4）其他外部来源，指除上列三类来源以外得到的各种科技信息，主要有：

各咨询单位提供的咨询意见、各种学术会议、其他研究单位提供的意见、来自高等学校的科技信息、其他企业提供的信息等。

（5）来自本单位（企业、研究所）不参加本课题或项目的工程技术人员提供的科技信息。

（6）来自本单位不参加本课题的科研人员提供的科技信息。

（7）来自工人与管理人员的信息，主要包括来自本单位工人与使用单位操作人员、设备维修人员的意见，也包括销售人员及其他管理部门提供的信息。

（8）小组讨论，指课题组、项目组讨论的意见，也包括各种三结合（科研、高等学校、生产部门三结合；使用、维修、生产三结合；领导、技术人员、生产工人三结合）的讨论意见。

（9）试验结果，包括试验结果、实验数据以及数学模拟的结果。

（10）个人经验，指科技人员本人以往从事类似科研或技术工作中所积累的经验。

以上10个信息渠道，若加以分类归并，可归为三个大类：文献资料、本单位（研究所或企业）内部的信息联系、同外单位科技人员的信息联系。

上面讲过科学家与工程技术人员有不同的信息行为，这不仅是由于他们工作的性质与任务的不同，而且还由于他们工作的目标及内容的不同、所受教育的不同以及工作环境的不同，他们在获取信息的来源与渠道方面有很大的不同。

一般来说，科学工作者运用的重要信息渠道首先是文献资料，据统计，它在有些单位的研究项目中要占到50%左右；其次是同外单位的个人接触与本人的经验。而对工程技术人员来说，使用各种信息渠道的比例比较均匀。对于工业科技项目来说，占主要地位的是外部渠道，特别是用户和供应单位。在市场机制日益发挥其应有作用的情况下，通过市场渠道取得信息，对企业开发适销对路的产品有很重要的作用。

下面列举麻省理工学院阿伦教授在其《科技信息流组织》一书中引用的资料，来看科研与工程技术项目应用各种不同信息渠道的情况（表1）。

表1 对产生新技术设想的信息流分析（19个项目的统计）

信息渠道	技术项目（17个）		科研项目（2个）	
	有效用的信息/条	占比/%	有效用的信息/条	占比/%
文献资料	53	8	18	51
供应单位	101	14	0	0
用户（顾客）	132	19	0	0
来自研究所外部的信息源	67	9	5	14
研究所的科技人员	44	6	1	3
企业内的研究发展项目组	37	5	1	3

续表

信息渠道	技术项目（17个）		科研项目（2个）	
	有效用的信息/条	占比/%	有效用的信息/条	占比/%
实验与分析	216	31	3	9
本人以前积累的经验	56	8	7	20

从表1可以看到工程技术人员的信息来源，有半数以上是通过人们的直接接触与口头联系取得的。据统计，这种口头联系要占到全部信息联系的50%—70%[1]。科技人员为了完成面临的任务而进行着频繁的接触，自然而然地形成了一个相互交织的信息联系网络。

表2是由在上海某研究所进行实地调研所得数据经统计处理而制成的[2]。从表2中的数据分析可以看出以下几点。

表2　各类不同性质研究的信息来源分析（单位：%）

信息渠道	应用研究项目	试验发展项目	技术服务项目
文献资料	38	33	30
供应单位与用户	4	5	5
来自大学、研究所	7	5	9
来自其他企业	1（−）	1（+）	1
来自学术会议	5	3	3
来自外部信息源总计	55	47	48
来自组内的信息	13	18	18
来自本单位其他组室	2	3	3
实验、分析	20	15	13
本人积累经验	10	17	18
来自内部信息源总计	45	53	52

（1）担负的工作性质不同，科技人员的信息行为不同。从表2中可以看出，从事研究工作的人员与从事发展工作人员的信息行为有区别。研究人员较重视和更多地运用外部信息流，占50%以上，而试验发展和技术服务人员较多地运用内部信息源和凭借本人经验，这部分占50%以上。

（2）研究人员较多地运用文献资料与学术会议的信息，这两部分在本例中占40%以上，而试验发展与技术服务人员这方面的信息比重平均不到35%。

（3）研究人员较多地从事科学实验，本例中占20%，而在试验发展与技术服

---

[1] 见Tushman《研究所中的信息网络》一文。
[2] 张跃. 科技人员信息选择和使用模式与业绩的关系. 杭州：浙江大学，1985.

务人员中仅占 13%—15%；相反，试验发展与技术服务人员则更多地依靠自己积累的经验，占比为 17%—18%，而研究人员仅 10%。这说明，研究人员需要更多的理论知识，试验发展与技术服务人员需更多的实际经验。

（4）我国科技人员不善于同外界交流、沟通信息，也缺少这样的机会。在本例中，研究人员的口头信息联系为 30%左右，而国外研究人员要占到 50%以上。另外，我国科技人员同用户与供货者的联系比国外科技人员要少得多，不及他们联系频率的一半。这些都是需要改进的。

第三节　技术创新源与领先用户

人们习惯于把产品的创新来源归于产品的制造企业，因为事实上制造企业往往集中了不少科技人员，组成了专职的研究发展部门（或研究所），从事新产品的研究与开发，通过销售渠道，将它投放市场，并组织了售后服务。

但是，大量的研究表明，创新的来源是很广泛的。在某些领域中使用者开发了不少技术创新成果。在另一些情况下，对创新产品提供原材料与零部件的供应厂成为典型的创新者。当然，在很多领域中，制造企业仍然是创新者。为什么产生这种情况？这应从创新的功能源方面来理解。懂得了这一层，就可以预见到创新的产生与转移。

一、技术创新的功能源

所谓技术创新的功能源，简言之是把技术创新作为一种功能，看是由谁来推动和实现的，即其推动力来自何方。技术创新功能源的作用的提出，是从经济上来考察推动技术创新的动力，即把技术创新作为一种功能，看其是由什么经济目的所驱动的，实现这一技术创新将给哪一类创新者带来效益。因此，利用技术创新功能源就可将不同类型（模式）的创新者（创新企业）加以分类，以便进行系统的分析与考察。这里可以提出如下问题。

（1）在使用创新时能否得益？如果是，那么创新者便是使用者。
（2）在制造创新时能否得益？如果是，那么创新者便是制造者。
（3）在向制造创新产品者提供材料与零部件时能否得益？如果是，那么创新者便是供应者。

下面以运输业使用创新货车为例。汽车运输公司从节能角度分析，力图实现省油装置的创新，以便从使用中得益。对汽车制造厂来说，它是从销售货车中得益，因而希望增加货车销售量。而从汽车配件厂来说，则希望通过改进与革新汽车零配件得益。可见，不同类型的企业从不同的功能角度看各自的技术创新。我们可以通过表 3 提供的数据，看到不同类型的创新功能源。

表3　技术创新源的分布（单位：%）

行业	创新来源（创新者）				
	使用者	制造厂	供应厂	其他	合计
科学仪器	77	23	—	—	100
半导体与印刷电路板	67	21	—	12	100
工程塑料	10	90	—	—	100
接线装置	11	33	56	—	100
塑料添加剂	8	92	—	—	100

表3中的创新者是指第一次将创新投入使用状态者，其或是提供文件资料，或是提供实物产品。

从表3中可以看出，在不同行业中创新的来源有很大的变化。例如，在科学仪器行业中有大约3/4的创新来自使用者，在半导体与印刷电路板行业中也不乏使用者是创新者的实例和数据。但是，在另外一些行业中，如化工、塑料制品等，绝大部分的技术创新来自制造者企业，而在另外一些行业中，如表3中列举的接线装置行业中，配件供应者成为技术创新的主要来源。那么，是什么主要原因造成创新源如此截然不同的呢？

最主要原因在于经济方面。创新的功能最终还是由创新者所获得的利益（在很多情况下是近期利益）所决定的。技术创新所带来的经济效益在这里起着重要作用。创新者是通过计算费用和效益来决定是否创新的。

二、用户（使用者）在各类技术创新中的作用

从以上的讨论中已初步看到了使用者在创新中的作用。这里以使用者在科学仪器创新中的作用为典型做进一步的分析。这一分析也有助于进一步理解技术创新不仅来自技术的创新本身，而且来自对技术创新的管理。我们所说的创新不仅包括产品的首次创新，而且包括对产品的改进。表4列出了四种科学仪器各类创新的分布情况。

表4　各类创新分布情况（科学仪器类）（单位：次）

仪器类型	首次创新	改进		合计
		重大的	小的	
气体分离仪	1	11	—	12
核磁共振波谱仪	1	14	—	15
紫外线吸收分光度测定仪	1	5	—	6
电子显微镜	1	14	63	78
合计	4	44	63	111

从对仪器、电子、半导体及其他一些高技术行业的分析中可以看到，一个新产品从首次创新到技术生命期的结束（少则几年多则 20—30 年）往往要经历几次、十几次大的技术改进和数十次的小改进，这种改进也就是技术创新类型中的渐进型创新（即小改小革）。例如，表 4 中的电子显微镜类产品在首次创新成功后已经历了 14 次重大改进与 63 次小改进。

为了进一步分析用户（使用者）在技术创新中的功能与作用，下面用两张表分别表示用户在各类创新中的作用和在不同类型产品的各类创新中的作用（表 5 与表 6）。

表 5　从创新程度区分的创新来源

创新程度	创新的开发者			合计/次	用户在创新中的比重/%
	用户/次	制造厂/次	其他/次		
首次创新	4	0	0	4	100
重大改进	36	8	0	44	82
小改进	32	14	17	63	51
合计	72	22	17	111	65

表 6　按仪器类型分的创新来源（重大改进）的分布

对创新有重大影响的改进	创新（改进）的开发者			合计/次	由用户进行重大改进的比重/%
	用户/次	制造厂/次	其他/次		
气体分离仪	9	2	0	11	82
核磁共振波谱仪	11	3	0	14	79
紫外线吸收分光度测定仪	5	0	0	5	100
电子显微镜	11	3	0	14	79
合计	36	8	0	44	82

从表 5 的数据中可以看到，用户不仅在技术创新的首创中占了全部（100%），而且在进入投产使用过程中，进行了很多重大的改进（占全部重大改进次数的 82%），即便是在一般的小改小革中也占了大多数（达 51%）。综合所有各类创新，用户的技术创新次数占大多数，达 65%，即各类大小创新中 3/5 以上是来自用户（使用者）的。

同样，从表 6 的分析中可以看出，用户对各类产品的重大改进次数占到 82%，多的达到 100%。

以上两例的分析，充分说明了使用者是创新者这一事实。

三、用户（使用者）创新内容的分析

马克思曾指出，人是创造工具的动物。

人们为了达到其生产的目的，必先创造或改进生产工具。同样，科学家与工程师为达到其科学实验的目的，除了使用现成的可购得的科学仪器外，往往还要改进现有不适用的仪器设备，以及创造新的仪器设备。一个制造厂为了优质、高效地生产产品，也会在生产工艺和设备上进行改进或创新。设备和工艺的创新是制造厂（使用者）技术创新的重要内容。表7列举了半导体企业和印刷电路装配在实现产品创新过程中有关设备与工艺的创新内容。

表7 用户创新内容（示例）（单位：次）

产品	创新类型	创新内容	
		新设备	新工艺（不含设备）
半导体	首次创新	5	6
	重大改进	16	3
	小改进	11	0
印刷电路装配	首次创新	2	2
	重大改进	6	0
	小改进	9	0
合计		49	11

从表7的两类不同产品的技术创新内容来分析，新设备的创新次数大大超过工艺方法（新工艺）的创新，其比例近于5∶1。

对某些电子机械行业的调查表明，有些使用者几乎创制了新工艺过程所需的全部设备。表8是对某些行业中用户创新设备情况的统计与分析。

表8 加工过程用设备的创新源分布

种类	创新类型	创新的来源					使用者（用户）创新的比重/%
		用户/次	制造厂/次	用户与制造厂合作/次	其他/次	小计/次	
半导体工艺过程	首次创新	5	0	0	0	5	100
	重大改进	10	2	2	2	16	75
	小改进	5	3	1	2	11	55
印刷电路装配	首次创新	2	0	0	0	2	100
	重大改进	2	2	1	1	6	50
	小改进	5	2	1	1	9	67
合计		29	9	5	6	49	69

这里有必要说明用户技术创新的标准。它与产品的创新相类似，有两种标准：

厂内标准与社会标准。前者是指设备在新产品试生产和正规生产中通过了考验。后一种标准与产品创新相同，所创新的设备得到了商业上的应用，为市场与社会所接受。至于其扩散过程因篇幅所限不再讨论，可参考有关著作。

四、领先用户的研究

冯·希佩尔教授继发现和提出了"用户是创新者"和"黏着信息"之后，又提出了领先用户的研究，并开发了实用的"领先用户法"[①]。该法在一些著名的跨国公司中得到了实际应用，取得了明显的效果。

（一）领先用户的概念

领先用户研究是企业通过对了解未来市场需求的领先用户的研究，与其合作来开发未来有大量市场需求的产品或劳务的概念。

所谓领先用户是指具有如下两个特征的用户或企业。

（1）领先用户面对未来市场需求的产品或服务，其预感要比大批顾客早几个月或几年。

（2）领先用户从解决某一需求的得益，要大大高于一般顾客。由于这种迫切的需求和利益推动，其往往等不及市场上这种产品或劳务的出现，而径自研制、开发。

领先用户的这些特征和行为使其成为技术创新的重要源头和功能。领先用户内在的潜力使领先用户研究成为技术创新过程中产生新思想、新概念的有用的方法。

（二）领先用户法的特点

领先用户法是一种不同于一般市场研究和开发新概念的方法，它具有如下的特点。

（1）领先用户研究抓住了领先用户具有的丰富的需求信息。传统的市场研究采用常规的方法征询用户对当前和未来产品或服务的需求，但用户往往不能具体说出对未来的需求。而领先用户法采用有效的具体以至直观的方法来启迪用户对未来的需求。

（2）领先用户研究采用原样与领先用户开发的新产品和新服务。传统的市场研究只注重收集用户需求的信息，而满足这种需求的新产品和新服务的设计一般由企业内部的研究与发展部门来完成。冯·希佩尔等的研究表明，领先用户不仅了解未来需求，而且往往已经开发出满足自身需求的原型产品。因而领先用户研究的特征在于把领先用户的这一先行开发直接引入本公司的产品发展过程。

[①] 限于篇幅这里只能讨论领先用户研究的基本原理、特征和方法的简要过程。具体操作可参考"Lead user research for breakthrough products and service"。

（3）领先用户研究大大加速了新概念的发展。图3揭示了传统的开发项目组与运用领先用户法开发组在产品开发费用和时间进度上的差别。

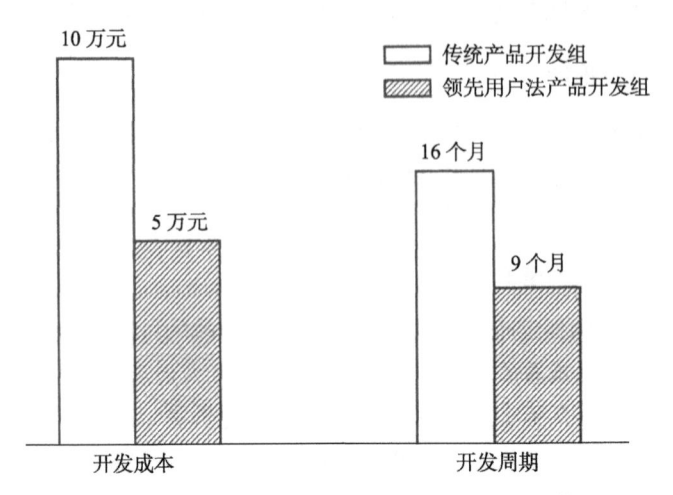

图3　领先用户法与传统产品开发的业绩比较

由此可见，领先用户法是借助领先用户所提供的信息进行产品和服务概念开发的一种创新方法。它不同于也不取代现用的市场研究方法。

（三）领先用户法的内容

为了进一步了解领先用户法，以下概略介绍该法的运用过程。它包括以下四个内容（阶段）。

第一，选定项目的重点与范围。组成一个管理委员会或小组，根据创新的机会和经营需要选定项目的重点与范围。这一准备阶段包括两项主要工作：① 拟订一个项目计划，为此需了解市场机会和趋势；② 组建一个多功能项目小组（一般为4—6人），主要来自技术部门和营销部门，也可包括制造部门。

第二，弄清关键的趋势和顾客需求。项目组运用领先用户法对市场和趋势进行深入调研，其目的是弄清重要的发展趋势和顾客的有关需求。如果说在第一阶段项目计划人员在对潜在市场、潜在机会探索的基础上初步选择了重点和范围，那么在本阶段核心项目组将在选定的范围内对重要趋势和顾客有关需求进行透彻的调查。这是领先用户研究的主要阶段，因为在选择最合适的领先用户去帮助企业产生新概念（第三至第四阶段）之前，必须把重要的发展趋势和顾客需求准确地弄清楚。在这一阶段结束前项目组必须确定哪些是要开发的产品或服务的概念。

第三，从领先用户那里获得需求及其解决方案的信息。选择具有创新思想的领先用户，了解其对潜在顾客需求的深入理解以及解决这些需求的有关信息。这一阶段的核心任务是对潜在顾客所需要的产品的关键属性有一个比较清楚的了解。另一项主要任务是收集对所选定需求领域的确证材料，以证明所选需求领域确实代表了很好的经营机会。在本阶段结束之际，项目组要根据所收集的材料编订经营方案，呈交高层领导。

在这一阶段中，项目组也要开始产生出关于潜在产品或服务的初步思想，如应取的形式、功能需要和关键的设计特征。这一阶段得到的需求信息和初步了解将成为第四阶段发展实际产品或服务概念的重要依据。

这一阶段项目组的工作过程分为四个步骤：确定领先用户[①]；从领先用户处获得需求和解决需求的信息；为选定的重点领域拟订经营方案；决定下一步概念发展工作会议的重点。

第四，会同领先用户发展新概念。领先用户（有时为其他专家）同企业人员一起发展潜在产品或服务概念。这一阶段主要是召开发展新概念的工作会议，为期2—3天，会议参加者合作开发一个潜在产品的概念（也可以是几个概念）。这一阶段的主要工作有：选择工作会议的参加者；设计工作会议的日程和任务；召开工作会议和发展新概念；会同上级管理人员审查所建议的新概念。

第四节　内部信息沟通及其组织

随着科学技术的迅猛发展和规模日益扩大，研究、开发和技术创新活动已从少数人在实验室内小规模进行的方式，走向几百人、几千人，甚至几万人、几十万人的大规模协同作战的方式。科技人员所从事的事业，已从个人兴趣、自由选题，变成为集体、为组织、为国家完成整体目标的一个组成部分。科技人员成为组织的一员，他的工作要服从组织的需要，他的行为，包括信息联系的行为，就要受到组织的影响，受到组织利益的制约。在非营利性单位中从事科研工作的科学工作者，同在营利性企业中从事科技工作的工程技术人员相比，在信息联系方面有很大的差别。

由于科研机构和企业中的研究开发部门已逐渐成为投入–产出单位，在资金、人力、物力有限的条件下，如何提高科研的经济效益已成为必须重视的问题。在我国的体制改革中也十分注意这个问题。因而在研究信息联系中也就存在着经济效益的分析，要求以最少的耗费获得更多、更有用的高质量科技信息，使科技工作取得更好的效益。这是每一科研单位都面临的一个尖锐的问题——既要跟上日益迅速发展的现代科学技术，又要节省人力、物力、财力。要做到这一点，必须首先做好研究单位内部信息扩散的组织工作，包括采用各种组织技术措施，如改进组织结构、运用非正式的组织形式加强信息交流，以及改善研究所、实验室的

[①] 领先用户不限定在同一行业，可以来自类似产业，或领域完全不同但在产品属性方面仍有类似可借鉴之处的产业。

设计与布置等。本节先讨论如何组织一个研究单位内部的信息联系问题。

一、内部信息联系与合理规模

一般认为,同生产规模的经济合理性一样,研究与发展工作在人员的规模上也同样存在着一个最经济合理的最低限度规模问题。有人把这种最小规模称作临界规模。国外有些学者认为这个最小规模的人数约为1000人。

经济合理性规模是一个相对的概念。行业、环境、技术水平特别是管理水平都是制约规模大小的重要因素。拿生产规模来说,在汽车行业中认为几十万人的大公司、几千人的大厂是最经济合理的。但是在一些高技术企业(如计算机行业)却认为400人左右的工厂才是最合适的规模。同样,研究所的规模也不是一个固定不变的值,必须根据学科性质、管理水平、社会环境、信息联系要求等而具体设定。

从科技信息联系要求来看,一个合理的科研机构应该基本上做到"信息自足",也就是说,学科和人员的配置应该基本上满足本研究单位在完成任务时所必需的足够信息。

当前,研究与发展已日趋复杂化,在大多数情况下研究开发一个新产品或新工艺过程,需要相当广泛的各种专门人才与知识,很少见到一个人能具备研制复杂产品的全部知识。因而,近年来在研究与发展中广泛运用多学科的工程项目组(课题组)的组织形式。即使在这种多学科的项目组中,也还很难做到信息的全部自足。大部分的研究组、课题组仍然不能"封闭",仍然需要同组外的、本研究所内的其他人员接触和联系,以便取得所需的各种科技信息。从这方面来看,一个研究所的合理规模是很重要的,它关系到各项研究开发任务能否顺利而及时地完成。当一个科技人员处在有多种学科与专业的科技人才的环境中,他在研制项目中所遇到的问题,可以及时通过内部咨询而得到解决。相反,在缺乏多种科技人才的小单位里,科技人员必须到其他单位去寻求支援,这就面临种种阻碍和困难,以致推迟完成时间。

二、内部信息联系的作用

内部信息联系的作用主要表现在两个方面:第一,是产生新思想、新设想的来源;第二,用以开展内部咨询并解决各种技术问题。

新思想、新设想的内部来源有二:一是本组内全体科技人员的个人知识与经验(这些知识与经验包括所受教育和技术培养的知识、在本单位和在外单位工作时取得的经验);二是整个组织内其他研究开发项目课题组所积累的知识与经验。这后一种知识与经验可视为组织的经验,以区别于个人的经验。在许多情况下,一些项目所产生的信息对另一些项目的研究开发是很有用处的。这种组织的经验在规模大的单位里往往显示出更大的作用。

同文献资料相似，内部咨询除了有助于产生新思想、新设想外，在确定解决问题的标准、确定取舍某一种标准的极限，以及对这些标准试验可能的解决方法，也就是说，确定标准和接受标准应到达的水平等方面有重要作用。在工业公司与企业里，内部咨询与联系主要是解决这后一类问题。由本单位内的科技人员在解决技术问题上提供的咨询，往往能比外部咨询取得更好的效果[①]，其中一个重要原因是他们熟悉本单位的外部环境和条件，在技术评价方面，如性能、可靠性、费用等方面有共同的观点和衡量准则。因而美国一些学者认为内部信息联系的重要性具有压倒一切的优势。一般来说，研究与发展人员的最好的信息来源是其工作单位的同事所提供的信息。

三、内部信息联系在时间上的分布

在文献资料的运用上，工作成绩好的项目组（课题组）与工作成绩差的项目组（课题组）在时间分布上没有多大差别。然而，内部咨询却不同。在整个项目或课题的进程中，内部咨询集中地发生在两个时期。文献资料的运用一般非常集中地发生在项目或课题的开始阶段，然后降下来平均地分布在整个项目的其他时期。内部咨询的运用，除了像文献运用一样，在项目或课题开始阶段有一个高峰期外，在项目进程中的 2/3 处，往往还会再次出现一个高峰期。这一规律性现象不仅表现在工作成绩好的项目组中，也同样表现在成绩较差的组中，其差别只是内部咨询分布的平均幅度（图 4）。

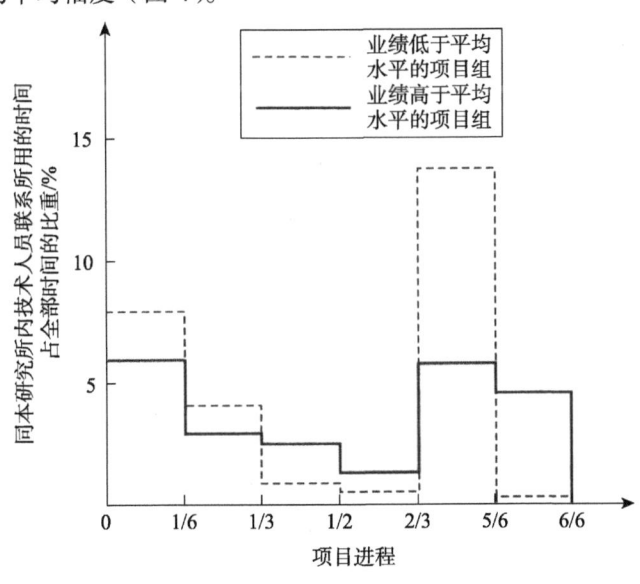

图 4　内部咨询时间分布图

---

① 如美国一家大电子公司的"新设想小组"认为，他们获得的最好设计思想来自公司内部。

第二次内部联系高峰出现的原因是多种多样的，主要有以下两种情况。

其一，项目（课题）间相互配合的需要。一般来说，在项目进展到一半以后，正是项目间对头接缝的时期，即综合性解决问题的时期。

如果把项目按其内部联系的峰谷划为两个阶段，自项目开始到完成 2/3 处为第一阶段，从第二个峰值起到结束为第二阶段。根据一些研究开发项目的实际记录，在 2/3 处开始发生第二个设计变化的循环，它同内部联系与咨询是相关的。在经过起始的协调后，各子系统在既定的总体设计下进行各自的研制工作。但在工作进展到一半以后，各子系统不可避免地产生修改原设计的设想，而这些设计的变动又会影响到其他相关的子系统。因而在这个时期会再一次发生各子系统之间协调与配合的问题。

其二，项目进展中遇到困难，或由于设计修改，需要寻求组外人员的帮助。第二阶段中寻求帮助最迫切的是那些业绩水平较差的项目组。一方面这些组对面临的"对头接缝"问题感到棘手，需要支援；另一方面是原设想的方案不行了，要修改原有方案，也要努力寻求组内外的帮助。正是这种情况使成绩较差的项目组的第二个峰值高于业绩水平较高的项目组。

四、内部信息联系的广度问题

如果说上面是从时间上来研究分析内部联系的，那么这里将从空间上来分析内部信息联系，讨论工作业绩与信息联系广度的关系，并进而分析怎样的联系才是最为有效的。

国外的研究表明，水平高、业绩较好的科技人员往往同项目组以外的本研究组织内（企业内）的科技人员有较多的信息联系（图 5 和图 6），业绩较好的科技人员同组外的联系比业绩差的人员要高出 7—15 倍。联系的频率虽高，但每次的咨询时间则较短。

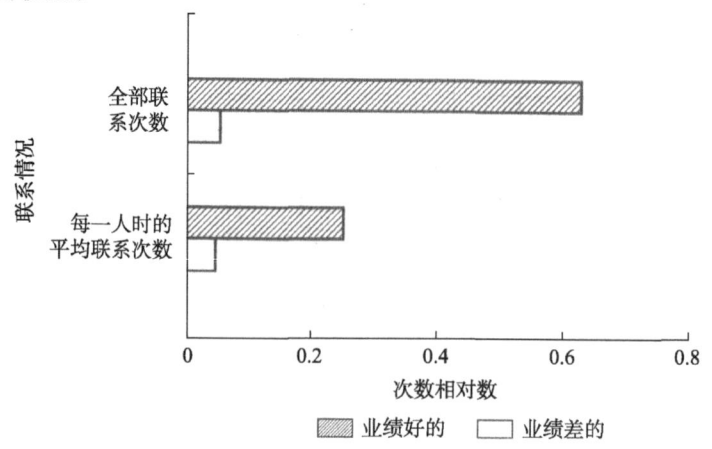

图 5　同本单位内（企业或研究所）其他项目组科技人员的联系情况

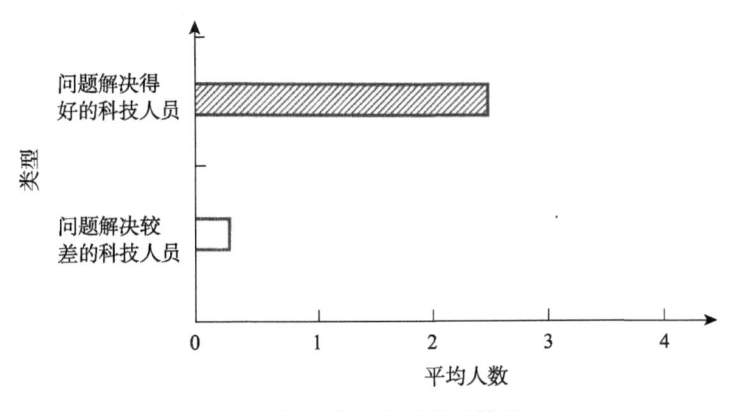

图 6 同其他组人员联系情况

当然，同组外人员的联系情况取决于组织形式。研制单位的组织形式基本有两种，一种是按学科组织的（如电气、结构、空气动力学等），另一种是按任务组织的多学科组织形式（这个问题将在"研究、发展与技术创新的组织结构和团队管理"一章中详细讨论）。经验表明，工作业绩好的工程技术人员既同本学科的组员接触，又同其他学科的科技人员保持广泛的接触，接触的广度远远超出他所在组的学科和他本身的专业，而其接触次数也平均分配于本学科与其他学科之间。相反，业绩差的，其信息联系与交流大多限于本学科的科技人员。

有些工程技术人员只善于同本组人员打交道，而只有一些能力较强的科技人员才能超出组织的界限，进行广泛的联系。内部咨询的效果往往同所接触的人数有关，但也不是说接触的人数越多越好，过多的接触会使信息联系的深度降低，不会获得良好的效果。因而要根据具体需要适当处理联系广度与深度的问题。

在分析联系广度时，会出现一项目组内因过多的联系而产生效益递减的现象。因为内部的联系效果往往局限于本项目的效益，不一定使整个系统取得最佳效益。所以说内部联系有一定的局限性。

五、内部信息联系的空间组织

影响内部信息联系的因素很多，如信息网络、组织结构等是影响内部信息联系的显性因素，而科技人员的空间位置等地理位置则是影响信息联系的隐含因素。许多组织行为学的实验表明，人们在地理位置上的距离远近是影响人们潜在信息联系的重要因素。对于科学家来说，可能地域上的因素对接触频率的影响要小得多；而对于工程技术人员来说，其影响要大得多。

阿伦曾对美国和英国的一些研究所做过实验，其结果基本相同：信息联系对象的接触频率同其间隔距离成反比。图 7 是根据其实验数据回归得出的结果。

其他一些学者也曾做过类似的实验，得出的数据略有差异，有的认为 60—80 米是接触频率变化的临界距离，有的则认为临界值可以大一些，超过 100 米。

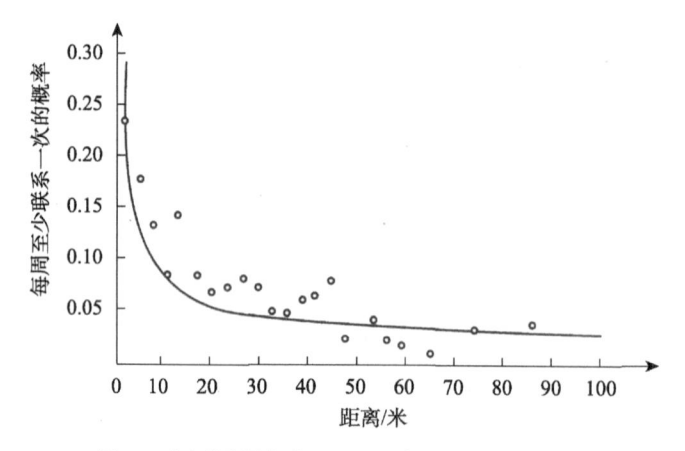

图 7 在间隔距离为 0—100 米二人联系的概率

基于以上的实验结果，很多研究所在设计空间布置时，把缩短信息联系的空间距离作为一项原则要求。

现代科学技术的综合发展，要求科技管理者提供一切机会使不同学科的科技人员开展经常的信息交流。

最后要讨论的一点是，在受到原有空间布置的限制，同组的或相关的科技人员无法集中在一个地域的情况下如何处理的问题。解决这一问题的主要方法是：把组织划得更小一些，加强组内联系，建立上下级隶属关系，即把需要经常联系的科技人员放在一个较小的组织里（长期的或临时的），只有建立这种有组织关系的人际关系，才有利于克服地域上分散的不利因素，增强科技人员的联系。图 8

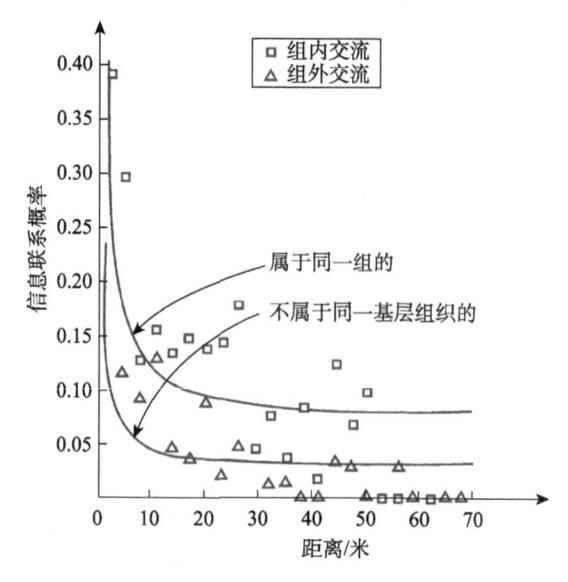

图 8 在有、无组织界限条件下的不同信息联系行为

是有组织界限和无组织界限的不同条件下,科技人员克服地域分布障碍,增强联系的统计数据的图示。

第五节 外部信息联系及其组织

任何一个企业或研究与发展单位,在科技信息方面面临着两个最重要的问题:信息的取得与散布。本章第四节着重讨论了组织内部获得信息的问题。本节将讨论从外部获取信息的问题,并讨论如何有效地进行组织间的信息转移。虽然组织内部信息联系和内部咨询十分重要,但是在科技发展迅速、学科相互交叉渗透的今天,即使在较大的研究与发展组织中,也难以做到"信息自足",科技人员必须不断同外界保持广泛的信息联系,取得所需的各种科技信息。因此,研究与发展组织始终是处于开放状态,不断地同其他企业、研究与发展和学术组织互通信息并吸取各种有用的科技信息。

一、外部的科技信息源及其功能

工程技术人员通过各种方式同外界接触来获取所需的各种科技信息。从工业研究与发展组织来看,重要的外部信息源包括:供应单位及未来的供应单位、各种咨询机构(其中包括政府所属的各种非营利性科研单位、高等学校及其所属的研究单位)。

据国外的典型调查,研究项目的工程技术人员用于外部联系的时间约为其工作时间的 5%,约占其全部信息联系时间的 1/3。外部联系时间分布如图 9 所示。

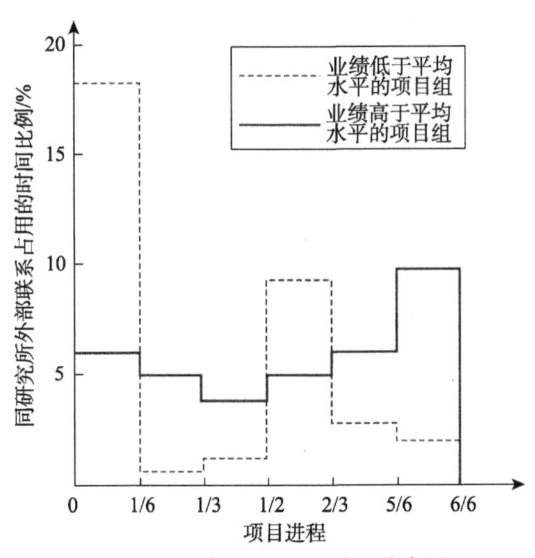

图 9 外部信息联系的时间分布图

与内部咨询的时间分布（图 4）相比，外部咨询的时间分布规律性较少，不像内部咨询那样分为明显的两个阶段；此外，业绩较好的单位在外部咨询和对外联系上比较均匀一致地分布在整个研究过程，不像业绩较差的项目组出现忽高忽低的不平均状况。

外部信息的主要功能是解决研究中出现的各种技术问题，包括确定标准及其极限、修改既有的极限、拟订各种试验方法等。咨询单位对于确定方向往往起重要的作用。特别要注意充分利用免费的咨询，那些未来的供应单位往往是乐于提供免费咨询的。但要注意分析供应单位所提供的信息的可靠性。如果对业绩好与业绩差的项目组的对外联系情况做进一步分析，可以看到业绩较好的项目组在产生新思想、新设想方面很少依赖外部咨询，业绩差的项目组则反之。

二、技术上的桥梁人物

在运用外部咨询建议时，必须注意科学信息与技术信息的不同特点。基础科学是没有国界、没有组织界限的，而应用技术与工程则有地方性的一面，即适用于一种特定的具体环境。如果不问具体条件机械地搬用，可能不得其利反受其害。

另外，为了更好地利用外来的咨询意见，必须使工程技术人员充分了解其他单位研制结果的具体情况。如何才能做到这一点呢？这里需要一个有水平的知己知彼的技术桥梁人物（gate-keeper）。

实践证明，不论是大的研究与发展单位还是小的研究与发展部门，在纵横交叉的信息联系网络中，总可以或多或少地发现某些桥梁人物。他们把外界的技术信息传输给本单位的工程技术人员，帮助他们解决技术问题。图 10 是一个小研究与发展单位的典型信息联系网络，其中编号为⑥的工程技术人员就是一个技术桥梁人物，他是信息联系的中心人物。

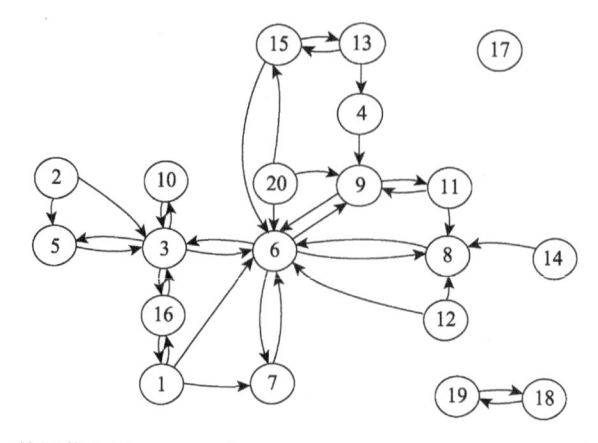

图 10　某通信公司 CDMA（code division multiple access，码多分址）
项目组的信息联系网络

技术桥梁人物把外界的技术信息接过来，再在本单位内进行传播，使技术信息的传输从一次传入转为"两步传入"的过程。这种"两步传入"过程产生了意想不到的效果。由于经过了"吸收—消化—扩散"过程，外界信息转变为结合本单位本专业的、易于吸收的"行话"，于是信息的传播变得更加有效。图11为信息"两步传入"的示意图。

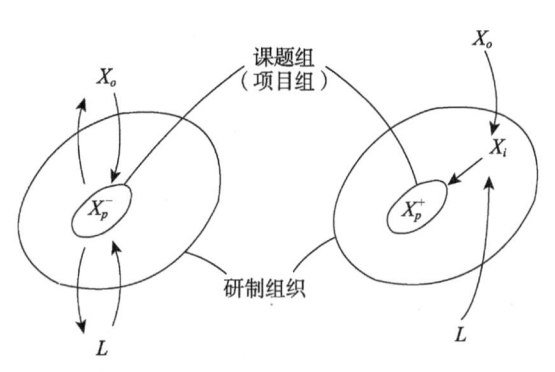

X_o: 本组织外的科技人员　　　　　+: 效果好
X_p: 需要信息的课题组成员　　　　−: 效果较差
X_i: 组织中的同事（技术桥梁人物）
L: 文字形式的信息

图 11　信息"两步传入"示意图

技术桥梁人物的特征很多，可以罗列十多条，但归纳起来最基本的有三点：技术水平高，成就大；第一线的科技主管人员；管理人员可以不假思索就告诉你谁是技术桥梁人物。其实质是关键人物、技术核心人物。

第六节　技术桥梁人物的功能与成长过程

技术桥梁人物的现象是从信息联系中发现的，但据近年研究，其作用不止于此。技术桥梁人物在凝聚技术人员，尤其是年轻的技术人员方面起着显著的作用。因而本节将讨论它在这方面的作用，以及其成长的过程。

一、技术桥梁人物任一线领导者的特殊作用

本章第五节中提到技术桥梁人物的基本特征之一是担任着研究与发展组织中的一线领导。当技术桥梁人物同时充当一线领导角色，这两种角色的结合产生了一种新的效应：凝聚年轻工程技术人员的作用。它防止了人才的流失，对企业技术能力的积累、技术的发展和水平的提高具有重要的作用。下面列举卡茨（Katz）教授跟踪某公司技术桥梁人物的研究结果。他对比了两种技术发展部门一线领导

所属组织的成员变化情况：一种是一线领导是技术桥梁人物（简称双重角色领导）；另一种是一般的一线领导（即不是技术桥梁人物的一线领导，简称一般领导）。其发现如下。

（1）双重角色领导的下属的流失比例大大低于一般领导，前者约为后者的一半。

（2）双重角色领导在稳定年轻工程技术人员方面的作用尤为明显，其下属的年轻技术人员流失率不到一般领导的1/3。

图12为卡茨做了5年跟踪的结果。

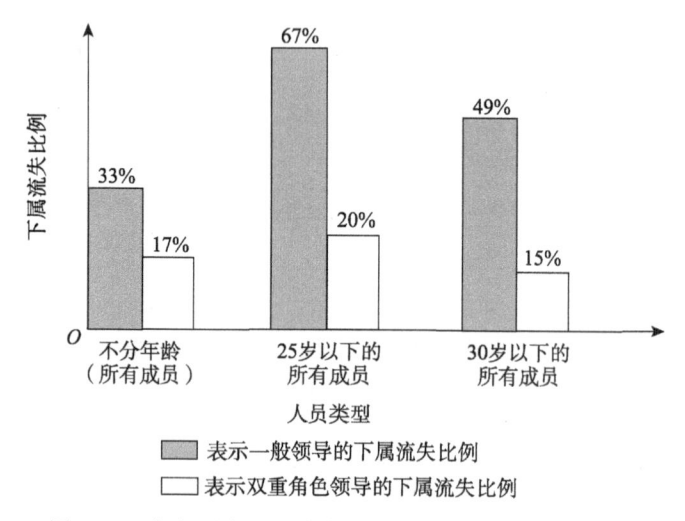

人员类型	一般领导的下属流失比例	双重角色领导的下属流失比例
不分年龄（所有成员）	33%	17%
25岁以下的所有成员	67%	20%
30岁以下的所有成员	49%	15%

图12　一般领导与双重角色领导的下属流失率统计比较

双重角色领导对科技人员的凝聚作用可以从三个方面来分析。

首先，双重角色领导有利于加速其下属成员的社会化过程和扩大下属的信息联系空间。年轻技术人员在其早期社会化阶段，需要建立各种人际关系和信息联系网络，来完成其对组织环境的认识和熟悉，从而建立一种对组织的认同感。技术桥梁人物充当一线领导对年轻工程技术人员在这方面有特殊的帮助，主要体现在以下方面。

（1）加速其社会化的过程，减少其对环境的陌生引起的不稳定性。

（2）帮助他们构建各种正式的和非正式的关系网络，使之能融入更大的范围。

其次，双重角色领导有利于减少下属流失。年轻工程技术人员能否及早将自己融入组织的各种正式与非正式联系网络，是决定其是否会流失的关键因素。这里，双重角色领导能起到更积极的作用，他促使年轻工程技术人员同内外重要信息源紧密连接，并及早同有关联系网络产生相互作用。这对年轻工程技术人员在社会化过程中降低压力和减少不稳定性非常重要而有益。另外，双重角色领导可为其下属提供更广泛的展现自己的机会，从而更好地满足了年轻工程技术人员的成就感，并为其进一步发展提供机会。

最后，双重角色领导的下属具有较多的晋升机会。双重角色领导的下属的晋升比例高于一般领导的下属。研究表明，无论是哪一类型的项目，情况均如此（表9）。

表 9　晋升比较表

项目	晋升比率（晋升面）/%	
	一般领导的下属	双重角色领导的下属
研究项目	20.0	33.0
发展项目	18.5	66.7
技术服务项目	11.1	20.0
所有项目	17.4	41.2

从表 9 中可以看出，技术桥梁人物为一线领导的下属，其晋升面为非技术桥梁人物为一线领导的下属的 1.65 倍到 3.61 倍。究其原因有二。

（1）技术桥梁人物领导信息渠道广，可使其下属具有更多、更重要的外部信息源，从而提高了其下属的技术能力和工作业绩，为其下属成员的晋升提供了基础。

（2）由于技术桥梁人物领导的下属成员有机会得到一些关键信息，并可借助其上司技术桥梁人物的推荐，有较多机会同组织的高层领导接触，能有机会展示其能力与才华，从而获得更多的晋升机遇。

二、技术桥梁人物的成长过程

鉴于技术桥梁人物的重要作用，了解如何识别技术桥梁人物和了解其成长过程是研究、发展与技术创新管理的一项重要任务。

根据一些学者的调查统计，信息联系中自发产生的技术桥梁人物需要一个成长过程，长的 6—8 年，一般不低于 5 年，最短的是 2—3 年，没有少于 2 年的。根据我们的研究，通信行业中技术桥梁人物的平均工作年限是 5—6 年。进一步的调查还发现，在非主导知识领域中的技术桥梁人物的年限要短得多，一般在 3 年左右。发现信息联系中桥梁人物的苗子并加以扶植，是科技主管人员的中心任务之一。

要发现技术桥梁人物，首先要了解和掌握技术桥梁人物的特征。在本章第五节中已列出了技术桥梁人物的三个特征。其中第一个特征是技术桥梁人物业绩好，具有较高的水平。根据国外统计资料，技术桥梁人物的业绩与水平往往表现在以下几个具体方面。

（1）技术桥梁人物在学术会议上宣读的学术论文一般较多，据美国的统计每年 3—6 篇。

（2）发表论文多，据国外统计每年刊出的论文 3—8 篇。

（3）发表专刊多，每年平均能获得一项专利。

（4）根据美国四个研究所的统计，技术桥梁人物中有 1/3 以上的人具有博士学位。

（5）40%以上的技术桥梁人物已提为研究组室的领导，15%—20%的技术桥梁人物达到更高的技术领导岗位。

以上数据表明，技术桥梁人物的最显著的特征在于其技术水平与能力。因而，技术桥梁人物的苗子首先从能力与水平高的科技人员中去物色。在发现合适的、有培养前途的对象后，应创设条件通过各种途径加以扶植。

技术桥梁人物也有其自身成长的规律性，因而研究技术桥梁人物的成长过程也很必要，图13是根据麻省理工学院阿伦教授的资料绘制的。

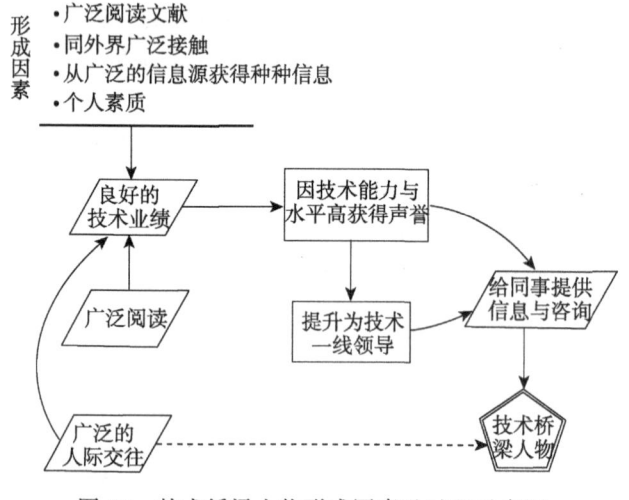

形成因素
- 广泛阅读文献
- 同外界广泛接触
- 从广泛的信息源获得种种信息
- 个人素质

图 13　技术桥梁人物形成因素及过程示意图

从我们在国内企业的调研中发现，技术桥梁人物的成长和形成原因除上述外尚有以下两点。

（1）持续、勤奋学习是技术桥梁人物的主要成因。几乎所有的技术桥梁人物均从事着多学科知识的学习而未间断，被其组织成员称为非常好学与非常勤奋。

（2）领导的关心与激励是技术桥梁人物重要的成因。在调研中发现，除了显在的技术桥梁人物外，尚有相当一部分潜在的技术桥梁人物，他们已具备成为技术桥梁人物的经验、能力与素质，但缺乏工作的主动性和积极性。如果能加以引导和激励，则在很大程度上可以转化为显在的技术桥梁人物。

此外，还应指出一点，在科学技术高度发展的今天，一项高技术和先进的工程技术已不是一种单项技术，而是由多学科的知识所构成。在这种条件下，技术桥梁人物的功能的实现，一般不是孤立的个别人物，而是一群优秀的科技人才，这是现代科学技术的综合性所决定的。一个学科的知识难以取得技术上的突破，工程技术的综合性要求有多种学科人物进行学科交叉的综合研究开发，因而必须扶植各种学科的技术桥梁人物。这一批多种学科的技术桥梁人物从各个学术领域获取信息,并在组织内进行广泛交流与沟通,对推动本单位的科技进步和提高整体科技水平具有重要作用。而且由于科技发展的综合性与一体化,这群技术桥梁人物间必然进行着广泛的信息联系,形成一个与组织内外具有广泛联系的技术桥梁人物的网络系统,如图 14 所示。

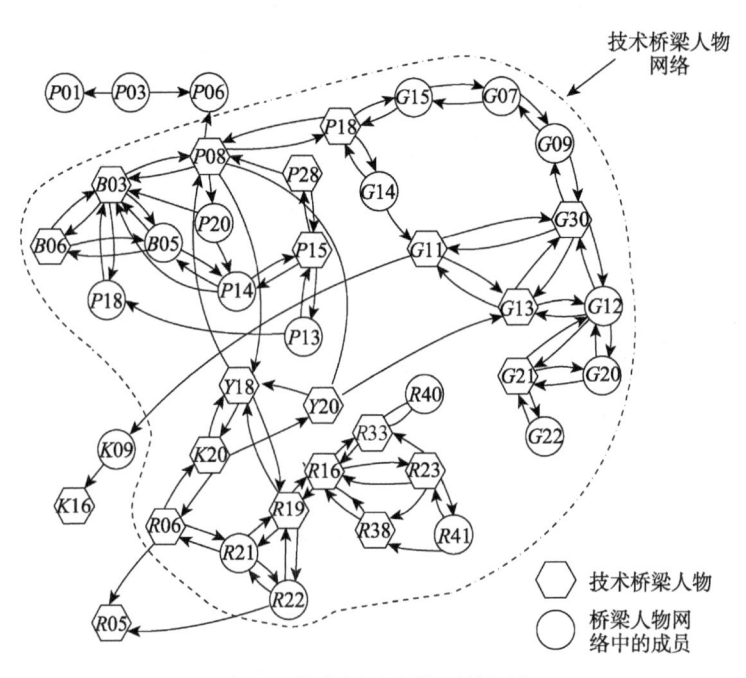

图 14 技术桥梁人物群体网络

研究、发展与技术创新的组织结构和团队管理[①]

研究、发展与技术创新的组织结构是实现技术创新战略的重要组织基础，如果没有同战略相适应的组织结构和组织管理，那么再好的战略也无法贯彻实施。研究、发展与技术创新的组织与管理涉及范围很广，本书因篇幅之限不能详细展开。本章仅将研究、发展与技术创新的组织结构和主要的组织与管理，包括研究与发展的劳动组织与管理，集中在一起进行讨论，分为以下各节。

（1）优化结构及其相关的战略问题。

（2）研究与发展组织结构选择的要素：研究与发展中的集中与分散。

（3）研究与发展的基本组织结构。

（4）矩阵组织形式。

（5）团队及其组织。

（6）团队（小组）的管理与基层组织的特种功能。

（7）研究与发展的领导方式。

第一节 优化结构及其相关的战略问题

实施技术创新战略并提高其实施的效率与效益，同研究与发展组织结构的优化是密切联系的。为更好地理解研究与发展的组织结构问题，必须了解研究与发展中有哪些关系到技术创新战略实施的典型的组织问题。一般来说，典型的组织问题如下。

（1）对于应用研究与发展的管理，应是集中的还是分散的？

（2）对新获得（兼并）的研究与发展能力，是否要加以整合或进行集中的管理？

（3）如何通过组织变革以缩短新产品开发周期？

（4）是否要在研究与发展部门中建立市场研究的能力？

（5）如何在地域上布置（部署）研究与发展力量？这里的地域分布不限于国内，包括在全球范围内的部署。

[①] 节选自：许庆瑞. 研究、发展与技术创新管理（第二版）. 北京：高等教育出版社，2010：第十三章。

这些典型的组织问题是同以下的战略问题密切相关的。
（1）研究与发展是否适应企业经营的需要？
（2）研究与发展是否适应企业的战略目标？
（3）研究与发展能否在组织内、外进行有效的沟通（联系）？
（4）研究与发展组织能否吸引到顶尖科技人才？
（5）研究与发展中能否有效利用资源？

以上这些战略问题的有效解决均离不开研究与发展的组织。它如同催化剂的功能和作用，组织的优化可以使投入与预期的产出有效地协调，只有当组织获得优化和目标选择得合适时，企业的研究与发展才能达到预期的效率与效益。反之，如果企业的研究与发展组织不能得到优化，其损失与代价是巨大的。据统计，研究与发展组织不善造成资源的大量浪费和机会丧失时，损失额往往为其研究与发展费用的20%到50%。由此可见研究发展组织工作的重要性。

系统的行为取决于系统的结构，要提高研究与发展的效率与效益，首先要优化其结构。组织及其结构并无自身的目的，不能脱离环境与战略目标，独立地考虑组织的优化问题，也没有一个抽象的最优结构方案。结构的设计必须考虑和处理好效益与目标间的矛盾。人们往往在发展中"求大"而忽视了效益。在竞争日益激烈的当代社会中，企业为了最快地响应市场需求，必须拥有最合适的资金与人力资源规模，保持适度的柔性进行适宜的管理与控制，既要支持当前的经营业务，又需支持今后的长远发展。这是考虑组织建设和变革的主要之点。除此以外，推动组织变革的动力还来自以下各个方面。

（1）技术的迅速发展，这种技术是企业必须掌握的。
（2）企业研究与发展能力提高的需要。
（3）支持企业在全球范围内发展的需要。
（4）满足顾客增长着的需要。
（5）在信息技术日益发展的情况下，必须保证组织新的自由度和组织成员发展的需要。
（6）经营环境变化对研究与发展所提出的新要求。

以下列举勃林格·殷格尔翰公司（简称BI公司）案例来说明上述一些因素如何推动组织的变革。

BI公司是一个中等规模的制药企业，其销售额从20世纪90年代初的21亿马克增长到中期的35亿马克。它是德国制药业中最早（1960年）在海外设立分公司的企业，分公司首先在美国和日本设立。美国分公司于20世纪70年代中期开始其研究工作，而日本分公司则于20世纪80年代初期开始做研究。

研究与发展的决策最初是采用分散制，各分公司的领导可根据其所在地区的市场需求发展符合该地区特殊需要的新产品。这种结构适合于当时欧洲公司向外发展以争夺美国与日本市场的战略需要，鼓励BI公司针对具体的市场需要发展特种产品。但到了 20 世纪 80 年代的中后期，全球范围内药品市场竞争激化，这种将资金大量分散地用于发展地区性产品，而这种产品又不能在地区之间转移的做法，不利于公司在全球范围内的竞争。

20 世纪 90 年代中期，虽然 BI 公司依然保持了它在美国、日本、意大利及本土（德国）的多个研究中心，但是，对于各个中心应发展哪种新产品，则改由公司集中地统一做出决策。为此，公司建立了一个国际协调委员会，委员会的成员包括各研究部门的负责人、药品部门负责人以及各地区的研究与发展部与市场部的负责人。

第二节　研究与发展组织结构选择的要素：研究与发展中的集中与分散

研究与发展组织在选择其结构时，必须同时对以下五个要素进行评价。
（1）使用内部的还是外部的研究与发展资源。
（2）对研究与发展资金的投入与控制，采用集中还是分散的方式。
（3）对研究与发展资源的部署（分布），是集中还是分散。
（4）是投入（输入）导向还是产出（输出）导向。
（5）采用项目管理方式还是纵向（垂直）领导方式；如何保持两者间的平衡。

一、内部–外部研究与发展的资源

企业在研究与发展上，是依靠自己的内部资源还是仰仗于外部资源，是企业战略及技术创新战略中的一个重要决策与方针问题，也关系着企业的组织建设及组织结构。若干年以前不少企业把运用研究与发展的外部资源视为"不得已而为之"的一种最后手段，但 20 世纪末以来逐渐呈现出一种运用外部研究与发展资源的趋势。举例如下。

（1）IBM 公司与美国电话电报公司联合进行超导研究。
（2）西门子和 IBM 公司联合开发 64 MB 的动态随机存储器。
（3）飞利浦、RCA（Radio Corporation of America，美国无线电公司）和汤姆逊公司合作开发高清晰度电视。
（4）不少日本公司将其 1/3 以上的研究与发展资金投给美国麻省理工学院，以支持其从事与该公司有关的工业研究。这种资金在 20 世纪 80 年代中期增加了一倍。
（5）欧洲共同体（简称欧共体）以 200 亿以上的美元支持国际研究与发展共同体（consortia）。
（6）我国的产学研合作近十年来有了很大发展，不少突出的技术创新成果，如蒿甲醚的研制成功，都是产学研合作创新成功的。

（7）据美国国家科学基金会近年来的报道，自 1983 年美国通过了《国家合作研究法案》后，又于 1993 年对该法案进行修正，放宽了对合作生产活动的限制。这些鼓励合作研究和合作生产的法案的公布，使全美范围内的合作大大增加，仅从合资研究一项来看，就从 1984—1985 年每年 10—20 项，增加到 1985—1986 年的 87—115 项[①]。

自开放式创新理论提出并被越来越多的人接受后，不少企业已把整合内外创新资源以获得最大创新效益和最快创新速度作为处理创新内外资源的首要准则。特别是知识经济呈现出其强有力的发展趋势后，知识的发展和深化使单个从事复杂技术运用的企业已难以掌握创新所需的所有知识，必须依靠其他机构协作提供新产品所需科技知识，如今即便是资力十分雄厚的大制药企业也无力掌握分子生物学的全部分枝领域，必须依靠大学和其他企业提供研制新药的生物学知识。因而构建合作网络共同研制和开发已是当前企业提升其创新能力的一个重要途径。

推动企业寻求创新外源的力量有技术方面的，也有市场方面的，包括：①产品与服务的技术内容激增；②产品开发的周期需要缩短；③合作研究与发展的经验得到了增长；④企业、政府和学术机构之间增加了了解和合作的互利因素与愿望。

在研究与发展内、外源的选择和决策上存在着不同的思想与理论。传统管理学的观念是从企业的经济收益出发，把它看作一种经典的自制或外购的决策[②]。而从以核心能力为基础的战略管理理论来看，这种自制或外购的最终决策准则，应是以怎样有利于企业核心能力的增强为标准。在这一总的原则指导下，具体如何运用这一原则，需要具体分析。此外，以下诸点有助于这个问题的决策。

（1）对于基础技术，如果企业不具备这方面的能力，以购买为宜。因为这种技术已经广泛传播，不值得在这上面浪费资源。

（2）运用各种方法密切监视处于研究与试验中的新兴技术，其方法有向大学投资、与其他企业合作（以不同本企业在同一市场面上竞争的企业为好）、参加研究共同体、同政府合作。

（3）保证在关键技术上，特别是与形成和加强企业核心能力相关的技术的研究与发展的投入。

（一）产业与大学的合作

当前一些市场因素和财务上的推动力驱使产业与大学更紧密合作。这些因素如下。

（1）由于政府给大学的研究经费呈渐趋下降的趋势和大学教育经费的不足，大学必须从产业获得资金。

---

① 参见美国国家科学基金会编的《1998 科学与工程指标》。
② 即运筹学中的 make-or-buy（自制或购买）的理论、方法。为此要考虑到成本、时间、临界资源量等变量。

（2）双方提高了协商从事研究、解决面临实际问题的能力。

（3）学术界提高了创业精神。

（4）企业更加懂得了及早同大学建立联系，可以较早获得有关的重要新知识。

在知识经济条件下，产业日益感觉到大学高质量的知识和智力的作用与对它的巨大吸引力，但往往发现难以克服双方文化上的差距。企业往往不能理解学术性研究和学科的目标，而大学则顾虑对利润的追求会影响到它对智能的追求、经营者会以低价购去具有潜在价值的实验室成果、寻求某种专有知识同自由的学术研究和开放式的思想交流的矛盾。这种种矛盾的产生，根源在于企业与大学有不同的追求目标。在这种客观上存在目标差异的情况下，需要增进相互理解，根据各自的需要和条件，协商确定符合双方利益的合作项目。众多事实表明，大学与产业间的合作可以搞好，而且很成功。

（二）政府与产业间的合作

日本一直注意产业与政府间的大规模合作。日本通产省在其中起领导者和组织者的作用，不仅促进产业间的广泛合作，而且成功地组织了产业内部各企业间成功的合作。在欧洲，欧共体组织了大规模的国际研究与发展共同体和"竞争前"的合作项目。尤里卡（Eureka）计划涵盖了范围广泛的关键技术；埃斯伯瑞特（Esprite）包括了计算机和通信技术的研究；白瑞脱（Brite）是新材料和空间技术；瑞斯（Race）寻求欧洲范围内高速通信网的发展；柯美特（Comet）关注交流、奖学金和大学与企业间的联系。

美国政府与产业的联系侧重在小企业的创业。美国在这方面的另一特点是通过国防先进科技研究项目的管理（美国国防部高级研究计划局），政府自1960年以来对大学的基础科学研究进行了大量投入，并且不断投入以资助鼓励大学实验室成员和风险企业家创办高技术小企业。

我国政府与产业间的合作包括上述的产学研合作，支持小企业的技术发展规划。近年来组织了全国范围的技术创新工程，鼓励和支持重点大企业进行技术创新，并组织若干中小城市开展地区性的技术创新。

（三）企业间的合作

鼓励企业间的合作研究与创新已成为当今发达国家在技术创新方面的重要政策。美国希望企业间能共同开发、相互购买和共享技术。近年来企业间合作研究与创新之所以获得很快进展，除了前述的环境方面的推动因素外，企业间文化差距比企业与大学间的文化差距要小得多是重要原因，这有利于双方的合作。在科学技术获得迅速而广泛发展的今天，一个企业已不可能在所有的技术领域均具有所需的技术能力，因而必须创造性地寻求取得部分技术专门知识的有效途径，这是推动企业寻求技术合作、利用外源的客观经济基础。

为了顺应这种增强运用外源的需要，企业要注意做好相应的组织变革，主要的有如下一些。

（1）增强管理长期性（而不是个别项目）协作的能力。

（2）建立与创造一种在企业范围内对技术（包括战略技术）进行自制或外购选择的决策框架。

（3）增强购买与销售技术的功能，并把它设置在高层管理范围内。

（4）在最高管理层设立技术主管[①]（包括技术战略主管），也可以同时在部门（SBU）层次上设立技术主管职务。它的主要职责在于：监视外界技术的发展，从中寻找机会和发现威胁，并提出相应的建议；协助确定技术的优先级；在企业范围内推进技术部门与其他部门的沟通；发展专利与许可证战略。

二、研究与发展的集中与分散：资源的部署与管理控制

为了方便起见，这里把两个要素（研究与发展资源部署的集中与分散、研究与发展系统中的集权与分权）结合在一起讨论，因为这两个问题虽有不同的侧面，但也存在着相互联系的方面，均属企业研究与发展体制中重要但又不易得到满意解决的问题。从集中走向分散，既而又从分散回到集中，是一个来回摇摆的问题。为了有利于引向结构优化，拟对两个因素先做个别分析，然后加以综合讨论。

随着企业规模包括其研究与发展规模的扩大和力量的壮大，为了使研究与发展更好地同营销和制造力量结合，大企业倾向于把研究与发展力量分散地部署于各战略经营单位或独立的分厂中。这种分散部署研究与发展力量的做法具有以下三个明显的优点：有利于各经营单位根据市场与顾客需求的变化，迅速地做出反应；有利于划清职责，便于对各部门的考核；有利于研究与发展同营销和生产结合，缩短新产品研制和投入市场的周期。

但是研究与发展力量的分散部署，将原来一个人数合适、学科配备齐全的完整群体及其所构成的最优的技术中心，拆散为若干个信息不能自给、学科不完整的碎片，由此而导致了以下一系列的问题与缺陷[②]。

（1）完整群体的散失造成所积累的知识和经验特别是存在于人头脑中的知识（隐性知识或缄默知识）的散失和费用的增加。

（2）人才分散降低了信息交流的质量和减少了学科知识互补的机会。

（3）降低了力量调剂的灵活性和人员间的合作质量。

与此同时，管理控制的分散会带来如下缺点。

（1）着重于短期经营目标而忽略长期技术发展与积累。

---

① 发达国家中设立技术主管，其英文为 chief technological officer（CTO）。
② 美国麻省理工学院阿伦教授的研究认为，最合适的研究群体的规模是 1000 人左右。

（2）使有限的研究与发展资金不能集中使用。
（3）权力分散和失控导致公司整体利益受损。
（4）由于力量分散与失控企业的盈利能力受到影响。

在我国，自20世纪50年代后期就曾出现过研制力量不适宜地分散到各分厂而带来的损失；80年代以来又出现了将研究与发展力量分散到各经营单位（SBU）造成的不良后果。从总体上讲，在我国企业的研究与发展力量不强的情况下，力量分散与权力过于分散的组织结构是不适宜的，不利于集中力量形成企业的核心技术能力。集中企业研究与发展力量于企业的技术中心，是适合当前我国大多数企业状况的。企业在注意集中部署力量和实行统一集中领导的同时，也应根据当时当地的具体情况，处理好集中领导与分权管理的结合，采用多样结构形式，根据环境与条件变化，不失时机地从一种结构转向另一种更合适的结构形式。以下是在具体选择组织结构时可供考虑的一般因素。

第一，企业规模是首要因素。国内外的实践经验表明，大中型企业必须有一个集中的研究与发展中心，它为企业的多个部门服务，集中于长期、高风险的重大项目，并注重专门知识（技术诀窍）的开发，与此同时，各部门（SBU）可以建立各自的研究发展基地，着重于渐进型的技术创新。在同一产业中，往往存在着多种集中与分散相结合的结构形式与管理体制，图1为国外制药业的例子。

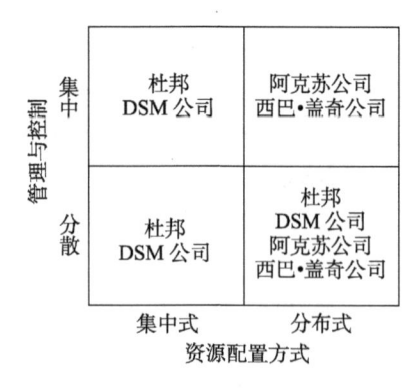

	集中式	分布式
集中	杜邦 DSM公司	阿克苏公司 西巴·盖奇公司
分散	杜邦 DSM公司	杜邦 DSM公司 阿克苏公司 西巴·盖奇公司

（纵轴：管理与控制；横轴：资源配置方式）

图1　化工企业研究与发展的组织结构与资源配置形式

第二，技术的共用程度。当某一种技术对若干个部门均很重要时，应将这种研究资源集中进行管理。

第三，跨国公司在全球部署研究发展力量时，为取得较高的全球效率，以集中资源和采用自上而下的决策体制更为有利；但必须考虑到地区化这一因素。

第四，地区化是不少产业中部署研究与发展力量和决策体制时必须考虑的重要因素。例如，制药业往往要受制于当地政府医药政策与规定的限制；又如，食品业要考虑本地区顾客饮食嗜好与习惯。

第五，接近顾客是所有企业均需考虑的重要因素。从这一点要求出发，分散的分布式配置研究与发展力量是一种适宜的结构形式。因而在一些大企业中，有必要在保证集中建立技术中心（研究与发展中心）的同时，将研究与发展力量的一部分配置在各经营单位（SBU），便于同顾客需求结合，较迅速地做出反应。

第六，便于运用当地的科技人才。科学技术的发展受到社会、历史、经济、教育、文化等多种因素的影响，从而形成了不同国家、不同地区在学科和技术上发展的地域差异。例如，美国拥有软件人才优势，日本拥有电子技术人才优势等。又如，我国上海、北京等地拥有多种人才，因而把研究部门建立在人才具有优势的地域，易于吸收学科人才，增强企业所需的研究与发展力量。例如，我国的长虹、中兴等公司均已在上海、北京等地建立了研究所，并开发出了重大的技术创新成果。

如何综合考虑以上因素进行研究与发展组织结构的选择，是一个复杂的问题。公司在组织结构选择时往往要考虑满足多方面的需要并服从于一个主要目标。例如，当以提高内部效率为主要目的时，采用集中型的结构形式；当以满足区域市场为主要目标或以快速响应外部环境为目标时，采用分布式的结构；而在遇到更为复杂的条件时，往往采用集中与分散相结合的组织形式。

从技术创新的主要任务看，建立组织要能适应变化，能继续学习。这是研究与发展组织和其他技术部门均应具备的主要特征。企业中不同层次关注的重点不同，举例如下。

（1）公司一级，具有较长的学习反馈周期（10年左右），应集中致力于监视主要的科技发展、创造知识、建立新方案、技术定位、技术与人力资源的发展。它同外部知识源的连接大大超过企业内部。

（2）大组/部门一级，具有中等的学习反馈周期（5年左右），应着重于跨经营单位（SBU）的综合性开发。

（3）经营单位（SBU）层次，学习反馈周期短，应着重在产品方面实现其经营目标，如成本、质量与开发周期等。实现这些目标，必须同内部有关部门（营销、制造等）保持密切联系与合作。

在进行研究与发展的组织结构设计时必须综合平衡上述的上下左右的关系。研究与发展组织结构之所以长时期处于往返摆动的状况，正是由于这种多因素的复杂关系不易处理。近年来欧美大企业从实践经验中概括了以下规则。

（1）支持现有经营业务的研究与发展（如产品、工艺、部门性的）应分散到各部门。

（2）支持新经营业务的研究与发展（如产品、工艺、部门性的）应先集中在公司的中央研究发展部门，以后转移给各有关部门。

（3）支持国外生产的研究与发展，应接近所在国的生产单位，使产品和工艺适应当地条件。

在"资源分配与项目选择"一章讨论资源分配时未考虑研究与发展的分布和资金分配（来源）的关系。这里将综合考虑上述诸因素，列表说明如下（表1）。

表1 公司研究与发展的分布和资金来源

项目	同一般科技进步有关的重要整合（由公司一级执行）	同生产、顾客、供应有关的重要整合（由部门一级执行）
由公司投入（潜在受益者包括整个公司范围）	第Ⅰ区 • 监视外部来的研究机会与威胁 • 消化和评价重大的新技术	第Ⅱ区 • 重大新技术的商业化 • 部门间的综合开发（如生产与材料技术）
由部门投入（部门受益）	第Ⅲ区 • 重大新技术的开拓性发展 • 为解决部门特殊问题的合同研究	第Ⅳ区 • 主流产品和工艺开发 • 渐进型改进

资料来源：Tidd（蒂德）等著《创新管理》

从20世纪50年代到20世纪末近50年国内外企业研究与发展管理的实践经验表明，研究与发展组织中过于集中与全部分散的组织结构都不可取。

第三节 研究与发展的基本组织结构

基本的研究与发展单位是指研究与发展机构中因研究与发展需要而组成的最基层的组织单位，如研究与发展部门中的团队、项目组，科研所中的研究室（组）或设计院中的设计室（组）。其规模大小在几人至几十人之间，也有少数超过一百人的。

确立基本研究与发展单位的组织结构，必须考虑如下几方面因素。

（1）在考虑完成当前任务的同时，一定要充分考虑到科技人员与专职人员的长远发展。

（2）有利于组内组外科技信息的迅速沟通。

（3）在保证上级对基层单位有一定管理权限的同时，应该使项目组（室）的主管人员有相对独立的自主权。

（4）采用适合于本组研究性质和任务状况的领导方式与组织形式。

（5）有利于科技人员发挥创造性。

（6）确保组织内有一个良好的工作气氛。

为了达到以上各点要求，管理工作的任务就在于根据不同情况与任务的要求，选择最合适的组织形式。组织的形式很多，如按学科的组织形式、按功能的组织形式、按产品的组织形式、按过程的组织形式、按地区（分散）的组织形式、按项目的组织形式、混合的或矩阵的组织形式等。虽然形式很多，但其中有一些是很难明确地加以区分的。例如，按项目管理与矩阵组织形式在某些方面是很接近而且难以清楚地区分的。为此，本节主要讨论三种组织形式：①按学科的组织形式；②按项目（任务）的组织形式；③按产品的组织形式。本章第四节则专门讨论矩阵组织形式问题。

一、按学科的组织形式

很多研究单位都按照科学与技术的学科来建立其组织，如固体物理研究室、化学研究室、生物化学研究室、激光研究室、冶炼研究室等。图 2 为按学科组织的研究结构形式。

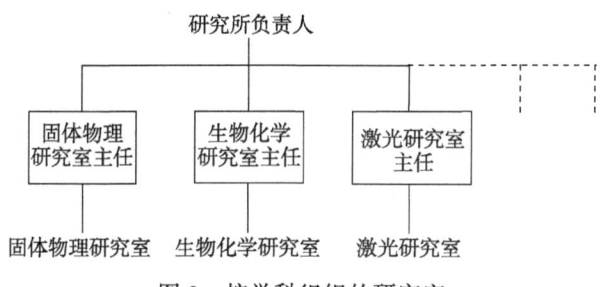

图 2　按学科组织的研究室

按学科的组织一般用于从事基础研究与一部分从事应用研究的单位。按这种形式组成的研究单位同人才培养非常对口，毕业的学生很容易在这类组织中找到专业对口的研究部门。从这方面来看，它有利于专门人才在学科上的发展。这种组织形式的优点如下。

（1）专业人员熟悉这种组织形式，很容易在相关的研究课题中找到感兴趣的、专业对口的课题。

（2）相同专业的科技人员在一起，可以互相帮助，有利于在专业上互相交流和共同提高。

（3）有利于新生力量的培养与成长，刚毕业的科技人员，容易得到帮助、指点和提高。

（4）有利于科技人员运用其学科基础、过去的研究经验和成就。

（5）由于基层领导与科研人员系同一个学科出身，便于进行学术上的领导和组织科研活动，也容易做好考绩与评价工作。

此外，这种组织形式也便于同一学科的专业人员从外界获得新的知识。所以这种组织形式对于从事开拓学科新知识的基础研究与基础性的应用研究是非常合适的。它尤其适用于那些发展迅速、知识更新快的学科与领域。

但是对于工业研究，特别是发展性研究来说，情况就不一样了。工业企业的新产品开发具有以下的特点：首先，现代化工业产品往往综合运用了许多学科的多种新技术成就,新产品的研制与开发过程需要各有关学科技术人才的通力合作;其次,技术进步的加快与世界市场竞争的加剧,要求工业企业加速产品的更新换代。新产品试制的加速,对组织与管理工作提出了越来越高的要求。有人认为工业研究单位能迅速拿出实用的解决方法,比迟迟地拿出最佳方案更为重要。目前,世界主要工业发达国家在工业研究方面,都已把有利于迅速完成新产品开发的组织形式放在更重要的地位上来考虑,在工业研究中呈现了一种广泛采用按产品、按项目的组织结构的趋势。

按学科组织的最严重的一个不足之处,是这种组织结构往往局限于把科研前沿推向某个专业领域。但是,现代科学与技术创新的成就,往往不是依靠单一的学科,而是多种学科的科学技术综合化的结果。学科渗透和"杂交"是促进现代科技进步的一个重要途径。仅仅是相同学科的技术人员聚合在一个组织单位里,对于发挥集体创造性也不利。

总之,按学科的组织形式有利于获得新的科技知识,但不利于技术创新与工业的研究与开发。

二、按项目的组织形式

按项目的组织形式不同于按学科的组织形式。它以完成科研项目为中心,把不同学科的科技人才组织在一起。项目组的任务可以是针对某种新产品,也可以是某种工艺过程。把完成同一任务的科技人员组织在一起,具有很多的优点。首先,由于减少了组织上的隔阂,便于成员间的协作配合和信息交流。其次,由于一项任务有专人主管与负责,领导力量比较集中,有利于加速任务的完成。再次,按项目的组织形式有利于造就具有广博知识的专门人才。年轻的科技人员与不同专业人员一道工作,并有机会结识掌握整个课题或项目全局的领导人,能获得很多新知识,学到许多新观点,掌握他所不熟悉的研究方法,有助于迅速拓宽视野和成长,大大有助于增强解决新课题的能力。此外,按项目建立组织,有助于培养集体主义精神和共同取得最终成果的责任感。

项目管理中的协调方式是多种多样的,最基本的是以下两种。一种是运用委员会的领导方式,如设立新产品委员会。它往往由企业高层领导(如副总裁或主管生产技术的总工程师)担任主任,负责新产品开发中的决策与协调工作。另一种是设立项目主管人(也称作项目经理),由他来主持日常的组织协调工作。项目主管人往往选择能对该项目起最主要作用的专职人员来担任。

这两种组织领导方式也可以并存地应用。项目负责人往往局限于本组任务的完成,对全局的考虑比较欠缺。特别是诸如各项目间优先发展的次序等的全局性决策与协调,必须要有高一级的委员会来负责进行。

项目负责人对其项目组内人员的管理权有时是不充分的。例如,在某些临时性的跨学科的项目中，有些科技人员的正式组织关系仍属其学科（或职能）组织。在这种情况下，项目主管人的才能显得特别重要，不仅要处理好领导与被领导关系，还要善于处理好不同研究组织之间的关系。

在某些研究与发展单位中，按学科（功能）的组织形式和按项目的组织形式往往同时并存。图 3 为这种混合组成形式的结构示意图。

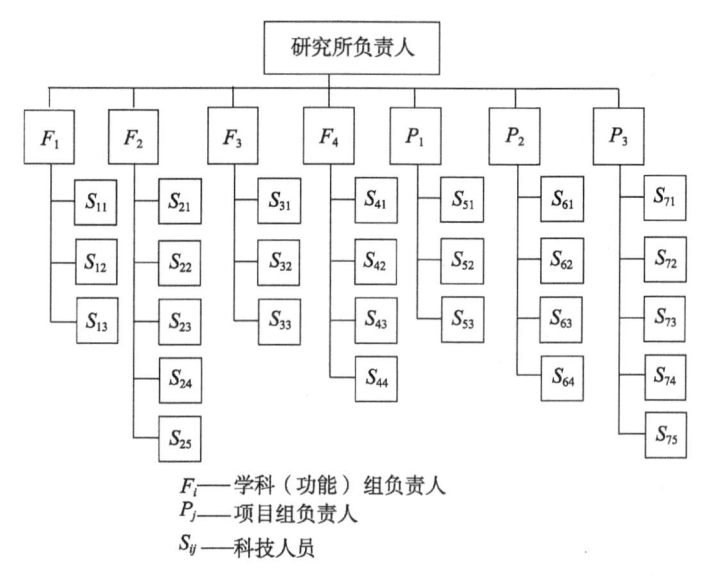

F_i——学科（功能）组负责人
P_j——项目组负责人
S_{ij}——科技人员

图 3　学科（功能）与项目组织形式同时并存的混合型组织形式

三、按产品的组织形式

按产品的组织形式主要用于工业的研究与发展方面。现代化的大工业往往采用集团的组织形式，在大的工业公司下还设有规模相当大的工厂与企业或战略经营单位（SBU）。它们又具有相对独立的自主权，不仅具有相当规模的制造力量和技术力量，还有独立的研究与发展力量，有独立的营销部门。在这种情况下，怎样组织好研究与发展工作是一个重要问题，既要考虑到完成当前的生产与销售任务，又要考虑长远的技术发展与必要的技术储备。在这种大公司中，对于研究与发展有如下三种可供选择的组织形式：集中型组织形式、分散型组织形式、混合型组织形式。

四、不同组织结构形式的选择问题

不同组织结构形式各有其长处与短处，也各有其不同的适用范围。研究与发展管理任务之一，就是要根据客观环境、任务与科技力量的变化，根据上述确定组织结构的原则与因素，选择不同研究组织最适用的组织结构形式。下面扼要地讨论选择组织结构时应予注意的几个问题。

首先,所选用的组织形式要服从于研究与发展单位所面临的任务,这是最根本的一条。在任务紧迫的条件下,按项目的组织形式更切合需要。

其次,所选用的组织结构要符合研究与发展工作的性质。组织结构应反映活动构成与需要,因而选择组织结构应从活动的分析开始。一般来说,基础性的研究工作和长期性的试验研究工作宜采用按学科(功能)的组织结构,开发性的和工程性的工作宜采用按项目(产品)的组织结构。

再次,选择组织结构时,要考虑到资源的合理利用,包括人力、物力和财力的合理利用。一般来说,在科学技术力量不足的条件下,宜采用集中的按学科的组织形式,便于合理安排任务与调节,以避免任务不平衡时的人才浪费现象。

最后,对特定的学科选择其形式时,应该考虑到该学科的知识发展速度,这关系到一个科技人员在其学科(专业)领域里的成长发展问题。一般来说,在学科的知识发展速度慢、完成任务(项目)所需时间不长的情况下,宜采用按项目(任务)的组织形式。而对于一个知识迅速发展的学科来说,如果让该专业学科人员长期脱离其学科(功能)组,去某个项目组内从事研究与发展工作是不合适的,这会使他落后于原学科(专业)的发展水平。一般来说,从学科组调入项目组(产品组)的工作期限不宜太长,最好是半年到两年。

如果把项目完成期(T)和项目所需要的特定学科领域的知识发展速度(dk/dt)作为确定组织结构形式的主要因素,也就是说,把组织结构作为项目完成期和项目所需某学科知识发展速度(dk/dt)的函数,那么可以得到如图4所示的关系图。它可作为选择组织结构的参考。

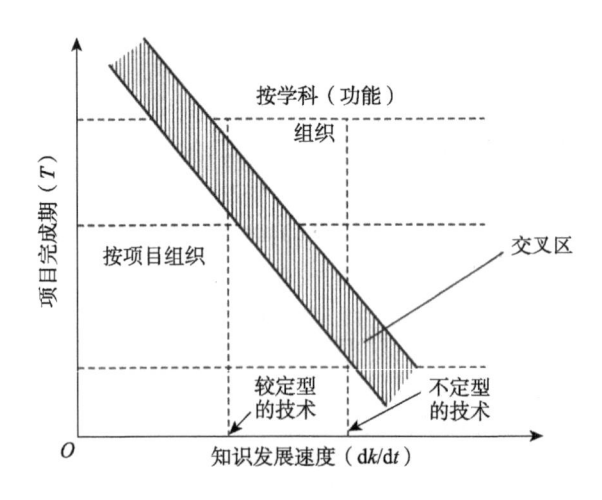

图4 学科-项目结构形式适用范围的示意图

第四节 矩阵组织形式

本章第三节分析了基本研究单位的两类组织形式——按学科的组织形式与按项目（任务、产品）的组织形式。从分析中可以看出，它们各有优点与缺点。这就促使人们去思考与探索一种兼顾两者长处的组织形式，即既能保证科研与创新成果的高水平，又能缩短研制周期，较快地出成果，出新产品。矩阵组织就是在这种指导思想下产生的组织形式。它产生于20世纪50年代，到60年代在美国获得了广泛的应用。

一、矩阵组织结构及主要特征

研究与发展单位的矩阵组织形式是将学科与项目交叉组织起来的一种组织形式，其原理如图5所示。

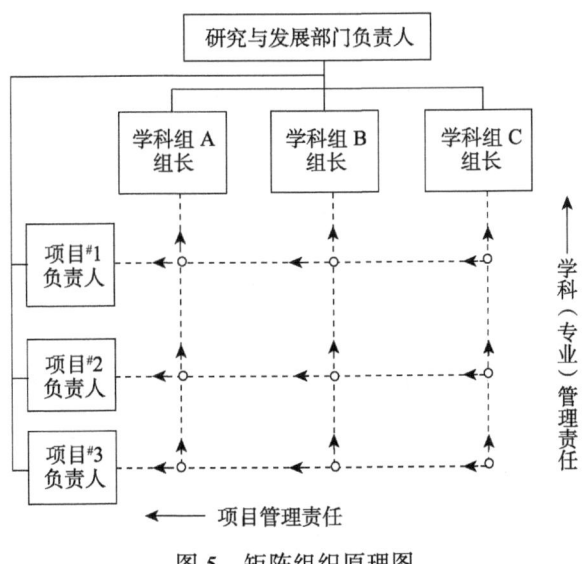

图 5　矩阵组织原理图

在这种矩阵组织系统里，一个科学技术人员同时接受两个上级的领导：学科组织负责人的领导和项目负责人的领导。项目负责人负责整个项目（课题）的进度和质量，因而他更多地关心科技人员任务的完成情况，经常对他们进行这方面的领导并发出指示。学科组织的负责人则往往更多地关心科技人员在专业（学科）上的成长与发展。在很多情况下，科技人员要完成项目组负责人分配给他的任务，在任务不足一人的工作负荷时，他同时还要担负学科组内的任务。在这种情况下，一个下属同时接受两个上级的"多头"领导的矛盾更为突出。

在上述原理图的说明中，已可以看出矩阵组织的某些特征。为了更好地掌握和运用这一形式，进一步讨论如下。

（1）矩阵组织最明显、最突出的特点是，有些科技人员或下级主管人员有两个上级，要接受来自两个方面的领导与指挥，而这一点是与传统的管理原则不相容的。按照传统管理原理，一个下属只能向一个上级报告工作，接受一个上司的指挥。

（2）矩阵组织不能仅限于组织上的矩阵结构形式，还应包括采用矩阵式系统，如双重评价系统与控制系统。所谓双重评价系统，即对矩阵组织内的科技人员由两个系统的上级分别考核其业绩，并据以做出最终的评价。此外，要采用适合于矩阵组织的领导方式，培植有利于解决管理中出现的矛盾和平衡两个系统权力的矩阵式的工作方法与传统。

（3）矩阵组织中各层次人员各有其独特的重要作用。①高层领导（如图5中的研究与发展部门负责人）应注意处理所属两个平行系统负责人（学科负责人与项目负责人）之间的关系，特别是注意平衡两者对其同一下属的权力分配问题（如指挥权、晋升权）。②矩阵两侧的领导（学科负责人、项目负责人、产品负责人等）同时领导一个下属，需有独特的领导方式，例如，遇事要多商量、共同决策等。③基层工作者（科技人员）同属两个上级领导，要注意处理好同两个上级之间的关系。

（4）在不同的工业部门中，有不同的矩阵组织形式。目前在国外，这种组织形式已广泛地运用于航天工业、电子工业、计算机工业、化学工业、包装用品工业、银行、医院、保险公司、政府部门及各种专业组织。

（5）大多数矩阵组织往往给职能部门规定双重领导责任，如把领导责任赋予工程技术部门、生产部门、营销部门等，其目的是使它们能很好地利用各自特定的资源。有时也把双重领导责任赋予产品部门，其目的是保证生产。这一点将在下面矩阵组织形式的应用中进一步说明。

二、矩阵组织形式的应用

在下列情况下，适宜采用矩阵形式。

（1）某项工作必须同时向两个领导部门负责，如工业技术开发项目必须同时向技术部门和营销部门负责。

（2）科技人员面临很多不确定性问题，要解决这些问题，必须进行大量的高质量的信息处理。

（3）任务的完成受到人力或财力的极大限制。

矩阵组织形式已在国内各部门中得到广泛应用，一些先进的企业运用这种形式取得了成效。为了更好地理解矩阵组织形式，现列举几种应用方式如下。

（一）在研究与发展单位中的应用

本章第三节中我们已讲过学科与项目组织形式同时并存的混合型研究与开发组织结构（图3）。这种结构的缺点之一，是在项目组内的学科专业科技人员往往会出现忙闲不均或某一时间内负荷不足的现象。如项目组 P_2 需要电子方面的人才，其任务仅为半个人的工作量，这样，若分配一个人就会工作量不足。因而，在工作负荷变动的情况下，采用矩阵组织形式便有其优越性。图6为研究发展部门矩阵组织示意图。

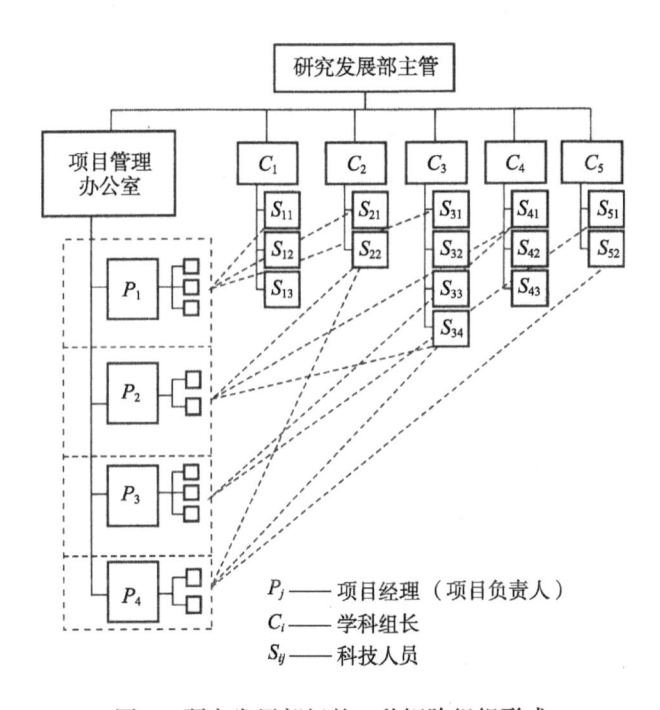

图6 研究发展部门的一种矩阵组织形式

在项目管理办公室内，一般设有行政管理干部和"系统"这一层次的工作人员，后者主要负责解决各子系统之间的协调配合问题。例如，我国的华为公司在其中央研究部门内为了协助项目主管搞好管理与协调，在主管下设立的办公室内配备有具有硕士学位（或相当）的工程管理经理（专职管理人员）。

（二）在工业技术开发中的应用

矩阵组织的突出优点在于它能有效地促进多学科研究与发展项目的顺利进行。与基础性研究相比，开发性研究项目更加需要多学科的协作，因而更适宜于采用矩阵式组织形式。

另外，工业创新是一项多部门的协作性任务，涉及很多部门和方面。同时，新产品开发中遇到的问题带有很多不确定因素，原有的计划与安排常常会被打乱，问题的解决又要依靠各职能部门的协作。如果没有一个合适的组织形式，就会带来两个明显的后果：一是使各职能部门（设计、工艺、工具、生产、计划、供应、销售、财务等）的负责人负担过重；二是使企业领导精力被新产品开发带来的问题所牵制，使他们陷入日常琐务。因为处理新产品开发中出现的新情况，需要在管理方面做出很多的决策和处理更多的信息。

解决问题的方向，一是产生一种新的协调体制去适应多部门协作的新情况；二是将部分决策权下放，使一部分问题能通过低一级的协调获得解决。实践证明，采用矩阵组织，由各职能部门的代表参加组成新产品项目组或委员会，是一种有效的办法。我国机电行业中把这种组织方式称为"一条龙"的组织形式，即组成一个由新产品项目负责人牵头（产品工程师或管理工程师），由设计、工艺、工具、生产、供应、销售、财会、各有关车间代表组成的新产品工作组，由这一组织进行横向沟通，协调各职能部门，及时解决开发新产品中所出现的种种问题。

图 7 就是把矩阵组织原理扩大到新产品开发领域的组织形式示意图。参加新产品协调组（委员会）的代表可以全部工作时间参与这一工作，也可部分时间参与这项工作。

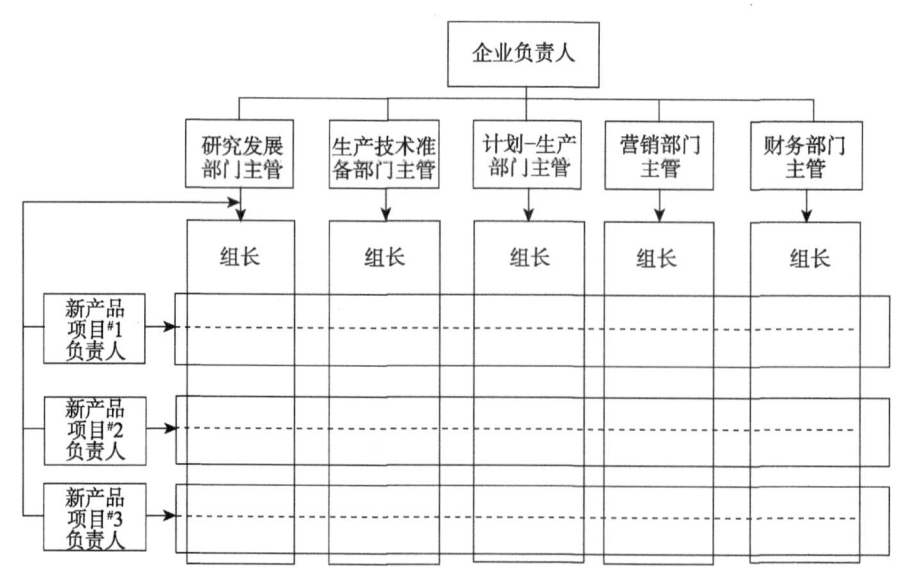

图 7　技术开发的矩阵组织

由于新产品开发存在着规模大小的区别，如开发一架新型的远程飞机和一台仪器，其研究、发展与技术准备的工作量和试制周期相去甚远，因此其组织的规模与所参加的部门也大不相同。那种大规模的产品开发项目组所包括的职能部门广及整个企业，因而项目组往往由相当于公司副总裁一级的高层领导担任，这种项目组也称为重量级项目组或重型团队；相反，那些参与部门范围小（通常限于研究与发展部门或技术部门范围之内）的项目组被称为轻量级项目组[①]。由于团队在近年来发展了不少新鲜经验，拟专门设立一节加以讨论。

新产品项目组织的牵头单位（牵头人）可以是固定的，也可以是轮换的。采用后一种方式，就是在新产品开发的进程中，根据新产品开发中的阶段性来确定各阶段的牵头单位。例如，在新产品研制的早期阶段可以由研究与发展部门的代表来牵头，进入试生产阶段可以由制造部门负责牵头，进入试销阶段则可以由销售部门牵头。

三、矩阵组织的优缺点

在讨论矩阵组织形式等问题之后，有必要对矩阵组织的优缺点做一些归纳。矩阵组织的优点在于以下几个方面。

（1）有利于加强责任制，缩短研究与发展周期。在矩阵组织形式中，有专人对一个研究开发项目的各方面工作负全责。他负责了解、掌握和处理该项目的所有问题，因而与按学科的组织形式相比，可以缩短项目的研制周期。

（2）有利于充分利用技术部门的人力与物力。各项目组可以共同利用研究与发展部门技术系统的各种专门人才，如模型制作人员、计算机程序人员，不必各搞一套，可以节约人力与物力。

（3）有利于科技人员的专业成长。在矩阵组织中，担负项目的科技人员在学科方面还有一个"家"，有学科负责人关心他们的业务知识更新和培训等方面的种种事情。

（4）有利于扩展科技人员的知识面与眼界。长期固定在一个学科组里，知识面很窄，不利于打开科技人员的眼界和发明创新。从学科组转入项目组，再从一种项目组转入另一类项目组，有利于科技人员扩大知识面和成长。

（5）富有灵活性，易于适应工作任务与客观需要的变化。这主要是由于把完成同一任务所需的有关人员集中在一个项目组里，便于及时讨论与决策。

（6）由于项目组与学科组之间的互相促进与互相支持，自然而然地会在费用、时间进度与业绩各方面进行校核和平衡，从而有助于研制效益的提高。

（7）决策权的适当下放，可以使高层领导摆脱日常事务的纠缠，集中精力于全面性、长远性、战略性的决策。

另一方面，矩阵组织也有缺点，主要表现在以下两个方面。

（1）需在管理上进行不断调整，以保持项目系统与学科系统之间的平衡，特别是责与权方面的平衡。

---

① 重量级项目组英文为 heavy-weight project team；轻量级项目组为 light-weight project team。

（2）需要在管理上不懈努力，使项目组与学科组在确保项目时间、进度、费用、业绩上目标一致，以达到较高的经济效益。

四、改进矩阵组织的途径

为了充分发挥矩阵组织形式的长处和克服其不利的一面，需要注意以下几个方面。

首先，要处理好任务与学科的关系，即既要保证按期完成当前研制任务，又要使进入矩阵组织中的科技人员能不断提高其专业水平。在以研究性任务为主的研究单位，领导要把注意力更多地放在确保研究任务的完成；在以开发性任务为主的研制单位中，领导不能只注意抓眼前的、近期的研制任务，而忽视了矩阵组织内的科技人员的专业水平的提高，使企业失去技术优势。

其次，注意采用适合于矩阵结构的领导方法与工作方法。矩阵组织形式最明显的特点之一在于其菱形结构（图8）。它不同于传统的金字塔形结构。处于菱形结构基层的科技人员，要接受两个以上的上级的命令与指挥。如何解决这种多头领导的矛盾，是矩阵组织结构面临的一个重要问题。菱形结构是既定不变的，关键是寻找和采用适合这种结构形式的领导方法与工作方法。

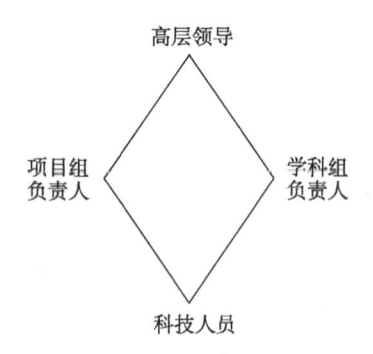

图 8　矩阵组织的菱形结构示意图

对处于菱形顶上的高层领导（在独立的研究所里是所长，在工业公司里是研究与发展部的负责人）来说，其领导方法要注意民主与集中相结合，做到既有统一目标又能协调菱形两臂间的关系（所谓两臂是以项目组负责人为一臂，以学科组负责人为另一臂）。具体有以下三点。

（1）由于存在着两臂间的矛盾和受到来自两臂的压力，领导在做决策时要注意两臂的平衡，以防挫伤一臂的积极性。

（2）由于菱形结构中有来自多方面的信息，为了有效地处理这些信息和做好关键性决策，高层领导应把自己看作几个关键决策者中的最终决策者，把好关键决策的关，同时又必须创造一个和谐的工作与决策气氛。

（3）高层领导必须制定预期的工作目标和业绩标准，并据以协调各方面的工作。

再次，要注意配备好菱形两臂的负责人。一般来说，项目负责人要求有较强的组织能力和协调能力，最好是配备具有较广博专业知识、有创业精神和组织能力的年富力强的专业人才。这种人才还要善于共事合作，能处理好同各方面（各职能部门、各学科组）的关系。学科组的负责人一般应是在学术方面有较深造诣的科技人员，诸如年龄已过创造的黄金时代的科学家或高级工程师。

最后，在矩阵结构形式的应用上，可以采用"逐步前进"的办法。矩阵形式从采用到发挥作用，不是一朝一夕的事情。习惯于传统的金字塔形结构形式的人们，对其结构形式上的独特性不能立即适应，从组织上、思想上到领导方式方法上去适应它，需要一个过程。为此，可以采用逐步前进的方法，先建立短期的项目工作组，然后过渡到固定的较长期项目组，进而使整个研究与发展部门全面采取矩阵结构。矩阵组织形式贵在一个灵活性。它不同于传统的刻板的按职能分工、直线下达命令的组织领导方式，它提倡上下左右协商，横向沟通，这些都是发挥系统有效性的现代组织特征。因而矩阵组织形式的采用可以把管理水平提到一个新的高度。经验证明，在那些一度使用过矩阵组织形式而后又返回到传统的金字塔形组织结构的单位里，那种管理上的灵活性、横向协调、相互协商等方面的优良工作作风，还可能被继续保持和沿用，矩阵组织形式虽然消逝了，但其"遗风"犹存。这也可以说是采用矩阵组织形式的一个重要优点。

五、关于组织结构变革与创新的整体设计问题

组织结构是关系到一个企业和组织的效率、效益和创新能力的重大问题，但又是一个复杂的涉及企业和组织的整体问题，它的设计和变革创新不能孤立地从单一的角度来考虑，必须从全局上来把握。

组织设计及其变革创新是一个涉及战略、结构、系统、流程、人力资源管理的精细化的过程，旨在构造一个有效实现企业战略的组织。在企业的整个发展过程中，需要把上述五个方面（图 9）动态地协调配合，企业和组织才能最大限度得益。

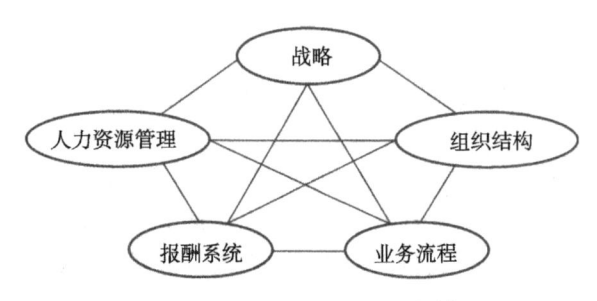

图 9　组织设计及变革的五角模型

在组织设计、变革与创新过程中，首先要考虑组织的战略——远景、方向与竞争能力，将企业的战略转化为组织的能力。这有利于理解、实现企业的战略性方向与组织能力的形成。要明确组织的范围与内外环境，以利于解决存在的问题与寻求变革的机会。表2展示了海尔集团在其发展的三个阶段中，如何协调其战略、组织、文化、市场与技术创新。

表2　海尔战略创新与组织、文化、市场、技术等创新的协同

创新的协同	阶段一 1984—1991年	阶段二 1992—1998年	阶段三 1999年至今
战略创新	名牌战略	多元化战略	国际化战略
结构与流程创新	直线职能制	矩阵、事业本部制	流程型网络结构内部市场链
文化创新	质量第一、"零缺陷"	创造市场，"真诚到永远"的服务观念	速度、创新人人都是SBU
制度与管理创新	TQM（total quality management，全面质量管理）	OEC管理	全面创新管理（total innovation management, TIM）
市场创新	靠高质量占领市场	靠品牌实现多元化扩张	先难后易，三个1/3国际化、本土化
技术创新	引进、模仿创新	模仿基础上的二次创新	模仿创新与自主创新相结合的组合创新 以技术创新为核心的全面创新模式

资料来源：浙江大学创新与发展研究中心（Research Center for Innovation and Development, RCID）关于海尔集团创新的研究报告，2003

注：OEC是overall、every、control and clear的缩写。O——overall，全方位；E——every（one、day、thing）每人、每天、每事；C——control and clear，控制和清理

其次，企业的组织结构与流程应随企业的成长而演变。图10简要地勾画了当企业由小而大，其结构由简单向复杂演变的过程。

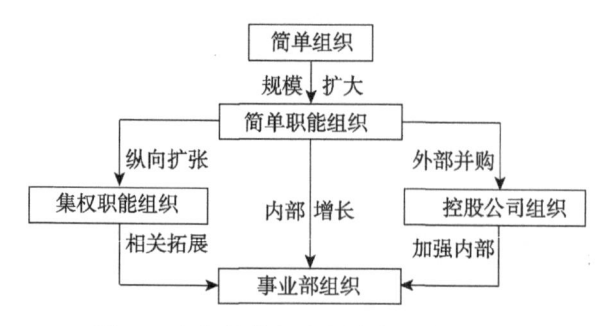

图10　组织结构与流程随企业成长演变

资料来源：谢章澍．关于西子集团组织变革的研究报告．RCID，2003

再次，在环境变化日益复杂、竞争日益激烈、技术创新要求缩短周期以尽快

满足顾客要求的情况下,如何处理好结构与流程的关系是当今变革与创新中必须认真对待的问题。当前总的趋势是突出流程变革与创新,构建基于流程的组织结构,即以业务流程为中心,围绕业务流程来构建各种职能服务机构(中心)。

图 11 是一个基于流程的组织结构图。

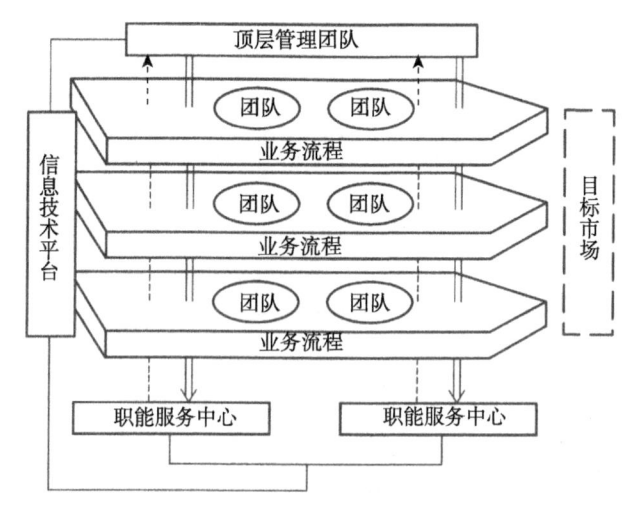

图 11 基于流程的组织结构示意图
资料来源:谢章澍. 关于西子集团组织变革的研究报告. RCID, 2003

由图 11 可见,流程导向的组织结构包含以下各种结构形式:矩阵结构、整合角色、团队、横向流程、网络。

矩阵结构形式已在上面讨论过。关于团队形式将在下面进行简要讨论。

第五节 团队及其组织

团队也称为任务组或工作组,它同小组具有很多共同点,但有其特点[①]。在进入团队的讨论之前有必要扼要说明两者的区别。

一、小组、团队与业绩

小组与团队这两个名词往往被互换使用,但它们是有区别的。小组一般有一个明确的领导人,对他进行单独的考核、评价和计酬。团队往往是一组人共享领导权,对他们同时做单个和集体的考核、评价和计酬。表 3 列出了两者的主要区别。

---

① 团队(任务组)的英文为 team,而小组的英文名为 group。

表3 小组与团队的区别

特征	小组	团队
规模	两人以上，也可以很大	少数，通常在 5—12 人
领导	有一个明确的领导人做决策	共享领导权
工作	• 成员间明确严格分工 • 每人完成一个独立部分	• 成员各自完成一部分任务，共担责任 • 成员各施其互补的技能，共同完成整个产品或过程
核算/评价	领导者评价各成员业绩	成员互评业绩和整个团队业绩
报酬	根据各成员的个人业绩计酬	根据成员和团队整体业绩计酬
目标	组织确定	组织和团队

←自主程度→

（小组）		（团队）
管理者指挥	半自主指导	自我指导（管理）

小组和团队是一个统一的连续体，将其很清楚地划分是困难的，因为两者是属同类的。可以这样说，所有的团队均属小组，但不是所有小组均为团队。因而往往用自主程度［受上级管理指挥、自我管理（指导）和半自主指导（管理）］来加以区别。由上级管理指挥明显为小组，自我管理者显然是团队，而半自主管理则介于其间。

小组是一个组织（企业或非营利组织）的骨架，是一个组织的最基本的活动单位。因为一个组织或一个部门的业绩与效益都受到小组工作业绩的影响。可以认为，管理的效益（业绩）是由小组（团队）业绩决定的，因而领导和管理好小组（团队），使之具有良好业绩，具有十分重要的意义。一般来说，小组与团队的业绩主要取决于以下各个因素。

（1）小组的结构，包括小组的类型、规模、组成、成员的状况（素质）与目标。

（2）小组的管理过程，包括小组的领导与决策水平、行为规范与凝聚力、对内部矛盾的处理。

（3）组织环境，包括外部环境和宗旨（使命）、战略、文化、组织的结构、系统和过程。

（4）小组的发展阶段。下面对这一点将作专门讨论。

二、小组的发展周期

据研究，一个研究组（包括产品开发组）的业绩同该小组的所处的生命周期是相关的[①]。之所以出现这种相关性，同小组的发展周期有关，因而研究小组发展周期理论对理解小组的行为及其业绩是十分必要的。

---

① 许庆瑞. 技术创新管理. 杭州：浙江大学出版社，1990：280-282.

根据 S. 罗宾斯（S. Robbins）的分析，小组的发展可以分为以下阶段，即组建以前、形成期（阶段 1）、风暴期（阶段 2）、规范期（阶段 3）、成就期（阶段 4）和休止期（阶段 5）。图 12 为这一发展过程。

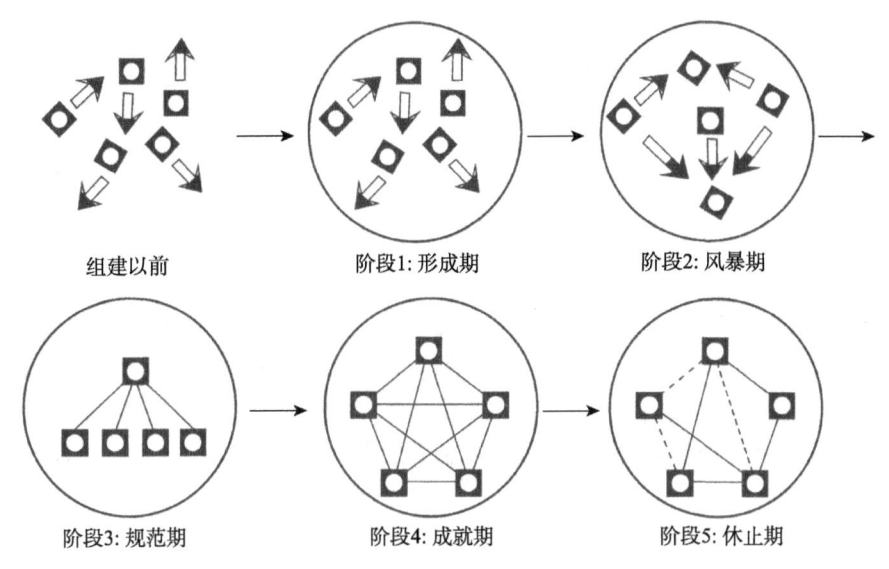

图 12　小组发展阶段示意图

在形成阶段，人们参加小组，并定义小组的目标、结构和确定领导，其特征是具有较大的不确定性。阶段 2（风暴期）是各种矛盾丛生的内部矛盾激化阶段，由于成员来自各方，各自的价值观与文化不同，再加上领导与被领导之间的矛盾，是各阶段中矛盾最多的时期。度过此阶段后，将出现一个有序的阶段。在规范期中，成员价值观逐渐接近、融合，小组的规范得以确立，人们相互理解，随之进入出成果的黄金时期（成就期）。在成就期（阶段 4），小组充分履行其功能。这也是小组的最后的一个阶段。

对于一些非永久性的小组（如团队、工作组等组织）还有一个阶段（阶段 5：休止期）。在此阶段中小组准备解散，以便让有关成员返回自己的功能（学科）组织。在科学技术发展迅速的时代，不宜让科技人员脱离其功能组太久，这样有利于他们较系统地获得学科的新知识和新技能。

小组动态发展的理论提出了对小组进行动态管理的要求，必须根据小组所处的不同阶段，抓住其面临的主要矛盾，因地制宜进行不同方式的管理和调整。只有进行针对性的管理才能及时正确处理小组存在的问题，从而保证小组取得最优的业绩。

三、团队的类型与优势

现代组织的变革,如扁平化、柔性化、网络化和全球化,均是以团队组建为基础。这是因为团队这一组织形式能够最好地集中企业中的各种专家和最快地形成所需的新思想(构思)和新产品,并能使新思想、新产品在最短时期内通过企业各环节进入市场,并取得商业上、经济上的成功。在进一步详细讨论团队的优势之前,有必要先分析团队的类型。可以从下列四个方面进行团队的分类,即目的、期限、成员组成与结构(表4)。

表4 团队分类

目的	结构
• 产品开发	• 有指导(管理)的
• 解决问题	• 自我管理的
• 再造工程	
• 其他特定组织目标	
成员组成	期限
• 同功能	• 长久的
• 跨功能	• 临时的

团队可以根据目标与目的组成,如开发新产品、新工艺,建立贯彻质量标准ISO 9001等。

团队可以在同一功能部门内组织,这样的组织是长期性的。临时性的团队包括工作组(task force)、项目组、解决问题小组,以及其他为发展、分析、研究某一经营业务或工作问题而组建的短期工作组。

团队成员可以是同功能的或多功能的。部门性团队是同功能的,因为其成员来自本部门中的某一特定领域。现代团队组建的趋势是跨功能的,它有利于为实现同一目标进行通力合作与创新。跨功能团队成员来自不同的功能领域和组织层次。

从四个角度进行团队的分类,可以划分成几十种类型。实际工作中,大致将团队划分为三种类型:功能性团队、自我管理型团队和跨功能团队。

团队组织形式之所以得到广泛运用,主要在于它具有很多优点,最主要的可以概括为以下几个方面。

(1) 创造出合作精神。团队成员企望在工作中互相学习、共同提高,因此促进了合作、提高了士气和精神。团队的价值标准鼓励人们追求卓越,与此同时创造出了一种从工作中获取满足感的气氛。

(2) 有利于战略思考。运用团队组织,特别是自我管理团队,可以使管理人员从忙于监控、"救急"中摆脱出来,进行战略性思考和做好长期的战略规划。

（3）增强决策的适应性与正确性。将决策权部分地从上层管理移向团队使组织更富柔性。由于团队成员往往比上层管理更了解问题的症结和环境，掌握更多的第一手情况，因而能更妥帖地解决存在的问题。

（4）有利于产品创新思想。跨功能团队成员来自不同的功能部门，具有多种学科背景和不同方面的多种经验和技能，这样的集体有利于发散思维、创造出新的思想和解决问题的方案。

（5）有利于提高工作业绩。所有以上各项因素均能促使工作业绩的提高。一些采用团队组织形式的大公司的经验表明，团队方式有利于消除低效和浪费，克服官僚主义，促进创新思维和改革，比以个人（小组）为基础的工作方式可以大大提高工作的效率和业绩。

正是由于团队的这种优势，"把小组转化为团队"已成为近二十年来一种不可阻挡的趋势，特别是在需要多功能、多部门合作的研究、发展与技术创新的企业和部门中。

四、高效团队的组织

并非任何团队均为有效率的团队。怎样才能成为一个高效率的团队，首先要弄清高效团队的特征。一般来说它包括以下各点。

（1）目标明确。高业绩团队需要有一个为所有成员所理解的明确目标和完成该目标的重要意义。目标的重要性是鼓励成员把团队目标视为自己的事业并且是以献身精神努力工作的重要条件。

（2）具有需要的各种技能。高效的团队必须由具有实现目标所需各种知识和技能的能力较强的成员组成。他们不仅技能高而且思想品质好，能很好地合作。

（3）相互信任。成员间的高度相互信任是高效团队的重要特征和要求。但信任是有条件而且容易被破坏的，需要精心地培育和维护。一个团队内的相互信任的氛围受到组织文化和管理行动的强烈影响。管理人员可通过下列方面营造相互信任气氛：① 加强成员间沟通；② 支持成员的创新思想；③ 尊重成员；④ 平等、公正待人；⑤ 守信。

（4）团结一致，共同奉献。

（5）良好的沟通。

（6）相互切磋，提高技能。

（7）适宜的领导。

（8）内外支持。

（9）凝聚力和良好的管理是确保团队高效率运作的重要条件。这两点将在下面分别进行专题讨论。

影响团队高效运作的因素众多。根据 G. 泰勒等对百余个团队（大多是自我管理团队）的调研，成功团队的最重要因素是：目标明确；沟通与顾客的介入；团队结构与成员素质。

表 5 列出了该研究的结果。它不仅指出了促使团队成功的因素，同时列出了导致其失败的因素。致使团队失败的主要因素是：人际矛盾；管理者不力；目标不明；阻碍改革；缺乏管理的支持。

表 5 团队成败因素

成功因素	频数	失败因素	频数
目标明确	87	人际矛盾	45
沟通与顾客的介入	83	管理者不力	45
团队结构与成员素质	78	目标不明	40
管理的支持	57	阻碍改革	35
管理行为	45	缺乏管理的支持	35
领导与促进	28	认同/报酬问题	21
培训	25	培训问题	18
认同	13	领导问题	18
		优先级上的矛盾处理不善	14
		沟通问题	13
		人员散失	11

五、团队的凝聚力

团队的凝聚力决定了其能力的发挥与业绩高低。研究表明，凝聚力强的团队，成员合作好、互相学习、同心同德为小组实现目标团结一致地做出努力，又在共同战斗中增强了团结与凝聚力。图 13 描述了凝聚力与团队业绩的关系。

	凝聚力	
团队目标与企业目标一致性	高	低
高	极大地提高效率	较好地提高效率
低	降低效率	于效率无显著影响

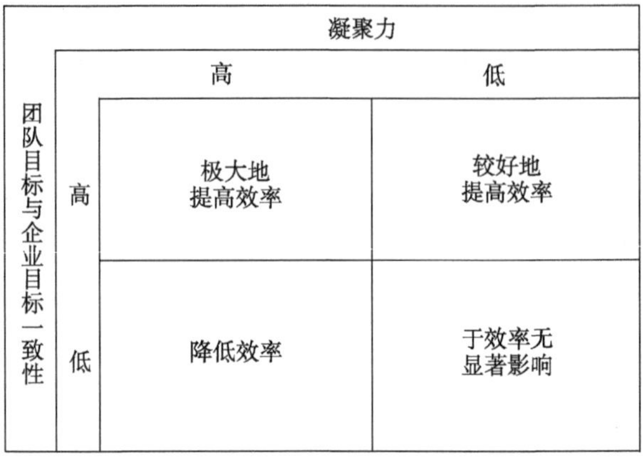

图 13 凝聚力与团队业绩的关系

许多研究对比了凝聚力强和弱的不同团队，以揭示其对团队业绩的影响。这些研究表明以下几点。

（1）凝聚力强的团队由于成员间相互信任和合作，关系融洽，心情舒畅，因而工作中失误少。由于业绩好，成员的成就感与满足度提高，这反过来又进一步促进了团结和凝聚力。

（2）凝聚力强的团队能很好地达成上层管理所要求的业绩和效率指标，从而进一步获得管理层的支持。

（3）凝聚力强的团队也可能是低效的，达不到上级管理所要求的效率指标，其原因往往是一些反面因素的作用（如阻碍变革、对某些管理措施有不满情绪）。

（4）处于中等效率的团队，往往是那些凝聚力弱的团队，这种团队里的成员的业绩与效率往往相差甚远，而且不尊重上层管理所提出的效率指标。

凝聚力关系着团队业绩与效率，那么，什么是影响凝聚力的因素呢？

影响团队凝聚力的因素主要如下。

（1）目标。只有当团队成员对实现的目标有强烈的认同感时，全体成员间才能产生团结一致实现目标的凝聚力。

（2）规模。规模大小合适也是保持较强凝聚力的重要因素。据统计，保持较强凝聚力的最佳团队规模为3—9人。

（3）匀质性。一般来说，素质相似的人在一起易于凝聚，但这对做出富有创新的决策有不利之处。

（4）参与。在一般情况下，给成员以充分决策参与的权力与机会，易于达到较强的团队凝聚力。

（5）竞争。竞争会影响凝聚力。如果在团队内加强竞争，会导致成员的外向，会影响团队的凝聚力。如果引向外部竞争，则团队成员会团结一致击败对手。

（6）成就。团队在完成目标上越成功，其凝聚力会越强。成功培育凝聚力，而凝聚力又孕育更大的成功。人们所期望的是一个成功与胜利的团队。

凝聚力对团队具有如此大的影响，因而领导的责任在于如何创建和培育有凝聚力的团队，这种团队能经得起高效率运作的考验。领导者要善于运用"参与式的民主管理"来发展凝聚力，要运用开展团队间的友好竞争来促进团队凝聚力与竞争能力的提高。

第六节　团队（小组）的管理与基层组织的特种功能

团队的管理主要有四个功能：计划、组织、领导与控制。

计划的重要性在于它关系着目标的确定，而目标明确是有效组织团队工作的首要点。目标的确定是计划工作的重要部分。根据内外环境，正确地确定目标并使之为所有成员所接受和理解，是团队管理的起点和归宿。

组织工作包括团队的责权确立和组织结构的设计和建立。对任何一种团队来说，一个关键问题是："我们有多大的权限。"及早明确一个团队的责权是建设和管理好团队的前提。不可能想象一个责权不明晰的团队会产生出好的业绩。团队领导的选择和确定也是团队建设中极为关键的问题。另外，如何正确地分配成员的任务和发挥他们的积极性与创造精神，也是团队组织工作的重要方面[①]。

控制中的最主要问题有两个，一是如何评价团队的业绩，二是如何设计和采用合适的报酬制度。

关于领导的问题将在本章第七节讨论。

卓越的创新型企业的成功经验表明，管理好一个团队（小组）不仅要有上述的几种传统的管理功能，从现代研究与发展管理的需要来看，更需要具有各种特殊的功能及其载体。

一、基层组织的五种特殊功能

从上述各章节对技术创新过程的分析中可以看出，成功的创新还需要有如下五种不同的功能。

第一，产生新思想的功能：分析有关市场、技术、工艺、操作方法等各方面的信息，从而得出新产品或新工艺的设想。

第二，创业的功能和拥护或支持的功能：通过鉴别、确认、提议，推动和证实一个新的技术设想、方法和程序，以便获得主管部门的批准。

第三，领导项目的功能：通过对各项活动的规划与人员的协调，将一个经过验证了的新设想投入实践。

第四，收集与沟通信息的功能：通过收集和疏通信息渠道，了解内外环境的变化。信息的收集可以集中在市场发展方面，也可以集中在制造或技术方面。

第五，指导和辅导的功能：特别是指导缺乏经验的年轻科技人员。

以上所讲的五种功能大多具有独特性与非正式的性质。

独特性是指这些功能都是一种特别功能，这些功能不是任何一个人都能担当起来的，需要有特种气质和特长的人来担负，不像程序性的技术工作，大凡经过技术训练的人基本可以担当起来。因而，不是随便去指定一个人、录用一个人，就能把这一特定功能担负起来。一般来说，刚一进入项目组（课题组）的新手是担负不了这种功能的。据国外统计，70%—80%的科技人员不能胜任这方面的功能。

这类功能的另一个特点是它的非正式性质，一般无法用工作规范来加以具体说明和规定，不列入组织的规章之内。

---

① 限于篇幅，关于如何正确分配小组成员的任务，可参考许庆瑞编著的《研究与发展管理》第七章（高等教育出版社，1986年）。

上述功能及其性质有三点值得提出和强调：① 有一些功能，如产生新设想，往往不仅仅依靠项目组的某个人，而需要有更多人来参加，做到集思广益，才有利于保证项目（课题）的成功；② 某些有才华的人，不仅限于完成某一方面的功能，还可以身兼"多种功能"，在几个方面发挥作用；③ 人们在这些功能方面所起的作用不是一成不变的，随着时间推移和智能的发展，可以在不同阶段担负不同的功能。

这种功能虽具有独特性与非正式性质，但却十分重要，缺少了它会影响研究与发展项目有效而顺利地进行。例如，缺乏产生新思想的功能，就会使项目因缺乏创新思想而变得没有活力，使产品技术水平不能提高。

某些单位往往比较重视新设想的产生，但忽视另一些功能，如创业功能。实际上实现新思想往往比产生新设想要花费更大的力量。如果不具有企业家的创业精神和坚强意志去支持新设想，去克服种种困难，新设想往往会半途夭折。

又如，缺乏领导功能，会使项目落后于进度而突击赶工，影响成果的质量、水平与效益。当然，基础研究与试验发展不同，在基础研究方面不需要过分强调这方面的功能。

再如，缺乏桥梁人物所起的沟通信息的作用，会造成项目进行了一段时间才发现所研制的新产品原来是过时的、落后的。

指导与辅导不适当往往会导致缺乏经验的年轻科技人员把项目过早地转入应用，从而给制造部门在组织生产时带来很多不必要的困难，甚至影响产品的质量。

以上分析说明，这五种非正式的独特功能虽不是科学技术工作本身，但却是研究、发展与技术创新过程中必不可少的有机组成部分，忽略它们将给工作带来不良的后果。

进一步说，上述各种功能的重要性，还表现在它们各自重要作用的阶段性。在开始阶段，新设想产生的功能最重要。稍后一些，支持项目的企业家精神成为推动项目进行的最重要功能。当然，这并不是说，某一种功能重要性突出了，其他功能就消失、不起作用了。随着项目的进行，每一个阶段中有一两种功能的作用会突出出来，其他的功能相对来说变得次要一些。根据这一点，可以看出，在配备人员方面要注意几点：① 配备人员要因时制宜，在项目的不同发展阶段，要配备不同功能的人才；② 要注意人员流动；③ 人员的配置不仅要根据技术能力、智力结构，还要注意素质和各种独特的才能。下面进一步分析独特功能承担者的特征。

二、不同功能承担者的特征

经验证明，在研究与发展部门和其他科技单位里，能胜任上述各项重要的独特功能的科技人员，应具备表 6 中所列出的各种特征。例如，善于做理论抽象工作的人比实际工作者更能产生新的思想。

表 6　创新过程中的重要功能及其承担者的特征

重要功能	人员特征	适合的组织工作
产生新思想	• 某一两个领域中的专家 • 善于做概念、理论和抽象思维工作 • 喜爱创造性工作 • 往往独自做出贡献 • 喜欢一人单独工作	• 产生新设想与分析其可行性 • 解决问题 • 接触新东西和用不同途径解决问题 • 寻求突破
创业或企业家精神	• 强烈关心应用方面 • 具有广泛的兴趣 • 不喜好在基本知识方面做贡献 • 有能量和果断	• 向其他人或组织传播新思想 • 争取资源 • 支持别人 • 担负有风险的工作
项目领导	• 善于利用信息进行决策和解决问题 • 对他人的需要很敏感 • 知道如何运用组织结构去解决问题 • 了解与熟悉多种学科，并知道如何进行配合（如市场和财务等）	• 领导和鼓动小组成员 • 项目的组织与计划 • 组织实现上级部门下达的任务 • 协调组内各成员的工作 • 使项目有效地进行 • 使项目的目标与组织的需要相一致
桥梁人物	• 具有较高的水平 • 平易近人 • 乐于面对面地帮助他人	• 通过杂志、会议、同事或其他公司获得外界发生的各种有关信息 • 把信息传给他人，善于接近同事 • 在组织中成为他人的信息来源 • 在科技人员间进行非正式协调
指导或辅导	• 具备开发新设想的经验 • 是一个良友益师 • 能指出目标 • 往往是一个资深人员，了解组织的内情	• 作为项目领导人的支持者，进行宣传鼓动、引导和指导 • 作为一个有年资的高级科技人员，提供接近领导的渠道 • 缓解项目组所受的不必要约束 • 协助项目组得到组织内其他部门的帮助 • 为项目取得合法性和组织的信任

表 6 表明，为了使技术创新有效地进行，必须在一个基层科研组织中配备具有各种不同独特功能的科研人员，互相补充。对不同功能的承担者，应予以各种不同的支持、激励与督促。不能只是片面地从某一个角度和标准（如创造性）去给基层组织（项目组或课题组）选择和配备人员。

一个具有创造性、善于产生新思想的科学技术人员，是一种特殊人才，应选拔出来，加以培养并用特殊方法来管理。例如，在安排任务时，不能在时间进度上卡得过死，要给予充分的时间，让他们同其他信息源沟通和进行创造性的独立思考。另外，对于这种具有独创才能的人，应分配较高级的创造性工作，并且让他独自去工作。

技术上的支持者，具有创业精神的企业家，也是一种特殊人才。他们有创造性，但是更善于推进创造性，适合于传播和推广新思想、新产品。他们比具有创造性的科技人员更富有推广和创业的热情。

能有效地对项目进行领导和管理的人物则是另一种类型的人才，他们是具有组织才能的人，善于把不同类型的人协调起来。

技术桥梁人物既是引入外界科技信息的纽带，又是研究与发展部门内部的科技信息传输的纽带。

研究与发展部门不仅需要有科技方面的信息，同样也需要市场方面的信息。因而，除了技术方面桥梁人物以外，在研究与发展部门内还需要有市场信息方面的桥梁人物，可以称之为市场桥梁人物。担负这种功能的人可以是工程师、科学工作者，也可以是具有技术基础训练的营销人员。他们的精力主要集中在同市场信息的来源进行联系和接触，然后再将它传输给本部门内从事科技工作的同事。市场桥梁人物要大量阅读有关商业市场的报纸、刊物，博览各种有关的展销会，与用户顾客多接触，而且对于竞争方面的情况非常敏感。没有这种人物，会使很多应用研究与试验发展项目因不了解用户需求与市场趋势而陷于盲目性。

最后，简述一下担负指导与辅导功能的人物。一般来说，他们是较有经验的老练的项目领导人或是以前进行过开创性工作的人。他们比较平易近人。作为一个资深人员和前辈，他们能指导与辅导组织内的一般成员，而且他们又可以同高层领导进行对话。这些活动为新思想和新项目的有效进展，创造了重要条件。当研究单位领导人与这些学术上的前辈能协调一致时，这个单位就容易取得成功。

实践表明，很多研究与发展单位不能有效地开展工作，其重要原因之一是在基层组织（课题组、项目组内）缺乏具有上述重要功能的人才。履行上述各种功能的科技人员，是不受其专业与部门限制的，他们可以是理科人才，也可是工科人才。

前面已经提到，有些科技人员具有多方面的才能、专业和经历，他们往往兼有一个以上的特种功能。这种多功能的科技人员，一般可以兼作桥梁人物和新思想的产生者。因为作为桥梁人物，他与多方面的外部信息源频繁接触，而且在研究所内部也广泛沟通信息，因而可以很自然地把各种渠道所获得的信息加以综合而产生种种新思想、新构思。另一种多功能结合方式，是新思想产生与创业精神两种功能结合于一身，当他有了有价值的新思想后，便努力以企业家所固有的创业精神不屈不挠地去推动这个新思想的实现。再有一种结合方式是项目领导功能与创业者功能的结合。最后一种结合方式是具有指导辅导功能的技术前辈兼负其他某些功能。

这种兼有多种功能的优点是可以精减人员,使研究与发展组织短小精悍。它符合现代化高技术发展规模趋向于精悍灵活的要求。

多功能结构向研究与发展劳动组织工作提出了一个多阶梯晋升的要求。任务的实现不是靠单一的科技工作就能达到目标的,而是依靠多种功能在综合地发生作用,这就要改变过去那种按单一的标准(科技成果)进行评级晋升的办法,而要采用"多阶梯"晋升办法。

以上所讨论的研究、发展与创新活动中的五种主要功能,可以作为选择、配备人员和进行研究与发展劳动分工的一个重要参考和依据。

三、越界的管理活动

技术创新的过程跨越多个部门和功能领域:从市场研究到研究发展,经试验、试制到生产工程的各个部门,再经过各制造与装配部门,最后进入营销与服务领域。要加速发展新产品、新服务,仅仅依靠运用并行工程及其相关的快速试制方法与工具是不够的。团队为加速试制,除加强内部管理外,必须跨出团队范围,加强同其他部门、团队、小组的联系,协商解决研究、发展与创新过程中遇到的种种问题,即必须加强超越界面的管理。关于界面管理的详细讨论将在"技术创新系统"一章展开,本节仅讨论团队范围内的越界管理活动。

团队的越界活动模式主要有三种。

(1)"外交"使团。组织那些善于对外联络、公关的成员,特别是团队领导人、技术桥梁人物和资深的科技人员,经常同上层管理部门和有关兄弟团队进行联系和沟通,让他们了解团队工作的重要性,并取得他们的支持。

(2)工作协调。这是针对本团队工作中需要同其他部门进行协调的种种活动,诸如同其他部门讨论设计中必须配合的问题、必须在工作进度上协调的问题(如交货期上的协同)等。

(3)搜索与侦察活动。它包括巡视有关市场、竞争和技术方面的思想和信息。这方面的活动特点与上述两者不同,它往往没有具体针对性,而是以一般性的了解和知识为基础,例如,了解哪些竞争对手有类似的研究与发展项目,或是从外部收集技术思想和信息。

从以上这些活动可以看出这类活动是复杂的,但又是非常重要的,它给团队带来了大量的市场和技术信息,及时排除工作进程中的问题,保证了团队活动的质量和进度。

不同团队具有不同的越界活动策略。有的着重于"外交使团"活动,做好上下级部门的联络工作;有的偏重对市场上技术方面的研究;有的侧重于独立地做工作;有的注重于综合地进行上述活动。据研究,那些采用综合地做好各项工作的策略,比单独侧重某一方面(如偏重"外交"或偏重独立研究)更有成效,能取得更好的业绩。

要做好越界管理活动，必须做好人才的选拔与开发。上面已说明了各种特殊功能需要选择具有特定素质的人才。另外，还要注意加强人才选拔和培训工作，通过有计划的培训，可以使具有一定素质的人才提高技能，把工作做得更为出色。

最后，还需要做好计酬工作，通过加强考评与激励，更好地调动团队成员的积极性与创造性。

四、重型团队的组织

重型团队也称作重量级团队。这种组织形式最早应用于日本企业，而后为各国大企业所采用。

研究与发展复杂的新产品、新工艺，需要把各种能力综合起来，把多个功能部门组织协调起来。这是一项重要但又困难的工作，需要克服部门间的组织界限和地域界限。为了克服部门间的界限，使企业的重点新产品（新服务）能得到部门支持，协调好各功能部门的工作，大企业建立了重型团队。它完全适合当今快速发展新产品（新服务）的需要。

重型团队与轻型团队在组织结构上的区别在于，轻型团队的跨越领域只限于一个领域，主要是技术领域，而重型团队则跨越研究、发展、制造与营销，以至人事、财务等多个功能领域。

同轻型团队相比，重型团队的特征主要有以下三点。

（1）具有更大范围的工作职责。

（2）具有更大范围的资源管辖权力。

（3）团队领导者必须具有更高地位和影响力。

在轻型团队的组织结构中，团队负责人一般为中层干部，其级别与地位同功能部门的领导相当，团队中的关键资源（包括主要科技人员）仍由功能部门领导管辖。因而团队在结构上是典型的矩阵组织结构。轻型团队负责人在一个项目上一般花费25%的时间与精力。

与此相反，重型团队要对同项目有关的所有工作负责并进行处理。这里体现出重型团队的两个"重量级"特征。

一是重型团队领导者一般是高层管理者，他的级别与地位要比功能部门负责人高。因而，重型团队负责人除了要有较丰富的技能和知识外，还要在组织中具有较重大的影响力。

二是重型团队领导者通过团队的核心层功能人员对所负责管辖的工作和人员具有主要的影响。团队核心层人员集中在一个地方办公。

这里要指出的是，由于重型团队不是永久性组织，因此对于一般所属科技人员的长期职业生涯和业务提高，功能部门负责人仍负有主要责任。

重型团队虽拥有更多资源、更大的协调范围和责权，但在实际工作中仍会遇到种种矛盾与困难（挑战），具体如下。

（1）与功能部门在资源支配上的矛盾。

（2）与其他部门在获取辅助部门配合与支持上的矛盾，诸如在试验工厂中安排试制任务上的冲突。

（3）对庞大重型团队的管理上的困难。

为了有效地进行重型团队的管理，可采取以下解决办法。

（1）慎重选择重型团队的项目负责人，必须选择有独立领导能力，具有广博知识、技能，有跨越功能观点和协调能力的高层管理者。

（2）在赋予权力的同时，要规定团队的明确目标和责任，并通过承包与合约加以具体规定。

（3）精选团队核心层的成员，并建立团队内各层次人员的明确责任制；核心层成员是重型团队的负责人之一，他们与重型团队负责人一道对团队工作业绩负有责任，他们之间必须有明确的分工。

（4）在对重型团队进行授权的同时，需要建立一种联系与监督的机制。要在高层领导者中指派执行指导者，负责同重型团队联系并对它进行必要的监督。执行指导者在做好联络工作的同时，必须在以下方面进行监控：① 所使用的重要资源的利用状况；② 对主要客户的定价；③ 主要的项目进度；④ 从项目发展转入运作的计划安排；⑤ 激励与报酬制度；⑥ 跨项目的有关问题，如资源的优化、优先序及平衡问题。

重型团队组织形式的运用，不可避免地会给企业带来种种问题，企业领导必须悉心研究出现的新情况和新问题，进行必要改革，使这种组织形式真正发挥其效用。20世纪80年代中期日本汽车业运用有250人参加的重型团队，战胜了美国汽车业包含1500人的团队，在新型车的研制周期、成本、质量上均大大超过了美国企业。

第七节　研究与发展的领导方式

要充分发挥广大科研人员的积极性与创造性，把他们的积极性引向国民经济建设的需要，正确的领导方式与方法是一个重要问题。

一、研究与发展的领导和管理

对于研究与发展的领导和管理问题，历来存在着两种不同的观点。

一种观点认为，最好的方式是选择优秀的科技人才，然后放手让他去独自工作，不需任何管理与约束，他们会很好地安排自己的研究工作，产生出新的知识。这种观点形成的实践基础来自早期由著名科学家领导的中心实验室及其管理方式。

另一种观点则认为，研究、发展与技术创新的过程，类似于工业生产中的某些功能，因而其领导与管理的方式也应该是类似的。

这两种观点都是普遍存在而且都很有影响力。近年来"大科学"的发展，特别是一些大规模、综合性、系统性项目的研制成功，对第二种观点是有力的支持。另外，许多研究与发展部门的实践表明，如果对于研究人员放任不管，那么往往导致只出"论文"，不出实际所需要的成果。因而，对研究与发展工作必须加强领导与管理这一点已逐渐为人们所认识。但是，对于科研劳动的领导究竟采用什么方式，又因研究与发展工作的多样性以及其他因素的影响而异，最常见的是以下三种：松散的领导方式、指导的领导方式、学术民主的领导方式。

第一种方式大多用于基础研究的早期阶段，特别是对于那些有成就的高水平科研人员尤其如此。

第二种方式主要用于发展工作，特别是具有程序性的科技工作（如工作图设计或试制工作等）。

环境与工作性质对管理与领导方式具有决定性的影响。随着社会环境、文化教育与科学技术的发展，人们已越来越感到学术民主的领导方式，即广泛吸收科研人员参加对研究与发展问题的决策的民主管理方式，是研究与发展工作最为合适的领导方式。当然，这并不排斥在研究与发展各阶段中运用别的领导方式。

研究与发展问题的决策，比其他管理问题含有更多的不确定性。一个复杂研究与发展问题的决策往往涉及多个学科。而一个领导人员，即使知识渊博，也很难掌握近代科学发展起来的多种学科，掌握按"爆炸式"速度所产生的大量信息与知识。因而，在科技发展迅速的信息时代里，采用学术民主的领导方式是最合适的。另外，研究与发展工作中相当大的一部分是非程式化的工作，这种工作主要是人的管理问题，处理好人与人之间的关系至关重要。而民主管理方式有利于正确处理人们间的关系和调动人们的积极性。

正因为学术型领导和民主型管理的方式适应研究与发展工作的性质和特点，所以采用这种领导方式的研究与发展单位一般能取得较好的成效，这已为国内外的实践经验所证实。

二、研究与发展部门领导者的作用与选择

研究与发展部门领导者的作用，在于做好最高层领导与广大科技人员之间的桥梁。这是一种非常重要而不可少的作用。此外，有效的领导又是提高研究与发展成果水平和效率的重要条件。具体来说，表现在以下几个方面。

（1）作为研究与发展部门日常工作的负责人，对整个部门实现业务领导。

（2）向整个部门的科技人员宣传和解释上级的政策和战略，使这些政策和战

略贯穿在决策和行动之中。

（3）代表科技人员的利益，并将广大科技人员的意见反映给最高层领导，使这些合理的意见能纳入本单位的目标或经营战略中。

（4）作为研究与发展方面的高层领导人之一，在处理学科与任务的矛盾方面发挥重要作用。

总之，研究与发展部门领导人是一个沟通最高层领导与广大技术人员之间的桥梁人物（有人把他称为经营上的桥梁人物，以区别于技术桥梁人物）。

对于基层（如科研组、课题组等）一线领导来说，他们首要问题是如何在研究与发展任务的分配上，掌握得宽紧适度，既要保证本单位研究与发展任务按时完成，又要在时间上留有余地，使研究与发展人员在工作上有发挥其创造性、进行创造性构思的足够时间。要做到这一点，对一个基层研究与发展领导者来说，既要求具有高超的领导艺术，又要求在科技方面有高深的造诣。研究与发展部门的领导者一般应是一个成熟的、业绩水平高于平均水平的中高级科技人员。

虽然研究与发展部门的领导者要从有经验的科技人员中去选拔，但并不是科技水平高的科技人员都是良好的管理者与领导者。这里还有一个领导者与管理者必须具备的素质与知识问题。为了说明这个问题，我们先来分析一个称职的、有效的领导者应具备的管理能力与条件。一般来说，一个有效的基层领导应具备如下素质和能力。

（1）能给被领导者树立一个积极的榜样。

（2）能以积极而又灵活的方法处理各项工作。

（3）善于识人和用人。

（4）在日常任务分配与安排方面具有出色的才干。

根据一线研究与发展领导者的实践经验，要做好基层的领导与管理工作，必须注意以下各点。

（1）了解被领导的科技人员，熟知他们的长处和短处，知道如何去调动他们的积极性与创造性，知道他们的抱负和目标，等等。

（2）给被领导者分配最适合发挥他们专长的工作，使被领导者均衡地负荷，不使他们经常"突击"和"窝工"。

（3）放手让被领导者挑担子，使他们感到一定的压力，以充分发挥他们的作用，促使他们提高效率，但又不让他们负担过重以致使工作无效。

（4）适当地进行监督，但又不管得过死，以免妨碍人们发挥创造性。

（5）使被领导者感到他们的才能得以充分施展，又使他们在能力和水平方面逐步提高，以备迎接更高一级的任务。

（6）为被领导者设定目标和较高的标准，并鼓励他们去达到这些目标和标准。

（7）善于让被领导者了解上级的政策、目标与意图，并使他们乐意去实现这些目标和政策。

（8）善于接近被领导者，虚心听取他们的意见，经常互相沟通信息。

（9）能够在一个组织里起到桥梁的作用。

（10）"赏罚公平"，能够及时奖励业绩好和任务完成好的，对错误坚持进行批评教育。

（11）能及时帮助在完成任务中有困难的科技人员，当他们在遇到困难和挫折时，能及时鼓励他们，以免他们丧失信心。

技术创新系统[①]

技术创新作为企业资源结构有机化和高度化的核心动因，是当今企业生存和发展的原动力。在当今，企业技术创新在很大程度上受到企业整体运营机制、行业竞争、合作态势、社会经济环境，甚至是国家战略、国际经济的影响和制约，这就要求企业从系统的观点，以系统管理的方法进行技术创新的运作。

本章重点讨论技术创新系统的意义、结构和功效，从系统管理的角度，结合企业的案例分析，论证技术创新与创新系统的关联、企业技术创新系统的框架，从而帮助企业从更加综合、集成、系统的高度来认识、运作技术创新。具体有如下几方面的内容。

（1）技术创新系统的意义与目的。
（2）企业创新系统。
（3）企业技术创新与国家创新系统。

第一节 技术创新系统的意义与目的

随着技术创新在经济发展和企业竞争中的地位不断提升，人们对技术创新的理解和认识也发生了深刻的变化，集中表现在技术创新理论模式的变迁。

第一代技术创新理论，由于受微观经济学的影响，对技术创新的研究较多地停留在对单个企业创新行为的研究，如熊彼特在1934—1944年的工作。他强调的是企业家的作用，在他看来，技术创新遵从如下发展模式。

（1）有一与科学新发展相关但不能确定的基本发明流，它们大多处在现有企业和市场结构之外，基本上不受市场需求的影响，虽然可能受到潜在需求的影响。

（2）一群企业家意识到这些发明的未来潜能，准备冒发明和创新的风险，这种冒险行动是一般资本家或经理不敢采取的。

（3）一旦成功地做出一项根本性的创新，它将使现有市场结构处于不均衡的状态，成功的创新者将获得短期的超额垄断利润，但这种垄断会随着大量模仿者的进入而被削弱。

这一模式又被称作熊彼特的企业家创新模型（图1）。

---

① 节选自：许庆瑞. 研究、发展与技术创新管理（第二版）. 北京：高等教育出版社，2010：第十四章。

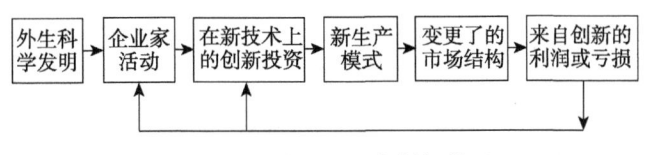

图 1　熊彼特的企业家创新模型

随着研究的深入，许多研究者开始注意到创新必须在企业与企业之间或企业与用户之间交互作用的过程中进行，包括供应者与装配者、生产者与消费者之间的相互影响，竞争者之间的技术信息交流等。其中以冯·希佩尔的观点较为典型。在他看来，技术创新的过程，由于存在各种"黏着信息"（sticky information），是一个充满试错的过程，并为对创新问题方向的洞察所左右。为了加快创新的过程，需要加强创新者与用户的交流和合作，才能及时地提取必要的"黏着信息"。

如图 2 所示，一个创新者（企业或个人）可能首先从用户（企业或个人）那儿获取信息来产生对新产品或服务的想法，然后，也会从制造者那儿获取信息，以便开发一个原型（prototype），这一原型又会在使用中进行测试以适合最初的需求。如果这两方面不能有效地匹配（常是不匹配的），就有必要重新考虑需求和能力的信息，以便更为匹配。可能有几次或许多次循环，直到达到匹配的要求。

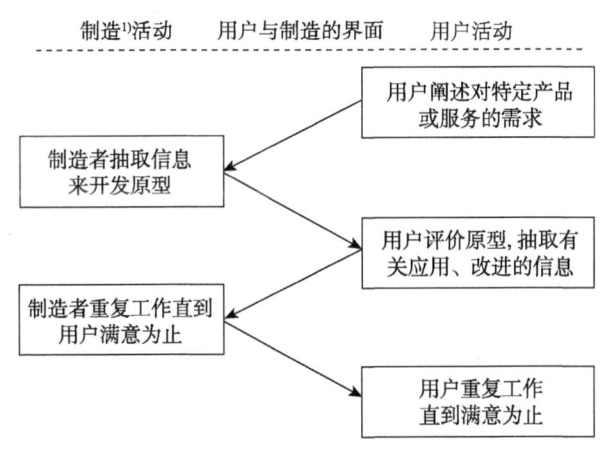

图 2　创新者与用户的交流和合作模式
1)这里的"制造"特指知识的生产与创新，而非传统意义上的制造

这一现象近来在产品开发过程中也有出现，如计算机软件创新中的"快速原型法"就强调制造者和用户之间的反复交流，这就克服了传统的用户与开发者只在工作初期进行交流的模式。传统的开发方法被认为是"迟缓的、代价过高和不是用户所企求的"。因此，强调创新中企业与企业、企业与用户的合作，乃是第二代技术创新理论的主要特征。

在 20 世纪 70 年代后期，吉尔（Gille）通过技术系统的概念强调了创新的系统本质；20世纪80年代初期，创新与国家的关系被进一步揭示，如罗思韦尔（Rothwell）、纳尔逊等对技术创新政策所做的工作；到20世纪80年代后期，许多学者都认同这样的观点：创新被企业之外的政治、经济等因素"结构性地决定着"。这表明，在当今政治、经济的格局下，企业的创新更受制于一个国家的政策环境和支撑结构，技术创新的过程也更趋动态化、集成化和综合化。1988年B.伦德瓦尔（B. Lundvall）基于有关"国家生产系统"的概念，以及受冯·希佩尔对企业之间非正式的信息交流的研究的启发，首次在国际上提出"国家创新系统"这一概念，呼吁对技术创新的支撑环境的重视与研究，这表征第三代技术创新理论的出现。

由此，我们可以得出，随着理论解释技术创新客观事实的程度进一步加深，有关技术创新的理论已经历了三个阶段的演化。这可由表1总结如下。

表1 技术创新的理论：三个阶段的演化

项目	第一阶段	第二阶段	第三阶段
理论名称	企业与企业家交互式创新	企业与企业交互式创新	企业与国家交互式创新
代表人物	熊彼特	冯·希佩尔	伦德瓦尔
理论图式	企业 企业家	企业 企业	国家 企业

上述创新理论的深入，使创新系统理论得到逐步的形成与发展。

技术创新系统存在的原因还在于：技术创新不是单因素创新，它需要各种因素共同发生作用，而且需要一个过程才能实现。原因如下。

（1）技术创新是多种"需要"刺激的结果。技术创新系统内外的各种刺激信息，源自包括企业内部的职能部门之间，企业与用户、供应商、上下游企业、大学和研究机构甚至是国外的创新机构的信息和知识的交流。

（2）技术创新各要素在运作过程中，可能产生某种不协调，并由这种内部不协调引起组织对外部环境的不适应，或技术创新各因素间的互相不适应，而使技术创新效率不高。例如，技术创新需要跨越研究与发展、生产制造和营销部门，但是这些部门之间存在着虽薄如窗纸但却异常顽固的人为分工障碍，存在着无形的文化冲突，从而使创新的成功显得格外艰难。

（3）创新的风险与成本在不断上升，使得单一的创新主体无力承担，特别是发展中国家的企业，其技术创新必须有国家、区域在知识、经费、体制和文化上的支持。

技术创新的系统管理的目的在于以下几个方面。

（1）提高创新过程中的信息和知识传递效率，减少体制和文化的冲突，加快创新过程。

（2）充分利用企业内外的创新要素，达到创新风险的共担与创新成本的相对降低，提高企业创新的经济性，并进一步激励企业的创新行为。

第二节　企业创新系统

企业创新系统的建立和完善的重点是保证企业创新系统内部信息和知识等的有效连接，本节从企业创新的界面系统和支撑系统两个方面加以阐述。

一、企业创新的界面系统

完善企业技术创新系统，首先强调研究与发展部门、生产制造部门与营销部门的有效整合。

企业一般需要系统地建设好研究与发展部门、生产制造部门和营销部门，并着重加强这三个关键部门的连接。根据美国技术管理专家桑德（Souder）进行的实证调查，当研究与发展和市场营销界面上存在严重的管理问题时，68%的研究与发展项目在商业上完全失败，21%部分失败。1994年的一项相关研究也表明，当研究与发展和生产界面上存在严重的管理问题时，约有40%的研究与发展项目在技术上不能成功，而在技术上获得成功的项目中，又约有60%在经济上不能获利。我国一些企业也常常由于不同职能部门缺乏交流沟通而产生冲突，在研究与发展部门、生产制造部门和营销部门之间形成信息和知识的隔离，导致创新活动中技术和信息流动不畅，最终造成创新周期过长、创新成果的返工率过高，这给企业在市场中的竞争力带来很大影响，也增加了企业在创新方面的财务负担。

提高企业创新的界面管理水平，成为一个迫切的现实问题。因而，要建立与完善企业技术创新系统，必须把研究与发展、市场和生产三个方面（其中包含研究部门与发展部门的协调）很好地协调和组织起来（图3）。

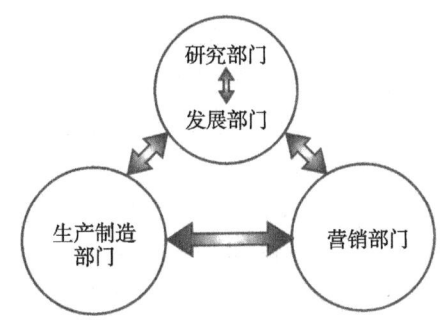

图3　技术创新的关键——连接研究与发展、生产制造与营销部门的界面

由于研究与发展管理在技术创新中起着关键的作用，下面着重讨论在企业内层次上研究与发展和生产界面、研究与发展和市场营销界面，以及我国许多企业将来面临的研究与发展界面的管理问题。

二、研究与发展和生产界面管理

长期以来，在研究与发展部门和生产部门之间一直存在严重的界面问题。造成其界面问题的主要因素如下。

（1）生产部门经理不了解研究与发展部门的目标或对其缺乏足够的信任。

（2）进行新工艺和新产品的试验影响生产部门的正常生产，造成其对技术创新的抵触。

（3）研究与发展部门对生产部门的需要和能力缺乏足够的了解。

（4）研究与发展的目标远离现实，追求"高""新"。

（5）部门之间缺乏有效的沟通系统。

（6）两部门中存在不同等级的专家，低等级专业人员的意见和建议往往被高等级的权威专家所漠视。

其中，部门间缺乏有效的沟通是最主要的障碍，尤其是在研究与发展部门规模较大的企业，不仅在与生产部门的界面上增加了不和谐因素，而且本部门内的沟通难度也会增加（后面将进一步说明）。

此外，部门间的界面因素也受企业技术等级的影响。在传统技术企业中，规模化生产很普遍，停产进行试验可能产生的恶果比小规模生产大得多；另外，大的生产部门往往看不到技术创新的积极作用。

研究与发展部门和生产部门的地位问题有时也很敏感。研究与发展经理的地位偏低，使得生产部门更易阻止研究与发展部门的一些创新技术。相反，在高技术企业，研究与发展人员备受重视，两部门间显著的文化差异对界面也产生了较大的影响；另外，高技术企业要求研究与发展部门发展迅速，但相应的管理技术却得不到同步发展，也会导致（研究与发展部门）与生产部门不和谐。

处理研究与发展部门和生产部门间的界面问题的方法主要如下。

（1）生产部门组织专门人员参与研究与发展计划的制订。

（2）生产部门组队参与完成项目目标。

（3）建立一个综合委员会协调两部门工作。

（4）选择具有生产经验的人员加入研究与发展部门。

（5）选择具有研究与发展经验的人员加入生产部门。

（6）生产部门的人员应了解研究与发展部门对企业长期发展与生存所起的影响和作用。

三、研究与发展和市场营销界面管理

在创新过程中,错误的市场需求预测往往是产品创新失败的最主要原因。研究与发展和市场营销的界面影响因素主要如下。

(1)缺乏交互作用。其表现在两部门之间几乎没有正式和非正式的新产品开发的决策会议,彼此几乎不参加对方的工作例会,不交换工作文件,营销人员的需求报告和进度报告几乎不反馈到研究与发展部门。造成这种情况的原因主要是双方都只关注自己的专长,看不到交互作用的重要性,不愿意花费时间和精力向对方学习,与对方融洽关系。

(2)缺乏实质的沟通。其表现在双方即使有一些沟通,也达不到实质深度,掩盖了一些潜在的实质问题。与前述缺乏交互作用不同的是,前者只是简单地忽视对方,而后者是双方有意保持距离,不愿意进行对话。比如,对研究与发展部门采用的新技术,营销部门知道得较晚;研究与发展部门对市场的需要和新产品的设计合理与否并不完全了解。缺乏实质沟通主要是因为双方都认为对方的信息不具有什么价值,也没必要向对方提供信息。

(3)过于友好,追求表面上的一团和气。其表现在为避免冲突,双方都不向对方的判断和假设提出疑问,对细节不作争议,更不向对方的观点进行挑战,双方人员经常做社交性的相互拜访。其主要原因在于,双方都不希望伤害对方感情,都认为对方总是正确的,对对方的判断和信息彼此依赖,这样有时会丧失创新的可贵机遇。这种现象被称为"团队的陷阱"。

(4)缺乏对对方的积极评价。其具体表现有:营销人员时常在企业外部购买研究与发展研究成果,而不采用企业内研究与发展部门的成果;研究与发展人员独立推行自己的主张,而不与关心新产品概念和设想的营销人员协商;一旦两方人员合作,营销人员就试图对研究与发展人员施加控制。造成这种情况的原因主要在于,研究与发展人员认为营销人员太简单化,实际上并不理解所需要的产品,甚至认为营销人员的许多活动是不必要的;而营销人员觉得研究与发展人员研究太精细,且常认为研究与发展人员不应访问用户。

(5)彼此缺乏信任。这是界面问题的极端情形,由缺乏沟通、缺乏积极评价演变而成。其主要表现有:营销部门企图对新产品开发项目的内容及时间进度全权控制,没有研究与发展人员辩论和提建议的余地;研究与发展人员同时开展众多项目的研究,并对营销部门保密;仅当研究与发展部门已确切了解营销部门的打算后,营销部门才将意图告之,导致研究与发展部门来不及提出自己的意见。导致这种状况的原因很多,如营销部门感到研究与发展部门的项目过多会使营销部门失去控制,研究与发展人员担心营销部门会排挤他们,此外,两部门在企业中的相对地位的不同也会导致互不信任,例如,研究与发展部门感到产品失败了是自己受批评,而产品成功了则是营销部门受奖励。

解决此界面问题的方法和措施如下。

（1）双方关键人员共同参与新产品开发计划的制订，共同介入项目的早期开发工作。

（2）建立新产品开发委员会，由企业决策者、研究与发展部门、生产部门、营销部门、财务部门的经理和项目协调者组成。

（3）对研究与发展和营销部门的人员采用工作轮换制，以激励研究与发展部门和营销部门的有效交互作用和部门间的沟通合作。

（4）明确责任、权力、决策权限，以避免相互推诿责任，或因过于友好而使责、权界限模糊。由新产品开发委员会明确哪些属于研究与发展部门的决策权限，哪些属于营销部门的决策权限，哪些又是应由两个部门共同负责的，等等。

（5）合同资助的形式使得研究人员与市场的联系更密切。当公司内部或外部的客户感受到市场压力时，研究人员也会有体会；如果客户认为公司的研究人员无法以合理的成本和效率取得成果，他们就不会进行资助。这种市场的方法最好地衡量了研究人员的价值。

（6）考评体系的完善。鼓励公司的研究者经常将自己的新的产品概念提供给公司的各个业务部门，像企业家似的推销自己的想法，直接将技术从实验室推向市场。

四、研究与发展界面管理

在技术密集型的创新公司中，一个重要的问题是构建"无缝创新流程"（seamless innovation processes），特别是保证研究部门和发展部门的知识交流。

从研究到发展产生障碍的原因主要有以下几个方面：职能分割、地理位置、专业偏好和文化背景等。具体如表 2 所示。

表 2　研究与发展界面中存在的问题

冲突的对象	研究与发展界面中存在的主要问题
非正式网络	• 隐性知识的存在 • 不同的工作文化 • 不同的沟通模式 • 由地理造成的人员不可流动性
项目	• 不同项目与工作周期 • 移交的技术 • 思想渗透和项目创造不足
部门之间	• 不同的资助时间、水平 • 部门化 • 对利润和成本的不同考虑

因此，也应重视研究与发展部门的界面管理。这个界面满足以下三个职能。

（1）确保提出正确的问题（项目创造）。提出正确的问题主要依赖于研究和发展之间连续的和多方向的信息流。只有满足了技术的可行性和市场的接受性，能营利的产品才可到达消费者手中。

（2）确保筛选正确的想法（过滤机制）。以利润为目标对项目建议书进行评价以筛选想法，平衡技术战略和市场战略，根据技术成熟性和消费者知觉，选择潜力大的想法，以确保发展项目的质量。

（3）确保正确执行想法（转换）。由于发展部门不参与项目立项和筛选工作，或难以评价、获取和应用研究成果，因此研究结果不得不储存在研究部门内。在战略水平和项目水平上进行的合作可确保研究和发展活动之间的合作。

管理从研究到发展之间的界面的方法如表3所示。

表3 管理从研究到发展之间界面的方法

冲突的对象	管理从研究到发展之间界面的方法
非正式网络	• 连人带项目移动 • 工作轮换 • 面对面的知识转移
项目	• 战略性的经营与研究项目 • 交叉职能小组 • 项目计划中有合作协议 • 交叉文化小组
部门之间	• 双渠道资助 • 技术联络领导者 • 先进技术实验室 • 多学科计划

完善企业界面管理的典型案例是西泠公司的"三三制"。20世纪90年代初以来，西泠公司开始重视销售、质量与技术。为此，企业对营销、制造与技术部门之间的横向组织信息沟通与组织协调进行了变革，主要是围绕企业技术创新形成"思想、研发、制造、营销"的一体化机制。

西泠公司的"开发、制造工艺与营销"（"三三制"）三结合的技术创新路线的特点是：由开发部门的科研小组长去营销公司"市场科"任副组长，对市场进行一个半月的跟踪观察，写出分析报告；由营销人员对其报告进行评价，然后交由工艺部门人员进行评价，再交总工程师评价，然后提交给新品决策委员会进行新产品开发立项；该立项项目交给此小组进行产品开发，设计完成之后，由制造部试生产，然后批量生产。开发部门与制造、营销部门结合的接口是：① 开发小组人员去营销工作现场调研；② 开发过程的每一个评审环节（如评审样机），都有营销部门人员、工艺制造人员参与；③ 如果出现产品质量问题，由营销部门与质量保证部共同负责，质量保证部在分析问题后，交给设计与制造部门解决。

为了使信息的沟通与管理更为便捷，企业采取了许多措施，尤其是大量采用信息技术。从1998年初开始，西泠公司开始推行计算机集成制造系统（computer integrated manufacturing system，CIMS），对从原材料采购到生产制造的过程实行全过程管理，在研究开发环节采用CAD系统，干部轮岗制也为减少部门隔阂、加强合作奠定了基础。每年两次的80个班组长经验交流会不仅加强了沟通，也对现行的合作组织制度进行了总结与提高。

西泠公司的"三三制"合作组织形式取得了技术创新的巨大成功，新产品保持一年以上的生命，以往平均每年开发出2个新产品，而目前已达到每年开发32个新产品。

五、企业创新的内部支撑系统

企业技术创新系统建立与完善的另一个重点是企业创新的内部支撑系统，其关键要素有企业家精神、研究与发展体系、科学教育与技术培训、创新资金、创新管理工具、崇尚创新的企业文化和企业体制。

（一）企业领导与企业家精神

一个企业家是否具有创新精神至关重要。在技术创新中，常常有许多与科学新发展相关但不能确定前景的基本发明，它们大半处在现有企业和市场结构之外，基本上不受市场需求的影响（虽然可能受到潜在需求的影响）。这时需要企业家意识到这些发明的未来潜能，准备冒发明和创新的风险，将其付诸实施。这种冒险行动是一般企业主管不敢采取的。

企业家或高层领导参与技术创新的主要责任在于：热情参与技术创新项目的选择及投资决策，为技术创新安排合适的人选，保证技术创新所需的资源，在技术创新项目的"继续与终止"决策和创新支出决策中发挥重要作用。

为使高层领导对技术创新的结果负责，应将他们的技术创新业绩作为总的业绩考核的一个部分。而技术创新的销售指标与这一业绩密切相关。这主要体现在：新产品业绩是高层领导个人业绩的一部分，对此应进行常规性考核，他们的提升和奖励应与新产品业绩挂钩。

注重创新的企业领导积极投身于寻找解决挑战问题的答案的行动。他们努力扩大自己的交际范围，努力寻找与企业目标相匹配的人，努力寻找领先技术的思考者和成功的管理者。动态竞争的现实对企业领导提出了最基本的要求：建立一个清晰、令人兴奋的目标，确定竞争战略并保证其实施和采用，保证知识、人才和金融资源的融合，规划组织结构和过程以确保其与目的、战略、资源、能力相协调，引导组织学习和变革。

优秀的管理者懂得把技术性与专业性的工作放手交由他人去做，而自己则利用一切技巧进行激励并提供各种资源保障，如此才能发挥及提高管理效果。为了增强人们的创造力和创新意识，领导者需要把权力交给组织内的全体人员，以使他们荣辱与共，从而努力创新并持续进步。张弛有度的领导为新思想的产生，为以自由、审慎、严格的态度来选择和测试某些探索未来投资与发展的特定思想创造了交替空间。整个创新过程的迁移阶段需要由"张"来控制，到了后一阶段"弛"就显得更为重要了。

在谈及高层领导时，人们较多想到的是公司总裁（chief executive officer，CEO）。确实，他们在制定技术战略、选择项目优先级和分配相应资源方面的作用是难以替代的。但是，企业创新主管（chief innovation officer，CIO）在技术创新中的作用正越来越受到重视。企业创新主管在企业中的具体职能是参与企业全局战略的制定、指导企业技术战略的制定、控制研究与发展资源的分配、领导研究与发展活动、协调技术创新与商业模式创新的关系、致力于企业与外部技术组织之间的联系、监测和评估外部技术、决策企业在外部技术方面的投资等。企业若想在技术密集的现代社会中竞争，首要的任务就是将企业创新主管的地位提升到一个相当的高度，以使他能够与其他高层领导就企业总体战略的制定和实施问题进行交流和协商，从而将企业的技术与总体战略密切结合起来。

企业创新主管的责任又不仅仅局限于技术方面，更多的是要从企业整体的角度来考虑问题。实际上，企业选择的企业创新主管必须有能力参与董事会讨论和企业整体战略的决策。这样，企业创新主管的知识与经验应该不仅仅局限于技术领域，对企业的营销、财务、人事、生产等领域都应有所涉猎。因此，企业不应直接从技术岗位上提拔企业创新主管，而应该有意识地对合适人选进行培养，将其放在事业部经理位置上或其他职能部门中锻炼，从而使其对企业的整体运作有切身的体会。

（二）研究与发展体系

研究与发展是技术创新的前提，一个企业要进行有效的创新，就必须具有合理的研究、试验发展的布局，以及与企业外部（研究所、高校）研究与发展力量的协同。

研究与发展人员要接受加强市场意识的培训，并且与事业部的技术人员经常交流，这样，研究与发展人员在保持技术领先性的同时，也与基层的创新保持着必要的联系。为了保证公司研究与各分厂、事业部的技术和知识交流，还必须改变公司研究与发展费用的负担方式。例如，3M公司研究中心的费用原来有2/3来自公司的拨款，其余来自公司各事业部或外部客户的合同，而现在，75%的资金都来自这些合同。这样就既保证了公司与各事业部的技术和知识关联，又加强了基层创新机构对公司一级创新机构的费用监督。

（三）教育培训与人力资源

教育培训的目的是提高人们的知识水平，而知识是技术创新的前提，没有高素质的研究与发展人员，企业技术创新很难进行下去。在企业创新中，除了企业本身进行技术培训外，还应重视技术培训的外在化，即充分利用高等学校的优势来培训人才，并引进外部人才。

许多创新型企业普遍认识到技术创新的关键成功因素在于在创新各个环节安排合适的人员。有效的人力资源管理有助于管理者成功地实施创新战略。人力资源部门的职能包括吸引、发展和奖励有合适技能的管理者与员工，在获取对技术创新极为重要的人力资源方面发挥重要作用。为创造和激励一支成功的研究与发展人员队伍，人力资源部门需要设计一套合理的政策，来确认、发展、评价和奖励与企业的创新目标一致的活动。

企业要通过良好的声誉或优厚的待遇吸引优秀的科技人员加盟，将其安排到合适的岗位，鼓励他们尽快提高自己，以达到较高水平。激励他们融入企业的组织群体中，并与他人分享企业成功所必需的信息、知识、技能和工作态度，引导他们走向明晰、激动人心的未来。

由于现代社会知识更新速度快，企业还应使用多种多样的培训和发展计划提高研究与发展人员的水平，开发他们的潜能。培训和发展计划不仅应补充和提高员工的专业技能，而且应帮助他们发展相互沟通、配合的能力，从而为富有成效的团队协作创造基础。有时，培训是突破范式的最佳手段。范式是一种思想倾向，影响着员工的思维方式。学会新的思维方式的唯一途径便是抛弃旧的范式，并代之以更准确的范式。这就是培训的作用。经过精心设计和恰当实施的培训计划，能够帮助组织改变旧的思维方式，变得更具竞争力。

企业的培训内容要能够真正发挥作用，首先要让企业的每个人都参与培训计划，尤其是那些高层领导，并把培训和发展计划与企业的倡议、目标联系起来。同时，培训和发展应是强制性的和持续进行的。在越来越多的企业里，每年都规定了每一个人的最低培训时数。例如，摩托罗拉公司的每名员工每年必须接受至少 5 天的与岗位工作相关的培训。为了保证培训和发展工作有好的效果，要确定和制定基本的测评措施，用来确定培训得到的收益，分析哪些领域还需要进行卓有成效的培训和发展。

研究与发展人员在自己完整的职业生涯中，有安全、挑战和自我发展的需要。企业的人力资源管理部门要善于有效地把组织目标和研究与发展人员个人的职业发展目标结合起来，努力为他们确定一条可依循、可感知、充满成就感的职业发展道路。国外企业中实行的最多的是双轨制。在实行双轨职位晋升制的企业中，专业人员可以自由选择在专业（技术）轨道上得到发展或是在管理轨道上得到发展。两个轨道同一等级的管理人员和技术人员在地位上是相等的。双轨职位晋升体制可以使在技术上富于创新的研究与发展人员不必一定要提升到管理岗位才能在组织中得到认可和提升。

企业的人力资源部门还应精心设计，为员工提供大量开创先河的服务，以帮助他们平衡工作和家庭的需要，使他们有时间和精力为技术创新工作。例如，杜邦公司的人力资源部门在员工的家庭出现各种意外情况时，帮助员工找人照顾他们的小孩、父母等，这使得员工很少有后顾之忧，能够在公司里大展身手。

（四）资金供应与管理

资金供应是保证技术创新成功的另一个重要因素，包括对研究与发展、工艺创新和技术改造以及技术引进的财力支持。但在许多企业中，资金都是一个瓶颈问题，许多企业制定了明确的战略目标和详尽的执行计划，但却不能提供足够的资金，这是许多技术创新项目业绩不好的原因之一。因此保证足够的技术创新资金是非常重要的。

对美国企业的调查分析表明，不论哪个行业，凡是技术创新的投资率（研究与发展费用占销售收入的百分比）不低于4%的企业，都有明显的高增长率，投资率在3%—4%的企业，其长期增长率在80%的时间里不低于美国国民生产总值增长率的一半，而投资率低于2%的大企业的增长率则明显低于同期美国国民生产总值的增长率。最终的结果表明，那些在技术创新上投资率低于3%的企业只能维持现状。因而，企业要发展必须以一定的技术创新投资做保证。

尽管如此，与其他投资不同，技术创新的投资具有更多的不确定性和特殊性，它的投资收益不与投资量成正比或有其他任何明确的比例关系，多花了一倍的投资一定就得到多一倍的产出（如利润、新产品）是不现实的。但是不进行技术创新也是不现实的。因此，既要能保证技术创新的顺利进行，又要能保证企业的年收入（或利润）不受影响，就要求有一个合理的投资预算标准。通过对技术创新投资预算进行高标准定位，不仅投资预算易于制定，更重要的是使投资更具经济性。因此，必须根据行业的不同特性保证充足的创新资金。

凯瑟琳·皮尔兹利用高标准定位方法设计出了一种定量化的技术创新预算标准框架，通过对九个方面内容的高标准定位，可以获得技术创新预算所依据的标准，然后再进行比较确定。这九个方面包括：产品生命周期、行业技术水平、市场地位和企业目标、开发风险、行业技术前沿水平、企业与前沿技术水平的差距、行业中尖端技术的变化、技术创新投资的临界量、研究投资与开发投资。这九个方面分别影响着企业的投资预算，但是怎样确定每一个方面的投资预算比例，则需要进一步高标准定位，即要研究企业所在的行业或环境中其他企业的状况，分析那些成功企业的投资比例，作为本企业投资预算的参考。

（五）完善的创新管理工具

创新管理工具包括支持创新过程的有关方法、软件系统和工具。系统和工具的范围很广泛。一个组织究竟需要何种系统和工具要视该组织的情况而定，但任何一个组织都有一套专门服务于核心过程的系统和工具，包括：产品开发过程的支持系统和不同职能部门间的通信系统；有利于进行更快、更有效的产品开发的工具；设计质量的管理方法，用于创新过程自我分析和自我提高的方法。

系统包括计算机辅助策划系统（computer-aided logistic system，CLS）、CAD和模拟系统等；工具包括快速原型化工具、质量功能展开表（quality function deployment，QFD）、制造设计法等。

国际互联网（Internet）和企业内部网（Intranet）的发展使得企业获取、分析、交流和发布信息的效率与效果大大改善。通过使用电子邮件、远程登录计算机、共享数据库、新型电视会议、高级工作站技术，分布于全球各地的研究与发展人员可以突破空间的限制，以"虚拟团队"的形式共同开发项目。由于研究与发展信息流的独特性，管理信息系统（management information system，MIS）和决策支持系统（decision-making support system，DSS）在技术创新中的应用与其在企业其他职能的应用有差异，也更有意义。

对于所有复杂的创新和管理活动而言，软件都是至关重要的。它能够推动价值创造和创新过程的各个阶段，从最初的问题判断和基础性研究阶段到产品设计、工艺设计、样机制作、灵活生产、市场分析、新产品介绍、有效的市场营销和销售、后勤管理、对产品和服务按客户要求进行交互式更改、售后服务等。

软件在技术创新中一个新的重要应用是及时记录创新人员的工作活动，并汇集成企业的"独特诀窍"，这样就可以防止创新人员的流失，保证技术创新的连续性。

（六）创新文化

创新文化对技术创新同样具有重要作用，与信息、资金与组织结构相比，创新文化被称为"硬币的另一面"。

创新文化有四个方面：价值观、制度体系、行为规范、实物载体。

价值观是文化的根本特征。当代创新文化应以企业家精神为核心，追求超前、开拓、变革、卓越的文化。创新文化决定着企业技术创新的价值导向。企业技术创新的规模、水平、重点以及方式往往由其价值导向决定。例如，日本索尼公司一直以"技术领先"为其创新文化的根本导向，其技术创新活动十分活跃，在电视机、数字音响等方面取得了世界领先的成果。多年以来，3M公司的愿景非常简明：成为世界上最有创新精神的公司。公司希望所有员工在一举一动中都体现这个愿景。这也是公司的"最高目标"：不断变革以预测业务和技术。这个愿景驱动着公司不断进取。1992年以前，公司的目标是年销售额的25%应该来自近5年的新产品。由于产品生命周期缩短，客户需求变化迅速，从1992年开始，公司提高了新产品的重要性：年销售额的30%必须来自近4年的新产品。

创新文化得以运行，必须有一定的制度体系为基础。与技术创新相关的制度包括研究与发展制度、人力资源开发制度等。3M公司为在整个公司范围内激励创新的热情，推出了"15%规则"的制度创新。"15%规则"允许所有的技术人员将其工作时间的15%用于自选课题，而不需要经过批准，管理者甚至无权过问。技术人员将这部分时间用于访问其他实验室或客户。通常，人们将这部分时间用于帮助其他部门的同事解决问题。

行为规范是文化的基本特征与具体表现。创新文化在行为规范方面表现为企业家和企业员工理解创新、参与创新与重视创新，容忍失败。"你放手去做吧，失败是工作的一部分"，这是在谷歌公司经常听到的一句话。每当接受新任务时，谷歌员工便会听到这样的鼓励。这使员工没有后顾之忧，投入更多的热情和精力。

实物载体是创新文化的客观标志，具有明显的指导与示范效果。例如，许多创新型公司非常鼓励个性化办公室的建立，设立明显的最佳创新员工标志，建设企业创新产品的展示场地，这种场地向企业内外的人员开放，以建立企业员工对本企业创新产品的荣誉感。

（七）企业制度

技术创新要最大限度地发挥出经济效益，还必须同时进行相应的一整套制度创新。这对我国企业来说尤为重要。

企业创新系统框架如图4所示。它表明，企业技术创新必须充分加强研究与发展部门、生产制造部门和市场营销部门的关联，并依托企业高层领导的企业家精神、完善的研究与发展体系和教育培训体系、资金和创新管理工具（信息技术、网络和软件等），以及创新文化和企业制度的全方位支持。

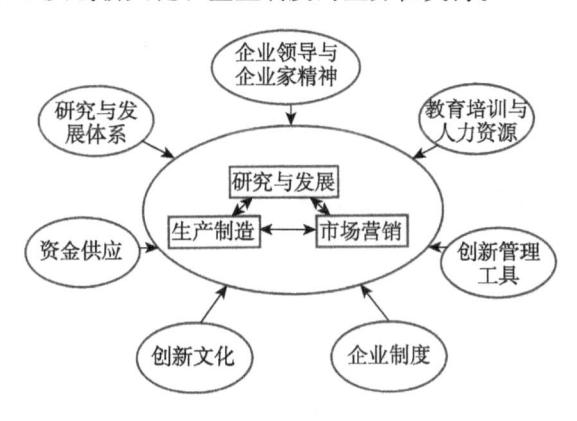

图4 企业创新系统框架

第三节 企业技术创新与国家创新系统

一、企业创新与外部连接

企业加强与外部连接的目的之一是更多、更快地获得技术创新的思路。根据对我国26家重点企业调查的结果，企业将公司内部研究与发展部门作为技术创新思路的重要信息来源，并将用户、竞争对手、咨询公司、供应商、科研机构、学术会议、专业期刊、政府计划等也作为重要的创新思路来源（图5）。因此，企业与外部信息和知识的联系是相当重要的。美国通用电气公司倡导建立"无界限公司"，呼吁打破一切沟通障碍，所有的员工应该能够获取必需的信息，也应该提供所有有用的信息，特别应与外界充分沟通，在创新上达成共识。

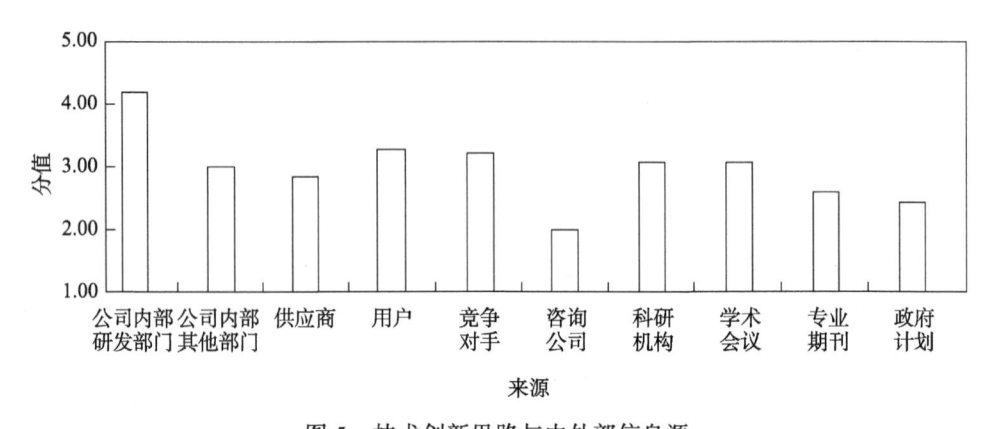

图 5 技术创新思路与内外部信息源

1–5 分值的选择是：1 分表示未开展或做得很差、很少，3 分表示一般或行业平均水平，
5 分表示做得很多、很好或行业最高水平

企业可以从观察和聆听顾客的过程中学到许多东西。例如，万向集团在技术创新中非常重视用户的意见。创新人员经常定期走访用户，听取他们的意见，对产品进行改进。夏利减震器是一种难度很大的新产品，国产产品退货率达30%。这是由夏利车底盘系统的特点和路况差、负载重的实际情况造成的。万向集团花了2年时间才开发成功这个产品，并将退货率控制在3%以内。开发过程几经周折，最后，经过对用户使用情况的大量观察，开发人员发现问题不在内部结构上，而是汽车变形造成的外部空间尺寸的失效。于是，他们决定根据汽车的新旧（变形）程度来匹配减震器的性能，对底盘的偏移进行测量，自动调节安装角度，攻克了这个技术难关，取得了技术创新的成功。开发过程中，用户参与起了很重要的作用。虽然用户并未直接提出意见，但用户的使用情况启发了开发人员的思路，让他们经过原因思考、理论分析、定量计算，最后得出关键的创新思想。

科研机构和学术会议成为一些优秀创新公司技术创新思路的重要信息来源。这些公司经常派遣高级技术人员和管理人员到大学和科研机构参加学术会议，进行项目合作，在很大程度上是因为企业意识到国内的学术界更能够有效跟踪和把握国际上先进的技术和管理水平的发展。

与其他公司的伙伴关系也是企业获取外部技术的主要来源之一。通过对我国优秀创新企业的调查，这些企业与其他企业进行技术合作的频度相当接近与其他公司进行商务合作的频度。

企业建立与外部的连接，还在于合理利用资源，降低创新风险。西湖电子集团依靠合作开发数字接收机顶盒就是典型的事例。在国内市场相继出现大量"数字化彩电"之后，家电行业的数字化潮流方兴未艾。为了适应这一重大的行业性技术变革，中国家电行业的13家企业成立了数字产业联盟，进行数字接收机顶盒的合作研究与开发。西湖电子集团也参加了这一联盟，进行基于卫星、地面、有线、互联网和综合的五种数字接收机顶盒的研制开发，现在已经开发出两种。数字产业联盟以推动我国家电行业数字化进程为目的，并且在机顶盒的开发上已初见成效。这种企业间合作形式有助于克服技术资源限制，提高创新速度。

20世纪80年代后，企业技术创新与外部连接形成了创新的系统范式，对创新系统的分析层次也逐步得到提升（从区域、国家、泛国家到国际）。通过对区域创新系统和国家创新系统的研究，创新的系统范式最终得以展现和确立，企业技术创新必须充分考虑与国家创新系统（包括区域创新系统）的融合。

二、企业技术创新与区域创新系统

技术创新是一个涉及一系列因素的复杂过程，包括了对研究与发展、生产和市场营销的投入，也需要合适的社会支撑体系。一些地区为了促进经济发展和创新，在健全教育、技术转移、咨询和通信等基础设施的同时，积极地建立社会资本（social capital）。社会资本就是创新主体——企业与其他知识创造机构、社会服务机构的关系，它具有网络、规范和信任等社会组织特征，是企业所在区域的有效合伙和合作关系的测度。良好的社会资本使得企业可以迅速地获得创新的资源（资金、人才、信息和知识等），可以平等、公平地进行合作创新以及创新成果的交易与扩散，在此基础上，企业可以集中精力构建自己的核心能力，这样就可以进一步降低创新的风险和费用，提高技术创新的效率。区域创新系统的完善，往往意味着该地区社会资本的提高。

硅谷就是一个建立在社会资本基础上的创新型地区。硅谷经济的根本特征是迅速创新以及越来越多的新技术可以商业化。微电子、半导体及后来的计算机一直是该地区的主要产业，计算机网络技术（硬件和软件）发展迅速，生物技术与医学器械和医药系统是第三项主要的新技术。除了这些核心产业之外，风险金融和知识产权法律服务也是硅谷的重要活动。

硅谷的社会资本主要是如下社会机构、手段和实体之间的富有成效的相互关系。

（1）名牌大学。斯坦福大学、加利福尼亚大学伯克利分校和加利福尼亚大学洛杉矶分校都用创新的方式与校外组织建立紧密的相互关系，这些校外组织将其研究和研究人员用于商业化。这些大学也聘用世界各国的教师和毕业生，而不只是任用本地或本国人。加利福尼亚大学伯克利分校的电子工程和计算机科学专业研究生约有 1/3 是外国人。

（2）美国政府的政策。在微电子和计算机网络发展的初期，政府是大学研究的赞助者，而且更关键的是，它是首要用户。

（3）风险资本公司。这些公司不仅提供初期资本，也提供高技术投资专门知识，为初创公司提供指导服务，如在公司发展的关键时刻提供有经验的行政人员，提出战略的和业务的建议，与潜在客户和合伙人联系等。

（4）法律服务。律师事务所帮助物色关键人员，进行财务联系，提供公司和知识产权法律服务。它们往往以股票而不是现金取得报酬。

（5）商业网络。硅谷的大学工科院系、风险资本公司、律师事务所和业务公司（通过频繁的商业和专业联系）知道彼此主要情况。硅谷的律师密度很高，每 10 个工程师就约有 1 名律师。这样相知的、家庭式的社会互信只起有限作用。互信的对面是职责，而职责的仲裁者是会计师和审计师。在硅谷，他们的数量超过律师，每 5 个工程师就有 1 名会计师或审计师。

（6）认股权。雇员（不包括企业创办人和首席执行官）拥有的股权和股份往往占到公司资本价值的 10%—15%（在初期更高）。这种奖励是成功的，对公司的报偿很大，而且关键性雇员在持股期间增加了忠诚度。

（7）劳动力市场。硅谷劳动力市场有几个重要特征：① 人员离开大的和非常成功的公司去办新企业不是丢脸的事，即使新办企业失败了，在大公司里仍有许多职位等待着这些创业者，风险资本家和猎头也会找他们去当其他新公司的行政领导。② 人员流动很快。人员从一个公司转到另一个公司，带动了技术和知识的转移。③ 从整个世界聘用人才，尤其是技术人才和创业人才。为满足客户需要，硅谷的律师事务所在移民法律服务方面非常有效。

（8）产业性质。硅谷的早期定型产业是半导体，20 世纪 80 年代后，生物、空间、海洋、通信、能源材料等新兴技术落户硅谷。

硅谷的飞速发展使许多小公司以惊人的速度成长为大公司，并将资本积累为世界历史上最大的财产。

正是上述有利于创新的要素的互动，使硅谷拥有丰富的社会资本，成为区域创新系统的典范。

三、国家创新系统的意义和框架

从技术创新到国家创新系统，反映了人们对科技与经济发展关系的进一步理解。国家创新系统（体系）概念的产生与 20 世纪 70 年代以来世界上出现的几大变化相关。一是随着冷战的结束，竞争力取代军事对抗成为新一轮竞争的焦点，各国的科学技术政策从关注基础研究向关注技术创新转移，传统的研究与发展系统概念让位于创新系统的概念，政策从注重科技知识的创造转向知识的创造、扩散、转移和应用并重，即技术创新不仅是一个过程，而且是一个系统。二是产业政策和创新政策成为推动一国经济发展的重要武器。这一方面的例子有日本，它通过产业政策、政府干预，使本国的经济发展出现了很大的飞跃。这强化了国家在推动创新和经济发展中的重要作用，为国家创新系统概念的提出奠定了基础。

英国著名学者 C. 弗里曼（C. Freeman）在 1987 年研究日本时发现，日本在技术落后的情况下，以技术创新为主导，辅以组织创新和制度创新，只用了几十年的时间，便使国家的经济出现了强劲的发展势头，成为工业化大国。这说明国家在推动一国的技术创新中起着十分重要的作用。他认为，在人类历史上，技术领先国家从英国、德国、美国，再到日本，这种追赶、跨越不仅是技术创新的结果，还有许多制度、组织的创新，从而是一种国家创新系统演变的结果。

知识经济时代的即将来临更凸显国家创新系统研究的重要性。在知识成为最重要的生产要素的时代，问题的关键是一个国家有着很好的知识产生、流通和使用的系统，而国家创新系统正好是这方面的一个有效框架。

从国家创新系统的概念出发，便有了这样的认识：各创新主体之间的相互作用对创新效果的影响，与研究与发展对创新的影响同样重要；技术知识和信息在人、企业和机构间的流动是技术创新过程的关键；必须把研究与发展成果的生产、扩散和使用各个环节有机地联系起来。从而，国家创新系统概念是要强调创新要素或主体（企业、科研部门、大学和中介机构）之间的联系和相互作用，强调这一系统能否有效地使新的知识在创新系统内部流动起来，能否提高企业的竞争力。

不同的学者常采用不同的国家创新系统定义。一派以丹麦奥尔堡大学伦德瓦尔教授及其同事为代表。伦德瓦尔认为，经济学的根本问题是生产厂商和用户的相互作用，他把创新看作"用户和制造商的互动过程"。这一派分析的侧重点是生产企业和用户、企业和供应商的相互作用。

另一派以弗里曼和美国的纳尔逊为代表。他们认为，国家创新系统是一组制度，因此，制度的设定和功能是决定创新系统效率的关键。他们分析了不同国家创新系统的特征。

最近，经济合作与发展组织也以国家创新系统为分析框架，力图通过一系列指标来分析创新各要素在知识的生产、扩散和使用方面的相互作用与效率。经济合作与发展组织 1997 年的《国家创新系统》报告指出："创新是不同主体和机构间复杂的相互作用的结果。技术变革并不以一个完美的线性方式出现，而是这一系统内各要素之间的反馈、相互作用的结果。这一系统的核心是企业，是企业组织生产和创新、获取外部知识的方式。这种外部知识的主要来源是别的企业、公共或私有的研究部门、大学和中介部门。"因此，企业、科研机构和高校、中介机构是这一创新系统中的主体。

国家创新系统的一般定义是：由一个国家的公共和私有部门组成的组织和制度网络，其活动是为了创造、扩散与使用新的知识和技术，最终目的是推动企业的技术创新。其中政府、企业、科研机构和高校是这一系统中最重要的要素。国家创新系统框架的界定如图6所示。

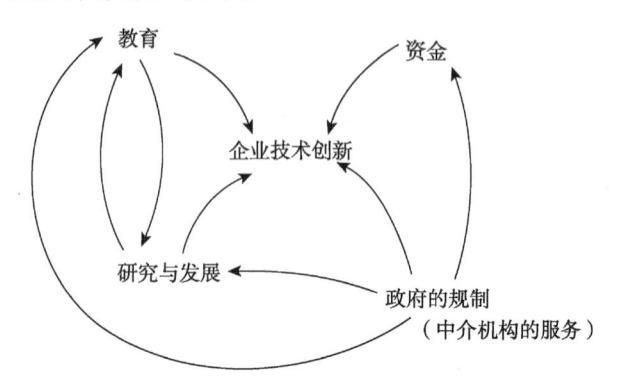

图6 国家创新系统框架

如图6所示，国家创新系统包括以下一些子系统。

（1）教育子系统。教育（包括培训）的目的是提高人们的知识水平，而知识是技术创新的前提。教育是国家创新系统中最重要的子系统之一。在教育系统中，教育投入与适应创新道路主导模式的高等教育结构起着重要的作用。一个国家各类科技人员的合理比例应取决于发展科学技术和国民经济的需要以及科学技术和经济发展水平所提供的可能性。

（2）财政与金融子系统。其中最主要的是资金。资金是企业技术创新的最重要的资源，对发展中国家而言，这个问题更为突出。各国都有不同的融资手段，各国政府都有各种研究与发展的税收优惠及各种风险投资银行，以支持技术的发展。

（3）研究与发展子系统。这里公共的研究机构应起作用，其重点在于基础研究和关键共性技术研究。例如，没有促进一系列科学和技术可能性的基础研究，就不可能有长期的重大技术创新。大多数基础研究是没有直接近期经济效益的，但它们却是大多数创新得以产生的基础。在市场经济条件下，企业一般不会进行没有直接经济效益的基础研究，这就需要超越企业局部利益的公共研究机构承担起组织、资助基础研究的责任。

（4）政府调节子系统。在当今社会，创新是一个在制度、组织和文化背景下进行的活动。市场在激励创新方面具有自我组织、自我加强的作用同时也存在若干缺陷，因而很难使技术的发展和创新活动处于社会需求的最优水平，主要表现在市场常常以高收益引诱人们冒创新风险。市场的这种作用并不能从根本上解决基础研究与创新的风险和动力问题。市场在激励创新上的有限性，要求政府从国家的全局角度，在协调各种创新活动中发挥积极的作用。

当然，国家创新系统是一个开放的系统，来自外国的技术转移也是本国创新系统的有机组成部分。

研究国家创新系统的目标是要考察创新系统要素的作用及其相互作用的方式，以及系统的有效性，即它能否有效地推动知识的生产、扩散和使用。由于各国的政治、历史和经济制度不一，不同国家在创新各要素的作用、它们之间如何配合等方面的不同，构成了不同特色的国家创新系统。

四、国家创新系统与企业创新的互动

国家创新系统如何促进企业技术创新？企业如何应用国家创新系统？这里概括介绍日本、美国、芬兰等国的经验。

（一）日本国家创新系统与企业创新

日本许多企业成功地实施了技术引进、技术消化与渐进自主技术创新，并快速地实现了这三类模式的进化，日本的国家创新系统起了较大的作用。

日本的国家政策促进了企业快速吸收国外先进技术并转向自主创新。日本的创新是在国家政策的指导下进行的，这是日本国家创新系统的最鲜明特征。

明治维新之后，日本政府就率先鼓励企业从西方发达国家引进技术，引进后就积极保护该新工业。为弥补技术吸收与模仿创新中所遇到的国家创新系统的原有缺陷，政府更多地直接参与了技术创新活动，通过资助及协调的形式支持技术的发展。此时政府的主要的职责有：加强技术信息的交流、训练和招募熟练劳动力、委托若干研究项目以及开展与企业的联合研究。此外，日本政府还实施了引进外国资金和外汇及贸易控制两项法案，那些能很好地吸收国外技术的公司才被允许持有外汇，这就鼓励了这些引进国外技术的公司积极地进行引进技术的消化吸收工作。由于考虑到国外资金的引进使外国公司有可能占领国内市场以及跨国公司对目标市场的创新并不重视，外国资本对本国的创新不会有正面影响，日本政府并不鼓励外国直接投资。这也迫使日本本国的企业竭尽全力仿制国外的先进技术。同时，政府的这一措施又为日本企业开发出的技术留出了必要的国内市场。

在对企业创新影响甚大的财政、金融政策方面，日本的资金条件较好。日本的资本积累速度很高，日本的财阀企业通过自己的银行与控股公司的联系，也促进了大企业的资本积累，这些都为日本企业的创新提供了良好的资金基础。

日本教育方面和企业创新的关系也很密切。在日本对引进技术进行模仿创新的发展阶段，许多年轻的创新人员受到了良好的教育，工业培训的数量和质量也较高。与资金积累速度相比，日本的人力资源积累速度要更高一些。

（二）美国国家创新系统与企业创新

美国强调企业自主技术创新，其国家创新系统也有独到之处。

美国的创新系统的一个最显著的特点是它的大规模的研究与发展投资，美国对研究与发展的国家投资比所有其他经济合作与发展组织国家的总和还多。这就强有力地推动了美国企业的技术独创性。

联邦政府处于中枢地位，它同大学、工业企业乃至私人基金会密切交往，又促使大学、工业企业和私人基金会彼此增加联系。联邦政府始终是大学科研经费的主要提供者，占了其中的60%—70%，这说明联邦政府对大学科学研究重要性的认识从来没有动摇过。此外，联邦政府拥有一支独特的科研队伍，这就是联邦政府资助的研究与发展中心。这类中心规模较大，有特殊的研究目的，经费由政府拨给，政府每年约拨出20亿—30亿美元经费资助40多个研究与发展中心。这些中心的影响之大，以至某些研究中心的名字成为某一学科的代名词。而大学的研究与发展又与企业紧密结合，这样，国家、大学和企业之间科学研究、试验开发与技术的商业应用形成了良性循环。

美国拥有3万个左右的私人基金会，其中资产在1亿美元以上的有40多家，为科学研究提供资助的有近千家。私人基金会的资助金额虽不及政府与工业企业，但其灵活性弥补了政府和工业界在资助上的不足，显示出在支持创新中的独特作用。

伴随美国《反托拉斯法》的实施，小企业得到了迅速的发展。为了鼓励和刺激小企业的发展，风险资金应运而生，在20世纪70年代，全美国每年有1亿—2亿美元的风险资金，到了80年代，每年的风险资金数额已高达24亿美元。目前，美国的私人风险投资公司达2000多家，激发了研究与发展成果走向商业化。美国的纳斯达克证券市场降低了企业上市的要求，使得许多创新型企业在资本市场上得到了充足的资金。

综合以上分析，在美国企业的技术创新过程中，美国国家创新系统起了很大的作用。美国国家创新系统的关键点如图7所示。

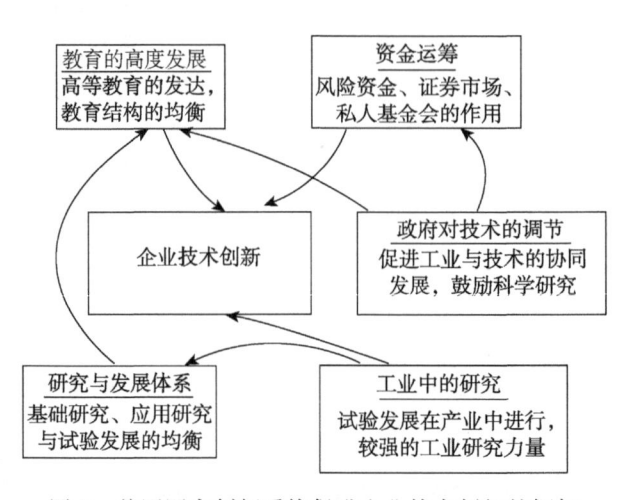

图7　美国国家创新系统促进企业技术创新的框架

（三）芬兰国家创新系统与企业创新

芬兰以非常现实的态度应用国家创新系统的概念，其国家创新系统包括与新知识生产、扩散和应用相关联的各种要素。

在芬兰国家创新系统建设中，重点是创新基础设施的建设，这包括大学、科研机构、企业实验室或技术开发中心，也包括科技园区和其他创新支持服务机构的建设等。这和其他国家的做法似乎没有大的差别。但芬兰支持创新的机制却有其独到之处，主要表现在如下两个方面。

一是对创新的支持覆盖整个创新链。基础研究领域主要由芬兰科学院提供资金支持，它以基金的方式对大学、研究所进行的长远性研究提供经费，每年用于资助基础研究的经费为 1.5 亿美元，相当于全国研究与发展经费的 5%。同其他发达国家相比这一比例甚小。为了有效地使用有限的资金和提高研究质量，科学院在选择支持项目时，选择优秀的大学和研究机构，按照国际标准建立了 17 个卓越中心给予重点支持。

在应用研究和试验发展方面，技术发展中心是最重要的资助单位。它用于资助研究与发展的经费约 5 亿美元，占全国研究与发展支出的 1/3。其中约 3 亿美元支持企业研究与发展，约占 60%，其余的用于支持大学和研究所的应用研究和试验发展活动。在用于支持企业研究与发展的经费中，有 2/3 以上用于支持 500 人以下的中小企业，所采用的主要手段是应用研究与创新基金、工业研究与发展贷款、工业研究与发展补贴和研究与发展资本贷款。为了更有效地资助创新，技术发展中心在全国不同地区同各地的就业与经济发展中心结合，这样就使技术发展中心的资助不但推动企业的创新，而且也为扩大地方就业服务。因此技术发展中心在芬兰的国家创新系统中占有十分重要的地位。

在技术创新成果商品化过程中，既有全国研究与发展基金会的资金支持，还有芬兰发明基金、可拉（Kera）风险投资公司及一大批私人风险投资公司的资助。所以在芬兰企业的技术创新过程中，每个阶段都能得到较为充足的资金支持，不存在"真空"和"断档"。

二是运用特殊资助机制特别鼓励企业和大学及研究所的结合。技术发展中心的资助，无论是对企业还是对大学和研究所，都要求产学研合作进行研究。企业的项目必须寻找大学或研究机构作为伙伴才能得到资助，而大学、研究所的项目也必须有企业作为伙伴才能得到支持。从这种方式可见政府经费的作用。技术发展中心实施的国家技术计划大多瞄准某一特定的技术领域，由企业、大学和科研机构联合承担，时间一般为 5 年。其结果是形成一批在该领域有利于推动产业群形成的重要创新。这类国家技术计划已实施了 50 多个。这种灵活的强调产学研结合的资助机制，对于促进国家创新系统各要素之间的密切联系起到了极为重要的作用。密切的产学研结合，使芬兰拥有世界上最为有效的国家创新系统之一，且这一系统一直处于稳定和良性的发展之中。

通过这三个国家创新系统对企业技术创新支持的特征描述，可以看出必须发挥政府的组织功能，并通过完善的教育体系、研究与发展体系和资本市场，促进企业的技术创新。在未来的国家创新系统建设中，各部门之间的信息、知识流动、共享以及中介服务机构的作用，对企业技术创新的作用将更为重要。

五、企业如何利用国家创新系统——诺基亚的案例

诺基亚是芬兰电子通信产业发展的"领头羊"，1994年推出了当时世界上体积最小、重量最轻的数字移动电话系列，1998年该公司的销售额达到792.3亿芬兰马克（约160亿美元），利润增长了66%。正是由于不断创新，诺基亚才能够在20世纪90年代迅速成长为世界移动通信领域的三大公司之一，1998年坐上移动通信业的第一把交椅。

诺基亚具有如此强的创新能力，固然与其正确的战略、及时把握机会以及在研究与发展上持续不断地增加投入有关，但国家的创新政策和创新系统对诺基亚的成功发展也起到了极为重要的作用。诺基亚是成功地运用多种创新系统提高自身能力的典范。

首先，它积极地创建自立的以技术开发为核心的创新系统，除建立研究与发展中心并不断增加投入外，还在很大程度上通过这一过程与外部进行联合研究与发展活动及兼并、收购有一定研发能力的公司或机构。据介绍，仅为诺基亚服务的大大小小合同公司（contractor）就有四百多家。诺基亚建立创新系统的实践不仅促进了为其服务的相关企业的发展，而且也带动了一大批芬兰企业进行类似的仿效，从而为国家创新系统的建设做出了重要贡献。以诺基亚为代表的产业创新体系实际上是芬兰国家创新系统的重要组成部分。

其次，诺基亚非常善于利用国家创新系统、区域创新系统，甚至国际上的创新资源。诺基亚把利用外部人才和科研成果始终放在重要的战略位置，不断保持和强化与大学、研究所的合作伙伴关系。它十分重视加强与政府部门的联系，积极利用国家技术计划推进自身的研究目标。诺基亚积极参与和利用欧盟的科技计划，与欧洲各国的大学、研究所建立密切的合作关系，同时还积极与外国公司在研究与发展、销售等活动方面建立战略联盟。近年来，诺基亚已在美国、中国等地建有研究与发展中心，利用网络、当地的创新系统和人力资源不间断地实施第三代无线通信技术的创新工作。

技术创新、劳动生产率与产业结构[①]

从人类社会发展的历史过程来看，新产业的诞生或老产业的演化、整合、裂变乃至消亡，无一不是技术进步的结果。技术体系在本质上决定了产业结构的基本格局。如果说，历史上技术进步对产业结构的演变所起的作用，基本上是自发的话，那么近代经济格局的变化已经表明，这种作用已发生了根本性的变化，越来越多的国家正致力于运用各种政策手段能动地、有目的地、有步骤地推动技术进步，以促使产业结构更快地向更高层次演进。本文力图从分析技术进步对产业结构变化所发生作用的层次入手，在深层次上揭示并阐述技术创新对产业结构的作用机制；进而探讨劳动生产率在技术创新、产业结构变化中的重要意义；并分析导致产业间劳动生产率的不同的增长率的技术经济原因。

一、技术进步对产业结构变化的作用层次分析

技术进步是一个内涵极其丰富的概念。一般地，有广义和狭义之分。广义技术进步指影响经济增长的诸因素中，剔除了资产和劳动力增长因素后的剩余因素的综合。显然，它包括了政治、社会、教育和自然条件的变化等内容。西方经济学家丹尼森等的研究典型地将它划分为六个子因子：① 资源的优化配置；② 规模经济性；③ 知识进展；④ 生产要素质量的提高；⑤ 政策影响；⑥ 不规则因素。狭义的技术进步则指具体的生产方法和手段的改进与变革。显然，上述两个技术进步概念有较大的区别。综观已有的研究，一般经济意义上的研究通常运用广义技术进步的概念，主要的原因之一是易于计量和统计分析。但是，由于广义技术进步的内容过于广泛，所以在具体作用的分析上，人们又往往运用狭义技术进步的概念。但是狭义技术进步的经济意义并不十分明确。正如有人所指出的，并不是任何机器设备的更新、新工艺和新材料的采用都会带来经济的增长与繁荣。显然，这两种技术进步概念的混用容易导致人们对技术进步作用的误解或不得要领。为了正确地理解技术进步对产业结构的影响，我们应该进行更深层次的研究和探讨。

我们认为技术进步对产业结构的影响具有层次性。一般地，可以把技术进步对产业结构的影响划分为直接影响与间接影响，其划分标准是看技术进步是否改进了资金与劳动力的质量。丹尼森等对发达资本主义国家在经济发展相对顺利时

[①] 本文为国家自然科学基金资助项目，发表自《中国工业经济研究》1991年第12期。

期的技术进步作用的分析表明，技术进步在劳动力素质上的间接体现，即教育培训因子在技术进步中的比重低于 20%；技术进步的直接体现，即知识进展因子在经济增长中的作用超过了教育培训的作用，在技术进步中的比重在 1/3 左右。而技术进步在结构上的间接体现，即结构变化因子是技术进步中最重要的因子，其作用占技术进步的一半以上[①]。美国经济学家肯德里克 1980 年指出，从 1929—1978 年，这 50 年里美国生产率的增长有 40% 应归因于技术创新，20% 归因于资源配置的改进，12% 归因于劳动力素质的提高，13% 归因于规模经济性，只有约 15% 归因于人均资本的增加。在他的研究中，技术进步对生产率的作用占了 85%，尤其是技术创新起到了主导的作用。他们的研究虽然没有直接涉及技术进步对产业结构的影响，但是他们的研究表明，技术进步不同子因子的作用具有较大的差异，这对深入研究技术进步的作用层次不无启示。在这里，我们根据技术进步各子因子对产业结构的作用方式和程度进行了不同层次的划分（图 1）。

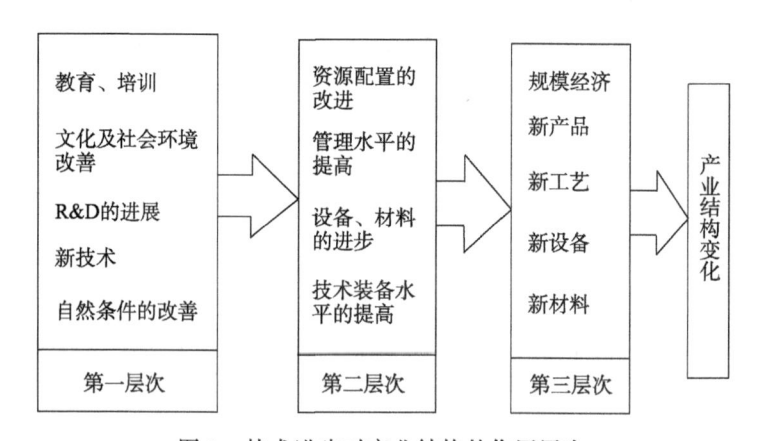

图 1 技术进步对产业结构的作用层次

第一层次的技术进步对产业结构的影响是间接的，但是具有基础意义，它是第二层次技术进步的基础。第二层次的技术进步对产业结构的影响是潜在的，是第三层次技术进步的基础和前提。当实现第三层次的技术进步时，出现了新的商品、新的工艺，使原有的商品成本及其要素构成发生了变化；而规模经济使已有的商品数量激增，使劳动生产率大幅度提高；这一层次的技术进步导致了原有产业技术构成和要素构成的变化，或新的产业生长点的形成，进而直接导致了产业结构的变化。

这里我们引入"技术创新"的概念。技术创新是指某一技术的新的商业性应用，它具体体现为得到市场承认的、获取经济利益的新产品或新工艺。前述肯德里克的研究表明，技术创新在技术进步中的作用约是规模经济的 3 倍。可以认为，

---

① 李京文，郑友敬. 技术进步与产业结构：概论. 北京：经济科学出版社，1988：7.

技术进步对产业结构的影响主要是通过技术创新而实现的。事实上，从更高的层次看，规模经济往往是在技术创新的基础上进行，是技术创新扩散的主要方式之一。

为加深理解，我们再来看图 2。图 2 的意义是：广义技术进步包含了狭义技术进步和技术创新，狭义技术进步与技术创新相交而不重合。即技术创新不完全是狭义的技术进步，因为技术创新使用的并不一定绝对是新技术或先进技术（有时是适用技术）；而狭义技术进步也并不一定都能体现在成功的新产品或新工艺上。为此，我们引入"有效狭义技术进步"概念，它指体现在产品和工艺上的并获得相应的经济效益的狭义技术进步。它主要包括：技术创新、规模经济和技术引进等内容。图 2 进一步说明了技术创新在产业结构变动中的关键作用，以及其在技术进步中的特殊地位。前文已指出，规模经济与技术创新有着深刻的内在联系。就技术引进而言，在消化、吸收层次上的技术引进可视为"模仿型创新"；在创新层次上的技术引进则是完全的技术创新。而大型成套技术的引进会直接形成规模经济。因此，成功的技术引进可具体理解为技术创新和规模经济两大内涵。

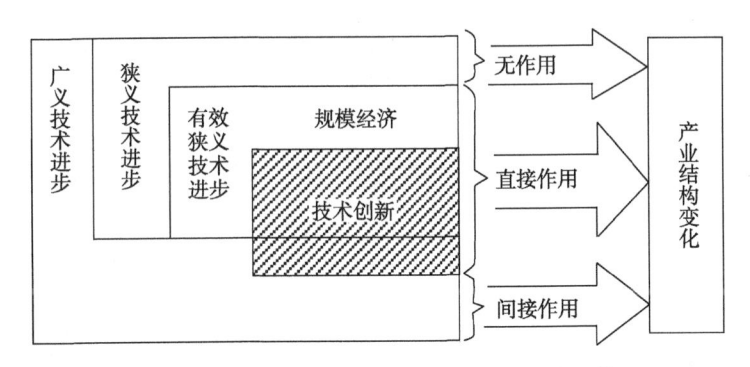

图 2 技术进步、技术创新及其对产业结构的作用

上述讨论表明，作为一个特定的概念，用技术创新来表述技术进步对产业结构的影响比笼统地谈技术进步对产业结构的影响意义要清楚而深入得多，而且更突出了技术的经济作用与意义，使制定有关政策和进行宏观调控有了更明确的目标。

二、技术创新对产业结构变化的作用

产业结构的变化是许多经济的和非经济的因素综合作用的结果，只是随着社会的发展，技术变革在经济发展和产业结构变化中的作用日益加大，使经济学家开始把注意力从对投资、就业和资源条件影响的研究部分地移向对技术进步影响的研究。目前，这种转变还在进行。

以往的研究表明，产业间的内在联系实质上是一种技术联系，它表现在两个方面：① 前向关联。一个产业部门所应用的技术体系必须依靠其他部门提供生产资料,当生产资料部门的技术体系发生变化,使所提供的生产资料的性能、种类发生变化后,迫使前者与之相适应,改变其技术体系。这种关联即为前向关联。②后向关联。当某一产业部门的技术体系发生变化后,有时也要求原材料的性能品种发生相应变化,使原材料供应部门的技术体系发生相应转变。这种现象即为后向关联。

产业间的前向及后向关联表明,产业间存在着相互依存、相互影响的技术联系。在这里,我们需要特别指出的是,在商品社会中,这种内在的技术联系还表现为外在的商品交换关系,即一个部门的产品无论从质上还是量上都受到价值规律的支配。因此,在社会主义商品经济条件下,用商品概念明确的技术创新概念来描述技术对经济的作用,比之用经济(商品)含义不明确的广义或狭义技术进步概念更为恰当。在商品经济条件下,只有在体现了商品价值的前提下,才谈得上技术进步对产业结构的影响。

技术创新对产业结构的作用具体地表现在以下几个方面。

(一)技术创新促使需求结构变化

需求结构对产业结构具有最直接和最基本的作用,技术创新正是通过对潜在需求的识别和新需求的创造而直接推动需求结构发生变化,进而导致产业结构的变化。

产品创新直接创造新的需求,主要通过前向关联,导致产业结构发生横向迁移和分离。

工艺创新通过产品质量的提高、产品成本的下降、产品产量的提高,提高了生产率,进一步刺激需求,扩大产品市场,使原行业以更高的速度纵向生长,并通过后向关联使后向产业的需求结构发生变化,从而导致产业结构的变化。

(二)重大技术创新导致新产业的形成

重大技术创新以开辟全新的技术领域及其应用领域为鲜明特征。主导技术的创新导致在新的技术基础上发生大量的产品创新,辅之以工艺创新,则会迅速形成新的产业。例如,20世纪60年代后期电子产业的形成。这种现象在经济学中常被描述为"新技术系统"的形成,或新的"技术范式"的形成。

(三)技术创新"群集"的产生与"放大效应"

重大技术创新在导致新产业形成的同时,往往通过产业间的内在关联而被"放大",波及其他产业,一般来说,一产业的产品创新往往直接导致另一产业的工艺创新,而"新技术系统"的形成则导致其在多行业的全面应用和创新。例如,20世纪50年代和60年代的合成材料与电子技术的全面推广及应用。这导致了第一种(T型)创新群集的产生,即同时出现的、在技术上相互关联的创新群集,如电子技术的广泛应用。而经济环境和经济周期的变化还往往导致第二种（M型）创新群集的发生，即指在技术上无直接联系，仅由需求的全面旺盛或其他有利条件的共同刺激所引起的几乎同时出现的创新群集，如几乎同时出现的合成材料与电子产品。

显然，技术创新的"群集"和"放大效应"将给产业结构的高度化带来巨大的影响。当然，这种影响是在创新的扩散过程中达到最大的。但是，从更大的范围来观察，扩散过程本质上也是一个不断创新的过程。因为，在扩散中，新技术的采用者和供应者的不同经济动力有相当大的部分是来自技术上相关的创新，这些创新仿效初始创新，并且不断改善其性能和降低成本。可见技术创新"群集"的出现和"放大效应"的形成本身即可被视为技术创新的扩散过程的主要形式，它们是技术创新对产业结构变化发生作用的具体过程和方式。

（四）创新使优势产业加入国际竞争

当技术创新的成果达到国际先进水平或在国际上赢得比较优势时，即可使优势产业加入国际竞争，从而使优势产业与国际产业格局发生有机联系，在更高的层次上推动本国产业结构的高度化。上述分析可用图3作一简明的表述。

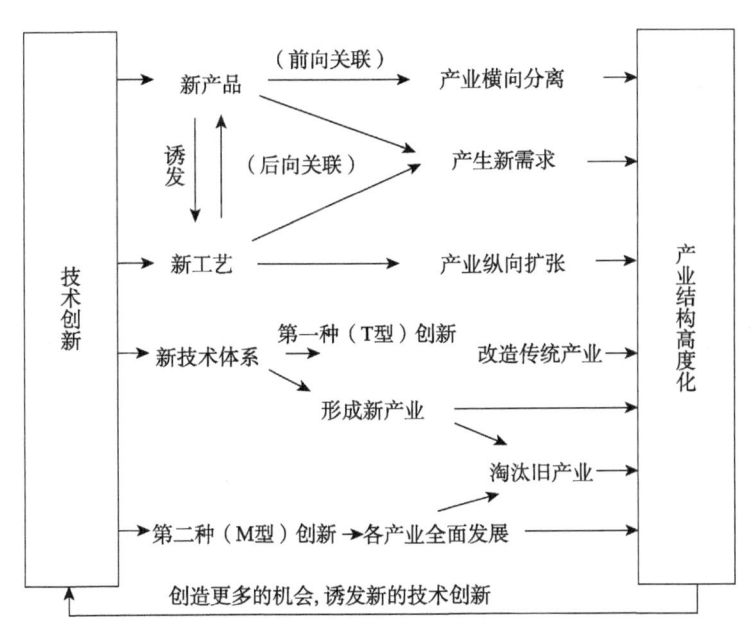

图3 技术创新对产业结构的作用

更值得注意的是，技术创新不仅使产业结构高度化，而且在更深的层次上使产业与产业之间的联系成为动态的生命运动。它主要表现在：① 及时打破各种"瓶颈"，满足不断增长的需求；② 及时适应需求结构的变化，使生产要素如"血液"

一样得到合理和迅速的流动与配置；③ 使产业能不断地"吐故纳新"，使产业结构的发展，不仅能够适时淘汰过时的成分，而且能及时地孕育新的产业；④ 使产业结构具备自组织、自适应、自成长的功能。技术创新使产业结构具备了"新陈代谢"的功能，从而使之朝气蓬勃，充满活力。

我国的历史经验和教训证明，缺乏有效的技术创新机制，是导致产业结构僵化，以致不得不进行周而复始的隔数年来一次"外科手术"式的产业结构大调整，以致整个国民经济蒙受重大损失的重要因素之一。

三、劳动生产率与技术创新、产业结构

从经济与技术的发展规律来看，技术进步总是与劳动生产率的提高成正比。或者说长期的经济发展趋势表明，技术进步的结果总是劳动生产率的提高；而劳动生产率的高低表明了产业发展的水平及人均生活水平的高低。因此，追求高劳动生产率成为各国经济发展的目标。日本于20世纪60年代即以"筱原两基准"作为制定产业政策的基本原则，即以"收入弹性基准"和"劳动生产率上升率基准"确定产业发展的优先序列。当时其优先发展重化工业的政策取得了巨大的成功，但对具体情况又应做具体的分析。作为一个参与国际分工能力相对较弱的发展中大国，其产业结构的规划应较多地关注产业之间的关联。因此，人们对劳动生产率指标在诱导技术创新的方向和确定产业结构变动趋向中的作用与重要意义应有更深的理解。通过对导致产业间劳动生产率的差异及其增长速度不一致的原因的分析，可进一步加深人们对技术创新作用的认识。

（一）劳动生产率与产业结构发展的重点

针对我国的实际，我们认为不能把劳动生产率提高的速率大小作为选择优先发展产业的唯一标准。例如，我国的新兴耐用消费品工业的超高速发展就具有一定的典型性（表1）。其中，家用电冰箱的产量1989年为1980年的137倍，家用洗衣机的产量1987年为1980年的40倍。而与此同时，金属切削机床1989年只比1980年增产了34%，年均增长率只为3.28%。

表1 我国几种主要产品增长的比较

产品	1980年产量/万台	1987年产量/万台	1989年产量/万台	1980—1987年年均增长率/%	1980—1989年年均增长率/%
家用电冰箱	4.9	401.3	670.8	87.64	72.73
家用洗衣机	24.5	990.2	825.4	69.63	47.82
电视机	249.2	1934.4	2766.5	34.01	30.66
金属切削机床	13.36	17.22	17.87	3.69	3.28

一般来说，新兴耐用消费品工业除了劳动生产率增长快外，还普遍具有产业

链条长、中间消耗系数大的特征，一般情况下会对其他部分产业产生较大的关联影响，能带动其他产业的迅速发展，从而形成产业结构的高度化。然而，我国近年来的实践并没有出现上述情景，新兴产业没能在生产上与传统产业发生关联，没能带动传统产业的发展。其主要原因在于：我国新兴消费品工业的兴起在很大程度上是靠引进装配线来实现生产能力的，与原有产业的关联很弱，零部件的国产化十分缓慢。这里的关键是没有搞好引进技术的消化吸收和创新，没有在相应的传统产业上广泛运用新技术进行技术创新。结果导致新产业由于盲目、重复引进而能力闲置，并造成新的外汇短缺；传统产业则因缺乏创新型的技术改造而同样发生能力闲置。

显然，劳动生产率及其增长率的高低只是产业发展方向的表层指标。在微观层次，它是企业所追求的目标；而在宏观层次上，政府则应在理智地分析一产业与其余产业的关联性质和程度之后，再把它作为制定产业政策的依据之一。政府应注意的是通过产业政策来推动技术创新，在促进产业之间动态联系的同时使产业结构高度化。

（二）技术创新与产业间劳动生产率及其增长率的差异的形成

按照经典的均衡经济理论，技术进步是连续的和均匀分布的外生变量，因而产业间的劳动生产率的增长速度应是基本相似的。但是，事实恰恰与之相反，产业间的劳动生产率及其增长速度有明显的差异。这里，我们以我国的机械、电子、纺织三个行业做一实证分析（表2）。

表2 我国产业劳动生产率及其增长率

行业	1986年劳动生产率/[元/（人·年）]	1989年劳动生产率/[元/（人·年）]	年均增长率/%
机械行业	10 374	14 629	12.14
电子行业	20 418	38 193	23.21
纺织行业	16 086	17 267	2.39
全国平均	12 609	16 568	9.53

资料来源：《中国统计年鉴》（1990年、1988年、1987年），中国统计出版社

由表2可见，电子行业的劳动生产率最高，增长也最快。机械行业的劳动生产率比纺织行业低，但其增长率却比纺织行业高。当我们拿表2与表3进行对比时，就可以发现，劳动生产率的增长率与新产品产值率成正比。这一事实与英国经济学家索尔特所做的假设相吻合。他认为，产业间劳动生产率增长速度的不同由三个原因造成：① 劳动效率的变动；② 资本对劳动替代率的变动；③ 技术进步率的变动。通过分析，他指出前两个原因不足以使劳动生产率的增长率发生那么大的差异，造成差异的最主要原因是技术进步的差异，即与技术创新的频率有

关。显然，表3支持了这一观点。

表3 1985年我国三个行业重点企业的新产品情况

行业	企业数/个	新产品数/个	工业总产值/亿元	新产品产值/亿元	新产品产值率/%
机械行业	746	3053	322.78	61.68	19.11
电子行业	389	1752	115.00	39.08	33.98
纺织行业	273	112（大类）	145.02	8.45	5.83

进一步的分析表明，造成技术创新频度在行业间产生差异的深层原因则是行业的"年龄"，即行业技术所处的发展阶段。由于行业主导技术所处的发展阶段不同，行业所拥有的需求潜力和技术机会也有很大不同。电子工业是新兴行业，所以潜在的技术和市场机会相对较多；而机械行业虽然是传统产业，但其产业关联度大，因而其市场机会较同样是传统产业的纺织行业要多。由此我们得到的启示是：加强新兴产业与传统产业的关联，即用新兴技术改造传统产业是提高传统产业的劳动生产率，以至提高整个工业劳动生产率的有效途径。

通过以上几个方面的分析，我们可得出如下结论。

（1）技术进步对产业结构进化的作用主要是通过技术创新来实现的。

（2）比之产业结构高度化更重要和更本质的是产业之间的有机关联，而技术创新机制的形成则是形成这种有机关联的关键。

（3）劳动生产率的增长速度不能简单地用作选择优先发展产业的标准。

（4）导致产业间劳动生产率增长速度不同的主要原因是技术创新频率和程度不同，其更深层的原因则是行业主导技术所处的发展阶段不同。

我们的建议如下。

（1）政府应把建立和健全技术创新机制放到重要的位置上来，把它作为深化改革搞活大中型企业的最主要内容之一来抓。

（2）应适度控制那些劳动生产率增长速度快，短期效益好，但是与国内其他产业的相关性弱，受制于国外的后向依赖的新兴耐用消费品行业，必要时应采用行政手段予以限制和调整。

（3）产业政策的设计应努力诱导新兴产业技术向传统产业扩散。

创新战略与劳动生产率[①]

二战后四十余年世界各工业发达国家的劳动生产率呈现出不同的发展状况：有稳定、持续上升的，也有起伏不定、时上时下的。形成这种状态的原因很多，而其中起着主要作用的是企业的竞争实力和决定着竞争成败的战略管理水平。本文主要从战略管理角度探讨技术创新与技术进步对劳动生产率的影响，力图用史实来揭示技术战略对劳动生产率的重要作用，阐明提高工业劳动生产率所应采取的技术战略。本文着重讨论五个问题：① 二战后决定工业劳动生产率的诸因素作用的变化；② 企业战略与效率、效益的关系；③ 战略盈利目标与效率、效益的关系；④ 技术进步与多方面、多层次技术工作的协调问题；⑤ 技术创新战略和竞争优势。

一、技术进步对劳动生产率作用方式的变化

如果说在生产型企业中，技术进步与创新对劳动生产率的作用主要是通过改进产品结构、改进工艺、提高设备效率和工人技术水平等途径来实现的话，那么，今天在市场日趋饱和、竞争日益激烈的国际、国内环境下，在一个企业能否生存主要取决于它是否有一个赖以生存发展的经营战略和市场策略的情况下，企业的战略管理水平（包括技术创新的战略管理水平）已成为关系企业劳动生产率水平的决定性因素。这一点不仅为我国近年来企业经营实践所证实，也为国际上企业竞争的情况所证明。

在这种市场机制起着日益重要的作用的新情况下，从国际、国内的竞争情况来看，企业的成败主要取决于以下因素：①产品质量高低，是否符合用户需要；②售后服务的好坏；③对用户意见的反应快慢；④对市场变化的适应能力；⑤把新设想转化为商品的速度；⑥战略管理水平（企业经营战略的指导与控制作用大小）。

因此，一个企业的劳动生产率，不是单纯由技术进步一个孤立的因素所决定的，而是同整个企业工作绩效联系在一起的综合性问题。也就是说，劳动生产率是一个十分重要的因素，但在复杂的环境下，它是同其他生产力要素与管理因素交织在一起发挥其重要作用的。同样，要提高劳动生产率，也需要把决定企业成败的其他因素联系在一起进行综合考虑和分析。

也可以说，当今工业劳动生产率的问题，必须从战略高度来认识和对待。一方

[①] 本文系国家自然科学基金资助管理学科重大项目研究报告之一，发表自《管理工程学报》1993年第7卷第1期。

面，劳动生产率是社会主义制度战胜资本主义制度的最重要因素。另一方面，工业劳动生产率的提高需要从战略管理的高度和在战略管理范围内来考虑和解决。

总之，由于世界范围内环境的变化，技术进步与技术创新对劳动生产率作用的方式已经发生变化，从过去直接作用于劳动生产率的方式转变为直接与间接双重作用的方式，即不仅通过技术因素直接影响劳动生产率，而且更主要的是通过战略管理的方式全面地从总体上和根本上影响着企业的劳动生产率。

二、企业经营战略的创新是提高效率与效益的重要保证

如果说企业在生产型的条件下，效率决定着企业在竞争中的胜负和成败，那么在生产经营型条件下，企业的成败则决定于企业能否取得良好的经营效益（productive performance）（Dertouzos et al., 1990），而企业能否取得良好的经营业绩，与企业的经营战略思想和管理水平是分不开的。战后的30—40年中特别是近二十年的激烈竞争中，一度称霸世界的美国在很多工业领域中都被其竞争对手击败，其劳动生产率增长速度从战后维持了25年（1948—1973年）的3%下降为0.6%—1.4%。这一事实表明：谁能在战略上不断创新，谁就能增强其竞争实力，取得良好的效率、效益。

在环境变化的情况下沿用旧战略是注定要失败的。沿用旧战略而导致企业劳动生产率下降、效益差的情况有两种。一种情况是在急剧变化的环境中，企业不能迅速地根据环境变化适时调整自己的战略，死抱住原有战略不放而导致企业的效率与效益全面下降；另一种情况是，企业在竞争失利的情况下，企图沿用过去行之有效的战略来整治、挽救企业的滑坡状况。属于前一种情况的，如我国有不少企业未能适应经济体制改革所带来的变化，及时从生产型转变为生产经营型，未能适应我国从产品经济向社会主义商品经济运行机制的转变而相应建立起企业的战略管理与运行体系，从而在经济环境变化的情况下，企业缺乏适应能力，以致经济效益连续滑坡而无法挽回。属于后一种企业的，如美国的汽车工业，在汽车行业不景气企业失去活力的情况下，它们仍从过去的策略武库中寻找曾使它一度繁荣昌盛的战略策略，即大量生产的策略与"万事不求人的自主技术开发"策略，把战略重心放在大量生产标准化的产品上，以低价策略同对手竞争，忽视发展品种、提高质量，加强开发能力，生产出满足当今用户需要的各种型号、规格的车辆。而日本汽车业实行的战略却是强调质量、品种，以及新产品开发，出车速度快、更新型号快，加强适应市场能力的策略方针。据统计，在日本汽车业，一辆新车从新设想构思到第一台整车从总装线上撤下来的时间为7.5年，而在美国为13—15年。

美国制造业之所以迟迟不能跳出运用"大量生产方式"这种过时战略的框框，进行战略创新，主要是由于它长期以来依靠和习惯于运用这种策略来发展其工业，

从经营思想、组织到文化等方面都已根深蒂固了,非短时期内能超脱出来。它虽然用种种办法进行局部的改进,但无法解决问题,因此它必须从人们的经营思想、观念及各个内部条件来一个彻底的改变才能适应外部环境的巨大变化。

促使美国采用陈旧策略的另一个因素是其"骄傲自大"和"民族狭隘性"。由于历史的和其他原因,美国长期以来存在着高人一等的自大心理,从政治上、经济上把自己放在世界霸主的地位;在科技上由于长期处于领先地位,看不起别国的科技成就和经验,不重视别人的创新成果;在国际贸易范围内,缺乏国际竞争观点,不去研究出口国的国情,总是低估竞争者的实力。这种自大思想和狭隘观点使美国不去努力创新其战略,增强其自身的技术创新能力,这样就必然导致其效益与效率下降。

进行战略创新的一个重大障碍是追求短期盈利目标。这种追求眼前短期盈利的倾向,是致使一些西方发达国家的企业行为短期化、缺乏长远战略目标和技术竞争力,最终失去市场、劳动生产率下降的主要因素。

三、从战略盈利目标出发,增强科技投入是提高效率、效益的根本

要使经济持续、稳定、协调地增长,必须依靠不断提高劳动生产率。而现代社会中劳动生产率的增长主要依靠技术进步与技术创新;而不断的技术进步与技术创新又需要以不断的技术投入作为其物质基础。这些均已为国内外成功企业的经验和失败企业的众多实例所证实。根据我们对杭州和其他一些地区成功企业的调查,20 世纪 80 年代以来通过各种途径筹集资金增加技术投入,已进入了"依靠不断的科技投入促进企业技术进步,从而提高劳动生产率使经济稳定增长"的良性循环(吴晓波和张四纲,1991)。

同样,日本的不少成功企业也遵循着如图 1 所示的环路,进入了企业成功经营的良性循环。

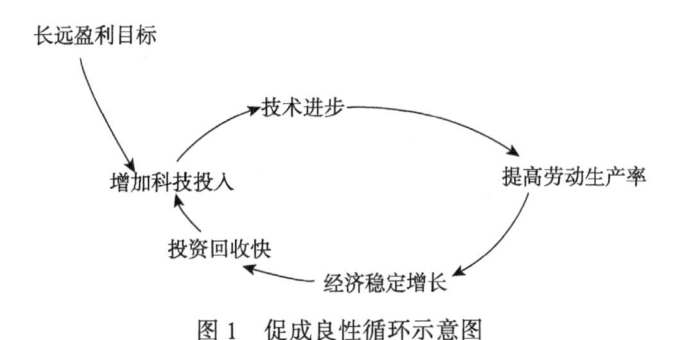

图 1 促成良性循环示意图

美国很多企业与日本企业相反,追求短期盈利目标,不肯在产品开发和提高质量与改进工艺上进行不断投资。其结果是,由它首先研制成功的新产品却被日

本企业后来居上夺取了其所曾占有的大部分市场面。CT（computed tomography，计算机体层扫描）便是一个十分典型的例子。CT 是美国企业在 20 世纪 70 年代初期研制成功投放市场的。美国企业把目标放在高档产品上，以大医院和研究单位为主要用户，小医院因其价格昂贵无力购置和使用。日本企业则采取了完全不同的策略：牺牲短期利益，采取薄利、少利、无利的低价策略，依靠不断投入，扩大生产能力和改善质量。经过坚持不懈的努力，到 20 世纪 70 年代后期，日本产品质量赶上了美国产品，但仍能保持原有的低价，从而在竞争中夺取了大部分的市场。

从这一实例的鲜明对比，反映出日本和美国两国企业采用了完全不同的策略，其根源在于两者有着根本不同的利润观：是崇尚眼前短期利益，还是放眼于长远战略盈利目标。只有从长远战略盈利的目标出发，才能最终赢得持续、稳定的效率与效益。

追求战略性盈利的另一个策略特征是肯花本钱进行长期性的投入，特别是在研究、开发与技术创新方面的不断投入。追求短期盈利目标者，往往不愿做长期投资，包括在研究开发上的投入。下面研究的是日本、美国、联邦德国在投资方面的情况。图 2 为三国的经营资金投入变化曲线。图 3 展示了三个国家研究开发费用的投入变化。

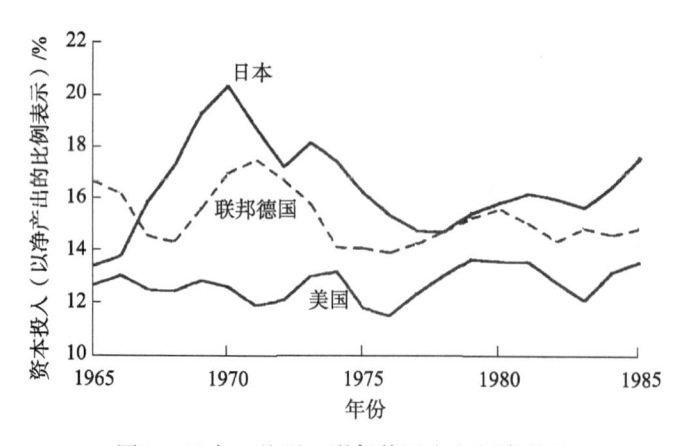

图 2　日本、美国、联邦德国企业投资趋势

从图 2 可以看出日本企业的投资增长远远超过美国，几乎为其一倍，联邦德国则居其中。从图 3 则可以看出，日本工业研究开发资金占国内生产总值的比例在 1980 年以后急剧上升，从 1978 年的 1.1%上升到 1985 年的近 2.0%，要比美国的 1.3%超出 50%以上。联邦德国则同样居其中。

从图 2 和图 3 所描绘的总投入比例和研究开发比例的趋势看，日本均大大超过美国而居于领先地位，这绝非偶然。这是两种截然不同的战略思想和目标所指导的结果：一种是着眼于长远的战略性盈利目标，另一种是局限于短期的

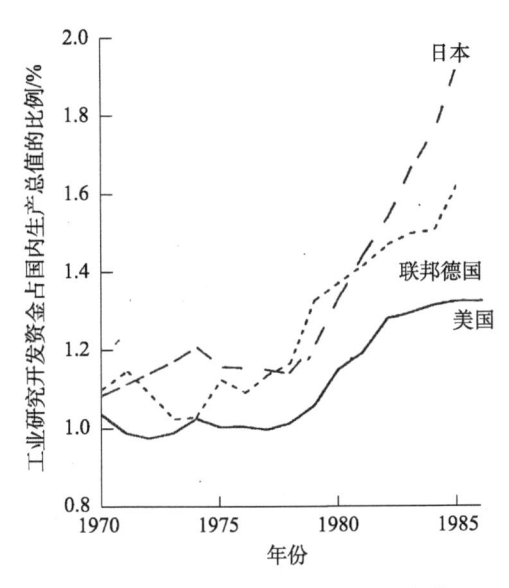

图 3　工业研究开发费用的投入变化

眼前利益。

产生这种不同战略思想和行为是有宏观的条件、环境和社会文化基础的。

（1）从外部环境来看，宏观的经济环境，如国民储蓄倾向、利率、税利，均会影响到投资情况。1981—1986年美国储蓄为国内生产总值的3.6%，而在同期日本为17.3%。

（2）从社会文化方面来分析，东方民族具有勤劳、节俭的美德，目光长远；而美国社会却充斥"短视"文化，美国投资者大多崇尚短期利益。

（3）从政府对民间工业支持程度来看，日本政府大大超过美国。美国政府在钢铁价格政策上的失误对美国钢铁工业衰落产生了很大影响。

（4）从企业所追求的目标来看，美国企业把资金利润率放在首位，而日本企业却把市场占有率放在首位。

（5）从工业结构来看，美国搞高技术的大多为年轻的小公司，而日本是大量的大企业参与高技术开发，竞争实力相去悬殊。

（6）从经理人员素质来看，美国、日本企业对待技术创新和对待风险的态度也有很大不同。

四、坚持技术进步，必须兼顾、协调多层次、多方面的技术工作

国内外的实践表明，要坚持经久不衰的技术进步，必须使多方面、多层次的技术进步项目得到统筹安排、合理兼顾。从我国经验来看，各个层次的技术进步应包括：技术改造、技术引进和技术创新这不同层次的技术进步项目。从技术工作的各个方面来讲，应使产品设计、工艺、工业与设备等各方面的技术水平在大

致相平衡的水平上协调一致地发展。从技术创新方面来看，应使重大的（含突破性的）技术创新与中小创新项目得到统筹安排、协调地发展。

之所以需要将各个层次、各个方面的技术进步项目合理组合起来，是由于技术本身系统性的需要，也是由于企业目标的多样性和资金合理安排的需要。

不同的技术项目有其不同的功能。从长远发展来看，我们需要有突破性的技术创新项目来提高水平、创造新的产业、创造巨大的经济效益与社会效益。但它需要的投入大，又非短期内能见效，需要有一大批能在短期见效的项目来支持。国内外的经验表明，小改小革对企业翻新产品、增加花色品种、提高产品质量、降低成本方面具有重要的作用。日本企业之所以在国际市场上屡屡获胜，其主要经验是在抓重大技术创新的同时，不忘抓紧小的技术革新。从美国马尔奎斯的调查资料来看，企业中大量进行的是小的技术创新（或称革新）[①]。

设计与工艺、产品开发与不断坚持工艺改进并举，是近代技术发展具有规律性的经验。美国长期以来注意产品开发，忽视在工艺上投资是造成美国技术畸形发展、劳动生产率不高、产品成本高、失去竞争力的重要原因之一。相反，日本企业非常重视工艺进步与工艺创新，注意不断改进工艺、改进技术，这是日本工业劳动生产率高、产品成本低的优势所在。我国企业的经验也表明，不少企业在产品开发上投入很大力量，达到了较高的产品水平，但在工艺上、设备上投入不足，造成企业技术系统内部不协调，最终产品上不去，劳动生产率下降，成本居高不下，企业失去活力。根据我们对某空分设备厂的调查，由于在工艺上与软技术方面投入的不足，其一万立方米空分设备的设计、生产的若干技术经济指标落后于国外同行业的水平（表1）。

表1　工艺投入效果示意表

技术经济指标	该厂水平	国际先进水平
设计周期	12个月	8个月
生产周期	16个月	12个月
标准件产值率	5%	26%
维修周期	12个月	6个月

日本、德国之所以能形成今天的竞争优势，同其在技术上的投入策略密切相关。几个主要国家的技术投入策略如表2所示。

表2　美国、日本、联邦德国的技术投入策略

企业	产品创新投入	:	工艺创新投入
美国企业	2	:	1
日本企业	1	:	2
联邦德国企业	1	:	4

---

① 见Donald G. Marquis. The anatomy of successful innovations，或参见参考许庆瑞（1990）的研究。

从表 2 可见到三个国家在产品创新与工艺创新上有不同的投入策略。这产生了十分不同的后果，美国企业因在工艺上投入不足，经济发展减缓，失去竞争优势，相反日本、联邦德国在经济上崛起，形成了强大的竞争优势。

目前，先进企业改革技术工作的方向是：组织多功能工作组（设计、工艺一体化），简化产品设计，使设计、工艺相结合（设计为工艺创设条件），使产品开发周期大大缩短。这是从组织上统一设计、工艺于一体的良好形式，先进企业（特别是日本的企业）已广泛采用这一形式。

下放技术力量，不把所有的技术力量集中在厂部（公司一级）也有利于设计与工艺的一体化。这不仅为国外（如日本）先进企业经验所证实，也为我国先进企业长期积累的经验所表明，而美国企业则走相反的道路，把技术力量过分集中在公司的研究开发部。

总之，为了使技术工作有利于提高效率，降低产品成本，取得良好经济效益，必须从思想上、组织结构上将多方面、多层次的技术工作统筹合理安排，使其协调发展。

五、竞争优势与技术创新战略

在战略制胜的时代里，企业劳动生产率及经济效益的提高在很大程度上取决于企业能否有好的竞争策略，能否取得竞争优势。

企业的竞争优势主要表现在以下两个方面。

（1）低成本优势。

（2）特色经营优势（包括特色产品优势）。

低成本优势主要依靠两个方面，一是提高劳动生产率以降低工耗，二是节约物耗与能耗。

杭州地区的先进企业近 5 年来，在物耗与能耗方面分别降低 40% 和 20% 以上，对提高经济效益起了很大作用。

工耗、物耗的降低以及成本的降低在很大程度上要依靠技术上的改进与创新。同样，创造特色产品也离不开各种技术创新与生产组织的创新。图 4 扼要地表明竞争优势和提高效率、效益以及技术创新之间的相互联系。

从图 4（a）可以看出，不论哪一种竞争优势的形成，均离不开产品创新、工艺创新与组织创新。

此外，任何一种竞争优势的形成，都需要有相应的战略为指导。只有预先拟订良好的低成本战略并努力付诸实施，才能使低成本优势的形成落到实处，而不至于自流。同样要创造出产品或服务的经营特色，也要有良好的经营特色战略。而这些竞争战略及其实现，又必须有相应的技术创新战略相匹配，例如，低成本的竞争战略，一般是同跟随战略、并举创新战略、创造性模仿战略相匹配的；而

```
竞争优势 ← 效率、效益 ← 技术创新战略
```

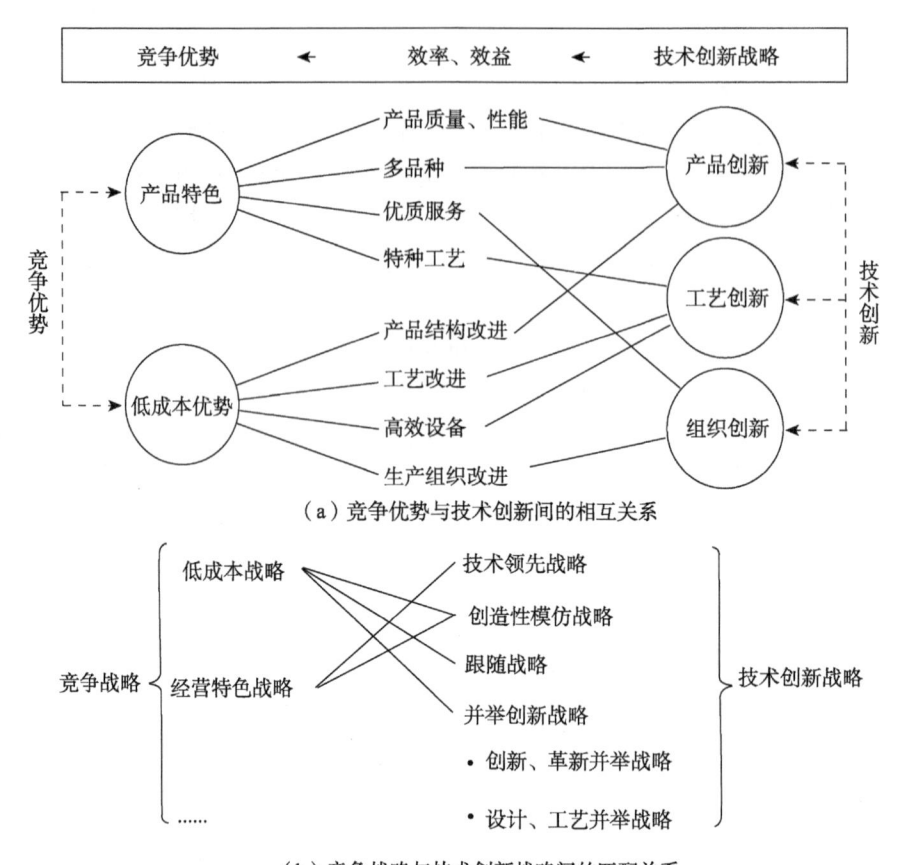

（a）竞争优势与技术创新间的相互关系

（b）竞争战略与技术创新战略间的匹配关系

图 4 竞争优势形成与创新战略关系示意图

经营特色战略又往往同技术领先和创造性模仿的战略相匹配，见图 4（b）。

从以上分析可见，正确地选择技术策略是形成竞争优势，提高市场占有率、企业劳动生产率和效益的关键。

战略的选择，特别是技术创新战略的选择是一件复杂而又重要的工作，草率地选择了不合适的战略会导致整个企业经营的失败。选择技术创新战略必须要根据国情、省情与企业自身所处的环境与条件。一般来说，在技术基础较差，技术力量，特别是企业研究开发力量不强的条件下，宜从采用跟随战略着手，随着技术力量与条件的成熟，逐步过渡到采用创造性模仿战略，最终进入技术领先战略。图 5 为技术创新战略与竞争优势的矩阵图，它扼要说明竞争优势形成与技术创新战略的相互关系，并简要指出各国采用的战略。图 5 中，C、J、A 分别为中国、日本、美国的代号，PF 与 CF 分别表示用跟随战略形成产品优势和低成本优势，CI 为创造性模仿，L 为技术领先。

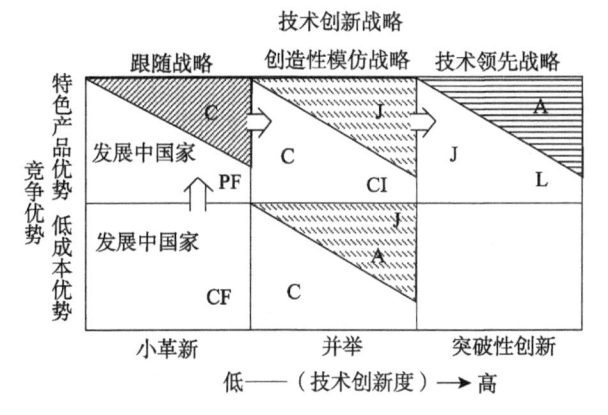

图 5　技术创新战略–竞争优势矩阵图

图 5 也揭示了用不同技术创新战略形成不同竞争优势的一般发展途径，这就是

$$CF \to PF \to CI \to L$$

促成战略转移的条件是多方面的，其中主要的有以下几种：①研究与开发力量；②研究与开发的资金；③管理水平，特别是科技管理水平；④技术基础；⑤战略管理水平（许庆瑞，1986，1990）。

为了通过加强战略管理达到提高劳动生产率和企业经济效益的目的，企业应根据自身条件和所处环境，正确选择当前的适用技术策略与竞争策略，形成自己的优势；同时要拟订长远的战略规划，创设各种条件，以使企业的战略管理水平不断提高，实现战略转移。只有不断上层次、上水平，才能使企业在竞争的风浪中始终立于不败之地，确保经济效益的持续提高。

参 考 文 献

波特 M E. 1988. 竞争优势. 夏忠华, 译. 北京: 中国财政经济出版社.
许庆瑞. 1986. 研究与发展管理. 北京: 高等教育出版社.
许庆瑞. 1990. 技术创新管理. 杭州: 浙江大学出版社.
许庆瑞. 1993. 企业经营战略. 北京: 机械工业出版社.
王伟强. 1992. 技术创新组合研究. 浙大管理科学研究所.
吴晓波, 张四纲. 1991. 技术创新是振兴企业的关键.
Dertouzos M L, Lester R K, Solow R M. 1990. Made in America: Regaining the Productive Edge. Cambridge: The MIT Press.
Kira D S, Kusy M I, Murray D H, et al. 1990. A specific decision support system (SDSS) to develop an optimal project portfolio mix under uncertainty. IEEE Transactions on Engineering Management, 37(3): 213-221.
Perrino A C, Tipping J W. 1989. Global management of technology. Research-Technology Management, 32(3): 12-19.
Porter M E. 1980. Competitive Strategy. New York: The Free Press.

Prokopenko J. 1987. Productivity Management: A Practical Handbook. Geneva: International Labour Office.

Rastogi P N. 1988. Productivity, Innovation, Management and Development : A Study in the Productivity Cultures of Nations and System Renewal. Newbury Park, Calif: Sage Publications.

Sen F, Rubenstein A H. 1990. An exploration of factors affecting the integration of in-house R&D with external technology acquisition strategies of a firm. IEEE Transactions on Engineering Management, 37(4): 246-258.

Souder E W. 1989. Improving productivity through technology push. Research-Technology Management, 32(2): 19-24.

Vepsaiainer A P J, Lauro G L. 1988. Analysis of R&D portolio strategies for contract competition. IEEE Transactions on Engineering Management, 35(3): 181-186.

中国技术创新与技术管理展望[①]

一、管理功能与技术管理的转变过程

可以将西方管理的发展过程划分为以下五个阶段。

（1）经验管理或企业家管理（19世纪末）。

（2）科学管理（约20世纪30年代）。

在19世纪末和20世纪初，在大规模生产下，标准化管理是制造业的主要手段。时间与动作研究、工作设计与质量管理在生产与技术管理中起了重大作用。中国企业在20世纪初至20世纪三四十年代经历了这两个阶段。

（3）管理科学（20世纪40年代）。

二战前，行为科学和管理科学（生产研究）在管理功能中起了主要作用。在二战以后（约20世纪50年代），市场营销管理变得越来越重要。在西方，核心的技术管理包括项目管理、PERT（program evaluation and review technology，计划评审技术）、CPM（critical path method，关键路径法）和质量管理。在中国，主要的技术管理包括质量控制与管理、过程控制与管理，以及生产工程。值得指出的是在该阶段中，中国企业在管理领域进行了有价值的革新：一是始于清华机床厂并迅速在全国推广的"工人参与管理"；二是"三结合"，即领导、专家（工程师）和工人共同参与决策过程，以解决技术与管理问题。

（4）系统管理（约20世纪60年代末至70年代）。

该阶段的主要变化是：① 系统分析与系统工程的广泛应用；② 计划趋向于长期规划，企业战略起到更大作用；③ 在全世界普及。

在该阶段，技术管理的主要变化包括：① 从质量控制到质量环管理，即包括了管理与参与；② 从质量管理到全面质量管理，即不仅技术与工程部门参与质量管理，而且企业的所有部门都参与管理产品质量；③ 从项目管理发展到大规模项目管理；④R&D管理成为技术管理的核心。

在该阶段，中国的技术管理变化相应为：①从质量管理到全面质量管理；②CPM与PERT被采纳进了技术管理，并被用于新产品开发计划与生产工程。

（5）战略管理（从20世纪80年代中期到目前）。

在该阶段，技术管理包括以下两个主要变化：① 从R&D到R&D与技术创新

[①] 发表自《管理工程学报》1997年第11卷增刊。

管理；② 技术战略管理在大企业，尤其是高技术企业中，得到广泛应用。

在中国，R&D 管理从 20 世纪 80 年代起在技术管理中起到了新的作用，到 90 年代 R&D 管理开始与创新管理融合。

图 1 总结了以上讨论的主要管理功能的转变。

	小规模生产（工业化早期）	专业化生产（大规模生产）30 年代	二战前后 40—60 年代	系统管理 70 年代	战略管理 80—90 年代
全球范围	经验管理	生产管理（生产组织）	市场营销管理（CPM、PERT）	经营战略 R&D 管理	战略管理 R&D 加技术创新管理
	├── 美国在该阶段处于竞争领先位置 ──┤				
			├── 美日竞争阶段，日本在战略上领先 ──┤		
中国	经验管理 科学管理（缺少企业家）	生产管理（以生产计划为中心）	技术管理	市场营销管理	战略管理 R&D 加技术创新管理
技术管理	质量控制 过程管理		质量控制（参与）生产工程	科研管理（苏联）	R&D 管理，技术创新管理，技术战略管理

图 1　主要管理功能的转移

从以上描述的五个阶段中，作者认为中国企业管理功能的变化轨迹与西方相似，而技术管理的核心功能也如此。

（1）质量控制——质量管理（解决已有的产品质量）。

（2）质量管理——制造工程（解决多样化问题）。

（3）制造工程——R&D 与技术创新管理（以技术创新取得竞争优势）。

（4）技术管理——技术战略管理（技术管理发展到新的战略层次）。

二、适合中国的创新模式与过程

由于基础设施、技术能力、社会与经济体制的不同，以及文化上的差异，发达国家与发展中国家之间的技术创新的模式与本质也是不同的。发达国家的创新来自基础研究、应用研究与实验开发；而发展中国家的创新经常来自对引进技术的模仿与改进。中国与其他发展中国家的这种创新模式被总结为"3I 模式"，即模仿（imitation）—改进（improvement）—创新（innovation）。

"3I 模式"的第一步是模仿。这类技术管理模式的典型例子是上海机床厂。该厂生产通用磨床。在 1953 年通用磨床市场已经饱和，新机床则有待发展。在经过广泛而细致的全国市场调研后，上海机床厂决定研究开发精密平面磨床。该厂并没有模仿苏联的产品，而是模仿瑞士精密齿轮磨床，并取得了巨大成功。此后，上海机床厂以更低的成本、更短的投产时间为中国的工业化与农业现代化提供新产品。

由于中国的技术水平尚远不及发达国家的当时水平，因此模仿引进技术可以取得巨大利益，而低水平的自主设计开发则不如高水平的引进技术更有竞争力。

我国在20世纪80年代后开始强调技术引进，这种新的技术发展道路的特点在于：①大规模和高额的投资；②技术引进是多方面的，重工业与轻工业（消费工业）都获得了引进技术；③技术引进的战略目的是进口替代与促进出口。

在大规模技术引进阶段后，中国开始转向技术的改进与创新。这种转变是由于以下原因。

（1）作为一个学习过程，模仿导致改进，并且提高人们的创新能力（推动他们能力的提高，拓宽他们的视野）。上海机床厂的案例也证实了这一点。上海机床厂的R&D人员在长期的独立模仿中，掌握和积累了大量的技术知识、技能和经验，不仅改进了磨床的进给箱，将其零件从47个减到17个，而且还解决了漏油问题。

（2）R&D是从模仿转变到创新所必需的步骤。长期的企业内部技术开发对于维持企业经济活力是必要的，这种能力被称为转变能力。转变的关键是：①技术选择，包括搜集信息，选择应创造的知识，确定搁置或开发技术的判据评价参数等。②维护，包括科研人员分享信息，允许"地下"研究与开发工作，激励维持当前技术，挽留有知识的关键人才等。③反应与综合，包括鼓励科学家、技术人员与工程师在实验室与产品项目之间交流，周期性回顾被搁置的技术手册等。

以上的因素都取决于R&D，因为R&D提供了更多的知识，而这些则是技术选择、维护、反应与综合的基础。

我们的研究表明，模仿—改进—创新可进一步细分为五个阶段。

（1）引进：主要任务是调查、可行性分析与取得所内含的技术。

（2）模仿：该阶段的关键是掌握操作技术。

（3）改造：即将技术当地化，以适应企业环境。

（4）改进：该阶段必须形成引进技术知识与高层次能力。

（5）生产：关键是以新工艺生产世界上新的产品。

实施"3I模式"的关键是依次选择合适的产品创新与工艺创新。根据创新模式的一般理论，工艺创新跟随着产品创新，即Albernathy/Utterback（A/U）模式。但是我们的调查与案例研究揭示了一种新的创新模式，并且说明工艺创新在早期比产品创新更重要，而后产品创新才变得重要起来，我们称其为A/U'模式（图2）。我们认为A/U'模式更适合发展中国家。

几家中国企业抓住了这种主流，依照上述创新的五个阶段开发技术，并且首先强调工艺创新。结果，它们花了更少的时间与成本就跟上了国际先进技术水平。杭州制氧机厂是一个典型例子。到目前为止，其已经根据从苏联与联邦德国获得的技术开发了六代空气分离器。杭州制氧机厂在模仿、改造、改进与生产上都获

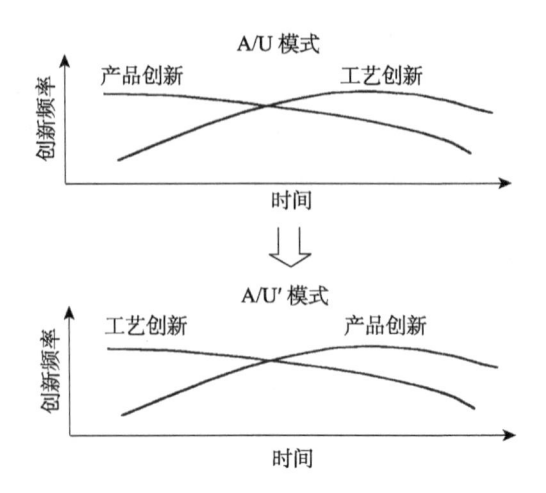

图 2 "3I 模式"中的工艺创新与产品创新：中国与西方的不同特征

得了成功，并且占据了中国空气分离器广阔市场的大部分，而国外企业则发现已难以进入中国市场。

三、自主设计：从创造性模仿到创新的关键

因为模仿常常不能满足用户的需求、适应当地环境与中国文化，尤其是在农业现代化中，自主设计越来越重要，已经成为技术开发与技术管理的核心问题。通过自主设计，中国在若干科学研究上取得了重大成就，成功地开发了原子弹、火箭，因而目前仍然是世界上研究与发展的重要力量。

自主设计的启示来自三个方面。第一，从自主设计与开发中获得的自主技术知识与技术能力比从仅仅模仿获得的要多；第二，打开思路是自主设计的基础；第三，在自主设计阶段，并行开发步骤（与并行工程相似）被用来加速创新，这意味着技术管理比以往更先进了。

在 20 世纪 50 年代中到 60 年代，大量的自主设计与模仿紧密相关，可以说是一种改造。通过引进与模仿，改进产品配置来迎合我国的需求、特点与文化。典型例子是农业机械的自主设计。中国的地貌、土壤与作业过程都与其他国家显著不同，简单地照搬照抄只能导致资源的浪费，包括能源、材料与人力的浪费。

从模仿到自主设计是有效利用我国各种资源的正确策略。

自主设计还是科学家、工程师与工程管理人员有效学习的过程。在自主设计过程中，为了提高产品性能，R&D 常常需要在一定程度上改变产品的标准与参数。这都迫使工程师们进行探索性的实验工作，并促进科学家们研究新的理论与模型，同时也推动了工程管理人员去发现新的组织结构来应用新的设计。

因此，自主设计比模仿更进了一步。我们也可以将自主设计看作创造性的模

仿，或者消化吸收的过程。

图 3 描述了杭州制氧机厂的技术开发过程，同时也给出自主设计的作用的证据。从图 3 中我们可以发现通过自主设计的两个阶段，产品性能缩短了十几年的差距，是 1956—1986 年 30 年间制氧机生产的最大跳跃。因此，实现"3I 模式"的关键是不断加强自主设计的作用。

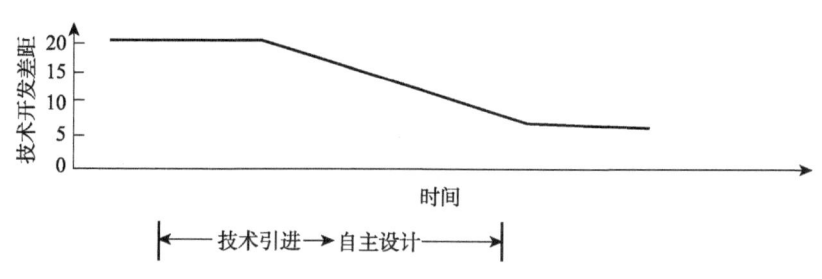

项目	第一代 (1956—1968年)	第二代 (1968—1979年)	第三代 (1979—1990年)	第四代 (1979—1987年)	第五代 (1985—1995年)	第六代 (1995年至今)
技术道路	总结	技术引进	自主设计	技术引进 自主设计	技术综合 自主开发	合作创新*
产品 (制氧机) 容量 (米³/时)	3 350	6 000	1 000—10 000	10 000	6 000	>30 000
技术水平	20世纪 40年代	20世纪 50年代	20世纪 70年代	20世纪70年代 至80年代	20世纪 80年代	20世纪 90年代

*合作创新指与大学和科研院所的合作创新

图 3　自主设计在创新中的作用——杭州制氧机厂案例

四、组合创新——新的课题

企业不可能单独进行技术创新，而是必须要有其他的先决条件。因此组合创新是技术管理的一个新的课题。

根据我们的研究，技术组合创新包括以下几个方面。

（1）依照上述 A/U′ 模式对过程创新与产品创新的组合。

（2）组合技术创新与组织创新。组织变化包括两个方面，R&D 组织与企业组织。组织变化也被称为技术变化的组织学习。图 4 说明了南京熊猫电子集团与杭州通信设备厂的技术创新与组织创新模式。

（3）技术创新与经营战略的结合，即企业将技术战略与经营战略结合起来，图 5 给出了技术战略与经营战略的匹配模式。中国企业中，总经理与总工程师是技术战略与经营战略之间沟通的关键。

技术变革	模仿引进技术	→	改进引进技术	→	自主创新
R&D 组织调整	企业内部合作	→	与大学及科研院所合作	→	国际合作
企业组织调整	职能部门 如（R&D, MKT）	→	事业部 （SBU）	→	(1) SBU (2) 合资

图 4　中国企业中的技术创新与组织创新

技术战略：技术引进—模仿—改进—创新
↑
总经理/总工程师
↓
经营战略：　回应型—前瞻型—创造型

图 5　技术战略与经营战略的匹配模式

五、技术创新系统——技术管理新趋势

有证据表明我国企业创新的阻力不仅来自技术自身，还来自环境、教育与经济体制。我国企业中，技术创新问题主要有两个方面。

（1）首先是我国许多企业资金缺乏、债务重、冗员多、利润低下，导致自主R&D 难以展开。

（2）其次是人才问题。在传统工业如纺织业中，大量雇员是农民合同工，缺少教育。在高技术行业，由于很少有大学生或研究生愿意在企业工作，企业倾向于引进国外生产线而不注重消化吸收与创新。这既是由于企业的收入低，也由于教育系统（包括学院与大学）很少注意企业技术开发的需要以及创造能力的开发。

学者对技术创新的研究，多年来一直注重个体企业的创新行为，例如，熊彼特强调企业家在创新中的作用。随着研究的进展，一些研究者注意到了技术创新的企业与企业之间的关系与协作，包括供应商与制造商以及生产者与消费者之间的关系，以及竞争者之间的技术信息交流。von Hippel 的观点较为典型。他认为，在技术创新过程中有各种各样的黏着（sticky）信息，因此需要用户的协作才能加速创新进程。在 20 世纪 80 年代初期，政府与企业在技术创新中的关系已经得到了进一步的探讨。其中包括对创新政策的研究。

总之，企业创新受许多复杂因素的影响，诸如政府政策、企业组织与企业家精神。创新的过程变得更动态、整体化与复杂。在 1988 年，瑞典经济学家 B. Lundvall 提出了国家创新系统（national innovation system, NIS）的概念，以提醒对技术创新基础设施重要性的关注。C. Freeman 发展了 B. Lundvall 的思想，并将 NIS 解释为技术创新的吸收、改进与扩散的公共网络或私有网络。加拿大学者 Niosi（尼奥西）则将 NI 定义为企业、大学与政府部门为创新所做的各种努力。

NIS概念的形成与发展对我国R&D与教育、金融系统的合作有着重大的影响。我国学者已经开始关注这一问题。作为一个巨大的发展中国家，我国缺乏足够的资源来支持每一家企业进行创新。随着经济体制改革的深化，企业将获得更多的自主权，因此企业将以自己的努力来抓住各种创新的机会，以及协调企业内外部的技术创新资源。与NIS相比，企业创新系统对我国企业显得更为重要。

为了具体分析企业创新系统的重要性及其具体内容，作者对杭州通信设备厂进行了案例研究。杭州通信设备厂从一个维修站发展成全国知名的手提无绳电话生产厂家，并且获得了极高的生产率（1994年人均产值为86.2万元，与1958年相比资产增长了200倍）。杭州通信设备厂的成功正是由于将技术创新放在了企业发展的重要位置上，建立并逐渐完善了企业创新系统。

在创新过程中，企业家精神起到了重要作用。具体来说包括以下几点。

（1）风险意识：当政府预计无绳电话装机容量只有几千门时，杭州通信设备厂的领导已经与摩托罗拉签订协议以取得先进技术。

（2）永不满足：当杭州通信设备厂销售额达到20亿元时，杭州通信设备厂领导认为在2000年企业销售额应当达到100亿元，相当于上海电信企业的销售总额。这个计划激起了对技术创新的不断努力。

（3）责任感：无绳电话生产技术的获得与改进将改变企业的组织、文化以及信息与资源分配模式。企业家需要努力处理好以上变化。杭州通信设备厂的领导通过努力，引进技术、削减进口部件关税、筹集外汇、培训人员和提高资金流通率。

杭州通信设备厂同时还注重人才与培训。他们提出了"1221"项目，即在2000年要有10名到20名技术骨干，培训费达到2亿元，R&D人员达到2000名，研究开发经费达10亿元。

在拥有了企业家与R&D人才后，杭州通信设备厂致力于完善R&D系统。首先，让更多的R&D人员进入杭州通信设备厂的事业部，并努力将R&D、生产与营销一体化。同时，设立了以基础应用研究为主的技术中心，投资已超过3300万元。该中心拥有约60名高级人员，进行高层次的研究与开发，对R&D的投资也不断增长，约占销售总额的10%。

杭州通信设备厂在取得用户好评的同时，也取得了大量市场。这进一步推动了技术创新。杭州通信设备厂的案例说明企业创新系统的建立与完善是十分重要的。杭州通信设备厂的案例还说明，中国企业创新系统应当包括以下内容。

（1）企业家精神：这是所有技术创新的灵魂。

（2）R&D系统：R&D是技术创新的基础，企业成功的创新需要研究力量与技术开发力量的合理配置，还需要R&D内部与外部的协作。

（3）教育与培训：教育与培训的目的是为每一个研究人员提供知识基础。企业没有 R&D 人才，就没有创新。

（4）与政府的协作：现代技术创新是在一定制度、组织与文化下的活动，许多直接或间接的政府活动包含在技术创新的过程中。日本与法国技术创新的成功，证实了企业与政府之间的交流与合作的重要性。

六、结论

本文介绍了中国自 1949 年以来技术创新与管理的革新过程。对引进技术的消化吸收与改进被证明为适合大部分中国企业的技术发展道路。在当前社会主义市场经济发展过程中，中国企业面临更多的竞争，尤其是外国企业不断进入中国市场。因此，需要强调基于技术能力上的自主技术创新。为了实现本地技术的更新，需要有专门的技术管理，包括技术战略的选择与实施。当发展中国家实现了对引进技术的模仿、改进与创新后，需要采取一定的战略措施来实施技术战略。这些措施包括工艺与产品创新模式（在"3I 模式"的早期，工艺创新比产品创新更重要），内部 R&D 机构的自主设计、技术创新与组织创新的结合。最后，还需要将技术战略与经营战略紧密结合起来，并且进行教育改革与经济改革（尤其是国有企业的改革）来改善技术创新系统。因此，技术战略与技术创新系统是中国当前与 21 世纪技术管理的两大关键。

参 考 文 献

许庆瑞. 1990. 技术创新管理. 杭州：浙江大学出版社.
许庆瑞. 1992. 技术创新与生产率. 浙江大学管理科学研究所.
许庆瑞. 1993. 创新战略与劳动生产率. 管理工程学报, 7(1): 1-10.
许庆瑞, 陈劲. 1994. 中国企业的技术战略. 浙江大学管理科学研究所.
许庆瑞, 陈劲. 1995. 提高中国自主创新能力的道路与政策. 浙江大学管理科学研究所.
许庆瑞, 王伟强. 1995. 组合创新理论. 浙江大学管理科学研究所.
Carud R, Nayyar P R. 1994. Transformative capacity: continual structuring by intertemporal technology transfer. Strategic Management Journal, 15(5): 365-385.
Cyert R M, Kumar P. 1994. Technology management and the future. IEEE Transactions on Engineering Management, 41(4): 333-334.
Erickson T J, Magee J F, Roussel P A, et al. 1990. Managing technology as a business strategy. Sloan Management Review, 31(3): 73.
Kumpe T, Bolwijn P T. 1994. Toward the innovative firm-challenge for R&D management. Research-Technology Management, 37(1): 38-44.
Rubenstein A H. 1994. Trends in technology management revisited. IEEE Transactions on Engineering Management, 41(4): 335-341.
Xu Q R, Wu X B. 1991. On the Pattern of Secondary Innovation. PICMET, Portland.

许庆瑞文集

许庆瑞 著

第三卷

科学出版社
北京

内 容 简 介

许庆瑞院士是我国著名的创新发展、技术创新与管理学专家，长期从事管理科学与工程的教学、科研与工程实践，以技术创新为重点，注重理论联系实际，致力于推动我国企业自主创新发展、创新能力建设和创新人才培养，是我国技术创新管理领域的创始人，在全国率先提出以企业为主体，开创了"二次创新–组合创新–全面创新"的中国特色技术创新理论体系。本文集为五卷，所选内容基本涵盖了许院士学术研究的各个领域，依次为管理学综论、生产管理、战略经营管理、战略管理、技术创新、二次创新、组合创新、全面创新、创新能力建设、创新人才培养与创新文化构建，展现了许院士的学术生涯和研究历程，为学界和年轻人理解中国管理学理论的发展提供了一种途径。

本书可供对管理学感兴趣的读者阅读参考。

图书在版编目(CIP)数据

许庆瑞文集. 3 / 许庆瑞著. -- 北京：科学出版社，2025.1. -- ISBN 978-7-03-081201-8

Ⅰ. F273.1-53

中国国家版本馆 CIP 数据核字第 2025NU6476 号

责任编辑：魏如萍 / 责任校对：贾娜娜
责任印制：张 伟 / 封面设计：有道设计

科学出版社 出版
北京东黄城根北街 16 号
邮政编码：100717
http://www.sciencep.com
北京中科印刷有限公司印刷
科学出版社发行 各地新华书店经销
*

2025 年 1 月第 一 版　开本：720×1000　1/16
2025 年 1 月第一次印刷　印张：17
字数：343 000
定价：568.00 元（全五卷）
（如有印装质量问题，我社负责调换）

目　录

第一篇　二次创新、组合创新部分

企业技术创新模式的动态演进 ……………………………………………………… 3

我国企业自主创新道路实证研究 …………………………………………………… 10

我国企业自主创新的主导道路 ……………………………………………………… 27

组合技术创新的理论模式与实证研究 ……………………………………………… 34

企业创新协同及其演化模型研究 …………………………………………………… 41

第二篇　全面创新部分

全面创新管理理论的实践和理论背景 ……………………………………………… 53

全面创新管理的理论基础 …………………………………………………………… 61

全面创新管理的系统框架 …………………………………………………………… 87

全要素创新 …………………………………………………………………………… 102

全员创新 ……………………………………………………………………………… 121

全时空创新 …………………………………………………………………………… 139

全面创新管理体系的基础架构和形成过程 ………………………………………… 164

全面创新管理的协同机制 …………………………………………………………… 183

全面创新管理的学习机制 …………………………………………………………… 197

全面创新管理的领导机制 …………………………………………………………… 208

全面创新管理（TIM）：企业创新管理的新趋势 ………………………………… 223

全面创新管理的制度分析 …………………………………………………………… 232

中美企业全面创新管理模式比较 …………………………………………………… 240

各创新要素全面协同程度与企业特质的关系实证研究 …………………………… 247

全面创新如何驱动组织平台化转型：基于海尔集团三大平台的案例分析 ……… 254

第一篇　二次创新、组合创新部分

企业技术创新模式的动态演进[①]

第一节　企业技术创新的基本模式

技术创新的模式可以从多种角度去理解。从创新的来源、基础和动态过程来考虑，几十年来国际上主要有以下三种模式。

一、研发主导型模式

这种模式是20世纪70年代末、80年代初美国学者J. M. Utterback（厄特巴克）和Abernathy（阿伯内西）提出的，因此又称为Utterback/Abernathy（研发主导型模式）。这种技术创新模式以较为雄厚的研发实力为基础，往往从基础研究和原创性的突破开始，经过研发、开发过程实现商业化并取得竞争优势，其特征表现为先集中于产品创新，进而过渡到以工艺创新为基础的阶段，继而进入产品创新与工艺创新均趋平稳发展（衰减）的后继阶段。尽管研发主导型模式已被较广泛接受，但正如许多学者所指出的，它并不具有普适性。例如，研发主导型模式更适用于大批量规模化生产的市场，对于那些不具规模经济和学习效应的细分市场，则解释力较弱；此外，研发主导型模式更容易产生原始创新的成果，但前提是具有较强的研发能力，因此主要适用于发达国家，而非发展中国家；等等。

二、二次创新（引进消化吸收再创新）模式

二次创新可以定义为那些建立在技术引进基础上，囿于已有技术范式，沿一次（原始）创新所定义的技术轨迹所进行的创新。这是引进技术而后加以消化吸收进而再创新的技术创新模式。一般来说，重点是渐进型创新，许多发展中国家都采用了这一模式。典型代表是二战后的日本以这种模式后来居上，在20世纪80年代取得了全面竞争优势。其特征和研发主导型相反，在创新过程中先集中于所引进产品和技术的工艺创新，然后在此基础上致力于产品创新。

二次创新根据技术来源可以分为成熟技术引进、新兴技术引进和实验室技术引进三种。可以认为，以成熟技术引进（如引进国外企业已经商业化的技术）为代表的创新是最为典型的二次创新，其创新很大程度上受到国外技术范式的制约。

[①] 节选自：许庆瑞，吴江波，陈劲，等. 中国特色自主创新道路研究：从二次创新到全面创新. 杭州：浙江大学出版社，2019：第五章。

二次创新模式之所以可以被看作自主创新模式之一，主要是其采用了"主动模仿引进—吸收—改进"的过程模式，而非停留在模仿生产阶段。这一过程可以提高企业对价值活动的控制能力，实现企业对新产品及其生产工艺以及销售的控制，同时也可以在产品改进过程中获得自主知识产权。但由于核心技术不足，市场范围受限，其对价值活动和知识产权的控制显然还应该属于一种初级阶段的自主创新。

应该指出的是，我国当前对二次创新的争论的关键点不在于要不要引进先进技术，而在于是否应花大力气消化吸收和再创新。

三、集成创新模式

除了以上两种基本模式外，本研究把介于研发主导型创新模式和二次创新模式之间的大量企业的技术创新模式，称为集成创新模式。其主要特征是，具备一定的研发能力，但主要通过将各种技术要素创造性地融合，使各项创新要素之间互相匹配，从而使创新系统的整体功能发生质的跃变，形成具有市场竞争力的创新型产品和产业。简单地说，就是对现有各种技术要素进行有机整合及对现有知识进行新应用，从而创造市场价值。

严格地说，集成创新是以二次创新（引进消化吸收再创新）为基础的，是二次创新发展到一定阶段的产物。因为集成创新需要具备一定的研发能力，而我国大多数行业和企业往往是先引进国外先进技术，对其进行消化吸收后具备了一定的技术研发能力，从而为开展集成创新提供基础。

1998年，美国哈佛大学的 Marco Lansiti（马尔科·扬西蒂）在《技术集成》（Technology Integration）一书中提出了技术集成的概念。他认为，通过组织过程把好的资源、工具和解决问题的方法进行应用称为技术集成，它为提高研发的性能提供了巨大的推动力。

我国在对技术创新的案例研究中也逐渐发现，在技术创新中各种技术要素的集成是保证技术创新效果的重要条件。李宝山教授等认为，集成从管理角度来说是指一种创造性的融合过程，即在各要素的结合过程中，注入创造性的思维。集成创新的关键是以把握技术知识的需求环节为起点，通过开放的产品平台集成各种各样的技术资源，以获得更好的创新绩效。

当今科学技术发展的基本趋势表明，集成创新是科学技术发展的重要形式。我们应当注重选择具有较强技术关联性和产业带动性的重大战略产品，大力促进各种相关技术的有机融合，在此基础上实现关键技术的突破和集成创新。

第二次世界大战后日本的经济发展就经历了从引进、消化吸收和模仿到集成创新的自主创新道路。与美国相比，日本的基础研究相对薄弱，在原始创新上与美国有一定差距。无论是"技术立国"还是"专利立国"的日本都强调技术集成，以产品开发为导向，综合集成现有技术能获取商业价值的产品。

第二次世界大战之后，日本颁布《企业合理化促进法》，规定凡是企业进口机械和引进技术均予以免税。20世纪40年代中期到50年代末，日本平均每年引进项目230项，最多时达到580项。20世纪50年代，日本涌现出一批现代化企业，它们十分注重消化引进技术（如录音机、半导体晶体管、维尼纶、氧气顶吹转炉等）和消化吸收技术。20世纪60年代，日本开始了产业结构调整和升级，逐步从引进模仿向创新转变，提出了著名的"国民收入倍增计划"，从整个项目引进转为关键技术引进。与此同时，日本开始注重消化和模仿，避免重复引进，提出了"1号机引进、2号机国产"的口号。20世纪70年代，日本大企业已经积累了相当能力，开始注重实验室技术引进，成熟技术引进比例大大降低。20世纪90年代，日本已经基本完成了追赶欧美发达国家的使命，确立了"技术立国"的方针。这一时期，日本企业积极走向海外，国内企业总部主要开展研发和设计等高利润活动，顺利实现了从引进、模仿到集成创新的转变。

当今时代，产业关联度日益提高，技术的相互依存度增强。单项技术的突破需要相关配套技术的创新才能有效地发挥作用；大多数技术创新发明都是在已有技术上的局部创新，或者是已有技术的组合式创新，在技术创新的组织和方法上也普遍采用将已有技术组合成为系统的技术方案等手段。世界上许多创新都是在现有成熟技术基础上通过技术集成而产生的，大到运载火箭、飞机，小到家用电器、剃须刀，都体现了大量的集成创新行为。我国的高速铁路近年来通过引进基础上的消化吸收再创新快速达到世界先进水平，进而在集成日本、德国、法国等当今世界先进国家高铁技术的基础上结合国情进一步通过自主创新赢得世界领先地位，也是典型例子。美国阿波罗登月计划首席科学家曾明确指出，阿波罗登月计划没有一项技术是新的突破，都是对原有技术的集成。

总体来说，集成创新模式主要还是强调了从技术集成和技术层面的角度来分析技术创新。

第二节　二次创新模式与后二次创新模式

二次创新是发展中国家企业在相当长的时期内谋求发展的主要模式，其出发点应以市场为动力源。二次创新过程应是一个渐进积累与有限范围突变相结合的过程。

一、二次创新模式的三种子模式

二次创新模式主要有以下三种子模式（图1）：一是模仿型创新，指引进技术之后进行设备、工艺重组，然后生产销售；二是创造性模仿，指生产采用国产化的流程，在生产流程上进行创新，然后进行生产销售；三是改进型创新，指在引进技术之后，不但进行国产化流程创新，而且对技术进行研发改进，推出改进型产品。可以认为,模仿型创新更多是在全球制造网络中"接入",而创造性模仿与改进型创新显然已经实现了对网络的"拓展"。

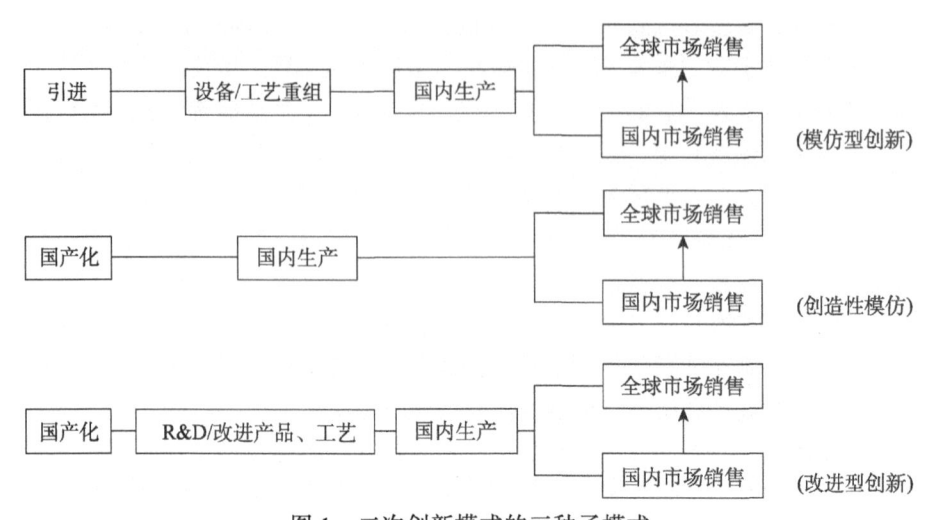

图 1　二次创新模式的三种子模式

资料来源:吴晓波,刘雪锋. 全球制造网络中知识转移过程及影响因素研究. 技术经济,2007(2):1-5, 19

在后发企业对接全球制造网络的初期,技术落后的后发企业尤其会引进系统的先进技术,包括产品设计、制造工艺、测试方法、材料配方、技术标准等,常包括一些关键设备和样机。该阶段的主要工作为:可行性研究、洽谈、成交,将有关图纸资料和设备乃至专业技术人员引入接受技术的企业,其后根据技术要求将引进设备与原有设备按工艺进行重组。这一阶段以简单模仿国外产品和工艺为主,被称为模仿型创新。在模仿型创新阶段,集群内企业引入的技术打破了其原有的技术范式,企业的工作重点在于进行工艺创新,按照引进的技术标准生产。企业组织学习的主导模式为适应性学习,即进行秩序调整,从而形成相对宽松的、能适应一定变化的新系统秩序,以尽快适应新的技术范式。企业首先通过技术许可引进技术,然后通过"干中学"方式提高技术能力,即在生产过程中,工人的熟练程度逐渐提高,并向设计、研发部门以及生产技术管理部门反馈相关信息,加深各部门对技术知识的理解和掌握。

对接跨国公司的制造网络之后,企业开始拓展自己制造网络的范围。在制造网络拓展期的创新过程可分为两个阶段。第一阶段为创造性模仿。企业以国产化为主要目标,促进已有技术结构与引进技术结构的适应和融合,在保证产品性能的情况下尽量采用国内已有的原材料和部件,减少对技术母国的依赖。第二阶段为改进型创新。在技术知识积累的基础上,企业逐步掌握了设计原理,形成了自我的研发能力,从而可以根据市场的需求,改进引进产品并开发其新功能。

在创造性模仿阶段,引进的技术得以充分应用,企业的工艺开始规范化,产品性能也日益稳定，维护和健全新建立起的技术体系成为企业的工作重点。相应地，企业组织学习的主导模式为维护性学习，即在保持稳定的前提下，通过能力积累使已有系统更有效。用户的反馈则是这一阶段主要的学习资源。用户反馈的信息是企业改进产品和工艺的重要依据，用户是重要的创新和技术来源。

在改进型创新阶段，企业已具备一定的设计和工艺能力，发展性学习是企业组织学习的主导模式，即加强企业自身的研发，结合国情进行产品功能改进，使企业的技术体系沿既定的技术轨迹发展。特别地，通过反求工程，企业反向推演出引进技术的原理和诀窍，从而掌握其设计原理。

除用户的反馈和反求工程外，制造网络的拓展期还存在其他重要的学习方式。首先，企业可从技术性会议与出版物上接触到先进的技术知识，更好地理解和运用引进技术。其次，企业可从原材料、设备的供应商以及竞争者处获知行业动态，从而加快对产品的改进和新功能的开发。最后，网络中人员的流动加速了技术知识在不同企业间的溢出，提高了企业的技术能力，丰富了网络的知识基础。

二、后二次创新模式

后二次创新模式是指直接到国外吸收实验室技术和先进流程技术，实现跨国价值活动控制和自主知识产权的模式。这种以实验室和新兴技术引进为代表的创新囿于技术范式的程度较低，技术引进往往在主导设计确立之前，因此可以被认为是与一般二次创新不同的"后二次创新"。

在全球化背景下，后二次创新的实验室技术和新兴技术都是通过海外研发活动获得的。虽然这样的海外研发活动已经有一定的一次创新特征，但由于其技术还是从发达国家获得的，海外研发是为了在技术先进国家寻求技术资源，所以这样的创新仍可被认为是二次创新的一种高级类型。这种模式主要依靠在国外投资建厂，进行国外研发和生产活动，从而推动全球市场销售（图 2）。

图 2　后二次创新模式

资料来源：吴晓波，刘雪锋. 全球制造网络中知识转移过程及影响因素研究. 技术经济，2007，(2)：1-5，19

第三节　组合创新模式

组合创新（portfolio innovation）模式是 20 世纪 90 年代以美国斯坦福大学咨询公司的研究人员和浙江大学的许庆瑞教授等为代表的一批学者提出的。

随着竞争的日趋激烈和技术创新活动的深入,人们逐渐认识到,技术创新不是孤立的,而是系统性的企业行为。技术创新行为及其有效性在很大程度上受到国家战略、社会经济环境以及企业自身条件与战略目标的影响和制约。因此,必须以系统的观点从战略高度和组合的角度来研究企业的技术创新行为。

在我国,"以产品为龙头"是我国企业长期以来推进技术创新的传统观念。而用于保证产品生产的工艺,特别是关于提高劳动生产率和性能的工艺,则被认为是从属于产品需要的,是次要的。缺乏对产品创新和工艺创新的协调考虑,这严重影响了企业生产率的提高,并且企业工艺落后的状况已成为企业技术发展和技术能力提高的瓶颈,从而导致企业技术水平与国外先进水平差距不断拉大。

这种重产品创新而忽视工艺创新的倾向和行为,在发达国家中也同样存在。美国麻省理工学院生产力促进委员会认为,美国大部分产业和企业在20世纪80年代的世界竞争中之所以被击败,一个重要原因就是工艺创新投入上的失衡。工艺创新严重落后于产品创新,使其产品在质量、价格、效能上落后于日本与德国企业(表1)。

表1　美国、日本、德国、中国企业产品创新投入与工艺创新投入之比

不同国家的企业	产品创新投入与工艺创新投入之比
美国企业	2∶1
日本企业	1∶2
德国企业	1∶4
中国企业	2.6∶1

资料来源:许庆瑞,陈重.企业经营管理基本规律与模式.杭州:浙江大学出版社,2001

人们在实践中发现,合理的组合创新的整体效益要大于单个创新的效益之和。必须把产品创新与工艺创新、重大创新与渐进创新、使用已有的技术与获取新技术的能力、技术创新与组织文化创新结合起来,在创新中整合与协调技术、生产、市场的各职能部门的工作,这样才能成功地进行技术创新。组合创新实质上是企业为保持持续竞争优势,在企业战略目标的引导下而进行的与企业环境、资源、自身组织因素、技术因素相适应的系统性协同创新行为。它是辩证统一规律在创新中的具体体现。

技术创新的组合协同发展是发挥其全面效益的基础,是保证企业持续竞争优势和长期持续发展的重要条件。

组合创新的研究和实践,大体经过了四个逐渐深入的阶段(图3)。

(1)产品组合创新(20世纪70年代)。这一阶段对组合创新的研究主要停留在产品创新方面,即研究不同类别产品的优化组合,以使有限资源最优化利用,保持企业持续发展。如何合理搭配和组合产品的创新是当时研究的主要方面。

(2)技术创新组合(20世纪80年代)。这一阶段重点研究的是技术组合创新中的产品创新与工艺创新的关系。

企业技术创新模式的动态演进

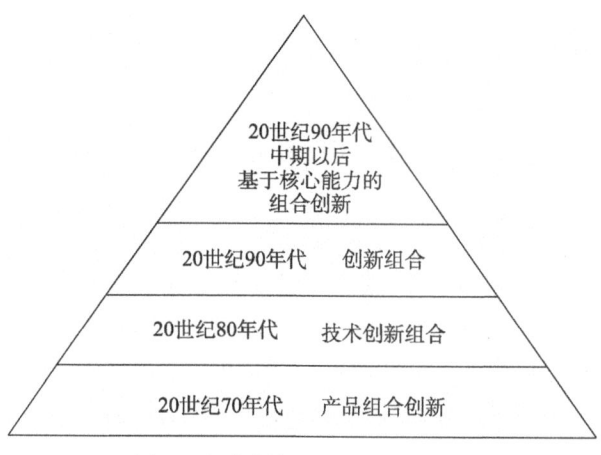

图 3 组合创新演进的四个阶段

（3）创新组合（20世纪90年代）。此时的研究已突破了技术创新的组合范畴，超越技术领域而进入了涵盖组织、文化等非技术因素，以及从企业自主创新扩大到整合外部力量合作创新的全面组合，是协同创新阶段。

（4）基于核心能力的组合创新（20世纪90年代中期以后）。这一阶段组合创新的研究与实践进一步深入，以普拉哈拉德和哈梅尔为代表的核心能力理论被人们广泛接受，并引入组合创新研究领域。人们发现，核心能力与组合创新之间存在紧密的联系：企业核心能力是提高组合创新水平与效率的基石，而组合创新既是将核心能力转化为竞争优势的重要手段，也可促进核心能力不断提高。

组合创新至少包含了六方面的组合关系，即渐进创新与重大创新的协同、产品创新与工艺创新的协同、创新的隐性效益与显性效益的协同、技术创新与组织文化创新的协同、企业内部独立创新与外部组织合作创新的协同、持续创新与裂变式创新的协同等，如图4所示。

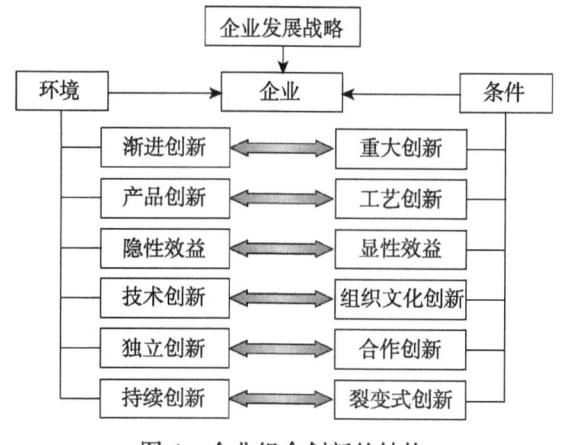

图 4 企业组合创新的结构

我国企业自主创新道路实证研究[1]

陈至立指出，自主创新主要包括三个方面的含义：一是加强原始性创新，努力获得更多的科学发现和技术发明；二是加强集成创新，使各种相关技术有机融合，形成具有市场竞争力的产品和产业；三是在引进国外先进技术的基础上，积极促进消化吸收和再创新。该定义并未涉及创新的动态演进。事实上，发达国家和新兴国家数十年的创新发展实践表明，原始创新、集成创新和引进消化吸收再创新三类创新方式在国家发展进步的各阶段是同时存在的，但其组合与重点往往随着发展阶段和社会经济发展水平的提升而改变。

总体来讲，我国现阶段应当坚持走原始创新、集成创新和引进消化吸收再创新相结合的道路，但不同地区、不同企业由于发展起点、发展阶段、发展战略定位、创新文化等的不同，自主创新道路的具体形式也会有所区别。本研究在此基础上结合自主创新三个层面的动态演进，并结合近几年先后调研的国内数十家大型企业和数百家中小企业，初步总结出几种典型自主创新道路。

（1）原始创新—组合创新—全面创新，如朗科、北大方正等。
（2）集成创新—组合创新—全面创新，如联想、网新集团等。
（3）二次创新—组合创新—全面创新，如海尔、宝钢、振华港机、中集、华为等。

需要指出的是，如前所述，集成创新是以二次创新（引进消化吸收再创新）为基础的，是二次创新发展到一定阶段的产物。因此，也可以把集成创新看作二次创新的较高级阶段和二次创新的一种重要途径。

第一节　从二次创新到全面创新

一、海尔：从引进消化吸收到组合创新、全面创新

海尔集团（以下简称海尔）是在1984年引进德国利勃海尔电冰箱生产技术后成立的青岛电冰箱总厂的基础上发展起来的特大型企业。经过30多年的艰苦创业和创新发展，一个亏损147万元的集体小厂逐渐成长为中国家电第一品牌。

---

[1] 节选自：许庆瑞，吴晓波，陈劲，等. 中国特色自主创新道路研究：从二次创新到全面创新. 杭州：浙江大学出版社，2019：第七章。

从海尔的创新发展道路看，其走过了二次创新（引进消化吸收再创新）、组合创新主导阶段，进而逐渐进入全面创新实施阶段。当然，即使在全面创新主导阶段，也不排斥在某些方面和技术领域进行二次创新、组合创新。

（一）海尔的二次创新阶段

在创名牌阶段，企业从技术设备引进起步，在引进消化吸收基础上进行二次创新。这个时期要克服的主要技术问题是产品和工艺创新之间的不平衡，这在很大程度上阻碍了产品质量与性能的提高，因此需要进行以产品与工艺组合为主的技术创新范式转变。

（二）海尔的组合创新主导阶段

进入20世纪90年代后，随着市场的发展，需求逐渐多样化，为了寻求差异化竞争优势，海尔开始进行技术与市场组合的创新。一方面，继续保持企业技术创新优势，如1995年第一台洗衣、脱水、烘干三合一的全塑外壳全自动滚筒洗衣机在海尔诞生。另一方面，企业也通过提供良好的售后服务和建立全方位销售网络，进行资本市场运作，扩大企业规模，以技术、市场和资本共同推动企业走向多元化之路。

20世纪90年代后期，许多国际著名的家电跨国公司进入中国，中国的家电行业技术竞争越来越激烈，同时国内市场也无法支撑企业的持续发展。为此，海尔主动出击，开拓国际市场，但这也对企业内部管理提出了更高的要求。组织变革、流程再造本质上就是管理制度的组合创新。海尔进行 SBU（strategic business unit，战略经营单位）与市场链业务流程再造，在企业内部模拟市场交易原则。企业内的每个流程、每个工序、每个人之间都是市场关系，其目标是以订单信息流为中心，带动物流、资金流流动，通过不断的信息化升级来提高市场链与内部资源的整合效率，从而大大提高了创新的效率。

事实上，自20世纪90年代后期实行国际化战略之后，海尔就开始逐步进入全面创新主导阶段。

在全球化品牌战略阶段，海尔推出了人单合一模式，依托全球的全产业链、全流程、全员创新，整合了技术管理、组织创新、管理创新以及商业模式创新等，这是一种全面创新导向的自主创新模式。通过建立"倒三角形"的组织结构，在内部推进"自主经营体"，打破原来的职能分割，各个部门在自主经营体里形成新的创新整体，独立核算，对市场指标承担完全的责任，在创造市场价值的同时实现自身的价值。自主经营体包含的"三张表"（损益表、日清表、人单酬表）也是一种新型的全员创新模式，是内部风险投资机制与市场、技术的结合，体现战略、个人目标承诺和日清三位一体的管理模式。

在网络化战略阶段，海尔从传统制造家电产品的企业转型为面向全社会孵化创客的平台，致力于成为互联网企业，颠覆传统企业自成体系的封闭系统，变成网络互联中的节点，互联互通各种资源，打造共创共赢新平台，实现攸关各方的共赢增值。

为此，海尔在战略、组织、员工、用户、薪酬和管理六个方面进行了颠覆性探索，打造出一个动态循环体系，加速推进互联网转型。在战略上，建立以用户为中心的共创共赢生态圈，实现生态圈中各攸关方的共赢增值。在组织上，变传统的自我封闭为开放的互联网节点，变科层制组织为网状组织。在这一过程中，员工从被雇佣者、执行者转变为创业者、动态合伙人，目的是要构建社群最佳体验生态圈，满足用户的个性化需求。在薪酬机制上，将"企业付薪"变为"用户付薪"，驱动员工转型为真正的创业者，在为用户创造价值的同时实现自身价值。在管理创新上，通过对非线性管理的探索，最终实现引领目标的自演进。

2016年海尔的战略方向是以诚信为核心竞争力，以社群为基本单元，建立后电商时代的共创共赢新平台。海尔将重点放在把"一薪一表一架构"融入转型的六个要素中。"一薪"即用户付薪，是互联网转型的驱动力；"一表"为共赢增值表，目的是促进边际效应递增；"一架构"是小微对赌契约，它可以引领目标的自演进。三者相互关联，形成闭合链条，共同推进互联网转型。

（三）海尔的全面创新实施阶段

事实上，在海尔30多年的发展过程中，正是各创新要素的相互有效协同，才使海尔的创新绩效大大提高，积累和提高了海尔的核心竞争力，从而推动了海尔的快速持续发展。海尔是我国全面创新管理的典型企业。

海尔的五个战略发展阶段如图1所示。

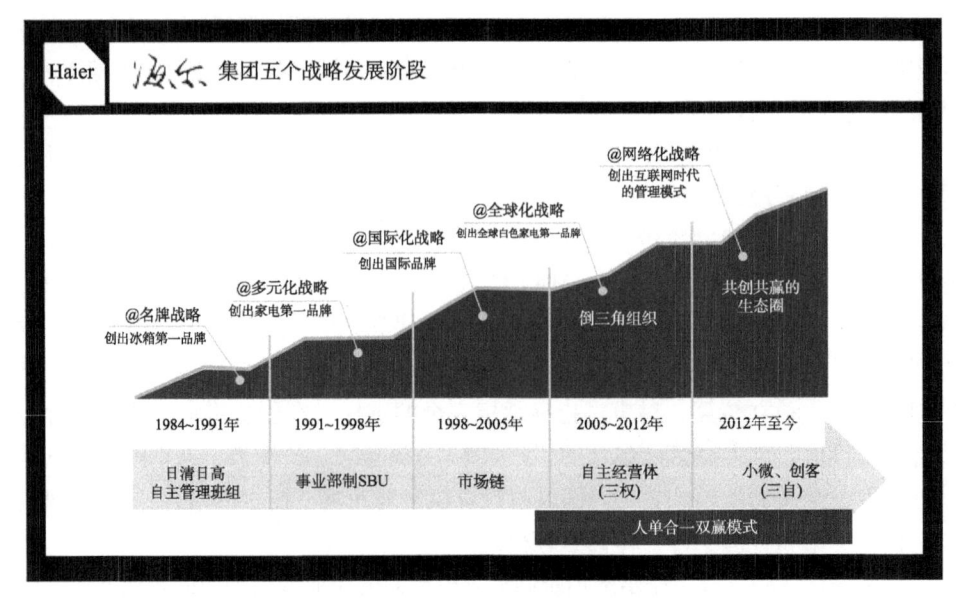

图1　海尔战略发展阶段的演进

（1）砸烂有缺陷冰箱——以卓越质量创名牌的名牌战略（1984~1991年）。

（2）吃休克鱼——低成本扩张的多元化战略（1991~1998年）。

（3）美国有了"海尔路"——国际化战略，为树世界名牌奠定了基础（1998~2005年）。

（4）创世界名牌——全球化战略（2005~2012年）。

（5）网络化战略（2012年至今）。

海尔全面创新管理的形成过程如表1和图2所示。

表1 海尔全面创新管理的形成过程

维度	名牌战略阶段	多元化战略阶段	国际化阶段、全球化战略阶段	网络化战略阶段
创新要素的发展	文化的构建	技术创新	全面创新	全面创新
	管理、制度与组织	市场、战略与组织	各创新要素、全时空、全员	用户与供应商参与创新
核心的演进	非技术因素	技术因素	全时空环境下的非技术与技术因素相结合	
创新的时空环境			全时空环境	复杂网络环境
员工参与度	低	全员范围	全员以及全价值链	高

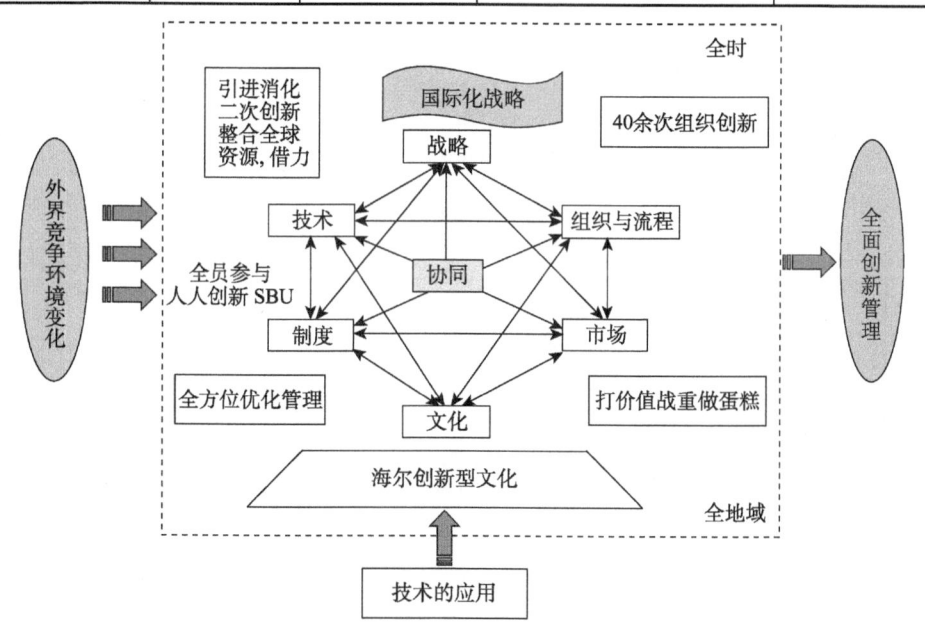

图2 海尔全面创新管理的形成过程

资料来源：许庆瑞. 全面创新管理：理论与实践. 北京：科学出版社，2007

二、宝钢：从引进消化吸收"跟跑"到领跑

（一）宝钢全面创新管理发展阶段总览

中国宝武钢铁集团有限公司（以下简称宝钢）全面创新管理发展阶段如表2所示。

表2　宝钢全面创新管理发展阶段

类别		第一阶段 （1978~1991年）	第二阶段 （1992~2006年）	第三阶段 （2007~2009年）	现阶段 （2010年至今）
主要矛盾		以生产技术能力提升为主要目标	如何实现进口替代（以技术创新能力提升为目标）	国内的兼并重组频遭阻力；国内大型钢厂在产品和技术上都开始有与宝钢齐头并进之势	面对国内老企业跨越式发展挑战；持续发展，必须面对能源、环保压力挑战
主要事件		一期、二期工程建设和投产	成为技术创新工程试点		
全要素创新	战略创新	高质量、高效率、高效益，创世界一流	精品战略	精品+规模战略	精品+规模+环境经营战略
	技术创新	二期工程冷轧、热轧、连铸三大项目设备国产化率达到88%	建成的4350立方米高炉国产化率达到95%；"中国自主创新能力行业第一"	制定《技术创新体系规划纲要》；"中国自主创新能力行业第一"；形成核心技术链	
	市场创新	以用户满意为最高标准，努力把被动的、无计划的市场与主动的、有计划的生产结合起来	系统推行以用户为中心的营销理念，坚持"三个就是"：用户的标准（质量和技术）就是宝钢的标准，用户的计划（供货和物流）就是宝钢的计划，用户的利益（经济和效益）就是宝钢的利益。实行按用途（标准+α，即国际产品标准+用户的特殊要求）组织生产，抓住质量、交货期、服务三大环节，视合同为法律，要求100%完成合同	"产销研"一体化机制，坚持以产品开发为龙头，围绕市场需求热点，集中技术力量，加大新产品研发，成为宝钢赢得市场竞争主动权的有效手段	从关注现有市场需求向挖掘客户潜在需求转变；与用户共建实验室，建立"产学研用"战略联盟
	文化创新	创业期文化，"85·9"精神是宝钢文化的源头	逐步形成了具有宝钢特色的用户满意文化	整合期文化：逐步实现宝钢管理模式向整合企业的移植以及宝钢与整合企业的文化融合	以"严格苛求的精神，学习创新的道路，争创一流的目标"为主线，以"诚信、协同"为基本价值观的企业文化
	管理创新	伴随技术引进的管理思想的引进，明晰的职责规范及相关制度；创新与变革的重要性，"生产车间三年不变样，车间主任要换人"的思想影响	生产管理的作业长制；知识产权管理岗位设立并逐渐发展成为知识资产管理处；五项人力资源管理政策出台，旨在更好地激励科技人员创新发展	面对经济危机的管理整合	
	制度创新	伴随技术引进的制度制定，如生产设备的点检定修制	岗位能级工资制，首席专家制，铁马制，科技人员内部柔性流动制	技术创新发展纲要，知识产权战略蓝本	

续表

类别		第一阶段（1978~1991年）	第二阶段（1992~2006年）	第三阶段（2007~2009年）	现阶段（2010年至今）
全要素创新	全时空创新	内部营销系统建设：设立生产销售处，成立销售公司，设立生产销售科等	营销供应链体系建设：成立南方公司、北方公司、西部公司、商贸公司；筹建天津、广州、杭州和宝森四家钢材剪切中心，完善营销供应链体系"产学研"合作初建：先后与澳大利亚哈默斯利公司、印度Visa公司、澳大利亚FMG公司建立海外合资公司，联合开发铁矿、铬矿、磁铁矿	全面构建营销网络：并购新疆八一钢铁公司，邯钢与宝钢合资成立邯宝公司，重组广东钢铁公司，并购宁波钢铁公司"产学研"合作全面推进：与国内外74所高校及科研院所开展科研合作，与国家自然科学基金委员会分三期共投入7400万元设立钢铁联合研究基金等	形成覆盖五大洲的营销网络；加强国际交流与合作，积极参与国际钢铁协会等国际"产学研"项目的工作
	全员创新	合理化建议，1985年开展自主管理活动	1993年1月，公司成立了合理化建议委员会		

时下不少企业在引进国外先进设备和技术时，常常陷入"引进一代、消化一代、落后一代、再引进"的怪圈。30多年前宝钢初创时主要是引进、消化、吸收掌握国外的先进技术，而现在，宝钢的自主创新能力已经大大提高。宝钢已经跨进了世界500强企业的行列，实现了从引进消化吸收"跟跑"到全面领跑。核心竞争力靠引进是得不到的，自主知识产权必须靠自己去创造。创新，凝结着宝钢几代人的梦想和心血。

（二）宝钢全员创新的主要内容、运行机制和经验

1. 宝钢全员创新的主要内容

1）自主管理

自主管理活动是现代化企业实现全员管理的一项群众性的基础工作，其目的是充分发动全厂职工参加企业的生产、经营、管理、技术革新等活动，激发广大职工的主人翁责任感，发挥其聪明才智，促进企业的发展。宝钢自1985年开展自主管理活动以来，取得的成果和经济效益十分可观。

宝钢实行的是集中一贯的管理体制。它以自主管理为基础，由基层职工群众根据工作中所存在的问题，自己提出课题，组织小组，运用专业知识研究解决问题，推进基层工作的改善。由于其着眼点在于发挥职工的积极性和创造性，广泛吸引群众参与管理，所以很受职工群众的欢迎，构成了基层管理的有力基础。

宝钢自主管理的活动，遵循"三P理论"——"由人组成"（of the people）、"依靠人"（by the people）、"为了人"（for the people）。该理论突出自主性和信息反馈两个要素，使职工把重复、局部、平淡的工作升华为多样性、完整性的工作，职工的劳动积极性得以发挥，管理的有效性得到提高，同时又使青年职工改变了价值观念，职工队伍树立了集体观念。一些后进青年工人，变成了热爱工作、钻研技术、热心技术革新的积极分子。

宝钢自1985年在焦化厂备煤车间试点以来，自主管理活动的小组登记注册数、参加活动人次、小组选定课题数和发表成果数逐年增加，其取得的经济效益也是逐年增加的。宝钢公布的年报显示，2017年宝钢经营业绩为国内行业最优，2017年实现营业收入2890.93亿元，比2016年同期增长17.44%。

2）合理化建议

宝钢大力提倡"全员创新大有可为"的新观念，将创新的基点建立在每个岗位、每道工序、每个部门的员工在日常工作中的改进提高上，鼓励员工人人参与发明创造；还提倡"容忍失败，营造创新氛围"的新观念，使员工在新领域中大胆地进行实验探索。同时，宝钢积极采取各项全员创新激励措施，鼓励企业内的众多员工积极地提出各项合理化建议和创新思想，积极参与科研项目，申请专利。因此，在宝钢中产生了很多拥有多项发明和专利的优秀创新员工，而且在模范创新人物的带动下，优秀的创新型员工也越来越多。

1984年，工人发明家孔利明为宝钢提出合理化建议263条，258条被采用；完成科研项目14项，技术秘密5项和先进操作法1项。从1995年起，他共申请专利47项，被授权40项。他连续以不俗的发明创造获得4次中国专利新技术博览会金奖，一时成为美谈。喷煤工冯贵德开发了"M-M分离器"。技师杜国华拥有7项国家专利，29项合理化建议，申报技术秘密、先进操作法各1项，为企业创效益2284.2万元，先后获得上海市十大"工人发明家"、上海市杰出技术能手、上海市"三学"状元、上海市工业创优先进个人等荣誉称号。工人王军拥有6项秘密技术，总结了3项先进操作法，向国家知识产权局申报了14项专利。员工韩明明取得新型实用专利3项，发明专利2项。

2. 宝钢全员创新的运行机制

1）营造鼓励冒险、容忍失败的创新型文化氛围，促进全员创新

宝钢鼓励冒险，容忍失败，鼓励全员创新。公司以文化创新塑造企业的灵魂，注重营造创新氛围，使每一个员工都能放下包袱，大胆实践。宝钢的企业文化营造了一个吸引人才、留住人才，使人才能够发挥最大的积极性和创新力，由此培养了一批学有专长的技术管理人才。正是拥有了这种鼓励创新的文化与吸引全员参与创新的做法，才使得"普通岗位也能创新""普通岗位也鼓励创新"的意识得到普遍认同，才使得推进全面创新实践的理念得以确立。

2）创新性学习和培训

为了保证全员创新，需要对公司全体员工进行基本创新知识的培训。公司精神中有一条是"精进"——精明进取、学习创新，即员工要不断地学习创新知识。宝钢为员工学习提供了各种条件：科技中心、阅览室、科技图书室等；与复旦大

学、上海交通大学等国内外著名院校建立了长期合作关系，建立了自己的培训中心。职工学文化、学技术蔚然成风，每年有近 1/3 人员利用业余时间开展各类学习活动，每年人均接受培训（不含学历教育）时长达到 60 小时。宝钢加大教育经费投入的力度，实施"体外培训、体内循环"的新的培训模式。现在，公司每半年抽调约 100 名员工到教育培训中心集中脱产培训，提高职工掌握新工艺、新技术、新知识的能力，改善知识结构，培训结束后员工回到岗位工作。通过这样不间断的创新性学习和培训活动，全员的综合素质得以不断提高。

3）告诫员工不断创新

宝钢的实践表明，观念创新必须依赖全员创新。很多人都认为思想领先、观念创新是高层管理人员、专家的事，但宝钢却把创新的根基深植到全体员工之中。从书记、部长，到作业长、操作工，人人身上都有创新的硬指标。把创新作为员工业绩考评的标准，规定仅仅完成任务但没有创新成果的员工，其业绩考核不能得"A"，并将这一考核标准与薪资分配挂钩，与岗位竞争相结合，有效提高了干部、职工的创新意识。

3. 宝钢全员创新的经验

1）有力的激励政策

1995 年开始，实施奖励金额按项目效益的百分比提成，在奖励金额上不做封顶。

2）组织保证

1993 年 1 月，公司成立了合理化建议委员会。公司各级领导均非常重视合理化建议活动，每年举行一次合理化建议表彰会，奖励积极分子，公司领导与先进个人代表聚餐。并且，每次表彰会的一等奖都由公司领导总评决定。

3）创新形式多样

为解决生产中的问题，针对某一专题进行集中探讨；通过节能月、节能周等活动，推进合理化建议活动。

4）科学合理的效益评价体系

经过多年的实践，宝钢形成了一套科学合理的评价指标体系，使效益计算更科学合理。

宝钢的发展历程，是我国大型国企发展的一个缩影。科技进步和技术创新是企业的灵魂，以知识产权为主线开展科技工作，是企业达到国际化水平、增强国际核心竞争力的必由之路。宝钢的经验值得借鉴和参考。

三、杭氧：大型装备制造企业依托二次创新赢得后发优势

杭州制氧机集团有限公司（以下简称杭氧）作为国内空分设备制造业的龙头企业，从引进技术走向自主创新，不断提高空分设备制造的等级和质量，获得了丰硕的经济收益。杭氧的发展历程是以技术引进为起点、以技术学习和发展为重

点、以技术升级为目标的动态演进过程。

总体来看,杭氧的二次创新可分为以下四个阶段(表3)。

表3 杭氧二次创新的进程

二次创新第Ⅰ阶段	二次创新第Ⅱ阶段	二次创新第Ⅲ阶段	二次创新第Ⅳ阶段	
1956~1957年:模仿苏联30米^3/时空分设备 技术水平:20世纪40年代中期的国际水平	1958~1960年:完全本地化 技术水平:20世纪40年代末50年代初的国际水平	1961~1967年:开发、利用600~3 350米^3/时空分设备 技术水平:20世纪50年代中期的国际水平	1968~1977年:利用6 000米^3/时空分设备新技术范式带来的失败、混沌期 技术水平:20世纪50年代中期、末期的国际水平	
1978~1981年:模仿FRG 6 000米^3/时空分设备 技术水平:20世纪70年代初的国际水平	1982~1983年:80%本地化 技术水平:20世纪70年代中期的国际水平	1984~1985年:开发、利用6 000~10 000米^3/时空分设备 技术水平:20世纪70年代中期的国际水平	1986年:新技术范式引进 技术水平:20世纪70年代末期的国际水平	1987年:实验室研发10 000~30 000米^3/时空分设备 技术水平:20世纪80年代末期的国际水平
1988年:模仿大型空分设备 技术水平:20世纪80年代的国际水平	1989~1990年:合作生产的基础上本地化 技术水平:20世纪90年代的国际水平	1991~1995年:开发、利用60 000米^3/时空分设备 技术水平:20世纪90年代中期的国际水平	1996~2000年:合作研发 技术水平:20世纪90年代末期的国际水平	2001~2007年:自主创新 技术水平:与国际一流技术接轨

资料来源:吴晓波,刘雪锋. 全球制造网络中知识转移过程及影响因素研究. 技术经济,2007,(2):1-5,19

杭氧的二次创新进程揭示了我国企业在二次创新过程中知识的动态发展过程。无论在哪一个发展循环中,企业组织形态和研发方式的扩展及转变都体现了组织从发展性学习向创造性学习过渡的明显特征,以及从单纯模仿到自主创新的技术跨越。

四、华为:民营高科技企业从跟踪模仿到技术领先

作为民族高新技术企业的代表,华为技术有限公司(以下简称华为)一直坚持自主创新,践行国际化战略,成为全球通信产业中一股举足轻重的"中国力量",已上升为全球排名第一的通信设备制造商。华为已经成为致力于自主创新的中国高技术企业的样板。

华为正在进行从挑战者到领先者的跨越。成本及价格确实是华为等中国通信企业的一大优势,这也是中国创造的优势。如果说华为在初期还是以"价格屠夫"的形象在进行国际化,那么,近几年来华为的形象正在转变——不仅"物美价廉",而且成为技术领先者。

国内企业中,华为是第一家坚持把每年收入的10%投入研发的企业。到2015年,华为已多年蝉联中国企业专利申请数量第一名。2008年,华为的国际专利申请数首次超过日本松下、荷兰飞利浦等国际知名企业,成为全球第一大国际专利申请公司,这标志着华为的技术竞争力已经居于国际行业领先地位。截至2015年

年底，华为累计申请52 550件国内专利和30 613件国外专利，专利申请总量位居全球第一，远远领先于国内其他企业。

华为的自主创新之路是：先跟踪模仿国际先进信息通信技术，进而结合我国国情进行快速消化吸收和再创新，并依托低成本和市场渠道等优势逐步积累起与国际行业巨头相抗衡的技术与市场竞争力。如今华为不仅是市场份额领先，以专利和标准、核心技术为代表的技术竞争力也已经居于行业领先地位。

五、中集：装备制造企业从成本领先到全面领先

中国国际海运集装箱（集团）股份有限公司（称中集）是总部位于深圳蛇口的全球领先的集装箱和专用车等物流装备制造企业。其近年来的成功并不仅仅是依靠市场机遇和低劳动力成本优势，也不仅仅是靠出色的资本运营、市场开拓能力等，更重要的是因为开展了以全面成本领先和"三高"（高起点引进、高速度吸收、高水平超越）为特色的开放式自主创新，逐步积累掌握了行业领先的关键核心技术，提升了企业的核心竞争力。

中集开放式自主创新的概念模型，即：以打造以中国优势为依托的全球化运营体系、成为世界级"全能冠军"为战略目标，以创新型文化为基础，以全面成本领先和"三高"为特色，以制度创新和管理创新为支撑，实施开放式自主创新，整合全球创新资源，提升系统竞争力（图3）。

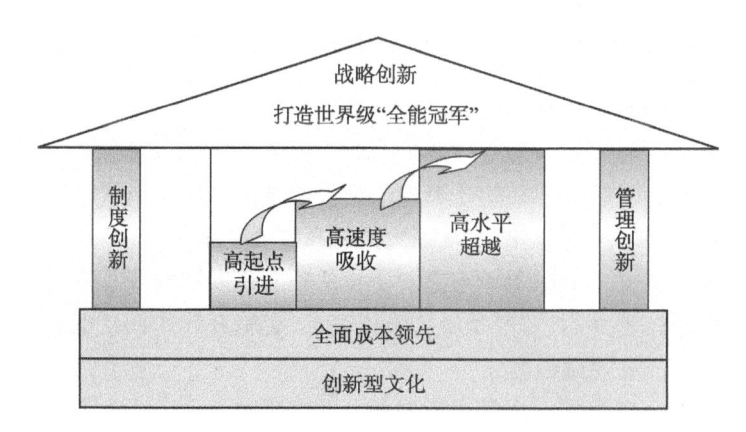

图3 中集开放式自主创新的概念模型

中集各发展阶段自主创新的特点如表4所示。

从一般意义上说，中集也走了一条模仿引进、消化吸收再创新的创新道路，但中集的自主创新模式又有其特殊性。

中集以全面成本领先和"三高"为特色的开放式自主创新模式使其近年来迅速发展，正成为世界级的行业领袖。

表4　中集各发展阶段自主创新的特点

类别	蓄势待发阶段	强势扩张阶段	全球化运营阶段
时间	1980~1992年	1993~2004年	2005~2008年
关注焦点	把标准集装箱做大做强，解决生存问题	依托并购快速实现规模扩张、产品多元化和技术跨越	在全球范围内依靠开放式创新和全面成本领先提升系统竞争力
战略创新	依托劳动力低成本站稳脚跟	低成本并购；基于核心业务的相关多元化	研发、制造、管理、市场营销等全面成本领先；"低成本+技术领先+差异化"
制度创新	合理化建议，基于成本的精细化管理	双通道职业发展规划；年度创新大会，重奖卓越中心	"311"人才培养计划，"3+1"技术创新工程
观念与文化创新	效率、成本型文化先做强，再做大（1990年）；团结、进取、高效、创新（1991年）；争做世界第一，以客户为中心（1991年）	质量型文化：尽心尽力、尽善尽美（1997年）；技术兴企（1997年）；自强不息、挑战极限、创新无限（2002年）	创新型文化：创新推动价值增长，做一个负责任的行业领导者
管理创新	成本管理：基于成本的目标考核（1992年）	全面成本管理：绩效看板；全面信息管理平台	全面创新管理：设计、制造、维护等"一站式"服务
组织创新	直线职能制	集中管理、分布式研发	开放式网络化创新体系
市场创新	以生产规模和低成本占领市场	出色的资本运作技术型并购	拓展依托中国优势的国际市场；开拓"蓝海"
技术创新	高起点引进、模仿国外先进技术；生产工艺的渐进创新	消化吸收基础上二次创新；从产品的竞争到自主知识产权与核心技术的竞争	开放式自主创新；更加重视标准和知识产权，掌握核心技术

资料来源：郑刚，何郁冰，陈劲，等."中国制造"如何通过开放式自主创新提升国际竞争力：中集集团自主创新模式的案例研究. 科研管理，2008，(4)：95-102

中集自主创新模式的重要启示如下。

（1）成本领先并不意味着仅仅降低劳动力成本，还可以通过有效的创新实现研发、生产、市场、后勤、采购、管理等全价值链环节的全面成本领先，同时实现"低成本+技术领先+差异化"，从而大大提高核心竞争力。

（2）自主创新并不意味着单纯靠封闭式的独立研发和自我积累，有效整合外部资源（如通过技术并购、"产学研"合作等）、实施开放式创新也是快速提升自主创新能力的一个重要途径。

（3）在竞争日益激烈、产品生命周期日益缩短的今天，光有高起点的引进是远远不够的。是否具有快速的消化吸收能力，进而高水平超越，是能否保持持续竞争力的关键。

（4）自主创新并不局限于技术层面，战略、文化、制度、管理、市场等非技术因素及其有机协同是影响自主创新效果的关键，应树立全面创新管理的理念。

当然，中集在自主创新方面仍然存在一些问题，如尚缺乏对行业有根本性影响的重大突破性创新成果、前瞻性的基础研究偏弱等。中集高层已经意识到这些问题，并正在积极采取措施加以解决。

对于众多中国传统制造企业来说，中集的自主创新模式具有较为重要的借鉴意义。

六、吉利：民族汽车企业通过模仿、二次创新到全面创新，快速提升自主创新能力

浙江吉利控股集团有限公司（以下简称吉利）是中国国内汽车行业十强中唯一的民营轿车生产经营企业，始建于1986年，经过30多年的建设与发展，在汽车、摩托车、汽车发动机、变速器、汽车电子电气及汽车零部件方面取得了辉煌业绩。特别是1997年进入轿车领域以来，吉利凭借灵活的经营机制和持续的自主创新，取得了快速的发展，现资产总值超过千亿元，连续四年进入全国企业500强，被评为"中国汽车工业50年发展速度最快、成长最好"的企业，跻身国内汽车行业十强。2017年《财富》杂志世界500强排行榜中，吉利以314.298亿美元的营收位列第343位，强势攀升67位，这也是其自2012年首次进入榜单以来连续6年上榜。2018年2月24日，吉利以约90亿美元收购戴姆勒9.7%的股份，成为戴姆勒最大的股东。2018年吉利在《财富》世界500强排行榜中位列第267名。

吉利坚持自主创新，坚持开发以自主创新为基础的自主品牌，为我国汽车工业由大到强的转变提供了切实可行的发展经验和道路的探索经验。

吉利的发展经历了以低价取胜战略、以质量取胜战略和以品牌取胜战略的三个阶段。纵观吉利自主创新之路，其也经历了模仿、消化吸收进而自主创新的发展道路。

1999~2002年，在吉利刚刚进入汽车行业的时候，吉利的基于模仿创新的低价格战略，不仅使吉利汽车有机会得到市场份额，而且使吉利成为让轿车进入中国老百姓家庭的促进者。

2003~2005年，在中国轿车市场价格大战持续进行的时候，吉利实施了以质量取胜的战略，投巨资对生产工艺进行大规模改造，使吉利轿车的质量产生了质的飞跃。

2006年开始，在中国轿车市场同质化趋势越来越明显的时候，吉利开始了基于自主创新的以品牌取胜战略。通过在中国香港上市，在马来西亚建厂，参加德国法兰克福车展和美国底特律车展，吉利自由舰大批量出口，收购英国锰铜公司、澳大利亚DSI自动变速箱公司和沃尔沃轿车业务等，吉利的品牌形象得到快速提升，成为中国汽车自主品牌的杰出代表。

第二节 从集成创新到全面创新

一、联想：从"贸工技"到"技工贸"，整合全球资源

联想集团有限公司（以下简称联想）自从成立以来，一直以创新作为发展的

原动力。通过不断创新增强企业的竞争力，促进我国信息产业的整体发展，一直是联想不懈的追求。创立30多年来，联想集团一直秉承自主创新、不断超越的理念，从"贸工技"的发展战略逐步转变为"技工贸"的模式，从一家十几个人、20万元投入的小公司，从技术贸易起步，逐步成长为全球第一大PC厂商。

创业初期，联想一没核心技术，二没资本，三没企业经营管理经验。因此，联想首先制定了"贸工技"发展战略，先向国际先进企业学习，以代理IBM、AST、惠普等品牌的IT产品起家，不仅获得了支撑未来发展的原始资本，更重要的是积累了产品研制、企业运营、市场营销和渠道管理的丰富经验，打造了一支高素质的专业人才队伍。

联想的技术创新模式总体上是以渐进创新和集成创新为特色的。联想有渐进、持续创新和借力创新的文化。杨元庆最爱强调的是"每一年、每一天，我们都在进步"，强调"90%的继承，10%的创新"。联想的各种创新，从技术到经营管理制度，很少有根本性、独创性的创新，大多数创新都是在引进学习和模仿（包括代理）的基础上结合实际，适当改造后的集成创新。例如，20世纪80年代中后期，联想的主要产品是汉卡。但汉卡在整个计算机技术领域只是一项针对中国市场的局部渐进创新。90年代以后联想的PC机、板卡业迅速成长，但它并没掌握核心技术，有的只是针对中国市场的产品设计技术。联想的分销体系、事业部制组织结构也是从惠普等国外公司学来的。

联想很早就意识到组合创新的重要性。正如杨元庆所言："联想的创新不仅表现在技术、产品的创新上，还体现在管理的创新和市场的创新上。"在技术和市场方面，早期开发汉卡，接着进行各种技术创新、产品创新，到中国香港发展，进入境外市场；在管理方面，建立以分销为中心的销售体系，建立订单—安全库存生产组织，在国内率先实行事业部制等；在制度方面，20世纪90年代联想基于分红权逐步建起了现代企业治理结构，顺利实现了人员新老交替。这构筑起联想创业阶段的核心竞争力和未来可持续发展的基础。此外，双通道的职业发展路线，即专业创新发展路线和行政管理路线，为研发人员培育了肥沃的创新土壤。同时，联想着力营建一流的研发环境，包括舒适的工作环境、弹性工作制。相应的配套激励机制以及对研发项目的评价体制和严格的项目管理体系，帮助研发人员有针对性地自我发展。

在文化建设上，联想本着"以人为本，求实进取"的精神，充分尊重每一位员工，尊重他们的创造性，鼓励创新，容忍失败，营造出一种严谨和自由创新并重的研发氛围。

随着联想从"贸工技"向"技工贸"转变，其自主创新的战略地位越来越重要。自主创新方式也逐渐由原来的引进模仿、渐进创新向整合全球资源的集成创新、全面创新转变。2004年联想并购IBM的PC部门，就是开放式集成创新整合全球资源的重要标志性事件。联想已经在全球范围内构建起以中国北京研发中心、日本大和研发中心和美国罗利研发中心为支点的全球研发架构，联想称之为"创新三角"。联想同时拥有遍布全球的 46 个世界一流的实验室和 2000 余名专业技术研发人员，这些实验室包括与英特尔联合的未来技术中心，与微软联合的实验室，与微软、英特尔、蓝戴斯克、IBM、赛门铁克 5 家厂商联合创立的联想技术创新中心等。创新和研发使联想不断推出了 ThinkPad X300、ThinkPad T410S、IdeaPad U110、乐 Phone 等明星产品。

二、网新：以"Computer+X"为特色的集成创新——组合创新道路

浙江浙大网新集团有限公司（以下简称网新）成立于 2001 年，以"产学研"协同创新系统为依托，为"大众创业、万众创新"提供整体解决方案，致力于成为中国绿色智慧城市产业的培育者。

网新通过"科技+金融+运营"的全方位管理和服务，为产业发展提供空间、资金、技术、人才等要素支撑，先后培育了浙大网新和众合科技等多家上市公司及百余家中小企业，在科技服务、金融服务、创新研究、智慧园区、轨道交通、能源环保、智慧政务、智慧商务及智慧生活等多个领域，促进产城融合，提高公共服务效率，激发科技成果转化，提升企业竞争力，推动中国新型城镇化建设的发展。

IT 行业出身，网新在其多元化发展的过程中一直遵循"Computer+X"的经营理念，即利用 IT 行业的优势介入其他领域，通过信息化系统这个核心，整合不同的技术、设备和系统。在"Computer+X"的经营理念的指引下，网新通过多年的实践摸索，形成了具有网新特色的集成创新、组合创新模式，即以商业模式创新带动技术创新。也就是，利用网新的既有优势和资源，对传统产业进行系统整合，形成新的商业运营模式，使之具有强大的市场突破能力，在市场竞争中获胜。同时通过国际合作、"产学研"合作，以消化引进吸收再创新、系统集成等方式获取核心技术，提升该产业的技术能力和技术水平，推动整个产业的快速发展。

网新独具特色的技术创新模式的优势，在其多元化经营的过程中得到了充分的验证。

（1）网新的机电业务在烟气脱硫领域率先采用工程总承包的业务模式，即设计、采购及施工服务（engineering, procurement and contract，EPC）总承包，并以此在新行业取得了市场突破。其核心竞争力就在于公司优秀的设计能力。网新已进入国内烟气脱硫最主要的承包商之列，成为位居我国烟气脱硫行业前两位的企业之一，并得到了国际战略合作伙伴的认可与关注。

（2）中国轨道交通事业的蓬勃发展给网新带来了新的市场机会。网新在轨道交通的信号系统市场同样采用了 EPC 的工程总承包业务模式，在该行业成功取得

了市场突破。

网新正在集成创新、组合创新基础上向开放式全面创新迈进。

第三节　从原始创新到全面创新

一、朗科：原始创新和自主知识产权增强核心能力

深圳市朗科科技股份有限公司（以下简称朗科）成立于1999年5月，是全球闪存盘及闪存应用领域产品与解决方案的领导者，总部设在深圳市。公司历经逾10年的发展，于2010年1月在A股创业板成功上市，被称为"中国移动存储第一股"。作为闪存盘的发明者，朗科推出的以U盘为商标的闪存盘是世界上首创的基于通用串行总线接口、采用闪存介质的新一代存储产品。

朗科每年在技术开发方面的投资几乎占了公司总收入的10%，这样大的投入即使是在国外企业中也是罕见的。但由此朗科也收获了丰硕的技术成果。继发明了世界上第一款闪存盘之后，朗科又先后发明了世界上第一款启动型闪存盘、第一款双启动闪存盘、第一款加密闪存盘、第一款超稳定闪存盘、第一款智能对话闪存盘、第一款模拟光盘的闪存盘以及国内唯一的闪存盘控制芯片等。凭借自主技术创新，朗科成为闪存盘领域的全球技术风向标，显著增强了核心竞争力。

作为移动存储领域的技术领跑者，朗科坚持三大发展战略——知识产权战略、人才战略和国际化战略，并一直秉持"品牌先导、持续创新"的经营理念，成功建立了研发、专利和品牌三位一体的企业发展模式，并通过不断的技术创新、发展自主知识产权、维护自主知识产权和有效的专利运营，成功地将知识产权转变成了可持续的专利收益，从而成功开创了专利赢利这一全新的商业模式。朗科拥有闪存盘、闪存应用及移动存储领域多项基础性及核心发明专利。目前，朗科拥有逾百名具有博士、硕士学位的各类优秀人才，拥有的专利及专利申请总量逾500项，覆盖全球几十个国家和地区。迄今已获授权的发明专利达263项，覆盖多个国家及地区。专利让朗科在面临强大竞争对手的时候，成功捍卫了自己的利益，扩大了市场份额。

事实证明，没有自主技术，国内企业就始终难以摆脱充当国外企业"搬运工"的宿命，如DVD、数码相机企业等。可喜的是，这种情况并没有在国内闪存盘产业重现。由于新技术不断更新换代，国内闪存盘产业经历了多年的发展，不仅没有迅速萎缩，反而表现出了巨大的发展潜力。"朗科的发明专利在一定程度上吓阻了国际巨头进军中国市场的步伐。"有业内人士认为，2004年索尼公司曾大张旗鼓地准备进军中国闪存盘市场，但自从遭到朗科公司的专利诉讼之后，步伐已经明显放缓。《2011—2012中国U盘市场研究年度报告》显示，2011年索尼在中国

U 盘市场的份额仅有 2.17%。目前国内闪存盘市场 95%的份额掌握在国内企业手中。这在计算机产品领域可以说是绝无仅有的现象。这从一个侧面说明了自主技术创新、掌握自主知识产权对维护民族产业利益究竟有多重要。

二、方正：原始创新赢得竞争优势的典型代表

北大方正集团有限公司（以下简称方正）是一个真正拥有原创性核心技术的高科技企业，所拥有的激光照排系统是一项自主知识产权的原创技术，一直处于世界领先地位。在中国发明了活字印刷 900 多年后，这项技术实现了中国印刷技术的第二次革命，让中国印刷业告别铅与火，迎来光与电。这是中国科技进步史上的一次颠覆性创新。正因为如此，这项技术的原创者王选教授被誉为"当代毕昇"。正如魏新所总结的，没有这项技术创新就没有方正，也正是这项原创性创新技术在产业化方面的成功，促使方正集团走上与众不同的"产学研"一体化道路。

创新是企业的第一生命力，是企业持续健康发展的动力。自主创新已经成为方正的一种战略导向，已经融入方正人的血液。正是因为持续不断的创新，方正才获得持续不断的发展和壮大。在方正 30 多年的创新历程中，以两次技术创新的革命最具代表性：一次是方正的激光照排系统的诞生，它让中国的出版业告别了铅与火，迎来了光与电，另一次是方正全面进军网络出版。

从 20 世纪 80 年代后期开始，方正的激光照排技术迅速产业化并被市场广泛接受。这项技术的大面积推广为方正带来了十几亿元利润，奠定了方正的软件产业基础。至今，方正汉字激光照排系统，占据了国内 80%以上的市场、海外华文 90%以上的市场，中文照排市场份额全球第一。

激光照排系统因其技术原创性、产业化成功、巨大的经济与社会效益，当之无愧地被中国工程院评为"二十世纪我国重大工程技术成就"。王选教授也因此获得了国家科学技术最高奖项，并由时任中共中央总书记、国家主席的江泽民同志亲自颁奖。

一项原创性核心技术托起了一个企业，开创了一个市场，改变了一个行业。方正在激光照排技术上持续不断地自主创新，不断进行产业化推广运用，同时向国际市场横向拓展，向软件领域纵深发展。这条自主开发的技术发展道路证明，在国际产业分工和竞争格局中，中国企业通过一定的技术能力积累，也有机会进入部分高技术领域的特殊环节。在自主知识产权技术研发的驱动下，中国企业处于全球技术发展前沿，通过技术创新推出新产品和服务，在全球范围内整合资源并服务于全球市场。但是，也应该承认，走自主研发的道路是漫长而艰难的。激光照排技术从国家立项、技术攻关到今天在全球范围内广泛应用，用了 30 多年。

回顾数十年的创新道路，从激光照排到网络出版，方正逐渐完善了对自主创新的理解和认识，并以其技术和指导思想走在"产学研"发展模式的前列，在市

场需求的洞察、技术曲线的把握、客户关系的营造、经营模式的创新以及海外市场的开拓等方面不断地总结经验。

随着创新管理的深入和国内外竞争环境的变化,方正已经不满足于单纯的原始创新,而是迈向全面创新。目前方正有四个创新方式:第一个是自主研发和原创,第二个是技术的创新,第三个是购并式和产业链的创新,第四个是平台整合和创新型产业。

我国企业自主创新的主导道路[①]

第一节 我国企业自主创新的主导道路选择：从二次创新到全面创新

从过去几十年的发展历程及目前阶段的情况看，"二次创新—组合创新—全面创新"应该是当前及今后相当长一段时间内我国企业自主创新的主导道路。主要原因如下。

一、我国自主创新总体水平仍处于从模仿引进向自主创新转型阶段，企业原始创新能力尚非常薄弱

在原始创新、引进消化吸收再创新和集成创新三个层面的自主创新模式中，原始创新处于重要的核心地位。原始创新是指前所未有的重大科学发现、技术发明、原理性主导技术等创新成果。原始创新活动主要集中在基础科学和前沿技术领域，这是为未来发展奠定坚实基础的创新。从长远看，原始创新能力的强与弱，直接影响到我国科技发展的持续创新能力，强大的原始创新能力对提高国家自主创新能力具有根本意义。原始创新往往意味着在研究开发方面，特别是在基础研究和高技术研究领域取得独有的发现或发明。从自主创新程度看，我国当前大多数企业自主创新能力仍然较低，普遍缺乏原始创新能力。

尽管中华人民共和国成立以来，我国在原始性创新研究方面取得了一些重要的成果，如人工合成牛胰岛素、汉字激光照排系统、杂交水稻等，这些创新成果在培育我国科技原始创新能力和提升国家综合实力等方面做出了重大贡献，但是，我国科学技术的整体水平与发达国家相比还有较大差距。特别是原始创新的缺失严重制约着我国经济社会的进一步跨越式发展和建设创新型国家战略的实施，尤其在充分展示国家综合实力与核心竞争力的高科技领域表现得尤为突出，具有自主知识产权的高新技术成果非常少。因此，提升我国原始创新能力是建设创新型国家的一个重要战略任务。

柯进生指出，导致我国科研原始性创新缺失的深层次原因是多方面的，既有政府、社会及人文等社会环境方面的原因，也有科研发展战略、科研体制、科研

[①] 节选自：许庆瑞，吴晓波，陈劲，等. 中国特色自主创新道路研究：从二次创新到全面创新. 杭州：浙江大学出版社，2019：第八章。

机构以及科研人员等方面的原因，如在科研发展战略上，对基础研究的先导性与重要性认识不足。由于体制和机制的问题，特别是经济体制、教育体制和科研体制的问题，长期以来我国基础研究能力较为薄弱，尤其是企业基础研究投入严重不足，从而导致我国企业原始创新能力长期处于较低水平。因此，应该清醒地看到，尽管我国近年来企业自主创新能力和水平有了显著提升，但是因为长期以来的基础研究力量较为薄弱，在现阶段，包括今后相当长一段时间内，大多数企业还不具备较强的原始创新能力。

目前，越来越多的有实力、有远见的企业已经意识到原始创新能力的重要性，正在逐步强化原始创新能力，掌握原创性的核心技术，占领行业技术制高点，引领行业发展潮流，如方正、朗科等。

总体而言，提升原始创新能力是我国自主创新的战略目标，但是在当前很长一段时间还不能成为我国企业自主创新的主导模式。

二、集成创新的前提是自身具备一定的研发与技术创新能力

如前所述，集成创新是介于研发主导型创新模式和二次创新模式之间的创新模式。集成创新主要通过对现有各种技术和要素的有机整合及现有知识的新应用创造市场价值。集成创新要把分散的技术优化组合，发挥出"1+1>2"的效用。

严格地说，二次创新是集成创新的基础与前提，集成创新是二次创新的较高级阶段和重要手段。集成创新的前提是企业需具备一定的研发与技术创新能力，并具有较强的市场分析能力。改革开放之前的计划经济时代，企业的创新主体地位还未确立，企业技术创新能力十分薄弱，并且由于长期处于封闭式创新状态，企业集成创新也缺乏必要的基础条件。因此，需要先通过长期自身积累或者引进消化吸收才能具备集成创新能力。直到改革开放后，特别是经济体制改革与企业创新主体地位逐步确立之后，集成创新才开始逐步成为企业重要的技术创新模式。

三、二次创新是改革开放以来我国企业发展壮大的主导模式

二次创新是把引进的先进技术加以改造升级，重在"消化吸收"而非"引进"，贵在"再创新"，是后发国家实现追赶的重要道路。毛泽东在《论十大关系》中，专门列出一节讲如何处理中国和外国的关系，指出："自然科学方面，我们比较落后，特别要努力向外国学习。但是，也要有批判地学，不可盲目地学，在技术方面，我看大部分先要照办，因为那些我们现在还没有，还不懂，学了比较有利。但是，已经清楚的那一部分，就不要事事照办了。"[1]

纵观我国各主导产业改革开放以来的发展壮大历程，包括家电、钢铁、信息通信、装备制造、汽车、机械、化工、纺织、航空航天等，大多是依靠二次创新，

---

[1] 毛泽东. 论十大关系. (2020-10-29)[2021-11-20]. http://dang.imnu.edu.cn/info/1009/1657.htm.

从无到有、从小到大，逐渐发展壮大起来，甚至部分产业通过二次创新已经实现了从"跟跑"到"领跑"，从引进全套技术与设备到掌握关键核心技术、输出全套技术与设备的转变，如宝钢、海尔、华为等企业（表1）。

表1　改革开放后部分产业主导创新模式

产业	创新模式	引进主要来源	引进方式	消化吸收再创新力度	代表性案例	当前自主创新水平
家电	二次创新	日本、德国	先进技术、设备与生产线	较强	海尔引进德国利勃海尔冰箱技术与生产线	较强
汽车	二次创新	德国、美国、日本	通过合资，"以市场换技术"	较弱	上海汽车与大众、通用汽车等合资	较弱
信息通信	二次创新	美国、法国等	模仿、引进、"农村包围城市"	较强	华为、中兴通讯	较强
装备制造	二次创新	美国、德国、日本	引进先进技术与设备、生产线	中等	中集、中国重汽、振华港机等	中等
钢铁	二次创新	日本等	全套引进生产线和设备	较强	宝钢全套引进新日铁生产线与设备，经过消化吸收再创新，"变跟跑为领跑"	较强
化工	二次创新	德国、波兰等	全套引进生产线和设备	较强	仪征化纤引进聚酯技术并国产化，中国化工集团大部分技术创新属于引进消化吸收再创新等	较强
机械	二次创新	美国、日本、德国等	引进先进技术	较强	徐工集团、中联重科、三一重工、柳工集团等引进国外技术设备并消化吸收再创新	较强

综上所述，我国几十年来的创新实践表明，二次创新是我国企业快速起步、发展壮大的主导模式。

四、从二次创新向全面创新管理转变是当前企业自主创新的必然选择

应该清醒地看到，我国企业仅有二次创新是不够的。时代的发展、竞争环境和顾客需求的变化、创新理论的发展、企业面临的实际困难、创新过程本身的复杂性等都要求企业除了提升技术创新能力（包括二次创新、集成创新、原始创新等）和传统的创新管理之外，还必须具备系统观、动态观，进一步进行组合创新与全面创新管理。组合创新、全面创新管理的最终目的还是适应市场环境的变化，更快、更有效地响应与满足顾客的个性化需求。

分析近年来国内外一些创新较成功的企业，如海尔、海信、宝钢、TCL、联

想、3M、惠普、施乐等发现，它们一般都具有以下特征。

（1）开展了全方位的创新，而不是仅仅抓技术创新。

（2）创新的技术因素与非技术因素（如战略、组织、文化、制度、市场等）间的组合创新、协同匹配较好。

（3）拓展了创新的时空维度，实现了持续创新、整合外部资源创新，甚至实现了研发的全球化。

海尔等企业二次创新—组合创新—全面创新的实践证明，组合创新，特别是全面创新管理将使企业的创新管理步入一个崭新阶段，使得创新成为企业在新经济条件下增强核心能力、提高国际竞争能力的关键。但是，值得注意的是，目前我国大多数企业技术创新能力薄弱，仍处在传统的创新管理模式下，没有从根本上意识到组合创新、全面创新管理的重要性和紧迫性。我们认为从传统创新管理向组合创新、全面创新管理转变是知识经济时代企业面对激烈的市场竞争和用户需求的日益多样化、个性化挑战的必然选择。国内少数领先企业已经从实践角度认识到全面创新管理对于提高企业核心能力的关键作用，并已经开始了这方面的探索。例如，海尔近年来根据系统全面创新的思想，以其创新文化为保障，通过实施以市场链为纽带的流程再造创新，提倡并从组织管理制度上保证"人人都是创新 SBU"，而且建立"人单合一"的业务模式大大提高了全员创新的积极性和企业的技术创新能力，最终提高了核心竞争力；宝钢以观念创新为先导，近年来根据全面创新的思想大力推进系统创新工程，并取得了良好效果。但全面创新管理的理论与实践当前在国内外都还处于起步阶段，我们提出的框架也是初步的，需要不断完善。

对于创新能力普遍比较弱的中国企业来说，尽快把握组合创新、全面创新管理的内涵并付诸实施是尽快缩小与国际先进企业差距、提升自主创新能力进而保持持续竞争优势的重要途径。

第二节　全面创新管理的内涵、特征及与传统创新管理、组合创新管理的区别

一、全面创新管理的内涵

全面创新管理是以培养核心能力、提高持续竞争力为导向，以价值创造/增加为最终目标，以各种创新要素（如技术、组织、市场、战略、管理、文化、制度等）的有机组合与协同创新为手段，通过有效的创新管理机制、方法和工具，力求做到人人创新，事事创新，时时创新，处处创新。

全面创新管理的内涵可概括为"三全一协同"，即全要素创新、全员创新、全时空创新，全面协同（图1）。

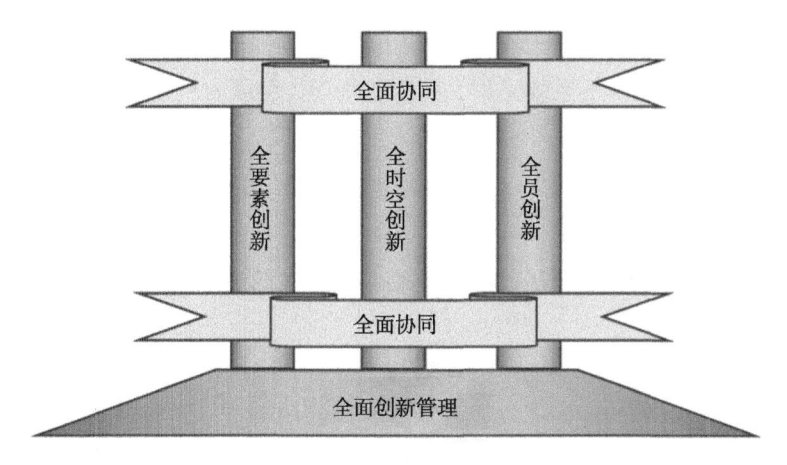

图 1　全面创新管理的内涵："三全一协同"

1. 全要素创新

全要素创新是指创新需要系统观和全面观，需要使技术、市场、文化、制度、组织、战略等与创新绩效有密切关系的要素达到全面协同才能实现最佳的创新绩效。

2. 全员创新

全员创新是指创新不再只是企业研发和技术人员的专利，而应是全体员工共同的行为。从研发人员、销售人员、生产制造人员到售后服务人员、管理人员、财务人员等，人人都可以在自己的岗位上成为出色的创新者。广义的全员还包括用户、供应商、股东等利益相关者。

3. 全时空创新

全时空创新（或称全球化创新、全地域创新）分为全时创新和全空间创新。

全时空创新是指企业通过外部的联结机制以及在全球范围内获取和配置资源来突破企业内部现有资源和能力的限制，充分借助企业外部网络和资源来扩展、提升和创造企业能力。

4. 全面协同

全面协同是指各创新要素（如战略、组织、文化、制度、技术、市场等）在全员参与和全时空的框架下进行全方位的协同匹配，以实现各自单独所无法实现的"2+2>5"的协同效应，从而促进创新绩效的提高。

二、全面创新管理的特征

1. 战略性

全面创新管理以企业经营战略为依据和出发点，以培养和提高企业核心能力为中心；既要满足提高当前经营绩效的需要，又要考虑通过培养和积累动态核心能力保持持续竞争优势。

2. 全面性

全面创新管理是一项系统工程，需要各部门、各要素的协调配合才能完成。

3. 广泛性

创新活动渗透到组织的每一个流程、每一件事、每位员工、每一处角落。

4. 主导性

全面创新管理强调创新活动在企业经营活动中的主导地位，并制定公司必须遵循的业务准则。

5. 开放性

全面创新管理强调创新不仅要依靠企业内部的员工，还要依靠所有利益相关者（包括企业价值链的上下游以及企业的战略合作伙伴），整合企业内外各方面的力量进行全方位创新。

三、全面创新管理与传统创新管理、组合创新管理的区别

全面创新管理改变了原有的基于机械观的、线性的创新管理思维方式，而以生态观、复杂系统理论为其理论依据和出发点。无论是其理论基础、目标、战略、结构、要素、时空范围还是管理风格方面，都与传统的创新管理有本质的区别，特别是其根据环境的变化突破了原有的时空域和局限于研发部门、研发人员创新的框架，突出强调了新形势下全时创新、全球化创新和全员创新的重要性，使创新的主体、要素与时空范围大大扩展。全面创新观与传统创新观的显著区别是，突破了以往仅由研发部门孤立创新的格局，突出了以人为本的创新生态观，并使创新的要素与时空范围大大扩展。

全面创新管理是传统创新管理的进一步发展，是日益激烈的市场竞争与创新管理理论发展共同作用的结果。组合创新管理可以看作传统创新管理到全面创新管理的过渡阶段。三者的区别如表2所示。

表2 传统创新管理、组合创新管理、全面创新管理的区别

类别	传统创新管理	组合创新管理	全面创新管理
创新内容与创新要素	着眼于单个创新；强调技术创新，忽视其他创新	着眼于组合创新；重视组合创新（技术、组织、文化等创新）	着眼于各创新要素组合与协同；强调全面创新
产品/工艺创新的协调	单纯强调产品创新或工艺创新的重要性	强调产品创新与工艺创新的协调	强调产品创新与工艺创新的协调
创新效益评价	局限于显性创新效益	均衡地考虑显性和隐性创新效益	均衡地考虑显性和隐性创新效益
创新的战略性	不明显	服从于经营战略	既以战略为导向，又注意创新与战略的互动
创新空间范围	企业内部，强调自力更生，对合作创新认识不足	企业内部为主，独立与合作创新相互补充	强调整合全球资源进行创新

续表

类别	传统创新管理	组合创新管理	全面创新管理
创新与核心能力的关系	不注意创新与核心能力间的互动作用	重视创新与培育核心能力一体化	以培育核心能力、价值创造为中心
创新主体	单纯强调研发部门、研发人员创新	强调以研发部门、研发人员为主,其他部门协调配合	强调全员创新、全时创新、全方位创新
创新速度	响应市场速度较低	对响应市场速度要求较高	对响应市场速度要求非常高
创新组织形式	常用直线职能制结构	常用矩阵式组织结构	扁平化、网络化、流程型组织结构
创新源	创新源较单一(内部研发)	创新源多样化,如通过合作创新从外部获得创新源	创新源多样化,包括利益相关者和整个价值链
与其他部门的沟通、联系	很少	较密切	十分密切
项目管理方式	研发内部项目小组	跨职能团队	跨职能、跨组织团队,虚拟团队,重磅团队,等等
创新的目标	完成上级任务,被动式创新	围绕完成经营目标的要求进行创新,反应式创新	以价值增加(提高经营绩效)为目标,主动创新

资料来源:许庆瑞. 全面创新管理:理论与实践. 北京:科学出版社,2007

组合技术创新的理论模式与实证研究[①]

技术创新作为企业资源结构有机化和高度化的核心动因，是当今企业生存和发展的源动力。然而，在以往的企业创新效益中，常常把眼光局限于单个创新项目，这使得技术创新的作用往往是有限的。一般而言，企业的技术创新往往以组群的方式出现，它们的有机结合和协同作用才能促进企业长期持续发展。原因在于，①企业经常有不少于一项的潜在项目；②企业在一定时期内能为研究、开发与技术创新项目提供的资金与人才及相应的制度建设总是有限的；③不同企业技术创新项目的要求与效果（包括目标，资源投入，对制度、组织与文化的需求及相应的回报收益率，等等）是不同的。因此，对单个技术创新的分析研究显然是不够的，必须以系统的观点、从战略的高度和组合的角度来研究企业的技术创新行为。本文即从组合的角度，结合浙江省典型企业的具体事例，对组合技术创新的理论模式作一探讨。

一、组合技术创新的系统框架

随着经济的发展和竞争的激烈化，人们已开始注意到组合创新的重要性。以往技术创新的研究者关注的是技术创新项目的组合、产品创新和工艺创新的关联，认为组合创新实质上是企业为长期稳定地发展而进行的与企业环境、资源和组织变化相适应的项目之间、产品与工艺之间的协同创新。通过对企业技术创新行为的进一步考察，我们发现，组合创新实质上具有比产品与工艺的协同创新更广泛的内涵。

组合创新实质上可认为是在企业发展战略引导下，受制度因素和技术因素制约的系统性协同创新行为。其中，制度因素包括战略、组织结构、文化等，而技术因素包括技术环境、技术资源等（图1），由此可见，组合技术创新包括四个方面。

（一）技术创新项目的组合

其中最主要的是渐进创新项目与重大创新项目组合。一般而言，技术创新项目按其重要性可分为渐进创新项目和重大创新项目。渐进创新项目和重大创新项

[①] 发表自：许庆瑞，陈劲，郭斌. 组合技术创新的理论模式与实证研究. 科研管理，1997，(3)：29-35。

目对企业都具有较大的经济意义。然而由于资源的有限，新项目的选择上有一个均衡的考虑。

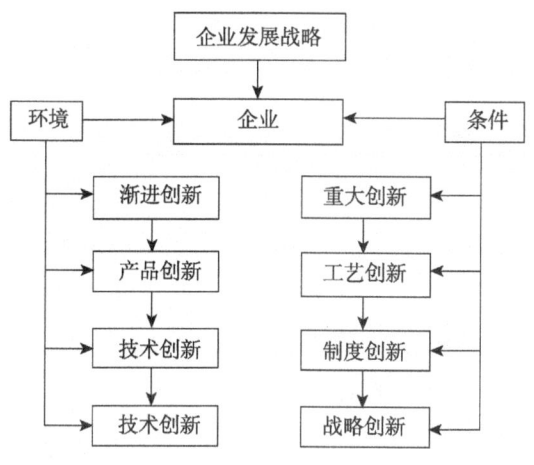

图 1 企业组合技术创新的结构

（二）产品创新与工艺创新组合

库兹涅茨指出，单纯的产品难以长期维护其竞争效益，必须依靠工艺创新。Stoll 则认为，产品创新过程必须考虑现有的工艺基础。因而产品与工艺创新的组合构成了企业组合创新效益实现的基础。

（三）技术创新与制度创新的组合

20 世纪 80 年代末期以来，加拿大国际增长研究中心的菲尼（Feeny）等坚持认为：在过去的 50 年里，工业创新的理论对企业家和企业作为创新部门的简单描述已难以说明创新的产生与发展，对技术创新的认识必须采用"包容企业的环境要素"的体系与框架。通过对技术创新过程的深入研究。按照科斯（Coase）的定义，制度创新是用来指：①一种特定组织的行为的变化；②这一组织与其环境之间的相互关系的变化；③在一种组织的环境中支配行为与相互关系的规则的变化。由此，从企业组织的角度看，创新本质上也是企业制度化结构的转换，一般说来，制度是对组织、文化的规范，而组织、文化是制度的具体存在。近来的研究也表明（Saleh and Wang, 1993），企业技术创新的频度与规模依赖于企业组织结构与文化氛围，所以，从制度创新的角度对企业技术创新进行研究，具体细化为研究技术创新与组织、文化创新的协同关系。

（四）技术创新与战略创新的组合

企业战略是企业价值观与企业使命的具体表现，它是在反复权衡与精心构思企业的环境与条件后所形成的企业的中长期发展规划，一个技术创新项目是其企业战略的具体操作，企业战略的导向，影响着企业技术创新的层次（引进或自主开发)与频度。

组合创新概念的产生,从根本上改变了人们在技术创新管理上的传统视角,它要求人们发生技术管理范式上的变革,以系统的观点,从战略的高度和组合的角度来研究企业的技术创新行为(表1)。

表1 组合创新与技术管理范式的变化

传统技术管理范式	→	组合创新管理范式
•着眼于单个创新	→	•着眼于组合创新
•单纯强调产品创新的重要性	→	•强调产品创新与工艺创新的协调
•强调重大创新	→	•重视渐进创新与重大创新均衡
•强调技术属性	→	•均衡地考虑技术与制度的变化

二、基于实证的组合技术创新模式

首先,由于根本性创新对社会经济活动产生的重大影响。以往的技术创新管理往往把注意力集中在根本性创新上,而对渐进创新的重要性及其在经济上的积极作用则相对认识不足。相应地,这种技术管理思想对企业也产生了较大的影响,使得许多企业在技术战略的制定上,往往把技术开发的重点放在根本性的技术创新和全新产品开发上,而在渐进性产品开发上则分配较少的组织资源。

我们把新产品开发活动分为三大类:全新产品开发、渐进产品开发、差异产品开发。通过运用离散型现值指数模型,我们对杭州通信设备厂激光照排机系列产品进行了效益计算,发现:对于新产品开发来说,在企业原有技术基础上开发出的全新产品,只要它是符合市场需要的,该产品的经济效益是大于原有的原型产品的。对于渐进产品开发而言,渐进产品系列的经济效益是依次递增的,并且渐进产品开发从经济效果角度来说是优于全新产品开发的。差异产品的经济效果是递增的,但其经济效果递增量大大低于渐进产品。

渐进产品开发从经济效果而言是具有极其重要的意义,这主要是因为:①从技术角度而言,由于渐进产品开发是基于已有的产品技术基础上,因而它在技术上是较为成熟的,而且由于以往产品开发积累的技术经验、技术知识和技术能力,使得产品技术开发的资源投入(尤其是资金投入)大大节省。②从产品的生产制造角度来说,渐进产品系列往往采用相同或相似的生产设备和生产工艺,可节省生产投入;且渐进产品往往存在相对较多的通用零件,对生产成本的降低亦有一定作用。③从产品的市场因素来考虑、渐进产品在功能上往往是相似的,存在一定的可替代性。这样,对一个渐进产品系列而言,后继开发的产品一方面可取得部分前继产品所拥有的用户;另一方面可利用前继产品所带来的市场影响,赢得一定的市场占有份额,故相对而言要比全新产品开拓一个新的市场容易一些。

因此,正是技术、生产成本、产品市场三方面的因素,使得渐进产品开发在经济效果上具有显著的重要性。这就要求企业在制定产品开发战略时，应改变以往对渐进产品开发的忽视态度，充分认识渐进产品开发对企业发展的重要性。可以说，全新产品的开发对于企业开拓新的市场以及企业未来的生存发展有着不可替代的重要性，但渐进产品开发对于企业现有的经济竞争能力来说也是至关重要的。所以在企业产品开发战略的制定时，对新产品开发的进行必须有一个综合性考虑，使企业的新产品开发活动能有效地促进企业的发展战略的实现。

其次，综观世界上各发达国家的技术发展历程，我们可以发现，其经济增长过程中几乎没有一个国家不重视产品和工艺的协调发展。曼斯菲尔德（Mansfield）通过对日美工业创新的比较研究，指出重视工艺创新是日本经济迅速发展的主要动因。

在我国，对产品创新的注重历来是企业技术创新管理中的传统观念，而工艺创新则被视为从属于产品创新的需要，这种观念导致了产品创新在企业创新中处于绝对主导地位（表2）。由于缺乏对产品创新和工艺创新的协调考虑，企业的发展出现了一些不利的趋势，突出表现在：①由于企业长期不重视工艺创新和技术改造，产品创新和工艺创新的发展极不协调，从而严重影响了企业生产率的提高；②企业工艺落后的状况已成为企业技术发展和技术能力提高的瓶颈环节，从而导致企业技术水平与国外先进水平差距不断拉大。据我们对杭州市1990年493项引进项目的跟踪分析，能够完成二次创新的仅占0.8%，究其原因就是企业落后的工艺基础与引进技术之间的不匹配。

表2　江浙26家企业技术创新项目调查

创新类型		项目数	比例
产品创新		79	73%
工艺创新	软件	16	15%
	硬件	13	12%

杭州纺织机械厂的挠性剑杆织机GD921以其良好的性能和较高的可靠性成为我国有梭织机技术改造最理想的机型，其关键在于产品创新与工艺创新的协调（表3）。

表3　杭州纺织机械厂的挠性剑杆织机GD921的产品创新、工艺创新

类别	幼稚期（1987年12月~1988年5月）	成长期Ⅰ（1988年6月~1988年12月）	成长期Ⅱ（1989年1月~1989年12月）	成熟期（1990年）
产品创新	零件1332个，其中关键零件376个	综框、扁棕、绞丝同步齿轮形带计数器双面齿轮等6种	刺轴 糙面橡皮 测长表等三种	一些小的新设计
工艺创新	·剑杆组合加工生产线 ·中小铸件机械化加工等21个关键加工工艺	56个工艺问题	2个工艺问题 ·高温淬火工艺 ·不锈钢软化处理	·采用成组技术 ·70%以上的工艺标准化
产品成本/万元	9.22	7.39	6.50	5.75

上述分析表明，产品创新和工艺创新的协调作为企业组合创新的基础层次，是企业组合创新效益实现的基础。它直接影响到企业技术水平和生产效率的提高，进而决定了企业竞争力的发挥。因此，必须改变以往对工艺创新忽视的管理观念，从单纯强调产品创新转向重视产品创新和工艺创新的协调发展，从而为组合创新效益的充分实现奠定基础。

最后，我们将战略、制度统一进行考虑。根据我们对江浙十家国内著名大中型企业的调研，大部分企业囿于传统的观念和制度框架，沿袭以国家为主体、政府计划推动的技术创新模式，在面向市场时，组织与文化建设缓慢，对技术创新与组织、文化创新的协调方面准备不足，因此这些企业技术创新的客观条件不完备，导致企业技术创新，尤其是自主创新不足。其具体表现形式主要有：①企业战略与文化管理的薄弱，许多企业缺乏针对多变市场进行战略转移与文化调整的能力，如某机械制造厂四十年来主要靠单一产品的生产经营来获利而最终面临经营的困境；②企业管理者认为组织结构越稳越好，这样可以达到企业生产的高度秩序化，进而达到高效率，如某电子企业组织结构调整缓慢，组织管理则多达九个层次。

技术创新势必破坏旧有的技术组织平衡，要求建立新的技术体系和新的技术基础上的责、权、利关系，因此，技术创新势必提出进行战略与制度（组织与文化）调整的要求。根据企业内部战略、制度创新发生的不同层次，可以将技术、组织与文化的创新组合分为两类。

（1）在部门层次上，组织–文化的创新源于企业的目标与战略，是为了更有利于技术创新而进行的部门目标的重新定位以及部门内部或部分部门间资源的重新配置，它并不涉及企业总体的制度框架。这类组织与文化的创新属于完善企业现有的技术创新机制，其目的是加快技术创新过程中研发与制造、营销之间的联系，提高技术创新的效率。例如，杭州制氧机厂根据技术特点，将设计处与研究所合并，大大缩短了技术创新的周期，使得大型制氧机的设计周期从六个月缩短到三个月，并在一年内开发了数十个品种的新产品。

（2）在项目层次上的组织与文化创新。这类创新一般为了具体的技术创新项目，具有较强的时效性与灵活性。其典型形式为多功能项目小组、矩阵式项目组、"三结合"项目小组、全过程质量控制小组等。这类组织与文化创新对企业来说虽然只具有局部意义，但它是企业具体技术创新项目成败的关键，因此，大部分的企业主要集中于该层次的组织与文化创新。例如，宁波水表厂进行的小口径水表的创新具有较大的竞争优势，其成本仅为全国平均水平的 50%，成功的原因就在于在技术创新中组织各功能部门（经营管理、研发、销售部门与生产车间）骨干组成的攻关小组，直接在厂长的支持下开展工作，使原先计划一年完成的项目在三个月内完成。表 4 为我们对杭州通信设备厂的实证分析，以表明技术与战略、组织与文化的协同创新的综合关系。

表 4　杭州通信设备厂技术创新与战略、组织-文化创新的关系特征

类别	技术引进	技术吸收、改进	自主技术创新
企业战略	•防守型 •占领国内市场	•风险型 •抵减国外冲击	•风险型 •占领亚洲市场
企业整体组织	•合资企业 •一厂多制	•合作创新 •股份制	•合作创新 •股份制
企业部门组织	•职能性组织 •工艺主导型 •生产组织	•事业部制 •产品主导型 •生产组织	•事业部制 •产品主导型 •生产组织
企业研发组织	•研究所下放相关分厂	•建立技术中心 •与高校院所合作	•技术中心与厂研究的配合 •与高校院所合作
企业激励氛围与文化建设	•了解国外市场 •引进高层次人才 •提供培训机会	•产业报国 •凝聚力工程	•产业报国 •出国培训

三、结论与展望

综上所述，组合技术创新实质上是在企业发展战略引导下。受组织、技术、文化、战略等多种因素制约的系统性协同创新行为。正如熊彼特将创新视为一个新的生产函数的引入，组合创新是从企业整体出发，对企业所拥有的或可获得的生产要素和资源进行优化重组的过程。因此，组合创新就表现出如下一些与单个创新行为不同的复杂特性。

（一）组合技术创新的多层次性

组合技术创新具有多层次性，它包括四个方面：渐进创新与重大创新项目的组合；产品创新与工艺创新组合；技术创新与制度创新的组合和技术创新与战略创新的组合。创新项目、产品创新和工艺创新的协调作为企业组合创新的基础层次，是企业组合创新效益实现的基础。在此基础上的组织创新与文化创新、战略创新组合层次则直接决定了企业创新效益的实现。因此，当今技术创新管理的范围更为广泛。

（二）组合技术创新的系统性与经济性

合理的组合技术创新的整体效益要大于单个创新的效益之和。并且，随组合创新数的增加而呈现动态性变化。这主要是基于如下一些原因：①对于企业而言，其技术发展存在一定的范式和轨道，因而在技术项目的选择上就具有一定的途径依赖性。所以选择合理的创新组合，就可以达到技术基础共享的目的，并有利于企业核心能力如组织技术力的积累。②不同的创新项目往往涉及相同的技术环节，以及相同的研究设备和仪器，因而合理的创新项目组合可通过研发费用上的协同作用起到节约研发费用的目的，这种发展中国家的企业尤为重要。③技术创新活

动具有较大的风险性和不确定性，因而对于单个创新项目而言，将承担较大的市场风险和技术风险。而组合创新由于技术基础的共享和研发费用上的协同作用，可起到市场风险和技术风险的分担效果，对风险的合理克服，是诱导我国企业及企业家开展技术创新的条件之一。

（三）组合技术创新的动态性

由于技术创新是一个动态的过程，创新的组合实现也就随之贯穿于整个创新活动当中。对于组合创新来说，各个创新项目之间存在的交互作用将使组合创新效益的实现呈现出动态趋势，因此对技术创新的收益观测与评定必须有动态的观点。

对我国企业技术创新管理而言，组合技术创新的提出具有重要意义，以往那种把注意力集中在单个创新、产品创新、重大创新以及纯技术的传统技术管理思想，需要转为从系统的角度、战略与制度的高度、创新阶段的动态性运作角度来组织、协调技术创新活动，当今的技术管理的本质是变革的管理、系统的管理与动态的管理。

参 考 文 献

毛义华, 郭斌, 许庆瑞. 1995. 新产品开发经济效益评价研究. 科学管理研究, 13(4): 35-40.
许庆瑞. 1995. 国家自然科学基金"八五"重大项目第四子课题阶段报告: 技术创新组合理论与方法研究. 杭州: 浙江大学管理科学研究所.
Saleh S D, Wang C K. 1993. The management of innovation: strategy, structure, and organizational climate. IEEE Transactions on Engineering Management, 40(1): 14-21.
Utterback J M, Abernathy W J. 1975. A dynamic model of process and product innovation. Omega, 3(6): 639-656.
Xu Q R. 1995. Perspective on management of technology and technological innovation in China. Proceedings of Multinational Symposium on Management of Technology and Technological Hangzhou.

企业创新协同及其演化模型研究[①]

随着创新在企业发展中的作用日益显著，涉及领域日益广泛，对创新的认识已不再局限于单纯的技术（包括产品或工艺等）要素的创新，而是将作为规范人们行为的广义制度概念纳入研究范畴，并据此对技术与制度创新进行关联分析。20世纪70年代，美国学者纳尔逊（R. Nelson）和温特（G. Winter）在生物进化理论的启示与借鉴下，通过对创新过程机理的深入研究，创立了创新进化论这一独特新颖的理论分支，它推动了技术创新和制度创新的融合[1]。这使得人们对于创新理论的研究又开始向熊彼特的简单创新定义回归，即认为创新是一个系统总体的概念，包括技术上的创新，也包括组织和管理等制度意义上的创新[2]。此后，许多学者如弗里曼、伦德瓦尔、纳尔逊等在国家、区域等更广的范围开展了技术与制度创新的综合性研究[3-5]，并推动了企业创新协同的相关讨论。例如，斯拉沃·拉多舍维奇（Slavo Radosevic）认为单从研发活动角度已很难解释企业创新发展，必须从技术体系和制度结构互动演化角度来理解企业的创新系统，并认为技术变革主要依赖于组织的学习过程，而组织学习过程深受规范竞争与合作行为的制度结构的影响[6]；我国学者许庆瑞等在研究企业组合创新时，认为企业创新不应局限于技术创新，其至少包含五方面的组合关系，即产品创新与工艺创新的协调、重大创新与渐进创新的协调、创新的显性效益和隐形效益的协调、技术创新与组织文化创新的协调、企业内部独立创新与外部组织合作创新的协调等，充分认识技术与制度组合创新的重要性[7]。众多学者[8-12]也承认要提高创新绩效必须摆脱孤立要素的简单考虑，注重系统技术要素与制度要素间创新关系的整体思考，使创新作为一个整体发挥新的功效和提高创新业绩。

但以上的研究并没有基于企业发展不同时期的特点来认识企业创新协同的动态性，而且相关论述也比较笼统。为此，本文借助协同学研究系统内不同子系统合作发展的思路，从动态角度研究企业技术与制度（包括产权在内的组织管理等规章制度）创新协同及其动态演化过程，并通过考察中兴通讯17年创新与发展历程进行相关的实证分析。

一、企业创新协同及其演化模型

（一）企业创新协同

协同学研究认为，系统内部各要素在相互作用过程中，往往形成某一或某些

[①] 发表自：许庆瑞，谢章澍. 企业创新协同及其演化模型研究. 科学学研究，2004，（3）：327-332。

变量，这些变量称为"序参量"，促使不同要素结合在一起自行演化发展，并主导系统向着更为高级有序的结构发展。对企业而言，创新协同可以认为是通过技术创新与制度创新子系统相互作用，形成技术创新、制度创新或两者共同为序参量，主导企业创新发展。其演化过程表现为企业不同经营期，技术要素与制度要素互动创新的形式不一样，并随着企业发展，创新协同的模式从一种要素创新主导型向另一种要素创新主导型演进。

在技术与制度创新协同中，关于技术抑或制度成为创新的主导要素，马克思主义政治经济理论虽然没有明确提出技术创新与制度创新的概念，但从哲学的高度回答了这个问题，认为技术创新属于生产力范畴，而制度创新则属于生产关系范畴，两者间的协同关系是一种辩证关系，其中技术创新是主导，决定制度创新的内容和方式，当然必须承认制度创新的效果也往往制约着技术发展。而以诺斯（D. North）为代表的新制度经济学派则更为强调制度重要性，认为技术创新活动总是在一定的制度框架内进行，制度创新决定技术创新，合适的制度选择会促进技术创新，不合适的制度体系会导致技术创新偏离经济发展的轨迹，或抑制技术创新。当然，诺斯也承认技术创新对制度获得空间的决定作用[13]。以上两种观点从宏观的角度分析了技术创新与制度创新的作用和地位，对企业而言，技术创新与制度创新在企业发展中的作用是不断变化，在企业经营的不同时期会形成以某一要素创新或两者共同主导的创新协同模式，推进企业创新发展。

这样，可将要素创新主导型分为：①技术创新主导型（TI[①]主导型），是指企业创新发展主要依靠于技术创新的推动，决策者对资源的分配倾向用于技术创新，而制度创新主要是服务于技术创新，是为了提高新产品或服务的创造效率。这种模式一般适用于企业发展的创业期，这一时期是企业产品的形成阶段，企业为了占领某一市场以谋求继续发展，必须通过技术创新（包括自主创新、合作创新和模仿创新），生产或提供有一定需求规模的产品或服务，并据此建立和完善企业的技术体系。而相关的制度创新主要是对日常的管理原则、管理方法进行适应性调整。②制度创新主导型（II[②]主导型），是指企业要获得发展必须打破原有制度框架，重新确定新的制度体系，决策者对资源的分配倾向用于制度创新，并努力营造相对稳定的良好的制度环境，为技术创新创造合适的运行机制。这种模式一般处于企业发展的成长期，这一时期企业在信息交流和结构配置处于非正式阶段，技术创新活动的进一步开展将涉及不同部门和人员的更为复杂的协调过程，进而产生企业员工共同信念及其相互关系的改变，权、责、利的调整，企业部门间关联方式的变化。因此，企业必须着重进行相应的文化（员工行为规范与意识形态塑造）、

---

① TI 表示 technological innovation。
② II 表示 institutional innovation。

产权、组织管理等制度性的创新。在这一时期，制度创新的效果往往决定技术创新的成败。③技术与制度创新共同主导型（TII[①]主导型），是指要素创新频率加大，关联强度增强，使得技术与制度创新对企业经营具有同等的重要意义，并共同主导企业创新发展。决策者倾向于在技术创新与制度创新间平衡分配资源，在推进技术创新的同时，不断完善企业的制度体系。这种模式一般处于企业成熟期，这一时期是企业强调稳定和效率兼顾的阶段，组织的产品和服务市场都发生了分化，企业生产规模、市场份额扩大，往往要求企业具备快速满足顾客需求的技术创新能力和完善的制度体系。单纯关注技术或制度的创新已很难满足企业在该时期的发展，需要时时保持两者创新的互适性。

（二）创新协同演化模型的构建[14,15]

首先，假设如下。

（1）企业在进行技术创新投资的同时，也考虑了企业制度完善的投资，而且只有这两种投资方案进行选择。企业为了适应内外部环境的变化而不断地调整两方面资源投入比例。

（2）企业进行创新是需要人、财、物、时间等广泛的资源投入才能进行。资源分配比重大的要素是主导企业创新协同发展的模式，如技术创新资源分配的比重大于制度创新，则可称为 TI 主导型，反之，则称为 II 主导型；当两者资源分配比重相当时，可称为 TII 主导型。

（3）企业创新协同的演化是在企业从创业、成长到成熟一段时间内的连续过程。

那么，企业创新协同演化过程表现为技术要素与制度要素创新分配资源间的比例构型的波动。这样，企业创新协同演化模型包括创新要素构型。

1. 创新要素构型

创新要素构型就是研究投向技术创新与制度创新之间资源的比例关系的模型。假设企业总的创新投入资源为 $2N$，$2N \geqslant 0$。同时，设给定时间，制度创新资源投入为 $n_i(t)$，技术创新资源投入为 $n_t(t)$，则 $n_i(t)+n_t(t)=2N$。因此，数据 $\{n_t(t), n_i(t)\}$ 表示对应于一定创新资源中技术创新与制度创新资源投入的变化，将其定义为创新要素构型。

定义：
$$n(t)=\frac{n_i(t)-n_t(t)}{2} \tag{1}$$

这样，n 的增加或减少就可以反映创新要素构型如下变化 $\{n_i, n_t\} \rightarrow \{n_i+d, n_t-d\}$ 或 $\{n_i, n_t\} \rightarrow \{n_i-d, n_t+d\}$。即投入制度创新资源增加 d 个单位，则投入技术创新资源减少 d 个单位，或者相反。为了计算上的方便，将创新要素构型进行归一化处

[①] TII 表示 technological institutional innovation。

理。归一化变量：

$$x(t) = \frac{n(t)}{N} \quad (-1 \leqslant x(t) \leqslant 1) \tag{2}$$

可用 $x(t)$ 代替 n。$x(t) > 0$ 说明公司创新协同模式是 II 主导型，$x(t) < 0$ 说明公司创新协同模式是 TI 主导型，$x(t)=0$ 说明公司创新协同模式是 TII 主导型。

2. 创新要素构型的运动方程

创新要素构型的运动方程是受决策者根据企业的具体情况，对制度或技术创新偏好程度的影响。如果决策导向制度创新，则制度创新资源投入比重将会上升，反之则相反。同时，偏好的变动也受到创新要素构型影响，这种影响反映为：如果技术创新资源投入的比重大，则企业家为了保持企业的持续发展，将转向偏好制度创新；反之，将转向偏好技术创新。因此，创新要素构型的运动方程与企业技术或制度创新偏好的运动方程的耦合，将有助于更好地分析企业创新协同演化过程。

由于企业创新协同受到组织内外部复杂多变的主客观因素影响，创新要素构型将是随机变动的。因此，应采用概率分布来描述创新要素构型的运动方程 $P[n_i, n_t; t]=P(n;t)$ 来表示创新要素构型。$P(n;t)$ 表示在时刻 t，构型为 $\{n_i, n_t\}$ 的概率，显然这样的概率分布满足归一化条件：

$$\sum_{n=-N}^{N} P(n;t) = 1 \tag{3}$$

首先，把制度创新与技术创新资源投入的比例变化定义为

$$\begin{aligned} P_i \rightarrow t[n_i, n_t] &= p\downarrow(n) \\ P_i \leftarrow t[n_i, n_t] &= p\uparrow(n) \end{aligned} \tag{4}$$

表示单位时间内构型 $\{n_i, n_t\}$ 中的一个资源投入的转移概率。这个转移概率应等于单个资源的转移概率乘上可转移的资源量。即

$$\begin{aligned} W\downarrow(n) &= n_i p\downarrow(n) = (N-n) p\downarrow(n) \\ W\uparrow(n) &= n_t p\uparrow(n) = (N-n) p\uparrow(n) \end{aligned} \tag{5}$$

则 $P(n;t)$ 的运动方程就是概率论的主方程，它由一般概率统计的方法来建立，具体写为

$$\begin{aligned} \frac{dP(n;t)}{dt} = &[W\uparrow(n-1)P(n-1;t)] \\ &+ W\downarrow(n+1)P(n+1;t)] \\ &- [W\uparrow(n)P(n;t) + W\downarrow(n)P(n;t)] \end{aligned} \tag{6}$$

式（6）右边第一项描述单位时间流向构型 n 的概率流，第二项描述单位时间从构型 n 流出的概率流。该方程是在创新要素构型中每次只能改变一个单位的资

源分配。

按照概率的定义,平均值 $<n> = \sum_{n=-N}^{N} nP(n;t)$ 在一定近似条件下满足方程:

$$\frac{d<n>}{dt} = \sum_{n=-N}^{N} \frac{dP(n;t)}{dt}$$

$$= \sum_{n=-N}^{N} [W\uparrow(n) - W\downarrow(n)P(n;t)] \quad (7)$$

$$= [W\uparrow(<n>) - W\downarrow(<n>)]$$

这里可以把平均值 $<n>$ 的运动方程化为平均值 $<x>$ 的方程:

$$\frac{d<x>}{dt} = K(<x>) \quad (8)$$

其中,驱动力 $K(<x>)$ 的具体形式是

$$K(<x>) = \frac{1}{N}[W\uparrow(<n>) - W\downarrow(<n>)]$$

$$= (1-<x>)P\uparrow(N<x>) - (1+<x>)P\downarrow(N<x>) \quad (9)$$

可以将方程(8)、方程(9)简化为

$$\frac{dx(t)}{dt} = K(x(t)) \quad (10)$$

3. 创新要素构型分布参量

从方程(9)可知,驱动力不仅依赖在时刻 t 资源投入的分布 $x(t)$,而且依赖在时刻 t 分布的个体转移概率 $P\uparrow(x)$、$P\downarrow(x)$。这样,可以认为转移概率的大小是由企业资源投向技术创新或制度创新的偏好〔记为 δ(称为互变因子)〕和由给定环境下资源投向间的转移强度〔记为 k(称为协调因子)〕来决定的。

这时,驱动力 K 可以写成参量 δ 和 k 的函数:

$$K(x;\delta,k) = (1-x)P\uparrow(x;\delta,k)$$

$$- (1+x)P\downarrow(x;\delta,k) \quad (11)$$

根据参量性质的分析,$P\uparrow(x;\delta,k) - (1+x)P\downarrow(x;\delta,k)$ 可用方程(12)来表示:

$$\begin{cases} P\uparrow(x;\delta,k) = v\exp(\delta+kx) \\ P\downarrow(x;\delta,k) = v\exp[-(\delta+kx)] \end{cases} \quad (12)$$

其中,v 是 K 的标度因子,它因单位选取的不同而取不同的值。从方程(12)可知,$\delta>0$ 对 $P\uparrow$ 的贡献大于1,对 $P\downarrow$ 的贡献小于1,这相应于制度创新资源投入的比重将增大;反之,$\delta<0$,技术创新资源;投入的比重将上升。k 值大时,若 $x>0$,则创新资源投入中,制度创新资源投入比重增长趋势将增强;若 $x<0$,则技

术创新资源投入比重增长趋势将增强。

为了具体分析创新要素构型的变化,把驱动力 K 作为某个势函数 $V(x;\delta,k)$ 的负梯度:

$$K(x;\delta,k)=-\frac{\partial V(x;\delta,k)}{\partial x} \tag{13}$$

并设:

$$V = \frac{2v}{k^2}[kx\sinh(\delta+kx) - (1+k)\cosh(\delta+kx)] \tag{14}$$

同理,可对互变因子 δ 的变化进行如下分析:当 $x<0$,即技术创新资源投入大于制度创新资源投入,$\delta(t)$ 应趋向于制度创新,$\delta(t)\xrightarrow{t\to\infty}\delta_0$,反之 $x>0$,即制度创新资源投入大于技术创新资源投入,$\delta(t)$ 应趋向于技术创新,$\delta(t)\xrightarrow{t\to\infty}\delta_0$。据此,写出 $\delta(t)$ 的方程:

$$\frac{d\delta(t)}{dt}=\mu[\delta_0-\delta(0)]\exp[-\beta_{x(t)}] -\mu[\delta_0+\delta(t)]\exp[\beta_{x(t)}] \tag{15}$$

其中,$v>0$,$\beta>0$,$\delta_0>0$。

δ_0 称为资源投入的决策幅度,可以看成是互变因子 δ 的容许值,可设 $\delta_0>0$;β 仍是趋向反转的速度参数,它反映 δ 随 x 变化的快慢。资源的分配往往取决于决策者的判断(偏好),可以认为偏好 δ 的变化往往先于资源分配 x 的变化,因此,可得 $\beta>1$;μ 称为偏好灵活程度,反映互变因子 δ 变化的灵活程度,也是标度因子;记 $\gamma=\mu/v$。

4. 企业创新协同演化模型的求解

创新理论研究表明,面对日益复杂多变的外部环境,为了在激烈的市场竞争中立于不败之地,企业必须时时保持技术创新与制度创新间的良性互动,并在企业成熟期间达到一个两者共同主导的一个稳定状态,从模型分析可知,即 $x(t)=0$;相应的模型条件必须满足 $k<1+\gamma$。同时,基于创新协同理论分析,企业在创业期,往往需要技术上的创新,生产新的产品或提供新的服务,以占领市场维持企业的进一步发展。因此,企业创业期决策偏好于技术创新,相应的资源也主要投向技术创新,据此可设定模型初始值 $x(0)=-1$,$\delta(0)=-1$。

依据不同经营时期企业创新协同主导型的变化,将相关的参数及初始值高设定代入联立方程(10)、方程(13)、方程(14)、方程(15)可求出企业创新协同的演化过程示意图,即 $x(t)$、$\delta(t)$ 的变化曲线,如图 1 所示。

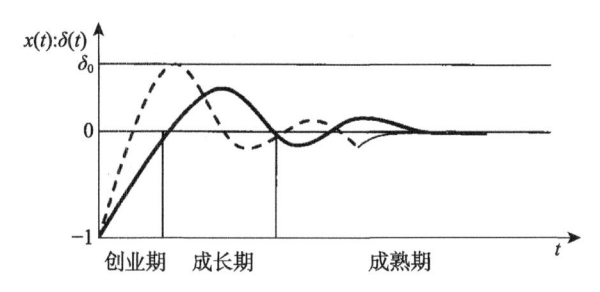

图 1 企业创新协同演化示意图

图中实线表示 $x(t)$ 变化，$x<0$ 表示资源投入偏重技术创新，企业创新协同模型为 TI 主导型，类似地，$x>0$ 为 II 主导型，$x=0$ 为 TII 主导型；虚线表示 $\delta(t)$ 决策者创新投资偏好的变化

其中，$\beta>1$，$k<1+\gamma$

二、创新协同及其演化的实证分析：以中兴通讯为例

根据前面分析，可知企业创新协同模式分为 TI 主导型、II 主导型和 TII 主导型三种，其演化过程表现在企业创业期、成长期、成熟期分别形成 TI 主导型、II 主导型和 TII 主导型。纵观中兴通讯 17 年的创新发展历程，其技术与制度创新协同及其演化的过程与本文的理论分析相吻合，从实证的角度验证了本文理论分析与模型构建的合理性。

自 1985 创办公司以来，中兴通讯 17 年的发展历程是可以说是一部创新史，是技术与制度协同创新从 TI 主导型、II 主导型向 TII 主导型的有序演化过程。具体而言包括以下三个阶段。

（一）以交换机研发为主的技术创新主导的企业创业期：1985~1992 年

中兴通讯的历史可追至 1985 年成立的中兴半导体有限公司，1986 年 6 月，在扩展来料加工业务的同时，为寻求企业自己的产品和市场，摆脱来料加工的被动地位，公司决定走"科技创业"的道路，将经营重点集中在程控交换机的自主开发上。由于决策层对资源分配倾向用于技术创新，以科研人员为主体的公司全体员工经过不懈的努力，相继研制出 ZX-60 程控空分交换机，500 门用户数字程控交换机，局用数字程控交换机 ZX500A 等国际前沿，国内领先的交换机产品系列。公司自主创新的交换机产品在性能价格比方面也优于国外相应产品，而且适合于中国市场需求，获得了用户广泛好评，为公司进一步发展积累了相当的财力、物力和技术创新能力。

（二）以产权改制为核心的制度创新主导的企业成长期：1993~1996 年

长期以来，一直困扰我国国有企业发展的核心问题就是关于产权改制问题。中兴通讯作为一家以国有资产为主体的高科技企业，在初步确立以交换机技术研发带动企业快速发展的同时，也不免受到产权因素的制约。为此，公司决定进行产权改制，探索出一条实现公有制的有效途径，为公司的健康高速发展营造良好的制度环境。

1993年借鉴以往企业经营的经验，公司决定引进民间资本，由航天系统的691厂和深圳广宇工业（集团）公司与民间科技企业深圳中兴维先通设备有限公司共同投资组建深圳市中兴新通讯设备有限公司。初期注册资金300万元，51%的股份为两家国有企业投入，民营企业"中兴维先"占股份49%。为适应社会主义市场经济要求，公司建立了由民间科技企业承担经营责任的"国有民营"经营机制。以产权改制为核心的制度创新极大地调动了国家、集体、个人以及公众等各方面的积极性，为中兴通讯在成长期的快速成长注入了强大的发展活力。公司重新组建当年，即将自主研制的2500门数字程控交换机推向市场，实现销售收入1.7亿元，并占据了当年我国农话交换市场新增份额的18%，名列同类产品之首。在短短的4年的"国有民营"经营期，国有资产4年增值100多倍，净资产从300万元增长到4亿元。

（三）以多元化技术创新和全面性制度创新共同主导的企业成熟期：1997年至今

1997年10月，深圳市中兴新通讯设备有限公司联合骊山微电子公司等8家单位，发起创立了上市公司——深圳市中兴通讯股份有限公司，标志着公司步入了兼顾稳定和效率的经营成熟期。为了保持经营效益的持续增长，公司强调多元化技术创新和全面制度创新间互适性，推进企业的创新实践。

经过充分预研和准备，公司在原有的技术体系和研发能力基础上，确立了多元化的技术创新体系，提出了技术创新多元化的"三个转变"：产品结构突破单一的交换设备，向交换、传输、接入、视讯、电源等多元化产品领域扩展；目标市场由农话向本地网、市话网扩展；由国内市场向国际市场扩展。多元化技术创新战略的制定为公司今后的技术创新提供了良好物质基础，并形成"创新—效益—再创新"的良性发展局面。公司主营业务收入从1997年的6.31亿元上升到2002年的110.09亿元，平均年增长89%。目前，已研制开发出交换、接入、移动通信、手机、传输、视讯、智能网、数据通信、通信电源、集中监控、变电站自动化、网管等17个大类80余种拥有完全自主知识产权的通信产品，承担了多个国家"863计划"等重点科研项目。

为了确保多元化技术创新的顺利实施及公司在成熟期的高速成长，中兴通讯着重进行了包括组织、管理等全面性制度改革。至今，公司已建成完备的标准和制度体系，共有十大类共150余份企业标准和12类共150多份企业制度（不包括事业部一级的管理制度和标准），涵盖了管理、研发、生产、经营、销售等各个方面，为公司在成熟期持续经营提供了基本的行为准则。其中 1998 年到 2002 年的 4 年时间里进行了两次大的组织结构的调整，使公司从原有的适应简单市场业务、职能划分单一、侧重垂直管理的直线职能制向适合企业多元化技术创新的事业部制的转变。

在新的组织制度框架内，公司进行了相应的管理制度的创新，建立了以电子化管理为重点的公司管理体系，在通信基础平台上构筑了丰富而强大的网络应用系统，支持范围涵盖了公司内外的主要业务，从市场一线到生产、研发、质量、管理等各岗位，取得了可观的经济效益。

根据以上的考察，在发展的 17 年里，公司始终坚持技术与制度互动创新，并有效推进企业创新协同向更加高级有序的方向发展，可用图 2 反映。

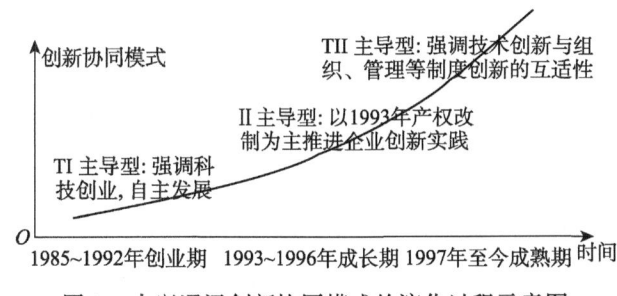

图 2　中兴通讯创新协同模式的演化过程示意图

三、小结与展望

进入 21 世纪，计算机网络、知识经济的迅速发展，使得持续创新成为企业的必需。更好地管理组织的创新是企业在激烈市场竞争中立于不败之地的关键。随着理论与实践的不断发展，创新管理已日益呈现出复杂性、动态性，必然要求企业根据不同的发展时期技术与制度创新协同的特点，不断推进创新协同向着更为高级有序的方向发展，进而提高企业持续创新能力。

要更为深入系统地认识企业创新协同及其演化，不仅需要对更多企业的创新实践进行持续研究总结，以进一步分析技术创新与制度创新协同复杂的动态关系，而且需要扩展技术和制度创新要素的研究范围，如技术创新可进一步分为产品和工艺的创新，制度创新可进一步细化并直接描述为非技术要素创新，包括文化、战略、组织、制度（单指企业的规章规则）、管理、市场的创新，从而更加全面认识其协同关系，并力争建立企业全面创新管理[16]的运行体系。

参 考 文 献

[1]　纳尔逊 R R，温特 S G. 经济变迁的演化理论. 胡世凯译. 北京：商务印书馆，1997.

[2] 熊彼特 J A. 经济发展理论. 何畏, 易家详译. 北京: 商务印书馆, 1990.
[3] Freeman C. Japan: a new national system of innovation?//Dosi G, Freeman C, Nelson R R, et al. Technical Change and Economic Theory. London: Printer Publishers, 1988: 331-334.
[4] Lundvall B. Innovation as an interactive process: from user-producer interaction to the national system of innovation//Dosi G, Freeman C, Nelson R R, et al. Technical Change and Economic Theory. London: Printer Publishers, 1988: 61-84.
[5] Nelson R. Institutions supporting technical change in the United States//Dosi G, Freeman C, Nelson R R, et al. Technical Change and Economic Theory. London: Printer Publishers, 1988: 258-260.
[6] Radosevic S. Defining systems of innovation: a methodological discussion. Technology in Society, 1998, 20(1): 75-86.
[7] 许庆瑞. 研究、发展与技术创新管理. 北京: 高等教育出版社, 2000.
[8] 张钢, 陈劲, 许庆瑞. 技术、组织与文化的协同创新模式研究. 科学学研究. 1997, 15(2): 56-61.
[9] 彭纪生, 吴林海. 论技术协同创新模式及建构. 研究与发展管理, 2000, 12(5): 12-16.
[10] Tidd J, Bessant J, Chichester K P. Managing Innovation: Integrating Technological, Market and Organizational Change. New York: John Wiley, 2001.
[11] Shapiro M. Innovation: A Blueprint for Surviving and Thrivingin an Age of Change. New York: McGraw-Hill, 2002.
[12] Tucker B. Driving Growth Through Innovation. San Francisco: Berrtt-Koehler Publishers, Inc. 2002.
[13] 黄少安, 魏建. 制度互补与企业发展: 以山东淄博光正实业有限责任公司的改革与发展为例. 管理世界, 2000, (3): 193-199.
[14] 哈肯 H. 协同学. 徐锡申, 等译. 北京: 原子能出版社, 1984.
[15] 哈格 W. 定量社会学. 郭治安, 等译. 成都: 四川人民出版社: 1986.
[16] Xu Q R, Yu Z D, Zheng G, et al. Towards capability: based total innovation management//Xu Q R. The Emerging New Trend of Innovation Management: A Case Study of Haier Group. ICMIT2002, 2002: 233-239.

第二篇　全面创新部分

全面创新管理理论的实践和理论背景[①]

在"变化"是"唯一不变"的今天,创新正日益成为企业生存与发展的不竭源泉和动力,并受到众多学者和企业家的关注。随着相关理论和实践的不断发展,创新管理的内容与方式日益复杂,并逐渐形成以全面创新为特征的管理模式。

第一节 研究的实践背景

自从20世纪50年代中期以来,创新与变革日益成为理论界和企业界广泛关注的、最活跃和最有吸引力的研究领域之一。随着信息技术的迅猛发展、市场竞争的全球本地化以及顾客需求的个性化定制,企业所处的商业环境发生了根本性的变化。一方面,企业要经受环境的严峻挑战。传统组织的纵向边界、横向边界、外部边界和地理边界正在迅速渗透与模糊,相应地,核心企业与其上、下游企业也正在大规模地向着商业生态系统(business ecosystem)共生演进。正因为如此,在商业生态系统中,竞争格局已不再是单个企业之间的竞争,而是联盟体与联盟体之间的竞争,是基于时间的竞争。只有快速、灵活、勇于创新、基于联盟的网络组织才能在混沌边缘(edge of chaos)获得持续竞争优势和高额创新租金。另一方面,复杂、快速动荡变化的超竞争环境持续不断地挑战既有的创新管理实践。特别是,面对企业内部各要素之间及其与外部环境之间互动关系的日益非线性复杂化,传统的创新管理模式已不再适用。因此,在当今知识经济环境下,迫切需要超越牛顿经典力学的线性思维方式,突破单一组织理论的研究框架,借助跨学科理论和方法,从新的理论视角对网络环境下企业创新管理的机理与模式进行研究。

一、当前我国企业技术创新面临的困境

近年来我国企业技术创新取得了长足进步,但仍存在一些不容忽视的问题。除了长期以来对技术创新重视不足、大多数企业技术创新投入偏低,导致企业技术创新能力较薄弱,在水平和层次较低等固有问题之外,当前企业技术创新存在的一个新的突出问题是,很大一部分企业孤立地抓技术创新,而忽视了其他非技术因素对技术创新的协同和制约作用,导致技术创新项目绩效不佳。国外资料也表明,只注意抓研发中心建设而忽视其他非技术因素的企业仅仅有25%取得了较

[①] 节选自:许庆瑞. 全面创新管理:理论与实践. 北京:科学出版社,2007:第一章。

好的绩效。正是认识到这一点，最近经济合作与发展组织（Organisation for Economic Co-operation and Development，OECD）关于技术创新政策的奥斯陆手册修订中也将增加非技术因素的指标。

大量实践表明：很多技术创新项目没有实现预期效益，主要不在于技术因素，而源于企业的战略、文化、组织结构、制度（包括产权、激励制度等）、人力资源管理等非技术因素，包括：其一，重视技术创新，而思想创新和文化创新滞后。浙江大学创新与发展研究中心对我国 100 余家大中型企业的调查发现，大多数的企业文化类型是效果型和秩序型，仅 6.5%的企业是创新型。其二，缺乏能够有效激励创新的制度安排。例如，联想在 20 世纪 90 年代相当长一段时期内发展势头趋缓，主要原因是其产权和激励制度不到位。后来通过股权改革和一系列增强激励的制度措施，并调整了发展思路，大大激发了联想员工的创新积极性，提高了技术创新能力，企业重新取得快速发展。其三，层次重叠、僵化的组织结构影响了研发速度和响应市场时间，制约了创新的速度和绩效。此外，缺乏明确的技术创新战略，或是技术战略与经营战略没有结合好；企业缺乏激发全体员工的创新积极性和创造力；部门界面管理不善等也都影响了技术创新绩效。

造成我国企业技术创新中上述问题的深层次原因就是缺乏先进的、系统的技术创新管理理念指导，就新形势下竞争环境和市场需求变化对技术创新的更高要求缺乏足够认识，缺乏系统观和全面创新思想。

二、新世纪竞争环境的日益复杂化对企业提出全面创新要求

进入 20 世纪 90 年代以来，经济全球化、网络化趋势更加明显，以 IT、互联网的广泛应用为标志的新科技革命浪潮使得企业的生存与发展环境、经营目标与方式等发生了根本性的变革。在网络环境下，信息交互能力大大提高，使得信息可以突破时空限制，为企业实施全面创新管理提供良好的物质技术保障。具体表现为：一方面，信息可以更为便捷地在组织内部不同地区分布、各职能部门、不同岗位和全体员工进行创新信息的传递，从而为研发、生产、制造以及管理等不同岗位的员工进行全面创新提供必要的信息和相关的知识；另一方面，信息可以以更低的成本实现与组织外部供应商、顾客、合作伙伴、竞争对手信息充分共享，为快速持续整合企业内外部资源乃至全球化资源进行创新提供技术保证。据统计，通过技术交易，许可和专利交易的横向技术数量不断增加。全球交易中技术性商品的比重已从 1970 年的 9.5%上升到 1995 年的 21.5%。同时，随着经济全球化和电子上网、网络经济的蓬勃发展，企业的边界越来越模糊。外包、竞合、战略联盟、虚拟团队等组织形式的出现使得企业的边界跨越了地区、行业甚至国家的限制，促进了研发、制造、营销等的全球化。许多跨国企业（如微软、诺基亚等）在全球各地设立了研发中心或基地，以整合全球科技资源进行创新。诺基亚公司在全球 14 个国家设有 55 家研发机构，研发人员超过 19 000 名。

但与此同时，进入 21 世纪，竞争环境的日益复杂对企业提出了全面创新的要求。面对日益个性化的顾客需求与基于时间的市场竞争（time-based competition），产品生命周期和研发周期的缩短、新技术的涌现、竞争对手的威胁、越来越多的企业发现，仅有良好的生产效率、足够高的质量、灵活性已不足以保持持续的市场竞争优势，要在激烈市场竞争中立于不败之地，企业必须比竞争对手以更快的速度响应顾客全方位需求，需要企业改变原有的创新管理模式，实现技术与非技术要素的协同创新，并充分动员从生产、制造、研发、营销、服务等各部门员工随时随地进行创新，以提高新产品的创造效率，不断扩大自己的优势和在行业中所占的份额，获取超额的利润。惠普一份研究资料表明：如果一项新产品从创意到商品化的过程是 5 年，其间若研究开发延误半年，则利润就会减少 50%。与竞争对手相比，那些基于时间进行持续创新管理的公司对客户响应至少快 60%，增长快 3~4 倍，并且得到了至少高于 2 倍的利润。

三、企业全方位的创新实践需要新的先进理论的支持和指导

加强创新，提高企业创新能力，已成为当前我国经济发展的紧迫任务。解决我国当前创新面临的挑战，必须强化企业创新活动的系统性、全面性，以技术创新为核心，以市场、组织、文化、制度等其他要素的协同配合为基础，开展全面创新，加强对全面创新的管理。

国内外一些创新领先企业，如海尔、惠普、3M 等主动适应环境的变化，已不同程度地开始或进行全面创新的实践。海尔近年来为提高核心竞争力，以价值创造和价值增加为目标，在系统、全面的框架下实施了以战略为主导，以技术创新为核心，以市场、组织、文化制度等的创新为支撑，以"市场链"业务流程创新为保障的全面创新实践，取得显著成效。技术创新绩效由于得到非技术因素的协同匹配而得以充分发挥，新产品开发速度大大提高，周期显著缩短，现平均每个工作日开发 1.3 个新产品，申报 2.5 项专利；同时企业经营绩效也大幅提升，2002 年营业额达 720 亿元，比 1999 年（406 亿元）提高 77%。宝钢近几年通过实施企业系统创新工程，推动了各项事业的全面创新，也取得显著成效。这些先进企业在实践中自发探索出的新经验也需要从理论上进一步加以总结提炼和推广。

实施全面创新需要有一套科学有效的创新管理理论来指导。而传统的创新管理理论由于受当时条件的限制，缺乏对当今环境剧烈变化和创新过程日益复杂化的认识，无法在新形势下为企业提供一个科学有效的创新管理范式来指导实践。为此，本研究在总结国内外创新理论与实践的基础上，根据市场环境的特点，初步建立并分析以价值增加与创造为目标，以战略为主导，全要素、全员、全时空"三全"协同创新的立体创新模型——全面创新管理（total innovation management，TIM），以求在新时代条件下丰富和发展创新管理理论，并为我国企业适应竞争环境的变化进行科学有效的全面创新提供理论指导。

第二节 创新理论的研究进展：从技术创新到全面创新的发展

1912年，美国学者约瑟夫·熊彼特首次提出"创新"的概念，将创新定义为"企业家对生产要素之新组合"，认为"创新"是经济发展的根本动因。熊彼特的创新概念，包括产品、工艺、市场、生产要素和组织形式等多种创新形式。熊彼特开创了创新理论研究的先河，此后许多学者将创新研究的焦点从宏观层次的经济增长转向企业的微观层次创新活动的管理，以揭示企业创新这一"黑箱"。综观创新管理主要研究，可以分为五个阶段。

一、第一阶段：个体创新（20世纪40~50年代）

微观层次中企业创新活动的系统研究，起始于20世纪40年代。受熊彼特创新动力论的影响，20世纪40~50年代的研究根植于"企业家动力论"的理论基础之上，研究企业中具体的创新过程、成功因素和动力。由于这一阶段还处在研究的起步阶段，创新中的一些基本问题还没有清楚界定，所以研究的侧重点在于研究创新系统活动中的各构件，因此第一阶段创新研究的显著特征是单一、线性、内源式创新管理的研究。熊彼特关于创新主体的界定，前期倾向于把创新主体理解为分立的个人，后期倾向于强调垄断公司的创新主体地位。但尽管有这种变化，熊彼特从总体上是把创新空间定位于企业的这种思想在以后较长的时间内具有广泛的影响，研究者多视此为不言自明的假定。

二、第二阶段：组织推动创新（20世纪60~70年代）

随着研究活动的深入，研究越来越触及创新管理中的一些更具体的领域。在第一代单一创新管理研究的理论成果基础上，第二代创新管理研究着重研究创新的组织内源问题，研究组织如何通过对研发活动的有效管理推动创新的发展，实现创新的目标。因此第二阶段的创新研究，实质上在于如何管理R&D部门和活动，以及组织自身在创新中的重要地位等。这一阶段的理论贡献者主要有爱德华兹·罗伯茨（Edwards Roberts）以及阿伯内西（J. Abernathy）与厄特巴克（M. Utterback）等。值得一提的是J. Abernathy和M. Utterback关于"U-A"创新模式的研究，其根据产品生命周期将产品创新、工艺创新和产业组织的演化模式分为三个阶段：不稳定阶段、过渡阶段、稳定阶段。

三、第三阶段：组织外部创新（20世纪70年代）

第三阶段创新的研究，突破了第二阶段组织创新内源的视野，突出用户在组织创新中的地位和作用，将用户作为一个重要的组织外部创新源，这一思想的主要推动者是埃里克·冯·希伯尔（Eric von Hippel），并提出了用户创新的思想，在今天更加受到理论界和企业界的关注，如斯特芬·M. 夏皮罗（Stephen M. Shapiro）也提出应该倾听用户并聘雇用户参与到企业的研发、营销等过程中，与其达成伙伴关系共同创新。他还发展了 von Hippel 的"领先用户"法，进一步提出从"背离用户"和"潜在用户"中寻找创新源泉。

第二阶段和第三阶段的研究，其本质在于研究创新的推动力，第二阶段强调的是内部推动，而第三阶段强调的是内外结合的双向推动。受环境的影响，这两个阶段对创新推动力和创新源的研究，都是机械线性的观点，是一种基于牛顿经典力学的机械哲学观。

四、第四阶段：组合创新、集成创新和系统创新（20世纪80~90年代）

上面三个阶段的创新理论研究，研究对象都局限于单个创新过程、活动或者要素，也就是熊彼特所列举出的五种创新形式中的某一种，而没有研究创新中各构成要素之间的内在互动机理和关系。到20世纪80年代，随着环境的变化，组织对创新绩效提出了更高的要求，传统单一的创新理论和模式的局限日益凸显出来。基于系统理论之上，一些学者将研究的视角从单个的创新系统构件转到创新系统要素之间的关系上。例如，罗斯维尔（Rothwell）、罗森伯格（Rosenberg）等的研究进一步揭示出创新过程的动态化、集成化和综合化，如罗森伯格的创新链环模式，尽管主要是就技术创新而言的，但已经显示出创新是多种因素交互作用的过程。一些学者提出组合创新理论。组合创新的研究和实践，大体经过了四个逐渐深入的阶段，即产品的组合创新、技术创新的组合、不同创新的组合、基于核心能力的组合创新。目前，组合创新管理是国内外居于主导的创新管理模式。组合创新至少包含了五方面的组合关系，即产品创新与工艺创新的协调、重大创新与渐进创新的协调、创新的显性效益和隐形效益的协调、技术创新与组织文化创新的协调、企业内部独立创新与外部组织合作创新的协调等。Edwards Roberts 在研究中证实了技术创新与组织创新之间的互动关系。多尔蒂（Dougherty）和哈迪（Hardy）通过实证研究，证实了企业持续的产品创新能力与组织流程和结构之间的内在关系。在创新理论发展的第四阶段，在组合创新理论的推动下，到20世纪末期，创新理论朝系统观发展更进了一步，出现了集成创新观和系统创新观的创新理论。集成创新观的代表人物是马尔科·扬西蒂（Marco Lansiti）、H. K. Tang 等。1998年美国的 Lansiti 提出了技术集成的概念。一些学者也指出，在技术创新中各种要素的集成是保证技术创新效果的重要条件。集成创新观强调对现有各创新要素的创造性整合，体现了一定的系统性思想。系统创新观的代表人物是罗伯特·塔克（Robert Tucker）等。许多学者探讨了企业创新系统的概念与内涵。詹森认为企业创新是一个复杂性自适应系统；彼得斯指出，要提高创新绩效必须由"框式思考"向"线式思考"转变，也即注重系统各要素间的关系。Tucker 提出了创新管理的五项原则,其中包括创新必须具有综合性,涉及研发和所有其他部门;创新必须有组织地、系统地、持续地寻找新机会;创新必须涉及组织所有人的参与等。这些原则也充分体现了系统、全面创新的思想。

在第四阶段发展起来的基于系统理论的创新理论,突破了以前有关创新线性的思维模式,突出了创新系统内各子系统和构件之间的匹配和互动对创新绩效的重要作用,但未能就创新作为社会过程本身所具有的人的主体性与时空效应和具体的创新系统相结合进行基于生态观的分析。

五、第五阶段:全面创新管理(21世纪)

进入21世纪后,创新理论的发展向更高的层次迈进,许多学者从生态系统的角度来研究创新理论,人人创新、时时创新、全流程创新、全球化创新以及事事创新的全面创新思想成为创新理论发展的新方向。近年来,激发每个员工的创新积极性,实现"人人都是创新者"的思想受到了广泛关注。夏皮罗(Shapiro)指出,市场竞争的日益激烈和用户对响应速度的日益要求使得企业必须力求做到24/7创新(即每周7天、每天24小时创新)。一些学者认为:企业外包、战略联盟等组织形式的出现促进了研发、制造、营销等的全球化。以"人"为本,实现全方位的创新是第五阶段创新理论发展的目标。但目前该阶段的研究仍是零碎的、非系统的和非连续的,且游离于企业管理过程之外,迫切需要进一步的条理化、系统化。企业创新管理理论的发展演化如表1所示。

表1 企业创新管理理论的发展

阶段	主要观点	代表性学者	理论基础	解决的实际问题
第一阶段 (20世纪 40~50年代)	个体、单个创新 线性、内源的创新过程 创新成功因素	Marquis(马奎斯) Rothwell Freeman	牛顿经典机械观	新技术发展与个体的创造性
第二阶段 (20世纪 60~70年代)	组织促进 R&D管理 内部来源 创新的线性过程模型	Roberts Utterback	牛顿经典机械观	新技术应用与组织推动作用
第三阶段 (20世纪 70年代)	引入外部来源 用户作为创新者线性过程	Eric von Hippel	牛顿经典机械观	技术创新的外部推动与用户参与
第四阶段 (20世纪 80~90年代)	链式、耦合过程模型 并行(集成)创新过程模型 组合创新 集成创新 系统创新	Rothwell 许庆瑞 郭斌 陈劲 吴晓波	系统观 非线性科学 复杂性理论	技术创新的系统性与非技术因素的协同作用
第五阶段 (21世纪)	全面创新	许庆瑞 Shapiro(夏皮罗) Roger Bean(罗杰·比恩) Robert Tucker	生态系统观 复杂性理论	创新作为社会过程与电子化网络环境下创新主体的人的互动关系

第三节 研究问题的提出

从本章的实践背景可以看出：一方面，进入21世纪，越来越多的企业发现，仅有良好的生产效率、足够高的质量、灵活性已不足以满足顾客日益增长的个性化需求，也难以保持持续的市场竞争优势，而只有技术创新才能使其摆脱困境，获得超群的经营业绩。另一方面，环境的动荡、竞争的激烈和顾客需求的变化都需要企业进行全方位的竞争，比竞争对手以更快速度响应顾客全方位的需求，这就不仅要求企业技术创新，而且必须以此为中心进行全面、系统、持续的创新。先进企业正意识到：技术创新的最终绩效越来越取决于企业整体各部门、各要素的创新及要素间的有效协同。

从本章的理论背景亦发现，当前创新管理理论的发展正朝着全面化、系统化和生态化的方向不断发展。而当前主流研究仍然集中于技术创新和技术因素本身，不同程度上忽视了组织、文化等非技术因素及时空因素对技术创新过程和绩效的影响，缺乏对这些非技术因素与技术创新的协同机理的研究。更为重要的是，当前研究大多尚停留在对创新的某些方面或维度提出思想与理念，缺乏在21世纪新形势下作基于复杂性理论框架下的系统、全面的研究。造成目前这些不足的根本原因是长期以来部分学者的研究思维方式受经典牛顿力学的影响，以线性、机械的观点来研究技术创新管理，而没有根据环境和创新过程日益复杂性的变化，采用基于生命观和复杂性理论的视角来研究创新问题。

在当前的经济建设环境中，加强创新，提高企业自主创新能力，已成为我国经济发展的紧迫任务。解决我国当前创新面临的挑战，就必须强化企业创新活动的系统性、全面性，以技术创新为中心，以组织、文化、制度等其他要素的协同配合为基础，开展全面创新，加强对全面创新的管理。因此，以全面创新管理为代表的新一代创新管理理论的提出是大势所趋。

全面创新管理是基于企业面临的新时代环境和市场竞争规则的变化并总结借鉴国内外创新理论成果而首次提出的创新管理新范式，具有较强的理论原创性和实践指导性。全面创新管理不是对原有创新管理理论和方法的简单归纳集成和渐进修补，而是一次革命性突破。它在理论基础、战略、结构、要素、时空范围和管理风格等方面与传统创新管理范式有着质的区别，特别是其根据环境的变化突破了原有时空域和局限于研发部门和研发人员创新的框架，突出强调了新形势下全员创新、全要素创新和全时空创新的重要性。

本书按照"为什么要全面创新管理—全面创新管理是什么—如何形成、实现全面创新管理"这样一个逻辑思路，着重基于复杂自适应系统理论、创新管理理论等就全面创新管理的理论架构、系统建构与形成机理展开深入系统研究，力求突出理论深度、理论开创性以及实践应用性。本书主要围绕以下五个问题具体展开研究。

（1）全面创新管理理论产生的理论实践背景与理论基础。

（2）全面创新管理理论的内涵与系统框架。

（3）创新的多要素（技术与非技术之间）相互作用、协同的机理和模式。

（4）揭示全面创新管理的基础架构及其形成过程和机制。

（5）作为全面创新管理基础的全员创新如何得到增强和巩固？

全面创新管理的理论基础[①]

任何一种理论都有自身的理论基础，都是从一定的理论前提出发的。全面创新管理理论与过往创新管理理论的重大不同，就是将研究视角从单独的创新要素和创新系统构件转移到整个创新系统，以及创新系统各要素之间的关系上来，揭示了创新过程的复杂性、生态性、协同性和动态性。因此，正是基于生态理论、人本理论、协同理论、复杂自适应系统理论、开放式创新理论、分布式创新理论和模块化理论等理论基础之上，全面创新管理理论才突破了以前有关创新的线性思维模式，将企业创新系统视为一个复杂创新体系，突出了创新系统内各要素之间的互动性。

第一节 生 态 理 论

一、生态系统观的原理

生态学是一门极为年轻的科学，但人类有关生态的思想却是源远流长，如中国古代哲学就将生态智慧思想生动地体现在《周易》、阴阳五行学说、天人合一等思想之中。中国古代中医理论更是把人体与自然环境看成一体，认为身体的病变都是由人的机体与环境关系失调所产生的。

"生态学"（ecology）一词源于希腊文，由"oikos"和"logos"两个词根组成。前者意为"房屋"或"栖息地"；后者系"论述""研究"之意。可以认为，生态学是"研究栖息地"的学问。在中文字典中，生态学意为研究生物之间和生物与周围环境之间的相互关系的科学。美国著名生态学家奥德姆更是指出，生态学是人和环境的整体性的科学。总体而言，生态学是研究有机体或有机群体与其周围环境关系的科学。而系统观是一种整体的分析视角，从总体上把握不同要素之间的关系，为不同学科的理论研究所广泛运用。一般而言，研究对象的差异，往往形成不同的系统观点，如可以分为机械的系统观和生态的系统观。前者主要运用于自然科学领域，更多聚焦于物质世界；后者更多运用于社会科学领域，主要强调人与环境的互动。早在1921年，帕克（Park）和伯吉斯（Burgess）在其所著的《社会学科学导论》中就首次提出人类生态学概念。1935年，英国学者比

[①] 节选自：许庆瑞. 全面创新管理：理论与实践. 北京：科学出版社，2007：第二章。

尤斯（Bews）撰写了《人类生态学》一书，确立生态系统观在社会科学领域的研究地位。此后，不同社会科学分支纷纷运用生态系统观点，开拓新的研究视野，如社会生态学、教育生态学、行政生态学和城市生态学等相继问世。

非人的有机生物与环境的关系的生态系统观对本研究的意义不大。本研究主要从生态系统观针对人与组织环境之间的关系获得对相关创新管理研究的启示。基于上述分析，可以认为生态系统观强调的是人与组织之间以及组织与环境之间的协调关系，它具有三个方面的特征：一是突出主体的多样性原理；二是关注人与组织的互动性原理；三是关注组织与外部环境关联的开放性原理。

二、创新管理的生态系统原理

创新管理的生态系统原理可以追溯到20世纪50年代马森·海尔瑞提出的"企业生命周期"的概念，以及其不断发展形成的组织生命周期理论。该理论将组织人格化，认为企业发展也符合生物学中的成长曲线规律。并运用生态观点解释企业发展过程中出现停滞（stagnation）、消亡（demise）等现象，并指出这些现象出现的原因是企业在管理上的不足，即一个企业在管理上的局限性可能成为其发展的极限。自20世纪50~60年代以来，创新不断受到理论研究和企业实践的重视。人们普遍认为企业创新的成功需要不同职能员工的分工合作以及员工创造力发挥与组织创新环境构建的相互协调。正如拉尔夫·卡茨（Ralph Katz）指出的，大量研究和实践证明：创新的失败已不再是简单的技术原因，而更多的是由技术人员和跨部门人员不同专业和激励等方面复杂的互动造成。因此，在创新管理中应对人与组织环境等因素的协调予以更多的考虑。创新管理涉及的人与组织环境的关系越来越成为学者研究的重点和热点，生态系统原理在创新管理的运用也得到广泛的认同和研究，并在三个方面突破了传统的创新管理理论，具体如图1所示。

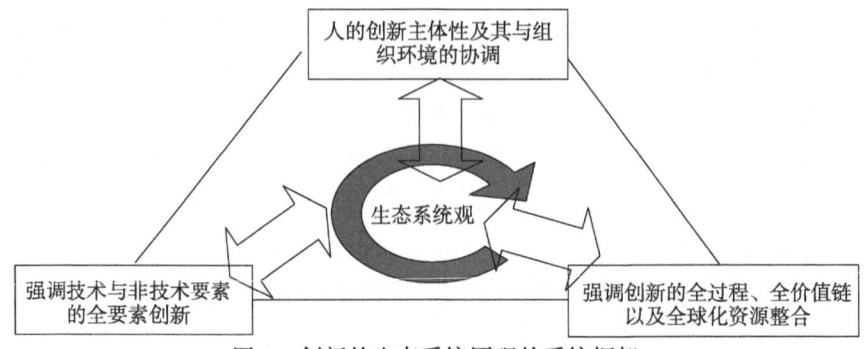

图1 创新的生态系统原理的系统框架

（一）突破传统的创新机械观，强调人的作用及其与组织环境关联的生态观

一方面是强调人的创新活动是企业创新成功的基础。创新本身是一种知识创造及应用的过程。人是知识的载体，也是整个创新过程的主导者。可以说人力资源是创新的第一资源，是企业通过创新构筑比竞争对手更为持续的竞争优势的支柱。早在20世纪80年代初，菲利普·萨德勒（Philip Sadler）在为帕克（Parker）的《创新管理》一书作序时，就指出创新也许是最困难的管理任务，部分原因就在于不管组织规模大小，要取得创新成功就必须释放大多数人和天才个人的原创性、想象力、愿景、决策能力和企业家精神等方面的能量，而非公司某方面的优势。"人是我们组织中最宝贵的资产""我们所拥有的一切就是人"已经成为耳熟能详的企业口号。从组织创新的价值角度，创新本身就是不同层次员工参与到创新决策中行为的组合，其价值获取必须能够激活并管理每个员工潜在的创造能力，并能够将其转化为推动企业创新的途径。根据波特（Porter）对企业价值链的技术分析，技术包含于企业的每一个价值活动中（如后勤、市场营销、经营、服务、企业基础建设、人力资源管理、技术开发和采购），而创新实际上对任何活动都产生影响，从而影响企业价值的创造。因此，企业只有提高创新中人的主体性，充分调动员工创新的活力，提高员工的创新能力，才能成功进行创新，提高创新绩效，实现最佳的经营业绩。

另一方面，创新管理的生态系统原理最为显著的特征就是强调创新环境与人关联互动的生态观。这种观点最为典型的研究是纳尔逊和温特的《经济变迁的演化理论》，在进化论和熊彼特的创新理论基础上，他们研究经济系统的进化行为。他们在组织能力和行为的分析中形成了创新环境与人互动的生态观点："组织发展功能的要求与一切组织成员的动力之间某种稳定的相互适应，是惯例操作的一个必要陪伴条件，却是千真万确的。"此后，越来越多的学者采纳了创新进化的思想，并形成一个共识，即创新环境的营造必须有利于人的创造性行为的激发，而且环境变化是与人的行为联系在一起的，是互动关联的。齐曼的《技术创新进化论》（*Technological Innovation as an Evolutionary Process*）则整理了21篇从生态进化观的角度分析技术创新的经典文章，其中大部分是关于与人创新行为有关的环境要素，如作为一种文化实践的创新、制度化的创新、创新的企业组织等。在实践方面，冈德林对"世界上最具创新精神"的3M公司进行了10多年的考察分析，总结出：3M公司之所以能充分激发和提高全体员工的创新能力，最为突出的"一点经验"就是培养了一个多种新因素互相促进的总体工作环境。

以上两个方面的近期研究体现为，进一步强调了创新作为一个因变量，是由创新以外的人与组织环境等三个层面的因素决定的，具体包括个体和集体层面的创新行为和方式，以及组织层面的创新安排。格伦豪格和考夫曼及安德松等分别对不同时期主体层面的创新特征及其相关影响因素进行了全方位概述，为后续研究提供了一个全景化示意图。前者在其主编的《创新：一个多学科的视角》一书中对相关研究进行总结，概括了不同层次创新的活动和特征；后者则认为当前创新领域已经大大扩展，并不断增加对不同层次主体创新的研究。并对 1969~2002 年的不同层面主体创新特征及其影响因素研究进行了回顾和总结。

（二）突破传统的创新技术论，强调技术与非技术在内的全要素创新

随着创新管理理论和实践的不断发展，企业创新的内容、方式与主体日益多样化和系统化，并逐渐形成以全面创新为特征的管理模式。早在 20 世纪 70~80 年代，以达夫特（Daft）为代表的学者提出并发展了创新的"双核心理论"，即公司中创新有技术和管理创新两大类，论述了创新在要素方面的全面性思想。此后，很多学者在相关主题上进行深入研究，如达曼珀尔（Damanpour）通过实证研究，指出技术创新与管理创新往往是相悖的，技术创新强度大，则影响管理创新，反之亦然。因此，需要技术与管理创新的协同，才能发挥最佳的创新功能。

以许庆瑞为代表的创新研究团队自 20 世纪 80 年代初以来，持续关注创新全面性的发展，并于 20 世纪 90 年代中期总结出当前企业创新管理必须基于核心能力的积累和提高，关注产品创新与工艺创新、技术创新与组织文化创新、渐进创新与重大创新、持续性创新与排斥性创新、创新显性效益与隐性效益等矛盾之间平衡的组合创新。组合创新理论充分体现了全面创新的思想。此后，Tucker 在其出版的《创新才有增长》一书中，提出了创新管理的五条原则，为全面创新的模式作了具有代表性的概述：一是创新必须成为企业信条，必须有一种从"创意到实践"的全过程方法来判断创新的成败；二是创新必须是全面实施，价值链上的每个业务单位和每个职能部门必须以创新作为自己的职责和运作方式；三是创新应该有组织地、系统地、持续不断地进行，从技术与非技术领域的创新中建立有效机制，开展创新实践；四是组织内的每个人都应该参与创新，特别是基层员工的参与；五是创新应该以顾客为中心。可以说，Tucker 的研究已涉及了全面创新管理理论的部分内容，但尚缺少逻辑关系分析与系统框架构建。郑刚则将非技术要素扩展为战略、文化、市场、组织、制度等要素，分析了技术与这五大要素创新之间的全面协同机制，并提出全要素创新协同度的测量。总之，越来越多的学者从企业角度认识到创新的复杂性，认为必须基于系统的角度对创新涉及的多维要素间相互关系进行全面的思考，并强调了企业要提高创新绩效必须摆脱孤立要素的简单思考，通过整合技术与非技术等创新要素，使创新作为整体发挥新的功效和提高创新业绩。

（三）突破传统的创新单一时空观，强调全过程、全价值链以及全球化资源整合在内的全时空创新

20 世纪 80 年代末 90 年代初，美国学者哈默（Hammer）和钱皮（Champy）在《哈佛商业评论》发表的关于流程再造的理论，在全球引起了企业流程再造的热潮，突出了向以流程为导向的企业管理范式的转变，也为创新的全过程、全价值链的研究提供了理论支撑。全过程创新主要关注企业内部如何实现创新的全程管理，前期Roberts、Utterback、Rothwell等关于技术创新过程不同职能部门的整合研究，后期学者则关注从创意提出到实施的完整过程中的创造力向组织创新的转化、创新学习、组织影响要素、企业内部创新网络等，以及创新在整个企业发展过程中的演化，如Tushman提出的重大创新与渐进创新的交替过程，许庆瑞等研究了企业在整个生命周期内从技术主导、制度主导到技术与制度共同主导创新的协同演化过程。

全价值链创新则主要关注企业内外部如何实现创新价值增加。早期波特提出了企业内部的价值链概念，我国学者赵剑明、司春林、佟石等进一步分析了支撑技术创新的企业内部价值网络。后期，学者更多关注企业外部创新，主要包括：用户参与创新、供应商参与创新、创新价值网络、整合全球资源的国际化创新以及整个企业从封闭式（closed innovation）到开放式（open innovation）的创新范式转化。

第二节 人本理论

一、人本理论概述

（一）管理学的人本主义范式

20世纪初，美国哈佛大学梅奥教授的"霍桑工厂实验"得出，工作的物质环境和福利的好坏与工人的生产效率并无明显的关系，相反，职工的心理因素和社会因素对生产积极性的影响最大。管理学家开始承认人在生产中起着独立而重要的作用，"经济人"被提升为"社会人"。

20世纪中叶，一些行为学家在梅奥等的基础上，从有关人的需要、动机和激励、组织中的人性、非正式组织和群体等方面进行了更加深入细致的研究。马斯洛提出了需要的层次理论，赫茨伯格则从"人们希望从工作中得到什么"这个问题入手，提出了激励–保健理论。马斯洛和赫茨伯格等行为学家注重心理激励在生产中的作用，将人性从"社会人"的假设发展到"自我实现人"和"复杂人"的假设，人的需要、个体的价值逐步成为管理的对象和重要因素，并且从中已经能够看到现代人本理论的雏形。

20世纪末，信息技术、高新技术突飞猛进，人类社会加速进入信息时代和知识经济时代，生产方式、生活方式、思想观念发生了巨大的变化，逐步向着实现人的自身价值，体现个性化、创造力的方向发展。适应这一转变，诸如扁平化组织、学习型团队、柔性化敏捷性生产等更加符合人性的社会化生产的制度结构、组织模式和管理方法层出不穷。社会生产围绕人的需要、人的发展来进行，企业竞争、产品竞争、市场竞争演化为如火如荼的全面的人才竞争，以人为本、人本管理真正成为社会大众和管理学家的共识，并且在管理实践中得到了运用和发展。

（二）人本理论——知识经济时代人力资本的第一重要性

人本理论与方法的兴起，离不开人们对企业中的劳动力认识提高的基础上。可以说，人本理论的创立与发展，是人本管理坚实的理论基础。

传统理论认为，企业三种基本的生产要素——资本、劳动力与土地之间可以相互替换，由于资本比劳动力更为稀有和珍贵，企业决策者将资本最优化视作优先考虑的问题。而人力资本理论的提出，突破了传统理论中资本只是物质资本的束缚，将资本划分为人力资本和物质资本。与对物质资本进行投资相比，对人力资本进行投资由于可以显著提高生产效率和经营管理水平，同样可以获得回报，而且往往回报率更高。

1960年，被称作人力资本研究先驱的美国经济学家舒尔茨（Schultz）通过大量的经验材料证明：伴随着各国经济的现代化，农田和其他资本的经济重要性在下降，技能和知识的重要性在上升。这些现象是传统经济理论所解释不了的，对传统的经济理论提出了挑战。舒尔茨观察到，除某些地区以外，欧洲的原始土地原本十分贫瘠，而后来却具有很高的生产率；芬兰的原始土地生产率曾低于邻近的苏联西部地区，而后来却是优良的耕地；日本的耕地质量原先要远远差于印度北部的土地，但后来它们却非常肥沃。舒尔茨认为，这些变化部分地是农业研究所带来的结果，一些新的耕地替代物或土地增产物出现了。但所有这些，都离不开掌握了先进的知识和技能的人的贡献。舒尔茨还观察到，一些在第二次世界大战中工厂和设备遭受严重摧毁的国家，由于具有较高的国民素质和水准，迅速医治好了战争创伤，在很短的时间内重新实现了经济繁荣。为了解释上述传统理论所不能解释的现象，舒尔茨引进了总括资本的概念，他所称的总括资本既包括传统意义上的资本，也包括人力资本。

舒尔茨论及的人力资本，包含下述含义：第一，人力资本体现在人身上，表现为人的能力和素质，即人的知识、技能、资历、经验和熟练程度等；第二，从经济发展的角度来看，人力资本是稀缺的，尤其是其中的企业家型人力资本更是如此；第三，人力资本是对人力的投资而形成的资本，从货币形态看，它表现为提高人力的各项开支，主要有保健支出、学校教育和在职教育支出、劳动力迁徙支出等；第四，人力资本像其他一切资本一样，都应当获得回报，人力资本的时间经济价值呈现出提高的趋势；第五，人力资本的时间经济价值的提高对经济发展的贡献越来越大。

人力资本概念的提出和人力资本理论的发展，引起了人们对企业中人的因素的高度重视，为人本理论和方法的产生与发展提供了理论基础。尤其是随着知识经济的兴起，企业逐渐从资本时代走出来，规模巨大的资本积累和飞速发展的科学技术使得传统意义上的资本变得不那么稀缺，而且易于流动和替代，与此形成鲜明对照的是，知识型人才在企业中的作用却与日俱增，人力资本代替物质资本成为对企业发展更为重要的稀缺资源。正因为此，在人力资本概念提出20年后的20世纪80年代，人本理论作为一种新型的管理理论和方法最终成型，为众多企业所普遍关注和接受。

二、人本理论对于全面创新管理研究的启示

（一）人是创新中最活跃的因素

以人为本的管理，是指企业在管理过程中以人为中心和出发点，围绕着激发和调动人的主动性、积极性和创造性展开工作，以实现人与企业共同发展的一系列管理活动。美国管理学权威彼德·杜拉克曾说："企业或事业唯一的真正资源是人，管理就是充分开发人力资源以做好工作。"人是生产力中最活跃的因素，任何社会财富都是由人创造的。正是基于这种认识，全面创新管理理论指出，人是创新诸要素中最活跃的因素，市场经济中各种竞争归根到底是人才的竞争，只有充分发挥员工作用，才能产生企业的创新能力，并形成生机蓬勃的创新氛围。

（二）人是创新思想的源头，创新的差异性来自广泛的群众性

创新意味着差异性，而差异性则来源于广泛的群众性基础。没有大量的员工群众的积极参与，单纯依靠少数专业研发人员是无法持续开发出高质量的创新成果的。只有充分调动群众的创新积极性，才能够激发出丰富多彩的创意，才能够从中发掘出有潜力的众多创新点子，最终发展成熟为能够为企业在市场上赢得竞争力和经济效益的新产品/新服务。

（三）尊重人才，尊重群众的首创精神是搞好创新的根本

以人为本管理的基本思想就是视人为管理中最基本、最活跃的要素。以人为本的管理，要以人的全面发展为其核心，其基本原则是重视员工的需要、激励员工、培养员工。企业应该始终坚持以人为本的核心价值观；尊重、培养和激励员工是企业对待人才的正确做法。在引进和培养人才上要不惜代价，给员工以成长的空间，鼓励员工立足岗位创新，并以相应的制度环境作保障人员的个性创造力和各个层次员工的个人积极性。因此，全面创新管理理论指出，企业发展意味着个人与企业的和谐共同发展，在全面创新的组织中，使得员工实现自己的成长与发展目标，并在员工的创新合力作用下，共同推动企业的创新与发展，实现个人与企业的双赢。

（四）企业全面创新管理的基点在于构建和提升企业创新型人才，包括创新型管理者、创新型研发人员和创新型工人

全面创新管理指出，人是创新中最基本、最活跃的因素，在自主创新时代中人力资本是企业通过创新谋求发展的关键资本。因此，企业构建全面创新管理体系，推行全面创新管理的基点是要构建并持续发展企业的创新型人才培养体系。只有通过建设良好的全面创新体系，保证良好激励机制，才能促进人才能力的释放。由于人才是自主创新和可持续发展的保障，如果能够让每个人都具有创新的空间，让每个人都有释放自我价值的平台，让每个人的价值目标与企业的价值实现统一，那么，每个人都会成为具有价值的人力资源，企业也会聚合成独一无二的竞争力，从而实现创新型人才和企业资本的共同增长。

第三节 协 同 理 论

一、协同内涵

"协同"的概念源远流长，无论是古老的东方哲学和西方哲学，还是现代的自然科学和社会科学，都要研究人与自然、人与人乃至整个宇宙的协调发展，因而都必然涉及"协同"这一基本概念。我国传统文化中也非常强调协同，如孟子提出"天时不如地利，地利不如人和"；墨子认为的"兼相爱，交相利"以及《孙子兵法》中讲到的"上下同欲者胜"等观点，可见先哲们都看到了人与人之间协同合作的重要性。英国著名科学史学家李约瑟，对中国历史进行长期的研究，认为中国古代哲学提出的阴阳学说，"是企图在人生中获得二者之间的完美的和谐"。

但协同作为一门学科体系却是在以基于个人理性分析的西方文化氛围下形成的。其创始人德国理论物理学家赫尔曼·哈肯（Herman Haken）在耗散结构理论的启发下于1973年首先提出了"协同"的概念，用以反映复杂系统的子系统间的协调合作关系，并于1977年提出了"协同学"理论框架。他除设计了许多物理、化学的模型外，还设计了许多生态过程、生态群体网络和社会现象模型，如"社会舆论模型""生态群体模型""经络模型""人口动力模型""捕食者-被捕食者系统模型""形态形成模型"等。哈肯通过大量的类比和分析发现，系统的相变过程与子系统的性质无关，而是由子系统之间的关联所引起的协同运动的结果。即认为协同是许多子系统（通常属于相同种类或者几个不同种类）的联合作用，以产生宏观尺度上的结构和功能。但人们往往无法区分与"协同"意思相近的词包括"协作"、"合作"、"匹配"、和谐、协调、整合或集成、耦合等。

二、协同原理在创新管理中的应用

协同学研究认为，在外界控制参量的作用下，一个开放系统内部各子系统之间存在既竞争又合作的关系，当控制参量作用到一定临界值时，系统中形成一个或多个序参量主导支配着整个系统的活动，进而使各部分结合在一起自行演化发展为更具竞争力及关联性的系统，且在空间、时间、功能上更为有序的结构。其最显著的特点就是通过各子系统间的相互作用，能够实现单个个体所无法实现的新的结果或目标。协同不仅仅强调合作，而是追求竞争基础上的合作的系统行为。

竞争，是协同的基本前提和条件。例如，大量气体分子的系统中，分子间的频繁碰撞；生态系统中各个物种间（甚至包括物种内部个体）的相互斗争；社会中的各个利益集团间的相互斗争；思想、概念形成过程中同样也存在不同思想、方法、概念间的相互交流、竞争。系统内部诸要素间或系统间的竞争是永存的，尽管依条件和阶段不同可大可小，或强或弱，但系统各要素间的差异是永恒的，就会存在事物内部的各子系统的或事物间的竞争。事物发展的不平衡性是竞争存在的基础。再加上系统诸要素或不同系统间对外界环境的适应性和反应不同，获取的物质、信息、能量等存在差异，因而必定存在竞争。竞争的存在和结果将会带来系统内或系统间更大的差异、不平衡性。从开放系统的演化角度看，这种竞争为系统远离平衡态的自组织演化创造了条件，推动了系统从无序向有序的演化。这一点对创新管理的启示是：技术创新过程是一个复杂的非线性过程，也是一个由多种创新要素（如技术、市场、文化、战略、组织、制度等）构成的系统。各创新要素从外界获取信息、能量的种类、方式和手段等以及在不同的条件和阶段下其作用的强度、目的、方法等都存在显著差异，因此为了取得对创新过程的控制权必然存在着相互竞争，如为使本部门在企业中占据主导地位，各部门相互竞争（反映要素间的竞争），不断提高相关部门在企业价值链的贡献比例。为了实现该系统从无序（新产品创意的开始阶段）向有序（创新成果的商业化）的演化，各创新要素间也必然通过竞争，形成对促进创新有决定性作用的一个或少数几个关键要素（即序参量），推动着创新系统向有序演化。

在竞争基础上的合作是协同原理的基本特征和目的，通过沟通与互动产生合作的思想已经在经济、社会学等领域得到确认。生态学的研究也表明，多样性系统之所以比单一性系统演化有序，主要与子系统的差异有关，子系统完全无差异，竞争就会极为激烈和残酷，自然界的不同物种形成了多样性的相互制衡的系统关系，而单一物种间则产生大量的所谓内耗，其演化常常是退化大于进化。企业技术创新过程中各创新要素间（具体通过职能部门）的协同也同样需要首先以合作的姿态进行相互作用，通过竞争实现合作，最终实现协同。坎贝尔（Campbell）等也指出，协同有赖于企业不同职能和下属企业间的整合及协调。

第四节　复杂自适应系统理论

复杂自适应系统（complex daptive system，CAS）首先由美国密歇根大学教授约翰·霍兰（John Holland）提出，他将其定义为"由用规则描述的、相互作用的主体组成的系统"。他指出，复杂自适应系统最重要的特性就是适应性，即系统中个体能够与环境中其他个体进行交流，在这种交流的过程中"学习"，或"积累经验"不断进行演化学习，并且根据学到的经验改变自身的结构和行为方式。各个底层个体通过相互之间的交互和交流，可以在上一层次和整体层次上凸显出新的结构、现象和更为复杂的行为，如新层次的产生、分化和多样性的出现、新聚合的形成、更大个体的出现等。

复杂自适应系统范式对于认识和解释不同领域的复杂系统提供了新的思路和视角，在提出以后，迅速引起学术界与企业界的关注。自20世纪90年代中期以后，创新管理科学研究越来越多地采用复杂自适应系统作为分析工具。复杂自适应系统理论指出，为了使得组织产生创造性、创新性，以及持续变革的能力，系统必须远离平衡态，使自己处于稳定与不稳定、可预测和不可预测的矛盾状态。这对企业创新管理提供了重要指导思想：企业只有运行在远离平衡态的混沌边缘，才能够既不被组织刚性所束缚，又充满创新活力。

复杂自适应系统理论对于创新管理研究提供了崭新的思路和视角，对于研究创新型企业本身这个复杂系统，以及更高层次的创新网络提供了复杂性科学的理论指导。下面首先对复杂自适应系统的基本概念进行简单介绍，并论述复杂自适应系统对全面创新实践下领导理论研究的启示。

当前应用复杂自适应系统范式进行企业创新研究主要涉及以下两个方面：①将企业自身视为一个复杂自适应系统，研究在该系统中如何利用自组织特性推动创新的产生与执行。②由于每一个企业并不是独立进行创新，而是位于由独立或半独立经济实体所形成的创新网络体系之中。因此，创新网络本身也是一个复杂自适应系统。只有充分认识到创新网络体系的自组织特性，才能够有效地推动企业创新。

一、企业创新与复杂自适应系统

企业是创新的主体，创新管理所研究的对象是创新型的企业。而创新中的企业系统本身就是一个复杂自适应系统，具备自组织系统的开放性、非均衡性、涨落性等自组织特性。

企业通过创新持续提高企业的技术能力和管理能力，而实现持续创新，则要求企业内部必须非均匀和非对称，即要求企业处于有序和无序中间的相变过程中界点，即混沌边缘。混沌边缘是介于刚性结构与混沌状态的一种组织结构形式，这一状态下的组织适应能力最强，因而创新能力也最强。斯泰西（Stacey）指出，这要求领导者建立起具有战略导向性的创新激励驱动机制和绩效考评机制，只有通过创新激励机制和绩效考评机制，才能够建立起企业内部在战略指导下的非平衡状态与落差，从而促进企业内部各部门人员能动性的发挥，最终通过创新不断推动企业的发展。

企业在和外部环境进行物质和信息的交换时，当内部某个参量在与环境的相互作用过程中达到一定临界时，系统某一点的微小涨落就会通过系统放大机制而成为巨大的涨落。领导者在推动企业创新中的关键作用就在于发现系统中的微小涨落，并通过具体的领导行为和管理措施对这些涨落进行放大，从而促进企业不断创新，不断打破自身平衡谋求企业的进化和发展。

复杂自适应系统理论指出，企业是一个动态演进的学习系统。系统本身不是固定的、永久的，而是随着环境的演变不断地进行着动态的调整。因此，创新型企业只有在企业内部创建良好的学习氛围并建立学习型团队，才能够帮助员工不断学习提高自身的认识和能力，随着外界环境的变化而调整创新方向。

二、创新网络与复杂自适应系统

每一个企业并不是独立进行创新，而是位于由独立或半独立经济实体所形成的创新网络体系之中。创新网络体系通过各企业主体之间的企业行为，在采购、生产制造和产品销售中互相作用。因此，创新网络也可以看作为一个复杂自适应系统，创新网络中主体之间具有竞争、合作等多种动态性质关系。

企业内部运作单元、成员企业、供应链系统构成了创新网络体系，体系中每个主体具有自己的目标、经营策略、内部结构和生存动力。这些主体通过聚集而相互作用，以不断适应环境而获取长期发展。因此，领导者在推动企业创新过程中，一个重要职能就是要对创新网络中的主体关系进行有利于企业发展的调整。领导者有选择地采取战略结盟、研发合作等策略使得企业自身与周边创新网络处于一种有序互动的状态，正是这种有序互动使得企业能够利用整个供应链系统在更大范围内进行创新。

三、复杂自适应系统理论对推动企业全面创新管理理论研究的启示

（一）全面创新管理实践的重要作用是推动企业运行在混沌边缘

复杂自适应系统理论指出，企业可运行在三个区域：稳定区域、不稳定区域、吸引子边缘（或称为混沌边缘、相变阶段）。当企业运行在稳定区域，拥有一个不断自我强化的系统时，组织中的群体和个人都不再进行双环学习，整个系统表现出极大的稳定性。在这种状态下，企业往往抵御或忽视外界环境、内部环境中所隐藏的变革信号，同时也很难为良性的创新提供适宜的组织环境。因而企业的核

心刚性不断强化,整个系统将面临僵化的危险。当企业与环境的矛盾积累到质变阶段开始爆发、企业系统一系列参数值都达到临界点时,系统才会处于崩溃的相变边缘,此时企业通过彻底的颠覆和变革获取变革的空间。

因此,复杂自适应系统理论指出,企业最佳的运行区域是在稳定区域和不稳定区域之间,位于吸引子附近的混沌边缘。在这个区域运行的企业,不但能够保持蓬勃的创新活力,既对外界环境的变化非常敏感,又能够通过创新保证企业的良性运营。而位于不稳定区域的企业将面临颠覆性的变革,无法保持持久的成长和发展。位于稳定区域的企业将面临核心刚性的强化,最终陷入不稳定区域。

因此,在全面创新实践中,领导者要率领企业全体成员,保证企业在稳定性与非稳定性之间保持某种平衡和张力,既保持企业生存与发展的活力和动力,又要维持企业自身的特征延续和有序演化。复杂自适应系统理论揭示了领导机制在企业全面创新实践中的重要作用:保证企业复杂系统维持在混沌边缘运行。

(二)复杂自适应系统中的主体能动性与全员创新的重要作用

复杂自适应系统中的主体是主动的、活的实体,系统的复杂性正是在主体与其他主体之间主动交往、相互作用的过程中形成和产生的。个体主动的程度决定了整个系统行为的复杂性的程度。这点是复杂自适应系统范式和其他分析方法的关键性的区别。

因此,在企业全面创新管理实践中,关键就在于激发创新主体的能动性,将企业全体成员变成创新者。这与复杂自适应系统理论对于主体活性的论述不谋而合。整个企业作为一个复杂自适应系统,它对于外界环境进行自适应的基础是建立在每一个创新主体之上的。创新主体具有较强的能动性意味着企业更容易感知外界环境的变化,也更容易产生出适应外界环境变化的创新,同时该创新也更为容易执行和推广。创新主体能动性较强,则保证了整个企业具备较高的复杂性,更易于适应外界环境。

(三)复杂自适应系统中主体的多层次性与全要素系统的层次性

复杂自适应系统中的复杂自适应性具有明显的多层次性,同一层次之间的主体与环境(包括主体之间)相互影响、相互作用,是系统演变和进化的主要动力。系统中的主体并行地对环境中的各种刺激作了响应,进行演化,相同层次之间的主体有共同演化的趋势。

复杂自适应系统是一个多层次概念,创新型企业作为一个复杂自适应系统,在创新过程中也存在着不同的层次。从员工个体、创新团队到创新组织,这些不同层次上的创新活动相互影响,相互作用,推动了企业的全面创新进程。因此,全面创新背景下的理论研究也要注重层次问题,由于不同层次创新任务和创新主体不同,其对应的协同方式必然有所不同。

第五节 开放式创新理论

哈佛商学院技术管理中心切萨布鲁夫（Chesbrough）教授经过十余年的观察发现，一些以创新知名的著名企业却未能从自身的创新中获益（或者获益甚少），原因在于这些企业多沿用传统的封闭创新模式——过分注重对创新全过程以及创新成果的控制，导致大量创新成果由于自身的产品方向和技术能力的限制而没有得到效益最大化的应用。为此，Chesbrough 在其专著《开放式创新：从技术中获利的新策略》中首次提出了开放式创新的概念，认为企业在创新过程中应该改变传统的封闭式创新模式，将外部的和内部的技术有机地结合成一个系统，这个系统一方面使得企业能够通过技术许可，从外部获得企业需要的技术成果；另一方面激活在封闭的创新环境下可能被抛弃的某些企业技术，从而获益。只有在开放式创新模式下，企业才可能将创新成果物尽其用，获取最大化的创新效益。

一、创新趋势：由封闭式创新向开放式创新转变

在当今时代，企业纷纷运用创新的理念和方法来寻求与构建企业的竞争优势。在传统的创新模式下，它们认为成功的创新需要控制，企业必须自己发明技术、开发、销售，将其市场化；并进一步提供售后服务、提供财务金融支持，一切依靠自己的力量。企业通过资助大规模的研究实验室来开发技术，以此作为新产品来源的基础，从中获取高额的边际利润。这种模型是旧式经济下企业取得成功的典型的垂直整合模式，Chesbrough 称之为封闭式创新模式。这种模式过分强化和控制自我研究功能，结果一方面那些无力承担大的研究投入的企业因新技术来源障碍而濒于竞争劣势；而另一方面大量的技术因其过度开发或者与市场需求相脱离而被束之高阁。

20 世纪 90 年代末，Chesbrough 观察到这种封闭的模式开始发生变化，一种与封闭式创新相反的新理念——开放式创新正在被越来越多的企业所接纳。与将技术紧紧地控制在企业内的封闭式创新不同，在开放式的创新理念下，研究成果能够穿越企业的边界进行扩散，企业的边界被打破了，内部的技术扩散到其他企业发挥作用，外部的技术同样被企业接收、采用。开放式创新核心理念就在于不再区分创新是来自内部还是外部，以期以最小的成本和最短的时间实现创新成果，并获取最大化的效益。开放式创新使得企业能够通过技术许可获得企业需要的技术成果，同时激活一些在封闭的创新环境下可能被抛弃的企业技术，从而获益。

二、开放式创新产生的背景环境

开放式创新模式的产生源于企业环境出现的一些新变化，其中主要原因有以

下四项。

（1）知识的分布特性决定了知识并不是仅仅富集于相应的专业企业研究部门和科研单位之中，而是广泛存在于产品价值网络中的各个节点中。由于创新的本质实际上是知识的创造性使用。因此，在当今知识经济和网络经济的时代中，如果希望更大范围地获取知识，从而进行高质量的创新，就必须从更为广泛的开放性渠道中获取创新，而不是仅仅局限于企业内部。

（2）技术人才的流动性越来越大。由于不断扩大而又高度分散化的知识体系促使行业企业向自己研发事业内投入更多资源，这大大增加了知识工作者的流动性。这意味着，一个企业越来越难以长期拥有所需的技术人才。因此，当企业进行重要的创新过程时，极有可能面临一个局面，那就是最适合解决某个问题的人可能位于企业之外。

（3）风险投资的蓬勃发展使得拥有独特技术力量的创业公司越来越多，外部技术资源的丰富性和多样性大大提高。风险投资造就了大批的技术人才，带着自己的创新思路，从实验室、从公司、从学校、从科研机构，走向市场，从而使得技术市场的资源供应大大丰富。

（4）产品生命周期的迅速缩短导致了对创新速度要求越来越快。今日的激烈市场竞争中，成功的创新不仅在于创新的质量，更在于创新的速度。一个好的创意一经立项，它的命运就是要么尽快面世，要么出局。因此，引入开放式创新，通过利用外部资源从而引进吸收技术最终加快创新速度成了抢占市场机会的关键之一。

在这四项原因中，最根本和最重要的实质上是第一项，知识的广泛分布决定了开放式创新取代了封闭式创新。这是由于创新的本质是新知识的创造。随着企业之间竞争的更加激烈，人们越来越认识到，企业对知识的应用能力和新知识的创造能力是企业竞争优势的主要来源。新产品开发是创造性思维和灵活运用已有知识与经验的过程。在对企业创新的研究中，知识的作用越来越引起学者的重视，有学者甚至认为，"技术创新的实质就是知识向人工制品或服务的转化以及新知识的生成过程"。

因此，有效地获取知识、运用知识对提高企业创新绩效就显得尤为重要。随着知识经济时代到来和网络技术的普及，知识不再仅仅是体现在书本、资料、说明书和报告中的编码知识，也不再是物化在机器设备上的知识，而是存在于员工头脑中的隐性知识，是固化在组织制度管理形式企业文化中的知识。同时，知识也不再仅仅大量富集在研究室、科研院校、企业研发部门等少数专业区域，而是更为广泛地存在于普通顾客、供应商等更大的群体之中。技术的广泛传播形成了强大外溢效应，在公司、消费者、供应商、大学、新建企业之间形成了一个重要的技术蓄水池。

在知识经济时代，知识成为超越传统的土地、劳动力和资本的更为重要的资源。野中（Nonaka）认为知识创新不是简单地处理客观信息，而是发掘员工头脑中潜在的想法、直觉和灵感，并综合起来加以运用，即企业不是一台机器，而是一个活生生的有机体。在知识创新型企业中，知识创新不是研发营销或战略规划部门专有的活动，而是一种行为方式，一种生存方式，在这种方式下人人都是知识的创造者。

因此，当知识不再为少数专业人员、少数专业机构所独占的情况下，封闭式创新从根本上受到了挑战：创新本身就是知识的创造性使用，当知识存在于更为广泛的人群中时，创新也要尽可能地将所有人包括进来。这就要求每个组织与外界组织建立联系，以实现知识在不同组织间的共享，构建知识整合、知识共享和知识创新的网络体系，为组织间的知识交流创造良好的知识环境，推动知识创新活动。由于知识的溢出效应，组织在开放式创新中，不但可以获得新的知识资源，而且还可以达到知识创造和共享。

三、开放式创新的特征

（一）综合利用来自多方面的创新源

现代企业创新是一个多要素相互作用的复杂的过程。创新的复杂性和不确定性、市场竞争日益激烈、产品更新周期的日益缩短，使得任何一个企业不可能在其内部获得所有的全部知识与信息，企业也难以将创新活动的完整价值链纳入企业内部。为了创新，企业不得不与其他的组织产生联系，来获得发展资源，这些组织可能是其他公司，如供应商、客户、竞争企业和合作企业等；也有可能是投资银行、政府部门、大学、科研机构等。通过企业的创新活动，企业与这些组织形成了一个个网络，影响着创新。创新过程是创新要素互动、整合、协同的动态过程。因此，企业技术创新受到很多因素的影响，包括企业内的和企业外的因素，所以说仅仅依赖单要素企业是根本不可能进行创新的。任何一项技术都包含不同的组成要素：人、能力、过程和组织；任何一项创新都包括要素的新的组合，有些是新的要素，有些是已有的要素。只有善于获取知识，善于整合自身和他人的要素，才能拥有更强的创新能力。

因此，创新要素（包括知识、技能、资源）在空间和组织上的分立与整合是开放式创新的关键所在。开放式创新的本质就是创新要素的融合和集成。企业充分利用开放式创新模式，能够构建强大的企业创新网络，从而整合创新资源、获得溢出效应、突破技术障碍、减少创新风险。

企业是一个耗散结构系统，不断地与外界交流资源、能量和信息。企业创新也是一个耗散过程，只有企业获取外部的创新要素大于企业内部耗散的创新要素时，企业才能不断创新，不断成长和发展。由于企业通过创新网络获取创新要素，只有当企业创新网络是一个具有开放性的网络通路时，才能保证企业获取到足够的创新要素。因此，开放式创新模式的核心就是企业与外部建立开放性的创新网络，将更多创新主体涵盖到自身创新体系中来，获得远距离的知识和互补性的资源，并不断向外部开辟新的市场。同时，开放性特征还表现为企业对网络联系的自主控制力，即自主决定网络联系的建立与中断、加强与减弱。

（二）技术创新与经营模式创新的有机结合

开放式创新模式不仅仅要求创新源从组织内部扩大到组织外部，更为重要的是，该模式指出，企业要采用与创新相匹配的经营模式将创新转化为产品，最终获取经济效益。开放式创新模式下企业主要通过三种基本经营模式利用创新并获取价值：将创新应用到公司现有业务中；将创新转让给其他企业；建立新的风险投资公司，委托该公司在新的业务领域开发新技术。

经营模式能够建立一个基本的组织框架，把组织资源和技术资源整合起来，并加以优化。经营模式涵盖面较为广泛，涵盖了组织中的各要素。例如，组织要素、制度要素和管理要素等各个方面。这些要素在与技术要素的整合、互动、协同过程中，推动企业通过创新谋求更大发展。具体经营模式和技术创新之间的互动体现在以下两个方面。

1. 通过组织创新实现内外部创新资源的有效组合

技术创新的效率与其组织形式显著相关。企业的内外部具有大量的创新资源，包括技术设备、人力资源、信息等，将企业内外部的创新资源充分利用起来是企业实现快速成长的关键。因此，需要通过组织要素的创新充分联合和发动价值网络中的创新主体，推动技术创新效率的提高。联想就是一个典型的代表，它从中国科学院计算所的牌子和计算所的技术与人员起家，先后和惠普、东芝等国外知名企业合作，同时充分利用了国外的技术资源和信息资源，使各项工作有条不紊，全面将国际、国内创新资源有效组合起来，提高了创新效率。

近年来，企业组织创新方面的一个新动向是动态联盟（虚拟组织）的出现，动态联盟是企业组织为了适应多变的市场环境而演变的必然结果，是在新的市场环境下产生的适应竞争需要的新型组织形式，是基于市场机会的响应和形成的企业核心能力的互补性结合。总之，进行组织要素创新的目的主要是降低技术创新的直接成本和交易成本，提高创新效率与创新水平。尽可能多地将社会创新资源纳入企业技术创新体系之中。每个企业应该综合考虑项目的战略目标、创新项目的规模、创新的技术变革程度、创新的资源条件、创新人员的素质和创新项目面临的市场环境等因素设计合适的技术创新资源组织方式。

2. 通过制度创新建立适应市场竞争的技术创新运行机制

熊彼特的创新理论是从企业家经营战略的角度提出的，是一种广义的创新。按照他的观点，这种创新包含有技术创新和制度创新双重含义，是要在企业经营中创立一种新的生产函数，企业家要不断实现"生产手段的新组合"。熊彼特的技术创新（开发新产品、采用新的生产方法）和制度创新（实现工业的新组织）思想，是创新思想的精华，至今仍有现实意义。

制度创新与技术创新紧密相连，相互影响。一方面，技术创新导致了制度创新。另一方面，制度创新对技术创新又具有重要的推动作用，技术创新离不开制度创新。技术创新不是凭空发生的，资金投入、精心的技术管理、人才保障都只是创新实现的必要条件，不是充分条件。从这个意义上讲，建立完善的企业激励制度、人才培养制度、人才选拔制度有利于构建良好的企业创新环境，是实现技术创新和业务模式之间紧密结合的重要保障。

四、开放式创新理论对于全面创新管理理论的启示

创新的本质是知识的创新，当今时代知识的广泛分布决定了开放式创新必然要取代封闭式创新。随着"自主创新"时代的来临，国内企业越来越认识到，企业广泛利用多种知识资源，从而提升知识应用能力和知识创新能力才是企业竞争优势的主要来源。究竟怎样才能够将对知识的获取、应用转化为企业的自主创新成果呢？这是广大企业管理者迫切需要解决的关键问题，同时，也是当前创新管理理论薄弱之处，而开放式创新理论的提出正为我国企业的全面创新管理理论与实践提出了解决思路。

开放式创新的四个关键特征正是解决问题的关键之处。首先，企业必须综合利用来自多方面的创新源，这就要求企业尽可能地与外界组织建立联系，以实现知识在不同组织间的共享，构建知识整合、知识共享和知识创造的网络体系，为组织间的知识交流创造良好的知识环境，推动知识创新活动。其次，技术创新并不是孤立的，而是整合在产品中提供给顾客从而实现创新价值，因此，技术创新必须与经营模式创新有机结合。最后，企业通过组织创新能够实现内外部创新资源的有效组合，通过制度创新能够建立起适应市场竞争的技术创新运行机制，只有在组织创新和制度创新所构建的管理基础之上，技术创新和经营模式的创新才能够得到正确的推广和执行。

但是，开放式创新理论也有自身的局限性。在创新源整合方面，开放式创新理论仅仅强调企业要整合来自多方面的创新源，但是对于创新源的本质属性没有进行更为深入的概括。而全面创新管理理论则指出，创新源具有全员性、全时空性和全方位性。在技术要素与市场要素协同方面，开放式创新强调技术创新与企业经营模式的有效整合，而没有关注到创新是一个系统工程，需要多要素的协同配合。全面创新管理理论则指出，创新本质上来说是全要素的创新协同，而技术创新与市场创新的有效协同则是基点。在组织创新和技术创新体系方面，开放式创新分别强调它们的重要性，但是没有把这些整合在一个体系之内。全面创新管

理理论在理论高度上将多要素之间的协同互动关系整合在一个理论平台之上，强调多要素的协同创新，强调组织、制度、战略、文化、思想等多要素协同创新，为技术要素和市场要素的良好协同构建良好的系统平台。全面创新管理与开放式创新区别如表1所示。

表1 全面创新管理与开放式创新对比分析

类别	开放式创新	全面创新管理
创新源整合	整合来自多方面的创新源	强调创新源的多样性，创新源的全员性、全时空性和全方位性
技术要素与市场要素协同	技术创新与经营模式的有效整合	创新本质上来说是全要素的创新协同，而技术创新与市场创新的有效协同是企业创新的基点
组织创新	通过组织创新实现内外部创新资源整合	强调多要素的协同创新，而非个别要素之间的共同创新
技术创新体系	通过制度创新建立适应市场竞争的技术创新运行体制	组织、制度、战略、文化、思想等多要素协同创新，为技术要素和市场要素的良好协同构建良好的系统平台

第六节 分布式创新理论

在过去的几十年中，学者普遍认为创新是一个涉及创新企业及其环境的相互作用过程，并且不同创新类型获取经济回报的能力受制于对创新过程组织的不同方式。尤其近年来，为理解创新过程和能力及资源的作用，大量的相关研究指出网络因素对理解创新过程及其驱动力的重要性。

对跨企业边界的技术创新过程分布式的关注引发了一个新名词"分布式创新"的出现，分布式创新特别指这样一种状态：创新所需要的技术及其能力在一系列企业和其他知识创造机构之间分布。金吾伦指出，不同时期创新模式是不尽相同的。从经济学角度说，工业时代的创新模式就不同于知识时代的创新模式。例如，工业时代通常是线性模式，而知识时代更多的是系统模式和分布式创新模式。创新经常涉及通过相互协调而起作用的多个组织，这种协调方式可以是公平市场方式，也可以是更紧密的联盟等关系。最近，学者特别关注两个以上的企业组成联盟或合资企业的共生形式，1999年美国1000个最大企业的营业额均来自联盟而不仅仅是单个企业的自有业务。自20世纪90年代以来，该比例已经成倍增长。然而，合作生产不只是联盟，还包括供应链与其他协调形式。只有少数的产品或服务不依赖于协调组织的共同作用而到达顾客（或商业客户）。本质上来说，创新是在组织内及组织间"分布式"展开的。这个事实引向了研究前沿的问题，如"分布式"的本质，尤其是企业间而不是企业内的"分布式"变化怎样影响生产和创新活动的本质与模式。

库姆斯（Coombs）等以批判的视角审视了现有文献对作为分布式活动的创新

的研究，认为这些研究起源于亚当·斯密的专业分工和马歇尔的产业区理论，但是，现有的几种研究理论如国家创新系统、部门创新系统、技术系统、技术-经济范式、主体网络和产业集群对于分布式创新的理解都存在不足。国家创新系统理论，宏观地关注国家之间的创新模式差异，其广泛的视角和跨产品与部门的做法却不能对特定领域层面的创新进行研究。部门创新系统理论虽然比国家创新系统更为关注组织与机构，但是它忽略了需求以及部门间的相互作用，并只针对已有的部门而不能分析要出现的部门。技术系统理论包括两个方向，一个方向是近似于部门创新系统，但是以现有的特定技术为研究对象，不分部门与供应导向；另一个方向是以技术史为研究对象，关注特定技术创新或技术体，它更多的是针对过去的技术创新。技术-经济范式理论只关注现有宏观、大规模的结构变化而不能解释微观的创新现象，而与此相反，主体网络理论能很好地解释微观创新主体之间的关系，但是它过分强调人的作用并强调现有创新。产业集群理论很好地解释了特定地区的创新与经济增长，但却不能解释创新过程和长期的经济活力。Coombs等正是通过对这些理论的分析发展了分布式创新的理论。他们研究了组织间生产和创新关系的动态性是怎样形成、稳定并破坏的，认为生产和创新经常是分布式的，并且这种分布式的程度已经提高了（垂直一体化公司已经失去了主导地位）。因为这些分布式的形式或模式对特定生产和创新活动的组织及协调有重大的影响，在某种程度上组织间的分布式能代替组织内的分布式。然而，优先考虑组织间的分布关系证明是有效的，因为创新研究长期以来的传统就是把企业作为创新的主体。与此相反，尽管最近有关研发和创新的合作、创新系统的文献在增多，组织间的关系却没有得到足够的研究。他们进而指出，要进一步研究分布式创新，有三个问题是必须要解决的：第一个问题是参与分布式创新过程的不同组织能实现经济协同的机制；第二个问题是组织参与分布式创新过程的动机与回报；第三个问题是分布式创新活动中不同对象的衡量。基于这三个问题，他们设计了分布式创新过程的协调模式，分析了不同经济系统中企业的动态变化及对不同分布式的衡量。

Hippel则从创新源的角度对分布式创新进行了研究。

第一，他认为可以从竞争对手间的诀窍交易来理解分布式创新的过程。即一旦理解了创新职能源发生变化的原因，就可以更详细地去探讨是否存在一些一般战略和规则，去预测创新在几个企业职能类型中的分布。确定战略的唯一方式是通过实地调查，他发现非正式的诀窍交易具有创新战略一般要素的特征，实质上是一类非正式的合作研究开发，包括受雇于不同企业（有时是直接竞争对手间）工程师之间发生的专有信息的正式和非正式交易。现实中许多企业都从事了诀窍交易，这是一种重要的现象。他根据诀窍交易对创新利润的影响模型来分析诀窍交易，发现人们可以预测何时这种行为能增加企业的期望利润。因此诀窍交易对理解分布式创新过程是有用的。

第二，他研究了对分布式创新过程的管理，即进行创新源的预测和转移。他发现引起创新源变化的根本原因在很大程度上是潜在创新者对创新利润的期望，由此引申出了管理上的两个结论：通过理解期望的创新利润是如何分配的可以预测创新的可能来源；通过改变期望利润的分布可能改变创新源。做到了这两点，就可以管理一个分布式的创新过程。他与格伦·厄本（Glen Urban）曾用设计印刷电路板的计算机辅助设计设备的案例对预测用户创新源的可靠性进行了检验，发现创新活动主要集中于领先用户这一群体，从侧面证明在现实条件下预测商业上有前景的创新是可能的；同时他还与 Stan Finkelstein 检验了在自动诊断化学分析仪领域改变创新源的可能性，证明经理有时可通过控制可操作的变量（如产品设计）来转移创新源。

第三，他把分布式创新过程作为一个系统，即以一种系统的方式理解创新行为是有好处的。他以半导体工艺设备创新的例子，说明从系统的观点看，可以很容易地理解美国和日本产业的竞争位置转移的意义。这些所有要素都可看作一个分布式的创新过程的构成部分，它们以一种系统的方式互相作用。

另一个相关的概念"网络外部性"（network externalities），更多地关注创新的市场而不是创新过程本身，指出当与其他用户获取一样的东西时，用户的利益得到了提高。

对分布式创新和网络外部性研究的共同点就是，界面的模块化和标准化对于创新利益的产生是关键的因素。这与蒂斯（Teece）的观点相近，即不同类型的创新利益，就经济利益而言，是从不同的创新组织方式中得到的。根据创新的系统本质区分其不同类型可以追溯到亨德森（Henderson）和克拉克（Clark），他们区分了仅仅改变技术的中心设计而不改变之间界面的创新，以及改变内容之间界面的创新。模块化创新的企业从虚拟企业中非集中的方式中受益，因为在多数案例中，需要融入创新技术中的信息是很好理解并可能编码为产业标准的，这样的编码信息很难保护。所以，如果必要的知识和信息从企业外部能相对容易地得到，那么完全内化的战略就代价昂贵。一个企业当进入分布式创新过程时，因为它不仅依赖自身能力的升级，而且依赖合作伙伴能力的发展，所以要避免这种能力相关的弱点，创新活动的垂直统一管理是有效的方法。

上述研究表明，在网络经济中没有一个企业是孤立的。一方面，当市场集中并且产业交融时，需要在技术市场进行竞争的知识变得更加多样化；另一方面，企业为了专业化而缩小了它们的知识基础。在这样的商业环境中，企业不再能够自动生产与管理知识。它们需要与贸易伙伴和顾客一起合作以创造知识。在这方面，分布式创新为企业提供了可能性以获取合作伙伴和顾客的创造性，其管理要求企业重新审视它们过去支配创新的机制。

因而，管理这样分布式创新的一个重要问题就是找到能平衡秩序与混乱的管理机制。当创新发生在企业边界内部时，创新就通过等级制的管理机制，如传统的研发部门强调这种机制。该等级制管理机制是个封闭的模式，因为对于企业来说知识产权是有优先权的，并保留了对其开发过程的完全控制。封闭的模式是有效的，因为它减少了协调所产生的交易费用。然而，它并不能使企业从其合作伙伴的创造性、多样性和敏捷性中受益。在一个以创新、变革和不确定性为主的世界里，知识的社会化对于增加灵活性并减少自有知识的生产风险是很重要的。那些封闭系统的企业没有办法更新自己。它们主要的目标就是去减少干扰与变革至最低程度。随着时间推移，这种"机械式"的企业会逐渐减少并发现它们很难有什么创新。

近几年，一种被称为开源运动的完全不同的模式，即作为基于市场机制的分布式创新过程被普遍接受。开源运动，如 Linux 操作系统和阿帕奇网络服务器软件，受益于大量开发者的创造性和合作努力。这种管理机制是完全"开放的"，因为知识产权不受任何主体的控制。然而，缺少强有力的管理和协调机制的缺失使得这样的开放系统不稳定并容易导致混乱。

这样，由于上述传统，围绕研发部门的封闭等级制管理以及基于市场机制的开放式管理都无法很好地协调和控制不同参与者的分布创新活动，索尼（Sawhney）和普兰德利（Prandelli）提出了管理分布式创新的"创造共同体"的概念，指出"创造共同体"居于环境开放性及系统稳定性的中间，能很好激发和利用广泛的个体创造力与集体创新能力。国内学者，如吴永忠和关士续也认为创新不仅是企业多职能部门共同参与的活动，而且是发生于企业内外许多机构之中的活动，对技术创新主体的观察基点应从各个创新行动者转移到创新共同体上来。以上关于"创造共同体"和"创新共同体"的研究，其实都属于全员创新的模式，它们具备三个方面的特征：①明确创新过程的多个参与者，包括组织和个人；②关注创新参与者之间的联结关系，特别是个体与集体创新之间的关系；③强调了基于创新成功所形成利益分享期望与机制前提下的所有参与者之间的互动。但大多数"创新共同体"的研究仍着眼于企业内部员工之间基于共同体理解的关系与互动，很少研究企业作为创新参与者与用户、供应商、科研机构、政府等主体间的互动。虽然自 20 世纪 50 年代以来，学者就对创新过程中的不同职能、不同角色员工之间的关系进行持续的研究，并通过对创新过程的微观分析逐渐认识到需要更广泛员工的积极参与和互动。但这一方面主要是基于创新过程的分析，忽视了从创新主体的人的视角的讨论。为此，本书强调个体与集体创新协同的形式和过程：一是全员创新反映集体共同行为，需要更多、更广泛的员工的积极参与和支持，为每个员工充分发挥创造力和创新参与而创造良好的集体氛围和形式；二是全员创新强调个体创新潜能的充分发挥和积极参与创新，集体创新是由支持和参与创新的不同个体组成的，个体在创新提出及其实施应用的整个过程的创造力的充分发挥是集体创新高效运行的基础。

但是分布式创新不但包括了企业内的全员创新模式，即企业将更多员工纳入到组织创新体系中，通过创新过程中个体与集体的有效协同，提高组织创新水平；它还包括企业间的"泛"全员创新模式，即通过具体的运作机理集成其创新过程中不同主体的创造力与创新力。同时，由于参与分布式创新的企业所需要的创新技术及其他能力在一系列企业和其他知识创造机构之间分布，在实施创新活动的过程中，就需要协调地理上分散分布的不同创新参与者，以最优化利用它们的创新成果。这方面全面创新管理以其全时空创新和全员创新的特点，很好地弥补了以上分布式创新管理理论研究的不足。第一，全面创新管理提供了管理分布式创新的战略化方向，它为员工创新提供资源支持和管理保障的机制：它不但能根据企业战略意图对不同员工的创新设想进行筛选并提供资源支持能够增进企业实现战略意图能力的创意完成；还能针对员工自发创新的成果进行选择、优化、整合，将其上升为企业新的战略方向，并成为全体员工支持和参与的项目。第二，它对企业外的创新参与者实施社会化，即把外部创新参与者转化为有效参与企业创新活动的成员，通过营造良好的创新氛围及回报机制，以吸引更多创新参与者提出创造性的想法。第三，结构化其管理协调机制，使创新个体之间构成某一形式的创新集体，让更多创新者广泛参与到企业内外的创新过程中，实现他们之间的高效合作，提高创新实施的成功率。

第七节　模块化理论

什么是模块和模块化？日本著名经济学家青木昌彦在《模块时代》一书中对模块作了比较好的解释："模块是指半自律性的子系统，通过和其他同样的子系统按照一定的规则相互联系而构成更加复杂的系统或过程。"而且，这样的系统按照同样的规则可以分解成原来的模块。哈佛教授鲍德温（Baldwin）和Clark对模块化作了精辟的说明，模块化的核心是将相对小的、可以独立进行功能设计的系统组建成一个复杂产品或流程。这些概念都来自企业实践，以及由于研究者的不同实践背景，从文字或出发点有所差异是不可避免的，但这两个概念最终所包含的内容还是基本一致的，所以本研究不对此进行概念性讨论。

从历史文献和企业角度看，模块化理论及其应用研究可以分成三大部分，即企业产品领域、企业管理领域和其他领域。在产品领域，模块化理论研究和应用研究侧重于产品的模块化设计、开发和生产，其研究文献已积累了相当数量；在企业管理领域，目前研究文献主要侧重于战略、组织和技术管理；在其他领域，模块化理论研究和应用则非常广泛，如认知科学、心理学、生态学、语言学等。

结合本文的研究目标，下面将主要分析企业模块化管理理论和模块化认知理论；并按理论历史的时间顺序分析其演化进程和发展趋势。

一、模块化管理理论

可能由于模块化理论的知识背景技术性太强，即使技术人员也很难有机会深入了解整个产品模块化的技术背景，在一个企业中这样的核心人员很少，何况一般的管理研究者，所以在开始产品模块化理论研究的 30 年之后，才有人从企业管理的角度进行研究。

1995 年，德斯（Dess）和拉希德（Rasheed）把产品模块化理论的基本概念引入企业管理，根据产品模块的重要性及其价值链，把非关键的模块外包给其他企业或个人，通过企业网络组合资源，使得企业组织边界模糊，企业通过战略模块控制企业网络。该研究运用模块的特性说明企业的外包战略与企业架构创新，这是早期模块化管理理论的应用研究，但对该理论本身没有突破性研究；当然，在企业组织结构理论方面有所创新。类似地根据产品模块特点（如寿命、易耗等）构建企业闭环供应链，即故障模块的返修后再利用，易耗品模块使用后的其中部分可再利用（如激光打印机的墨粉盒充粉）等。

桑切斯（Sanchez）从企业战略和竞争优势角度考虑了产品和组织模块化架构的影响，认为企业要在产品竞争中获胜将日益取决于对产品、组织和知识架构的有效战略管理。模块化产品必然涉及产品技术的分散化和知识的模块化，以及产品创新的模块化趋势，当然也对创新成本产生综合性影响。阿罗拉（Arora）和甘巴尔代拉（Gambardella）等在 Sanchez 基础上提出了一些新的想法，但他们均没有对模块化管理理论架构作进一步分析和研究。直至两位哈佛管理领域教授 Baldwin 和 Clark 结合计算机工业的产品模块化设计的演变与企业竞争历史，深入浅出地对模块化产品的特征进行了描述：即架构、接口、标准及可变的设计参数，以及通过一些案例说明产品模块化的趋势和强大力量。文章的最后结论是：模块化是继铁路、计算机之后又一个推动经济进化的动力，提醒企业领导人应该了解产品背后的知识及其演变，才能制定出有效的企业战略。他们的贡献在于从企业管理角度，把复杂的内容以简洁易懂的方式表达出来，所以被视作模块化管理理论研究的里程碑之一，遗憾的是该文也未通过规范的理论研究方法对模块化管理理论进行系统建构。

日本学者楠城（Kusunoki）和野中成野仲（Nonaka）把模块性维度引入组织能力的研究，通过模块性维度和设计性维度构成了组织能力的基本架构，并对此进行了规范的实证研究。虽然也涉及知识基础和产品开发绩效的研究，但对模块化的理解不是十分确切，所以其模型的思路不是十分清晰。产品模块化架构对市场营销流程重要影响的研究、产品模块化与大规模定制的关联研究，这些都是对于产品模块化理论的基本概念在企业管理中的应用的研究,对企业模块化管理在理论上没有实质性贡献。

席林(Schilling)于 2000 年从管理理论的角度提出了模块系统通用理论,为模块化管理理论研究作了探索性尝试。在该理论基础上对模块化组织形式作了系统研究,并分析了 1990 年组织研究主题——虚拟组织、网络组织和模块组织,认为这些研究的目的是找出紧密、整合的层级组织形式被"松散耦合"的参与型组织网络所代替的原因;以实证的方式分析了组织模块化的动力和阻力,并对各行业竞争强度、技术发展阶段对组织模块化影响进行了实证研究。可以说,这代表了模块化管理理论的基础性研究的开始,在组织模块化方面的研究仍在继续。

桑切斯(Sanchez)和科林斯(Collins)讨论了如何采用产品与流程架构的模块化途径提高产品开发绩效、并为知识管理和组织学习提供强有力的框架,由此可以发现"能力瓶颈",提出了模块化产品市场的新战略:"产品设计标准化、组织增强柔性、学科提高创造力",即以产品模块化特点构建组织架构、以标准化的模块组合满足市场对产品的多样化需求以及多学科的组合开发提高企业的创造力,该研究是模块化管理理论研究的阶段性总结,也提出了模块化对知识管理与组织学习的作用,但没有具体展开进行研究。斯瓦米纳森(Swaminathan)以产品模块化维度和流程模块化维度,构建了大规模定制的标准化经营战略,即零件标准化、流程标准化、产品标准化和获得标准化。虽然其思维方法值得借鉴,但未能把部件与模块区别开来,且限于部件层面进行战略思考,所以有很大的局限性。

青木(Aoki)和泷泽(Takizawa)以区域比较说明硅谷的产品模块化、接口标准化和信息封装对其区域产业的重要意义,并以此解释这样的产业结构有其内生的企业家精神和激励机制。虽然这是研究企业生态模型的文章,但也可以从相对宏观视角说明企业技术模块化管理的重要性。

产品市场规模变化及多样性需求的动态过程对产品模块化的趋势产生直接影响,并由此形成部件外包及企业绩效战略。也有学者就市场环境、产品模块化对企业绩效,结合家电行业进行了实证分析,其结果突出了市场变化感知能力与采用模块化产品架构的相关性。

马格努森(Magnusson)和林德斯特伦(Lindstrom)从技术创新的角度对架构创新与模块创新进行了基本的分析,认为模块创新是一种新技术的革命性创新,而架构创新则是对产品模块配置的改变且不引入全新的模块技术。该研究只是对架构创新和模块创新进行了探索性的研究,但对创新的基本概念及属性的理解并不到位,渐进创新和突破创新是创新的程度概念,架构创新与模块创新则是创新的结构性概念,两个维度的创新却在一个维度上分析显然是不合理的。

通过上述文献分析可以看到,模块化管理研究在企业组织管理方面已建立了初步的理论架构，可以比较圆满地解释当前企业组织的演变与现状，如组织扁平化、战略联盟、边界模糊化、实践社区、柔性组织等。显而易见，这要比近几年企业组织的其他研究要实用得多，诸如蛛组织网理论、节点组织理论及超文本组织是基于一种似是而非的外在比喻，触及不到企业组织演变的实质。

二、模块化认知理论

自专业化分工以来，企业生产率得到了突飞猛进的提高，但当代企业不仅要解决生产效率问题，更需要满足客户的多样化需求，这就是当代企业从专业化生产转变为模块化生产的重要原因之一。从认知理论的文献研究可以看到，人对世界的认识也具有模块性，所以高等教育也从专业化转变为模块化教育，以符合人性化教育的目标。下面将通过模块化认知理论的文献分析说明人的知识来源和知识结构。著名心理学家福多尔（Fodor）把认知模块比喻为通用计算机的编译，通过各种感知器官得到的信息最终转换成共同的思维语言，并于1981年提出了认知科学中模块处理的重要属性，第一是模块处理的自动属性，第二是模块处理的无意识属性，第三是模块处理的快速属性，第四是信息封装属性，另有三个原生物学属性在这里不再赘述。显然，心理学家对认知模块化的研究几乎与产品模块化研究同步开始，这些比喻和总结形象地说明人处理复杂信息的模块化特点，虽然这在心理学界有不少争议，但不少后续的实证研究支持了认知的模块性。

科尔特哈特（Coltheart）对Fodor的观点作了进一步的解释，认为有些学者对此产生误解的原因是设定了Fodor没有规定的条件，从而产生了理论的适用问题，同时认为模块化仍然是认知科学的核心概念。其实，任何输入模块都有其适用的条件和范围，正如控制工程中广泛使用的各类测量元件，都有各自的适用条件，不是通用的，如测温元件一般不可能用于测量电压，而低压测量元件不可以测量高压，这不仅涉及测量成本、测量精度，而且关系测量元件的安全性。而且认知模块的能力随人的年龄变化而变化，有一定的动态特性。当然，不仅有认知模块，而且在某些中央系统也有认知架构特点；认知模块能力也可以不是先天的，如处理书面文字的能力，而且人可以通过训练获得模块化图形处理的能力，如中国的汉字实际上就是利用了人处理模块图形的能力，不同的汉字（图形模块）组合构成了中文基本的词汇和语句，在此基础上可以组织多层次、复杂的语言系统。

在人工智能研究方面，也开始了认知模块化的工程应用，即人工智能模块代理（modular agent）的应用研究，其目标是各子系统模块能够处理各自的信息和问题，把各代理之间协调所需的通信量减少到最小，这样可以避开整个系统可能产生循环冲突的弱点、系统开发更为有效及系统行为更为细腻。

模块化的理论研究对于全面创新管理理论有着重要意义。首先，模块作为半自律化的子系统，对于全面创新管理中的要素研究有着重要启示意义。借鉴模块化理论的研究成果，可以将各创新要素看作半自律化的子系统，将各要素之间的联系视为模块之间的关联。其次，模块化认知理论对于全面创新管理中学习机制的研究有着重要的理论意义，模块化作为认知的核心构件，同样也是全面创新管理中组织学习和个人学习的核心对象。

本 章 小 结

本章对全面创新管理理论的理论基础进行了概括介绍，包括生态理论、人本理论、协同理论、复杂自适应系统理论、开放式创新理论、分布式创新理论、模块化理论等。正是基于这些理论，全面创新管理理论才把研究视角从单独的创新要素和创新系统构件转移到整个创新系统，以及创新系统各要素之间的关系上来，揭示了创新过程的全面性、复杂性、生态性、协同性和动态性，从而突破了以前有关创新的线性思维模式，将企业创新系统视为一个复杂创新体系，突出了创新系统内各要素之间的互动性。

全面创新管理的系统框架[1]

第一节 全面创新管理理论的提出

多年来，许多学者已经意识到全面创新的重要性，并进行了初步研究。早在20世纪70~80年代，一些学者提出并发展了创新的"双核心理论"，该理论已经部分地体现了全面创新的思想。一些学者指出：要想实现企业范围内的全面创新，必须使创新成为一种弥漫于企业各个部门各个角落每一员工的能力，而不是偶然发生的活动或被动的流程。

许庆瑞等在20世纪90年代中后期探索、研究并总结了国内外最新创新理论及我国大量企业经营管理成败的经验教训，在其《企业经营管理基本规律与模式》一书中指出：当今企业为适应环境的变化，必须以企业战略为导向，持续地开展以技术创新为中心的全面创新，培育和提高企业的技术创新能力。并首次从理论上系统提出了企业经营管理的全面创新规律，其规律要点是"一个中心，两个基本点"，即"以技术创新为中心，以组合创新和技术与创新能力为基本点"。在此基础上，在2002年举行的第三届技术创新与管理国际会议上进一步提出"全面创新管理"的创新管理新范式，引起了与会者的广泛关注与赞同（许庆瑞等，2003）。

第二节 全面创新管理的理论框架

一、全面创新管理的内涵

全面创新管理是以培养核心能力、提高持续竞争力为导向，以价值创造/增加为最终目标，以各种创新要素（如技术、组织、市场、战略、文化、制度等）的有机组合与协同创新为手段，通过有效的创新管理机制、方法和工具，力求做到人人创新、事事创新、时时创新、处处创新（图1）。

全面创新管理范式的内涵可进一步概括为"三全一协同"，即全要素创新、全时空创新、全员创新，全面协同。如图2所示。

全要素创新是指创新需要系统观和全面观，需要使技术、战略、文化、制度、组织、战略等与创新绩效有密切关系的要素达到全面协同才能实现最佳的创新绩

---

[1] 节选自：许庆瑞. 全面创新管理：理论与实践. 北京：科学出版社，2007：第三章。

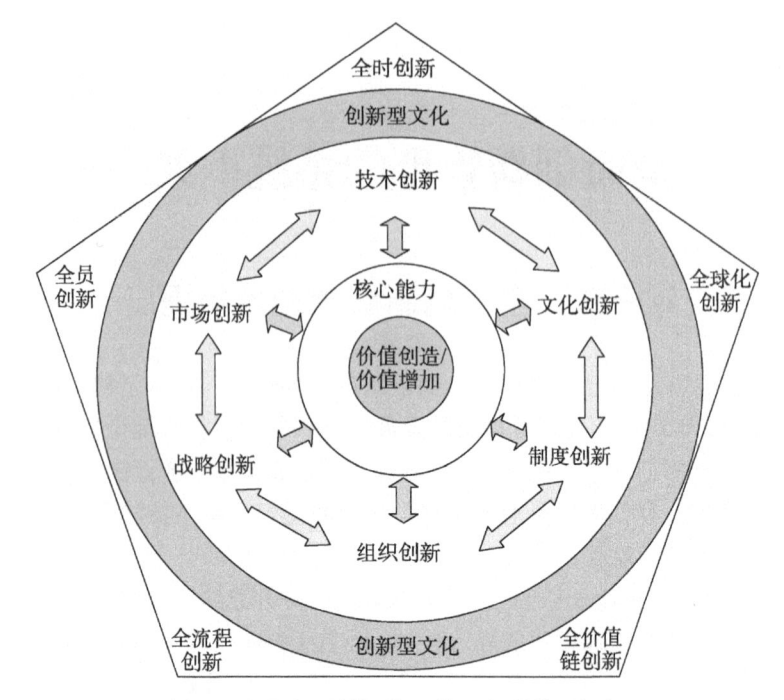

图1　企业全面创新管理的五角形模型框架

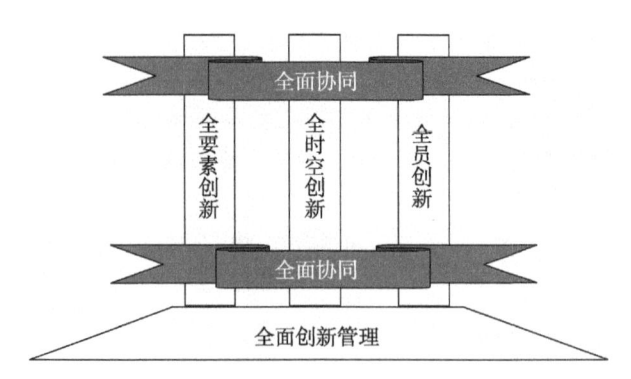

图2　全面创新管理的特征："三全一协同"
资料来源：郑刚. 基于 TIM 视角的企业技术创新过程中各要素全面协同机制研究. 浙江大学博士学位论文，2004

效。基于对国内外有关影响创新绩效关键要素的研究综述，郑刚总结了六大要素，即技术、组织、市场、战略、文化、制度，进而面向 100 余家大中型企业的实证分析结果也进一步验证了这六大要素对于创新绩效的重要影响。从全面创新管理的系统、全面视角来看，这些要素的作用发挥离不开全员参与和全时空的背景。因此，在此基础上，许庆瑞和谢章澍提出基于全面创新管理视角的各要素全面协同钻石模型。如图3所示。

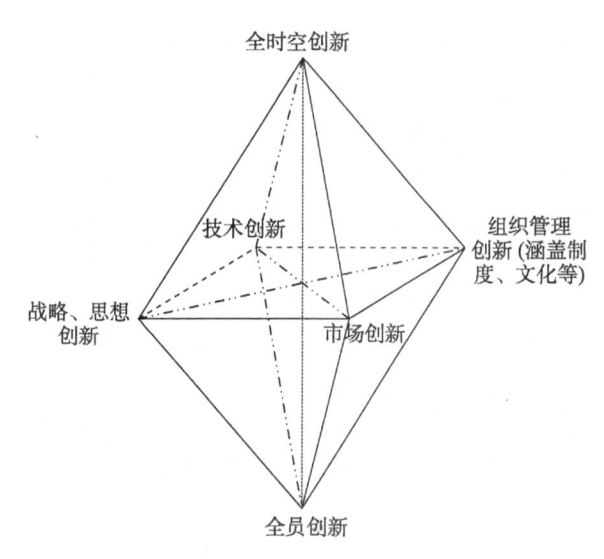

图 3 基于 TIM 的创新要素全面协同的钻石模型

全员创新是指：创新不只是企业研发和技术人员的专利，而应是全体员工共同的行为。从研发人员、销售人员、生产制造人员到售后服务人员、管理人员、财务人员等，人人都可以在自己的岗位上成为出色的创新者。广义的全员还包括用户、供应商、股东等利益相关者。

吉利集团"人人都是创新者"的企业文化案例

吉利集团提倡和鼓励全体员工创新和创造发明，谁在这方面做得好就奖励谁。由此营造了一种氛围和文化，推动着整个企业创新、发明不断前进。例如，动力公司一个生产车间职工，单 2004 年 8、9 两月，向公司提出 166 条创新建议，公司就给予其不同的物质和精神奖励。张庆先是普通的操纵工，他发现丝锥供丝 200 次后便不能再用了的情况，总感到有点浪费，经仔细琢磨、分析，设计出一台多型号丝锥刃磨设备，经使用，原来供丝 200 次增加到 800 次。后该项技术获国家专利，每年为公司节约成本 40 万元，张受到公司的奖励。2005 年 1~10 月共有 200 多名职工向公司提出 700 多项创新建议，涉及技术、质量、管理、安全生产、环境等领域，有不少被公司采纳，有效推动着企业前进步伐。

（资料来源：《谈中国自主品牌汽车——吉利带来的三个"!"》，《第一财经日报》，2005 年 12 月 1 日）

全时空创新分为全时创新和全空间创新（全球化创新或称全地域创新）。全时创新是一种创新策略、一种思想、一种创新观念，是即兴创新、即时创新（包括快速创新）、持续创新（24/7 创新，即每周 7 天，每天 24 小时创新）的有机结合。即兴创新是在特定问题上的灵感的闪现、创造力的凝固；即时创新是应时而发，要求快速地响应市场需求；持续创新就是让创新成为组织发展的永恒主题，每时每刻都在创新，使创新成为涉及企业各个部门和员工的必备能力，而不仅是偶然发生的事件。海尔就是全时创新的典型。在2001年"全球海尔经理人年会"上，美国海尔贸易公司总裁迈克根据美国用户的抱怨突发奇想，能否设计一种上层为普通卧式冷柜，下面为带抽屉的冷柜。冷柜产品本部在得知迈克的设想后，4名科研人员采用同步工程，连夜奋战，仅用17个小时完成了样机，令迈克感到非常惊讶，而这款冰柜也因迈克的创意被命名为迈克冷柜；2001年3月海尔与爱立信的科技人员在全球不同地点利用时差通过24小时接力开发，仅用3个月就推出先进的蓝牙无线网络家电，比传统开发方式节省一半以上时间。

全空间创新（或称全球化创新、全地域创新）是指在全球经济一体化和网络化背景下，企业应该考虑如何有效利用创新空间（包括企业内部空间和外部空间），在全球范围内有效整合创新资源为己所用，实现创新的国际化、全球化，即处处创新。它也包括全价值网络创新、全流程创新等。

随着世界经济一体化进程的加快，全球化创新的趋势日益明显。全球化创新通过与企业外部的联结机制以及在全球范围内获取和配置资源来突破企业内部现有资源和能力的限制，充分借助企业外部网络和资源来扩展、提升和创造企业能力。全球化创新的主体是跨国公司。

全面协同是指，各创新要素（如技术、组织、市场、战略、文化、制度等）在全员参与和全时空域的框架下进行全方位的协同匹配，以实现各自单独所无法实现的"2+2>5"的协同效应，从而促进创新绩效的提高。"全面协同"与传统意义上的"协同"的区别如下。

第一，涵盖的协同主体更多、相互作用关系更复杂。传统的"协同"概念多指两个或三个主体间的相互作用产生"1+1>2"的协同效应，如技术与市场的协同等，而本研究提出的"全面协同"涵盖了影响创新绩效的六大关键要素（战略、组织、文化、制度、技术、市场），更具有全面性和系统性，其相互关系更为复杂，而其全面协同效应也将更为明显。

第二，强调了全员参与和全时空域创新的重要性。本研究认为各创新要素必须在全员参与和全时空域框架下才能真正实现全方位的全面协同，而这是传统的"协同"概念所没有涉及的。

全面创新管理不是对原有创新管理理论和方法的归纳集成与简单的延伸，而是一次具有革命性的突破。它改变了原有的基于机械观、线性的创新管理思维方式，而以生态观、复杂系统理论为其理论依据和出发点。无论从其理论基础、目标、战略、结构、要素、时空范围还是管理风格方面，都与传统的创新管理范式有本质的区别，特别是其根据环境的变化突破了原有的时空域和局限于研发部门和研发人员创新的框架，突出强调了新形势下全时创新、全球化创新和全员创新的重要性，使创新的主体、要素与时空范围大大扩展。全面创新观与传统创新观的显著区别是突破了以往仅由研发部门孤立创新的格局，突出了以人为本的创新生态观，并使创新的要素与时空范围大大扩展。

二、全面创新管理的主要特征

（一）目的性

全面创新管理作为一个新世纪的战略性创新新范式，具有明确的战略目标，即建立在深厚的群众基础之上，通过在全球范围内整合一切可用的创新资源，把目标瞄准于不断提高企业的核心能力，赢得持续竞争优势，使企业不断发展，为顾客和利益相关者增加价值。

（二）广泛性

全面创新管理不是单纯立足于某一方面，某一因素上的创新，而是要通过发动和依靠群众，依靠企业内外各方面的力量，在创新要素的所有各方面进行全方位创新，包括技术、组织、市场、战略、文化、制度等一切方面的创新。

（三）整体性

全面创新管理的整体性特征源于事物的整体性、企业的整体性和创新的整体性。任何一次创新活动都包括多种活动（研发、制造、营销、供应、人力资源、管理等多方面的活动），这些活动间存在内在的有机联系，由分布在不同部门的众多员工分头进行。某一部门、某一职工工作上的缺失均会影响整个创新活动的有效进行，因而必须把创新活动视作一个必须保持步调一致的整体活动，通过有效的创新领导机制、协同机制把企业各方面的力量拧成一股绳，变一切创新阻力为创新动力。

（四）群众性

全面创新管理依据科学哲学观、人本理论和生态理论，认为企业是一个有机统一的生命体。在开放式创新时代，群众性不仅局限于企业内部的全体员工，而是超越了原有的企业边界，不仅包括企业内部所有成员，还包括社区成员、所有利益相关者、企业价值链中有联系的上下游企业以及企业的战略合作伙伴等。在群众中存在着巨大的创新活力和潜力，广大员工又具有丰富的差异性，是创新思维取之不竭的源泉。只有发动群众、依靠群众，把员工视作企业创新主体，创新才能永续开展，生生不息，企业才能立于不败之地。根据全面创新管理这一特征，必须把全面创新管理时刻放在发动和依靠广大员工群众的基础上，这是全面创新管理不同于传统创新范式的第一要义。

第三节 全面创新管理理论中"三全"的内在联系和互动关系

全面创新管理不是对原有创新管理理论和方法的归纳集成和简单的延伸，而是一次具有革命性的突破。它将彻底改变原有的基于机械观、线性的创新管理思维方式，而以生态观、复杂系统理论等为其理论依据和出发点。无论是其理论基础、目标、战略、结构、要素、时空范围还是管理风格，都与传统的创新管理范式有本质的区别，特别是其根据环境的变化突破了原有的时空域和局限于研发部门与研发人员创新的框架，突出强调了新形势下全时创新（24/7创新）、全球化创新和人人参与创新的全员创新的重要性。因此，作为全面创新管理理论框架的一个分支，全员创新是全面创新管理的主体内容，也是全面创新管理的基础。同时，全员创新的实现及其运作模式仍需要置于更广泛的时空角度来分析；而且全员创新与全要素创新的互动关联，是全员创新水平不断提升的主要途径。

全面创新管理中全员创新与全要素创新、全时空创新的系统关系如图4所示。

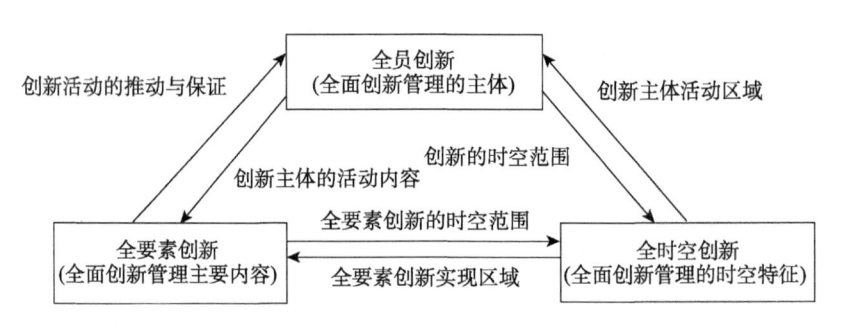

图 4　全面创新管理框架内全员创新、全要素创新、全时空创新关联示意图

全面创新管理框架下企业全员创新可以作如下界定：企业创新不再是某个部门或员工（如企业领导、技术部门或技术人员）的事，而是企业从高层到基层，所有部门的员工广泛参与和支持创新。它所涉及的创新的范围也不局限于研发人员所从事新产品开发、工艺创新等的技术创新，还包括流程改进、解决组织结构问题、新战略战术制定、制度完善等非技术创新在内的广泛内容。企业中每个员工都可以通过个人的创造力发挥以及对创新实施的支持参与，在从创意提出到实现的整个创新过程，发挥自己的作用，为提升企业创新绩效作贡献。可以认为，全面创新管理视角下企业全员创新在企业创新运作过程中起着基础性的作用。

一、全员创新是全面创新成功的基础

正如管理学家罗宾斯（Robbins）指出的，员工难以抵制他们参与决定的变革。员工的广泛参与不仅可以减少企业创新的阻力，保证创新的成功，而且可以充分发挥每个员工的智慧，提高员工的承诺，进而提高创新水平。例如，合理化建议活动，企业往往鼓励所有员工提出改进工作的新建议，并给予相应的奖励。而当前广为应用的团队工作，则让更多员工有机会分担责任，讨论各种实际问题，调查问题的起因，并且向管理层提出解决方案。而且，当前越来越多的企业将员工代表纳入董事会，让他们参与管理创新。以丰田为例，自1951年其实施"动脑筋，提方案"的全员合理化提案活动以来，已有54年的历史。这是使丰田生产方式不断进化发展的有效方法，也充分激发每个员工的创新积极性和主动性。丰田的合理化提案每年都有几十万条，平均每人每年十多件，采用率为99%以上，几乎都为有效提案。员工广泛参与创新也让丰田成为全球最为成功的汽车制造商，目前它的市值已升至1370亿美元，是通用、福特（Ford）、克莱斯勒（Chrysler）、雷诺（Renault）和大众（Volkswagen）的总和。

全员创新的实施推动了企业战略、文化、制度、技术、组织等各要素创新。全员创新的实施势必改变由技术专家主导的创新格局，并向基层员工扩展，强调不同职能部门如技术、市场、生产等各领域的合作创新，不仅推动企业新的战略目标的实现，而且引发阻碍员工创新的协调关系、自主权利、资源分配等创新，使得企业向着组织扁平化、网络化等方向发展，并重新制定不同员工参与创新的权利义务以及员工之间关联的权责利关系处理的规章制度。同时，全员创新也可以理解为对全体员工行为规范、意识形态的重新塑造，必将有助于鼓励创新的企业文化的树立以及新的规范和激励员工制度体系的构建。

以通用为例，自20世纪80年代初，韦尔奇亲自发起并开展了一直持续到现在的群策群力全员创新活动。目前，通用已经举行过成百上千次"群策群力"的会议，其涉及范围包括全球数十万员工、业务范围从喷气发动机到电灯泡和信用卡的公司。帮助通用精简机构、向员工授权，并彻底改变许多旧的交易方式，也使得全员创新成为通用公司DNA的一部分。依托"群策群力"的全员创新的实践，通用已经实现了新产品推出达到25%的年增长率。韦尔奇这样告诫继任者，"热爱你的员工，拥抱你的员工，用钱包来奖励、用心灵来奖励你最好的员工——工资，大量的期权，令人振奋的工作，使人激动的工作气氛。这是一切事业成功的基础"。正是依靠20世纪80年代初以来，实施的群策群力的全员创新活动，推动了通用全面创新管理体系的构建。通用先后在组织上实施组织结构调整，组织结构从原有的9级减少为4级；在制度上，强化了变革的激励制度，具体措施包括：工资增长计划、股票与期权、灵活的物质激励、职位晋升、海外工作机会、给员工荣誉等；在战略上，通用强调了公司所有业务必须在市场上处于数一数二的地位的经营目标；在文化上，通用强调了尊重每个员工的创意，摒弃官僚作风。

二、创新主体的多样性是全时空创新的关键

随着企业创新活动的日益系统化以及在管理领域的不断延伸，企业创新主体日益多元化，包括了内部所有员工以及用户、供应商等外部利益相关者。创新主体的多元化推动了企业开放性创新的发展，使得企业可以利用网络环境，与外部

创新主体，如顾客、供应商、合作者之间进行全时空的创新。不同创新源主体的参与创新将创新的作用范围扩展到企业每一时刻、每一地方、每一件事、每一环节；并通过互联网，着眼于优化全球化的创新资源，从而提高资源利用效益。例如，宝洁把一般公司的研发改名为联发，即"联系开发"的意思。宝洁有几十名"技术企业家"专门负责搜索互联网、数据库和科学文献，从中找到重要的技术突破；宝洁加入了三个科学家网站：九西格玛（NineSigma）、创新中心（InnoCentive）和你的喝彩（YourEncore），通过这些网站与外部发明家建立联系，买下合适的创新方案。宝洁还加强了与供应商在创新方面的合作，把它们看作是自己"实验室的延伸"。这样，宝洁不仅拥有企业内部几万人的技术人员，而且还可以充分利用上百万人的外部科技资源，为企业创新所用。外部创新与内部研发结合的做法降低了创新的失败率，节省了研发费用，为宝洁带来的是超过所有财务指标的满堂红。前哈佛商学院教授、现加州大学伯克利分校教授亨利·切斯布劳提出的"开放性创新"概念中，始终把宝洁作为典范。

三、全员创新推行中的问题

虽然我国企业已经认识到了全员创新的重要性，但是真正能够实现全员创新的企业却是少之又少，那么究竟是什么因素阻碍了全员创新的实施呢？对此问题，我们进行了问卷调查，找出了企业内阻碍全员创新实施的因素，如表1所示。

表1　阻碍全员创新实施的主要因素调查（N=67）

阻碍全员创新的因素	公司数目/家
员工缺乏创新激励	26
员工的创新得不到实施	24
缺乏创新环境和创新氛围	22
员工缺乏创新资源的支持	22
创新得不到领导者的支持	19
员工创新思想得不到重视	19
员工缺乏创新能力	8
其他	4

观察表1中所列的因素可以发现，阻碍全员创新实施的因素主要包括员工缺乏创新激励、员工的创新得不到实施、组织中缺乏创新环境和创新氛围、员工缺乏创新资源的支持、创新得不到领导者的支持、员工创新思想得不到重视，而员工缺乏创新能力不是主要的原因所在，可见全员创新的主要问题不在于员工本身而在于企业本身。

李桂荣在调查中也发现，阻碍员工创新的关键在于企业没有激发员工创新的氛围和组织机制，因为创新不仅需要提出创意，还需要能够把创意变为现实，也就是说企业不仅需要建立能够促进创意产生的文化要素，还要建立相应的创新机制，努力将创意付诸实施。当然只有一个良好的创新机制还不能单独地解决创新的激励问题，还需要各级领导者的支持。如果只是寄希望于通过建立一个理想的创新机制来帮助员工实现他们的创意，就能够激发全员创新，这不仅不现实，也是不可能成功的。

因为机制只有得到领导者的认可和实施，才能真正发挥它的作用，如果想用一个所谓的创新机制来绕过领导层不仅不可行，反而会带来很多麻烦；良好的机制虽然能够保证创新性想法传达到需要的人，并且得到公平的对待，但是要想激励全体员工的创新精神，没有领导者的支持，是不可能成功的。

全员创新不应该只是停留在口号上。企业的领导希望员工充满创新精神，但是当员工真的表现出这种精神，提出自己的创新思想时，所面对的却是批评和责难，这样就极大地打击了员工的创新积极性和主动性，扼杀了员工的创新精神。因此要想在企业内培育创新，就要重视员工提出的创新思想，在企业内建立相应的创新思想提交和评估流程以及相应的机制，使员工的创新思想都能得到提交和评估。员工具有创新精神是企业创新的基础和源泉，但是具有创新精神的人往往不愿听命于人，甚至无法适应企业的规章和条例，因此一味地遵从条例，会扼杀企业的创新精神。所以要真正地保持企业的创新精神，需要在创新精神与企业规章之间寻找平衡点，把创新精神贯彻到企业每一个角落和每一个人。

同样如果员工的小的创新得不到重视也会扼杀员工的创新积极性。企业因为盲目地追求具有革命性意义的创新，而忽视了众多的小的创新，这种做法无疑会扼杀员工的积极性，同时会导致企业创新的失败。伟大的创意能够缔造企业，也能够挽救企业于水火，因此追求"革命性"的创新本身并没有错，但是如果仅仅寻求能产生5亿元的创意，就有可能把它扼杀在摇篮中。因为小的创新和创意不仅能够为企业带来巨大的经济利益，也可能是孕育伟大创新和创意的土壤。所以不能忽视小的创新和创意，只有这样才能培育全体员工的创新热情。

创新需要资源的支持，这种资源既包括时间空间，也包括资金设备。如果创新没有资源的支持和投入，即使员工再有创新能力，提出的创意再好，得不到实施都只是纸上谈兵，没有任何现实意义，既不能对组织有任何利益贡献，也打击了员工创新的积极性，导致员工没有动力去从事创新活动。

四、全要素创新构建增强全员创新的环境和平台

为什么作为全员创新发祥地的中国，全员创新几起几伏，不能稳定实现呢？为了发现其深层次原因，我们团队近年来对2000个企业作了调查，其简要结果如表2所示。

表 2　全员创新受挫原因与需要的支撑分析

因素	负响应	未答	正响应
员工创新只能在良好环境下得到实施	10.6%	12.5%	76.9%
创新能获得领导部门与同事的支持	57.7%	19.9%	22.4%
创新能得到其他部门支持	59.1%	20.5%	18.4%
创新实践中能得到他人支持	70.7%	10.3%	19.9%

资料来源：作者根据浙江大学谢章澍博士学位论文资料整理，2006 年 7 月

从以上分析可见，被调查者半数以上的回答是：他们所在的企业中环境不善（得不到各方支持）是员工创新无法坚持的根本原因。76.9%员工认为创新只有在足够良好的环境支持下才能实施。调查结果还显示，只有 20%左右的员工在创新中得到良好的支持，而大多数（约 60%）员工在创新中得不到支持。总之，缺乏良好的支持和环境是我国企业全员创新无法持久的根本原因。

为进一步探究其原因，又对什么是全员创新的良好环境进行了调查与分析。有一半以上的回答是以下各要素：技术、组织、市场、战略、文化、制度与沟通等。这些正是全要素创新的各要素。

从这里可以看到全员创新与全要素创新间的内在联系：全员创新是全要素创新得以实现的基础，而全要素创新又是全员创新实现的支撑环境，两者互为条件而又互相支持。

五个要素创新是如何影响全员创新的？从人本原理和实践中看，全员创新是全面创新管理的基础，也是全要素创新的基础。但从另一个方面来看，全要素创新是全员创新的支撑平台与基石。

1. 战略创新对全员创新的影响

（1）战略创新根据变化着的环境和企业的愿景提出全员创新的方向和各发展阶段的任务。

（2）战略管理及其创新把企业的任务逐级地分配到各部门、各小组直至每个员工。

（3）通过战略规划及其管理创新，将创新所需资源分配到各部门、各小组和各个员工。

（4）创新长期计划工作及其改进创新的计划管理工作。

（5）在网络和企业间培育创新文化等。

2. 文化创新对全员创新的影响

（1）培植创新文化，包括风险文化和容忍文化。

（2）培植学习文化。

（3）培养企业间、部门间合作协同文化。

（4）培养知识共享文化等。

战略创新与文化创新构建全员创新的思想、文化基础。

3. 组织与结构创新对全员创新的影响

（1）使组织扁平化，有利于发挥员工的创造性和积极性。

（2）分权，将权力下放到最基层，让每个员工有责有权并积极地从事创新。

（3）组织自我管理团队。

（4）扩大员工自主权，让员工感到自己是真正的主人，如海尔实现人人都是创新SBU。

（5）组织跨职能的部门和团队。

（6）加强各部门/个人间的信息沟通等。

这些构成了全员创新的组织基础。

4. 制度创新对全员创新的影响

（1）建立合理的建设制度。

（2）建立合理的管理制度，让员工的建议得到及时的答复。

（3）建立对创新的激励制度，及时奖励有贡献的创新员工。

（4）建立专利管理制度。

（5）建立学习和培训制度等。

这些构成和增强全员创新的制度安排。

5. 技术创新对全员创新的影响

（1）产品和工艺创新。

（2）建立信息系统。

（3）为全员创新建立所需的信息化核算文化，包括投入-产出、计量和盈亏核算。

（4）网络共享等。

第四节 全面创新管理与全面质量管理的异同

一、全面创新管理与全面质量管理的相同之处

（一）全员参与是两者的共同基础

无论是推行全面质量管理还是实施全面创新管理，都离不开企业全体员工的积极参与。

全面质量管理认为，产品（服务）质量是企业各方面、各部门、各环节工作质量的综合反映。企业中任何一个环节，任何一个人的工作质量都会不同程度地

直接或间接地影响着产品质量或服务质量。因此，产品质量人人有责，只有人人关心产品质量和服务质量，人人做好本职工作，全体参加质量管理，才能生产出顾客满意的产品。

全面创新管理研究认为，"人"是创新主体。在企业中，人们总是努力做有用的事，创新的管理者必须承认员工的创新潜能并引导他们去创新，在当今激烈的市场竞争中，创新不再只是企业研发和技术人员的专利，而应是全体员工共同的行为，人人都可以成为出色的创新者。企业只有充分发挥从管理、研发、销售、生产、后勤等在内的所有员工创新的积极性和主动性，充分挖掘员工的创新潜力，实现全员创新，才能持续有效地提高创新绩效。

（二）两者都强调全流程

全面质量管理认为，任何产品或服务质量的产生、形成和实现过程是由多个相互联系、相互影响的环节所组成的整体，每一个环节都或轻或重地影响着最终的质量状况。因此，要保证产品或服务的质量，就必须把影响质量的所有环节和因素都控制起来，对包括市场调研、设计开发、制造、销售、服务等全过程进行质量管理，形成一个综合性的质量管理体系，做到以预防为主，防检结合，重在提高。

全面创新管理的全要素创新包括技术创新、组织创新、市场创新、战略创新、文化创新、制度创新等。

（三）两者都注重全方位

全面质量管理从纵横两个方面来理解全企业的质量管理。从纵向的组织管理角度看，质量目标的实现有赖于企业的上层、中层、基层管理乃至一线员工的通力协作；从企业职能间的横向配合看，要保证和提高产品质量必须使企业研制、维持和改进质量的所有活动构成为一个有效的整体。

全面创新管理从价值链形成的角度出发，着力于全时、全地域的立体化创新。

（四）共同重视领导的主导作用

两者都认为领导，特别是主要领导，在推行全面质量管理和实施全面创新管理过程中起着非常重要的作用。

全面质量管理认为，企业领导应对企业的产品（服务）质量负完全责任，应当创造并保持使员工能充分参与实现组织目标的内部环境。开展全面质量管理，企业领导首先必须在思想上重视，必须首先强化自身的质量意识，必须带头学习、理解全面质量管理，必须亲身参与全面质量管理，必须亲自抓，一抓到底。这样，才能对企业开展全面质量管理形成强有力的支持，促进企业的全面质量管理工作深入扎实、持久地开展下去。

同样，要实施全面创新管理，企业的高层领导应该牢固确立创新的理念，培养敢于创新、勇于创新的精神，营造鼓励创新、容忍失败的文化氛围。

（五）系统整体观是两者的共同出发点

全面质量管理和全面创新管理都强调要从整体出发，系统地看待问题。

全面质量管理认为，影响产品质量和服务质量的因素越来越复杂：既有物质的，又有人的因素；既有技术的，又有管理的因素；既有企业内部的，又有企业外部的因素。因此，开展质量管理要用系统的思路，把一系列影响因素系统地控制起来。

全面创新管理认为，许多技术创新的失败，主要归因于在技术创新中只孤立地考虑技术要素或某一两个要素，而没有实现技术与各非技术要素（如战略、文化、制度、组织与流程、市场等）间的全面协同。因此要从系统的角度，全面的观点出发，开展全面创新管理。

二、全面创新管理与全面质量管理的不同之处

（一）两者的核心关注点有差异

全面创新管理的核心是企业价值增加和核心能力的提升。而全面质量管理的着眼点是质量。

（二）两者的着力点有差异

全面质量管理更多地强调控制，促进渐进改进。而全面创新管理着力突破，推进重大创新。

从全面质量控制发展到全面质量管理，虽然理念和方法取得了长足的进展，但在很大程度上强调的依然是控制，对开发和设计的控制、对输入的控制、对过程的控制、对输出的控制等。全面质量管理在更大程度上是在确定的质量水平的要求之下进行有效的控制，消除意外，纠正偏差，以接近或达到预先设定的目标。全面质量管理所使用的新老七种工具，基本都是适用于发现问题、分析问题的。促进小规模的、逐渐的改进过程，偏重预防和"减少错误"。这样的渐进性的质量改进虽然也很重要。但事实表明，它只能使产品质量更加接近或达到规定的质量水平，而难以进行有效的突破。从战略的观点来看，持续改进大都只是模仿者和跟随者，很难实现突破性的创新而超越竞争对手。

全面创新管理则主要鼓励创造性的突破，超越现有的水准，达到更高层次。

（三）全面创新管理的范围更广泛

全面创新管理强调的"全面性"已不局限于企业范围，而是延伸到产品的整个价值链。涉及从供应商到用户的所有流程的创新。因而全面创新管理的时空范

围更广泛。而全面质量管理的"全"则更多地局限于企业内部,要求企业从上到下,横向各个部门,质量形成的各个阶段,涉及的各个因素等都要加强质量管理,以提供满足用户需求的产品和服务。

(四)两者产生和适用的环境有差异

全面质量管理产生于相对稳定的市场环境,主要是为了适应市场需要,满足用户的需求。而全面创新管理是在当今迅速变化的复杂环境中产生的创新管理范式,更多地从战略上驾驭动态变化的环境。

(五)两者倡导的学习方式有差异

应用于全面质量管理的工具常常侧重于分析性的、结构性的和线性的思考。"依据事实进行管理"是全面质量管理的基本准则之一,它强调利用现有数据、利用工具和技术进行推理分析。因此,全面质量管理倡导的学习过程主要是单环学习,着力于将组织运作的结果与组织预先制定的策略和行为相联系,分析其差异并对策略和行为进行修正,以确保组织绩效能够在组织规范与目标规定的范围内。为了做得更好、完成得更快,全面质量管理主要注重过程的简单化和流程化,这样就使企业关注点放在不断地改正缺陷、逐步提高上,而不利于突破性创新。

全面创新管理是综合的、非结构性的和非线性的。强调双环学习,要求在运行过程中适时重新评价组织目标的本质、价值及其基本假设,鼓励进行创新,提出截然不同的问题解决办法。在具体实践中反思"我们一定要这样做吗?""是否有更好的解决方法?",从而创造性地改进现有结构和流程。

本 章 小 结

本章对全面创新管理的系统框架进行了系统介绍。全面创新管理的"三全"之间存在着内在互动关系,它们既是互为条件和基础,又互相支持。全员创新是全要素创新和全时空创新的基础;全要素创新又是推动和增强全员创新的组织环境与平台;全时空创新拓展了全员创新和全要素创新的时空领域,以达到在更大范围内整合创新资源。

全面创新管理是传统创新管理、组合创新管理的进一步发展,是日益激烈的市场竞争与创新管理理论发展共同作用的结果。它们之间的差异主要表现为:创新的内容、范围和领域不同,创新的主体不同,创新的目标和战略不同,创新的模式、管理和评价方法不同。全面创新管理与传统创新管理的区别与联系如表 3 所示。

表3　全面创新管理与传统创新管理的区别与联系

类别	传统创新管理	全面创新管理
创新的内容、范围和领域		
创新内容与创新要素	•着眼于单个创新； •强调技术创新，忽视其他创新	•着眼于各创新要素组合与协同； •强调全面创新
产品/工艺创新的协调	•重产品创新、轻工艺创新； •过分强调产品创新的重要性	•强调产品创新与工艺创新的协调
创新空间范围	•企业内部，强调自力更生，对合作创新认识不足	•强调整合全球资源进行创新
创新速度	•对响应市场速度要求较低	•对响应市场速度要求非常高
创新的主体不同		
创新主体	•单纯强调研发部门、研发人员创新	•坚持员工"主体论"，视员工为企业创新的主体
创新源	•创新源较单一（内部研发）	•创新源多样化，利益相关者和整个价值链
创新的目标和战略不同		
创新的目标	•完成上级任务，被动式的	•以价值增加（提高经营绩效）为目标，主动创新
与核心能力的关系	•不注意创新与核心能力间的互动作用	•以培育核心能力、价值创造为中心
创新的战略性	•不明显	•既以战略为导向，又注意创新与战略的互动
创新的模式、管理和评价方法		
创新组织形式	•常用直线职能制结构	•扁平化、网络化、流程型结构
与其他部门的沟通、联系	•很少； •被动、部门利益导向	•十分密切； •主动、整体利益、创造价值导向
项目管理方式	•研发内部项目小组	•跨职能、跨组织团队，虚拟团队，重磅团队等
创新效益评价	•创新效益评价局限于显性创新效益	•均衡地考虑显性和隐性创新效益

资料来源：郑刚. 基于TIM视角的企业技术创新过程中各要素全面协同机制研究. 浙江大学博士学位论文, 2004

全要素创新[1]

近年我国企业技术创新取得了很大进步，但仍存在不少问题。造成我国企业技术创新中上述问题的深层次原因是就新形势下竞争环境和市场需求的变化对技术创新的更高要求缺乏认识，也缺乏系统、全面创新的理论指导，在创新管理中缺乏全面和协同的思想。因此，有必要从全面创新的新视角，对创新过程中各创新要素间的互动和相互间作用问题进行研究，从而为解决我国当前技术创新过程中面临的"两难境地"和创新要素间的不协同情况提供理论上的指导和借鉴。

第一节 影响技术创新成败的主要因素分析

影响技术创新成功或失败的因素很多，自20世纪五六十年代开始就一直是技术创新管理理论研究的热点。卡特（Carter）和威廉斯（Williams）早在1957年就为英国贸易部做过将科学研究应用于工业产品和工艺的有利和不利因素的调查研究。20世纪70年代英国苏赛克斯大学的科技政策研究所就曾在弗里曼（Freeman）等的领导下承担过著名的SAPPHO（Seientific Activity Predictor from Patterns with Heuristic Origins）计划，通过对来自化工和科学仪器两个产业的29对成功与失败的创新项目进行比较，找出影响创新成功的因素。

在20世纪60~80年代，关于技术创新成功与失败因素的实证研究主要有两个方面。

（1）影响技术创新的成功与失败因素研究。

（2）成功与失败的因素比较研究。

研究发现，技术创新的成功是多因素共同作用的结果。创新成功意味着多个职能部门都能胜任其工作，并且它们之间保持了良好协作。桑（Song）和帕里（Parry）通过对日本企业近4年内788个新产品开发的跟踪研究，发现日本企业新产品开发成功与否，与"研发—制造—营销"是否有效整合以及信息共享、企业的营销与技术资源、技术能力、新产品开发的效率和经验，以及市场环境状况等因素相关。蒙托亚-韦斯（Montoya-Weiss）和卡兰通（Calantone）通过对47个新产品的研究，得出了4大类共18个影响新产品开发成功因素。

技术创新的成败与市场、文化、战略、组织等非技术因素的创新有着密切的

---

[1] 节选自：许庆瑞. 全面创新管理：理论与实践. 北京：科学出版社，2007：第四章。

关联，且这些因素间的互动与协同起了关键作用。根据对国内外14个有代表性的企业进行案例研究，得出26个影响技术创新绩效的因素，然后根据各研究中所涉及的创新要素的频次大小，选定21个重要因素。在此基础上，经过进一步归纳分类汇总，可以最终确定影响技术创新绩效的关键要素是技术与市场、战略、组织、文化、制度等非技术要素如表1所示。

表1 影响技术创新成败的要素综述

因素	海尔	华为	中兴	IBM	英特尔	惠普	通用	3M	丰田	索尼	三星	宝钢	中集	华北制药
领导与战略创新														
企业家精神	+	+	+	+	+	+	+	+	+	+	+	+	+	+
强有力的领导与高层支持	+	+	+	+	+	+	+	+	+	+	+	+	+	+
技术创新战略与企业经营战略结合	+	+	NA	+	+	+	+	NA	+	+	+	+	NA	+
技术创新														
技术人才与培训	+	+	+	+	+	+	+	+	+	+	+	+	+	+
技术与研发能力	+	+	+	+	+	+	+	+	+	+	+	+	+	+
重视外部创新源	+	+	+	+	NA	+	NA	+	+	+	+	+	+	+
市场创新														
对市场和用户需求的理解	+	+	+	+	+	+	+	+	+	+	+	+	+	+
市场营销管理	+	+	+	+	+	+	+	+	+	+	+	+	+	+
顾客服务	+	+	+	+	+	+	+	+	+	+	+	+	+	+
文化创新														
敢冒风险，容忍失败	+	+	+	+	+	+	+	+	+	+	+	NA	+	*
鼓励创新的文化	+	+	+	+	+	+	+	+	+	+	+	+	+	+
制度创新														
创新激励	+	+	+	+	+	+	+	+	+	+	+	+	+	+
专利管理	+	+	+	+	+	+	+	+	+	+	+	+	+	+
组织创新														
组织结构的柔性与适应性	+	NA	NA	+	NA	+	+	+	NA	NA	NA	NA	NA	*
信息沟通、知识管理	+	+	+	+	+	+	+	+	+	+	+	+	+	+
与其他企业的合作	+	+	*	+	+	+	+	+	+	+	+	*	*	+
要素协同														
研发/市场/生产界面管理	+	+	+	+	+	+	+	+	+	+	+	*	*	+
各因素的协同匹配	+	+	+	+	+	+	+	+	+	+	+	+	+	+
管理功能创新														
创新管理	+	+	+	+	+	+	+	+	+	+	+	+	+	+
资金与资源	+	*	+	+	+	+	+	+	+	+	+	+	+	+
政府的支持	+	+	+	+	+	+	+	+	+	+	+	+	+	+

资料来源：RCID案例研究报告，2003~2006年

注：+表示优；* 表示中等；NA表示资料不足

邓顿（Dunton）在《创新的种子》（*The Seeds of Innovation*）一书中总结了创新型组织的十大特征，这十大特征分别涉及技术（渴望新技术来加强竞争优势）、文化（欢迎新思想和新方法）、市场（关注顾客的未来需求、让顾客了解更多信息、对购买拥有更多的控制权）、组织与流程（采用支持创新的内部流程）、制度（对创新努力加以回报、重新定义"游戏规则"、挑战自满）等要素以及全员创新（鼓励所有员工、伙伴、供应商积极参与创新）和全时空创新（快速行动，为发现、开发、应用新思想而配置资源）等角度，进一步印证了本书所总结的六大关键要素的合理性。

第二节 全要素创新的内涵

一、"全要素创新"概念

根据企业实践和理论分析，在当今竞争激烈的社会竞争环境中，企业要想快速、高效地创新，必须兼顾技术要素与技术要素的协同创新，已不限于技术创新，企业创新的着眼点应是全要素创新，亦可称为全方位创新。

基于上述分析，可将全要素创新概念所涉及的企业要素定为战略、技术、组织、文化、制度、市场等，与之相对应的"全要素创新"概念是致力于提升企业创新绩效的全要素创新，框架包括思想观念创新、战略创新、技术创新、组织创新、文化创新、制度创新、市场创新和管理创新（包括人力资源、财务管理等管理方面的创新）。

此外，经 RCID 研究，推进企业有效开展全要素创新的基础是全体员工的积极参与以及与全时、全地域、全流程的创新。全要素创新同全员创新、全时空创新三位一体形成了全面创新管理新范式，在"三全"的协同作用下，企业才能实施全面创新管理，取得创新的良好效果。

此外，对从实践和理论中得出的全要素创新机制中的主要创新要素——界定其内涵，分析各要素内涵及其相互关系，并给出全要素创新机理的概念模型。

二、主要创新要素的内涵

（一）战略创新

和传统的战略管理概念不同的是，在全面创新管理的全要素创新维度中，战略创新指的是：企业为了适应市场环境变化和自身发展需要，针对企业战略进行的一系列调整和变革，包括企业战略的渐进性变革和重大变革。

战略创新和全时空创新维度有联系。企业战略是随时代变化而变化的，其目标是参与全球竞争并在其中占有应有的地位。

战略创新和全员创新维度也有联系。在战略内容的制定、战略管理的执行过程中需要高层和基层员工的互动、需要全体员工的积极参与。

(二) 组织创新

现代竞争环境中广义的组织创新是指组织文化创新、信息技术创新、流程创新和组织结构创新。狭义的组织创新是指组织结构和流程的创新。其目的是通过系统规划、实施和有效管理，提高组织快速响应顾客和全球市场的能力，进而提高组织绩效。业务流程再造就属于此类创新。

组织创新主要涉及两部分内容：流程创新和组织结构创新。

流程创新——是对现有业务流程进行局部的更新或全部变革，实现快速有效响应环境、提高绩效。

组织结构创新——指改变组织的分工和协作，层次与机构设置，以及协调沟通和联系的方式。改革发展新的组织结构，要使之与组织的战略、文化、流程和技术间保持动态协调，进而提高组织的绩效。

(三) 技术创新

全面创新管理的目标是通过对影响创新绩效的全要素的协同管理提升企业的技术绩效，因此技术创新概念是全面创新管理理论框架中的一个重要的基础概念。

关于技术创新的定义和研究很多，根据美国创新经济学家和管理学者曼斯菲尔德和罗伯茨的观点：技术创新是指发明的第一次商业化应用，因此，技术创新活动是一个由一系列事件交织而成的过程：探索、发现、试验、开发、模仿以及采用新产品、新工艺和新的组织结构。技术创新过程也可以看作创新要素（信息、思想、物质、人员等）在创新目标下的流动和实现过程。

从研究者对技术创新活动的持续性研究中，可以发现，技术创新活动已经由以前研究者眼中的次序性活动过程逐渐发展为现在激烈竞争环境中的各种相关活动的、相互作用和反馈进行的平行过程。技术创新不仅要着眼于企业技术创新的技术方面，而且要兼顾组织过程、制度过程和市场过程在技术创新全过程中的重要作用。

(四) 市场创新

对于市场创新，无论是国内还是国外的研究都很少，尽管许多著名企业已经开始用这个名词，但是至今还没有市场创新的统一定义。国内对市场创新的研究大多沿用清华大学黄恒学教授下的定义，即在市场经济条件下，作为市场主体的企业创新者，通过引入并实现各种新市场要素的商品化和市场化，以开辟新的市场，促进企业生存与发展的新市场研究、开发、组织与管理活动。同时，国外理论界尽管没有提及市场创新，但关于营销创新的研究却比较多，但许多实际工作者把营销创新主要理解为是短期竞争性，对于企业的长期市场发展却没有包括在内。

针对当前企业在市场创新的不规范和理论需求，综合国外关于营销创新的研究和黄恒学教授关于市场创新的研究，本书将市场创新界定为：市场创新是企业根据企业经营战略进行的市场发展和新市场开辟的活动，以及以企业市场子系统（主要是市场部门和营销部门）为主体所执行的营销职能。从根本上说，市场创新包括两部分内容：市场发展开拓和营销过程。市场创新包括市场营销管理的全部内容，包括对长期需求的预测、规划和大众消费市场开拓所需的全部营销工作。

（五）文化创新

首先对企业文化的概念作简要回顾。

企业文化的定义多从其结构内涵界定：如企业文化指的是企业组织的基本假设、价值观、外在表现形式。其要素组成的说法众多，一般涉及的要素为思想、语言、行为、标志物等。

文化创新一词的英文表达方式多为"culture innovation"或"innovation of culture"；以"文化变革/文化创新"为主题的一系列研究是企业文化研究的一个重要领域，且大部分的文化变革/创新概念是伴随着公司的组织变革过程产生的，盛行于20世纪90年代中期。但众多研究者对文化的关注点多在"文化变革"，而不是"文化创新"，但文化变革概念对本书的文化创新概念启发较大。

前人的研究认为，文化变革一般发生于企业出现信仰和价值危机、主要领导人更替或企业经营遇到了重大问题需要企业发生根本性的变化时。其发生的过程多为被动的反馈，在经过主要领导人的更换、组织结构调整、企业战略的重新制定一系列过程之后逐渐形成新的企业价值观和制度规范。

本书研究中的"文化创新"，考察能与企业战略的调整、组织结构的变化过程中等相互匹配的企业价值观、员工行为表现以及制度规范等，从而探究企业文化自我更新及其实现过程。

（六）制度创新

制度作为社会行动规则和有经济价值的服务提供者，对企业创新而言，一种新的创新范式的形成必然要求其所规定的行动规则有利于企业培育和积累核心能力以及更有效适应组织内外部环境的需求，并且这种行为规则本身必然要为企业在市场活动中创造高于运行所需成本的价值，否则企业不会作这样的安排。

国外许多创新型企业如3M、惠普、三星、索尼，以及国内少数先进企业如海尔、华为、宝钢、中兴等全面创新管理的成功实践，证明通过实施全面创新管理，可以有效地整合企业内外部资源，优化资源利用效益，提高企业核心能力，为顾客、企业、员工及得益相关者提供和分配更大的价值。这说明了全面创新管理可以为企业利益相关者提供更好的经济价值而成为企业创新管理中的一种制度安排。

从制度的角度看，全面创新管理势必使企业改变以往只考虑单一的创新而忽视整体的创新，只注重分散创新而缺乏集成创新，只重视企业内部资源的整合而忽视企业外部资源利用的思维模式和行为方式，从而确立创新在组织中的战略地位，将创新的活动范围扩展到企业每一个职工、每一秒钟、每一个地方和每一件事，并从优化资源利用效益角度安排创新活动，同时组织的计划模式和运作政策也将紧密围绕着提高企业的创新意识、创新动力、创新能力、创新效率、创新速度等方面来制定，其目标就是为了增强企业核心能力，持续增加"企业价值"。通过制度范畴的理解，企业全面创新管理是基于企业对外部环境的认识，对组织内部各种创新要素的整合及部署，对创新与战略互动关系的确认，从而形成企业框架内的创新活动的行为规则的一种安排，可以成为企业提高创新绩效和核心竞争力的源泉，也是企业创新方式的必然选择。

因此，根据企业创新的需求，本书给出全面创新管理的制度体系——内生制度体系和外生制度体系的有机结合。

全面创新运行过程存在明显的组织要素的协同性、资源的匹配性，创新在时空上的全面性、社会适应性、可操作性和功能性，其目的就是不断整合各种资源，优化资源利用效益。基于全面创新管理的制度体系在设计时必须体现这些特性，因此，设计一个制度体系的本身就应该解决规范全面创新的行动规则。例如，由谁来推动和实现创新以及谁在创新中受益，怎么创新，何时创新，何处创新，如何进行创新的协调；并在企业上下形成全面创新的共同信仰及创建这种信仰的约束和激励条件，这是全面创新作为一种制度安排本身所规定的并直接影响其设计和运行的成本和效率，为此可将这些体系称为全面创新管理的内生制度体系，主要包括全面创新的文化制度、产权保护制度、组织制度、激励制度、人事制度等。

另外，广义地看，全面创新管理也是企业运行制度结构中的一种制度安排，其运行效率也取决于其他制度安排（主要是一些企业外部的制度安排）实现它们功能的完善程度，如社会政治体制、经济体制、国家和地区创新体系、企业产权制度等，这些制度安排本身不是全面创新管理所能产生和控制的，但也会影响全面创新管理的实施效果，为此可称之为全面创新管理的外生制度体系。

第三节 主要创新要素互动关系分析

在对创新要素内涵及其定义探讨的过程中，分别给出了影响全面创新管理过程的各创新要素组成结构。如表 2 所示。关于各要素创新间的复杂互动关系，还将在第四节结合企业案例作进一步说明。

第四节 创新要素间内在联系与互动模型

综合协同多个维度的特征，并借鉴哈肯对协同的定义，协同概念可以表述为：

表 2 主要创新要素的互动关系

创新要素	构成	相关关系	
思想观念创新	思想观念上的重大变革	引发战略创新，奠定各要素创新执行的思想基础	与文化创新协同
战略创新	战略内容的渐进或重大创新	战略创新的全时空定位	战略管理的全员参与
组织创新	组织流程创新能力、组织结构创新	相匹配的组织文化创新	
技术创新	技术创新流程、技术创新绩效、技术创新战略	技术创新主流程（技术、生产、市场）之间的协同	组织结构的匹配、制度保障
市场创新	市场发展和开发、市场营销过程	对技术创新的信息支持和需求定位	对战略创新的匹配、制度保障
文化创新	企业基本假设、价值观、员工行为特征、制度规范的变迁	与企业战略的匹配	组织创新的影响
制度创新	内生制度体系和外生制度体系	文化制度、产权保护制度、组织制度、激励制度、人事制度	与文化创新协同

系统内部各要素间、要素和系统整体间、系统与系统间的一种相互作用模式和机制。协同通常通过有序架构的构建，实现"2+2>5"的整体效应和部分效应相结合的协同效应。协同是实现系统自组织过程的根本途径。

从全要素协同的层次进行分析，由于管理中存在着不同的层次，因此各要素间联系也存在着层次关系。同一层次之间存在横向联系（如在运作层，技术和市场存在着横向协同的必要性；在管理系统层，存在着组织、管理和文化各要素间的横向联系；而在更高层次上，战略要素和思想要素则存在着横向联系），而不同层次之间则存在着纵向联系。从纵向角度进行分析，在整个组织层面上，各要素之间存在着一定的协同规律性。各要素的属性不同，因此它们在全要素互动中所处的位置和作用不同。总体来说，全要素的联系和互动具有一定的层次性。依据各要素在企业创新发展中所起的作用，可将要素分为三个层次：战略思想层、管理系统层和运作层。全要素创新的互动协同关系具体可表述为：以技术创新和市场创新之间互动为出发点，管理层多要素互动为技术与市场间的互动和协同提供支持（使之稳定化），而战略创新和思想创新则为前两者的互动与协同提供长远战略导向。

一、技术创新和市场创新之间的联系与互动

创新作为一个复杂系统，其各要素创新行为都包含一定的自组织特征，而且都以外部环境为自组织行为的重要导向。由于任何的经济活动都是在市场环境下进行运作的，任何技术创新都要通过市场才能够证明自身的创新成功，因此，市场创新和技术创新对于企业来说至关重要。

通过对国内著名企业的案例分析，我们发现企业创新成功首要的条件是技术创新和市场创新这两个关键要素之间取得较好的协同互动。市场创新是企业技

创新的长久和主要来源与动力，而技术创新是满足市场需求，实现市场创新的重要手段。例如，海尔通过市场调研，发现夏季存在着小容量洗衣机市场，从而为小小神童洗衣机的技术研发提供了明确的产品要求和市场定位。而第三种洗衣方式——双动力技术的研发成功，使得海尔开发出一系列洗净率高，又不伤衣服的洗衣机，该产品技术领先，而且利润率较高，海尔因此赢得了市场效益和美誉度的双丰收。

技术创新和市场创新是处在同一价值链层次上的企业行为系统，两者之间有紧密的信息、资源和价值传递联系，是企业全要素创新互动中的重点。只有在技术创新和市场创新互动较好的情况下，企业才可能通过创新谋求更大的发展。本节首先要讨论市场要素与技术要素之间的互动关系，正是由于市场创新和技术创新之间存在着较强的联系，企业在运作中必须同时两手都要抓，而且两手都要硬。但是，市场创新和技术创新之间并非完全一致，又存在一定的矛盾性，当企业不能够全面系统地进行创新活动时，往往会陷入一种矛盾的局面。在市场要素创新和技术要素创新之间正向互动关系分析之后，本节深入分析了市场创新和技术创新之间存在的矛盾，从而引出管理系统层要素创新互动的重要性——构建良好的管理系统平台，这为技术创新和市场创新提供强大的互动支撑。

（一）市场创新对技术创新的作用机理

技术创新的目的是为社会提供新的产品或者将新的生产工艺应用到生产过程中去，技术创新通常起始于企业的研究开发而终于市场实现，是使科技成果向现实生产力的转化过程。

在市场经济中，由于激烈的市场竞争及不断的需求变化，企业为了生存与发展，必然致力于采用新技术以降低已有产品的成本并提高其质量，以保持或扩大市场占有率，或开发新产品以开拓新市场。而市场规律告诉我们，市场竞争越激烈，企业就越倾向于开拓新市场。市场竞争是企业技术创新的最直接有效的动力。因为技术创新是满足市场需求的基本手段，是取得市场份额的必由之路。

市场创新与技术创新的关系是双向的，一方面市场需求决定了企业技术创新的内容和方向，另一方面企业通过技术创新开拓市场，创造需求，通过市场的启动而进入良性循环。下面从市场需求拉动技术创新的形式、途径两个方面来阐述市场需求对技术创新的作用机理。

（二）市场创新拉动技术创新的形式

拉动企业创新的市场创新是多重的。每一类型市场创新的表现形式、向企业的信息传递、对企业经营及其创新的拉动方式、后续的创新过程都有不同特征。通常来讲，市场创新可以从下面几个方面进行划分。

从市场态势来看，市场创新可以分为现在市场需求和潜在市场需求。对于现在市场需求，企业可以把握准确的市场信息，从市场中获取知识，对新产品定位，进行技术创新，并组织销售，占领市场。对于潜在市场需求，企业获得的信息量少，准确性差，所得的信息属于预期信息。

从市场所能提供的有限信息来看，可以分为有意识市场需求和无意识市场需求。

图1给出了面对不同类型的市场需求，企业进行技术创新的切入点也有所不同。由于这样的划分是相互交叉而不是孤立的，即现在的市场需求也可能是消费资料的市场需求，或是生产资料的市场需求，因此一个创新的构思阶段应该从不同的需求角度全面详尽地考虑以发现创新机会、构思创新、确认创新的可能性。

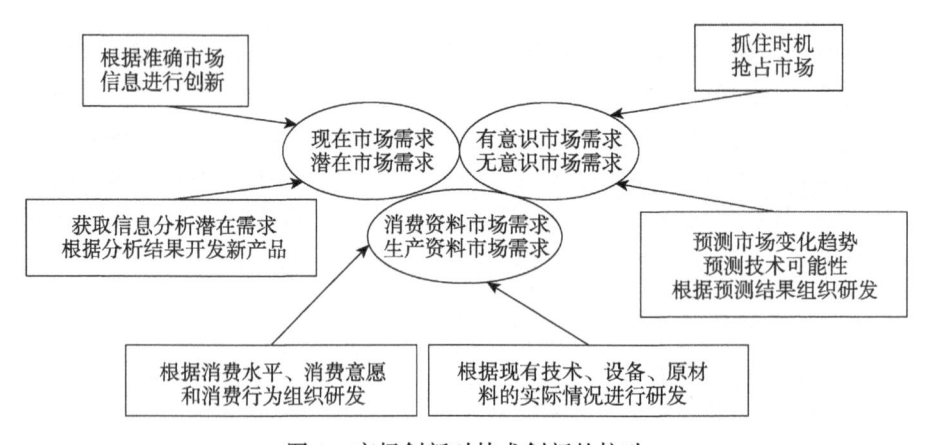

图 1 市场创新对技术创新的拉动

（三）市场创新拉动技术创新的途径

市场创新可以为企业提供技术创新思路和技术创新机会，这是市场创新拉动企业创新的表象形式；而市场创新带来新的利润增长点，诱发企业制定整体创新战略，诱发企业创新的内在动力，则是市场需求拉动企业创新的根本途径。

通过市场，企业可以知道用户的需求，通过某种新的性能、某种具体产品以及某种新的功能，企业可以从其中找到创新思路，或是对原有产品进行改进，或是开发新产品，满足用户需求，或是运用价值功能方法，满足用户的功能需求。市场的每一种需求，都可以为企业提供一次创新机会。随着经济的发展，市场需求逐渐呈现多样性和多变性，市场上的既有产品，不可能满足用户的新的消费要求，就需要企业去开发新产品，适应用户。这对于企业则是创新、发展的良好契机。

市场展现的每一需求，可能需要企业多次创新才能满足，这就需要企业进行持续创新，企业将可能会涉及更大的竞争范围，面对这种市场趋势，企业需制定以技术创新为核心的企业经营战略，依靠技术创新，满足市场需求，同时实现企业的较大发展。企业从技术创新中获得利润，就会萌发持续创新的内在冲动，进而瞄准并抓住一切市场机会，进行持续创新。

二、技术创新对于市场创新的影响

技术创新的主要动力来自市场，市场是技术创新的基本出发点和最终归宿。技术创新最重要的是要有市场效果。通过技术创新开发的新技术、新成果最终要通过商品化回到市场。技术创新与市场创新并不是舍此即彼的对立关系，而是互相渗透、互相联系、互为前提和补充的有机整体。技术创新不能脱离市场营销的有效支持，不能超越或滞后市场需求的实际水平，不能忽视市场购买者的承受能力及未来趋势，市场营销的成功和市场需求的满足离不开技术创新的贡献。

技术创新是以市场为导向，将科技潜力转化为营销优势的创新活动。创新部门要很好地与营销部门配合，营销部门也要积极参与创新过程，如参与创新目标的确定、新产品构想的筛选和创新预算的制定，与技术部门共同完成市场需求、产品说明书的编写、用户培训及售后服务工作，向技术部门定期提供有关用户对新产品的意见、竞争对手的动向等信息，对正在开发的技术项目进行市场需求的调查、预测并将结果反馈给技术部门，确定新产品的目标市场、市场定位、上市时机以及相应的产品策略、价格策略、促销策略和服务策略，进而确保创新产品市场营销的成功。

企业技术创新过程不仅是技术的变化，由于技术创新过程带来产品创新，产品创新必然伴随着市场创新。

（一）技术创新能够改变产品的技术轨道和生命周期

产品生命周期是指某种产品从投入市场开始到被淘汰停产为止所经历的时间。产品生命周期包含投入期、成长期、成熟期和衰退期。对于企业而言，真正的技术创新将使得产品的生命周期曲线保持阶段性的持续发展态势，是以缩短消化吸收周期，进行动态的技术引进为前提的。在技术创新的推动下，当前一种产品处于生命周期的成熟期后期时，新的产品生命周期就已经开始，这样使得企业更容易保持相对稳定的市场占有率，从而带来利润和效益。

（二）技术创新同时也意味着一种营销理念的创新

技术创新不仅是纯粹的科技概念，而且意味着一种现代化的营销理念。由于技术发展不断缩短产品的市场生命周期，新产品层出不穷，企业仅仅适应消费者需求而开发和销售产品已跟不上消费者需求变化的步伐。为适应这种变化，企业必须从满足顾客需求转变为诱导和创造顾客需求。它强调企业必须面向市场进行创新，把市场需求、社会需求作为技术创新的基本出发点，而且创新全过程的各个环节都要贯彻营销观念。

（三）技术创新要求企业营销目标创新

技术创新的动态不平衡性导致企业之间激烈的竞争。企业在制定产品营销目标时，必须把创新产品摆在首位，加大新产品开发力度；技术领先型企业在制定市场目标时，必须把抢占高技术市场制高点摆在首位；在制定利润目标时，必须注重技术创新所创造的价值；在制定发展目标时，必须把引进技术创新人才列为企业营销目标。

（四）技术创新要求营销战略战术的有机配合

新产品在市场上获得成功需要有一系列行之有效的营销手段为之服务，这就意味着技术创新也需要有一系列与之配套的市场创新举措，包括：目标市场战略创新、市场定位战略创新以及产品、加工、促销、分销战略创新，并非某个单项活动或环节的创新。

三、管理系统层要素创新对市场创新与技术创新间协同的作用

如前文所述，技术创新和市场创新之间的协同是企业创新的基点，只有在技术要素创新和市场要素创新之间构建了良好的互动关系，才能够保证企业通过创新谋求长远发展。如果两者之间互动程度较低，则可能在市场创新和技术创新之间出现一系列矛盾，从而导致创新失败。

当今的竞争时代，在企业宏观环境发生剧烈变化的情况下，企业经营管理的逻辑也发生了根本性的变化。从追求稳定的效率优势到对环境变动做出及时反应，创新成为企业在环境变动中取得生存发展的根本，特别是技术创新和市场创新对企业的短期竞争与长期发展显得尤为重要。

虽然环境的变化是全方位的，但总体上来说企业的生存和发展主要归结于一个问题：短期竞争盈利和长期能力发展之间的平衡问题。环境变化给企业短期竞争盈利提出巨大的挑战，市场竞争使许多企业几乎无暇他顾，因此当前的一个严峻问题是：大多数企业过度关注市场要素创新，被短期竞争的观念所禁锢而忽视培育核心技术能力，忽视企业的长远发展。

虽然市场创新和技术创新具有一定的正向互动作用，但是在很多情况下，也存在着一定的矛盾。在当今境况下，很多企业过度关注市场要素创新，追求市场创新，追求对于环境变动作出及时反应，获取当前的竞争优势。但是从长远来看，这种对于市场创新的片面重视导致企业仅关注应用技术的研发，忽视对于企业长远发展起重要作用的核心技术进行规划和人力物力投入，导致企业往往在产业和市场发生大规模变动的时候迅速衰落，无法持续发展。

（一）易于形成仅关注当前市场的思维范式——过度强调市场需求所带来的经济效益，导致重视短期效益而忽视长远发展

在面向市场的应用开发与核心技术研发中，相对来说应用技术开发见效快，短期利润丰厚且成本趋低、风险较小，而核心技术研发在短期内正好相反。如果企业过分强调市场创新，将视线过度聚焦于当前市场以及市场需求，则可能在短期内获取一定的收益，从而形成仅仅关注当前市场的思维范式：过度强调市场需求所带来的经济效益，重视短期效益而忽视企业的长远发展。

很多学者在研究中指出，过度市场导向对产品创新存在负面影响，因为企业倾向于开发眼下具有竞争能力的"人云亦云"产品。市场导向型的企业主要关注那些顾客可以清晰表达的当前需求，因此很有可能错过了开发那些顾客不能表述的新产品的良好机会。也就是说，如果过分强调顾客导向，会导致企业仅仅关注对产品的微小变革和改善，因此，部分学者认为企业不应该在产品创新过程中追求市场导向，因为这样将会造成其短视。尽管市场导向型的技术创新被证明在短期内是十分有效的，但它不能维持企业长期的发展和竞争力培育。

（二）易于陷入落后技术范式——过度重视在现有技术基础上进行应用型产品开发，导致企业缺乏核心技术和核心产品，在技术范式更新时落后

技术范式是一组用于处理特定问题，并为设计师、工程师、管理者共同遵守的原理、规则、方法、标准和习惯的总体。技术范式规定了技术进步的方向和内涵。技术范式变迁过程往往是缓慢的、渐进的、隐秘的动态过程。在全球经济快速发展的背景下，企业如果过度关注市场需求，将技术创新的重点放在现有技术基础之上进行渐进式创新，则很可能陷入技术范式落后的风险。

有些学者指出，过度关注市场创新会导致一种适应性的组织学习。市场导向型企业注重识别环境变化，并根据自己对消费者和市场竞争的预先假设做出反应，因此，由市场导向引发的技术创新主要是建立在企业当前经验基础之上。市场导向并不足以鼓励企业的冒险行为，因此，过度关注市场创新的企业往往只在自身技术基础之上进行拓展、改进，而不可能进行排斥型（disruptive）技术研发，最终在市场发生重大变革时难以跟上技术发展的脚步。

（三）易于形成僵化的创新机制——单纯依据市场需求进行技术创新，建立以应用技术研发为主的研发管理体系，抑制核心技术研发

创新是一个系统工程，需要调动企业多方面的资源，涉及企业内多数部门，要求企业的组织结构、制度文化等均要做出相应的配合。如果企业内部组织结构适宜于技术研发，则会极大地降低创新成本，加快创新速度。若内部组织结构不适应某种类型的技术研发，则该类型的技术研发很难成功。

如果企业过度关注市场要素创新，则会重视基于市场需求的技术创新，关注降低成本、提高生产效率的技术创新，从而建立起传统层级制的组织结构。传统层级制的组织结构较适合于应用型技术研发，而不适用于核心技术、突破技术和破坏性技术的研发。

组织结构具有刚性，难以在短时间内变化。组织生态理论（organizational ecology theory）认为组织存在结构性刚性，从而缩小了现有组织的行为选择范围，从而在一定程度上使组织不能够寻找到"最优解"，因而难以及时调整自身以快速适应竞争环境的不断变革。为了追求效率和速度，企业倾向于简化它们的惯例（routine）；在已取得的成功的基础上对组织功能或者组织能力进行简化，会忽视其他的可能性。在技术范式不变的情况下，这种结构的简化是有效的。当产业技术发生大的变化，产生新技术范式时，企业的这种组织结构将出现适应性危机。由此，过度关注市场创新从而诱发企业建立与应用型技术开发相匹配的组织结构，该组织结构在一定程度上抑制了核心技术研发，最终导致企业技术积累不足，不能够支撑企业的持续发展。

四、管理系统层创新对运作层创新协同的重要性

从上面的论述可以看出，技术要素创新和市场要素创新是企业在激烈竞争中求得生存的关键要素，而且这两者之间有着密切的互动关系。技术创新与市场创新并不是舍此即彼的对立关系，而是互相渗透、互相联系、互为前提和补充的有机整体。技术创新不能脱离市场，创新的有效支持，不能超越或滞后市场需求的实际水平，不能忽视市场购买者的承受能力及未来趋势，市场创新的成功和市场需求的满足离不开技术创新的贡献，而且市场创新本身就是建立在大量技术创新基础之上的。企业必须重视技术创新和市场创新，不但两手都要抓，而且两手都要硬。

正如前文所述，技术创新和市场创新之间不协同或低协同度则可能出现一系列的问题，但是，如何才能够保证两者之间高度协同？技术创新和市场创新之间要协同，并不仅仅是两个要素创新之间的互动，它需要一个建立在完整的管理体系基础之上的协同。如果没有组织要素创新的支持（如人力资源管理创新、财务管理创新、制度创新、组织创新和文化创新等），技术创新和市场创新两者之间难以持久地协同，同时也很可能出现前述的种种问题。因此，全要素创新的协同要求人力资源管理创新、财务管理创新、制度创新、组织创新和文化创新等全面协同，从而构建一个良好的组织管理系统平台，从而支撑技术要素和市场要素的协同创新。

表3、表4给出了IBM和华为技术公司中互动分析之例。

表3　IBM管理系统层要素创新促进市场创新与技术创新之间的协同互动分析

主变量	因变量	主变量对因变量的作用
文化创新	市场创新	IBM基本原则之二：顾客至上，一切以顾客为导向，以市场为驱动力
	技术创新	IBM基本原则之一：尊重个人，尊重人才，追求卓越
制度创新	技术创新	IBM对有成功创新经历的人，授予"IBM会员资格"，还提供5年的时间和必要的物质支持，从而使其有足够的时间和资金进行创新活动
	文化创新	20世纪90年代中期，IBM公司采取措施，结合公司的战略规划，实施了高绩效导向的薪酬制度，帮助IBM从官僚体制变革为高绩效文化
组织创新	市场创新	郭士纳大刀阔斧地精简机构，撤销中间管理阶层，合并工厂，裁减员工，取消终身雇佣制。他改变了IBM包揽一切、自成体系的传统经营模式
	技术创新	郭士纳按照金融、教育、卫生、商业等专业组成12个行业推销单位，打破地区界限，开展专业对口联系。这样就大大增强了知识基础，使员工可以以行家里手的身份共同探讨企业的技术改造问题，有利于技术创新的产生

表4　华为管理系统层要素创新促进市场创新与技术创新之间的协同举例

主变量	因变量	主变量对因变量的作用
文化创新	技术、市场创新	随着技术复杂程度的提高、学科的交叉，技术创新越来越依靠集体智慧。随着企业规模的壮大、市场层次的丰富，营销亦必须依靠团队的力量才能完成。华为的技术研发、市场销售亦都是通过团队实现的，因此，任正非特别强调集体奋斗，强调集体英雄主义
制度创新	市场创新	华为称，成立这些合资公司的目的是："通过建立利益共同体，达到巩固市场，拓展市场和占领市场之目的；利益关系代替买卖关系；以企业经营方式代替办事处直销方式。" 华为认为，对于销售人员来说，销售提成是一种"刺激"方式，可以提高他增加短期收益的积极性，但是却无助于他和客户形成长期稳定的关系。而普遍客户关系和长期客户关系，是华为的看家法宝。所以，明确规定不给销售人员提成
	技术创新	华为最早在企业内部依据业务需求与人才成长特点建立各具特色的培训体系 华为在产品开发过程中，始终遵循国际上最规范的软件工程化设计方法，工程化设计方法使软件的开发设计摆脱了对单个人才的依赖
组织创新	市场创新	此次华为引入Mercer做组织结构调整的另一目的是，力图建立一个与国际接轨的Marketing体系（包括公司级、区域、产品和大客户等子体系），以适应国际市场甚至本土市场上客户越来越明显的咨询式营销需求
	技术创新	通过流程改造，华为取得了显著的成效：新产品的开发时间减少一半，成本节约30%

五、战略创新和思想创新对促进技术创新与市场创新协同的导向作用

管理系统层创新为技术创新和市场创新协同提供了强大的组织管理平台，但是这个协同平台对于解决较长时间段内的协同问题以及未来时间段内的协同问题，尚存在不足。尤其是在当今超竞争时代，如果没有长远的战略考量，短时间

内技术创新和市场创新协同所带来的竞争优势很快就会消失,企业难以通过创新持续发展。

因此,在企业的全要素创新中,战略创新和思想创新起到非常重要的战略导向作用,在此基础上才能够构建完善健全的管理系统平台,从而保证了技术创新与市场创新在长远目标上的协调一致。

(一)全要素创新,思想观念创新是先导

观念是实施创新的先导,是开展创新工作的内在动因,是实现成功创新的前提和基础。这些都是运用马克思主义理论来指导观念创新,进而实现成功创新所得出的正确结论。因此,创新研究也将离不开这样一个基本问题,那就是认识和实践的关系问题。也就是说,如何用正确的观念来指导创新实践,不断使认识在创新实践中实现主体对客体的能动反映,确保创新取得成功。

全要素创新首要的是思想创新。思想创新是一切创新之源。这是因为创新是企业基于经营管理需要的一种有意识、有目的的行为,而管理思想是对管理活动的理性认识,思想创新实质上就是不断地产生、完善和提升对管理活动的理性认识,它是促进其他各要素创新、提高企业运作绩效的不竭之源。无论是战略创新、技术创新、市场创新,还是制度创新等,都是以思想、观念创新为先导。观念落后,思想守旧,企业的其他创新也就无从谈起。

思想是行为的先导,无论从宏观还是从微观上讲,历史上的一切变革、一切成就无不是以解放思想、转变观念为先导,一个企业的成功管理,在于物力、财力和人力及信息能量的科学配置,企业中的物力、财力等是静态的,自身无法改变其存在方式,而人力的作用和发挥主要来源于人的认识能力和水平。从这个意义上说,观念创新对企业全要素创新起到了至关重要的先导作用。

管理思想能否创新,对企业的生存和发展起着决定性的作用。企业的发展,经济形态的转变,离不开思想的不断解放和观念的不断更新。企业要实现永续经营成功,必须不断地创新,而企业创新得首先从管理思想创新抓起。

比起工作中具体的行为,管理思想带有更强的间接性和概括性,它是人们对企业运作中事物的具有一定稳定性的看法。思想是无形的,它植根于每个人的头脑深处,对企业员工的一言一行有着深刻的导向作用。思想创新对企业创新行为的导向作用主要表现在三方面。

1. 思想创新能拓展人们对创新源的认识

创新源指谁是创新者或创新构思从何而来这一基本问题。比如,人们一直以为产品创新是由产品制造商实现的,但实践表明其创新源是多种多样的。产品制造商无疑是产品创新的重要创新源。但在有些领域,产品用户或材料供应商则可

能是重要的创新源。这种观念的改变,对企业战略管理、创新管理及研究开发管理等具有重大指导意义。

2. 思想创新的重要性表现在企业战略决策和战略执行过程中

战略决策和执行是企业经营管理中的核心问题,而战略决策又总是在一定的思想观念指导下形成的,企业的任何决策都不同程度地反映了企业的经营管理观念。在不同的思想观念指导下则产生出不同的战略决策,观念的成熟程度也决定了战略决策的成熟程度。例如,对于企业核心能力观念上的差别也会导致不同的战略决策差异,有的强调技术创新(如格力公司),有的强调营销创新(如小天鹅公司),也有的强调全方位创新(如海尔集团)和管理创新(如宝钢)。虽然企业行业性质、规模及其成长需要各有差异,但管理思想在决策过程中的影响是十分明显的。

3. 思想创新对企业文化的生成具有决定性影响

行为特征是构成企业文化的重要组成部分。企业文化对企业行为具有调节、规范、指导等作用,它是企业行为发生的内在条件。管理思想创新对企业行为的影响是全面而深刻的。企业创新活动要求组织的管理者首先在思想和战略上超越,并辅以组织结构和体制上的创新,以确保整个组织采用新技术、新方法,使创新成为可能,最终通过决策、计划、指挥、组织、协调、控制等管理职能活动,为社会提供新产品和服务。

(二)战略创新对于管理系统层和运作层创新的决定性作用

全面创新管理的全面性决定了在实施过程中,势必使企业改变以往只考虑单一创新而忽视整体的创新;只注重分散创新而缺乏系统集成创新;只强调企业内部资源的整合而忽略企业外部资源的利用;只重视专业人员的创新而漠视普通员工创造潜力发挥的思维模式和行为方式,从而确立创新在组织中的战略地位,并紧密围绕企业价值的增加与创造、核心能力的持续提高等方面来开展。同时,全面创新管理由于涉及企业中的各部门、所有员工的全方位创新,并关注对企业外部创新资源利用,如与用户、大学科研机构以及包括竞争对手在内的其他企业的合作创新,其创新投入资源将大大增加,实施与协调等的交易成本也将大为提高。

因此,全面创新管理作为企业创新管理的新范式,首先意味着企业的战略创新和思想创新。只有在战略创新和思想创新影响下,制度、组织、文化、财务管理和人力资源管理等要素的创新及其协同才能更好地为战略创新和思想创新提供支撑,在市场活动中创造高于运行所需成本的价值,才能得到组织上下一致的认同、支持与推动。

因此，在全面创新管理的全要素创新中，实际上是一种以战略创新和思想创新为主导的崭新创新管理范式，即以企业战略和战略思想为依据与出发点，强调创新与战略互动关联，在战略主导下，形成企业整体框架内全要素、全员、全时空等创新活动的全面性安排，实现企业核心能力持续提高和价值增加与创造，进而满足新战略实施的需要，以更有效地完成企业新目标。

全面创新管理战略主导性具体表现为三个方面。

1. 决定全要素创新

着重于企业目标的制定以及资源分配的战略，不仅决定企业技术发展方向、具体产品研发，而且规定企业分工组织结构，业务单元间协调、运作等的流程和规范，以及需要什么样的企业文化来取得员工行为的一致性。正如钱德勒的著名论断所描述的，战略决定结构，结构跟随战略。当然，明茨伯格针对这一论断提出了更为全面的观点，战略发展和结构设计二者相互支持并共同支撑组织，是相互领先而又相互跟随的，只有当组织跃变到一个新的高度时，两者才能齐头并进。

全面创新管理强化了创新与战略的互动关系，为此，全面创新管理模式下的战略决定全要素创新的进一步理解是，创新作为企业一种战略性活动，无论是技术创新，还是非技术创新，都必须纳入一定的战略框架内。全要素创新必然能够提高技术能力和创新能力，实现优化资源配置与整合效益，从而更好地满足企业战略制定与实现过程的需要。

2. 战略创新指导全员创新

企业每一个员工既是全面创新管理的主体，也是企业战略制定与实施的参与者。战略一旦作出调整，将重新指导全员的创新活动，以适应新战略的要求。同时，只有将公司的总体目标分解到每个员工，并把战略实施所需的资源和权利下放到每一个员工，使每一个员工成为战略实施的主体，才能创造万众一"新"的全员创新氛围和目标，在完成个人任务的同时，推动公司战略目标的实现。

3. 在战略创新的导向下探索全时空创新

战略的制定与实施在形式上必然反映在某一时间和空间范围上企业的价值主张，如海尔和中兴通讯经过十几年的发展，逐步将企业价值实现范围从国内市场向全球市场转移，实现了从产品出口到市场开拓的国际化发展，是企业战略的执行在时空范围上的反映。当前，由于企业面临的竞争环境日益动荡，不确定性增加，企业战略变得更为柔性化，战略的实施必须随着时间和空间的转移而不断进行调整，企业战略在时空范围上的频繁调整必然要求员工随时随地对组织内外部资源进行有效的整合，即进行全时空的创新，以适应战略发展的新需要。

表5、表6给出了IBM与华为的战略创新与其他要素创新的互动关系之例。

表5 华为战略创新与其他要素创新的互动关系表格

主变量	因变量	主变量对因变量的作用
战略创新	文化创新	文化建设必须配合公司战略来进行,例如,"客户导向文化""高绩效文化""诚信文化""团队文化""敬业奉献文化""不断进步""成本意识"等
	市场创新	(进入以开发自主产品为主要盈利模式的高速发展阶段)华为的销售模式也必须随着改变,技术和服务在销售中的作用越来越突出
	技术创新	1992年,华为面对的市场环境是:巨大的需求和有限的供给。扩大供给的壁垒就是技术。一旦国内厂商实现技术进步,并以低成本进入市场,就会揭开电信市场的利润空间
	制度创新	建立完善的培训体系,打造学习型企业,服务于企业市场开拓,是华为战略的重要组成部分
	组织创新	为保证企业在技术领域的可持续发展,华为强调与全球同行在技术、制造和市场开发领域的合作。截至目前,华为已经与5Com、西门子、NEC、松下、英特尔、摩托罗拉、朗讯、SUN、IBM等多家公司开展多方面的研发和市场合作。与NEC、松下合资成立宇梦公司,与西门子成立TD-SCDMA合资企业。除了采取合作方式来保持技术的先进性外,华为还干脆将研究所搬到了国外,美国达拉斯、印度班加罗尔、瑞典斯德哥尔摩、俄罗斯莫斯科均设有华为的海外研究所

表6 IBM战略创新与其他要素创新的互动关系表格

主变量	因变量	主变量对因变量的作用
战略创新	文化创新	为给IBM转型创造条件,保证战略的顺利实施,必须对IBM的原有文化进行重新阐释
	市场创新	一切以客户为导向,把IBM转变为一家以市场为驱动力的公司
	技术创新	小沃森主张打孔机已经过时,公司的重心应该转移到计算机上
	制度创新	每名IBM的员工,都要制定各自的"个人业务承诺",IBM整体战略目标分解为个人所需完成的工作(根据文章整理)
	组织创新	对地区性事业部进行改组,改组后的地区性事业部是以战略性为中心的领导体制。组建亚洲太平洋集团的战略核心,日本IBM实施变革的首要任务之一就是改变IBM内部的基本权力结构

六、全要素多层次互动机制的提出

本节关于市场创新和技术创新互动关系的分析,实质上提出了一个重要问题:如何解决市场创新和技术创新之间的矛盾关系,充分发挥两者之间的协同作用,通过技术创新和市场创新的协同创新取得短期竞争盈利和长期能力发展、价值增加和价值创造以及适应环境的灵活性反应。事实上,只有进行全面创新管理才能够全面地、系统地协同多要素创新,从而解决市场创新和技术创新之间的矛盾,充分促进两要素共同创新,谋求企业短期经济效益和长远发展目标的统一。

因此,全面创新管理成为创新管理的必然趋势,企业深刻认识到创新行为是一种复杂性系统行为，因此要针对创新各要素进行全面创新管理。全面创新管理强调技术要素创新与市场要素创新协同是创新管理中全要素协同的关键和重点，围绕着这两个要素的协同互动，构建并形成多层次全要素纵向协同机制和模型。

多层次全要素纵向协同机制将全面创新管理实践中的全要素创新区分为三个层次：位于第一层次的战略创新和思想创新；位于第二层次的人力资源管理创新、财务管理创新、制度创新、组织创新和文化创新；位于第三层次的技术创新和市场创新。其中第三层次由技术要素和市场要素组成，是组织核心竞争力的主要来源，是全要素创新协同的核心。第一层次的战略要素和思想要素对于组织整体创新实践起到了高层次的确定目标和指导方向的作用。第二层次的众多要素创新是承上启下的关键环节，在第一层次要素创新的指导下，通过组织制度、组织结构、组织文化等诸多要素的协同创新，构建支撑运作层协同创新的强大管理系统平台。通过三个层次的协同创新，企业最终构建了自身的自主创新能力，从而谋求持续发展。

本 章 小 结

本章提出了企业技术创新中各创新要素之间存在着密切的内在联系，对全面创新管理理论中各要素的内涵进行了清晰界定，并在钻石模型的基础之上，对全要素创新之间的互动关系进行了深入探讨。而全要素之间内在联系的必要性将在第八章进行具体阐述。需要指出的是，各创新要素全面协同的过程，是一个动态发展的过程，同时也是一个具有层次性的协同过程，这些内容都将在第八章进行深入研究。最后，全面创新管理作为一个复杂生态系统，其全要素协同是建立在全员创新的基础之上的。

全 员 创 新[①]

作为全面创新管理的主体和基础,本章讨论的全员创新的基本内容包括:①全员创新的提出背景与历程;②全员创新的运行分析;③全员创新的发展过程;等等。

全员创新是当今企业应对经济全球化的一种创新管理新趋势。为了应对复杂多变的经济环境,最终取得竞争优势,很多企业开始或正大力推行全员创新。事实上,很少有企业能真正实现好全员创新。针对这一问题,本书主要是在全面创新管理框架中,对全员创新组织机制以及相关的管理要素的作用机理等问题进行深入分析。

第一节 企业全员创新的提出背景

进入 21 世纪,竞争环境的日益复杂也对企业提出了全员参与创新的要求。

一、日益个性化的顾客需求

越来越多的企业发现,仅有良好的生产效率、足够高的质量、灵活性已不足以满足顾客日益增长的个性化需求,也难以保持持续市场竞争优势,只有充分调动每个员工的创造力,让每个员工积极地投身于满足顾客需求的创新活动中,才能使其摆脱困境,在激烈的市场竞争中立于不败之地。例如,海尔为了更快地满足外部用户的个性化需求,建立了"人人都是创新 SBU"的机制,即每一个人都是一个战略经营单位,要求每个人都是自我创新的经营者,每个人都要创新,对自己的"市场"负责。每位员工的潜能通过充分发挥,整合为集团的巨大发展势能,在"国内外硝烟弥漫的市场中,保持持久的竞争力和旺盛的生命力"。

二、超竞争的市场环境要求

以价格/质量为基础的竞争状态不断迅速升级,产品生命周期和设计周期的缩短、新技术的涌现、竞争对手的频繁侵入,需要企业进行全方位竞争,不仅要求企业生产、制造、研发、营销、服务等各部门员工都要具有很强的创新意识和能力,而且强调企业各部门不同岗位人员进行有效的合作创新,创造有效的创新管理机制、方法和工具,以优化企业成本结构,迅速推出市场需求的产品。如美国

---

① 节选自:许庆瑞. 全面创新管理:理论与实践. 北京:科学出版社,2007:第五章。

最具创新精神的 3M 公司的 15%规则，即一个员工有了新的创意，就用 15%的工作时间深化其创意，包括寻求其他领域工程师的帮助，以及制造、市场营销、销售和售后服务等领域的合作。并要求各个部门必须在年度论坛上将最新科技公之于众，让大家享用。

三、知识经济下的组织创新特点

在知识经济条件下，组织的创新必须快捷，创新速度成了一个企业取得竞争优势的重要决定因素。提高组织的创新速度，主要取决于两个方面，一方面是组织内从事创新的个体数量。因为个体的行动决定了组织的行动，个体的创新就决定了组织的创新，组织内从事创新的个体数量增加是提高组织的创新速度的前提。另一方面就是组织内个体的创新速度和创新能力，只有加快个体的创新速度，提高个体的创新能力，才能加快组织的创新速度。可见，企业要想在创新上取得竞争优势，就必须授权全体员工进行创新，让每个员工都具备创新意识，参与创新活动。正如汤姆·彼得斯（Tom Peters）所说的那样，"每个员工都要关注、学习、合作，努力把创新思想付诸实践，无论创新思想来自何处"。

第二节　全面创新管理框架下企业全员创新的要求

在"全面创新管理"的理论范式内，最终是以"人"作为创新主体。在企业中，人们总是努力做有用的事，为组织作贡献、帮助其他人。因此，全面创新管理研究指出，创新的管理者必须承认员工的创新潜能并引导他们去创新，认识到人的创新意识和能力在企业创新中的重要性。在市场竞争中，企业只有充分发挥全体员工创新的积极性和主动性，挖掘员工的创新潜力，实现全员创新，才能持续有效地开展全要素创新、全时空创新，提高企业创新绩效。以海尔为例，每个员工都是创新者，而不仅局限于研发部门的人员。海尔通过内部"市场链"机制使得人人面对市场，从制度上激发了每一个员工的创造力，使人人成为创新的 SBU。海尔全员创新取得了显著的业绩，1997~2001 年，海尔共收到员工合理化建议 13.6 万条，被采纳 7.8 万条，创经济效益 4.1 亿元；而且海尔很多部件、工序和器具都是由创新者的名字命名的，如保德垫圈、迈克冷柜、杨明分离法等。

在激烈的市场竞争中，企业只有充分发挥从管理、研发、销售、生产、后勤等在内的所有员工创新的积极性和主动性，充分挖掘员工的创新潜力，实现全员创新，才能持续有效提高创新绩效。如果员工本身未被充分激励去挑战成长目标，当然就不会成就组织的成长、生产力的提升和产业技术的发展。因此，可以认为全员创新就是指组织内所有员工，无论身在什么岗位都有权利和义务在本岗位实施创新行为、进行创新活动，使创新成为组织所有员工工作职责的一部分，来更好地为顾客服务。

因此，全面创新管理框架内企业全员创新可以定义为：创新不再只是企业研发和技术人员的专利，而应是全体员工共同的行为。从销售人员、生产制造人员、研发人员到售后服务人员、管理人员、财务人员等，人人都可以成为出色的创新者。全面创新管理框架下全员创新表现为五个转化。

一、从专家创新向人人创新的转化

以前，企业关注的是激励一小部分专家创新，然而21世纪创新管理的一个挑战就是如何实现高度参与的人人创新。根据波特对企业价值链的技术分析，技术包含于企业的每一个价值活动中（如后勤、市场营销、经营、服务、企业基础建设、人力资源管理、技术开发和采购），而技术变革实际上对任何活动都产生影响，从而影响竞争。只有技术开发人员参与的创新很难实现企业价值的最大化。以价值增加为目标的企业创新管理必须发挥各类人员参与创新的积极性，增强群众性的创新意识和能力，才能适应全方位竞争的要求，提高企业的创新效益。因此，全员创新理论认为，只要有能力，人人都是专家，每一个员工都可以通过学习，提高创新能力，为组织发展作贡献。这样，创新不再是专家的特权，人作为创新的第一资源在企业中被充分地利用，并创造万众一"新"，人人争相创新的良好集体创新氛围。

二、从"要我创新"向"我要创新"转化

创新不仅是刻意追求的结果，而且是自由思想的火花。员工主观能动性的发挥是企业成功实施创新的根本保证。根据马斯洛的需求层次理论，人的需求层次可以有高有低，高级需求（如社会需求、尊重需求和自我实现需求）必须从内部使人得到满足。创新对于员工而言，在很大程度上是一种得到组织认可、同事尊重并实现自我价值的行为，属于员工个人高层次的需求。创新活动的开展主要依靠员工的自觉行动而非外部的强制力量。让员工以更大的自主权、独立性和责任感去完成创新任务或让员工尝试在自己感兴趣的新领域进行创新，这往往可以在更大程度上激发员工的创新潜力，取得更大的创新绩效。全员创新必须着眼于发挥员工创新的积极性和主动性，通过员工自觉创新提高企业业绩。

三、从着眼于组织发展的创新向着眼于组织与员工发展相结合的创新转化

制度经济学认为制度是某些服务的供给者，其中的一个功能是用于提供职能组织与个人收入流之间联系的制度。从制度范畴理解，全员创新可以认为是企业创新管理的一种制度安排，它只有为员工与企业共同创造价值，将组织发展与员

工个人发展相统一,才能使员工成为企业新产品(服务)中增值的主导作用者,使创新成为企业和员工一致认同的行为规则。单纯考虑组织发展的全员创新,往往不能容忍员工创新的失败,从而导致员工消极创新,不敢创新,并直接影响着组织的长远发展。因此,全员创新必须着眼于组织与个人发展相结合,建立和完善激励员工创新的文化和制度体系,鼓励员工不断战胜和超越自我,将个人发展与企业的发展紧密联系在一起,在企业发展的同时,实现自己的人生价值。

四、从员工分散创新向全员协同创新转化

全员创新不但强调企业中每一个员工创造性发挥和创新参与的重要性,更关注员工之间相互合作、优势互补、信息共享,实现"1+1>2"的协同创新效益。当前,很多企业仍以自上而下地收集员工个人的合理化建议,应用员工个人的独创性研究成果等方式实施全员创新。这种形式在实施中分散利用员工的个人能力,没有充分发挥组织整体力量,很难实现协同创新效益。全员协同创新是在充分调动员工创新欲望的基础上,通过一些渠道如创新项目小组、跨职能工作团队、网络化工作团队等,整合全体员工的创新资源,从而提高全员创新绩效。这种全员创新方式并没有抹杀员工的个性化创新,而是通过在员工之间建立既竞争又合作的运行机制,提倡员工依赖集体力量进行创新,加快创新成果的商品化进程。因此,从员工分散创新向全员协同创新转化,必将全面提高员工创新的积极性、主动性和整体性,这也是全员创新的本质要求。

五、从局限于职务创新向与跨职务创新相结合的转化

职务创新就是利用职权,在自己所熟悉的领域从事创新。而跨职务创新是组织赋予员工一定权力,允许员工扩展自己的职务范围从事创新,这种创新既可以在不同任务之间也可以在同一任务的全过程中进行。当然,有些员工仅专注其职务上小范围的创新,但这种局限于职务上的创新也必须和其他职务创新相结合才能产生效益。因此,组织设计必须考虑职务与跨职务创新的结合,在最大范围内激活全员创新潜力。

第三节 企业全员创新的提出历程

近年来,激发每个员工的创新积极性,实现全员创新受到了国内外理论界、企业界的广泛关注。众多学者指出:创新不再只是企业研发人员的专利,而应是全体员工的共同行为。从销售人员、生产制造人员、研发人员到售后服务人员、管理人员、财务人员等,人人都可以成为出色的创新者,Dundon认为,随着组织复杂性的增长,领导者需要所有员工都参与到寻找组织中的创新途径的过程中。

尽管创造力存在差异，但每个人都具有其独特的创造力。创新中人的因素（human side）对于创新绩效有重要影响。李剑指出，就一个具体企业而言，员工层面的创新才是企业创新的源泉。第十届项目执行官/系统指挥官会议的主题是"持续发展和创新是每个人的责任"。可见全员创新已经成为现在企业创新的主题。纵观企业实践，全员创新提出历程有以下几个方面的内容。

一、从全面质量管理到全员创新

全面质量管理是日本 Kaizen（改善）运动[①]的"每个人都应该每时每刻促进所有事情的发展"思想在企业的广泛应用。全面质量管理要求组织中的每个人都在流程持续发展中担当重要角色，从而提出了组织内每个人都应该是创新者，也就是组织内人人创新。

二、从持续创新到全员创新

著名的管理咨询师夏皮罗（Shapiro）对创新提出了一个全新的考察视角——持续创新（24/7 创新），激烈的竞争和瞬息万变的市场形势使得企业要想生存发展就必须永不停息地去努力创新。持续创新就是指组织和其成员能在日常工作中不断提出新观念，以满足顾客天马行空、变幻莫测的需求。也就是指组织上下的每个人随时随地都在创新，使创新像呼吸一样自然。成功企业的标志是持续创新，企业内所有员工都必须保持在持续创新的状态，每时每刻地创新，真正做到"自发"的创新境地。

三、从创新型组织到全员创新

德鲁克说过：每个组织都需要一个核心能力——创新。组织要想在创新上成为最好的，就必须授权全体员工进行创新。组织非常需要每个员工都能够创造和带来新思想。正如 Tom Peters 所说的那样，"每个员工都要关注、学习、合作，努力把创新思想付诸实践，无论创新思想来自何处"。如果想成为一个创新的组织，要记住两点：创新不是一个节点，而是一个网络；不是某几个聪明的少数人使得组织具有创新性，而是组织结构的支持和关系的结果，是组织内所有员工的共同努力的结果。创新型组织总是希望有更多的人，在任何时间和任何环境下都能做出更多的贡献，这样的组织才被称为是有活力、有能力的组织。这些都需要公司提供一种环境让员工充分发挥和贡献他们的创造性才能。组织中人人都是创新型人才，到处都可以发现创新型人才。创新者不只限于设计人员、工程人员、广告人员或者研发人员。当组织内每个人都是创新者，能够应用自己的创造性解决组织的问题，这时候组织才能获得最大的利益（人人创新）。

---

① Kaizen 是 20 世纪 70 年代质量管理的一种管理方法和技术。

第四节 全员创新的实践现状

当前,全员创新的主要形式有鼓励员工主动收集分析信息、发现市场、寻找项目以及提出合理化建议等,其目的就是使得每一员工在自己的岗位上充分发挥聪明才智和创造性,为企业价值增加作贡献。但这些全员创新形式对很多企业来讲,实际效果并不明显。正如塔克(Tucker)指出的,当前企业全员创新的开展不仅效果不佳,反而带来企业管理的混乱和高成本,从而导致管理者实际上并不支持全体员工参与创新,甚至不希望他们有创新的念头。如今对我国企业来说,创新不只是技术方面的创新,各个部门、各个方面、各个环节都存在创新需求,因此创新也就不能再单纯地依靠和局限于研发人员,企业内所有员工都需要从事创新活动,投身到创新工作中,只有这样才能满足企业创新需求,增强企业不断向前发展的动力,在竞争中立于不败之地。所以说全员创新是现代企业持续发展的必需条件。

一、我国绝大部分企业已经认识到了全员创新的重要性,全员创新已经成为公司创新最普遍的要求

在我们的问卷调查中,89.66%的公司已经认识到,如果只是传统地依靠研发人员创新已经不足以应对外界环境的变化,以及适应新经济的发展。新经济最基本的一个要求就是迅速,既要求创新速度又要求市场反应速度,而单纯研发人员创新的一个最突出的缺点就是研发周期长,无法迅速回应顾客和市场需求的变化,因此就需要依靠全体员工的创新能力来应对这种速度要求。同时企业也意识到,新环境下创新的内涵发生了很大的变化,创新已经不再单指新产品、新工艺和新流程的开发,任何只要是能够取得经济效益的新途径、新方法、新思路等的应用都可以称为创新,因此就降低了所谓的创新门槛,扩大了创新范围,让全体员工都具备了创新的基本能力和基本技能,更促使全员创新成为公司创新发展的基本动力。

二、全员创新还只是在少数的公司中得到了实践,绝大多数的公司还只是依靠研发人员创新,距离普及全员创新还有很大的差距

由我们的调查结果可知,在被调查的 67 家公司中,只有 16.4%的公司在组织内真正实现了全员创新,绝大部分的公司(58.2%)还只是单纯地依靠研发人员创新。处于二者之间的还有 25.37%的公司,它们既不是单纯地依靠研发人员创新,也没有能够实现全体员工创新。在这种处于过渡时期的公司中,创新人员已经开始涉及除研发人员以外的管理人员和市场营销人员等。可见实现全员创新还是我国绝大多数企业需要解决的主要问题。

第五节　企业全员创新的运行模式

随着创新活动的日益系统化以及在管理领域的不断延伸，成功的企业创新越来越需要释放大多数员工的创造力，并充分调动更多更广泛的员工参与到创新过程中。这种类似全员创新的理念正越来越被广泛关注和认同，也在企业的长期实践探索中，形成了两种主要模式：合理化建议系统（employee suggestions system，ESS）和创造性解决问题会议（creative problem-solving workshop，CPW）。

一、ESS

ESS 是企业实现全员创新的最早尝试[①]，延续至今仍为许多企业采用。其旨在鼓励企业员工提出节省开支或增加收入的建议，并且用这些建议的实际绩效来衡量提建议者的功劳。但由于该制度强调的是奖励而非全员参与，早期的 ESS 产生的效益并不明显，甚至产生副作用。此后，我国企业在 20 世纪 50~60 年代进行了成功尝试，开展旨在鼓励全员参与创新的"两参一改三结合[②]"中的合理化建议制度，并取得了很好的效果，如当时的"鞍钢宪法"以及保留至今的宝钢的合理化建议活动，都为我国企业乃至社会经济发展作出显著的贡献。

但强调员工参与的 ESS 被认可和推广的是日本企业 20 世纪 70~80 年代兴起的 Kaizen 活动下的"为改进工作而提建议"的制度。在 Kaizen 框架下，ESS 强调每个员工都可以在岗位上不断改进，提高工作绩效，并以参与为导向，鼓励每个人积极提出改进的建议。其特征是基于个体层面进行的渐进式创新。正如最早对 Kaizen 活动进行理论化研究和实践推广的今井（Imai）指出，Kaizen 的思想涉及了每一个人——从组织内的首席执行官（总裁、总经理）开始——的计划和工作。其中，最为典型的企业就是日本的丰田，从汽车生产到产品创新，从工艺改进到管理变革，丰田的所有工作都强调让每个员工持续自觉参与到 Kaizen 活动中来。日本企业的 Kaizen 活动关注全员参与到诸多的渐进创新，并逐步积累成企业巨大的创新效益，但其往往忽视了创新的另外一种类型——突破性创新，这在一定程度上也削弱了日本企业全球竞争优势。就连丰田汽车公司也开始认识到原有的 Kaizen 体系已经很难满足当前全球竞争要求，并开始注重从突破创新入手，以重新引领全球汽车的竞争潮流。

---

① 最早是于 1880 年在苏格兰威廉·丹尼兄弟造船厂实施。
② "两参"即干部参加生产劳动，工人参加企业管理；"一改"即改革企业中不合理的规章制度；"三结合"即在技术改革中实行企业领导干部、技术人员、工人三结合的原则。

二、CPW

CPW 是企业全员创新的另一种主要模式，最早可追溯到 1938 年奥斯本提出的"头脑风暴法"（brain storming）的集体创造力发挥的方法。CPW 模式之所以能够引导更多员工广泛参与创新的内在原因是创新作为一项系统工程，"不只是企业技术专家的事，它也是企业所有主要职能领域的工作"，企业创新需要不同职能，具有不同技能的专家协调合作。以全员参与创新为导向的 CPW 最为成功的实践是通用始于 20 世纪 80 年代末并持续至今的"群策群力"（work out）活动。这项由时任首席执行官（chief executive officer，CEO）的韦尔奇亲自发起的变革的基本做法是：公司鼓励员工提出创造性想法，并通过名为"群策群力"的会议组织与问题密切相关的跨部门的员工和经理参与，对员工充分授权进行组织开发和实施。至今，通用公司已经举行过成百上千次"群策群力"的会议，其涉及范围包括全球数十万员工、业务范围从喷气发动机到电灯泡和信用卡的公司。

CPW 关注的是不同级别和职能的员工组成的集体创新活动，特别是管理层和各领域专家组成的问题解决团队集中于组织的突破性创新。这种创新模式往往忽视了员工个体渐进创新活动，很难真正调动全体员工，尤其是基层员工的创新热情。据美国企业与日本企业的 1995 年统计比较结果，前者平均每位员工提交建议数 0.16 条，后者为 18.5 条；前者员工创新参与率为 10.7%，后者达到了 74.3%。

三、全员创新模式探讨

ESS 和 CPW 作为企业激发每个员工积极参与创新的有益探索，为企业创新的成功提供了广泛的智力资源。但是 ESS 和 CPW 并非从人的角度，而是强调从管理层面来推进全员创新。因此，员工创新往往局限于企业规划的过程中，未能全面发挥员工个体与集体层面互动创新，并促进每个员工投身于渐进和激进的创新过程中。对于如何整合不同层面创新主体，个体与集体层面的创新互动，形成更具效率和创造力的全员性主体却没有明确的结论。这方面实践的缺乏也是导致企业创新常常不能得到很好效果的主要原因，正如卡茨（Katz）指出的，大量研究和实践证明：创新的失败已不再是简单的技术原因，而更多的是由技术人员和跨部门人员不同专业和激励等方面复杂的互动造成的。事实上，在经历被同期"凯恩斯革命"的理论淹没后，自 20 世纪 50 年代以来，学者就展开对创新过程中不同职能不同角色员工之间的关系进行持续的研究，并通过对创新过程的微观分析逐渐认识到需要更广泛员工的积极参与和互动。

为此，本书所认为的全员创新的运行模式必须从员工的关联与互动的新视角，强调个体与集体创新协同的形式和过程：一方面全员创新反映集体共同行为，需要更多更广泛的员工的积极参与和支持，为每个员工创造力充分发挥和创新参与创造良好的集体氛围和形式；另一方面全员创新强调个体创新潜能的充分发挥和积极参与创新，集体创新是由支持和参与创新的不同个体组成的。例如，在海尔，"人人都是创新SBU"使得员工个人都成了一个"微型公司"[①]。这个"微型公司"对外是对市场目标负责的创新个体，对内则与其他"微型公司"构建紧密的市场关系。这样，海尔全员创新赋予员工创新空间，也可以有效地实施以获取最大的创新绩效。

为了进一步确认从个体与集体创新两个维度决定企业全员创新的水平，本研究按照李克特五分法对中国208家企业进行问卷调查，并按如下方法统计对不同程度的个体创新和集体创新组合对企业全员创新水平的影响进行了实证研究：企业全员创新水平得分从低到高1~5得分总和的平均值。个体创新程度与集体创新程度类似企业全员创新水平的评价方法。3分以上（含3分）表示高的个体创新程度和高的集体创新程度，3分以下（不包括3分）为低的个体创新程度和低的集体创新程度。结果表明（图1）：对企业全员创新水平的影响程度最大的是高的个体创新程度与高的集体创新程度，其次为高的集体创新程度与低的个体创新程度，然后为高的个体创新程度与低的集体创新程度；低的个体创新程度与低的集体创新程度影响最小。

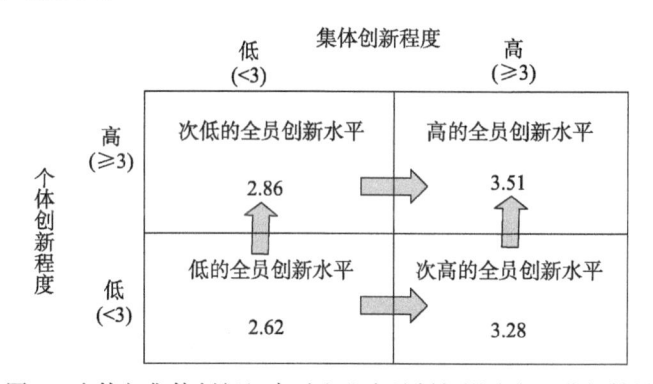

	集体创新程度 低 (<3)	集体创新程度 高 (≥3)
个体创新程度 高 (≥3)	次低的全员创新水平 2.86	高的全员创新水平 3.51
个体创新程度 低 (<3)	低的全员创新水平 2.62	次高的全员创新水平 3.28

图1　个体与集体创新组合对企业全员创新影响实证分析结果

第六节　全员创新的发展过程

全员创新并不是一夕之间形成的，企业在不同的发展阶段可能采用了不同的全员创新形式（图2）。不同阶段的全员创新对企业的绩效也会产生不同的影响。

一、全员创新的初始化

在这一阶段，企业的全员创新处于起步阶段。企业中的员工已经对全员创新

[①] 海尔把它叫作MMC，就是mini mini company的意思。

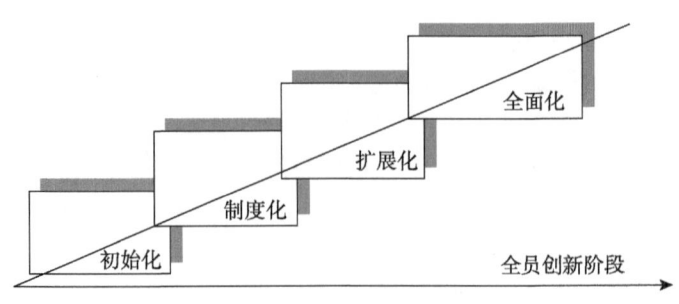

图 2　全员创新的一般发展过程

的各个方面有了一定的模糊认识，试着从全体员工参与创新的角度来解决问题。但是，企业员工在找出问题和解决问题方面所能作出的贡献仍还有很大潜力，员工的创新积极性还没被完全有效地调动。同时企业也存在一些能使他们公开自己想法的途径，但是这些途径并不是特别的正式。员工往往是在问题发生以后，试着从全员参与的角度来解决问题，属于问题解决型的。员工没有主动地发现问题，而且在问题解决以后，全员创新的活动往往也提前结束，并没有在企业中形成一种系统的、持续的全员创新活动。这一阶段的全员创新活动往往是零散的，不成系统的。

员工对创新活动开始产生乐趣，并学习使用一些新工具和新技术，他们也渴望在他们正在处理的项目上一展身手，并期望在较短的时间内达到很好的效果。这一阶段的创新活动都是在相对较低的成本下进行的，全员创新活动的影响是比较小的，只有短期的少量的局部效果，在员工的精神和动机方面有所改善，但缺乏持续性。

二、全员创新的制度化

在进行全员创新的初步尝试后，企业开始考虑怎样以某种方式把先前员工的行动和激情扩散到其他全体员工中去，并使创新成为日常工作的一部分，而不仅仅是一次性的项目。在这一阶段，全员创新的主要特征是正式化和制度化。企业中员工已经认识到了全员创新是企业的重要组成部分，是每个员工的责任和义务。企业中形成了明确而清晰的全员创新的价值观，但对全员创新的认识仅限于员工的渐进性改进。

企业需要一套结构化的程序——需要定期培训、开发一些帮助和支持小组开展工作的方法，必须考虑如何管理泛滥成灾的想法等。因此在此阶段，企业必须提供一整套的流程来实施全员创新这一活动，如戴明的"计划、实施、检查、行动"工作法的简单变种应用等。这些程序中包括了处理大量建议的管理系统、评价激励系统和信息交流系统等。建议系统中包括了对员工建议的及时响应，激励系统中包含了内在动因的激励等。

在初步尝试的基础上，企业将全员创新的局部化活动向全企业推广，并且建立了正式的结构和流程来支持全员创新活动。全员创新已成为一种制度推动下的员工自下而上的创新活动。企业也不仅限于解决问题，而是有一套特定的流程来管理全员创新，保证全员创新的长期性。在这一阶段，企业中可观察到明显的全员创新活动，而且一些绩效指标往往具有可测量性（如参与人数、建议数等）。前两个阶段的全员创新活动仅仅局限于渐进性的小改进，对企业的影响较小，但具有累积性。

三、全员创新的扩展化

全员创新的制度化阶段已经使企业的全员创新活动比较完善。但是这一较为完善的系统还存在一些不足。一是缺少战略焦点，结果其效益限于局部水平。二是只关注小的渐进性的创新，而忽略了重大的突破性的创新。全员创新的扩展化阶段的最主要特征就是将战略和突破性创新纳入企业的全员创新活动中，通过战略的明晰化和创新范围的扩大化，企业已从制度推动下的全员创新阶段进入了员工自发的日常化的全员创新活动。

努力从全员创新的制度化阶段继续前进，并摆脱日益缺乏后续动力的困境，组织开始着手制订全员创新相关的战略计划。大多数的实践包括了由上至下的经营战略计划到自下而上的发现与解决问题的能力相结合的全员创新活动。全员创新的总体战略被系统地分解成"比特"大小的块，以便员工有效地开展工作。这项战略是通过组织上下层层讨论、充分交流之后制定的，因此每个人都知道目标是什么，为什么他们被选中，这样他们可以研究他们及他们的行动如何对这些目标产生影响。由于有了战略的指导，全员创新的评价活动更具科学性和客观性，创新活动同企业的战略目标紧密地联系在一起。总之，系统工作得很好，清晰的战略目标得以确定和周期性地评审，保证了全员创新的目标性。许多监督和测量工作由特定的管理小组完成。至此，全员创新活动已成为一项日常的工作内容，而不是一项特殊的活动。

全员创新的扩展化阶段的另一大特点就是将重大的突破性创新纳入到全员创新范围内。传统的全员创新组织形式如提议机制、持续改进等都未将重大性创新纳入到该活动中，他们认为普通员工只适合于对产品或工艺的小改小进，这些重大的创新只能交给专家。在全员创新扩展阶段，专家在贡献突破性的创新的同时，普通员工也能进行这些重大创新。这就需要扩大对普通员工的培训内容，加强对他们的创造力培训以及一些必要的工具等的培训。这就需要对员工充分的信任和授权。

前面阶段的全员创新仅仅是一种自下而上的员工行为，企业的管理者仅仅对此提供必要的资源等支持，在制度上加以保证。但是人作为生产力中最活跃的因素，制度约束是必要的基本保证，却不是最佳境界。只有实现从无序管理向严格制度管理迈进，并逐渐向自主管理过渡，才能使企业真正走向良性发展的道路。到了这一阶段，全员创新活动表现为自下而上的基层创新同自上而下的战略指导相结合。全员创新不再是盲目的行为，而是在管理者特别是企业的高层领导者设定的战略目标下的指导活动。这一阶段的全员创新活动更具目的性和方向性，绩效也更加明显。这一阶段全员创新的特征除了自上而下的战略指导特征之外，还将前面创新活动仅仅局限于渐进性改进的基础活动扩展到了同重大的突破性创新相结合的高度。全员创新已经是一种无处不在的自发的行为。因此这一阶段的创新绩效更具影响力，对企业往往产生重大的影响。

四、全员创新的全面化

企业的全员创新活动已经进入到了一种自发的行为中。基于企业员工自我促进的理由，可以放松对战略目标的确定。企业只需制定一个明确的总体战略，在此战略下容许员工采取各种不同的方法去实施。基于全面创新的全员创新阶段最主要的就是学习和协同。这一阶段的全员创新更具综合性。企业的全员创新已是全面创新的基石。全员创新同企业的全要素创新（包括文化创新、战略创新、技术创新等）和全时空创新相结合，通过全员创新协同其他创新，提高企业的创新绩效。这一阶段的创新更关注于员工之间的合作，更重视跨部门，甚至是跨组织的合作，依靠员工的集体力量进行创新。沟通和学习成为这一阶段的重要能力。员工只有通过相互的频繁沟通，才能在互相信任、充分了解对方的情况下，将集体的力量达到最大，真正达到"1+1>2"的创新效果。学习则是保持这种创新活动的长期持续性的重要因素。员工主动通过学习获取资源和信息，不断提升自身的创新能力，主动参与到企业的创新活动中，真正达到"我要创新"的境地。通过面向全面创新的全员创新活动，企业才能形成持续的竞争优势，进而将全员创新这种能力深深扎根于企业之中。

从以上的分析可以看出，全员创新在企业的不同的阶段呈现出不同的特点（表1）。在不同阶段，企业关于全员创新的关注焦点、行为表现和采取的主要形式及其影响力都各不相同。

表1 不同阶段的全员创新特点

类别	初始化	制度化	扩展化	全面化
关注焦点	问题解决	正式化、制度化	战略联结，重大创新同渐进创新相结合	学习，与其他创新协同
行为表现	零散的员工创新行为	制度推动下的自下而上全员创新	自发的自下而上同自上而下相结合的全员创新	协同全要素、全时空的全员创新
采取的主要形式（以海尔为例）	班前会议	TQM、OEC和合理化建议运动	人人都是创新SBU	海尔大学、培训网络
其他主要形式	问题解决小组等	提议制度、持续改进等	群策群力、15%规则、技术论坛等	学习创新型组织等
绩效影响	短期，局部效果，缺乏持续性	持续的累积性的小的效果	具有重大影响力	推动全面创新能力，全面提升企业创新绩效

第七节 全要素创新对全员创新的作用机理

一、基于持续发展的战略对全员创新的作用机理

持续创新就要求组织追求持续进步，激励员工不断地学习和不断地创新。只有不断地创新，才能满足市场和顾客的需求，才能不断地开发新市场，也才能不断地激发和促进员工的创新思想的产生和实施。追求持续发展给员工提供了创新压力的同时也提供了创新产生的机遇和动力。比如，惠普用今天的产品利润发展明天的产品，惠普维持了分散的组织结构，公司任何一部分自满了，其他的部分就会去抢占它的市场和顾客。因此要维持自己的市场和顾客必须要持续发展和创新。永续发展需要组织内员工拥有共同的发展目标和愿景，只有这样才能保证员工相互之间的信息交流和共享，所有的员工向同一个方向努力。

组织要想创新就不应该热衷于短期利益，重短期利益容易导致组织不愿意投入资源进行创新，不愿意冒险，不能容忍失败，因为这一切都不能给企业带来短期利益，而且集中于短期利益就不能保证企业的持续发展。热衷于短期利益的企业并不鼓励员工创新，因为如果鼓励员工创新，必然需要给予员工一定的时间和空间的自由，这样势必会减少员工从事当前工作的时间，工作时间减少，工作效益必然会降低，不利于企业取得当前利益。而且创新必然存在风险，如果一旦失败就会造成利益损失，同样不利于短期利益。反之，如果企业不热衷于短期利益，就会给予员工一定的资源支持创新活动，从而调动员工的创新积极性。基于持续发展的战略对全员创新的作用机理如图 3 所示。

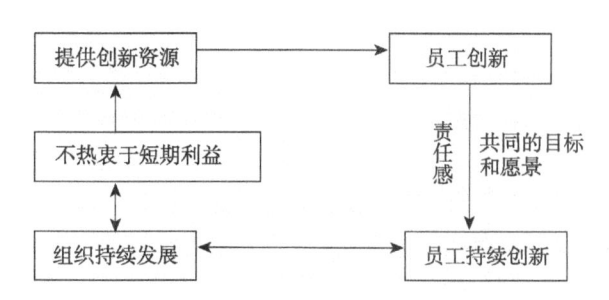

图 3　基于持续发展的战略对全员创新的作用机理

二、鼓励创新的企业文化对全员创新的作用机理

创新最明显的特征是它的不确定性或风险性。它需要创新者艰苦探索、锐意进取、不怕失败，需要创新者具有冒险精神，而冒险和探索必然会意味着错误和失败的发生，因为未来充满了未知，因此需要组织能够鼓励冒险，容忍失败，只有这样才能激励和培育创新者从事创新工作的积极性。

在创新实施的过程中,创新思想转化为现实产品的制度保障就是指企业要鼓励人们敢于承担风险,对敢冒风险的人无论成功与失败都进行鼓励并奖励,而不是惩罚。对敢于创新、敢于承担风险的行为进行奖励,而不仅仅根据创新成果进行奖励,只有这样,才能促使人们放心大胆地实践创意。在创新中,错误和失败可能会造成经济损失,但同时也是一种收获。从失败中学习,才能避免类似错误再次发生,确保下次成功。

挑战性工作容易激发员工的创新欲望,因为面对挑战性和有足够的机会产生新的解决方案的时候,人们的反应总是很积极的,所以说挑战性能够培育员工创新的主动性。

鼓励创新对全员创新的作用机理如图4所示。

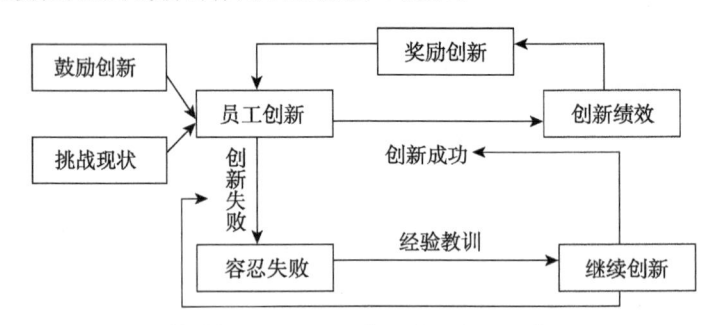

图4 鼓励创新的企业文化对全员创新的作用机理

3M公司平均每天获得两项专利权,每年约有500件新产品面世,取得这样的成果,完全得益于3M公司为员工创造了一个鼓励冒险、容忍失败的文化氛围。公司总裁德西蒙要求管理层给雇员最大的自由空间去实验新点子,把"失败当作是学习的过程",让雇员在没有后顾之忧的情况下发展自己的新构想。他认为,失败、犯错、冒险是开发新产品的必经之路。日本企业家本田先生说:"很多人都梦想成功。可是我认为,只有经过反复的失败和反思,才会成功。"

可见面对科学技术突飞猛进的发展并迅速转化为生产力的形势,面对国际国内市场互相交融和竞争日趋激烈的现状,只有把失败当作是学习的过程,创造容忍失败的环境,以正面的态度支持员工实现新构想,才能激发员工奔涌的创造活力。

三、基于创新激励的企业制度对全员创新的作用机理

要培养员工创新,首先就要拥有一个完善的创新激励制度。激励是企业内员工创新的主要动力,同时也是对员工创新价值的一种承认。企业的创新激励内容主要分为物质激励和精神激励两个方面。物质激励和精神激励都能够促进创新,激励创新行为的发生。精神激励是从精神方面对创新者进行奖励,而物质激励是从物质方面对创新者进行奖励,二者是相互支持,相互补充的。物质激励主要是

满足员工基本的生活需求，提高生活质量和生活水平。精神激励主要是满足员工对自我价值和成就感的追求，同时也可以为员工带来荣誉和名气。一般来说，因为个体的需求差异，应针对不同的个体给出不同的物质和精神的组合激励。研究表明在一定水平的物质激励，即个体能够依靠薪金保证生活舒适的条件下，对个体内在需求的激励比外在需求的激励更容易激发其创造性行为和思想。在这个条件下，精神激励就成了推动创新的首要因素。可见对于创新来说，最基本的激励是精神激励，精神激励是创新的关键推动力（Amabile，1988）。因为过分强调物质激励容易形成物质依赖性，增加激励成本，同时物质激励，如薪酬和绩效测评在某种程度上会对创新产生负面影响，使人们的注意力从实验新思想转变到为完成任务而循规蹈矩。绩效测评也会转移人们的创新注意力，因为创新需要冒险，而冒险对于绩效测评是不利的，所以人们拒绝冒险。可见精神激励和物质激励的组合对创新的激励效果非常关键。基于创新激励的企业制度对全员创新的作用机理如图5所示。

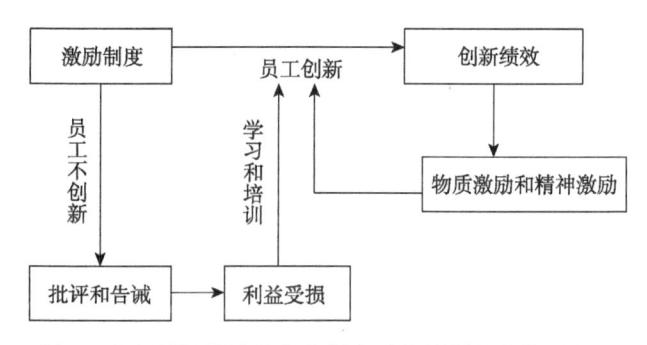

图5 基于创新激励的企业制度对全员创新的作用机理

四、增强反应速度与员工自治程度的企业组织对全员创新的作用机理

（一）增强反应速度

顾客是重要的创新源，顾客也是主要的创新推动者，企业只有与市场保持密切联系，才能从顾客那里获得最新的信息，为员工提供创新源，促进员工创新。同时也只有市场才能给企业员工提供一种创新压力，不能满足市场对创新的需求，就必定被市场淘汰，因此企业的组织结构和流程必须有利于员工以快速创新应对市场的快速需求。

迅速决策与敢冒风险往往是密切相关的，敢冒风险的企业往往会迅速决策；不敢冒风险的企业往往决策过程繁杂缓慢，各种各样的限制条件往往阻碍着人们的行动。纽豪瑟、本德和斯特劳姆堡在《网络文化》中指出：检测企业的决策速度可以从两个方面进行，一是看企业做一项决策要开多少次会，二是看每项决策需要做多少个签字同意。这两点可以说明一个企业的决策过程慢到什么程度。可见要想促进全员创新必须要实现迅速决策,只有迅速决策才能保证创新思想得到快速实施,也意味着员工可以得到更多的决策权,企业才能放松控制,这是持续实施创意、实现创新的关键。授权是调动员工创造性的最有效的方式。在引导人们行为和行动的强文化中授权可以产生一股精力与热情使人们朝着创新目标持续地努力工作。授权就是使员工拥有决定任务完成方式的权力。领导者需要对不同层次的员工授权,来激励他们寻找新思想,从持续进步到重大突破。但是授权存在的一个严重的问题就是,如果没有强文化的保障,授权很容易导致员工缺乏责任感。因此如果希望授权对创新有所贡献必须强调以下几点。

(1)界定有效的"行动"边界:从事创新和创造性工作的员工要明白创新是第一位的,要知道自己到底被赋予了多大的权力来达到目标。公司需要对行动和优先权进行界定,对责任和授权的程度进行界定,通常这些界定是通过使命和宣言来传递的,而且是非常有力的。

(2)定义允许冒险的程度:员工需要知道自己被许可的冒险程度。知道在授权的范围内什么是被允许的,知道组织中从事某项工作的时机。理解了冒险的许可程度,员工创新的空间和权力就有了一个很清晰的界定。如果没有关于冒险许可程度的界定,员工就不太可能自愿地创新和尝试冒险,以及做一些脱离常规的事情。

(3)机制创新:没有直接的机制引导创新,只有领导者的承诺是没有用的。组织的设计和展开需要一个互动的环境。奖励和认知计划作为组织生活的方式和哲学是提高创新的另一种机制。建立特殊的参与结构机制,比如,质量小组鼓励员工参与到项目中去。

(4)去除官僚作风:为了保证创新的发生,领导者必须确保没有官僚瓶颈阻碍创新意图。组织中总是有一些不经审核就不能批准同意或者需要层层报告的官僚程序。面对这些障碍,很多的员工主动性就消失了。一大批建议计划失败,并不是因为缺少思想而是因为这些草案没有得到及时的加工处理或者加工处理失败,或者是没有得到及时的同意或者不同意的答复,就因为组织流程和结构的繁重和笨拙,造成了高程度的无反应性,使得员工创新失败。组织中的官僚等级使得创新的个体感觉不到创新的价值只是感觉到压抑,从而扼杀了创新的主动性。

创新的主体是人,无论是创新思想的产生还是创新思想的实施都离不开人。在知识经济时代,知识体系更新加快,专业分化越来越细,人们的知识体系越来越狭窄,一个人所拥有的知识已不足以解决很多的问题,因此需要不同知识体系,不同技能的人组成团队从事创新活动。以团队的方式从事创新工作,容易使全体员工拥有共同的目标和愿景,相互之间进行更好的沟通和知识共享,激发创新思想的产生,促进创新思想的实施。团队工作的前提条件是成员相互尊重和信任,只有这样才能保证信息沟通渠道的通畅。尊重和信任表现为寻求他人意见,尊重他人意见，这样员工才能体现自我价值，主动从事创新。反应速度对全员创新的作用机理如图 6 所示。

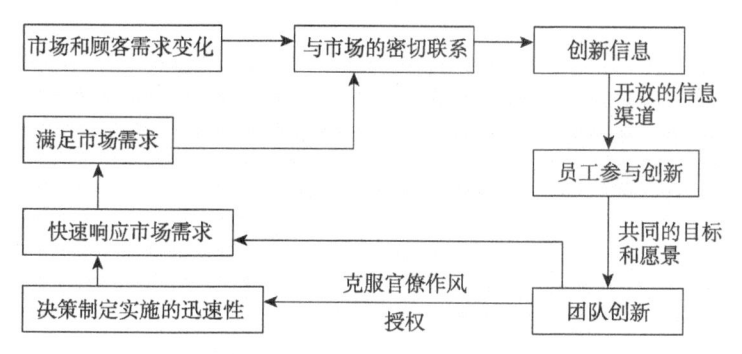

图 6　增强反应速度对全员创新的作用机理

（二）员工自治程度

自治权定义为对工作方式和工作目标的控制权，一般来讲有两种类型的自治权：①战略自治，制定自我日程的权利；②操作自治，解决问题的权利。战略自治更多的是强调与企业目标的一致。而操作自治则主要是鼓励个体创新精神。因此，创新型公司更多的是强调操作自治。给予战略自治，就是个体在制定自己的目标上有了更大的自由，这样容易降低创新。一般来说由高层拥有战略自治来设定最终目标，员工拥有操作自治来从事创新。没有或者很小的操作自治会使组织流程变得太刚性太具体而阻碍员工创新，最终导致官僚作风。鲁伊斯（Ruiz）和曼达德（Mandad）曾指出：创新型文化的一个特征就是允许员工有适当程度的自治权，这样可以激发员工创新，降低官僚作风。自治程度对全员创新的作用机理如图 7 所示。

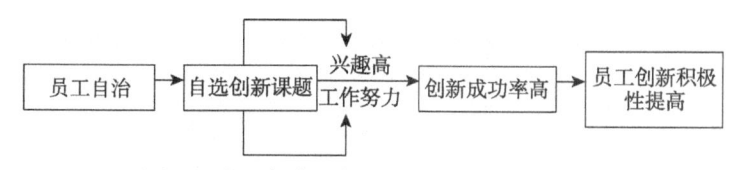

图 7　员工自治程度对全员创新的作用机理

本 章 小 结

本章在全面创新管理理论框架基础上深入分析了全员创新的时代背景、研究基础、现状与问题、应用特征、组织机制以及相关的系统管理，为全员创新研究提供了一个系统的理论模式，并期待能够为全员创新在企业中的真正实施提供一个指导性的实践框架。

随着知识经济和经济全球化浪潮的兴起,全员创新成为当今企业创新管理的新趋势,但是由于企业内存在各种问题,很多企业的全员创新都未能实现和取得理想的效果。主要原因之一是,在企业的全要素创新和全员创新之间缺少明确的联系,特别是两者之间的内在互动关系缺失。本章论述了全员创新和全要素创新之间的相互作用关系,指出了如何通过全员创新实现全要素创新,这也指出了"三全"作为一个系统整体之间的内在密切联系。

全时空创新[1]

全时空创新就是指整合一切可利用的时间和空间资源来进行企业全面创新，它是全面创新管理理论的重要组成内容之一。全时空创新是经济全球化、竞争激烈化、需求个性化、价值网络化等现实创新环境的必然产物。全时空创新按内容来划分可分为全时创新和全空间创新。全时创新具体包括即兴创新、即时创新和持续创新等形式；全空间创新主要表现形式为全价值链创新和全球化创新等。

第一节 全 时 创 新

一、全时创新提出的时代背景

近年来，竞争环境已由工业时代转变为后工业时代，在工业时代，企业使用同质的劳动力和资本作为竞争资源，面对同质的本土市场，这种市场大而稳定，产品有较长的生命周期，生产成本和规模经济在竞争中有着重要的地位。在后工业时代，全球化成为竞争的背景，信息技术的广泛使用，使现代的商业竞争基础发生了前所未有的改变，信息流通的速度不断加快，人们所接触的信息量也成倍增长。在这样一个时代，唯一永恒的就是变化。对于一个组织而言，它所面临的市场是一个动荡的市场。以稳定的市场为假设前提，通过规模经济降低成本来取得竞争优势的逻辑基础已经被颠覆。

可以说，随着竞争环境的转变，行业的竞争基础也在不断改变。20世纪50年代，建立大公司、取得规模经济被认为是行业竞争制胜的法宝。60年代，随着资本主义的全球化扩张，在全球范围内寻获最廉价的原材料市场和高价的产品市场成为取得竞争优势的法门。70年代，通过对日本工业迅速崛起的研究，竞争的基础又转移到了产品的质量上。至此，行业的竞争基础逐步由数量的竞争转变成质量的竞争。80年代以来，又出现了向速度的竞争转化的趋势。1988年，提出了基于时间的竞争（time-based competition）的概念，使得对竞争基础的研究有了根本性的转变。基于时间的竞争战略要求以柔性的生产及管理为基础，在保证高质量与低成本的前提下，加快新产品的推出，及时地响应客户的需求。其竞争要点是压缩从产品开发阶段到生产，最后到递送给顾客的整个周期的每一个环节的时

---

[1] 节选自：许庆瑞. 全面创新管理：理论与实践. 北京：科学出版社，2007：第六章.

间，以取得竞争优势。

阿瑟·D.利特尔（Arthur D. Little）的研究表明在市场快速增长的情况下，若保持预算成本不变，新产品推出的时间延迟6个月，在未来5年内可能会损失17%~35%的利润。相反，若保证新产品按时推出，开发成本提高50%，损失的利润只有4%。可见，速度在市场竞争中有着不容忽视的作用。很多企业都已经认识到了竞争速度的重要性，并已经贯彻到具体的竞争实践之中。

海 尔 案 例

海尔认为，互联网的速度使他们体会到：没有速度的企业必然会被淘汰。那些没有和网络联系到一起的企业，就会被网络抛弃，而有的即使进入了网络，没有竞争力也会被抛弃。抢订单需要速度、转化订单需要速度、一站到位需要速度。速度的目标就是要实现"三个零"：零库存、与用户零距离、零营运资本。

（资料来源：海尔网站. 2006-10-05）

戴尔的副总裁凯文·罗林斯（Kevin Rollins）曾说过，戴尔电脑管理上最大的挑战是如何加速业务经营中的每个环节，因为产品的生命周期的单位已经从年变成了月，如果不能快速地行动，就只能被淘汰出局。沃尔玛因其快速响应能力成为本行业的佼佼者。富士施乐公司意识到缓慢的新产品开发速度削弱了自己的竞争力，采取快速创新战略并改造流程，再创辉煌。惠普公司利用"延展目标"（stretch objectives）的观念压缩新产品开发周期，并提高质量，同时还能成倍提高生产量。这些都说明时间已成为一项重要的竞争要素，在当代的市场竞争中起着重要的作用。

可见，要在当代激烈的环境中立于不败之地，不但需要快速的创新，还需要对创新的知识进行系统的管理，使组织中的创新系统化、持续化。正是在这种前提下，全面创新管理提出了全时创新概念。

二、全时创新的内涵和特征

全时创新，是指在基于时间竞争的环境下，公司为了取得持续的竞争优势，采取有力措施，充分利用时间资源，以缩短对客户需求的响应时间，能快速地、以低成本推出优质的新产品，从而满足客户需求，使公司赢得市场竞争优势。全时创新是一种创新策略、一种思想、一种创新观念，它要求员工时刻保持创新的意识，勇于开拓，能够用最适当的方法正确地解决问题，而不是墨守成规，因循守旧。

根据对时间资源的不同应用，全时创新主要体现为即兴创新、即时创新和持续创新。即兴创新是随兴而发，是在特定问题上的灵感的闪现、创造力的凝固；即时创新是应时而发，要求快速地、创造性地解决某一特定的问题；持续创新就是通过利用网络技术和信息技术，有效消除时差，让创新不间断连续进行，从而提升创新效率。

相对来说，即兴创新随意性较强，是对组织日常发生的事务进行创新性的思考，并有意识地积累这些成果，以改进组织日常行为方式，并为将来可能发生的变化做好创新的准备。例如，小天鹅集团鼓励员工将自己的想法写在纸条上，并集中贴到一个创意板上，派人收集整理这些想法，从中筛选出有价值的进行创新实践。此外，很多公司的电子公告板、论坛等都有这个作用，这方面的研究和知识管理结合较紧密，尤其与隐性知识的显性化研究密切相关。即时创新时效性较强，通常是某一变化已经产生，为了适应这一变化，要求组织能即刻适应。而在通常情况下，适应变化的方式并不是现成的，因而还需要快速地创新。这主要是通过加速信息收集、提高沟通效率、改进设计流程等一系列的手段来实现的。而持续创新是将组织中的各种创新从时间上组织起来，形成一个没有间断点的创新时间网。它使得组织的创新更加系统化，目标更加明确，并能把组织各种创新中积累的知识有效地利用起来。

（一）即兴创新

即兴创新认为，创新不应是某一特定部门，或某一特定阶段，如"创新周"的产物，创新应该是在一定的组织背景下，实际需求与灵感乍现的有机结合。即兴创新可能出现在产品生命周期的任何阶段，而不只是孕育阶段或衰退阶段。

即兴创新就是要求组织内的所有成员在任何时刻都能够根据实际情况发挥自己的创造力，用更合适的方法更好地解决实际问题。但即兴创新的随兴并不等同于随意。约翰·高曾用爵士乐做过贴切的类比：

爵士乐——和企业一样——包含着一系列平衡动作，它必须依照定规、程序安排和乐谱经常训练，但从来不被驱使。必须不断向前、向上、向外拓展——因此必然从不自满自足。

爵士乐和古典音乐不一样，在即兴演奏中没有什么致命的错误。古典乐迷们不能宽恕出错的乐手，但爵士乐则不存在错误，只有符合基础和谐法则的出人意料的音符。不和谐的或上、下节奏不协调的音符并不一定就是错的。恰恰相反，爵士乐的挑战正在于如何把这种音符引入即兴演奏的过程中，把"外面"的东西带进"里面"，并由此提高或更新乐曲进行中的活力。

约翰·高意图阐述的是企业对创造力的管理方式，但这一比喻同样适用于即兴创新。首先，即兴创新必须不断地向前、向上、向外拓展；其次，即兴创新有一个既定的组织背景，它总是发生在特定的组织环境中，服务于特定的组织目标。所以，即兴创新也是必须依照一定的规则和程序安排的，当这些规则和程序都是指导性的，而不是指令性的，它只能驱动即兴创新而不是驱使即兴创新，以便给即兴创新一个向前、向上、向外拓展的空间。

同时，即兴创新作为一种创新，面临很多不确定因素，这就意味着需要不断地尝试，因此失败是在所难免的。失败可以看成是即兴创新中不协调的音符，它不一定都是错的，即兴创新的挑战就是从这些失败中汲取经验教训，从失败中找到成功的路径。由此，确定了即兴创新需要一种宽松的文化氛围，鼓励试验，允许失败。

即兴创新有赖于对各种信息的收集与处理。可以说，有效的即兴创新是建立在高效的信息系统的基础上的。首先，信息系统为即兴创新提供创新的依据。纵然是即兴创新，也不是凭空的创造，它是在现实需求的基础上发生的。高效的信息系统可以提供大量的信息，并能快速地筛选出有价值的创新点。其次，信息系统可以促进信息流通，从而促进创意的产生。通过信息的交流，对创意不断地改进，最终才能形成可用于商业化的创新。西蒙曾指出创新产生的一个必要不充分条件是，创造性构想的出现都要求有正常的逻辑思维和掌握所要解决问题的足够的相关知识。罗纳德和斯特劳斯在《充分发挥公司的智力》一文中也指出，创新是在不同的想法、观念以及不同的信息处理方法相互碰撞的情况下产生的。此外，高效的信息系统还能促进创新的扩散，这是创新商业化的关键所在。最后，高效的信息系统还可以收集和整理此次创新过程中的经验教训，积累其中的各类知识，扩充知识库，为以后可能发生的创新做准备。

总之，信息技术既造就了即兴创新的时代背景，又使得即兴创新成为可能。麦特卡伏法则认为，随着网络使用者的增加，网络的价值也将以指数比例增加。随着使用者的相异性和扩散程度的增加，创造力的力度也将呈指数上升。这是即兴创新的智力基础。有了智力基础，还需要好的管理，才能使即兴创新不流于空想。

即兴创新只会发生在拥有灵活、自主、鼓励试验的文化组织中。

首先，在实施即兴创新的组织中，领导的作用是协调即兴创新中的矛盾，而不是下达指令。领导所应该做的是确定组织的战略，而不是去制定具体的战术路线。因为领导往往并不是最接近市场的人，虽然他们拥有前瞻性的战略眼光，却不能时刻把握市场中的千变万化，而这些变化只有贴近市场的员工才能深刻体会，所以员工才是距离正确答案最近的人。领导只需要为员工树立榜样，让员工明确组织的战略目标即可。通用汽车的做法就是树立供大家学习的典型，各级领导不断地演绎着一个个的"英雄"事迹，为所有员工明确奋斗的目标，并把解决问题的自主权留给员工自己。在即兴创新的组织中，创新不仅仅是口号，也不是某个时刻心血来潮的产物，而是一个战略目标，是组织赖以生存的一种手段。员工的创新成绩也应被列入其业绩考核的指标之中。

其次，组织还应从各方面支持员工的即兴创新。既然是创新就有风险，有风险就意味着可能失败。这需要组织鼓励试验，容忍失败，同时还能提供充足的资源支持。即兴创新除了充足的资源支持，还需要充裕的时间让员工有精力去进行创新。3M就规定员工有15%的工作时间可以自由支配，这就为即兴创新提供了时间保证。

再次，即兴创新需要合适的组织结构。在传统的公司里，组织结构图规定了可以允许进行对话、发号施令的迂回关系。信息技术则废除了这种硬性联络路线，以富有弹性的网络取而代之，使人们能够随时、自由地进行交流，这成为即兴创新的组织基础。

最后，即兴创新还应是组织与个人共同进步的过程。即兴创新要求员工能在特定的组织背景和流程中，快速找到能够利用的资源，并正确使用。这是组织资源增值的过程，也是员工提高自身能力的过程。

此外，即兴创新不是单个人的事，它是一种集体行为，需要团体的配合。创意的产生需要联结不同的知识体系，需要意外知识的输入和应用。信息技术可以缩短这种联结和输入的空间距离，加快实现的速度。由于信息技术的应用，人们之间的交流更加频繁，跨边界的网络通常会应运而生。这种网络是人与人之间的无形的联系网，它通常是由一定的契机产生的。比如，因为一个项目把组织中不同部门的人结合到一起，这些人之间的联系并没有因为项目的结束而终止，而是经常会有一些非正式的探讨。一般来说，任何组织中都存在这种网络，而且随着组织的发展，这种网络关系会愈加复杂，交流也会愈加频繁。这样，经常联系的人们之间就会形成一种无形的社区。

在无形的社区中，频繁的交流，会使人们之间形成一种默契。这使得成员之间不需要太多的解释就能清楚地表达自己的思想，它有利于社区内成员的相互沟通，促进即兴创新的创意的产生。但是，这种默契可能会成为社区成员和社区之外其他组织成员之间沟通的障碍。为了在整个组织的范围内有效地开展即兴创新，有必要对这些默契进行编码化处理，使这种隐性知识显性化，并在整个组织的范围内建立起广为接受的基石，使组织成员理解并拥有相同的心智模式，便于沟通，并指导其创新行为。

需要注意的是，即兴创新不是一个个毫不相干的独立事件。即兴创新与组织的知识、个人的知识以及组织的价值取向等诸多因素相关。虽然即兴创新是随机发生的，但由于这些因素的存在，它们之间是具有一定的联系的。

即兴创新发生在一定的组织背景之中，组织的经营领域决定了即兴创新发生的学科范围。组织的价值取向则担当了衡量尺度的角色，即兴创新产生的创意经由组织筛选才能付诸实施。3M号称有百年的创新历史，虽然近些年涉足多个领域进行多元化发展，但其创新基本上都是集中在生产符合市场需求的胶带技术上的。也就是说，创新是以组织现有的知识为基础的。这些知识是组织在发展过程中逐渐积累的，可以看成是组织的创新池。即兴创新就是员工从工作中出现的问题出发，结合个人知识，并从池中寻找相关信息而产生的。为了确保组织的可持续发展，创新池中的知识需要不断地扩展和更新。这就需要不断地将已产生的即兴创新经验教训补充到创新池中，确保挑战能映射为经验，并鼓励与其他人分享和交流所学到的。建立起一个良性循环，使组织在即兴创新中不断地积累知识，并为以后的创新提供有力的支持。

(二) 即时创新

要在激烈的市场竞争中立于不败之地，仅靠即兴创新是不行的。即兴创新是一种在宽松的氛围中的一种随意行为，适用于创意的产生时期。作为一种商业行为，就还要注意创新的速度和效益。

众所周知，竞争环境发生了巨变，竞争基础也已然转变，企业每时每刻都可能面临前所未有的问题，而这些问题往往都有很强的时效性。这要求组织能在有限的时间内，以更合适的方法更好地解决面临的问题。

即时创新首先是创新，即以更合适的方法更好地解决问题。同时还强调其时间性，在有限的时间内解决问题，即所谓的即时。技术将人们带入了一个全新的时间、空间，称为互联网时代，它有三种速度：快、更快和即时。即时，对组织的柔性和反应速度提出了更高的要求。

即时创新就是为了能够立即响应并满足客户的需求，要求创新在客户有需求时立刻发生。这里的客户并不一定是组织的服务对象，它泛指创新的服务对象，可能是组织的客户，也可能是组织的成员或某些部门。

相对于即兴创新，即时创新是更侧重于创新的实施：从创意产生到实现商业化，这通常是一个复杂的过程，而且讲求速度。

但事实上，能够做到即时创新的组织并不多。雷蒙德·叶等认为，这是由于客户、员工、流程、知识、供应链伙伴等实体间的相互关系的障碍造成的。为了克服这些障碍，首先需要理解价值创造与递送方式的转变。在传统的价值链概念中，价值是沿着价值链逐渐积累的，只有当产品或服务最终提供给客户的时候，才能达到其最高值。而当今的价值不再是链式传递了。随着信息技术的高度发展，其渗透到商业竞争中的各个角落，随着电子商务以及虚拟市场的出现，传统的价值链纵横交错，构成了一个复杂的价值网。在这张网上，无所谓始末，价值可以在任意点上以信息的形式，立即被创造出来，并能很容易地被包装和递送。他认为，可以通过实施即时价值联盟、即时学习、即时适应、即时实施、即时关联五条法则来突破实体间的障碍，取得即时创新。

即时价值联盟认为，每一次交易都可能赢得或失去客户的忠诚，因此，要在每一次商务活动中试图为每一位客户提供满意的服务。这是因为客户份额比市场份额更有意义。即时价值联盟就是要密切关注和了解客户，积极邀请客户参与设计流程，更早地预测客户需求。

即时学习：学习等同于工作。体现在基于流程的知识管理；知识被分解为容易理解的小块，使员工可以即时学会和使用。

即时适应：在完全授权个体员工为客户创造价值的同时，还要使他们和集体的目标与方向结合在一起，如自然界中的每个细胞都是一个整体中的独立个体。要达到即时适应，公司需要全过程管理，该管理可以使得公司各部分保持相互联盟而不是相互竞争，这就需要去发展和实现一个固定目标的核心竞争力，以及一种信任的企业文化。

即时实施："无接触、无边界。"使运作中没有人为的干预，这要求公司必须同时有快速和零缺陷两个标准。快速：能为响应变化而即时地创建新的流程或者快速重新配置现有的加工过程。零缺陷：所有时间内的每一时刻，加工过程所得的结果都能满足客户的严格要求。

即时关联：把公司、供应商、生产互补品的公司以及客户看成同一生态系统的各个部分。通过相互信任，达成战略合作伙伴关系共同承诺义务，达到思想和行动统一，共享关于新产品、行业发展方向和市场的大量信息，产生包括分担风险和高度信任在内的互相承担义务的意识，进一步弱化企业边界的概念。

即时价值联盟重要的是要对顾客管理，提出顾客份额重于市场份额的理念。即时关联是对供应商、互补品生产商的管理。实际上，它们都是为了满足迅速构造价值链的要求，因此可以认为二者都是即时价值链。

即时价值链要求组织能够根据市场的变化，随时调整战略，与客户、供应商、生产互补品的公司一起构成一个稳固的、分担风险的、高度信任的、互相承担义务的价值网络，并共同发展，不断进步，形成螺旋上升的良性循环的联盟。

（三）持续创新

持续创新认为，创新不只是一个事件，也是一个基于时间的过程。夏皮罗把持续创新看成是变革时代企业求生与制胜的蓝图，他认为优秀企业与落后企业的差异就在于它们的持续创新能力不同。在《24/7 创新》一书中，夏皮罗从战略、技术、流程、人员四个方面入手，分析了如何实现连续创新。

夏皮罗通过对 24/7 创新的描述略带夸张地阐述了在激烈的竞争和瞬息万变的市场形势的迫使下，企业为求生存和发展，必须永不停息地去努力创新的主张。

全面创新管理认为，仅仅是创新行为的连续并不一定能获得持续的竞争优势。因为虽然创新行为一般都有一定的目的，但是创新结果是无法预料的。在未加整理和系统化的情况下，连续创新得出的大量成果是杂乱无章的，如同没有共同目标的团队，纵然每个人都是本领域的专家，也不能做出令人满意的成绩，只有出现了被每个人都接受的共同的奋斗目标时，这个团队才能发挥其最大的实力。

如果说连续创新强调了创新行为的不间断性，那么持续创新的意义就在于它强调了创新行为的可持续发展，强调对创新行为与组织战略的协同，也强调对已有创新成果的收集和整理，使之能成为后来的创新的知识基础和创意池（图1）。

从图1中可以看出连续创新中的创新观念虽多，但目标分散，其直接结果就是不能拧成一股绳，不能使企业获得持续的竞争力。与连续创新不同，持续创新的创新成果都是"向前"的，它们都是为组织战略服务的。而且可以看出图中所示的创新体系大致分为三个阶段：①、②、③属于第一阶段；④、⑤、⑥属于第

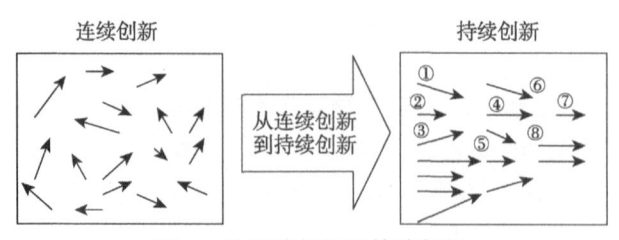

图 1　从连续创新到持续创新

二阶段；⑦、⑧属于第三阶段。一般来说，创新发展的阶段与企业的发展阶段是一致的。除了有明显的阶段性，持续创新的体系化还表现在前一阶段的创新能推动后一阶段的创新。例如，图中的④、⑤就是由①、②、③推动的，而⑦又是由④和新涌现的⑥所推动的，⑤则和本阶段的其他创新共同推动了⑧的产生。

简单地说，全面创新管理认为持续创新才能更有效地帮助企业在激烈的市场竞争中获得持续的竞争优势，在具有与连续创新相似的开放性的同时，它还具有系统性、阶段性、可预测性等特征。

另外，利用时差进行持续创新成为目前企业广泛采用的一种全时空创新方式。时差作为一种客观存在的必然事实，曾经困扰了需要跨时区进行工作联络的企业，但是在当今网络技术和信息技术的帮助下,利用时差日益成为企业进行全时空创新的崭新手段。例如，由于美国和印度之间存在近 12 小时的时差，将研发中心设在印度可以保证企业的全天候运营，也就是说当美国企业本土的员工回家休息时，它们在印度的员工刚刚开始工作。在国内，海尔的蓝牙网络家电开发就是其中一个成功范例。

综上所述，全时创新是即兴创新、即时创新、持续创新的有机结合。它是组织的创新体系与时间这一新兴的竞争资源结合的产物，是全面创新管理的重要组成部分。全时创新是从质量、数量、速度三个方面提高企业创新绩效的有效手段。

首先，即兴创新强调的是各种创意能够随时随地产生，可以作为全时创新的创意库。前面已经强调了，即兴创新是灵感与实际需要耦合的过程，往往是在没有预兆的情况下产生的。即兴创新产生的创意可能只是对工艺或产品的某个方面小的改进，也可能彻底颠覆当前产品的技术范式，既有可能是渐进创新，也有可能是重大创新，甚至是突破创新。研究即兴创新的目的就是刺激创意的产生，为企业的发展提供可行的创新计划。

其次，就是实现创意。即时创新强调的是创意的实施，同时更强调各种创意能够即时实施，以缩短企业的市场进入时间，获取先行者优势，即使不能抢占先行者优势，也要能紧跟先行者，推出更有竞争力的产品，从而提高企业的执行力和利润获取能力。即时创新就是即时地实现即兴创新所产生的创意。

最后，持续创新是即兴创新与即时创新所组成的序列，贯穿企业的即时创新和即兴创新，把它们联结成一个创新体系，把握企业的创新方向，作为企业持续发展的依托。

三、全时创新的实施

(一) 实施全时创新要求组织各要素相互匹配

全面创新管理中的全时创新，以企业的战略、文化、组织、制度、技术和市场等要素创新为驱动，以企业的全员创新为基础。要想有效地实施全时创新，切实提高企业的竞争力，就必须使全时创新的实施与组织的各要素相匹配。

全面创新管理中的全时创新的实施，首先，要求企业要有相应的创新战略的支持和引导；其次，要求企业要有与企业创新战略相适应的、宽容的、开放的和鼓励创新的文化场；再次，要求企业要有形成和巩固创新文化的组织制度和组织结构；最后，要求企业要有相应的技术和市场与此匹配。此外，不论是战略还是文化，或是制度、结构，都是以组织里的人为载体的，因此，我们说全员创新是实施全时创新的基础。总之，全时创新是一项复杂的系统工程。全时创新中即兴创新、即时创新、持续创新三个模块的系统关系，以及它们与组织各要素的关系可用图 2 表示。

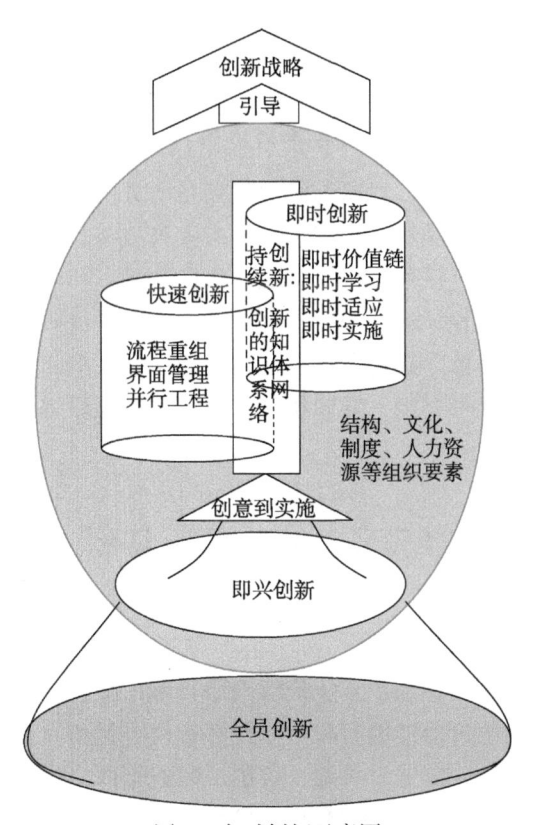

图 2　全时创新示意图

资料来源：徐静. 构建全时创新的组织：基于时间创新的组织要素研究. 浙江大学硕士学位论文，2005

不论是即兴创新、即时创新，还是持续创新都需要全员参与：高层支持，中层协调，基层创造。

（二）实施全时创新需要先进信息技术支持

以上各种系统方法普遍把信息技术作为实施的基础。信息技术自出现以来，就对各行各业产生了深远的影响，尤其是在互联网出现后，先进信息技术对市场竞争方式的影响更加深刻、广泛。例如，流程重组中的企业资源计划（enterprise resourse planning，ERP），并行工程、界面管理中的信息管理、网络通信等。这些都对创新的数量、质量、速度产生了积极的影响。

另外，在信息技术高度发展的今天，远距离通信已不再是什么难题。为了缩短开发周期，美国某公司将设在美国和印度的两个研究中心联网，利用两地间的时差，在一个研发小组下班时，将手头工作移交给另一个组，保证项目的开发不间断，从而缩短项目的周期。波音777研发项目中的238个团队就主要是通过网络通信，进行不间断的创新，切实缩短创新周期的。在整个研发阶段，他们通过网络通信的数据达到1 847 930 000 000个字节。海尔和爱立信在利用蓝牙技术开发蓝牙网络家电时，就是使用信息技术进行接力式开发来缩短开发周期。同样，印度TATA软件公司的高效开发软件也是经典例子之一。

（三）实施全时创新要求组织要素的协同

全面创新管理理论认为，战略为组织发展指明方向，技术是实现战略的手段与依据，人员通过一定的结构与流程组织起来实施战略。结构规定了组织的纵向层次及相应的权力配置，流程安排了组织的横向联系，从而有利于组织中不同部门的串联和沟通，流程设计的合理度直接关系着组织的横向协调能力；而人员就是这些结构与流程的载体，结构与流程是通过组织中人员间的相互作用体现出来的。只有当这些要素相互匹配、共同作用，组织才可能取得持续的竞争优势，不断向前发展。

第二节　全价值链创新

一、全价值链创新的必要性

全价值链创新作为一种基于企业价值网络来考虑整合创新资源的全新的创新模式，它包括企业内部价值链创新和企业外部价值链创新。企业内部价值链创新是指通过整合企业研发、制造、采购、营销、财务等部门的创新资源来形成创新思想，以便实现降低产品成本或使产品差异化等创新目标。企业外部价值链创新是指通过对供应商、客户、竞争对手、潜在进入者以及大学、科研院所等的创新资源进行有效整合，来提高企业自主创新能力、加快创新速度和降低创新风险。本节从全价值链创新产生的时代背景出发来阐述全价值链创新的必要性、内涵、实质、意义、特征和各种形式。

（一）全价值链创新的时代背景

近20年来，随着科学技术的迅猛发展以及全球化步伐的加快，企业的竞争环境发生了深刻的变化，表现在竞争范围、竞争本质及竞争方式的改变。竞争范围已经从单个企业竞争转化为价值链竞争。企业与企业之间的竞争演变为企业价值链之间的竞争，企业管理的范围不但包括自身的资源，还要延伸到供应商和客户。互联网的应用不仅可以改善价值链中各部分间的沟通，提高价值链的效率，更重要的是互联网将会改变价值链的结构。在20世纪90年代中期以来的新经济形势下，越来越多的企业从对抗性竞争走向合作性竞争。战略联盟成为继并购热潮以来企业界的又一新潮。在战略联盟中，众多企业价值链的合作组成了价值网，每个企业的价值链都是价值网中的一个节点，网络内部以合作资源共享的方式创造出竞争优势，而网络外部则是一种动态的竞争关系。

现代技术创新过程是一个多机构参与的复杂过程，所以，用户、零部件供应商以及其他企业和个人，甚至政府有关部门和企业环境，都应被考虑到创新过程的范围之内。这样，创新源以及研发、营销和制造等职能的概念也被拓展了，而职能部门间的协作与协调就更为重要和困难。

总之，企业竞争环境的变化要求全价值链创新，信息技术的广泛应用使得全价值链创新成为可能。

（二）整合企业外部价值链有助于降低企业创新成本和风险

全价值链创新的主要动机可归纳为：①全价值链创新能够节省技术转移和技术交换的成本；②技术会在产业内及产业间溢出，有的产业技术的溢出效应很高，此时，企业为了使研究开发的"外部性"内部化，便组建合作研究开发联盟；③当前的高新技术创新常常依赖于多个科学技术领域的合作才能完成，然而很少有企业具有足够广阔的知识，因此充分利用上下游企业、用户及联盟内部的知识，有助于降低企业自主创新的风险。

（三）整合企业外部价值链有助于企业核心能力的更新和提高

如何建立新的核心能力或使现有核心能力提高，以获得持续竞争优势是管理理论界和实践界共同关心的一个重要问题。通过建立战略技术联盟，形成外部网络，是能力建立与提高的一条重要捷径。全价值链创新的优势主要体现在：①分担研究开发成本、分散风险；②获得研发的规模优势；③促进企业间知识的流动，获得企业范围以外的技术专长；④企业合作伙伴间的优势互补；⑤快速获得新技术或市场,全价值链创新过程中的技术学习能促进企业核心能力的更新和提高;⑥有利于企业集中力量于关系核心能力提高的研发活动。

(四)整合企业内部价值链有助于企业拓宽内部创新源

企业内部价值链中的任何职能部门都可能是创新源,而整合企业内部价值链就意味着拓宽了企业内部创新源。就拿创意来说,研发部门产生产品、工艺设计方面的创意;生产部门产生降低产品成本和提高差异化方面的创意;营销部门产生促销和品牌建设方面的创意;财务部门通过降低资金成本方面的创意来降低最终产品的成本。

二、全价值链创新的内涵和特征

(一)全价值链创新的内涵

全价值链创新的内涵可概括为:以市场和客户需求为导向,以提高企业创新绩效、核心能力/竞争能力为目标,以协同商务、协同竞争和多赢原则为运作模式,运用管理方法和信息技术、网络技术以及集成技术来整合价值链上各个创新资源,达到对整个供应链上的信息流、物流、资金流、价值流和工作流的有效规划与控制,从而将企业内部各职能部门以及企业与客户、分销商、供应商、服务商以及战略联盟连成一个完整的创新网络。图3是全价值链创新网络示意图。

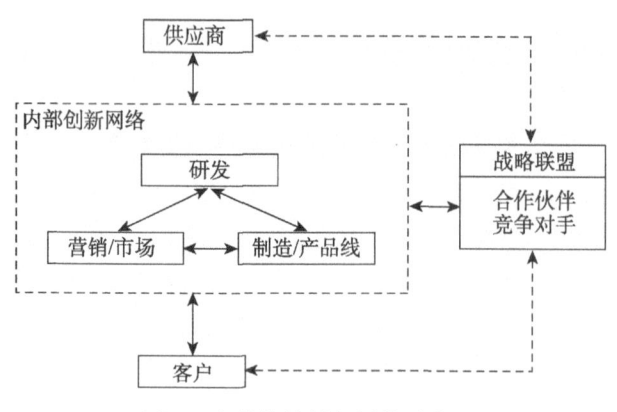

图 3 全价值链创新网络示意图

全价值链创新的实质是基于价值链分析的方法把企业内、外部的整个价值链网络纳入企业的创新过程中,以实现价值增值和核心竞争优势的获得。广义的创新过程不同程度涉及研发、制造、营销、财务、供应商、用户、竞争者以及其他利益相关者等部门或单位。

全价值链创新是从利益相关者的角度,围绕技术创新这个核心,获取持续性的核心能力和竞争优势这个目的,实现价值创造和价值增值。它区别于传统的业务流程再造、战略外包等供应链方面的创新活动，而是把企业与价值活动有关的利益相关者纳入技术创新活动中，如供应商参与新产品开发、用户-企业互动创新、企业的研发战略联盟等。

（二）全价值链创新的特征

企业的创新一直以来是由研发部门来单独承担和完成的，后来，并行设计模式的出现以及战略联盟、企业内部跨部门间协同创新以及企业间合作创新越来越多，突破了原来只是仅由研发部门独自承担创新的思想。近10年来，供应链管理思想的兴起和网络信息技术的迅速发展，使基于全价值链的思想来整合所有价值网络内部的创新资源成为可能，并在企业界广为开展。全价值链创新作为一种全新的创新模式，有其独有的特征（图4）。

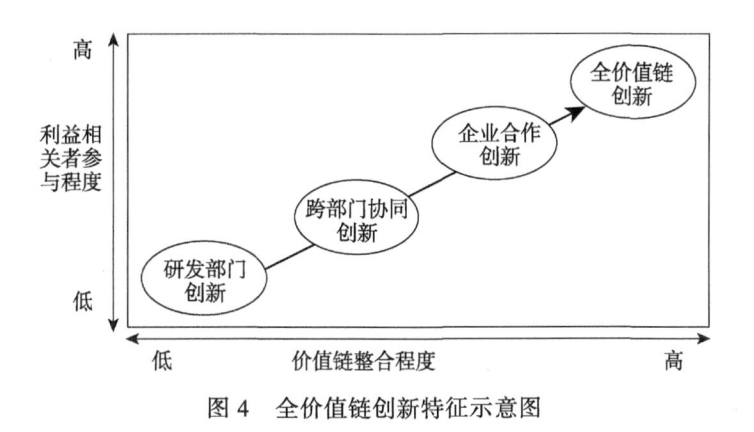

图 4 全价值链创新特征示意图

从图4我们可以看出，描述创新特征的角度是利益相关者参与创新程度和价值链整合的程度。

1. 全价值链创新的特征之一：利益相关者参与创新程度高

安索夫（Ansoff）是最早使用利益相关者一词的经济学家，他认为"要制定理想的企业目标，必须综合平衡企业的众多利益相关者之间相互冲突的索取权，他们可能包括管理人员、工人、股东、供应商以及顾客"。利益相关者参与创新程度包括其参与创新的幅度和深度。利益相关者参与创新的幅度是指在企业进行技术创新过程中把所有的利益相关者纳入其中。例如，企业股东结合新产品的技术情况、市场风险和未来的回报等因素来决定是否对新产品进行投资；供应商参与到企业新产品开发战略的制定、新产品开发的各个阶段中；在新产品开发早期阶段用户信息反馈或企业利用用户工具箱、模块创新等方式让用户设计产品；与竞争对手或者合作企业结成战略联盟；与大学、政府研究机构等开展产学研一体化来进行创新活动等。利益相关者参与创新的深度意味着他们在多大程度上参与到企业内部的技术创新活动中，企业间存在技术溢出、道德风险等机会主义行为，不利于企业间的合作创新，因此合理的利益分配机制和企业间的协同十分重要。

2. 全价值链创新的特征之二：价值链整合的程度高

在以客户价值为导向的市场竞争环境中，客户需求多变，竞争层次、水平、量级提高，企业与企业之间拼的不再是局部优势，而是基于价值链的系统效率或综合竞争优势。企业只有取得系统竞争优势，才能形成竞争对手在短时间内难以模仿的核心能力，才能赢得持续的竞争优势。而形成系统效率及综合竞争优势的关键在于价值链整合的程度，包括企业内部价值链以及外部的供应商价值链和渠道价值链及战略联盟间的整合程度。从研发部门创新、跨部门协作创新、企业合作创新到全价值链创新，企业内部价值链和外部价值链的整合程度越来越高，创造的价值也越大。

三、全价值链创新的形式

价值链可以根据企业边界划分为内部价值链和外部价值链，全价值链是把内部价值链和外部价值链通过互动、整合等而形成一个整体。如前所述，全价值链创新就是基于全价值链网络视角来整合企业外部价值链网络到企业内部的技术创新活动中，即把外部价值链的创新活动与内部价值链的创新活动通过协同、整合来获得单个活动所无法得到的效果。

这里所说的内部价值链创新，是指企业内部的采购、制造、营销、财务和研发各个职能部门参与到企业的技术创新活动中，包括参与新产品开发、工艺创新活动，而不仅仅是创新为研发部门的专用活动。它区别于一般意义上所说的内部价值链创新，一般意义上的内部价值链创新是指价值链上各个活动的自身创新，如采用灵活制造技术和 JIT 的生产方式等。外部价值链创新是指企业供应链上下游的创新、组成研发战略联盟等，如供应商参与制造商新产品开发与改进、新工艺开发与改进等创新活动。全价值链创新的主要形式包括供应商参与创新、用户参与创新和研发战略联盟。

（一）用户参与创新

麻省理工学院斯隆管理学院的教授冯·希伯尔（von Hippel）在 1988 年的《技术创新的源泉》一书中提出了"创新的职能源"理论，突破了传统上认为技术创新主要是由制造商完成的观念；作者通过对以往创新进行大量的实证研究，发现在不同的产业有着不同的创新主体，在许多产业，产品用户和供应商是技术创新者。

冯·希伯尔一直以来对用户创新进行了深入的研究，早在 20 世纪 70 年代就提出了"让用户参与创新"的观点，后来提出了"领先用户"创新的思想，并开发了用户创新工具箱，使得制造商能很好地把领先用户的思想整合到企业内部的技术创新活动中。里格斯和冯·希伯尔发现，在科学设备产业，用户和制造商被不同的动机而激励创新。用户重视科学的重要性，而制造商关注商业的重要性。具有高度科学重要性的创新一般被设备用户开发；有极高商业价值的创新一般是由制造商来进行的。斯特凡·托姆科（Stefan Thaomke）和冯·希伯尔在2002年的《哈佛商业评论》上发表的《让客户帮你创新》提出，在网络环境和信息通信技术下，制造商采用网络技术来让客户参与到新产品开发活动中。

1. 用户参与创新的原因

"仔细倾听顾客所需，然后设计出满足甚至超越客户需求的新产品。"这条原则一直被许多企业奉行。然而这条原则正面临着挑战。如今，众多市场的变化速度越来越快，产品生命周期的缩短要求产品创新速度加快，而产品开发的难点在于：需求信息在客户方，而解决方案在产品制造方，两者很难匹配。传统的做法是制造商通过市场调研和收集行业统计数据等诸多手段来获取有关信息，而客户需求大都很复杂，就连客户自身也很难说清楚，因此这一过程耗资又耗时，要完全了解客户的需求往往需付出巨大的代价，且得到的结果也不甚精确。所以，传统的产品开发是一个屡试屡错、屡错屡试的漫长过程，制造商与客户之间通过很多次沟通、试验和反馈的双方反复过程，一直到找到满意的解决方案。

企业必须整合顾客的需要和兴趣到它们的产品设计中。安东尼奥·J. 巴伊莱蒂（Antonio J. Bailetti）和保罗·F. 利维娅（Paul F. Litva）在总结前人研究的基础上指出目前产品开发面临的问题是：①由于产品和环境本身的复杂性和动态性，开发组织面临的一个最重要的任务是如何把顾客要求整合到产品设计的细节中去。②对设计过程的研究重视程度不够。他们对企业中设计人员是如何整合在设计过程中产生的信息与顾客需求的信息进行研究发现，对于研发和营销整合的最大障碍是顾客需求信息被研发人员获得的方式。

2. 用户参与创新的"公司–顾客"互动模式

在顾客与公司的合作中，产品设计可能通过使用标准模块（standard module）来创造，这些标准模块是由制造企业提供的规格。为了满足个体用户的苛刻需求，越来越多的企业产品和服务都采用了大规模定制的形式。大规模定制（mass customization）要求在产品开发、设计中制造公司和顾客之间的互动被广泛采用。随着灵活的柔性生产方式和新的通信技术被应用，个体的偏好和大规模定制的组合成为可能并日益普遍。例如，IKEA公司过去一直依靠大规模生产、规模经济来推行低成本策略，然而现在他们也开始尝试使用大规模定制，以标准的价格提供定制厨具服务。

佐尔法伊格·维克斯特朗（Solveig Wikstron）对公司与顾客的互动过程进行研究指出，很多公司在价值创造过程中经常采用一种"扩展的'公司–顾客'互动模式",他们越来越积极地让顾客参与到设计、生产、营销中,公司也更多地参与到消费中;公司与顾客都参与到破坏性阶段(产品的回收和重复利用)。现在,顾客的角色不再限制在市场研究、交易和消费阶段;顾客更多地被邀请参与到设计、生产和营销中,相对应地,公司把它们的活动延伸到顾客的消费本身领域,这就意味着"公司-顾客"的互动出现在价值创造的所有阶段。

在以上模式中,公司是设计和生产的主角,也是营销活动信息的主要提供者,但是顾客参与设计和决定搜寻什么信息。公司对消费活动和破坏性阶段提供支持,这种互动方式的目的是使消费者更容易获得更多的价值。

(二)供应商参与创新

20世纪90年代供应链管理的兴起,改变了对供应商仅仅是企业的零部件供应商的传统看法。供应链管理思想强调制造企业借助于先进的信息网络技术,建立与上下游企业战略合作伙伴关系,委托这些企业完成部分业务工作,自己则集中精力和各种资源,专注于本企业能创造特殊价值、比竞争对手更专业、更擅长的核心业务上,最终目标是用系统的管理模式最大限度地降低企业产品进入市场的成本,获得最大利润,同时实现"双赢"。基于以上思想,对供应商的选择也不再仅仅限于传统供应关系中所考虑的价格、物流两方面,而是更注重于选择能够提供优质产品、技术创新、产品设计、数据与信息集成化水平、质量保证等方面进行良好合作的供应商,并与之通过签订长期合同和利益共享来建立战略伙伴关系。而供应商参与制造商的技术创新也成为二者战略伙伴关系的一种主要形式。

实际上,自20世纪80年代以来国外许多供应商就开始与用户(主要是制造商)进行合作创新,更多地参与到用户的创新活动中,出现了"供应商参与技术创新",包括供应商参与到用户的技术改进、新产品开发和服务创新等。例如,20世纪80年代末期兴起的"供应商参与新产品开发"(supplier involved new product development,SINPD),即制造商在新产品开发过程中让供应商参与进来。例如,美国的波音、克莱斯勒,日本的丰田等著名的跨国公司都在全球范围内与其供应商进行合作创新,让供应商参与到公司内部的技术创新中。

1. 供应商参与创新的原因

20世纪80年代以来,随着快速的技术变革和全球化的竞争、制造商需要的创新活动越来越频繁且今天高度复杂的创新常常跨多个科技领域,很少有制造商具有全面的知识和资源去处理复杂的环境问题。特别是在汽车、电子、远程通信和飞机这些技术密集型产业,需要组合各种来源的知识进行快速和持续的技术改进、新产品开发和服务创新。正如彼得·德鲁克说:"'企业应当最大程度地集中'的传统定理已经失效。原因之一就是,任何一种活动所需的知识越来越专业化,更新越来越快,成本越来越昂贵,想在一个企业中为每一项重要业务贮存大量的关键要素也变得越来越困难。"因此在新产品开发过程中制造商与外部组织的互动来获取新的科学和技术知识就尤其重要。西口（Nishiguchi）和池田（Ikeda）认为，在前沿产业的供应商是创新的温床，制造商通过组合供应商的技术诀窍来弥补他们的弱点而创造更强的竞争优势。

"供应商参与技术创新"形成的另一个主要原因是有利于用户（如用户是制造商）产品开发成本的节省。产品开发成本-效率是公司成本竞争力的一个关键要素，如控制要素成本、采取规模经济，提高生产率和后勤的效率等。罗梅尔（Rommel）等表明，在机械工业方面的产品成本中的50%~70%是由开发阶段决定的。克拉克（Clark）和藤本（Fujimoto）对于轿车行业研究也发现，超过80%的生产率和质量取决于开发阶段。有关机构对《财富》前1000家公司的大量研究表明，在新产品推介过程中，越早让供应商参与其中，整个项目所节省的资金也就越多。

2. 供应商参与创新的作用

供应商参与技术创新的实践在国外开展了20多年，极大地推动了日本和美国等主要发达国家制造业的发展，这方面的理论研究也方兴未艾，尽管对于它的作用不同的学者观点不一，但总的概括来说，可归纳如下。

（1）"供应商参与技术创新"实践对制造商的益处包括：①供应商与制造商二者互补资产的同步组合以及在开发的早期阶段评价各种思想，从而可以大大减少开发的时间；②可以减少产品开发的风险，如新产品在开发的后期阶段（工程或试制阶段）由于发现失误而需重新设计的风险可以被减少；③增加新产品开发的灵活性；④通过技术和信息的共享、筛选各种方案等来提高产品质量，避免一些复制等浪费来减少开发成本，通过与拥有先进的技术诀窍的供应商共享市场和技术信息来提高市场适应力以降低市场风险。

（2）"供应商参与技术创新"实践对供应商的益处包括：①与制造商共享信息和技术，工程师之间的沟通和互动能够拓展其自身的技术能力，促进创新；②与制造商之间的长期的合作关系，使得供应商参与到制造商持续的创新活动中，制造商高的期望或者供应商的替代压力必然促进供应商持续不断地进行创新活动；③通过签订长期的合约、双方的相互信任和制造商的资产专用性有助于二者的长期合作，更多地确保供应商的利益，使得供应商愿意为某特定的制造商做更大的研发投资。

3. 供应商参与创新的主要形式

（1）伙伴供应商角色：挑选较少的一级供应商作为战略伙伴，战略性供应商对制造商提供全面的服务，包括对整个复杂子系统，甚至在概念阶段就参与新模型的设计，它们的技术能力一般强于其他竞争对手，能够提供一些建议或解决办法来实现客户预期的价格和绩效目标。它们自己测试产品零部件，甚至能承担为其他供应商测试零部件。在前概念阶段，供应商和制造商共同决定子系统的规格，在复杂的子系统设计的整个周期中需要双方大量的沟通。

（2）成熟供应商角色：供应商设计和制造复杂的配件。它们的技术能力比合作伙伴供应商要逊色，因而对制造商的设计影响更小一些。供应商可以自己独立开发系统，然而在关键的性能规格、界面要求等指标方面，由制造商提供；而且，成熟的供应商承担重大的测试责任，当这些测试数据被递交给制造商时，制造商不再测试。广泛和大量的沟通存在于从概念阶段一直到生产阶段。成熟的供应商关系与伙伴供应商的差别较小，主要是其高级的开发目标受客户的目标影响较大，一般供应商根据客户的要求来制定和修改自己的设计目标。

（3）幼稚供应商角色：幼稚供应商对制造商设计规格影响很小。在概念阶段设计规格由制造商提供，幼稚供应商只是提出一些建议，负责制定设计的细节和制造以及测试原型。然而还是由客户对零件的关键性能进行测试以评价零件的性能。在概念阶段沟通不是很频繁，而在原型阶段沟通很多，但是比前两种供应商角色的沟通密度小。

（4）合约供应商角色：合约供应商只是制造由客户设计的零件，通常是标准零件或标准商品。一般来说，客户充分利用供应商的独特制造能力，如大规模柔性制造能力，偶尔也会让供应商参与产品开发，但在前概念阶段和概念阶段很少参与合作，它们的合作主要集中在原型后阶段，即生产准备阶段。

（三）与其他利益相关者结成战略联盟

20世纪90年代以来，公司间战略联盟不断涌现，跨国、跨行业及竞争对手之间的战略联盟成为其显著的特点。随着全球技术创新速度的不断加快，研发能力已成为影响企业竞争地位的决定性因素。研发战略联盟就其形式来说，美国学者洛朗热（Lorange）依据战略联盟在价值链上所在环节的不同，将战略联盟分为：联合研制型、资源补缺型和市场营销型三种。而联合研制型是指在生产和研究开发领域展开的合作，参与联盟的企业充分利用联盟的综合优势，共享经营资源，相互协调，共同开发新产品、新材料和新技术。日本松下公司与美国英特尔公司合作，共同开发16M的动态随机存储器（dynamic random access memory，DRAM）技术、美国通用电气公司与日本三家公司共同开发原与法国斯索克玛公司共同开发的新一代发动机等即属于联合研制型战略联盟。

研发战略联盟作为一种主要的战略联盟形式，在很大程度上是为了获取能使各方互惠互利的技术和资源。通过联盟给双方带来同等促进效应，使双方在技术进步、新产品开发等方面有相应的收益，实现联盟参与方的"双赢"或"多赢"。然而这类研发战略联盟一般通过签订契约来保证，一旦研发任务完成，契约自动终止，因而联盟较为松散。并且研发战略联盟中的成员多为风险型企业，合作的目的在于获得新技术、降低资金的投入风险和项目的开发风险。这类联盟在微电子、计算机、生物工程、新材料等高科技行业中比较常见。例如，IBM、摩托罗拉和苹果三家计算机巨头结成研发战略联盟以集中三家技术去发展 Power PC 微处理器芯片。这种联盟的特征是联盟体之间有明确的合作目标及合作项目，目标一旦完成联盟即解散。这种情况下，联盟企业在有限度的合作条件下，集中力量共同创造最新成果，并按一定契约关系分享合作项目成果。

（四）全价值链创新与全面创新管理的关联

1. 全价值链创新与全员创新的关系

根据波特对企业价值链和价值系统的技术分析，技术既存在于企业内部的每一个价值活动中（如后勤、市场营销、经营、服务、企业基础建设、人力资源管理、技术开发和采购），同时也存在于企业外部价值链之间，而技术变革实际上对任何活动都产生影响，从而影响竞争。因此，在激烈的市场竞争中，企业只有充分发挥从管理、研发、销售、生产、后勤等在内的所有员工创新的积极性和主动性，充分挖掘员工的创新潜力，实现全员创新，才能持续有效提高创新绩效。正如日本京都陶瓷创始人兼社长稻森胜之所说的，"无论是研究发展、公司管理，或是企业的任何方面，活力的来源是'人'。而每个人有自己的意愿、心智和思考方式。如果员工本身未被充分激励去挑战成长目标，当然就不会成就组织的成长、生产力的提升和产业技术的发展"。除了激励企业内部员工创新积极性外，还应充分利用企业外部价值链上供应商、客户及战略联盟企业的资源，调动它们员工的积极性和创造性，实现整个价值链的价值最大化。例如，建立创新小组、跨职能工作团队、网络化工作团队等，强调员工之间相互合作、优势互补、信息共享，实现"1+1>2"的协同创新效益。

2. 全价值链创新需要文化的融合

目前我国企业存在研产销脱节、产业价值链难以整合、系统效率企业低下的现象，从根本上讲是企业文化问题。首先从企业内部价值链整合来看，如果企业内部员工彼此之间对核心价值观达不成共识，不能形成以客户价值为导向的理念与企业整体运作的思维方式，员工习惯于各自为政、独立作战，缺乏合作与协同意识，企业文化的整合就缺乏深层次的文化（即核心价值观）支持，往往是企业高层试图推动整合，而员工感到迷茫而不愿跟进，导致整合效果不佳。其次从企业外部资源整合来看，如果上下游之间不能充分沟通，对双方的目标和利益达不成共识，就难以产生信任和承诺，合作的交易成本就高，企业的策略联盟与合作关系就难以真正确立。因此，全价值链创新从根本上需要文化的整合，企业在进行价值链整合之前，文化理念的整合要先行。

3. 全价值链创新与全时空创新的关系

网络信息技术的发展使得企业在跨地域和跨国界进行全时空创新成为可能。许多跨国企业在全球范围设立制造、研发和采购基地，且产品面向不同的市场。依赖于网络信息技术，企业在创新过程中整合分布于不同地域的价值链上游供应商和下游的客户及战略联盟，在全时空范围内开展全价值链创新，全时空创新具体落实到企业的流程与价值链的不间断创新。

在网络信息技术下，产品设计和开发系统提供了一种在产品开发项目中获取和控制所有成员与过程的方法，即通过即时交流（instant messaging）和网络会议（web conference）在主要供应商、原始设备供应商、工程师、市场人员、设计师、客户之间实现全球化的低成本实时链接和交流。使用了设计和开发系统的企业已在更短的时间内生产出了质量更高、更能满足客户特定需求的产品，而且没有出现传统设计流程中存在的交叉问题。譬如，美国国家半导体公司（National Semiconductor）允许其客户和供应链合作伙伴利用以早期电路设计为基础的产品设计系统来开展合作，这样既节约了时间和金钱，又创造出更合适的终端产品。又如我国海尔集团在2001年4月开发蓝牙网络家电就是与合作伙伴爱立信采用全时空创新方式，实现24小时不间断的接力式开发。网络和通信技术的发展将大大缩短产品每个零组件的设计和生产时间，降低了产品的设计和制造成本；缩短完整的产品从设计到推向市场的时间，大大缩短了新产品开发的周期。

第三节 全球化创新

一、全球化创新特征

（一）全球化创新的发展过程

20世纪50年代以来，全球化一直是跨国企业的重要经营战略。经过40多年的发展，企业全球化经历了20世纪50~60年代开始的市场全球化、始于70年代而盛于80年代的生产全球化阶段。到了20世纪80年代中后期，单纯进行生产全球化带来的成本优势很容易丧失。例如，海门（Seagate）公司1984年把制造移向新加坡，在成本下降的同时，丧失了长期竞争优势的来源，尤其是开发和引进创新产品的能力，因此导致了20世纪80年代末其在硬盘驱动器领域的失败。国际经济的一体化迫使许多公司开始对技术在企业发展中的重要作用进行重新考虑。任何公司都不能作为"技术孤岛"而生存。即使是世界上管理最好和最成功的公司，如通用等，它们都无法完全从内部获得其所需要的所有技术。"在合作之上进行竞争"已成为企业发展的主战略。于是，企业全球化进入全球化创新阶段。进入20世纪90年代之后，创新与技术管理日益全球化。在一些技术密集型产业，如制药、电子等，为了获得全球竞争优势，跨国公司都争相在国外新建研究所。例如，佳能在5个国家的8个研究所进行创新活动，摩托罗拉拥有位于7个国家的14个研究所等。

（二）全球化创新的阶段特征

根据各阶段创新的特征，全球化创新的发展大致可以分为当地适应阶段、当地智力利用阶段和全球网络化阶段。

当地适应阶段的出现是生产全球化的必然结果。需求因素是当地适应型研究开发发展的主要原因。它主要是企业为更好地开拓和服务国外市场而在国外建立研究机构。其主要使命有二：一是解决工艺和设备的当地化，适应当地的人力、气候等生产条件；二是研究当地市场，结合当地需要，把公司本部开发的产品当地化，适应当地市场条件。直到今天，许多跨国公司在国外设生产厂时，仍然采用这一形式。例如，摩托罗拉、保洁等公司在中国设立的研究所多属此类。

随着世界各国经济的发展，第三世界教育和科技水平的提高，以及全球技术发展的非均衡性，各公司开始设立利用当地智力的创新机构。特别是20世纪90年代以来，技术供给因素成为全球化创新的主要原因。供给因素是为了更为有效地利用国外的技术、大学和其他研究机构等技术资源，或寻求创新的低成本，提高创新的效率。例如，美国在生物技术、电子系统和软件上有优势；欧洲在软件方面有其特色优势，在通信和化工领域表现不错；而日本则在家用电器、半导体、低成本制造技术等其他行业占有一席之地。技术专家在各个地区的"创新小组"里发展，许多公司努力在国外进行创新工作的一个重要驱动力就是发掘这些分布于各地区的技术核心。另一个重要的驱动力是随着第三世界科技教育水平的提高，高水平科技人员日益增多，而这些地区的劳动力成本相对较低，可以低成本利用这些地区的智力。

20世纪90年代以来，随着信息技术的发展和全球信息高速公路的提出，信息技术在企业运营中广泛应用，这为创新全球网络化奠定了技术基础。竞争因素也是一个驱动全球网络化的重要因素，越来越激烈的国际竞争，使得产品性能和质量成为竞争的焦点；产品差异增加伴随国际市场的同质化；新产品渗透进国际市场的时间压力增加，以及同时在世界各国市场引入的压力；缩短创新的时间压力增加，以及尽可能地延长企业新产品的市场生命周期。全球创新组织网络化是全球化竞争到来后的必然趋势。20世纪80年代，只有少数几家公司追求这种方法。建成一个技术网络要花10~20年甚至更长时间，今天朝这个方向努力的公司明天将有一个明显的获胜优势。

全球网络化给创新组织管理带来了新的挑战，全球网络化组织管理成为一个新的热点和难点。为了面对这种新趋势以及从中寻求发展机遇，增强自主技术创新能力，拥有自主技术，提高核心能力，以实现进入世界500强的战略目标，我国企业必须对这种新趋势有一个清醒的认识，以制定对策，迎接挑战。

二、全球创新网络结构

各跨国公司根据各自的历史和现实条件以及发展战略，形成了各具特色的创新网络。根据各创新机构的特点和创新网络的协调方式，创新网络可分为星形网和蛛网两种。星形网的典型特点是有一个协调中心，一般是位于公司本部的中央研究机构，它负责各研究机构之间知识的回流、处理和分流，各研究机构之间的关系一般通过它来协调。蛛网的典型特点是各研究机构之间可以进行直接沟通和知识交流，但更高一级的交流和整个网络的协调一般还是通过中央研究机构。

（一）创新机构类型

根据创新机构的使命，其可以分为技术搜索型、当地开发型和试验研究型三类。

技术搜索机构的使命主要有两个，一是监测当地技术进展，二是监测当地市场状况。近年来，随着我国经济发展和走出国门愿望的与日俱增，许多大企业，如海尔、中兴、华为等纷纷在国外建立技术监测机构，以把握技术发展的脉搏。国外巨型跨国公司也是如此。这种技术搜索机构一般都建于技术高度发达的环境中。例如，华为在美国的硅谷建有这种技术搜索机构；埃里克森（Ericsson）在加利福尼亚的门罗公园、北卡罗那州的罗利（Raleigh）建立了技术搜索机构；日本公司在英国牛津、剑桥及德国亚琛（Aachen）建立小型技术搜索机构。比较重视监测当地市场，了解消费者口味及消费习惯的是日本的家用电器公司。它们在一些重要或典型市场建立这种机构，配置少数靠近关键用户的设计专家，为公司其他创新机构进行的产品开发提供市场需求信息。

当地开发型机构的主要使命是为公司分布于世界各地的生产与营销机构提供技术支持，把公司创新中心或其他创新机构开发的产品针对当地情况进行适应性开发。当然，它仍有时也进行搜索活动，为公司的创新提供技术与市场信息。这类机构的全球化与生产和市场全球化密切相关。它们是公司创新成果在全球转换成经济绩效的关键一环。改革开放以来，跨国公司纷纷进入我国市场，在它们将生产向我国转移的过程中，也在我国建立了这类研究所，如保洁在广州、贝尔在上海建立的研究所。

试验研究机构的主要使命是为公司开发基础性（主要是定向基础）、通用性产品和工艺技术，为全公司研究开发网络提供技术支持，它开发的技术可以通过各种途径为其他创新机构所用。它可以分为两种类型：专业性研究所和综合性研究所。

专业性研究所全权负责开发某一技术领域在全球运用的新产品或新工艺，适用于以下两种情况：一是市场差别小，即某个市场的需求能代表全球需求或全球市场无差别；二是公司既能也愿意把创新集中于一地，它可使公司技术活动更合理，既能消除重复立项，也可以与公司其他创新、经营活动更加协调一致。这种专业研究所一般有较强的研究开发与创新能力。它一般位于某种技术比较先进的地方，如美国的硅谷、128公路科技园、主要研究半导体与计算机技术的新泽西州，主要研究生物技术的麻省和贝克莱（Berkeley）等。例如，北方电讯（Northern Telecom）在北美有一个创新中心，集中进行公司大部分研发。每研发出一项产品和技术后，各地研究所就在此基础上进行开发，主要是软件系统的当地化开发，以适应当地市场通信技术的要求。

综合性研究所负责研发那些可以为全球各创新机构运用的基础性技术或通用技术，为全球创新机构提供技术支持。一般来说，它是公司创新力量最强的研究所，多数是创新中心，一般有收集整个创新网络的信息、协调整个网络的功能。例如，西门子公司总部的研究中心，负责研究规划和各研究机构的协调。

（二）星形创新网络

根据创新机构类型，星形创新网络可以分为技术监测网、技术应用网和综合网。

技术监测星形创新网络中除中央研究所为主要的试验研究机构并处于网络中心外，各创新机构一般为技术搜索机构，它们位于各技术领先中心，监测当地技术进展。我国很多大公司建有此类网络，如海尔在美国、韩国、日本、德国、荷兰等国家设有技术监测机构，形成一个全球技术监测网，为公司创新服务。当创新速度成为主要战略目标之一时，这种结构能加速知识积累和技术学习过程，如日本的电子公司（NEC、索尼、东芝、日立）在美国与欧洲的技术发达地区建立小型技术搜索机构，充分利用全球各地的技术进步，已缩小与欧美的基础研究差距。

在技术应用星形创新网络中，除中央研究所为主要的试验研究机构并处于网络中心外，其他研发机构一般为当地开发型机构，大型跨国公司多设有这种网络，为全球的生产网络服务，充分发挥公司的技术优势，占领全球市场。

综合星形创新网络就是各创新机构中，既有技术搜索机构，也有当地开发型机构，中央研究所位于网络中心，协调整个网络的信息和活动。有对创新集中控制传统的公司，一般都采用这种网络，如日本的大多数公司、德国的西门子公司等。还有就是技术创新过程不可分割的一些产业，如化工业与制药业也采用这种形式。

（三）蛛网创新网络

蛛网创新网络适用于以下两种情况：一是有些分布于全球各地的研究所与中央研究所力量相当。例如，阿尔卡特（Alcatel）发现它兼并的外部研究所与总部研究所[如意大利的Telettra，西班牙的西班牙电信（Telefonica），ITT的欧洲分支]的技术能力相当，就采用了这种组织形式；二是有分散传统的公司，如爱立信一直把技术能力分散配置，限制总部研究所的发展，公司在开发新型交换设备时，采用模块化开发方法，各研究所开发设备中的某个模块，形成一个协作网。

（四）全球创新网络的管理

实现全球创新网络的管理需要：公司有明确的愿景、掌握全球创新动态、研发战略与公司战略紧密结合。为有效地建立和管理全球创新网络，应考虑以下因素：公司技术特点、网络外部因素、网络内部因素、（商业）机会和（市场）限制、协调和管理要求、公司创新机构的历史状况。即确定技术成熟度和需同顾客结合的程度；协调好创新与其他职能的关系，使用好内部资源；法律和政治因素，如进口限制、技术出口限制与政府压力等，确保横跨多个经营或技术领域的综合机会能够实现；做好协调与管理，注意整体均衡。它是技术资源优化的关键。

创新网络一旦建立起来后，就应从全球角度来管理创新，使创新网络成为一个有机整体协调运作。全球创新网络管理要求有很强的协调能力。创新网络的主管经理应是全球协调者，而不是一个区域长官。做到以下几点是非常有益的：高层经理与高层创新经理密切合作，制订整体研究规划，并合理分解、把各部分分配给各个研究所；中央研究院 2~3 年举行一次会议，让科学家和工程师知晓公司的技术知识和能力状况；鼓励信息交流，中央研究院的创新经理在各个研究所的研究人员之间建立直接联系；中央研究院不时监测制造网络和创新网络，以决定是否要增设研究所。

（五）信息技术与全球创新网络

20 世纪 60 年代以来，许多学者对沟通之于技术创新的重要性进行了大量的研究。Allen 的空间距离与沟通频率、质量的关系研究具有广泛的影响。这些研究的结论都是技术创新需要良好的沟通。那么，对地域分散非常显著，而管理协调要求非常高的全球研究开发网络来说，沟通问题如何解决呢？信息技术的迅猛发展为全球网络化管理中的信息沟通提供了良好的技术手段。信息技术在全球创新网络中的应用，可以带来以下显著效益：由于规模经济与范围经济而带来的资源效益；与专家和专业设备的交流改善以及孤立状况的减少而带来的效益；新型信息通信设备的同步性和交互性带来的时间效益；空间柔性化，能充分利用全球分散的稀缺科技人才；与公司生产、营销等职能的更好沟通全球研究开发的管理与协调带来的效益。

信息技术在全球创新网络中的应用主要采取三种形式："虚拟团队"、"无形共同体"、各地创新的管理与协调。

"虚拟团队"就是组织分散在各地研究所的科研人员成为一个团队，共同开发项目。"虚拟团队"的成功取决于以下几点；团队大多数成员已通过直接接触认识；团队成员多分布在 2~3 个地点，团队开始工作前，对研究项目有明确定义；使用电子邮件、远程登录计算机、共享数据库、新型的电视会议、高级工作站技术；

面对面接触，团队成员保持一定频率的互访，主要成员最好较短的时间内周期性互访。

"无形共同体"是个人计算机通信网络的发展，使得异地研究人员与研究设备连接成网络。这归于电子邮件、远程登录计算机、共享数据库、新型的电视会议、高级工作站等信息服务的提供。

各地创新的管理与协调是指信息技术的使用非常有助于协调各地的创新，这大大提高了创新的效率。

面对全球化创新，我国企业要加强技术创新网络建设。针对我国大多数企业技术创新能力弱以及大量跨国公司进驻我国的现状，我国企业要制定和实施合理的技术创新战略。一方面，在本国加大创新投入，吸引并留住高水平骨干技术人才，进行自主创新。另一方面，要时刻监测国际先进技术的发展动态。根据技术轨道和创新周期，采用合适的合作创新战略。

本 章 小 结

全时空创新是全面创新管理理论的重要内涵之一。这是在现今信息技术和网络技术高度发达、知识经济蓬勃发展的时代背景下，创新管理所具有的独特的时代特征。正是信息技术、网络技术的发展，使得时间和空间越来越成为一种宝贵资源，企业可以加以利用从而获得竞争优势。海尔正是通过全时空创新（蓝牙家电接力开发），以空间换时间，大大缩短了研发周期。因此，全时空创新作为全面创新管理理论的"三全"之一，对于指导企业通过全面创新提升竞争能力有着重要意义。

全面创新管理理论将全时创新和全空创新作为一个整体进行阐述，这是因为时间资源和空间资源之间有着内在的必然联系，企业可以创新性地通过采用一定技术手段完成两者之间的转换，而正是两者之间的转换，为企业提供了其他竞争者所没有的宝贵资源，从而在激烈竞争中脱颖而出。正如海尔总裁张瑞敏所说："我们可以利用空间消除时间，同样也可以利用时间缩短距离，消除空间。海尔在这方面的成功例子有利用网络接力开发蓝牙家电，有在美国设立研发和生产中心。正是分布于全球的研发和生产中心的不间断通力合作，使得海尔能够在激烈竞争中赢得一席之地。"

全面创新管理体系的基础架构和形成过程[①]

全面创新管理是一个完整、复杂的系统（体系），从其全要素创新子系统就可看出其复杂的内在互动关系。因此要把这个体系构建起来，并且和谐地运作，绝非一朝一夕之事，需要有一个努力学习和逐步积累的过程，形成其扎实的基础架构。海尔、宝钢、惠普、通用等国内外实施全面创新管理比较成功企业的实践表明，无论是全要素创新、全员创新，还是全时空创新，其形成的实质乃是其基础架构的形成过程。因此，研究全面创新管理的形成关键在于研究和阐明全面创新管理的基础架构。基础架构是实施全面创新管理必不可少的前提基础和条件保障。那么什么是其基础架构呢？这将是本章主要讨论的内容，分以下几个问题进行：①基础架构的基础模块与子模块；②思想文化基础；③组织管理基础；④资源与网络基础；⑤基础架构内在模块之间的相互关系；⑥基础架构的形成过程。

第一节 基础架构的基础模块与子模块

任何创新，都必须在整个组织范围内营造并持续保持与之相应的创新环境。伊莱恩·邓登（Elaine Dundon）和亚历克斯·N. 帕塔科斯（Alex N. Pattakos）在广泛总结研究成果和实践经验的基础上，提出了创新系统架构的经验模型（图1），他们把支撑持续创新的创新系统架构划分为以下八个方面：①共享的创新远景与战略；②创新环境支持；③创新资源分配；④创新过程网络；⑤创新计划；⑥创新技能开发；⑦创新的回报和认同；⑧外部股东创新。

创新系统架构的经验模型基于对影响创新流程各因素的经验总结，为探寻改善企业的创新过程提供了非常有用的分析途径，但该模型主要侧重于静态分析，对影响创新的各个方面的相互作用机制和形成机理阐述不深。

全面创新管理的实施需要形成扎实的基础架构。通过对海尔等企业的全面创新管理模式形成过程的剖析，提炼出了全面创新管理顺利实施的基础架构，包含四个基础模块和九个子模块。四个基础模块分别是：思想文化基础、组织管理基础、资源基础和网络基础。再进一步深入分析，这四个基础模块又可分为九个子

[①] 节选自：许庆瑞. 全面创新管理：理论与实践. 北京：科学出版社，2007：第七章。

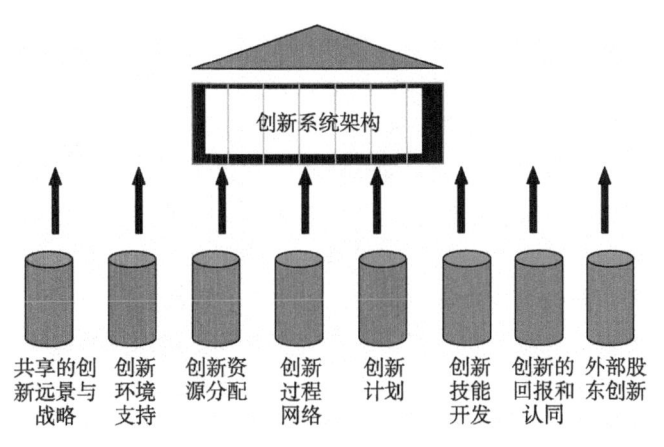

图 1　创新系统架构的经验模型

模块，即思想理论、战略目标、创新文化、组织结构、基础管理、人力资源、技术基础、创新资金和外部网络。在对其相互关系分析的基础上，建立了全面创新管理的基础架构模型（图 2）。

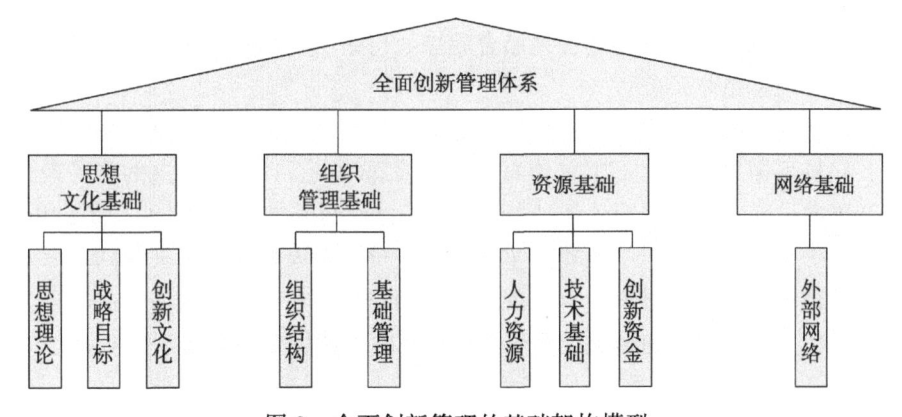

图 2　全面创新管理的基础架构模型

全面创新管理的基础架构模型基于海尔等企业全面创新管理实践的深入研究，探讨其形成机理，分析其内在的互动机制，各个要素维度既具有相对独立性，同时又相互影响、相互作用，共同构成一个完整的支撑基础体系。因而它是对创新系统架构的经验模型的改进、完善和发展。

第二节　思想文化基础

一、思想理论

思想是一切行动的指南。创新思想不形成，则相关的制度形成及物质环境构建都是"空中楼阁"。创新具有风险,因而没有敢于克服一切困难、勇于攀登科技高峰的思想,就不会有重大的突破性的原始创新。激光照排技术是我国原始创新的成功典范,它是在王选同志"中国人一定能胜过外国人"的思想指导下完成的。创新思想的形成,不是一蹴而就,而是需要持之以恒,要有"十年磨一剑"的精神和作长远打算的安排,需要忍受、排除各种不适当的、急功近利的评估方法的干扰。海尔品牌质量思想文化的形成过程,证明了这一点,它代表了中国企业质量意识的苏醒和中国最具优势竞争能力的家电企业的崛起。

共同的世界观、人生价值观是形成相互信任和把组织连接起来的基础。海尔在质量思想建立的基础上,又形成了全面创新的思想理论基础。海尔的精神就是创业、创新,张瑞敏曾说:"我们的企业要追求的是哲学上的否定之否定,与其说让别人来战胜我们,还不如我们自己不断地否定自我,不断地完善自我,不断地超越自我,这样才能使我们的企业永远立于不败之地。"

创新思想的形成与企业领导的主导思想密切相关。每一个领导者都有其适合企业发展的不同的价值观和态度,张瑞敏志向远大,怀着企业报国的责任感和让海尔成为世界第一的使命感。他把开放创新和个性舒展、吃苦忍性和团队精神,以及中国传统哲学思想等创造性地结合起来,付诸企业实践,由此形成了海尔独具魅力的管理思想体系。

与此同时,海尔注重把大众传媒的导向作用和特色活动的感染作用有机结合起来,坚持不懈地向广大员工宣传海尔的价值观和一系列与时俱进的先进理念。积极开展建设互动学习型团队活动,倡导学习讨论的风气,以《海尔人报》和《海尔新闻》等为载体,向员工灌输海尔文化,让员工人人皆知、人人认同。海尔全面创新管理体系的形成过程,首先就是海尔创新精神和创新文化的形成过程。无独有偶,华为创新思想的形成也凝聚着任正非的独特思想理念和不懈努力。

二、战略目标

战略目标是一个公司在未来一个时期内计划达到的各项指标。目标是动态性的,为适应外界动荡的环境和自身内在的变化,目标需要不断调整,不能固定不变。战略目标是成体系的,长远目标、短期目标,企业整体目标、部门目标等有机构成一个完整的企业目标体系。企业目标不统一,就难以上下一心,拧成一股绳,齐心协力为之而奋斗。创新是一个牵涉企业各个部门、众多员工的风险性活动,没有广大职工拧成一股绳去克服种种阻力,创新是难以成功的。

创新目标作为企业目标体系的重要组成,对企业的发展起着至关重要的作用,因为创新是企业发展的不竭动力,尤其在当今竞争激烈的市场环境中,创新尤为重要。

在海尔20多年高速发展的各个阶段,创新目标始终起着关键作用,引导着海尔一步一步走向成功。1984~1991年,国内市场短缺,商品供不应求,企业大都争着上产量，而海尔在仔细分析市场形势后，果断提出"要么不干，要干就要争第一，创名牌"，扑下身子抓质量，实施名牌战略，从此，"名牌战略"贯穿整个海尔的发展之路。以"质量第一"为目标，狠抓企业内部管理，为日后的发展奠定了坚实的基础。1992~1998年，海尔发展进入第二阶段，海尔感觉到：在现代商品经济的激烈竞争中，孤军作战很难应对各种复杂的情况，必须走规模经济的道路。于是海尔开始实施多元化战略，走低成本扩张之路，吃"休克鱼"，建海尔园，"东方亮了再亮西方"，以无形资产盘活有形资产，成功地实现了规模的扩张。1999年以后，海尔坚持"先难后易""出口创牌"，着手实施国际化战略，逐步在国际市场上建立了海尔的市场，创出了海尔的美誉。2004年海尔入围世界百强品牌，居第89位。2005年底，海尔的发展又上了一个新台阶，进入全球品牌化阶段，采用"T"模式，实施人单合一，人单合一模式使每一个员工有明确的责任和目标，进一步实现企业目标与个人目标的统一。这也是激活每个员工创造力，进行自觉创新的根本前提。

三、创新文化

文化是公司标准、假设、共同价值观的体现。文化是一种习惯，是长期形成的行为方式。宽容的态度能够促进组织及其成员实现目标，宽容的精神能使创意不断涌现，使公司起死回生。

创新的思想有利于创新文化的形成，有了勇于创新的思想基础，才能有良好的创新文化，才能营造容忍失败的文化氛围。要让失败者有站起来的机会，让创新者有义无反顾的勇气。尤其在企业，领导者要支持创新，更要允许失败。不仅要选最好的目标，还要做最坏的打算。创新是一种探索，具有不同程度的不确定性，失败往往是不可避免的，如果没有允许试验并允许失败的政策和文化的氛围，就无法鼓励人们去大胆创新、攀登高峰。

创新是海尔持续发展的不竭动力，创新也是海尔文化的灵魂。海尔大学的校训就是：创新、求是、创新。在海尔，眼中看到、耳边听到的频率最高的字眼就是创新。到处可以看到诸如"创新的目标，就是创造有价值的订单""创新的本质，就是创造性的破坏，破坏所有阻碍创造有价值订单的枷锁"等有关创新的标语、宣传海报甚至员工自己创作的漫画。不断创新的观念已经深入人心，并体现在每位海尔员工的一举一动中。

第三节 组织管理基础

广义的组织基础包括组织结构和基础管理两个方面。

一、组织结构

任何一种组织活动,都离不开分工与协作,组织结构就是在细致分工的基础上进行协作以完成工作目标的种种途径。组织结构受到多种因素的影响和作用,为适应不同的战略、技术和竞争条件,应该设计和选择不同的组织结构,对组织结构进行动态的调整。一个组织的绩效在很大程度上取决于合适的组织结构。组织结构是形成正常运作的基础,人与人之间的协同,需要组织结构作为保证。

创新是一个系统的复杂过程,任何一个环节的失误都会影响创新的效率和速度。为此,必须有良好的组织管理作保证。传统的职能等级制组织结构,有利于提高组织的效率,但对于创新会起阻碍作用。要破除金字塔形的多层次结构、实行有利于领导和群众结合的扁平化组织,才能解除压抑群众创造性和积极性的组织桎梏,调动群众创新的积极性和活力。如果说思想理论创新是创新的思想基础,那么组织创新则是创新的组织前提和保证。

不少创新取得成功的企业的重要经验证明,它们之所以取得成功,是由于它们及时进行了组织上的创新。海尔从20世纪末着手进行的业务流程再造,彻底改革了直接关联技术创新过程的职能部门各自为战的现状,把统一的技术创造过程分割为支离破碎的层次式组织结构,采取了流程型组织结构,构建了基于市场链的业务流程,各部门各工位间的相互关系由过去的上下级行政管理关系,改变为市场关系;每日结算各部门各工位(每个员工)的投入、产生和盈亏,这样,使每个员工都面对市场,每个员工都成为一个"独立"的经营体,海尔称之为"人人都是创新SBU",人人成为经营者必然极大地激发了员工的创新积极性和创造性。

在海尔全面创新管理的演进过程中,其组织结构进行着不断的调整,以适应创新环境的变化,主要可以划分为三个阶段:①职能等级制阶段(1984~1991年):在第一阶段的七年中,海尔通过推行全面质量管理,建立起了冰箱的品牌。在这一起步阶段,企业的规模较小、管理薄弱,因而其主导组织结构形式是职能等级制。②事业部制阶段(1992~1998年)。随着企业规模的不断扩大和管理复杂程度的提高,原来的直线职能制已经显得力不从心,各公司之间的协调、各部门之间的制衡显得越来越重要,尤其是如何使集团"统而不死,活而不乱",为使生产、供应和销售能够集中统一管理,与国际接轨,事业部制得到运用并占据主导地位。③扁平的过程型网络结构阶段。1999年以后,为致力于打造世界知名品牌,海尔制定了在21世纪初进入财富世界500强行列的战略目标。在这一阶段,为了与世界一流企业竞争,借助于现代信息技术和通信技术,海尔开始了以"市场链"为主的业务流程再造工程,这是组织的革命性的变革。如今海尔已实现了组织结构的扁平化和流程导向型网络结构,不仅是注重于任务,而且注重结果,实现了市场与顾客的零距离的目标。此外,在每一个阶段,海尔的组织结构也根据需要不断进行着调整,如从海尔 1999 年开始实施业务流程再造以来,其组织结构调整和流程重组超过 40 多次。

二、基础管理

基础管理是企业正常运作的基石,许多企业的经验表明,企业成功的必要条件是抓好基础管理。分析企业失败的原因和发生的工作失职、安全质量事故等的原因,这些无一不是基础管理不坚实、不到位所导致的。基础管理是一项非常艰苦而又细致的工作,不仅要持之以恒,而且要根据市场的变化、企业目标的调整,进行动态优化,而不能形成教条。

在当今的知识经济时代,学习的制度化,创建学习型组织成为基础管理工作的重要内容。通过学习,统一员工的思想,营造积极向上的氛围。

海尔 20 年来创造出来的奇迹与其加强基础管理是密不可分的。"斜坡球体理论"是海尔的管理基石,它把企业在市场上所处的地位形象地比喻为斜坡上的一个球体,受到来自市场竞争和内部员工惰性而形成的压力,如果没有止动力就会下滑。为使企业在斜坡(市场)上的位置保持不下滑,就需要强化内部基础管理这一止动力。海尔的许多管理模式、管理机制、管理方法、管理程序都是由此派生出来的。

海尔坚持贯彻"日事日毕、日清日高""事事有人管、人人都管事,管人凭业绩、管事凭考核"的 OEC 账表化管理。O 代表全部(overall);E 代表每个人(everyone)、每天(everyday)、每件事(everything);C 代表控制(control)和清除(clear)。管理方式由目标体系、每日控制和清除体系以及激励机制构成。OEC 的本质是通过严格的、细致的过程管理来确保持续的改进。OEC 方式也包含"以人为本"和人人高度参与的理念。更进一步来说,"每日控制和清除"和"每天提高 1%"也代表着持续改进和时时创新,从而构建了后来的"人人都是创新 SBU"的创新理念。

海尔基础管理从无序到有序、从有序到体系、从体系到高度三个阶段,从而完善了海尔卓越的质量保证体系,造就了海尔一支作风过硬的企业家和管理队伍,提炼出了完整的可拷贝移植的企业管理文本,完善了海尔超前创新的经营理念,形成了海尔以敬业报国为灵魂的企业文化,提升了海尔品牌无形价值,为海尔多元化战略的实施奠定了基础。

第四节 资源与网络基础

一、人力资源

人是第一要素的,无论是领导、管理者、技术人员还是一般员工,都是企业最宝贵的资产。竞争对手可以复制技术、产品，但没有任何人能够找到完全相同的充满高度热情的、富有动机的人。在今天迅速变化、日益复杂的世界，训练有素的、充满活力的人对于创新、发展和战略的实施是至关重要的。个人的创造力是持续创新的源泉。当今，创新不再单单是专业技术人员的"专利"，人人都应该成为创新者，要培养创新型技术人员、创新型管理人员、创新型员工。

人力资源是最重要的创新资源，特别是知识工作者，在创新中起着重要作用，他们是企业创新的主体。企业中的知识工作者不仅包括研究人员、工程师，还包括技师、高级技工和相关的管理人员，他们在创新过程中发挥重要作用。企业的领导层和高层管理者在领导与推动创新方面具有领衔的作用，他们是创新战略的制定者和执行者。一个先进的战略目标和方向可以动员组织广大知识工作者与全体员工奔向统一的创新目标。知识工作者在自主创新过程中起着主力军的作用，特别是研发部门的高层次人才，掌握着关键技术和核心技术，他们是创新中的核心力量，是构成企业核心能力的基础。对这部分人的培养与合理使用关系着企业创新的成败。为了充分发挥这部分人才的作用，首先要尊重他们在创新方向的见解，为他们搭建能使他们伸展才能的舞台。其次要通过制定制度和文化创新给予精神和物质的激励，营造宽容的环境和氛围，使他们能不畏艰辛和风险，敢于冲破创新过程中的重重困难和障碍。

海尔的成功说到底是人力资源开发与利用的成功。一流的企业是由一流的人组成的。海尔认为企业发展之本，就是个人价值的实现。员工个人的发展源于团队整体的进步，个人发展的总和又构筑、提升了企业发展的层次和目标。海尔为员工创造了一个与企业共同发展的机制，在每个员工价值得以实现和肯定的同时，也成就了企业的价值。"人人是人才，赛马不相马"是海尔独具一格的识才之道。"先造人才，再造名牌"是海尔的出才理念。"斜坡球体人才发展理论"是海尔的用人哲学。而"人才是激励出来的"，则是海尔的用才理念。海尔内部对管理人员实行"在位要受控，升迁靠竞争，届满要轮岗"的制度。实行"三工并存、动态转换"的激励制度，推行"海豚潜下去越深，跳得也就越高"的沉浮升迁机制。在全球网络化、国际化的今天，海尔开始着力于整合国际人力资源，"不求为我所有，但求为我所用"，通过文化建设，提高公司的吸引力和凝聚力，广泛集聚世界人才。正是由于海尔的这种识才、出才、用才的机制，成就了海尔，使海尔在其国际化的道路上越走越远、越走越顺。

二、技术设施

对于技术创新的最终实现，足够的物质资源是必不可少的，否则，创意就不可能转化为商品，企业将在不断变化的竞争中失败。在当今知识型社会，信息和通信技术变得十分重要。

而对于创新的实施，科学试验和试制基地是必不可少的，企业研发投入的一大部分就是投向研究和试验方面。要保证研发人员有现代化的科学仪器设备，才能对创新方案进行反复试验，只有通过不断的试验和持之以恒的科学技术知识积累，才能产生自主创新的新思想和成果。

如果说试验设备和试制基地是创新的重要物质基础，那么科技信息流则是创新的精神食粮。科学与技术从本质上讲是对信息的处理，科技系统包括技术创新系统，在不断地吸收、消化、传输、交换信息和产生新信息。在信息社会和知识经济的条件下，信息和知识已成为同人才、资金、物质资源同样重要的资源。为了搞好企业的创新，必须做好信息化的工作，组织好技术信息流和市场信息流，及时掌握和处理瞬间变化的动态信息。

为了迅速、及时有效地获取和整合对创新决策的信息与吸收创新过程一切有用的信息资源，加强信息网络建设是一项重要的基础性工作，信息网络的建设包括企业内部的与外部的、国内的与国际的。在知识经济条件下，信息和知识在分工与专业化空前加速的情况下，创新所需的知识广泛地分布在世界各个角落，创新已成一种分布式状态，必须采用开放式的组织方式，从世界范围内寻找所需的最佳资源，并予以整合，才能产生出独具优势的创新方案。因此，网络化的工作绝非可有可无，而是企业为自主创新求生存求发展的必由之路。

对于海尔各项创新的顺利实施，信息化工作基础作出了重要的贡献。可以说，没有信息化强有力的支撑，海尔的创新与发展都将付之东流。海尔蓝牙网络家电的研发成功就是一个很好的例证，为加快研发周期，海尔与爱立信合作，双方交替工作保持持续开发，海尔的研发人员晚上 9 点下班，而此时正好是爱立信研发人员下午 2 点开始工作，他们继续海尔的研发工作。这样，通过互联网，他们实现了 24 小时不间断研发，从而大大地提高了研发效率，海尔仅花了不到 3 个月的时间就成功开发了蓝牙网络家电，而依照传统的线性开发模式至少需要 6 个月的时间。其中，假如没有信息网络技术的支持，就很难想象能取得成功。

三、创新资金

创新的过程往往是漫长而艰苦的，需要超人的韧性，需要长远的眼光，需要持之以恒的精神，更需要不断的人力、物力和财力的大量投入。国外一项新药的研制，无不是经过数年的历练，一种新药研制需要数亿到数十亿美元的投入。

资金是创新的重要条件，从创意的产生到商业化，所有的创新过程均需要创新资金的支持，无论创意多么新奇，缺乏资金的保证，创新活动都会耽误，乃至失败。为了培养、造就人才和进行持续创新，企业必须在创新上有足够稳定的投入，根据需要和可能逐步加大研究与发展的资金投入。我国在创新上卓有成就的企业莫不是在这方面作持续的投入，如中兴、华为等通信企业研发投入达 10%的销售收入。作为家电企业的海尔，其研发投入近年也高达6%[①]。研发投入的提高，是保证对科技人员通过"用中学"和"研发中学"的重要培养和提高的重要资金保证。根据我们一次对提高核心能力与投入关系的模拟试验，结果表明企业资金的自主积累率低于20%，企业的核心能力就难以提高，只有当企业资金的自主积累率达25%~30%时，其核心能力才能稳步增长。

科研经费不足是国内企业的常见情况，而在海尔，保证足够的科技资金一直是第一位的事情。在资金的使用上，海尔制定了研发投入优先的原则。即确保集团每年的研发投入所占的比例逐年增长，资金使用完全到位。同时对集团内的关键技术、共性技术采取集中投入、加大投入的原则。1998年集团研发投入7.38亿元，占当年销售收入的4.6%，到2004年研发投入近61亿元，占集团销售收入的6%，如图3所示。研发投入始终保持较高水平，为新产品的开发创造了有利条件。

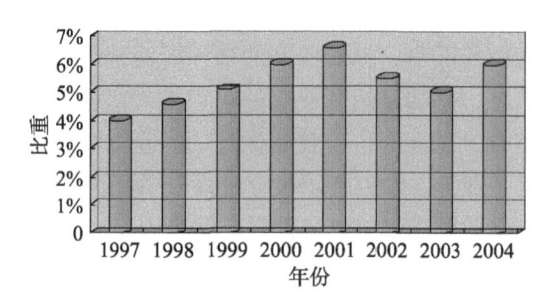

图3 海尔研发投入占销售额比重

四、外部网络

企业需要与其客户、供应者、研究机构、竞争者、相关的政府机构以及所处的自然环境建立和谐的关系。政府对企业的创新具有很强的影响，其制定创新政策和规则，提供创新资金。学术研究机构对创新也具有重要的影响。当今世界，竞争者也可能是合作者，如佳能公司虽然与惠普-康柏公司相互间竞争激烈，但它们之间也建立了长期的、互惠互利的关系。

海尔通过有效地利用外部资源，构建了一个遍布全球范围的广泛的外部创新网络。海尔控股国家级科研机构；与全国几十所著名院校的教授建立了联合性开发网络、信息网络；与多个国家的大公司、技术研究中心建立了交流、合作、协调网，形成了产品开发上的技术联盟。遍布世界各地的信息站、设计分部，对海尔的研发提供了强大的支持，使海尔可以跟踪到最先进的技术，从而把自主创新

---

① 高出国外同类企业，如惠普2003年研发投入为5%，通用2003年研发投入为1.7%，三洋2003年研发投入为4.8%。

与外部获取有效地结合起来。

海信在创建初期,和大多数国内同行一样,也是通过走出去引进先进技术。但在引进世界一流技术的同时,海信注重联合创新,曾先后战略性地与英特尔、东芝、飞利浦等国外知名跨国公司和国内数十所大学、科研开发机构建立了密切的技术合作关系。曾先后在山东大学、西安交通大学、美国的硅谷等地设立了技术分中心;与中国科学院、北京航空航天大学、清华大学等建立了长期技术合作关系。多年来,海信的技术引进与创新费用之比达到了 1:5,部分项目达到了 1:15,大大增强了自身技术的造血机能。

第五节 基础架构内在模块之间的相互关系

四大基础模块和九个子模块,既相对独立,又互相联系、相互作用,共同构成了全面创新管理的基础架构,而且各个子模块在其中的地位和作用有一定的差异。

思想理论基础居主导地位。正确的世界观、人生观和价值观是一切行动的灵魂。海尔全面创新管理的实施,与其有着很高威望的企业理念的主要提倡和传播者张瑞敏是分不开的。一支有信仰的企业队伍是可以创造奇迹的,海尔就是靠着这支具有信仰的队伍在低起点的破落的厂房里创造了工业奇迹,创造出了中国出类拔萃的品牌。战略是企业的愿景,引导企业去实施。海尔在发展的每一个阶段,始终保持着清晰的战略目标;容忍的创新文化,这有利于营造创新的氛围。海尔全员创新的开展与其积极鼓励创新、容忍失败的创新文化是密不可分的。

合理的组织机构是创新开展的保障,基础管理是各项创新工作的基石。资源(人力资源、技术设施、创新资金等)是创新的资源基础,缺少人、财、物的保证,任何创新都难以取得成功。外部网络是全时空创新的必备条件。

第六节 基础架构的形成过程

全面创新管理是一个复杂体系,它的形成是一个长期的过程。四个基础模块及其相应的九个子模块的形成和巩固,绝非一朝一夕能做到,对国内外成功企业的调研表明,达到较完善的全面创新管理基础架构,国外大跨国成功企业一般历时 40~50 年,我国优秀企业以跨越式的发展用了 20 多年的时间,初步建立了全面创新管理的基础架构。我们对海尔 20 多年的艰苦努力创建全面创新管理基础架构的历程进行分析,采用五分制评分的方法,通过发放问卷,对海尔发展各个阶段的基础架构的九个子模块进行了评估,其结果如图 4 所示。

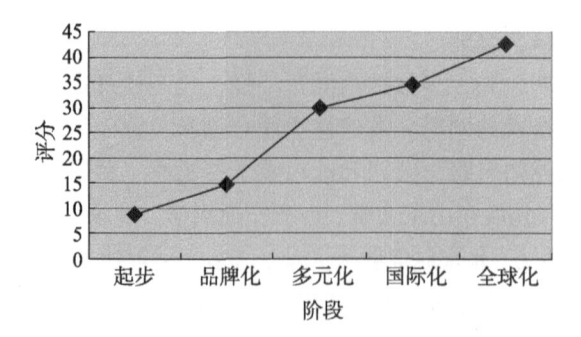

图 4　海尔全面创新管理基础架构演进路径

从图中可以看出，海尔从 20 世纪 80 年代初起步，发展经历了品牌化阶段、多元化阶段、国际化阶段，至目前进入全球化品牌阶段，在其发展历程中，基础架构逐步提升、巩固，其中在多元化阶段，基础架构提升幅度最大，进展最为迅速。基础架构的完善，为海尔全面创新管理的实施打下了坚实的基础。

一、全面创新管理的形成路径

由于不同企业所处的发展阶段不同，同一企业在不同发展阶段，其面临的主要矛盾也各不一样，因此，实现全面创新管理的路径就会有差异。路径的选择会影响全面创新管理形成的时间，要加快发展，就必须选择最有利的路径。

在技术与非技术（主要是广义制度）创新协同中，关于技术抑或非技术成为创新的主导要素，马克思主义政治经济理论虽然没有明确提出技术创新与非技术创新的概念，但从哲学的高度回答了这个问题，其认为技术创新属于生产力范畴，而非技术创新则属于生产关系范畴，技术创新是主导，决定制度创新内容和方式，并承认非技术创新的效果往往制约着技术发展。而以诺斯（North）为代表的新制度经济学派则更为强调非技术创新的重要性，他认为技术创新活动总是在一定时期的制度框架内进行，非技术创新往往决定技术创新。当然，诺斯也承认技术创新对制度获得空间的决定作用。以上两种观点从宏观的角度分析了技术创新与非技术创新的作用和地位，对企业而言，技术创新与非技术创新在企业发展中的作用是不断变化的，在企业经营的不同时期会形成以某一要素创新或全面创新主导的创新协同模式，推进企业创新发展。我们将非技术要素分为市场和管理等要素，这样，可将要素创新主导型分为四种类型。如表 1 所示。

（1）技术创新主导型（T 主导型）。T 主导型是指企业创新发展主要依靠于技术创新的推动，决策者对资源的分配倾向用于技术创新，而管理创新主要是服务于技术创新，是为了提高创新产品或服务的效率。这一时期是企业产品的形成阶段，企业为了占领某一市场以谋求继续发展，必须通过技术创新（包括自主创新、合作创新和模仿创新），生产或提供有一定需求规模的产品或服务，并据此建

表 1 不同企业发展特征的要素创新主导类型

要素创新主导类型	企业发展特征
T 主导型	• 企业阶段特征：产品形成阶段 • 企业发展动力：技术引进与自主开发 • 技术创新目标：提高新产品或服务的创造效率 • 资源分配：研发投入、技术部门 • 创新主体：企业家、技术人员 • 管理创新辅助作用：对日常管理原则、管理方法的适应性调整
A 主导型	• 企业阶段特征：信息交流和结构配置处于非正式阶段 • 企业发展动力：重新确定新的管理体系 • 管理创新目标：建立稳定组织规则和良好创新的运行机制 • 资源分配：运营投入、聘请管理咨询公司等 • 创新主体：企业家、外部咨询人员 • 管理创新主导作用：决定技术创新的成败
M 主导型	• 企业阶段特征：产品的多元化、规模化阶段 • 企业发展动力：提高产品或服务的市场占有率 • 市场创新目标：销售业绩领先同行，以提升公司的行业地位 • 资源分配：市场开拓 • 创新主体：企业家、销售人员、技术人员 • 市场创新主导作用：决定技术、管理创新的方向
TIM 主导型	• 企业阶段特征：强调稳定和效率兼顾的阶段 • 企业发展动力：快速满足顾客需求的技术和管理能力 • 创新目标：技术与管理创新频率加大、关联强度增强 • 资源分配：在技术和管理部门间均衡地分配资源 • 创新主体：全体员工

注：T 表示 technology（技术）；A 表示 administration（管理）；M 表示 market（市场）

立和完善企业的技术体系。而相关的非技术创新主要是对日常的管理原则、管理方法进行适应性调整。这种模式一般用于企业发展的创业发展阶段。

（2）管理创新主导型（A 主导型）。A 主导型是指企业要获得发展必须打破原有管理框架，重新确定新的管理体系，决策者对资源的分配倾向用于管理创新，并努力营造相对稳定的良好的组织环境，为技术创新创造合适的运行机制。这一时期企业的信息交流和结构配置处于非正式阶段，技术创新活动的进一步开展将涉及不同部门和人员的更为复杂的协调过程，进而产生企业员工共同信念及其相互关系的改变，权、责、利的调整，企业部门间关联方式的变化。因此，企业必须着重进行相应的文化（员工行为规范与意识形态塑造）、产权、组织等管理创新。这一时期，管理创新的效果往往决定技术创新的成败。这种模式一般处于企业发展的初生期。

（3）市场创新主导型（M 主导型）。M 主导型是指企业创新发展主要依靠于市场创新的推动，决策者对资源的分配倾向用于开拓新的市场和加强营销管理，而技术与管理创新主要是服务于新市场、潜在顾客的不同需求，是为了提高产品或服务的市场占有率。这一时期往往是企业产品的多元化、规模化阶段，企业为了提高产品的整体市场占有率，以谋求快速发展，必须通过实施积极的市场策略，发挥多元化产品、规模化生产优势，或是攻占大众消费市场，实现销售业绩领先于大多数同行，以提升公司的行业地位。而相关的技术创新则是适应市场占有率的需要，管理创新主要是对日常的管理原则、管理方法进行适应性调整。这种模式一般处于企业快速发展期以及占领大众消费市场的阶段。

（4）全面创新主导型（TIM 主导型）。TIM 主导型是指要素创新频率加大、关联强度增强，使得技术与非技术创新对企业经营具有同等的重要意义，并共同主导企业创新发展。决策者倾向于在技术创新与非技术创新间均衡地分配资源，在推进技术创新的同时，不断完善企业的管理体系。这一时期是企业强调稳定和效率兼顾的阶段，组织的产品和服务市场都发生了分化，企业生产规模、市场份额扩大，往往要求企业具备快速满足顾客需求的技术创新能力和完善的管理体系。单纯关注技术或非技术的创新已很难满足企业在该时期的发展，需要时时保持两者创新的互适性。这种模式一般处于企业发展后期与成熟期。

基于以上四种要素主导的企业创新类型，企业从 A 主导型转向 TIM 主导型可以有三种途径，如图 5 所示。

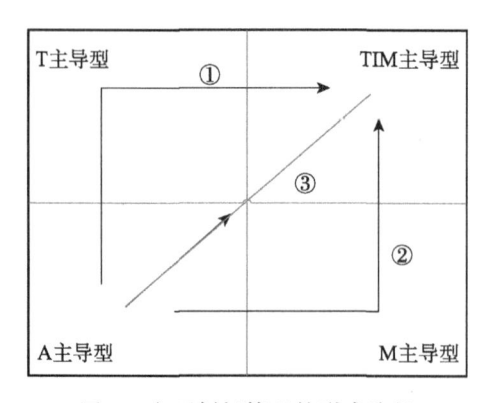

图 5　全面创新管理的形成路径

（1）A-T-TIM：企业从管理主导型转向重视技术创新，着力于技术能力的开发与提高，通过技术创新来实现市场目标，然后转向 TIM 主导型。该路径适合于技术基础雄厚、技术创新能力较强的企业，如高技术企业及国外许多大公司的成功一般都是沿着这样一条路径发展。

（2）A-M-TIM：企业在管理基础夯实的情况下，转向对市场的重视，通过加强市场开发和营销管理，实现企业的发展，在企业规模扩大的同时加强技术创新，逐渐转向 TIM 主导。该路径主要是我国一些优秀企业，如海尔、联想等，发展壮大的路径选择。对我国企业的成长发展具有现实的指导意义。

（3）A-TIM：从管理主导型直接转向全面创新管理。这类企业一般较少。

二、全面创新管理能力与绩效分析

全面创新管理基础架构的形成过程归根到底是企业全面创新管理能力的提高过程。基于全面创新管理的"三全一协同"观点，反映技术创新管理理论发展的系统化趋势和能力相关理论的研究成果，本书提出全面创新管理能力和技术创新绩效的关系框架，如图 6 所示。

（1）**战略管理能力**：主要涉及企业对长远战略的重视程度、技术战略的制定及与外部发展环境的匹配能力等，是与企业总体战略和技术战略相关的管理过程能力。

（2）**技术创新管理能力**：主要涉及工艺创新能力、对研发项目的管理能力以及研发资源的管理和储备能力等，是与狭义的技术创新过程相关的管理能力。

（3）**市场营销管理能力**：主要涉及企业对当前市场需求的掌握和满足能力以及对未来市场需求的预测、引导能力等。

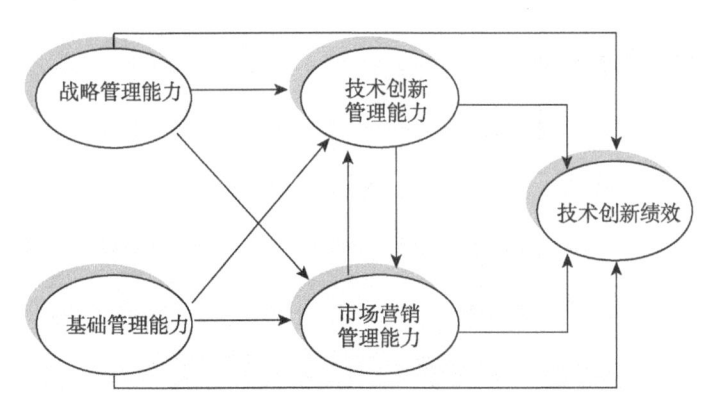

图 6　全面创新管理能力和创新绩效的关系框架
资料来源：毛武兴. 企业全面创新管理能力研究：以中国电子信息产业为例. 浙江大学博士学位论文，2006

（4）**基础管理能力**：主要涉及企业的基础管理制度和技术设施创新管理的执行等，是与创新过程相关的运营管理能力。

应用上述分析框架，本书对国内外六家电子信息企业进行了分析。

（一）TCL 全面创新管理能力与绩效演进

TCL 自 1981 年成立以来，以通信电话机技术为创新的起点，持续进行市场营销和品牌创新，在20世纪80年代就形成强大的通信终端开发、制造和销售能力。90年代初期，大力进行体制和机制创新，迅速实施白色消费电子领域的产品多元化战略；90年代后期，进入黑色家电领域；90年代末涉足信息家电产业。20多年来，TCL迅速而稳健地发展，特别是进入20世纪90年代以来，连续12年以年均42.65%的速度增长，是中国增长最快的工业制造企业之一。

TCL利用后发优势通过生产系统的创新形成了难以模仿的世界级生产系统，并以此为基础拓展了核心技术创新能力、市场营销管理能力等，确定了相关多元化的产业战略，形成了市场竞争优势。随着市场环境的变化，TCL通过全面产权制度的改革弥补了发展过程中的能力缺口，从而使自己的核心能力不断升级，确立了企业市场竞争过程中的可持续竞争优势。TCL全面创新管理能力与绩效演进如图7所示。

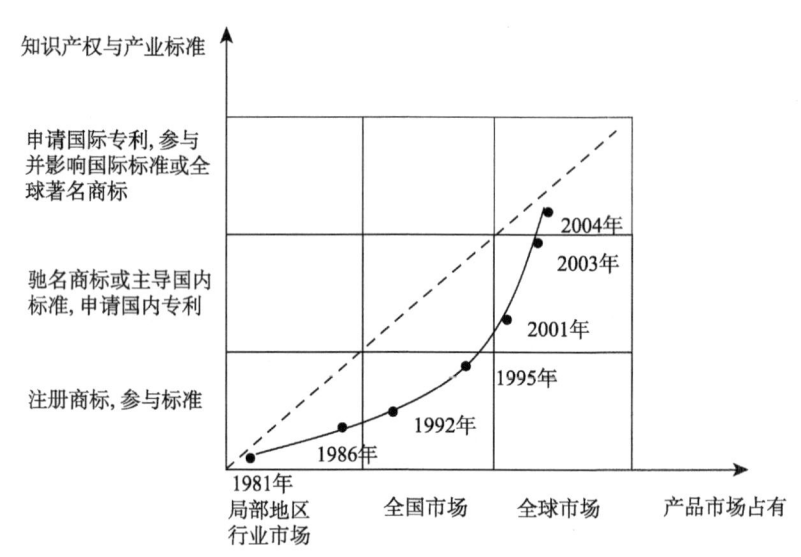

图7 TCL全面创新管理能力与绩效演进
资料来源：毛武兴. 企业全面创新管理能力研究：以中国电子信息产业为例. 浙江大学博士学位论文，2006

（二）联想全面创新管理能力与绩效演进

联想是全球个人电脑的市场领先者、第三大供应商。联想勇于创新，实现了许多重大技术突破，其中包括联想式汉卡、一键上网的个人电脑等，并于2003年推出完全创新的关联应用技术。凭借技术领先的个人电脑产品，联想从1996年以来连续8年位居国内市场销量第一。2005年5月联想完成对IBM个人电脑事业部的收购，成立新联想。根据联想的发展历史，其全面创新管理能力与绩效演进如图8所示。

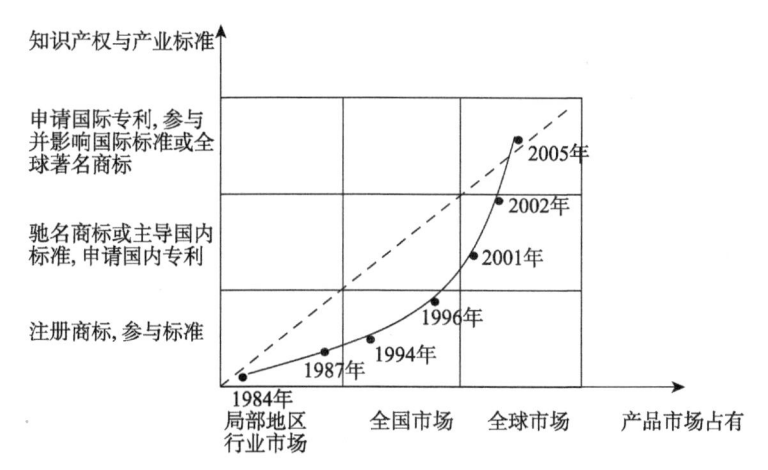

图 8 联想全面创新管理能力与绩效演进
资料来源：毛武兴. 企业全面创新管理能力研究：以中国电子信息产业为例. 浙江大学博士学位论文，2006

（三）华为技术全面创新管理能力与绩效演进

华为专门从事通信网络技术与产品的研究、开发、生产与销售，致力于为电信运营商提供固定网、移动网、数据通信网和增值业务领域的网络解决方案，是中国电信市场的主要供应商之一，目前已成功进入全球电信市场。

华为利用压强原理形成局部突破，力争在自己最擅长的领域做到业界最佳。在赢得技术领先和利润空间扩大的基础上，再将积累的资源投入技术升级换代的研发中。目前，华为发明专利申请量居国内企业之首、国际专利和国外专利申请量在发展中国家企业中排行前列，商标在巴黎公约成员国和 WTO 成员方内享受特别保护。凭借着核心技术，华为在世界电信市场上已经能与跨国公司同台竞争。

根据华为技术的发展历史，其全面创新管理能力与绩效演进如图9所示。

（四）中兴通讯全面创新管理能力与绩效演进

中兴通讯成立于1985年，目前是全球领先的综合性通信制造业上市公司，是近年全球增长最快的通信解决方案提供商之一。中兴通讯一方面通过技术创新为市场提供丰富的产品线，如1998年的产品线已由以固定通信网产品开始转向移动通信网产品，产品种类得到扩展。另一方面通过技术创新获得一定的核心技术，能够满足客户的各种需求。由于技术创新的成功，品种得到了进一步的扩展，移动通信的产品实力和市场上的表现已超过固定通信网产品，并开始成功地生产出移动体系终端，2004年中兴通讯的市场开始全面国际化。根据中兴通讯发展历史，其全面创新管理能力与绩效演进如图10所示。

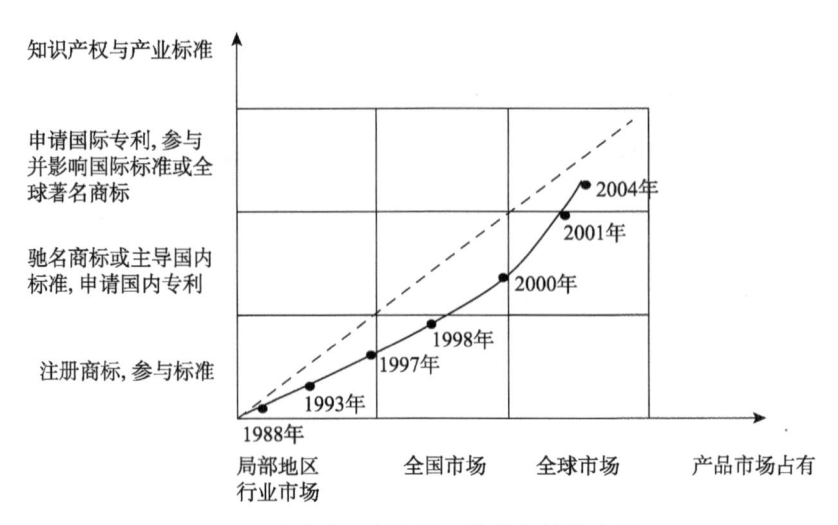

图 9 华为全面创新管理能力与绩效演进

资料来源：毛武兴. 企业全面创新管理能力研究：以中国电子信息产业为例. 浙江大学博士学位论文，2006

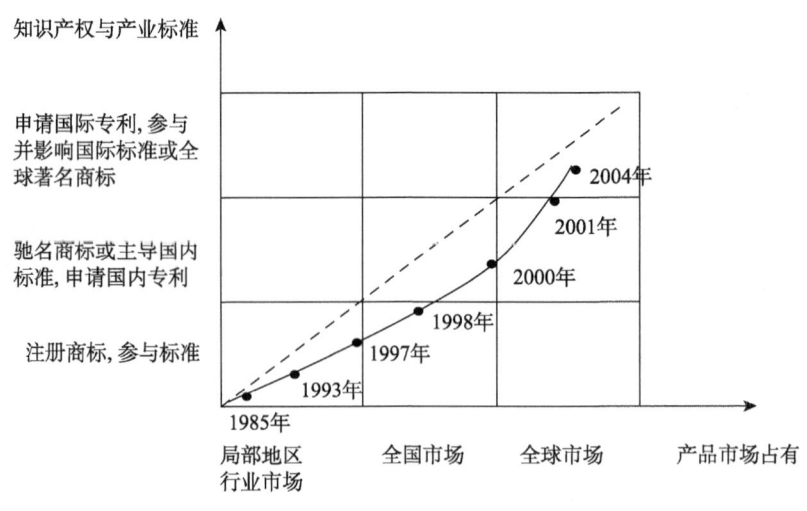

图 10 中兴通讯全面创新管理能力与绩效演进

资料来源：毛武兴. 企业全面创新管理能力研究：以中国电子信息产业为例. 浙江大学博士学位论文，2006

（五）诺基亚全面创新管理能力与绩效演进

诺基亚是移动通信的全球领先者，推动着更广阔的移动性行业持续发展。至2004年底连续七年保持全球移动电话第一大供应商的地位，市场份额为32%；产品行销130多个国家。根据诺基亚1980年开始从事移动通信领域以来的发展历史，其全面创新管理能力与绩效演进如图11所示。

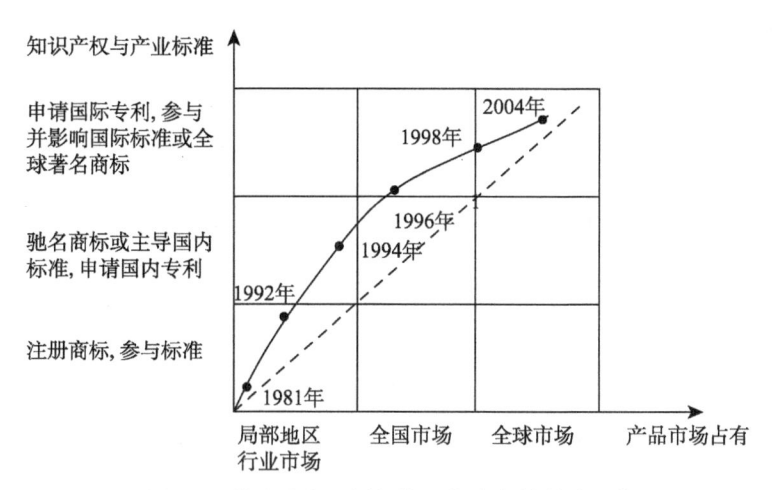

图 11 诺基亚全面创新管理能力与绩效演进[①]

资料来源：毛武兴. 企业全面创新管理能力研究：以中国电子信息产业为例. 浙江大学博士学位论文，2006

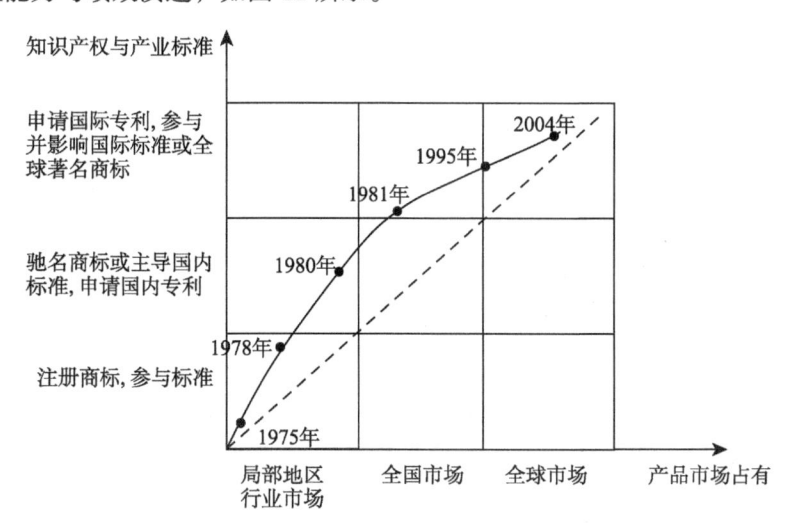

（六）微软全面创新管理能力与绩效演进

微软是专注于软件技术和软件产品研发的公司。不但在技术研发上投入了大量资源，具有超强的技术创新管理能力，而且在市场营销管理方面，以其独特的低价垄断市场策略，迅速建立行业技术标准，进而再获取超额垄断利润的商务模式，更是其市场营销管理能力的卓越体现。从微软发展历史，可以得出其全面创新管理能力与绩效演进，如图 12 所示。

图 12 微软全面创新管理能力与绩效演进

资料来源：毛武兴. 企业全面创新管理能力研究：以中国电子信息产业为例. 浙江大学博士学位论文，2006

[①] 诺基亚所在国家芬兰面积较小，其全球移动通信系统移动通信的产品首先是在我国得到市场突破的，图中全国指中国。

本 章 小 结

综合以上六家国内外电子信息企业的全面创新管理能力与绩效的演进路径可以看出：国外优秀企业始终极为注重技术创新，通过主导技术标准和申请国际专利保护，寻求技术上的优势和垄断，进而获得市场垄断和超额利润，它们的演进路径呈现为上凸型。而我国企业比较重视市场的开发，通过市场拉动技术创新，不断实现技术的升级和市场的扩展，其演进路径为下凹型（图 13）。这与我国企业在创业初期，大都缺乏技术，需要通过引进、消化、吸收来实现技术创新的现实相一致。

两种不同演进路径的差异导致了企业在国际化运营步伐上的差距，国外优秀企业的技术创新产品一开始就是面向全球客户，它们从起步到占有全球市场、主导行业技术标准一般不到 10 年的时间，而我国企业，即使是最快的华为也用了大约 15 年的时间（1988~2002 年）。

从图 13 中可以看出，比较理想的演进路径为技术与市场并重、技术创新与非技术创新（管理创新）并重。这样可以加速企业走向全面创新管理的步伐，这应该成为我国企业在全球化发展中的努力方向。

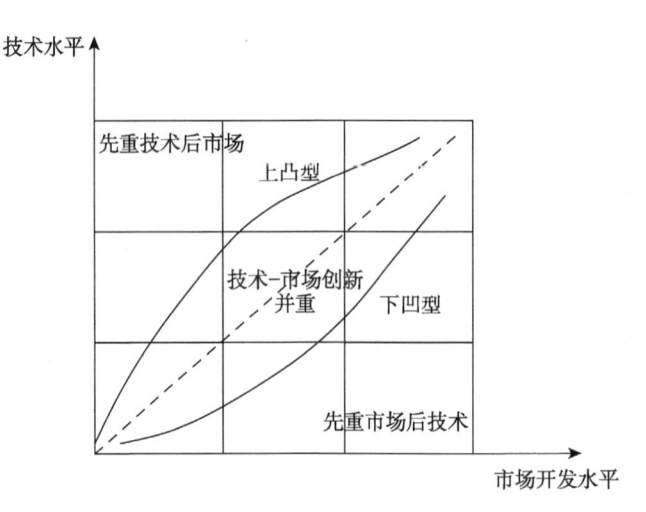

图 13 全面创新管理能力与绩效演进路径
资料来源：根据毛武兴博士学位论文整理

全面创新管理的协同机制[①]

企业创新行为是一种复杂性系统行为,因此要针对各要素创新进行全面创新管理。我国大部分企业已经认识到全面创新管理的重要性,但是,全面创新的发展需要企业从内部创新管理上提供各方面的支持,且全面创新管理所涉及的因素之广使许多企业难以把握管理重点,又因为缺乏对众多的创新因素的分类管理和内部联系机制,致使全面创新管理尚不易在企业中实施。

前文已经讨论过全要素创新间的内在联系和协同必要性,但是如何具体实施问题是本章和全面创新管理的学习机制与全面创新管理的领导机制讨论的关键。因此,本章从全要素创新的协同机制研究出发,试图从全面创新中各要素创新出发来构建横向和纵向全要素协同机制,从可操作的实践层面引导企业从技术和市场协同创新管理走向全面创新管理。本章讨论内容包括:协同机制的内涵与理论模型;创新要素全面协同的影响因素与途径;全要素创新的动态协同机制分析;协同机制的演化与模式。

第一节 全面协同机制的内涵与理论模型

一、协同理论与方法及其启示

协同学是前联邦德国科学家赫尔曼·哈肯创立的一门跨学科理论。协同学研究的是由完全不同性质的大量子系统(如电子、原子、细胞、器官、动物乃至人类)所构成的各种系统,研究这些子系统是通过怎样的合作才在宏观尺度上产生空间、时间或功能结构的。狭义的协同,就是与竞争对立的合作、协作、互助等含义;广义的协同,既包括合作,也包括竞争。本研究中的"协同"概念采用的是其广义概念,即认为竞争是实现协同的前提和必然步骤。

通过沟通与互动(相互作用)产生合作的思想已经在经济学、社会学等领域得到确认。生态学的研究也表明,多样性系统之所以比单一性系统演化有序,主要与子系统的差异有关,子系统完全无差异,竞争就会极为激烈和残酷,自然界的不同物种形成了多样性的相互制衡的系统关系,而单一物种间则产生大量的所谓内耗,其演化常常是退化大于进化。

[①] 节选自:许庆瑞. 全面创新管理:理论与实践. 北京:科学出版社,2007:第八章。

企业技术创新过程中各创新要素间（具体通过职能部门）的协同也同样需要首先以合作的姿态进行相互作用，通过竞争实现合作，最终实现协同。坎贝尔（Cambell）等也指出，协同有赖于企业不同职能和下属企业间的整合及协调。

国内外现有研究中大多从企业之间或企业内各事业部间的协同角度进行研究，而从系统角度，对创新要素的协同问题进行研究的还比较少见。近年来国内外的相关研究为本研究奠定了良好基础，提供了很多比较好的思路。但现有研究没有进一步区分和深入分析互动、合作与跨职能整合间的层次性和顺序步骤上的先后性。

二、全面协同机制的内涵

基于上述的理论分析结论，尤其是创新要素之间的协同模型、过程的分析，从协同学的角度，本书首次提出了全面创新管理的全面协同机制的模型，其含义是：各创新要素（如战略、组织、文化、制度、技术、市场等）在全员参与和全时空域的框架下进行全方位的协同匹配，以实现各自单独所无法实现的"2+2>5"的协同效应，从而促进创新绩效的提高。

全面协同与传统意义上的"协同"的区别是：①全面协同涵盖的协同主体更多、相互作用关系更复杂。传统的"协同"概念多指两个或三个主体间的相互作用产生"1+1>2"的协同效应，如技术与市场的协同，或研发-营销-生产制造部门的协同等，而本研究提出的"全面协同"涵盖了影响创新绩效的六大关键创新要素（战略、组织、文化、制度、技术、市场），更具有全面性和系统性，其相互关系更为复杂，但其全面协同效应也将更为明显。②全面协同强调了全员参与和全时空域创新的重要性。本研究基于全面创新管理的崭新视角，认为各创新要素必须在全员参与和全时空域框架下才能真正实现全方位的全面协同，而这是传统的"协同"概念所没有涉及的。

全面创新管理视角下的"全面协同机制"的分析是在充分考虑全员创新、全时空创新等维度基础上，探讨全面创新管理框架下各创新要素之间的静态协同结构以及动态协同行为：以战略创新为导向，以文化创新为基础，以技术创新、市场创新、组织创新、制度创新为支撑。

静态协同结构表现为：创新要素全面协同的影响因素与途径、创新要素全面协同度测量模型等；动态协同行为反映为不同类型创新要素技术与非技术之间的创新协同及其演化行为。这两部分详见后续的相关部分。

第二节 创新要素全面协同的影响因素与途径

通过对我国132家大中型工业企业进行实证研究，本研究总结出促进技术创新过程中各创新要素全面协同的主要方法与途径。

一、战略与领导方面

（1）采用适合外界变化和企业发展阶段间相匹配的技术创新战略。研究发现，采用技术领先战略的企业其各创新要素的整体协同程度明显高于采用其他技术创新战略类型的企业。

（2）提高高层领导的重视程度。国内外众多文献研究都表明了企业高层领导的重视对于促进协同的重要性，本实证研究也进一步验证了这一点。近年来我国企业的实践也表明，技术创新活动离不开高层领导的重视甚至是亲自参与。在技术创新过程中各部门各要素创新出现的不协同情况往往需要高层领导的参与和决策。在当前我国企业技术创新管理整体水平不高、创新体系和规章制度不太完善的情况下，高层领导的重视更为重要。

二、制度方面

（1）恰当而合理的激励与薪酬制度。相关文献研究和本实证研究都证明，恰当而合理的激励与薪酬制度对于技术创新过程中各创新要素的全面协同有着良好的促进作用。

（2）跨职能联席会议制度。实证研究发现，每月1~3次跨部门联席会议是比较理想的沟通频率，其整体协同效果最好。

（3）采用内部市场机制。市场也可以成为协同的手段。很多成功的企业都在企业内部引入市场机制，利用它来自动地协调各部门、各创新要素间的关系。例如，IBM公司在创新发明的全盛时期董事长文森特鼓励各部门、各小组或团队尽量带着自己的设计提案，参加所谓的"表现枪战"（performance shootout），与其他提案竞争。事实上，IBM的大多数成功的重要创新，都是经过这种内部市场竞争过程而产生的。宝洁则是早在1931年就开始实行品牌经理竞争制度，在品牌经理间引入竞争机制。它们认为，唯有采取内部竞争才能避免退化和笨拙。在3M公司，鼓励各产品创新团队，甚至各部门相互竞争。海尔则在1999年实施了以"市场链"为纽带的业务流程再造，在集团的宏观调控下，通过索酬、索赔、跳闸机制，把企业内部的上下流程、上下工序和岗位之间的业务关系由原来的单纯行政机制转变成平等的买卖关系、服务关系和契约关系，通过这些关系把外部市场订单转变成一系列内部的市场订单，形成以订单为中心、上下工序和岗位之间相互啮合、自行协同的业务链。通过"市场链"的大力实施，原来需要花费大量人力物力和财力来进行但又往往效果不好的各种协调活动，特别是职能部门间和创新要素间的协调，现在通过内部市场的作用得以轻松实现，大大提升了海尔的各部门间的协同效率和效益。例如，冰箱生产线上有一返修线是用来发现并修理在线不良品的。在实施市场链前，由于生产线对质量应负的责任划分不细，对结果不负责任或责任很小，造成返修线上操作工负荷很大，而生产线上的不良品仍源源不断流入返修线。通过实行市场链机制，返修线上人员的工资完全是向造成不良产品的人员索酬而来，在这一市场机制的协调作用下，后来返修线几乎闲置，不需设专职返修工了。海尔的内部"市场链"就是把外部的市场竞争压力引入企业内部，使得每一部门、岗位都直接面对市场。这样做的结果，就使企业的每一个人都有了自己的顾客，每一个人都与市场保持零距离。

三、组织结构与流程方面

（1）促进组织结构的扁平化和灵活性。美国国家自然科学基金会的一项研究报告指出，"就每一美元的产品研发费用而言，小公司所发明的新产品数大约是中型公司的4倍，是大型公司的24倍"。这表明拥有精练、灵活的组织结构对于创新绩效有非常重要的影响。许多杰出公司尽管是大型企业，但仍然注意克服大企业所常具有的"大企业病"，提高研发能力，努力调整创新组织结构形式，提倡创业精神。例如，组建各种精练高效的跨职能团队、项目组，划小研发基本单位，并充分授权，使之具有灵活性和创造性，如宝洁推行的"品牌经理"制度、3M的"创新小组"（new venture team）等。

（2）小型化的精干创新团队是创新的关键。美国国家自然科学基金会的一项研究表明，最理想的研究小组应由7人组成（表1）。

表1　最合适的跨职能创新研究团队人数

代表性组织或个人	观点
美国国家自然科学基金会	最理想的研究小组应由7人组成
聚合技术公司	开发研究小组有2~3人即可
惠普	6人为宜
3M	不超过8~10人为宜
Digital电脑公司	应在15~20人
彼得斯	5~25人

资料来源：彼得斯 T J. 彼得斯创新理念全书. 成明译. 北京：九州出版社，2002

（3）地理位置上的相互接近有利于促进各部门间的协同。艾伦（Allen）的研究发现，随着地理位置距离的增加，沟通明显下降。格里芬（Griffin）和豪泽（Hauser）也发现，缩短研发和营销部门间的地理距离有助于增加部门间的信息传递。3M把一些研发机构设在运作机构附近，甚至在办公室布局上千方百计增加研发部门和市场部门随机接触的可能性。许多企业把研发机构设在远离运作部门的地方，有人称之为"森林中的实验室"（labs in the woods）。这样做对取得技术上的突破来说往往很成功，但对于技术开发和商业化来说并不太成功。例如，贝尔实验室和AT&T的关系。贝尔实验室自1925年以来几乎平均每天一项专利，并有7人获诺贝尔奖，但对于其东家 AT&T 来说，贝尔实验室更像是一个科学社区（scientific community）而不是研发机构。克服"森林中的实验室综合征"（lab-in-the-woods syndrome）的一个办法是：有系统地将研发人员和工程部门人员轮换（transfer），并为产品开发者提供充足的资金、设备和授权进行产品开发。

（4）跨职能团队组织形式的采用有利于促进协同。国内外众多研究和本实证研究都表明，在技术创新跨职能团队的组织形式过程中采用跨职能团队的组织形式是促进各创新要素协同的非常有效的途径。国内外众多成功的创新型企业也都以跨职能团队为主要的创新组织形式。在惠普，三结合研发团队的做法保证了制造人员和市场开发人员（还有设计人员）从产品设计初期就全心投入研制工作中，这种三结合原则被称为惠普最有特色、最积极的特征。3M 也有类似的原则，它们很早就让制造人员参加产品的研发工作，这大大增强了新产品在制造工艺上的可行性，也大大提高了新产品研发成功后移交给制造部门的效率。

四、文化方面

（1）努力营造市场导向的创新型文化有利于促进协同，提供宽松的组织环境和创新氛围对于创新绩效非常有益。鼓励或支持广大员工的个性化、创造性的试验是许多杰出公司进行廉价学习和发掘新产品创意的好方法。大量事实证明，这种试验所花费的代价往往比那种严密的市场研究或谨慎的人力运用要少得多，同时效果也往往更好。这样的创造性试验即使失败了，对公司造成的损失也往往不大，但一旦成功，给公司带来的利益则往往是巨大的。在通用公司，试验的用语是"走私"（bootlegging），3M 也有类似用语为"诈取"（scrounging）。这两家公司拿出一点钱、一点人力在正规组织制度之外进行全员性的创造性试验的传统由来已久。事实上，有一份报告指出，通用公司在过去几十年中的每项大突破都得益于"走私"。3M 拿出 15% 的时间允许员工根据自己的爱好意愿进行创造性活动，也取得了良好效果。

（2）促进员工间的相互信任与支持。国内外理论与实证研究都表明，在企业营造相互支持与信任的文化氛围对于促进协同有重要的作用。我们的实证研究也进一步证实了这一点。许多创新型企业通过经常组织一些各部门间的互访、文体活动、宴会、集体拓展运动等形式，促进各部门员工间的相互了解与信任。

（3）研发部门需要制造部门的协助配合。例如，惠普技术部门的一个工程师需要用生产部门的某些重要设备来试验它们正在研制的新产品样品的某部分，而这需要中断一个重要产品的生产。在一般的公司生产经理往往会拒绝，而在惠普，这样的事很自然。最重要的是生产部门的人往往乐意这样做。因为惠普的文化决定了创新是第一重要的事。惠普具有"多管闲事综合征"，即每个人都要把现在正在搞的某种新产品摆在工作台上，好让其他任何人都能一眼看到，并且过来摆弄摆弄，然后发表意见。

五、沟通与知识共享方面

（1）努力促进不同部门、不同项目间信息和知识沟通。创造适当的工作环境有利于实现不拘形式的自由沟通。许多成功的创新型公司都积极采取各种措施营造促进自由沟通的环境。例如，康宁玻璃（Corning Glass）公司在新造的工程大楼内装置升降扶梯来增加面对面接触的机会，3M组织员工俱乐部等活动，以便在聚会的时候也能意外地解决问题；惠普的企业文化也非常强调各部门间的充分沟通。正如一位惠普公司的人员所说，"我们不知道哪种组织最好，但唯一能够确定的是，我们第一步先进行自由沟通，这是关键所在，我们必须不惜一切代价来保存它"。在庞大的惠普公司，每个工作区域每天都有"咖啡座谈会"，各部门人员可以利用休息时间在此喝咖啡，进行非正式交流，这是一个传统。联邦快递公司大约每18个月就将总共3000名经理人员召集起来开几天会，让大家见见面，通通气。IBM的一位资深职员跳槽到另一家高科技公司，过了几个星期他就到主管办公室诉苦说，有件事他实在忍无可忍，为什么公司里连块黑板都没有。没有黑板，大家如何互相沟通、交换意见呢？类似这样的工具，非常有助于刺激创新过程中的种种沟通活动的进行。另一家公司也有一个创举，就是把餐厅里的四人用小圆桌全部换成长方形的大长桌，这是很大的改变。若用小圆桌，总会存在四个相识已久的人坐在一起的情况，而用大长桌后，其他陌生人就有机会坐下来与他们搭讪，进行非正式沟通，这样，某个研发人员就可能遇到来自营销、制造或财务等部门的人员，这就好比是概率游戏，每增加一点接触机会，都可促进构想意见的交流。

（2）解决不同部门间信息不畅问题的一个重要思路是借助于先进的信息通信技术和工具来促进部门间的协同，如互联网、电话、传真、Email以及ERP等。

第三节 全要素创新的动态协同机制分析

一、不同要素创新协同的研究回顾

随着创新在企业发展中的作用日益显著、涉及领域日益广泛，对创新的认识已不再局限于单纯的技术（包括产品或工艺等）要素的创新，而是将作为规范人们行为的广义的非技术要素创新概念纳入研究范畴，并据此对技术与非技术创新进行关联分析。20世纪70年代，美国学者纳尔逊和温特在生物进化理论的启示和借鉴下，通过对创新过程机理的深入研究，创立了创新进化论这一独特新颖的理论分支，它推动了技术创新和非技术创新的融合，使得人们对于创新理论的研究又开始向熊彼特的简单创新定义回归,即认为创新是一个系统总体的概念,包括技术上的创新,也包括组织、制度和管理等非技术要素的创新。此后,许多学者如弗里曼(Freeman)、伦德瓦尔(Lundvall)、纳尔逊(Nelson)等在国家、区域等更广的范围开展了技术与非技术创新的综合性研究,并推动了企业创新协同的相关讨论。如斯拉沃·拉多舍维奇(Slavo Radosevic)认为单从研发活动已很难解释企业创新发展,必须从技术体系和非技术结构互动演化来理解企业的创新系统,并认为技术变革主要依赖于组织的学习过程,而组织学习过程深受规范竞争与合作行为的制度结构的影响;我国学者许庆瑞等在20世纪80~90年代研究企业组合创新时,认为企业创新不应局限于技术创新,至少包含五方面的组合关系,即:产品创新与工艺创新的协调、重大创新与渐进创新的协调、创新的显性效益和隐性效益的协调、技术创新与组织文化创新的协调、企业内部独立创新与外部组织合作创新的协调,充分认识技术与非技术组合创新的重要性。众多学者也承认要提高创新绩效必须摆脱孤立要素的简单考虑,注重系统技术要素与非技术要素间创新关系的整体思考,使创新作为一整体发挥新的功效和提高创新业绩。

但以上的研究并没有基于企业发展不同时期的特点来认识企业创新协同的动态性,而且相关论述也比较笼统。为此,本书借助协同学研究系统内不同子系统合作发展的思路,从动态角度研究企业技术与非技术创新协同及其动态演化过程,并通过考察中兴通讯17年创新与发展历程进行相关的实证分析。

二、协同机制的动态分析(基于中兴通讯动态协同案例分析)

前文分析过,系统内部各要素创新在相互作用过程中,往往形成某一或某些变量,称为"序参量",促使不同要素结合在一起自行演化发展,并主导系统向着更为高级有序的结构发展。对企业而言,创新协同可以认为是通过技术创新与非技术创新子系统相互作用,形成技术创新、非技术创新或两者共同为序参量,主导企业创新发展。其演化过程表现为企业不同经营期,技术要素与非技术要素互动创新的形式不一样,并随着企业发展,创新协同的模式从一种要素创新主导型向另一种要素创新主导型演进。总的来说,可以分为四种类型:技术创新主导型(T主导型)、管理创新主导型(A主导型)、市场创新主导型(M主导型)和全面创新主导型(TIM主导型)。

自1985年创办公司以来,中兴通讯决策层一直坚持技术兴企的发展道路,并积极探索符合市场经济要求、适合企业发展、具有企业发展特色的管理体制和经营制度,使中兴通讯从一个经营来料加工的小厂发展成为现代化大型高科技企业。公司20年的发展历程可以说是一部创新史,是技术与非技术协同创新从T主导型、A主导型、M主导型向TIM主导型的有序演化过程。具体而言包括以下三个阶段。

（一）以交换机研发为主的技术创新主导的企业创业期（T 主导型）：1985~1992 年

中兴通讯的历史可追至 1985 年成立的深圳中兴半导体有限公司，1986 年 6 月，在扩展来料加工业务的同时，为寻求企业自己的产品和市场，摆脱来料加工的被动地位，中兴通讯决定走"科技创业"的道路，将经营重点集中在程控交换机的自主开发上。由于决策层倾向将资源分配用于技术创新，以科研人员为主体的中兴通讯全体员工经过不懈的努力，相继研制出 ZX-60 程控空分交换机、500 门用户数字程控交换机、局用数字程控交换机 ZX500A 等国际前沿、国内领先的交换机产品系列。中兴通讯自主创新的交换机产品在性能价格比方面也优于国外相应产品，而且适合于中国市场需求，获得了用户广泛好评，为企业进一步发展积累了相当的财力、物力和技术创新能力。

（二）以产权改制为核心的管理创新主导的企业成长期（A 主导型）：1993~1996 年

长期以来，一直困扰我国国有企业发展的核心问题就是关于产权改制问题。中兴通讯作为一家以国有资产为主体的高科技企业，在初步确立以交换机技术研发带动企业快速发展的同时，也不免受到产权因素的制约。为此，中兴通讯决定进行产权改制，探索出一条实现公有制的有效途径，为中兴通讯的健康高速发展营造良好的管理环境。

1993 年借鉴以往企业经营的经验，中兴通讯决定引进民间资本，由航天系统的 691 厂和深圳航天广宇工业（集团）公司与民间科技企业深圳中兴维先通设备有限公司（以下简称中兴维先）共同投资组建深圳市中兴新通讯设备有限公司。初期注册资金 300 万元，51%的股份为两家国有企业投入，民营企业中兴维先占股份 49%。为适应社会主义市场经济要求，公司建立了由民间科技企业承担经营责任的"国有民营"经营机制。以产权改制为核心的管理创新极大地调动了国家、集体、个人以及公众等各方面的积极性，为中兴通讯在成长期的快速成长注入了强大的发展活力。公司重新组建当年，即将自主研制的 2500 门数字程控交换机推向市场，实现销售收入 1.7 亿元，并占据了当年我国农话交换市场新增份额的 18%，名列同类产品之首。在短短的四年的"国有民营"经营期，国有资产增值 100 多倍，净资产从 300 万元增长到 4 亿元。

（三）实施积极的市场策略的市场创新主导的企业快速成长期（M 主导型）：1997~2003 年

1997 年 10 月，深圳市中兴新通讯设备有限公司联合骊山微电子公司等 8 家单位，发起创立了公众上市公司——深圳市中兴通讯股份有限公司，标志着公司步入了快速成长期。随着公司经营效益的增长，社会公众对公司股票的预期收益普遍看好，公司的市值逐步升高。《证券时报》1998年11月25日对100家上市公司所做的评价调查报告指出，中兴通讯在投资机构和投资者个人心目中的市场形象和发展前景均名列第一。

从2001年上半年开始，以网络、电信股泡沫的破灭为标志，全球电信设备行业开始出现大幅度下滑，几乎所有的电信设备厂商都未能幸免。据统计，2002年，全球主要电信设备厂家市场销售平均下滑20%。2003年，除中国以外，国际电信市场依然没有走出低迷的阴影。在这样的大背景下，中兴通讯通过实施积极的市场策略，发挥多元化产品优势，加强管理，实现了持续增长，销售业绩领先于大多数同行，进一步提升了行业地位。2001年、2002年年均增长率达到30%，2002年实现订货额168亿元。公司为此被评为"2002年中国通信设备市场年度成功企业""2002中国通信业十大最具增长潜力企业""2003年最受关注的中国IT上市企业"，并连续三年入选中证亚商中国最具发展潜力上市公司50强评选的前三名。公司主营业务收入从1997年的6.31亿元上升到2002年的110.09亿元，平均年增长89%。

2003年，中兴通讯无线、有线、手机三大类核心产品实现均衡增长；同时，经过多年耕耘，国际市场开始进入收获期，国内、国际市场实现了协调发展。以上三大类产品、两个市场奠定了公司全年良性增长的基础。

（四）以全面创新主导的企业成熟期（TIM主导型）：2004年至今

2004年全球电信业回暖升温，运营商对于电信基础设施建设的投入又开始逐渐增加。电信新技术被采用的力度进一步加大。在全球各地，3G、NGN（next generation network，下一代网络）建设方兴未艾，不少运营商开通了商用局。在这样的背景下，中兴通讯继续坚持市场、研发、资本、人才、管理相协调的全面发展观，以客户需求为导向，通过实施正确的市场策略和产品差异化策略，公司开始步入企业发展的成熟期。2004年初确定的"国际、手机、3G"三大重点战略取得全面突破，更是得益于公司经过长期积累而成的多元化技术创新与管理创新协同的全面创新核心能力。具体而言，包括两个方面的内容。

一方面，经过充分准备，公司在原有的技术体系和研发能力基础上，确立了多元化的技术创新体系，提出了技术创新多元化的"三个转变"：产品结构突破单一的交换设备，向交换、传输、接入、视讯、电源等多元化产品领域扩展；目标市场由农话向本地网、市话网扩展；由国内市场向国际市场扩展。多元化技术创新战略的制定为公司今后的技术创新提供了良好物质基础，并形成"创新—效益—再创新"的良性发展局面。目前，已研制开发出交换、接入、移动通信、手机、传输、视讯、智能网、数据通信、通信电源、集中监控、变电站自动化、网管等17个大类80余种拥有完全自主知识产权的通信产品，承担了多个国家"863计划"等重点科研项目。

另一方面，为了确保多元化技术创新的顺利实施及公司在成熟期的高速成长，中兴通讯着重进行了包括组织、管理、制度等非技术创新。至今，公司已建成完备的标准和制度体系，共有十大类共 150 余份企业标准和 12 类共 150 多份企业制度（不包括事业部一级的管理制度和标准），涵盖了管理、研发、生产、经营、销售等各个方面，为公司在成熟期持续经营提供了基本的行为准则。其中 1998~2002 年的四年时间里进行了两次大的组织结构调整，使公司从原有的适应简单市场业务、职能划分单一、侧重垂直管理的直线职能制向适合企业多元化技术创新的事业部制转变，实现总部与各事业部对发展战略、规章立法、核心技术研究、产品日常经营各有侧重的管理安排。具体做法有：①总部及各职能部门集中精力做决策、实施品牌战略、统一对外，制定并不断优化程序、规则、监督检查，建立秩序，并集中必要的资源支持公司未来发展，发挥职能部门的参谋和助手作用。②以产品为对象设立产品事业部侧重于日常产品经营，实现中短期经营目标，提高公司的市场应变能力。营销事业部则成为各产品事业部的共同销售平台，通过产品事业部与营销事业部之间的经济核算与考核纽带把开发、生产和市场三个环节紧密结合起来。

在新的组织框架内，公司进行了相应的管理制度的创新，建立了以电子化管理为重点的公司管理体系，在通信基础平台上构筑了丰富而强大的网络应用系统，支持范围涵盖了公司内外的主要业务，从市场一线到生产、研发、质量、管理等各岗位，取得了可观的经济效益：物流系统的使用使库存由 2003 年的 20 多亿元降至现在的 10 亿元；电子跟踪系统提高了合理化建议的采用率，使得公司每年处理的有效合理化建议达 10 万条，创经济效益近亿元。

根据以上的考察，在发展的 20 年里，公司始终坚持创新，并有效推进企业创新协同向更高级有序的方向发展，如图 1 所示。

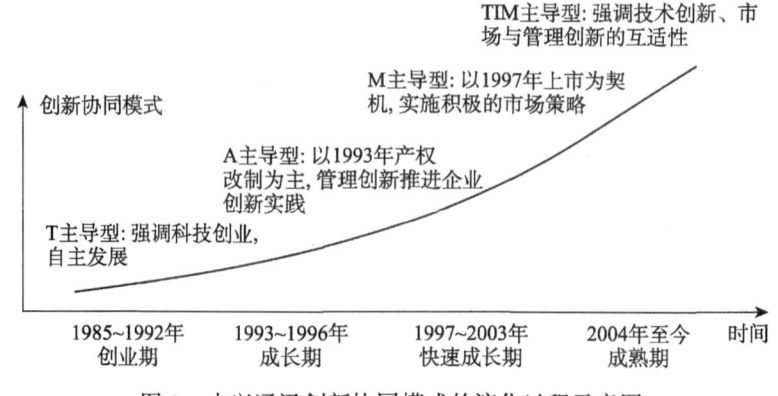

图 1　中兴通讯创新协同模式的演化过程示意图

第四节　协同机制的演化与模式

一、协同的多样性和复杂性

企业管理与创新是一个涉及企业从上到下各个部门以至于每一个员工的复杂活动，因而协同的内容是多种多样的，且复杂多变。

协同的内容可以是不同部门间的协同。例如，一项技术创新，特别是产品创新，离不开技术或研发部门、市场营销和制造部门的通力合作。没有市场部门深入调研顾客需求，研发部门难以研制出适销对路的新产品；没有营销部门的大力促销，新产品的市场销售会受到影响。因而在新产品创新过程中必须自始至终协调研发和市场部门间的创新活动。除部门间的协同外，还需要协调好一个新产品开发项目中，负责新产品开发的设计人员和新工艺开发的工艺人员以及生产人员及市场营销人员间的创新活动，以保证这些部门人员间的协同工作。部门工作性质不同，人员受教育程度不同，往往具有不同的价值观，使协同工作困难而复杂。

二、协同的动态性

企业及创新活动的多样化与复杂性决定了协同的多样性与复杂性。创新机制的复杂性还表现为协同的动态性。其动态性是由于协同内容还受到以下各因素的影响。

第一，企业内外条件的变化导致协调内容的变化，从而要求运用不同的协同机制和方式方法。随着企业的发展，规模发生变化：当企业员工数量从不过十几人发展到数十人时，企业家个人就可以协同各方面工作；但当一个企业进入发展期以至成熟期，企业发展到成百上千甚至数千人时，大量管理功能由不同部门分担，靠企业家个人协同已非常困难甚至不可能。例如，企业向产品多元化发展时，新产品研发须由设计、工艺、装备、市场营销、制造、外协等多个部门来分工进行，这时产品创新、工艺创新、装备创新与原材料创新和市场创新间的配合与协同对新产品研制的成败有重要的影响，这样繁重的协同，绝非企业家个人可以胜任。

国内外经验表明，产品创新的失败，很大原因是分担创新任务的各部门间的协同不够，特别是研发部门、市场部门和制造部门三者的协同不够，是造成三者隔阂的主要原因。这就是通常所称的"界面"问题，其要害在于部门间的不协同。

这里列举 20 世纪后期两个最著名的创新失败事件之一。美国著名的施乐公司（Xerox），其研发部门位于加利福尼亚州的派罗阿多研发中心，具有很强的研发力量，于 20 世纪 70 年代最早发明了个人计算机的原理和模型，包括显示、窗口（window）、鼠标和文字处理框架（programme）。但由于施乐公司部门间的隔阂和不协同，研发部门的发明未能转变为产品和投放市场。具体原因可归结为两点：

其一，大公司部门分割的机制使部门间协同困难，决策迟缓，一些事业部则忙于应对当前的产品和业务，对于销量小价格高的新产品，往往漠不关心；其二，当时施乐公司存在严重的组织上的缺陷，它的中央研发部门独立于其他部门之外，与其他不同部门缺少必要的经常性联系。而施乐公司的其他部门也不乐意为创新产品开拓营销渠道，这种研发和营销间的严重脱节和不协同，是施乐公司重大创新失败的主要原因。这个重大创新的失败，导致20世纪80年代后各大企业冷对中央研发机构的设置，偏重了事业部制的建设与应用，结果导致其核心能力的削弱或丧失。这也是20世纪70~80年代日美企业竞争中，美国除了航天与计算机产业部门外，绝大部分产业败于日本企业的重要原因之一。

第二，影响协同机制动态性的因素之一是外界条件的变化，主要是社会与经济条件方面的变化。就中国的情况而言，由于20世纪五六十年代，中央和地方长期沿用中央集权式的计划体制管理国民经济，企业也同样采用计划经济模式，运用集权式的计划机制来协调各部门、各分厂、车间直至各工序间的生产技术活动和经济活动。这种体制的重大弊端是造成计划与实际的脱节、官僚主义的滋生，扼杀了各级组织和广大职工群众的积极性和创新性，最终导致生产力落后，经济发展迟缓，人民生活水平难以大幅度提高。改革开放以来，社会经济改革的一项重大举措是实现市场经济，依靠和运用市场经济的机制来调节和组织经济和生产活动，使生产力获得前所未有的高速发展，使国力增强，人民生活水平获得极大的提高。

第三，形成协同机制动态性的因素之一是人员素质的变化。协同各部门、各组织、各生产要素、各创新要素，归根结底是协同人们的活动和行为，但人们的活动和行为是由人们的思想与素质决定的。人们具有"顾全局、识大体"的"一盘棋"思想，协同起来就容易，反之，"小集团利益""小算盘"思想泛滥，创新协同就会很困难。因而，在组织中培植和发扬"识大局顾整体"的协作思想和文化，培养职工在这方面的文化素质是搞好协同的根本所在。例如，中国的海尔，把文化创新视为推动企业创新和发展的首要环节，企业领导集团建厂二十余年来，始终抓住了企业文化建设，并专门设有文化部门，配备素质优秀的干部专责从事这方面工作。

三、协同机制的演化模式：综合性与整合

协同的多样性、复杂性和动态性决定了协同机制和应用模式的综合性与整体性。下面从国内外成功企业的最佳实践，探讨协同机制整合的几个特点和规律性。

（一）从领导机制协同到组织机制协同，领导协同与组织协同相结合

这里仍沿用上面讲到的技术创新中典型的界面问题来讨论，因为它是关系创

新成败的关键问题。在企业初期阶段，创新思想大多产生于企业家本身，企业家为了实现其创新，往往组织几个技术人员，分头负责产品设计、市场研究和工艺准备，自己亲身协同各方面的工作。当企业规模逐渐扩大，企业分别设计了技术部门、市场部门、生产部门，这时就会因部门分工而产生技术-市场-制造之间的界面问题。为了解决这些部门间的日常协调，中国成功企业的经验是在企业首席技术官负责人（chief technology officer，CTO）领导下建立一个专门从事新产品研制的机构。而CTO则定期召开有关部门，主要是研发、市场、制造等部门负责人的协调会议解决新产品创新过程中的协同问题。海尔的实际经验是建立一个技术中心来统管技术创新中的协同问题，在建立技术中心的头几年，海尔CEO张瑞敏兼任该中心的主任。这一做法充分体现了协同中领导机制与组织机制的结合。它对推进海尔的成功创新，起了极其重要的作用。

（二）单功能组织的协同到多功能组织协同的模式

为了解决界面问题中各单一功能部门视野的局限性，并便于各部门在创新研制过程中沟通，国内外成功企业主要从以下两方面来解决这一问题。途径之一是采用事业部制，或称之为SBU，在SBU中分别配备研发、创造和营销三方面的人员，他们之间经常沟通，有利于及时解决创新中的协同需要。解决界面问题的另一个主要途径是建立跨职能小组（团队）（cross function team），即在新产品、新技术开始创新之初即着手建立包括研发、营销、市场、人力资源、供应、财务各部门人员在内的跨职能小组（团队），便于在创新过程中及时沟通和协同。

（三）从沿用计划机制协同到市场机制协同，使两者相结合的协同模式

随着改革开放的深入，市场经济的调节机制逐步为人们所熟悉和运用。企业开始将市场调节的机制应用到企业内部和创新管理中来。其中较为成功的经验有邯郸钢铁公司较早开创的"推墙入海，面向市场"的创新管理制度。企业计划部门将企业接到的订单划分为数以万计的指标，分解到每个员工，使员工人人直接面对市场，这极大地增强了全员的责任感和积极性。

海尔在运用市场协同机制方面又进了一大步，创建了运用市场链原理的SST管理制度；将外部的市场效应内部化，使员工成为自我经营和管理的主体，可以针对市场自主决策，为员工提供了个性化的创新空间，大大提高了部门间、工序间的协同效率。

（四）从单纯依靠组织行政手段协同到领导机制、学习机制与协同机制相结合的模式

为应对复杂多变的环境，迫切要求企业加强学习，创新学习机制，并把学习机制引入协同中来。企业组织学习的特点之一是将学习与企业决策及其实践活动

相结合，通过学习提升企业的决策能力与创新能力。

海尔创造与发展的"高层经理人员定期学习班"，就是一种将领导机制、决策机制、学习机制与协同融为一体的协同模式。

学习班上，领导带头学习并结合工作讲解管理与创新的哲理，共同分析决策与创新中存在的深层次矛盾，解决企业实际问题，并提高干部思想理论水平。与此同时，也在学习中迸发出创新的火花，孕育不少具有原则性的重大管理创新。例如，该集团1998年实施的市场链为纽带的流程再造、SST机制、人人都是创新SBU等。

本 章 小 结

本章是基于全面创新管理的崭新理论视角，并综合运用创新管理理论、复杂性理论、系统科学理论等多学科知识，首次深入、多角度地分析技术创新过程中各创新要素全面协同机制，具有理论上的原创性和方法论意义上的创新性，丰富发展了创新管理理论研究，进一步深化了全面创新管理的崭新理论范式，有利于提高中国创新管理研究在国际上的地位与影响。同时，以中兴通讯为例，从静态和动态的角度对企业创新要素的全面协同机制进行深入的理论与实证分析。最后一节讨论了协同的复杂性、动态性和综合性及其演化模式，从多机制协同创新介绍了海尔等企业的最佳实践经验，为企业实施科学高效的创新管理、提高创新绩效从而赢得持续竞争优势提供动态和具体的运行框架和模式。

在实践方面，本章从多个角度对协同机制进行研究，突破原有对要素创新协同关系所进行的静态和笼统的研究，为解决当前中国企业技术创新中存在的"两难困境"和不协同状况提供理论指导与可操作性的途径、方法，也将为企业在动荡而又激烈的市场竞争中实现科学高效的创新管理，提高创新绩效，从而赢得持续竞争优势提供崭新的理论、范式和框架。

全面创新管理的学习机制[①]

随着经济的全球化及科学技术的飞速发展,动态性已经成为商业生态环境的主要特征。动态性特征可以从市场需求的动态性特征以及技术发展的动态性特征两个角度考虑。市场需求是顾客需求的加总,市场需求的动态性变化是顾客需求的动态性变化的结果。目前在我国,市场需求的这种动态性特征也日益显现出来:伴随着收入水平的急速上升,人们的消费需求已经不再满足于维持基本的生活,而是越来越追求个性的释放。技术发展的动态性和市场需求的动态性具有一定的一致性,因为市场需求是技术发展的重要动力与源泉。

一个显然的事实是,变化中既有风险也蕴藏着机会,如果组织善于学习,可以通过组织学习协调组织内外部环境之间的关系,保持它们之间的动态相宜性。在当前的商业生态环境中,组织学习对于企业或组织的发展至少有以下三个方面的作用:通过组织学习及时地了解顾客的需求变化以及顾客构成状况;通过组织学习在技术发展的动态变化中较快地掌握行业的最新技术或技术发展趋势;通过组织学习不断改进企业的管理方式、价值观、思维模式、基本假设乃至根本目标,实现企业内外环境的动态平衡,在日益激烈的市场竞争中赢得市场竞争优势。

自20世纪90年代经济全球化以来,企业在国际市场的竞争已转为创新竞争模式,企业全面创新已成为企业持续发展与赢得竞争优势的主要方式。而企业全面创新的主要基础在于体制、人才、知识管理和创新能力,但最终基础是获取动态创新能力的创新学习。然而,目前中国企业创新能力形成过程中存在或面临的四种问题和困境,即战略惯性问题、创新学习困境、知识管理困境和外商优势竞争,使中国企业无法形成有效的创新学习途径、获取高附加值的企业知识、提高企业的创新能力,导致中国本土企业的长期市场竞争能力日趋薄弱。而现有理论无法为中国企业解决这一根本问题提供必要的理论依据。为了改变或扭转这种局面,迫切需要研究企业的创新学习机制,以便为中国企业提供必要的理论依据和实践指导。

第一节 知识演化与创新学习

知识源于三个关键维度的集成:信息、理论和经验。根据 OECD 对知识类型的划分,知识可分为知是(know-what)、知奥(know-why)、诀窍(know-how)、

[①] 节选自:许庆瑞. 全面创新管理:理论与实践. 北京:科学出版社,2007:第九章。

知谁（know-who）四种。面对复杂多变的世界，仅有 know-what 的信息和 know-how 的技能是不够的，除此之外，更有价值的知识是对基本原理的理解（know-why）和对事物发展与最佳行动的洞察（know-future）。具体如图 1 所示。

```
                   理论
数据 → 信息 ⇒ 技能 → 理解 → 智慧
              经验
       know-what  know-how  know-why   know-future
       过去 ←——————————————————→ 未来
```

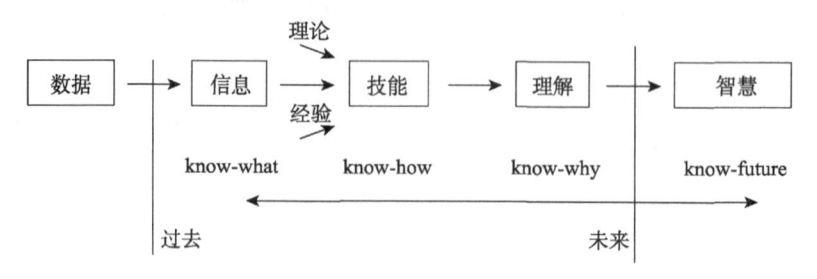

图 1　知识演化

理解和智慧之间的差别在于前者是致力于把事情做好，而后者是做正确的事情。信息、技能、理解与智慧的另一个差别是：前者是对已经存在和完成的事物的认知，而后者是对将来可能发生和如何行动的洞察。

知识演化并非完全是自然发生的，而是需要反复的工作与积累。数据必须经过过滤才能变成有用的信息。同样，从信息到技能，再到理解，都需要长期的工作训练。反而，一个人长期致力于某方面的工作，可培养他与之工作相应的知识能力，但他却很难再获得更高阶段的知识。有些人有很高的技能，但缺乏系统理解能力。他们只能够较好地完成某些特定任务，而不能完全理解为什么这样做，以及这样做对组织中其他部分有什么影响。因此，不同阶段的知识，需要在不同的工作环境中，通过不同的学习方式获取和培育，如表 1 所示。

表 1　知识序列及其内涵

类型	内涵	示例	获取途径示例
信息	关于事实的知识	化学配方、原料产地、机器用途	读书、查看数据库
技能	如何完成一项任务的能力，累积的技能和知识	设计经验、技术活动流程	干中学、用中学、组织间合作
理解	理解系统各个关键变量之间的相互作用，理解设计的基本原理	牛顿运动定律、组织效率低的原因	知识整合，研究开发中学
智慧	深入理解事物运动发展的规律，预见事物成功的可能性	NEC 的 "4C" 愿景	战略学习、共同远景

组织学习的类型很多，而且从不同角度进行的类型划分有很大的差别。本书提出如下的几种技术学习的基本类型：程序化学习、能力学习、战略性学习和转换学习。如表 2 所示。

表 2 技术学习的基本类型

类别	程序化学习	能力学习	战略性学习	转换学习
特点	通过重复工作积累知识	在创造性过程中深化知识	对新机会、新技术轨道的探索，对技术-市场发展前景的洞察	消除现有的思维定式和技术范式，准备接受和开辟新的轨道
学习方式	干中学、用中学	研发中学、联盟中学习	企业技术-市场定位，全新产品思想的发掘	学习如何忘记（learning unlearning）
知识类型	know-what know-how	know-how know-why	know-why know-future	

其中，程序化学习和能力学习已经被深入研究。而战略性学习和转换学习却很少论及，但实际上它们在技术能力提高中非常重要。甚至在一定程度上可以说，它们的有效执行，决定了企业能否从技术引进培育出高水平的技术创新能力。

一、战略性学习

在这个层次上，学习的焦点将超越以往的做什么（know-what）和怎么做（know-how），而包括进一步的为什么（know-why）和智慧性预见（know-future），也超越了前面两种学习（程序化学习与能力学习）的静态效率的标准。在战略性学习中，哪些能力是核心的、为什么等问题都必须弄清楚，这样就为组织未来的努力提供了充分的动力和方向（如在寻求新的组织惯例和资源上），使组织产生动态效率。竞争环境的重大变化将使得原先高效（静态效率层次）的能力变得毫无价值，因为它不再适应新的环境条件，所以企业保持战略性学习是非常重要的。随着企业和外部环境的不断变化，持续地审视能力、核心能力和企业环境、企业使命、组织内部环境之间的关系，并对上述变化做出反应是战略性学习的真谛所在。

在新产品开发过程中，战略性学习体现在新产品思想和原型的定义与反复的辩驳中。战略性学习使企业从以前的技术范式的束缚中解脱出来，从用户的潜在需要和最新的技术发展中去发掘新的设计思想。因此，它体现为技术知识与市场需求知识的交融，由此产生的创造性飞跃是战略性学习的本质。

二、转换学习

如果说战略性学习是源于全新的创造和超越，那么转换学习就是一种"破坏"，即对现有范式和思维定式的摧毁。

转换学习存在于当组织根据环境的巨变，调整主要战略重点，特别是技术范式做出调整的情况下。这时候，企业所面临的技术-市场发生了根本性变革，企业现有的竞争地位开始动摇，竞争优势逐渐失去，战略逻辑已不再适用。企业被迫做出尝试，试图去理解新的竞争方式，尽管此时具有很大的模糊性和混乱。由于技术范式的逐渐消失，企业在寻找摆脱困境的方法时容易迷失方向。

转换学习的最重要的特征是"忘记"。此时，企业所遇到的是崭新的问题，以前的经验无从借鉴，线性的学习方式已无能为力，甚至有害。

当企业面临技术或市场变革时，曾为企业带来市场优势的核心能力可能成为核心刚性，企业可能过于倾心于现在的能力，而失去了适应环境变化的动态能力。此时，利用新的技术和市场知识，通过企业内的产品组合和组织的大幅度调整实现资源重组，是企业重新获得竞争优势的必要途径。

第二节 技术能力的螺旋运动过程和技术学习方式的演变

对于发展中国家的企业，技术能力的增长总会经历三个阶段，即从仿制到创造性模仿，再到自主创新。每个阶段中技术能力积累途径都经历了从外部技术源到内部途径的转换过程，这样就构成了技术能力演化和技术学习方式的三次循环。如图 2 所示。

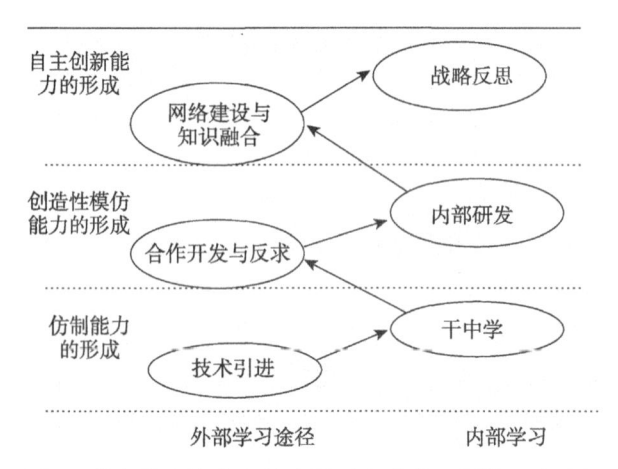

图 2 技术能力演化和技术学习方式的双螺旋运动过程

一、仿制阶段

企业通过技术引进，开始接触先进的技术和组织管理，由此走上主流的技术发展轨道。然而，此时的企业并不能很好地使用引进的技术和管理，只有通过实践中的学习才能获得使技术发挥效力的技能，也才能建立起强大的技术能力。因此，在引进技术后必须致力于通过内部的干中学和用中学进行消化吸收，即必须及时从能力提高的外部途径转到内部途径。

二、创造性模仿阶段

仿制阶段从引进到消化（干中学），形成仿制能力，为进一步的创造性模仿打下了基础。但是，对生产技术的吸收并不能直接导致创新能力的形成，因为这是两个不同层面的技术能力，对企业的知识性质有完全不同的要求。因此，从仿制能力到创造性模仿能力，企业必须有一个知识的飞跃。例如，我国许多企业引进技术后，在短短的几年中（一般是3~5年）就形成了强大的仿制能力。但此后创造性模仿能力的形成，却耗费了许多年（8年以上），至今仍只有少数企业得以成功。

依靠企业自身来完成这一飞跃是相当困难的，即使成功，也肯定会造成成本高或时间慢。于是，内部途径不利于企业迅速形成创新能力，更无法在基于时间的竞争中取胜。因此，再一次从外部途径开始，仍然是企业成功的捷径。

当然，这个阶段的外部途径不是简单的技术引进。因为构成创新能力的知识无法像生产技术一样以专利、图纸等完全显性的形式出现，而是存在于研发人员的大脑中，在个人和组织行为，以及组织关系中显示出来。这类知识的获取要求获取者和被获取者之间在研发中密切地接触，由此熟悉和了解研发知识的显示方式，以促进这些知识的转移。因此，这个阶段的外部途径是处于一个较高的水平，是内外途径螺旋运动的又一次循环的起点。同样，企业从外部获取的研发知识必须经过吸收过程，才能为组织所掌握。这个阶段的吸收方式是内部R&D，以比较高级的方式进行研发技能的消化吸收。

三、自主创新形成阶段

自主创新虽然和创造性模仿一样都是创新，但两者之间有着本质的区别。自主创新阶段需要企业超越前面两个阶段的静态效率概念，建立动态效率的观念；从孤立地考虑自身到从全行业甚至全球来考虑自己的发展。这样的观念革命不是仅仅通过具体的研发中学就能完成的，而必须拓宽企业的视野，将自己放置在宽广的环境中，从知识网络中吸取最深刻的思想，以发展企业的智慧。

同时，企业需要深刻分析和反思产业和技术发展趋势，深刻理解市场和用户的潜在需求，由此确定自己将来的技术-市场定位和产品-工艺技术开发战略。因此，企业必须将从外部途径获取的知识与自己思考创造的知识结合起来，在充分吸收外部知识的营养后，返回自身进行修炼、体会和洞察，形成自己独特的核心能力。

第三节 全面创新学习机制的构成要素和模块化架构模型

前面第二节论述了技术学习的动态模式。但技术学习只是企业创新学习的一个方面，企业要想建立持续的竞争优势，必须建立全面创新学习的机制，即通过学习，将企业战略、制度、文化、组织、流程与技术各种要素协同起来，形成全面创新的管理系统。

全面创新学习机制研究的主要目的是提出解决企业如何提高全面创新能力的

分析方法，为企业最终实施全面创新管理创造必要条件。全面创新能力提高的基础是企业现有知识存量及相关的知识管理，而创新能力的实现途径是创新学习，因此知识管理、创新学习和全面创新能力构成了全面创新学习机制的三个基本要素。有必要引入模块化理论对全面创新学习机制的内在架构特征进行的研究，这样企业模块化就构成了全面创新学习机制的第四个要素。为了便于研究，这里对全面创新学习机制四个要素的基本概念进行简要的界定。

知识管理：是指对企业现有的知识存量进行系统的管理，提高企业对现有知识的利用效率，另外，提高企业对知识的保护和控制水平。知识管理类型包括知识分类管理、知识价值管理、知识分配管理、知识平台管理、知识生命周期管理等。在知识的专有性维度上，本研究将其分为三种类型，即通用知识、核心知识和专有知识。通用知识是指在相关行业中，被多数企业掌握的知识；核心知识是指相关行业中，仅有少量领先型企业了解并掌握这部分知识，如实用型专利等；专有知识是指个别企业拥有排他性的知识，如发明专利、原型产品等。

创新学习：是指企业创新活动过程中所伴随的学习行为，这种学习行为不仅直接产生新的知识流，而且形成新的能力，是企业提高创新能力的主要途径。与全面创新能力或创新能力的区别在于创新学习不直接形成外显的企业绩效。根据知识的专有性维度的三种分类，创新学习也有三种类似的分类与之对应，即通用性创新学习、开发性创新学习和探索性创新学习三种创新学习。通用性创新学习产生的是通用知识，开发性创新学习产生核心知识，而探索性创新学习形成专有知识。前面第二节的技术学习类型也可纳入这个框架中，如程序化学习就是通用性学习，能力学习就是开发性学习，战略和转换学习就是探索性学习。

全面创新能力：是指企业进行全面创新的能力（competence of total innovation, CTI），即整合企业现有各方面资源，实现企业创新绩效的能力。全面创新能力在动态性维度上可分为动态创新能力和静态创新能力，在本研究中动态创新能力源自创新学习，而静态创新能力则源自企业的知识管理。

图 3 是模块化创新学习的概念模型，在组织维度方面把企业组织划分成为 A 型（架构型）模块组织、M 型（模块型）模块组织和 E 型（元型）模块组织，A 型模块组织负责企业的架构管理与协调，M 型模块组织负责企业的各项模块功能，而 E 型模块组织是形成企业的最小单元，负责单一的专业功能；由图 3 可见，创新学习对象的架构维度与组织维度保持一致。而中间的方格代表模块化的创新学习对象，如 GA 代表通用架构创新学习，以此类推。在创新学习的类型维度方面，参考知识的专有性维度，以及有关创新过程和组织学习的探索性学习（exploratory learning）和开发性学习（exploitation learning），划分为通用性创新学习、开发性创新学习和探索性创新学习，这样不仅与通用知识、核心知识和专有知识保持一一对应，使创新学习类型维度与学习对象的专有性维度保持一致，而且可以更深

入地分析和研究企业知识的形成、发展与衰退。其中通用性创新学习包括通用架构创新学习、通用模块创新学习和通用元创新学习，通过这类创新学习，进一步降低企业日常生产与经营成本，并提高企业的产品和服务质量；开发性创新学习包括核心架构创新学习、核心模块创新学习和核心元创新学习，通过这一类创新学习，企业将继续增强产品技术与企业经营的竞争力，提高或延续企业的盈利能力；探索性创新学习包括专有架构创新学习、专有模块创新学习和专有元创新学习，这类创新学习旨在相关领域或行业使企业获得垄断或领先地位，但往往因市场的不确定因素而形成比较高的投资风险。

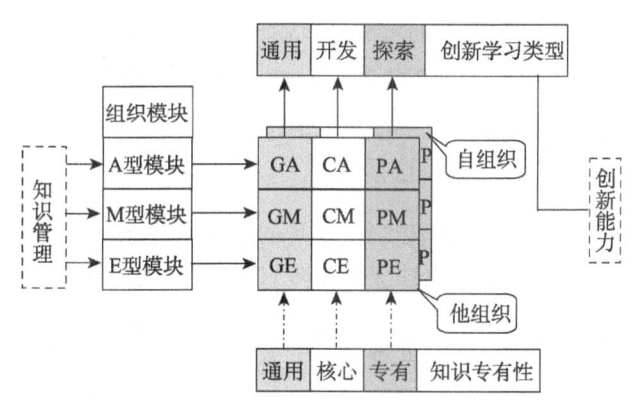

图 3　创新学习的模块化架构模型

在创新学习对象的技术性维度方面，无论技术创新学习还是非技术创新学习，图 3 的模块化创新架构模型同样适用。另外，企业创新学习还可以从组织模式分为他组织和自组织模式。他组织创新学习是由企业组织的一种创新学习行为。自组织创新学习是员工自发形成的创新学习组织，并受到企业的鼓励，如在壳牌石油、3M、通用和三星等公司都存在自组织创新学习方式。另外，创新学习对象大都处于隐性状态，创新学习的主要目的之一是使之显性化。至此，本研究已讨论了模块化创新学习架构模型的架构维度、创新学习类型维度和技术性维度，为创新学习的进一步研究与讨论提供了必要条件。

第四节　全面创新学习机制

根据对国内外著名企业创新历史的案例研究，可以从三方面总结通过企业全面创新学习机制提高全面创新能力的动态模式与特征（图 4）：①以企业架构系统和模块嵌套架构为特征的创新学习协同模式；②以创新制度、方法、共享工具为特征的模块间创新学习的辅助协同模式；③以企业大学、研究中心为特征的创新学习的基础模式。

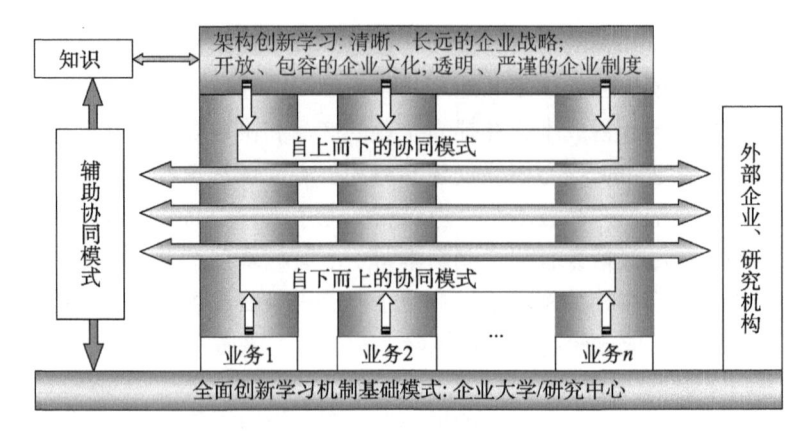

图 4　企业全面创新学习机制的动态模式

一、全面创新学习机制的主要协同模式

企业架构系统的战略、文化和制度及其创新学习是企业发展的关键，当然通过创新学习形成的战略需要合适的文化环境配合，然后通过制度创新的方式执行。另外，各业务模块的嵌套架构系统传递公司架构系统的要求和信息，而业务部门则根据企业架构系统的要求和信息进行业务层面架构创新学习，形成适合业务创新与发展的战略、文化和制度，然后通过模块嵌套架构依次向下传递，如形成新的业务技术模块架构、业务组织模块架构和业务市场模块架构等。这样就形成了自上而下以企业架构系统和模块嵌套架构为特征的创新学习协同模式。

当然，也可以通过基层模块的架构向上传递创新学习的要求和信息，使上一级架构通过相应的创新学习适应基层业务或功能模块发展的需要，并通过上一级架构创新把要求和信息传递到其他相关的业务或功能模块，实现创新学习的协同目的，这样就形成了自下而上以企业架构系统和模块嵌套架构为特征的创新学习协同的横向模式。

企业架构系统和模块嵌套架构是企业主要的结构，所以具备该特征的全面创新学习机制的纵向、横向模式是主要的创新学习协同模式。该创新学习机制模式成功实施的必要条件是企业战略的清晰性和长远性，文化的开放性和包容性，以及制度的透明性和严谨性，即企业架构系统具备持续发展的自适应创新学习机能，其中企业领导起关键作用，否则就会陷入各业务模块或功能模块各自为战、缺少交流的局面。

在日趋激烈的市场竞争中，要求企业通过快速创新对市场瞬息即逝的机会作出反应，虽然自上而下的创新学习机制协同模式具有高效率，但发现市场机会往往是在基层功能模块，所以自下而上的创新学习机制协同模式尤为重要。然而，在该特征下的创新学习协同因基层功能模块架构能力的薄弱而陷入无法有效传递相关要求和信息的困境。当然，不少企业已在实践中发展出一种创新学习协同的辅助横向模式，这一模式将在下面进行分析。

二、全面创新学习机制的辅助协同模式

为了弥补自下而上创新学习协同模式的低效率，部分企业通过持续的创新学习，形成了各具特色的创新学习的辅助协同模式，以提高创新学习效率，如通用的群策群力、惠普的走动管理、西门子最佳实践、海尔的产品型号经理等管理方法；还有借助工具，如 ERP 等创新平台；在辅助性创新制度方面，如西门子的"top+"创新计划等。这些以创新制度、方法和共享工具为特征的模块间辅助性创新学习协同模式不仅很好地解决了内部自下而上的低效协同问题，达到企业内部知识的充分有效共享，也大大提高了企业各业务或功能模块与外部组织进行知识共享和合作创新学习的协同效率，真正实现全面提高企业创新能力。

三、全面创新学习机制的基础模式

企业大学和企业研究中心是传统的企业创新学习的组织形式与重要基础，在企业创新学习机制中仍起着重要的作用。如通用的 Crotonville 管理学院是该公司非技术创新学习的基地，也是通用创新学习的策源地，而通用的研发中心则被称为技术创新的"魔术屋"。事实上，其他公司，如海尔、惠普、西门子等不仅自己办大学和技术研究中心，还与外部学术机构、研究机构保持密切的联系，对巩固和发展企业创新学习的基础起到了很好的作用。

第五节 海尔全面创新学习机制分析

图 5 是经过企业持续创新逐渐形成的基于企业家创新精神的海尔全面创新学习模型，图中海尔的事业部众多，一直处于变化之中，但主要以产品类别划分，如冰箱事业部、冷柜事业部、洗衣机事业部等，如果手机、PC 机等新事业部足够强的话，所有家电事业部有可能合并，这可能就是为什么海尔把原事业部的许多职能收回，如财务、采购、销售等；此外，目前的架构也有助于 ERP 的实施，也便于以后组织结构进一步调整时 ERP 流程的优化。与大型跨国公司相比，如通用、西门子、惠普等，图 5 中所有家电事业部之和仅是其一个业务集团创新学习模型的放大。图 5 的顶部是企业的架构创新学习，除了以企业创新精神推动的企业战略创新学习和文化创新学习，主要通过严格的产业化管理制度，如 OEC 制度、SBU 等控制企业的创新过程，降低企业创新风险。图 5 的底部是海尔创新学习主要职能部门，其中海尔中央研究院主要作用是做超前、国际水平的探索性技术创新学习，培育企业核心的、前沿的和系统的技术创新能力，为其他部门的产品开发提

供必要的技术支持,并整合企业内外的技术研发资源,领导和管理企业研发网络,负责产品生命周期及企业技术创新流的管理。

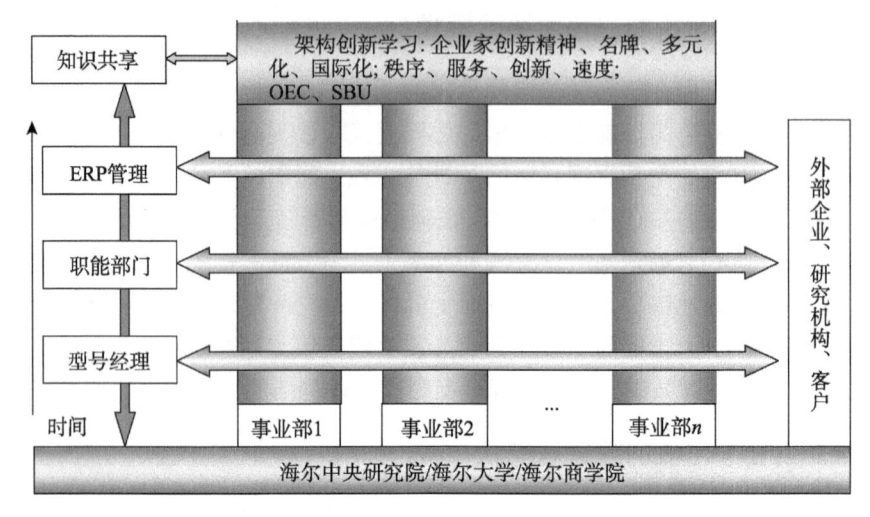

图 5 基于企业家创新精神的海尔全面创新学习模型

海尔大学和海尔商学院则为海尔提供员工创新能力的基础培训及知识共享,更重要的是提高企业非技术创新能力,以通用管理培训中心为榜样,成为海尔员工思想锻造的熔炉和中国企业界的"哈佛大学",以及海尔创新思想孕育与传播的发源地。图 5 的右边是海尔整合外部创新学习资源形成的跨企业创新学习网络,包括企业创新学习的国际资源。图的左边是海尔跨部门创新学习的协调方式所形成的内部创新学习网络,其中型号经理是海尔技术创新主要的横向协调模式和产品一体化创新的核心,几乎所有职能部门都参与产品创新,包括研发部门、销售部门、物流部门、生产部门、设计部门和财务部门等,同时也利用 ERP 管理平台管理创新过程,这一产品与技术创新学习的协调模式至今在海尔执行得比较成功。这样就形成了目前海尔创新学习的基本模式,从图 5 也可以看出,海尔全面创新学习模型更多地依赖严格的制度,这也决定海尔的创新绩效有一些与众不同的特点。

海尔全面创新学习模型的成功之处在于以市场作为企业创新学习的焦点,海尔全面创新学习模型的成功特点是通过企业家创新精神主导的,通过持续的企业架构创新系统和模块创新系统的架构创新学习,以及把创新冲突中心引向市场竞争,把市场作为创新者与员工冲突的缓冲地带,这样既保护了企业创新的倡导者和推动者,也阻断了中国人传统的人际关系在企业改革时的负面作用,建立了以企业利益高于员工个人或小团体利益的创新文化氛围,使企业全面创新系统达到协同与和谐,也使企业家赢得了个人的威望和员工的信任,而不是成为企业改革与创新的焦点和牺牲品。另外,得益于企业家持续推动的创新学习,提高了管理人员和基层员工的基本素质，为企业创新奠定了最重要的基础，充分体现了企业创新"以人为本，学习为魂"的思想。

海尔的具体创新活动，主要集中于通用性创新学习和开发性创新学习，且取得了很不错的创新绩效，但在探索性创新学习方面显然做得不多，而且其在海尔整个创新实践中的地位也不是很重要，所以海尔成功的创新学习管理经验主要来自通用性创新学习和开发性创新学习，创新学习比较依赖严格的制度化管理也是可以理解的，因为这些创新学习活动结果的确定性远比探索性创新学习活动要高。

本 章 小 结

在当今的超竞争时代，全面创新已成为企业持续发展与赢得竞争优势的重要途径。然而，全面创新离不开学习机制，要想持续创新发展最终还是要依靠获取动态创新能力的创新学习。然而，目前中国企业的创新性学习中存在着一定的问题，使得中国企业无法形成有效的创新学习途径，获取高附加值的企业知识，提高企业的创新能力，难以做到全面创新。因此，本章对全面创新管理的学习机制进行了全面论述，为中国企业通过创新学习获取动态创新能力提供了必要的理论依据和实践指导。

全面创新管理的领导机制[①]

领导者是创新与变革的代理人。无论是渐进创新，还是革命创新，领导者一般都被认为是推动创新领导变革的关键因素。科特认为，领导职能是带来建设性或适应性变革。领导者应有一种长期的注重未来的倾向，以提供一种超越下属短视行为的意识，管理者则注重短期目标，注重自己部门和集体日常问题的解决。

当前创新，特别是全面创新管理日益成为一个系统工程，作为系统推动和协调的主要机制之一——领导机制在全面创新管理实践中起着非常重要的作用。虽然在组织中有很多因素影响组织创新，但是有理由认为领导及其行为对创新有着特别重要的影响。

第一节 领导机制在推动企业全面创新过程中的作用

领导机制是企业全面创新管理实践中的一个关键机制。但是领导机制在企业全面创新管理实践中的重要作用究竟体现在哪些地方？安弗莎妮指出，在评估领导机制的作用与有效性时，要将着眼点放在领导机制解决了创新过程中的哪些关键问题上。本节从激发员工创新积极性，平衡发展技术创新与非技术创新，为全面创新奠定良好思想文化基础，资源基础和制度管理基础，指导企业全面创新的方向这四个方面分析领导机制在推动企业全面创新过程中的作用。如图1所示。

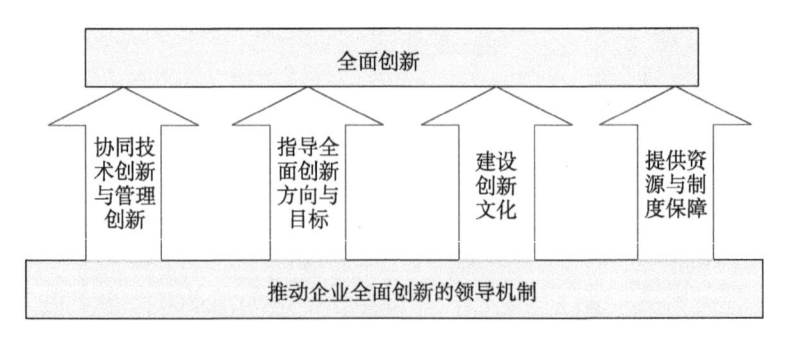

图1 推动企业全面创新的领导机制在全面创新管理实践中的重要作用

[①] 节选自：许庆瑞. 全面创新管理：理论与实践. 北京：科学出版社，2007：第十章.

一、激发员工进行全面创新的积极性

全面创新管理理论范式指出，在市场竞争中，创新不再只是企业研发和技术人员的专利，而应是全体员工共同的行为。领导者只有充分发挥全体员工创新的积极性和主动性、挖掘员工的创新潜力、实现全员创新，才能持续有效开展全要素创新、全时空创新，提高企业创新绩效。虽然全员积极创新对于企业实现全面创新至关重要，但是真正能够调动全体员工创新积极性的企业却少之又少。

索亚克（Sosik）等指出领导在激励员工创新方面具有重要作用。在如何激励员工主动创新方面，研究者普遍强调领导者对于创新行为的支持非常重要。而科特认为需要采取措施促使创新体系中的关键人员努力工作，去实现设想，而不会讨价还价。做到这点需要领导者的"推销艺术"。另外，领导者也必须看到并利用每个员工的需要和要求，而且要进一步发掘他们的潜在动机，试图满足更高的需求，从而最大限度地发挥每一位员工的创新潜力。

二、全面创新过程中技术创新与非技术创新的协同发展

在企业的全面创新过程中，技术创新和非技术创新往往是相互联系、相互促进的。技术创新的成果要转化为企业的经济效益，必须有相应的管理、文化、制度等非技术创新与之配合。由于技术创新与非技术创新在企业创新过程中是密不可分的，因此，在企业的经营管理中必须综合平衡技术创新与非技术创新，保证两者共同作用、互相促进、平衡发展。

企业的全面创新离不开技术创新和非技术创新的协同发展，而两者之间的协同必须依靠领导者的重要作用。领导者位于企业高层，对于企业及外部经营环境有着良好的整体认识，对于企业内部各种关系有着较强的调整能力，只有通过领导者的综合判断和系统调整，才能够从只注重技术创新的传统范式转向技术与非技术协同创新的新范式，保证企业全面创新管理的顺利实施。

三、为全面创新提供良好的资源基础和制度保障

激发全体员工的创造力、协同多要素创新，是全面创新管理理论的两大基石，也是全面创新管理实践的两大难点。在企业创新实践中实现全要素创新和全员创新，必须依靠领导机制为全面创新奠定良好的资源基础和制度保障。

从横向来看，全面创新过程涉及错综复杂的业务过程协同（如部门内部协同，以及部门与部门之间的协同），如果要提升全面创新绩效就必须要求全要素协同创新。从纵向来看，创新的开发和实施往往都需要大量的人力、物力资源，因而只有全员创新才能有效提升全面创新绩效。作为全面创新管理中的两个重要内涵，全要素创新和全员创新都要求组织提供良好的资源基础，并具备非常强的协调能

力,而只有健全并增强企业全面创新管理的领导机制,才能够在组织内部形成全要素创新的结果。

四、指导企业全面创新的方向与目标

全面创新管理理论指出,全面创新是企业适应外部环境,寻找机会谋求发展的唯一途径。在这个过程中,适宜的领导机制正是将外部环境和内部组织运作结合起来的关键。

大量研究表明,领导者对于组织的外部环境的感受已经被证实会直接地影响他们关于战略决策的制定,最终影响组织创新绩效。领导者通过制定战略决定如何最有效地利用环境中的组织资源,识别环境中的机会,并考虑组织是否有足够的资源来利用这些机会并将这些机会转变为经营业绩。而且,领导者有一种长期的注重未来的倾向,能够提供一种超越下属短视行为的意识。

由以上分析可知,领导机制实际上是组织和外部环境进行交互作用的核心机制。适宜的领导机制能够有效推动组织通过创新提高环境的适应性,为组织提供正确导向的全面创新使命和战略,为组织的全要素协同提供良好的战略导向,更有利于发挥全员创新积极性,并为全时空创新提出现实要求。

第二节 领导机制框架

推动企业全面创新的领导机制并不是单一机制,而是由多重子机制——协调机制、激励机制、文化营造机制、决策机制共同作用而形成的一个复合机制。如图 2 所示。其决策机制的主要内涵是战略创新,通过建立战略愿景为企业全面创新指引大方向;激励机制的作用是调动全体员工的创新积极性,给予每一位员工一个创新舞台,充分将他们的知识财富转化为企业的经济效益;协调机制的主要作用是协调、解决全面创新过程中可能出现的问题,改革可能阻碍全面创新的规章制度,保障全面创新的顺利推动;文化营造机制的主要作用是培育、传播创新文化,建设适宜全面创新的文化软环境。

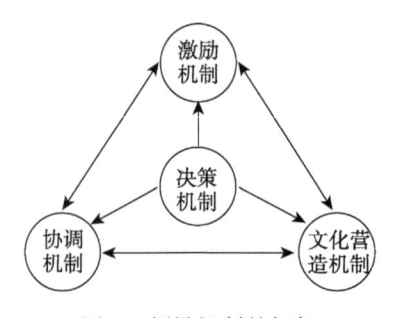

图 2 领导机制的框架

决策机制起着核心作用,激励机制、协调机制和文化营造机制必须在正确战略决策的引导下,才能够发挥应有的作用。只有在这四个子机制协同作用的基础上,才能够建立推动企业全面创新的领导机制,保障企业全面创新的顺利实施。

一、决策机制

在推动企业实现全面创新的过程中,领导者的首要职责是为企业建立全面创新的战略愿景。全面创新的战略愿景描绘了企业试图通过全面创新所期望达到的未来远景,并据此确定企业的使命、核心经营理念和价值观。为了推动企业的全面创新管理,领导者必须通过精辟且吸引人的短句将战略愿景传达给员工,使得该愿景深入人心。

(一)全面创新导向的战略愿景的内涵与特征

一般来说,全面创新导向的战略愿景由全面创新的组织使命和价值观组成。组织使命一般来说描述了企业的根本目的,以及在实现目的时所采取的具有个体特色的行为。全面创新的组织使命则阐述了组织将全面创新作为组织发展的根本手段,以及通过这一手段将达到的美好愿景,具体化为任务、纲领、目的、宗旨、信念、经营原则、业务定义等。全面创新管理模式下的组织使命,往往强调组织的使命就是通过创新给目标顾客带来新的、前所未有的产品、服务和体验。例如,索尼公司的使命是:"为包括我们的股东、顾客、员工,乃至商业伙伴在内的所有人提供创造和实现他们美好梦想的机会。Dream in Sony!"金地的企业使命是"创造生活新空间"。在全面创新管理模式下,创新不仅是一种目的更是一种手段,实现给顾客带来新的产品、服务和体验的创新都是依赖企业创新这一根本手段。因而,在组织使命中往往会强调"创新"这个根本手段。例如,通用公司的使命是"以科技及创新改善生活品质"。

全面创新的价值观是组织所珍视的创新精神,如产品创新、不断满足客户更高要求等。领导者只有在价值观中强调"创新精神"是组织珍视的核心精神,并明晰地将此价值观传达给企业所有成员,才能够使得所有人在纷乱的具体工作中获得清晰的指引,共同协同达成组织的全面创新目标。

(二)全面创新的战略愿景对于实施全面创新管理的作用

一个清晰且有效的全面创新战略愿景能够指导和协同来自分散人群的分散决策与行动,从而使大家为了全面创新这一共同目标而努力。在全面创新管理模式下全面创新的战略愿景的重要作用有以下几个方面。

1. 体现全面创新的系统性和全面性

全面创新意味着对于组织的结构、文化、战略、技术、市场等均需进行变革,是一项内容庞大、繁杂的工程,这需要全面性、系统性的思考、规划以及施行和评估。因此，领导者需要构建一个系统的、全面的愿景，能够简洁有力，同时又全面系统地传达全面创新的精神内涵与创新本质，从而保证全面创新的顺利展开。

2. 增强全面创新实施过程中的激励与约束

研究表明，当人们"将愿景与一个清楚的'现况景象'（相对于愿景的目前实况景象）同时在脑海中并列时，心中便产生一种'创造性张力'（creative tension），一种想要把两者合二为一的力量"。当领导者建立了为企业全面创新服务的愿景并将该愿景深入人心时，这个愿景将为所有员工带来这种"创造性张力"。一方面，正是这种"创造性张力"促使组织成员自然地产生消除期望差别、消除创新中种种不协调因素的动力，最终保证全面创新的实现；另一方面，也正是这种"创造性张力"，使组织成员肩负一种要为真正实现愿景而负责的压力，这种压力就会对组织成员的行为和思维方式造成一定的限定，使大家更为目标集中，集中地为实现愿景而努力。愿景所产生的这两方面作用，在一定程度上确保了全面创新的顺利实施。

3. 保证全面创新的持久性

全面创新是一个漫长的演化过程，在这个艰巨的过程中，全面创新的战略愿景能够给予全面创新以持久性的支持。这种支持主要体现在两个方面，一是在单一创新过程中要坚持不懈直到创新成功。战略愿景为组织创新树立了前进的方向。二是组织要坚持不断地创新，不断地追求自我发展。一次创新成功只是意味着阶段性的胜利，只有持续进行创新，才能争取最大限度地接近组织的总体愿景而追求组织的发展。因此，从这个意义上来说，全面创新的战略愿景能够给组织的创新带来持久性的支持。

（三）如何建立推动企业全面创新的组织愿景

发展一个吸引人的愿景是一项创造性的活动，它无法从机械的程序中产生，需要领导者具备极佳的判断和分析能力去构建愿景，通过直觉和创造力来表达和传递愿景内涵。为建立一个良好的愿景，领导者必须很好地理解组织（例如产品、服务、产业环境、市场环境和社会政治环境）、文化和组织所有成员及利益相关者，同时对企业未来发展有着前瞻性的独到洞察。

建立一个推动企业全面创新的组织愿景，实际上是愿景建立和愿景深入人心这两个过程的统一。

1. 关键的利益相关者分析

单个的领导者不可能具备发展一个愿景的全部知识，所以还需涉及所有利益相关者，他们的支持是实现重要组织变革所必需的。

2. 持续评价和提炼愿景

一个愿景的发展是交互、循环的过程，而不是简单的、直线的，应该是从愿景到战略再到行动的推进。

愿景的实施还应该是一个持续评估和不断提炼的过程。组织在向愿景不断逼近的过程中，也会不断发现新的可能性，有些原来不可能实现的目标现在变得有可能。因此愿景的建立与实施不是一个简单、线性的从愿景到战略再到行动的过程，它是一个互动的反馈过程，它影响了绩效，也因绩效变化而进行不断更新和调整。

3. 踏实的准备工作

领导者在着手构建愿景之前应该做好充足的准备。首先，要结合环境对组织成员进行不同的激励。其次，领导者需要培养和创造一种适于建立愿景的文化气氛，这种文化是建立在信任基础之上的，鼓励创造性和多样化。最后，领导者要通过详细地分析组织的资源情况和组织所面临的外部变化情况来准确地确定组织变革中的愿景。

4. 塑造个人愿景

在全面创新管理的实施过程中，必须不断地鼓励组织成员根据组织愿景而发展自己的个人愿景。没有真正的个人愿景，组织的成员就很少有可能全面理解和全身心地投入到全面创新管理的共同愿景中去。领导者应该号召组织成员结合自身的情况以及组织的愿景规划，努力地塑造既适合成员本身的发展要求又与全面创新管理相配合的个人愿景。如果把组织成员所拥有的强烈的个人愿景结合起来，就能够创造强大的协同效应，朝着个人和组织真正想要的目标迈进。

5. 沟通与达成共识

领导者首先应在高级管理团队内部通过高质量的沟通达成共识。变革领导者还需要在整个组织内部开展一系列有关愿景的沟通和对话活动，这一方面有利于成员坚定自己的个人愿景，另一方面还会使成员对组织的共同愿景有更多的理解和支持，进而使组织成员对愿景达成共识。变革领导者要保持真诚的态度与成员进行"深度会谈"。在与成员沟通并达成共识的过程中，领导者还要注意平等待人、期望和培养彼此尊重、鼓励团队成员休戚与共。当对愿景基本达成共识时，组织就变为一个"生命共同体"，无论组织变革所遇到的阻力有多么巨大，都能使组织成员团结起来共同面对，成功则共同分享，失败则同舟共济。

6. 愿景指导全面创新管理的实施

一旦组织的大部分成员理解并主动参与到个人愿景以及组织共同全面创新管理愿景的构建中之后，整个组织就会进入努力实现愿景的全面创新管理实施过程。一个好的愿景不仅能够为组织的发展指明方向，也将一直不断地引导组织持续发展。

二、激励机制

全面创新绩效归根到底取决于企业人力资本的贫富以及应用状况。因此，合理地开发和有效地利用企业的人力资本是实施全面创新的关键。

激励是组织行为学中调动、激发工作人员积极性的一种方法，是激发人的动机，加强人的意志，使人产生一种内在的精神动力、朝其所期望的目标前进的一种心理活动过程。哈佛大学的威廉·詹姆斯教授在一次员工激励的调查研究中发现：按劳计酬的员工只要发挥 20%~30%的能力，就可保住饭碗。如果给予充分激励，詹姆斯认为他们的能力可发挥至 80%~90%。

全面创新管理范式下的激励机制是指激发组织所有成员的创新动机，在全面创新导向的战略愿景的指导下推动并引导其创新行为，也就是采用各种有效的方法调动他们的积极性和创造性，最终实现企业通过全面创新谋求发展的目标。因此，在全面创新过程中建立合理的激励机制对全面创新的实现具有极其重要的保障作用。

（一）全面创新导向的激励机制的主要内容

全面创新导向的激励机制创新主要体现在以下三个方面。

1. 创新企业的分配机制，建立知识资本参与企业利润分配制度

一般而言，企业的激励机制创新要能以充分调动员工创新积极性为目的。对于管理型人才，可借鉴国外高级管理人员的股票期权激励方式，使企业高级管理人员的经营行为与企业的长期目标基本一致，从而充分调动管理型人才的积极性和主动性。对于技术型人才，则可实行技术入股的方式，使技术成果转化为一定的收入。对于创造型人才，在对创新产权进行充分评估的基础上，给予一定的产权激励。总之，全面创新导向的激励机制要能使关键人员凭人力资本参与企业利润的分配，充分调动他们的积极性，以此达到自主的人力资本开发的目的。

2. 创新企业管理制度，实行以人为本的管理制度

企业要发掘员工的知识资本，必须先让员工认识到自己的价值，并且要创造一种机制使他们自愿提升与开发自己的人力资本并愿意贡献自己的人力资本。因此必须给予员工充分的参与权以调动他们的主动性、积极性。所以，全面创新的激励机制要为员工创造一种宽松的环境，提供一个施展才华的平台，制定好游戏规则，实行充分的授权与目标管理，赋予他们一定的支配权。这种宽松的平台造就了企业中的学习氛围与学习型组织的形成，而学习型氛围的形成具有广泛的影响性和深远的延续性。

3. 创新培训机制，为员工的自我实现创造条件

在传统的激励机制下，企业注重的是员工的薪酬和职位的激励，使他们在个人收入和社会尊重方面都得到了极大的满足，然而过多地沿用传统的激励机制必然会使激励效果大打折扣。在基本需求得到满足的前提下，知识型员工更为重视精神上的需求和自我实现的需要。因此，全面创新下激励机制也应该以此为导向，达到最大限度地激励员工和开发人力资本的目的。企业要积极创造条件，鼓励员

工在自己的工作领域内进行深入的学习和研究，提供他们和行业领军人物及专家进行学习和交流的机会，使顶尖人才不断脱颖而出。

（二）全面创新激励机制的主要特点

在全面创新的激励机制中，要注重多种激励手段的有机结合，单一的激励手段可能会适得其反，因此，全面创新的激励机制必须注重以下几个方面。

1. 个体成长激励和企业发展激励共生互动

企业应在充分了解员工个人需求和职业发展意愿的基础上，对其职业生涯进行设计。注重对技术人才的人力资本投资，为其提供受教育和不断提高自身技能的学习机会，让其承担更富挑战性的工作或将其提升到更重要的岗位，从而增强技术人才实现个体目标的能力和未来获取职业的竞争力，使其人力资本市场价值不断增值。

2. 物质激励与精神激励并举

物质激励是企业激励机制的基础，其内容主要包括工资奖金和各种公共福利，它决定着员工基本需要的满足情况，是一种最基本的激励手段。但是对于高层次人才来说，精神激励的激励效果更为明显。只有将物质激励和精神激励结合起来，因人而异，调整两者之间的平衡关系，才能够达到良好的激励效果。

3. 长期激励和短期激励并重

在全面创新过程中，企业在实施激励时，应将短期激励和长期激励有机结合，从而激发员工持久的工作热情和工作积极性。短期激励能够有效地在较短时间内激发员工积极性，带来较好的创新绩效。但是在短期效应结束后，激励作用可能会迅速衰减。而长期激励见效较慢，但是持续作用时间长，而且其激励效用随着时间的增长而加强。因此，在全面创新过程中，必须将长期激励和短期激励结合起来，建立见效迅速、作用长久的有效激励机制。

4. 个人激励和团队激励有机结合

在当今时代，技术密集、智力密集的特点决定了企业中许多工作需要团队来完成。不管是从事新产品研发，还是改进工艺流程，团队均可把多种优势、技能和知识糅合在一起，强调团队中个人的创造性发挥和团队整体的协同工作，从而进行优势互补和资源整合，充分发挥团队的整体优势。因此，组织进行激励时，有必要建立团队奖励计划，实施以团队整体为对象的激励，并且在进行团队激励的同时，尽可能将激励对象进行细分，对个体实施激励，做到个人激励和团队激励相结合。

5. 重视个体的"自我激励"

全面创新过程中，企业在实施激励时，应注意知识工作者自尊心强、重感情、讲奉献、喜欢接受挑战性工作、追求自我成长的特点，更强调个体的"自我激励"，实施有效的自我监督、自我鞭策、自我评价与自我控制，使员工将个人目标与组织目标很好地结合，通过实现组织目标满足员工个人的需要，真正做到"无为而治"。

6. 注重情感激励

情感激励注重员工的内心世界，是根据情感的可塑性、倾向性和稳定性等特征，通过情感的双向交流和沟通实现的，以人与人之间的感情联系为手段的激励方式。情感激励机制的优势在于能够从内心消除员工的消极情绪，激发员工的积极性，产生管理学中所谓的"内激力"。企业不仅要用好科技人才，使其为企业创造更大的价值，而且要时刻关心科技人才的工作和生活，使他们有更多的时间、更集中的精力从事科研工作，形成对企业的忠诚感、归属感、认同感和责任感，全身心地为企业服务。

三、协调机制

协调在管理中一直处于极其重要的地位。领导从本质上来说就是一种特殊的沟通协调形式。西方古典组织理论的创始人法约尔提出："管理，就是实行计划、组织、指挥、协调和控制。"他进一步指出："协调就是指企业中的一切工作要和谐地配合，以便于企业经营的顺利进行，并且有利于企业取得成功。"因此，在任何企业实现全面创新的管理过程中，都需要所有成员按照一定的方式相互合作、共同努力，以形成一个有机的整体。

马隆（Malone）和格罗斯顿（Growston）在关于协调的多学科研究基础上进行整理、移植和发展，从而建立了对各相关学科都有重要理论和应用指导意义的协调理论。他们将协调定义为对活动间的相互依赖性管理，并认为如果没有相互依赖性也就没有必要进行协调，全面创新管理系统的协调机制的研究目的在于创新系统的高度复杂性，使它的协调机制非常复杂和难以把握，只有从中总结出协调的一般性规律和特征，才能够在实践中有意识地使用，并指导全面创新管理实践。

全面创新管理的协调机制和传统的控制方式是完全不同的，全面创新管理协调机制要求简单灵活，具有动态性和前瞻性，还必须体现企业全面创新的动态性、平等性、复杂性等特点，不但要依靠制度等硬性措施进行协调，还要建立牢固的信任关系，积极发展和谐的人际关系，建立一种"软硬结合"的新型协调方式。所谓"软协调"方式，指的是建立彼此信任、和谐的关系，依靠灵活机动、多层次的沟通来应对随时可能出现的各种复杂问题或者潜在冲突。

和普通协调机制相比，全面创新管理协调机制具备明显的自身特点。

1. 全面创新管理协调机制的重要作用

全面创新管理协调机制对于全面创新管理的实现是至关重要的。经济学家威廉姆森（Williamson）指出，社会经济问题主要是在时间和空间的组合特殊环境中做出高效快速的适应。只有在企业主体高质量的全面创新之下，才能够做到这样的适应。当面临一个不断变化的环境时，组织的核心任务是通过创新从而消除各种因素所带来的威胁，以适应不断变化的环境。因而，在这种情况下，组织的生存取决于组织内外部的适应流程——也就是组织的协调机制。

2. 采用市场机制协调企业内部生产运作

通过市场机制进行协调意味着将市场机制引入组织内部，将阻隔员工和市场的围墙彻底打破。市场机制的引入将市场压力无损耗地传递到企业内部，增强了员工的危机意识和紧迫感，从而激发他们通过创新追求更高经营目标的动力。在这种模式下，员工的行为协调不再是通过行政管理手段，而是由市场决定。最为关键的是，市场机制能够传递给员工一些基本的原则，并且在这个原则之上，激起员工自发寻求协调、寻求发展的活力。

3. 多种协调手段的综合应用

较之其他类型的协调机制，全面创新管理协调机制需要更多地应用多种协调手段。在高不确定性环境下，组织的协调工作变得更为重要，但同时也变得更为复杂。劳伦斯和洛克研究了环境不确定程度各异的三个行业，它们变化速度和复杂性不同。在简单同质的环境中，组织可以采用更为机械和集权的协调机制，如监督、规章制度和过程标准化等。在高不确定性环境中，成功的组织通常容忍差异的存在，具备高度差异性。因而领导者必须在许多部门中使用细致的融合过程，更多地采用有机、分权和差异化结构，只有通过综合使用多种协调手段，才能够对之进行协调。

4. 信息协调总量增加，但协调成本降低

在外界环境变化迅速的环境下，全面创新是企业的重要应变之策。但是，外界环境的大量信息，以及企业内部多要素的相关信息，都导致了领导者的协调总量大大增加。因而，在全面创新的管理体系中，通过建立一种集中协调和分散处理的协调机制，解决协调总量增加的问题，同时又能够显著地降低协调成本。这种集中协调机制是基于信息技术的基础之上的。信息技术能够突破空间和时间，推动大量的信息沟通，从而将地理上分散的小组整合成为大型的协调中心，提高协调效率。在提高效率的同时，人员数目的减少使得协调成本降低。同时，计算机技术不但使信息传递更快速，而且能够强化传递的目标性，使传递盲目性降低，大大节约成本。

四、文化营造机制

思想文化是指在组织经营过程中，逐步形成的行为标准、价值观和信仰。

它一旦在组织中形成,就通过组织社会化传递给新的组织成员,使员工很迅速地获得相同的行为标准、价值观和信仰,并很快就能够融入组织这个大家庭中。企业的思想文化传递了被组织所鼓励的,为大多数员工所认同和遵循的行为准则,深深影响着员工的思考方式、工作态度和行为方式,因而能够在很大程度上协调员工与组织之间的融洽关系。一个适宜的组织文化鼓励创新,宽容对待暂时的失败,鼓励员工通过创新实现组织目标,鼓励员工从系统的角度考虑各要素之间的协同。

(一)富有中国特色的思想工作是构造全面创新管理工作的基础和前提

思想观念是实施创新的先导,是开展创新工作的内在动因,是实现成功创新的前提和基础。在职工中运用马克思主义理论和毛泽东思想,进行深入的思想工作,树立科学世界观和正确的人生观,是推动企业各项工作,以及全面创新管理的根本大事。

思想落后于实际和旧思想、陋习是全面创新管理的主要阻力。因此,领导整个企业全体员工实现全面创新,首先要做到的是思想创新和观念更新。思想创新是一切创新之源。这是由于创新是企业基于经营管理需要的一种有意识、有目的的行为,而管理思想是对管理活动的理性认识,思想创新实质上就是不断地产生、完善和提升对管理活动的理性认识,它是促进其他各要素创新、提高企业运作绩效的不竭之源。无论是战略创新、技术创新、市场创新,还是制度创新等,都是以观念创新为先导。观念落后、思想守旧,企业的其他创新也就无从谈起。全面创新管理多要素创新之间的协同,最根本在于各部门和全体职工有全局观、大局为重的观念,否则再多的协调与激励措施也很难奏效。

思想工作是具有中国特色的领导机制的重要内容之一,国内众多优秀企业家正是正确地运用了我国优秀革命传统中成功的思想政治经验,才使它在现代管理工作中发挥出强大威力,在企业内部形成欣欣向荣的全面创新局面。其中,华为的领导者任正非就是其中的佼佼者。

(二)领导者在塑造企业文化中的重要作用

企业领导是企业文化的原创者、推动者和变革的先行者,他们在企业文化塑造、控制、发展过程中扮演了定位、创建、控制、变革等举足轻重的角色,从而成为企业文化动态模型中的第一活跃因素,发挥着巨大的作用。

1. 企业领导是企业文化的原创者

企业领导通过合理畅通的沟通渠道,不断地将自己的决策态度和想法及时迅速地传达给每个员工,及时反馈员工的意见和想法,并将初步成形的、顺应社会的企业文化理念加以强化,使企业领导与员工达到目标上共识、感情上交融、行动上一致，并逐步内化为全体员工的共同信念，形成共同的价值观。

企业领导还会通过具体的企业文化活动和内部媒体进行文化传播，形成内部舆论氛围，起到一种"润物细无声"的功效。此外，企业模范人物的优秀文化行为会形成积极的示范效应。特别是企业老板自身的文化素质、文化修养和领导风格作为一种非权利的因素会起到潜移默化的作用，形成强大的影响力和感召力，从而形成员工的自觉行动。

2. 企业领导是企业文化建设的推动者

企业文化并不像企业战略、组织机构管理制度那样清晰可见，也无法在短期内明显看到成效，可它却渗透在企业经营管理的每个环节和每个角落。

要使企业中每一个成员相信愿景并愿意去实践共同的价值观，领导的身体力行最为重要，如果共同的价值观只是停留在口头、文字、会议或者挂在墙上，而领导却高高在上，发号施令，这样的价值观不可能被员工所接受，更不可能形成企业文化。企业文化不是每天不停地说教和高喊口号，而是体现在行动上，是靠每天的决策、管理、做事等方法形成的。企业文化是群体智慧的实践，不是领导提倡就能形成的。领导者的作用是以身作则，领导大家付诸实实在在的行动，并且具有非常敏锐的洞察力，分析组织中所有人的心理和客观环境，找出共同点，达成共识。领导者的模范行动是一种无声的号召，对团队其他成员起着重要的示范作用。

3. 企业领导是企业文化创新的先行者

企业文化并不是一成不变的，而是应随着客观环境的变化不断发展和完善。当一种价值观形成时，它反映的是企业成员的原始动机和想象，随后建立起来的有关管理制度和工作程序，为企业获得成功提供了必不可少的措施和保障。但是，随着企业发展和客观条件的变化，员工素质、技能的提高，以及员工需求的变化等，原有的企业价值观与目前形势的需要不相适应。这时，需要企业的高层领导站出来，针对客观环境的变化，在尊重历史与传统的基础上，对原有的模式质疑，转变经营理念和管理方式，变革自己的价值观，发展完善新的文化氛围。这些举动将面临着来自多方面的压力和阻力，要顶住压力、冲破阻力就需要靠领导的行政权力和领导者个人魅力的支撑。

企业领导要积极推动企业文化的发展和创新，他们可以通过管理、经营决策、加强信息沟通等方式，来加速企业成员观念的转变过程。必要时也可以采取强行措施来推行变革，这要取决于外部环境的变化程度。

企业领导是思想政治工作的领头人。领导抓思想、层层抓思想，企业才能有良好的思想政治工作氛围，才有人人朝气蓬勃、人人顾大局的精神气质，才能使企业上下拧成一股绳。

（三）IBM 通过文化推动创新与变革案例

1. 以文化变革带动公司创新

在传统上，IBM 不失为一个企业文化优秀的公司（如老托马斯·沃森提倡的"基本信仰"：精益求精；高品质的客户服务；尊重个人），正是这些优秀的文化特质保证了 IBM 的持续卓越。但到 20 世纪 90 年代初郭士纳接任时，IBM 实际的组织文化显然已经脱离了这些基本信仰。唯因郭士纳不懂技术，所以他对 IBM 文化上的缺陷有着更敏锐的感触。以重塑 IBM 公司文化为切入点，郭士纳开始了他对 IBM 的整体变革。

在上任初期，郭士纳通过两项文化变革使 IBM 公司风貌焕然一新。第一项文化变革是消除对客户需求的冷漠，强化客户导向文化。郭士纳在其到任后的第一次客户会议上就宣布："将以客户为导向着手，实施公司的优先性战略"，同时，"赋予研究人员更多的自由，让他们放开手脚实施以客户为基础的研究方案"。在郭士纳的倡议下，IBM 还实施了"热烈拥抱"计划，要求 50 名高级经理在 3 个月内每人至少拜访一个最大的客户，"热烈拥抱"计划是 IBM 公司文化变革的第一步。继而，郭士纳开始消除官僚习气和组织惰性，建立市场导向的变革文化，这就是郭士纳的第二项文化变革。

20 世纪 90 年代初，IBM 的大企业病已十分严重，在复杂的四维矩阵组织结构下，各路诸侯醉心于划疆而治、热衷于权力和资源的内部争夺，整个 IBM 处于"霸权式的封闭状态"，员工的工作主动性丧失殆尽。这种状态一方面分散了 IBM 对市场变化的专注力，使蓝色巨人对市场反应迟缓，另一方面，由于经营单元各自为政，不沟通、不协作，不仅出现了内部相互争夺客户甚至相互诋毁的恶劣现象，而且极大地限制了为客户提供"整合的服务"的能力。郭士纳给这种状况的一剂猛药是"整合"。"整合"的思想贯穿于郭士纳统治 IBM 的始终，是郭士纳最根本的领导思想，也是郭士纳在 IBM 推行力度最大的管理思想。它是一套完整的体系，包括服务整合、技术整合、技术-服务整合、组织整合等，其中服务整合是整合的关键。重要的是，郭士纳不仅把整合作为一种追求的商业模式、一种战略方法，而且使整合成为 IBM 一种突出的公司文化。现在我们看到，基于整合思想的"系统解决方案"已经成为众多企业所追求的商业模式和公众耳熟能详的语汇。正是从变革公司文化入手，郭士纳亦步亦趋地重建着 IBM 的"大厦"，不断地将文化的力量转化为他及他的团队的领导力，从而走出了一条通过文化实施领导的创新之路。

2. 以文化为本打造领导团队

领导者团队是领导力最重要的载体。郭士纳实施文化领导的另一个重要手段是：以文化（价值观）为本打造领导团队。郭士纳通过在"领导能力标准"中渗入所倡导的价值理念，使认同、恪行这些价值理念的合格经理人优先进入领导岗位，从而形成发挥文化领导力的核心力量。一方面，郭士纳十分重视领导团队的建设，他曾说："如果你今天问我，什么是我在 IBM 任职期间自认为做得最出色的事，我会告诉你，这件事就是：打造 IBM 的领导班子。"另一方面，郭士纳显然是在"以文化取人"，他说："我把提升和奖励拥护新公司文化的高级经理当作我的首要的任务。"

3. 原则替代规则

郭士纳发现，所有高绩效的公司都是通过原则而不是规章制度来进行领导和管理的。组织决策者应该能够根据具体情况，"聪明、灵活和因地制宜地"将这些原则应用到实践中去。

为此，郭士纳对整个 IBM 的组织程序进行了大刀阔斧的改革，只保留了寥寥几条组织程序、条例和指导，而代之以崭新的"IBM8 条原则"。郭士纳把他亲自起草的这"8 条原则"视为"IBM 新文化的核心支柱"，以挂号信的形式邮寄给了 IBM 遍布全球的所有员工。为了将这些原则付诸实施，郭士纳采取了三方面的有力措施。一是提出了行为变革要求，明确了实施原则的目标导向。二是成立了"高级领导集团"，为那些坚持"原则"的员工提供成为领导者的通道。该集团是一种柔性组织，成员资格不是基于职位，而是按照员工对 IBM 的实际贡献，"一个优秀的设计师、一个优秀的市场营销人员、一个优秀的产品开发人员，或许就可以和一个高级副总裁一样，成为一个领导人"。可见，"高级领导集团"的组建，本身就是原则性领导的产物。三是建立了新的绩效评价系统，所有员工每年围绕体现"8 条原则"的"力争取胜、快速执行、团队精神"三个方面制定"个人业务承诺"，并制订具体行动计划。需要阐明的是，原则隐含着价值判断，或者说原则本身就是一套理念体系，因而原则性领导是基于价值理念体系的，在本质上是一种文化领导。郭士纳通过原则性领导的方式，将客户导向、创新、追求高绩效等理念融入执行之中，极大地提升了 IBM 的核心竞争力和实际绩效。

4. 激励取代强制

在以文化为基础的领导方式中，下属的理念认同是领导有效性的关键。唯其如此，沟通、授权等领导技巧具有比在传统领导方式下更加重要的意义。

郭士纳非常注重沟通，他说："公司的变革需要 CEO 投入巨大的精力用于沟通、沟通、再沟通。如果没有 CEO 多年持续地致力于与员工进行当面沟通，且是用朴素、简单易懂和有说服力的语言去说服员工让他们行动起来，公司就不会实现根本的变革。"甚至在他的自传中，郭士纳还不惜篇幅地收录了历年来他与员工们沟通的许多记录。郭士纳也非常注重授权等领导方式，正是他在这方面的苦心孤诣，才使一代新的领导者获得快速成长。郭士纳始终清醒地认为，个人领导魅力是"组织变革过程中最为重要的因素",因而他能够持之以恒地注意个人领导魅力的修炼和提高。郭士纳对个人领导魅力的内涵也有着深刻的见解,他认为:个人领导魅力是一种沟通、开放的态度,是一种经常性地、诚实地与自己的读者或听众交谈的意愿和智慧;最重要的是,个人领导魅力是一种激情,是追求事业的激情。为了加强自身及他的领导团队的领导魅力修养,郭士纳亲自制定了《IBM的CEO所具备的条件》,并坚持身体力行。(资料来源:郭士纳.谁说大象不会跳舞?.北京:中信出版社,2002)

本 章 小 结

全面创新管理理论指出,当前创新日益成为一个系统工程,作为系统推动和协调的主要机制之一——领导机制在全面创新管理实践中起着非常重要的作用,特别是构建全面创新管理的思想文化基础中的带头人与核心作用。领导要在"造人"中起到重要作用。虽然在组织中有很多因素影响组织创新,但是有理由认为领导及其行为对创新有着特别重要的影响。因此,作为推动企业全面创新形成的三大机制之一,领导机制对全面创新的形成具有不可低估的重大影响力。本章首先论述了领导机制在推动企业全面创新过程中的作用,然后分别论述了领导机制的四个子机制(决策机制、激励机制、协调机制和文化营造机制),充分论述了领导者如何在企业内部推动全面创新形成的作用过程与机理。

全面创新管理（TIM）：企业创新管理的新趋势[①]

一、全面创新管理的提出背景

首先，随着知识经济时代的来临，越来越多的企业发现，仅有良好的生产效率、足够高的质量，甚至灵活性已不足以保持市场竞争优势。创新正日益成为企业生存与发展的不竭源泉和动力。

其次，环境的动荡、竞争的激烈和顾客需求的变化都需要企业进行全方位的竞争，比竞争对手以更快速度响应顾客全方位的需求，这就不仅要求企业技术创新，而且必须以此为中心进行全面、系统、持续的创新。大量研究表明，许多技术创新项目不成功的一个重要原因，就是技术创新缺乏与组织、文化、战略等非技术因素方面的协同匹配[1-4]，其根本原因是缺乏在先进的创新管理理念下进行科学有效的创新管理，导致技术创新缺乏系统性和全面性。一些创新领先企业也正意识到：技术创新的最终绩效越来越取决于企业整体各部门、各要素的创新及要素间的有效协同。

企业创新管理理论几十年来也经历了不断的演进和发展。由单个、单纯的技术创新管理（包括产品创新、工艺创新），到技术创新的组合管理，进而发展到基于核心能力的各种创新的有机组合，组合创新已成为20世纪90年代以来主导的创新模式[5]。

近年来，随着理论和实践的进一步发展，国内外学者相继提出了一些创新管理思想，丰富发展了创新管理理论。例如，用户（供应商）参与创新[6]、全时创新[7]、流程创新（再造）[8,9]、全员创新[10]、系统创新[11]、集成创新[12]。2001年许庆瑞等在其《企业经营管理基本规律与模式》一书中首次提出了全面创新规律。在此基础上，为适应当前的经济发展和市场竞争趋势，全面创新管理（total innovation management）的概念应运而生[13]。国外的许多创新型企业，如微软、惠普、3M、三星等，以及我国少数领先企业，如海尔、宝钢等，都已开始转向全面创新管理新范式的实践探索。例如，韩国三星近年来实施TPI/TPM（全员劳动生产率创新/管理），使得自身有了脱胎换骨的变化；宝钢近年来开展了"全员创

[①] 发表自：许庆瑞，郑刚，喻子达，等. 全面创新管理（TIM）：企业创新管理的新趋势：基于海尔集团的案例研究. 科研管理，2003，（5）：1-7。

新"的实践,取得了良好效果。宝钢把创新作为考核员工业绩的重要标准,规定仅完成任务,没进行创新的,业绩考评不能得"优"。

二、全面创新管理的内涵与特征

全面创新管理的内涵是:以价值增加为目标,以培育和增强核心能力、提高核心竞争力为中心,以战略为导向,以各创新要素(如技术、组织、市场、战略、管理、文化、制度等)的协同创新为手段,通过有效的创新管理机制、方法和工具,力求做到人人创新、事事创新、时时创新、处处创新。

(一)全面创新的内在要素维度

(1)技术创新是关键。
(2)战略创新是方向。
(3)市场创新是途径。
(4)管理创新是基础。
(5)组织创新是保障。
(6)观念与文化创新是先导。
(7)制度创新是动力。
(8)协同创新是手段。

(二)全面创新的时空维度

(1)全时创新(时时、持续创新)。
(2)全流程创新(事事创新)。
(3)全球化(网络化)创新。
(4)全价值链创新(包括用户、供应商、竞争对手、利益相关者等价值链上的创新资源)。

(三)全面创新的主体维度

全员创新,即人人成为创新者,而不仅局限于研发部门和研发人员。

(四)全面创新的三层含义

一是涉及以技术创新为中心的企业各创新要素的全方位创新,包括组织、文化、制度、流程、市场等;二是企业各部门和全体员工人人参与创新(全员创新),以及全时创新、全价值链创新等全时空维度的立体化全方位的持续创新;三是各创新要素间的协同创新。全面创新观与传统创新观的显著区别是突破了以往仅由研发部门孤立进行创新的格局,并使创新要素与时空范围大大扩展,集中体现在三个"全",即全员创新、全时创新、全方位创新(包括全流程、全球化、全价值链创新等)。全面创新的实质和目标可以概括为以下两点:一是致力于取得可持续竞争优势(价值创造/增加）；二是强调核心能力的积累和发展。借助合适的机制和工具，全面创新管理使得创新在全组织中得以顺利展开，也就是实现全员、全时、全方位的创新。

全面创新管理与核心能力积累、企业经营绩效间具有密切的正相关联系。海尔等一些中国领先企业的实践初步证明了这一点。通过实施全面创新管理，可以提高企业及全体员工的创新意识、创新动力、创新能力、创新效率和速度，从而提高创新绩效。在影响企业绩效的其他因素保持不变的前提下，良好的创新绩效如果与及时满足市场用户的个性化需求相结合，无疑将提高企业的市场竞争力，从而将带来企业经营绩效的提高。

三、案例研究——海尔集团：通过实施全面创新管理增强国际竞争力

1. 海尔全面创新管理的时空－主体维度

海尔创新的全球化（网络化）：近年来，海尔实施国际化战略，在信息、认证、工业设计、知识产权、新产品开发等方面积极进行网络化拓展和开发工作，实现了开发全过程的创新。海尔在欧洲、北美、亚太等地区拥有 15 个研究开发网点，6 个设计分部，10 个科技信息点，形成了遍及全球的信息化网络；海尔摒弃原来封闭式、线形的低效率开发方式，创造性实行了整合全球技术、智力资源的并行开发。轰动 2001 年德国科隆家电博览会的网络家电系列，从提出创意到设计，再到成品，前后不足 3 个月。日本的专家、美国的技术和法国的时装设计师对家电色彩的设计，都被海尔整合在一起，各类设计开发同步进行，大大加快了创新速度。

海尔的全员创新：海尔员工的创新活力来自以海尔独创的 OEC 管理法和"市场链"管理机制为核心的行之有效的一整套管理制度。通过内部"市场链"机制使得人人面对市场，从制度上激发了每个员工的创造力，使人人成为创新的 SBU。1997~2001 年，海尔共收到员工的合理化建议 13.6 万条，采纳 7.8 万条，创效益 4.1 亿元[14]。海尔很多部件、工序和产品都是以海尔员工的名字命名的，像保德垫圈、迈克冷柜、杨明分离法等。除了发奖金，还隆重召开大会用其名字命名。

海尔的全时创新：海尔和爱立信从 2001 年 4 月 10 日开始接力式开发蓝牙网络家电，6 月 10 日第一阶段成果开发完成。如果按照传统的开发方式，至少需要半年时间。海尔研究人员工作到晚 9 点，正是爱立信研究人员下午 2 点上班时间，一方接上另一方的研究继续工作。瑞典下午下班是 6 点钟，也就是中国的凌晨 1 点，双方都不工作，但是计算机却可以继续交换数据，实现 24 小时不间断接力式开发。迈克冷柜的例子，外国客商是下午 5 点提出来的，第二天上午 10 点海尔研发人员就拿给他样品了。17 个小时，技术人员一夜没睡，客户非常感动。

海尔的全流程创新：1999 年以来，为预防"大企业病"，提高管理效率、灵

活性，适应国际竞争和网络化的需要，海尔实施了革命性的以市场链为纽带的业务流程再造，组织结构从最初的层级式直线职能制、事业本部制转变为扁平化的流程网络型结构，使得业务流程与国际一流大公司全面接轨。近几年的实践证明，流程创新，大大加快了响应市场速度和研发、创新的速度，同时降低了各种成本，大大提高了海尔的国际竞争力。

海尔的全价值链创新：海尔一直非常重视用户参与创新。海尔认为，市场的难题就是创新的课题。近年来，海尔推出"我的冰箱我设计"活动，每年收到100多万台"个性化"订单[14]。在海尔电子商务平台上推出了B2X定制方案，有冰箱、空调、洗衣机等9200多个基本产品型号可供选择，还有2万多个基本模块可供用户自由组装[9]。用户（或潜在用户）参与产品的前期设计或售后使用反馈，使得产品的质量性能提高，同时更加符合用户个性化需求。例如，哈尔滨一位消费者通过电子邮件提出订购一台右开门、有特殊尺寸要求的冰箱，结果4天内就完成了相关工艺设计和制造，一周之后这台特殊定制的冰箱就送到他家里。此外，海尔还将全球供应商、经销商、股东等价值链资源整合到海尔的创新体系中来，与他们共同创新。例如，海尔推出的畅销欧美的迈克冷柜就是源自一位美国经销商迈克的创意并以其名字命名的。目前通过其高新技术参与海尔产品前端设计的供应商已占全部供应商的32.5%。用户、供应商、销售商等参与创新，使得海尔的产品更加符合用户个性化需求，同时大大提高了创新速度和周期，创新成本也由于分担而降低。

2. 海尔全面创新管理的特点

1）技术创新是关键

经过多年的实践，海尔逐渐形成了以技术中心（包括中央研究院）为核心的四个层次的技术创新体系（即技术中心—事业部开发部门—车间技术人员—全体员工）（图1）。

技术中心是海尔创新的核心，其宗旨是超前性、国际性、整体性。超前性即对集团的整体深度发展有超前性；国际性即对集团横向外部发展具有国际性；整体性即对集团各部分发展具有整合性。

海尔技术创新模式：渐进创新为主，产品创新与工艺创新相结合，模仿创新与自主创新相结合的组合创新模式。海尔的创新不是盲目追求技术的高精尖和从零开始研究，而是根据自身的实力，按照借梯登高的原则，在引进消化和模仿创新的基础上，整合全球科技资源进行创新。目前海尔与国内外著名企业、大学和科研机构通过各种合作方式建立了数十个研发机构，并与著名跨国企业爱立信、三洋等建立了优势互补的竞合关系，整合全球科技资源进行了卓有成效的合作创新，大大提升了海尔的技术创新能力和国际竞争力。

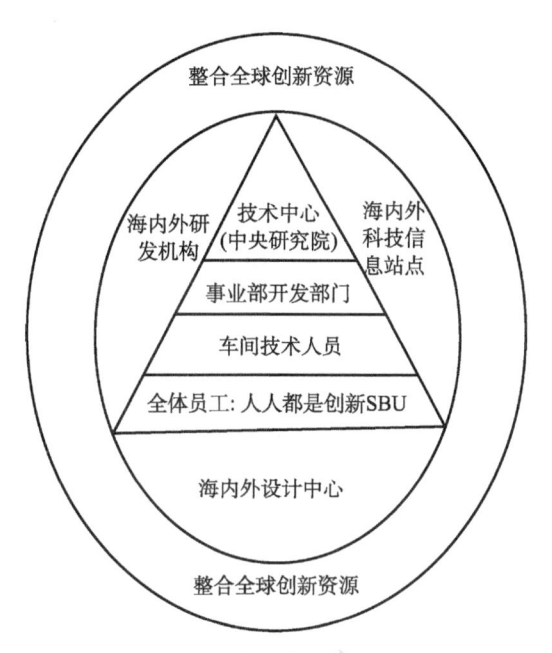

图 1　海尔技术创新体系框架

在模仿、借鉴的基础上，海尔根据企业的发展战略和自身实际，有选择、有重点地培育有良好市场潜力的高技术产业领域进行自主研发，以抢占技术制高点，提高自身未来的核心竞争力。目前自主研发的产品主要有：分子排列器件、三维电子图板、导航系统、PDA（personal digital assistant，掌上电脑）、车载导航系统、蓝牙电脑、数字高清机顶盒等，并在部分核心技术领域如 CAD、CAM（computer aided manufacturing，计算机辅助制造）软件、芯片等实现出口。在经费的使用上，海尔确立了技术创新优先的原则，确保研发经费在销售额中的比例逐年增加，2001 年研发经费达 39.8 亿元，占销售额比例已达 6.6%，在国内居于领先地位（图 2）[15]。

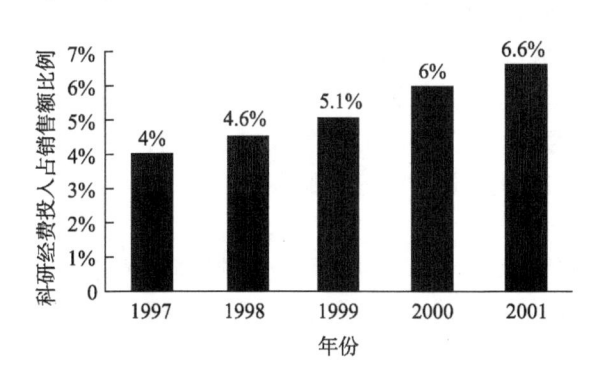

图 2　海尔近年来研发经费占销售额比例

2）战略创新是方向

战略创新决定了海尔发展的方向，也决定了创新管理的方向。海尔近20年的发展经过了三次大的战略创新。新经济下，海尔的战略管理可以归纳为"三化"：业务流程化、结构网络化、竞争全球化（图3）。自1998年以来海尔大力实施国际化战略，在创新管理上，也相应进行了国际化拓展。例如，在全球建立了15个研发设计网络，实行网络化的全球研发管理。

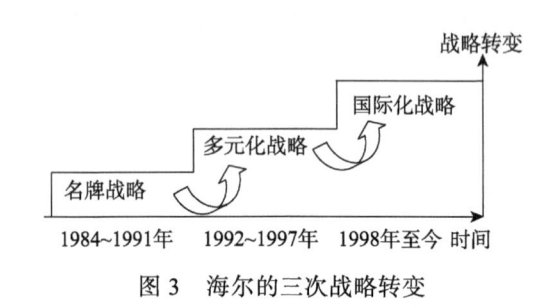

图3　海尔的三次战略转变

3）市场创新是途径

市场创新是赢得市场竞争优势的途径。海尔在四川发现，当地的农民用洗衣机来洗红薯，一般的技术人员则认为应该教农民学会用洗衣机，海尔人认为，这是一个潜在的市场需求，"大地瓜"洗衣机开发出来后不仅可以用来洗红薯，还可以洗土豆、洗蛤蜊。占领了一块独特的市场。所以最重要的是自己能不能做一个蛋糕，这个蛋糕可能不大但是海尔自己来享用。海尔透明酒柜因创造了自由式酒柜的需求而获得了"独享的市场蛋糕"，目前，海尔透明酒柜占美国同类产品市场份额的55%，被美国营销大师科特勒称为"没有对手的产品"。2001年海尔全球销售额602亿元，其中37.45%来自新市场、新领域的开拓[16]。2002年，海尔创造需求的产品销售收入占整个销售总额的60%以上。

4）管理创新是基础

从最初的全面质量管理，到后来的OEC管理（日事日毕，日清日高管理法），再到后来的内部市场链和SST（suochou、suopei、tiaozha，索酬、索赔、跳闸）机制，每次管理创新都为海尔的发展奠定了坚实的基础管理平台。海尔独创的"市场链"管理理念，通过上下工序间的咬合和SST机制，使每一员工都直接面向市场，实现与用户和市场的"端对端，零距离"。

5）组织创新是保障

为适应国际竞争的要求，海尔从传统企业的纵向一体化变成横向网络化，形成企业内部与外部网络相连的结构。传统组织结构强调分工专业化，使得没有人对外向顾客负责。流程再造强调首尾相接、完整连贯的整合性流程取代部门分割的破碎流程，提高响应市场速度，从根本上解决大企业管理效率和适应市场需求的灵活性问题，预防和规避机构臃肿、效率低下、对市场反应迟钝的"大企业病"，实现与用户零距离接触。仅1998年以来，海尔先后进行了38次组织创新[16]。

6）观念与文化创新是先导

海尔认为，企业最重要的是能利用多少科技资源，而不仅仅是拥有多少科技资源。整合力就是竞争力；一般来讲从5月到8月、9月是洗衣机的销售淡季，但海尔在销售人员当中树立这样一个观念，"只有淡季的思想没有淡季的市场"。并根据这个思路开发出当时世界上最小的小小神童洗衣机，容量只有1.5公斤。其实并不是这个季节不需要洗衣机，而是商场卖的洗衣机都是5公斤的，费水费电，夏天没人用。在这过程当中海尔还有一个观念：必须在别人否定你的新产品之前先自己否定自己，到目前，小小神童一共开发了十二代。海尔第一代推出以后不到半年就开始有仿造的，当然一面要诉讼于法律，但是最主要的就是抢在模仿者之前推出第二代、第三代，使得自己在市场上一直处于领先的位置。

正如海尔首席执行官张瑞敏所说："创新是海尔持续发展的不竭动力。"创新是海尔文化的灵魂。在海尔，眼中看到、耳边听到的频率最高的字眼就是两个字——创新。到处可以看到诸如"创新的目标，就是创造有价值的订单""创新的本质，就是创造性的破坏，破坏所有阻碍创造有价值订单的枷锁""创新是海尔文化的灵魂，创新是新经济的核心"等有关创新的标语、宣传海报，甚至员工自己创作的漫画。不断创新的观念已经深入人心，并体现在每位海尔员工的一举一动上。

7）制度创新是动力

海尔通过不断摸索完善制度来激发创新的动力和热情。海尔对科研人员采用"赛马而不相马"的动态激励制度和机制，鼓励科研人员最大限度地发挥自己的特长。在科研人员内部把外部竞争效应内部化，每个人的收入不是长官说了算而是市场说了算，根据科研人员的成果创造的市场效果决定开发人员的报酬；此外，通过设立用户难题奖、源头创新奖等各种措施，鼓励员工不断创新。推行市场链工资，使得员工报酬完全来自市场，每个人都与市场零距离接触，人人都是创新SBU。

8）协同创新是手段

海尔的全面创新管理是一个有机协同的整体，单一的创新往往难以发挥其应有的作用。海尔以各种创新要素的有机组合协同为手段，大大促进了创新的绩效，取得了较明显的效果（表1）。

表1 海尔各创新要素的有机协同

创新的协同	阶段一（1984~1991年）	阶段二（1992~1997年）	阶段三（1998年至今）
战略创新	•名牌战略	•多元化战略	•国际化战略
观念、文化创新	•质量第一、"零缺陷"	•创造市场"真诚到永远"的服务观念	•速度、创新 •人人都是创新SBU

续表

创新的协同	阶段一（1984~1991年）	阶段二（1992~1997年）	阶段三（1998年至今）
制度与管理创新	•TQM	•OEC管理	•全面创新管理
市场创新	•靠高质量占领市场	•靠品牌实现多元化扩张	•先难后易，三个1/3 •国际化、本土化
结构与流程创新	•直线职能制	•矩阵、事业本部制	•流程型网络结构 •内部市场链
技术创新模式	•引进、模仿创新	•模仿基础上的二次创新	•模仿创新与自主创新相结合的组合创新 •整合全球创新资源的创新全球化 •以技术创新为中心的全面创新模式

3. 海尔全面创新管理的初步绩效

1998年以来海尔实施的全面创新管理获得较大的成功。

（1）大大加快了研发和创新的速度：2002年，海尔技术中心开发新产品380项，申报专利662项，其中发明专利82项。平均每个工作日开发1.5个新产品，申报2.6项专利[16]。

（2）大大加快了响应市场速度：冰箱交货时间由原来的9.5天降低到6.5天，平均降低32%；集团各部门对客户的反应速度从36天降低到10天；国内采购周期从10天缩短为3天；对订单的处理时间从7天降低到1天。1999年国有企业的平均流动资金周转天数在300天，目前海尔的周转速度是70天，1块钱顶4块钱用[16]。

（3）增强了核心能力。通过全面创新管理，海尔一方面整合全球科技资源进行"借力"创新，另一方面不失时机地培育自身的自主创新能力，以确保未来的持续竞争能力。此外，全面创新管理，使得海尔以比竞争对手更快的速度满足用户的个性化需求，从而培育和增强了海尔的核心能力。

（4）显著降低了生产与运营成本：通过全流程创新，业务流程与国际一流大公司全面接轨，大大提高了海尔的国际竞争力；成品仓库由整合前的29万平方米降到目前的21万平方米左右，按每平方米仓库每天存储费用0.3元计算，仅此一项每年节约900万元[16]。

（5）提高了全体员工的创新意识和主动性。创新已成为每一位员工思维的出发点和工作的有机组成部分，人人都是创新SBU。

（6）据测算，自1999年7月至2000年6月，仅流程再造所创造的直接效益为3.45亿元。1999年海尔全球营业额比1998年增加100亿元，2000年比1999年增加138亿元，2001年则比2000年增加近200亿元[16]。

四、小结与展望

海尔的实践证明，全面创新管理将使企业的创新管理步入一个崭新阶段，使得创新成为企业在新经济条件下增强核心能力、提高国际竞争力的关键。但是，值得注意的是，目前我国大多数企业技术创新能力薄弱，仍处在传统的创新管理模式下，没有从根本上意识到全面创新管理的重要性和紧迫性。由于全面创新管理在国内外无论是理论还是实践都还是一个新的事物，有关其动因、内涵、理论框架、与传统创新管理的本质区别、实施保障、实施过程、具体的运行机制以及全面创新管理的审计与绩效评价体系等运作机制等尚需进一步深入探讨。本文只是提供了一个全面创新管理的概念框架和初步的案例，供抛砖引玉。

参 考 文 献

[1] Cooper R G, Kleinschmidt E J. New products: what separates winners from losers?. Journal of Product Innovation Management, 1987, 4(3): 169-184.
[2] Rothwell R. Successful industrial innovation: critical factors for the 1990s. R&D Management, 1992, 22(3): 221-240.
[3] 张钢, 陈劲, 许庆瑞. 技术、组织与文化的协同创新模式研究. 科学学研究, 1997, (2): 56-61.
[4] 郭斌, 许庆瑞, 陈劲, 等. 企业组合创新研究. 科学学研究, 1997, 15(1): 12-17.
[5] 许庆瑞. 研究、发展与技术创新管理. 北京: 高等教育出版社, 2000.
[6] von Hippel E. The Sources of Innovation. New York: Oxford University Press, 1988.
[7] Shapiro S. 24/7 Innovation: A Blueprint for Surviving and Thriving in an Age of Change. New York: McGraw Hill, 2002.
[8] Hammer M, Champy J. Reengineering the Corporation. Boston: Harper Business, 1993.
[9] Davenport T H. Process Innovation. Boston: Harvard Business School Press, 1994.
[10] Wheatley M J. Leading for Innovation: And Organizing for Results . San Francisco: Jossey-Bass, 2001.
[11] Freeman C. Technology Policy and Economic Performance: Lessonss from Japan. London: Pinter Publishers, 1987.
[12] Iansiti M, West J. Technology integration: turning great research into great products. Harvard Business Review, 1997, 75: 69-80.
[13] Xu Q R, Yu Z D, Zheng G, et al. Towards capability-bawed total innovation management (TIM): the emerging new trend of innovation management. Proceeding of ICMIT' 02 & ISMOT'02, 2002.
[14] 创新的海尔. 海尔集团内部资料. 2001.
[15] 张曙红. 再造一个"新"海尔: 来自海尔集团的报道(三). 经济日报, 2001-08-08(1).
[16] 海尔集团内部资料数据, 浙江大学创新与发展研究中心搜集整理. 2003-04.

全面创新管理的制度分析[①]

"创新理论"由熊彼特在1912年首次提出以来,其体系和实践得到不断丰富发展,创新已成为社会经济发展的主要推动力。正如党的十六大报告中所强调的:创新是一个民族进步的灵魂,是一个国家兴旺发达的不竭动力。创新对于市场竞争主体的企业而言更是获得竞争优势和实现持续发展的保证。

创新理论的发展离不开企业的管理与创新实践。经过近百年的发展,尤其是近三十四年来企业的迅猛发展,创新理论研究与实践也日益深入。按企业创新的要素及相互作用的原理,创新理论大体上先后经历了以单一创新为主、强调技术创新的传统创新理论,以组合创新为主、重视技术、组织、文化与制度的协同创新的组合创新理论,以及近年来经初步实践的以各创新要素的组合协同为主、强调全面创新的全面创新管理理论三个阶段。全面创新管理给企业管理带来深刻的影响,是创新管理理论在企业中应用的新范式,不仅要求企业能迅速地组织和整合内外部资源以更有效的方式进行创新,以满足市场和企业发展的要求,而且促使企业对创新的制度体系进行系统的设计,以保证全面创新管理的持续性和有效性。本文从制度的角度,分析全面创新管理的制度内涵,系统讨论全面创新管理的内外生制度体系。

一、全面创新管理与制度的概念

(一)全面创新管理

近年来,随着创新理论和实践的进一步发展,国内外一些学者相继提出了一些创新管理思想,丰富发展了创新管理理论。例如,用户(供应商)创新(von Hippel,1988;Shapiro,2002)、全时创新(Shapiro,2002)、全流程创新(Hammer and Champy,1993;Davenport,1992)、全员创新(Wheatley,2001)等。在此基础上,为适应当前的经济发展和市场竞争趋势,全面创新管理应运而生。国外的许多创新型企业,如3M、惠普、三星、索尼等,以及我国少数领先企业,如海尔、宝钢、联想等,都已开始了全面创新管理的初步实践,并取得了良好效果。

考察企业创新的成功经验和创新理论的演化进程,全面创新管理可以定义为:以培养核心能力、提高企业竞争力为中心,以价值增加为目标,以战略为导向,

---

[①] 发表自:许庆瑞,谢章澍,郑刚. 全面创新管理的制度分析. 科研管理,2004,(3):6-12。

以技术创新为核心，以各种创新（组织创新、市场创新、战略创新、管理创新、文化创新、体制创新等）的有机组合与协同为手段，通过有效的创新管理机制、方法和工具，力求做到全员创新、全时创新、全流程创新、全球化创新和全价值链的创新。

全面创新管理的实施过程中表现出以下几个特征：

（1）战略性。以企业经营战略为依据和出发点，以培养和提高企业核心能力为中心；既要满足提高当前经营绩效的需要，又要考虑通过培养和积累动态核心能力保持持续竞争优势。

（2）整体性。全面创新管理是一项系统工程，需要各部门、各要素的协调配合才能完成。

（3）广泛性。创新活动渗透到组织的每一个部门、每一个流程、每一个事件、每一位员工、每一个角落。

（4）主导性。强调创新活动在企业经营活动中的主导地位，并制定公司必须遵循的业务准则。

（二）制度内涵

制度从最一般的意义上讲，是社会中个人遵循的一套行为规则，这些规则涉及社会、政治及其经济行为，在显性层次上表现为一种人们制定的法律、规章、合约、条款等规则的集合，在隐性层次上表现为指导人们行为方式的价值观、意识、习惯、思维模式等的综合。

按舒尔茨的解释，制度也是某些服务的供给者，它应经济增长的需求而产生，并归纳了如下部分：用于降低交易费用；用于影响生产要素的所有者之间配置风险的制度；用于提供职能组织与个人收入流之间的联系的制度；用于确立公共品和服务的生产与分配的框架的制度（科斯等，1991）。诺斯和戴维斯在舒尔茨模型基础上进行了制度变迁的理论框架的构建，并对制度进行了更为详细的定义，提出了五种制度实体与行为：制度环境、制度安排、制度装置、行动团队、决策单位。决策单位分为初级行动团队和次级行动团队，行动团队的决策支配了安排创新的进程（科斯等，1991）。

拉坦认为制度创新或制度发展一词指一种特定组织的行为的变化，这一组织与其环境之间的相互关系的变化，在一种组织环境中支配行为与相互关系的规则的变化（科斯等，1991）。林毅夫将制度定义为"社会中个人所遵循的行为规则，制度可以被设计成人类对付不确定性和增加个人效用的手段"。并从经济学角度，认为制度变迁从根本上说是社会竞争性制度安排选择中核心的交易费用函数，即交易费用比较的结果。同时，提出了更广泛的"制度结构"一词，认为"它是被定义为一个社会中正式的和非正式的制度安排的总和"。一种制度安排的效率还取决于其他制度安排实现它们功能的完善程度，因为它总是被"嵌在"制度结构中（科斯等，1991）。

随着博弈理论广泛应用于经济分析中，很多经济学家乐于将制度看作博弈参与人、博弈规则和博弈过程中参与人的均衡策略。制度经济学家青木昌彦在其《比较制度分析》一书中将制度概括为关于博弈重复进行的主要方式的共有信念的自我维系系统，包括共有信念、均衡的概要表征和博弈的内生规则等三方面。这里的"博弈重复进行的方式"是指博弈规则，即由参与人的策略互动内生的，存在于参与人的意识中，并且是可自我实施的。而制度的实质，青木昌彦（2001）认为是对博弈均衡的概要表征（信息浓缩），即为许多可能的表征形式之一起着协调参与人信念的作用的信息，它是由于具备足够的均衡基础而逐步演化而成的，具有相对的稳定性。

二、全面创新管理的制度内涵

以上学者关于制度所作的研究，使人们在研究经济管理中的问题时注意到了制度作为一个内生变量的重要性。同时，也启发我们从制度角度揭示出全面创新管理的制度内涵，并为第三部分全面创新管理的制度体系设计提供理论依据。

（一）全面创新管理的制度解释

制度作为社会性行动规则和有经济价值的服务的供给者，对企业创新而言，一种新的创新范式的形成必然要求其所规定的行动规则有利于企业培育和积累核心能力及更有效适应组织内外部环境的需求，并且这种行为规则本身必然要为企业在市场活动中创造高于运行所需成本的价值，否则企业不会做这样的安排。以互联网为技术特征的知识经济时代，企业面对激烈的市场竞争和用户需求的日益多样化、个性化挑战，对创新管理提出更为全面的要求，它不仅要求企业内在要素的组合创新，而且规定了企业创新资源和对象在时空范围内的全方位创新。全面创新管理应运而生，规定了企业各内在要素在创新上的安排：以技术创新为核心，以战略创新为方向，以市场创新为途径，以管理创新为基础，以组织创新为保障，以观念与文化创新为先导，以体制创新为动力，以组合创新为手段。同时，也对企业内部资源在时空维度上进行全面的要求：全员创新（人人创新），全时创新（24/7[①]时时创新），全流程创新（事事创新），全球化创新（处处创新），全价值链创新（环环创新）。国外的许多创新型企业如3M、惠普、三星、索尼，以及国内少数先进企业如海尔、宝钢、联想等全面创新管理的成功实践，证明通过实施全面创新管理，可以有效地整合企业内外部资源，优化资源利用效益，提高企业核心能力，为顾客、企业、员工及利益相关者分配更大的价值。这说明了全面

---

① 24/7 为一周 7 天，每天 24 小时日夜不停创新的简略化代号。

创新管理可以为企业利益相关者提供更大的经济价值而成为企业创新管理中的一种制度安排。

从制度的角度，全面创新管理势必使企业改变以往只考虑单一的创新而忽视整体的创新，只注重分散创新而缺乏集成创新，只重视企业内部资源的整合而漠视企业外部资源利用的思维模式和行为方式，从而确立创新在组织中的战略地位，将创新的作用范围扩展到企业每一个人、每一秒钟、每一地方、每一件事、每一环节，并着眼于从优化资源利用效益角度安排创新活动，同时组织的计划模式和运作政策也将紧密围绕着提高企业的创新意识、创新动力、创新能力、创新效率、创新速度等方面来制定，其目标就是增强企业核心能力，持续增加企业价值。

通过制度范畴知识的理解，企业全面创新管理是基于企业对外部环境的认识，对组织内部各创新要素的整合及部署，对创新与战略互动关系的确认，从而形成企业框架内的创新活动的行为规则的一种安排，可以成为企业提高创新绩效和核心竞争力的源泉，也是企业创新方式的必然选择。

（二）全面创新管理的制度特征

制度的一些特性也有利于理解全面创新管理范畴内的制度特征。

（1）制度的社会性和集体性，说明全面创新管理对企业内在要素创新的组合关系，以及创新在时空上的全面性安排的要求，体现出企业必须根据所有人员的意识和能力而做出集体选择，并在企业上下形成维系这种创新方式的共同信念，是一种非常典型的制度范畴。

（2）制度的动态性，说明全面创新引发的企业创新行动方式和思维模式改变本身来看也是制度不均衡的结果。企业选择以全面创新为创新管理的新模式，或者说进行适应外部环境变化的组织内部创新要素新的组合、整合和要素在时空范围上的全面安排，就是一种制度变迁的产物，是企业随着环境变化对实践的总结，并做出的集体性的选择和企业各个层次上的人员在具体创新行为方式和意识形态上的自愿调整的正式和非正式的制度组合安排的变迁。

（3）制度的两面性，即是激励性与约束性共同作用的安排供给。这意味着全面创新管理作为一种制度安排对企业发展既可能起推动作用，也可能起抑制作用。全面创新管理通过对企业资源利用效益的整合优化，以及对创新的各种关系的正确处理，有利于企业激活创新要素，更有效地适应外部环境的要求，提高创新绩效和经营绩效。相反，抑制作用的产生在于制度安排因要求员工的行动规则一致性和全面性，与由此可能引起的与员工的创新意识和能力不相匹配的情况而引发的创新的不连续和滞后相矛盾而引致制度作用的刚性。

因此，全面创新作为企业创新的一种制度安排，必须能正确处理各内在要素创新的组合关系和全面安排各内在要素在时空维度上的创新，这样才能提高全体员工的创新意识、创新动力、创新能力、创新效率和速度，从而提高创新绩效。

否则，作为一种制度的创新管理将无法发挥应有的作用，并使企业创新方式不能适应外部环境的变化。

三、全面创新管理的制度体系设计

（一）内外生制度体系分类

对全面创新管理进行制度框架的分析，有利于我们从制度层面上设计基于全面创新管理的制度体系。全面创新管理作为制度范畴上企业创新发展过程中的一种制度安排，其制度体系的设计意味着对这种制度安排以后具体工作的开展。

全面创新运行过程存在明显的组织要素的协同性，资源的匹配性，创新在时空上的全面性，社会适应性，可操作性和功能性，其目的就是不断整合各种资源，优化资源利用效益。基于全面创新管理的制度体系在设计时必须体现出这些特性。因此，设计一个制度体系的本身就应该解决规范全面创新的行动规则，如由谁来推动和实现创新以及谁在创新中受益，怎么创新，何时创新，何处创新，如何进行创新的协调；并在企业上下形成全面创新的共同信念及创建这种信念的约束和激励条件。这是全面创新作为一种制度安排本身所规定的并直接影响其设计和运行的成本和效率，为此可将这些体系称为全面创新管理的内生制度体系，主要包括全面创新的文化制度、产权保护制度、组织制度、激励制度、人事制度等。

另外，全面创新管理也是企业运行制度结构中的一种制度安排，其运行效率取决于其他制度安排（主要是一些企业外部的制度安排）功能的完善程度，如社会政治体制、经济体制、国家和地区创新体系、企业产权制度等，这些制度安排本身不是全面创新管理所产生和控制的，但会影响全面创新管理的实施效果，为此可称为全面创新管理的外生制度体系。

（二）内生制度体系设计

基于本文研究重点，我们所关注的是全面创新管理的内生制度体系的设计，并以海尔全面创新管理制度体系设计的经验为例[①]，系统分析全面创新管理内生制度体系。

1. 文化制度

企业文化是指企业在发展过程中逐渐形成的共同信念、行为准则，它具体表现为企业的价值观、经营哲学、组织目标、行为规范、历史传统、员工心态等多方面，反映了组织的风范和精神，它是指导员工行为的高级规则。全面创新管理要求企业创新管理行为和思维模式进行系统的重新确定，需一套完整的崇尚创新的文化体系来支撑。这种创新文化的主要特征是以企业家精神为核心，倡导全员创新、鼓励冒险并容忍失败，并直观地反映、体现于企业战略意图上。

---

① 海尔的资料主要从公司网站和我们对公司的调研资料中获得。

创新是海尔文化的灵魂，在海尔，眼中看到、耳边听到的频率最高的字眼就是两个字："创新"。创新文化直接反映在海尔近20年来三次战略调整上（图1），1998年以来海尔大力实施国际化战略，在创新管理上，也相应进行了国际化拓展，2001年公司收入的37.45%来自新领域/新市场。

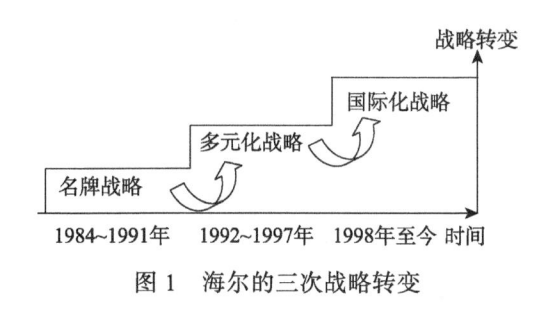

图 1　海尔的三次战略转变

2. 产权保护制度

产权保护制度是企业制定的关于创新成果的所有权、合作权、名誉权、收益权、禁滥用权、剩余处置权等的一系列规定。由于创新成果是利用企业各种资源，依赖员工或团队的智力资本来完成的。它必然涉及创新成果由谁来享受的规则，如何在组织与个人之间进行权益的调整。全面创新管理作为一种制度安排，是有经济价值的服务的供给者，必然要确立用于提供职能组织与个人实现价值增值之间的联系的制度，保证创新带来企业发展的同时，实现员工个人的价值，推动企业的持续创新。

海尔对员工的创新成果的保护直接体现在用员工的名字命名创新成果，如保德垫圈、迈克冷柜、杨明分离法等，就是通过召开隆重的命名大会，用员工名字命名这些发明或改进的产品或工艺。

3. 组织制度

组织是指由人们组成的、具有明确目标和系统性结构的实体。组织制度设计的关键在于组织结构确立，包括组织分化、正规化和集权化程度。组织制度是实施全面创新管理的保障，它包括创新的分工和协调、创新的行为规则和程序和创新的权力分布。由于全面创新管理涉及企业战略、技术、市场、管理等各要素的组合创新以及要求人人、时时、处处、事事、环环都全方位的创新，这必然涉及不同职能部门、不同地理分布以及不同职务的员工创新的权力分配和相互协调问题。传统的金字塔式的直线职能制在企业达到一定规模后容易导致机构臃肿、效率低下、响应市场速度变慢等"大企业病"，严重影响企业的创新绩效和市场竞争力。实施全面创新管理必然要求组织结构扁平化、网络化、分权化。

为适应国际竞争的要求，海尔不断进行组织创新，仅1998年以来，海尔先后进行了38次组织创新。公司从传统企业的纵向一体化变成横向网络化，形成企业内部与外部网络相连的结构。在全球范围内整合资源,在全球主要经济区域搭建了有竞争力的贸易网络、设计网络、制造网络、营销与服务网络。公司持续的组织创新赋予员工更多的创新权力并提高部门间相互协调的网络化程度,有效地保障了全面创新管理的实施,加快了创新的步伐：2001年,海尔技术中心开发新产品340项,申报专利622项,其中发明专利62项。平均每个工作日开发1.3个新产品,申报2.5项专利。

4. 激励制度

激励是激发人的行为的心理过程。对企业而言,激励制度就是设计一套规则以激发员工努力工作,去实现组织目标和满足个人需求。创新是人的创造性活动,需要人的创新能力和奉献精神去完成,它不只是刻意追求的结果而且经常是自由思想的火花。全面创新管理的关键在于激发全员的创新潜力和热情,努力实现创新目标。而这需要组织给予充足的人、财、物、时间和信息等各方面的支持,并结合战略、文化、组织、管理、技术、市场等创新,综合运用物质、精神、情感等不同激励方式来鼓励员工创新、倡导合作创新、并容忍员工失败。

海尔对员工采用"人人赛马而不相马"的动态激励机制,鼓励公司员工最大限度地发挥自己的特长。在人员内部把外部竞争效应内部化,每个人的收入不是长官说了算而是市场说了算,根据员工成果创造的市场效果决定开发人员的报酬；此外,为鼓励员工搞技术发明,集团颁布了《职工发明奖酬办法》,设立了"海尔奖""海尔希望奖""合理化建议奖",根据对企业创造的经济效益和社会效益,分别授奖,鼓励员工不断创新。

5. 人事制度

人事制度是指企业关于组织人力资源管理的原则和程序,它主要包括人力资源规划,人员聘任、解聘,人员培训,人员绩效考评,等等。创新本身是一种知识创造及应用的过程,人是知识的载体,也是创新的推动者和实现者,可以说人力资源是创新的第一资源。全面创新管理在很大程度上就是对创新人才的管理,企业拥有一批高素质的创新人才是实施全面创新管理的前提。人事制度必须保证创新人才的合理分配和使用,实现人力资源的优化利用；吸收符合公司要求的创新人才加盟,并有选择地解聘不称职的员工,不断增强整个队伍的创造力；对新进员工的培训使他们尽快融入组织中,同时,不断对员工进行在职培训,使职员不断适应创新发展的要求；运用科学合理的考核方法,充分与员工创新业绩、个人贡献挂钩。总之,全面创新管理的人事制度必须有利于培养创新员工的主人翁意识,加强创新员工的自律性,营建有利于员工发展的企业环境。

海尔在创新文化和国际化战略的指引下,注重培养真正具备国际化素质和国际竞争力的创新人才。企业形成了"人人是人才""先造人才,再造名牌"的人事观念，公司为员工设计三种职业生涯：一种是专门对管理人员的，一种是对专业人员的，一种是对工人的，每一种都有一个升迁的方向；并建立了可上可下灵活的人事安排机制："在位要受控，升迁靠竞争，届满要轮岗"针对在岗的管理人员的控制机制、"海豚潜下去越深，跳得也就越高"的沉浮升迁机制、定额淘汰机制等。海尔对员工评价采用了独创的"市场链"方法，认为人人都是创新 SBU。海尔的人人都是创新 SBU 的创新管理思想是网络经济下应对竞争的形势变化的必然选择，它要求每个员工必然在瞬息变化的环境下，迅速做出正确的判断和决策，不能像过去那样遇事层层上报、层层下达，这种做法在网络经济、新竞争条件下，必然会延误时机。为了实施人人都是创新 SBU 的创新管理思想，每个人都有自己的"SBU 经营效果兑现表"，将员工业绩直接与其创造市场效益挂钩，由市场和用户来评价，公司认为，"没有市场订单的管理者就是不要管理的管理者；没有市场订单的员工就是不干工作的员工"。

四、简短的结论

基于全面创新管理的制度分析，全面创新管理的内生制度体系包括企业的文化制度、产权保护制度、组织制度、激励制度、人事制度等五个方面，这五个方面相辅相成，推动全面创新管理作为一种制度安排不断地完善。

参 考 文 献

陈劲. 2001. 永续发展：企业技术创新透析. 北京：科学出版社.
柯武刚, 史漫飞. 2000. 制度经济学：社会秩序与公共政策. 韩朝华译. 北京：商务印书馆.
科斯 R, 阿尔钦 A, 诺斯 D, 等. 1991. 财产权利与制度变迁：产权学派与新制度学派译文集. 刘守英译. 上海：三联书店上海分店.
普特曼 L, 克罗茨纳 R S. 2000. 企业的经济性质. 孙经纬译. 上海：上海财经大学出版社.
青木昌彦. 2001. 比较制度分析. 周黎安译. 上海：上海远东出版社.
熊彼特 J A. 1990. 经济发展理论. 何畏, 易家详译. 北京：商务印书馆.
许庆瑞. 2000. 研究、发展与技术创新管理. 北京：高等教育出版社.
周建. 2002. 战略联盟与企业竞争力. 上海：复旦大学出版社.
Davenport T H. 1992. Process Innovation. Boston: Harvard Business School Press.
Hammer M, Champy J. 1993. Reengineering the Corporation. Boston: Harper Business.
Shapiro S. 2002. 24/7 Innovation: A Blueprint for Surviving and Thriving in an Age of Change. New York: McGraw Hill.
von Hippel E. 1988. The Sources of Innovation. New York: Oxford University Press.
Wheatley M J. 2001. Leading for Innovation: and Organizing for Results. San Francisco: Jossey-Bass.

中美企业全面创新管理模式比较[①]

企业全面创新管理（total innovation management，TIM）理论是于 2002 年正式提出的。该理论源自以技术为核心的企业创新理论，其基本概念是企业不仅需要技术创新，而且需其他创新要素的配合，如战略创新、组织创新、文化创新、制度创新、市场创新、全员创新和全时空创新等，以此提高企业的核心能力[1]。TIM 的实质内涵是企业各创新要素和各创新维度的协同。

企业创新系统的协同概念也出现于论文 "The co-innovation of enterprises in China" 中，TIM 的大部分创新要素在其动态创新协同模型中进行了初步的讨论[2]。TIM 与核心能力理论结合提出了基于能力的 TIM 理论框架[3]。全员创新和创新型文化对企业创新绩效的影响也得到了进一步的研究与分析[4]。

当然，后续的许多有关 TIM 研究还在进行之中。其实证的案例，国内企业主要有海尔、宝钢、西湖电子等知名企业，而国外则有惠普、3M、IBM 等公司。已完成的研究主要对 TIM 理论框架和科学性，企业创新理论发展的必然性、系统性和复杂性等进行了有益的探索，至于对中国与西方发达国家成功企业 TIM 模式之间的差异仍未进行过任何系统的比较研究。本文以海尔集团和惠普公司为例，对其 TIM 成功模式进行系统的对比分析，并在此基础上总结出中国模式和美国模式及其相关优点与弱点。本文的研究成果对中国企业实施创新战略将起到有益的指导作用，同时为各级政府制定企业创新的公共政策提供必要的参考。

一、TIM 成功模式的影响因素

企业要想取得 TIM 的成功，首先须具备企业全面创新的战略性能力，其次须有企业全面创新的协同管理能力。但这两个能力均受三个因素影响，即企业外部因素、企业竞争因素和企业内部因素。

（一）企业外部因素

企业外部因素包括社会环境、制度环境、技术环境、人力资源环境等。社会环境间接影响企业文化、价值观、诚信等的形成与发展，进而影响企业 TIM 的文化创新；而外部制度环境影响企业间竞争的公平性和内部激励制度的制定与实施，所以将直接影响企业 TIM 的制度创新；外部技术环境将直接影响企业长期的技术

[①] 发表自：许庆瑞，顾良丰. 中美企业全面创新管理模式比较：海尔模式与惠普模式. 科学学研究，2004，(6)：658-662。

创新潜力；人力资源环境将直接影响企业新员工的总体素质，即对企业 TIM 的全员创新能力有着重要的影响。

（二）企业竞争因素

竞争因素主要包括市场竞争、人力资源竞争和技术竞争。市场竞争的结果在短期内对 TIM 是否成功的评估起着举足轻重的影响；而人才和技术的竞争结果对企业 TIM 的中长期效果将有明显作用。

（三）企业内部因素

内部因素主要包括企业领导素质、员工素质、企业文化、企业制度和内部技术条件等。其中领导素质对 TIM 有至关重要的影响，尤其是高层领导的素质高低直接关系 TIM 的成败；员工整体素质则决定企业内部创新的广度和密度，而内部技术条件将决定企业的技术创新战略；企业文化和制度因素对 TIM 的实施模式和可持续性有重要的影响。

由于企业 TIM 是一个系统、综合、复杂和持续的过程，上述影响因素的作用也随着 TIM 过程的变化而变化。下面将通过对海尔和惠普公司的 TIM 模式分析和比较，总结现阶段中国企业 TIM 模式与美国企业 TIM 模式的差异，以及目前中国企业 TIM 模式存在的欠缺与理性的发展趋势。

二、企业家主导的 TIM 模式——海尔模式

（一）海尔的创新历史

海尔是中国家喻户晓的著名家电企业，海尔的成长历史不仅使国内同行赞叹不已，同时也成了国内首家以自有品牌产品征服国际市场的中国企业，在全球市场受到了用户的青睐。海尔发展历程可以用战略创新的三个阶段来概括。

（1）TQM（total quality management，全面质量管理）：名牌战略阶段。

（2）OEC（overall every control and clear，日事日毕日清日高）：多元化战略阶段。

（3）SST（suochou、suopei、tiaozha，索酬、索赔、跳闸）：国际化战略阶段。

第一阶段是海尔的创业阶段，这一阶段几乎以超前十年的市场竞争观念，围绕产品质量对企业进行了一系列创新，为企业在第二阶段的市场竞争赢得了产品质量的品牌优势；第二阶段同样以超前的服务型文化避开激烈的产品价格竞争，同时依靠品牌优势成功地进行多元化扩张，并在冰箱制造技术方面完成了从模仿创新到二次创新的过渡；第三阶段主要通过开发国际市场和企业内部业务流程的重组，实现控制制造成本和及时适应企业的快速成长和全球化扩张。

（二）海尔创新的 TIM 模式分析

但令人困惑的是中国家电业中许多企业起点远比海尔高，为什么唯独海尔是国际知名品牌？本文从 TIM 理论的角度分析海尔三个发展阶段的创新过程，表 1

可以看到海尔创新核心的动态变化过程。以及多样化的创新协同过程。显然，海尔创新过程在 TIM 理论诞生之前已经基本符合 TIM 的思想。本文认为这与海尔拥有中国杰出的企业家张瑞敏先生有关。他不仅具有超群的市场经济意识，还具备学者的缜密思维和博采众长的能力；不仅有超强的企业文化的驾驭能力，而且还是海尔企业创新的导师和教练。

表 1　海尔创新协同的动态过程

发展阶段	创新核心	主要创新创新协同要素和维度
1984~1991 年	·文化创新 ·市场创新	·技术创新、战略创新、制度创新
1992~1997 年	·战略创新 ·市场创新	·文化创新、组织创新、制度创新、技术创新 ·全员创新
1998 年至今	·组织创新 ·市场创新	·战略创新、文化创新、技术创新 ·全员创新 ·全时空创新

从表 1 也可以看到海尔始终以市场创新为中心，并通过企业文化创新、战略创新和组织创新使企业迅速适应剧烈变迁的生存环境，同时辅之以其他要素或维度的创新使企业达到各阶段创新的和谐。海尔创新模式的成功特点是通过企业家创新精神主导的、潜意识的自适应学习，不断调整要素和维度的多样化创新协同、动态创新核心以及创新的战略目标。从海尔的创新历史分析，其 TIM 模式（图 1）是以企业家精神为企业创新源头，以企业文化创新为突破口，以市场为创新矛盾的冲突中心，通过渐进的制度创新和创新教学，逐步建立学习型企业，并达到 TIM 的初步效果。这使企业家赢得了个人的威望和员工的信任，而不是成为企业改革与创新的焦点和牺牲品。

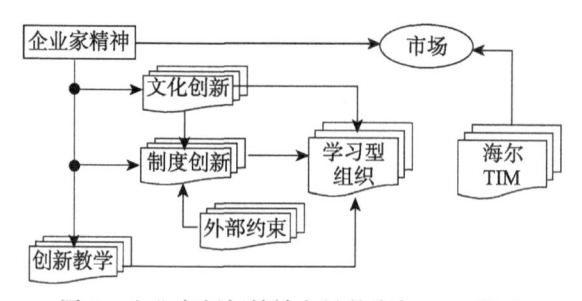

图 1　企业家创新精神主导的海尔 TIM 模式

三、企业家与员工互动的 TIM 模式——惠普模式

（一）惠普创新历史

惠普创建于 1939 年，也是硅谷第一批高科技企业之一，并以"车库文化"和技术创新著称于全球，同时也成了硅谷高科技公司创业精神的象征，不竭的创新

动力使惠普成为硅谷的"常青树"。智慧的惠普人不仅在产品和技术方面创造了令世人刮目相看的奇迹,同时在企业管理实践方面自发地寻求创新的和谐。即使在创业初期,创始人也努力从生活的历史和现实中寻找创新的灵感[5],使企业达到和谐的发展,惠普人称之为"惠普之道",这在20世纪50年代已经形成。

从表2可以看到,惠普在每一时代的主要创新协同因素是多样化的,创新的核心也不是固定不变的,而是随着企业的内部条件与发展状况及外部环境的变化而变化。

表2 惠普动态创新核心和主要创新协同因素

时间	创新核心	主要创新协同因素
20世纪40年代	文化创新	文化、市场、制度和技术
20世纪50年代	组织创新 制度创新	组织、制度和技术
20世纪60年代	技术创新 市场创新	技术、市场和制度
20世纪70年代	技术创新	技术和制度
20世纪80年代	技术创新	技术和市场
20世纪90年代	组织创新	组织和制度
21世纪00年代	战略创新	战略、组织、文化和制度

(1)企业前二十年,惠普就为企业的协同创新奠定了重要的基础,包括开放型文化、目标管理、制度模式、技术创新导向和市场行为方式等。其中开放型文化和目标管理是惠普成功的基石,直到惠普转向计算机产业才受到某种程度的挑战。现在从TIM理论的观点来看,惠普人凭借自己的智慧在其创业初期二十年内已初步形成了全面创新的自适应系统。

(2)从惠普的历史来看,20世纪60年代是该公司创新状况最为和谐的时期,技术创新有力地得到企业制度的支持,并与市场创新一起推动企业的高速成长。几乎其20世纪一半的企业技术能力是在这一时期建立起来的。

(3)在20世纪80年代,随着信息时代的到来,惠普公司的计算机外围产品的技术创新取得了极大的成功,如个人激光打印机和喷墨打印机等,使其产品在全球市场变得家喻户晓。但是惠普却为个人计算机产品的创新速度跟不上市场的节奏而苦恼不已,20世纪90年代初通过组织结构的调整才得以充分发挥潜力。

(4)进入20世纪90年代后,由于惠普的计算机产品进入成熟期,所以必须寻找其他产品来满足企业成长的需要,计算机产业成了首选目标,并对其加大了投资力度,但同时却发现企业的组织结构出现了官僚化倾向。所以企业组织结构的扁平化变革逐步展开,同时伴随着企业制度的创新,取得了显著的成果[5,6]。

(5)由于上一年代的变革仍不足以使惠普公司成为主流的IT企业,所以企业的战略创新成了惠普公司在21世纪初期的创新核心,提出了企业的适应性战略、企业的多样性,同时伴随着企业组织创新、文化创新和制度创新。

(二) 惠普创新的TIM模式分析

通过以上对惠普创新动态历程的分析,可以看到惠普自发的TIM形成过程,这是惠普人在企业创新管理实践中为达到企业的目标而产生的一种潜意识的自适应创新过程。惠普的TIM特点是开放的企业文化和内部信任氛围,由此形成了企业家创新精神与员工创新欲望的良性互动,从而进一步塑造了一种自适应创新学习机制,基本达到了协同创新的效果,这样一种TIM模式如图2所示。

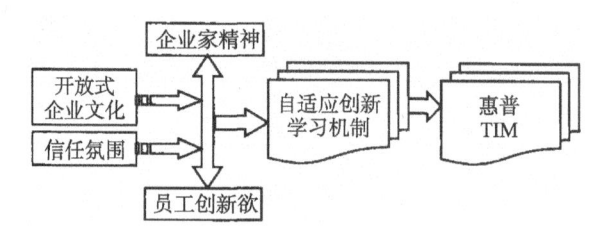

图2 企业家创新精神主导的惠普TIM模式

四、海尔模式与惠普模式比较与启示

以上分析了海尔TIM模式和惠普TIM模式,本节结合影响TIM成功的因素,对两者TIM模式的差异作了进一步的比较分析,比较情况请见表3。

表3 海尔TIM模式与惠普TIM模式的比较

比较内容		企业条件比较		TIM模式比较	
		海尔	惠普	海尔	惠普
外部因素	社会环境	变迁中	鼓励创新	企业创新风险高	适于企业创新
	制度环境	有待改进	成熟	对企业创新约束多	几乎不存在约束
	技术环境	弱	强	不利于技术创新	对技术创新很有利
	人力资源	丰富、质量一般	丰富、质量高	不利于企业突破性创新	有不少外来的重大创新机会
竞争	市场竞争	由低到高	市场领先	低成本、国际市场竞争	高附加值产品竞争
	技术竞争	一般	高	传统技术竞争	高技术竞争
	人才竞争	一般	一般	对企业创新影响不大	对企业创新影响不大
内部因素	领导素质	平均由低到高	高	需要培训和企业家引导	适于创新
	员工素质	平均由低到一般	较高	需要不断教育和引导	适于创新
	企业文化	参与、单一	开放、多元	企业家主导	企业家与员工互动
	企业制度	强制、弱激励	比较均衡	企业家精神弥补激励不足	可以作为企业遗传基因
	主导技术	家电	高技术	适于传统技术创新	适于高技术创新

（一）海尔 TIM 模式特点分析

由于海尔的发展期正是中国社会与经济改革的过渡期，且今后还将继续在一段时期内伴随社会的变革过程而发展。海尔从 1984 年的一个濒临破产街道小厂发展到今天的国际知名公司，其所处的生存环境也随中国社会的快速发展而日新月异。但毋庸置疑，与惠普的发展环境相比，仍有相当大的差距，这不仅在技术环境、人力资源环境方面存在一定的差距，而且在制度环境方面海尔受到相当大的约束。

海尔 TIM 模式的成功之处是以市场作为企业创新的焦点，同时也把市场作为创新者与员工冲突的缓冲地带，这样既保护了企业创新的倡导者和推动者，也阻断了中国人传统的人际关系在企业改革时的负面作用，建立了以企业利益高于员工个人或小团体利益的创新文化氛围；其次得益于企业家持续推动的创新培训与学习，提高了管理人员和基层员工的基本素质，为企业创新奠定了最重要的基础，充分体现了企业创新"以人为本"思想。

海尔 TIM 模式的不足之处，虽然通过稀缺的企业家精神部分弥补了激励制度的欠缺，但以企业家精神主导的海尔 TIM 模式是否可以持续？本文相信张瑞敏先生的企业家精神会持之以恒，但其形成的绝大部分条件将在海尔繁荣时期的继任者中不复存在，因此可以推断继任者的企业家精神能够弥补当前企业制度不足的可能性不大。当前海尔 TIM 模式源于传统的家电企业，对于高技术行业未必适用。因此，海尔若要在高技术产业取得同样的成就，须以"与时俱进"的精神，积极推动企业制度创新，建立开放、多元的企业文化，通过建立自适应创新学习机制，塑造海尔高新技术产业独特的 TIM 模式。

（二）惠普 TIM 模式特点分析

与海尔相比，惠普发展很少有外部制约因素，且拥有得天独厚的人才优势和企业内部坚实的创新能力优势，可以说惠普发展唯一的障碍是自己过去的成就和优势。如何超越过去正是惠普在实践中逐渐形成 TIM 模式的原因所在，惠普 TIM 模式不仅具备创新核心动态性和创新协同多样性的 TIM 共性，而且显现了基于开放、多元和信任文化的企业家创新精神与员工创新欲望互动的独特性。惠普在迎来其第一代职业经理人作为创业一代的继承者之后，其 TIM 的独特性将受到一定的挑战，诸如组织高效控制与传统信任氛围之间的矛盾、系统技术的高速创新要求与传统垄断性创新之间的矛盾、组织控制的封闭性文化与传统创新文化的开放性之间的矛盾以及权力分配机制与报酬机制的变化对企业创新机制的影响等，如何处理这一系列的矛盾，需要新继承人的智慧和能力，同时也对惠普 TIM 模式的演变有深远的影响。

五、结论与建议

通过分析、比较海尔与惠普的成功 TIM 模式的共性和差异，本文认为其 TIM

模式在类似的行业和环境中有比较好的借鉴与指导意义，但 TIM 模式有其灵活性与多样性，企业不顾自身条件和环境的盲目模仿不仅效果甚微，而且可能产生很大的风险性，最好是在这方面的专家参与下实施 TIM。

另外，TIM 是企业创新的一种系统战略和哲学思想，不仅要求企业家有前瞻的创新意识、系统的思维能力、坚忍不拔的意志，还必须有持续学习和不断超越自己的能力，同时应具备教育员工进行持续创新学习的能力。任何把 TIM 理论简单地当作管理工具的想法都是不切实际的，但也无须恐惧 TIM 理论的复杂性、实施的艰巨性、庞大创新规模的可控性以及高昂的实施成本。实际上即使没有 TIM 的管理工具，只要把这样的意识贯彻到日常工作中去，如通过潜意识的、自适应的 TIM，海尔和惠普的业绩同样出类拔萃。

参 考 文 献

[1] Xu Q R, Yu Z D, Zheng G, et al. Towards capability-bawed total innovation management (TIM): the emerging new trend of innovation management. Proceeding of ICMIT' 02 & ISMOT'02, 2002.
[2] Xu Q R, Gu L, Zheng G, et al. The co-innovation of enterprises in China. Portland: PICMET' 03 Proceeding, 2003.
[3] Xu Q R, Liu J, Shen S. Total innovation management: reinventing and revitalizing the corporation for the 21st century. Portland: PICMET' 03 Proceeding, 2003.
[4] Xu Q R, Zhu L, Xie Z S. Building up innovative culture for total innovation management. New York: IEMC-2003 Proceeding, 2003.
[5] Packard D. The HP Way: How Bill Hewlett and I Built Our Company. New York: Harper Business, 1995.
[6] Lynn G S, Akgün A E. Project visioning: its components and impact on new product success. Journal of Product Innovation Management, 2001, 18(6): 374-387.

各创新要素全面协同程度与企业特质的关系实证研究[①]

时代的发展、竞争环境和顾客需求的变化、创新理论的发展、企业面临的实际困难、创新过程本身的复杂性等都要求企业创新必须具备系统观、动态观，进行全面创新。以许庆瑞教授为首的一批学者于 2002 年在国际上首次提出了全面创新管理（total innovation management，TIM）的创新管理新范式[1]。全面创新观与传统创新观的显著区别是突破了以往仅由研发部门孤立进行创新的格局，并使创新的要素与时空范围大大扩展。协同是全面创新管理的一个关键特征。全面创新管理的本质特征是"三全一协同"，"三全"是指全员创新、全时空创新和全要素创新，而"一协同"是指各创新要素（即技术、战略、文化、组织、制度、市场）进行全面协同创新，从而使系统实现各要素单独所无法实现的全面协同效应，促进创新绩效的提升。

技术创新过程中各创新要素（技术与非技术要素）的有效全面协同是提高技术创新绩效的关键[2]。各创新要素的协同体现在技术与市场两大核心要素（主要体现在研发和营销部门的互动协调）及战略、文化、制度、组织（结构与流程）等支撑要素的有机匹配整合，通过复杂的非线性相互作用产生的单独所无法实现的整体协同效应。

根据国内外相关文献研究，作者提出假设，认为全面协同程度与一些企业特质，如规模、行业类型以及创新战略类型、组织结构形式、企业文化类型等可能会有显著的相关性，根据研究目的和限于篇幅，且作者在文献[3]中基于大量调研指出当前我国技术创新存在的突出问题有技术创新缺乏战略指导及与组织、文化创新不匹配等[3]，因此本文选择以企业创新战略类型、组织结构形式、企业文化类型三个方面的企业特质为代表，通过对我国企业的实证分析来找出一些有利于促进创新要素全面协同的共性因素为提高我国企业技术创新绩效提供有益的建议。

一、研究模型

多年来，有许多学者已经意识到全面创新的重要性，并进行了初步研究。早在 20 世纪 70~80 年代，一些学者提出并发展了创新的双核心理论，该理论体现了

---

① 发表自：许庆瑞，蒋键，郑刚. 各创新要素全面协同程度与企业特质的关系实证研究. 研究与发展管理，2005，（3）：16-21。

全面创新的思想。该理论认为，企业里的创新主要分为两大类，即技术创新和管理创新，相应地，也有两个核心，即技术核心和管理核心，只有两种创新互相协同，才能使得创新绩效最佳。

当前，以组合创新为代表的创新管理基本范式，突破了以前有关创新线性的思维模式和单一、个体与单纯技术创新的范畴，强调了创新系统内各子系统和要素之间的组合协同、互动对创新绩效的重要作用，并强调了多种创新要素的有机组合与协同（如技术创新、组织创新、文化创新等的组合协同）的重要作用。

现行企业管理领域中一般有关协同的研究大多是从跨组织层面或事业部间角度来研究各主体间的协同[4,5]；从创新要素特别是从多个创新要素间全面协同的角度来深入研究的尚不多见。本文试图建立一个模型，如图1所示，以此来研究组织内部创新要素的全面协同程度与企业特质的关系。组织结构形式主要包括直线职能制、矩阵式、流程型、事业部制和网络型的组织。在该模型中企业的创新战略类型主要包括技术领先、模仿、缝隙、跟随者和其他类型的战略。企业文化类型主要包括创新型文化（强调企业家精神和员工的创造性）、参与型文化（强调员工的参与、归属和家庭感）、秩序型文化（强调组织的秩序、权威和效率）、效果型文化（强调竞争力和目标达成度）和其他类型文化[6,7]。

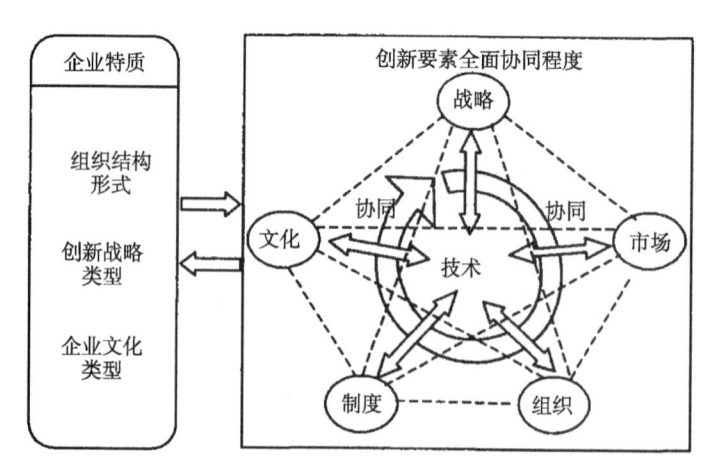

图1 创新要素全面协同程度与企业特质关系概念模型

二、研究设计

为了解不同的企业特质与技术创新过程中各创新要素的全面协同程度的关系，即不同的企业特质其创新要素的全面协同程度是否不同，本研究设计了相关调查问卷，根据原国家经济贸易委员会网站公布的拥有国家级技术中心企业名单和国家重点企业名单以及在万方数据库商务信息子数据库企业名录中随机选取1000余家大中型工业企业进行问卷发放，发送形式包括电子邮件发送、邮寄、传真、现场填写等多种形式。本调查所采用的主要方法是随机抽样问卷调查,此外也结合对若干企业的访谈和直接观察法。经过对回收的问卷的检查和审核,发现有 32 份问卷不符合规定要求,其中 18 份是企业类型不属于"大中型工业企业"的行业和规模要求,另有 14 份问卷回答不完整。最后得到有效问卷 211 份,涉及企业 118 家。

(一)样本情况

企业性质分类参考国家统计局的有关企业性质分类标准,这里国有及国有控股包括了全民、集体所有及国有控股企业,三资企业包括中外合资、外商独资和中外合作三类企业。从受调查企业的性质看,国有或国有控股(34%)和民营企业(28%)占了样本总数的大多数(62%),股份制和三资企业(包括中外合资和外商独资企业)分别占到 19%。从样本企业的所在行业类型看,电子信息通信设备制造业企业最多(44%),其次是机械企业(22%)和轻纺食品类企业(12%),石油化工(7%)、冶金能源类企业(9%)、医药企业(5%)也占有一定比重。另有 1%的企业没有注明所在行业,归为其他类。在统计分析时,由于对于具体行业不清楚,故对其他类不做分析。

为简化起见,根据营业额大小将企业分为特大型企业(200 亿元以上)、大型企业(5 亿~50 亿元)和中型企业(3000 万~5 亿元)三大类。从样本企业的规模看,也比较有代表性,中型企业占 43.6%,大型企业占 46.9%,营业额 200 亿元以上的特大型企业占 9.5%。填写问卷的人中,高层管理者占 18%,中层管理者占 46.9%,熟悉或理解技术创新活动的基层管理者和员工占 35.1%;来自技术部门的占一半以上(54%),营销部门占 19%,来自熟悉或理解技术创新活动整体情况的总经办(公司管理部门)的占 20.4%。此外熟悉、理解技术创新情况的生产制造部门以及财务、人力资源部门和员工分别占 2.8%、1.9%和 1.9%。

从受调查企业的性质、行业类型、企业规模和填写问卷的人员情况来看,具有广泛的代表性。

(二)问卷的效度、信度检验

在调查问卷中设计了一个创新过程中各要素协同的实际情况子量表,旨在了解受调查企业的技术创新各要素协同的实际情况(附录)。量表采用利氏 5 分法,请受调查者根据所了解企业的实际情况对每一描述打分,1=非常不同意,5=非常同意。其中包括一个受调查企业"技术创新过程中各创新要素全面协同程度"项目,请填表者根据企业的实际情况半定量打分。相应地,在问卷中也设计了有关企业特质的详细调查内容(包括企业文化、组织结构和创新战略等,本文没有列出)。经检验,量表具有较高的效度。计算克龙巴赫(Cronbach)内部一致性系数,该子量表 16 个项目的 α 值为 0.82,这表明量表整体具有较高的信度。下面通过 SPSS 软件包(描述性统计和一致性检验)对问卷进行统计分析来描述组织结构形式、创新战略类型和企业文化类型三个方面的企业特质与创新要素全面协同程度的关系，并分析其原因。

三、实证结果分析

经描述性统计分析发现，样本企业技术创新过程中各创新要素全面协同程度的结果均值为2.82（5分制），这表明当前我国大中型工业企业技术创新过程中各创新要素全面协同情况并不是很理想，这也可以在一定程度上解释我国企业为什么整体上创新绩效不佳。

（一）企业特质与创新要素全面协同程度的关系分析

1. 组织结构形式

从图2中可以看出，网络型组织结构的企业的创新要素的全面协同程度最高（均值3.4，行业最高水平为5），矩阵式和事业部制结构次之（均值分别为3.2和2.9），而直线职能制（2.6）和流程型（2.5）组织结构相对最不适合于各创新要素的整体全面协同。网络型组织结构是近年来随着信息技术和网络经济的迅猛发展而兴起的一种新型组织结构形式，其一个重要特征就是借助于先进信息通信技术使得组织中各部门间的信息沟通与联系的密度与频度明显增强，因而非常有利于促进各创新要素的协同；在创新过程中，典型的矩阵式组织结构的成员由于需同时向项目经理和职能经理两个上级负责，因此也相对更有利于促进跨职能、跨部门间的互动和交流，有利于促进协同；事业部制结构往往是适应企业领域和业务规模不断扩大而常采用的一种组织结构形式，根据调查结果，其协同程度属于中等；直线职能制结构在企业规模达到一定程度后往往层级较多、结构臃肿、条块分割，因此不太利于各创新要素的整体全面协同；而流程型结构与直线职能制类似，或许由于流程一般不变，比较固化，各部门间只需做好自己部分的工作，与其他部门沟通交流较少，因此各创新要素整体协同程度也较差。

2. 创新战略类型

从图2中可以看出，采用技术领先战略的企业的协同程度（均值3.2）最高，其次是采用模仿战略的企业（均值2.8），采用缝隙战略（均值2.5）或跟随战略（均值2.6）及其他战略（均值2.4）的企业则协同程度相对较低。问卷统计结果与实际情况基本相符，采用技术领先战略的往往是技术创新能力和水平较高的企业，其创新管理水平比较高，各创新要素的整体协同情况也相对较好；采用跟随战略和模仿战略的往往是具有一定研发实力和技术创新能力，但缺少自主创新能力的企业，缝隙战略往往适用于企业研发能力较弱，但具有较强的工艺和设计开发能力的企业。较低的研发和创新能力以及不太完善的创新管理水平决定了这些企业的各创新要素整体全面协同能力也较弱。

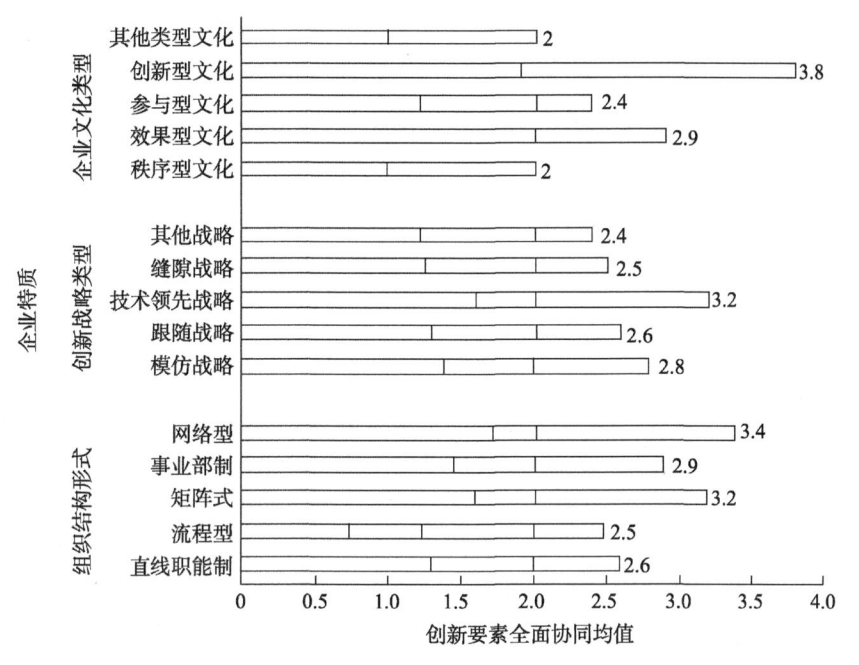

图 2　创新要素全面协同程度与企业特质关系

3. 企业文化类型

由图 2 可知，创新型文化企业的协同程度（均值 3.8）最高，其次为效果型文化企业（均值 2.9）和参与型文化企业（均值 2.4），秩序型文化企业和其他类型文化企业的协同程度最低（均值 2）。秩序型文化企业强调组织的秩序、权威和效率，组织刚性很强，最不利于创新要素的全面协同，参与型文化企业强调员工的归属感、鼓励员工积极参与各项创新活动从而提高创新要素的全面协同。效果型文化企业以企业的经营和创新绩效为导向，由来自市场或技术方面的压力推动由上向下的创新，这种创新与秩序型文化企业的创新一样是被动的创新。创新型文化的企业强调企业家精神和员工的创造性，创新弥漫于整个企业内部，因而其创新要素的全面协同程度也最高，如 3M 公司的全员创新文化和海尔的"人人都是创新 SBU"的创新口号。

（二）我国企业特质与创新要素全面协同程度的现状分析

从受调查的企业组织结构看，事业部制（39%）和直线职能制（30.2%）的组织结构最为常见，矩阵式和流程型组织结构采用不多，而近年来国外比较流行的网络型组织结构仅占 4.7%。这表明，目前我国大中型工业企业的组织结构形式还是以传统的事业部制和直线职能制为主。受调查企业大多数为效果型文化企业（60%），而创新型文化企业仅占 12%。此外秩序型文化企业和参与型文化企业分别占到 13%。这表明，当前我国大中型工业企业鼓励创新、容忍失败的创新型文化还比较薄弱。缺乏浓厚的创新氛围也是我国企业创新绩效不佳的一个重要原因。受调查企业在技术创新过程中采用最多的是技术领先战略（36.5%），后面依次是跟随战略（27.5%）、模仿战略（20.9%）、缝隙战略（10.4%），另有 4.7%的企业选择了其他战略。

四、结论及对我国企业进行创新活动的启示

针对我国相当部分企业存在创新绩效不佳、创新要素全面协同程度较低的情况，结合国内外众多研究和本文的实证研究结论可知，尽可能采用跨职能团队的网络型结构组织形式更有助于促进各创新要素协同。在创新战略方面，采用技术领先战略的企业的各创新要素的整体协同程度明显高于采用其他技术创新战略类型的企业，而我国大部分企业都没有长期的技术创新战略，依赖于技术引进和跟随战略来获得短期的利润，为了获取长期的竞争优势，因而大力加大研发力度和培养、引进高技术人才是十分必要的。在文化方面努力营造市场导向的创新型文化有利于促进协同。提供宽松的组织环境和创新氛围对于创新绩效非常有益。鼓励或支持广大员工的个性化、创造性的试验是许多杰出公司进行廉价学习和发掘新产品创意的很好方法。促进员工间的相互信任与支持。许多创新型文化企业通过经常组织一些各部门间的互访、文体活动、宴会、集体拓展运动等形式，促进各部门员工间的相互了解与信任。

本文的主要目的是通过实证研究初步探索我国大中型企业创新要素全面协同程度与创新战略、组织结构和企业文化三方面企业特质的关系。由于篇幅所限，没有进一步分析其他企业特质（如不同行业、企业规模等）的创新要素全面协同程度差异。在后续研究中将进一步深入挖掘和研究创新要素全面协同的机理、协同成本等问题。

参 考 文 献

[1] 许庆瑞, 郑刚, 喻子达, 等. 全面创新管理(TIM): 企业创新管理的新趋势: 基于海尔集团的案例研究. 科研管理, 2003, (5): 1-7.
[2] 郑刚. 基于 TIM 视角的企业技术创新过程中各要素全面协同机制研究. 浙江大学博士学位论文, 2004.
[3] 许庆瑞, 陈重. 企业经营管理基本规律与模式. 杭州: 浙江大学出版社, 2001.
[4] Gupta A K, Rogers E M. Internal marketing: integrating R&D and marketing within the organization. Journal of Services Marketing, 1991, 5(2): 55-68.
[5] von Hippel E. Innovation by user communities: learning from open-source software. MIT Sloan Management Review, 2001, 42(4): 82-86.

[6] 许庆瑞, 张刚, 魏江, 等. 技术创新模型研究: 组合创新的理论与方法研究(NSF 八五重大项目技术创新理论方法第三子课题综合报告). 杭州: 浙江大学管理与发展战略研究中心, 1997.

[7] 许庆瑞, 郭斌, 王毅. 中国企业技术创新: 基于核心能力的组合创新. 管理工程学报, 2000, 14: 1-9.

附　　录

附表　创新过程中各要素协同的实际情况子量表

序号	描述	认可程度（1=非常不同意；5=非常同意）				
1	经常采用跨职能团队形式来进行新产品开发	1	2	3	4	5
2	经常召开联席会议来保证新产品开发效率	1	2	3	4	5
3	公司最高层领导由专人负责技术与其他非技术部门间的协调配合	1	2	3	4	5
4	技术创新活动有跨职能的专家委员会来进行决策咨询	1	2	3	4	5
5	跨职能团队中营销人员往往比研发、设计人员级别低	1	2	3	4	5
6	技术部门和市场、战略等非技术部门间信息沟通和资源共享较好	1	2	3	4	5
7	技术和市场、战略等部门间的联系和冲突有正式的管理协调机构	1	2	3	4	5
8	技术部门经常抱怨市场、战略、文化等其他方面没有很好配合	1	2	3	4	5
9	技术与市场、战略等各非技术部门间经常相互抱怨与指责	1	2	3	4	5
10	当前企业有明确、合理的技术创新战略	1	2	3	4	5
11	技术创新战略的制定领导说了算，缺乏市场等多部门人员参与	1	2	3	4	5
12	现有技术创新组织结构形式和流程很合理，适合企业实际情况	1	2	3	4	5
13	现有的企业文化有利于技术创新，能够鼓励创新，容忍失败	1	2	3	4	5
14	现有的激励制度和管理制度等能够有效促进员工的创新积极性	1	2	3	4	5
15	技术部门与市场（营销）部门在新产品开发上沟通、协作很好	1	2	3	4	5
16	技术创新过程中技术与各非技术要素整体上协同配合很好	1	2	3	4	5

全面创新如何驱动组织平台化转型：
基于海尔集团三大平台的案例分析[①]

一、引言

随着互联网时代的到来，消费者在产品个性化需求、全流程参与、市场响应速度等方面提出了更高的要求。面对复杂多变的市场环境，传统的科层制组织正在逐渐丧失以往优势，企业需要借助新的组织形态以实现持续发展的目标。在此背景下，一些企业选择通过平台化转型来克服传统组织形态带来的边界约束、资源限制、结构刚性等问题。传统企业的平台化转型被视为互联网时代企业生存并获取竞争力的重要途径之一[1]。在我国，伴随海尔、华为等企业平台化转型的成功，越来越多的管理学者开始关注哪些因素驱动了传统企业的平台化转型。现有研究对平台化转型的驱动因素分析主要从两个方面入手：基于演化理论的外生技术变革分析[2]以及基于产业组织演进理论的分工与专业化分析[3]。上述两类研究更多关注驱动组织平台化转型的外部因素，而对来自组织内部的驱动因素关注不够。尽管外部驱动因素研究从宏观层面解释了组织平台化转型的发展趋势，却没有回答面对同样的外部环境，为何有些企业会比同行更早通过平台化转型构筑持续竞争优势这一关键问题。

为回答上述问题，本文将驱动因素分析的关注点从企业外部转向企业内部，重点探讨创新作为重要的内生动力在传统企业平台化转型中的驱动作用。熊彼特的经济发展理论[4]以及内生增长理论[5]等均秉持技术进步与创新是经济增长的持续动力的观点。创新对宏观经济发展的驱动作用在学界得到了广泛认同，在我国，"创新驱动"作为一项重要的发展战略，已被正式写入党的十八大报告。创新驱动不仅要求技术创新，还包括制度创新、商业模式创新、管理创新、文化创新等多要素的全面创新。近年来，创新驱动国家与产业发展的作用受到颇多研究者的关注[6-8]，而在企业层面，我们对创新对组织变革的驱动作用，特别是推动组织形态转变的影响还知之甚少。因此，本文以海尔集团三大平台的转型历程为例，以全面创新管理理论与平台组织的相关研究为基础，剖析全要素创新、全时空创新、全员创新如何驱动企业平台化转型。

[①] 发表自：许庆瑞，李杨，吴画斌. 全面创新如何驱动组织平台化转型：基于海尔集团三大平台的案例分析. 浙江大学学报（人文社会科学版），2019，49（6）：78-91。

二、文献综述

（一）平台组织特征及平台化转型驱动因素分析

关于平台，最早是将其视为一种技术结构，研究它在产品开发过程中的作用[9,10]。因其显著的利益相关者连接功能，平台的理念被逐渐广泛使用到多种情景中[11]。随着平台概念的泛化，目前"平台"一词更多被用于描绘"在新兴的商业机会中能够快速重组或构建资源以满足多变市场需求的组织形态"[11]。作为一种特殊的组织形态，平台具有两个典型特征——强大的网络效应和持续的演化能力：当平台型组织能够吸引一定数量的资源时，就能吸引到更多的用户，用户的集聚又会促进资源进一步向平台靠拢，这种正向循环就是网络效应，它能够提高资源的利用效率，同时强化资源与用户对平台组织的依赖[12,13]；平台的持续演化能力是指由于平台组织通常由核心组件和外围组件构成，这些组件在高度不确定的环境中能够快速实现重整，使组织具有较强的灵活性与适应能力[14]。从宏观层面来看，平台组织形态的出现并不是偶发性的，而是在特定的社会、经济、技术条件的驱动下应运而生的。有研究认为，互联网与信息技术的发展催生了新型平台组织，网络信息技术使得传统经济突破了时间和空间的约束，带来了交易方式的改进，使迅速、便捷地连接多方利益相关者在技术上变得可行①。此外，一些研究从交易成本角度对平台型组织产生的原因进行了分析：随着社会分工的不断深化，不同企业提供的产品或服务随着市场和技术的发展愈加细致，伴随交易对象类别与数量的增多、商品差异的深度细化，供需双方之间的协调与沟通也变得更为复杂和困难，市场交易成本不断攀升，此时，市场中需要能够快速匹配供需双方需求、实现信息共享的中介平台来降低过高的交易成本，提高交易效率[3]。

上述研究通过聚焦宏观外部因素，对平台这种新型组织形态作为一种社会现象出现的必然性给予了解释。然而这些分析并没有回答为什么处于相同环境中，一些企业能够更早采用平台型的组织模式构筑竞争优势。特别是对于一些传统行业中的在位企业而言，平台化转型并不是外部环境压力下的被动适应，也不是行业发展的必然趋势，那么，是什么因素驱动其主动进行平台化转型？为回答上述问题，本文将分析焦点从企业外部转向内部，结合全面创新管理理论，探讨创新作为驱动企业持续发展的内生动力在组织平台化转型中的关键作用。

（二）全面创新与组织平台化

"平台"一词进入技术创新领域研究者的视野是自 Gawer 和 Cusumano 成功将"技术平台"的概念用于描述基于信息与通信技术的某些创新[15]，如虚拟网络与模块化结构，强调其促进不同企业技术之间的互通性的功能。随后，Consoli 和

---

① 参见郭锦川《基于最大化的平台功能研究》，华中科技大学西方经济学 2013 年博士学位论文。

Patrucco 等学者先后提出"创新平台"的概念[16,17]，并将其阐述为一种结合合作与交易的混合协调模式，用于协调专业化的以及互补的创新行动者。在此基础上，后续研究多将平台视为产品创新、技术创新或商业模式创新的载体，强调这种独特的组织形态可以保持市场交易与协作互动的共存，并且可以通过集体学习与合作带来创新产出[18,19]。在平台组织中，多主体共同参与产品与服务创新，不同主体在目标与能力上相互独立，但同时又能通过共同遵守的行动规则来响应集体目标[20]。所以对创新领导者而言，平台化的关键作用在于能够最大化知识基的多样性，同时允许关键企业（平台领导者）通过低水平的层级制度来使不同创新者保持步调一致[21]。故此，平台化能够为企业塑造一种适宜的创新环境。也有部分研究认为，就创新而言，虽然平台化有利于知识多样性的提升以及互补资产的获取，然而过度开放的平台也会因产权分散等问题导致多边平台的创新动力不足、创新收益受损[22,23]。

文献回顾发现，在创新研究领域，平台通常被视为一种被精心设计的、结构化的、以实现某种创新为目标的组织形态，而平台化是企业从科层制走向去中心化与扁平化的组织变革[19]。已有研究多从平台治理角度思考如何提升企业创新能力或创新产出[24]，忽视了作为一种组织变革，企业平台化转型不只需调整其产品或服务，也需更新提供产品或服务支持的系列活动，从而创造促发企业平台化转型的生态条件[25]。从这个角度来讲，创新既可以是平台产出，也可以是驱动企业平台化转型的前置因素。

创新作为引领国家、社会、企业发展的第一动力已被写入《国家创新驱动发展战略纲要》。创新驱动不是仅仅依靠技术创新，而是包括多要素的全面创新。要把技术创新和制度创新、商业模式创新、管理创新、文化创新等有机结合，进行全面创新，只有全面创新才能提高国家的竞争力，获得持续竞争优势。虽然已有大量研究就创新驱动宏观经济以及产业发展做出了丰富的阐述[6-8]，但在企业层面，对创新作为重要的内部因素如何驱动组织平台化转型、打破核心刚性、构筑新的竞争优势等方面的讨论尚不充分。全面创新管理理论为回答这一问题提供了有效的理论视角。全面创新管理理论以价值创造为主要目标，以获取持续竞争力、培育企业的核心能力为导向，强调通过全要素创新、全时空创新、全员创新使企业获得持久的竞争优势[26]。

本文从全面创新管理角度对案例企业平台化转型的内部驱动因素进行分析的主要原因在于：首先，平台化转型不仅是组织结构变革，更是涉及惯例更新、流程再造、关系调整与观念重塑的系统性工作，需要更加全面与系统的创新观进行支撑；其次，案例企业是全面创新的实践者，创新被誉为该企业的灵魂，也是它领先于同类企业的重要原因之一；最后，对于并不处于紧迫的外部环境压力与行业整体发展趋势之下却主动选择平台化转型的在位企业而言，从某种意义上来说，转型本身也是企业具备超前创新观的体现。因此，本文立足于全面创新管理理论与平台型组织的相关研究，从企业层面对创新驱动案例企业平台化转型的过程及转型后取得的成绩予以系统分析。

三、研究方法

（一）方法选择

本文采用描述性单案例研究方法。主要原因有三点：第一，研究问题的属性决定了所选择的研究方法，由于本文研究的基本问题是全面创新如何驱动组织平台化转型，案例研究作为一种经验主义的探究适合回答"如何"（how）类型的研究问题[27]；第二，选择单案例研究是因为个案研究方法有助于捕捉和追踪管理实践中涌现出的新现象与新问题[28]，适于分析具有典型性和独特性的研究对象[29]，通过对案例企业的聚焦，能够更好地检视全面创新与组织平台化转型的关系，确保研究深度；第三，根据案例研究任务的不同，案例研究可以分为探索型、描述型、例证型和解释型[30]，本文选择描述型案例研究方法，因为该方法有助于清晰刻画全面创新驱动组织平台化转型的过程、机制与结果。

（二）案例选择

本文选取海尔为研究对象，主要原因如下：①案例典型性。海尔是近年来中国传统制造企业向平台组织转型的最佳实践者，海尔的智能制造平台、开放式创新平台多次受到国家和行业嘉奖。战略管理领域知名学者加里·哈默认为，打破科层制的企业在全球范围内不算少，但像海尔这样大规模进行组织结构颠覆的企业仅此一家。②案例的先进性。海尔的平台化转型领先于同行企业。对家电行业整体而言，平台化转型目前并不是必然选择，海尔的平台化转型更多表现为主动选择而非被动适应。本文重点关注驱动组织平台化转型的内生因素，所以海尔符合案例研究的理论抽样原则。③数据可得性。本研究团队自1989年起与海尔建立了紧密的合作关系，30年来的持续追踪与蹲点调研为本文积累了丰富的一手资料。

（三）案例对象简介

海尔成立于1984年，历经35年的不懈发展，从一家仅生产电冰箱的街道小厂发展成家电制造领域的巨擘，再致力于成为全球领先的美好生活解决方案服务商。成立以来，海尔坚持以用户需求为中心的创新体系驱动企业持续发展，在管理创新、组织创新、技术创新等多个方面成绩突出，并多次获得"全球最具创新力企业"荣誉。创新被喻为海尔的灵魂。2005年，海尔首次提出"人单合一"双赢模式，重新定义了产品生产方式、员工雇佣关系与资源获取途径，这标志着海尔正式进入全面创新阶段[26]。2014年在"人单合一"模式的基础上，海尔进一步提出了"三化"目标，即企业平台化、用户个性化、员工创客化。为成为平台型生态圈组织,海尔采取了一系列的组织变革,建立了以开放式创新平台、智能制造平台、创新创业平台为代表的一系列子平台。2018 年,海尔全球营业额达到2661 亿元,生态收入达 151 亿元,成功转型为家电领域里为数不多的平台型组织。

(四)数据收集与整理

本文主要数据收集途径包括:半结构化访谈、现场观察、企业档案以及其他二手资料。半结构化访谈对象包括海尔部分高层管理人员、子平台的负责人员以及内部创业团队负责人,笔者在 2017 年至 2018 年三次赴青岛进行实地调研,访谈数总计 62 人次。每次访谈持续时间约为 1 小时至 2 小时,并在访谈结束的当天,根据访谈录音将访谈内容誊写成文稿记录。笔者在实地调研过程中参观了海尔大学、海尔创新生活馆、海尔创牌中心、少海汇展厅,形成了对海尔平台化转型的直观感受。收集到的企业档案主要包括三类:一是海尔集团旗下两家上市公司,即青岛海尔与海尔电器 2005~2016 年的公司年报;二是 CEO 讲话,由海尔集团官方网站整理公布的 2005~2017 年集团董事局主席、首席执行官张瑞敏在各大会议及公开场合的讲稿组成;三是企业内部刊物《海尔人》纸质版,由海尔集团文化中心提供。二手资料来源包括两类:一是公开发行出售的介绍海尔的书籍;二是在中国知网学术文献总库检索到的与海尔平台化转型及创新相关的学术文献。不同来源的数据相互校验,形成三角验证,从而确保案例研究信度[31]。

在数据整理阶段,首先按照理论框架对获得的数据进行归类整理,纵向上按转型前与转型期区分,横向上按三大平台区分。通过纵向对比展现组织平台化的动态过程,通过横向归纳总结全面创新的不同维度在驱动企业平台化转型中的差异性作用。在分析过程中,通过在理论与证据之间反复对比验证,做出合理推断,确保研究效度[32]。此外,数据收集与整理过程并非完全独立,而是相互交织。在数据分析初步完成后,笔者就主要分析结论与访谈对象进行再次交谈,从而得到反馈与确认,力图增强最终结论的可信度。

四、案例分析

2005 年,海尔推出"人单合一"模式,标志着海尔进入了全面创新阶段。从2006 年开始,海尔在组织结构上进行了两次重大的变革:第一次是从传统的"正三角组织结构"变革为"倒三角组织结构";第二次是从 2013 年开始,从"倒三角组织结构"变革为"平台型组织结构",如图 1 所示。

在原来科层制的组织结构中,高管者位于权力金字塔的顶端,接下来是一些中层管理者和基层管理者,一线员工位于最底端,他们只负责接收命令并执行。为了克服科层制带来的组织僵化、调动员工创造性、提升组织对环境变化的响应能力,海尔决定进行全面创新。在全面创新管理思想的指导下,海尔将原来的正三角组织转变为倒三角组织。在倒三角组织中,从上到下依次是一级经营体(一

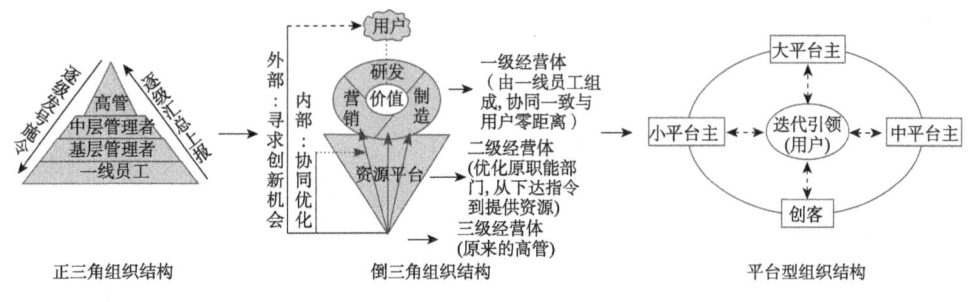

图1 海尔组织结构变化历程

线经营体)、二级经营体(平台经营体)、三级经营体(战略经营体),每个经营体都有独立的用人权、分配权、决策权。在新的组织形态下,海尔逐渐形成了以全要素创新、全时空创新、全员创新为特征的全面创新体系。进入物联网时代后,为了更好更快地满足市场需求,在全面创新驱动下,海尔进一步把倒三角组织变为节点闭环的网状组织,开始了平台化转型。新的平台型组织中,只有三类人,即创客、小微主、平台主,每个人都要成为平台网络的节点并持续创造价值。在该过程中,全面创新的驱动作用表现为:提供了新的价值创造方式、扩展了新的资源获取途径、塑造了新的雇佣关系,从而为组织平台化转型创造了高效的资源配置方案、适宜的资源条件与人员活力。下文将分别结合全面创新不同维度的驱动作用与海尔三大平台的建立展开分析。

(一)智能制造平台:全要素创新驱动下的产品定制化生产

注重技术与市场的有机结合一直贯穿于海尔的创新发展观。自进入全面创新阶段,海尔更加强调市场、战略、管理思想等非技术要素与技术要素的协同创新作用。全要素创新作为一种创新观与制度安排根植于海尔的组织原则中,并持续指导组织实践。全要素创新提倡通过发挥不同层次创新要素之间的整合效益,更新价值创造方式。对我国大多数传统制造企业而言,价值创造的核心一直被锁定在生产环节,企业通过高效率、低成本的工业化生产在全球价值链中占据一席之地[33]。与同类企业相比,海尔在全要素创新上的实践为企业在互联网时代突破日渐固化的价值创造方式提供了机遇。海尔的全要素创新不仅要求市场与技术、管理等多要素的共同参与,而且强调通过多要素协同方式的转变激发新的价值创造方式,提高产品附加值。产品附加值的提升不外乎依靠产品功能拓展、产品个性化定制以及产品与服务打包实现[34]。在全要素创新驱动下,海尔逐渐将传统工厂升级为智能制造平台,其发展过程如图2所示。

互联工厂是智能制造平台的核心组件之一。在互联工厂的建立过程中,海尔先做样板,之后开始复制。第一个转型的互联工厂是海尔沈阳冰箱工厂,后续每新建立一个工厂,海尔都要求有所改进,对工厂进行迭代升级。互联工厂并不是

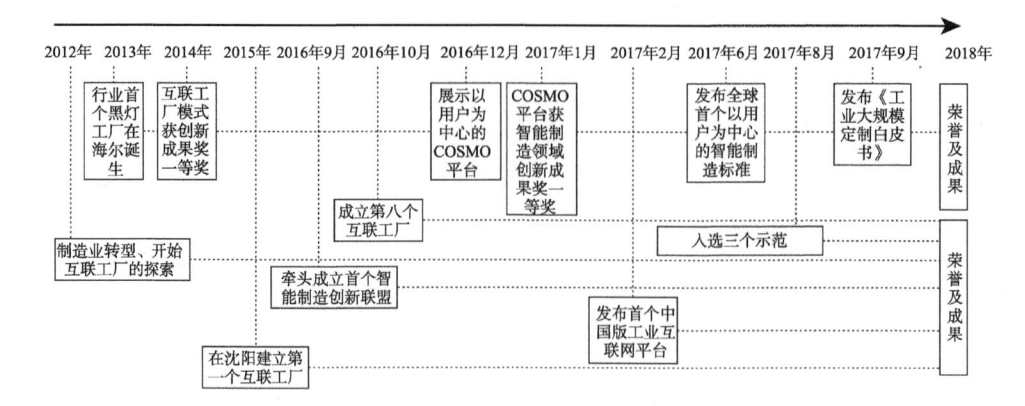

图 2　海尔智能制造平台发展过程及成果

简单地以提高生产效率为目的的自动化改进，而是通过工厂内自下而上的系统集成及与上下游企业间的数字化协作，为个人用户提供柔性定制服务、全流程体验以及为企业客户提供工业智能化解决方案。互联工厂的互联功能主要体现在：用户与全要素互联、用户与"网器"互联、用户与全流程互联。互联工厂与平台上其他核心组件一同构建了新的价值创造方式，其背后是市场、技术与管理力量的高精度协同，如图3所示。

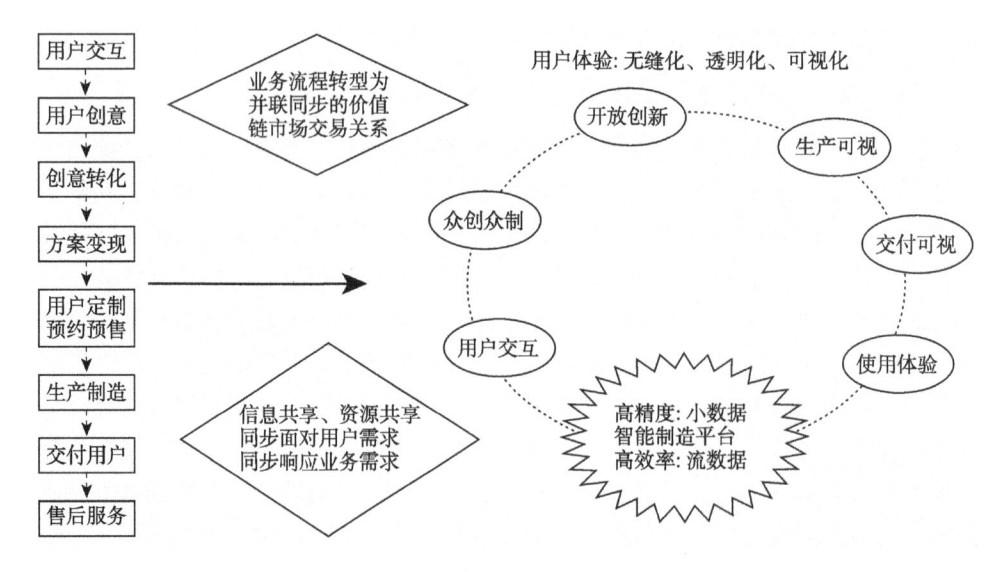

图 3　全价值链由串联变成并联

传统制造业的价值链是由研发、制造、销售环节串联形成的。然而价值链串联涉及流程过长，存在无法快速响应用户需求的问题[35]。因此，海尔最初在全要素创新上的探索主要表现为对市场与技术协同作用的高度重视，创造了"市场→

研发设计→生产→市场"的环形价值创造方式。伴随全要素创新发展的进一步深入，环形价值链逐步演变为并联协同的价值链。将组织职能部门变成了节点，让每个节点同时面对用户需求、共享用户信息、提供用户服务成为海尔在平台化转型阶段最主要的价值创造方式。在并联协同的价值创造过程中最为关键的环节是信息的收集、处理与同步。海尔以众创汇为窗口收集用户定制需求，依靠云技术处理智能设备与物联网终端产生的海量数据。多要素并联协同所创造的价值在产品与服务层主要体现在三个方面。①模块化定制：将冰箱300多个零部件划分为20个可对接的模块，从而提供十六大系列、100多个信号模块化生产的定制产品。②众创定制：根据用户创意，通过用户投票等机制筛选出能满足部分用户群体特殊需求的产品方案，一旦订购量达到生产所需的最小批次量，便投入生产。③将海尔在智能制造转型中的管理经验、技术解决方案以及基于平台沉淀的数据以大数据增值服务方式提供给企业客户。新的价值创造方式通过用户与生产要素互联、用户与"网器"互联、用户与全流程互联的方式为用户带来基于高精度的最佳体验；同时通过柔性化精益生产线、智能化的家电产品、数字化的信息交互系统为企业带来效率与精度的改进。

海尔通过多要素的协同创新，更新了传统制造企业的价值创造方式，奠定了海尔平台化转型的商业模式基础。全要素创新驱动下的智能制造平台将对用户的关注发挥到了极致。以用户需求为导向，智能制造平台已经成功孵化了众多颠覆性的原创科技产品，如控氧保鲜冰箱、净水洗洗衣机、传奇热水器、固态制冷酒柜、小焙烤箱等，进一步增强了海尔在家电行业的竞争力。

（二）开放式创新平台：全时空创新驱动下的资源跨边界整合

开放式创新的概念最早由Chesbrough和Appleyard提出，开放式创新强调创新主体与外部组织建立关系，从而获取创新所需的各类资源与商业化途径[36]。海尔首席执行官张瑞敏认为，互联网时代企业发展关注的重点不是自己拥有多少资源，而是能够利用多少外部资源，并提出"不求我所有，但求我所用""最聪明的人在企业的外部""世界是我的研发部"等口号。海尔在开放式创新上的尝试并不是一蹴而就的，而是建立在全时空创新的实践基础之上。平台化转型前，海尔已在欧洲、北美、亚太等地区拥有15个研发网点、6个设计分部、10个科技信息点，形成了遍及全球的信息化网络；并利用全球科技资源的优势在国外建立了48个科研开发实体，同时联合美国、日本、德国等国家和地区的28家具有一流技术水平的公司建成了海尔中央研究院，实现了创新全球化。在全时创新方面，海尔依靠即时创新与"马上行动"的理念总能比竞争对手领先一步满足用户个性化需求，依靠接力式创新，充分利用不同区域的时差优势，极大地缩短了开发周期。自2009年起，海尔在全时空创新驱动下，充分利用内外部创新源，积极建设内外部合作机制，正式采纳开放式创新模式，并搭建了开放式创新平台。目前，海尔在开放式创新的道路上已经走过了单纯的外部资源导入与筛选阶段。目前面临的主要任务是：如何将发散的外部资源与聚焦的内部需求进行高效匹配。为掌握不同学科领域的全球技术发展动向、实现创新资源供给与需求的高效匹配，海尔在开放式创新平台的基础上搭建了 HOPE 平台。HOPE 由海尔原来的技术情报部门转型而来，依靠长期面对用户所积累的市场直觉以及对技术方案可行性的专业判断，为企业内外部创新者提供技术寻源、成果商业化等一站式服务，如图 4 所示。HOPE 平台拥有全球范围内庞大的资源网络（包括专业渠道、线上平台、政府组织、大学和研究机构、创新中心、大公司、十大研发中心、孵化器、线上社群、专业数据库等），建立了创新者聚集交互的生态社区（包括领先用户、设计师、科研人员和工程师等），搭建了资源需求与供给的链接机制（如用户线上线下入口、全球创新"蛙眼"监控系统、资源情报创新合伙人、全球技术情报系统、全球资源数据库、创新平台对接、十大研发中心及三网资源渠道、情报体系、利用爬虫工具设立 700 多个关键词搜索全球资源等）。HOPE 平台通过微信、微博、现场体验等线上线下方式收集用户的创意，然后设计师、工程师、技术人员等与其交互，利用全球的创新资源，设计生产出他们满意的产品。在互联网时代的平台型组织中，卖出产品并不是交易的结束，而是交互的又一次开始，因为产品本身就是"网器"，海尔通过"网器"对用户需求做进一步的需求交互分析，从而对产品进行迭

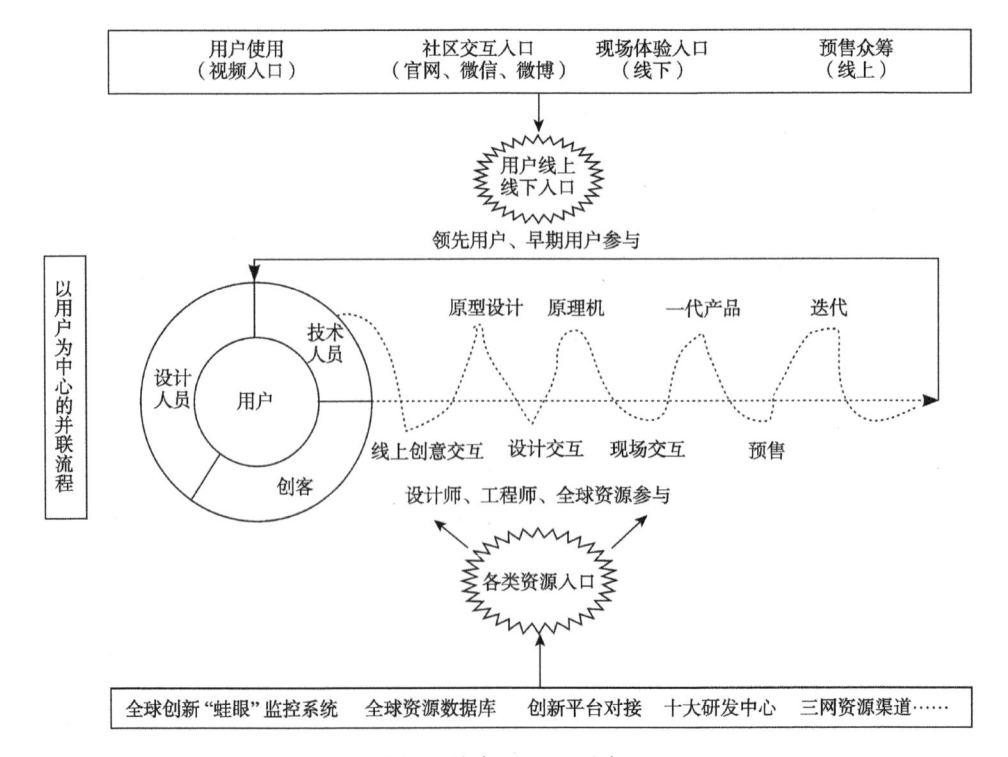

图 4　海尔 HOPE 平台

代升级,更好地满足用户的需求,吸引更多的用户到平台上来交互。

海尔开放式创新平台的形成得益于海尔前期在全时空创新上的大胆实践,这也是互联网时代海尔对全时空创新理念的回应。在全面创新阶段,海尔通过在全球各地设立研发网点、设计分部、科技信息点,对开放式创新平台中的网络节点进行了先期布局,具备了基于全球研发资源网络的即时创新能力,这也是海尔开放式创新能力的雏形。进入新的发展时期,依赖于灵活的合作协议与便捷的信息交互工具,海尔成功将内部的研发网络延伸、拓展至外部,形成了涵盖多种利益相关者的开放式创新平台,实现了内外部优质创新资源的高效整合,进一步提高了海尔的创新效率、缩短了创新周期。通过开放式创新平台,海尔在精准把握用户需求的基础上,利用内外部技术资源进行产品创新,开发出海尔天尊空调、海尔智慧烤箱、海尔匀冷冰箱等一系列广受市场好评的优质产品,平台也荣获企业技术创新工程国家科技进步奖二等奖。

(三)创新创业平台:全员创新驱动下的员工创客化经营

海尔一直将人视为企业最重要的资产,提出"企业即人,管理即借力"。在海尔,员工的概念已经从雇佣者、执行者演变成了创客、动态合伙人。自 2005 年海尔提出"人单合一"模式开始,全员创新得到落实。"人单合一"要求每一个员工将自己与用户、市场联系到一起,通过为客户创造价值从而体现自身价值。彼时海尔对"全员"的理解主要停留在企业内部员工,但强调企业应该充分激发普通员工的能动性与创造性的观念已深入人心。伴随网络时代的到来,全员创新的理念从企业内部人员延伸至企业外部利益相关者,调动"在册员工"围绕企业经营战略开展工作的积极性扩展为调动希望借助海尔资源开展创新创业活动的民众的积极性。为弱化"员工"概念、突出对人的解放,海尔赋予依附其资源开展独立经营活动的内外部人员新的身份——创客。创客与海尔之间不再是基于劳动力出让的简单雇佣关系,而是互利共赢的合作伙伴关系。"人人创客"成为平台化的核心。围绕这个核心,海尔把"在线"与"在册"员工转变为创新创业平台上的可变组件,而海尔拥有的其他有形、无形资产变成了为创客提供资源与背书的核心组件,共同构建了海尔的创新创业平台——海创汇,如图 5 所示。

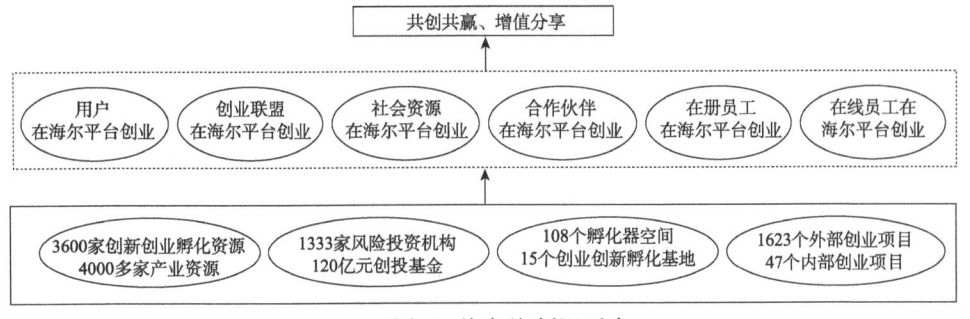

图 5 海尔海创汇平台

在海尔的创新创业平台上可以看到来自不同领域的创客,这个平台不仅吸引了大量的孵化资源、投资机构、创业项目,而且建立了创新创业孵化基地。为了更好地培养创客,海尔实行"员工创客化"机制,将部分内部员工转变成平台上的第一批创客,起到了良好的示范作用。为提高创客的创新创业成功率,海创汇不仅提供创业资源支持,还会提供创业能力培训、商业技术识别、高校人才技术对接等服务。通过对创业项目的筛选与支持,海尔成功孵化了雷神、小帅影院、水盒子等一批创业小微。在小微的成长与扩张过程中,又不断有新的创客被吸引到海尔创新创业平台上,从而实现了网络效应。2015年,海尔成为我国首批国家级"创客空间",并入选首批国家双创示范基地。海尔创新创业平台的建立过程实际上是全员创新驱动下的全员价值契约的建立过程。全员价值契约强调平台利益、员工利益与用户利益紧密联系,价值创造过程也是创客自我价值的实现过程,是自下而上的自发过程。全员创新理念首先调动了海尔内部员工的积极性,并在网络化时代为海尔创新创业平台的构建提供了人员与平台的连接机制。

五、研究结论与展望

(一)研究结论

通过对海尔三大平台的形成过程的分析发现,全面创新是驱动海尔向平台化组织转型的重要内部驱动因素。全面创新为海尔塑造了有利于组织形态变革的内部条件,具体来说可以总结为以下三个方面。

(1)全要素创新为组织平台化转型提供了新的价值创造方式。全要素创新要求组织的各生产要素有机结合、高度协同,实现整体效应大于局部效应之和的功能,其本质是创造一种新的价值创造方式。对于希望将传统制造工厂转型为智能制造平台的企业而言,要摆脱强调物料投入、资金投入与人力投入的传统生产方式首先需要调整对"什么是有价值的商品"的理解,调整不同生产要素之间的关系,从而创造更多的经济价值。全要素创新倡导的市场、技术、管理等多要素协同作用及价值共创成为智能制造平台主要的价值创造方式。

(2)全时空创新为组织平台化转型提供了跨边界的资源获取途径。全时空创新的理念强调突破时间与空间限制在构筑企业竞争优势上的重要性,这种突破意味着企业能够更加快速、有效地集聚丰富的创新资源。对产品创新平台的建设而言,跨越时间和空间的外部资源获取途径尤为重要,它决定了平台能以多快的速度以及在多大程度上响应创新需求。当全时空创新在组织内部得到执行并积累了充分的跨边界资源获取途径与创新源时,产品创新平台的建设才具备可行性,平台才能充分发挥在提供资源与吸引资源上的双向作用。

(3)全员创新塑造了平台化转型所需的新型雇佣关系。全员创新意味着创新不再仅仅是企业研发人员与技术人员的工作,全体员工都应该成为组织实践与观念的创造者，通过调动与发挥全体人员特别是普通员工的积极性与能动性，企业实现变革发展。全员创新突出了价值创造过程中组织成员身份平等的观念，瓦解了组织层级，发展出介于传统雇佣关系与合作关系之间的新型雇佣关系，催生了平台化转型期组织行动者从员工向创客的角色转换。

（二）贡献与展望

（1）深化了对全面创新管理理论的理解。全面创新管理理论形成于 20 世纪 90 年代中晚期，经历了"二次创新→组合创新→全面创新"的发展历程[37]。以生态系统观与复杂性理论为基础，全面创新管理理论构建了包括全要素、全时空、全员的立体式创新范式，为将企业塑造成具有创造力与系统性的创新主体提供了理论指导[38]。在以往实践中，以海尔为代表的一些先进企业通过接受、内化与发展全面创新取得了一系列的成果，检视了全面创新的功效。在互联网、物联网与人工智能技术交织并进的今天，全面创新在推动企业组织平台化发展过程中依然具有巨大的驱动作用。平台化转型既是技术进步、社会发展对企业的要求，也是企业践行全面创新观、内化全面创新理念后的自我要求。与以往研究主要关注全面创新在提升企业创新绩效、形成竞争优势等方面的作用不同[37-39]，本文着重探讨了全面创新在新的时代背景下如何驱动组织形态转变，建立了全面创新与组织形态相关研究的关系，拓展了全面创新管理理论的运用领域，从而深化了对该理论的理解。

（2）丰富了组织平台化的相关理论研究。组织平台化的研究方兴未艾，已有许多学者从组织外部环境视角出发，分析了平台型组织出现的原因[2,3,40]。本文从组织内部视角入手，发现全面创新是驱动案例企业实施平台化转型的重要内因。企业在全要素、全时空、全员创新三方面的历史实践与观念内化为组织平台化转型塑造了适宜的内部条件以及内生需求。本文基于内部视角的分析发现与以往基于外部视角的平台化驱动因素研究形成互补，共同为阐释组织平台化转型的成因提供了更为完善的理论分析框架。

本文遵循单案例研究方法，对海尔采取平台化转型的内驱因素进行了分析，但缺乏跨案例的对比与交叉验证。另外，对企业内部驱动因素的关注，本文主要聚焦在企业创新实践与创新理念方面，对于其他可能存在的内部因素未做过多讨论。未来可就上述两个方面的局限开展补充和扩展研究。

参 考 文 献

[1] 张小宁, 赵剑波. 新工业革命背景下的平台战略与创新: 海尔平台战略案例研究. 科学学与科学技术管理, 2015,(3): 77-86.

[2] 井润田, 赵宇楠, 滕颖. 平台组织、机制设计与小微创业过程: 基于海尔集团组织平台化转型的案例研究. 管理学季刊, 2016, (4): 38-71, 136.

[3] 周德良, 杨雪. 平台组织: 产生动因与最优规模研究. 管理学刊, 2015, 28(6): 54-58.

[4] 熊彼特 J A. 经济发展理论. 叶华译. 北京: 中国社会科学出版社, 2009.

[5] 阿吉翁 P, 霍依特 P. 内生增长理论. 陶然, 倪彬华, 汪柏林, 等译. 北京: 北京大学出版社, 2004.

[6] 张来武. 论创新驱动发展. 中国软科学, 2013, (1): 1-5.

[7] 梁正. 从科技政策到科技与创新政策: 创新驱动发展战略下的政策范式转型与思考. 科学学研究, 2017, 35(2): 170-176.

[8] 洪银兴. 关于创新驱动和协同创新的若干重要概念. 经济理论与经济管理, 2013, (5): 5-12.

[9] Sanderson S, Uzumeri M. Managing product families: the case of the Sony Walkman. Research Policy, 1995, 24(5): 761-782.

[10] Krishnan V, Gupta S. Appropriateness and impact of platform-based product development. Management Science, 2001, 47(1): 52-68.

[11] Ollila S, Yström A. Exploring design principles of organizing for collaborative innovation: the case of an open innovation initiative. Creativity and Innovation Management, 2016, 25(3): 363-377.

[12] Ciborra C U. The platform organization: recombining strategies, structures, and surprises. Organization Science, 1996, 7(2): 103-118.

[13] Garud R, Kumaraswamy A, Sambamurthy V. Emergent by design: performance and transformation at infosys technologies. Organization Science, 2006, 17(2): 277-286.

[14] Gawer A, Cusumano M A. Industry platforms and ecosystem innovation. Journal of Product Innovation Management, 2014, 31(3): 417-433.

[15] Gawer A, Cusumano M A. Platform Leadership: How Intel, Microsoft, and Cisco Drive Industry Innovation. Boston: Harvard Business School Press, 2002.

[16] Consoli D, Patrucco P P. Innovation platforms and the governance of knowledge: evidence from Italy and the UK. Economics of Innovation and New Technology, 2008, 17(7/8): 699-716.

[17] Patrucco P P. The evolution of knowledge organization and the emergence of a platform for innovation in the car industry. Industry and Innovation, 2014, 21(3): 243-266.

[18] Gawer A. Bridging differing perspectives on technological platforms: toward an integrative framework. Research Policy, 2014, 43(7): 1239-1249.

[19] Muffatto M, Roveda M. Developing product platforms. Technovation, 2000, 20(11): 617-630.

[20] Cennamo C, Santalo J. Generativity tension and value creation in platform-based technology ecosystems. SSRN Electronic Journal, 2018, 26（1）: 1-47.

[21] Purvis R L, Sambamurthy V, Zmud R W. The assimilation of knowledge platforms in organizations: an empirical investigation. Organization Science, 2001, 12(2): 117-135.

[22] Boudreau K. Open platform strategies and innovation: granting access vs. devolving control. Management Science, 2010, 56(10): 1849-1872.

[23] den Hartigh E, Ortt J R, van de Kaa G, et al. Platform control during battles for market dominance: the case of Apple versus IBM in the early personal computer industry. Technovation, 2016, 48: 4-12.

[24] Wareham J, Fox P B, Cano Giner J L. Technology ecosystem governance. Organization Science, 2014, 25(4): 1195-1215.

[25] Altman E J, Tripsas M. Product to platform transitions: organizational identity implications//Shalley C E, Hitt M A, Zhou J. The Oxford Handbook of Creativity, Innovation, and Entrepreneurship. Oxford: Oxford University Press, 2015: 379-394.
[26] 许庆瑞. 全面创新管理: 理论与实践. 北京: 科学出版社, 2007.
[27] Yin R K. Case Study Research: Design and Methods. 3rd ed. London: SAGE Publication, 2003.
[28] Easton G. Case Research as a Methodology for Industrial Networks: A Realist Apologia, London: Routledge, 2000.
[29] 王凤彬, 王骁鹏, 张驰. 超模块平台组织结构与客制化创业支持: 基于海尔向平台组织转型的嵌入式案例研究. 管理世界, 2019, 35(2): 121-150.
[30] 金杨华, 潘建林. 基于嵌入式开放创新的平台领导与用户创业协同模式: 淘宝网案例研究. 中国工业经济, 2014, (2): 148-160.
[31] Jick T D. Mixing qualitative and quantitative methods: triangulation in action. Administrative Science Quarterly, 1979, 24(4): 602.
[32] Eisenhardt K M. Building theories from case study research. Academy of Management Review, 1989, 14(4): 532-550.
[33] 王岚, 李宏艳. 中国制造业融入全球价值链路径研究: 嵌入位置和增值能力的视角. 中国工业经济, 2015, (2): 76-88.
[34] 吕文晶, 陈劲, 刘进. 智能制造与全球价值链升级: 海尔 COSMOPlat 案例研究. 科研管理, 2019, 40(4): 145-156.
[35] 寿涌毅, 王伟姣, Dmitrij Slepniov. 制造业产品服务系统的价值链设计与重构: 基于杭氧的案例研究. 管理评论, 2016, 28(2): 230-240.
[36] Chesbrough H W, Appleyard M M. Open innovation and strategy. California Management Review, 2007, 50(1): 57-76.
[37] 许庆瑞. 应用全面创新管理提高中小型企业创新能力研究. 管理工程学报, 2009, 23(S1): 1-6.
[38] 谢章澍, 许庆瑞. 论全面创新管理发展及模式. 科研管理, 2004, 25(4): 70-76.
[39] 陈劲, 王方瑞. 突破全面创新: 技术和市场协同创新管理研究. 科学学研究, 2005, 23(S1): 249-254.
[40] 王节祥, 蔡宁. 平台研究的流派、趋势与理论框架: 基于文献计量和内容分析方法的诠释. 商业经济与管理, 2018, (3): 20-35.

许庆瑞文集

许庆瑞 著

第四卷

科学出版社

北京

内 容 简 介

许庆瑞院士是我国著名的创新发展、技术创新与管理学专家，长期从事管理科学与工程的教学、科研与工程实践，以技术创新为重点，注重理论联系实际，致力于推动我国企业自主创新发展、创新能力建设和创新人才培育，是我国技术创新管理领域的创始人，在全国率先提出以企业为主体，开创了"二次创新-组合创新-全面创新"的中国特色技术创新理论体系。本文集为五卷，所选内容基本涵盖了许院士学术研究的各个领域，依次为管理学综论、生产管理、战略经营管理、战略管理、技术创新、二次创新、组合创新、全面创新、创新能力建设、创新人才培养与创新文化构建，展现了许院士的学术生涯和研究历程，为学界和年轻人理解中国管理学理论的发展提供了一种途径。

本书可供对管理学感兴趣的读者阅读参考。

图书在版编目(CIP)数据

许庆瑞文集. 4 / 许庆瑞著. -- 北京：科学出版社，2025.1. -- ISBN 978-7-03-081201-8

Ⅰ．F273.1-53

中国国家版本馆 CIP 数据核字第 2025J6U230 号

责任编辑：魏如萍／责任校对：贾娜娜
责任印制：张　伟／封面设计：有道设计

科学出版社 出版
北京东黄城根北街 16 号
邮政编码：100717
http://www.sciencep.com
北京中科印刷有限公司印刷
科学出版社发行　各地新华书店经销
*

2025 年 1 月第 一 版　　开本：720×1000　1/16
2025 年 1 月第一次印刷　印张：11 1/4
字数：225 000

定价：568.00 元（全五卷）
（如有印装质量问题，我社负责调换）

目　录

第一篇　能　力　构　建

中小企业提高技术能力的对策研究 ··· 3
企业技术变革能力形成的前提与过程 ··· 9
中国企业技术创新——基于核心能力的组合创新 ····························· 15
基于能力的企业经营战略和技术创新战略整合模式研究 ···················· 27
转型经济中企业自主创新能力演化路径及驱动因素分析——海尔集团 1984~2013
年的纵向案例研究 ·· 33

第二篇　能　力　发　展

嵌入知识共享平台　提升组织创新能力 ··· 59
企业创新能力提升的路径——基于海尔集团 1984~2017 年的纵向案例研究 ···· 64
基于序进律的创新能力提升机制研究 ·· 81
基于知识积累的创新能力提升机制 ··· 90
基于协同律的创新能力提升机制 ·· 109

第三篇　能　力　系　统

全面创新能力的审计 ··· 121
全面创新管理的创新效益分析 ··· 143
基于动态适应观的企业创新能力 ·· 159

第一篇 能力构建

中小企业提高技术能力的对策研究[①]

我国改革开放以来，乡镇企业取得了迅速发展，现乡镇企业总数占全国中小企业总数的 96% 以上，其总产值占全国工业总产值的 20% 以上，年增长率在 20% 以上。乡镇企业的发展，激发了企业活力，使经济得到迅速发展。但在乡镇企业迅速发展的同时，存在一个潜在的严重问题，即中小企业技术能力的提高速度落后于经济的发展速度，企业过分追求外延扩大再生产，这必将严重制约中小企业的进一步发展。本文通过对中小企业技术能力调查结果进行统计分析，揭示了中小企业技术能力的现状与存在的问题，并提出了提高中小企业技术能力的对策。

国外对企业技术能力方面的研究起步于 20 世纪 80 年代，现虽有一定的理论深度，但可操作性文章还未见。尤其是针对技术水平比较落后的发展中国家，如何定义适合其发展特点的技术能力，现在更没有统一的认同概念。我们在研究中小企业的技术能力的过程中，综合了著名科技管理专家 Dore、Desai，以及 UNIDO（United Nations Industrial Development Organization，联合国工业发展组织）、世界银行对技术能力的定义，并结合我国的实际情况，认为技术能力应是指企业从外界获取先进的技术与信息，并结合内部的知识，创造出新的技术与信息，并应用于生产，从而实现经济效益的能力。技术能力具体反映在企业技术设备的先进程度、信息的获取与采用水平、人员的水平、技术管理与组织协调水平等四个方面的因素上。

对于中小企业技术能力的现状，我们采用上述四个方面的因素来反映，研究过程表明用四因素来分析中小企业技术能力现状与水平，具有一定的可操作性与合理性。加拿大 IDRC（International Development Research Centre，国际发展研究中心）的有关专家对此作了充分的肯定。

1 中小企业技术能力的现状

在课题的研究过程中，我们调查了浙江、湖北、安徽、甘肃等地四个行业（机械、造纸、印染、水泥）共 50 家典型企业，其中机械行业 12 家、造纸行业 11 家、印染行业 18 家、水泥行业 9 家，各占 24%、22%、36%、18%。这些企业中，大型企业 5 家、中型企业 17 家、小型企业 28 家，各占 10%、34%、56%。

根据对中小企业技术能力的调查，把技术能力的各个要素按发展水平各分为七个层次，如企业采用的设备状况按水平高低分为手工操作、动力操作、通用机

---

① 发表自：许庆瑞，魏江. 中小企业提高技术能力的对策研究. 科研管理，1995，(1)：15-19, 24.

器、专用机器、自动化装备、计算机装备和集成化装备；然后给各个层次打分，依次为1、2、3、4、5、6和7，通过对各要素在每一层次水平的企业比例数的统计，运用加权评分法，得到表1所示的各类企业技术能力四要素水平评分结果。

表1 各类企业技术能力四要素水平评分结果

项目	设备能力	人员水平	信息能力	技术管理与组织协调能力
小型企业	3.3	2.9	2.3	2.8
中型企业	3.7	3.4	3.6	3.3
大型企业	4.2	4.7	4.5	4.0
理想的协调	5.0	5.0	5.0	5.0

1.1 中小企业技术能力特征图的描述

根据表1，用技术能力五阶段特征图（雷达图）表示的中小企业技术能力的现状见图1。

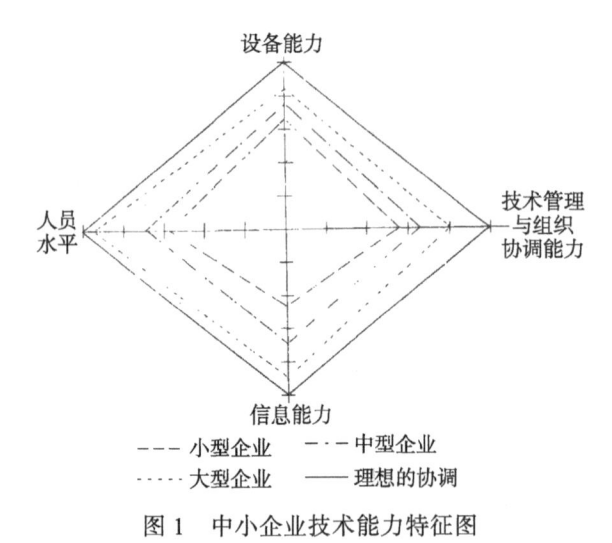

图1 中小企业技术能力特征图

采用雷达图能够较好地从技术能力的四要素水平来反映各类企业的技术能力协调发展状况以及不同类型企业技术能力提高的阶段性。如果各类企业四个要素所处的阶段水平相似或相近，则企业的技术能力提高比较协调，如图1中的中型企业，其四要素阶段评分为3.7、3.4、3.6和3.3，各要素发展水平相差不大，所以相对比较协调。

1.2 中小企业技术能力现状评价

通过对中小企业技术能力的现状分析，可对其技术能力作出以下评价。

结论1：由于我国企业总体水平、规模的不同，企业的环保技术能力呈明显的阶段性，小型企业的环保技术能力最弱，中型企业其次，大型企业最强，这与我国的企业总体水平是相符的。

结论2：不同企业在本行业中的地位与其技术能力是正相关的。57.1%的大型企业在行业中处于领先地位，中型企业占22.2%，小型企业只占7.7%，其中30%的小型企业还处于存亡未卜、风险重重的境地。

结论3：小型企业的信息能力在四要素中极为薄弱，设备能力相对较强。

结论4：中型企业的技术能力四要素比较协调，通过与小型企业比较，四个要素都有提高的同时，在信息能力方面也有较大突破。

结论5：大型企业的技术能力四要素中，人员水平是最强的，但技术管理与组织协调能力相对较为薄弱。

2 提高中小企业技术能力的障碍因素分析

在调查中发现，导致中小企业技术创新失败、阻碍中小企业技术能力提高的主要障碍因素如表2所示。

表2 项目成败的因素比较

项目	选择的技术恰当	技术的选择与企业能力相匹配	有足够的条件保证	与社会效益直接有关	项目选题有充分的可行性研究	经用户使用后提出了进一步修改	企业家重视技术创新	具备中试能力	技术创新选题与企业目标相一致	创新部门与外部研究机构有联系	营销部门介入技术创新
①成功项目	97%	97%	97%	77%	90%	57%	97%	43%	90%	60%	47%
②失败项目	11%	12.2%	56%	33%	44%	22%	78%	22%	67%	44%	33%
①-②	86%	84.8%	41%	44%	46%	35%	19%	21%	23%	16%	14%

注：表中数据为成功项目与失败项目具备上述条件因素的比例

结合我们的全部创新项目调查情况与表1的结果分析可以看到，阻碍技术能力提高的主要因素有以下几个方面：①营销部门没有参与技术创新。调查的全部企业中，只有40%左右的企业的营销部门参与技术创新，而且营销部门参与技术创新的程度与企业的规模成反比。②缺乏中试能力。在调查的企业中，只有30%左右的企业具备中试能力，其中，成功项目占43%，失败项目占22%。③跟踪产品能力与信息反馈处理能力差。78%的项目的失败是与产品经用户使用后没有进一步修改有关。④与外部研究机构的联系少。在企业的全部创新项目中，不到60%的项目与外部研究机构有联系，其中只有60%的成功项目与外部研究机构有联系，而56%的失败项目没有与外部研究机构建立联系并获取技术方面的信息。⑤企业家对技术创新重视不够。⑥技术管理与组织协调能力不足。从调查情况看，大型企业由于机构复杂、机构独立性较强、条块分割严重、相应信息交流较少,不同部门信息交流存在障碍,技术部门与营销部门两者严重不协调,大型企业中只有20%的企业的营销部门参与技术创新,而中小企业的比例分别达37.5%和48.4%,这说明我国的大型企业一方面科技人才多,技术人员水平与受教育程度高;另一方面,科技管理与组织协调能力薄弱,两者的不协调成为大型企业技术能力提高的一个重要障碍。⑦技术选择不恰当。如表2所示,只有11%的失败项目选择的创新技术是恰当的,而89%的项目失败的原因之一是技术选择不恰当。⑧技术的选择与企业能力不匹配。如表2所示,失败项目中,只有12.2%的项目在开始选题时就考虑了企业的实际能力。⑨企业没有给予足够的条件保证。⑩项目创新没有考虑到社会效益。⑪创新项目的选题没有充分的可行性研究。⑫对信息的综合与利用能力薄弱。小型企业几乎不具备对搜集到的技术信息进行概括性、理论性处理的能力,仅有7.7%的企业具有把收集的信息进行综合的能力,信息能力成为小型企业技术能力四要素平衡发展的最大障碍。

3 提高中小企业技术能力的对策

3.1 提高设备能力的对策

中小企业的生产设备能力是技术能力的硬件,我国企业的设备普遍比较落后,要提高设备先进水平,关键是通过"二次创新"来实现。我国在设备引进上,一直走"引进—落后—再引进—再落后"的恶性循环路子,要摆脱这种局面,企业本身必须组织技术人员对引进设备技术进行消化吸收,并实现二次创新,其过程如图2所示;国家要帮助与扶持有条件的企业建立技术中心,利用技术中心的技术优势,开发先进技术装备,如集成化计算机控制设备,从而实现技术带动模式。

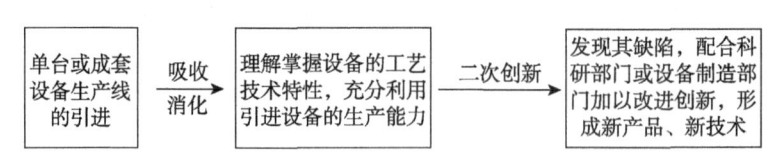

单台或成套设备生产线的引进 →吸收消化→ 理解掌握设备的工艺技术特性,充分利用引进设备的生产能力 →二次创新→ 发现其缺陷,配合科研部门或设备制造部门加以改进创新,形成新产品、新技术

图 2 设备技术消化吸收/创新过程模式

3.2 提高人员水平的对策

长期以来,企业提高技术人员素质与水平的主要途径,一是企业组织生产人员与技术人员进行岗位培训,对生产技术人员实行"上岗证"制度,不断对生产技术人员进行技术考核,从而提高技术人员的水平,如机电部电除尘行业的骨干企业浙江电除尘器总厂;二是采取"请进来、送出去"的办法,企业一方面引进高技术人才,另一方面要把现有企业技术人员送到大专院校、先进企业去培训,不断建立一支强有力

的产品设计开发队伍，如纺织部的重点骨干企业杭州凯地丝绸有限公司。

这些对策都是单纯从企业微观的角度来看的，其实从宏观的角度看，人才分布不合理，人才流动困难，国家应该加快人事制度改革，一方面，要从政策的角度鼓励人才流动；另一方面，要实行人才资源的合理配置，各级研究机构要派技术人员到企业中去，充实一线技术人员，为技术尽快转化为生产力创造条件，只有把宏观与微观结合起来，才能全面提高企业的人员水平。

3.3 提高信息能力的对策

（1）加强与大专院校、科研院所的技术信息交流，企业应与这些组织加强横向联系，成立科研生产联合体。

（2）发掘与发挥技术桥梁人物的作用，在调查中发现，中小企业基本都有一名甚至多名技术骨干或技术上的领导，企业应发挥他们的作用，给他们主动权，参加各种技术会议，了解技术信息。

（3）建立与健全一支信息队伍，这支队伍不一定要有专门机构，配有专职人员，但可以建立信息网络，成立信息员制度，定期或不定期召开会议，通过交谈、讨论，从各方面获得实现技术创新活动所需的各种信息。

（4）生产、销售、科研部门必须加强沟通，以便于信息的传递与交流。

（5）提高企业的综合分析能力，从调查中看，近80%的企业具有信息收集综合的能力，但把信息应用到技术创新中的能力不强，这种能力主要靠核心技术人员来完成，所以培养核心技术人员的信息处理能力是个关键问题。

3.4 提高技术管理与组织协调能力的对策

（1）企业家要充分重视技术创新。

（2）企业要给技术创新项目充分的条件保证。

（3）加强对技术人员的组织协调，加强技术部门与营销部门的信息沟通，管理部门要为他们的信息沟通创造条件，如选择、研究开发技术时鼓励营销人员参加，营销部门及时把产品信息反馈到技术部门，必须建立新的技术管理体制，打破各部门条块分割的现象，建立新型的技术创新管理体制。

（4）对创新选题要有充分的可行性研究，既要考虑技术上的可行性，又要考虑经济效益，还要考虑社会效益。

（5）技术的选择要与企业总体能力相匹配，防止企业没有能力解决的项目上马，在技术的选择上，要充分征求技术人员、生产人员与企业有关人员的意见。领导作决策时，要避免盲目性。

（6）提高企业的中试能力，要组织一批技术水平较高的熟练工人从事产品的中试工作。

4 结语

综上所述，改善民营科技企业内部分配关系，稳定科技人员队伍。对于新建的企业来说，可以通过企业内部总资产所有者情况登记的形式，每年评估科技人员对于企业发展的贡献大小，采取现金奖励与产权奖励相结合的办法，促使科技人员与企业结成紧密相关的利益共同体；对企业继续用于发展的税后利润也逐年进行分配，以明确产权所有者，使企业随时都能清楚其所有者的构成及其投资份额。

对于过去建立并已经营若干年的民营科技企业来说，如果对其存量资产尚未进行过产权界定，则在进行企业改制的产权界定时，必须注意充分考虑科技人员在企业发展过程中所作出的突出贡献，至少做到能将部分产权界定给骨干科技人员，以调动起这些人员的积极性，否则就可以认为在产权界定过程中存在着对于科技人员过去劳动贡献的侵权，这一点从为企业发展作出过很大贡献但只得到较少劳动报酬的科技人员角度来看就更为明显。

显然，以上促使科技人员逐步成为企业所有者的做法，主要是针对那些具有很强的专业技能、以"脚"来表示对于企业是否满意的骨干科技人员而设计的；这些做法对于那些暂时屈居于现有企业中，一旦时机成熟就想自己去闯一番天下，即具有科技企业家素质的科技人员来说，还是起不到留人作用的，因为对于这些人来说，独立施展其企业家才能，实现自己的抱负是第一选择。事实上，就这些可以称为科技企业家的科技人员来说，如果能从难以充分发挥其作用的企业中游离出来，自己去组织企业并吸引一批科技人员创业，显然也是社会所希望的，因而也就没有必要去考虑怎样使其稳定在原有企业中了。

当然，最后需要说明，在民营科技企业中，为了增强企业对于骨干科技人员的凝聚力与向心力，培养科技人员的敬业精神，从协调内部经济利益分配着手，处理好骨干科技人员的劳动报酬问题，只是其中的一个重要方面；除此之外，企业经营者还必须对一些非经济因素的激励作用引起高度重视，这些因素包括企业内部的民主气氛、尊重知识与人才的风气、有助于个人才能发挥的生活与工作环境等。

参 考 文 献

魏江, 许庆瑞. 1994. 中小企业技术能力实证研究. 科学管理研究, (4): 70-74.
Fransman M, King K. 1984. Technological Capability in the Third World. London: Macmillan.

企业技术变革能力形成的前提与过程[①]

1 引言

  一个企业要获取竞争优势，其有效途径是不断地创造和开发新的商业机会。新的商业机会的获取，既可以凭借其内部技术实现，也可以凭借外部技术实现，如许多采用技术跟踪策略、技术模仿策略或合作生产策略的企业就利用外部技术获得了竞争优势。但一个企业若只通过利用外部技术去维持其持续竞争优势，则其能力是不够的，因为外部技术同样可以为其他企业所获取，而内部技术则不易为其他企业所获得，因而可以之为基础去获得持续竞争优势。Pavitt论证了内部技术对外部技术的相对重要性，他通过对英国1945~1979年的3013个重大创新的分析，发现59%的创新是基于组织内部的知识，尤其是在铝、汽车、丝织等行业，内部技术将近占全部创新的70%。

  由此看来，企业单凭借其技术监测能力和技术吸收能力，是不能获得持续竞争优势的，因为如果过分依赖于外部的知识资源，没有具有自身企业特征的知识，难以获取独占性资源和技术，而且自己也不能把握进入市场的时间，企业只能被动地去适应这个环境，而不能凭自身能力去改变这个环境。对于这一方面，美国著名的计算机公司IBM（International Business Machines Corporation，国际商业机器公司）作了例证。IBM在1982~1992年的十年中，由于依靠外部提供的个人电脑方面的技术创造了个人用计算机行业的奇迹，因此一直没有用自己开发的技术，如RISC（reduced instruction set computer，精简指令集计算机）芯片，而它的竞争者同样也得到了这些技术，到1993年之后，IBM就逐渐丧失了竞争优势。

  根据如上分析，企业要获得持续竞争优势，根本上要依靠企业自主技术创新能力的提高，通过技术变革来实现。技术变革能力是在获取外部知识和企业自身创造技术机会的前提下，对产品组合进行不断调整的能力。

[①] 发表自：许庆瑞，魏江. 企业技术变革能力形成的前提与过程. 管理工程学报, 1997,（S1）：66-70。

2　企业技术变革能力的获取建立在知识积累和连续重组的基础上

通过企业内的产品经营组合、内部组织或资金的大幅度调整实现组织重组是重新获得竞争优势的一条有效途径。这些变革调整将导致企业内关键性资源的重新配置，基于资源（resources-based）的观点认为通过重组来获得竞争优势是困难的，这种观点认为企业要获得持续的超额利润，资源是唯一制约因素，这些关键性资源中，有的是通过企业自身特有的方式积累起来的，它有个持续的过程，企业不可能在需要的时候随时能够得到。如果企业进行组织重组，就有可能会放弃那些以后被证明有用的资源，同样地，内部原有组织结构的打破也会破坏企业的知识结构。所以，一旦企业经过多年积累的知识结构被打破后，在激烈竞争和变革的环境中，它将永远赶不上其竞争者。IBM最近尝试通过企业重组来挽回其失去的竞争优势，但仍归于失败，原因如下：①影响技术资源类型的大规模内部变动，需要有一个适应期和调整期，而等它调整好后，这个行业的其他竞争者已经走到它的前面了；②技术先发优势失去后，是不容许以外部技术作为有效的手段去重新获得的；③IBM在激烈变动的竞争环境中再次重组后，已经丧失的竞争优势就更难重新获得了。

为了克服企业资源重组和知识重组所带来的负面效应，Garud和Nayyar（1994）提出了企业连续重组的思想，即在不断知识积累的前提下，通过持续的、具有间断性的、小规模的资源和知识重组，实现企业的持续技术变革。为实现连续重组，他们通过知识对市场开发作用的滞后效应的分析，强调了知识连续性积累的重要性。Wilson和Hlavacek认为许多创新的失败是由于没有足够的产品需求。但随着环境的变化，或随着科技的发展，企业现已开发产品对客户的吸引力在将来的某一天才可能发生（如可视电话），或企业为了不影响现有产品的销售而把某一技术藏起来，直到竞争者对它的现有产品产生威胁，如Intel（英特尔）公司推迟对奔腾处理器的上市，这些都决定了技术储存的必然性。

技术作为知识的一种形态，企业必须重视知识的持续积累和重组，其原因除了前面分析的连续积累和间断性重组可以避免突然性技术变革对企业组织资源和知识结构造成的毁灭性破坏外，还包括技术知识留置后用有利于企业的长远发展。据报告，在美国，单是制药业就有数千种药品被储存着，尽管它们还没有成熟就被判了死刑，但这种储备技术的价值现已被承认，80%的储备技术经重新使用获得成功，其成功率远远高于新开发的技术，因此一个企业能够明显地通过储备技术上的投资来提高回报率。遗憾的是，这种技术储备的重要性几乎还没有引起人们的注意，美国《商业周刊》的一篇文章说，美国现在对技术的储备还没有引起足够的重视。

另外，知识的积累和企业技术变革是一个相互作用的过程。新的技术领域是在研究人员解决问题的过程中产生的，这些活动产生的思想和技巧就代表知识。因为技术是知识的一种形式，技术变化可通过对知识发展作分析得以解决。企业技术发展是思想和技巧积累性的提高过程。企业现有的思想和技巧影响着将来问题的解决，进而使具有企业特性的知识得到增长与积累。在企业解决问题的过程中获得的经验决定了解决这些问题的成功率。技术变革作为一种特殊的解决问题活动，同样既依赖于企业已有的知识，尤其是具有企业特性的知识，又产生新的知识。由此可见，知识的积累和技术变革是相互正向促进的过程。

3　企业技术变革能力的形成过程

技术变革能力就是把从外部引进的技术和知识，经过消化吸收在企业内部储备起来，当知识积累到一定程度后，对知识进行重新激活，从而实现自主技术创新。这种创新的技术，尽管是建立在长期知识积累的基础上的，但它已不能直观反映原有的知识形态，而是黏上了企业特有的痕迹，其原因在于技术变革不是对积累的知识采用"搭积木"的方式进行简单相加，而是经历激活的一个过程。总体而言，企业要形成技术变革能力，必须做好三方面的工作，即对技术知识的选择、技术知识的维持与积累、技术知识的激活与综合。

3.1　技术知识的选择

技术知识的选择，就像金融从业者做期货一样，要决定什么样的技术知识值得保存，以备将来之用。当技术和市场条件成熟时，管理决策者可依据市场规律运作这一"期货"，同时，他们也可以决定是否继续维持这些技术或中止这些技术。对技术知识的选择与维持和做股票期货相同，技术知识的拥有者在某一价位购进或抛出某一股票期货——技术知识，取决于对将来研究开发以及投资回报率的估计。从这个比较中可以认为，企业要产生利润，必须对知识进行储存；由于资源限制，企业必须对储存的技术知识作出合理选择；应对储存技术知识在将来的战略价值作考虑。

由于知识转化为竞争力有一个时间滞后效应，企业要实现技术变革，就必须对知识进行储存，但企业如果要把知识储存起来作为后用，就得花费一定成本。为此，企业就会面临最大限度的知识储存和保存知识的投入费用限制之间的矛盾，要解决这一矛盾，企业应该分析以下两个问题：一是决定在以后的创新中采用维持的知识，还是当需要的时候再创造新的知识；二是决定什么样的知识必须储存，什么样的知识不应该储存。要解决这两个问题，就得建立企业内部的知识选择机制。首先，企业应该利用丰富的媒介对各种知识作分析，以降低知识在将来的战略价值上的模糊性，运用正式的决策计划或通过会谈讨论相互交换看法，对储备技术的选择作出决策。其次，企业要尽可能多地收集信息，以降低知识的不确定性。由于将来知识需求和供给信息的不完全，以及对竞争者行为和外部因素的不确定性，企业应该利用组织的实践经验获取辅助资料，降低信息不完全带来的风险。当然，储存知识的选择还要受决策者对风险的考虑的影响。这样，根据决策者对知识在将来的战略价值的考虑，可把知识分为三类：明确值得保存的知识、明确不值得保存的知识、需要更多信息以判断是否保存的不确定知识。最后，分析每一知识的系统属性。知识的独立性越强，就越不需要获取其他有关知识和信息来作决策；知识的系统性越强，作决策时所需要的信息量就越大。

3.2 技术知识的维持与积累

对技术知识维持的考虑，最重要的是要让科技人员和决策者认识到合理的技术保存的必要性。如果一个组织不认为技术反求是正确的，它们就会对技术维持失去兴趣，相反，如果把技术反求看作一个潜在机会，就会鼓励人员去保存技术知识。因此，一个具有变革能力的企业应认为技术开发是创造知识和使用知识的结合，而不单单是前者。在这种文化里，激励机制是很重要的，若只激励对全新技术的开发，单从申请专利或出版成果来激励，会使技术人员对保存技术失去兴趣。保存技术之前，要把储备技术进行分类，如对已开发的计算机软件进行分类保存后，当不同的人在以后使用这种软件时，就可以根据需要去提取。

技术知识的维持和积累是紧密依存、相互作用的，技术知识的积累是建立在技术知识维持的基础上的。通过剔除明确不值得保存的知识，维持明确值得保存的知识、需要更多信息以判断是否保存的不确定知识，实现技术知识的持续积累，所以技术知识的积累和维持同时进行，两者合二为一。罗森伯格提出，由于不同知识面发展速度的不一致，有的知识面发展速度落后于其他知识面，就会出现知识发展的瓶颈，知识的成长是不同的知识面在不同时点领先或落后的"强迫过程"，领先的知识面必须被储备与保存。

3.3 技术知识的激活与综合

许多公司会忽视那些当时不能用的保存技术，而这些技术在现在或将来有用。即使是那些过去还没有自觉意识到技术知识储备重要性的企业，也在不自觉地分享利用储备技术来提高投资回报率的喜悦。储备技术对企业发展的战略意义就在于：对知识库内原有技术的激活，充分利用企业储存资源，最大限度地实现内在资源的经济效益。

技术知识的激活与综合，不是一个容易的或自动的过程，就像花粉受精一样，其成功在于企业在合适的时点上实现两个知识面的耦合。花粉受精的过程既是一个概率性过程，又是一个积累过程，它的完成靠不同花粉的杂交，而要实现它，要有两个条件作保证：风和雨。不是所有的杂交都能成活，有的因不能适应环境而被淘汰，而自我传粉的植物的适应能力就强。那么在企业技术变革过程中，也有相对应的两种情况：一种是企业单纯、全部地依靠自身的技术知识积累来实现技术变革；另一种是通过不同企业或组织之间知识的"杂交"和积累，实现技术变革。当然，第一种企业生命力就强，但随着科技的迅速发展，一个企业要掌握某一领域的全部最新技术，并单纯依靠自己的力量实现重大创新已经不可能了。真正大量存在的情况是第二种，即通过不同知识的积累、交叉和激活，在一定条件下实现技术变革。

企业的技术创新活动从微观层次上分析是对知识的操作和应用的过程。郭斌等（1996）把这一阶段划分为知识的搜寻、知识的存贮、知识的筛选、知识的格式转换、知识的纯化、知识的激活、知识的合成七个阶段。从技术变革的角度来分析知识操作和应用，则主要包括知识的纯化、激活和综合三个阶段。

对于企业或组织拥有的知识而言，不论它是从外部吸收来的，还是组织内部通过研究和生产活动获得的，很可能存在以下两个方面的问题：一是知识库内的知识"储存系统"出现混乱，不同知识没有归类存档，当企业对某一技术进行开发，希望查询到所需的知识时，难以得到"纯净"的知识；二是企业知识库内信息量不多，使知识还很不完善，甚至隐含某些小错误。为解决这些问题，企业或组织应对知识库内的知识进行纯化。例如，对于有些难言的知识，信息获取量的扩大和纯化，促使它向成文性知识转化；对于混乱的知识，不断净化并归类存档，便于需要时迅速提出；对于隐含的小错误，在整理过程中及时剔除。我们把在知识量不断扩大的同时，不断提高知识库内知识的准确度、储存知识的条理性以及有效信息量的过程称为知识的纯化。

当企业在技术创新活动中需要使用知识时，必须把存贮在知识库内的知识变为激活状态。这个过程需要通过组织及个体的学习过程来完成，技术积累增长的根本源泉是组织学习。企业作为一个有机整体，是由个体组成的，个体通过在生产和创新实践活动中学习和训练，产生新的知识（缄默知识），同时把外部信息和知识内化到企业的知识体系中。知识能被激活要满足一定的条件，即该知识的辅助性知识和与之相联系的辅助性资源要存在。也就是说，要具备该知识激活的基础设施条件和环境，离开辅助性知识和资源，知识自身不可能自动转化为产品，如企业设计出了某一先进的产品，但没有相应的生产手段，知识仍不能被真正激活。

Levenhagen、Thomas 和 Porac 在分析企业技术知识的积累和综合过程时，是从单个知识层面和多个知识层面交叉发展两个角度着手的。从单个知识层面的角度看，企业通过解决问题、积累知识与经验，使知识发展从一个台阶上升到另一个台阶。从多个知识层面交叉发展的角度对知识发展的积累过程作探讨，可从知识面概念入手。知识首先在各自的层面里实现积累，当不同的知识层面相互交叉时，新的知识就出现了。知识面的交叉表明了原先不相关的领域聚集于某一点时所产生的积累知识的综合。所以，知识积累不单是知识面内部的积累，还是不同的知识面偶然性知识综合创造出新的知识。这种过程可以录像机的发展作例证。录像机的研制开发是磁记录材料、电子学、频率调节等知识面积累和综合的结果。当然，企业要实现知识的综合，必须以知识库内不同学科知识的存在为条件，因为不同学科之间的交叉点，往往是科学研究的"淘金之地"。

参 考 文 献

郭斌, 许庆瑞, 魏江. 1996. 组织技术能力概念框架研究. 科学学研究, (2): 44-50, 80.
魏江, 许庆瑞. 1996. 企业技术能力与技术创新能力的协调性研究. 科学管理研究, (4): 15-21.
Dosi G. 1982. Technological paradigms and technological trajectories. Research Policy, 11(3): 147-162.
Garud R, Nayyar P R. 1994. Transformative capacity: continual structuring by intertemporal technology transfer. Strategic Management Journal, 15(5): 365-385.
Polanyi M. 1966. The Tacit Dimension. New York: Anchor Day Books.
Ranis G. 1984. Determinants and consequences of indigenous technological activity//Fransman M, King K. Technological Capability in the Third World. London: Macmillan: 95-112.
von Hippel E. 1994. "Sticky Information"and the locus of problem solving: implications for innovation. Management Science, 40(4): 429-439.

中国企业技术创新——基于核心能力的组合创新[①]

1 中国企业技术创新发展沿革

经过多年的努力，中国企业在技术创新方面取得了长足的进步，技术创新能力逐步提高。20 世纪 80 年代以前，中国企业更多的是注意引进与消化吸收国外的先进技术。新中国成立以来，我国的技术创新大致经历了以下三个阶段。

1.1 模仿阶段（20 世纪 50 年代初期至 1957 年）

1949 年新中国成立之后，我国经历了三年国民经济恢复时期，然后实施了第一个五年计划。在这一时期，我国的科技政策是"向苏联学习"。大多数的工业创新都是始于模仿，技术通常源于苏联和东欧。

在模仿阶段，也有一些适应性和渐进创新，主要有以下两个原因。

（1）适应我国自然条件和国情的需要。中国幅员辽阔，东部沿海与西部地区、华北与华南地区条件迥异。例如，华北地区平坦而宽阔，为它开发的农业机构就不能用于华南地区，因为华南地区大多是狭窄的水田。

（2）改进引进技术，以解决模仿技术本身的缺陷。为了改进引进技术，成千上万的工人接受号召，参与"工人合理化建议运动"。类似的群众学习与合理化建议活动仍然存在于中国的企业中。如表 1 所示，宝钢的合理化建议活动就取得了很好的成绩。

表 1 宝钢合理化建议实绩

阶段	年份	工人数/人	创新建议数/条	增长率	采纳率	实施率	人均效益/（元/人）	人均工资/（元/人）
Ⅰ（1988~1992 年）	1988	—	3 956	—	62.6%	—	—	—
	1992	25 703	19 790	500.2%	80.6%	50.1%	9 600	—
Ⅱ（1993~1995 年）	1993	23 537	24 421	—	78.9%	56.2%	9 600	9 000
	1995	22 847	42 346	214.1%	88.2%	68.9%	14 200	13 000
Ⅲ（1996~1997 年）	1996	23 277	71 482	—	90.1%	70.1%	16 300	16 000
	1997	23 429	93 052	219.6%	92.9%	73.4%	15 500	17 000

---

① 发表自：许庆瑞，郭斌，王毅. 中国企业技术创新——基于核心能力的组合创新. 管理工程学报，2000，（S1）：1-9.

从表1可以看出以下几点：①合理化建议数量每2~3年翻一番；②建议采纳率与实施率很高，这也激励了工人提建议的积极性；③由于建议与实施增长率很高，每年人均建议条数从0.20条上升到4条；④这些建议为企业带来了很大的效益。宝钢的劳动生产率现在已达到世界先进水平。

1.2 创造性模仿阶段（20世纪50年代末到1978年）

在这个阶段，技术创新政策是"从模仿到自主设计"，这意味着技术创新不再仅局限于适应性和渐进创新。1958年开始，我国开展了一场学习运动。其主要目的是解放思想，发挥创造性思维；要反对形而上学，打破教条主义。教条主义是创新的大敌。通过这场运动，人们变得更有创造性，更有思想。为了解放工人的思想，发动工人广泛参与，出现了三结合，即工人、知识分子与干部相结合；用户、工厂与研究所相结合；研究所、大学与工厂相结合。

运动的直接成果是：涌现了大量的自主设计，开发了大量新产品。例如，上海江南造船厂开发的万吨轮船与上海重型机器厂开发的万吨水压机。

这一阶段的弱点是"闭关锁国"，整体技术水平与世界先进水平有很大差距。这一阶段的主要问题有：第一，企业没有被激励起来，没有创新的压力；第二，研究开发部门与经济部门是分割的。大部分的研究所是独立的，与企业隔离。因此，研究成果的转化率很低，有关部门统计，转化率不到1%。

1.3 二次创新阶段（1979年至今）

20世纪70年代中后期具有重要影响的政策是对外开放与经济体制、科技体制改革，最大的变化是实施市场机制与计划机制相结合，而不是从20世纪50年代以来一直持续的、单纯的计划经济体制。在计划经济体制下，企业不是一个独立的商品生产者，而是附属于某个行政部门的生产车间。这个变化大大调动了企业形成研究、开发与技术创新的能力。技术创新的机制更为完善，既有技术推动，也有来自市场的需求拉动。激烈的市场竞争迫使企业应用研究成果，开发新产品和新技术，以获得竞争优势。因此，企业内部研究开发与制造的距离缩短，研究开发逐步与制造一体化。

杭州制氧机厂的二次创新是一个典型示例（表2和图1）。杭州制氧机厂作为中国最大的制氧机厂，成功地构建了自主创新能力，市场份额与销售额都迅速增长。

表2　杭州制氧机厂的产品代

项目	I	II	III	IV	V	VI
创新模式	模仿	模仿	引进	引进+自主设计	创造性模仿	自主创新
开发阶段	1957~1958年	1966~1969年	1979~1982年	1980~1982年	1985~1987年	1993~1995年
生产阶段	1958~1968年	1969~1979年	1982~1990年	1982~1987年	1988年至今	1996年至今

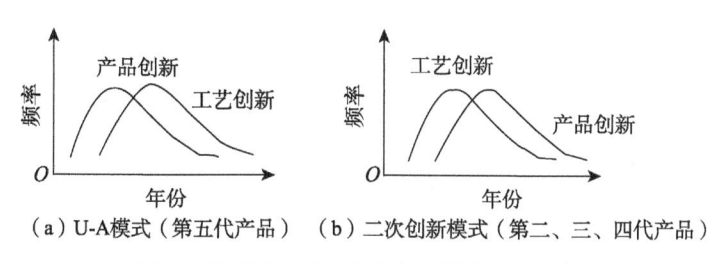

图 1　新型的工艺–产品创新模式分布曲线
（a）U-A模式（第五代产品）　（b）二次创新模式（第二、三、四代产品）

向二次创新的改进是一个飞跃，其需要经过长时间的积累，主要通过"干中学"和"研究开发中学"来实现，其中模仿与改进中的创造是最主要的。

20世纪90年代中期，开始在企业中组建技术中心，以组织一些长期项目的研究，因此开发了许多高水平的产品。例如，杭州制氧机厂的第五代制氧机缩短了与世界先进水平的差距，比第一代产品缩短了15~20年的差距。在许庆瑞教授的带领下，浙江大学的吴晓波、王伟强提出了二次创新模式，这与适应发达国家的U-A（Utterback-Abernathy）模式有差异（图1）。

由于缺乏经验，我国企业的产品创新和工艺创新之间存在不平衡现象，这大大地阻碍了产品质量与性能的提高。越来越多的公司需要进行技术创新范式转变，特别是在市场竞争日趋白热化的情况下。

2　政府在技术创新中的重要作用

技术创新是一个复杂的系统问题，涉及很多单位，如研究所、大学、财政部、银行、零售商、供应商、个人等。它们相互作用，相互依赖，共同影响技术创新的成败。这中间需要做大量的协调，政府起着重要的协调作用。政府在技术创新中发挥的作用主要表现在以下四个方面。

1）环境改进

我国政府在环境改进中的作用体现在以下几个方面：①政治环境，如改革与开发政策等；②经济环境，如给企业自主权等；③技术环境，如对技术进行大规模资助；④社会环境，如对企业家的创新贡献给予承认和奖励；⑤组织环境，如改进产业结构，重组研究开发力量，让研究所进入企业，增强企业的研究开发能力，帮助企业建立技术中心等。

2）战略、政策设计与技术创新激励

政策设计与激励机制设计对促进企业实现技术创新非常重要，日本与韩国的经验都说明了这一点。作为一个整体，战略、政策设计与技术创新激励包括以下两个方面：第一，努力协调科技、经济与教育体系之间的发展；第二，协调轻工业与重工业、工业与农业，以及基础研究、应用研究与实验发展之间的联系。

3)技术资源配置

我国政府从宏观层面上,在不同产业之间、积累与消费之间的资源配置发挥着重要作用。在教育、卫生与科技部门,基础研究、应用研究与实验发展之间都有资源配置不平衡的问题,政府都在努力解决。

4)国家技术创新工程

为了促进与加速我国企业的技术创新,1996年我国开始实施技术创新工程。按照这项工程,6家大型企业和3个城市被设定为技术创新试点单位,以找到合适的机制,探索技术创新管理的经验。这项工程会为我国企业提高自主技术创新能力积累经验,起到良好的示范作用。

3 技术创新范式转变及其管理

虽然人们非常关心企业的创新活动,但是经理往往把创新过程看作静态的、线性的,在战略思考中常常孤立地考虑技术创新。实际上,创新是一个动态的、非线性的系统过程。在企业的发展过程中,技术创新常常是以成组的方式发生,各个技术创新之间存在相互作用、相互依赖的关系。因此,传统的创新管理难以适应企业长期发展的需要。

静态的、线性的、孤立的创新观主导了中国企业,使得技术战略与经营战略严重脱节。虽然许多企业都对研究开发与技术创新投入了大量资源,但在把技术转化为利润上,普遍存在低效率。如表3所示,由于产品创新和工艺创新之间的不平衡,杭州制氧机厂(以下简称杭氧)与世界先进水平存在很大的差距。

表3 杭氧与世界先进水平的差距

周期	杭氧	世界先进水平	差距
设计周期	12个月	8个月	50%
生产周期	15个月	12个月	25%
维护周期	12个月	6个月	100%

产品创新和工艺创新之间的不平衡是一种普遍现象,如表4和表5所示。图2显示了在技术组合中产品创新与工艺创新之间的平衡状况。因此,近年来开始出现一种可以管理和解决创新活动之间相互关系的新的创新管理范式,即"组合创新"范式。实际上,技术创新组合研究始于20世纪70年代末期,但是在很长一段时间里,它都限于产品组合。

表4 对产品创新与工艺创新的投入比例

国家	产品创新		工艺创新
美国	2	:	1
日本	1	:	2
德国	1	:	4.1

表5 浙江省企业产品创新与工艺创新组合调查数据

	产品创新	工艺创新	
创新项目数	79	16	13（软技术）
百分比	1	15	12
比例	3	:	1

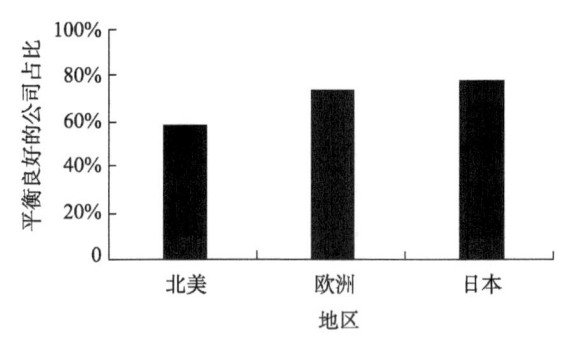

图2 北美、欧洲、日本公司的产品创新与工艺创新平衡状况
资料来源：Roberts（1995）

根据我们的研究，创新中的组合可以拓展到四个方面（表6）。组合创新存在以下几对组合的平衡：产品创新与工艺创新组合的平衡、渐进创新与重大创新组合的平衡、显性效益与隐性效益组合的平衡、技术创新与组织创新的协调。这里重点描述产品创新与工艺创新的组合，以及技术创新与组织创新的协调。

表6 技术创新管理中的范式转变

传统范式	基于能力的组合创新范式
强调单个创新，忽视创新项目之间的相互作用	考虑创新的组合效应
强调产品创新，不注意产品创新与工艺创新的平衡	强调产品创新与工艺创新的协调
强调重大创新，忽视渐进创新	寻求重大创新与渐进创新的平衡优化
强调创新的显性效益	显性效益与隐性效益的平衡组合
忽视组织因素对创新绩效的影响	重视组织创新与技术创新的协调

由于对市场份额，特别是短期市场份额的考虑，企业常常只重视产品创新。从战略上来看，工艺创新对企业赢得竞争优势非常重要。工艺创新不能只是追随产品创新，而应该有自己的模式。一般来讲，工艺创新存在以下三种类型。

（1）战略工艺创新。这一类是长期的工艺创新，包括为未来的产品创新进行的关键工艺创新、基础技术创新、为加强企业创新能力进行的重要创新。

（2）为新产品投入生产而进行的工艺创新。这一类创新常常发生在生产准备过程中，目的是完成可生产化，或者提高生产率，改进产品质量。

（3）为现有生产过程进行的工艺创新。这类创新常常是为了解决生产过程中的瓶颈，改进生产过程。

基于以上几类工艺创新就可以形成不同的工艺创新系统的创新策略。根据开发过程的不同，工艺创新存在以下两种模式。

（1）传统工艺创新模式。这是一种工艺创新追随产品创新的线形模式（图3）。

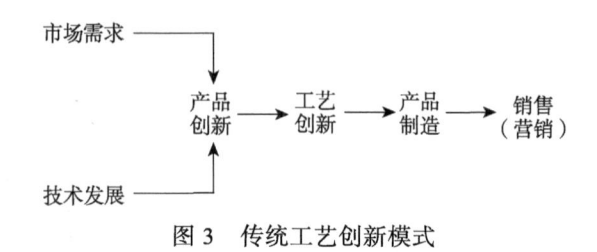

图3　传统工艺创新模式

（2）组合工艺创新模式。如图4所示，这是一种工艺创新领先的模式。在组合工艺创新模式下，企业长期技术战略（或者公司战略）引导基础和重大的工艺创新，工艺创新超前于产品创新。

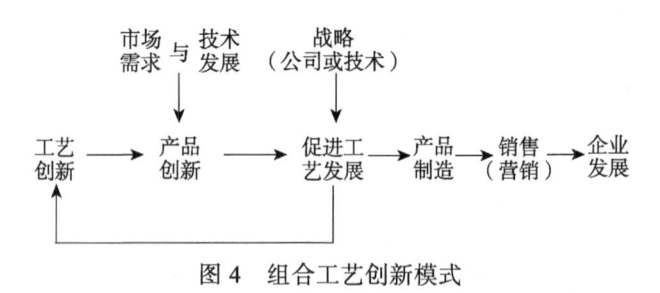

图4　组合工艺创新模式

除了产品创新与工艺创新的组合之外，技术创新与组织文化创新之间的匹配也是很重要的。从更广泛的视角来看，企业创新包括体制创新、组织结构创新与文化创新。

体制创新在中国企业的技术创新中具有重要作用。它改进了企业技术创新的环境，如增加企业自主权，能大大加强企业的技术创新积极性。它也能转变企业员工的观念，在企业内形成创新氛围。

组织结构创新涉及多个层次。在事业部层次，事业部的设立会培养事业部总经理和工程师的市场意识，使他们直接面对市场和顾客，增进市场职能与研究开发职能的整合，从而缩短产品创新和开发的生命周期。在团队层次，团队这一组织形式的广泛运用，特别是跨职能团队的运用，有助于促进研究开发、营销与制造职能之间的相互作用。在项目管理层次，特别是对于大型项目，矩阵项目组织的运用可以整合所有职能部门的力量，缩短创新周期。在矩阵项目组织中，项目经理受公司总裁或总经理的委托，横跨所有职能部门领导项目组，包括研究开发、制造、营销、财务、人力资源等相关职能部门。

与组织创新紧密相关的是文化创新。组织结构的变迁与文化创新是同步进行、相伴而生的。我们在这一领域的研究如图 5 所示，文化类型与组织结构存在匹配组合。文化类型的模式如图 6 所示。

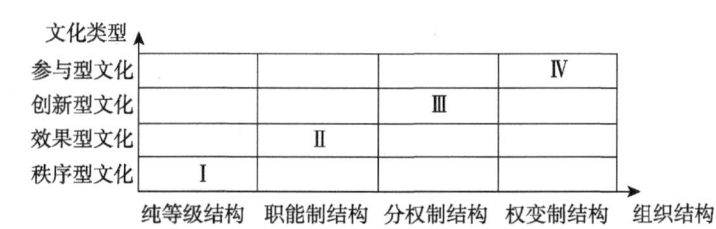

图 5 组织结构与文化类型的匹配模式

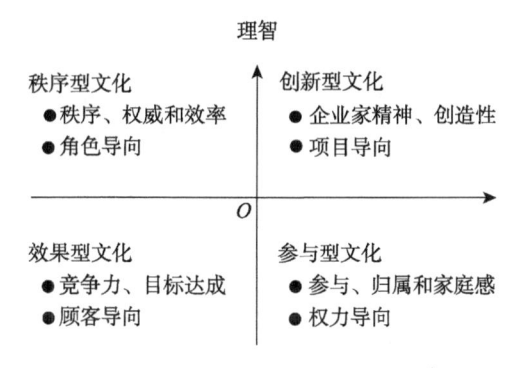

图 6 文化类型的模式

4 核心能力与组合创新

特别是 20 世纪 90 年代以来，企业核心能力成为一个热点问题，不论是在理论界还是在实践界都是如此。很多著述都强调核心能力在竞争优势获取中的重要作用，但总的来看，在如何把核心能力转化为竞争优势方面，还有大量本质的、内在的问题需要研究。这里我们主要探讨核心能力与组合创新之间的关系，在基于能力的组合创新范式中，核心能力与组合创新是相互依赖、相互交织的。下面，我们先来介绍有关企业核心能力的一些研究工作。

许多作者都定义与分析过核心能力及其在企业发展中的作用。这方面的工作最早可以追溯至 Penrose 的研究。Penrose（1959）提出"杰出能力"（distinctive competence）的概念，把它定义为"企业更好地配置和使用资源以获取经济租金的能力"。自那之后，特别是 20 世纪 90 年代以来，Dosi 等（1992）认为核心能力是企业竞争能力的基础；Leonard-Barton 认为核心能力是为企业带来竞争优势的知识体系，它包括知识库、技术系统、管理系统、规范与价值观系统。这与 Coombs 的观点类似，他认为核心能力是企业能力的组合，包括技术能力与组织能力。在诸如此类的研究中，Prahalad 和 Hamel（1990）的定义最有影响力，他们认为核心能力是企业通过投资和学习行为累积起来的企业专长。从那之后，特别是 20 世纪 90 年代以来，核心能力成为企业考虑竞争能力的基础。

4.1 企业核心能力的性质与构成要素

通过对上述各个学者的观点的评述，以及对中国几十家优秀企业的研究，我们认为核心能力具有以下性质：①技术要素与组织要素的复杂混合。单纯的技术领先并不能确保企业获得竞争优势，组织文化作为基础构架的组成部分，也具有关键作用。②企业竞争优势之源。③企业专有的，具有路径依赖性，难以模仿。④动态性，随竞争环境的改变而改变。在管理企业核心能力时，总经理必须有系统、动态的思维。

通过对中国优秀企业的研究，我们发现企业核心能力的要素比 Livada 提出的要多，他认为企业存在三类核心能力，即技术能力、市场能力以及基础构架能力。在我们看来，企业核心能力的构成要素如图 7 所示。

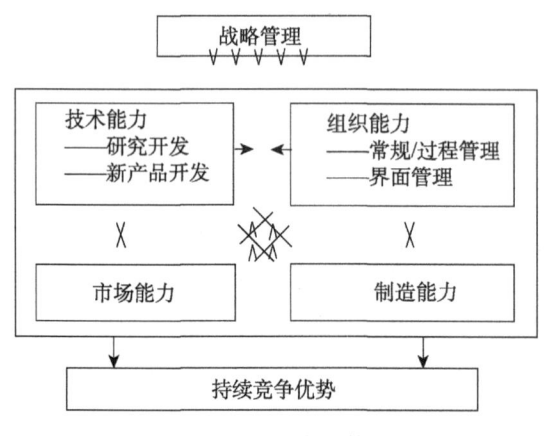

图 7　企业核心能力的构成要素

（1）技术能力。它蕴藏于核心技术、技术人员的技能和专长、研究开发与新产品开发活动之中。对于技术型企业来说，它是核心能力的主要部分。

（2）制造能力。它是企业及时地把产品设计转化为高质量、低成本的产品的能力。

（3）市场能力。它是企业分销其产品，满足顾客需要的能力，以及建立产品品牌和企业声誉的能力。

（4）组织能力。它是组织方面的能力，可以促进完成任务、沟通、合作和业务流程重组的效益和效率的提升。

（5）战略管理能力与界面管理能力也是核心能力的两个重要组成部分。

核心能力的这些要素之间存在复杂的动态交互关系。这也正是创新管理必须采取组合观的原因。没有这种观点，人们就会失去许多带来竞争优势的因素。

4.2　中国实施以能力为基础的组合创新范式的背景

中国之所以要实施以能力为基础的组合创新范式，是因为中国企业的经营环境发生了根本变化：跨国公司的进入使竞争更加激烈；卖方市场转变为买方市场；技术与创新越来越成为竞争优势之源；中国企业的技术创新能力不能满足市场的需要。在这种形势下，中国企业必须从传统管理转向新型创新管理范式，即以能力为基础的组合创新范式，从战略高度来整合技术、组织、文化和制度等因素。

虽然许多企业开始考虑以能力为基础的组合创新管理，而且也有一些领先企业开始从中受益，但中国企业在培育和管理核心能力方面还存在一些问题。根据我们1996年以来对一些中国企业的调查，主要存在以下问题：战略管理弱，在技术和创新管理中缺乏战略思考；组织刚性；营销能力不足；界面管理能力差。为了解决这些问题，有效的方法是采取以能力为基础的组合创新范式，企业必须强调组织与技术创新之间的相互作用，把核心能力的动态性引入创新管理和能力构建中。

4.3　企业核心能力与组合创新的关系

核心能力与组合创新之间的相互作用如下：①企业核心能力通过组合创新转化为市场优势，组合创新把企业的技术优势转化为市场优势，并提高技术创新能力；②组合创新是核心能力培育和提高的途径，因为核心能力是企业的技术能力、组织能力、市场能力和制造能力要素相互作用的结果，组合创新中充满了这些要素的相互作用。

5　企业核心能力建立与增长方式

为了探索企业核心能力建立与增长过程的内在本质，我们先来探讨核心能力构建的方式与规律。从中国企业的经验来看，核心能力有三种构建方式。

方式1：通过二次创新构建核心能力，即通过3I过程。3I即引进（import）、模仿（imitation）、创新（innovation）。采用这种方式的先决条件是企业必须有很强的吸收能力，而且与外部水平存在较大的差距。典型案例如东方通信（表7）与杭氧的第一代到第三代产品。

引进与模仿⇒二次创新⇒自主创新

表 7　东方通信的能力构建

能力	技术引进	技术吸收	自主开发
技术能力	●吸收引进技术	●教育与培训 ●招聘高级技术人才	●建立技术中心 ●自主研究开发 ●与大学、研究所研究开发、合作 ●跨职能小组
组织能力	●构建主动的组织文化	●采用事业部制	●采用内部网提升职能界面效率
市场能力	●"MOTOROLA"（摩托罗拉）的品牌优势	●构建销售网络 ●与批发商和零售商建立良好关系	●重组销售网络 ●加强销售力量 ●建立自有品牌"东信"
制造能力	●建立生产装配线	●实施全面质量管理体系	●增加产量，削减成本

方式 2：通过研究开发、合作建立核心能力。采用这种方式的先决条件是企业与合作伙伴要有良好的合作关系，并且有合作经验，而且有很强的学习能力。典型案例如杭州锅炉厂以及杭氧的第四代产品。

研究开发、合作⇒自主创新

方式 3：通过内部开发建立核心能力。采用这种方式的先决条件是企业已经拥有部分核心技术，而且产业的主导设计变化不频繁，典型案例如杭氧的第五代产品（图 8）。

内部开发⇒自主创新

项目	第一代 (1956~1968 年)	第二代 (1968~1979 年)	第三代 (1979~1990 年)	第四代 (1979~1987 年)	第五代 (1985~1995 年)	第六代 (1995 年至今)
创新特征	测绘仿制	技术引进与测绘	技术引进	技术引进 自主设计	自主开发	自主创新
空分设备代表产品容量	3 350	6 000	1 000~10 000	1 000	6 000	>30 000
技术水平	20 世纪 40 年代	20 世纪 50 年代	20 世纪 70 年代	20 世纪 70~80 年代	20 世纪 80 年代	20 世纪 90 年代

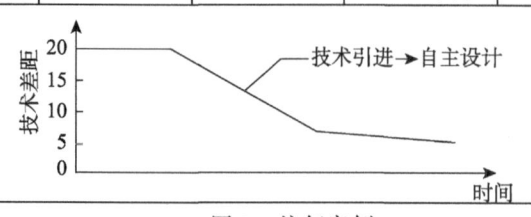

图 8　杭氧案例

5.1　东方通信案例分析

组织结构对企业绩效有很大影响，特别是研究开发部门的效率。东方通信是我国著名的通信制造企业，其主导产品包括无线电通信设备、手机、数据通信与光传输设备。东方通信的销售网络覆盖全国，销售额迅猛增长。在技术创新的过程中，东方通信一直在调整公司层次、部门层次以及研究开发组织的结构。

1995年，中国移动通信产业发生了巨大的变化，这对东方通信产生了重要影响。GSM（global system for mobile communications，全球移动通信系统）取代原来的TACS（total access communication system，全接入通信系统），成为移动电话系统的主导设计。而且，许多强有力的跨国公司开始进入中国手机市场，使市场竞争更加激烈。这使东方通信从1994年占领TACS市场的20%急速下降至1996年占领GSM市场的6.5%。

针对这种情况，东方通信采取了以下措施：①增加对自主创新的人力和资金的投入力度，一个重大举措是建立技术中心。通过这种组织创新，东方通信开始进行一些增强企业核心技术能力的项目。②开通企业内部网，随着企业规模的扩大，东方通信面临界面管理问题，内部网的应用有利于增进企业内部的各职能部门和事业部之间的联系。③重组销售网络，加强销售力量，以增强市场能力。

显然，对于核心能力的构建与提高，组合创新是必不可少的，因为核心能力既具有技术特性，也具有组织特性，技术创新需要组织创新的支持。

5.2 杭州锅炉厂案例分析

杭州锅炉厂的核心产品是余热锅炉。杭州锅炉厂通过与国外领先制造公司的技术合作建立自己的核心能力。

从1978年开始，杭州锅炉厂就开始监测国外的余热锅炉技术，以构建自己的技术基础。20世纪80年代，杭州锅炉厂从SFL公司引进设计软件，并与它合作生产余热锅炉。通过长时间的"干中学""用中学"，20世纪90年代，杭州锅炉厂从技术引进跃入自主设计与制造阶段。核心技术能力的培育为公司带来了很强的竞争优势。

6 结论

市场在不断变化，技术在不断发展，企业要获得竞争力与持续竞争优势，企业的高层管理人员就必须考虑核心能力和组合创新。没有这种战略思考，企业就不可能应对市场和技术的变迁，从而被时代抛弃。

企业的技术创新管理必须从传统范式转向组合范式，这就是说，必须采取动态观、战略观和组合观。以能力为基础的组合创新管理必须动态平衡显性效益与隐性效益、产品创新与工艺创新、渐进创新与重大创新、技术创新与组织创新。

在这种新范式下，企业必须建立和培育技术创新能力和核心能力。在以能力为基础的组合创新范式下，企业核心能力的各构成要素之间发生动态的相互作用，从而使核心能力动态变化。战略管理与界面管理在企业核心能力的培育过程中具有重要作用。

在组合创新范式中,技术创新能力和核心能力都是企业重要的智力资本。在知识经济时代,知识密集型公司必须转向基于核心能力的组合创新管理范式,以获得持续竞争优势。

参 考 文 献

Coombs R. 1996. Core competencies and the strategic management of R&D. R&D Management, 26(4): 345-355.
Dertouzos M L, Solow R M, Lester R K. 1989. Made in America: Regaining the Productive Edge. Cambridge: MIT Press.
Dosi G, Teece D, Winter S. 1992. Toward a theory of corporate coherence: preliminary remarks//Dosi G, Gianetti R, Toninelli P A. Technology and Enterprise in a Historical Perspective. Oxford: Clarendon Press: 197-198.
Edvinsson L, Malone M S. 1997. Intellectual Capital:Realizing Your Company's True Value by Finding Its HidDen Brainpower. New York: HarperBusiness.
Edvinsson L, Sullivan P. 1996. Developing a model for managing intellectual capital. European Management Journal, 14(4): 356-364.
Hall R. 1993. A framework linking intangible resources and capabilities to sustainable competitive advantage. Strategic Management Journal, 14(8): 607-618.
Kerssens-Van Drongelen I C, de Weerd-Nederhof P C, Fisscher O A M. 1996. Describing the issues of knowledge management in R&D: towards a communication and analysis tool. R&D Management, 26(3): 213-230.
Leonard-Barton D. 1988. Implementation as mutual adaptation of technology and organization. Research Policy, 17(5): 251-267.
Penrose E. 1959. The Theory of the Growth of the Firm. Oxford: Basil Blackwell.
Prahalad C K. 1993. The role of core competencies in the corporation. Research-Technology Management, 36(6): 40-47.
Prahalad C K, Hamel G. 1990. The core competence of the corporation. Harvard Business Review, 68: 275-292.
Roberts E B. 1995. Benchmarking the strategic management of technology II. Research Technology Management, 38(2): 18-26.
Stewart T A. 1997. Intellectual capital: the new wealth of organizations. Performance Improvement, 37(7): 56-59.
Twiss B C. 1974. Managing Technological Innovation. London: Longman.
von Hippel E. 1994. "Sticky Information" and the locus of problem solving implications for innovation. Management Science, 40(4): 429-548.

基于能力的企业经营战略和技术创新战略整合模式研究[①]

1　经营战略与技术创新战略整合必要性分析

核心能力理论认为企业生存和发展的关键在于企业核心能力的建设，能力建设是一个长期过程，只有建立长期战略规划，才能培育和逐步发展企业能力。值得注意的是，经营战略和技术创新战略都不能取代企业能力发展规划，三者之间是有层次的，企业能力发展规划的实现是经营战略和技术创新战略整合实施的结果。从能力发展的层面上看，经营战略和技术创新战略都是企业能力发展规划的体现和具体执行，两者通过动态的相互作用，在动态平衡中最终实现企业能力的发展。两种战略之间的整合关系，可直接从理论上得到证明。

传统战略理论认为，战略是通过市场驱动力量分析，整合企业内部资源和外部市场机会的一种市场定位，由独特市场定位获得竞争优势。随着环境的急剧变化，这种以产品为中心的战略观点，暴露出其致命弱点，它无法解释企业独特能力在形成企业竞争优势时的决定作用。基于能力的战略观对这个问题作了解答，该观点认为，企业战略只有致力于动态能力的培育和发展才能获得可持续竞争优势。Teece还特别强调，企业经营战略的本质是一种战略定位，企业的现有技术、知识产权、顾客基础和与供应者的关系是战略定位的决定因素，因此技术创新战略是经营战略的重要决定因素。

技术能力是企业的关键能力。特别是在技术密集型行业中，技术能力是核心能力建设的基石，直接影响企业竞争优势的形成。但是，静态技术能力不能创造可持续竞争优势，企业只有通过技术创新战略，保持技术能力的动态发展和领先地位，才可能创造竞争优势。技术能力也不能单独创造竞争优势，只有实现技术能力、市场驱动能力、整合能力的动态协调发展，才能获得可持续竞争优势。企业技术创新是指从新产品概念产生到商业化的整体过程，但从企业总体水平上讲，技术创新战略的主要目的是发展动态技术能力，而技术能力的商业化运用主要由经营战略来实现。因此，企业只有在培育和发展动态能力的战略目标下，制定保证技术能力发展的技术创新战略和保证整体运营能力发展的经营战略，并实现两

[①] 发表自：许庆瑞，王方瑞．基于能力的企业经营战略和技术创新战略整合模式研究．科学学与科学技术管理，2003，（4）：42-45。

种战略的动态整合实施,才能获得可持续竞争优势。

对于技术创新战略和企业经营战略之间的整合关系,传统观点认为,技术创新战略只是实现企业经营战略的工具,企业必须保持经营战略和技术创新战略之间的匹配。这种观点限制了企业发展的空间。因为技术创新战略的独立发展、技术创新战略和企业经营战略的不匹配能为企业带来新的商机,而未来企业间的竞争是商机的竞争,所以传统的经营战略和技术创新战略整合关系会阻碍企业可持续竞争优势的获取。纵观以往的研究,企业经营战略和技术创新战略之间存在两种主导的联系模式:等级制联系模式和资源观联系模式。等级制联系模式强调,外部环境和内部资源分析是确定企业经营战略的先决条件,经营战略定位提出企业的技术发展方向,从而影响技术创新战略。等级制联系模式的关键点是:每一种战略定位(经营战略)都要求相匹配的技术发展方向(技术创新战略),在战略整合中经营战略是主导,技术创新战略只起支持作用。等级制联系模式是与企业正式权力机制相对应的,割裂了经营战略和技术创新战略制定与实施的连续性,延误了市场反应时机。资源观联系模式认为企业技术资源是企业资源和能力的组成部分,是企业经营战略形成的基础,因此技术创新战略属于企业经营战略的子战略。按照资源观联系模式,技术资源和企业其他资源在企业战略中进行整合,形成企业战略定位的基础。资源观联系模式是对传统战略理论和能力理论的整合,它为企业战略发展提供了一个很好的理论分析框架,该观点将经营战略放在战略整合的主导地位,将技术资源连同其他资源纳入企业经营战略的"屋顶"下,否认技术创新战略独立发展对企业经营战略的破坏性创新效用,因此资源观联系模式只是经营战略和技术创新战略动态整合的一个初级阶段。

能力理论认为,企业是各种能力的集合体。是企业独特的动态能力而非产品或市场份额为企业创造可持续竞争优势,企业必须建立长期的能力发展规划。为保证企业长期能力发展,企业经营战略和技术创新战略必须建立动态的整合模式。通过理论总结和对实际问题的分析,本文认为,企业经营战略和技术创新战略必须在能力发展的总体目标下建立动态和互相驱动的整合模式。一方面,企业经营战略影响技术创新战略的方向,并利用技术创新战略来实现竞争优势;另一方面,技术创新战略又能引导经营战略,其内在逻辑是,技术创新战略促进企业能力特别是技术能力的发展,能力发展又为企业提供新的发展机会(或称商机),企业根据商机形成相应的经营战略。

2 经营战略和技术创新战略的整合机理分析

在工业社会中追求可持续竞争优势的企业应该强调独特的市场定位,或培育、发展独特的战略能力,或者两者兼顾。在市场和技术变化迅速的环境中,无论是独特的市场定位(企业经营战略的体现),还是战略能力(以技术能力为主),都不能单独创造企业可持续竞争优势。从企业可持续竞争优势的创造来说，技术创新战略和经营战略必须按照一定的机理构建相互影响、相互协调、相互引导的动态整合关系。战略整合机理必须体现企业的动态能力发展需求，以及经营战略和技术创新战略整合的内在逻辑。经营战略和技术创新战略整合机理的结构如图1所示。

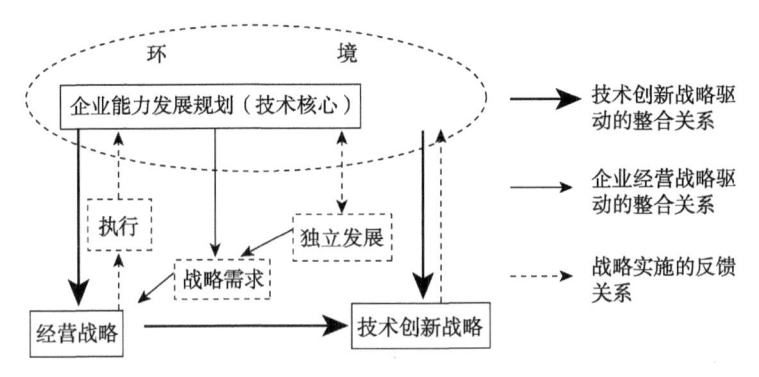

图1　经营战略和技术创新战略的整合机理

由图1可以看出，企业对外界环境的反应是通过内部能力规划来实现的，经营战略和技术创新战略的制定要受到企业能力发展规划的制约。经营战略和技术创新战略在企业能力发展规划的指导下是相互影响、相互作用的，它们之间存在两条整合途径：第一条途径是由企业经营战略驱动的，企业在能力发展的总体目标下，制定经营战略，进而制定相匹配的技术创新战略；第二条途径是由技术创新战略驱动的，当企业的技术创新战略在企业能力发展规划指导下，实现技术突破，推动企业能力曲线向下一个"S"形曲线移动时，企业就必须重新制定经营战略，与新的能力发展规划相匹配。关于经营战略和技术创新战略的整合机理特征可概括为：①企业能力发展规划的执行需要企业经营战略和技术创新战略的整合，两者缺一不可；②企业经营战略和技术创新战略协调的基础就是企业能力发展的整体战略目标，协调的依据是两者的执行信息反馈；③在企业经营战略驱动的整合模式中，企业经营战略提出的技术需求和为能力发展提出的技术发展规划共同决定企业技术创新战略如何制定；④当技术创新战略独立发展产生能力突破，需要企业进行经营战略的创新以同能力发展的目标相一致，并抓住有利商机时，企业经营战略和技术创新战略之间的整合是由技术创新战略驱动的。

3　基于能力的经营战略和技术创新战略整合模式

企业技术创新战略和经营战略都不能单独创造竞争优势，两者之间必须实现动态的整合。企业经营战略和技术创新战略的整合关系绝非简单的决定和被决定的关系,两者之间是一种动态的、双向的,既相互依赖又相对独立的整合关系。一方面,技术创新战略对经营战略起必要的使能作用;另一方面,技术创新战略的独立发展为企业提供新的发展机会,引导企业经营战略的发展(特别是在高技术产业中)。随着企业能力的发展和企业生命周期的推进,两者之间的这种关系也不断地发生转移。企业经营战略和技术创新战略之间的整合关系可用图2来表示。

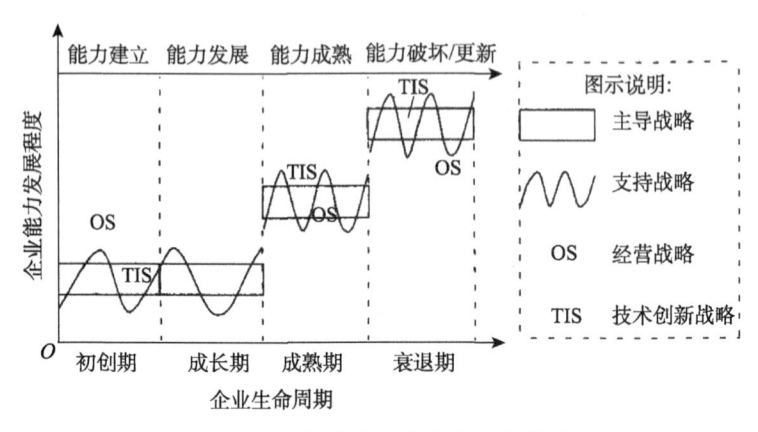

图2 基于能力发展的战略整合模式

在该整合模式中,企业能力发展分为四个阶段:能力建立、能力发展、能力成熟、能力破坏/更新。这四个阶段又是和企业生命周期相对应的。由于每个阶段企业的能力发展要求和任务不同,企业发展的特点不同,每个阶段所对应的企业经营战略和技术创新战略的整合模式会表现出不同的特征。

企业初创期和成长期对应企业能力建立和能力发展期。这个阶段,企业或者是因为刚刚起步,或者是因为刚刚建立新的能力,其技术创新战略居于主导地位,经营战略居于支持地位。只有这样,企业的能力发展才能得到来自企业技术创新的不断支持,才能为企业成熟期的能力的整合利用提供基础。该阶段企业的经营战略主要是为技术创新服务,在培育企业能力的目标下,企业采用联盟战略,或者采用名牌战略来有效地整合技术资源、发展技术能力。

企业成熟期对应能力成熟期。这时企业的技术能力达到完善状态,借助完善的技术能力,企业生产出的产品也达到成熟阶段,市场上的竞争变得非常激烈,企业必须改变原来的经营战略,发展多种战略形式来拓展市场,适应竞争。技术创新战略退居支持地位,主要是对企业的日常问题提供技术解决方案,或者发展一些互补性技术来促进企业市场的发展。经营战略和技术创新战略差不多是完全匹配的,企业经营战略和技术创新战略之间建立起了良好的沟通模式,从而通过不断改进,企业能力更加成熟。但是,如果两种战略过度匹配,可能导致企业的不思进取,因此在这个阶段企业开始小规模地对另外的技术领域进行拓展,这部分技术创新战略是和经营战略分开发展的，目的是谋求新的能力突破。

企业的衰退期对应能力发展的第四个阶段——能力破坏/更新阶段。在该阶段，企业的新能力将要产生，旧能力要被破坏，这种情况通常是由于上一阶段技术创新战略的创新和独立发展为企业发展提供了新能力，从而对企业现存经营战略所依赖和运用的旧能力产生破坏作用，也就是企业"破坏性创新"的前奏。因此，这个阶段是由技术创新战略主导、经营战略支持的一种战略整合模式。企业加大技术创新在新领域的力度，更新企业能力，产生新的能力发展规划，从而推动其进行配套的经营战略创新，比如企业选择新市场进入战略等。

关于该模式，必须注意三个重点。

第一，独立发展的要求。战略整合并不要求经营战略和技术创新战略的完全匹配，因此在模式中，支持战略是环绕主导战略的曲线，而不是完全重合。

第二，整合模式的动态发展。每个能力发展阶段的整合只是代表在一定市场环境和战略执行情况下，两种战略的一种整合状态，企业要实现经营战略和技术创新战略的动态整合，就必须在企业能力培育和发展的总体战略目标下，通过外部环境和战略执行情况分析，进行战略整合状态的转移，也就是在经营战略和技术创新战略整合状态、能力发展目标和环境之间实现最佳匹配，从而抓住一切有利商机，利用企业动态能力获得可持续竞争优势。我国的大部分企业特别是中小企业在发展的初期，大多是技术创新战略驱动的战略整合模式。当企业达到一定规模后，就变成企业经营战略驱动的模式，但是很多企业不能从这种整合模式发展到下一轮的整合，总是希望通过渐进性创新来维持企业能力现状，这必然会阻碍企业能力的动态发展。

第三，企业能力发展稳定性和进步性要求。在企业发展过程中，企业能力按"S"形曲线向前发展，并经常突破现有能力范式。对企业来说，既要借助经营战略加强能力的培育、发展，充分利用"路径依赖性"的优势，又要借助技术创新战略引发"创造性破坏"，发展新能力，实现企业能力的全面更新，以同外部环境保持动态平衡。一般来说，在原有能力范式还没有到达极限之前，经营战略和技术创新战略的整合是由经营战略驱动的，当企业走到了渐进主义的极端后，企业就需要通过技术创新战略驱动的战略整合模式来实现能力的全面更新。企业经营战略和技术创新战略的整合模式必须充分考虑企业生命周期发展各阶段的市场特征，并根据市场特征的变化对战略整合模式进行变换。

参 考 文 献

蓝海林, 谢洪明, 蒋峦, 等. 2001. 制定技术创新战略的基本模式. 软科学, (2): 2-6.
Barney J B. 1991. Firm resources and sustained competitive advantge. Journal of Management, 17(1): 99-120.

Brown S L, Eisenhardt K M. 1998. Competing on the Edge: Strategy as Structured Chaos. Boston: Harvard Business Review Press.

Chiesa V. 2001. R&D Strategy and Organisation: Managing Technical Change in Dynamic Contexts. London: Imperial College Press.

Doz Y L, Hamel G. 1998. Alliance Advantage: The Art of Creating Value Through Partnering. Boston: Harvard Business School Press.

Erickson T J, Magee J F, Roussel P A, et al. 1990. Managing technology as a business strategy. Sloan Management Review, 31(3): 73.

Fowler S W, King A W, Marsh S J, et al. 2000. Beyond products: new strategic imperatives for developing competencies in dynamic environments. Journal of Engineering and Technology Management, 17(3/4): 357-377.

Ghemawat P. 1986. Sustainable advantage. Harvard Business Review, 64(5): 53-58.

Hamel G, Prahalad C K. 1994. Competing for the Future. Boston: Harvard Business Reviw Press.

Kadama M. 2002. Creating new businesses through a strategic innovation community—case study of a new interactive video service in Japan. International Journal of Project Management, 20(4): 289-302.

Kusunoki K. 1997. Incapability of technological capability: a case study on product innovation in the Japanese facsimile machine industry. Journal of Product Innovation Management, 14(5): 368-382.

Nelson R R. 1991. Why do firms differ, and how does it matter?. Strategic Management Journal, 12: 61-74.

Porter M E. 1985. Competitive Advantage: Creating and Sustaining Superior Performance. New York: Free Press.

Porter M E. 1996. What is strategy?. Harvard Business Review, 74(6): 61-78.

Prahalad C K, Hamel G. 1990. The core competence of the corporation. Harvard Business Review, 68(3):275-292.

Quélin B. 2000. Core competencies, R&D management and partnerships. European Management Journal, 18(5): 476-487.

Tang H K. 1998. An integrative model of innovation in organizations. Technovation, 18(5): 297-309.

Teece D J. 1986. Profiting from technological innovation: implications for integration, collaboration, licensing and public policy. Research Policy, 15(6): 285-305.

Teece D J, Pisano G, Shuen A. 1997. Dynamic capabilities and strategic management. Strategic Management Journal, 18(7): 509-533.

Tyler B B. 2001. The complementarity of cooperative and technological competencies: a resource-based perspective. Journal of Engineering and Technology Management, 18(1): 1-27.

Yamin S, Gunasekaran A, Mavondo F T. 1999. Relationship between generic strategies, competitive advantage and organizational performance: an empirical analysis. Technovation, 19(8): 507-518.

Zahra S, Sisodia R, Matherne B. 1999. Exploiting the dynamic links between competitive and technology strategies. European Management Journal, 17(2): 188-203.

转型经济中企业自主创新能力演化路径及驱动因素分析——海尔集团1984~2013年的纵向案例研究[①]

1 引言

改革开放30余年来，中国GDP高速发展，年均增长率达9.9%。在这一过程中，制造业贡献巨大（江诗松等，2011）。目前，中国制造占全球制造业市场份额的1/5，竞争力水平居全球首位，并且中国已超越日本成为第二大经济体。然而，从我国高技术产业新产品产值占工业总产值的比率来看（图1），我国经济增长方式远非创新驱动，更多的还是依赖于低成本、大市场容量和政府推动（Wu et al., 2009; Kim, 1997; Wu et al., 2010）。为了转变经济发展方式，亟须企业转型升级、提升创新能力。在改革开放初期，由于技术基础和资金积累的限制，中国企业的技术追赶多依托于技术引进，并在此基础上进行二次创新（吴晓波等，2009）。然而，随着我国企业在全球竞争中的迅速崛起，很多国外技术转让方开始对技术授权采取保守态度，技术引进的"天花板"效应逐步显现，竞争优势难以持续（张米尔和田丹，2008）。因此，从国家综合竞争力、富民强国和国家安全的角度出发，研究转型经济中企业自主创新能力的演化路径及驱动因素具有重大意义（韵江和刘立，2006）。

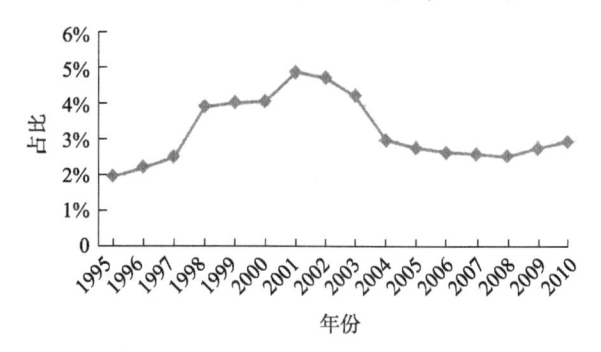

图1 高技术产业新产品产值/工业总产值（1995~2010年）
资料来源：《中国统计年鉴》（2000~2011年）、《中国高技术产业统计年鉴》（2000~2011年）

[①] 发表自：许庆瑞，吴志岩，陈力田. 转型经济中企业自主创新能力演化路径及驱动因素分析——海尔集团1984~2013年的纵向案例研究. 管理世界，2013，（4）：121-134，188。

现有理论在解释自主创新能力演化及其驱动因素上存在以下问题。首先，现有文献存在自主创新概念界定和划分模糊的问题，阻碍了自主创新能力演化路径和驱动因素的研究。从我国科技发展史的角度出发，3种自主创新行为是并存的（杨帆和石金涛，2007），但这3种自主创新行为的界定和划分问题一直没有得到很好的解决（高旭东，2008）。这也使得现有研究大多将自主创新能力作为一个黑箱进行分析。其次，现有文献缺乏严谨的转型经济背景下自主创新能力演化路径的研究。现有研究多关注能力的量变，很少关注能力的质变（Lavie，2006；Kor and Mesko，2013）。Lavie（2006）提出了能力重构的3种方式，但是缺乏从技术创新角度针对能力演化路径的研究，且缺乏对情境性的考虑。最后，现有文献关于推进自主创新能力演化的驱动因素的研究不足。基于演化理论提出的"个体随环境适应"的能力演化逻辑的本质是指能力演化来源于企业的主动选择，还是被动适应。这一问题一直是创新管理领域的一个盲点。我国企业是在极其复杂的转型经济中完成技术追赶和自主创新实践的，却鲜有文献探讨转型经济制度特征在企业创新能力发展过程中扮演的角色和影响机理，因而限制了这些文献对转型经济情境的指导作用（江诗松等，2011）。

因此，探究转型经济中我国企业创新能力培育和演化问题，不仅有助于理解转变经济发展方式的微观机制（江诗松等，2011），丰富相关理论，还有助于领先企业经验的复用，为后发企业提供借鉴。

基于上述研究问题，本文拟采用纵向案例研究方法，选取自主创新实践的标杆企业海尔集团为研究对象，分析和归纳其自主创新能力演化的路径特征及其驱动因素，为我国企业实现转型升级提供一定的借鉴和参考。

本文结构如下：第二部分对相关理论进行回顾，梳理理论缺口；第三部分介绍本文的研究设计与方法；第四部分和第五部分对案例企业的自主创新能力演化路径进行纵向分析和引申讨论；第六部分是结论与展望，提出一个整合的研究框架，阐述本文的理论贡献与实践启示。

2 文献回顾

2.1 能力与自主创新能力：知识基础观

"自主创新"概念是我国学者陈劲于1994年提出的，他认为自主创新是企业在技术引进消化吸收再创新之后的一种特定的技术创新范式（陈劲，1994），即企业依靠自主研发力量完成技术突破，并取得原创性科技成果。后来，"自主创新"的概念被拓展为二次创新、集成创新和原始创新3个类别（吴晓波等，2009）。然而，现有文献存在自主创新概念界定和划分模糊的问题（高旭东，2008），这主要是因为大多数关于自主创新的研究都是从模式角度出发，而模式具有排他性和互斥性，这不符合自主创新行为可多种并存的客观现象。为此，更好的方法是寻找更具包容性的视角为突破口。这正是能力视角的优势所在。能力的本质是一种高级知识，嵌入在行为过程中，表现为行为惯例，可用行为的效率进行测度（Dutta et al.，2005；Nelson and Winter，1985）。因此，可以从知识本质的角度去探索和辨析自主创新能力的概念和分类，但现有研究很少触及这个层面进行分析和讨论。

2.2 自主创新能力演化路径：动态能力观和能力重构过程

演化经济学和能力理论提出了路径依赖和能力刚性的观点，它们都强调能力具有一定的稳定性和惰性，并倾向于随着时间的推移"传输"其特性（Nelson and Winter，1985；Leonard-Barton，1995）。

为了动态适应环境，需要动态能力的观点来克服能力刚性（Teece et al.，1997）。能力演化是从量变到质变的演进过程，本质上是能力的复制和重构过程。但现有研究多关注能力的量变，很少关注能力的质变（Lavie，2006；Kor and Mesko，2013）。动态能力观虽提供了能力发展的逻辑，但在概念基础和经验研究上都受到质疑（Barreto，2010）。更重要的是：动态能力观解释的是企业是否适应变化的环境，仍不能反映出能力的动态演化过程，对于能力如何形成和发展的理解甚少（Barreto，2010；Helfat and Peteraf，2003；Wang and Ahmed，2007）。

相比而言，能力重构领域的研究更进一步，其强调企业如何适应变化的环境，这弥补了现有动态能力研究的缺憾。按照演化理论的观点，企业能力重构是"变异→选择→保留与传衍"的过程。Lavie（2006）提出了3种能力重构方式：能力替代、能力转换和能力进化。在转型经济情境下，这3种方式分别对应中国学界强调的"二次创新"、"集成创新"和"原始创新"。二次创新过程本质上是能力替代过程。这一观点在能力提高、能力破坏理论框架中已被提到，延续了熊彼特的"技术发展可为不连续变化过程"的思路。在快速变化的环境下，贬值的能力会造成核心刚性，从而阻碍企业适应新的竞争形势。从企业外部引进、获取特定的知识和能力，并替换已有能力，是一种能力更新以适应环境的重要选择。集成创新过程本质上是能力转变过程。这一过程涉及目标驱动的惯例集成和修改。这涉及企业的内部知识和外部知识之间的整合。能力变化后的结构是具有导向性的，而不是反复试错得来的。原始创新过程本质上是能力进化过程。在此过程中，企业修改已有能力的惯例。这一过程是反复试错的过程，因此成本和不确定性也最高。

国外文献只从相对静态的视角切入，识别了3种能力重构方式，但缺乏从创新角度切入的、针对能力重构方式之间演化关系的研究。中国学界同样缺乏严谨的适应转型经济情境的自主创新能力演化路径研究。创新绩效是衡量自主创新能力和环境对称与否的重要指标。因此，通过比较3种自主创新能力（二次创新能力、集成创新能力、原始创新能力）对创新绩效的影响，可以揭示出自主创新能力随环境变化演化的路径。现有研究虽然识别了3种能力的提升对于创新绩效的重要作用，但缺乏对三者效用的对比（杨燕和高山行，2011），以及对情境性的考虑。

2.3 转型经济与自主创新能力演化的驱动因素：制度观和演化理论

动态能力观和能力重构领域的研究虽然为企业自主创新能力演化路径提供了基础，但路径的驱动机理尚不清晰。明晰驱动因素是明确驱动机理的前提。

以外部权变视角来研究企业自主创新能力演化过程中外部推动因素的代表理论为早期制度理论和定位观。沿袭早期制度理论，制度变革具有外生性，且对组织行为具有决定性。该理论认为制度对组织的效应是自上而下、具有决定性的。组织若希望生存，就必须遵循制度环境的规定并获得合法性（Castel and Friedberg，2010），这和Porter（1996）的定位观逻辑一致。管理认知（Dijksterhuis et al., 1999）和知识基础观（van den Bosch et al., 1999）都认为知识环境的特性会影响到吸收能力的性质。知识环境越动荡，企业越会倾向培育探索性能力，更少地聚焦效率，更具有柔性；当知识环境稳定时，企业更加注重效率和改进能力，比较不重视柔性和知识创造能力（van den Bosch et al., 1999；Zahra and George, 2002）。这些观点虽然有趣，但都是案例研究或理论述评，还没有实证大样本来验证。

这些理论视角过于重视外部环境因素，忽视了技术创新能力的内在路径依赖性及阶段性差异，从而不能解释同一情境下企业能力的异质性（Zahra and George, 2002；Crossan and Apaydin, 2010）。内外权变视角的整合有助于更加全面和深入地理解企业创新能力演化路径实现的机理。转型经济情境的特征是跨层联系广泛，外部环境随机、偶然，以及企业自身的资源和能力基础可能会同时对知识积累的方向产生质的影响（Castel and Friedberg, 2010；Lu et al., 2008）。然而，阻碍内外权变视角整合的关键是两种理论基础假设的矛盾，即战略管理领域的"选择-适应"基础争论（Hannan and Freeman, 1984）：演化理论提出的"个体随环境适应"的能力演化逻辑的本质是指能力演化来源于企业的主动选择，还是被动适应。这一问题一直是创新管理领域的一个盲点。对于样本企业的客观观察，有助于填补这一缺口。

2.4 研究述评与缺口

尽管自主创新方面的研究有助于理解创新能力提升的路径和机理，但仍存在一些研究缺口。首先，自主创新概念界定与分类模糊（高旭东，2008），因此，大多数研究将自主创新（能力）作为黑箱处理，回避二次创新能力、集成创新能力、原始创新能力之间的辨析问题。其次，中国企业面临的制度和学习环境具有特殊性，使得创新能力演化路径与其他国家后发企业的技术追赶路径不完全相同，从而限制了这些理论在中国情境的普适性和指导意义（江诗松等，2011）。最后，"选择–适应"核心争论阻碍了转型经济中企业自主创新能力演化驱动因素领域内不同视角的整合。在有限的基于转型经济中企业自主创新能力演化驱动因素的研究中，韵江和刘立（2006）的研究是具有探索性的，有待基于不同的企业样本作理论对话。综上，我们希望回答如下问题：①自主创新能力究竟该如何清晰地界定和划分？②转型经济中，我国企业自主创新能力的演化路径是什么？③驱动能力演化的因素又是什么？

3 研究设计与方法

针对现有理论缺口，本文旨在研究企业自主创新能力动态演化过程的路径和驱动因素。选择合适的研究方法是本文首先要考虑的问题。案例研究是基于丰富的定性数据，对某一特定现象问题进行深入描述和剖析的方法（Yin，1994），并且，这种方法有助于理解某一特定现象背后的动态复杂机制（Eisenhardt，1989），尤其适合用于观察和总结企业内部的纵向演变机制（Pettigrew，1990），所以本文采用案例研究的方式探讨我国典型企业的自主创新能力演化路径。此外，和多案例研究相比，单案例研究更适合提炼出解释复杂现象的理论或规律（Eisenhardt and Graebner，2007），且单案例研究更适合纵向过程的研究与分析（Eisenhardt，1989），有利于捕捉管理实践中涌现出来的新现象（Pettigrew，1990）。因此，本文采用单案例研究方法来展开。

3.1 案例企业选择

通过研究小组的讨论，本文最终选择白色家电制造业作为我们的研究母本。改革开放初期，和发达国家相比，我国白色家电产业仍属于技术追赶型产业；改革开放至今，我国白色家电产业科技创新投入不断增加、产业升级步伐全面加快，目前我国已经拥有一批具有自主知识产权的核心技术，且跃升为全球白色家电生产第一大国。换言之，白色家电产业是从技术追赶到技术领先的典范行业，为本文提供了一个很好的研究背景。

在白色家电制造业中，我国的领先企业也有很多，如海尔、海信、格力、美的等，但是，案例企业的选择必须满足案例研究的典型性和代表性（Eisenhardt，1989），并且要根据其是否非常适合发现和扩展构念之间的关系和逻辑来决定（毛基业和李晓燕，2010）。为此，本文确定了如下案例企业选择的标准：第一，企业专注于自主创新实践已有较长时间，有较为丰富的经验积累，这有利于本文发现和挖掘不同层次的自主创新能力间的关系；第二，企业在同行业中处于领先地位，并且是从后发企业逐渐成长起来的，这样的企业在转型经济中才具有代表性和典型性，其成长历程也对其他企业具有参考和借鉴性；第三，考虑到本文拟采用长期的纵向案例研究方法，前期的相关研究越丰富、资料掌握越翔实，越有利于本文研究的顺利展开。基于上述标准，本文确定以海尔集团为本案例研究的样本企业。首先，就企业本身而言，海尔集团从最初引进德国设备和技术的小厂发展为全球十大创新企业之一。在自主创新探索的实践过程中，海尔集团成功开发了中国第一颗具有自主知识产权的数字电视解码芯片，连续10年（2001~2010年）获得国家级技术中心评价第1名，累计获得国家科技进步奖11项。可以说，海尔集团为我们提供了一个极佳的研究样本。其次，自20世纪90年代以来，浙江大学创新管理研究团队始终坚持跟踪和总结海尔集团的自主创新实践，积累了大量的研究素材和纵向数据。2006年，双方联合成立了"浙江大学–海尔集团创新管理与持续竞争力联合研究中心"，实现了研究资源共享。本文第二作者也到海尔集团进行长期蹲点调研，积累了大量的一手资料和数据，保证了本文研究中纵向数据的可获得性。

3.2 构念测度

案例分析先要对构念进行清晰的界定和测度，否则将会导致对组织现象不正确的认识（毛基业和李晓燕，2010）。为此，本节将对本文中使用到的构念的定义和测量方法予以详细介绍。

3.2.1 自主创新能力的测度

本文考察的重点是企业发展不同阶段选择的自主创新能力。基于能力的本质，自主创新能力的内涵可表述为"嵌入自主创新行为过程中的高级知识"。自主创新能力依赖于嵌入自主创新过程中的核心技术知识，是企业研发（独立研发或合作研发）或/和使用核心技术的能力。根据行为的不同，自主创新能力又可分为二次创新能力、集成创新能力和原始创新能力（吴晓波等，2009）。

目前，关于原始创新能力、集成创新能力和二次创新能力之间的关系仍存在很大争论，对三者之间关系的界定很难达成共识（高旭东，2008）。比较能达成共识的定义是：原始创新能力是指企业实现突破性技术发明或颠覆性科学发现的能力；集成创新能力是指企业整合各创新要素，利用创新要素间的协同作用提高创新效率的能力（Tidd et al., 2005）；二次创新能力是指在技术引进的基础上进行的，受限于已有的技术范式，并沿既定技术轨迹而发展的技术创新能力（吴晓波，1995）。本文从"能力的本质是知识"的角度出发，认为二次创新能力、集成创新能力、原始创新能力的本质差异在于核心技术知识的来源不同，如图2所示。首先，原始创新能力的核心技术知识是被企业完全掌握的，企业凭借这种技术优势开发新产品完成原始创新过程，表现为突破性技术发明、颠覆性技术创新、技术标准制定、自主产权开发、自主设计、自主品牌构建、自主研发等。其次，集成创新能力的核心技术知识不完全分布在组织边界之外，是企业整合内外核心技术知识完成自主创新的过程，所依赖的能力就是集成创新能力，表现为联合研发、联合制造、共建专利池、合作申报标准、合资设厂等。最后，二次创新能力的核心技术知识来源于组织边界之外，是企业借助外力实现创新的过程，表现为设备引进、技术引进、消化吸收、技术改造、模仿创新等。

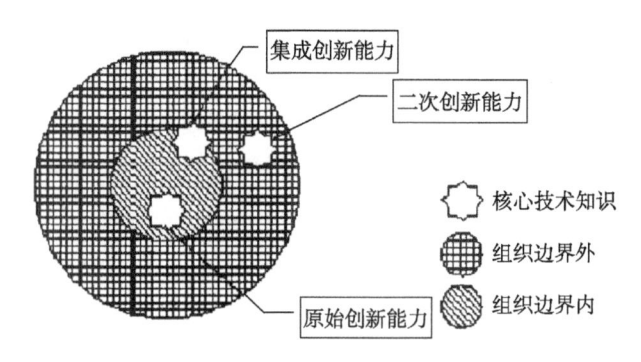

图2 自主创新能力的辨识示意图

3.2.2 驱动因素的测度

对于企业自主创新能力演化的动态过程，本文从内外权变观的角度来度量企业自主创新能力演化过程中的驱动因素类型。内外权变观是从空间维、行为维对影响企业动态演化的驱动因素进行测度的。如果企业的动态演化来源于企业内部的主动选择，则为内部驱动因素的作用结果；如果企业的动态演化来源于企业对外部环境的被动适应，则为外部驱动因素的作用结果。

关于企业的内部驱动因素，吸收能力是重要的变量（韵江和刘立，2006）。吸收能力是指企业识别、消化及利用外部知识，并使之商业化的能力（Cohen and Levinthal，1990）。本文遵照上述定义，认为企业识别、消化并利用外部知识的过程是企业吸收能力的行为表征，如参观学习、实验室建设、技术咨询、合作生产、海外设厂等。

企业的外部驱动因素有很多，如环境的复杂性和动荡性所带来的机会和威胁（Teece et al.，1997；Eisenhardt，1989；Castel and Friedberg，2010；Zahra and George，2002）。其中，历史压力和随机事件是最活跃的外部影响因子（韵江和刘立，2006）。历史压力是一个情境化的概念，主要有两类：一是环境对企业发展的约束，如政治体制和经济制度；二是企业内部可感知的发展瓶颈，如文化差异、观念束缚（韵江和刘立，2006）。随机事件主要是指在企业发展过程中，在偶然意义上，对企业发展方向产生扰动作用的重要事件等。因此，本文从偶发性视角，分别从历史压力和随机事件对企业的外部驱动因素进行度量。偶发性是指环境中对企业行为有影响的、不可预见的扰动性。如果企业所面临的是非偶发的环境因素，则为历史压力，如后发劣势、政府政策支持、经济体制束缚、文化差异、观念束缚等；如果企业所面临的是偶发性环境因素，则为随机事件，如经济泡沫、"零"的突破、市场拐点等。

3.2.3 创新绩效的测度

创新绩效是企业创新目标的达成情况（Coombs and Bierly，2006）。创新绩效的测度指标分为两类：主观指标（相比于竞争对手的产品创新绩效）和客观指标（财务绩效的相关指标）。由于主观指标更有利于反映出企业相对于竞争对手的竞争优势，本文采用主观指标对创新绩效进行测度，并遵照 Zhang 和 Li（2010）的建议，从产品创新（相对于竞争对手的产品竞争力）的角度对企业的创新绩效进行测度，并将产品竞争力的层次划分为企业首次、国内最早、国内最好、国内最大、国内领先、亚洲最大、国际领先等。

3.3 数据收集

案例研究的数据应当有不同的来源，以保证研究的信度和效度（Yin，1994）。本文采用半结构化访谈、非正式访谈、现场观察和二手资料收集等多种不同的数据收集方法，通过多样化的信息和资料收集渠道，形成对研究数据的三角测量（毛基业和张霞，2008），交叉验证研究数据和信息，尽可能获得翔实的信息（Eisenhardt，1989），从而避免了共同方法偏差，提高了研究的信度和效度。

3.3.1 半结构化访谈

半结构化访谈是一种有效搜集数据和信息的方式，其被研究对象具有明显的、随时间演变的特征（Eisenhardt and Graebner，2007）。研究小组采访了 6 位来自不同职能部门的中高层管理者，并采用半结构化访谈的方式开展深入访谈。参与半结构化访谈的中高层管理者包括集团总裁、集团副总裁、中央研究院技术研发中心主任、中央研究院全球研发资源整合部总经理、中央研究院科技政策部部长以及美国运营中心用户需求经理等。6 位访谈对象是从提高研究信度和效度的角度考虑确定的。他们都具有以下特点：①在海尔工作相当长的时间，信息全面准确；②工作职能与研究内容契合度高；③在各部门的行政管理职务高，或者在相关部门的工作资历较深。这些特征使得他们提供的信息能够紧密围绕访谈目的，且充实准确。因此，在经费、时间等条件限制下，本文精选了这 6 位访谈对象，从而尽可能地深入交流，提高了研究的信度和效度。具体的访谈焦点和访谈对象信息如表 1 所示。在访谈过程中，研究小组主要是对已收集到的材料进行确认，并询问在公开材料中难以确认的问题和研究小组比较关心的问题。每次访谈的时间为 1~2 小时。

表1　半结构化访谈的焦点与被访谈者信息

项目			自主创新能力演化	自主创新能力演化的驱动因素	
职务	职能	工作年限		内部	外部
集团总裁	内外部环境监测和战略制定	***	√	√	√
集团副总裁	黑色家电的战略制定与执行	***	√	√	√
中央研究院技术研发中心主任	技术研发与管理	***	√	√	
中央研究院全球研发资源整合部总经理	创新源的选择和推介	**	√		√
中央研究院科技政策部部长	科技政策的搜寻与推介	***			√
美国运营中心用户需求经理	美国市场需求的搜寻与推介	*	√		√

注：*代表0~5年；**代表6~10年；***代表10年以上；√表示不同被访谈者半结构化访谈的焦点

研究小组对半结构化访谈的过程进行了录音，并尽量详细地记录访谈笔记，对没有记录完全的访谈内容，在访谈结束后通过访谈录音进行补充和整理，并梳理访谈中提到的信息和数据。其中，整理访谈笔记遵循两个原则：第一，研究小组在访谈结束24小时内对访谈笔记进行整理；第二，最终的访谈笔记应当包含访谈中涉及的全部资料、信息和数据，无论这些材料对研究问题是否有直接价值和意义。

3.3.2 非正式访谈

根据Hargadon和Sutton（1997）的方法，本文第二作者在海尔的长期蹲点调研中，也通过非正式访谈了解到了很多海尔内部广为流传的历史和故事，为本文研究提供了很多素材，并对中高层管理者的半结构化访谈的相关内容进行了交叉验证。作者与中央研究院全球研发资源整合部的每一位员工，以及海尔美国运营中心的部分员工都进行过非正式的交流，包括简短的办公交流和长时间的午餐交流。另外，作者还参加了海尔及其技术合作方合办的技术研讨会，与来访交流的外部技术专家也进行过简短交流，从他们的角度了解海尔创新的情况。

3.3.3 现场观察

本文第二作者还实地参观了海尔创新生活馆，以了解海尔创新的发展史。海尔创新生活馆主要展示了海尔历年的创新产品，并通过产品的展览，向参观者传达了海尔创新理念的变革。海尔创新生活馆中既有海尔生产的第一台冰箱，又有最新的、通过破坏式创新研发取得的无尾系列产品。这为研究小组了解和梳理海尔自主创新实践提供了翔实的文字和图片资料。另外，作者还参观了海尔技术研发中心、开放式创新中心、创牌中心等部门。在参观中，与技术人员和管理人员进行交流，了解在海尔创新生活馆中看到的产品背后的故事，为本文研究积累大量的原始素材。

3.3.4 二手资料收集

本文研究的二手资料主要包括文献资料和档案记录。

首先，文献资料的收集主要包括 4 个环节。第一，通过海尔集团的官方网站了解海尔集团的发展历程和基本情况；第二，在中国知网学术文献总库检索与海尔集团相关的学术文献，包括 1 篇博士论文、37 篇硕士论文、108 篇期刊论文；第三，在中外专利数据库服务平台检索海尔集团的专利申请情况；第四，通过 Google（谷歌）等搜索引擎检索海尔集团的相关信息。

其次，档案记录的收集主要包括 3 个环节。第一，查阅海尔集团的产品开发情况介绍和企业内部的高层讲话资料；第二，查阅有关海尔集团自主创新方面的新闻报道，包括《人民日报》《经济日报》《中国企业报》《华尔街日报》等；第三，查阅浙江大学创新管理研究团队通过连续 20 余年的调查、访谈和记录而整理下来的海尔自主创新实践的内部资料。

3.4 阶段划分

纵向案例研究中，阶段划分是要优先进行的。研究小组根据海尔集团成长过程中的重要事件，将其发展阶段划分为 3 个时期，总结为表 2。

表 2 海尔自主创新发展过程的阶段划分

项目	第一时期	第二时期	第三时期
时间范围	1984~1991 年	1992~1997 年	1998 年至今
阶段特征	技术引进	联合研发/制造	自主研发
重要事件	引进当时亚洲第一条四星级电冰箱生产线	合资设厂	成立中央研究院
产品竞争力	同期国内领先	同期国际先进	同期国际领先

3.5 数据编码与信度检验

3.5.1 编码原则

本文采用内容分析法。首先，1 名研究小组成员将完整的一手调研札记、访谈记录和二手资料进行汇总。其次，本文的两位作者在通读汇总的案例材料后，参照了彭新敏等的数据编码方法，采用双盲方式，对收集到的素材进行多级编码。在编码过程中，以主要构念及其测度方式为依据，以表格形式进行总结，进而完成整个编码过程。在编码完成后，两位编码者分别记录自己的编码情况，并采用评分者间信度（inter-rater reliability）检验，以保证编码结果的客观性与准确性。

换言之，两位编码者在背对背编码（双盲方式的编码）后，比较彼此的编码结果，如果二者的编码结果一致性高，则本文研究的评分者间信度较高（Tashakkori and Teddlie，1998）。

3.5.2 多级编码与信度检验

首先，按照资料来源对案例汇总资料进行一级编码，编码原则如表 3 所示。其中，对同一来源中相同意思和相似意思的表述只记录为 1 条条目。通过对汇总材料进行一级编码，共得到含 199 条一级条目的一级条目库。

表 3　一级编码原则

数据来源	数据分类	编码
访谈素材	通过半结构化访谈获得的资料	I1
	通过非正式访谈获得的资料	I2
	通过现场观察获得的资料	I3
二手资料	通过企业网站获得的资料	S1
	通过学术文献获得的资料	S2
	通过搜索引擎获得的资料	S3
	通过专利数据库获得的资料	S4
	通过内部材料获得的资料	S5
	通过新闻报道获得的资料	S6
	通过浙江大学创新管理团队内部文件获得的资料	S7

其次，对已经得到的一级条目按前文所述的 3 个时期进行二级编码，得到各个时期的二级条目库。其中，第一时期有 59 条二级条目，第二时期有 63 条二级条目，第三时期有 77 条二级条目。

再次，对二级条目库中的二级条目按照自主创新能力、内部驱动因素、外部驱动因素、创新绩效进行三级编码，并将三级编码后的条目分配到 4 个构念条目库（三级条目库）中。其中，整个三级编码过程为两位编码者的背对背编码，旨在通过双盲方式，保证编码结果的信度（Marques and McCall，2015）。本文采用了 Marques 和 McCall（2015）建议的混淆矩阵（confusion matrix）来完成评分者间信度检验，如表 4 所示。其中，i 表示行，j 表示列，X_{ij} 则表示编码者 A 对某一条目编码为第 j 列所代表的变量，而编码者 B 对同一条目的编码结果为第 i 列所代表的变量的条目数。例如，表 4 中的 $X_{21}=5$，表示编码者 A 将 5 个条目编码为"自主创新能力"变量下，而编码者 B 将同样的 5 个条目编入"内部驱动因素"变量下，显然，二者编码结果不一致。换言之，只有当 $i=j$ 时，混淆矩阵对角线上的数量才为两位编码者背对背编码结果一致的数量。三级编码的有效条目数为 59+26+44+23=152。本次编码的评分者间信度为 152÷199=76.4%。

表 4　三级编码结果的混淆矩阵

项目		编码者 A 的编码结果				编码者 B 的编码结果总和
		自主创新能力	内部驱动因素	外部驱动因素	创新绩效	
编码者 B 的编码结果	自主创新能力	59	3	3	5	70
	内部驱动因素	5	26	1	3	35
	外部驱动因素	1	2	44	4	51
	创新绩效	7	5	8	23	43
编码者 A 的编码结果总和		72	36	56	35	199

最后，在各个构念条目库中，对其条目按照测度变量完成四级编码。为了保证后续编码的准确性，本文在编码库中删除了两位编码者不一致的编码条目，即在 152 条有效的三级条目中进行四级编码。其中，自主创新能力条目库中的条目根据核心技术知识源的位置进行编码，内部驱动因素条目库中的条目根据吸收能力的定义（Cohen and Levinthal，1990；Zahra and George，2002）进行编码，外部驱动因素条目库中的条目根据驱动因素的偶发性进行编码，创新绩效条目库中的条目根据产品竞争力进行编码。四级编码前，两位编码者先将测度变量转化为若干关键词。之后，采用背对背编码，两位编码者分别按照自己的理解，将关键词与各构念条目库中的条目进行比较归类，对语义相同或相似的，编码为其关键词隶属的测度变量下，并记录编码结果。四级编码结果继续采用 Marques 和 McCall（2015）建议的混淆矩阵来完成评分者间信度检验，如表 5 所示。四级编码结果共得到 134（14+15+26+19+16+20+24）条有效条目，评分者间信度为 134÷152=88.2%。同样，在后续案例讨论前，本文删除了不一致的四级编码结果。本文的后续分析均基于 134 条有效的四级编码条目。

表 5　四级编码结果的混淆矩阵

项目		编码者 A 的编码结果							编码者 B 的编码结果总和
		二次创新能力	集成创新能力	原始创新能力	吸收能力	历史压力	随机事件	产品竞争力	
编码者 B 的编码结果	二次创新能力	14	2	0	4	0	0	0	20
	集成创新能力	0	15	3	1	0	0	1	20
	原始创新能力	0	2	26	1	0	0	1	30
	吸收能力	2	1	0	19	0	0	1	23
	历史压力	0	0	0	0	16	1	0	17
	随机事件	0	0	0	2	3	20	1	26
	产品竞争力	1	0	1	0	0	0	24	26
编码者 A 的编码结果总和		17	20	30	27	19	21	28	162

另外，表 6 列举了上述编码过程中涉及的构念、测度变量、关键词及最终的有效编码数量。

表 6　相关构念、测度变量和关键词的编码条目统计

构念	测度变量	关键词	时期一	时期二	时期三	小计
自主创新能力	二次创新能力	设备引进、技术引进、消化吸收、技术改造、模仿创新等	14	0	0	14
	集成创新能力	联合研发、联合制造、共建专利池、合作申报标准、合资设厂等	0	12	3	15
	原始创新能力	突破性技术发明、颠覆性技术创新、技术标准制定、自主产权开发、自主设计、自主品牌构建、自主研发等	0	1	25	26
内部驱动因素	吸收能力	参观学习、实验室建设、技术咨询、合作生产、海外设厂等	6	7	6	19
外部驱动因素	历史压力	后发劣势、政府政策支持、经济体制束缚、文化差异、观念束缚等	2	5	9	16
	随机事件	经济泡沫、"零"的突破、市场拐点等	4	7	9	20
创新绩效	产品竞争力	企业首次、国内最早、国内最好、国内最大、国内领先、亚洲最大、国际领先等	7	5	12	24

4　案例分析

4.1　为我所用的二次创新阶段（1984~1991 年）

改革开放以来，很多家电企业开始引进国外先进的技术或设备，海尔也不例外。1984 年，海尔集团的前身青岛电冰箱总厂和德国利勃海尔公司签约引进当时亚洲第一条四星级电冰箱生产线。当时很多家电企业止步于技术或设备引进，陷入了"引进—落后—再引进—再落后"的怪圈。然而，海尔集团意识到了上述问题的严重性，于是用了 6 年时间，通过委派技术人员学习、在实践中摸索等方式，消化并吸收了 2000 余项国外先进的冰箱生产的技术知识。另外，当时的冰箱普遍存在质量隐患，张瑞敏以著名的"砸冰箱"事件为原点，带领青岛电冰箱总厂（海尔集团前身）改进技术管理体系、严抓产品质量。也正源于此，1991 年，在全国首次驰名商标评比中，海尔品牌被评为"全国十大驰名商标"。

海尔人自己总结了这一时期的成功经验，主要在于其在引进技术和设备的基础上，通过消化吸收，再植入海尔的创新基因，以差异化的产品质量立足于市场，成为国内家电领域的领先者。因此，从总体上来看，这一时期，海尔主导的自主创新能力主要表现为二次创新能力，具体的典型引用语举例及其编码结果如表 7 所示。

表7　海尔自主创新第一时期典型引用语举例及其编码结果

构念	测度变量	典型引用语举例	来源	关键词	编码结果
自主创新能力	二次创新能力	青岛电冰箱总厂和德国利勃海尔公司签约引进当时亚洲第一条四星级电冰箱生产线	S1	设备引进	二次创新能力
		我们向德国引进了成套的（技术）标准，转化为我们自己的（技术）标准，这对提升我们的能力起到很重要的作用	S7	技术改造	
内部驱动因素	吸收能力	海尔委派技术人员赴德国利勃海尔公司接受培训、学习模仿四星级电冰箱的产品开发	S7	参观学习	吸收能力
外部驱动因素	历史压力	1984年，青岛电冰箱总厂（海尔集团前身）亏空147万元，也没有先进的生产线，面临倒闭的风险	I1	后发劣势	历史压力
	随机事件	1987年，海尔在世界卫生组织招标中一举中标，这也是我们后来实施国际化战略的萌芽	I1	"零"的突破	随机事件
创新绩效	产品竞争力	1988年，海尔冰箱在全国冰箱评比中，以最高分获得中国电冰箱史上的第一枚金牌	S1	国内第一	国内领先

4.2 以我为主的集成创新阶段（1992~1997年）

1991年12月20日，在兼并了青岛电冰箱总厂和青岛空调器总厂之后，海尔集团成立。随着企业规模的扩大，一些"大企业病"也逐渐出现在海尔集团的运营中。在解决这些"大企业病"的过程中，海尔人提出了"斜坡球体定律"，也被称为"海尔发展定律"。为了解决"斜坡下滑"的问题，海尔创造性提出了"日清工作法"，即每人每天对每件事进行全方位的控制和清理，目的是"日事日毕，日清日高"，这一方法很好地提升了海尔的运营效率。除此之外，海尔集团还在技术创新方面大胆尝试，认为"用户的难题就是我们的开发课题"，又一次创造性提出了技术创新课题市场化的研发指导方针，并通过合作设厂、技术合作等方式完善其研发体系，如1993年与1994年，海尔集团分别与三菱重工、意大利梅格尼建立了合资工厂，在合作中学习对方的技术和管理理念，进而提升其自身技术能力。此外，海尔为开发高清液晶无绳电视机，与多家相关领域技术领先企业开展合作，如与日本电气股份有限公司合作开发视频编码和解码技术，与美国飞思卡尔合作开发无线传输技术，与美国环球科技公司合作开发软件控制系统。1998年，美国《家电》周刊高度评价了海尔在世界家电业中的崛起与壮大。

从这段时期整体上看，海尔集团不仅完成了"做大"，也实现了"做强"。这一成功归因于它在此时期内主导的自主创新能力，即通过联合研发、联合制造等方式，不断提升其集成创新能力。这一时期具体的典型引用语举例及其编码结果如表8所示。

表8　海尔自主创新第二时期典型引用语举例及其编码结果

构念	测度变量	典型引用语举例	来源	关键词	编码结果
自主创新能力	集成创新能力	海尔为开发高清液晶无绳电视机，与多家相关领域技术领先企业开展合作：与日本电气股份有限公司合作开发视频编码和解码技术；与美国飞思卡尔合作开发无线传输技术；与美国环球科技公司合作开发软件控制系统	S3	联合研发	集成创新能力
		1993年，海尔集团与三菱重工联合设厂，以生产商用空调	S7	联合制造	
内部驱动因素	吸收能力	我们与三菱重工合资设厂的目的之一就是学习它们生产管理的方式和方法	I1	合作生产	吸收能力
外部驱动因素	历史压力	通过兼并，海尔成长很快，但是并购带来的管理压力也越来越大	I1	文化差异	历史压力
	随机事件	当时，一些标杆企业在产品研发上不仅注重满足消费者现实需求，还更加注重研究未来3年，甚至10年的市场需求，这一理念是我们后来成立超前部门（从事破坏性创新研发）的出发点之一	I1	市场拐点	随机事件
创新绩效	产品竞争力	1994年，海尔超级无氟电冰箱参加世界地球日的展览，成为唯一来自发展中国家的环保产品	S1	国际最好	国内先进

4.3　舍我其谁的原始创新阶段（1998年至今）

1998年12月26日，海尔中央研究院正式成立，并致力于自主研发。自成立至今，海尔中央研究院累计获得国家科技进步奖11项，连续10年获得国家认定企业技术中心评价排行榜榜首，累计主持和参与国家标准152项、国际标准9项。2001年，海尔研制出中国第一枚具有自主知识产权的数字电视解码芯片，并大规模投入生产。2010年，海尔集团发布送风模块的标准化接口，这是全球白色家电领域内第一个模块的标准化接口，海尔也成为全球白色家电领域第一家做模块化的企业。

总体来说，这一时期，海尔集团在自主研发方面创造了一个又一个"第一"，由此可见，海尔集团在这一时期主导的自主创新能力为原始创新能力。这一时期具体的典型引用语举例及其编码结果如表9所示。

表9　海尔自主创新第三时期典型引用语举例及其编码结果

构念	测度变量	典型引用语举例	来源	关键词	编码结果
自主创新能力	原始创新能力	2001年，海尔研制出中国第一枚具有自主知识产权的数字电视解码芯片，并大规模投入生产	S5	自主产权开发	原始创新能力
		2006年，由海尔自主研发的"防电墙"技术成为我国第一个由国内企业参与制定的家电国家强制性标准。它也是我国家电领域第一个自主创新、拥有自主知识产权的国际标准提案	S5	自主研发	
内部驱动因素	吸收能力	每天都会有像苹果、阿里巴巴、凯捷咨询这类的公司来海尔大学开展讲座，海尔的员工可以通过这样的讲座，结合自己的产品线来学习以及与外界互动	I3	技术咨询	吸收能力
外部驱动因素	历史压力	2009年，全球研发网络竞争的趋势加剧，谁能最快、最廉价利用到最合适的资源，谁就是赢家，这也是我们成立开放式创新中心的原因之一	I1	竞争格局	历史压力
	随机事件	2005年，海尔成为北京奥运会白电赞助商，这是我们国际化战略的重要机遇之一	I1	"零"的突破	随机事件
创新绩效	产品竞争力	2010年，海尔集团发布送风模块的标准化接口，这是全球白色家电领域内第一个模块的标准化接口，海尔也成为全球白色家电领域第一家做模块化的企业	S1	全球第一	国际领先

5 案例讨论

5.1 三种自主创新能力的关系及其演化路径

从表面上看，二次创新能力和原始创新能力中均或多或少地涉及技术集成的创新活动，但实际上，正如前文所述，能力的本质是一种高级知识（王翔，2005），为了更深入地理解和辨析二次创新能力、集成创新能力与原始创新能力之间的关系，需要从知识本质的角度出发。

由图2可知，二次创新能力所需的核心技术知识处于组织边界之外，企业要想完成二次创新过程，需要将必需的核心技术知识引入到企业内部来，但这种引进是机械的（无大规模改造核心知识的能力），并通过辅助知识（如市场知识）来对核心知识进行渐进式的包装和改进，以实现满足市场需求的二次创新过程。因此，二次创新能力在企业中一般表现为技术引进与设备改造，没有核心技术合作研发的环节。与二次创新能力不同，集成创新能力表现为拥有部分核心技术知识，但不足以完成基于核心技术的创新过程，需要与外部组织进行技术合作。这种核心技术知识和外部知识源的整合是有机的，甚至产生协同价值，最终帮助企业完成更高级的创新过程。具备原始创新能力的企业拥有原始创新过程所需的全部核心技术知识。这类企业在完成原始创新的过程中，如果需要与外部企业进行合作，更多的是作为提高研发效率、降低研发成本的一种策略。

由此可见,二次创新能力和原始创新能力是相互独立和对立的两种创新能力。集成创新能力处于一种临界状态：相比于二次创新能力,集成创新能力拥有部分核心技术知识,因此更高级；相比于原始创新能力,集成创新能力缺少对大部分核心技术知识的掌握,因此更低级。换句话说,集成创新能力是一种从低阶能力走向高阶能力的过渡状态。三种自主创新能力的关系如表10所示。

表10 三种自主创新能力的关系

项目	自主创新能力		
能力划分	二次创新能力	集成创新能力	原始创新能力
核心技术知识位置	组织边界外	组织边界内、外	组织边界内
核心技术知识掌握程度	外来引进,机械式掌握；无大规模改造能力,只能渐进式地改进与包装	部分掌握,需要与外部组织进行互动合作；协同作业、互利共赢	全部掌握
能力层次	低阶	过渡	高阶

综上所述,本文认为自主创新能力有两个层次,即低阶的二次创新能力和高阶的原始创新能力,而集成创新能力是从低阶走向高阶的过渡能力。

5.2 内部驱动因素：吸收能力

吸收能力可以帮助企业进行知识创造和配置,进而建立其他方面的创新能力,如市场能力、制造能力等（Zahra and George, 2002）。换句话说,吸收能力是企业进行创新活动的基础能力（韵江和刘立,2006）。企业吸收能力的构建主要靠对组织学习的长期投资和关注（韵江和刘立,2006）。从知识源的角度分析,组织学习的方式主要包括"干中学"、"用中学"、"互动中学"（Jensen et al., 2007）和"研发中学"、"在前沿科技中学"（韵江和刘立,2006）。此外,吸收能力具有累积性的特征（Cohen and Levinthal, 1990）,即吸收能力的类型和强弱决定了其对创新活动的推动作用。

在家电行业,产品质量和性能是影响一个家电企业地位的关键因素。海尔集团在研发过程中,积极寻求能够提升产品质量和性能的技术,并实时了解顾客对产品的使用反馈,对此组织学习机制投资以构建吸收能力。

在二次创新阶段,海尔集团当时从德国引进了亚洲最先进的电冰箱生产线,并投入使用,其后的6年中不断选派技术人员赴德学习,以在生产线使用过程中了解、掌握关键技术,保证了核心技术的复制能力。这种"用中学"的吸收能力构建方式帮助海尔集团成功完成了关键技术引进后的消化吸收工作。在生产过程中,张瑞敏发现国内市场中的冰箱普遍存在质量问题,消费者抱怨不断,于是张瑞敏以"砸冰箱"事件为起点,将全面质量管理体系引入海尔冰箱生产线中,海尔以高质量的产品和品牌形象迅速占领国内市场，成为冰箱生产商的领跑者。这种在实践中以市场反馈信息改进生产技术的做法，是一种"干中学"的吸收能力构建过程。

由于知识的传递性，在二次创新阶段，海尔集团完成了关键技术和市场知识的原始积累，并在外部知识源搜寻方面进行积极探索，进入了集成创新阶段。在开发高清液晶无绳电视机的过程中，为解决这一技术难题，海尔集团与多家相关领域技术领先企业开展合作。这种与"技术专家企业"的合作模式，使得海尔集团实现了"互动中学"，并有效地完成了创新活动。这种"互动中学"主要是建立在前期"用中学"和"干中学"的吸收能力基础上，为其技术创新活动提供了必要的支撑，也帮助海尔集团走上了国际化道路。

在完成了"用中学"、"干中学"和"互动中学"后，海尔集团已经积累了很强大的技术实力，并于1998年成立海尔中央研究院，开始进行自主研发，并基于先前积累的技术知识，完成了"研发中学"的过程。另外，海尔集团还在全球范围内构建自身的研发网络，如综合研究中心、全球设计中心和全球信息中心，以跟踪和捕捉前沿科技，这些"在前沿科技中学"的投资使得海尔产品的技术充满前瞻性，确保了其在家电领域的领跑者地位。

综上所述，海尔集团的组织学习模式不断深入、吸收能力不断得到夯实和提升，为企业获取外部知识、整合内外知识提供了一种平台能力，提升了海尔集团创新的效率和效果。这种多元的组织学习和吸收能力构建模式也帮助海尔集团内化外部知识、整合内外知识、完成吸收能力的构建和提升，进而促进创新活动的升级和自主创新能力的跃迁。因此可以说，吸收能力是海尔集团自主创新能力不断升级的内在驱动力和重要基础。

5.3 外部驱动因素：历史压力与随机事件

20多年，中国一直处于经济转型期，转型的复杂性和动态性会产生一些随机事件或扰动，并影响企业的自主创新实践（韵江和刘立，2006）。这可能会促使海尔集团的自主创新能力演化呈现出一定的中国独特性。因此，有必要对海尔集团自主创新三阶段的历史压力和随机事件进行讨论。

图3梳理了一些影响海尔自主创新能力演化的关键性历史压力和随机事件。企业成立初期，面对的是几乎空白的国内白色家电市场，海尔集团前身青岛电冰箱总厂由于缺少先进的核心技术，只能从国外引进以实现生产，走"曲线创业"的道路。倘若没有冰箱普遍存在质量隐患的市场信息反馈，也很难使海尔集团成功走向"先进技术+空白市场+全面质量管理"的二次创新实践。1987年，海尔集团若没有在世界卫生组织招标中一举中标，可能就不会有尝试走国际化道路的雄心，或者至少会推迟若干年才会产生此雄心。面对全球化压力，海尔集团凭借全

球化研发网络的优势，完成了一个又一个具有自主知识产权的国家和国际标准，这样就会形成一个正反馈，进而促进原始创新能力的提升，在技术瞬息万变的时代，领跑于白色家电行业。

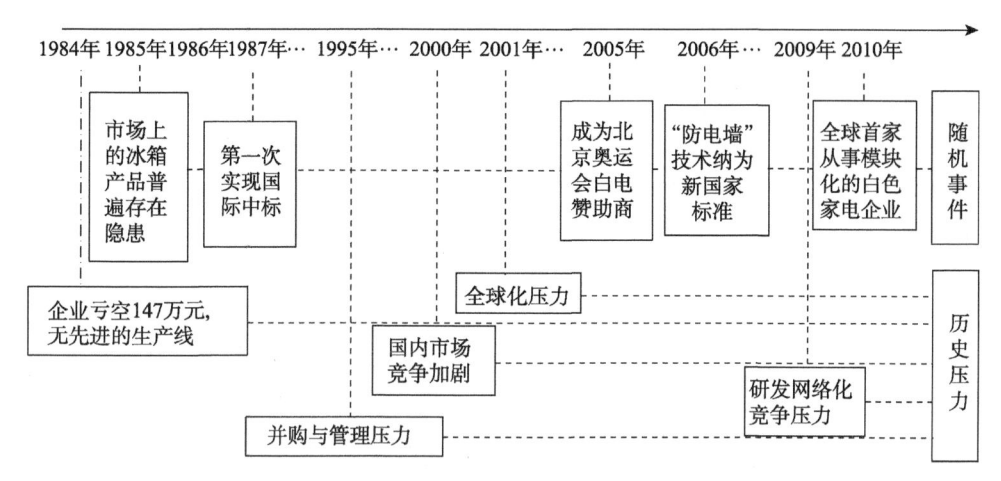

图 3　海尔集团自主创新过程中的历史压力与随机事件影响

因此，可以说，历史压力和随机事件使得海尔集团不断进行惯性突破，是其自主创新能力演化的外在推动力量。

6　结论与展望

6.1　研究结论

本文通过对海尔集团自主创新实践的纵向案例研究，梳理了海尔集团自主创新能力的演化过程。为了更清晰地理解这种演化的路径和驱动因素，本文提出了一个整合性研究框架，如图4所示。

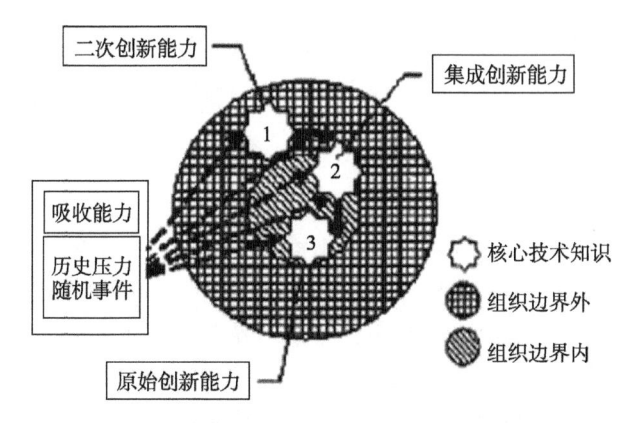

图 4　自主创新能力演化的路径与驱动因素

这一框架涵盖了本文的全部结论和见解。

第一，海尔集团的自主创新过程是一个动态积累的过程，主导能力从二次创新能力过渡到集成创新能力，最终走向原始创新能力。这一过程是企业面对技术引进的"天花板"效应所做出战略选择的结果，看似是一种随机过程，实际上是一系列有组织的核心技术源的汲取和内化过程：企业从缺乏核心技术知识时以二次创新起步，逐步积累技术知识；当积累到一定程度时，企业开始在创新网络中寻找创新合作方，整合内外技术知识，并不断完成先进技术的内化过程；最终，企业凭借多年的技术积累和大量的技术知识库，开始进行原创性自主研发。这一发现相比于前人研究，其新意表现为以下两点：①从动态能力视角切入，辨析了3种自主创新能力。现有研究认为3种自主创新能力是并存的、有重叠的、复合的、不完全独立的（杨帆和石金涛，2007；高旭东，2008），但从核心技术知识所处边界的角度出发，可以厘清3种自主创新能力的关系。②更加严谨地验证了自主创新能力演化的路径。前人研究虽然提出了能力重构的3种方式，但缺乏从自主创新角度对能力演化路径的研究（Lavie，2006；杨燕和高山行，2011）。本文通过对比3种自主创新能力对创新绩效的效用，发现在转型经济背景下，自主创新能力沿"二次创新能力→集成创新能力→原始创新能力"的发展路径演化，这是从量变到质变的过程，是能力复制和重构的过程，使创新绩效不断提升，随转型环境共进。相比于前人先验式的研究，本文结论具有更高的信度和效度。

第二，上述自主创新能力演化路径是受内因和外因共同作用产生的结果。首先，吸收能力是海尔集团能够完成各阶段能力积累和跃迁的内在基础和动力，它帮助企业通过多种组织学习的方式，实现内外知识的有效整合，进而推动企业的能力升级。其次，历史压力和随机事件是促进海尔集团在转型经济背景下实现自主创新能力演化的外部推力，并使得这种演化路径呈现出中国特点："零"技术基础的企业，通过以技术引进等方式为起点完成技术追赶，不断夯实技术能力，最终实现技术赶超和领先。这一结论与韵江和刘立（2006）的观点是基本一致的。这一发现解决了大量实证研究只关注不同技术源对特定能力提升的静态作用机制，却无法得知能力如何重构的问题，基于动态的视角发现了促使能力重构升级的影响因素。

6.2 理论贡献

案例分析的目的是从实证数据中得出涌现的理论，并弥补现有理论缺口（毛基业和李晓燕，2010）。通过前文的分析和讨论，本文的理论贡献主要有三点。

第一，针对现有文献存在的自主创新概念界定和划分模糊的问题（杨帆和石金涛，2007；高旭东，2008），本文先打开了自主创新能力的黑箱，从核心技术知识源的角度，将二次创新能力、集成创新能力和原始创新能力进行区分和界定，这为以往学者针对3种自主创新能力区分不明确的争论提供了一种新的视角和切入点。这一切入点有助于解决现有关于自主创新模式的研究过于排他、不符合自主创新行为可并存的客观现象的问题，从而为后续转型经济情景下创新领域的研究提供了基础。

第二，现有文献缺乏严谨的转型经济背景下自主创新能力演化路径研究，其本质上是因为现有的技术追赶理论缺乏与动态能力观和演化理论的对话（杨燕和高山行，2011；黄俊等，2007）。现有技术追赶的研究多侧重行为和结果的静态关系，对于行为的演变过程关注较少。本文抓住了能力这一引发行为的本质性重要因素，通过剖析能力的重构和演化，识别转型经济情景下技术追赶的机理，从而建立了动态能力观、演化理论和技术追赶理论的联结。本文首次提出集成创新能力是从二次创新能力走向原始创新能力的过渡能力，并且指出这一演化过程不是随机完成的，而是一种有组织的中国式创新能力演化的关键路径。这种研究视角也打破了以往自主创新能力研究的静态视角，从动态演化的角度，剖析了自主创新能力演化的动态规律性，深化了技术追赶理论、动态能力观和演化理论。

第三，现有文献存在关于推进自主创新能力演化的驱动因素的研究不足的问题，本文基于外部权变观和能力基础观等视角，在演化经济学的启发下，揭示了两类影响自主创新能力演化的重要驱动因素：①作为内在基础的吸收能力；②作为外部推力的历史压力和随机事件。这说明自主创新能力演化不单纯是企业主动选择或被动适应环境的行为，而是一种主动选择与被动适应相互作用的结果。这一发现给企业共演机理的研究提供了一个新的视角。此外，转型经济背景是本文嵌入的重要情境。当前中国情境下的研究多是采用中国数据来验证西方理论，而实际上，一种更具意义的情境化研究是引入情境特有的构思和变量，构建情境性理论框架，中西方学界近年来正大力呼吁此种研究（陈晓萍等，2012）。本文响应了这一呼吁，考虑到转型经济情景，引入了历史压力和随机事件变量，以解释驱动自主创新能力演化的因素。

6.3 实践启示

由于海尔集团以技术引进为起点开创了其白色家电事业，这一"无技术基础"背景，使得其成功经验对于我国很多后发企业都具有普适的借鉴意义。对于技术引进型企业，要想打破技术引进的"天花板"效应、获得持续增长，可以考虑积极推动二次创新，以完成原始的技术积累。在积累到一定程度后，可以利用自身的技术知识，尝试与外部专家企业进行技术合作，以学习和积累更加先进的技术知识。此后，慢慢开始尝试自主研发，真正实现原始创新。

6.4 研究局限与未来展望

尽管本文尽力去选取自主创新实践领域的代表企业做典型分析，但由于案例研究本身的局限性，本文结论的普适性成为不可忽略的局限之一，并且，本文所展示的自主创新能力路径仅仅是众多演化路径之一，不是唯一的路径，也有企业从原始创新开始并取得成功（韵江和刘立，2006）。未来研究可以通过多案例研究、动态仿真等方式对研究结论的有效性进行检验和扩展。

参 考 文 献

陈劲. 1994. 从技术引进到自主创新的学习模式. 科研管理, (2): 32-34, 31.
陈晓萍, 徐淑英, 樊景立. 2012. 组织与管理研究的实证方法. 2版. 北京: 北京大学出版社.
高旭东. 2008. 企业自主创新战略与方法. 北京: 知识产权出版社.
黄俊, 李传昭, 张旭梅. 2007. 动态能力与自主创新能力关联性研究. 科学学与科学技术管理, (12): 50-54.
江诗松, 龚丽敏, 魏江. 2011. 转型经济背景下后发企业的能力追赶: 一个共演模型: 以吉利集团为例. 管理世界, (4): 122-137.
毛基业, 李晓燕. 2010. 理论在案例研究中的作用: 中国企业管理案例论坛（2009）综述与范文分析. 管理世界, (2): 106-113, 140.
毛基业, 张霞. 2008. 案例研究方法的规范性及现状评估: 中国企业管理案例论坛（2007）综述. 管理世界, (4): 115-121.
彭新敏, 吴晓波, 吴东. 2012. 基于二次创新动态过程的企业网络与组织学习平衡模式演化: 海天1971~2010年纵向案例研究. 管理世界, (4): 138-149, 166, 188.
王翔. 2005. 企业动态能力演化理论和实证研究. 上海: 复旦大学.
吴晓波. 1995. 二次创新的周期与企业组织学习模式. 管理世界, (3): 168-172.
吴晓波, 马如飞, 毛茜敏. 2009. 基于二次创新动态过程的组织学习模式演进: 杭氧1996~2008纵向案例研究. 管理世界, (2): 152-164.
杨帆, 石金涛. 2007. 中国模仿创新与自主创新历程: 追溯儒家伦理动因. 科学学研究, (6): 1192-1197, 1082.
杨燕, 高山行. 2011. 创新驱动、自主性与创新绩效的关系实证研究. 科学学研究, 29(10): 1568-1576, 1453.
韵江, 刘立. 2006. 创新变迁与能力演化: 企业自主创新战略: 以中国路明集团为案例. 管理世界, (12): 115-130.
张米尔, 田丹. 2008. 从引进到集成: 技术能力成长路径转变研究: "天花板"效应与中国企业的应对策略. 公共管理学报, (1): 84-90, 125.
Barreto I. 2010. Dynamic capabilities: a review of past research and an agenda for the future. Journal of Management, 36(1): 256-280.
Castel P, Friedberg E. 2010. Institutional change as an interactive process: the case of the modernization of the French cancer centers. Organization Science, 21(2): 311-330.
Cohen W M, Levinthal D A. 1990. Absorptive capacity: a new perspective on learning and innovation. Administrative Science Quarterly, 35(1): 128-152.
Coombs J E, Bierly P E. 2006. Measuring technological capability and performance. R&D Management, 36(4); 421-438.
Crossan M M, Apaydin M. 2010. A multi-dimensional framework of organizational innovation: a

systematic review of the literature. Journal of Management Studies, 47(6): 1154-1191.
Dijksterhuis M S, van den Bosch F A J, Volberda H W. 1999. Where do new organizational forms come from? Management logics as a source of coevolution. Organization Science, 10(5): 569-582.
Dutta S, Narasimhan O, Rajiv S. 2005. Conceptualizing and measuring capabilities: methodology and empirical application. Strategic Management Journal, 26(3): 277-285.
Eisenhardt K M. 1989a. Building theories from case study research. Academy of Management Review, 14(4): 532-550.
Eisenhardt K M. 1989b. Making fast strategic decisions in high-velocity environments. Academy of Management Journal, 32(3): 543-576.
Eisenhardt K M, Graebner M E. 2007. Theory building from cases: opportunities and challenges. Academy of Management Journal, 50(1): 25-32.
Hannan M T, Freeman J. 1984. Structural inertia and organizational change. American Sociological Review, 49(2): 149-164.
Hargadon A, Sutton, R I. 1997. Technology brokering and innovation in a product development firm. Administrative Science Quarterly, 42(4): 716-749.
Helfat C E, Peteraf M A. 2003. The dynamic resource-based view: capability lifecycles. Strategic Management Journal, 24(10): 997-1010.
Jensen M B, Johnson B, Lorenz E, et al. 2007. Forms of knowledge and modes of innovation. Research Policy, 36(5): 680-693.
Kim L. 1997. Imitation to Innovation. Boston: Harvard Business School Press.
Kor Y Y, Mesko A. 2013. Dynamic managerial capabilities: configuration and orchestration of top executives' capabilities and the firm's dominant logic. Strategic Management Journal, 34(2): 233-244.
Lavie D. 2006. Capability reconfiguration: an analysis of incumbent responses to technological change. Academy of Management Review, 31(1): 153-174.
Leonard-Barton D A. 1995. Wellsprings of Knowledge: Building and Sustaining the Sources of Innovation. Boston: Harvard Business School Press.
Lu Y, Tsang E W K, Peng M W. 2008. Knowledge management and innovation strategy in the Asia Pacific: toward an institution-based view. Asia Pacific Journal of Management, 25(3): 361-374.
Marques J F, McCall C. 2015. The application of interrater reliability as a solidification instrument in a phenomenological study. The Qualitative Report, 10(3): 439-462.
Nelson R R, Winter S G. 1985. An Evolutionary Theory of Economic Change. Cambridge: Belknap Press.
Pettigrew A M. 1990. Longitudinal field research on change: theory and practice. Organization Science, 1(3): 267-292.
Porter M E. 1996. What is strategy?. Harvard Business Review, 74(6): 61-78.
Tashakkori A, Teddlie C. 1998. Mixed Methodology: Combining Qualitative and Quantitative Approaches. Thousand Oaks: Sage Publications.
Teece D J, Pisano G, Shuen A. 1997. Dynamic capabilities and strategic management. Strategic Management Journal, 18(7): 509-533.
Tidd J, Bessant J, Pavitt K. 2005. Managing Innovation: Integrating Technological, Market and Organizational Change. 3rd ed. Hoboken: Wiley.
van den Bosch F A J, Volberda H W, de Boer M. 1999. Coevolution of firm absorptive capacity and knowledge environment: organizational forms and combinative capabilities. Organization Science, 10(5): 551-568.
Wang C L, Ahmed P K. 2007. Dynamic capabilities: a review and research agenda. International Journal of Management Reviews, 9(1): 31-51.

Wu X B, Ma R F, Shi Y J. 2010. How do latecomer firms capture value from disruptive technologies? A secondary business-model innovation perspective. IEEE Transactions on Engineering Management, 57(1): 51-62.

Wu X B, Ma R F, Xu G N. 2009. Accelerating secondary innovation through organizational learning: a case study and theoretical analysis. Industry and Innovation, 16(4/5): 389-409.

Yin R K. 1994. Case Study Research: Design and Methods. 2nd ed. Thousand Oaks: Sage Publications.

Zahra S A, George G. 2002. Absorptive capacity: a review, reconceptualization, and extension. Academy of Management Review, 27(2): 185-203.

Zhang Y, Li H Y. 2010. Innovation search of new ventures in a technology cluster: the role of ties with service intermediaries. Strategic Management Journal, 31(1): 88-109.

第二篇 能力发展

嵌入知识共享平台 提升组织创新能力[①]

1 创新过程与知识共享

为了有效地创新,了解创新的一般过程是必要的。对创新过程的研究由库恩范式到波普尔方法论,再到阿伯纳西和厄特拜克提出的 A-U 理论以及 Rothwell 的五代创新过程模型,都是分析了创新的一般过程。它们虽能帮助人们认识创新所处的阶段,从而帮助人们进行行为决策,但把创造性概念或解决方案是如何产生的作为一个黑箱,不能解决如何才能有效地创新,从而促进创新实践的问题。

为了解决这一问题,阿玛拜尔将心理学的研究方法引入对创新过程的研究中,提出了阿玛拜尔创造力成分模型,该模型在前述创新的一般过程模型的基础上,更加细致地研究了创造性方案的产生过程,指出合理地利用已有的各类知识对创新的成功至关重要。西蒙就曾指出创新产生的一个必要条件是,创造性构想的出现都要求有正常的逻辑思维和掌握所要解决的问题的足够相关知识。罗纳德和斯特劳斯在《充分发挥公司的智力》一文中也指出,创新是在不同的想法、观念以及不同的信息处理方法相互碰撞的情况下产生的。怎样才能有利于充分合理地利用现有知识,实现不同想法、观念的相互碰撞,从而提高创新能力呢?

2 创新的关键在于知识共享

最重要的是,组织中的知识与信息必须能通畅地流通。德鲁克曾指出未来的组织就像乐谱一样,是目标明确、结构简洁而明晰的信息型组织。它以知识为基础,由各种各样的专家组成,他们根据来自同事、客户和上级的大量信息,自主决策、自我管理。未来的组织是一群围绕在明确目标周围的专家组,它们在自由、民主的氛围中,工作于大量的信息中。克拉克在《组织的创新》一书中也指出,未来组织会是一个混合网络,它聚焦于信息流程而非产品,组织中信息流通越畅通,其创新能力就越强。

为使信息在组织中流通得畅通无阻,许多学者与企业进行了建立一个知识共享

[①] 发表自:许庆瑞,徐静. 嵌入知识共享平台 提升组织创新能力. 科学管理研究,2004,(1):13-15, 19。

系统的研究与实践。

信息与知识是一对既有联系又有区别的概念。野中郁次郎（Nonaka）定义信息为讯息流，是一串有意义的数据，是获取和创造知识的必要媒介物；知识是信息的获得者对所持有信息的主观加工。一般来说，信息是短暂的，人们主要关心它的效率；信息沉淀与积累的结果就是知识，它是通用的，人们更在意它的使用价值。为了方便对知识共享的研究，野中郁次郎教授又将知识分为隐性知识和显性知识两种。大部分关于知识共享的理论研究都是基于这一划分的。

Berqer 和 Luckman 发展了知识共享的三阶段模型——外部化、标准化、内部化，并由 Huvsman 等做了进一步的扩展。外部化是指隐性知识转化为显性知识的过程，这是一个知识交换、知识储备、知识创造的过程，但是外部化不等于知识被组织接受。标准化是实现个人知识转化为组织知识的过程，内部化是个人对组织知识的利用与发展。从创新的角度来看，这是组织知识的一次升华，是知识共享的最终目的，也是实现由知识共享到创新的质变的关键所在。

野中郁次郎教授进一步提出了知识创造的概念，认为知识共享的目的是创新，其 SECI[①]模型将知识共享分为四个阶段：潜移默化、外部明示、汇总组合、内部升华。其认为知识创造是一个由隐性知识之间的传递，到向显性知识转变，再到显性知识之间的传递，最后由显性知识升华为隐性知识的螺旋上升的过程，并且指出组织应建立一个网络系统来联系各知识团体之间的知识。

巴斯金引入生物学知识，提出了公司 DNA 的概念。他将公司 DNA 描述为一个无处不在的超大容量的数据库，其中包括了公司所有业务的程序，让所有的员工都能轻易地了解公司的操作规范。这个数据库在包络公司所有业务程序的同时，将组织文化也蕴含其中。因此这个数据库是独一无二的，它表述了公司的宗旨与特征，并且不同的组织的数据库之间会有免疫，这就是巴斯金将这个数据库命名为公司 DNA 的原因。巴斯金（2001）同时还指出，DNA 应具有相当的灵活性，它保存了突变中有价值的部分，使公司的协同进化成为可能。

类似的研究还有很多，总之把知识装订起来放在一个中心的想法，让人有可以控制和管理知识的感觉（狄克逊，2002）。此类实践不少，如 Bechtel（柏克德）公司的"知识交换中心"、雪佛龙公司的"全公司最佳经验数据库"等，但员工贡献知识与检索知识的积极性都不高。

这些实践都仍然只是将知识共享系统作为组织的一个外挂的系统，没有与组织整合为一体。它充其量只是一个能够被高效检索的大容量的数据库，并不能从根本上消除部门间的信息孤岛，使部门甚至个人的知识变成整个组织的知识，组织知识又能方便地成为组织内个人的知识来源。那么，为什么不能跳出传统的层

---

① S 指社会化（socialization），E 指外部化（externalization），C 指组合化（combination），I 指内部化（internalization）。

级式组织结构的设计模式，从另一个角度切入来设计组织呢？

3　提升组织的创新能力关键在于在组织中嵌入知识共享平台

相比之下，知识共享实践较为成功的有福特公司的最佳经验复制系统和恩永公司的知识站点。

福特公司的最佳经验复制系统是一个有效的综合使用技术与面对面交流来共享知识的系统，隐性知识传递成为最佳经验复制系统的基础（狄克逊，2002）。该系统的9种要素为：①传播最佳经验的数据库；②在每个工厂中指定的接受多个条目的知识以及提交各种条目的当地节点；③有限数量的条目，并要求对这些条目进行反馈；④工厂管理会议，在会议上做出是否采用某项建议的决定；⑤反馈及跟踪机制，可以生成并传播复制经验的报告；⑥地区管理会议，在该会议上检查跟踪报告；⑦在福特各个工厂的生产工程师，经常举行的面对面会议；⑧每个工厂对提高生产效率的要求，这些要求驱动不断寻找新方法以降低成本；⑨6名中心成员负责维护系统并将其推广到福特其他部门。

恩永公司有一个非常悠久的包含350 000个条目的知识站点，该站点有22个咨询师进行网络联合运作，经常举行碰头会议互相学习，并指定一位咨询专家作为专职的知识采集者和传播者四处旅行，以推动面对面的交流，以鼓励和支持知识站点这一技术系统。

这些系统包含了隐性知识在不同个人及团队间的传递，同时能使隐性知识显性化并被保存下来。与之相适应地，我们的组织应该做到以下几点：首先，为了方便信息共享，需要建立一个用于存放和汇集各类信息的平台；其次，要设计一个合理的流程，对信息加以管理和利用；再次，一套控制体系用于控制信息的产生和运用，使之不偏离组织的发展目标；最后，还需要有配套的激励机制，使组织中所有的人都乐于共享自己的知识。

为了使知识共享平台真正地融入组织结构中，发挥尽可能大的效用，可以在组织最高管理层与部门之间构造一个知识共享平台。在这种组织结构中，最高管理层并不直接作用于各下属组织，而是通过公司的信息带对它们进行虚拟指挥，主要是战略性指导。各下属单位根据最高管理层的战略性指导，以之为目标，按实际需要，决定具体的组织形式，进行自我管理、自我控制。譬如，为了有效地控制，可以设立一些职能部门，如财务部等；为了增强灵活性，设立新项目时，可以用矩阵原则……总之，最高管理层及组织信息带以外的各部门，都是依据自身特定的目标任务来确定组织形式的，通过信息带，每个组织部件都与其他任何一个部件之间构建逻辑链。组织的最高管理层的主要职责是根据信息带提供的信息，制定公司总的发展方向，并负责整合组织资源，协调各部门的运作，各部门则紧密围绕在它的周围，这样就形成了一个以最高管理层为核心的具有星型网络结构的组织。同时，信息平台还应提供组织与外界联系的接口，如与政府部门、新闻媒介、外部咨询公司应有紧密的联系，以获取必要的信息。

3.1　知识共享平台

知识共享平台是利用现代信息技术建立的物理媒介，用于存储公司的各种显性知识，它为不同的想法、观念及信息处理方法的相互碰撞，实现显性知识到隐性知识的升华提供条件。知识共享平台的数据库可分为正式与非正式两部分。正式部分用于公布和接受结构化的数据，也就是知识，这是可以直接共享的显性知识。非正式部分则主要以论坛或电子公告板的形式，给组织员工一个交流的空间，成为头脑风暴的虚拟平台。这是待整理的知识，可谓半隐性知识，它们是有价值的，蕴含着员工潜在的想法、直觉和灵感，一般是最具创造性的，但往往都被淹没在大量的信息中。因此，要在信息部设专职人员对论坛进行加工整理，使隐性知识显性化。

3.2　利用知识共享平台

知识共享包括知识的外部化及标准化。知识共享平台的主要作用是存放、汇集信息，为创新的产生提供条件，因此确保丰富正确的信息来源是必要的。信息可分为外部的和内部的。外部的信息主要靠市场扫描，设置"信息守门人"的角色获得，也可从相关机构购入。这些信息获得后，可以将之加工整理为知识后放到相应部门的板块中，方便利用。内部的信息主要指的是内部知识，对于显性知识可直接形成文本，放到公司的数据库中；对于隐性知识，其传递都是面对面的，提供者很难描绘出其输出的隐性知识是什么，接收者能较清晰地体会到所学的新知识，因而更容易将这部分隐性知识显性化，因此，可由接收者负责将之显性化，然后放到公司的数据库中，完成个人知识向组织知识的转化。这样做，一方面可以为其他人的相关工作提供必要的支持，减少重复劳动；另一方面，可以减少因人员流动而带来的损失。组织的信息带，就是为了让组织及个人能方便、快捷地使用信息。

知识的利用也就是知识的内部化，是创新产生的关键所在。它不仅可以供高层做战略决策使用，还可以激发员工的灵感。组织可以鼓励员工把自己的想法写成可行性分析报告，作为公司发展项目的后备库。

3.3　运用知识共享平台可能出现的问题及对策

运用知识共享平台可能出现的最大的问题就是如何让员工毫无顾忌地共享自己的知识。Constant 等（1994）的研究发现，人们总是区别对待他们从自身体验中学到的知识和有形信息，他们几乎总是把无形的信息看作他们身份和自我价值的一部分。他们愿意共享有形的文件和程序，因为这属于他们的组织，但他们共享无形知识的动机明显不同，他们希望从中得到某些个人利益，这些利益可能仅是承认他们的经验或是一个微笑。因此，他们宁愿多次面对面地回答，而不是一次性导入数据库。为此，可以在数据库中设计答谢系统及知识查阅计数器。另外，很多拥有较强能力的员工为了保证自己不可替代的价值，是不愿意共享自己的知识的。这个就涉及建立一套公平、合理的知识评价及考核体系，给贡献者以合理的评价和报酬。

第二个问题就是在信息如此公开的环境下，如何确保公司的信息不被竞争对手获取。这就需要从增强企业凝聚力着手，使员工有强烈的归属感，不愿意泄露公司的资料。此外，还可以对资料进行分级保护，但应尽量不影响员工对公司资料的正常使用。

此外，如何让知识共享系统融入组织的文化中与其协调发展也是必须考虑的问题。如何在广泛地收集信息与聚焦于组织发展方向间寻求平衡也是一个较难解决的问题。这需要对组织目标极其明确，同时能够准确快速地判断信息的适用范围。

参 考 文 献

巴斯金 K. 2001. 公司 DNA: 来自生物的启示. 刘文军, 译. 北京: 中信出版社.

狄克逊 N. 2002. 共有知识: 企业知识共享的方法与案例. 王书贵, 沈群红, 译. 北京: 人民邮电出版社.

Constant D, Kiesler S, Sproull L. 1994. What's mine is ours, or is it? A study of attitudes about information sharing. Information Systems Research, 5(4): 400-421.

企业创新能力提升的路径——基于海尔集团 1984~2017 年的纵向案例研究[①]

1 引言

中国的制造业正处于转型升级阶段,发达国家跨国公司对中国制造企业的知识与技术封锁是一种常态,制造业垂直专业化分工并没有实现中国制造企业升级的目标,相反还会陷入发达国家的俘获型产品价值链条中,从而遏制产业升级的步伐。为此,中国应该走具有自己特色的自主创新道路,推出一系列科技体制改革重大举措,在开放的环境中形成自己的核心技术,不断提高自身的创新能力,加强创新驱动系统能力整合,从而逐步发展成核心能力。2012 年,胡锦涛在中国科学院第十六次、中国工程院第十一次院士大会讲话中明确指出"实现创新驱动发展,最根本的是要依靠科技的力量,最关键的是要大幅提高自主创新能力"[②]。2014 年,习近平在中国科学院第十七次院士大会、中国工程院第十二次院士大会上的讲话中强调"实施创新驱动发展战略,最根本的是要增强自主创新能力,最紧迫的是要破除体制机制障碍,最大限度解放和激发科技作为第一生产力所蕴藏的巨大潜能"[③]。党的十九大报告中,习近平强调"创新驱动发展战略大力实施,创新型国家建设成果丰硕"[④]。

Prahalad 和 Hamel(1990)首次提出核心能力理论:企业为了能够生存和进一步发展,在产品或服务方面必须具有差异性。创新能力并不仅仅是某种特定的组织资源(Schreyögg and Kliesch-Eberl,2007),它涉及多种要素,如组织因素、市场因素、技术因素、管理因素、制度因素、文化因素等,如果只是考虑单一技术要素的创新观,那么这是对创新能力的片面理解(许庆瑞,2009;张军等,2014);

[①] 发表自:许庆瑞,李杨,吴画斌. 企业创新能力提升的路径——基于海尔集团 1984~2017 年的纵向案例研究. 科学学与科学技术管理,2018,39(10):68-81。

[②]《胡锦涛在中科院第 16 次、工程院第 11 次院士大会讲话》,https://www.gov.cn/ldhd/2012-06/11/content_2158332.htm,2012 年 6 月 11 日。

[③]《习近平在中科院第十七次院士大会、工程院第十二次院士大会上的讲话》,https://www.gov.cn/govweb/xinwen/2014-06/09/content_2697437.htm,2014 年 6 月 9 日。

[④]《习近平:决胜全面建成小康社会 夺取新时代中国特色社会主义伟大胜利——在中国共产党第十九次全国代表大会上的报告》,https://www.gov.cn/zhuanti/2017-10/27/content_5234876.htm,2017 年 10 月 27 日。

同时它是对资源动态配置的一个过程,在不同的时期会表现出不同的形式(Sirmon and Hitt, 2009; Eisenhardt and Martin, 2000; Helfat and Peteraf, 2015),这点与Teece等(1997)的动态能力理论观点相同,能力是逐步演化的,它是一个从量变到质变的过程(Lavie, 2006; Kor and Mesko, 2013)。陈劲(1994)提出了自主创新的概念,认为自主创新是引进消化吸收再进行创新的一种技术创新方式,后来吴晓波等(2009)对自主创新的概念进行了进一步的拓展,认为自主创新可以分成3个类别,分别是二次创新、集成创新、原始创新,许庆瑞等(2013)在研究海尔创新能力的演化路径中指出,海尔的创新能力经历了二次创新、集成创新、原始创新这3个阶段;赵晓庆和许庆瑞(2006)也指出企业技术创新能力的演化会经历仿制、创造性模仿、自主创新3个阶段;张军和许庆瑞(2015)研究了知识积累与创新能力演化之间的关系,结果显示知识积累对创新能力的演化具有边际递增作用。在创新能力的度量方面,许多学者也进行了研究,可以从研发资金投入强度、获得的专利数等角度进行衡量(Helfat, 1997),且在创新能力的度量方面应该体现创新活动的系统性及复合结构(Guan and Ma, 2003),在此基础上,魏江和黄学(2015)进一步对创新能力的评价指标体系进行了构建。企业为了获得更强的市场竞争力,应该重视和建立自己的核心能力,并对核心能力进行组合创新(许庆瑞等,2000),随着全面创新管理的提出,更多的人认识到企业的创新能力应该与全面创新管理结合起来,从而发展成全面创新能力(许庆瑞,2009)。基于此,本文采用纵向案例研究方法,选取了创新实践的标杆企业海尔集团作为研究对象,分析和归纳其创新能力提升的路径,从系统管理和动态管理视角指出单个技术创新能力的作用是有限的,应该从组合创新管理和全面创新管理角度来提升企业的创新能力,并进一步指出了海尔创新能力提升的路径是从单一技术能力到组合创新能力再到全面创新能力。本文接下来的结构安排如下:第二部分说明研究方法和数据来源;第三部分论述创新能力提升的路径;第四部分提炼研究结论,并指出本文研究的局限性和对未来的展望。

2 研究方法和数据来源

本文主要采取的方法有半结构化访谈、问卷调查、跟踪研究、文献阅读等,如表1所示。

表1 研究方法和数据来源

研究方法	数据来源
半结构化访谈	海尔集团的许多高层领导者和中层管理者接受了我们的访谈
问卷调查	设计了"运用全面创新管理提高中国中小企业的创新能力"调查问卷
跟踪研究	浙江大学创新管理团队接近30年对海尔的研究积累了丰富的资料
文献阅读	通过搜索引擎获得的资料

半结构化访谈：海尔集团的许多高层领导者和中层管理者接受了我们的访谈，如2017年暑假，团队在许庆瑞院士的亲自带领下在海尔进行了为期一个月的蹲点调研，其间访谈对象包括海尔家用电器副总裁、HOPE（Haier open partnership ecosystem，海尔开放创新平台）的负责人及多名工作人员（多场次）、海尔专利平台负责人及工作人员（多场次）、海尔文化中心负责人及工作人员（多场次）、海尔大学负责人、海尔研发科学家、少海汇渠道总监、品牌总监、运营总监、有住网总裁等，使本文研究获得了许多有用的资料，为本文提供了大量一手资料，增强了本文研究的可信度。

问卷调查：设计了"运用全面创新管理提高中国中小企业的创新能力"调查问卷，旨在调研企业创新总体水平，同时评价全面创新管理策略提升企业创新能力的效果。问卷共有13个部分，且这13个部分独立成篇，采用利克特量表法，打分档次从1分到7分，给出的分越高，表示越认同，在调研期间用信封将问卷发给特定调查对象。符合如下特征的才会作为本次研究的调查对象：在海尔工作15年以上，对问题的理解深入，信息掌握全面准确，在海尔集团的职级较高或工作资历较深，这些特征最大限度地保证了本文研究所收集的信息的准确性。

跟踪研究：许庆瑞院士带领浙江大学创新与发展研究中心团队成员对海尔进行了接近30年的跟踪研究，积累了丰富的经验和资料。

文献阅读：利用搜索引擎在知网上获取关于海尔的学术文章，同时通过收集和调查海尔的年报、员工手册、官方周报、杂志文章、著作等资料和数据，分析了海尔的发展路径和取得的成绩。

案例背景：海尔集团是一家成立于1984年的大型企业，历经33年发展，坚持以用户需求为中心的创新体系驱动企业持续健康发展，经历了5次显著的战略转型，在"2012年度全球最具创新力企业50强"榜单中，海尔排名第8位，与苹果、谷歌等一起进入十强，是唯一进入前10名的中国企业。2016年海尔集团利润实现203亿元，近10年复合增长率30.6%，全球营业额实现2016亿元，近10年复合增长率为6.1%，线上交易额实现2727亿元，同比增长73%。2016年海尔品牌价值1516.28亿元，连续15年获得中国品牌价值榜首，海尔大型家用电器2016年品牌零售量占全球市场的10.3%，居全球第一，也是第8次获得全球第一。作为中国乃至全球家电行业的领军企业，海尔通过技术创新体系的搭建、HOPE创新平台的支持，以及战略创新、组织创新、管理创新、制度创新及文化创新等非技术要素的全面协同，实现了海尔创新的核心能力积累与发展。

3 研究发现

海尔创新能力的提升是伴随着海尔不同时期由环境变化引起的矛盾转化而产生的，海尔早期面临的主要矛盾是产品质量与市场需求之间的矛盾。要想拥有自己的品牌，必须拥有自己的核心技术，而当时的海尔基本上没有什么先进的生产技术。为了克服这个困难，海尔用了6年时间，通过委派技术人员学习、在实践中摸索等方式，消化吸收，再植入海尔的创新基因，以差异化的产品质量立足于市场，成为国内家电领域的领先者，主要表现为单一技术能力。接下来海尔面对的矛盾逐渐由产品质量与市场需求之间的矛盾转化为产品类型单一与需求多元化之间的矛盾以及旧的组织结构与创新效率需求之间的矛盾，海尔采取的措施是促进技术与市场的融合，组织、管理、制度等方面的融合，主要表现为组合创新能力。随着公司规模的扩大，组织结构也变得越来越复杂，企业发展与企业惰性之间的矛盾表现得越来越突出，如管理因素、制度因素、市场因素、技术因素、组织因素等方面之间都存在矛盾。各战略阶段的主要矛盾和主要创新能力如表2所示。

表2 各战略阶段的主要矛盾和主要创新能力

战略阶段	主要矛盾	主要创新	主要能力
名牌阶段	产品质量与市场需求之间的矛盾	单一创新	单一技术能力
多元化阶段	产品类型单一与需求多元化之间的矛盾	组合创新	组合创新能力
国际化阶段	旧的组织结构与创新效率需求之间的矛盾		
全球化阶段	家电市场供需的矛盾	全面创新	全面创新能力
网络化阶段	企业发展与企业惰性之间的矛盾		

为了协调各个方面的矛盾，海尔由前面的单一的、组合的创新能力发展到全面创新能力，其实这对创新能力的发展来说是一个量变到质变的过程，如图1所示。

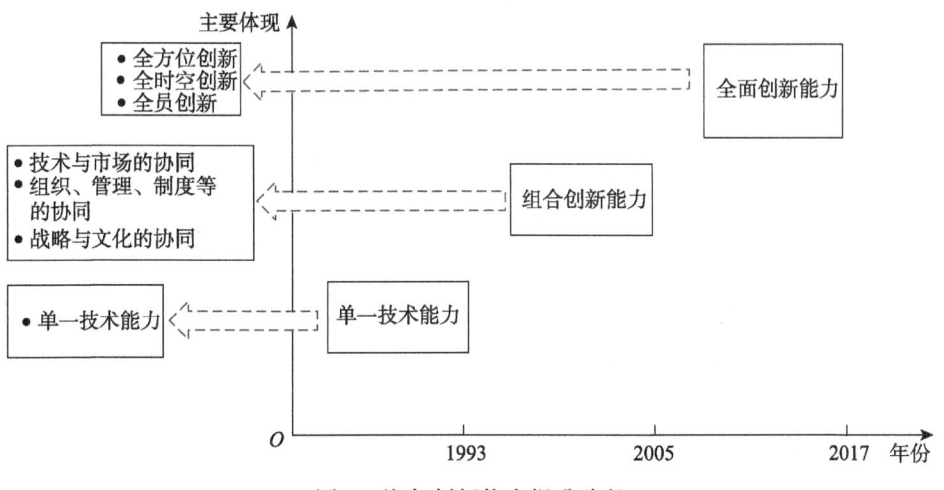

图1 海尔创新能力提升路径

3.1 单一技术能力：20世纪80年代末至1993年

1984~1991年实施了名牌战略，在这7年的时间里，冰箱是海尔主要的产品。为了提高冰箱的技术生产能力，张瑞敏制定了"起步晚、起点高"的引进技术原则，如青岛电冰箱总厂在1984年决定与德国利勃海尔公司签约，并从德国利勃海尔公司引进电冰箱生产线技术，这是当时亚洲第一条四星级冰箱生产技术。在20世纪80年代末和90年代初，中国家电行业在技术或设备上出现了一个奇怪的现象，即陷入了"引进—落后—再引进—再落后"的怪圈，但此时海尔集团高层已经意识到这个问题的严重性，不能仅仅依靠引进成套的技术标准，这只是一种纯机械式的引进，自身必须具有改造核心知识的能力，于是决定采取在实践中探索、在利用中学习的方式，技术人员在接下来的6年时间里不断被选派到德国利勃海尔公司接受培训，目的是希望能在生产线使用过程中掌握一些关键技术，通过不断地消化吸收，自己能够具有核心技术的复制能力。在这段时间里，国外的2000多项先进技术知识被海尔吸收，为海尔后期建立全面质量管理体系提供了技术支持。海尔在这一阶段的创新能力主要是引进国外的先进生产技术和设备，然后通过在实践中探索、在利用中学习的方式进行消化吸收，在此基础上进一步植入海尔的创新基因，同时注重产品的质量，从而成为国内家电市场领域的领先者。在单一技术能力阶段，海尔取得的主要成果如表3所示。

表3 单一技术能力阶段的主要成果

项目	1988年	1989年	1990年	1991年	1992年	1993年
成果	海尔冰箱以最高分获得中国电冰箱史上的第一枚金牌	海尔冰箱在提价的同时，市场占有率仍在上升	获得"金马奖""国家质量管理奖"，通过了美国保险商试验所认证	合并了青岛电冰箱总厂和青岛空调器总厂	海尔通过ISO9001国际质量管理体系认证	海尔冰箱股票在上海证券交易所挂牌上市交易

3.2 组合创新能力：1994~2005年

随着主要矛盾的转变，集团的战略也发生了改变，在企业发展的过程中，高层意识到单一技术能力的作用是有限的，仅仅依靠单一技术能力并不能满足企业发展的需要。企业要想能够进行良性发展，其创新能力要经常以组群的方式出现，通过它们的有机结合和协同作用才能促进企业高效、持续地发展，因此海尔高层开始注意到组合创新的重要性。通过组合创新可以把企业的核心能力转化为市场优势，从而提高自身的技术创新能力，同时组合企业的一些要素（如组织、管理、制度、技术、市场等）培育和形成企业的核心能力，组合创新与核心能力之间的关系如图2所示。

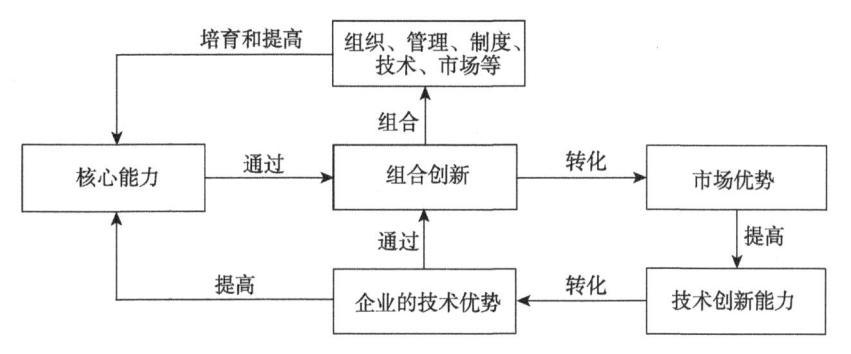

图 2 组合创新与核心能力之间的关系

郭斌等（1997）指出组合创新是一种受技术因素和组织因素制约的系统性协同创新行为，可以分为 3 个层次，即工艺创新与产品创新组合、重大创新与渐进创新组合、隐性创新效益和显性创新效益组合。在这里，本文把海尔的组合创新能力主要分为 2 个阶段，即组合创新的前期（1994~1998 年）和组合创新的后期（1999~2005 年），并从 3 个层次来分析海尔的组合创新能力，即业务层次、组织管理层次、思想文化层次，它们分别对应着技术与市场的组合，组织、制度、管理等的组合，战略与文化的组合，如图 3 所示。

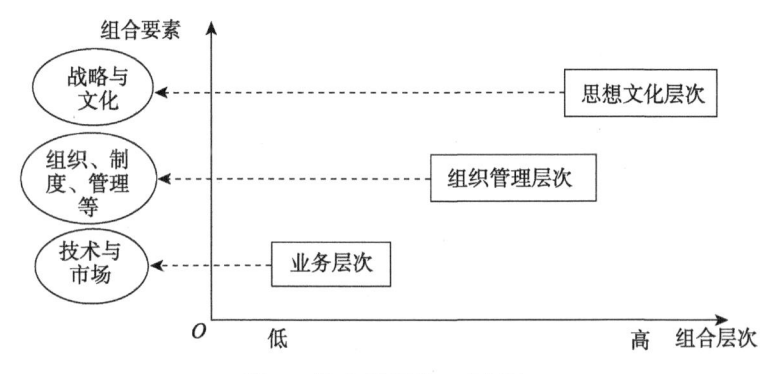

图 3 组合创新的 3 个层次

3.2.1 技术与市场的组合

市场驱动创新，一直是海尔的强项。海尔重视市场调查与研究，重视用户意见，通过不断积累资料，利用市场间的差异性、自身的创新理念和技术来提高自己的产品市场。不同地区的消费者对冰箱喜好不同。其中，宽大的冰箱产品受到北京市场消费者青睐，而瘦窄、秀气的产品在上海市场上容易被消费者接受。海尔为了满足市场上不同消费者的需求，结合自身的技术分别推出了不同样式的冰箱产品，如在上海市场，海尔推出了一种瘦窄型"小王子"冰箱。在洗衣机方面，由于一位女顾客抱怨市场上的洗衣机容量大、耗时、耗电、耗水，希望市场上能出售一种适合现代人的小洗衣机。海尔的决策人敏锐地抓住了这一市场信息，他们不仅重视这一信息，并且还对这一信息内的问题进行了大量的市场调查和研究，最终公司人员通过在技术上改进和研发，成功设计出了"小小神童"洗衣机，此款洗衣机在市场上销售量很大，获得了巨大的成功。与此类似的还有印度市场上的"不弯腰冰箱""地瓜洗衣机"等产品。海尔通过市场能力和技术能力上的组合创新，大大提高了自己的核心能力。海尔的技术与市场组合前后的模式如图4所示。

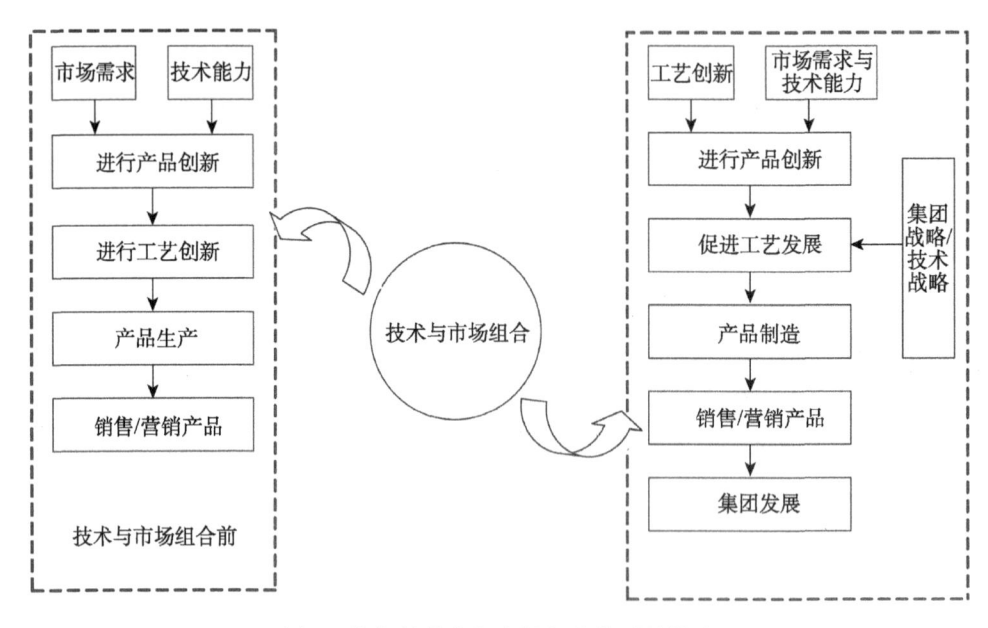

图 4　海尔的技术与市场组合前后的模式

在技术与市场组合前的模式中，可以看出技术和市场是脱节的，二者之间没有融合在一起，且此时是工艺创新追随产品创新，这种模式很可能会导致企业生产出来的产品并不是市场上需要的产品。技术与市场组合后的模式和技术与市场组合前的模式相比，技术与市场紧密结合，而且工艺创新超前产品创新，生产出来的产品更加符合市场和消费者的需要。

3.2.2　组织、制度、管理等的组合

在海尔的名牌阶段，海尔推行全面质量管理，主要目的是重塑员工质量的观念。海尔进入多元化阶段以后，海尔的扩张速度非常快，企业在内部管理上遇到了极大的挑战，企业的管理制度跟不上市场发展的速度。为了进一步提高员工的执行力和效率，张瑞敏提出了 OEC（overall every control and clear，全方位优化管理），核心含义是全方位地要求对每个人每一天所做的每一件事进行控制和清理，

概括起来就是"日事日毕，日清日高"。OEC 管理模式中的"日清日高"体现的是一种渐进式、阶梯式的改善思想，认为只有一个好的过程才能产生一个好的结果，将以前单纯对结果的管理转为对工作过程状态的控制。

从 1999 年开始，海尔进入了"三步走"的国际化阶段。海尔意识到自己和跨国公司的巨大差距，必须依靠速度和创新来赶超跨国公司，要激发每一位员工的斗志和激情，防止出现"大企业病"的情况，由此提出了"模拟市场"这一新的概念。通过把外部市场的压力转化为内部员工的压力，原来内部之间管理与被管理的关系、上下级的关系就变成了一种市场的关系，让企业里的每一名员工都能充分感受到外部市场的压力，提出了"市场链机制"。为了使市场链机制能够充分实行，海尔进行了全面和系统的流程再造，将传统的职能管理变成市场关系，颠覆了传统的组织结构，1998~2003 年这 5 年的时间里，海尔的组织结构就调整了 42 次，这也是海尔实行市场链机制的第一个阶段。在这个阶段中，主要以"三化"为原则，即信息化、扁平化、网络化，通过"三化"可以整合各种资源，使整个组织结构能更好地适应市场。海尔市场链机制的第二个阶段以"三主"为主，即主体、主线、主旨，让每一个员工从管理的客体变为主体，管理者的角色转变成经营者的角色，从用户那里得到订单并满足用户的需求，此时每一个人都成为战略业务单元，每个人都成为一个创新的主体。市场链机制的实施，提高了海尔响应市场快速变化和满足用户个性化需求的能力，加快了研发、创新的速度，各种成本得到明显降低，国际竞争力显著增强。

3.2.3　战略与文化的组合

在企业持续创新支撑体系中，战略创新是方向，文化创新是先导，企业的长期发展和持续创新都离不开战略的指导作用，战略创新可以为企业提供更好的前进方向，有效促进部门之间的协同，文化创新对企业员工的观念有重要影响，"敬业报国，追求卓越"的思想扎根于海尔的每个员工心中。20 世纪 90 年代后期到 2005 年，通过人人都是战略业务单元、市场链和信息化的流程再造，形成了基于战略愿景进行协同的创新型文化。在 20 世纪末期，海尔抓住了企业兼并重组的机会，为了扩大企业的规模，实行了兼并重组战略。1998 年前后海尔兼并了原青岛红星电器有限公司、广东顺德洗衣机厂、合肥黄山电视机厂等企业。当时很多企业发现兼并容易、整合难，海尔独创了自己兼并整合其他企业的方案，采取"激活休克鱼"的方式。海尔发现那些被兼并的企业失败的原因不是资金和技术方面存在问题，而是企业的管理方面存在问题，此时海尔具有成熟的管理思想，建立了自己的企业文化，可以通过"无形资产去盘活有形资产"的方式让那些被兼并的企业重新发展。同时，海尔集团创造与发展的"高层经理人员定期学习班"、每周的 3 次例会（周一的领域主会、周三的小微主会、周六的平台主会）都是海尔特有的学习文化，在学习班和 3 次例会中，领导带头学习并结合工作讲解管理与创新的哲理，共同分析决策与创新中存在的深层次矛盾，制定确实可行的战略，解决企业实际问题。

海尔通过对能力的组合创新，经过一个时期的发展，已经取得了良好的成绩，各部分创新指标得到明显提高，如表 4 所示。

表 4　组合创新能力后期研发业绩和市场反应速度

创新指标	1999 年	2001 年	2002 年	2003 年	2005 年
新产品产值率	80%	大于 80%	大于 82%	大于 85%	大于 85%
平均每个工作日产品数/件	1	1.3	1.5	1.8	1.8
流动资金周转率/天	118	88	83	78	小于 78
国内采购周期/天	10	7	5	3	小于 3
订单处理时间	7 天	1 天	小于 5 小时	1 小时内	1 小时内
每个工作日申报专利数/项	2.2	2.5	2.6	2.67	2.8

3.3　全面创新能力：2006 年至今

全面创新管理实质是组合创新管理的进一步发展。海尔的成功离不开它的"全面"管理理念，为了更快更好地满足市场上用户的个性化需求，提高创新的绩效和核心能力，海尔逐步实施了以全方位（战略、组织、制度、管理、市场、技术、文化）创新为基础、以全时空创新和全员创新为主要特色的全面创新管理，全面创新管理与核心能力的关系框架如图 5 所示。

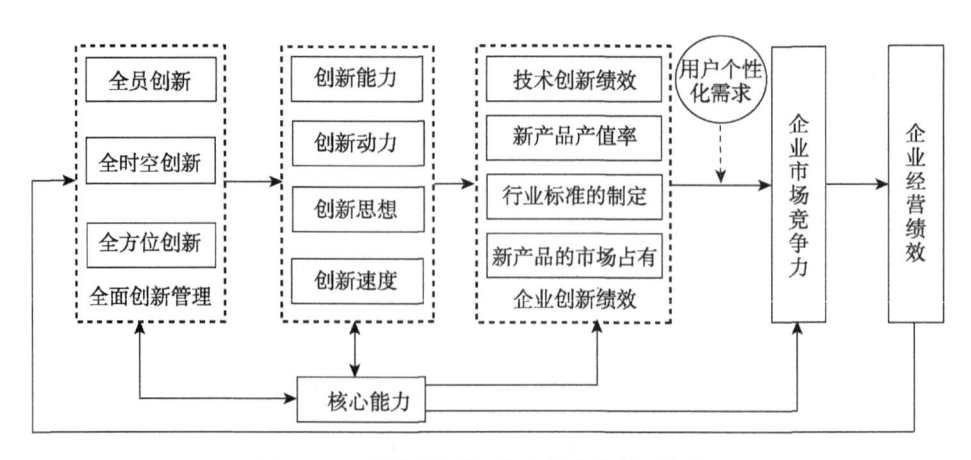

图 5　全面创新管理与核心能力的关系框架

企业经营绩效、核心能力、全面创新管理三者之间存在密切的正相关联系。全面创新管理的实施有助于提高企业和全体员工的创新能力、创新动力、创新思想、创新速度，在此基础上企业创新绩效也会随之得到提高，如果创新绩效提高的同时能满足用户个性化需求，那么企业市场竞争力无疑会提高，进而企业经营绩效得到提高。在全面创新管理框架中，全方位创新是内容，全员创新是主体，全时空创新是实现形式，全面创新能力内容及相互关系如图6所示。

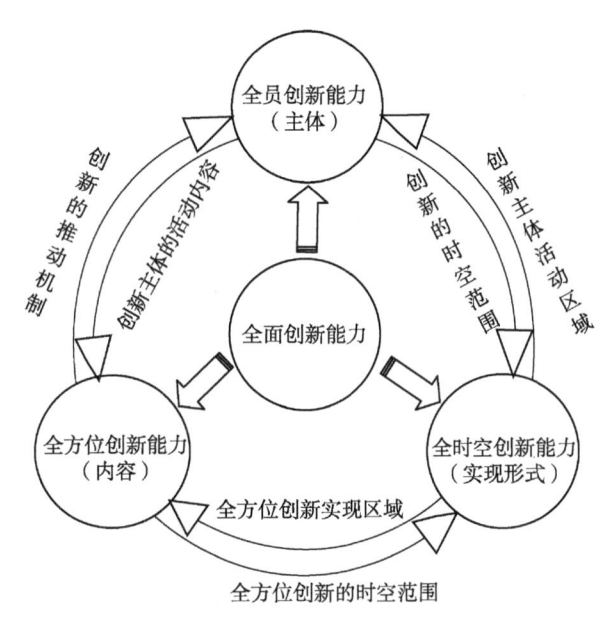

图 6　全面创新能力内容及相互关系

3.3.1　全方位创新能力

海尔的全方位创新主要是指战略、组织、制度、管理、市场、技术、文化这些要素的创新，通过对这些要素的创新来提升海尔的能力，这里主要叙述海尔的技术创新和组织创新。

技术创新是关键。海尔的技术创新建立在全方位开放创新平台上各要素创新的融合。海尔总能在市场出现大量需求之前生产出用户所需要的产品，而且会不断地对产品进行更新迭代，更新迭代的速度有时甚至超过了用户的想象。根据调查和分析，海尔能取得这样的突破，是因为海尔在进行技术创新时不仅仅抓住技术要素，还把组织、战略、文化、制度等要素考虑在内，整合各个创新要素进行技术创新、良性互动、协同匹配。海尔技术创新能力和规模能够不断实现升级、技术创新取得成功离不开两个坚实的基础（软件基础和硬件基础），海尔充分利用和整合技术资源，在自己技术能力的基础上有效利用外力，尽可能实现自主研发和借力开发相结合,在全球范围内构建外部创新网络中心来支撑内部的创新体系。同时,在企业内部塑造创新的文化,鼓励全员参与创新,各个部门协同创新,为海尔的创新奠定坚实的基础。基于全方位创新平台的技术创新及其支撑体系如图7所示。

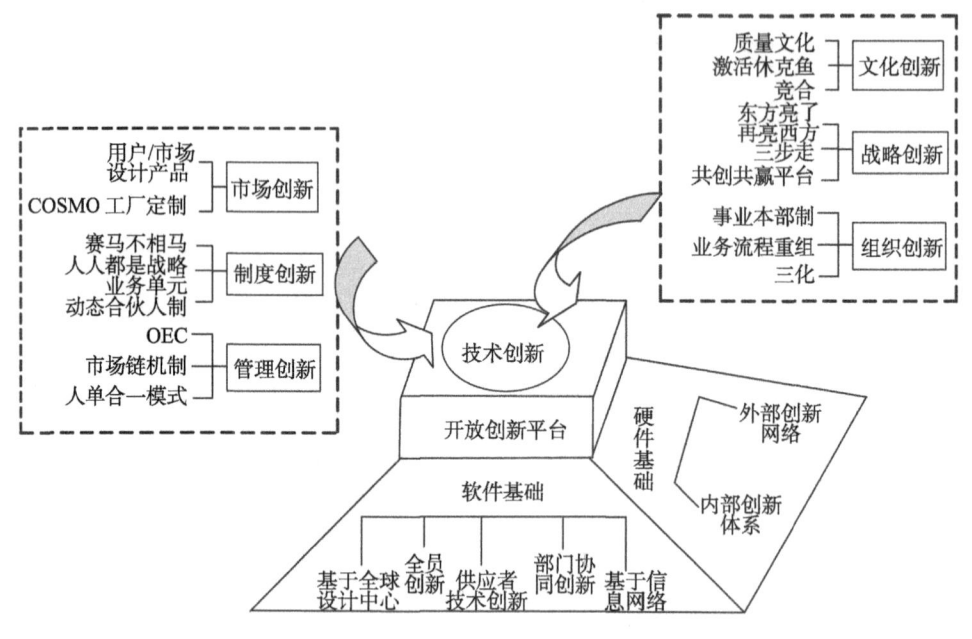

图7 基于全方位创新平台的技术创新及其支撑体系

组织创新是保障。战略决定组织结构,组织结构服务于战略,海尔在不同的时期提出了不同的战略,而且它的商业模式也在不断变革,从"流程再造"到现在的"人单合一"双赢模式,承接这些变化的中间载体就是组织结构。海尔的组织结构从传统的"正三角"变成"倒三角",再到目前的"节点闭环的网状组织",如图8所示。

在金字塔形的正三角组织结构中,金字塔顶部是海尔的最高领导层,接下来是一些中层管理者和基层管理者,最底端是一线员工,他们按照上层领导的指示做事。为了实现零库存下的即需即供商业模式,海尔的组织结构就必须改变过来,让员工处于顶端直接接触用户和市场,进行自主决策。原来的高层领导处于组织的最底端,中间层的领导得到大幅度精简,他们主要的职责是确定新的战略方向,发现新的市场机会,从原来的发号指令变为提供资源和服务,同时协调内部组织关系。这种改变不再是以领导为中心,而是以用户为中心。海尔在建立倒三角组织时,集团内部的8万人就变成了2000多个自主经营体,在倒三角组织中从上到下依次是一级经营体(一线经营体)、二级经营体(平台经营体)、三级经营体(战

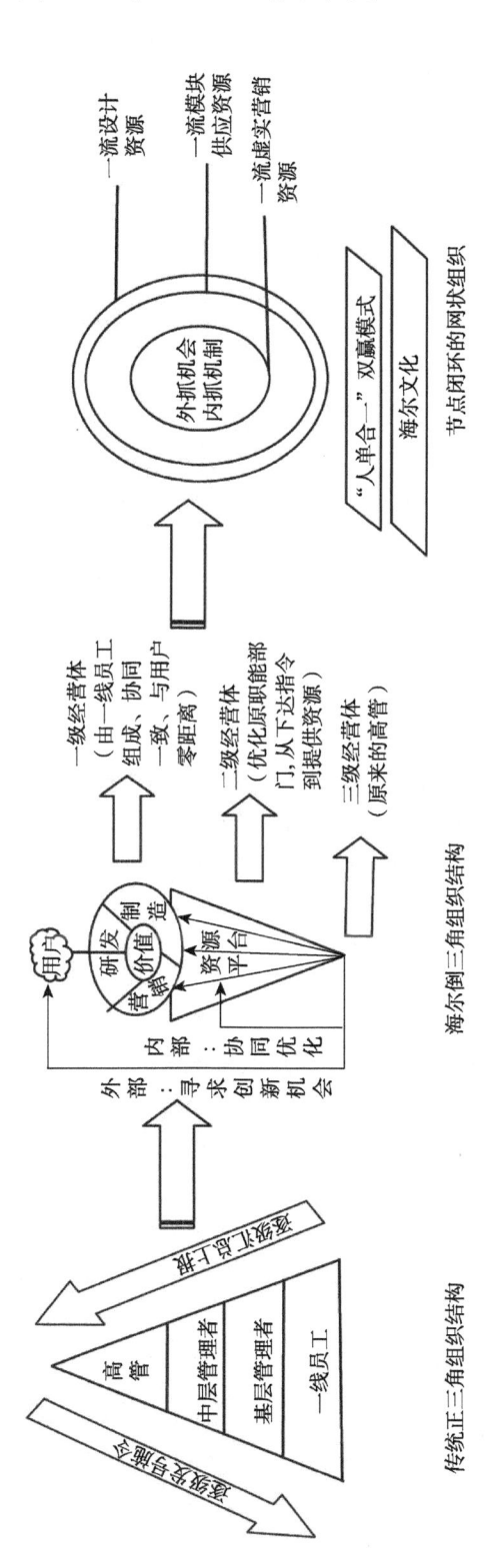

企业创新能力提升的路径——基于海尔集团 1984~2017 年的纵向案例研究

图8 海尔组织结构变化示意图

略经营体），每个经营体都有独立的用人权、分配权、决策权，各级经营体的主要角色和职责如表5所示。

表5 各级经营体的主要角色和职责

经营体的类型	主要角色和职责
三级经营体（战略经营体）	制定新的战略 发现并创造新的市场机会 负责各类自主经营体的升级换代 及时关闭二级经营体的"差距"
二级经营体（平台经营体）	给一级经营体提供资源和服务 对三级经营体提供的服务进行评价 及时关闭一级经营体的"差距"
一级经营体（一线经营体）	快速响应并满足用户的需求 识别并创造用户的需求 对二级经营体提供的服务进行评价

为了能够给那些面对市场的人提供最快的资源和最好的内部协调关系以保证市场，海尔决定进一步把倒三角组织变为节点闭环的网状组织，让"倒三角"彻底变成一张网，整个海尔就变成了一个平台组织。在这个平台组织中，每个人或者经营体要成为这个网状组织中的一个节点，如果在网状组织中找不到自己的节点，就成了冗员，要想进入其中就必须抢单竞聘。各级经营体之间通过目标承接、资源互换、包销定制等契约关系连接在一起，他们的共同目标是创造并满足用户的需求，为用户带来增值，网中的每个节点都能够感触到用户。用户的网是动态的，因为用户的需求处在不断变化中，所以海尔组成的这张网也是动态的，实行的是动态合伙制，优胜劣汰。

3.3.2 全时空创新能力

海尔对速度的理念是：用户资源是靠速度来赢得的，运用速度来抢占市场，使其成为用户第一选择的对象。海尔把实现"三个零"作为目标，即实现零运营成本、与用户零距离、零库存，所以在早期就提出了以市场链为纽带的业务流程再造。海尔实施同步开发流程，实现24小时不间断接力式开发，大大缩短了产品上市的时间，为海尔赢得了用户和市场。例如，海尔的"宝德龙"、"美高美"彩电利用3个月就上市了，而当时国际上的彩电研发周期需要9个月的时间；海尔和爱立信开发的蓝牙网络家电，用时不到3个月就开发完成。

全球化是海尔的一项核心能力，目前海尔在全球拥有十大研发中心、15个生产基地。截至目前，海尔的亚洲研发中心在工业设计专利和技术专利上累计获得477项，日本的研发中心在工业设计专利上的数量也达到195件，其中洗衣机为104件，冰箱为91件。海尔认为，如果想在某个地区的市场取得成功，那么就必须借助当地优势发展经营能力，正如张瑞敏所说的"世界就是我的人力资源部，世界就是我的研发部"。海尔的每个研发中心都要求必须依托当地的优势各自进行创新，致力于研发行业领先的产品。比如，海尔在新西兰建立的斐雪派克研发中心，已经研发出处于全球领先地位的产品，如洗碗机、压缩机、直驱变频电机等。其中，直驱变频电机的洗衣机因为具有安静平稳的运行优势，创造了在洗衣机上立起 2 米高"硬币塔"的吉尼斯世界纪录，另一种产品（搭载直驱变频电机的滚筒洗衣机）在短短一年半的时间里，在澳大利亚的市场份额从不到 1% 突然增长到 22%，跃居市场第一。

为了整合全球的创新资源，海尔在 2013 年建立了 HOPE 平台。HOPE 平台是海尔开放创新体系的核心，通过开放创新的理念、流程、方式将海尔和外部创新进行融合，从而为用户解决问题。HOPE 平台早期的业务主要围绕解决技术难题进行，而随着对跨产业技术和新兴技术的需求越来越高，HOPE 平台业务范围也逐渐扩大。目前来看，HOPE 平台的主要工作是整合全球资源及探索全球新资源，海尔拥有 3 张全球资源网，分别是全球一流模块化供应商资源网、全球一流研发资源网、全球一流用户资源网，通过整合这 3 张资源网来满足用户需求。在 HOPE 人才碰撞和资源整合的作用下，目前已经催生了一些新的产业，如无线供电产业等。

3.3.3 全员创新能力

海尔一直坚持认为企业最有价值的资产是员工的创新，应该为员工的创新提供空间和资源，从早期的 OEC 管理法到人人都是具有创新精神的战略业务专员，再到现在的人人都是创客，这些都体现了海尔对员工创新的重视和激发。张瑞敏认为具有创新精神的人不仅存在于企业的内部，还存在于企业的外部，如果能把他们的创新思想为海尔所用，那么海尔必然能取得突破性发展。因此，海尔的全员创新能力不仅仅是指企业内部员工的创新能力，还包括企业外面的合作伙伴和用户创新的能力。海尔采取"在线+在册"的形式，其中"在线"是指与海尔签订劳动合同的员工，"在册"是指在海尔网站上进行注册的供应商、用户等群体。

互联网时代的商业模式要求与用户零距离，在海尔内部称之为"端到端"，一端指内部的员工，另一端则是用户，为此海尔提出了从"客户"到"用户"的转变，虽然二者之间仅仅只有一字之差，但含义截然不同。客户可能与企业只会发生一次交易，只是产品终端的消费者，而用户则会参与产品的设计和体验，他们变成了产品的设计者、生产者和消费者。海尔非常重视用户创新，提出了"用户黏性""用户乘数"等概念，希望借助用户的智慧来推动海尔创新能力的提升。其中，海尔的 COSMOPlat 是围绕用户创新和用户价值的智能制造体系，包括用户体验、下达订单、订单受理、柔性制造、售后服务等多个环节。德国的西门子、美国的通用电气公司更注重"黑灯工厂"及制造过程的自动化，而 COSMOPlat 的主要特点是将制造体系与用户创新和用户体验相连接，从而打造出和消费者零距离的体系，将客户变成海尔的终身用户。通过与用户交互，海尔将用户创新能力转化成了自己的创新能力，如海尔在市场上推出的"天樽空调""云熙二代洗衣机"等产品都来自用户的创新思想，这些产品的推出都极大地提高了海尔的核心能力和市场竞争力，图9显示了海尔在全面创新能力时期取得的成就。

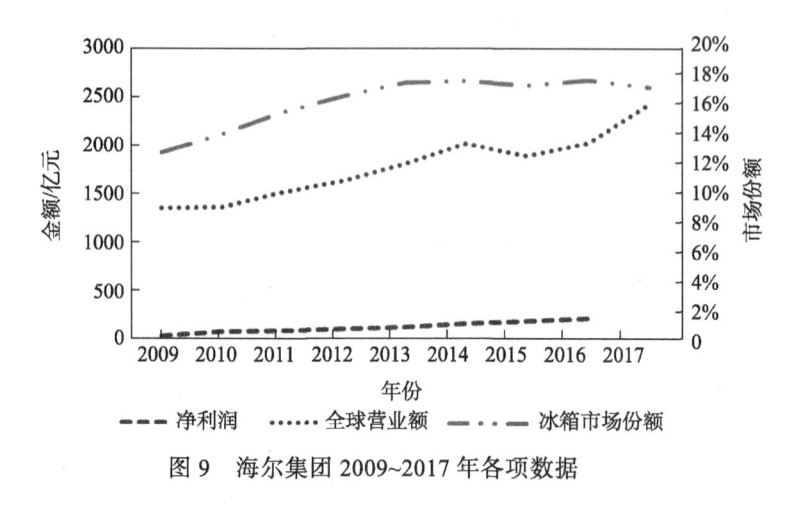

图 9　海尔集团 2009~2017 年各项数据

从图9可以看出，海尔的全球营业额、净利润、冰箱市场份额基本呈现逐年上升的趋势。2017年海尔集团的收入是2419亿元，与2016年相比全球范围内增长20%，与此同时全球的经营利润的增长达到41%，这是近些年海尔增长最快的一年。海尔能取得这样的成就，与海尔创新能力的提升密不可分。

4　结论与展望

4.1　结论与讨论

4.1.1　研究结论与启示

本文通过对海尔集团30多年创新能力实践的纵向案例研究，梳理了海尔集团创新能力提升的路径。海尔创新能力是一个动态积累的过程，是内外部因素共同作用的结果，是一系列汲取和内化核心技术源的过程。通过"干中学""用中学""研发中学""互动中学"等组织学习方式，对内外部的知识进行有效整合，转化为自己的核心能力，进而推动海尔创新能力的升级。早期，由于市场和技术的不断发展，市场、技术、组织、制度、文化等之间的不协同日益凸显，海尔的高层人员及时意识到了仅靠单一的技术能力不可行，必须从单一的技术创新能力转向组合创新能力，最后发展到互联网时代的全面创新能力，这是一个从量变到质变的过程。

目前，中国很多企业都在进行转型升级，走着自己的创新道路，但创新能力不足是普遍现状，急需提升自身的创新能力。由海尔创新能力提升的过程可知，要素协同与创新能力的提升之间存在密切联系，不同层次的创新能力要有不同层面的要素协同相适应，多维度要素组合以实现综合能力，推动能力从非核心向核心转化，随着要素参与度增加，企业创新能力可以由单一能力向复合能力发展，表现为企业从技术创新能力、市场创新能力等，向组合创新能力和全面创新能力发展。组合创新具有多层次，企业在不同的发展阶段要采取相应的组合创新形式，从而发挥组合创新能力对提升企业创新能力的推动作用。全面创新管理是组合创新管理的进一步发展，虽然并非任何企业都能克隆海尔的全面创新管理模式，但其全面协同、系统化的理念是每个企业都可以借鉴的有效内核，可以使全面创新能力真正成为企业的核心能力。

4.1.2 理论贡献

第一，已有文献对自主创新的定义主要从技术要素出发，强调封闭环境下，创新主体对核心技术的独占性。本文将自主创新所涉及的要素扩展到多要素角度，同时强调自主创新是在开放环境下的创新，在开放环境中，企业自主创新能力的发展可借助外部力量，但要保持对核心技术知识的控制，最终变成自己的核心能力。

第二，现有文献对能力发展的研究，主要关注核心技术来源的差异（Lavie，2006），而本文从系统论的视角，指出了创新能力的提升路径，它是从涉及单一要素的低阶能力到涉及多种要素协同作用的高阶复杂能力的过程，突破了以往研究对于创新能力发展仅关注技术要素的局限，极大地丰富了企业创新能力的内涵。

第三，全面创新能力的提出，对企业创新能力建设具有重要的指导意义，全面创新能力是对创新能力更为广义的定义。本文的全面创新更加强调战略驱动、资源配置、协调整合的全局性意义，强调全局观、统筹观等对于创新的重要性，为企业提供了将战略管理、组织设计、文化建设与产业趋势相结合的系统观和整体观，可以助力企业塑造可持续创新能力和核心竞争力。

4.2 研究局限与未来展望

本文严格遵循了案例研究的方法论，而且选取了创新实践领域具有代表性的企业作案例分析，但由于案例分析本身的局限性，本文研究仍然存在不足之处。本文所展示的创新能力提升的路径只是众多能力提升路径之一，并不是唯一的路径选择，也有许多企业是从自主创新开始的，最后也取得了成功。另外，理论的信度和效度有待更多案例证实，未来可以采取多案例的研究方法、动态仿真法等去检验和扩展研究结论的有效性。

参 考 文 献

陈劲. 1994. 从技术引进到自主创新的学习模式. 科研管理, (2): 32-34, 31.

郭斌, 许庆瑞, 陈劲, 等. 1997. 企业组合创新研究. 科学学研究, (1): 12-17.

魏江, 黄学. 2015. 高技术服务业创新能力评价指标体系研究. 科研管理, 36(12): 9-18.

吴晓波, 马如飞, 毛茜敏. 2009. 基于二次创新动态过程的组织学习模式演进: 杭氧1996~2008 纵向案例研究. 管理世界, (2): 152-164.

许庆瑞. 2009. 应用全面创新管理提高中小型企业创新能力研究. 管理工程学报, 23 (S1): 1-6.

许庆瑞, 郭斌, 王毅. 2000. 中国企业技术创新: 基于核心能力的组合创新. 管理工程学报, 14(S1): 1-9.

许庆瑞, 吴志岩, 陈力田. 2013. 转型经济中企业自主创新能力演化路径及驱动因素分析: 海尔集团 1984~2013 年的纵向案例研究. 管理世界, (4): 121-134, 188.

张军, 许庆瑞. 2015. 企业知识积累与创新能力演化间动态关系研究: 基于系统动力学仿真方法. 科学学与科学技术管理, 36(1): 128-138.

张军, 许庆瑞, 张素平. 2014. 知识积累、知识激活与创新能力关系研究. 中国管理科学, 22(10): 142-148.

赵晓庆, 许庆瑞. 2006. 技术能力积累途径的螺旋运动过程研究. 科研管理, 27(1): 40-46.

Eisenhardt K M, Martin J A. 2000. Dynamic capabilities: what are they?. Strategic Management Journal, 21(10/11): 1105-1121.

Guan J, Ma N. 2003. Innovative capability and export performance of Chinese firms. Technovation, 23(9): 737-747.

Helfat C E. 1997. Know-how and asset complementarity and dynamic capability accumulation: the case of R&D. Strategic Management Journal, 18(5): 339-360.

Helfat C E, Peteraf M A. 2015. Managerial cognitive capabilities and the microfoundations of dynamic capabilities. Strategic Management Journal, 36(6): 831-850.

Kor Y Y, Mesko A. 2013. Dynamic managerial capabilities: configuration and orchestration of top executives' capabilities and the firm's dominant logic. Strategic Management Journal, 34(2): 233-244.

Lavie D. 2006. Capability reconfiguration: an analysis of incumbent responses to technological change. Academy of Management Review, 31(1): 153-174.

Prahalad C K, Hamel G. 1990. The core competence of the corporation. Harvard Business Review, 68(3): 275-292.

Schreyögg G, Kliesch-Eberl M. 2007. How dynamic can organizational capabilities be? Towards a dual-process model of capability dynamization. Strategic Management Journal, 28(9): 913-933.

Sirmon D G, Hitt M A. 2009. Contingencies within dynamic managerial capabilities: interdependent effects of resource investment and deployment on firm performance. Strategic Management Journal, 30(13): 1375-1394.

Teece D J. 2007. Explicating dynamic capabilities: the nature and microfoundations of (sustainable) enterprise performance. Strategic Management Journal, 28(13): 1319-1350.

Teece D J, Pisano G, Shuen A. 1997. Dynamic capabilities and strategic management. Strategic Management Journal, 18(7): 509-533.

基于序进律的创新能力提升机制研究[①]

企业创新能力循序渐进的发展是企业在较长一段时间通过组织学习活动不断积累知识的结果。能力循序渐进的发展与企业家的支持作用、全员学习以及企业家与全员在统一目标下协同作用密不可分。

1 企业家对企业创新能力提升的作用机制研究

企业家作为企业创新与变革的代理人。无论是渐进性创新,还是根本性创新,企业家一般都被认为是推动创新、领导变革的关键因素(Collins et al., 1989)。科特认为,企业家的主要职能是带来建设性或适应性变革。企业家应有一种长期的注重未来的倾向,以提供一种超越下属短视行为的意识,而管理者则注重短期目标,注重自己部门和集体日常问题的解决(Gardner, 1986)。

新古典经济学中的假设是完全信息和完全市场,这使得企业家变得无足轻重。如果说新古典经济学把企业作为"黑箱",那么现代企业理论则打开了这个黑箱,突出了企业家在企业生存和发展中的重要作用,指出企业家是决策者(奈特)、创新者(熊彼特)、机会主义者(科斯)。早在20世纪60年代,英国经济学家兰格力士(Langrish)就已经对创新商业成功的因素做过详细的调查,其研究结果被后人广为引用,兰格力士等调查了1966年和1967年被授予英国女王技术创新奖的84个新项目,指出企业创新成功的首要因素就是创新组织中有一个处于权威地位的杰出人物——企业家;可能导致创新延迟或失败的因素中很关键的一个就是企业家创新意识薄弱、创新能力欠缺。Tidd(2000)指出创新型企业应具有十大特征,其中包括关键个人,在中小企业里企业家是最为关键的人,很大程度上决定了企业核心竞争力。创新能力是企业核心竞争力的重要组成部分,可见企业家对创新能力有着决定性作用。本文主要从三个方面探讨企业家对企业创新能力的影响机制:①企业家的学习有助于促进企业学习氛围的形成;②企业家社会资本为企业培育创新能力提供了资源和信息基础;③培育企业内部的企业家精神,为企业培育创新能力提供了良好文化/氛围。

1.1 企业家的学习有助于促进企业学习氛围的形成

罗宾斯将学习看作由于经验而发生的相对长久的行为改变。Alvarez 和 Barney

[①] 节选自:许庆瑞,张军. 企业自主创新能力演化规律与提升机制. 北京:科学出版社,2017:第8章。

把知识的分类——信息和诀窍引入了企业家研究的领域。学术界对于企业家学习过程的特点有两种不同的看法：一是非线性和非连续性，主要是对"关键事件"的学习；二是企业家学习应当被描述为一种连续的过程，这种过程有助于发展必要的知识，以便成立和管理企业的运营活动。事实上这两种看法并不矛盾，企业家在经营实践中逐步吸收和积累知识的行为既遵循一定的规律，具有某种必然性，又会随着主客观条件的变化而具有偶然性，某些"关键事件"或重大事件的发生会促使企业家的学习过程和学习能力发生转折性变化。

Young 和 Sexton 将企业家的学习程序区分为"外部程序"和"内部程序"。区分两类学习的标准是学习的频次，其他可区分的指标有"自我学习"、"对他人的临时访问"和"对他人的经常性访问"等。对于企业家学习的途径，魏江认为企业家的学习应归为网络学习。企业家学习的对象也非常广泛，包括竞争对手、中介咨询专家、合作者以及朋友等。Collins 则指出学习可包括合作、共同学习、咨询、集体行动等途径。

企业家的学习既是知识的获取过程，也是复制以及传播过程。企业家在组织学习的过程中占据了主导地位，不仅通过自身的学习充实了管理知识、提高了管理能力，而且在"干中学"和不断积累的知识和资源基础上所做出的决策是企业独特性竞争优势的重要源泉。企业家通过制定组织的学习导向，增强了组织吸收知识的能力。"吸收能力"是认识新的外部信息的价值、吸引与应用外部信息并获得商业结果的能力；公司的吸收能力是建立在对已有知识的路径依赖上，通过长期积累形成的（Cohen and Levinthal，1990）。而且，企业知识吸收的能力是创新的源泉（Zahra and George，2002）。

例如，中国海尔从一个年亏损 147 万元的小厂，经过多年的发展成为一个年销售额达 1500 多亿元人民币的跨国企业。其成功的秘诀最重要的是海尔人做事情的态度和不断学习的精神。每当海尔兼并一家新的企业，先进入该企业的不是技术人员而是海尔文化中心的员工，可见海尔是一家注重学习的企业，是一家学习型的企业。海尔良好的学习能力和氛围的形成与张瑞敏不断学习、引导和示范密不可分。

1.2　企业家社会资本为企业培育创新能力提供了资源和信息基础

中国企业技术创新活动从一开始就面临着创新资源的约束，调查显示，民营企业创新的资源制约主要有：缺乏技术人才、缺乏创新资金、缺乏市场信息以及难以获得合适的技术等（中国企业家调查系统，2005）。在内部创新资源约束下，企业如何有效地获取、整合、吸收、利用外部创新资源？根据社会资本的资源观，社会资本很大程度上影响了企业能否及时并准确地获取信息、知识和其他互补的资源。

企业家运用自身与政府、各种行业协会、银行机构、商业伙伴、用户等建立的社会网络，有效地获取企业内部所缺乏的技术人才、创新资金、市场信息、合适的技术等，从而作用于企业创新能力的提升。随着全球化竞争的日益加剧和知识经济的不断发展，我国企业需要通过创新来增强竞争力。基于此，本部分内容尝试揭开企业家社会资本对企业创新能力提升的影响机理。

企业家作为企业与外部组织之间的重要桥梁，对企业获取外部创新资源有着重要的影响。企业家的工作嵌入在跨组织边界的社会情境中（Barnard, 1938），企业家大约50%的工作时间和精力是花在跨组织边界扫描以及和外部行为主体的交流上。企业家的这种边界扫描活动以及与外部组织/机构之间的交互行为形成了企业家社会网络。通过与供应商、顾客、同行企业及科研院所等建立网络关系，企业获得创新所需的资源和信息的机会与能力会随之增强。石秀印认为，企业家作为企业与社会环境的关键"节点"，必须有能力为企业获取所需的资源，包括政府行政与法律资源、生产与经营资源、管理与经营资源、精神与文化资源等。

此外，我国企业正处在经济转型背景下。转型经济有两个特征：①制度不确定性；②强调非正式的人际关系的作用。中国的转型采用的是"渐进主义者"的方式，政府在推进重点项目或者支柱产业中有着重要作用。渐进式的转型背景中会存在制度的不确定性问题，该问题一定程度上会"激励"企业家通过建立关系网络弥补制度上的缺失带来的信息不对称性。因此，在转型经济的背景下，企业家社会资本能够起到缓冲制度不确定性给企业成长带来的不利影响的作用。

企业家社会资本对企业创新能力的培育和提升的作用体现在以下方面。

第一，获得关键资源。创新活动的开展需要投入大量的资源，因此获取企业发展所需的关键资源至关重要。这些资源包括市场、技术、资金、知识等，企业家的社会资本在获取企业所需关键资源方面的作用十分明显，这些资源也包括政府和政策支持。企业家社会资本是企业家的信息通道，它不仅为企业家提供非正式渠道的信息，还成为正式渠道的信息来源。在传统的科层组织结构或计划经济下，正式渠道的信息传递速度慢、效率低，企业家处于信息短缺状态。在市场经济下，由于信息资源本身具有外部性、不确定性等特征，市场对其配置也常处于失灵状态，企业家处于逆向选择和道德风险不利境地。大量的事实表明，作为制度存在的网络是信息资源配置的有效机制。即使在如今的信息时代，爆炸的信息也只有经过收集、筛选、甄别、储存和传输才能成为企业家的信息。在企业家网络中，网络提供的信息相对而言更准确、更快捷、更稳定；企业家借助外脑完成了从信号到信息的转换，使其迅速感知环境变化并做出反应，从而可以改变其思维方式，融合多人或多个团队的想法产生一个深思熟虑后的协调结果。

第二，企业家社会资本有助于促进组织知识创造。知识分为隐性知识和显性知识，隐性知识是形成竞争力的关键要素，但是隐性知识不是通过市场交易获得的，需要通过"密切接触"来获得，企业家社会资本帮助企业家加强知识的共享和合作，尤其是隐性知识的传递，从而获得新的想法，促进企业创新。此外，企业家社会资本的价值实现依赖于信任机制的作用，这种机制使企业将内部员工与外部的行为者（供应商、用户、科研院所等）联系起来，通过知识共享与知识组合，产生新的创新思想，进而促进企业创新。

1.3 培育企业内部的企业家精神，为企业培育创新能力提供了良好文化/氛围

企业家精神表现为超常的胆识、敢冒风险、勇于打破常规、对潜在商业机会敏锐的识别能力和超强的组织管理和控制影响能力。

Cantillon 区别企业家与非企业家的标准就是面对不确定性时承担风险的能力。作为交换和流通中介人的企业家，在促成交易的同时必定承担了一定的风险。以技术创新为例，技术创新的本质就是创造性进行科技成果的产品化、商品化的活动或过程，是创造自有知识产权的技术经济活动。正是因为这一创造性特征，技术创新就必然是一个在不断探索中前进的过程，在这个过程中由于结果是不完全确定的，所以当一个企业家决定创新时，他实际上是冒着一定的风险的。

企业家在面临创新活动时至少承担了三个方面的风险：一是来自技术本身的风险。新的创意表面上看来是可行的，但在实施新发明和新构思的时候，会由于对技术本身的复杂性和相关条件估计不足，技术开发半途而废。新技术的研究和开发需要一定的时间，短则一两年，长则十年。新技术开发成功之后，市场中有可能已经产生了更加先进的技术。二是市场环境变幻莫测，当技术成熟准备进入市场时，由于错过了有利时机而创新失败。同时，新产品进入市场以后，由于竞争厂商的无成本的模仿行为而受到冲击。另外，替代品的出现也会在一定程度上削弱新产品的竞争力。三是宏观环境难以抵御的风险。政治和法律、技术、文化、自然物质条件以及经济等宏观环境发展的因素发生重大变化时，企业无法通过自身的营销努力来化解此类风险。尽管创新具有巨大的风险，但高风险往往与高收益联系在一起。经济学家对技术创新投资收益率的测算为：私人收益率一般在30%以上，最高的达180%；社会收益率在60%以上，最高的达700%。一般长期债券的收益率仅为8%。

企业家精神有助于在企业内部营造鼓励创新的文化氛围。公司文化对员工的工作方式以及企业家才能的发挥有着重要的影响，对失败的创新与风险创业行为进行管理的方式将直接影响到公司是否支持一种鼓励创新和创业的环境与文化。企业的创新活动存在较大的风险，如果企业没有崇尚创新与容忍风险失败的文化，就不可能在整个公司范围内促进全员创新的开展。

2 学习机制

除了上述企业家的学习、企业家社会资本和企业家精神对企业创新能力的作用，还要通过组织层面积极地学习来增强企业创新能力。我国企业相对于国外企业来说还存在一定的技术差距，要缩小这个差距需要一个漫长的过程，组织学习贯穿在这一过程的始终。

组织学习模式与企业创新能力提升所处的阶段往往存在某种规律性演化联系，组织（技术）学习中的技术引进基础与消化吸收导向很大程度上决定了技术创新能力的提升程度，技术创新能力的水平高低又反过来影响企业的技术引进决策与消化吸收策略。虽然任何一个组织在任何时候都可能同时存在几种组织学习模式与创新能力建构活动的相互作用，但某一种模式会在一定的创新能力提升阶段中在重要性和潜在有效性上占据支配地位。

2.1 组织学习的内涵与构成

组织学习的概念是 March 首先提出的，如今已经形成多学科交叉研究的趋势。组织学习并不仅仅限于从企业行为理论的角度来研究，而是与企业的战略制定和获取核心竞争力这一更为重大、更为实际的问题联系起来。组织学习是企业在特定的行为和文化背景下，建立和完善组织的知识与运作方式，通过不断运用相关的方法和工具来增强企业适应性与竞争力的方式。于海波等认为，组织学习是指组织为了实现自己的愿景或适应环境的变化，在个体、团队、组织内和组织间进行的，不断产生和获得新的知识和行为，并对其进行解释、整合和制度化的、循环的社会互动过程。

组织学习模式是抽象地描述组织学习的过程，对分析该过程中发生的问题有很好的辅助作用。目前组织学习模式主要有 March 提出的利用性学习与探索性学习模式；Senge 提出的适应性学习与创造性学习模式；Hedberg 提出的适应性学习、转换性学习和改变性学习 3 种模式；Meyers 提出的维持性学习、适应性学习、过渡性学习和创造性学习 4 种模式等。

2.2 组织学习对企业创新能力的作用

后发企业创新能力持续发展，要求组织从"低积累、弱应用"演进到"高积累、强应用"的阶段，组织倘若长期停留在某一状态，没有动态进步发展到"高积累、强应用"的阶段，最终就不能获得企业创新能力的突破。企业创新能力的演化源于企业的技术学习，随着相关技术知识的吸收、转化和运用，其是一个复杂的动态过程，主要包括社会化、外部化、综合化和内部化 4 个阶段，表现为不断螺旋上升的连续过程和统一整体。

后发企业创新能力的发展通常经过三个阶段，即从仿制到创造性模仿，最后到自主创新，在这一过程实现"单一要素能力→多要素能力组合→全要素协同能力"的转变。每个阶段中创新能力积累与组织学习模式是相互匹配的。

2.2.1 仿制阶段

企业通过技术引进，开始接触到先进的技术和组织管理，由此走上主流的技术发展轨道。然而，此时的企业并不能很好地使用引进的技术和管理，只有通过实践中的学习才能获得使技术发挥效力的技能，也才能建立起强大的技术能力。因此，在引进技术后必须致力于通过内部的干中学和用中学进行消化吸收，即必须及时从能力提高的外部途径转到内部途径。

2.2.2 创造性模仿阶段

仿制阶段从引进到消化（干中学），形成仿制能力，为进一步的创造性模仿打下了基础。但是，对生产技术的吸收并不能直接形成创新能力，因为这是两个不同层面的技术能力，对企业的知识性质有完全不同的要求。因此，从仿制能力到创造性模仿能力，企业必须有一个知识的飞跃，如我国许多企业引进技术后，在短短的几年中（一般是3~5年）就建立起强大的仿制能力，但此后创造性模仿能力的建立耗费了许多年（8年以上），至今仍只有少数企业得以成功。

依靠企业自身来完成这一飞跃是相当困难的，即使成功，也肯定会成本高或时间慢。于是，内部途径不利于企业迅速建立创新能力，更无法在基于时间的竞争中取胜。因此，再一次从外部途径开始，仍然是企业成功的捷径。

当然，这个阶段的外部途径不是简单的技术引进，因为构成创新能力的知识无法像生产技术一样以专利、图纸等完全显性的形式出现，而是存在于研发人员的大脑中，在个人和组织行为以及组织关系中显示出来。这类知识的获取要求获取者和被获取者之间在研发中密切地接触，由此熟悉和了解研发知识的显示方式，以促进这些知识的转移。因此，这个阶段的外部途径处于一个较高的水平，是内外途径螺旋运动的又一次循环的起点。同样，企业从外部获取的研发知识必须经过吸收过程，才能为组织所掌握。这个阶段的吸收方式是内部 R&D（research and development，科学研究与试验发展），以此较高级的方式进行研发技能的消化吸收。

2.2.3 自主创新阶段

自主创新虽然和创造性模仿一样都是创新，但两者之间有着本质的区别。自主创新阶段需要企业超越前面两个阶段的静态效率概念，建立其动态效率的观念；从孤立地考虑自身到从全行业甚至全球来考虑自己的发展。这样的观念革命不是仅仅通过具体的研发中学就能完成的，必须拓宽企业的视野，将自己放在宽广的环境中，从知识网络中吸取最深刻的思想，以发展企业的智慧。

同时，企业需要深刻分析和反思产业与技术发展趋势，深刻理解市场和用户的潜在需求，由此确定自己将来的技术-市场定位和产品-工艺技术开发战略。因此，企业必须将从外部途径获取的知识与自己思考创造的知识结合起来，在对外部知识营养的充分吸收后，再自身进行修炼、体会和洞察，从而形成自己独特的核心能力。

创新能力的发展与组织学习如图1所示。

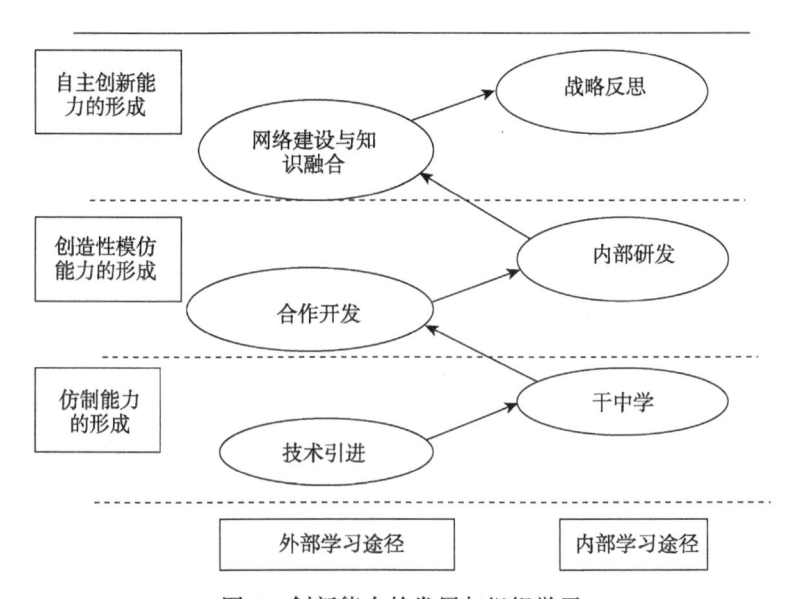

图1 创新能力的发展与组织学习

上述不同类型的组织学习主导模式与企业创新能力发展之间存在动态匹配的关系。企业在技术能力几乎为零时，将同行的标杆企业作为学习目标，模仿并吸收其成熟的公共性生产技术，这是后发企业尽快提升其创新能力的最直接有效的方式；随着其实现了初步的知识积累并奠定了一定的规模基础，为了获取更多方面的技术外溢，后发企业需审时度势，采取可快速完成企业知识积累目标的利用性学习模式，通过合作开发和内部研发相结合的方式来挖掘出更多新知识；在前面两个阶段技术和资金的双重积累下，后发企业有能力向自主创新迈进，此时以产学研为支撑平台，通过已经建立的社会网络采取长期获益的探索性学习模式，为企业的多元化发展提供支撑。此外，企业还需要根据战略目标、成长阶段的特点以及现有创新能力和吸收能力等条件选择组织学习模式。

2.3 海尔全面创新学习机制

海尔经过持续创新，逐渐形成了基于企业家创新精神的海尔全面创新学习模式。该模式顶层是企业的架构创新学习，除了以企业创新精神推动的企业战略创新学习和文化创新学习，主要通过严格的产业化管理制度——OEC（overall every control and clear，全方位优化管理）制度、人人是战略业务单元等控制企业的创新过程，降低企业创新风险。该模式的基础支撑力量是海尔创新学习主要职能部门，其中海尔中央研究院的主要作用是做超前、具有国际水平的探索性技术创新学习，培育企业核心的、前沿的和系统的技术创新能力，为其他部门的产品开发提供必要的技术支持，并整合企业内外的技术研发资源，领导和管理企业研发网络，负责产品生命周期及企业技术创新流的管理。同时，海尔大学和海尔商学院为海尔提供员工创新能力的基础培训及知识共享，更重要的是提高企业非技术创新能力，以美国通用电气公司管理培训中心为榜样，成为海尔员工思想锻造的熔炉和中国企业界的"哈佛大学"，以及海尔创新思想孕育与传播的发源地。

海尔的组织学习活动主要表现在外部创新学习资源的整合和内部部门之间的协调上。一方面，海尔整合外部创新学习资源，形成了跨企业创新学习网络，包括企业创新学习的国际资源。另一方面，海尔跨部门创新学习的协调方式，形成了内部创新学习网络，其中"型号经理"是海尔技术创新主要的横向协调模式和产品一体化创新的核心，几乎所有职能部门都参与产品创新，包括研发部门、销售部门、物流部门、生产部门、设计部门和财务部门等，同时也利用 ERP（enterprise resource planning，企业资源计划）管理平台管理创新过程，这一产品与技术创新学习的协调模式至今在海尔执行得比较成功。这样就形成了目前海尔集团创新学习的基本模式。

海尔全面创新学习机制模式的成功之处在于以市场为企业创新学习的焦点，海尔全面创新学习机制模式的特点是以企业家创新精神为主导，以及把创新冲突中心引向市场竞争，把市场作为创新者与员工产生冲突的缓冲地带，这样既保护了企业创新的倡导者和推动者，也阻断了传统的人际关系在企业改革时的负面作用，建立了企业利益高于员工个人或小团体利益的创新文化氛围，使企业全面创新系统达到协同与和谐，也使企业家赢得了个人的威望和员工的信任，而不是成为企业改革与创新的焦点和牺牲品。另外，企业家持续推动的创新学习，提高了管理人员和基层员工的基本素质，为企业创新奠定了最重要的基础，充分体现了企业创新"以人为本，学习为魂"的思想。

在海尔的具体创新活动上，主要集中在通用性创新学习和开发性创新学习，并取得了很不错的创新绩效，但在探索性创新学习方面显然做得不多，而且探索性创新学习在海尔整个创新实践中的地位也不是很重要，所以其成功的创新学习管理经验也主要来自通用性创新学习和开发性创新学习，创新学习比较依赖严格的制度化管理也是可以理解的，因为这些创新学习活动结果的确定性远比探索性创新学习活动高。

参 考 文 献

中国企业家调查系统. 2005. 企业文化建设: 认识、现状和问题: 2005 年中国企业经营者成长与发展专题调查报告. 管理世界, (6): 89-100.
Barnard C I. 1938. The Functions of the Executive. Cambridge: Harvard University Press.
Cohen W M, Levinthal D A. 1990. Absorptive capacity: a new perspective on learning and innovation. Administrative Science Quarterly, 35: 128-152.
Collins D, Ross R A, Ross T L. 1989. Who wants participative management? The managerial perspective. Group & Organization Management, 14: 422-455.
Gardner J W. 1986. The Tasks of Leadership. Washington: Independent Sector.
George G, Zahra S A, Wood D R. 2002. The effects of business-university alliances on innovative output and financial performance: a study of publicly traded biotechnology companies. Journal of Business Venturing, 17(6): 577-609.
Tidd J. 2000. From Knowledge Management to Strategic Competence: Assessing Technological, Market and Organizational Innovation. London: Imperial College Press.
Zahra S A, George G. 2002. Absorptive capacity: a review, reconceptualization, and extension. Academy of Management Review, 27(2): 185-203.

基于知识积累的创新能力提升机制[①]

1 引言

如何在复杂多变的环境中保持可持续竞争优势,是企业面临的重大现实问题,也因此成为学界亟须解决的重大理论命题。关于竞争优势来源的研究主要分为产业与企业两个层次。产业层次的研究认为,企业竞争优势来自企业所处产业的五种力量对比的结果,但这不能解释相同行业内不同企业具有不同竞争绩效的问题,因此人们转向企业层次寻找原因。企业层次的研究认为,企业竞争优势的根本来源在于企业具备独特的资源或能力(Penrose,1959;Rumelt,1984;Teece,1986;Wernerfelt,1984;Augier and Teece,2008),但这些观点仍然不能充分解释动态环境中企业可持续竞争优势的问题。动态能力观(Teece et al.,1997;Eisenhardt and Martin,2000)试图将企业外部的环境动态与企业内在的能力或资源要素整合起来,指出"整合、建立、重塑内外能力以应对快速变革的环境的才能"(Teece et al.,1997)是动态环境中企业可持续竞争优势的根本来源。然而,学界关于动态能力的研究,大多仍停留在定义、性质、效应与结果等方面,没有关注"能力紧邻行动"的特征(Scheyögg and Kliesch-Eberl,2007)。因此,动态能力观虽然强调对外部环境与内在能力及资源的整合、建立与重塑等总体层次上的行为特征,但没有从能力的组织行为本质及行为过程的视角探讨动态能力的形成与发展。本文认为,动态能力的组织行为本质是企业创新或自我更新的行动与行动潜能。因此,创新能力是动态能力的核心要素之一(Wang and Ahmed,2007)。从这个意义上来说,创新能力为企业可持续发展提供基础与潜力。

本文以企业创新能力提升为关注焦点,通过案例研究的方法,以创新能力的四个维度为分析框架,探讨影响企业创新能力提升的前因,研究发现:创新能力构建过程是不断导入外部新要素并与现有能力基础实现互换的连续过程;知识共享与集体解释是企业创新能力形成与转化的关键。

本文按照如下结构进行阐述:①文献回顾;②方法论阐述,在阐述研究方法选择依据的基础上,进一步描述具体研究方法及其实施;③案例分析,探索企业创新能力提升的关键性因素;④对研究结果的理论贡献、管理意义与局限性进行讨论。

[①] 节选自:许庆瑞,张军. 企业自主创新能力演化规律与提升机制. 北京:科学出版社,2017:第12章。

2 文献回顾

2.1 创新能力研究简评

"创新"的原始内涵是指为获得超额利润而进行的"生产要素的新组合",具体包括开发一种新产品、新工艺,开拓一个新的市场,建立一种新的组织形式;获取一种新的原料来源等。在对熊彼特理论的评论中,索洛提出了技术创新实现的"两步论",即实现技术创新应具备"新思想来源"与"随后阶段的实现发展"两个基本条件(傅家骥,1998),因此,随后关于创新的研究主要局限于技术创新的范畴。相应地,创新能力的研究也主要以技术创新能力为主要内容。

20世纪80年代初期,基于对第三世界国家作为技术引进方如何获得自主技术的研究,"创新能力"逐渐引起学界关注。基于当时特定历史背景,创新能力强调在技术引进和消化吸收的基础上变革求新,以超越原有技术并创造出新的、可持续的租金来源,以获取独特的竞争优势。这在本质上指的是"二次创新能力"。二次创新能力强调吸收能力的核心作用,表现出与U-A模型相反的特性,即工艺创新先于产品创新的特点。这个时期的研究中,吸收能力作为创新绩效的重要前因变量得到广泛关注(Cohen and Levinthal,1990;Zahra and George,2002),在一定程度上被作为创新能力的代理者。

进入21世纪,以新兴工业化国家从追赶向超越转型为背景,企业如何在时基竞争背景下把握创新过程的主动权,并确保独占或掌控创新成果所产生的租金收益权与支配权,已经成为新时代下企业创新能力研究的重点。这意味着创新能力的内涵随着经济与社会发展在不断演进。

现有研究局限于技术创新领域,忽视了企业是一个"社会-技术"系统,进而忽视了企业的非技术要素创新。德鲁克曾经指出:创新有两种,一种是技术创新,它在自然界为某种自然物找到新的应用,并赋予新的经济价值;另一种是社会创新,它是在经济与社会中创造一种新的管理机构、管理方式或管理手段,从而在资源配置的改进中取得更大的经济价值与社会价值。因此,仅仅从技术层面界定企业创新能力是远远不够的。本文认为,企业创新在本质上是一种系统性求变或应变、最终获得长期竞争优势的系列组织活动,是通过实施较对手更多、更好的方式获得竞争优势的企业深层次能力,包括技术要素与非技术要素活动。这种系统性组织活动为企业提供了"将变革转化为可实现机会"的潜力。因此,本文将创新能力定义为:基于对不断变化或涌现的新价值诉求的识别与评价,或为了创造新的价值主张,对各种可得性要素/资源进行整合/组合的才能或潜能,是一组具有序贯关系的相关能力模块的集束。其中的关键是识别、拓展并利用商业机会的才能(Carlsson and Eliasson,1994)。依据从"变化"到"机会"以及"机会潜力的实现"的过程,本文将创新能力划分为变化感知能力、信息诠释能力、创新决策能力与创新实施和实现能力等四个基本能力模块。

2.2 创新能力的构建研究

关于创新能力的构建研究，学界主要秉承熊彼特先后提出的两个模式所指示的脉络进行，即以企业家精神为企业创新能力来源的熊彼特模式Ⅰ与以大企业有组织的研发活动或实验室建设为企业创新能力来源的熊彼特模式Ⅱ。其中，熊彼特模式Ⅰ强调创新型小企业的"新产品/新过程商业化应用"、无休止的"创造性破坏"过程。遵循熊彼特模式Ⅰ的研究传统，主要从企业家层面关注企业创新能力的构建，如企业家精神、创业导向在企业创新能力形成与发展中的作用，并特别强调企业家对市场机会的识别与把握能力是企业创新能力的关键（Carlsson and Eliasson，1994）。

熊彼特模式Ⅱ强调惯例化或常规化（routinized）创新活动，表现为大型企业致力于一些高风险、大规模的研发活动，是企业一项日常的甚至普通的内容。遵循熊彼特模式Ⅱ的研究传统，主要关注大型企业的研发组织及其活动对企业创新能力的效应，如研发组织的结构与制度安排对创新能力的影响（Argyres and Silverman，2004；Argyres，1996）、创新惯例在企业不同要素间联动性运营（如创新要素与创新活动所在层次的迁移）对组织能力动态演化的内生的推动效应（张军和金露，2011）等。

长期以来，关于熊彼特提出的两个创新模式到底孰是孰非，存在一定的争议。有观点认为小企业创新更多遵循熊彼特模式Ⅰ，大型企业或跨国公司的创新能力更多适用于熊彼特模式Ⅱ。其隐含逻辑在于：企业家精神在中小企业中更容易发挥其影响力，研发机构理性的、规划性创新活动则更能发挥出大型企业在创新中的资源优势。这些研究更多将两种模式分离对待，缺乏对两种模式的整合的观点。事实上，创新是一个过程，包括发起（initiation）、采纳决策（adoption decision）、实施（implementation）等三个基本阶段（Pierce and Delbecq，1977）。在创新过程中，不同创新阶段所受到的影响的因素来源也不同，如在创新的采纳决策阶段，组织特征与管理者态度对创新的影响大于环境特征与管理者的人口统计学特征对创新的影响。本文认为企业创新能力包含来自个体层次的因素，特别是企业内具有权势的个体（如企业家、管理者等）对组织能力（如创新能力）的形成与发展具有关键性作用，尤其是在创新发起与创新采纳决策阶段。惯例化的研究与发展运作体系则在创新实施过程中（特别是大规模、具有高风险性的创新项目实施过程中）起着更加显著的作用。而且，熊彼特模式Ⅰ更多强调企业个体层次因素对创新能力的影响，而熊彼特模式Ⅱ则从企业的组织层次的因素关注其对创新能力发展的影响。本文关注企业创新能力提升的前因，不仅会考虑企业家个体层次因素，也会考虑企业集体性活动层次因素。

2.3 本文研究框架

企业创新能力是一种组织高阶、多维性综合能力，是多个基础性能力模块的集束。依据管理学大师德鲁克关于"创新是将变革转化为机会的唯一方式"的观点，本文关注企业创新能力的"变化感知能力"、"信息诠释能力"、"创新决策能力"与"创新实施和实现能力"等四个维度能力提升的影响因素，因此仍然以"知觉-响应"模型为分析框架。企业创新能力提升的研究框架如图1所示。

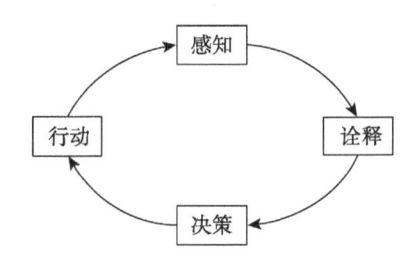

图1 企业创新能力提升的研究框架

3 研究方法

能力研究的方法困境在于：定量方法研究可能通过检验企业绩效推论其存在，难以避免同义反复的问题。大样本的定量研究虽可描述广泛的组织过程，但不能深入能力如何利用或运作的详细的、微观的机制。因此，精心设计的案例研究对于理解资源创造和再造过程的微妙之处更加合适。本文探讨企业创新能力提升因素，因此选择案例研究方法是与研究主题的特征相匹配的。

3.1 案例选择

结合案例选择的"典型性"原则（Eisenhardt，1989）与研究主题，我们选择具备以下特征的企业：①案例企业应当对环境变革表现出较好的适应性。实际操作上选择具有超过平均寿命的存活期并仍然保持良好成长性的企业。②案例企业创新活动应当比较活跃，便于观察。实际操作上以企业新产品开发过程为关注焦点。结合案例选择的地理接近性与便利性原则，本文选择浙江杭州的两家同处仪器仪表行业但分处不同细分市场的高技术企业（编码为S与F）作为研究对象。选择二者作为研究对象的具体依据如下。

（1）两家企业所处的仪器仪表行业变化速率较快，表现为：技术更新速度快，但总体而言仍具有一定的可预测性；市场需求客制化、多样性特征显著，但各个细分市场容量有限，市场变化速度快。行业特征为观察企业创新能力发展与提升提供了良好参照。同时，选择同一行业内不同细分市场的企业作为研究对象，既有利于控制企业之间的横向比较，也能够提高研究结果的概化效度。

（2）两家企业均为高技术企业，创新活跃，能够提供较好的观察点。两家企业的发展都已经超过了国内中小企业平均寿命期[①]，都经历了一个快速成长的时期并仍保持良好的成长性，具备一定的能力基础，如两家企业都各自主持制定国际电工委员会（International Electrotechnical Commission，IEC）国际标准与多项国内行业相关标准。同时，经过一定时期的发展，企业管理与组织过程具有一定的规范性和系统性，提供了观察组织机制特征的便利性。

（3）两家企业依赖于不同的技术路线，但企业的技术又存在共性部分，如自动化技术、软件技术、网络技术等。两家企业的共性和差异性，为本文进行多层次分析提供了良好基础。

3.2 数据收集

为确保研究中的"证据三角"（Yin，2003；Patton，1987），也为了能够就所研究问题进行充分讨论，我们组建了一个由 2~3 名固定成员加上 3~4 位机动人员构成的调研小组。采用多种方法收集案例企业的数据和信息，包括深度访谈、蹲点半参与性观察、问卷调查、档案、网络及公开发表文献收集等方法。在整个调查过程中，采用面对面、电子邮件、电话等方式与一些关键访谈对象保持沟通、交流，不断互动，以求真实资料及数据。总之，在资料收集过程中，尽可能多途径获取资料，组建多人研究小组，并通过不断互动尽可能确保所收集数据之间能够得到交叉验证。

我们对 F 企业的访谈工作主要在 2008 年 11 月到 2009 年 6 月进行，对 S 企业的调查则在 2009 年 5 月至 2010 年 5 月进行。访谈对象主要包括企业高管、技术部门与市场部门的主管、一些项目经理或产品经理等，此外，还包括一些参与项目或产品开发的技术人员、特定产品或服务的市场人员等。我们采取开放访谈方式，围绕如"采取什么样的方式获取行业乃至更加宏观的信息？""如何选择拟开发的产品概念？""产品开发中部门之间如何合作与互动？"等问题进行。2011 年 7~8 月，我们对 S 企业与 F 企业发展状况资料进行了补充与完善。

3.3 数据分析

为了便于数据分析，我们先依据研究框架对企业的相关组织活动进行理论界定：变异/动态知觉活动，是指企业信息/知识监测、收集、整理的各种努力与活动；变异/动态信息解释活动，是指基于信息的现实或潜在商业价值、信息/知识企业应用的可能性以及企业可实现性等进行理解与评估的各种交互性活动，包括个体层次与集体层次的各种互动；创新决策活动，是指在各种互动产生共识的基础上对

[①] 2010 年 12 月，民建中央专题调研组在《后危机时代中小企业转型与创新的调查与建议》中指出，中小企业目前平均寿命为 3.7 年。

企业未来创新行动或行动方向的选择活动;创新实施与实现活动,是指基于确定的方向采取的各种旨在实现创新目标的各种日常的常规化活动。

在上述各类组织活动界定的基础上,我们对所收集的数据和信息资料进行编码、分类,依据 Nonaka 等提出的"创新是知识创造的一种方式"的观点,本文将主要以信息/知识的流动、转化以及创造活动为基点进行分析。

4 案例分析与结果

4.1 案例素描

4.1.1 F 企业:基于同步调研与集体解释的研发决策

F 企业成立于 2002 年,主要基于光电测量技术,提供工业过程在线监测及分析仪表的设计、研发、生产与销售等服务,2011 年实现销售超过 7.6 亿元。自 2004 年产生销售收入以来,年平均增长率约 80%。F 企业每年平均投入的研发经费达到销售收入的 8%(2008~2010 年研发投入分别为 4810.53 万元、5299.26 万元、6620.58 万元,2011 年研发经费预算超过 9000 万元)。F 企业连续三年作为唯一的分析仪器企业入选"中国最具生命力百强企业",并连续四年上榜"福布斯–中国最具潜力企业百强"(2011 年排名第 7)。中国仪器仪表学会分析仪器分会①发布的《2009 年分析仪器行业发展报告》显示:F 企业 2009 年在分析仪器行业的销售额在国内厂家排名第一。此外,2008 年,F 企业的《可调激光气体分析仪国际标准提案》获得 IEC 全票通过。F 企业成长数据如图 2 所示。

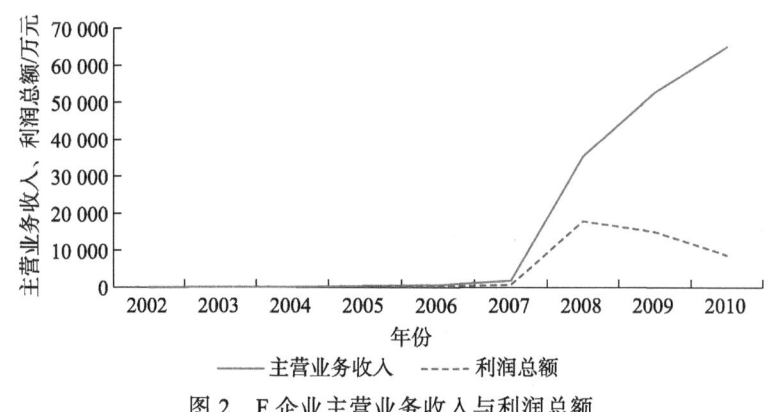

图 2 F 企业主营业务收入与利润总额

---

① 中国仪器仪表学会是中国仪器仪表与测量控制科学技术工作者自愿组成并依法登记成立的学术性、公益性、非营利性社团法人。中国仪器仪表学会分析仪器分会作为其下属分会于 1979 年 11 月 16 日成立,致力于推动我国分析仪器科技事业的发展,促进国际的交流合作和政、产、学、研、用之间的有机结合,是分析仪器行业较权威的行业协会之一。分析仪器分会定期会对成员单位的经营情况进行调查,并发布分析仪器行业发展报告。

F企业成立之初明确定位"国内高端仪器仪表市场"、采取"直销经营模式"的战略。关于当时该行业普遍采取代理经营模式而F企业确定采取直销经营模式的原因，其CEO[①]（chief executive officer，首席执行官）解释道：一是为了建立自主品牌，二是通过直销模式获得一手的客户资料（客户知识）。在这个整体战略下，F企业提出了"做市场导向的产品研发"技术战略，并明确了"技术调研与市场调研同步走"的研发思路。F企业三项专利申请如图3所示。

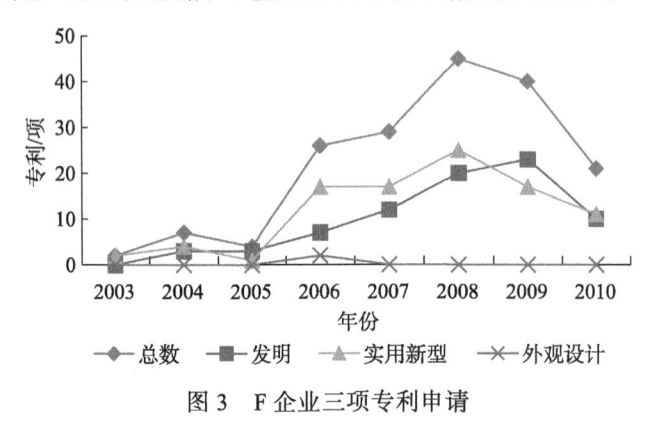

图3　F企业三项专利申请

4.1.1.1　变异/动态知觉活动

F企业最初的战略性感知来源于最初的高管个体。2001年，创始人之一（Y）已经是阿里巴巴美国公司的总经理。在美国斯坦福大学浙江同乡会的一次聚会上，他结识了W（另一位创始人）——机械工程专业的博士。W向Y展示了光机电一体化分析技术的应用前景。在商海已经具有一定经验、对分析技术有所了解并且一直关注各类产业发展状况的Y，立刻意识到这项技术蕴含的巨大商机。通过商业计划书，两人获得了一笔天使投资，2001年在美国注册了F企业，2002年1月以F全资子公司的身份在杭州注册，并结合国内仪器仪表行业状况，Y将F企业的市场定位于高端监测仪器的研发、制造与销售领域。

2002年成立之初，基于最初直觉所感知的商业机会，Y对国内高端监测仪器市场进行深入信息扫描，寻找技术的商业化切入点。Y最终选定冶金工业过程的在线气体分析仪器作为切入点，并历时2年成功开发出适用于冶金工业过程的在线企业监测与分析仪器的样机。在此基础上，F企业实时监测市场动态，整合客户知识，开发出LGA系列激光气体分析仪表。截至目前，该系列产品已经占据了国内冶金工业过程在线气体监测仪表市场的95%以上的份额。

2004年，基于对高端仪器市场特征的深刻理解，F企业意识到未来市场所需的技术为紫外分光技术与近红外技术。F企业组建了以CTO（chief technology

---

[①] 此处因为商业秘密等相关原因，隐去受访人员姓名，下同。

officer，首席技术官）为首的技术扫描小组，一方面针对紫外分光技术的发展动态进行了收集，并于2004年4月到合肥光激所进行了走访和沟通。在了解到合肥光激所的紫外分光技术已经转让后，基于自身所积累的技术能力和产品开发经验，F企业最终自主开发该项技术，并于2006年初推出以紫外分光技术为基础、适用于环保气体监测领域的"烟气排放连续监测系统"等系列产品。烟气排放连续监测系统系列产品已经通过替代进口在国内市场占据20%左右的份额。另一方面，F企业针对近红外技术发展动态进行了收集，并最终通过并购北京英贤仪器获得该项技术。

F企业在获得第一台样机后的2004年上半年，充分认识到监控外部动态信息对于企业创新活动的重要性，基于初期经验与知识的积累，针对外部动态/变异信息感知的重要性，建立了"技术调研与市场调研同步走"的环境动态感知机制，践行"市场导向的研发"策略。通过系统化导入集成产品开发（integrated product development，IPD）系统，确保公司在研发流程前端输入两类基本信息——技术动态信息与市场动态信息。技术调研与市场调研分别由企业研究中心、市场发展部门承担，并将调研活动分为三个层次开展：宏观、微观及研发过程调研。宏观层次调研方面，研究中心主要通过会议、信息监测等方式，获得宏观层次的技术信息，把握新技术动态；市场发展部着重监测国内外业界的进展，监控并获取市场信息，寻找市场机会，面向行业挖掘行业需求。微观层次调研主要围绕有限的产品概念，进行具体的技术先进性、差异性与可行性以及市场容量、市场成长等方面的信息收集。研发过程中，F企业仍然会定期或不定期地进行技术与市场的调研，以把握产品研发过程中环境的变革并评估其对在研项目的可能影响。"对于每个新产品的研发，我们都要不断地进行这三个层次的调研"，F企业的产品总监说，"……如果研发过程中的调研发现市场需求已经发生变化，我们甚至可能会停止一些在研项目"。

4.1.1.2 变异/动态信息解释活动

F企业的"技术调研与市场调研同步走"，在宏观、微观以及研发过程中持续进行。针对通过专业化部门获得的专业类信息，先在专业群体内进行共享，就一些关键信息/知识进行集体性解释，从而将信息转化为具有行动导向的知识，并且实现知识从个体向群体乃至组织层次的转移与转化，如在紫外分光技术开发之前，公司专门组建以技术专业人员为核心的技术动态调查小组，并通过广泛收集信息到定点深入了解的过程，紫外分光技术特性以及自行开发的可能性、可行性进行研讨与论证。紫外分光技术的市场机会以及市场进入可能性等方面的信息最初主要由市场部门基于市场信息收集进行小组分析而获得，从而形成初步思想。F企业组建自己的产品评审委员会，主要由CEO、技术总监（创始人之一）以及外聘专家（包括国内两名近红外技术方面的专家、院士以及国外激光技术方面的专家）

组成。产品评审委员会组织技术人员、市场人员，有时包括供应链与工程人员等，对宏观层次调研形成的概念簇进行研讨、评审与筛选。对微观层次调研形成的概念研讨、评审，进行选择性预研，最终确定当前所需研发的产品。对于研发过程调研获得的重要动态信息，也常以联合例会方式进行讨论。此外，F 企业还存在部门间非正式共享与解释机制，如 F 企业市场总监所说："市场与技术部门之间有例会，例会频率未必很高，但两个部门的领导经常碰头，而且中午吃饭一定会在一起。"

因此，F 企业的技术调研、市场调研不仅同步走，而且协同进行。对专业性监测所获得的信息进行两个层次的集体性解释——群内解释与跨职能集体解释，并且还包括了正式集体性解释机制与非正式共享机制。此外，F 企业组建了包含企业内行、行业内专家在内的评审委员会，定期或不定期就行业动态、未来趋势以及技术前沿等信息进行研讨。

4.1.1.3 创新决策活动

F 企业以 IPD 为基础的三层次监控（宏观、微观、研发过程）、两层次集体性解释（专业群内、跨职能群或组织外部）、两种共享与集体性解释机制（正式、非正式）的结果（以下简称"三两两"机制），为公司创新活动提供了决策依据。宏观调研信息经企业内外专家集体研讨，将具有研发潜力的初步概念保留下来，形成公司产品研发的概念池。这个过程更强调信息来源多样性、概念形成的视角多样性等，从而为后续的漏斗形研发机制提供丰富的概念来源。微观调研与研发过程调研所获得的信息，以专业性团队内部交流、研讨为主要形式，兼顾不同职能部门之间的跨职能信息交换与讨论。其中，微观调研经专业性团队内部以及跨职能的集体解释，最终形成公司预研产品的备择方案或项目。这个过程强调从市场回报潜力、研发可行性、研发资源可获性等各个方面进行评估，按照一定比例放大最终研发实施的概念数，进入企业内部试研备择库。研发过程调研经专业性团队内以及跨职能的集体解释，根据技术与市场动态状况，随时评估在研项目的状况。其间可能会调整产品研发方向，甚至做出停止一些在研项目的决策。这些决策都是围绕"做市场导向的产品研发"的战略思维做出的。

基于知识共享与信息跨界集体解释机制的创新决策，不仅提高了产品研发决策的质量，也提高了市场发展的决策质量，体现在 F 企业创新绩效得到有效提高，如 F 企业第一产品（LGA 系列激光气体分析仪）是在细分市场定位的前提下进行研发的，没有明确的市场与技术的互动，历时 2 年开发出新产品，再花时间和精力进行市场推广，延滞了新产品上市时间。同时，产品在研发完成后再接受市场的评价，增加了新产品的市场风险。2004 年底，F 企业决定引入 IPD 后，市场信息与技术信息被同等重要地作为研发产品前端输入，增强了研发中组织要素之间的协同度，研发效率有所提高（每年至少推出 2 个新产品），也提高了企业对环境动态的响应能力，同时减少了产品上市面临的市场风险。

4.1.1.4 创新实施与实现活动

F 企业第一项产品开发，基于 30 多人组成的产品开发小组，以"师傅带徒弟"的方式进行创新活动（新产品开发）。在此过程中，学科带头人（CTO）的技术洞察力与对项目进程中的技术质量、进度等方面的掌控力起到关键作用。公司的 CEO 在创新资源的聚集、外部市场动态信息的把握方面，为产品顺利开发提供了重要支持。

基于半导体激光技术的新产品开发成功后，F 企业迅速进行紫外分光技术开发。多技术路线并行开发以及多细分市场并存，挑战了公司创新活动的协调与资源配置能力。由于兼顾市场与技术动态信息的前端导入，公司在整体组织架构上表现出哑铃形结构，并在"哑铃球"内部各形成矩阵结构，矩阵内不同项目组之间不断进行成功经验的复制和扩散。此时，企业研发第一个产品过程中所积累的经验起到了重要作用，最初经验正是通过矩阵结构迅速在企业内各个研发小组之间复制与扩散，并在复制与扩散的过程中不断改进与完善。在以项目开发为载体的活动中，最初经验得到不断激活，经验在不断积累的同时也保持了柔性。这为进一步提高研发效率提供了基础。公司全面导入 IPD 管理模式，使公司整体的创新资源得到有效整合。在创新组织结构上，构建了两层次（共性技术开发平台与产品开发平台）研发体系，将初期积累的创新经验与知识惯例化、规则化，并纳入 IPD 体系中运作，形成漏斗形全过程研发管理体系，建立项目进度、质量等里程碑式过程控制模式，并通过 IPD 流程 E 化方式，综合管理、配置创新资源。在我们的访谈过程中，F 企业的 CTO，也是创始人之一的 W 指出："我们基于 IPD 的货架技术，有效地管理创新过程中的部件、配件选型问题，优化创新资源，有效控制创新成本。""IPD 的引入大大提高了 F 企业的新产品开发效率，而这得益于我们在产品开发过程中不断积累的知识与经验""IPD 提供了我们更好复制与利用经验的管理体系"——技术总监说。

4.1.2 S 企业：基于技术扫描的研发决策与行动

S 企业成立于 1993 年，是主要涉及工厂自动化、公用工程信息化与先进装备自动化等三个领域的自动化与信息化技术及产品/解决方案供应商。目前，S 企业已形成以 WebField 为统一品牌，包括 JX、ECS、GCS 三大系列的控制系统产品体系，满足了不同行业、不同用户对控制系统的个性化需求。截至 2009 年底，S 企业控制系统累计销售 1 万多套，产品销售区域覆盖国内多个省（自治区、直辖市），以及东南亚、中亚、西亚、非洲等地。

1993 年推出中国第一套具有 1∶1 热冗余技术的控制系统。1997 年，S 企业开始着手研究实时以太网技术，应用在工业过程控制，制定 EPA（U.S. Environmental Protection Agency，美国环境保护署）标准。2000 年，将以太网技术应用到工业控制领域，并制定出工业通信的国家标准。2005年，EPA上升为第一个具有自主知识产权的工业自动化国家标准，2007年正式被IEC接收为国际标准（IEC 61784-2实时以太网标准）。2009年获得国家科技进步二等奖、国家发明奖。2010年合同额超过21亿元，2011年实现销售收入275亿元。S企业的年均研发经费投入占销售收入的10%~15%。

S企业成长的部分相关数据如图4、图5所示。

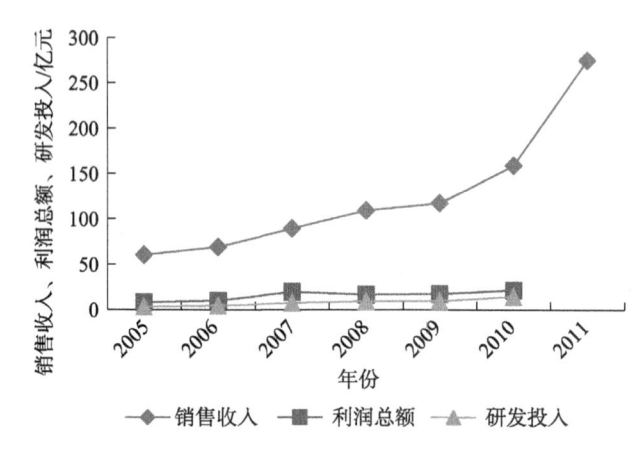

图4 S企业销售增长状况（2005~2011年）

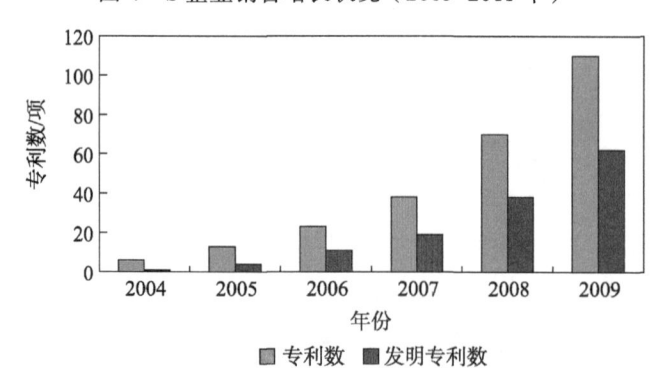

图5 S企业专利数据（2004~2009年）

4.1.2.1 变异/动态知觉活动

S企业最初对信息的感知与获取基于高管个体。1993年，创始人从海外学成归来，凭借自己所掌握的专业知识，结合对国内工厂自动化状况的了解及其与国外相关状况的比较，敏锐感知到自动控制技术在国内企业技术升级进程中的重大商业价值，因此创立S公司，并确立了公司初创时期的市场战略。

在此战略下，公司组建了总裁带队的技术扫描监测小组，为技术选型，走访国外相关企业，主动感知并获取技术动态信息。通过对国际上优秀的集散控制系统进行调研，结合当时所了解的国情，最终选择日本横河公司的μXLDCS产品。1997年，公司再次通过组建技术扫描监测小组，关注到国外自动控制领域中的现场总线技术，这为其随后果断打破现有技术路径的依赖、跃迁到新的技术轨迹提供了依据。

S公司秉持传统的技术视角，重视技术动态的监测，相对忽视对市场动态的关注。2005年前，公司研发项目都是以基于以高管团队成员为核心的技术扫描小组感知、获取的技术信息提出一个粗略概念为起点的，开发过程中极少有工程技术以外的人员介入。2005年开始，公司开始引入外部咨询公司帮助进行产品开发前端市场需求分析。此外，为把握需求，公司通过派人专门收集分析、高层带队走访客户、售后服务、定期走访等方式获取需求信息/客户知识，以监控市场动态，并努力将市场动态的信息导入产品开发前期，提高所开发产品的未来市场适合度。S公司逐渐形成了以技术动态与市场动态为两个基本核心的信息感知与监控的工作惯例，但并没有从组织结构、组织流程的角度建立明确的外部动态信息的监控机制。

4.1.2.2 变异/动态信息解释活动

S公司最初更多关注技术动态信息。对于技术扫描监测小组监测、收集到的技术信息，只在技术扫描监测小组或研发小组内部进行共享与研讨，对一些关键信息进行专家共享的集体性解释，形成简单概念，直接作为研发项目的备择。

1998年起，以单个项目开发为载体的信息/知识共享过程纳入工程服务人员，拓展了共享范围并提高了研讨频次（从最初的1~2次提高到6~8次），但仍局限于专业内共享与解释，市场需求动态信息难以纳入到共享系统内。

2005年，公司开始关注产品开发中的前端需求分析，市场动态信息受到重视，并委托外部咨询公司帮助进行市场需求分析。此后，技术与市场之间的信息/知识流动渠道逐渐建立，如技术部门从售后部门获取资料后，再定位问题、分析问题、进行研发，但该渠道仅限于信息/知识流动，没有考虑组织要素之间的同步共享、跨职能集体性解释的交互机制。

2007年公司提出"市场"与"技术"双轮驱动的全球化发展战略以来，公司越来越重视"外脑"利用，利用与高校的关系资源优势，定期邀请高校、行业、研究院所的专家对行业发展、技术前沿等动态进行广泛讨论。

4.1.2.3 创新决策活动

S公司成立之初定位于"中小规模，面向具有很大市场潜力的中小企业以及大企业的中小装置及老装置的改造项目"，在技术动态扫描、专家集体解释信息的基础上，决定以技术引进为基础结合自身核心技术进行产品创新。

1993年，通过技术扫描监测小组的调研与比较评估，决定选择日本横河公司的μXLDCS产品（基于集散控制技术）。利用自身所掌握的热冗余技术与软件组态技术，基于μXLDCS产品，在控制站中采取双机冗余体系结构，开发出1:1热冗余分布式控制系统（JX-100），突破了日本横河公司的产品。在此基础上，公司开发出JX系列产品，如1996年，开发出能够实现线路板级冗余，数据存取速度更快、实时性更强、组态更方便的JX-300产品；2005年开发出IX-300XP产品等。

1996年，在侦测到现场总线技术的发展并集体评审了该项技术在控制领域未来的发展趋势后，S公司决定打破原有技术路径的依赖，跃迁到新的技术轨迹上，以把握与国际巨头共同进入工业自动化的"网络时代"的机会，并最终在技术上实现了从第三代集散控制系统向第四代现场总线控制技术的跨越，开发出ECS系列产品（基于现场总线技术），如2001年开发出ECS-100、2007年开发出ECS-700控制系统等。

2007年，S公司开始强调"市场"与"技术"双轮驱动的全球化发展战略，着力向不同行业提供解决方案。从创新的视角来说，这要求公司提高自身产品集成度，更大程度上将客户知识纳入自身的技术创新系统中来，从而影响公司未来能力结构的调整与发展。

4.1.2.4 创新实施与实现活动

S公司的创新实施活动从最初的小组开发，逐渐发展到基于部门分工的研发，目前已经建立了公司的中央研究院与技术公司。创新实施与实现活动已经实现了运营惯例。

1993年成立之初，公司整体从一定意义上来说就是一个研发小组。创始人负责创新决策，包括技术选择、产品选型与新产品增值点选择等。同时，创始人负责产品开发过程中所需资源的聚集，并对开发进度、质量等进行监控及适时调整等。这个阶段的创新项目的实施与实现活动特点表现为探索性、试错性。随着JX系列产品开发推进与经验积累，研发小组逐渐分化为软件开发部与硬件开发部，分别负责产品开发中的软件开发与集成以及硬件开发。

1996年，公司决定采纳第四代现场总线控制技术，基于控制技术、电气技术、软件技术、网络技术开发现场自动化控制系统。此时，公司出现了多技术路线并存的产品开发活动。创新活动更加依赖企业规则与惯例来实现，体现在组织层面从原先的软件开发部与硬件开发部逐渐分化为软件开发部、硬件开发部、新技术开发部与仪表开发部，并最终整合成公司技术中心。公司技术中心统一规划、配置各创新项目资源，并监控创新项目进度与质量。

2000年，公司将工业以太网技术应用到工业控制领域，并行发展多技术路线，并同时在多个细分市场上参与竞争。这对公司创新活动的组织与资源配置等方面提出了新的要求。公司技术中心分化为两个部门——基础研究部与应用研究部，并于 2008 年正式成立中央研究院，构建起三层次研发体系，支持公司创新活动有层次（基础性研究、应用性研究、产品开发）、有针对性地实施与实现。至此，公司的创新活动基于经验/知识积累与理性设计，更多依赖于组织架构、组织管理流程以及惯例运作来实现。

4.2 分析与结果

4.2.1 有效的环境动态监控是创新能力构建的起点

基于管理认知的环境动态是企业创新能力的外部驱动要素（D'Este，2002；Mota and de Castro，2004；Athreye，2005）。因此，企业需要建立"监控体系"（Scheyögg and Kliesch-Eberl，2007）来监测、识别能力动态发展的具体驱动要素，以提供企业创新能力构建的起点。S、F 两家公司都建立了技术动态信息监控机制，为技术发展提供了方向。

对于市场动态，两公司表现不同。F 公司建立"市场发展部"，专职市场动态的监测与分析，与"研究中心"同步调研，保证企业做"市场导向的产品研发"。相比而言，S 公司一直忽视市场需求动态的监测，采用先研发后推广的经营模式，直到 2005 年，S 公司逐渐认识到新产品前端需求分析的重要性（不是全过程市场动态监控的重要性）。相对于 F 公司而言，S 公司新产品的上市周期较长、市场风险相对大。S 公司 2007 年提出"市场"与"技术"双轮驱动的全球化发展战略，表明 S 公司已将市场动态扫描纳入环境动态监控体系中。

由于专业人员对领域信息动态具有更高的敏感性，所以基于专业分工的监控体系将有利于提高对各自领域信息动态的感知质量。

4.2.2 跨职能知识共享与集体解释提供创新能力构建基础

感知总是发生在个体层次。从组织学习视角来说，感知是直觉形成的基础，而直觉是新学习的起点。直觉是个体层次洞见发展的潜意识过程，需要进行某种转化，才能转化为组织层次的能力。解释（包括个体层次与集体层次）提供了转化的途径。个体解释使个体开发出关于所处领域的各种认知图式并提供个体间沟通与交流的基础；集体解释能够促进知识转化（Nonaka and Takeuchi，1995），并使学习在组织层次间转化。因此，解释过程也是知识转移、转化、整合特别是创造的过程，决定着企业资源基础的冗余与变革潜力，为能力动态发展提供基础。

F 公司通过"三两两"机制，推动信息向具有行动导向的知识转化，拓展了企业知识基础与能力冗余。S 公司则主要通过技术扫描监测小组内部的研讨与交流，为研发决策提供依据。相比而言，S 公司在新产品后期市场推广中花费更多的时间和成本。

经济组织中的次优与路径依赖是普遍现象。基于知识共享的集体解释，特别是跨职能集体解释能够拓展局部搜索空间而使决策优化。此外，跨职能集体解释有利于选择更优的搜索起点以提高搜索效率，并因此提高决策效率。所以，基于跨职能知识共享的集体解释是企业内知识转化与知识创造的关键，也是创新能力从潜在转化为显性的关键。

4.2.3 基于战略的本地化决策决定创新能力结构与演化方向

跨职能知识共享与集体解释，有利于将个体层次的"专家直觉"与"企业家直觉"整合到群体以及组织层次上，并常常导致一定的决策，包括企业整体决策与基于劳动分工的本地化决策。决策即选择。选择机制是演化的重要内容，它使最好的适应其环境的技术、组织惯例和产品得以流行，从企业整体层次而言，它决定了能力的演化方向，从局部层次而言，它决定了创新能力的内在结构。S与F公司都在把握领域内技术与市场趋势的基础上确定愿景与阶段性发展战略。在一定的战略框架下，基于对技术与市场动态监测信息的集体解释，做出相应的市场与研发决策。

由于选择监控的重点不同以及由此导致的知识/信息共享与集体解释的程度存在差异，两家企业内在能力结构存在差异，并且在时间维度上观察到的演化路径也存在差异。F公司由于同时强调技术与市场，因此表现在组织结构上呈现出典型的哑铃构型，与其技术能力与市场能力均衡发展的内在结构相适应，并在时间脉络上体现为"扰动均衡性发展路径"。S公司偏重技术，在其发展历程中的相当长的一段时间内，组织结构表现为技术部门内部的不断分化，其他部门变化不显著并且没有形成与技术部门之间有效交互的机制的特征，其能力演化表现为"重新导向型的线性发展路径"。

4.2.4 行动与反馈是创新能力实施形式

能力紧邻行动，从概念上而言是指能力与行动或实践不可分离（Scheyögg and Kliesch-Eberl，2007）。由于局部最优的达成而产生搜索在吸引盆内游荡所形成的能力陷阱，因此企业需要建立对内的能力监控体系，以便及时发现能力执行过程中的盲点（Scheyögg and Kliesch-Eberl，2007）以及组织能力结构的内在不均衡之处（张军和金露，2011），从而获得"修改其运营惯例以寻求改善的效果"（Zollo and Winter，2002）的内在驱动因素。对此，S与F公司都缺乏相应的监控机制，虽然F公司针对研发过程中开展的技术与市场调研发挥了一定的内部监控职能，但仍然远远不够。

综上分析，本文基于知识转化与创造视角，归纳出企业创新能力构建的组织机制（图6），包括基于专业分工的环境动态信息监控体系、跨职能知识共享与集体解释机制、战略框架下的本地化决策、本地化行动与反馈等四个子过程。其中，跨职能知识共享与集体解释机制是企业知识转化与知识创造的关键，决定着企业资源基础的冗余与变革潜力，为创新能力的形成提供基础。

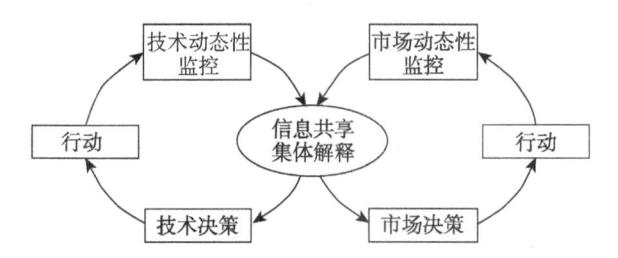

图 6 基于跨职能知识共享的企业创新能力构建的组织机制

5 结论

本文对同一行业、不同细分市场中的两家企业进行案例研究。通过分析企业对外部环境动态性的知觉-响应的过程，包括"动态监控""信息解释""决策""行动"等，探讨基于跨职能知识共享的企业创新能力构建的微观组织机制。本文研究主要得出以下几点结论。

（1）创新能力构建过程是企业不断导入外部新要素并与现有能力基础实现互换的连续过程。企业创新能力的构建过程，是以外部环境动态为参照与匹配目标，不断将外部的环境动态作为新要素导入企业内部，并与企业现有资源/能力基础进行互换，最终实现企业资源/能力基础更新的过程。在企业实践中，这个过程通过动态信息监控与感知、动态信息共享与解释、决策以及行动等四个基本环节构成的组织机制的日常运营来实现。感知环境动态是企业寻求创新能力构建标杆/参照系的需要，也是获得创新能力发展驱动要素的需要，但信息并不必然使人知情。因此，感知到环境动态，并不意味着企业必然产生有效响应，因为与知识相比，信息不具有行动导向的功能。在感知动态信息与产生有效响应之间，企业需要理性认识感知到的环境动态，并评价其是否应该被作为新要素导入企业内部，是否具备与现有资源/能力基础互换的可能性等，这个过程就是信息向知识转化的过程。本文发现：基于信息/知识共享的集体解释机制，不仅能够实现信息向决策与行动导向的知识转化，还为企业内知识转移、转化、整合与创造提供运行框架，从而推动企业知识基础的动态发展。同时，知识共享与集体解释有利于推动管理者的认知变革，进而推动管理者关于企业"资源图式"的认知变革，为企业有效响应外部环境动态而进行新的资源配置决策提供认知基础。因此，企业创新能力的构建过程，是企业对外部新要素进行"感知-解释"并实现与现有资源/能力基础互换的"决策-行动"过程。企业创新能力的构建需要精心设计的组织机制。

（2）跨职能知识共享与集体解释是企业创新能力形成与转化的关键。Pandza 等指出：演化经济学（Nelson and Winter，1982）与体验式学习不足以解释创新能力的存在，应强调源自管理者的知识间断与导致"创造性搜索"、"路径创造"与"战略性感知"的能力。但他们没有回答如何产生上述的各种能力。本文研究发现表明：对环境动态信息的解释（特别是基于信息/知识共享的集体解释）是产生管理者的知识间断、创造性搜索、路径创造以及战略性感知的决定性因素。本文案例分析的结果也显示：知识共享与集体解释是企业将知觉转化为决策与行动的关键环节。知识共享与集体解释的内容特性、宽度、深度及方式都将影响决策方向。与 Zahra 和 George（2002）对吸收能力的划分一样，本文认为创新能力也可划分为潜在能力与现实能力。其中，潜在能力提供对变革的冗余，可能更利于应对非连续性环境变革，而现实能力应对的是短期的或者变革具有可预测性的环境动态。在两种能力之间，知识共享与集体解释提供了创新能力从潜在向现实转化的机制。

6　讨论

本文以"知觉–响应"模式作为探究企业创新能力构建的组织机理的基本框架，基于企业知识基础观，综合知识管理理论、组织学习理论以及创新能力理论，对企业从"知觉"到"响应"的过程进行了较为深入的研究。

本文研究发现具有一定的理论意义。首先，本文发现：创新能力的构建过程是不断导入外部新要素并与现有能力基础实现互换的连续过程。环境动态是外部新要素的来源，因此，企业需要感知、解释环境动态，并对其进行评价与选择，最终以组织活动提供实现可能性。创新能力理论提出以来，诸多学者围绕创新能力的定义、性质、影响与后果进行争论，但很少有关于创新能力构建的组织微观机制的研究。Carlo 通过对一家领先设计公司跨越 15 年的 90 个产品开发项目进行研究发现：能力发展通过产品开发演化过程中普通的日常活动来实现，因此对能力的研究要从总体层次上的关注转移到核心组织流程的实践中来。但 Carlo 并没有深入研究核心组织流程是如何安排的。本文从知识共享与集体解释的视角探讨创新能力构建的组织机制，将创新能力理论研究向前推进了一步。其次，本文指出知识共享与集体解释（特别是跨职能的知识共享与集体解释）是创新能力构建机制中的关键，它们由于能够改变企业的知识基础以及管理者的"资源图式"而对企业创新能力的构建具有决定性意义。这一研究发现将 Nonaka 和 Takeuchi（1995）提出的知识转化模型深入组织过程中，发展了知识管理理论。同时，该研究结论可以延伸到吸收能力理论中，为吸收能力的四个维度（Zahra and George，2002）相互转化机制提供解释。最后，本文结论验证了 Teece 等（1997）提出的"需要从管理与组织过程中理解动态能力"的观点，并通过确认知识共享与集体解释是嵌入在组织流程中，回答了 Ambrosini 等提出的"动态能力是独立运行还是与其他因素联合运行"的问题。

本文研究结论同时具有一定的管理意义。基于多案例研究总结的企业创新能力构建的组织机制（图6），具有一定的跨企业共性（Eisenhardt and Martin，2000），其作为"最佳实践"，为企业构建创新能力提供了参照框架。

本文也存在一定的不足。理论方面，本文虽然发现知识共享与集体解释在创新能力构建中扮演着关键角色，但它对企业创新能力的影响过程、结果到底是怎样的，其中的影响因素有哪些将是未来研究的主题。方法论方面，本文采用同一行业中处于不同细分市场的两家高技术企业作为研究对象，控制了行业对研究结果的影响，同时也提高了研究结果的概化效度，但这种提高是有限的，在其他高技术行业中，基于"监控—共享与解释—决策—行动及反馈"构建创新能力的组织机制是否仍然适用，是需要进一步数据支持的。此外，本文更多关注了两家企业在创新能力构建的组织机制上的共性要素，对两者之间的差异及其对构建创新能力的影响关注不够。虽然我们也发现不同的知识共享与集体解释机制可能将导致企业能力内在结构以及能力演化路径的差异（如扰动均衡性能力发展路径 vs. 重新导向型直线式能力发展路径），但这仍然远远不够。因此，未来可以选择其他行业中的企业进行进一步研究，以在更大范围内检验本文研究结论的一般性或成立条件。另外，对比案例企业之间的差异性，将是未来理论创新的切入点之一。

参 考 文 献

傅家骥. 1998. 技术创新学. 北京: 清华大学出版社.

张军, 金露. 2011. 企业动态能力形成路径研究: 基于创新要素及创新层次迁移视角的案例研究. 科学学研究, 29(6): 939-948.

Argyres N S. 1996. Capabilities, technological diversification and divisionalization. Strategic Management Journal, 17(5): 395-410.

Argyres N S, Silverman B S. 2004. R&D, organization structure, and the development of corporate technological knowledge. Strategic Management Journal, 25(8/9): 929-958.

Athreye S S. 2005. The Indian software industry and its evolving service capability. Industrial and Corporate Change, 14(3): 393-418.

Augier M, Teece D J. 2008. Strategy as evolution with design: the Foundations of dynamic capabilities and the role of managers in the economic system. Organization Studies, 29(8/9): 1187-1208.

Carlsson B, Eliasson G. 1994. The nature and importance of economic competence. Industrial and Cooperate Change, 3(3): 687-711.

Cohen W M, Levinthal D A. 1990. Absorptive capacity: a new perspective on learning and innovation. Administrative Science Quarterly, 35(1): 128-152.

D'Este P. 2002. The distinctive patterns of capabilities accumulation and inter-firm heterogeneity: the case of the Spanish pharmaceutical industry. Industrial and Corporate Change, 11(4): 847-874.

Eisenhardt K M. 1989. Making fast strategic decisions in high-velocity environments. Academy of Management Journal, 32(3): 543-576.

Eisenhardt K M, Martin J A. 2000. Dynamic capabilities: what are they?. Strategic Management

Journal, 21(10/11): 1105-1121.

George G, Zahra S A, Wood D R. 2002. The effects of business-university alliances on innovative output and financial performance: a study of publicly traded biotechnology companies. Journal of Business Venturing, 17(6): 577-609.

Mota J, de Castro L M. 2004. A capabilities perspective on the evolution of firm boundaries: a comparative case example from the portuguese moulds industry. Journal of Management Studies, 41(2): 295-316.

Nelson R R, Winter S G. 1982. An Evolutionary Theory of Economic Change. Cambridge: Belknap Press.

Nonaka I, Takeuchi H. 1995. The Knowledge-Creating Company. Boston: Harvard Business Review Press.

Patton M Q. 1987. How to Use Qualitative Methods in Evaluation. Newbury Park: Sage Publications.

Penrose E. 1959. The Theory of the Growth of the Firm. Blackwell: Oxford.

Pierce J L, Delbecq A L. 1977. Organization structure, individual attitudes and innovation. Academy of Management Review, 2(1): 27-37.

Rumelt R P. 1984. Towards a strategic theory of the firm. Competitive Strategic Management, 26: 556-570.

Scheyögg G, Kliesch-Eberl M. 2007. How dynamic can organizational capabilities be? Towards a dual-process model of capability dynamization. Strategic Management Journal, 28(9): 913-933.

Teece D J. 1986. Profiting from technological innovation: implications for integration, collaboration, licensing and public policy. Research Policy, 15(6): 285-305.

Teece D J, Pisano G, Shuen A. 1997. Dynamic capabilities and strategic management. Strategic Management Journal, 18(7): 509-533.

Wang C L, Ahmed P K. 2007. Dynamic capabilities: a review and research agenda. International Journal of Management Reviews, 9(1): 31-51.

Wernerfelt B. 1984. A resource - based view of the firm. Strategic Management Journal, 5(2): 171-180.

Yin R K. 2003. Case Study Research Design and Methods. 3rd ed. Newbury Park: Sage Publications.

Zahra S A, George G. 2002. Absorptive capacity: a review, reconceptualization, and extension. Academy of Management Review, 27(2): 185-203.

Zollo M, Winter S G. 2002. Deliberate learning and the evolution of dynamic capabilities. Organization Science, 13(3): 339-351.

基于协同律的创新能力提升机制[①]

1 企业内部创新要素协同与创新能力演化机制

全面创新管理的制度体系是内生制度体系和外生制度体系的有机结合,全面创新运行过程中存在明显的组织要素协同性、资源配置性,其目的就是将各种分散的资源进行整合,优化资源配置,提高创新绩效。许庆瑞提出由于管理中存在不同层次,因此各要素间联系也存在多维度、多层次协同,同一层次之间存在横向联系,不同层次之间存在纵向联系,创新要素间内在联系与互动模型包含三个层次:战略思想层、管理系统层和运作层。全要素创新互动关系具体可表述为以技术创新和市场创新之间的互动为出发点,管理系统层多要素互动为技术和市场间的整合提供支持,管理系统层是承上启下的关键环节。其上承战略思想层,体现了战略实现的组织安排;下联运作层,对技术、市场创新运作起到了支撑和管理作用。战略思想层决定了组织如何识别环境中的机会,如何获取和利用组织资源,最终使得企业全面绩效上升,战略思想和文化创新为前两者协同提供长远战略导向(图1)。

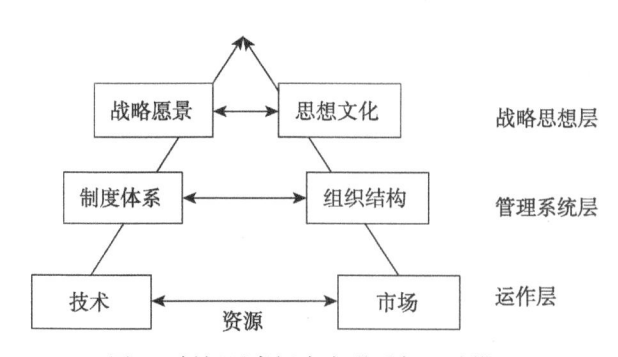

图 1 创新要素间内在联系与互动模型

1.1 创新要素协同与创新能力演化的层次性

纵向要素协同与创新能力共同演化的规律指出不同层次的创新能力要与不同层面的要素协同相适应,赵晓庆(2001)提出了企业内外螺旋发展模型,以及要

[①] 节选自:许庆瑞,张军. 企业自主创新能力演化规律与提升机制. 北京:科学出版社,2017:第 22 章。

素协同与能力演化之间的关系。从横向上看，多维度要素组合实现综合能力，推动能力从非核心向核心能力转化，随着要素参与度增加，企业创新能力也从单一能力向复合能力发展，表现为企业从技术创新能力、市场创新能力等，向组合创新能力和全面创新能力发展，具体如图2所示。

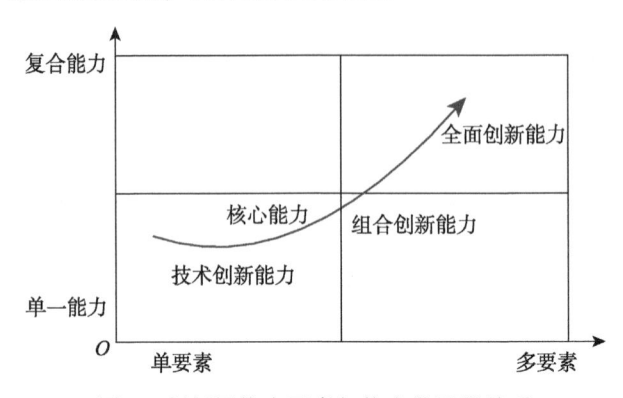

图2　创新网络中要素与能力发展的关系

1.1.1　技术与市场创新要素协同的基础性

知识和能力支持是创新成功的内在基础和必要条件，技术能力是附着在内部人员、设备、信息和组织中所有内生化知识存量的总和，因此，企业的研发活动能够有效提高企业知识积累，加深对先进技术原理的理解，同时企业创新和生产活动的效率也会随着在某一领域从事创新和生产的累计时间延长而提升，从而形成学习的动态规模效应（傅家骥，1998），外部的技术资源最终要内化为企业自身的能力和知识才能推动创新的持续发展。

在市场经济条件下，技术创新活动同整个社会连接的基础是市场经济，市场经济会推动技术创新与整个社会的融合，市场创新是企业根据经营战略进行的市场信息搜集和处理等相关创新活动，用户的经验、知识和技能是重要的创新源，也是创新的主要目标和拉动力（Tidd et al.，2005）。企业善于管理用户创意，在创新速度竞争中建立竞争优势，提高企业在市场竞争中的营销能力。

技术创新和市场创新是处在同一价值链层次上的企业行为，两者之间有紧密的信息、资源和价值传递联系，将技术推动与需求拉动结合起来也是企业全要素创新的基础。郑刚（2004）在对我国100余家大中型工业企业211份样本实证调查的统计分析中提出全面协同程度贡献最大的是技术与市场要素的协同，其他很多实证研究也证明了技术创新与市场创新之间相互支持的关系，很多著名企业的创新案例也说明了市场创新可以为企业提供技术创新思路和技术创新机会，而且市场创新带来新的利润增长点，如海尔和苏宁经销商的交流和沟通能够推进新产品开发，苏宁在自身的销售数据及对消费者需求和偏好分析的基础上，按照市不同客户群体的需求将海尔定制的产品投放市场以后，由于其准确的市场定位和性能优势，在市场上取得了良好的销售业绩。戴尔的主导产品始终能够围绕顾客的使用体验不断改进。新产品开发也始终适应顾客需求的发展趋势。当竞争对手仍在为预测顾客需求变化举棋不定时，戴尔已经掌握了清晰的顾客订单。

1.1.2　组织与体制创新要素协同的支持性

企业创新是一种有组织的集体性系统化活动，依附在部门和隐含在个体中的知识与技能是零散的，必须通过组织层次进行有机整合和协调，组织层次的技术能力不是个体层次技术积累的简单加总，其所产生的协同效应将推动创新能力向更高水平发展。核心能力观认为企业的核心知识和能力是企业内部集体学习的结果，与物质资本不同，难以简单地量化到个人或还原为各个部分之和，其蕴含在知识分享与共同经验的组织中（Prahalad and Hamel，1990），因此，组织是核心能力载体，但核心能力会形成刚性，忽略外部环境的变化，而且组织中界面问题也会导致不同职能部门缺乏交流沟通而存在冲突，最终造成资源浪费、生产制造成本过高以及创新扩散困难等（郭斌，1998），组织与体制的创新就成为核心能力存在和发展的基础。Miller 指出，与创新相匹配的组织结构应该具有灵活性，需要足够的协同与整合。Saleh 和 Wang 通过对 25 家加拿大大型企业的创新管理进行实证研究发现，新型企业在结构上更为灵活、更好地整合、更具有团队导向，战略协同匹配也更好。企业组织结构向柔性化、扁平化方向调整，以使双向及多向信息通畅、资源流动配置便利，个体、团队和组织等不同层面的知识主体之间针对创新需求进行沟通和交流，彼此共享和学习知识，可以加速知识的流动和转化，从而促进创造性知识的产生。良好的组织制度和结构也优化资源配置，使生产要素组合发挥出更高的效率。

创新是一个系统工程，在强调技术与市场协同的同时，也不能忽略技术与其他非技术要素的全面协同，也有一些企业的技术创新项目失败不是因为技术与市场的不协同，而是因为诸如组织结构或流程创新失败等其他要素的不协同（郑刚，2004）。海尔认为企业的组织形式至关重要，要打破旧的，建立新的，不断调整，不断适应，始终处于一种有序的非平衡状态。纵观海尔组织创新的过程，可分为三个阶段：第一阶段为直线职能制（1984~1991 年），海尔主要通过直线职能制组织结构形式来实施全面质量管理；第二阶段为事业本部制（1992~1999 年），适应企业多元化战略发展、产品业务领域和规模的日益扩大；第三阶段是基于流程的扁平化组织结构（2000~2009 年），适应国际化战略发展，以订单信息流为中心进行了业务流程再造，使组织结构更加扁平化、信息化。如今企业正通过"自组织经营体"流程网络型组织结构的建立，更快更高效地整合全球的供应链资源和全球的用户资源，引导创新资源的流动和配置，发挥创新资源的最大效益，从而为海尔赢得了更强的竞争力。

1.1.3 战略与文化创新要素协同的引导性

根据战略理论，企业要想取得成功，就必须提出独特的价值主张，满足目标客户群要求，创新本质上是学习和改变，也是对未知事物的探索，需要有勇于克服惯性的努力和改变现有秩序的决心（Tidd et al., 2005），清晰明确的企业创新战略是对企业发展的整体性、长期性、基本性谋略。企业的竞争优势源自对整体价值链的设计，也就是如何安排产品或服务的设计、生产、销售和支持过程中的各项活动。因此，要以长远的眼光和扬弃精神，敏锐地感知和响应技术与市场的变化，制定创新战略目标和基本路线。企业文化可以渗透到公司的各个层面，从更长远的角度影响其核心价值、组织结构、沟通与决策、业务流程和技术以及最终的业务结果的各个方面。例如，进取型风格的企业追求领先型战略目标，从而需要灵活的沟通渠道和快速反应机制，而跟随型战略目标则要求集中而高效的决策方式。

创新战略的正确引导和文化激励，能使个体的创新行为纳入企业整体的创新过程中，因此，将企业战略目标与价值文化融合进企业创新管理体系中，能更好地引导企业技术创新和市场创新的目标和方向，也为企业的组织创新和制度建设提供了整体的框架，如 3M 公司创新传统的第一项就是将创新看作公司自我形象的一部分，不断提醒员工将个人价值观与企业目的相结合，并在创新战略的指引下设定远期和近期等延展性目标；共享的价值和愿景是促进相互信任和凝聚力的基础，如海尔坚持不懈地向广大员工宣传海尔的价值观和与时俱进的理念，积极开展学习型文化建设，提高员工对海尔创新发展和创新精神的理解与认同，从而促进了海尔创新持续发展。此外，清晰的战略思维和文化理念也能引导企业全体员工为长远发展而不懈努力，风险文化和容忍失败的精神能促进创造性思想产生，企业员工的共同价值观是员工间密切合作的认知基础和心理相容的基础。同样，相容或兼容的目标及价值观念也促进了企业开放式创新活动。

1.2 创新要素协同与创新能力演化的匹配性

Rothwell（1994）从宏观层次论述创新模式的变迁，创新从早期简单线性模式演化到第五代系统集成及网络模式，每一种模式都是特定时期经济社会和产业科技发展推动下的产物，如 20 世纪 70 年代至 80 年代初，各主要工业国买方市场需求饱和，技术与市场必须结合具有交流和反馈的序列过程，才能开发出具有商业价值的产品，于是第三代交互作用的创新模式问世。进入 20 世纪 80 年代后，随着经济全球一体化加速和市场竞争日趋激烈，技术创新成为多路径、各环节联合开发与并行过程，强调在企业内部各职能序列间耦合集成。在开放式创新环境下，全球范围内创新资源流动与优化，需要企业内外广泛合作与动态结盟，这为企业战略、组织、文化、技术、市场等创新要素提供了更为广泛和复杂的组合空间。

　　微观层面的协同创新，即企业内外创新网络与要素的协同反映的是不同创新系统之间或技术创新系统内部诸要素之间相互作用中保持合作与协调发展的状态，使结构与功能相互适应和匹配。要素协同有助于企业实现对资源的共享整合和配置利用；构建动态能力，也可以认为要素协同促进了能力的协同发展。要素协同与企业发展和能力演化的关系、要素协同与企业战略发展阶段是相一致的。企业在发展初期，通过引进、消化和吸收外部资源知识建立发展基础，并紧跟市场需求，通过工艺改进、流程设计等二次创新提高企业产品竞争力，在模仿和改进中提高自身技术创新能力，在这个阶段企业技术创新和市场创新之间的协同是企业创新发展的起点；随着企业发展，企业创新能力形成一定基础，能够吸引外部资源，集成外部先进技术，这时也需要在一个完整的管理体系基础上指导技术创新和市场创新；而原始创新能力的构建，是一个长期而艰难的过程，需要企业战略指导，并以创新型文化促进持续创新。从这个演化机制来看，在引进消化阶段，企业技术与市场创新的协同是将引进的技术转化为自己能力的关键；组织和体制创新通过流程与制度来分配资源和管理员工的创新活动，其作用主要是引导资源流向和激发创新潜力，提高创新的效率（许庆瑞，2000；傅家骥等，2003；吴贵生和王毅，2009），推动这些能力（capability）转化为以集成创新和组合创新为特征的竞争力（competence）；企业战略和文化创新能够推动企业持续创新，引导集成创新能力向以发明、原始创新为特征的核心能力转变。要素协同与能力演化机制如图3所示。

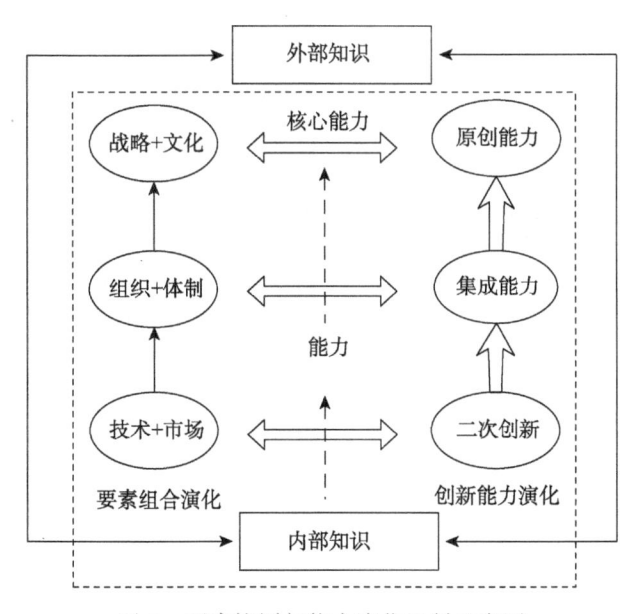

图3　要素协同与能力演化机制示意图

1.3 网络中创新能力的序参量

改革开放后,我国制造业从稚嫩逐渐走向成熟,我国成为仅次于美国的全球第二制造业大国,但现阶段中国的制造业在许多方面还存在不足。例如,大部分企业都缺乏核心竞争力,发展主要依赖于低成本优势,产品和服务也以模仿为主,创新不足,客户也相对同质,需求单一。我国的石油需求依赖和不断增长的环境压力,对汽车动力技术的创新有着明确而迫切的需求。但是,对于清洁柴油、混合动力及电动车等替代型动力技术,中国没有引领技术的发展。从实证研究可看出,企业利用性创新能力对绩效的作用大,但这也反映出我国企业技术创新大多重视模仿创新和二次开发,突破性成果很少。陈劲也指出我国科研的战略性和前瞻性不足,发现和提出的世界范围内的战略性前沿选题尚少,具有原始性、突破性的创新成果还较少,这也表现在企业的原创能力欠缺,仿真显示企业的原创能力才有助于企业长期发展。例如,在"技术为王"的通信领域,富通集团10多年的发展历程说明自主创新不仅成为富通寻求发展和进步的内在要求,也成为富通立足产业前沿,摆脱受制于人的局面的强大动力。2005年,富通联合国内光通信产业界,奋起反击了国际光通信巨头的光纤倾销,并运用世界贸易组织的规则打赢了中国通信业的光纤反倾销案。富通在中国企业打赢光纤反倾销案中发挥了至关重要的作用,在整个光纤反倾销过程中,富通积极参与其中,努力承担产业责任。富通用事实证明,G.652C光纤生产技术是企业凭借自身的努力,在全合成光纤预制棒制造工艺的基础上自主开发的,有力驳斥了国际光通信巨头"中国企业无G.652C光纤生产技术"的论断,使美日韩厂商"规避"反倾销调查的梦想化为泡影[①]。

总之,企业序参量的表现形式是核心能力,更直接的描述是企业的原始创新能力,企业可以通过集成、自己研发等形式构建起以自主创新为本质的核心能力。假定企业系统产生了多个序参量,企业宏观有序结构由这些序参量的协同作用共同决定,在发展过程中序参量之间相互竞争与融合,使系统整体涌现出多种发展态势,呈现无序状态,一旦外部环境影响达到某个阈值,就可能只出现一个序参量单独住在企业演化,其他的序参量变为伺服量,则主序参量决定的结构成为企业的宏观态。这表现在企业发展初期,企业可能通过引进、消化吸收进行二次创新,在这个过程中,企业可能通过合作、集成外部技术、内部资源整合等多种方式进行产品或市场创新,但企业进入成熟期后,其最终发展还是取决于企业自身积累和构建的原始创新能力。战略选择与价值取向将决定企业以自主研发为核心的自主创新能力发展。

---

① 富通集团网站 http://www.futonggroup.com.cn/。

2 提高协同创新能力的政策建议

在科技经济全球化的环境下，开放合作、共享的创新模式被实践证明是有效提高创新效率的重要途径。充分调动企业、大学、科研机构等各类创新主体的积极性和创造性，跨学科、跨部门、跨行业组织实施深度合作和开放创新，对于加快不同领域、不同行业以及创新链各环节之间的技术融合与扩散，显得更为重要。因此，创新网络作为一种更有效的资源聚集和共享渠道，能有效促进协同创新。下面主要结合本文研究的一些启示，给出在复杂多变的创新网络中，企业提高要素整合与协同创新能力的一些可操作途径和方法。

2.1 建立开放式全面创新管理体系

创新网络不仅涉及资源的流动，更深层次上也体现了多元化文化的融合与沟通，文化通过公司的价值、环境、信条和哲学来体现，其影响决策和个人行为等组织内部的交互行为，这就需要企业从更广阔的视角来理解创新，建立全面创新导向的战略愿景，体现全面创新的系统性和全面性，从组织的结构、文化、战略、市场和技术等要素出发，将创新精神和价值观清晰地传达给企业员工，共同达成组织全面创新的目标。各创新要素（如战略、组织、文化、制度、技术、市场等）在全员参与和全时空域框架下进行全方位协同匹配，以实现各自单独所无法实现的"2+2>5"的协同效应，从而促进创新绩效的提高。

2.2 夯实内部组织创新基础，提高持续创新能力

"凡事预则立，不预则废"，企业嵌入外部网络获取资源所需要的绝不只是理性和谨慎，更重要的是提前做好准备。例如，我国一些企业曾一度对日本丰田的精益生产系统非常迷恋，纷纷效仿丰田的做法，试图通过模仿其精益的生产体系提升产品质量和信誉，但丰田的精益生产不仅仅是一种方式，更是一种涵盖战略、组织、流程等环节的系统能力，若缺乏完整的系统化体系，简单模仿则是"形似神不似"而难以持续。

企业借助外部资源和技术在短期内实现快速发展不难，关键是借助外力实现永续创新，唯有建立稳定的创新机制，不断增强自身的吸收转化能力才是根本，同时，技术具有隐含性、累积性和地域性，大量的技术知识隐含在人们头脑中，不像蓝图那样容易转移，即使企业通过合作获取外部知识，也需要具备获取其他企业成果的吸收能力，这主要取决于企业已有的相关知识，这些知识赋予了企业辨别新信息价值，从而加以吸收和应用的能力；同样，技术转移也不在于硬件和知识产权是否愿意转让，而在于能否将储存在外部头脑中的知识转化为内部国民的知识，如我国一些企业对外并购后并没有取得预期目标，并购的最终目的是获

取海外资源来充实企业的关键竞争要素，如果没有强有力的整合方案和持续开发利用的能力，并购将拖累母公司的发展。因此，企业应当把适合自己的知识转化为自己的技术能力，这样才能形成独特的竞争优势。

2.3 构建知识与信息化管理平台，高效整合个体、团队和组织间的知识

创新网络中所提供的纵横交织和复杂多元的知识，也为企业的知识管理和学习提出了更高的要求，除了传统的学习方式，如培训、进修等，企业更需要具体而高效的方式来管理和整合知识，学习型企业以组织形式对外和对内进行学习并且将所学到的知识和积累的经验通过学习流来提高其员工的能力。员工将在企业所学到的知识应用在实际业务中，通过实践获得了新的知识和能力提升（Hübner，1995）。例如，杭州鸿雁电器有限公司学习平台应与企业的知识整合平台紧密衔接起来，充分发挥网络环境和信息技术的作用，建立以 E-learning（电子化学习）为核心的知识学习平台，一方面促进了员工学习交流，另一方面也可以利用各种知识数据库、专利数据库存放和积累信息，从而在企业内部营造有利于员工生成、交流和验证知识的宽松环境，并制定激励政策鼓励员工进行知识交流。同时，还可以通过放松对员工在知识应用方面的控制、鼓励员工将隐性知识转化为显性知识进行共享交流。

公司向外部学习的能力也是企业集团竞争优势的重要来源，当面临全球范围内越来越分散的创新来源时，在产品开发的不同阶段需要和不同的对象实现协同，如在产品定义阶段需要倾听客户的声音，在设计期间需要和合作伙伴互动，新兴的技术通过更轻松地接触客户和减少业务关系障碍提高了客户亲和力，鼓励不拘形式地讨论产品与服务的企业可以构建供客户参与的网上社区，从中及时获得客户的意见，这种基于信息化的知识管理平台可以快速收集、分类和传递各种信息，也为协同创新提供了快速敏捷的平台。

2.4 建立创新网络资源的动态优化机制

在不断扩展的创新网络中，公司在复杂的合作伙伴体系中开展运营与创新活动。这些创新活动是"整合的"而不是"互连的"，也不是简单的汇集。同样，网络成员并不是只能被动地对其外部的网络做出反应。自己所处的创新网络是可以规划和有意识地设计的（Dhanaraj and Parkhe，2006；方刚，2008）。企业对所嵌入网络的合作者等要根据企业发展战略动态调整，与之相对的是企业自身也是跟随外部网络的变化在动态中适应与调整。商业价值研究院在其对"协作的力量"的报告中描绘了一个协作创新框架，帮助企业在这一日益重要的领域中提高成功概率。协作创新的最佳构建块为：协同一致、边界及承诺（alignment，boundaries and commitment，ABC）。协同一致可将贯穿整个企业的协作创新实践与企业的战略前景及创新目标保持同步，从而全方位关注协作。管理边界可实现企业间的协作，建立与治理、运营和技术相关的结构及流程。随着时间的推移，企业需要持续的承诺来协同及系统化整个企业及其扩展企业中的创新协作。例如，戴姆勒奔驰与克莱斯勒的合并，最终在坚持九年后于 2007 年分开，战略错位在并购后整合的过程中，从成本削减中寻求"协同效应"成了项目团队的唯一目标，而针对核心汽车业务进行的有效整合没能引起团队的重视，最终导致双方都无法从合作中获益。

参 考 文 献

方刚. 2008. 基于资源观的企业网络能力与创新绩效关系研究. 杭州：浙江大学.
傅家骥，雷家骕，程源. 2003. 技术经济学前沿问题. 北京：经济科学出版社.
傅家骥. 1998. 技术创新学. 北京：清华大学出版社.
郭斌. 1998. 基于核心能力的企业组合创新理论与实证研究. 杭州：浙江大学.
吴贵生，王毅. 2009. 技术创新管理. 2 版. 北京：清华大学出版社.
许庆瑞. 2000. 研究、发展与技术创新管理. 北京：高等教育出版社.
赵晓庆. 2001. 企业技术学习的模式与技术能力积累途径的螺旋运动过程. 杭州：浙江大学.
郑刚. 2004. 基于 TIM 视角的企业技术创新过程中各要素全面协同机制研究. 杭州：浙江大学.
Dhanaraj C, Parkhe A. 2006. Orchestrating innovation networks. Academy of Management Review, 31(3): 659-669.
Hübner S. 1995. Building a learning organization. Harvard Business Review, 75: 148.
Prahalad C K, Hamel G. 1990. The core competence of the corporation. Harvard Business Review, 68: 275-292.
Rothwell R. 1994. Towards the fifth-generation innovation process. International Marketing Review, 11(1): 7-31.
Tidd J, Bessant J, Pavitt K. 2005. Managing Innovation: Integrating Technological, Market and Organizational Change. 3rd ed. Hoboken: Wiley.

第三篇 能力系统

全面创新能力的审计[①]

企业要在当今激烈的全球市场竞争中获胜，必须提高自身的全面创新能力，全面创新管理（total innovation management，TIM）的实施，尤其是全面创新管理基础架构的构建，有利于企业全面创新能力的提升。在对全面创新管理的理论必要性、内涵及创新要素的初步运作机制和基础架构进行分析研究后，对全面创新管理能力的审计，将从战略创新、管理创新、市场创新、技术创新、制度创新、组织创新、文化创新、全员创新、全时创新、全方位创新十个方面，理论结合实际地展开讨论。本文主要内容包括：①创新能力审计研究的回顾；②全面创新能力的内涵与构成；③全面创新能力的审计方法；④全面创新能力的审计指标；⑤全面创新能力审计的案例研究。

1 创新能力审计研究的回顾

1.1 管理审计

现代审计是指独立的专门机构或人员接受委托或根据授权对相应经济组织的经济活动进行的一种鉴证活动。现代审计具有很强的独立性、系统性和权威性（通常具有官方性质）；其实质是一种监督和审核工作；其目的是根据事实证据提供审计意见，确保审计对象行为的规范化和合法化。

通常来讲，我们理解的审计主要是指财务审计，即指由企业外的独立审计人员（会计机构或注册会计师）对该企业的会计和财务报表系统进行审查和评价，是对企业会计报表和财务行为的一种校正。事实上，在西方，由于投资者、政府和股民不仅仅满足于单纯的财务报表，而是更加关注企业的"管理质量"，因此审计的领域扩大。

审计的主要形式有财务审计、生产审计、管理审计、业绩审计和社会审计等。所有形式的审计均具有一个共同特征，即由专门的审计人员对某项过程进行审核，发现不足；最后形成的结论都要以解释出现的问题和提出进一步改良措施为目的。以生产审计为例，其任务是审查和评价生产运作的各环节，其中包括生产环境、组织机构、生产计划、人员与物料配置等，最终目的则是寻找提高生产效率和节约成本的途径。另外，审计也被广泛应用于质量管理，如美国的 Baldrige 奖、日本的 Deming（戴明）奖、欧洲的质量奖等都运用了审计思想。

罗伯特·史罗夫认为管理审计是对管理者表现的一种度量，其范围包括计划、

[①] 节选自：许庆瑞. 全面创新管理：理论与实践. 北京：科学出版社，2007：第十一章。

组织、领导、控制等；同时还认为管理审计与管理咨询服务是有区别的，前者是对管理进行评估，对象往往是管理的全过程；而后者则是为企业就某一个具体问题提供解决方案。前者往往要定期进行，后者则不必如此；在方法上，前者大都使用标准化问卷，后者则形式不拘。

标准化问卷是管理审计的主要方法之一。美国管理协会的 Jackson Martindell（杰克逊·马丁德尔）于1962年完成了早期的一种问卷。问卷包括301个问题，涉及企业的经济职能、组织机构、报酬系统、科学研究与试验发展（research and development, R&D, 简称研发）、领导、生产、销售等管理的各个环节。尽管这个问卷的许多问题设计太主观化，但它确实提供了一种新思路，并且强调了这样一种观点：如果实现了有效的管理，好的结果就有可能实现。

Greenwood 和 Leonard 也曾分别制定出一套管理审计问卷，为后人的工作奠定了基础。

由此可见，管理审计的范围应当包括企业战略与计划、财务、营销、研发、生产、人力资源管理、信息系统七个部分。因为每一个部分都体现了管理的一种职能，通过对这些领域进行审计，就可以对管理质量进行评价。

管理审计的最大优点在于它能帮助企业发现和克服管理中存在的漏洞。管理审计与财务审计的不同在于，财务审计是对过去工作的反映，"事后验尸"，是一种消极的"回馈式"的反映；而管理审计则是一种主动的"前瞻式"的评价过程。通过定期的管理审计，管理者可以对自己的管理工作进行审视，对各个管理职能的表现进行评估，从而在结果产生之前发现管理工作中存在的问题和漏洞，进而在造成更大损失之前及时采取措施予以弥补。财务审计只是对结果的反映，因此难以起到预防的作用。另外，管理审计可以帮助管理者更有效地实现组织目标，管理审计问卷涉及管理的各个环节，对照这个问卷，管理者比较容易发现存在的问题。同时，管理审计为管理者提供了一种标准，究竟什么是有效的管理，如何做才能实现战略目标，审计问卷为企业提供了一种客观依据。

尽管管理审计有这样的优点，但它最大的缺点在于：实施管理审计时间长，成本高，若得不到企业人员的配合，往往不能达到预期目标。

1.2 技术创新审计

技术创新审计是近年才发展起来的一个新概念。它借用财务学中的审计概念，实质是对技术创新的各方面进行度量和评估，但又不仅仅是度量和评估。Chiesa 等认为，创新审计是指以创新的度量为基础，找出创新的现状及其与期望值之间的差距，明确问题，找出需要改进的环节，进而提供提高创新水平的信息，促进计划实施的改善。也就是说，通过自身或第三方，利用审计方法对企业的创新活动进行评估定位，从而为提高创新管理水平提供必要的信息。创新审计是提高技术创新管理水平的方法之一。根据 Chiesa 的观点，一个完整的审计应包括：度量和评估创新目前的表现和计划实施情况，找出目前与目标间的差距，分析其原因，制订弥补这一差距的可行性计划。

许多学者提出了创新的审计模型，如伯格曼（Burgelman）等提出的一种用以审计技术能力、制定和实施创新战略以及支持它们的组织结构的创新能力审计模型。该模型包括五个方面：①资源的可获得性和分配（表现为 R&D 基金水平、技术的广度和深度、明显的竞争优势和 R&D 的资源分配）；②对竞争对手的创新战略和产业发展的了解；③对技术环境的了解；④组织和文化氛围（表现为 R&D 项目的管理、R&D 到生产的转化和各职能部门的集中化程度）；⑤表现为企业家素质的战略管理能力。

奥德勒等认为应对产品和战略管理过程基准定位，并因此提出一种评估所有技术职能战略的框架，同时指出战略管理的三个主要因素：领导、政策和调节机制。

Chiesa 等则提出了一种更为详尽的过程审计模型，如图1所示。他们将创新过程分为核心过程和支持系统。核心过程包括概念产生、产品开发、工艺创新和技术引进；支持系统包括资源供给、领导和辅助工具。Chiesa 等指出，成功的创新总是同良好的管理过程分不开的，这一观点得到许多学者认同。他们认为，对于创新不但应当审查其业绩，而且应当审计其内部过程。因此，他们将创新审计分为过程审计和业绩审计，并针对其过程和业绩制定了详细的审计标准和问卷。过程审计是指审核创新所必需的环节是否正在运行以及最优实施计划的完成程度；业绩审计是指审计各环节和全部创新过程的业绩及其对企业的市场竞争力的影响。他们利用两种度量尺度：使用度量卡的快速审计和深入审计。"度量卡"利用对成功和失败的创新过程的特征的描述，帮助企业通过对照找出自身的长处和不足，进而找到失败的原因；深入审计则帮助企业对应改进的过程和领域进行更深入的考察，并提供一整套改进的方法和管理手段。

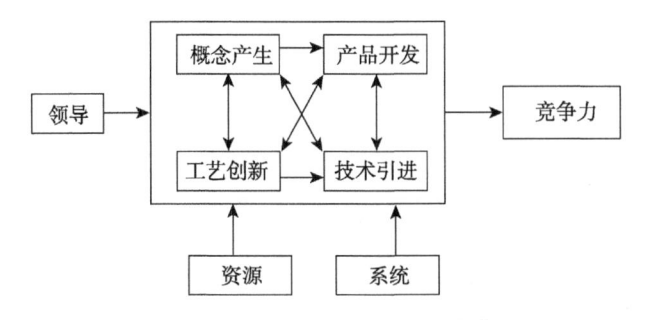

图 1　基于过程的技术创新审计模型

与 Chiesa 的过程审计模型有所不同，得到广泛应用的"奥斯陆"技术创新统计法是一种对企业创新业绩进行分析的较好的方法，但其更强调输入和输出指标，而不是创新内部过程的描述。这样，无论是宏观还是微观，都只能描述而不能解释创新行为。

陈劲和史密斯将 Chiesa 的过程审计模型和"奥斯陆"技术创新统计模型互相取长补短，构建新的用以全面审计企业创新业绩的工具，提出了一种新的创新审计模型——陈劲–史密斯模型（简称 C-S 模型），如图 2 所示。

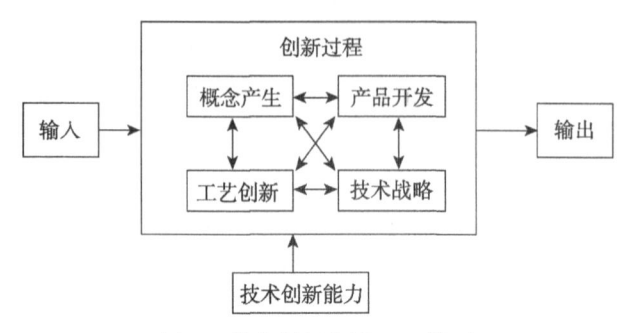

图 2　技术创新审计 C-S 模型

在 C-S 模型中，有如下内容：①普通经济指标（销量、利润、总资产、职工人数、技术人员和销售人员人数、技术和设备水平等）；②产品创新数量（根本创新和渐进创新）、工艺创新数量；③创新战略（研制还是购买）；④创新水平的定位（企业水平、地区水平、行业水平、国内水平和国际水平）；⑤创新成本（具体的资金来源的细目）；⑥创新带来的收益（新产品销量、新技术转让等）；⑦创新过程（各阶段的特征）；⑧创新能力的系统要素、定位。

2　全面创新能力的内涵与构成

全面创新的基本内涵包括三个方面：一是涉及企业各创新要素（全要素创新），包括技术、战略、组织、文化、制度等的创新及其协同创新；二是企业各部门和全体员工人人参与创新（全员创新）；三是落实到价值链、流程上的全时创新（全空间创新）等全时空的立体化持续创新。全面创新观与传统创新观的显著区别在于，全面创新观突破了以往仅有研发部门孤立进行创新的格局，使创新要素与时空范围大大扩展。

在技术创新过程研究中，巴顿的管理系统能力、许庆瑞的决策和组织能力、付家骥的创新管理能力、科学技术部的决策和组织管理及资源配置能力都是指创新的管理能力。许庆瑞认为，技术创新能力不是一种具有单功能的能力（区别于研究与发展能力），而是需要多种功能的配合，最主要的是研究与发展能力、营销能力、工程化能力（包括设计、工艺、工装、生产等能力）。同时，需要以下几种能力的支撑，包括创新资金筹集和运用的能力、关键人才的吸纳和凝聚能力、企业家精神和战略管理能力、以界面管理为重点的组织与协调能力等。

在创新过程管理研究中，笛德、本珊特认为创新管理是一个过程，而且是战略、技术、市场和组织相互作用的动态过程。成功的创新管理要求企业建立规程，并适时打破旧规程、不断建立一套完整的新规程。成功的创新管理的一个关键问题就是需要以一种综合的方式进行创新管理，仅仅开发某些方面的能力或者片面地管理都是不够的。这些观点以及全面创新管理中的三全一协同的观点，是提出全面创新管理能力框架最直接的理论参考基点。由于全面创新管理的整体性、广泛性、主导性的基本特征，全面创新能力不单单是指技术创新能力，或者某一个或几个非技术要素创新能力，而是指各种创新能力在协同基础上的综合能力。全面创新能力的框架应满足以下要求或具有如下特性：①全要素和全面、平衡的特性；②反应规程变化的特性；③突出战略和定位的特性；④面向创新市场的特性；⑤面向企业实际的特性。

从全面创新的基本内涵来看，全面创新能力是战略创新能力、技术创新能力、组织创新能力、文化创新能力、制度创新能力、管理创新能力、市场创新能力、全员创新能力、全时创新能力、全方位创新能力等各方面能力的综合体现。

2.1 战略创新能力

企业面临环境的不确定性，使得企业战略既要保持其相对稳定性，又要避免形成刚性。战略创新能力就是指企业根据市场和自身条件等内外环境的变化适时调整战略，以保持动态平衡的能力。其甚至要包括如下内容。①技术战略：企业技术战略的责任落实、奉献精神、预测能力、投资力度等。②战略与环境：企业对行业技术、市场的理解，对竞争对手的了解及对策应变、与政府的关系等。③长远战略：企业的愿景、价值观、业务定位等。

2.2 技术创新能力

技术创新是为了满足顾客和消费者不断变化的需求和提高企业竞争优势与竞争能力，从而提高企业经济效益的一系列创新活动，包括企业所从事的以产品及其生产经营过程为中心的构思、开发、商业化等环节。在知识经济时代，知识已成为经济发展的基础和直接驱动力，企业竞争优势的生长点将越来越取决于建立在知识的生产、占有和有效利用上的企业技术优势，企业之间竞争的焦点将集中于企业技术创新能力上，即企业只有把科技进步与市场需求能动地、有机地、动态地结合起来，创造出体现这种结合的新产品与新工艺，满足市场不断变化的需求，适应快速多变的经营环境，才能在竞争中获胜。

技术创新是企业创新的主要内容。企业中其他的创新活动大都与技术创新有关，技术创新并不是人们通常理解的那种纯技术范畴，而是一个内涵和外延都非常丰富的经济范畴，它以创造性和市场成功为基本特征。重大的技术创新，特别是原始性创新，以发明为基本出发点，通过技术系统的开发，重新组合生产要素，并引入生产体系，推动企业和社会的不断发展。由于技术创新是实现生产要素和生产条件的一种从未有过的新组合，受到许多不确定性因素的影响，创新过程中也会存在巨大的风险。这就要求企业在技术创新中正确地认识风险，科学地控制风险，尽可能多地获取技术创新的收益。

技术创新能力包括如下内容。①研发项目管理：项目的组织形式、选择与评估机制、过程管理等。②研发资源管理：存量资源和增量资源的管理。③工艺创新管理：企业工艺创新与产品创新的配合、工艺改进的方式等。

2.3 组织创新能力

在企业规模增大到一定程度后，传统的金字塔式的直线职能制就容易导致机构臃肿、效率低下、响应市场速度变慢等"大企业病"，严重影响企业的创新绩效和市场竞争力。

在知识经济时代，外部动态复杂的环境要求组织打破刚性条框的限制，趋向柔性（柔性战略和柔性结构）。柔性战略思维强调企业在快变、不确定的环境中对机会的把握以及能否创造机会，即强调通过战略创新来形成新的战略环境；组织结构扁平化可使组织员工与外部环境和市场更加靠近，通过市场直接激发员工的创新意识。组织创新表现为组织功能的完善、内部结构的不断优化，但不单局限于企业本身，更是企业与其他各种社会组织之间的关系创新的实现。

组织创新能力是指企业根据创新的要求，实现组织结构扁平化、网络化，以使组织结构根据创新的要求作出相应适时调整的能力。

2.4 文化创新能力

企业文化创新是指企业处于一定社会经济文化背景下，在长期经营过程中逐步生成和发育起来的独特的企业价值观、企业精神、行为准则，以及以此为核心而展开的企业在创新及经营管理活动中所创造的具有自我鲜明特色的创新精神财富与创新物质财富的总和。它是在一定社会经济文化大环境下形成的亚文化，具有社会性、继承性、创新性和融合性等特征，对全体企业员工具有激励功能、自控功能、内聚功能、导向功能和内外沟通功能。它无处不在、无时不有，企业的一切现象无不深深地打上该企业特有的文化烙印。它是企业一切创新的动力和源泉，也是一切创新得以顺利进行的保障。它形成管理方法的理念，是导致行为方式的动因，是人际关系所反映的处世哲学，是对待工作、服务的态度。它既根植于企业的一切活动中，又流溢于企业的一切活动之上。

2.5 制度创新能力

制度是常规（routine）的提升与固化，是创新的重要保障。制度不能一成不变，随着企业的发展，制度应适时变更。制度创新包括两个层次：一是企业层次的制度创新，包括产权制度、股东构成及形式、企业治理结构及激励制度等；二是基础管理方面的制度创新，包括绩效考评、员工奖惩与激励、薪酬、培训晋升等制度。制度均应根据内外环境的变化进行全面调整，以适应全面创新的要求。

2.6 管理创新能力

管理创新是指管理理念、思路、模式、机制、手段的创新。①创新激励的管理：员工的考核、奖惩与学习、长期激励措施、软资产积累等。②标准化：其他管理制度如质量管理、研发流程、中试流程等的规范化和标准化程度。③知识产权管理：企业对知识产权重要性的认识、管理制度的落实情况等。④研发设备管理：企业研发设备的有效利用与及时更新等。⑤信息化管理：知识管理平台的建设和使用情况等。

2.7 市场创新能力

市场创新就是企业从近期和长远角度促进市场构成的变动和机制的创造，以及伴随新产品的开发对新产品市场的开拓、占领，从而满足新需求的行为。市场创新是企业创新的出发点和归结点，企业的各种创新都以满足市场需求为最后的落脚点，企业创新的效果也必须由市场来检验。

市场创新主要包括两方面的内容：一是市场领域创新，即预测发现未完全满足的需求和创造新的需求，实现从适应市场到创造市场的转变；二是营销创新，即采取积极的态度利用各种方式、方法鼓励顾客购买本企业的产品，具体包括营销观念及方式的创新、价格创新、营销策略创新和销售渠道创新。以市场为中心进行市场创新，就是要使企业适应市场新的变化，由于科技的进步、经济的发展以及竞争的加剧，顾客选择的空间越来越大，生活设计化、生活文化化、生活个性化逐步成为需求的主流，要借助新的信息技术和利用网络逼真的模拟功能与互动式沟通特点，引导消费者对产品和服务进行选择和提出具体要求，掌握消费者的第一手资料，再根据消费者的选择和要求及时组织生产，为消费者提供定制化、个性化的产品和服务，市场导向与使消费者满意将是未来企业成功的关键。

市场创新的市场包括两个方面。①当前市场：企业品牌、客户关系、服务水平、最终用户满意度等。②未来市场：企业新业务的商务模式设计、未来市场预测等。

2.8 全员创新能力

根据波特对企业价值链的技术分析，技术存在于企业的每一个价值活动中（如后勤、市场营销、经营、服务、企业基础建设、人力资源管理、技术开发和采购），技术变革实际上对任何活动都产生影响，从而影响竞争。因此，在激烈的市场竞争中，企业只有充分发挥管理、研发、销售、生产、后勤等环节的所有员工创新的积极性和主动性，充分挖掘员工的创新潜力，实现全员创新，才能持续有效地提高创新绩效。

全面创新管理模式下的全员创新并不是简单地自上而下要求每个员工提出合理化建议，而是必须从全要素创新范围内创造出有效的创新方法、良好的创新机制，以保证全员创新的整体性、连续性和高效益。对于企业来说，这种全员创新应该实现以下五个方面的转化：①从专家创新向集体创新的转化；②从"要我创新"向"我要创新"的转化；③从员工分散创新向全员协同创新的转化；④从着眼于组织发展的创新向着眼于组织与个人发展相结合的创新的转化；⑤从局限于职务创新向与跨职务创新相结合的转化，在最大范围内激活全员创新潜力。

2.9 全时创新能力

在当今经济全球化、网络化的时代背景下，市场竞争的日益激烈和用户对响应速度的日益要求使得创新必须时时刻刻进行、永不停歇，必须力求做到24/7创新（即每周7天、每天24小时都在创新）。

2.10 全方位创新能力

随着经济全球化和网络经济的蓬勃发展，企业的边界越来越模糊。外包、竞合、战略联盟、虚拟团队等组织形式的出现使得企业的边界跨越了地区、行业甚至国家的限制，促进了研发、制造、营销等的全球化。许多跨国企业在全球各地设立了研发中心或基地，以整合全球科技资源进行创新，如微软、诺基亚等。诺基亚公司在全球14个国家设有55家研发机构，研发人员超过19 000名。

与此同时，创新不只是企业研发部门的事，随着用户需求的日益多样化和个性化，只有使得创新体现在每个流程，才能更好地满足市场和用户的真正需求。原有的工业经济时代的以分工和专业化为标志的组织形式使得流程破碎，没有人对整个流程负责，也没有人专门对用户真正负责，在当今以顾客为中心的新经济时代已经日益显得难以适应。

此外，随着创新管理理论与实践的深入，以及环境市场的变化，人们意识到，企业的信息获取网络无论如何发达，也无法完全获取用户的全部信息，因而也无法完全满足用户的多样化、个性化需求，因此，创新必须打破企业的边界，让用户更多地参与到企业的创新体系中来，使他们成为重要的创新源，以便更好地满足其需求。同样，对于原材料的供应商、产品的销售商、股东等利益相关者，通过战略联盟等形式，他们参与产品的创意与设计，使得企业的整个价值链上的创新资源都被整合到企业的创新体系中来，这将会大大提高创新的绩效，同时使得创新成本由于分担到整个价值链而大大降低。

3 全面创新能力的审计方法

3.1 评分法

在创新能力审计的研究中，早期的研究者提出了四种经典常用的方法：经济学方法、决策理论、有限最优及评分法。其中，评分法最为简单和常用，且在半定量地评估影响因素和创新绩效之间的关系时最为合适，既能从定性方面体现管理者和研究者管理思想的睿智，又能从量化角度科学地给出研发或技术创新项目实施的依据。

用评分法对创新能力进行审计，不能经年累月使用同样的指标体系，评分法最关键的一点是要在不同的经济环境或管理手段、管理理论的基础上设计不同的指标体系，以体现出时代的变迁，因此，随着管理理论的创新或企业竞争环境的变化，指标体系常常要进行大幅度的更改和创新。

1993 年，依据《奥斯陆手册》设计出了"欧共体协同创新调查 1992/1993 问卷"，在 1995 年选择了 16 家意大利制造业企业进行访谈调查，并对《奥斯陆手册》的修改提出了重要建议。OECD（Organisation for Economic Co-operation and Development，经济合作与发展组织）的科学技术指标专家组于 1997 年提出了新的修正过的《奥斯陆手册》，在这个新版本中，许多指标体现了知识经济下的技术创新的特征。

3.2 高标准定位法

20 世纪 80 年代以来，高标准定位作为一种新兴的管理工具，已经成为西方企业的一个重要而不可缺少的管理手段。西方发达国家的企业管理活动和管理文献中频繁出现这个术语。可以这样给高标准定位下一个定义，即以最强的竞争行业中领先的、最有名望的企业为基准，对自己企业进行定位，分析这些基准企业产生优秀绩效的原因，从而对自身进行改进。其实质就是通过学习和借鉴他人先进的创新实践经验、创新思想、技术创新管理的方式方法等，根据自身的战略和条件，确定合适的跟踪、模仿、赶超策略，从而提高竞争能力，成为强中之强。

美国麻省理工学院以及美国生产力与质量中心统计，至 1995 年美国的绝大多数大公司都开展了不同类型的高标准定位活动。最近一次调查表明，高标准定位是占美国国民生产总值 1/4 的大公司唯一一致表示在将来要继续加强的一项管理活动。这一方法的创始者——美国施乐公司在后勤仓储部门开展这一活动后生产率提高了 8%~10%，其中 30%~50%直接来自高标准定位。

高标准定位可以分为五个阶段。第一阶段：筹划。在这一阶段，企业要确定进行高标准定位的部门和具体的内容，关键是找出影响企业竞争力的关键问题所在，另外要选择标杆企业，进而收集该企业的最佳实践经验。第二阶段：分析。找出本企业与目标企业在绩效和实践水平上的差距，从而确立追赶的绩效目标和应当采用的管理实践。第三阶段：统一思想，将改革思想贯彻到职工中去。第四阶段：实施。第五阶段：常规化。高标准定位成功开展后，企业应将其作为一项职能活动融合到日常工作中去，使之成为一种常规化行为。

高标准定位法的意义在于它为企业提供了一种可信、可行的奋斗目标，使企业提高竞争力在实际成为可能。这种方法的优点还在于由于它始终以现存的表现最佳的企业为标杆，因此本身就实现了动态性，不会因为企业外部环境的变化而失效。

当然，高标准定位绝非万能，它也存在许多缺点。首先，这是一个非常耗时的工作；其次，这项工作必须得到企业的全力配合；最后，这项工作的开展要视调查者本身的水平而定，如果做高标准定位的人本身经验不足，制定出的高标准的意义就不大。

高标准定位使管理审计向前发展了一大步，因为高标准定位本身就为审计提供了客观标准，正是这种高标准使得管理审计帮助企业发现不足和寻找差距成为可能。从这个意义上说，高标准定位已经成为管理审计的一个不可或缺的组成部分，高标准的收集和制定的完善程度直接影响到管理审计的完善程度和有效性。

4 全面创新能力的审计指标

浙江大学创新与发展研究中心整合多年来在创新管理理论、实证经验和能力审计研究等方面的知识储备，特别是进行全面创新管理研究以来纳入的国内外最新创新管理思想，对以往创新能力指标体系进行了重大的调整和更新，构建了基于全面创新管理框架的全面创新能力审计指标体系。该指标体系共有10个维度、223个指标，对创新能力审计作了重大的改进。

全面创新能力审计指标体系包括战略创新、技术创新、组织创新、文化创新、制度创新、管理创新、市场创新、全员创新、全时创新、全方位创新十个方面。

4.1 战略创新指标

战略创新指标主要评价企业高层对战略的重视程度，企业技术战略在企业中的地位、作用，以及企业战略的适应性等，具体包括以下指标。

（1）公司设计了优良的远景而且不断完善它。
（2）公司对所处行业的了解程度。
（3）企业战略调整与环境变革相适应。
（4）企业的战略创新保证了稳定的现金流。
（5）公司的多元化战略对公司价值的提升作用。

（6）公司高层对技术战略的明确程度。
（7）企业高层的技术预测能力。
（8）技术战略在企业整体战略中的作用。
（9）技术战略与企业其他战略的协调。
（10）技术战略对提高企业核心竞争力的贡献程度。
（11）技术战略的制定以市场为导向。
（12）短期技术策略与长期技术战略的匹配程度。
（13）核心技术战略与辅助技术战略的均衡性。
（14）研发投入有效满足技术战略。
（15）企业高层有专人负责技术战略的制定和实施。
（16）在技术战略制定和实施中的创新与风险精神。
（17）技术战略的可实施程度。
（18）企业创新战略的全球化程度。
（19）企业对高新技术投资的力度。
（20）战略决策流程的科学性。
（21）公司竞争情报的获取能力。
（22）公司设计了牢固的战略实施手段。
（23）公司的战略创新考虑了执行能力。

4.2 技术创新指标

技术创新指标是对企业技术创新的过程、方法和绩效的一种评估，具体包括以下指标。

（1）公司具有满意的新产品产值率。
（2）研发投入与销售额比重保持的水平。
（3）公司掌握了相关的关键技术。
（4）对未来技术进行系统的监测与预见。
（5）公司对突破性创新的重视。
（6）公司不断申请专利数。
（7）公司具有满意的发明专利。
（8）公司申请的专利数在所有行业专利中占大的比重。
（9）公司注重外部技术的选择。
（10）公司注重外部技术的并购。
（11）产品创新计划列入公司计划中。
（12）以市场为导向的产品计划过程。
（13）确定产品开发中的优先项目。

（14）新产品计划的组合（长、中、短期项目的结合）。
（15）建立新产品或改进产品的选择机制。
（16）产品创新计划由技术、市场与制造部门共同完成。
（17）在开发过程中有阶段性反馈、总结和提高。
（18）对已完成项目进行总结。
（19）完善的项目管理制度。
（20）处理工序的平行性和集中性之间的关系。
（21）控制开发任务间的相互依赖性。
（22）控制不同开发项目之间在资源配置上的冲突。
（23）建立项目过程评估标准。
（24）建立项目优先级评定标准。
（25）建立跨职能部门的创新小组。
（26）建立项目经理负责制。
（27）项目经理在组织中的责权利明确。
（28）项目经理能得到各个职能部门的配合。
（29）产品设计、市场、营销三者协调。
（30）有效控制设计方案的调整。
（31）生产到设计的快速反馈。
（32）生产与设计相互协调保证交货期。
（33）对现有生产能力有客观评估。
（34）制定生产战略有正规程序。
（35）建立与市场需求相应的生产能力。
（36）有完善的技术改造程序和战略。
（37）技术改造满足产品创新的要求。
（38）按照国际水平和生产需要进行技术改造。
（39）技术改造的灵活性和对变化的适应性。
（40）技术改造促进工艺创新。
（41）工艺创新和产品创新的匹配程度。
（42）分配足够资源开发新工艺。
（43）多种工艺创新源泉（自主、引进、合作）。
（44）工艺创新有阶段控制和总结提高。
（45）在制造和设计之间进行有效协调。
（46）典型工艺的总结与归纳。
（47）适当变化组织结构以利于工艺创新。
（48）完善业绩评定标准以更好反映工艺对公司的贡献。

（49）主动改善工艺。

（50）将工艺改善同质量控制结合起来。

（51）采用工艺后继续让开发者跟踪、改善和总结。

（52）有工艺预开发（或工艺开发储备）。

4.3　组织创新指标

组织创新指标主要考察企业组织结构是否有利于企业技术研发项目，以及相互间的互动程度，具体包括以下指标。

（1）公司的组织结构与公司战略协调效果。

（2）公司组织变革有利于创意到市场化的顺利延伸。

（3）研发部门与市场部门进行经常性协调与联系。

（4）项目研发围绕市场调研结果而开展。

（5）研发项目的负责人对新项目市场效果的关心程度。

（6）有研发人员被派往市场部门。

（7）研发项目与具体的生产能力的匹配程度。

（8）研发方案根据具体生产过程的调整能力。

（9）生产与研发之间信息的快速反馈能力。

（10）研发项目中的负责人对新产品具体生产的关心程度。

（11）在具体研发项目中，技术服务部门意见的受重视程度。

（12）公司具有成熟的项目管理能力。

（13）各创新项目组之间能够进行经常性交流。

（14）项目组之间的知识能够进行充分共享。

（15）项目组之间的仪器设备能够充分共享。

（16）研发项目组之间的人员、设备的协调能力。

（17）集团技术中心和企业技术部门之间进行经常性交流。

（18）集团技术中心与各技术部门的合作程度。

（19）公司具有良好的矩阵管理水平。

（20）公司在国内重要城市建立了研发中心。

（21）公司在国外重要城市建立了研发中心。

（22）公司与公司外部创新部门建立了良好的信息技术沟通平台。

（23）公司与公司外部创新部门建立了良好的面对面的沟通关系。

（24）研发部门对人力资源部门各项政策、制度的满意程度。

（25）公司的职能部门为创新提供了优质的服务。

（26）人力资源部门对研发部门人才需求的满足程度。

（27）财务部门参与研发预算的制定程度。

（28）研发资金可以得到及时供给。

（29）财务部门的监督有利于研发费用的有效使用。

（30）公司的组织变革得到了信息技术的支持。

4.4 文化创新指标

文化创新指标主要评估企业文化是否有利于促进企业的技术创新活动的开展，具体包括以下指标。

（1）公司鼓励新思想、新想法。

（2）公司鼓励创办新事业。

（3）公司认为顾客是价值创新的源泉。

（4）公司鼓励提供超过顾客期望的行为。

（5）公司全体员工理解创新的价值。

（6）公司员工踊跃参与各类创新。

（7）公司鼓励追求卓越的行为。

（8）公司鼓励个人的创造性。

（9）公司鼓励美学、音乐等艺术的学习。

（10）公司对失败能善意地视而不见。

（11）创新人员可以自由提出、阐述自己的意见。

（12）创新人员能够以一种愉快的心情工作。

（13）公司鼓励组织学习或者群体创造。

（14）使员工与上层之间的沟通经常化。

（15）高额度奖励新思想，并形成制度化。

（16）公司每年评选最佳创新员工。

（17）公司每年评选最佳创新团队。

（18）公司的创新行为经常见于企业网站或报纸。

（19）公司的创新产品被显著地摆设。

（20）公司每年召开技术创新大会。

4.5 制度创新指标

制度创新指标主要是对企业的产权制度、奖励制度等的审核，具体包括以下指标。

（1）公司拥有健全的绩效评价体系来激励人员创新。

（2）公司鼓励大部分创新必须为公司创造现金流。

（3）销售收入中新产品或新业务的比重十分重要。

（4）公司鼓励智力资产等"软"资产的增长。

（5）为创新员工提供了有竞争力的工资。
（6）公司的奖金协调有利于创新。
（7）为创新员工设计了股票期权。
（8）公司的重要创新人员具有长期收入计划。
（9）公司为创新人员提供了良好的学习机会。
（10）公司为创新人员设计了科学的职业规划。
（11）公司每年举办高级技术或者市场论坛。
（12）公司全体员工能够理解和遵守公司的创新流程。
（13）公司全体员工鼓励信息共享。
（14）公司的知识管理系统已经建立。
（15）公司的创新流程用计算机系统合理固化。

4.6 管理创新指标

管理创新指标用于考核企业各项基础管理制度的建立和完善，以及新的管理方法的运用情况，具体包括以下指标。
（1）技术档案管理的网络化程度。
（2）技术档案的更新速度。
（3）数据库满足创新人员的要求。
（4）创新人员对公司技术档案的利用程度。
（5）设备在同行业中的水平。
（6）产品研发设备的利用程度。
（7）研发人员对研发设备的满意程度。
（8）公司领导对知识产权的认识程度。
（9）技术主管人员对知识产权的管理力度。
（10）公司定期对所拥有的知识产权进行审核。
（11）制造人员整体的专业知识水平。
（12）车间高级技工的比例。
（13）高层领导对推行ISO9000等的支持。
（14）ISO9000标准的贯彻实施力度。
（15）产品质量标准建立的完善程度。
（16）各级产品质量标准的执行情况。
（17）员工的质量意识。
（18）基层管理制度的完善程度。

4.7 市场创新指标

市场创新指标用于考察企业开拓市场、满足顾客需求的水平，具体包括以下指标。
（1）营销部门的市场预测能力。
（2）对客户需求的掌握程度。
（3）销售人员运用技术知识的水平。
（4）营销人员规模能力与公司营销战略的匹配程度。
（5）交货及时性。
（6）经销商满意程度。
（7）最终顾客满意程度。
（8）客户投诉比例相对高低。
（9）对客户投诉的响应时间快慢。
（10）客户服务人员的技术服务水平。
（11）对渠道建设的重视和投入程度。
（12）销售渠道发展状况是否符合公司发展要求。
（13）对产品忠诚的客户比例。
（14）对重点客户的关注程度。
（15）对重点客户的关系投资。
（16）对未来市场的预测能力。
（17）当前市场与未来市场的平衡。
（18）与领先用户的合作情况。
（19）公司的品牌建设能力。
（20）广告投入的效果。
（21）与公众传媒的关系。

4.8　全员创新指标

全员创新指标是对员工个人知识结构、创新能力、学习能力以及整合的组织创新能力的评价，具体包括以下指标。
（1）员工合理化建议的参与率。
（2）员工平均每人每年合理化建议数。
（3）员工合理化建议的采纳率。
（4）非研发部门员工提合理化建议的比例。
（5）创新人员来源的多样化程度（地区、专业等）。
（6）创新人员知识互补状况。
（7）创新人员间知识共享状况。
（8）创新人员相互合作、支持状况。
（9）创新人员的年龄分布合理性。

（10）创新人员的流动性。
（11）创新人员的技术能力。
（12）创新人员的学习能力。
（13）创新人员的创造能力。
（14）创新人员的信息收集能力。
（15）创新人员的洞察力。
（16）创新人员的人际沟通与合作能力。
（17）创新人员的责任感意识。
（18）创新人员对外合作交流的经验。
（19）创新人员对行业、市场的了解程度。
（20）人才培训力度。
（21）技术带头人的培育与委任情况。
（22）部门间人员轮换以拓展他们的经验和接触面。

4.9　全时创新指标

全时创新指标主要对企业创新开展的普及性和创新速度进行测度，具体包括以下指标。

（1）响应市场和用户需求速度。
（2）新产品研发周期。
（3）平均每天新产品数。
（4）平均每天申请专利数。
（5）公司高层及时收集创意。
（6）公司建立了网上的创意信箱。
（7）基于互联网的创新平台。
（8）公司利用时差与国外公司进行合作创新。
（9）创新过程的信息化水平。

4.10　全方位创新指标

全方位创新指标主要了解企业创新思想的源泉，具体包括以下指标。

（1）创新思想来源于企业家。
（2）创新思想来源于与咨询者合作。
（3）创新思想来源于与分销商合作。
（4）创新思想来源于与国内企业合作。
（5）创新思想来源于与大学研究机构合作。
（6）创新思想来源于科技文献、专利。

（7）创新思想来源于竞争对手。
（8）创新思想来源于政府对创新计划的支持。
（9）创新思想来源于与政府的合同。
（10）创新思想来源于交易会、展览会、会议。
（11）创新思想来源于国际性研发组织。
（12）创新思想来源于国外企业。
（13）创新思想来源于本公司在国外的部门。

5 全面创新能力审计的案例研究

5.1 案例选择

我们选取一个典型案例（海尔）和两个通信企业（D公司和H公司）进行了调研，采用传统的五分制评分法，将10个维度、223个指标的全面创新能力指标体系通过综合问卷进行数据汇总和处理。在我们的初步研究中，对每一个维度的多个指标得分进行汇总时，采取了算术平均方法，用各个维度中每个指标得分的均值作为该维度的综合得分，如表1所示。

表1 案例企业的创新要素维度分数汇总表

项目	通信企业D	通信企业H	海尔
战略创新	3.39	3.75	3.63
技术创新	3.29	3.39	3.60
组织创新	3.23	3.50	3.77
文化创新	2.80	3.03	4.15
制度创新	2.60	3.03	3.67
管理创新	3.47	3.91	3.94
市场创新	3.52	3.57	3.76
全员创新	2.95	3.48	3.50
全时创新	2.33	3.17	3.78
全方位创新	3.15	3.25	3.15

海尔是我们一直关注和研究的典型企业，也是目前实施全面创新管理比较成功的企业，我们把海尔各创新要素的得分情况作为一个基准，衡量其他企业与海尔创新管理的差距（类似于高标准定位），从而便于发现问题，分析原因，进行改进。我们选取了两个通信企业作为案例代表，以便在数据对比时进行同行业情况分析，较具可比性，得分情况详见表1、图3、图4、图5。

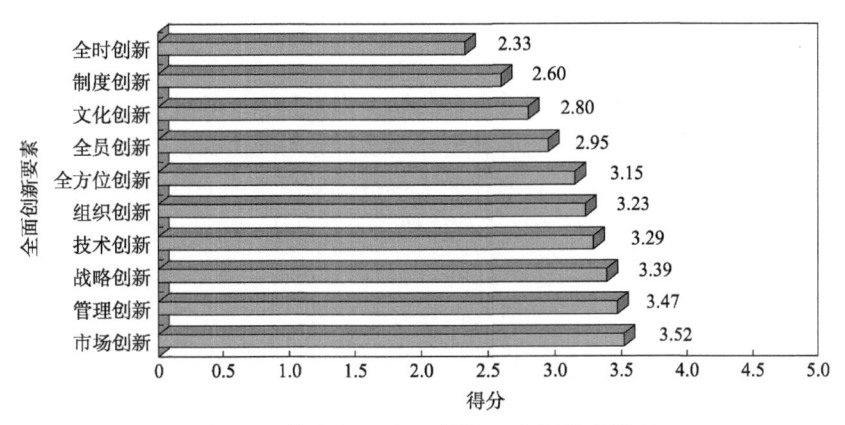

图 3　通信企业 D 全面创新要素得分及排序

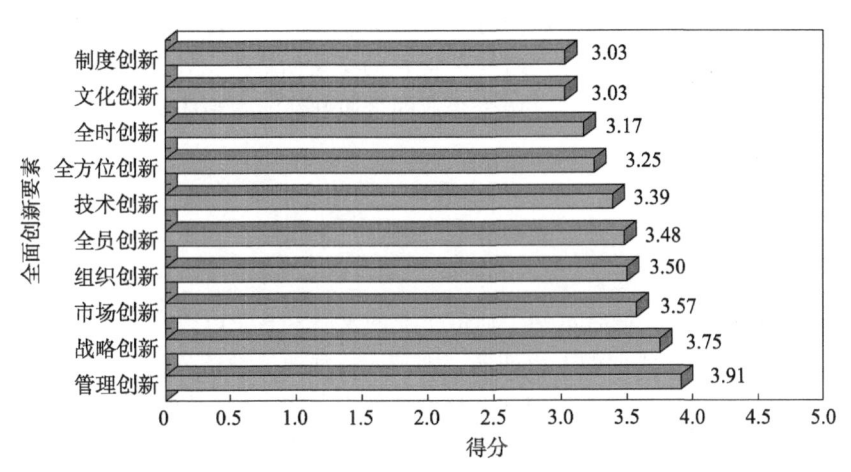

图 4　通信企业 H 全面创新要素得分及排序

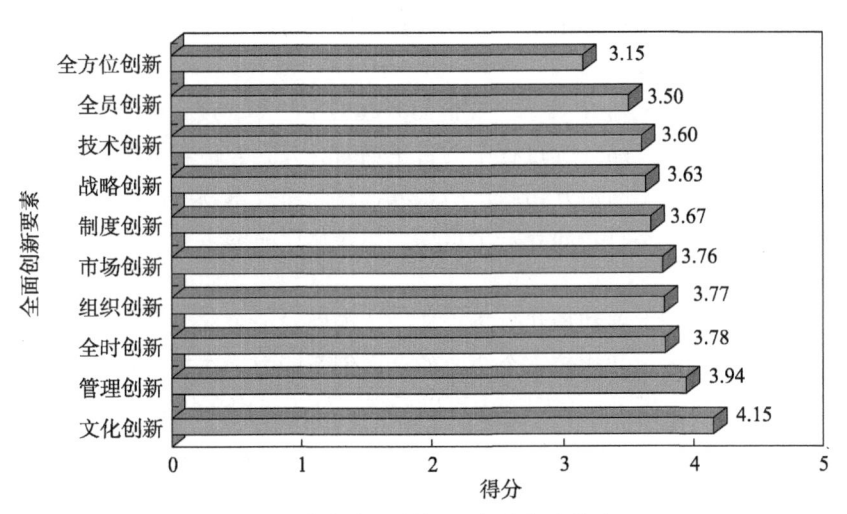

图 5　海尔全面创新要素得分及排序

5.2 数据分析

从表 1 中可以看到，三个企业的各创新要素得分情况有以下三个特点：①实施全面创新管理较成功的海尔的所有创新要素得分的均值都在平均分（3 分）之上；②通信企业 H 的得分虽然没有海尔大部分创新维度的分数高，但也全部超过了平均分数线；③通信企业 D 有四个创新要素得分都比较低，其他 6 个创新要素即使超过了平均分，得分也相对较低，无法与通信企业 H 匹敌，更不能与海尔比肩。

海尔的文化创新得分在它的所有创新要素中最高，这恰恰与我们先前的研究结果和业内的共识相符合。张瑞敏推行的企业文化创新是海尔成功的一个十分重要的因素，全方位优化管理制度加创新型文化的特殊模式，得到国内外专家的高度评价。

与海尔相比，两个通信企业均对文化创新有所忽视，通信企业 D 的文化创新在其创新要素中排位倒数第三，通信企业 H 的文化创新排位处于其最末位。从初步的数据中可作这样的假设：这两个企业的全面创新能力整体状况不高同企业不重视企业文化的建设有关。

通信企业 D 和 H 相比，我们可以看出：通信企业 H 比通信企业 D 的全面创新能力高很多，所有的创新要素得分也都跨过了平均线。在此，可以假设：全面创新能力高的企业创新业绩好。

为验证假设，本文结合这两个通信企业的发展背景予以考察。从行业背景来看，通信企业 D 在几年前的上市初期，因进入移动通信设备产业领域较早，且得到邮电部（1998 年已撤销）和国外某移动通信设备制造公司的大力扶持，一度经营业绩良好，但在该企业的发展过程中，由于一直依赖于国外公司的核心技术，忽视了在与实力雄厚的国际企业合作中对自身核心技术能力的培育和创新，因此虽然经营业绩一直不错，但由于企业没有真正形成可独立运作的核心技术能力，一旦失去外援，势必败落。

通信企业 H 在同行业中属于一支悄然兴起的生力军，该企业非常重视对核心技术的培养，重视在产品开发过程中的自主创新，并且凭借着技术积累过程中逐渐形成的技术优势，不断地开拓新产品领域，在高新技术领域产品更新换代极其迅速的大环境中，并不只是固守一个市场，而是从产品的多样化上赢得了发展的良好契机。

上述两个企业的发展和现状分析，从一个侧面验证了从数量分析中得出的假设。为了更清晰地展示和比较三个企业的全面创新能力，本文绘制了全面创新能力的雷达图，如图 6 所示。从图 6 中可以看到，处于最内环的通信企业 D 与全面创新管理的要求相差甚远，即使是全面创新能力较高的海尔，离理想外环也还有一定差距。企业发展阶段不同，其全面创新管理的重点和难点不一，因此，企业在实施全面创新管理时，要根据自身的实际情况，从各自的薄弱环节入手，在提高各维度创新能力的基础上，整体向外环逼近，以期达到全面创新管理的最佳实施效果。

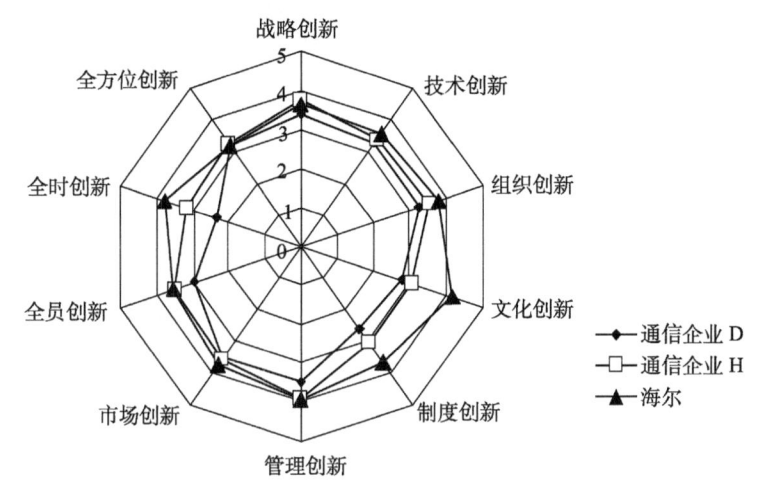

图 6　三个企业全面创新能力的比较

5.3　简单评析

不同发展水平的企业的全面创新能力各不相同，在企业发展的不同阶段，其全面创新能力也各有差异。因此，实施全面创新管理的起点就各不相同，虽然从"系统、协同"的思想上来看，全面创新管理是各个企业可以借鉴的"通用模式"，但在各个企业具体实施的过程中，有必要先进行"能力预审计"，以明确自身在全面创新能力上具体的差距是什么，再根据全面创新管理的系统、协同模式进行调整、改进，最终形成企业自身良好的独特运作体系，以促进创新绩效的提升和企业的健康成长。

综合以上分析，可以认为，全面创新能力在于各种能力的协同。一个或几个方面的能力突出，并不一定有利于企业的发展。非技术因素的创新能力对我国当前企业的技术创新有着重要影响。

6　小结

创新管理是一个过程，当今的创新管理更是战略、技术、市场、文化、组织、管理等在更长时间和更大空间上相互作用的动态过程。每个企业都应该根据外部竞争环境的动态变化，开发自己特有的包括战略、技术、市场、文化、组织、管理等方面的全面创新管理体系。

全面创新能力的建立是一个长期的积累过程。成功的创新管理的关键就是需要企业以一种综合的方式进行创新管理，仅仅开发某一方面或几方面的能力或者进行片面的管理都是不够的。战略创新能力、技术创新能力、组织创新能力、文化创新能力、制度创新能力、管理创新能力、市场创新能力、全员创新能力、全时创新能力、全方位创新能力等是一个有机联系的统一整体，企业需要根据自身的总体战略、资源和创新能力，制定一个可行的全面创新能力提升战略。

全面创新管理的创新效益分析[①]

1 现有创新效益评价的不足及 TIM 视角

1.1 创新效益评价研究的不足

创新效益评价是一项对企业创新（包括技术和管理制度创新等，其重心一般是技术创新）的效果与效率进行监督管理的方法制度。对企业创新效益进行系统分析和综合评价，有利于企业科学地认识自身的技术创新状态并进行合理的创新决策，分析影响企业创新效益的主要因素并正确度量创新实施效果，分析技术创新资源的使用效率并减少创新风险，从而使企业逐步改进创新系统，采取最有成效的技术创新战略，提高竞争优势，获得最佳经济效益和社会效益。创新效益评价的目的不仅是对过去创新活动进行总结和评价，更重要的是服务现在和指导未来。创新效益评价应为企业创新活动服务，对企业创新活动起导向性作用。因此，科学合理的企业创新效益评价将直接影响企业技术创新的成效和管理创新的效率，关系着企业的生存和发展。

企业创新效益受多种因素的影响，但直接决定的因素是创新的投入、产出和对创新的管理。很多实践案例表明，企业相同的创新投入不一定得到相同的结果，其主要原因就在于企业创新管理的差异。创新是一个复杂的过程，其中涉及市场调查、研究与开发、生产、销售、服务等多个职能部门。要想提高创新的效益，就要做好各部门的调度与协调工作。大多数企业往往没有一套完整、有效的创新管理机制，这一方面通常是影响企业创新效益的关键环节。作为一种新的创新管理范式，TIM（total innovation management，全面创新管理）协同全员、全时空、全要素创新，包括了企业战略、技术、制度、文化、组织、市场、管理等各个方面的创新。但是，当前国内外学者对于创新效益的理解主要集中在投入产出效率和产出结果上，忽视了创新过程及其他诸多影响创新效益的因素，如管理、战略、文化、制度等。因而，现有的创新效益评价已经不能适应企业全面创新管理的需要，具体来说，其存在以下几个方面的不足。

1.1.1 过分强调技术创新资源投入而未能正确地反映创新的产出

许多评估系统对 R&D（research and development，科学研究与试验发展）资源投入赋予了过大的权重。实际上 R&D 资源只是一种投入而不是创新产出，虽然它与技术变化密切相关，但是它并不能测度技术创新效益，而且在开放式创新的

[①] 节选自：许庆瑞. 全面创新管理：理论与实践. 北京：科学出版社，2007：第十二章。

环境下，R&D 资源无法包括企业在技术创新方面所做的全部努力，如"干中学"、用户知识、供应商知识以及竞争者的知识等的运用无法通过 R&D 资源投入这一指标全部体现其效益。过分强调 R&D 资源投入，不仅不能很好地反映企业的技术创新效益，而且会给企业决策者带来片面的认识和误导。在开放式创新环境下，提高企业的技术创新能力不能仅依赖于内部研发投入，企业的高层领导必须彻底改变研发即创新的片面观点，充分利用和整合企业内外创新资源，提高企业的技术创新能力和创新效益。

1.1.2 以单一的专利数据测度技术创新，忽略其他重要指标

许多学者常常利用专利数据测度一个企业在一定时间内的技术创新状况，但专利数据不适合作为创新产出的指标，因为发明不一定是技术创新，只有成功实施了商业化并带来显著经济效益的发明才是技术创新。许多专利从未引发创新，仅仅反映了几乎没有体现出经济价值的发明创造。我国企业的情况比较特殊，受过去被动保护和传统观念的影响，许多企业在有了具有市场前景的发明时往往不愿意申请专利。它们认为，申请专利会泄露其技术秘密而不愿意公开以保护其技术产品，不愿投入经费设立专利战略部门。而且，由于中国的专利制度不够完善，企业为了"抢"市场而不申请专利保护的现象时有发生。许多创新并不与获得专利的发明相对应。因此，专利数据只是一种手段，仅能反映企业技术能力，并不是技术创新的结果，不能作为直接的技术创新效益指标。考虑到我国现阶段企业对于技术秘密保护的实际状况，应该将技术文档数、技术诀窍数和科技论文数等指标作为创新产出的补充，反映技术创新产出对企业技术能力积累的影响。企业主持或参与制定新标准数是衡量技术创新产出效益的一个重要指标，"三流企业卖力气，二流企业卖产品，一流企业卖技术，超一流企业卖标准"逐渐成为市场的共识。技术标准制定的基础是技术实力，企业只有通过不断创新，提高产品的质量和水平，拥有具有自主知识产权的核心技术，才能在行业标准化领域具有一定的发言权。没有强大的开发实力和技术创新实力，是难以参与标准制定的。企业应通过制定具有一流水平的技术标准，控制技术发展的前沿阵地，牢牢掌握技术发展的主动权，使企业在国内外市场竞争中处于不易被超越的领先地位。因此，企业参与或制定行业标准数，是企业技术创新效益的具体体现，是一流核心竞争力的重要标志。

1.1.3 以产品技术创新效益为主，未能反映工艺技术创新效益

现行的技术创新效益评价指标体系中往往以产品技术创新为主，未能反映工艺技术创新效益。常用的反映创新效益的指标有新产品数、新产品销售份额、新产品创汇率和新产品利润率，但这些指标都只能反映产品技术创新的效益。工艺技术创新可能会改善生产要素的使用，通过资本使用的增加替代劳动力，提高劳

动生产率，使单位产品成本下降；工艺技术创新可能会引起材料消耗和能源消耗的明显减少，减少污染、降低噪声，改善工作环境，减少对环境的损害；工艺技术创新可能会提高产品质量，缩短产品的生产周期与交付期。这些由工艺技术创新所带来的经济效益和社会效益往往很大，但很难定量测度，指标的原始数据往往很难获得，忽略了工艺技术创新所测度出的技术创新效益是片面的、不完整的，因为创新最终目标的实现取决于多种因素和多个环节，成功企业的创新着眼点不是放在局部的突破，而是在流程设计中进行全面部署。例如，我国的海尔集团与中集集团都十分重视创新过程中的制约因素与环节，海尔一直致力于内部流程的改造，从全面质量管理到"人单合一"，极大地促进了创新效益的提高；中集集团由于在制造过程中对工艺创新的不断追求，降低了产品成本，产品质量显著提高。

1.1.4 现有指标对长期创新效益及创新过程效益关注不足

创新过程效益反映企业创新活动的管理水平，代表企业潜在的、未来的技术创新效益。现行的创新效益评价未能对企业技术创新管理起到应有的指导作用，没有为企业技术创新能力构建、创新机制和创新文化的完善提供有效支持。好的创新业绩必然是由优秀的创新管理过程保证的，客观的技术创新效益评价还应该对创新过程的效益进行评价，以反映企业技术创新的长期发展潜能和潜在创新效益。

1.2 TIM 创新效益评价视角

针对以上现有创新效益评价的不足，本文以经济合作与发展组织编制的《技术创新调查手册》中关于处理企业层次创新问题的理论为基础，结合企业技术创新的本质内涵和现代企业技术创新的发展趋势，构建了 TIM 创新效益评价指标体系，把短期的创新效益与长期的创新效益、动态和静态的创新指标相结合，力求建立一个较为完善的企业创新效益评价指标体系，为企业正确评价技术创新效益，从而更有效地实施创新管理、完善创新机制和文化、提升技术创新能力提供科学的依据和理论指导。具体来说，TIM 创新效益评价方法以 Chiesa 等提出的二维创新审计为框架，把创新评价分为效益审计（performance audit）和过程审计（process audit）两个层次，同时，它还结合了 Kaplan 和 Norton 提出的平衡计分卡这一绩效评价系统，引进了三方面的非财务评价指标，弥补了传统绩效评价偏重财务指标的不足。旧的财务指标传达的只是已经呈现的结果，没有向公司管理层传达未来业绩的推动要素是什么，以及如何通过对客户、供货商、员工、技术革新等方面的投资来创造新的价值。平衡计分卡一方面可以通过财务构面保留对短期绩效的关注，另一方面则体现了驱动长期财务和竞争优势的作用，即通过考察企业的财务、顾客、内部流程、学习和成长四个层面，确保企业从系统观的视角进行战略的实施。

TIM创新效益评价吸收了创新二维审计及平衡计分卡的理论精髓，包括创新过程和创新业绩两部分。以往的很多创新效益评价只注重创新的最终业绩而忽略了创新过程，但是仅仅研究创新业绩是不够的，还应当研究技术创新管理的过程，因为好的业绩必然是由好的管理过程来保证的，找到产生良好业绩的原因才是管理的任务所在。正像一座冰山，创新业绩是露出水面的部分，创新过程是隐藏在水面之下的部分，只有对这两部分进行全面评价，才能准确完整地反映冰山的全貌。TIM创新效益评价完整地包括了如下层面：①创新核心过程，包括四个部分，技术获取、创新信息、产品创新和工艺创新；②创新周边系统，包括创新战略、组织环境、资源供给、技术积累；③创新业绩，整体技术创新业绩的评价主要是根据《奥斯陆手册》的设计思路修改而成的，包括新产品销售率、新产品利润率、新产品数、新工艺数、专利数和新标准数等。

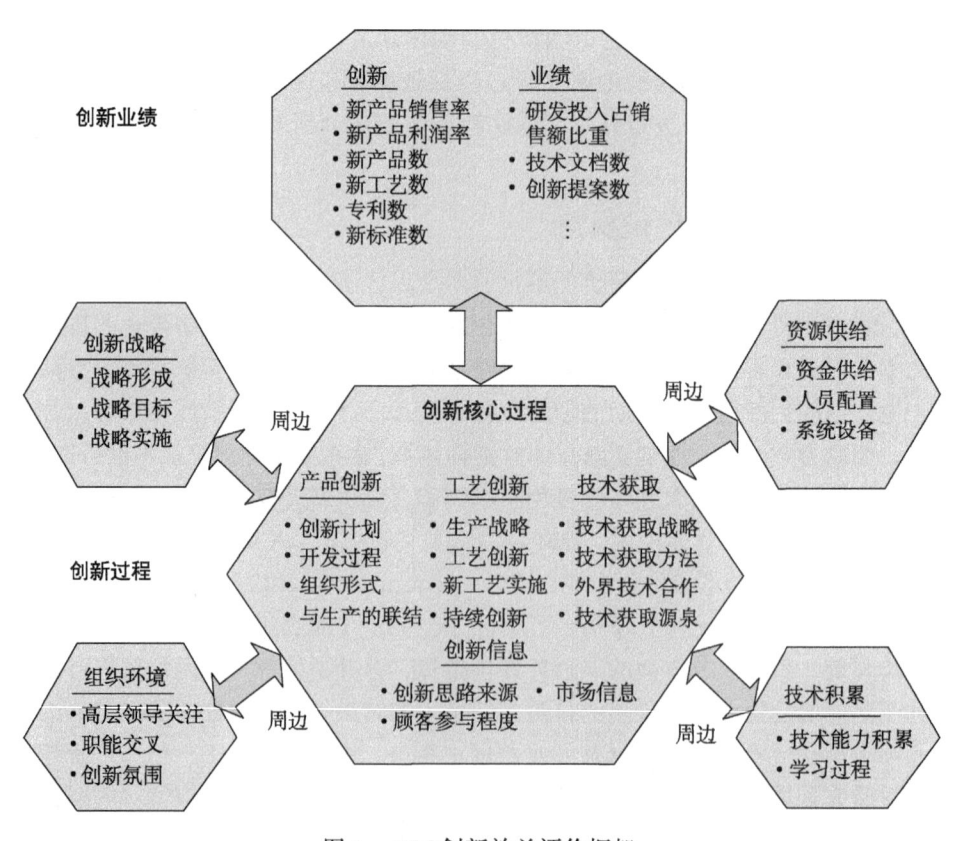

综合这三个方面，TIM创新效益评价框架与TIM创新效益评价因素关系如图1、图2所示。

图1　TIM创新效益评价框架

资料来源：浙江大学创新与发展研究中心对海尔集团及中集集团2004~2006年的创新调查报告

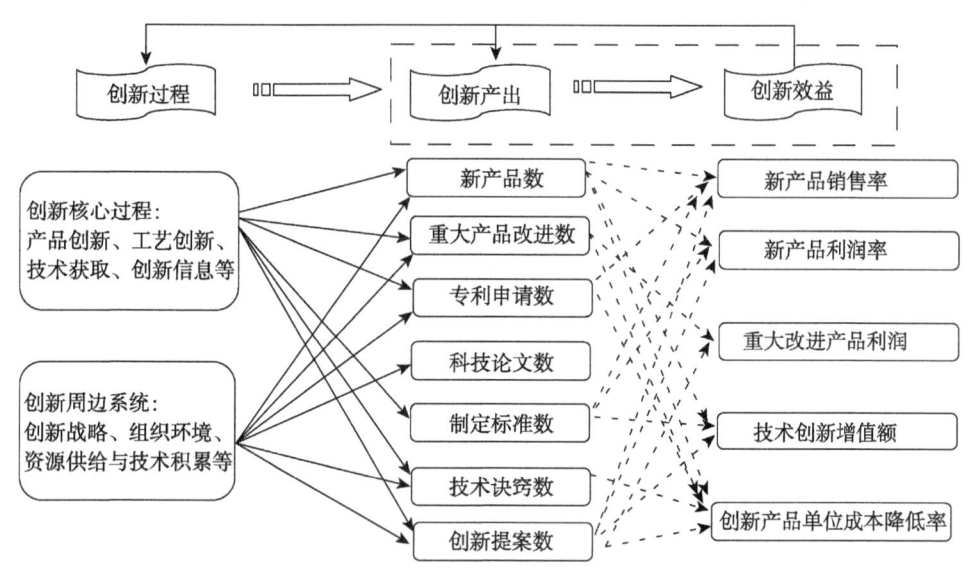

图 2　TIM 创新效益评价因素关系

资料来源：浙江大学创新与发展研究中心对海尔集团及中集集团 2004~2006 年的创新调查报告

2　TIM 创新效益评价因素分析

2.1　TIM 创新效益评价的主要因素分析

2.1.1　创新业绩

对应平衡计分卡的顾客角度和财务角度，TIM 创新效益评价反映的是创新业绩。具体来说，第一，从顾客角度出发就是解决谁是我们的目标顾客、我们服务的价值定位是什么的问题。企业为了获得长远的财务业绩，就必须创造出顾客满意的产品和服务。企业进行技术创新的目的就是增加其经济效益，企业可以通过产品创新生产出顾客满意的产品和通过工艺创新降低成本来增强产品的竞争力，即企业通过其技术创新效果得到市场的认可来实现其长远的财务业绩。第二，财务角度。企业所有的改善都应通向财务目标。在评价企业技术创新效益时，财务指标最终体现了技术创新对企业的贡献，它在一定程度上反映出当前企业的经营状况。主要考察的指标应为投资报酬率、资产负债率、主营业务收入增长率、销售收入增长率、净利润增长率、市场价值和经济增加值。因此，相对于企业绩效中的顾客角度和财务角度，创新业绩指标主要考察新产品数、新产品销售率、重大产品改进数、专利申请数、发明专利申请数、创新产品单位成本降低率、生产效率提高率、技术诀窍数、创新提案数、新产品利润率、节约能源指标值和改善环境状况指标值等。

2.1.2　创新核心过程

对应于平衡计分卡的内部流程视角，TIM 创新效益评价反映了创新的核心过程，即辨识或创造能够持续增加顾客和股东价值的关键流程。它突破了传统效益评价停留在某一部门的不足，因为仅仅改造这些指标，只能有助于组织生存，并不能形成组织独特的竞争优势。因此，要实现财务效益，吸引和留住顾客，企业最终还必须"修炼内功"，必须依靠内部的程序、决策和行为。内部经营过程就是指从确定顾客的要求开始，到研究开发能满足顾客要求的产品与服务项目，制造并销售产品或服务，最后提供售后服务以满足顾客要求的一系列活动。该创新过程是对所有因素的控制与协调，包括资金、人员、决策、组织和机制等。对创新过程进行管理就是解决企业技术创新必须在哪些方面做得更好的问题。这方面主要是考察内外部创新资金比例、技术带头人、技术桥梁人物数、技术创新投入/销售额，产、学、研究合作创新投入，创新科技人员人数/职工人数，品牌价值，人员培训费/创新投入和创新信息来源等。

2.1.3　创新周边系统

平衡计分卡的学习和成长角度构建了创新周边系统。学习与成长是实现其他目标的强化剂，通过这个角度所设定的指标来缩小现实与目标的差距，进而保证取得未来可持续的效益。要避免企业的短期行为，就应该强调可持续支撑条件的重要性，注重分析满足需求的能力和现有能力的差距，将注意力集中在内外部各种要素的协同上，通过创新战略、组织环境、资源供给与技术积累等方面的均衡发展来弥补。该层面的考察指标包括：企业领导的创新意图和责任心、创新激励机制、组织创新文化和气氛、技术创新的预测和评估能力、创新战略制定与实施效果、技术装备水平、在其他地区构建研发机构的数量。

2.2　TIM 创新效益评价指标体系的构建

TIM 创新效益评价指标体系如表 1 所示。

表 1　TIM 创新效益评价指标体系

分类		序号	指标	维度权重/%	指标权重/%	参考值 S	实际分值 X	得分 X/S
创新业绩（关键指标）	直接效益	1	新产品销售率					
		2	新产品利润率					
	间接效益 1	1	新产品数					
		2	重大产品改进数					
		3	制定标准数					

续表

分类		序号	指标	维度权重/%	指标权重/%	参考值 S	实际分值 X	得分 X/S
创新业绩（关键指标）	间接效益1	4	创新产品单位成本降低率					
		5	生产效率提高率					
		6	节约能源指标值					
		7	改善环境状况指标值					
	间接效益2	1	专利申请数					
		2	发明专利申请数					
		3	技术诀窍数					
		4	创新提案数					
		5	科技论文数					
创新过程（辅助指标）	创新核心过程	1	内外部创新资金比例					
		2	技术带头人、技术桥梁人物数					
		3	品牌价值					
		4	创新信息来源					
		5	人员培训费/创新投入					
		6	技术创新投入/销售额					
		7	产、学、研究合作创新投入					
		8	创新科技人员人数/职工人数					
	创新周边系统	1	企业领导的创新意图和责任心					
		2	创新激励机制					
		3	组织创新文化和气氛					
		4	技术创新的预测和评估能力					
		5	创新战略制定与实施效果					
		6	技术装备水平					
		7	在其他地区构建研发机构的数量					

资料来源：根据浙江大学创新与发展研究中心对海尔集团及中集集团 2004~2006 年的创新调查结果整理

3 TIM 创新效益的实例分析

3.1 海尔 TIM 创新效益分析

海尔自 1999 年以来，为适应新经济和激烈的市场全方位竞争的需要，加快响应市场速度以满足顾客的个性化需求，提高创新绩效，逐渐实施了以流程再造组织的创新为先导，以全员创新和全时空创新为主要特色，以战略、组织、文化、技术创新等的有效协同为基础的全面创新管理，取得了显著成效，如图3所示。

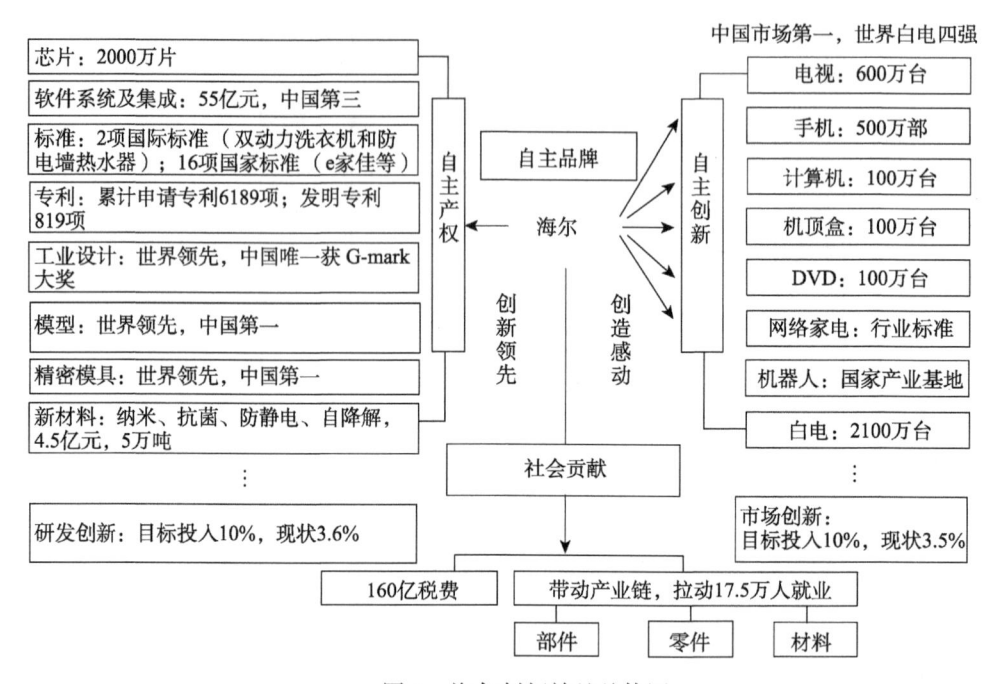

图3 海尔创新效益总体图

资料来源：杨绵绵总裁在浙江大学与海尔的创新管理与持续竞争力联合研究中心成立仪式上的讲话"自主创新，创建创新型企业：海尔的创新与发展"

3.1.1 创新业绩效益

（1）大大加快了研发和创新的速度：2005年，平均每个工作日推出1.8个新产品，申报2.8项专利。

（2）大大加快了响应市场的速度。在实施全面创新管理后，冰箱交货时间由原来的9.5天降低到6.5天；集团各部门对客户的反应速度从36天降低到10天；国内采购周期从10天缩短为3天；对订单的处理时间从7天降低到1天。

（3）显著降低了生产与运营成本，全面提升了全流程的运作效率。通过全流程创新，业务流程与国际一流大公司全面接轨，大大提高了海尔的国际竞争力：成品仓库由整合前的29万平方米降到目前的21万平方米左右，按每平方米仓库每天存储费用0.3元计算，仅此一项每年约节约900万元；采购费用节省4个百分点；通过削减不合格的国际供应商，海尔节省了2400万元的采购成本等。

（4）2005年，海尔的年营业额达到1039亿元人民币，比10年前增长了约2

万倍；出口 10 亿多美元。创业 22 年保持了平均 63%的高速稳定增长，累计上缴税收 100 多亿元人民币。

3.1.2 创新过程效益

（1）品牌价值增长。随着国际化战略的实施，海尔在海外美誉度日渐扩大。全球权威消费市场调查与分析机构 EUROMONITOR 2005 年调查结果显示，海尔集团目前在全球白色电器制造商中排名第四，海尔冰箱在全球冰箱品牌市场占有率排序中跃居第一。由世界品牌实验室独家编制的 2005 年度《世界品牌 500 强》排行榜上，海尔因为连续的海外投资和国际化程度的不断提高，企业业绩和全球知名度都有非常大的提升，登上了排行榜第 89 名。2005 年 8 月 30 日，英国《金融时报》公布"中国十大世界级品牌"调查结果，海尔荣居榜首。这一切都表明：海尔的国际竞争力已达世界一流水平。

（2）积累了核心能力。通过全面创新管理，海尔一方面整合全球科技资源进行"借力"创新，另一方面不失时机地培育自身的自主创新能力，以确保未来的持续竞争能力。此外，通过全面创新管理，海尔以比竞争对手更快的速度满足用户的个性化需求，从而培育和增强了海尔的核心能力。海尔技术核心能力的发展如图 4 所示。

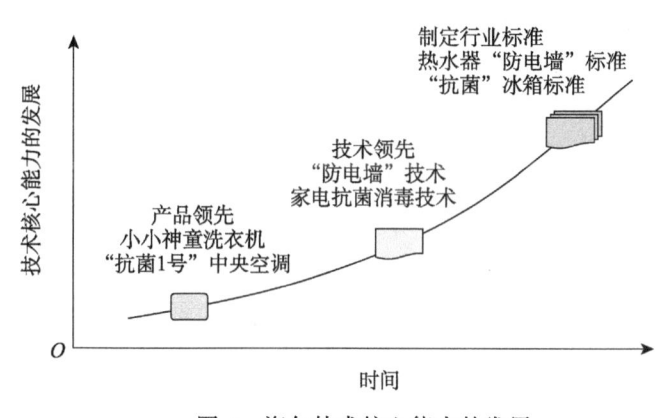

图 4 海尔技术核心能力的发展

（3）与外部研究机构的合作在增多。海尔在欧洲、北美、亚太等地区拥有 15 个研究开发网点、6 个设计分部、10 个科技信息点，形成了遍及全球的信息化网络；海尔摒弃原来封闭式、线性的低效率开发方式，创造性进行了整合全球技术、智力资源的并行开发。轰动 2001 年德国科隆家电博览会的海尔网络家电系列，整合了日本专家、美国的技术和法国时装设计师对家电色彩的设计；各类设计开发同步进行，大大加快了创新速度。

（4）海尔联合美国、日本、德国等国家和地区的 28 家具备一流技术水平的公司建成了海尔中央研究院，拥有环境、电磁兼容等方面的 10 个具有国际一流水平的超前技术实验室和 11 个超前技术研究所，并利用全球科技资源的优势在国内外建立了 48 个科研开发实体。这些先进科技手段的应用及与国际一流科研开发机构的合作，确保了海尔利用最先进的技术创新手段实现科技成果的转化。

3.2　中集集团 TIM 创新效益分析

中集集团成立于 1980 年，是深圳经济特区最早的中外合资企业之一，也是我国最早建立的四家集装箱制造企业之一。成立伊始的中集集团仅仅是一个不引人注目的小型集装箱制造厂，知名度与韩国、日本等的大型集装箱公司相差甚远，规模也不如国内诸多集装箱企业。经过 26 年来的长足发展特别是近 10 年来的快速发展，中集集团已从一个传统的产品制造商逐步成长为全球集装箱制造行业的佼佼者，成为全球唯一能提供干货集装箱、冷藏集装箱、罐式集装箱、特种集装箱等系列集装箱的制造商和供应商，并已成功进入道路运输车辆领域，拥有 6 大产品领域、24 个产品系列的 1000 多个产品品种，是我国制造产业中具有较强国际竞争力的领先企业和世界集装箱行业的顶尖企业。自 1996 年起，中集集团的集装箱产销量连年保持世界第一，国际市场份额超过 50%。2005 年，中集集团的销售收入超过 300 亿元，在国内和海外拥有 40 余家全资及控股子公司，员工 34 000 人，集装箱市场占有率保持在 50% 以上，稳坐世界集装箱行业的头把交椅。

26 年来，中集集团除了在产品的生产、销售和市场价值方面具有显著的国际地位外，在企业创新方面也取得了卓越业绩。中集集团始终将技术开发与创新管理放在企业发展的首要位置，不断强化自主创新能力，以技术创新引导企业的价值增长和行业升级。凭借这一显著异于国内诸多传统制造企业的发展战略，中集集团基本掌握了行业的核心技术，不断引领世界集装箱行业的技术发展方向，成为行业领导者。1996 年后，中集集团开始实施技术领先的发展战略，沿着引进消化吸收再创新、集成创新、原始创新三位一体的自主创新路线，逐步掌握了零部件的核心设计与产品的关键技术，安全智能集装箱、环保木地板和水性涂料、节能焊机、冷箱绿色发泡剂、车辆自主创新车型等成果不断涌现。

3.2.1　创新业绩效益

（1）创新产品销售收入与利润额大幅增长，如图 5 所示。

（2）在产品开发方面，通过全面创新管理，近年来中集集团自主开发出许多新产品，全部拥有自主知识产权，确立了从低端产品标准干货箱到高端产品专用车的全方位竞争优势，是全球集装箱制造业唯一能提供所有品种的企业。具有代表性的有智能集装箱、环保概念箱、环保冷藏箱、环戊烷发泡剂、智能罐式集装箱和槽罐车、A380 登机桥产品和桉树木地板等。

（3）在专利与标准方面，目前集团已申请 850 多项自主专利，其中发明专利

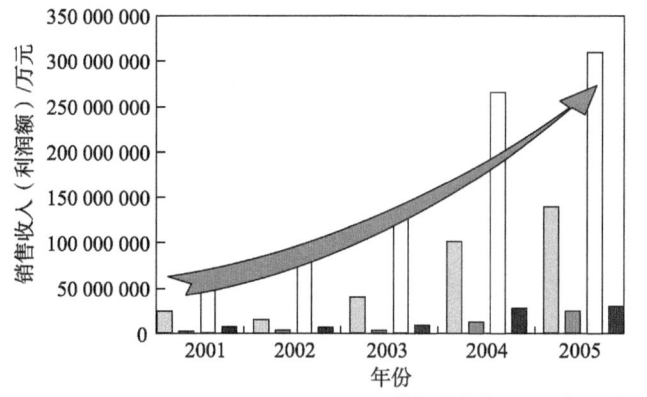

图 5　中集集团创新产品销售收入与利润额增长

资料来源：中集集团副总裁吴发沛在浙江大学与中集集团的创新管理与持续竞争力联合研究中心成立仪式上的讲话"实施自主创新战略，打造全球行业领导地位"

240多项，国外申请80多项，并拥有6大产品领域的全部核心技术。中集集团积极参与国家法律法规和标准的制（修）订工作与国际行业标准的重塑，目前在6大产品领域共参与国际、国家和行业标准制定36项，其中9项已正式纳入国家和行业标准，并且其还是中国唯一一个参与集装箱行业国际标准制定的企业代表。

（4）在行业地位方面，全面创新使中集集团迅速崛起并有和国际顶尖企业对话的能力。1994年的中集集团还只是一个按订单生产的被动型制造型企业。2006年的中集集团，不仅是全球产销量最大的集装箱供应商，也成为引领世界集装箱行业技术发展方向的主导者。

3.2.2　创新过程效益

（1）品牌价值。当中国众多制造企业在激烈的价格战中苦苦挣扎时，中集集团以持续、高品质的全面创新活动，不断增强企业竞争优势，从一个毫不知名的中国集装箱制造企业，发展成引领世界集装箱制造业发展的行业巨头。各种数据都显示，中集集团不仅依靠出色的生产经营活动在制造业领域体现出了"世界工厂"的优势，还通过高质量的全面创新活动实现了从市场跟随者到行业领跑者的跨越式转变：公司连续五年入选美国《财富》（中文版）"中国上市公司100强"，在全球竞争力组织公布的"2005中国上市公司竞争力100强"中名列第三；2005年，总裁麦伯良获得由《财富》评选的"中国最具影响力的25位商界领袖"；2005年中集集团获得由世界品牌实验室等评选的"2005年中国500最具价值品牌"的第28位，并获得由美国《商业周刊》评选的"亚洲最佳150家公司"第55位。目前，中集集团已成为一家对所有品种提供设计、制造、维护等"一站式全生命周期"服务的企业，在干货集装箱、冷藏集装箱、特种集装箱、罐式储运设备、道路运输车辆等产品和服务中站在了全球产业发展的前端。更为重要的是，中集集团已经掌握了集装箱产品发展的技术主导权，从根本上巩固了企业的竞争地位，正在成为引领全球集装箱行业技术进步的企业。

（2）有效的人力资源管理体系和激励机制。在人力资源队伍建设上，通过技术人员的宽带薪酬体系、双向职业发展通道和职业发展规划等不断牵引和激励技术人员推陈出新，并在广大员工中营造创新无限的良好氛围，通过每年一度的创新大会、创新"3+1"工程、集团技术攻关计划、卓越技术中心等创新活动，激发技术人员的创新积极性和奖励重大创新成果。

（3）基于外部合作与自主开发的技术创新。仔细剖析中集集团26年来的创新路径，一个明显的事实是，中集集团的每一个重大技术创新成果都经历了从模仿、学习到自主开发的清晰路径，从而得以迅速赶超对手。中集集团冷藏箱产业便是其中的一个经典案例。1995年，中集集团为了拓展经营业务而决定生产标准冷藏箱，冷藏箱使用的材料中有95%是铝。当时，日本握有铝质冷藏箱的全部核心技术，不锈钢质冷藏箱的核心技术在德国。到底是选择日本技术还是德国技术，关系到企业未来的市场竞争力。经过缜密的产业和技术分析，中集集团准确地判断出未来冷藏箱必定朝钢质集装箱方向发展。于是，与传统思维相反，中集集团避开了当时盛极一时的日本铝质箱技术，转而选择购买德国专利技术，并在上海生产钢质冷藏箱。2000年，中集集团不仅消化吸收了德国的专利技术，还拥有了多项自主专利，并通过授权给其他生产商的方式每年收取专利许可费300多万元。目前，中集集团拥有全球最大的冷藏箱生产基地，使整个行业发生了质的变化，俨然成了全球冷藏集装箱行业的技术领袖。

（4）中集集团还非常重视关键技术和共性技术的研究，积极同大学、研究所、供应商和客户合作开展基础研究工作，并逐渐由行业先进技术的研究辐射带动整个产业链的技术进步和价值提升。从基础材料技术和环保技术方面不断推陈出新，从射频技术、集装箱木地板的木种开发、复合材料、环保发泡剂、环保油漆的研究到焊接技术、节能技术、废气治理技术研究，中集集团在不断提升技术能力的基础上履行着一个负责任的中国企业的庄严承诺，以智能、安全、环保、高效、节能为目标，积极探索和不断推出新的研究成果，由行业先进技术的研究辐射带动整个产业链的技术进步和价值提升。

（5）组织创新：分布式研发的管理及组织体系。组织创新是实施全面创新管理的重要保障，创新型企业要求组织结构扁平化、网络化，组织结构必须根据创新的要求相应适时调整。考虑到各下属企业分布在不同地区甚至不同国家，中集集团在组织模式上进行了大胆创新，建立了独具特色的"集中市场、分布研发、分布制造"的分布式创新体系，并通过制造技术、产品技术成果的共享和联合研发的机制将尚未设立分技术中心的企业也纳入了集团技术发展体系。

（6）分布式创新体系要求创新成果快速便捷地共享与交流，让各企业的创新资源能够充分流动起来，让企业之间互动起来，最大限度地发挥集团的协同资源优势。这样，遍布全球的 1000 多名技术专家和研发工程师，就能协调目标、共享资源，从而提高了集团的整体竞争能力。中集集团积极应用现代化信息技术为技术创新和研发工作提供了有力的保证，其中技术中心与集团 ERP（enterprise resource planning，企业资源计划）同步建设的 PDM（product data management，产品数据管理）系统，在各企业和分中心之间建立起一个产品研发协同平台，实现了计算机辅助设计、计算机辅助工程、计算机辅助工艺过程设计的集成，以及 PDM 与 ERP 的集成，保障了分布式研发生产模式的高效运行。2003 年成立的计算机辅助工程计算中心，为各企业产品可靠性的提升提供了有力支持。研发 IT 工具的升级，提高了产品开发效率，缩短了产品开发周期，建立起了规范高效的质量保证体系和以客户为中心的快速响应的内部运作体系，提升了产品面向国际市场的竞争力。

3.3　宝钢 TIM 创新效益分析

宝钢集团有限公司（以下简称宝钢）是以宝山钢铁（集团）公司为主体，联合重组上海冶金控股（集团）公司和上海梅山（集团）公司，于 1998 年 11 月 17 日成立的特大型钢铁联合企业。目前，宝钢是中国最具竞争力的钢铁企业，年产钢能力 2000 万吨左右，盈利水平居世界领先地位，产品畅销国内外市场。

自组建以来，宝钢实施钢铁精品战略，建成中国汽车用钢，油、气开采和输送用钢，不锈钢，家电用钢，交通运输器材用钢，电工器材用钢，锅炉和压力容器用钢，食品、饮料等包装用钢，金属制品用钢，特种材料用钢以及高等级建筑用钢等钢铁精品基地，以及中国钢铁工业新技术、新工艺、新材料的研发基地。通过实施适度相关多元化战略，除钢铁主业，宝钢还涉足贸易、金融、工程技术、信息、煤化工、钢材深加工、综合利用等多元产业。随着集团的发展需要，宝钢积极实施国际化经营战略，形成了近 20 个由国外和国内贸易公司组成的全球营销网络，与国际钢铁巨头合资合作，广泛建立战略合作联盟，实现优势互补，共同发展。

另外，宝钢还注重环境保护，推行清洁生产，着力打造绿色宝钢。宝钢股份公司是中国冶金系统第一家通过 ISO14001 环境认证的企业，厂区绿化率达 42.71%，厂区空气质量达到国家风景区标准，是中国第一个国家级工业旅游景区。

3.3.1　创新业绩效益

（1）业绩持续增长。2004 年，产钢 2141 万吨，比 2003 年同比提高 7.8%；

销售商品坯材2250万吨，同比增加9.8%；实现合并销售收入约1618亿元，同比增加34.3%；实现合并利润219亿元，同比增加66.3%；吨钢销售价格显著提高，高附加值产品效益显现，实现了持续增长，如图6所示。

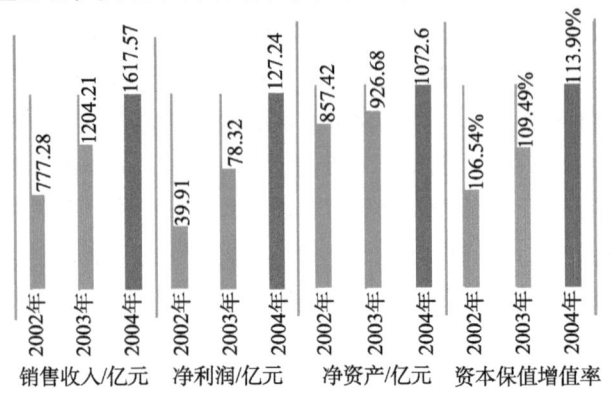

图6 宝钢创新业绩持续增长图
资料来源：宝钢2004年年度报告

（2）显著降低单位产品成本。目前，宝钢的高档钢材产品成本处于全球最低水平，低成本是宝钢的优势之一，主要表现在以下几个方面。第一，人工成本优势。宝钢劳动生产率位于国际同行先进水平，人工成本具有领先优势。第二，规模效益显著。宝钢除初轧外，各工序满负荷生产，充分发挥出规模效益。第三，能源成本低。宝钢能源的回收利用处于世界领先水平（炼钢为负能炼钢、世界首台燃气轮机发电）、厂房设置科学合理、能源介质基本自产，从而形成宝钢低能源成本优势。第四，消耗成本低。宝钢良好的资金信誉、稳定的供货渠道、临海的地理位置等，大大降低了物资采购成本，并与先进的消耗指标相结合，已经形成宝钢低消耗成本优势。

（3）专利成果显著地提高了企业的技术创新水平和核心能力。截至2005年底，宝钢累计申请专利2141件，专利授权1036件，拥有企业技术秘密3339项；有8件申请专利提出了《专利合作条约》国际申请，其中2件已被美国专利商标局授权；被国家工商行政管理总局商标局核准注册的商标有29件，在国外获准注册商标35件。近几年，宝钢有70多件（次）专利技术在国际发明展览会或中国专利技术博览会上获金、银奖；有70%以上的专利技术付诸实施和推广。依托如此规模的存量知识产权，宝钢技术贸易业务应运而生，技术贸易额增长迅速。宝钢联合重组后，专利申请量和技术秘密审定量更呈现出每年递增20%的快速发展态势。从"引进、消化、跟踪、创新"到"自主、开放、集成、创新"，宝钢在技术创新实践中已形成了独特的知识产权工作特色。近年来，为鼓励技术人员及时将技术创新的内容申请专利进行保护并促进其实施，宝钢推出了针对技术人员的技术创新里程累计制，俗称"铁马制"，将专利、技术秘密及其在内部实施和技术贸易中创造的价值等按照不同权重系数进行积分排序，使知识产权成为衡量员工技术创新能力和贡献度的一把尺子。推广"铁马制"，大大激活了广大技术人员知识产权工作的内在需求，2004年技术人员申请专利的比重由前一年的61%提高到了74%。

3.3.2 创新过程效益

（1）品牌增长。2004年12月6日，标准普尔评级公司宣布将宝钢的信用评级从"BBB"调升至"BBB+"，公司信用评级的前期展望均为"稳定"。2005年7月，宝钢被《财富》杂志评为"2004年度世界500强企业"第309位，成为中国竞争性行业和制造业中首批蝉联"世界500强"的企业。

（2）节能降耗。宝钢坚持注重企业发展与资源利用、环境保护的协调一致，依靠科技进步和管理创新，全面推进节能降耗，成效显著。宝钢股份坚持能源利用合理优化，通过实施节能新技术加强能源回收利用，吨钢综合能耗675千克标准煤，继续保持国际先进水平；吨钢耗新水4.08立方米，仅为国内钢铁行业平均耗新水量的1/4，达到国际先进水平，其中连续五个月吨钢耗新水实现"破四进三"。2004年，宝钢一批重大节能技术改造项目相继建设和投产。梅钢公司2#高炉煤气余压发电装置和电厂4#全烧高炉煤气锅炉建成投产；五钢公司的加热炉改造项目运用了蓄热技术、脉冲技术和分布式控制技术，使加热炉热能利用效率大幅提高；浦钢公司厚板厂加热炉计算机智能控制改造等一批"短、平、快"节能技术改造项目的实施也取得了可观的经济效益和社会效益。2004年，宝钢组织开展了以"节约用电，缓解瓶颈制约"为主题的节能宣传周活动，并在所属重点企业中开展环保节能全员劳动竞赛，以建设"绿色宝钢"为宗旨，全面提升企业员工的资源意识、节约意识和环境意识。

（3）环境保护。宝钢严格管理环境，全面推行清洁生产和ISO14001环境管理体系，建设生态型钢铁企业。宝钢股份按ISO14001标准建立环境管理体系后，通过周期性规划、实施、检查和改进，环境管理工作不断向纵深发展，各项环境保护指标已达到世界一流水平，并通过国家环境友好企业的评审。一钢公司、五钢公司和梅钢公司按照建设生态型钢铁企业的目标，走"发展中调整、调整中提高"的可持续发展道路，在产品结构调整、污染治理和厂区绿化建设等方面进行了大规模的规划和改造。2004年，宝钢提前关停了一钢公司三炼钢一座转炉和五钢公司化铁炼钢生产线，从而大幅度削减了烟粉尘排放，改善了周边区域环境。同时，加强厂区拆旧布绿工作，大面积进行环境绿化，形成了优美的绿地景观和良好的生态环境。宝钢新建和改造项目均选择先进的、低污染的生产工艺与先进、成熟的环保技术，并在生产过程中不断加大环保投入进行环保设施改造，严格控制生产过程中各种污染物的产生、处理和排放。

（4）核心能力提升迅速。通过技术创新，宝钢已初步形成核心技术链，工艺技术和生产装备达到国际先进水平。铁水成本稳步下降，达到世界一流水平；纯净钢生产技术研究取得新突破，钢水纯净度控制达到世界先进水平；热轧轧制厚度精度、冷轧板形控制精度和厚度控制精度、钢管孔型设计技术都达到世界先进水平。薄带连铸、纳米技术、喷射成形、电磁冶金等一批超前研究项目也取得了阶段性成果。

（5）关键工艺技术开发取得显著效果。宝钢成功开发了无底柱大结构分段崩落采矿法，解决了高磷矿的选矿技术；炼铁系统围绕低成本配矿、配煤和高炉喷煤进行研究，取得了明显效果；炼钢系统洁净钢生产技术不断进步，真空精炼比继续上升，使得管线钢、无间隙原子钢、石油管等一批精品迅速发展。

（6）自动化和装备技术水平进一步提高。宝钢轧钢系统结合自动化技术的应用，产品精度和平整度不断提高，为生产高档产品创造了条件；RH 精炼系统等集成技术有了突破性进展；转炉脱磷改造工程的全面完成和成功投运，为生产超低磷钢、管线钢等"双高"精品以及优质宽厚板提供了技术装备支撑，为炼钢厂全面达到世界一流奠定了基础；研发了符合我国国情并具有国际水准的钢铁制造业制造执行系统构架与多项关键技术，形成了具有完全自主知识产权的制造执行系统产品化软件。

（7）产品使用技术飞速发展。宝钢的成形技术、焊接技术、防锈和涂装技术等通用应用技术研究以及镀锡钢板、电工钢板、油井管、锅炉管、线材等专用技术研究广泛开展，并初见成效。

（8）科研条件不断完善。宝钢现已建成激光拼焊、热喷涂、电工钢等实验室；正在建设连铸试验（常规）平台、二英实验室等，镀锌/连退试验机组也在筹建中（资料来源：宝钢 2004 年年度报告）。

4 小结

本文主要关注"TIM 如何评"的问题，对全面创新管理的效益评价提出了一个较为适用的评价指标体系，并以海尔、中集集团和宝钢为例进行了 TIM 创新效益分析。创新效益评价的目的不仅是对过去创新活动进行总结和评价，更重要的是服务现在和指导未来。全面创新管理并不是一蹴而就的，更不是一成不变的，TIM 的创新效益评价对企业评价现有全面创新管理的实现程度，以及在未来如何进一步持续改善和发展自身的全面创新活动起到了重要导向性作用。

基于动态适应观的企业创新能力[①]

1 问题提出与研究回顾

建设"创新型社会",提高企业自主创新能力,是我国面对21世纪挑战而提出的战略举措。在这一战略举措中,"创新型社会"是目标,企业自主创新能力是战略实现的基础。然而,关于自主创新的本质以及企业自主创新能力的内涵及其构成到底是什么,学界并未取得实质性进展。

自主创新是我国学者基于我国经济发展的阶段性特征而提出的概念,最早由陈劲提出,但他并没有明确界定自主创新的内涵,也没有描述自主创新的企业能力基础是什么。随后研究中,有学者将自主创新界定为"独立创新"(independent innovation),是指主要依靠自身的禀赋完成创新的过程,是完全自主创新,在此模式下,本土企业无须借助任何外来技术,完全依赖自身的禀赋从事研发生产,因而也独享收益,但也因此而承担成本和不确定性所带来的风险。这一观点从创新实施过程的视角出发,强调通过创新实施过程的独立性获取创新收益的独享权,但在当今创新系统边界日益扩张、创新过程日益复杂的环境中,上述创新模式几乎是不可能实现的,这一观点也与开放式创新思想相悖。"内生创新"(endogenous innovation)也常被认为是自主创新的近似概念。内生创新是相对于模仿创新、外部引进和派生产品的技术创新模式,是系统内自发的行为。内生创新强调创新活动的内在驱力,但忽视了创新的外部驱动因素。"本土创新"(indigenous innovation)的概念是最为广泛的"自主创新"的代理名称,这一概念强调创新的主体特性,但关于"本土"如何界定、本土创新的实质是什么,仍然存在界定模糊的现象,并没有把握到自主创新的实质内涵。宋河发等(2006)指出:自主创新是指创新主体通过主动努力获得主导性创新产权以及主要创新收益而进行的能形成长期竞争优势的创新活动。他们认为:创新收益包括创新产生的利润与技术进步两个部分,强调企业创新活动在科学技术方面的努力,并将其作为认定企业创新自主性的标准之一。但这种观点一方面混淆了企业自主创新与国家自主创新间的边界和差异,另一方面混淆了企业与科研院所的社会分工和责任界定,强化了企业技术进步的社会职责。从企业层次来说,利用技术进步的成果掌控甚至独占创新收益,是企业追求技术进步的内在动因,但技术进步只是企业追逐超额利润的副产品,

---

[①] 节选自:许庆瑞,张军. 企业自主创新能力演化规律与提升机制. 北京:科学出版社,2017:第3章。

而不是企业发展的终极目标。

我国科学技术部对自主创新的官方英译是"proprietary innovation",这体现了我国提出自主创新的宏观层面的战略意图——以获得知识产权为目标。然而,在微观的企业实践中,各种创新活动的直接意图一般都不是获得知识产权,而是获得对创新成果的收益权以及支配权,知识产权的获取只是获取创新成果收益权的手段或工具。因此,本文将自主创新概念提出的国家宏观意图与企业微观实践结合起来,将企业层面的自主创新界定为:为独占创新收益或获取对创新收益分配的话语权而进行的各种形式的组织变革性活动或努力。

与此对应,学界对自主创新能力的研究也进展不大。现有研究主要将其等同于创新能力对待,一般从创新过程与创新要素两个视角研究创新能力的内涵和内在结构,如刘凤朝等在将企业自主创新定义为"以获得对产业发展有重大影响的自主知识产权(或专有技术)、参与国际标准制定为标志,以集成创新和引进基础上的再创新为主要形式,以提升企业的核心竞争力、形成自主品牌为目的的创新活动"的基础上,进一步将企业自主创新能力从创新要素的角度划分为资源能力、载体能力、成果能力、环境能力、品牌能力等五个方面加以测度。也有学者从创新过程的角度,将创新能力划分为:创新决策能力、研发能力、生产能力、市场营销能力、资金能力和组织能力,或研发能力、营销能力、工程转化能力(包括设计、工艺、工装、试制、生产等能力)。但这些观点并没有突出"自主性"特征,没有捕捉到自主创新能力的本质。在当今日益强调提高企业自主创新能力的转型经济背景下,如果不能有效界定企业自主创新能力的内涵与结构,就很难为实现我国经济发展方式转型提供能力构建的理论基础。基于动态能力观,本文以创新链上核心能力模块与创新收益独占/控制潜力间的关系为脉络,对企业自主创新能力的内涵、结构及其测度进行探索。

本文分为四大部分:①问题提出与研究回顾;②企业自主创新能力结构的理论解构;③企业自主创新能力量表开发;④结论与讨论。

2 企业自主创新能力结构的理论解构

创新是一个过程,是指识别企业内外部具有商业潜力的新要素,并将其成功导入企业现有运营系统中的过程。所以,企业创新在本质上是指在外部环境动态变革产生的机会(D'Este,2002;Mota and de Castro,2004;Athreye,2005)或内部能力模块间发展不均衡产生的价值潜力(张军和金露,2011)的驱动下的一种系统性求变获利、最终获得竞争优势的系列组织活动。这种系统性组织活动为企业提供了将变革转化为机会的潜力,以一组相关能力模块的集束——创新能力为基础加以实现。企业创新的"自主性"主要体现在"系统性组织活动"能够为企业形成预期的创新成果,"一组相关能力模块的集束"能够为创新收益独占权或创新收益支配权提供支持与保障。

动荡环境中，企业竞争优势的威胁不仅来自外部，更来自企业内部。创新能力概念的本质是强调企业能力变化与环境动态之间的适当匹配过程中的企业内在基础或潜力，是一种过程性动态能力。因此，企业必须首先能够感知到环境的动态，并能够正确诠释环境动态信息对自身管理的意义，在此基础上做出有效响应，才能确保自身与环境动态之间的动态适应性。创新能力的发展是通过产品开发演化过程中普通的日常活动来实现的。因此，创新能力存在于企业对环境的"知觉-响应"（Mathiassen and Vainio，2007）的管理与组织过程中。依据创新过程的发起、采纳决策与实施的三阶段观点（Pierce and Delbecq，1977），本文基于信息加工理论与知识创造的动态理论，从企业对有关新要素的信息感知→诠释→决策→行动的微观组织过程的视角，将自主创新能力划分为变异/动态信息的感知与获取能力（以下简称感知能力）、变异/动态信息的诠释能力（以下简称诠释能力）、创新决策能力（以下简称决策能力）及创新的实施与实现能力（以下简称实施能力）等四个基本能力模块（图1）。

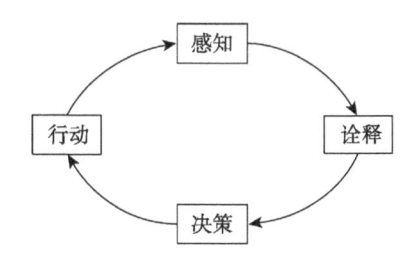

图1 基于过程观的企业自主创新能力的理论解构框架

与此同时，本文将创新的基本过程视为一个链式过程（"创新链"），感知能力、诠释能力、决策能力与实施能力依次居于创新链自上而下的位置上。企业在创新链上的能力模块的分布并非均衡的，在创新链前端（上游）的能力（如感知能力、诠释能力）越强，意味着企业对其创新收益独占或掌控的潜力越大，这说明企业在整个创新价值链上的话语权越大，越具备对创新收益提出分配权的谈判力和基础，企业创新的"自主性"越强。创新链后端的能力是将这种潜力转化为现实的基础和保证，但相对于创新链上的前端能力，其对创新收益的独占潜力较小，如图2所示。

反观实践，改革开放30多年，我国工业企业技术创新走的是"引进→消化→吸收→再创新"的技术追赶道路。由于技术追赶是以国外先进企业创新活动为标杆而进行的二次创新，因此企业积累的主要是创新实施能力与相关的知识和经验。对浙江省多家企业的实地调查发现：许多企业具有很强的模仿制造能力，在一定的创意框架下，它们具备迅速、高质量地制造新产品的能力。然而，由于缺乏掌

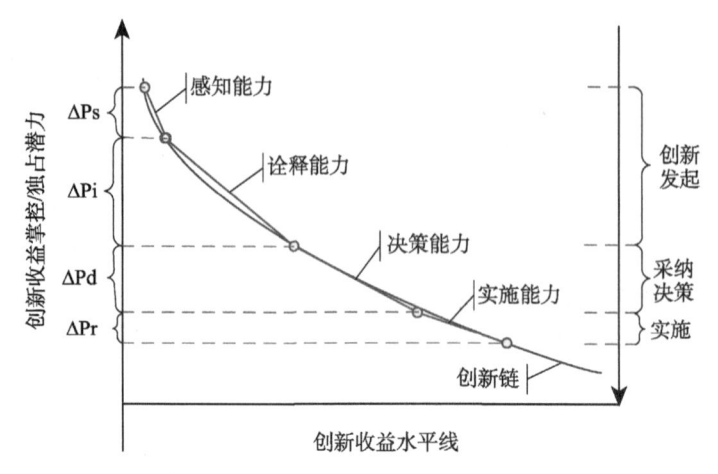

图2 企业自主创新能力的"自主性"解读

控或独占创新收益的能力基础，我国大多数企业仍然只能赚取加工费而难以参与创新收益的分配。导致这一结果的重要原因在于：创新源不是自己所有，使得企业难以获取创新价值链上的收益分配权。深究根源，我国企业缺乏的是创新链前端能力，包括：对变异/动态相关信息的敏感性，以及对各种变异/动态信息价值或意义的诠释能力，甚至是自我创新决策能力。从一定意义上来说，企业创新链上前端能力增强与否，直接关系到我国企业自主创新战略中的"自主性"问题。因此，在我国强调提升企业自主创新能力的战略背景下，自主创新的能力基础应当从创新链后端向前端迁移。

3 企业自主创新能力量表开发

由于自主创新是我国学者针对我国转型经济对微观企业主体提出的客观要求而提出的概念，因此具有较为显著的中国情境性特征。相应地，自主创新能力也是一个具有中国特点的新的构思，因此本文主要基于实地调查与相关的文献基础对我国企业层次的"自主创新能力"进行构思开发。

本文以 Haeckel 的"知觉－响应"模型作为解构企业自主创新能力结构的框架，将自主创新能力划分为感知能力、诠释能力、决策能力、实施能力，通过实证研究开发关于"企业自主创新能力"构思的问卷。问卷过程遵循"开放式问卷调查"→"小规模问卷调查"→"大规模问卷调查"等基本流程。

3.1 开放式问卷调查：基于实地调查量表的初步开发

3.1.1 实地调查企业抽样

为了深入了解企业创新及其能力基础状况，依据典型原则与便利原则，本文自2008年起，先后对13家企业进行了较为深入的实地调查和深度访谈，企业类型包括高技术型企业、传统制造型企业与现代服务型企业。此外，对浙江省绍兴市一些较具创新性的9家纺织业企业进行了走访调查。深度访谈的对象主要是企业高管人员与一些关键职能部门的主管，通过小组访谈法、一对一访谈等方式深入、多角度、多层次地了解企业创新过程、典型项目的开发过程与组织活动。对于走访调查的企业，主要是通过听取企业高管对自己企业发展历程、发展特点以及关键性创新项目的介绍，了解这些企业创新概况。在此基础上，就本文关注的四类组织活动进行深度访谈。

3.1.2 概念界定与操作化

本文对自主创新能力构思的开发一方面基于文献研究，另一方面主要基于对企业的实地调查与深度访谈。依据上述自主创新能力解构的理论框架，本文首先从组织活动的层次界定企业创新感知、信息诠释、创新决策以及实施与实现等内涵。①变异/动态信息的感知与获取活动，是指企业信息/知识监测、收集、整理的各种努力与活动；②变异/动态信息的诠释活动，是指基于信息可能具备的现实或潜在商业价值、信息/知识在本企业应用的可能性以及企业可实现性等进行理解与评估的各种交互性活动，包括个体层次与集体层次的各种互动；③创新决策活动，是指在各种互动产生共识的基础上对企业未来创新行动或行动方向的选择活动；④创新的实施与实现活动，是指基于确定的方向而采取的各种旨在实现创新目标的各种日常的常规化活动。

实地调查与深度访谈过程中，我们依据"感知""诠释""决策""行动"的四个创新过程特点对企业高管、技术中心主任、市场总监等相关人员进行访谈。访谈问题的设计以企业创新的事实活动和关键事件为关注焦点。

3.1.3 问卷开发结果

1）感知能力量表开发

感知能力的量表开发，主要基于对企业高管与关键部门主管的深度访谈活动。依据我们对四种能力模块的组织活动的界定，我们主要向访谈对象提出以下几个方面的问题，如表1所示。

表1 关于企业创新来源/创新发起的调查问题

序号	访谈问题
1	贵公司创新项目的信息源主要有哪些？如：选择某一创新项目，是因为我们的市场人员在与客户不断交流中发现了这样的机会
2	贵公司主要会关注哪些类型的信息？如：技术信息、市场信息、相关产业政策的变化等
3	有没有专人/专职负责外部变革的信息监控？如果有，主要如何分工

访谈发现：企业首要关注市场动态信息，会通过其销售人员、市场研究人员等随时监控现有市场与潜在市场的动态；高技术企业，会依托技术中心或研发部门进行本企业核心技术与相关辅助性技术发展动态的追踪；此外，企业关注主要竞争者动态和政府政策或产业政策。现有研究也表明：技术与信息获取能力和技术需求感知性是创新能力的重要构成。因此，感知能力测量题项如表2所示。

表 2　感知能力测量题项

序号	题项
1	我们进行总体性环境扫描，关注技术及其发展趋势的信息
2	我们进行总体性环境扫描，关注市场及其发展趋势的信息
3	我们的市场人员与客户广泛沟通，以及时获取客户需求信息
4	我们关注客户需求变化信息
5	我们企业设有专门的技术信息研究职能，负责技术信息动态的搜索与扫描
6	我们企业设有专门的市场研究职能，负责市场与客户需求变化信息的收集
7	我们保持与政府、高校、行业协会等相关组织的密切联系，了解相关信息动态

2）诠释能力量表开发

尼斯比特（Nisbett）指出，信息并不必然使人知情。因此，企业需要对所感知到的变异/动态信息进行意义诠释或价值理解。创新实践中，信息诠释是主要针对感知到的动态或变异信息的现实或潜在商业价值、信息/知识企业应用的可能性以及企业可实现性等进行理解与评估的各种交互性活动，包括个体层次与集体层次的各种互动。我们在访谈过程中，主要围绕以下三个问题开展，如表3所示。

表 3　企业对于变异或动态信息的处理与诠释能力调查

序号	访谈问题
1	贵公司一般如何处理所获取的各种信息？比如：如果收集到一条关于本企业核心技术的进展状况的信息，如何处理或解读这条信息
2	对于一些重要的产品开发或创新活动，采用哪些方式来确定其未来价值或潜在价值？比如：现在公司有几个产品概念，你怎么评估与选择有限的概念进入实施阶段
3	除了企业高管直觉，贵公司主要通过什么样的方式来确定未来的创新项目，或产品/技术开发方向

访谈发现：除了基于职能部门、高管团队、员工参与研讨会等企业内部组织活动，我们访谈的高技术企业会定期邀请外部人员开展专题讨论，或鼓励、选派自己的专业人员参加外部相关的专题研讨会等活动，以提高自身对各类信息的认知和理解。因此，诠释能力测量题项如表4所示。

表 4　诠释能力测量题项

序号	题项
8	高管定期讨论竞争者的优势和战略
9	我们的市场人员定期讨论客户需求变化可能带来的机会或挑战
10	我们的销售人员定期共享竞争者战略相关的信息
11	我们的技术人员定期讨论所搜集到的技术信息可能带来的影响或潜在价值
12	我们经常邀请外部的技术专家来企业进行专题研讨
13	我们经常邀请行业资深的市场分析人员到企业进行专题研讨
14	我们的专业人员（如技术、市场人员）经常参加外部举办的各种会议/论坛/研讨会

3）决策能力量表开发

决策能力是企业创新能力的重要构成，从过程角度来看，包括创意生成与评价选择等两个基本过程。实地调查中，本文关注企业创新决策的项目概念池如何建立，如何选择拟开发的概念进入正式研发流程。在对聚光科技的首席技术官与首席执行官深度访谈中（该企业引入集成产品开发研发管理模式，设立了规范的漏斗形概念池建立及筛选机制，具有典型性），我们围绕其创新项目（主要是产品开发）概念来源、评价与选择/筛选过程进行资料收集，具体问题如表5所示。

表 5　企业创新的决策能力调查问题

序号	访谈问题
1	贵公司是怎样获得产品开发概念的？或产品开发创意的来源有哪些
2	贵公司如何建立企业创新的概念池
3	贵公司如何筛选概念使其进入实施
4	贵公司如何确定未来的创新（如技术创新）方向

访谈发现：企业的一些创新决策来源于企业高管个人的直觉，这类凭借直觉决策的高管往往具备深厚的专业知识背景，而且凭借直觉进行创新决策（主要体现在新产品开发决策中）也主要表现在企业初创阶段。随着企业发展，创新活动的决策将趋于组织化。本文主要关注组织层次活动，不关注企业家直觉相关问题。在对企业的实地调查中发现：高技术企业的创新创意主要来源于高管人员对技术、市场、政府及相关的产业政策、法规等的关注和判定，这给出了大的方向。在创意生成过程中，或建立企业创新概念池的过程中，被访谈企业普遍显示出对创意生成的多种来源的重视，会强调多角度、多来源地生成各种可能供后续开发的产品概念。在选择进入开发通道的概念中，高技术企业更加注重对各种概念或方案的多角度评估。有条件的企业组建自己的智囊团或专家评审委员会，以提高决策水平。借鉴Mintzberg等关于战略决策的思想，并参照Neill等关于营销战略决策能力的测量，本文设计如下题项测量企业创新的决策能力，如表6所示。

表6　企业创新决策能力测量题项

序号	题项
15	制定创新战略时，我们将方案的选择建立在多个成员观点的基础上
16	制定创新战略过程中，我们尽可能多角度地产生尽可能多的方案/对策
17	制订方案过程中，我们尽可能利用各种信息
18	我们对每个方案都进行全方位考察，以提高决策水平
19	在制定创新战略过程中，我们在多角度评估基础上选择方案或措施
20	制定创新战略过程中，我们在寻找方案/对策过程中会对新颖观点进行讨论

4）实施能力量表开发

实施能力主要是指将选定的创意或概念转化为现实的新产品或新服务的能力。访谈过程中，围绕企业特定的创新项目，针对以下几个问题进行访谈，如表7所示。

表7　企业创新的实施能力调查问题

序号	访谈问题
1	贵公司如何保证创新项目的顺利进行
2	影响创新项目顺利实施的主要问题有哪些
3	为了使项目顺利进行，贵公司主要可以从哪几个方面保证

访谈发现：创新项目的开发过程中，企业注重创新资源的获取及其对创新活动的保障，另外形成惯例化的项目开发过程的管理与控制，如设置项目进展里程碑并进行检查、时间进度上进行敦促，并针对项目进展过程的问题或外部发生的新情况进行评估或重新评估项目状况并做出相应调整等。因此，测量题项设计如表8所示。

表8　实施能力测量题项

序号	题项
21	我们定期对创新项目（如产品开发等）的资源使用状况进行评估
22	我们企业成立专门小组/团队负责各种创新活动的协调
23	创新项目进行过程中，我们基于评估状况提出改善建议并及时调整工作
24	我们管理人员经常对相关政策、法规、竞争者动态及其可能结果进行讨论，以及时调整项目进程
25	我们各个部门之间有定期会议，讨论技术与市场发展趋势，以便修正与调整项目
26	创新过程中，我们立足现有资源和条件，总能挖掘出它们的潜力来保障创新活动顺利进行
27	我们优先配置创新（如产品开发、工艺改进等）所需的资源（如资金、人才、设备等）
28	我们定期对创新项目（如产品开发）的时间进度进行评估
29	我们企业容易从外部获取创新（如产品开发、工艺改良等）所需的资源（如资金、人才等）
30	为保证创新顺利进行，我们总想方设法寻找整合各个部门资源的更好方式
31	我们定期对创新项目（如产品开发）的进展质量进行评估

基于深度访谈与资料整理，本文初步开发出上述关于企业自主创新能力（包括感知、诠释、决策与实施四个维度）的测量条目，分别如表2、表4、表6、表8所示。依据Schriesheim与Hinkin的观点，在量表开发阶段，每个概念应至少包括4个测量题项。上述题项的初步开发主要基于实地调查获得。为尽可能避免疏漏，题项尽可能涵盖各种相关内容，以保证题项冗余。总题项数为31个。在此基础上，利用团队例会，请2位教授与其他3位博士生就题项的具体内容进行讨论，以确定问卷的表面效度。此外，将上述31个题项发给3位具有本科以上学历、3年以上工作经验、在企业从事管理工作的人，请他们仔细阅读，并就上述题项的语义、歧义等方面问题进行反馈和讨论，对相关问题进行修正，形成初步的问卷。

3.2 小规模问卷调查：企业自主创新能力的量表修订

3.2.1 样本

通过小规模发放初步开发的企业自主创新能力的量表，检验和修订量表。本文利用个人的社会关系发放问卷，回收问卷191份，剔除无效问卷后，剩余有效问卷162份。应答企业分布于20个省（自治区、直辖市），其中134份来自华东地区，占总样本量的82.72%。企业平均年龄为14.69年。从资产规模、营业总额与员工规模的分布来看，样本企业以中小企业为主。样本企业描述性特征如表9所示。

表9　样本企业描述性特征（小规模阶段）

项目	分类特征					
员工规模	<50人	50~99人	100~499人	500~999人	≥1000人	不明
	21	22	53	20	46	0
资产规模	<1百万元	1百万~10百万元	10百万~100百万元	100百万~1000百万元	≥1000百万元	不明
	5	19	47	47	39	5
营业总额	<1百万元	1百万~10百万元	10百万~100百万元	100百万~1000百万元	≥1000百万元	不明
	7	15	55	42	39	4
投入强度	无投入	<5%	5%~10%	10%~15%	≥15%	不明
	7	72	37	15	22	9
所有制性质	国有	民营	外资	合资	其他	不明
	28	93	8	20	9	4
企业类型	传统制造		高技术		现代服务	
	89		31		42	

3.2.2 问卷

采用上一个阶段开发出的题项，利用利克特7分量表，共31个测量题项。

3.2.3 结果

采用SPSS19.0软件对31个测量题项进行KMO（Kaiser-Meyer-Olkin）与巴特利特球形检验。结果显示：KMO值为0.907，非常适合因子分析。随后，采用主成分分析与最大正交旋转法，剔除交叉载荷项与载荷均小于0.5的项。经过多次旋转，提取特征值大于1的因子，最终保留15个题项，分别载荷到4个因子上。其中，题项3、4、6载荷到一个因子上（感知能力）；题项12、13、14载荷到一个因子上（诠释能力）；题项15、16、18、19载荷到一个因子上（决策能力）；题项21、23、24、25、29载荷到一个因子上（实施能力）。旋转结束，四个因子累计解释方差总量比例为75.12%。KMO和巴特利特球形检验如表10所示。

表10　KMO和巴特利特球形检验（小规模阶段）

检验		测度值
KMO检验		0.907
巴特利特球形检验	近似卡方	1620.050
	自由度	105
	伴随概率	0.000

对企业自主创新能力的四个因子分别计算其内部一致性系数（Cronbach's α系数），均大于0.70，具有良好的信度，因此企业自主创新能力维度分析中的四个因子均具备良好的内部一致性。探索性因子分析各项指标如表11所示。

表11　企业自主创新能力量表探索性因子分析（小规模阶段）

名称	题项	因子载荷 1	2	3	4	Cronbach's α
实施能力	1. 创新项目进行过程中，我们基于评估状况提出改善建议并及时调整工作	0.766	0.340	0.135	0.227	0.881
	2. 我们定期对创新项目（如产品开发等）的资源使用状况进行评估	0.761	0.269	0.212	0.173	
	3. 我们企业容易从外部获取创新（如产品开发、工艺改良等）所需的资源（如资金、人才等）	0.760	0.145	0.331	0.116	
	4. 我们各个部门之间有定期会议，讨论技术与市场发展趋势，以便修正与调整项目	0.695	0.236	0.220	0.211	
	5. 我们管理人员经常对相关政策、法规、竞争者动态及其可能结果进行讨论，以及时调整项目进程	0.689	0.233	0.160	0.190	
决策能力	6. 制定创新战略时，我们将方案的选择建立在多个成员观点的基础上	0.238	0.842	0.156	0.214	0.898
	7. 制定创新战略过程中，我们尽可能多角度地产生尽可能多的方案/对策	0.234	0.792	0.215	0.215	

续表

名称	题项	因子载荷 1	2	3	4	Cronbach's α
决策能力	8. 我们对每个方案都进行全方位考察，以提高决策水平	0.388	0.734	0.232	0.177	0.898
	9. 在制定创新战略过程中，我们在多角度评估基础上选择方案或措施	0.317	0.692	0.355	0.160	
诠释能力	10. 我们经常邀请外部的技术专家来企业进行专题研讨	0.251	0.212	0.862	0.140	0.881
	11. 我们经常邀请行业资深的市场分析人员到企业进行专题研讨	0.277	0.269	0.813	0.209	
	12. 我们的专业人员（如技术、市场人员）经常参加外部举办的各种会议/论坛/研讨会	0.289	0.275	0.687	0.281	
感知能力	13. 我们的市场人员与客户广泛沟通，以及时获取客户需求信息	0.142	0.137	0.252	0.845	0.828
	14. 我们关注客户需求变化信息	0.241	0.241	0.087	0.813	
	15. 我们企业设有专门的市场研究职能，负责市场与客户需求变化信息的收集	0.224	0.185	0.174	0.749	
特征值		7.83	1.30	1.07	1.07	
解释方差		22.77%	19.84%	16.49%	16.02%	
累计解释方差		22.77%	42.61%	59.10%	75.12%	

3.3 大规模问卷调查：企业自主创新能力的量表确定

3.3.1 样本

利用个人的社会关系发放问卷，回收问卷310份，剔除无效问卷后，剩余有效问卷257份。应答企业分布22个省（自治区、直辖市），其中华东地区208份，广东18份，占总量的87.94%。应答企业的平均年龄为15.31年。从资产规模、营业总额与员工规模的分布来看，样本企业以中小企业为主。样本企业描述性特征如表12所示。

表 12 样本企业描述性特征（大规模阶段）

项目	分类特征					
员工规模	<50人	50~99人	100~499人	500~999人	≥1000人	不明
	31	30	78	30	87	1
资产规模	<1百万元	1百万~10百万元	10百万~100百万元	100百万~1000百万元	≥1000百万元	不明
	5	29	73	74	71	5

续表

项目	分类特征					
营业总额	<1百万元	1百万~10百万元	10百万~100百万元	100百万~1000百万元	≥1000百万元	不明
	8	22	80	64	77	6
投入强度	无投入	<5%	5%~10%	10%~15%	≥15%	不明
	8	112	56	25	44	12
所有制性质	国有	民营	外资	合资	其他	不明
	46	142	18	33	12	6
企业类型	传统制造		高技术		现代服务	
	137		65		55	

3.3.2 问卷

该阶段问卷主要包括两方面内容：一是小规模调查阶段净化的企业自主创新能力量表，含15个题项，采用利克特7分量表；二是增加企业绩效量表，共8个题项，采用利克特5分量表，分别是成长绩效与创新绩效。企业自主创新能力是创新发展的基础。企业创新能力强，其就会具有较高的创新绩效，如新产品产值率、新产品数、专利数以及创新效率等水平将会较高，并有利于企业的成长。因此，本文用企业绩效（包括成长绩效与创新绩效）作为效标变量，以检验自主创新能力量表的预测效度。企业自主创新能力量表验证性因子分析结果如表13所示。

表13 企业自主创新能力量表验证性因子分析结果（大规模阶段）

名称	题项	因子载荷				建构信度
		1	2	3	4	
实施能力	1. 创新项目进行过程中，我们基于评估状况提出改善建议并及时调整工作	0.888				0.880
	2. 我们定期对创新项目（如产品开发等）的资源使用状况进行评估	0.867				
	3. 我们企业容易从外部获取创新（如产品开发、工艺改良等）所需的资源（如资金、人才等）	0.782				
	4. 我们各个部门之间有定期会议，讨论技术与市场发展趋势，以便修正与调整项目	0.804				
	5. 我们管理人员经常对相关政策、法规、竞争者动态及其可能结果进行讨论，以及时调整项目进度	0.784				
决策能力	6. 制定创新战略时，我们将方案的选择建立在多个成员观点的基础上		0.879			0.905
	7. 制定创新战略过程中，我们尽可能多角度地产生尽可能多的方案/对策		0.883			
	8. 我们对每个方案都进行全方位考察，以提高决策水平		0.869			
	9. 在制定创新战略过程中，我们在多角度评估基础上选择方案或措施		0.854			

续表

名称	题项	因子载荷 1	2	3	4	建构信度
诠释能力	10. 我们经常邀请外部的技术专家来企业进行专题研讨			0.932		0.920
	11. 我们经常邀请行业资深的市场分析人员到企业进行专题研讨			0.931		
	12. 我们的专业人员（如技术、市场人员）经常参加外部举办的各种会议/论坛/研讨会			0.856		
感知能力	13. 我们的市场人员与客户广泛沟通，以及时获取客户需求信息				0.851	0.804
	14. 我们关注客户需求变化信息				0.846	
	15. 我们企业设有专门的市场研究职能，负责市场与客户需求变化信息的收集				0.756	

拟合指标：$\chi^2=196.563$；df=84；χ^2/df=2.340；RMSEA=0.072；CFI=0.964；NFI=0.939；GFI=0.906；IFI=0.964

注：RMSEA 即近似误差均方根（root-mean-square error of approximation），CFI 即比较拟合指数（comparative fit index），NFI 即规范拟合指数（normed fit index），GFI 即拟合优度指数（goodness-of-fit index），IFI 即增量拟合指数（incremental fit index）

3.3.3 结果

采用AMOS 19.0软件进行验证性因子分析，测量模型为四因子模型。各项拟合指数良好。因此，问卷具有良好的聚合效度。对四个因子分别计算组合信度（建构信度），均大于0.60，具备良好的内部一致性。企业自主创新能力构思验证性因子分析结果如表14所示。

表14 基本模型与各备择模型的验证性因子分析拟合指标比较

模型		所含因子	χ^2	df	χ^2/df	RMSEA	CFI	GFI	TLI	NFI
基本模型		IC_S; IC_I; IC_D; IC_R	196.56	84	2.34	0.072	0.964	0.906	0.955	0.939
单因素模型		(IC_S)+(IC_I)+(IC_D)+(IC_R)	1151.64	90	12.80	0.215	0.659	0.569	0.603	0.643
两因素模型	M2_1	(IC_S)+(IC_I);(IC_D)+(IC_R)	889.94	89	10.00	0.187	0.743	0.605	0.697	0.724
	M2_2	(IC_S)+(IC_D);(IC_I)+(IC_R)	813.61	89	9.14	0.178	0.767	0.670	0.726	0.747
	M2_3	(IC_S)+(IC_R);(IC_D)+(IC_I)	901.84	89	10.13	0.189	0.739	0.642	0.692	0.720
	M2_4	(IC_S)+(IC_I)+(IC_D);(IC_R)	846.73	89	9.51	0.182	0.757	0.656	0.713	0.737
	M2_5	(IC_S)+(IC_I)+(IC_R);(IC_D)	813.94	89	9.15	0.178	0.767	0.666	0.726	0.747
	M2_6	(IC_S)+(IC_D)+(IC_R);(IC_I)	796.18	89	8.95	0.176	0.773	0.637	0.732	0.753
	M2_7	(IC_S);(IC_I)+(IC_D)+(IC_R)	969.95	89	10.90	0.197	0.717	0.599	0.667	0.699

续表

模型		所含因子	χ^2	df	χ^2/df	RMSEA	CFI	GFI	TLI	NFI
三因素模型	M3_1	(IC_S);(IC_I);(IC_D)+(IC_R)	611.81	87	7.03	0.154	0.832	0.677	0.797	0.810
	M3_2	(IC_S);(IC_I)+(IC_D);(IC_R)	657.90	87	7.56	0.160	0.817	0.706	0.779	0.796
	M3_3	(IC_S);(IC_I)+(IC_R);(IC_D)	597.15	87	6.86	0.151	0.836	0.727	0.802	0.815
	M3_4	(IC_S)+(IC_R);(IC_I);(IC_D)	439.33	87	5.05	0.126	0.887	0.801	0.864	0.864
	M3_5	(IC_S)+(IC_D);(IC_I);(IC_R)	413.23	87	4.75	0.121	0.895	0.815	0.874	0.872
	M3_6	(IC_S)+(IC_I);(IC_D);(IC_R)	477.65	87	5.49	0.132	0.895	0.778	0.849	0.852

注：TLI 即 Tucker-Lewis 指数（Tucker-Lewis index）

为了更好地检验量表效度，本文确定了多个备择模型与基本模型（四因素模型）进行比较。备择模型包括单因素模型（含1个备择模型）、两因素模型（含7个备择模型）与三因素模型（含6个备择模型）。比较结果如表14所示，四因素模型的各项拟合指标均优于单因素、两因素及三因素模型，是最佳因子结构。

对企业自主创新能力量表预测效度进行分析：先对企业绩效进行验证性因子分析，结果显示效标变量具有良好的聚合效度，Cronbach's α 系数为0.863，信度良好。回归分析结果如表15所示。

表15 自主创新能力与企业绩效回归分析结果

项目	企业绩效
感知能力	0.090†
诠释能力	0.091*
决策能力	0.097*
实施能力	0.129**
ΔR^2	0.287
F	25.262***

***表示 $p<0.001$，**表示 $p<0.01$，*表示 $p<0.05$，†表示 $p<0.1$

回归方程通过 F 检验，可解释方差为28.7%，四个维度 β 系数均显著，说明量表具有良好的预测效度。

4 结论与讨论

本文以"知觉–响应"的企业对环境的动态适应性模型为基础，界定企业自主创新能力的理论结构，并以创新的链式过程为脉络，结合链上能力模块与创新收益独占潜力大小之间的关系对企业自主创新能力的"自主性"进行了解读。通过大量的实地调查、访谈与文献研究，对我国企业自主创新能力的内涵、结构及测量进行了探索。

4.1 结论

本文认为我国企业自主创新是指企业为独占创新收益或获取对创新收益分配的话语权而进行的各种形式组织变革性活动或努力，自主知识产权的获取并非企业自主创新的终极目标，而是获得创新收益独占权或支配权的工具性目标。在此框架下，本文将企业自主创新能力界定为支持企业获得创新收益独占权或支配权的各种组织活动的能力基础或组织潜力。基于动态能力观，本文强调创新能力是企业能力基础的变革与环境变化之间动态适应的能力基础或潜力，是一种过程性动态能力，嵌入企业对变革的"知觉-响应"的组织与管理活动中，在此框架下，本文对企业自主创新能力进行了理论解构。基于过程观提出了"创新链"的思路，并依据创新链上各个关键环节的能力与创新收益独占权间的关系，解读自主创新能力的"自主性"关键所在。实证研究的结果也支持了上述关于企业自主创新能力结构维度的构思，即企业层面的自主创新能力包括感知能力、诠释能力、决策能力与实施能力等四个基本维度。

理论意义：①从我国特定发展阶段的战略性要求出发，解析我国企业自主创新的本质及内涵，重点分析"自主性"的理论与实践内涵，澄清了近十多年来相关研究中关于自主创新概念中的模糊认识，一定程度上消除了这一概念研究中存在的分歧。②基于动态能力观与"知觉-响应"模型界定企业层面的自主创新能力的内涵，以信息加工理论与知识创造的动态理论解构企业自主创新能力的内在结构，并从创新收益独占权或支配权与创新能力模块间的关系入手解读企业自主创新的能力基础的关键所在，即如何在创新的能力基础上保障企业创新活动的"自主性"。这一界定区分自主创新能力与创新能力的概念，为以后相关研究提供了统一的可能性。实证性研究结果支持了本文的理论构想，为后续研究提供了基础。③企业自主创新能力包括感知能力、诠释能力、决策能力、实施能力等四个维度。企业在前端能力上越强，获得创新收益独占或掌控权的潜力越大，因此，我国企业技术学习的重点应逐渐向创新链前端能力迁移，这样才能逐渐实现从模仿创新到自主创新的转变。

管理意义：基于实证数据开发的企业自主创新能力量表，为创新型企业评价提供了理论框架与操作性指导，也为企业自我诊断自主创新能力状况、提升自主创新能力提供了依据。

4.2 讨论

本文发现一个有趣现象：在设计企业感知能力测量题项时，本文设计了技术动态信息、市场动态信息、其他相关信息等三个方面的内容，但实际因子分析的结果显示企业对变异/动态信息的监控只包括市场动态监控,技术动态与其他动态(如竞争者、政府等机构)的相关题项被剔除,而在调研过程中,我们发现高技术企业一般比较关注技术动态。出现上述结果,一方面可能因为样本结构带来的偏差,本文样本中传统制造业比重较大,而高技术企业仅占到1/3左右,这可能导致上述结果。另一方面,我国企业实践中面对的技术动态程度远不如市场动态程度,因此对技术动态的把握更多依赖于企业高管或技术总监等个体层次。政策等方面的变革信息的感知更多依赖于企业家或高管个人在社会网络中的获取,因此这两方面的信息监控并没有形成规范化、结构化的组织活动,如信雅达调研中,负责嵌入式网络安全的某部产品经理提到"技术相比于产品与客户需求的变化来说,相对比较稳定",电子影像部经理说"领导会经常浏览专业网站,与公司其他高管接触或与外部供应商、客户接触,发现专业技术发展趋势,然后会与我们来交流"。这在一定程度上反映了对外部信息技术的感知更多体现在高管活动中,本文对感知能力的界定是基于组织活动层面的。此外,上述结果可能反映了我国企业创新过程中信息获取环节的实际情况——企业关注市场需求、忽视技术动态。这也在一定程度上反映了我国一些企业对内在能力积累的重视不足、技术与市场之间的不协同的现状。因此,有关企业变异信息获取能力方面的研究还可以进一步深入。

参 考 文 献

宋河发, 穆荣平, 任中保. 2006. 自主创新及创新自主性测度研究. 中国软科学, (6): 60-66.
张军, 金露. 2011. 企业动态能力形成路径研究:基于创新要素及创新层次迁移视角的案例研究. 科学学研究, 29(6): 939-948.
Athreye S S. 2005. The Indian software industry and its evolving service capability. Industrial and Corporate Change, 14(3): 393-418.
D'Este P. 2002. The distinctive patterns of capabilities accumulation and inter-firm heterogeneity: the case of the Spanish pharmaceutical industry. Industrial and Corporate Change, 11(4): 847-874.
Mathiassen L, Vainio A M. 2007. Dynamic capabilities in small software firms: a sense-and-respond approach. IEEE Transactions on Engineering Management, 54(3): 522-538.
Mota J, de Castro L M. 2004. A capabilities perspective on the evolution of firm boundaries: a comparative case example from the portuguese moulds industry. Journal of Management Studies, 41(2): 295-316.
Pierce J L, Delbecq A L. 1977. Organization structure, individual attitudes and innovation. Academy of Management Review, 2(1): 27-37.

许庆瑞文集

许庆瑞 著

第⑤卷

科学出版社

北京

内 容 简 介

许庆瑞院士是我国著名的创新发展、技术创新与管理学专家,长期从事管理科学与工程的教学、科研与工程实践,以技术创新为重点,注重理论联系实际,致力于推动我国企业自主创新发展、创新能力建设和创新人才培育,是我国技术创新管理领域的创始人,在全国率先提出以企业为主体,开创了"二次创新–组合创新–全面创新"的中国特色技术创新理论体系。本文集为五卷,所选内容基本涵盖了许院士学术研究的各个领域,依次为管理学综论、生产管理、战略经营管理、战略管理、技术创新、二次创新、组合创新、全面创新、创新能力建设、创新人才培养与创新文化构建,展现了许院士的学术生涯和研究历程,为学界和年轻人理解中国管理学理论的发展提供了一种途径。

本书可供对管理学感兴趣的读者阅读参考。

图书在版编目(CIP)数据

许庆瑞文集. 5 / 许庆瑞著. -- 北京:科学出版社,2025. 1. -- ISBN 978-7-03-081201-8

I. F273.1-53

中国国家版本馆 CIP 数据核字第 2025BD5998 号

责任编辑:魏如萍/责任校对:贾娜娜
责任印制:张 伟/封面设计:有道设计

科学出版社 出版
北京东黄城根北街 16 号
邮政编码:100717
http://www.sciencep.com
北京中科印刷有限公司印刷
科学出版社发行 各地新华书店经销
*
2025 年 1 月第 一 版 开本:720 × 1000 1/16
2025 年 1 月第一次印刷 印张:13 1/2
字数:273 000
定价:568.00 元(全五卷)
(如有印装质量问题,我社负责调换)

目　　录

第一篇　创新人才培养

人才开发 …………………………………………………………………… 3
技术创新与企业家 ………………………………………………………… 19
创新时代背景下创新人才的培养 ………………………………………… 27
人力资源策略 ……………………………………………………………… 46
基于全面创新管理的全员创新 …………………………………………… 49
高技术条件下人才培养与教育变革对策 ………………………………… 56
研究、发展与技术创新的组织结构和团队管理 ………………………… 80
人企合一规律 ……………………………………………………………… 115
治理结构与领导班子 ……………………………………………………… 132
六十年"学与创"学术生涯与浙大"创新与发展"研究中心的历程 …… 143

第二篇　创　新　文　化

中国古代管理哲理及借鉴 ………………………………………………… 155
组织、文化创新及其与技术创新的协调 ………………………………… 177
关于环境、能力与文化的匹配问题 ……………………………………… 181
全员创新的理论来源探究 ………………………………………………… 190
海尔的创新型"文化场"——全面创新管理研究系列文章 …………… 196
企业创新文化体系分析 …………………………………………………… 204

第一篇　创新人才培养

人才开发[1]

无论是制定经营决策、拟订经营计划，还是进行预测，起决定性作用的都是经营者与管理者的素质。

技术创新、产品开发与科学研究的成果的数量和质量，在很大程度上依赖于科技人员与工人群众的创造才能和素质。

市场的开拓、销售渠道的开辟、市场占有率的提高，同样要依靠善于经营的营销人员队伍。

一句话，企业经营的成败，关键在于人才，企业必须拥有各种人才，他们的素质关系着企业的命运。在阐述了有关经营的决策、计划、策略、技术创新、市场开拓等内容后，有必要讨论有关人才的开发问题。本章讨论以下几个问题。

（1）人才开发的含义和重要性。
（2）人才开发的内容。
（3）人才开发的途径。
（4）企业经营管理人才的才能和素质要求。

第一节 人才开发的含义和重要性

一、人才和人才开发的含义

近几年经过围绕人才学的对象的讨论，学术界对人才的概念已形成比较完整的看法。所谓人才是指具有特殊才干、技能或专长的人。这个定义包含三个方面的意思。

第一，人才不局限于某些领域，三百六十行，行行有人才。有一定水平的科技人员、外语人员固然是重要的人才；有一定水平的经济、经营人员与管理人员，同样是不可缺少的人才，不管哪个行业、哪个学科，只要具有相当理论基础，并有社会实践的某个方面的才干、技能或专长的都可称为人才。

第二，人才并不限于已经作出较大贡献的人们，还包括已作出一定贡献或具有潜力的人。具有潜力，但没有机会作出贡献的人，不能认为他们就不是人才。

第三，人才并不仅仅具有一定的知识，这些知识还需要具有一定的系统性。这样，人才才能具有作出较大贡献的潜在能力。

---

[1] 节选自：许庆瑞. 工业企业经营管理学. 北京：机械工业出版社，1986：第十章。

基于上述对人才的理解，可见人才并不是自然成长的，需要遵循人才成长发展的规律有步骤地加以开发。所谓人才开发就是指人才的发现、培养、提高、使用和管理。

人才开发归结起来包括两方面的工作。一是培养教育，以造就人才。既要提高科学文化知识水平，掌握作出一定贡献所需要的各种能力，又要提高认识，有愿为社会主义事业贡献自己的聪明才智的决心。二是组织管理，以合理地使用人才。造就人才的目的在于合理使用。如果不能发现和识别人才，又不善于选拔使用人才，那么，即使造就出了人才也不能发挥作用，造成人才的埋没浪费。所以人才开发就是培养教育和合理使用这两个方面的统一。培养教育是人才开发的基础，合理使用是人才开发的目的。只管培养不管使用是盲目的培养，只管使用不管培养是官僚主义的使用，都不符合人才开发的要求。

二、人才开发的重要性

有劳动能力的人，是生产力诸要素中最重要和起决定性作用的因素。劳动能力是智力和体力的总和。虽然人的体力是劳动能力不可缺少的组成部分，但是它是有限的，自有人类产生以来生理结构变化不大，而人的智力，则随着人们对自然规律认识的深化、生产经验的积累不断发展，它的提高发展是无止境的。劳动生产率的提高，社会生产力的发展已经越来越多地依靠智力、依靠生产手段的改进，而不再依靠体力和不断增加劳动强度。科学技术是知识形态的生产力，生产工具是科学技术的物质体现。科学技术对劳动生产率的增长起着越来越大的推进作用，这就说明了人的智力的作用，人才的作用日益增大。不言而喻，人才开发工作的重要性也与日俱增，这是历史的必然。

据马克思论证过的材料，1770年英国科学技术造成的生产率与手工劳动生产率的比例是4∶1，到1840年，这种比例已是108∶1。它说明了科学技术的力量使英国的劳动生产率在70年里提高了26倍。另外，据估计，在大机器工业方面，劳动生产率的提高，在20世纪初还主要依靠增加人员、增加设备以及加强劳动强度来得到，只有5%～20%是靠采用新的科学技术。但到20世纪70年代，在工业发达国家依靠科学技术提高劳动生产率的百分比已达60%～80%。同样的情况也出现在农业生产上，如美国1929年到1972年农业产量增长的81%和生产效率提高的71%，都归功于科学研究成果和新技术的推广。

科学技术的迅速发展对劳动生产率的强大推动作用不仅说明人的智力因素所起的作用日益增强，还说明对劳动者文化知识、科技水平的要求日益提高。如果说以手工工具为主体的小生产时代没有文化知识，只要具有相当的体力就能胜任生产活动的话，那么，在使用机器为标志的大生产时代初期，没有一定的文化知识，就不能操纵机器进行物质资料的生产，更不用说今日以电子计算机为标志的自动控制的机器设备了，若不掌握更高的科学文化知识，根本不可能制造出大量高质量的产品。

这些事实从历史方面证明了开发人的智力的重要性。从作为社会生产的一个基本单位的企业的成长发展来看，情况也是如此。

一个企业能否成长发展取决于产品销路的大小。产品销路主要取决于两个方面：一是产品的品种、规格、性能、功效是否符合不断提高的社会需要；二是生产成本是否低于社会生产的平均水平，总之要做到质优价廉，这只能靠提高生产技术和管理水平，归根结底靠企业所拥有的人才。处于竞争和生产无政府状态支配下的资本主义企业，通过价值规律的自发作用，深切地认识到人才开发和企业存亡兴衰的直接联系，把人才开发看成企业求得生存发展的战略性措施。西方许多大企业强调要同时抓两个开发——技术开发和人才开发，而且用在人才开发上的投资要比用在技术开发上的投资的增长速度快得多。例如，美国企业用于人才开发的总投资1900年为630亿美元，1957年为5350亿美元，增长7.49倍；用于技术开发的投资1900年为2829亿美元，1957年为12 700亿美元，仅增长3.5倍。按1960年价格计算，日本1905年对人才开发的投资为3100亿日元，1960年为71 100亿日元，增长约22倍；同一时期对技术开发的投资仅增长6倍。重视人才培养和智力开发，使这些国家拥有大批科技人才和较高的文化教育水平，这是这些国家能在经济上取得迅速发展的重要原因之一。

三、我国人才开发的迫切性

当前我国全国上下正在为在20世纪内实现四个现代化的宏伟目标努力奋斗。四化建设需要大批各行各业的人才。但是以1977年的情况来说，同发达国家相比，"我们的科学技术和教育整整落后了二十年。科研人员美国有一百二十万，苏联九十万，我们只有二十多万，还包括老弱病残，真正顶用的不很多"[①]。这种状态当然远远不能满足实现现代化的需要。因此大力培养人才，加强智力开发，并且充分发挥现有人才的作用，已是我们面临的一项刻不容缓的迫切任务。

我国科学技术和文化教育水平同发达国家相比还存在较大的差距。我国有相当多的企业过去是靠低价的原材料、廉价的农副产品和较低的工资水平维持生产的。所得利润，大部分是依靠低廉的原材料和农副产品价值的转移。这种情况掩盖了企业的落后面貌。但是现在情况发生了很大的变化，农副产品价格提高了，有些原材料价格也提高了，职工工资有了增加，因此成本上升，亏损也增加，企业转而靠减少上缴利润来过日子。因此工业生产出现了一个突出的矛盾：企业税利增长的速度，低于生产增长的速度。也就是说，生产增长的幅度虽然已增大，

---

① 见《邓小平文选[一九七五——一九八二年]》，第37页，人民出版社，1983年版。

但国家财政收入却增加不多。1983年上半年与1982年同期相比,全国预算内国营工业企业产值增长7%,而上缴税利只增长1.4%。新的情况向所有的工业企业尖锐地提出了这样一个问题:靠旧的经营办法,靠现有的水平已经不能适应新形势的变化了。企业必须有一个提高劳动生产率的根本转变,否则,在国内就没有生命力,在国际上就没有竞争力,企业也就没有出路。

企业要实现根本转变,就得把工作转到以提高经济效益为中心的轨道上来。当然,造成当前企业经济效益差的原因是多方面的。从宏观上说有经济管理体制、产业结构和企业组织结构等方面的问题,这些都是需要加以改革和调整的。但从企业的角度来说,经营管理落后和技术落后,职工队伍人员素质太差,则是造成经济效益低下的主要原因。

现在我国企业职工队伍存在着文化低、技术水平低、业务水平低和技术人员少的情况,全国工业战线职工中有70%~80%是初中或初中以下的文化水平。据1980年对13个省区市1645万工人的调查,技术等级1~3级的工人占71%,7~8级的工人仅占2%,平均技术等级为3级。全国全民所有制工业企业职工中,工程技术人员(包括中专毕业生)仅占3%左右。至于企业领导人员中,年龄偏大、知识偏低、业务不熟甚至不懂行的情况也相当突出。

企业的人员素质,在很大程度上决定了企业的技术水平和管理水平。我国企业技术水平和管理水平方面突出的问题是产品品种少、质量差、物耗高、能耗大、成本大。例如,机电产品现有3万多种,只有发达国家的十分之一左右,并且不少产品仍处于20世纪50年代的水平。北京、上海的工业产品总成本中,原材料和燃料动力消耗都占80%以上。1982年我国工业企业由于原材料和燃料动力在总成本中的比重上升,使总成本增加47亿元。某省现有亏损企业中,70%以上是由经营管理不善、消耗高、浪费大造成的,其他地区也存在类似的情况。

企业的经济效益是企业技术水平和经营管理水平的综合反映,但是决定性的因素是人的素质。人的素质提高了才能带动其他素质的提高。我国已有不少地区的不少企业初步创造了这方面的经验,证明提高经济效益的关键是狠抓人才开发。例如,江苏省常州市提高工业企业经济效益的经验归结为:工业靠产品,产品靠翻新,翻新靠科技,科技靠人才。第二汽车制造厂从亏损企业一跃进入先进行列的经验,就在于尊重知识,尊重人才,狠抓科技水平和经营管理水平的提高。目前它们为力求赶上发达国家的汽车工业的水平,基本上改变品种少、产量小、质量不高的状态,根据已取得的经验,提出了建立两个中心的战略:一个是负责产品开发的技术中心;另一个是负责人才开发的教育中心。

总之,我国企业已面临提高经济效益的严重挑战。一切成功的经验都说明,出路在于狠抓人才开发,在这个决定性因素上狠下功夫,不仅关系企业本身的存亡，而且直接影响四个现代化的进程。因此，对任何一个企业来说，人才开发都是一个迫切的任务。

第二节 人才开发的内容

人才开发涉及的因素很多，如果从企业经营管理的角度来看，主要内容是选拔、使用、培养、考核四个互相联系的环节。选拔、培养、考核都是为了更好地使用，使用是人才开发的目的。使用也是培养、考核、选拔的一种方式，但不是唯一的方式。

一、人才的选拔

人才的选拔，包含人才的发现、识别和择优等几层含义。这是人才开发的前提。目前关于人才开发方面存在的矛盾是：一方面是四化建设需要大量人才，但人才不足，供不应求；另一方面又有大批人才积压，用非所学。人才不足是存在的，因此需要下功夫抓培养教育，使我们的事业后继有人。但我国并不是无可用之才，问题在于如何选拔，如果不善于选拔，即使遍地人才也无法发现启用。古人云，"千里马常有，而伯乐不常有"，这正是当前存在的问题。

做好人才选拔，要有三个条件。

（一）爱才的热忱

选拔人才首先要有爱才之心。我们是为实现现代化而选拔人才，只要是有用之才，要不拘一格，多方招贤，加以任用。这种爱才的热忱是革命的事业心和责任感的体现。一定要形成尊重知识、尊重人才的氛围，要反对不尊重知识分子的错误思想。因为不尊重知识，不尊重人才，缺乏爱才的热忱，也就做不好人才的选拔。现在这方面的错误思想依然存在。例如，有些人仍认为，"知识及知识分子没有用处，没有他们日子照样过，地球照样转"；有人认为，"尊重知识、尊重人才就是抬高知识分子，贬低工农干部"。这些错误思想来源于小生产者的偏见。另外一种不尊重人才的错误思想是怕有人才，怕别人超过自己，这是一种妒贤嫉能的个人主义思想。总之，只有出自公心，才能选拔人才。不尊重人才，就不可能发现人才。

（二）善于识别人才

人才有真伪之分、高低之别，所以选拔人才就有一个识别的问题。识别人才要有个标准。我们的标准是德才兼备，又红又专。但是世界上的一切事物都是矛盾的统一，人也不例外。金无足赤，人无完人，一个人有优点也有缺点，有所长也有所短。因此，坚持又红又专、德才兼备的标准，并不等于对德和才提出不适当的过高要求。对科技人才、知识分子在政治上的要求要适当，政治上要爱国、爱社会主义，接受党的领导。就是说不应该求全责备。求全责备看起来似乎坚持德才兼备的标准，实际上是从根本上否定这个标准，因为完美无缺的人是没有的。

识别人才除了要有标准外，还得有识别的方法。识别一个人是否符合德才兼备的标准，要比对产品的鉴别、检验复杂得多。因为人是有思想的，思想又是可以变化的；人的能力、品质是内含的，不像产品是外露的或至少是可以用检测仪器加以测量的。要深入、全面地了解和评价一个人的品德、知识和才能，最基本的方法就是走群众路线。到群众中去听取各种反映，在实践中考察人。当然，查阅人事档案以了解一个人的历史，进行考试以鉴别其学识和才能，这也都是识别人才的方法。但是，这些方法都只能看作一种初选，最后还得通过实践以考察其实际品德和才能。

（三）坚持任人唯贤的原则

选拔人才必须坚持任人唯贤的原则。离开这个原则去选拔人才，四化建设就会失去保证。我国由于长期受封建思想的影响和"左"的错误思想影响，在人才的选用上，存在如下三种主要弊病。

（1）任人唯资。只重资历、讲辈分、论资排辈。以辈分、资历代替德才兼备的标准，必然埋没后起之秀。

（2）任人唯亲。亲亲疏疏，重用所谓"自家人""关系户"，这是封建社会的遗毒。

（3）任人唯诺。要求下级唯唯诺诺，顺从自己，认为这样才是得心应手的好干部，对那些爱思考、有创见、不盲从、好提意见的人，则往往看不顺眼、多方挑剔，甚至给"穿小鞋""扣大帽"，加以排挤、压制。

可见离开任人唯贤的原则，不但不能选拔人才，而且会压制人才，埋没人才，甚至会走到拉帮结派、结党营私的邪路上去。

二、人才的使用

选拔人才目的在于更好地使用人才，但是人才的使用有其规律性。合理使用，用其所长，才能发挥人才的作用。用人要注意以下几个方面。

（一）用人之所长

人才有共性，就是德才兼备，又红又专。但是也有个性，就是有能力的差异、个性的差异、行为的差异、态度的差异。因此，就必须量才录用，用其所长，这样才能用得适当。如果强其所难，不是发挥其所长，而是用其所短，使人力不从心，结果是事倍功半，或劳而无功，会埋没了人才。

要做到用人之长首先得识人。知道什么是其长，把他放到能发挥其长处的岗位上去，要做到知人善任。其次，要能用人之长，必须同时能容忍人之所短。如果了解某人在某一方面确有长处，而他的长处又确实为某一任务所需要，而且由此人来担当此任务确实能表现得与众不同，那么即使此人在其他方面有所短，也并不妨碍他去承担该项任务。

（二）用人应注意人才的合理结构

个别的人不可能十全十美，有长处也有短处。但是一个群体却可以通过互补，形成一个理想的结构，从而使发挥的作用远远大于每个个体能力的总和，达到任何个体都不可能达到的目标，这就是协作的作用。阿波罗计划的实现，可以说是人才互补形成新的生产力的最好的证明。人类要跨出地球，即使是登上最近的天体，这是靠一个人或几个人，一种或几种知识、技能，不可能完成的。但是通过规划，把数以万计的具有各种专长的人才，各用其长、互相补充、互相配合组成一个群体，就可以达到预期的目的。

在使用人才上应用互补原理，内容是多方面的，既包括年龄、体力的互补，个性特征的互补，也包括知识技能的互补，业务专长的互补。但是互补并不是把各种各样的人混在一起就能自然形成的，互补必须是有机地配合。因此，对个体的人用其所长，还得和在群体中形成最好的配合相协调。

（三）用人必须相信人

人都有自信心、成就感，也都有自尊心。经过慎重选拔，量才录用，放在合适的岗位上以后，就要放心地交给他们工作，用人要相信人。苏联教育学家马卡连柯曾把信任人作为管理教育的原则。其实，用人也是如此。相信人，可以给人们以巨大的鼓舞和支持力量。当然这种信任不是盲目的、毫无根据的，而是经过审慎选择的。因此，相信人也应该是使用人才的一条原则。古人云：用人不疑，疑人不用。如果在用人上半信半疑，怕这怕那，就做不到人尽其才，才尽其用，充分发挥人才的应有作用。

三、人才的培养

人才的培养教育，既对促进社会经济发展起着关键的、巨大的作用，又是提高企业素质的关键措施。企业要提高经济效益，改变技术上、经营管理上的落后面貌，必须从抓职工教育入手。

企业的任务是搞好生产经营，因此人才培养，必须围绕这个中心来进行。这是培养人才的目的，培训的方式方法也只能以生产和经营发展的需要为根据。

（一）培训的对象

培训的对象应该是企业的全体人员。从各级领导干部到一般职工，文化知识、专业技术、业务能力低的固然要接受培训，就是文化技术较高的也要学习，因为知识会不断更新，对能力的要求也会不断提高。只有不断地接受新知识，学习新技术，吸取新经验，了解新情况，才能适应形势发展的要求，跟上时代的步伐。在国外，职工教育被称为继续教育。现在联合国教育、科学及文化组织有一个机构称为继续工程教育国际工作组，它把继续教育的必要性用一个示意图来表示。

该图横坐标表示时间，纵坐标表示科学文化水平。任何一个职工，在走上工作岗位之前所获得的文化科学知识在纵坐标上都有一个高度 H。走上工作岗位以后，原来学到的知识和技能在最理想的状态下是一条水平线，而一般情况下随着时间的推移会逐渐忘记，形成一条下降的曲线。但是随着时间的推移，工作岗位所要求的文化科学知识水平却越来越高，形成一条上升的曲线。这样，原已达到的文化科学知识水平和工作岗位所要求的水平之间，会出现越来越大的差距。这个差距只能靠继续教育来填补（图1）。

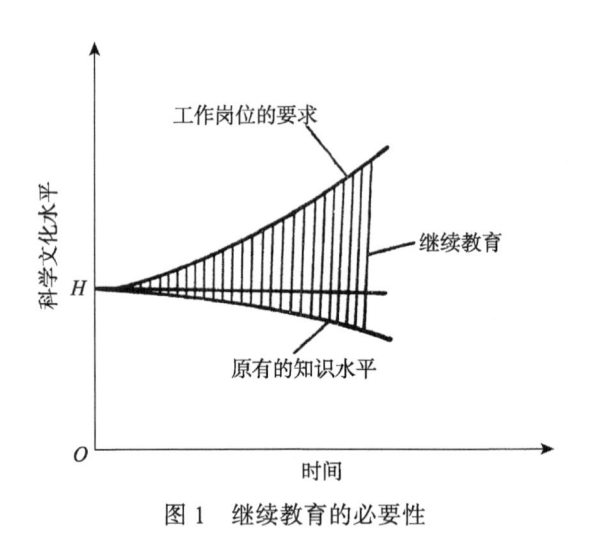

图1　继续教育的必要性

（二）培训的要求

全员培训的总要求是明确的，就是组织全体职工通过学政治、学文化、学技术、学经济、学管理，提高他们的文化、科学技术和经营管理的水平，以适应现代化大生产和进行科学管理的需要。但是仅仅有总的要求是不够的，还需要分别地对各级领导干部、技术人员、管理干部和工人提出具体要求，规定从事各个岗位本职工作所应具有的知识、技术和能力的内容和水平，使对各种类型人员的要求规范化，并根据实际情况和发展需要逐步加以完善，从而使培养有目标、考核有标准、选拔有依据，使各类人员明确其努力的方向。

（三）培训的方式

针对培训对象、培训要求的不同，根据本单位的特点和具体条件，企业要运用多种方式办学。主要有以下几种方式。

（1）各类职工业余学校。有条件的企业可建立从中学、中等专科到大学的教育体系，以系统提高职工的文化、技术水平。

（2）职工高等学校。其包括业余大学、职工大学、电视大学、函授大学等多种形式。按大专的教学大纲和教学计划组织教学。

（3）各类脱产、半脱产的短训班。比如，领导干部轮训班、技术人员外语进修班、职工文化补习班、新工人培训班以及计划统计、财务会计、劳动工资、质量管理、市场营销等专业轮训班。

此外，职工教育还可以采取现场培训、先进经验推广学习班、技术讲座、学术交流等形式，以适应各种不同的要求。

四、人才的考核

考核是针对人员的业务水平、工作能力、劳动态度和贡献大小所作的评价。

（一）考核的作用

从人才开发的角度来说考核所起的作用如下所述。

（1）以考核作为晋级、提升、奖励的客观依据，避免人才选拔和任用的盲目性。对一个人作出全面、准确的评价，这是晋升、奖励的基本标准。没有这个标准，难以知人善任，就容易凭领导个人的印象去评价人，那就容易埋没人才。

（2）考核能起到督促人们上进的作用。对干得好的，给予继续提高的激励，而对干得差的，施以必须迎头赶上的压力，从而避免因好坏不分、"吃大锅饭"而挫伤群众的积极性。

（3）考核既能发现人才，也能发现差距。明确差距为企业职工培训提供了依据，为个人指明了努力方向。

基于以上的作用，可见考核是开发人才的一个不可缺少的环节。

（二）考核的内容和标准

要发挥考核的作用，必须有考核的内容和标准，以便对被考核者作出全面的、准确的评价。考核的内容包括业务水平、工作能力、劳动态度和贡献大小四个方面，应该全面评价，不可有所偏废。考核的标准，是衡量在这四个方面应达到的程度的尺度。因此，对不同的行业、专业、岗位和职务既要有共同的考核内容，又必须建立可以检验的具体标准。显然，科室干部与操作工人、科技人员与后勤供应人员不能用同样的标准去衡量贡献的大小。如果没有可以检验的适合具体情况的标准，各单位就会宽严不一。这不仅使考核工作流于形式，而且会造成调资、升级、提职、评奖等方面出现很多不合理现象。

根据考核作出评价，要以实际工作成绩为主，要看为社会主义现代化作出的贡献，这一事实本身就反映了一定的业务水平、工作能力和工作态度。又红又专是条件，为革命事业作出贡献是结果。相反，如果工作成绩差，就反映出在工作态度上、工作能力上或业务水平上存在着不足之处。

（三）考核的组织

人才的考核要贯彻既有民主又有集中的原则。由办事公道，具有较高专业水平和政策水平的人员组成专业评审小组和考核委员会。专业评审小组根据本人的自我鉴定、单位评价和群众意见（包括同行业的专家对其著作、论文、工作的评价意见），作出全面评审，然后由企业的考核委员会审查讨论，再作出决定。

第三节 人才开发的途径

一、加强思想政治工作，培养艰苦奋斗的创业精神

四化建设是一项伟大而又艰巨的任务。要将我国建设成为既有高度的物质文明又有高度精神文明的社会主义现代化强国，需要有一支浩浩荡荡的、立志于为这个宏伟事业而献身的大军。作为建设者、开拓者，必须具有自力更生、艰苦奋斗的创业精神。没有这种创业精神，不可能开创新局面，不可能从根本上改变落后面貌，即使富有聪明才智的人，也会见难而退、负不起责任、办不成大事。因此，只有做好人的工作，提高广大职工的社会主义觉悟，培养为四化建设艰苦奋斗的创业精神，才能使其在各自的工作岗位上发挥聪明才智，做好工作。从这个意义上说，加强思想政治工作是人才开发的首要途径。

要加强思想政治工作，无疑要充分认识这项工作的重要性。但是要取得实效，还必须同时讲究进行思想政治工作的方式和方法。我们党有做思想政治工作的优良传统和丰富经验，其中首要的一条就是理论联系实际。要在新的历史时期做好思想政治工作，就必须根据新的历史条件，赋予新的教育内容，并采取适合新时期特点的方式、方法，否则加强思想教育工作就会变成一句空话。

新的历史时期，环境条件和工作对象已有了如下变化。

（一）阶级关系发生了根本变化

在我国，剥削阶级作为一个阶级已经消灭，知识分子已成为工人阶级的一个组成部分。因此，大规模的阶级斗争已不存在，阶级斗争虽然没有消失，但已处

于次要地位；人民内部矛盾已成为经常的主要的矛盾。

这种变化，说明过去所熟悉的以阶级斗争为纲的政治运动形式，显然已不适用于解决人民内部矛盾。解决人民内部矛盾，只能用疏导的方式，深入细致，循循善诱。凡是思想认识问题，都要按照团结—批评—团结的公式，摆事实讲道理，以理服人，达到既弄清思想又团结同志的目的。

（二）经济环境发生了新的变化

为了把我国的国民经济搞上去，要走具有中国特色的发展经济的道路，我们已实行了和以前不同的一系列新的方针政策；随着经济的发展，人们对物质和文化生活提出了新的要求；国际交往的扩大，正在开阔眼界，在吸取有益的东西的同时，也出现了资产阶级生活方式和思想观点的腐蚀。凡此种种经济环境上的新变化，对思想政治工作提出了新课题，要求有新的内容。

（三）工作对象的变化

许多企业三十岁以下的青年职工已占全厂职工总数的 50% 以上，青年已成为企业思想政治工作的主要对象。当代青年，由于家庭经济条件不同，生活经历不同，文化教育水平不同，接触的环境不同，产生了和 20 世纪 50 年代的青年很不相同的思想认识问题。因此，曾经是行之有效的解决 20 世纪 50 年代的问题的方式、方法，用来解决现在的问题就完全不够了。

新的变化说明思想政治工作也要科学化。要研究新的环境对新的对象的影响，用新的内容和方式、方法去解决新的思想认识问题，这才能真正贯彻理论联系实际的基本原则，使思想政治工作发挥应有作用。

二、推行合理而有效的激励制度

现代化管理需要采用一种既能提高和发挥人的积极性，又能把人们的才能和专长有效地加以利用的激励制度。建立有效的激励制度，有两个原则性要求。

（一）物质激励和精神激励应该结合起来，不能偏废

激励之所以能调动人的积极性，是因为激励的内容符合人们内在的需要。人们的需要是多方面的，如为维持和提高生活水平所产生的物质需要、事业上取得成就的需要、获得赞赏和尊敬的需要、实现自己的理想和愿望的需要等。概括起来，一种是物质需要，另一种是精神需要。因此激励也需要有两种形式，即物质激励和精神激励。在任何社会制度下都是如此，社会主义社会也不例外。

但是社会制度不同，人们满足需要的基础却大不一样。例如，在资本主义社会，私有制把人们置于利益互相对立冲突的地位。人的需要获得满足的基础是个人奋斗，"人人为自己，上帝为大家"，甚至不惜损害别人的利益来满足个人的需

要。在社会主义社会里，公有制奠定了国家、集体、个人利益相一致的基础。个人需要的满足是建立在国家需要与集体需要得到满足的基础之上的。社会主义企业与资本主义企业的激励制度的区别不在于社会主义只讲精神激励，资本主义才讲物质激励，而是在于物质激励和精神激励中所贯彻的原则，要调动什么样的积极性以及把积极性引向何处的问题。

（二）对不同类型的人以及同一个人在不同时期应有不同的激励方式

人的需要是不断提高的。需要的提高采取两种形式：一种是从物质需要向精神需要提高；另一种是基本需要到较高需要的提高。总之，一定程度上的需要得到满足以后，就会提出较高程度的需要。因此，不同类型的人以及同一个人在不同时期的需要是不同的。一个企业应该采取什么样的激励方式必须根据职工实际存在的愿望和需要来拟定，而不能根据主管人员的意向，或一部分人的反应来决定。真正满足被激励者需要的激励，才是真正有效的推动力量。

目前，我国的广大职工在物质需要已开始有不同程度满足的情况下，对物质生活方面提出了新的更高的要求，这是正常的、合理的，符合社会主义基本经济规律的，它完全可以成为社会经济发展的推动力量。因此，物质激励不应忽视，不能因为奖金制度尚不完善，产生了这样那样的问题而否定物质激励。但是更应该看到随着我国物质文明建设的发展，企业职工的思想修养、精神状态也在变化，他们对精神方面的需要已越来越强烈。诸如振奋人心的企业目标，受到领导上的信任和赞赏，同事间互相尊敬和融洽的关系，作为主人翁的事业心、荣誉感、社会地位，特别是振兴中华、实现四化、多做贡献的理想和信念都会成为职工的激励力量。如果说，过去由于种种原因忽视了职工的物质需要的满足，因而在"文化大革命"后，应该更加注意物质激励的话，那么随着情况的变化，我们应该更多地采取措施，引导人们对精神激励产生更加强烈的需求。

三、重视智力投资和人才储备

分析世界上经济发达国家（如美国、日本）近几十年的经济发展史，研究今后世界经济发展的趋势，都可以使我们认识到教育对促进社会经济发展所起的巨大作用。以日本为例，明治维新以后的50年间，日本经济发展速度之所以远远高于同期别的工业发达国家，关键在于狠抓国民教育，大力培养人才。从1855年到1935年，日本政府的教育经费增加了50倍，占国民生产总值的比率从1.4%增至2.7%，初等教育普及率从1887年的35%上升到1935年的99.6%，居当时世界首位。1900年以后正式全面推广了免费的基本教育制度，并加强了"实业教育"，创办了一批培养近代企业管理人才的专门学校。后来又建立了工人技术教育体制，并在中小学设置实业课，对学生普遍进行实业与技术教育。日本企业家认为：没有教育就没有企业。总之，他们把实施全民教育与全员培训看作把日本建成第一流工商业强国的主要途径之一，日本《公明杂志》认为：日本工业化的基础，是长期培养能够掌握先进技术的技术人员和经营管理人员。

美国的经济发展在很大程度上也依赖于智力投资，美国政府近二十年来用于教育方面的投资不仅绝对额十分庞大，占国民收入的比例在世界上也名列前茅。因此在1966~1976年这十年间，大学生增加了50%，普及了免费中等教育。美国强调一个人要一生受教育，就是就业以后结合工作需要，也需要不断进行各种专业培训。

现代经济发展的历史已经充分说明，对智力的投资是开发人才资源、促进经济发展的基础。但是智力投资有自己的特点：一是周期长，投资要在五年、十年，甚至更长的时间以后才能见效；二是连续性，不是一两年或三五年培养了一批人才，有了一定的基础就可以一劳永逸的。所以智力投资既要舍得投资，又不能"临渴掘井"，必须有战略眼光。现在的投资是为了满足将来的发展需要；现在培养人才是为以后的需要作准备。因此，从战略上说，智力投资实际上是人才储备的问题。

关于人才储备，人们常有误解：眼前人才都很缺乏，哪里还谈得上储备？由于我国的教育事业还相当落后，各种调查统计资料都说明企业中职工的文化知识、技术业务都还处于很低的水平，人才缺乏是普遍存在的事实。但是，人才缺乏总是和事业发展的需要相比较而暴露出来的。因此，即使在我国教育事业的落后面貌根本改变以后，由于科学技术与管理科学的迅速发展，建设事业的不断前进，人才缺乏的问题还将长期地存在，还得重视智力投资，为新的需要储备人才。

人才储备着眼于国家发展的需要，因此从一个企业来说，首先得根据本身发展的前景，预测和规划不同时期所需要的各类人才的数量和质量。如果发展的方向和规模是不确定的，或者缺乏所需人才的规划，则现在培养的人才，到时候仍会不符合要求，成了备而不用或备而无用，既浪费投资，又埋没人才。其次，人才储备还有一个来源的问题，企业发展所需要的人才从哪里来？总的来说，国家要投资，企业也要投资，人才储备要由两个渠道来补充，这不仅因为现在我们还穷，国家拿不出那么多钱办那么多学校，把一切教育培训的事都包下来，而且因为即使已经受过系统教育的人在到了具体工作岗位上后，还要有不断的专业培训，才能适应工作本身不断提高的需要。更何况提高现有职工的文化、技术水平，也只能主要靠企业根据自己需要来进行，既看到当前要求，又照顾未来的发展，才能更加有效。

第四节　企业经营管理人才的才能和素质要求

我国当前经济体制的改革和国民经济的发展，迫切需要大批既有现代化的经济、技术知识，又有革新精神，勇于创造，能够开创新局面的经营管理人才，特别是企业管理干部。这样的人才应具有哪些主要的才能和素质呢？从近几年改革中涌现出来的开拓型企业家共有的特点来看，可以归纳为如下四点。

一、博学多识

所谓博学，指的是通晓为做好现代化管理需要的各种有关的科学知识。博学的内容包括三个方面。

第一是马克思主义的基础知识。现代管理是复杂的、动态的、系统的管理。如果没有唯物的观点和辩证的方法作指导，就会抓不住重点、理不出头绪、看不清发展趋势而陷于被动；如果没有政治经济学的基础知识就不可能按客观经济规律办事；如果没有科学社会主义的基础知识，就不可能坚持社会主义方向，很好地领会、掌握和贯彻党和国家的方针、政策。所以马克思主义基础知识，不但是管理干部革命化的需要，也是知识化的需要。

第二是现代管理科学的知识。管理从广义上来说也就是领导。它的职能包括计划、组织、指挥、协调和控制。每个职能领域都有内在的规律性。一个有效的管理者，经验固然是重要的，但是仅有经验是不够的。要冲破因循守旧的框框，成功地开创新局面，还要具有现代管理科学的知识。

第三是专业知识。长期以来人们有一种误解，认为企业中的技术、计划、财务等工作是专业工作，应具有专业知识，而政治、行政、供销、后勤和人事等工作不是专业，也无所谓专业知识。这是把专业狭隘地理解为某种技术。实际上，企业的经营管理人才，不论是总管全面或分管某一方面都是专业，都要有相应的专业知识。如果不熟悉、不懂得和自己负责的部门、单位或工作的性质有关的知识，充其量也只能是一般化的管理。从全局上说，经济体制改革和经济发展所需要的经营管理人才和企业管理干部，不仅有数量上的要求，还有质量和专业上的要求。企业需要大批能够卓有成效地组织和指挥企业生产和经营的厂长（经理），能够有力地加强企业的技术管理、推动技术进步的总工程师，能够切实加强企业经营、提高经济效益的总经济师，能够严格维护财经纪律、精打细算、统筹财源的总会计师，能够坚持正确的政治方向、团结企业广大职工的党委书记。这是一支门类齐全、成龙配套的宏大队伍。

所谓多识，就是见多识广。除了学习有关的科学知识外，还能有丰富的生活知识、社会实践。人的才能的高低固然和所掌握的知识有关，也和把掌握的知识用到实践中的能力有关。见多识广，可以扩大眼界、开拓思路，既扩大了知识面，又为提高应用知识的能力创造了极其重要的、必不可少的条件。

二、丰富的创造才能和创业精神

能够开创新局面的经营管理人才，必须具有很大的创造能力。管理者的创造才能可以概括为如下三种能力的统一：首先是发现问题的能力；其次是对发现的问题提出多种解决方案的能力；最后是对所提出的方案进行周密论证，提出最切实可行的解决方案的能力。总之，创造才能就是看得准问题，想得出解决问题的办法。

创造能力人皆有之，虽然有大小之分，但是可以通过学习、培养得到提高。因此丰富的知识储备是创造才能的源泉。但是创造才能并不仅仅由具有多少知识来决定，这种才能要在开创新局面的实践中充分发挥作用，还需要有内在的动力，这就是创业精神。虽然开拓者需要博学多识，但不是任何饱学之士都是开拓者，区别就在于是否具有这种精神。创造、革新要具有敏锐、勇气、坚韧、明断等气质，人们已经把实现四化形象地比喻为新的长征，只有不畏艰险、不怕挫折、敢于承担风险、不计个人得失的革新家，才能创造新局面。如果见难就退、安于现状、甘心落后也就无所谓创造能力了。

三、灵活机变的决策才能

企业的经营管理，事事时时都需要决策，因此有人说管理就是决策，这是很有道理的。特别是对战略性的重大问题的决策，直接关系企业的兴衰成败。显然，良好的决策是有效管理的前提条件。灵活机变的决策才能，来源于决策者应具有的素质。

第一，决策者应具有善用专家的素质。决策需要大量信息作根据，决策者不可能就每一决策事项亲自搜集、整理、分析庞大的资料。因此，必须充分依靠有关的专家，集思广益，发挥他们的智囊作用。

第二，决策者应具有尊重科学、按照科学作决策的素质。决策是科学与艺术的结合，要求有一套较为完整的科学方法，讲究科学的决策程序。决策者切忌不讲科学精神，颠倒决策程序，先决策后论证，再对论证者施加影响，造成论证迎合决策者的意图的局面，使论证成了形式，导致决策的失误。

第三，决策者应具有自己形成独立见解和判断力的素质。重视专家，充分发挥专家的才能，对作出良好的决策是十分必要的，但是专家并不能代替领导作决策。企业经营中面临的重大决策问题，往往不是简单的是非问题，而是在若干可行方案中选出最佳方案的问题。每个行动方案各有利弊得失，每个专家的意见也会各有理由。掌管全局的决策者如果没有自己的独立见解和判断能力，仍然不可能作出良好的决策。

第四，决策者应具有采用相反意见的素质。实践证明，一致赞同的并不都是最好的决策。具有不同意见的争论，是保证决策者不致犯重大决策错误的重要条件。企业的经营环境复杂多变，如果只有一种意见一致的行动方案，往往增加了失败的可能性。决策过程中有几种不同意见方案的争论是正常的，尽管决策者最后选择出一种，但是各种不同意见的争论，对决策者作出抉择已起了启发、综合比较的作用；即使抉择一时失误，不同的意见也等于准备了备用方案，为迅速地纠正失误创造了条件。

四、讲求效率

效率由两个因素组成：实际效果和时间。它们的关系可用下式加以表示：

$$效率=实际效果/时间$$

有效的管理者首先是务实派，不是仅仅发宣言、作号召、罗列一些到处适用四平八稳的原则的空头演说家，也不是讲形式、走过场，不论实效的形式主义者，而是脚踏实地、眼看事实、动手做实际工作、讲求实效的实干家。但是实际效果和所费的时间密切相关。得到同样的成果而花费较多的时间，效率就迅速降低。企业家的时效观还应特别强调时机的概念。时不可失，失掉时机，即使拖延几分钟也会功败垂成，使上式中的分子变为零，或分母成了无穷大，也就无效率可言了。从某种意义上说，现代管理的核心就是讲求效率。

讲求效率需要同两个相当普遍的片面观念相决裂。一是把拖拉和慎重联系在一起；二是把勤勤恳恳、埋头苦干和工作成绩联系在一起。当然，处事慎重、勤恳苦干是对经营管理者的基本要求，但是这两者只有和效率联系起来才有贡献。不讲效率的慎重，常常是办事拖拉、不敢承担责任的借口；不讲效率的勤勤恳恳，很可能掩盖了保守落后的作风，难免好心出蠢事，这都不符合经营管理的要求。

复习思考题

1. 人才开发对经济发展有什么重要意义？我国人才开发的迫切性主要表现在哪些方面？
2. 人才开发工作包括哪些主要内容？
3. 试说明对职工进行继续教育的必要性。
4. 企业经营管理人才应具有哪些才能和素质？

技术创新与企业家[1]

一、引言

在最近的二十几年中，多数不发达国家与发达国家间的差距并未缩小，在部分地区，甚至还有扩大的趋势。但是与此同时，韩国、新加坡却以较长时间的稳定、持续、高速的经济发展脱颖而出，跳出了不发达国家的行列，一跃而成为新兴工业国家。它们的成功使其余还在为摆脱贫困而努力奋斗的国家受到了强烈的刺激。它们的经验进一步促使不发达国家挣脱正统经济学只研究无差异资源优化配置的羁绊，认识到科学技术在摆脱贫困的斗争中所起的巨大作用，注意到技术创新与经济发展的内在联系。

在中国，改革取得了巨大的成就。但是，我们仍未摆脱低效益、追求数量和速度的外延型经济发展模式，面临着市场机制不健全、政策不配套、资源配置不合理、行为短期化等一系列严重的困难。由于这些问题的系统性和复杂性，它们在短期内难以解决。鉴于此，有人认为中国缺乏技术创新的宏观环境与条件，至少在近期内技术创新难以真正在企业中开展。人们把研究的注意力集中在如何制定正确的宏观经济、科技政策，为企业创造良好的创新环境等方面，却在一定程度上忽视了企业对外部环境的能动作用，忽视了在社会主义有计划的商品经济条件下，企业家在促进技术创新活动中的关键作用。

在调查中，我们看到事实上有不少企业在积极地进行技术创新，并以技术创新作为企业发展的主要途径之一。进一步的研究表明，出现这种情况的主要动因是企业家的能动性。我们认为，就如何推动技术创新、如何使技术创新过程得以顺利进行的问题，不仅应该研究企业的外部环境，研究经济体制和资源配置政策的改善，还应注重研究企业活力的内在源泉，研究企业进行技术创新的内在动力。

本章阐述企业家对环境的能动作用，分析企业家在技术创新活动中的作用；根据我国的实际，探讨大学在培养企业家素质方面的重要作用及其作用的主要途径和方式。

---

[1] 节选自：许庆瑞，吴晓波. 国家自然科学基金项目"技术进步、技术创新与劳动生产率"中间成果选编（1991年5月）。

二、企业家的能动作用

企业家是商品经济的产物。在传统的社会主义经济理论中，出于对商品经济的根本否定，并无企业家之说。只是随着改革的深入，社会主义制度下的商品经济性质得到了确认，商品经济体系逐步建立，才使我国具备了生长企业家的土壤。在实践中，新型社会主义企业家正在不断涌现，并在社会经济生活中起着日益重要的作用。

一般地说，企业家是那些富于创新精神、具备战略眼光和敏锐的市场洞察力与判断力、精于经营管理、勇于在不确定条件下进行大胆决策的、相对独立的企业经营者。作为社会主义企业家，他们按社会主义原则办事，具有强烈的社会责任感，是团结广大职工走共同富裕道路的带头人。他们富于牺牲精神，总是把个人利益放在次要地位。他们既不同于行政官员，也不同于传统体制下的厂长、经理。他们是厂长或经理，但是并非所有的厂长或经理都是企业家。

指导企业家行为的灵魂是企业家精神。企业家精神是一种价值观念体系。其主要内容是，追求卓越、追求变革、永不满足的创新精神，敢于冒险、勇于献身、乐于竞争的奋斗精神，以及强烈的事业心和社会使命感，高尚的道德情操。

在我国的社会经济实践中，企业家最突出、最可贵的作用表现为他们对外部环境的能动性和行为的社会经济理性。他们并不被动地忍受市场的摆布，他们不仅是商品生产劳动的组织者，还是技术创新的积极倡导者，是政治舞台的参与者及社会行为准则的塑造者。

企业家的能动作用主要表现在以下几个方面。

——决不消极被动地坐等市场机制的健全，坐等完善的竞争环境的降临，也不祈求政府管理部门的优惠政策，而是积极主动地通过企业内部环境的改善，通过企业内部活力的激发，以效率和质量提高企业自身的竞争力，进而积极开拓市场，主动参与社会经济的变革。

——善于调动各种因素的积极性，善于发挥人与物的潜在能力；积极倡导新型的企业文化，使企业职工形成强大的内聚力和创新热情。

——从不满足于已取得的成绩，总是乐于打破原有的平衡，以创造和寻求新的成功机会。

——不仅致力于满足现有的市场需求，而且努力发掘潜在的市场需求，乃至创造需求。

例如，我国最大的水表生产厂——宁波水表厂，在旧式 A 型水表畅销的情况下，主动开发新式 C 型、E 型水表，打破原有的平衡，创造出新的、更高层次的成功机会。最近，由于市场机制的不完善，有些企业凭借地方保护主义，采取不正当的竞争手段，该厂质优价廉的水表反而比那些质次价高的水表难销。面对这种反常现象，他们并不消极地等待政府有关管理部门的干涉以及有关政策的完善，也不怨天尤人，而是一方面通过工艺创新，大幅度地进一步降低生产成本，提高质量，增强其原有小型水表的竞争力；另一方面则通过产品创新，发挥其技术水平高的优势，开发出国内一般厂家所无力生产的大口径水表。据此，他们开拓了重大的国内、国际市场，赢得了新的优势。

企业家的社会经济理性是其能动性的另一个重要的方面，是我国社会主义企业家的显著特点。它主要表现为：企业家不仅追求企业自身利益的最大化，而且追求社会利益和国家利益的最大化；不仅追求企业近期利益，而且更注重追求企业的长期、稳定的健康发展；不仅追求自身的自我实现，而且希冀全部社会成员的自我实现。具体表现在以下几个方面。

——不去利用市场的不完整、改革中的缺陷，而是努力弥补这些缺陷。

——具有高度的社会主义觉悟和职业道德，不采用不正当的竞争手段，并非"唯利是图"。

——具有战略头脑，有明确的企业发展目标与实施战略。

——追求质量和效益。

——渴求平等的市场竞争条件。

——关心职工利益，注意培养和发挥全体职工的主人翁意识。

在现实生活中，完美无缺的市场并不存在，在我国目前的经济体制转换时期，市场更是极不完善。如果企业家只追求自身的利益，而不顾社会利益和国家利益，只顾眼前利益，而不顾生产力的健康发展，那么，企业就不会进行技术创新。因为，一则，企业会因技术创新需要冒风险、花时间而感到惧怕或等不及；二则，企业只要利用市场的缺陷便可找到"成功"的捷径。事实上，目前有相当部分的企业就是靠走这种"捷径"而赢利，或正在努力寻找这样的"捷径"来摆脱困境。这正是人们要把主要的精力用于研究市场机制的健全化、政府有关政策的完善化的主要原因。可是，我们也应看到，有不少的企业并不受这种"捷径"的诱惑，也不屈服于这种市场缺陷所导致的压力，而是与这种不合理现象进行着顽强的抗争。其中，企业家的社会经济理性起着至为关键的作用。例如，在扭曲的市场机制作用下，我国医药制造业盛行"异形"包装，即制药厂通过药品包装器具的效用，而不是药品的效用，来满足市场上不正常的需求。这样，制药厂通过利用我国医疗卫生保健制度的缺陷，可轻而易举地赢得高额利润，而国家财政、社会福利事业则蒙受沉重的损失。面对这种诱惑，杭州民生药厂却不为所动，坚持技术创新，以提高药品的质量和开发新产品为手段，提高产品的竞争能力，照样创造出较好的产销势头。该厂这样做，并不是由于政府有关部门的指令或指导，而是缘于企业家的社会经济理性。两种企业行为，前者利用并扩大了市场缺陷，后者则致力于弥补缺陷。从更广的范围看，后者的行为还带动了其他企业的行为理性化，对健全市场机制，创造平等竞争氛围起着积极的推动作用。

可见，企业家的涌现是开展技术创新活动的主要前提之一。在我国目前的市场条件下，尤其如此。技术创新则是企业家发挥能动作用的主要途径。技术创新的开展是企业领导人成为企业家的必要条件。当我们研究企业家的时候，必然要研究技术创新；同样，当我们研究技术时，必须要研究企业家，必须看到企业家的关键作用。

此外，值得指出的是，作为一个相对落后的发展中国家，除了社会制度的不同外，我国企业家的具体职能也是与发达国家有所不同的。我国企业家的职责不仅在于对市场作出及时、准确的判断，并发出相应的指令，还需承担许多日常的、具体的管理事务。在发达国家，后者可通过雇用专业人员以及社会分工来解决，所以并不属于企业家的职责。在我国，企业家虽然不必事必躬亲，但是也得承担大量的、具体的协调工作，诸如，与上级主管部门的协调、与供方和客户关系的协调、企业内部各种关系的协调、生产调度、职工福利的协调，乃至应付各种检查团体等事务。这是由生产的社会化程度、制度特征，以及社会、经济、文化的发展水平决定的。在我们探讨中国企业家的素质培养时，必须考虑到这一特点。

三、企业家与技术创新

作为一个与发明有所区别的概念，创新是企业家的核心职能。走技术创新之路是企业家的必然选择。这里，我们探讨企业家在技术创新过程中的重要作用。

（1）启动者。一般说来，技术创新受到来自科学技术生长规律的"推力"，市场需求的"拉力"，以及来自社会、政治、军事以及自然条件和生态环境的"压力"。这些"力"形成了技术创新的动力。企业家则根据经验和科学方法的分析，依据企业的能力及对市场获利的前景等诸多因素的分析，作出是否启动某项技术创新的决策。不同的企业家有不同的具体反应方式，但是有一点是相同的，即都是能动的。企业家的反应决定了这些"力"对技术创新发生影响的强度和速度。只有通过企业家，这些"力"才能起作用。企业家不仅是这些"力"的转化者，而且其本身具有进行技术创新的内在冲动，其本身即是一种动力。企业家是技术创新的真正启动者。

（2）冒险者。技术创新过程是一个不断进行判断、评价和决策的过程。从新思想的采用到成品的营销，充满了风险，企业家必须不断地在不确定条件下作出决策。因此，企业家的经验、胆略、对科学的决策手段的运用能力等决策素质至为关键。

（3）协调者。在技术创新的进行过程中，企业的科研、生产和销售三大系统始终相互作用，有的还涉及与外单位的协作。这是一个完整的系统工程。整个系统的协调运行是技术创新得以顺利进行的保证。在协调过程中，充满了信息和物质的交流，使之畅通无阻便是企业家的职责。

（4）激励者。技术创新过程中各类人员积极性的调动、创造力的发挥，是技术创新得以成功的关键之一。协调好精神激励和物质激励之间的关系是企业家成功地进行激励的关键。在社会主义制度下，企业家必须努力调动全体职工的主人翁精神，使职工变受驱使者为积极主动的参与者。在职工中倡导企业精神，创造新型的企业文化是一种最为成功的方法。例如，杭州民生药厂在1984年就提出了"创优创新，造福人民"的办厂宗旨，把全厂职工都统一到这一精神之下，形成了一种为全厂职工所接受的价值观念体系，产生了强烈的凝聚力，在全体职工中激发了一股内在的创新动力。

（5）组织和制度的创新者。在技术创新过程中，不仅有生产要素组合的变化，同时也必然要求进行与之相联系的生产工艺组织和管理制度的创新。技术与管理是企业发展的两只轮子，两者的协调是企业顺利发展的前提，也是技术创新成功进行的前提。我们在企业调查中明显地看到，凡是技术创新搞得好的企业，都有良好的管理组织制度，有较高的管理水平。企业家通过组织和制度上的创新，为技术创新的顺利进行创造条件。

从上述企业家在技术创新过程中的作用分析中，我们可以看到，技术创新对企业家素质的要求是全面的。企业家要有敏锐的市场洞察力、在不确定条件下进行大胆决策的能力、科学管理的能力、职工积极性和创造力激发的能力、对科学技术发展动态进行及时了解和分析的能力等。

四、企业家素质的培养

由于企业家的重要作用，尽快地培养出大批高素质的社会主义企业家是我们当前所面临的紧迫任务。我国目前的情况是，已有了孕育企业家的"土壤"——社会主义有计划的商品经济，但是还不"肥沃"——商品经济关系尚不成熟，不发达；已有了企业家成长的"气候"——市场机制的初步建立，但是却过于"恶劣"——市场机制不健全，有关的政策、法律、法规不配套。尽管总是有高素质的企业家能够顽强地成长起来，但是毕竟太少了。我们的任务不仅在于改良"土壤"、调节好"气候"，还应注意到"种子"的选育，注意到企业家内在素质的培养和提高。

目前，我国企业领导向企业家的转变过程中，主要遇到两大障碍，一是外部环境不完善，二是自身素质过低。例如，从外部环境看，在乡镇企业中最易产生企业家，但是事实却不然。究其原因，就在于企业领导的自身素质太差。根据调查，乡镇企业的广级干部中，80%是从农村生产队干部转业而来的，其中70%无一技之长。又据调查，在我国基础相对较好的钢铁工业部门中，各类经济管理干部只占干部总数的6.9%，其中大专程度的只占12%，初中文化程度以下的则占

44%。

国营大、中型企业的领导干部的素质虽然相对要高得多，但是受体制的束缚程度也高。他们要脱颖而出，突破"体制障碍"所需的能量要高得多，素质要求也要高得多。

我国现有企业领导人主要有四个来源，工人、农民、解放军转业干部和科技人员。他们的年龄大都在35岁以上，受正统的产品经济思想影响较深。他们的普遍特点是工作勤奋、组织能力强、群众关系好，但是缺乏企业家的重要素质。他们受教育程度较低，或者虽受过高等教育，却缺乏经营管理知识，更缺乏商品经济条件下市场竞争的锻炼。相反，却在一定程度上受到传统体制、自然经济的影响，养成了一定的封闭、保守、唯上级是从的依赖性和惰性。更有甚者，其自身便成为技术创新乃至经济改革、经济发展的障碍。

从近年来的实践看，高等院校在帮助培养和提高企业领导人的素质，促使他们向企业家转化的工作中起了极为重要的作用。除了建立了一批专司培养干部之职的管理干部学院外，各类大学也都纷纷建立了管理学院或管理系，各经济管理部门又在有关大专院校内设立了行业的管理干部培训中心。

目前对企业现职干部的培训主要采取以下方式。

——干部专修班。招收现职企业干部参加，学制二年，毕业时授管理专业大专文凭。这种方式的优点是严格、系统。通过这种学习，企业干部能够较全面地掌握企业经营管理知识。但是，由于时间太长，多数企业干部难以抽出身来参加。这种形式已越来越少被采用。

——短训班。时间上很灵活，短则十天半个月，长则一两个月。从内容上看，并不求全，但针对性强，与实际联系较紧密。因而这是一种较受欢迎、用得最多的方式。

——厂长、经理研讨班。邀集厂长、经理交流经验，有针对性地探讨实际中的某一方面问题，大学中的管理专家则参与讨论、咨询、指导。这种方式时间很短，一般不到一星期。这种方式对已有一定基础的企业领导人来说最有效。

浙江大学科学管理系（现为浙江大学管理学院）从1980年到1988年，以干部专修班的方式培养了300余人，通过短训班及研讨班培训了4700余人次，收到了良好的效果。他们中有不少人已成为企业家中的佼佼者。

随着时代的前进，企业家的受教育程度将不断提高。企业家中受过大学教育，尤其是受过管理专业教育的学士、硕士比重将会增大，因此，我们在培养企业在职干部的同时，还应加强对在校大学生的企业家素质培养。已采用的主要方式有如下几种。

——加强管理专业的大学生、研究生培养。学习国外MBA（master of business administration，工商管理硕士学位）教育的经验，结合我国的实际，加强学生所受管理教育的系统性、先进性与可行性。

——加强在工科学生中的管理知识教育。在工科大学生中开设企业管理学、经济学、社会学等公共课。鼓励、提倡工科学生取得管理学、经济学等学科的第二学位。

——招收工程硕士、工程博士，培养高层次的管理人才。

根据以往的实践，存在的主要问题是，理论与实际结合不够，实际案例分析太少。其原因主要是：有关教材大都来源于发达国家。国内的社会、经济、文化等现实均与发达国家大相径庭，教材的消化、吸收工作做得不够；国内经济改革的进行过程本身包含了许多不确定的因素。许多自相矛盾的实际问题难以解释，致使教师对接触实际存在一定程度的畏难情绪。

时代在变，国际、国内的经济、科技、社会都在变。注意到现实和发展的趋势，我们认为大学在培养企业家的工作中应注意以下几个方面。

（1）商品经济意识的培养。通过经济、管理等基本知识的教育，使现有企业领导人的思维方式尽快地完成从产品经济、自然经济到有计划的商品经济的转变。

（2）创新意识的培养。开设系统的"创造力开发""创造心理学"等有关课程。树立开放、动态、积极进取的精神。

（3）加深对科学技术商品化的理解。开设"R&D（research and development，研究与开发）管理""技术创新管理"等课程。提高企业家推行技术创新的能力。

（4）战略思维能力的培养。进行"经营战略""发展战略"等专业教育。

（5）培育企业精神、企业文化。使企业家注意发挥职工的主人翁精神，在企业内部形成凝聚力和活力，重视对人的科学管理。

（6）加强对祖国文化的学习和理解。文化传统是支配人们行为的内力之一，它因民族、国别而异，因势利导，扬长避短是先进的管理手段成功地得到运用的关键。

五、结束语

20世纪90年代，国际产业结构将更趋高度化，技术的作用进一步增大则使劳动、资源在经济发展中的重要性相对下降，劳动密集型生产方式的效益随之进一步下降。我国将面临极为严峻的国际竞争环境。形势迫切地要求我们加快科学技术商品化的进程，要求我们走效益型的经济发展道路。因此，加速企业家的成长，大力倡导技术创新是我国当前重要而紧迫的任务。

我国经济改革，以实现产品经济体制向有计划商品经济体制模式的转换为目标，这种转变意味着我国经济、企业运行的主体从行政干部向企业家转变。这一转变的实现是企业技术创新得以进行的前提。

企业家的成长最终取决于市场竞争的优胜劣汰原则，但是我们不能忽略企家素质的关键作用。企业家的素质在相当程度上是可以培养的，在培养的过程中，大学的教育和培训起着重要的作用。在我国，这种作用尚有待进一步发挥。

参 考 文 献

德鲁克. 1989. 创新和企业家精神. 《世界经济科技》周刊编辑室, 译. 北京: 企业管理出版社.
机械电子工业部管理科学研究所. 1988. 当代中国企业家. 北京: 中国城市经济社会出版社.
刘述意, 高粮. 1988. 企业家理论与实践. 北京: 经济管理出版社.
裴叔平. 1989. 为中国的企业家创造良好的社会环境. 中国工业经济研究, (2): 36-39.
许庆瑞. 1986. 研究与发展管理. 北京: 高等教育出版社.
Haustein H D, Maier N. 1985. Innovation and Efficiency. Berlin: Akademie-Verlag.
Nafziger E W. 1984. The Economics of Developing Countries. Belmont: Wadsworth Publishing Company.
Segal A. 1987. Learning by Doing. Boulder and London: Westview Press.

创新时代背景下创新人才的培养[①]

本章内容主要包括三个部分：第一部分以海尔集团为例，研究海尔创新人才培养的路径和机制；第二部分主要叙述浙江大学创新管理研究团队如何在许庆瑞院士的带领下培养创新人才；第三部分主要从宏观角度阐述创新人才培养的模式和对策。

创新人才是国家经济发展中的重要驱动力量，具有某些典型的特征，如极强的创新意识、创业动力、敢于冒险和持之以恒的精神等，能够把一些创造性的构想转变为商业价值。政府层面也一直都在强调创新对国家发展的重要性，创新是引领发展的第一动力。中国经济正处于转型时期，从过去的高速增长变为现在的中高速增长，经济结构正在优化升级，创新成为新经济发展的重要动力，经济的可持续发展需要创新赋能。在数字经济时代，传统制造企业的经营方式受到极大的挑战，企业面临巨大的转型压力，而企业转型成功关键在于发挥人的主观能动性，尤其是创新方面的能力。因此，创新人才的培养不管是对企业的发展还是对整个国家的发展都显得尤为重要。虽然，我国目前在创新人才培养方面也取得了一定的成就，但跟发达国家相比差距还是很大，不管是创新水平和创新效率都处于明显的劣势。为了缩减与他们的差距，我们需要从国家、政府、企业、高校、科研院所等多主体去培养创新人才。

第一节 海尔创新人才培养的路径分析

企业要想在新常态下获得发展，就必须改变原来的那种"野蛮生长"方式，不能仅仅依靠大规模投入，单纯追求规模效益。企业亟须通过创新来推动自身的发展，实现生产要素的最佳配置。人才作为生产的第一要素，要使其能够不断地创造价值，实现增值。创新人才是企业最宝贵的资源，是保持竞争力的必要条件，是企业能够良好发展的保障。在不同的战略阶段，海尔对创新人才的培养提出了不同的要求，如图1所示，战略在变，企业员工的创新能力也要随之变化，人才培养要紧跟时代的步伐，为企业的发展提供人力支撑。

[①] 节选自：许庆瑞，刘海兵. 海尔管理创新发展历程（1984—2019）. 北京：科学出版社，2020：第四章。

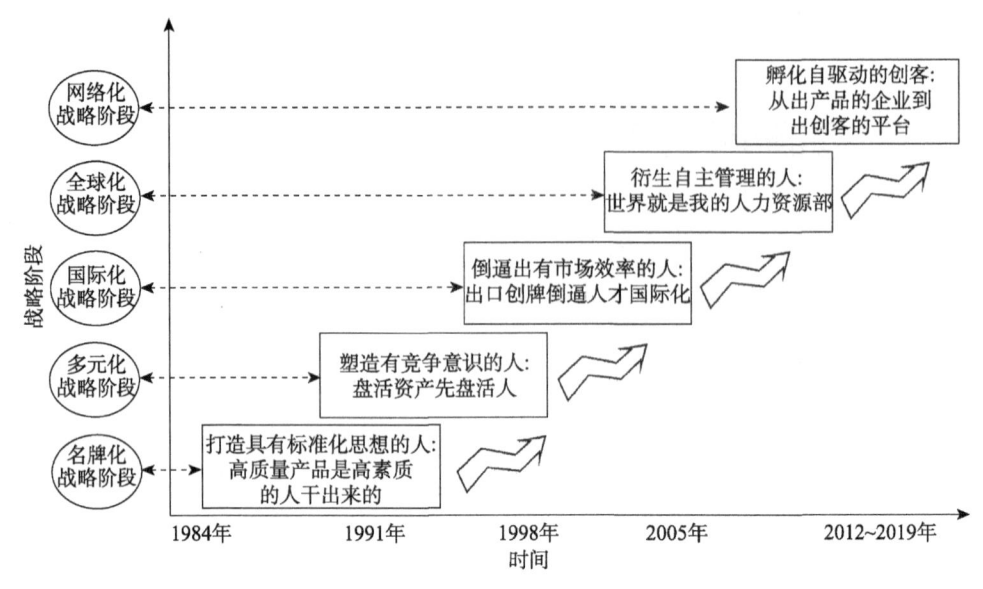

图 1　海尔创新人才培养路径

一、名牌化战略阶段：打造具有标准化思想的人

海尔成立初期面临着纪律松懈、消极怠工、破坏生产工具、偷拿产品、管理混乱等情况，张瑞敏担任厂长以后就决定立规矩、抓纪律，他认为只有及时改变这种状况才可能使工厂得到进一步发展。几天以后，人力资源管理部门公布了著名的"管理十三条"及工人违规后的处理方案。据几位工作时间长的员工回忆，当时的"管理十三条"对员工的消极懈怠、不作为思想起到了根治作用，甚至可以说没有这个管理条例制度的实施就没有现在的海尔。

1984年对海尔来说是具有纪念价值的一年，由于自身生产技术的能力有限，海尔决定从德国的利勃海尔引进冰箱技术来弥补自己的技术短板。由于在最初就确立了高质量的产品标准，海尔很快意识到仅仅引进别人的技术还不够，有了好的技术并不一定能生产出好的产品，于是进一步引进了两个标准，一个是 DIN（Deutsche industrie norm，德国工业标准），另外一个是 ISO（International Standards Organization，国际标准化组织）国际标准。技术和标准引进以后怎么落实，怎样提高员工的素质和生产能力，使员工生产出高质量的产品，成为海尔的一大难题。海尔借鉴泰勒制，提出了 OEC 管理法——"日事日毕，日清日高"，在学习"丰田模式"的基础上，独创了"6S"管理制度。为了在薪酬上体现出公正、公平，海尔实施了"3E"卡考核制度，实行计件工资制，清除"搭便车"的现象，打破"吃大锅饭"的体制，这种措施极大地调动了员工的积极性。同时，"砸冰箱"事件使员工有了更强的用户意识和质量意识，确立了用户思维的思想理念，使得海尔在1988年就获得了国家质量奖金奖，成为中国冰箱行业的领军者。

海尔制定的名牌化战略实质是它的创牌阶段，依据的核心思想是"高质量的产品是高素质的人干出来的"，所以当时十分强调纪律、分工、职责、流程、纠偏、改进等方面，实行严格的质量否定制度，形成了全面质量管控体系，建立了用户思维和质量意识，使员工拥有了一整套标准化的思想，并且内化成了自我管理的工具、手段。

二、多元化战略阶段：塑造有竞争意识的人

1991年海尔集团正式成立，实行了兼并策略，如兼并红星电器、合肥黄山电子集团公司、广东顺德爱德洗衣机厂等工厂，标志着海尔进入了多元化战略阶段。随着生产产品的种类越来越丰富，海尔遇到了人才瓶颈，急需各种类型的人才来发展企业。在《海尔是海》这本书中，张瑞敏提出要广揽五湖四海的人才，要能够自我净化，素质方面要逐渐地提高和升华，要淘汰平庸者和懒惰者。为此，海尔开展了一次主题为"千里马与伯乐"的讨论大会，提出了"赛马不相马"的口号，这样可以给员工提供更多的公平竞争的机会。从"相马"变成"赛马"，有利于涌现出更多优秀的人才，海尔可以从中挑选出更多的优秀人才。通过这种公平、公开的竞争机制，员工的创新潜能得到激发。在赛马机制的影响下，一批年轻人脱颖而出，成为海尔后期得以快速发展的基石，如现在海尔集团的轮值总裁周云杰和梁海山、首席财务官谭丽霞等。

1992年海尔在人力资源方面进行了制度创新，实行"三工并存、动态转换"的制度。在合同制的基础上将员工分为三个等级，即试用员工、合同员工、优秀员工，并且按照1:4:5的比例实行差别待遇。根据考核评比的结果，对那些绩效好的员工进行"上"转，绩效差的员工"下"转，甚至是辞退。通过这种人才竞争机制的引进，为海尔留下了优秀的人才。1996年海尔继续颁布"各类人员培养和升迁"条例，人员培养可以通过不同的途径，主要包括生产员工、专业职务、管理职务。但这三条培养和升迁路径并不是孤立存在的，它们之间存在交叉。所有的人员在上岗之前都要通过竞聘环节，只有优秀的人员才能进入工作岗位，进入岗位以后会受到各方面的监督，但如果没有突出的业绩，即使工作上没有出现错误，仍然可能会受到批评，甚至是降职。同时，每一个领导在上任期满以后会被调到其他的岗位工作，主要是防止出现拉帮结派的现象，另一个目的是尽可能地使这种领导型的人才能够掌握较全面的工作内容，为储备高级人才打好基础。

多元化战略阶段的海尔通过引入竞争机制来选人和用人，通过制度上的创新增强了员工的竞争意识，让海尔成功地度过了人才缺乏的困境。海尔的竞争和淘汰机制大致可以概括为"竞聘升迁、在位受控、届满调换、末尾出局"。在这个阶段，海尔遵从"盘活资产先盘活人"的理念，打造出了多个有特色的产品，如洗

衣机、冰柜、空调等，获得了一批消费者的青睐。

三、国际化战略阶段：倒逼出有市场效率的人

海尔提出"海尔中国造"的口号，表明国际化逐渐被提上日程，1998年，海尔进入国际化战略阶段。在刚进入国际化战略阶段的时候，海尔面临着双重压力：国内家电企业的低价格竞争，国外家电巨头通过各种方式进入我国市场。为了应对国外企业的挑战，就要使自己也成为国际化的企业，成为一匹"狼"，这样才能够"与狼共舞"，因此海尔走上了二次创业的道路。当时海尔的销售额仅是惠而浦和三洋的1/2，索尼的1/5，西门子的1/6，三星的1/9，面对如此巨大的差距，海尔发现差距的根本原因是拥有的人才不同，因此海尔决定从培养人才方面缩短差距。

1998年海尔进行了基于市场链的流程再造，把市场关系引入企业内部，让企业的每个人都能直接跟市场接触，组织内部的上下级关系变成市场关系，提高了组织的灵活性和员工的创新积极性，使企业能够以最快速度满足用户的需求。在流程再造的基础上，2001年海尔探索出SBU的模式，要求人人参与经营，事事都要创新。在SBU模式下，员工不能再无偿使用企业提供的各种资源，如果员工想要使用企业的资源，如材料、设备等，都要支付费用。为了能够支付这些费用，员工就要进行创新，运用创新的思维方式去经营和使用企业的资源，使资源能够不断增值，增值就能获得报酬，亏损则要进行赔偿。海尔国际化战略阶段时提出三步走（走出去、走进去、走上去）的目标，但国际化人才匮乏，特别是国际市场建立以后，懂规则、善经营人才的短缺问题更加突出。为了解决这个问题，海尔决定采取"项目组+少外派+当地化"的创新人才培养模式，主要的思想是在总部成立项目组，然后派出少数的几个人到国外参与项目，大部分的人员来自当地，利用当地人来工作，让本国的人员再慢慢地融入当地，熟悉当地的法律，与当地文化融合，通过内外结合的方式培养适合国际化的创新人才。

国际化战略阶段的海尔面对内外双重压力，从改造员工思想开始，经历了基于市场链的流程再造、SBU（strategic business unit，战略经营单位）模式，提高了企业响应市场的速度，激发了员工的创新潜能。通过出口创牌倒逼人才国际化，培养出懂规则、善经营、具有市场竞争意识的创新人才，他们为海尔国内外事业的发展做出了巨大的贡献。

四、全球化战略阶段：衍生自主管理的人

2005年海尔进入了全球化战略阶段，虽然当时的海尔已经连续四年获得了"中国最具价值品牌"的荣誉，但仍然面临着家电市场供大于求的矛盾，而且当时的利润空间很低，利润如同"刀片一样薄"。互联网时代的到来，逐渐消除了信息不对称的

情况，用户掌握的信息越来越多，主动权慢慢地从企业转向用户。同时，海尔集团的规模在不断地扩大，"大企业病"的弊端表现得越来越明显。为了消除"大企业病"，海尔提出了"人单合一"模式，其中，人指员工，单指用户的价值。这种模式要求每个员工都能找到自己的"单"，都能为用户创造价值，从而实现自己的价值。

2010年，海尔开始打造内部自主经营体，自主经营体的组成人数不固定，可以是一群志同道合的人，也可以是独立的个人。海尔的组织结构也已从"正三角"变成了"倒三角"。

组织变成自主经营体以后，员工之间没有了上下级关系。领导变成了服务和资源的提供者，他们的主要工作是帮助一线经营体整合资源，员工从过去被动地接受命令，然后执行命令，变成了领导和员工共同创造用户需求，每个人都要寻找自己的"单"，否则就会面临被淘汰的命运。

全球化战略阶段的海尔，通过组织结构的颠覆，吸引了很多外部的人才进入，让世界变成了海尔的人力资源部，为海尔注入了新鲜的血液。同时，员工的自主性得到进一步增强，他们不再需要别人的监督，而是主动地去寻找属于自己的"单"，去创造用户的需求，他们变成了一群自主管理的创新人员。

五、网络化战略阶段：孵化自驱动的创客

2012年海尔进入网络化战略阶段，这是大数据时代、社群时代、众筹时代、物联网时代等，这个阶段的特征是"复杂而不确定"。在2014年的时候，海尔就提出要实现"管理无领导"和"员工创客化"，要把海尔从一个制造产品的企业转变成培养创客的基地。

其实与创客类似的概念在2013年就开始出现了，当时在推行"人单合一2.0"的时候，海尔提出的口号就是让每个员工都成为自己的CEO（chief executive officer, 首席执行官），即"人人都是CEO"，要求员工要有自我管理、自我驱动的能力。但"人人都是CEO"和"人人创客"在有些地方是不同的，"人人都是CEO"当时提出的视角主要是针对内部的员工，"人人创客"的范围更大，这里的人不再局限于企业内部的员工，它是一种更加开放的状态，外部的人员也可以进入海尔创新创业。

网络化战略阶段，海尔有五种创客孵化模式，如表1所示，海尔创客的孵化具有人力社会化、资本社会化的典型特征。

表1 海尔的五种创客孵化模式

创客孵化模式	内容形式
内部孵化模式	海尔内部员工借助海尔资源创业
众筹模式	通过网络平台让用户参与创业
脱离母体孵化模式	脱离海尔，凭借自己整合资源创业
大众创业模式	海尔外部人员进入海尔内部创业
万众创新模式	整合创意与资源、对产品进行创新

为了加快创客的培养,海尔人力资源平台通过线上线下平台的方式吸引内外优质资源,逐步形成了如图2所示的线上线下创客孵化加速平台。

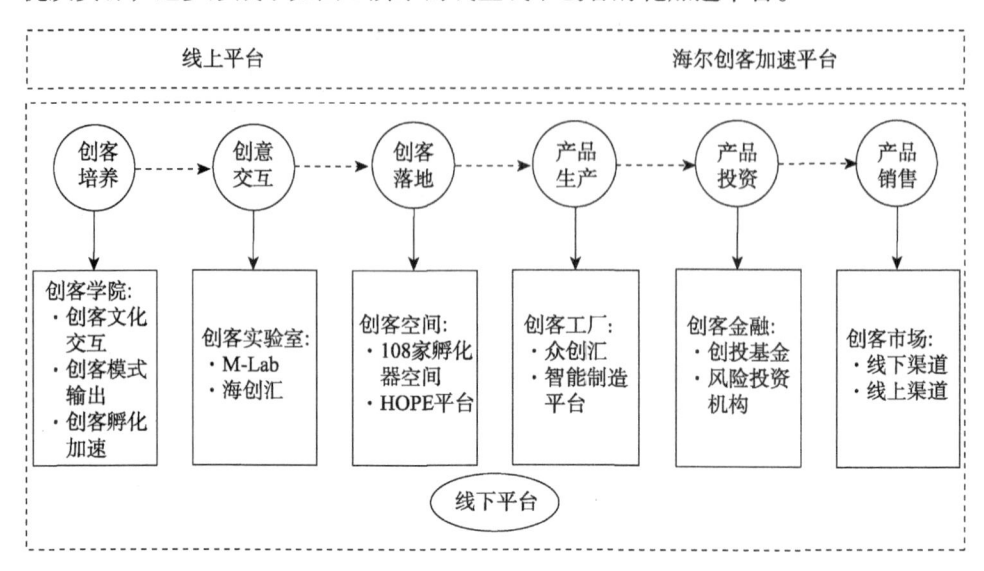

图 2 线上线下创客孵化加速平台
资料来源:海尔内部调研
HOPE 的全称为 Haier open partnership ecosystem,海尔开放创新平台

网络化战略阶段的海尔已从出产品的企业变成出创客的平台,员工都成了创客,每个员工都成为独立创造价值的主体,人的自主性和能动性更加突出,尤其是创新性得到极大的提高。员工与组织是平等的伙伴关系,是相互雇佣关系,个人的资本价值不断提升的同时平台也获得了增值,因此也是共创共享关系。在海尔战略大方向的引领下,员工自组织、自创业、自驱动,通过签订对赌契约、"官兵互选"、竞单上岗等方式寻找自己的"动态合伙人",构建动态的合伙人制,进行自主决策,自主创新,寻找高"单",获取高酬。

从以上研究可以看出,海尔对创新人才的培养是根据组织内外部环境变化而变化的。早期的员工基本是以听从命令、被动执行为主,严格按照组织的制度工作,在制度范围内进行创新。随着外部市场环境的变化,组织的结构及一些制度对组织和员工的发展都产生了阻碍,为了提高效率,获取更高的效益,激发员工的创新潜能,海尔从战略上对组织结构进行了调整,同时改变了培养员工的方式。员工拥有了一定程度的自主权,他们需要自己去开拓市场,可以根据自己的创新方法去完成工作。进入互联网时代以后,组织进一步对员工进行了放权,特别是提出"人单合一"模式以后,赋予了员工完全的独立自主权,员工变成了一个完全自主决策的独立个体,变成了自驱动的创客。他们需要不断进行创新去实现自己的价值,甚至要创造自己的价值并努力使其增值。通过这种集权到放权再到赋权的方式，海尔员工的创新思想在不断地进化，创新能力不断地得到提高。

第二节　海尔集团创新人才培养的机制

创新人才的培养离不开机制的保障作用，各种机制的制定可以为创新人才的培养提供良好的发展空间，营造人人参与创新的氛围，有利于加快创新人才的发掘和成长，每种机制都可以贯穿在创新人才培养的整个过程中。

一、领导与治理机制

领导者的认知和治理能力促进了员工创新能力的提升，海尔的领导层在张瑞敏的带领下始终在不断地获取新的知识。他们认为企业应该是一个有序的但非平衡的结构，要不断地打破企业原有的平衡状态，员工要不断否定自己原来的成功，创建一个动态的平衡，在这个动态否定的过程中，员工可以重塑自己的战略思维。当发现组织结构阻碍了员工的成长时，领导层就会果断对组织结构进行变革重组，使员工获得发展自己的空间。海尔在考核评价员工的时候遵循"三不"原则，即不讲关系、不看学历、不讲过去。无论你的家庭背景和社会关系多么厉害，都不会影响到组织对个人的考核评价，只看你为企业带来的效益，而且过去的成就不能放在当下评价的范围内，如果现在不能胜任自己的工作就会被淘汰，毫无情面可讲。在这种机制下，员工都能感觉到自己有机会晋升，积极性倍增。海尔的领导层都会给员工树立"说了不等于做了，做了不等于做对了，做对了不等于做到位了，今天做到位了不等于永远做到位了"的理念。如果员工犯了错误，领导者要承担80%的责任，他们会比员工受到更严厉的批评，甚至是惩罚，这就是海尔提出的80/20原则。网络化战略阶段的海尔，虽然说大家之间都是平级关系，但仍然存在领导层的概念，如小微中的小微主、平台中的平台主、领域中的领域主，因为一个组织没有领导，就会没有战略方向，不利于员工的成长。所以，海尔现在还坚持每周开三次会议，每次会议会有不同的人员来参加，在会议中做得好的员工会得到表扬和奖励，工作上不达要求的员工会受到批评，甚至是解雇。通过这种竞争机制，员工会变压力为动力，主动去学习，获取知识，进行创新。

二、组织学习与积累机制

海尔认为培训是培养人才的重要手段，一直把对员工的培训工作放在首位，没有经历过培训环节的员工不能上岗工作，而且会认为他们是企业的一种负担，只有经过培训的员工才是企业的资产。不管是领导层还是一线员工，海尔都会根据每个人的实际情况帮助其设计职业生涯，制订出个性化的培训方案，并提供丰富且充实的培训内容。领导层员工接受培训的过程，其实也是获取知识和传播知识的过程，不仅通过学习充实了自身的管理知识、提高了管理能力，而且在"干中学"和"用中学"的过程中，在不断积累的知识和资源基础上所做出的决策可以使企业获得独特的竞争优势。海尔内部具有完善的培训软环境和教师师资网络，进行授课培训的人员必须有相应的资格证，他们对员工的培训成绩进行考评，最终考核结果与员工将来的工资挂钩，从而提高了参加培训人员的积极性和创新性，每个人都会尽可能地拿到最优评价。早期，海尔在外部以青岛海洋大学的教师队伍为依托，同时与国内外很多家咨询机构、知名企业、高等院校等建立培训学习网络。引进先进的管理和教学经验以后，海尔外部培训师就会编写案例库当作MBA教学的案例，这样不仅积累了很多知识，还达到了资源共享的目的。例如，早期海尔和利勃海尔合作，派出一些人员到国外学习，这些人员带回国外先进的技术，通过技术方面的不断积累，几年以后，海尔的电冰箱产业成为国内的领军者。知识的积累还表现在另外一个方面，新加入海尔的员工都会在老员工的带领下工作。铁打的营盘流水的兵，刚毕业的博士或者硕士基础知识很好，都是知识丰富的年轻人，但是缺乏技术和项目经验，于是海尔就会聘请两位老专家，加速团队的成长。老专家一方面要做好研发项目，另一方面要梳理研发过程形成报告，并对新职员进行培训。比如，100万元用于研发，另外的100万元用来进行工具开发、手册编写之类的，这样就可以积累下很多项目经验和知识。专家在带团队的同时也存在着个人任务指标，如培训多长时间、带多少人员、讲多少次课等，这些都作为考核专家的指标。通过这样的积累机制，员工的创新潜能可以不断地得到激发。

在双创时代，海尔大学对创新人才的培养发挥了重大的作用。这个快速变化的时代给我们带来挑战的同时也催生出很多新的机会，特别是海尔推出"人单合一"模式以后，对于员工来说最重要的就是怎样通过创新把搜集到的好的想法和创意及自己的一些想法转变为商业结果，这需要企业对员工做很多商业形式的辅导。此时的海尔大学提供了很好的学习机会，它会告诉员工怎样去进行商业实践，怎样把创意转变成商业成果。海尔大学利用微课大赛连接了大量外部优秀的资源，学员可以在这上面自己寻找课程，这样自主学习的意愿高，一段时间后也会看到成果。目前海尔大学也对外部人员进行培训，培训重点包括两个方面：第一个方面是对"人单合一"模式的深层次理解，把拥有的案例沉淀，同时结合一些海尔内部的实践案例；第二个方面是关于触点网络的建设，这个工作是机器无法完成的，因为触点网络感知是一种有深度、有广度、有温度的体验。因此，海尔大学在对外赋能上发挥了很重要的作用，对培养创新创业人才做出了突出的贡献。

三、协同与整合机制

协同是海尔培养创新人才的重要手段，通过创新要素组合协同、组织不同层级的协同、组织内外的协同，构建有效的协同整合机制才能最大限度地激发员工的创新潜能。

海尔一直坚持"用户的难题就是我们的课题"的理念，注重市场和技术的协同，非常重视收集用户的意见，因此，海尔的员工都会具有不同的能力。例如，研发技术人员不仅具有产品开发设计能力，还具有很强的市场嗅觉能力，通过与用户的交流来获取创新的灵感，从而为用户带来更好的产品，如早期的"大地瓜洗衣机""不弯腰冰箱"就是这样生产出来的。名牌化战略阶段实行的全面质量管理，多元化战略阶段的OEC管理法和市场链机制，国际化战略阶段的SBU模式，全球化战略阶段的流程再造，网络化战略阶段的"三化"（信息化、扁平化、网络化）和"三无"（企业无边界、管理无领导、供应链无尺度）等，这些都体现了海尔组织、制度、管理等要素的协同，它们对员工思想的塑造、创新能力的培养发挥了巨大的作用。战略与文化的协同对海尔员工创新能力的影响也非常突出，创新一直是海尔的基因，海尔已经形成了与战略愿景进行协同的创新型文化，做任何事情，员工的思想中都呈现出创新的要求，在这种氛围中工作的员工，创新思想已经牢牢树立在他们心中。

为了充分调动并激发出员工的创新积极性，海尔的组织结构在不断地变革创新：直线职能制—矩阵制—事业本部制—"倒三角"组织结构—网络化的节点组织结构，这种变化使员工与组织之间的距离越来越近，员工的创新思想得到释放，可以按照自己的想法去做一些事情，通过不断地试错来获取知识和经验，为后面的创新活动奠定好基础。截至2019年，海尔构建了10个综合研发中心，通过内部1150名接口人，紧密对接10万多家一流资源、120多万名科学家和工程师，组成具有一流资源的创新生态圈。在这个过程中，海尔内部的员工通过与外部的人才进行交流，能够获取很多新的知识，开阔视野。海尔建立的很多平台吸引了大量的创新人才，如通过海创汇来与用户交互，让粉丝在上面提出自己的想法，然后海尔在这个基础上对信息进行筛选、汇总，找出能够帮助企业发展的信息。员工在收集整理信息的过程中，增强了对数据、信息的识别能力，可以借助这些思想来创新，使自己的价值得到增值。

四、激励机制

对员工的激励主要分为物质激励和非物质激励。早期的海尔，对领导层采取的是薪酬+奖励的办法，领导人的薪酬和奖金跟他们的综合评估、工作能力、工作业绩挂钩，消除了"身在其位、不谋其政"的现象。营销人员的报酬要向市场索取，当时引入的市场链就是索酬的一种途径，以市场链功效激励员工则要求他们的价值取向与服务对象的需求一致，通过创新来创造市场、创造需求，进而完成有价值的订单。科研人员采用项目承包制，取消月薪，但可以提前支取基本的生活费用，薪酬主要包括月度、季度、年度奖金，基本工资模块，股份奖励，但薪酬不是企业直接下发的，而是需要科研成果能够成功转化为市场效益。一线生产员工的激励与他们的劳动数量正相关，实行的是计件工资制，这样降低了管理的难度，调动了员工的积极性，激发了员工的工作热情。另外，海尔还建立了全方位的爱心工程，提供五项保险，设立婚假、探亲假，提供优质的工作餐，让员工对企业有一种归属感，让他们心甘情愿为企业付出，通过创新提高自己的工作效益。在非物质激励方面，海尔也采取了多种方式，如立体式的精神奖励，如果哪个员工创意得到了认可，则生产出来的产品就会以他的名字命名，极大地激发了员工的创新潜能；设立"海尔奖"，这个奖项由总裁亲自颁发，是海尔人才最权威的奖励。

进入全球化战略阶段，特别是网络化战略阶段以后，海尔的激励方式发生了很大的改变，由过去的企业付薪转变为用户付薪，可以说是对原有激励机制的颠覆。这个阶段的海尔推崇的是"我的增值我分享"，为了体现这一思想，海尔推出了"人单酬"激励制度，根据"单"的完成质量来获取报酬（图3）。

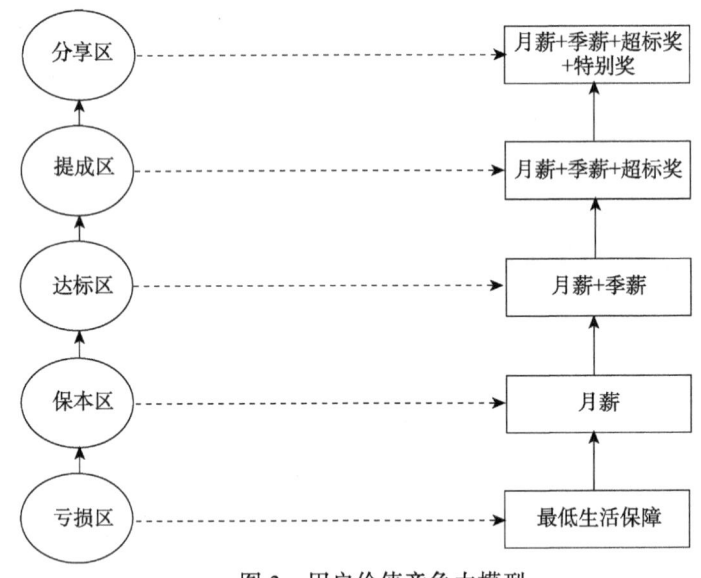

图3　用户价值竞争力模型

亏损区的员工只能得到自主经营体发放的最低生活保障，因为他们的业绩低于行业平均水平；保本区的员工业绩达到了行业水平，可以拿到自主经营体发放的月薪；达标区的员工完成了预先算赢目标，可以拿到月薪和季薪；提成区的员工业绩高于行业水平，实现了行业领先，可以拿到月薪、季薪和超标奖；分享区属于用户价值竞争力的最高级别，位于分享区的员工完成了第一竞争力目标，在拿到超标奖的基础上还可以拿到一些特别奖。价值竞争力有利于实现最大限度激励员工的效果，因为要自负盈亏，员工转化为独立经营主体，这调动了他们的工作热情，提高了他们的创新能力。

综上，不同培养模式的机制体现如表2所示。

表2 不种培养模式的机制体现

战略阶段	培养模式	保障机制
名牌化战略阶段	打造具有标准化思想的人	质量意识、制度约束、建立战略联盟、计件工资制、爱心工程
多元化战略阶段	塑造有竞争意识的人	引入市场链、"三工并存、动态转换"、"三不"原则、赛马机制
国际化战略阶段	倒逼出有市场效率的人	竞争机制、重视员工培训、学习积累、建立培训网络
全球化战略阶段	衍生自主管理的人	组织变革、流程再造、要素协同、组织内外协同、服务契约、包销契约
网络化战略阶段	孵化自驱动的创客	组织变革、官兵互选、鲇鱼机制、增值分享、"三化"和"三无"、企业大学赋能、PK竞单、用户付薪

五、结论与启示

（一）打造创新人才培养的双螺旋结构

在名牌化战略阶段，海尔实行了全面质量管理，为了达到质量和服务的最优，需要"打造具有标准化思想的人"。为了解决产品单一不能满足用户需求的矛盾，海尔提出了多元化战略，引入了市场链机制，重视培养具有竞争意识的创新人才。面对国内外双重压力，海尔制定了国际化战略，目标是培养出懂规则、善经营、具有市场效率的创新人才。全球化战略阶段的海尔鼓励员工成为自主管理的人，对组织进行了彻底的变革，调动了员工的能动性。网络化战略阶段的海尔成为培养创新创业人才的基地，员工变成了"自驱动的创客"，个人的创新潜能得到极大的释放。

（二）良好的机制为创新人才提供自我发展的空间

海尔认为企业不仅要重视创新人才的培养，更要提供一种公平公正的竞争机制，这样培养出来的人才能脱颖而出，如海尔提出的"赛马不相马""有多大的跟头就会有多大的舞台"等理念都能为创新人才培养提供才能展示的空间。同时，海尔还营造了一种动态的人才管理环境，如员工被分为三种类型，这些类型之间是相互转换的，做得好就会升职，反之就会降职，即"三工并存、动态转换"。在这种体制下，海尔员工的自主性逐渐增强，人是目的不是工具的思想得到彻底的彰显，海尔增强员工自主性的变革历程如图4所示。最初只是以员工的名字来命名，鼓励创新；到班组管理和SBU时他们可以决定自己的价值创造；全球化战略阶段的自主经营体和网络化战略阶段的创客小微，让每个人成为自己的CEO，知道怎么创造价值，为谁创造价值。

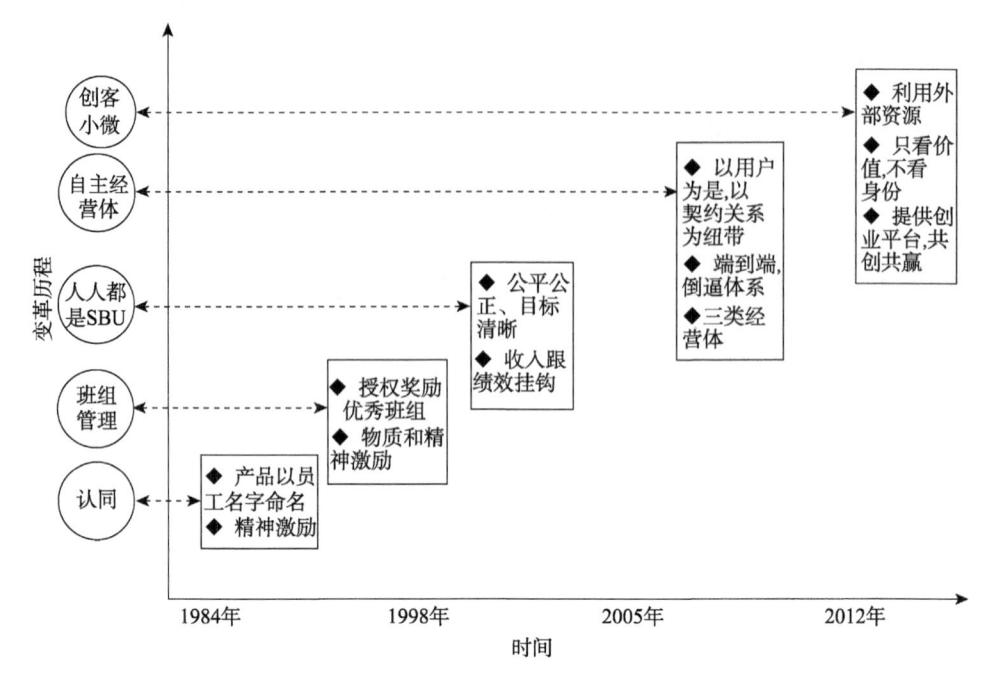

图 4 增强员工自主性的变革历程

(三) 强大的创新人才整合能力

海尔遵从的"世界就是我的人力资源部"的理念是其进行人才资源整合的根源，海尔很早就从外部引入经验丰富的人才来给内部的人员进行培训，通过与外部建立战略联盟，让内部的员工进入外部组织学习。例如，在国外建立的硅谷创新中心就与很多大公司建立了合作关系，员工从它们那边学到的技能对海尔后期的发展发挥了重要的作用。在国际化和全球化战略阶段，海尔雇用了大量的当地人去经营企业，让他们带着海尔内部派过去的员工熟悉当地的工作环境，吸收当地的文化思想，在熟悉当地的用户消费习惯以后再对工作进行改进、创新。网络化战略阶段的海尔，开放程度更高，外部的创新人才都可以被海尔所用，当然最重要的是吸收外部人才这一举措帮海尔内部培养了大量的创新人才。

第三节　创新人才培养的模式

中国经济发展仍面临很多问题与瓶颈，经济转型升级仍存在较多障碍，核心技术和设备受制于人，创新型人才还无法满足转型经济发展需要，创新型人才短缺，原有的人才培养模式受到了挑战，亟须建立新的创新人才培养模式。

一、我国创新人才培养模式现状

（一）政府主导的学校教育模式

这种模式主要是指由政府提供资金，开展基础教育和不同种类的职业技术教育（如高中、中专、大专、大学等学校教育），这被认为是当前最普遍采用的人才培养模式。但这种模式在城市和农村、东部和西部之间存在明显的差异，由于经济发展不平衡，农村和城市、西部和东部不同地区投入的教育经费和教育资源的配置方面存在明显的差距，城市地区和东部地区处于优势地位。如果这种现状得不到改善，会导致在经济不发达地区的人的职业技能偏低，就业稳定性差，长期下去就会出现一个恶性循环，这些地区的创新创业的能力和后劲越来越不足。

（二）政府、企业与高校共同参与的职业技能培训模式

这种模式通常被称为联合培养模式，其中企业为主体，高校参与、政府主导，企业负责提供各类职业培训服务，旨在培养受训者的职业技术能力，从而进一步提高其创新创业能力。通过这种人才培养模式，可以尽可能地统筹城乡人力资源，挖掘和发挥各类人的优势。

但从这个模式培训实施的效果来看，结果并不理想，主要原因是在培训中存在一些不好的现象，如培训内容普遍针对性不强，培训的方式陈旧、缺乏创新性，培训的网点数量不够，培训经费投入不足等问题。另外，培训主体缺乏创新，不能对企业、高校及一些产业化组织的带头人等多种主体的资源进行整合利用，没有建立多渠道、多层次的培训体系，不能满足创新创业者的学习需求。为此我们提出了创新时代背景下创新人才培养的"三核"驱动模式和对策，如图5所示。

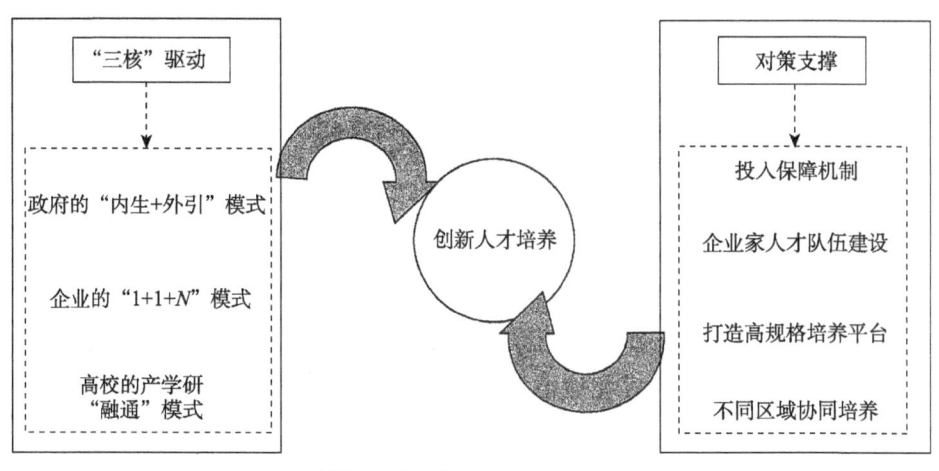

图 5 创新人才培养的"三核"驱动模式和对策

二、创新人才培养的三种新模式

创新时代背景下，为了进一步促进我国创新人才的成长与发展，一方面要对原有培养模式不断完善，另一方面还应当构建立体多元的创新人才培养模式。

（一）政府的"内生+外引"模式

1. 加强经济不发达地区的教育体系顶层设计与规划

国家应该在政策层面加大不发达地区的教育和职业培训力度，在财政上给予地方政府和学校补贴，加大教育事业投入，扩大基础教育设施建设，提高学校教学质量，提高优质教育资源覆盖面和可获得性，大力发展各种职业技术教育，逐步推进职业技术教育免费，提供"互联网+"专项培训，不断完善教育培训体系，给职业院校学生提供更多更好的教育机会和途径。通过学校和职业技术教育，学生应掌握创新资源开发和利用的技能，使自己所学到的知识迅速转化为生产力，共同参与创新创业项目的开发，提升职业素质和创新创业能力，成为符合经济转型升级时代要求的实用型和创新型人才。

2. 加强创新人才培养中的国内区域合作和国际合作

目前我国创新人才格局分布不合理，呈现出东部强、西部弱的局面，我国西部大部分省区市创新人才极度短缺，创新资源和创新动力都不足。为此，应加大对西部地区政策上的支持，积极探索西部大开发合作培养创新人才的新模式，通过创新项目合作和人才交流来带动地方经济发展，为西部地区创新人才提供更多的创新资源和发展平台，吸引更多优秀的创新人才。创新时代背景下，创新人才培养模式不仅要注重国内区域合作，还要注重国际合作。互联网把世界联结成了一个整体，消除了时空上的距离，而大数据技术、云计算、物联网技术的出现，进一步缩短了我国与其他国家间的距离，为我国创新人才培养提供了更为广阔的机遇和视野。当前，各地方政府应该依托共同开发的科技创新园区、产业创新基地等平台，充分利用各国在金融资本、先进技术等方面的交流与合作，推动我国创新人才的培养和国际转移，培养和引入拥有数字技术、具有广阔的国际视野、符合经济转型升级时代发展需求的高素质创新人才。

（二）企业的"1+1+N"模式

在这个模式中，第一个1叫"外1"，代表创新经济领域的专家；第二个1叫"内1"，代表企业内部的管理者；N代表团队。通过这种模式，企业可以让一位外部的杰出的创新经济领域专家培养出一名内部的优秀数字管理者，进而培养出一个创新经济领域的出色团队。企业这种培养创新人才的模式并不是单纯地从外部引入"空降兵"，而是采取类似"外部导师"的模式，因为这种模式并不是让外部的创新专家替换内部的人员，而是让两者合作，发挥各自的优势，促进内外人才的融合。外来的创新专家可以给企业带来新的创新技术指导和信息，内部人熟悉企业的文化和运作机制，可以使新的人才培养模式很好地融入企业中。

1. 建立持续发展战略和容错机制

企业要想培养创新人才就不能热衷于短期的利益，因为培养创新人才需要持续地投入。如果企业只注重短期利益，那么它们就不允许冒险行为，更不能容忍失败，这样就不能保证企业的持续发展。同时，在重视短期利益的企业里，通常不鼓励员工创新，员工创新可能会影响他们在当前工作上的投入时间，工作效益必然会降低，会对企业当前利益产生不好的影响，而且培养创新人才并不一定就能培养成功，肯定会存在风险，如果没有培养成功就会造成当前利益上的损失，结果同样是不利于获取短期利益。因此，企业必须建立持续发展战略，给予创新人才培养团队足够的资源，支持创新人才培养活动。持续发展战略对创新人才培养的作用机理如图6所示。

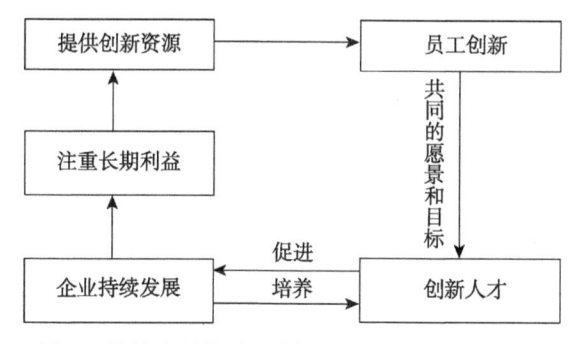

图6　持续发展战略对创新人才培养的作用机理

在创新人才培养的过程中，企业要鼓励创新专家和员工敢于承担风险，建立容错机制。不管创新是否成功，对他们的这种敢于创新和敢于承担风险的行为都要进行一定程度上的奖励。只有在这样鼓励创新的环境里，才能最大限度地激发员工的实践创意。要正确看待在创新人才培养过程中的错误和失败，它们可能会造成经济损失，但如果能从失败中学习，就能避免类似错误再次发生，确保下次成功。容错机制对培养创新人才的作用机理如图7所示。

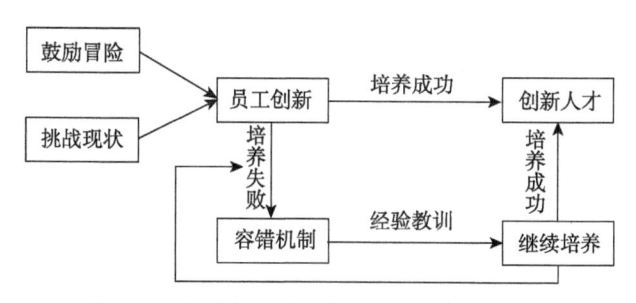

图7　容错机制对培养创新人才的作用机理

2. 鲇鱼机制和官兵互选机制

企业在培养创新人才的过程中，不能仅仅是提供创新资源和建立容错机制，还应该给予他们一定的压力，因为每个人都有惰性，尤其是当人们缺乏外部监督时，惰性就会疯狂地生长。为此企业应该将鲇鱼机制和官兵互选结合起来，在创新人才培养团队中置入一些有竞争力的个体来加速团队成员的竞争，刺激团队的士气，以提高团队整体的创新活力，不管是外部的数字经济专家还是企业内部的员工，只要大家觉得能力不够随时都可以进行替换，可以去选择自己合适的领导和团队。通过营造一种公平竞争和积极向上的氛围，将外部监督和自我监督结合起来，以保持整个创新人才培养团队的激情和创新活力，提高创新人才培养成功的概率。

（三）高校的产学研"融通"模式

互联网时代边界越来越模糊化，企业、高校及科研院所应该紧密地连接在一起，构成一个整体，有效地促进产学研融合。李克强在2018年3月5日的第十三届全国人民代表大会第一次会议上的政府工作报告中提出，"鼓励企业牵头实施重大科技项目，支持科研院所、高校与企业融通创新，加快创新成果转化应用"[1]。在2018年4月的国务院常务会议中李克强进一步指出，"决定对职务科技成果转化获得的现金奖励实行个人所得税优惠，使创新成果更好服务发展和民生"[2]。培养各种创新人才始终是高校的第一科研成果，应该积极推动产学研"融通"创新，全面加速创新技术创新成果的转化应用和数字经济"双创"人才的培养。

首先是"融"，即融合，消除企业、高校及科研院所之间的"割裂"现象，使它们三者之间能够融合发展。"融"是"协同"的概念，通常体现在企业、高校及科研院所如何在某些具体的创新项目或创新产业上实现协同。其次是"通"，也就是"畅通"。在现实情况中，不同机构完全融合是行不通的，因为它们有不同的使命、目标和任务，如企业做产业化、高校做基础研究、科研院所基本上是做应用研究或技术研究，所以实现从创新技术到创新产业化的过程关键是要"通"。过去的"融合创新""协同创新"，往往是指以技术创新为主体，实现技术从实验室走向产业化。而如今，社会发展到数字经济时代，单靠技术本身来解决其中的障碍，已经进入"瓶颈"。经济转型升级时代的融通创新不同于过去的融合创新和协同创新，它要求能够推动并实现从物到人的结合，为此高校迫切需要联合多方机构（如企业、政府、科研院所等）共同构建多种支持"融通创新"培养人才的新模式，以

---

[1] 《政府工作报告——2018年3月5日在第十三届全国人民》，https://www.gov.cn/zhuanti/2018lh/2018zfgzbg/zfgzbg.htm[2023-11-20]。

[2] 《李克强主持召开国务院常务会议 确定推行终身职业技能培训制度的政策措施等》，https://www.gov.cn/xinwen/2018-04/18/content_5283760.htm[2023-11-20]。

网络化思维和开放的平台化方式办学,从而建立起开放的创新人才培养生态系统。

1. 搭建创新人才融通的平台和运营机制

实现创新人才培养的融通,首先是高校本身要尽可能地培养出优秀的创新人才,与外部实现融通,同时要从外部引入专业的创新产业管理团队或优秀的创新技术管理者(并不是完全地把他们招进学校,而是和他们协同办学,如 MBA 特聘导师)来与高校进行融通。其次,创新科学研究与创新教学要能够进行融通,把高校打造成创新企业的人力资源平台,对那些在学院里建立创新人才培养中心的企业给予优惠政策,如许多高校现在实行的专业学位与科学学位教育,更好地促进了理论与实践的结合。最后是科研方面的创新人才融通,鼓励企业与高校共同参与创新人才的培养,这样高校培养出来的创新人才更符合社会发展的需要,更符合新时代所需,如浙江大学设立的全球浙商研究院,与许多国内知名企业(如海尔、华为、阿里巴巴等)搭建了合作平台,经常将优秀企业家请上讲台,请他们共同参与学校数字课程的设计等,实现高校数字创新人才培养与企业发展所需创新人才的无缝对接。

2. 知识和思想的融通

知识的创新体现着知识的融通,它要求老师们要时刻关注并结合社会实际情况教学,做研究时扎根中国最新实践,写出高水平的论文,把论文写在祖国的大地上,从而使我们创造的知识能够"顶天立地",实现融通与成果转化。例如,最近几年浙江大学管理学院不断推进与能够引领未来创新产业发展趋势的企业合作对话,成立了一系列创新联合研究中心,目的就是扎根中国最新实践做研究,通过与创新领域龙头企业的融通创新,探索出中国高校自己的创新人才培养模式。

高校不仅是创新人才培养的摇篮,还是引领社会发展的思想库和智库。为了满足经济转型升级发展的需要,要把高校的创新技术研究平台打造成智库平台,并不断地将创新研究成果转化为现实可应用的思想和方法。同时,应该定期举办一系列品牌化的创新高端论坛与高端国际会议,通过这些论坛或者国际会议大家可以更好地交流合作,从而获取更多新的创新思想,为创新人才的培养注入更多的新鲜血液。

第四节 创新人才培养的对策建议

一、全面推进"创新人才+"行动及创新人才投入优先保障机制

对经济创新方面的人才提前开展需求预测,动态发布创新人才集聚政策,组建创新发展专家委员会,对创新经济方面的技术开发、基础研究等问题发挥战略

咨询作用。同时，加大对创新型科技人才的集聚，完善领军型创新人才和创新创业团队的引进培育计划，增加创新人才评估环节。一方面要整合现阶段的创新人才培养工程，另一方面保证各领域各部门能够协同，做好相互衔接的工作，建立覆盖创新人才不同发展阶段的新型培养体系，对现有职称评价标准进行完善，使职称评价与创新人才培养之间能够有效结合。在创新人才绩效管理方面，采取二次追加投入和依据绩效淘汰的有进有出的动态培养机制。为了给创新人才提供一个良好的环境，政府应该在财政上加大对创新人才培养的投入力度，对那些重大创新科技基础设施建设给予支持，构建创新人才引进经费的稳定增长机制和资金管理上的使用评价机制，鼓励高校及科研院所引进高端创新人才，统筹安排各产业各个部门间对创新人才经费的使用，形成集成支持。

二、推进不同区域创新人才协同培养

首先，推动城乡创新人才一体化发展。积极促进经济发达地区和经济欠发达地区在创新领域的人才合作交流，大力实施创新人才柔性开发计划，通过制定一些政策（如经济补贴、职称评聘）来引导创新领域方面的创新人才到欠发达地区工作，扩大创新领域创新人才的数量，增强创新产业人才的储备强度。组织或选派创新专业工作者和创新领域专家团队到经济欠发达地区开展创新技术的辅导，对创新产业项目对接帮扶，帮助创新人才进一步成长。其次，积极融入长三角地区创新人才一体化发展。依托浙江清华长三角研究院及一些技术研究院，对接环太湖高校、科研院所、企业等，设立集成应用、成果转化协同创新中心，在创新高新产业领域加强创新人才项目合作交流。促进长三角地区创新人才市场相通、创新人才工程互认，开放共享那些重大创新科技资源，扩大创新众创空间，推动不同区域的创新人才共同发展。

三、加强创新企业家人才队伍建设

组织创新产业领军企业家到国外去学习和考察，跟国外在创新方面具有丰富经验的企业进行对接合作，成立创新企业家战略咨询会，开展创新企业家薪火传承行动，利用他们的经验来培养出更多优秀的创新人才。鼓励和支持龙头创新企业对创新技术、创新市场及创新人才进行整合，优化创新人才整体布局，建立更多的创新人才孵化器，通过干中学、互动中学等方式提升创新企业家在经营管理和培养创新型人才方面的能力，为企业培养创新人才营造一个良好的氛围，鼓励员工创新。为了发展壮大创新企业家人才队伍，应该综合运用创新产业基金和政府采购等工具，在创新人才培养项目申报、创新人才团队建设、创新产业对接等几个方面提供相应的支持服务，建立有效的创新企业家人才评价机制，鼓励和推荐那些优秀的创新企业家到高校及科研院所去兼职。

四、打造高规格的创新人才培养平台

为了使学校及科研院所培养出来的人才能够及时地融入社会发展,一方面应该打造高水平学校,进一步调整优化高校某些学科专业的结构,特别是创新学科专业,聚焦优势特色的创新学科建设,增强创新专业人才的培养力度。支持建设国家"双一流"大学,创建国内学科高水平大学,面向全球公开招募创新学科院系负责人,加快构建与国际接轨的高校领导运行机制,增强高校领导队伍的力量。另一方面要建立高质量的科研院所,鼓励并扶持创建军民融合的创新人才研究院,积极推进军队创新人才科技成果转化,深化创新人才管理试验区建设,加快形成具有国际竞争力的"双创"人才集聚和人才激励机制,加快创新开发者、创客等人才队伍建设。同时,在中心城市建设高水平科研院所,如浙江西湖高等研究院(西湖大学的前身)和之江实验室,目的就是创建世界一流研究型大学和科研院所,争创国家实验室,努力打造成为具有世界领先水平的创新基地,力争在创新人才、创新要素、创新能力等方面处于国内领跑水平,共同推进创新人才平台建设和运营。

五、结论与启示

针对创新时代背景下我国创新人才培养的现状和存在的问题,本章提出了创新时代背景下"三核"驱动模式,分别从政府、企业、高校三个主体的角度提出了创新人才培养的三种新模式。虽然这三种模式是从三个主体的角度提出来的,但它们之间其实也是相互影响,交织在一起的。政府在培养创新人才方面主要承担了两个使命:一是提供资金和政策保障,自主培养创新人才;二是尽可能地引进国外优秀的创新人才。这种"内生+外引"的模式能够很好地嵌入外界的创新经济创新人才培养,同时能很好地平衡自主培养创新人才和开放式创新人才的培养。企业实行的"1+1+N"培养模式打破了企业的创新人才边界,利用互联网思维建立创新人才生态圈,为企业在全球范围内整合优秀的创新人才提供了宝贵的经验。高校是引领社会发展的思想库和智库,通过推行产学研"融通"模式,可以使高校培养出来的创新人才更好更快地融入社会的发展,能够很好地学以致用,实现理论和实践的无缝对接。好的模式需要相应的对策来支撑,通过全面推进"创新人才+"行动及创新人才投入优先保障机制、推进不同区域的创新人才协同培养、加强创新企业家人才队伍建设、打造高规格的创新人才培养平台等措施,为创新人才的培养提供了良好的硬件基础和软环境。

人力资源策略[1]

将人力资源策略安排在职能策略的最后来讨论，并不是由于这一策略重要性次于以前的几个职能策略，而是因为从企业的总经营战略到各个职能策略的拟订与实施无一能离开人力资源。从这一点讲人力资源是战略管理中最富能动性的核心部分。

只有企业中的领导和职工能打成一片，齐心一致、拧成一股绳，企业的战略目标才能制定得先进合理，才能得到广大职工的支持而顺利实现。很好地动员和吸收广大职工群众参加企业战略管理，这是社会主义战略管理的特点和优点。人力资源管理涉及的方向很广，本节主要讨论三个问题。

（1）人力资源的选择与开发策略。
（2）改善职工生活福利的策略。
（3）人力资源策略的决策过程。

第一节 人力资源的选择与开发策略

在选择和开发人力资源上必须遵循的原则很多，但以下几点是主要的。

（1）人力资源的选择与开发必须根据企业战略的需要，不能脱离战略目标及其实施的需要去招聘和开发人力资源。

（2）必须根据形势变化适时改变人力资源的招聘策略。现代社会中，经济与技术发展很快，这些变化会反映到人员需求结构的变化上来，如现代技术发展要求营销人员有工程训练的背景。企业应根据这一需求，适时招收工科大学毕业生加以培训，使其成为企业新的营销力量。

（3）为企业未来的发展招聘和储备人才。技术的发展是无穷的，企业要不断开发新技术、新产品来满足社会与市场的需要，必须要有不断增长的科学技术积累。这就要求在作长远策略安排时，作好各种所需学科人才的储备，使企业技术能力的不断增长具有可靠的来源保证。

与此同时，也必须注意不作过量的人才储备。要防止因发展和运转过快而使人员编制过大，使企业背上包袱。根据企业的传统、文化等选择适合本企业的人

---

[1] 节选自：许庆瑞：《战略管理与经营战略》，1991年第八章第三节。

才开发途径。人才开发途径有两个：企业内部开发与依靠企业外部力量（主要是依靠大专学校的力量培养人才）。美国有一些大企业（如西门子公司、通用汽车公司等）有依靠企业内部力量开发和培养人才的传统，而另一些大企业则愿意更多依靠外部力量开发人才。

第二节　改善职工生活福利的策略

提高职工的社会主义觉悟，关心职工的成长，以及改善职工的生活福利是社会主义企业的重要战略任务。企业拟订经营战略的目标，应该有改善职工生活福利的目标和计划。这也是社会主义企业经营战略不同于资本主义企业经营战略的重要特征之一。

此外，企业拟订和实现改善职工生活福利的策略，也是吸引人才的重要方面。

改善职工生活福利的策略，有如下几个。

（1）保证本企业职工收入和生活福利条件高于一般水平的策略。企业在有条件的情况下，应尽量采用这一策略。

（2）保证企业职工收入逐年上升的策略。如果只奉行上一策略，而不能使职工收入随生产发展、劳动生产率上升而逐年提高，也不利于调动职工积极性。有战略眼光的企业家在安排分配政策上，会注意做到不使企业的分配政策存在不稳定，注意"以丰补歉"，将多收年份的分配金额留待歉收年份分配，以防止历年分配上的"大起大落"。

（3）收入的上升应低于劳动生产率增长的速度，但应大于通货膨胀的速度。

（4）注意内部分配上的协调。既要防止平均主义，要拉开差距，又要防止高低悬殊。要注意增加企业家的收入，但又要不使领导脱离群众。

（5）在分配政策和生活福利待遇上要保证稳定住企业中的关键部分和关键人才，如浙江某厂把企业的科技骨干、管理骨干和老技术工人列为应保的三个重点。

（6）对企业科技发展与技术创新上有重大贡献者，应予重奖。

提高职工生活福利的策略是人力资源策略的重要组成部分，这一政策的正确实施，能激励广大职工克服种种困难努力实现企业的战略目标，从这一点来讲它既是企业经营目标的组成部分，又是实现企业经营战略的最终保证。

最后，我们用图1来表明人力资源策略的决策过程。它描述了企业经营战略与各职能策略的相互关系，从中也可以看到人力资源策略的地位和作用。

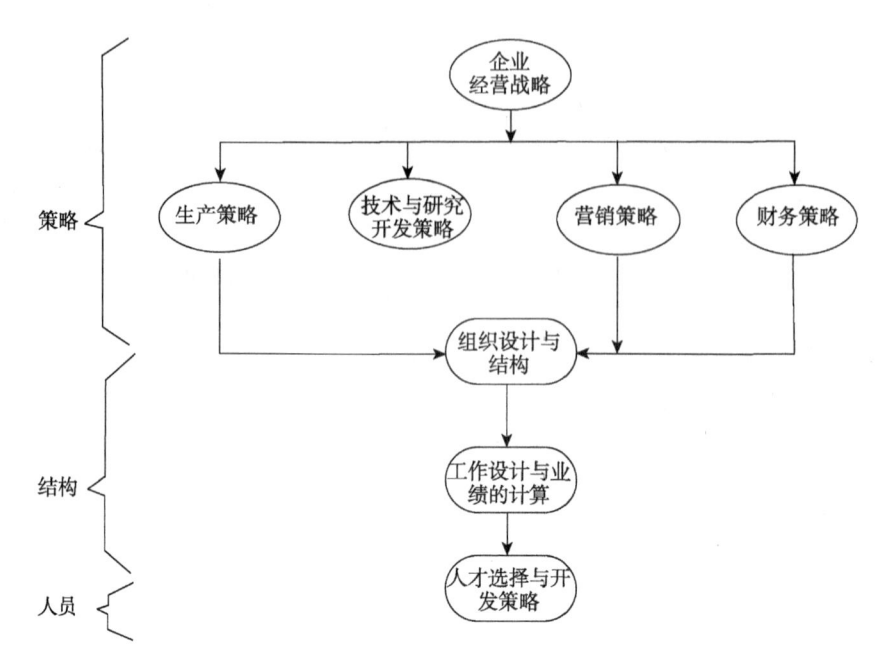

图 1　人力资源策略的决策过程

基于全面创新管理的全员创新[①]

在这个科技日新月异、市场竞争日趋激烈的时代，创新是企业获得竞争优势和可持续发展的保证。从知识创造的角度来说，创新实质上是一种知识创造及应用的过程。人是知识的载体，是创新的推动者和实现者，企业只有提高全员创新的意识、动力、效率和速度，才能提高创新绩效，实现更好的经营业绩。近年来，如何激发每个员工的创新积极性，实现全员创新受到了国内外理论界、企业界的广泛关注。众多学者指出：创新不再只是企业研发人员的专利，人人都可以成为出色的创新源，即全员创新。但相关的研究并未就全员创新的实现形式及其运行机制进行深入研究，而且也不是基于全面创新管理的理论框架。因此，本文基于全面创新管理初步形成的理论框架，从人的意识以及组织各要素的角度阐述了基于全面创新管理的全员创新的内涵及特点，并对国内创新管理方面的领先企业海尔集团通过战略、文化、组织、制度等方面推进全员创新实践经验的总结，全面分析企业在实施全员创新过程中组织各要素的协同配合机制。

一、全面创新管理的基本理论框架

要理解和实施基于全面创新管理的全员创新的内涵，就必须先理解全面创新管理的理论内涵和架构。自从熊彼特提出创新理论以来，创新的理论和实践不断得到丰富和发展，非技术因素对于创新的促进作用不断得到重视，创新各要素的协同关系也得到进一步的研究，创新理论越来越体现出系统性、全面性的特点。在第二代创新理论——组合创新理论的基础上，许庆瑞等在其主持完成的国家自然科学基金重点课题"我国国有企业经营管理基本规律的研究"中在总结了国内外最新创新理论及我国大量企业经营管理成败的经验教训基础上，首次提出了企业经营管理的全面创新规律，并强调了全面创新的两层含义：一是涉及企业各创新要素的全面创新，二是各创新要素间的有机协同，其主要理论基础是创新进化论和复杂性理论，从而更全面系统地揭示了创新的规律。同时，涉及用户、全时、流程、全员创新等方面的研究也进一步丰富了全面创新理论。实践上，国外的许多创新型企业，如3M，以及我国少数领先企业，如海尔、宝钢等，都已开始了全面创新管理的实践，并取得了良好效果。

[①] 发表于：许庆瑞，贾福辉，谢章澍，等. 基于全面创新管理的全员创新. 科学学研究，2003，（S1）：252-256。

通过考察企业创新的成功经验和创新理论的演化进程，全面创新管理可以定义为：以培养核心能力、提高企业竞争力为中心，以价值增加为目标，以战略为导向，以技术创新为核心，以各要素创新（组织创新、市场创新、战略创新、管理创新、文化创新、体制创新等）的有机组合与协同创新为手段，通过有效的创新管理机制、方法和工具，力求做到全员创新、全流程创新、全时创新、全球化创新、全价值链创新。全面创新管理的含义可以用图 1 形象地表述。根据理论研究和实践经验两方面的总结，并结合全面创新的定义和相应的特征分析，全面创新的实施过程中表现出以下几个主要特征。

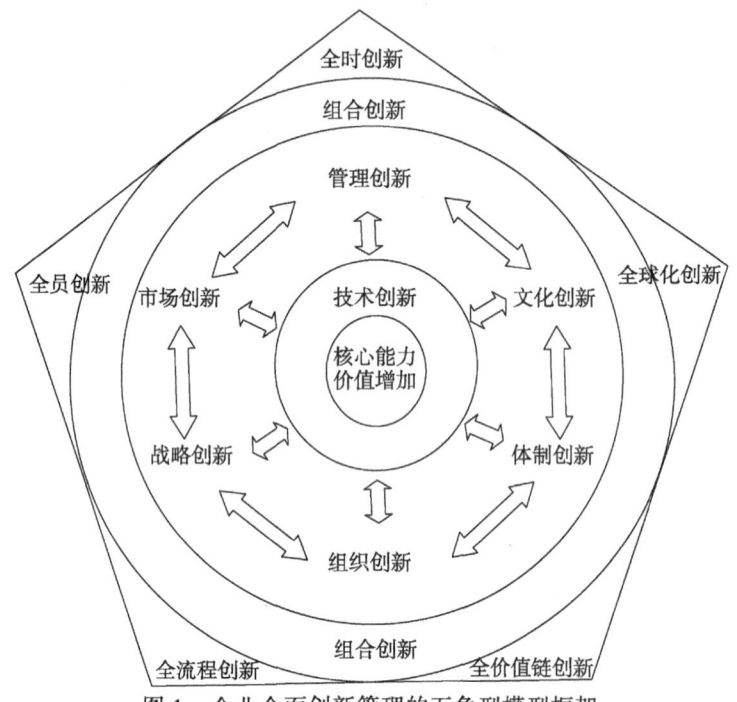

图 1　企业全面创新管理的五角型模型框架

（1）战略性。以企业经营战略为依据和出发点，以培养和提高企业核心能力为中心；既要满足提高当前经营绩效的需要，又要考虑通过培养和积累动态核心能力保持持续竞争优势。

（2）整体性。全面创新管理是一项系统工程，需要各部门、各要素的协调配合才能完成。

（3）广泛性。创新活动渗透到组织的每一个流程、每一件事、每位员工、每一处角落。

（4）主导性。强调创新活动在企业经营活动中的主导地位，并制定公司必须遵循的业务准则。

二、基于全面创新管理的全员创新的内涵及特征

我们知道，全员创新是企业提高创新业绩、适应变幻莫测的市场的重要手段。当前，很多企业已经认识到了全员创新对于企业发展的重要性，并积极倡导和支持员工的创新活动，如开展鼓励职工主动收集分析信息、发现市场、寻找项目以及提合理化建议等活动。然而，这些措施的实施效果并不明显。曾有普林斯顿的学者对641位管理人员和全职员工进行调查后发现：2/3的人认为他们的公司利用不到一半的智力资源；70%多的人抱怨他们的企业没有给员工参与决策创造条件并缺乏必要的培训和奖励。笔者认为，导致全员创新效率不高的原因主要在于：只重视技术和市场创新，忽视其他领域的创新及各领域的组合创新；只针对少数领域的员工如技术员工的创新，轻视其他员工的创新以及员工之间的协同创新；只提供激励员工创新单一的分散措施，缺乏其他方面如战略、文化、组织、制度等创新的协调支持。

基于全面创新管理的全员创新则是在上述的全面创新的理论框架中提出的，它认为创新不再只是企业研发和技术人员的专利，而应是全体员工共同的行为，从基层到高层管理人员，人人都可以成为出色的创新者；而且它更强调，必须对企业战略、文化、组织、制度等方面进行创新才能保证全员创新的整体性和连续性，提高创新绩效，从而很好地弥补了目前企业实施的全员创新中的不足，是在理论和实践上的重要突破。对于企业来说，基于全面创新管理的全员创新表现出以下三个主要特征。

（一）从员工的被动参与创新转向主动创新

要提高员工创新的主观能动性，就必须突破创新认识上的误区。过去，创新经常被误认为是研发、工程或设计部门的技术专家的专职，这种观点导致这些部门以外的员工的创新活动得不到支持和认可，以致扼杀一些员工潜在的创新技能和创新的积极性，破坏集体创新氛围。从企业整条价值链来看，技术包含于企业的每一个价值创造的活动中，技术变革对任何活动都会产生影响。因此，以价值增加为目标的企业组织只有提高价值链各个环节上各类人员参与创新的积极性，才能提高企业的创新效益。因此，基于全面创新管理的全员创新认为只要有能力，人人都是专家，每一个员工都可以通过学习，不断提高创新能力，为组织发展做贡献。

然而，认识到人人都可以成为创新源，并不意味着员工的创新活动就会滚滚而来。创新对于员工而言，在很大程度上是一种获得组织认可、同事尊重并实现自我价值的行为，属于员工个人的高层次需求。因此，创新不是刻意追求的结果，外部的强制力量只会适得其反，导致员工消极创新，降低创新绩效。基于全面创新管理的全员创新认为，要实现员工的自觉行为，迸出自由思想的火花，就需要

组织认同员工的创新活动和员工自身的价值，也就需要战略、文化、组织、制度等各方面的协调配合来予以支持。

（二）更注重员工之间的协同创新

全员创新不应只强调企业中每一个员工参与创新的重要性，更应当员工之间相互合作、优势互补、信息共享，实现局部之和大于整体的协同创新效益。当前，很多企业仍以自上而下地收集员工个人的合理化建议，应用员工个人的独创性研究成果等方式来鼓励员工创新，由于这些方式没有充分发挥员工的整体配合的力量而无法实现协同创新效果，造成全员创新效果的不彰。因此，基于全面创新管理的全员创新要求企业鼓励员工扩展自己的职务范围，并与其他领域的员工相互配合从事创新，这种创新既可以在不同任务之间也可以在同一任务的全过程中进行。同时，也要求企业有意识地通过组建诸如创新小组、跨职能工作团队、网络化工作团队等方式，整合全体员工的创新资源，从而提高全员创新绩效。这种全员创新方式并没有抹杀员工的个性化创新，而是在组织各要素创新（战略、组织、制度、文化等）的有效配合下，在员工之间建立既竞争又合作的多元化环境，从而激发更多的建设性冲突，使创造性的思维之花更加绽放。

（三）追求组织与个人的共同发展

企业的发展离不开员工的努力，全员创新作为促进企业发展的一种重要措施，从制度的范畴来看，可以看作企业创新管理的一种制度安排，它只有将组织发展与员工个人发展相统一，增加员工和企业的利益趋同性，才能使员工成为企业新产品（服务）中增加价值的主力军；同时使全员创新的理念为企业和员工一致认同，形成良好的全员创新氛围。单纯考虑组织发展的全员创新，员工的自身价值往往得不到体现，导致员工消极创新，影响组织的创新业绩。因此，基于全面创新管理的全员创新着眼于组织与个人共同发展，通过极具挑战性的战略创新的引导，在创新的文化和制度体系的保障和激励下，将个人发展与企业的发展紧密联系在一起，鼓励员工不断战胜和超越自我，在企业发展的同时，实现自身价值。

三、海尔推进全员创新实践经验的总结[①]

海尔集团是目前中国家电企业中业绩最为令人瞩目的一家企业集团。从1984年创立以来，在不到16年的时间中，创造了从无到有、从小到大、从弱到强、从国内到海外的卓著的业绩。海尔所创造的卓越成绩是上至领导下至员工全体创新进取的结果，也是海尔通过战略、组织、文化、制度等方面的不断创新成功实施全员创新的体现。

---

① 海尔集团全员创新的资料主要从公司网站和对公司的调研资料中取得。

战略上，随着集团内外环境的变化，海尔不断进行战略创新，近20年的发展经过了三次大的战略创新（图2），不断提供新的目标激励全员参与创新。尤其是1998年以来大力实施国际化战略，为员工提供全球化创新空间，员工所创造新产品和新领域也为集团直接带来了明显的经济效益（图3）。同时，公司为适应战略调整需要，在组织方面，企业从传统的纵向一体化变成横向网络化，形成企业内部与外部网络相连的结构。在全球范围内整合资源，在全球主要经济区域搭建了有竞争力的贸易网络、设计网络、制造网络、营销与服务网络。目前在全球有贸易中心56个，设计中心15个，工业园7个（指制造三种产品、100英亩[①]以上面积），工厂46个，服务网点11 976个，营销网点53 000个。公司组织创新不仅适应了国际化战略的要求，而且有效地保障全员创新的实施，大大加快了创新的速度：2001年，海尔技术中心开发新产品340项，申报专利622项，其中发明专利62项。平均每个工作日开发1.3个新产品，申报2.5项专利。

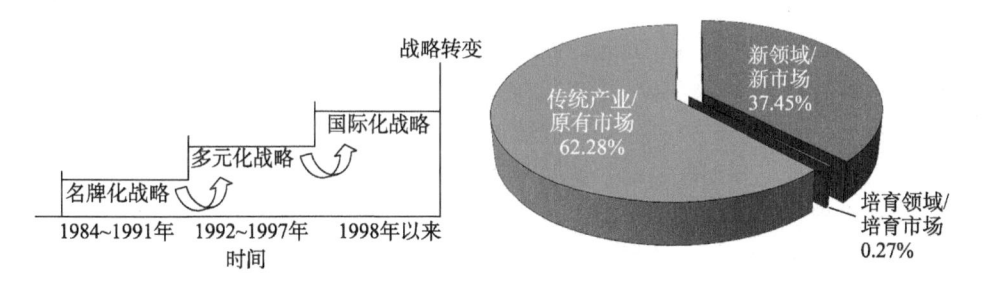

图2 海尔集团的三次战略转变　　图3 海尔2001年全球营业收入构成图

文化上，海尔形成了以创新为灵魂的企业文化。在海尔集团，眼中看到、耳边听到的频率最高的字眼就是两个字——创新，创新观念深入人心，并体现在每位海尔员工积极参与创新的一举一动中。在创新文化的氛围里，各种各样具有海尔特色的激发全员创新的制度不断被创造出来。例如，海尔对全体员工采用"赛马不相马"的动态激励机制，鼓励员工最大限度地发挥自己的特长。在员工内部把外部竞争效应内部化，每个人的收入不是上级说了算而是市场说了算，根据员工的成果创造的市场效果决定开发人员的报酬；此外，通过设立用户难题奖、源头创新奖等各种措施，鼓励员工不断创新。通过推行市场链工资，使得员工报酬完全来自市场，每人都与市场零距离，人人都成为创新SBU。1997年以来，海尔共收到员工的合理化建议13.6万条，被采纳7.8万条，创造经济效益4.1亿元。与此同时，海尔的很多部件、工序和产品往往是以发明或改进创新这些部件或产品的员工的名字命名的，像启明焊枪、召银扳手、日出支架、保德垫圈、迈克冷

---

① 1英亩≈4046.86平方米。

柜、杨明分离法等。除了发奖金，还隆重召开大会用其名字命名，充分体现了员工的创新价值。

四、全员创新与组织各要素创新的协同机制

根据基于全面创新管理的全员创新内涵及三个特征的分析，以及对国内企业海尔集团通过战略、文化、组织、制度等的创新推进全员创新实践的经验总结，笔者认为，应充分运用全面创新理论的协同思想，实现战略、文化、组织和制度等方面创新与全员创新的协同配合，最终使全员创新在企业中顺利开展。

（一）战略创新引导全员创新方向

复杂性理论认为，组织有机体为了适应环境的变化和不断出现的意外情况，就需要不断地调整自己。战略作为企业经营活动的纲领，其创新也是企业适应环境的重要方面。而战略创新必然会对员工创新的方式和内容提出新的要求，并重新指导全员的创新活动，以适应新战略的要求，员工的创新活动只有符合战略的要求才能得到组织的支持。同时，全员创新也可以认为是企业为提升核心能力而做出的一种战略安排，这种安排必须与其他战略规划相互协调，才能得以顺利实施。反过来，随着全员创新活动的开展，组织内外部条件将得到改善，通过重新配置人力资源投入到创新活动，调整全员创新的方式和内容，将有助于战略创新的开展和实现。因此，基于全面创新管理的全员创新必须根据战略创新的要求，对企业人力资源进行持续的调整，引导所有员工开拓新的领域，以新的方式、内容开展创新活动。

（二）文化创新构筑全员创新基础

企业文化是企业在长期发展过程中逐渐形成的共同信念，并具体表现为企业风范和企业精神。由于基于全面创新管理的全员创新要求组织不同要素创新协同配合全员创新，这必然会对原有的企业价值理念产生冲击，因此，文化创新构筑了企业全员创新的基础，帮助员工树立全员创新的信念，使全员创新不至于因组织各要素的介入而引发混乱。反过来，基于全面创新管理的全员创新不仅能实现全体员工自觉自愿地参与创新活动，而且也是对全体员工行为规范、意识形态的重新塑造。它有助于富于创新精神的企业文化的树立，而根据上述所阐述的三个特征，这种创新文化是以企业家精神为核心，倡导全员创新、鼓励冒险并容忍失败为主要特征，因此是企业立于不败之地的法宝，是激发全员创新积极性和自主性的利器。

（三）组织创新保障全员创新的正常运行

基于全面创新管理的全员创新在强调员工个人创新的同时，更重视不同部门或同一部门员工之间的协同创新。因此，权利分配和相互协调的各种矛盾在所难免，有效的组织创新将有助于解决这些矛盾。我们知道，传统的部门式层级结构

容易造成各部门各自为政、横向协调困难等问题，严重削弱员工之间的协同创新的能力。而在经济全球化、互联网广泛应用的背景下，实施全员创新的企业必然要求组织的结构扁平化、网络化，权力分散化，从根本上解决大企业管理效率和适应市场需求的灵活性问题。组织创新正是通过不断完善员工间的沟通渠道，用完整连贯的整合性流程取代部门分割的破碎流程，并赋予员工更多创新权利，提高员工创新的自主性和协同性，保障全员创新的有效实施。同时，随着全员创新在企业的开展和实施，全员创新的观念将会深入人心，员工积极性和主动性的不断提高，最终自发形成进行知识分享、创造的实践社区，使企业不断成为一个有机体，组织思考的能力由此将不断增强，更好、更有效的组织创新将在全员创新的氛围中不断涌现，使组织再也不会因为外部环境的变化而疲于奔命。

（四）制度创新形成全员创新动力

制度按最一般的解释，是指管束人们的一套行为规则，包括企业有关日常管理、绩效考评、员工奖惩与激励、薪酬、培训晋升等规章。如前所述，基于全面创新管理的全员创新可以看作一种全新的制度安排，它要求在企业中形成新的管理方式和激励方式，改变的是企业内（或企业内外）所有人而不是几个人的系统行为，这必然对企业原有的制度造成冲击。为了保证全面创新的顺利进行，调动所有参与者的积极性，必须对企业制度进行重新设计，使企业制度能更公正、迅速地认同员工的创新活动，并充分体现员工的价值；更重要的是，激励制度的突破和创新，通过强化和认同员工的积极行为，将有助于建立全员创新的良好氛围，更好地激发员工的创新潜力和热情，从而推动全员创新的顺利实施，使制度创新成为全员创新的保证和推动力。同时，全员创新的不断开展和深化也会对制度创新提出新的要求，员工积极性、主动性的增加将使企业逐步放松对员工的管制，使员工从等级制和企业计划图中解脱出来，增加员工的自主权，更多地依靠以相互信任和尊重为基础的人际网络系统使组织走向自我组织，不断实现制度的创新。

高技术条件下人才培养与教育变革对策[①]

第一节 若干高技术学科的发展与创新人才培养

一、材料科技的新发展

一百多年来从钢铁材料、分子材料，到后来的硅与纳米材料等的进展，显示了材料技术的进步是人类物质文明不断进步的重要基础。人类历史上的两次工业革命都与材料有关，特别是硅单晶材料和激光、光导纤维材料对电子技术、微电子技术的发明与发展起了核心作用，使人类社会进入了信息时代。传统的结构材料在资源时代、能源时代起过基石性的作用，进入信息时代以后，功能材料的地位变得更加突出，功能材料与结构材料会产生相互之间的集成。今后材料技术会有更重大的进展，将成为 21 世纪最重要的高技术之一。材料技术对其他领域起着引导、支撑和相互依存的作用，对我国产业改造、高技术产业形成、国防工业发展至关重要。分析材料高技术的发展，探讨高技术人才的培养具有一定的普遍意义。

展望未来科技的特征，主要将表现为交叉性（学科之间、门类之间、学科内部、宏观与微观之间）；对客观的进一步认识（科学从传统的科学家个人思维转移到创新思维和高技术化手段与方法相结合）；从基础研究、应用研究到开发和产业化的速度越来越快，应用研究、开发研究与产业化的结合更加紧密；技术变革和革命与已知科学根据现实需求进行的系统集成性创造平行发展。材料技术的发展同样也会大致符合这些特征。同时，高技术的发展，使其前瞻性、创新性、高风险性和对人才的依赖性更为突出。

当代材料技术的发展趋势主要包括：①在宏观、介观、微观不同层次的设计技术迅速发展；②学科交叉更加明显；③更加强调材料的高性能、高功能、高复合、高智能化和低成本；④更加重视与生态环境的协调性；⑤产业化速度快、规模大。

材料产业的发展前途无量。美国预测到 2000 年，12 项新兴产业在世界市场销售额为 2 万亿美元，其中新材料为 4000 亿美元；日本估计 2000 年其国内新材料市场可达 95 000 亿~126 000 亿日元。超导材料目前全世界销售额为 10 亿~20 亿美元，2000 年将达 80 亿~120 亿美元，2010 年将达 600 亿~900 亿美元。中国民

---

① 节选自：《高技术与教育、科技、经济协调发展》课题报告，1999 年。

航客机生产（2015年民航机队将达2057架飞机）需要大量铝合金；2000年120万辆、2010年600万辆产量的轿车生产需要大量复合材料和新型材料。其他如建材、生态环境材料等的需求量会更为惊人。新材料产业的发展前景十分广阔，对高技术的要求也是日益提高。

二、计算机技术的新发展

（一）计算机体系结构的发展

20世纪60年代初期IBM System/360系列机的设计者提出"体系结构"一词，用来表示机器的概念结构与功能行为，以区别于计算机内容组织以及逻辑与物理设计。描述计算机的功能常叫作外体系结构；描述计算机的实现叫作内体系结构。

计算机体系结构的发展趋势是从串行体系结构，经向量体系结构，向并行体系结构演变的。CMOS（complementary metal oxide semiconductor，互补金属氧化物半导体）技术、GaAs技术以及biCMOS技术是决定计算机体系结构的主要实现技术。为了适应VLSI（very large scale integrated circuit，超大规模集成电路）技术通信局部化原则，微计算机已从CISC（complex instruction set computer，复杂指令集计算机）体系结构发展到RISC（reduced instruction set computer，精简指令集计算机）和VLIW（very long instruction word，超长指令字）以及超流水线与超标量计算机体系结构；并行计算机系统也从节点数较少的紧耦合与松耦合多机系统发展到了海量处理机并行系统。硅器件高集成技术与并发性的结合为解决未来高性能计算带来了希望，形成了并行计算与VLSI体系结构研究的热点。

（二）计算机网络

计算机网络是计算机技术与通信技术结合的产物，是20世纪90年代以来，尤其是近些年关注的热点。传统的通信只是进行信息的传递，而在计算机网络中，不仅可使信息传递得更快和更加可靠，而且还可进行信息的收集、存储和加工处理，提供多样化的服务。国际电话电报咨询委员会为了适应ISDN（integrated service digital network，综合业务数字网）的发展，对通信业务进行了定义和分类，其中主要有两大类业务：荷载业务（在用户之间传输话音、数据、图像等信息而不改变其内容）和信息业务（不仅具有信息传输功能，还具有信息处理功能）。计算机网络最关心的是荷载业务。

国外20世纪60年代以来，为满足信息化社会日益增长的需求，建立了不少全国范围的公用网和专用网，如美国ARPA网、TELENET网、TYMNET网，国防通信系统网，加拿大DATAPAC网，法国TRANSPAC网，英国PSS网，欧洲共同体的EURONET网和日本的DDX网等。20世纪70年代末，微型计算机大量问世，随之各种局域网（local area network，LAN），包括竞争总线网（以太网）、令牌环网、令牌总线网、光纤局网等，都在各自不同的领域内得到广泛的应用，尤其是办公自动化和制造自动化领域组建了数以十万计的局域网。网络互联技术的发展使整个社会实现网络化成为可能，已逐步形成"社会网络化、网络社会化"的局面。

20世纪70年代末期以来，欧美各国和日本、新加坡等国，把综合话音、数据、图像等通信业务的综合业务数字网作为20世纪末至21世纪初网络发展的主要战略目标，纷纷制定发展计划。

计算机网络有向实用化（建立面向特定应用的各种计算机应用系统）、智能化（智能网的目标是实现开放式的功能控制结构）和社会化（与万能的个人化通信相对应）发展的趋势。

（三）信息存储技术

大容量存储器是电子计算机不可缺少的非常重要的组成部分。长期以来，由于种种原因，磁存储设备是计算机主要的甚至是唯一的一种大容量存储设备。近年来，磁存储技术在存储密度上有很大的提高，进而使总存储容量大大增加。磁存储技术使用方便，可以在原来的信息上直接写新的信息，即盖写。另外，随着半导体工艺的进步，单片芯片的存储量也不断提高。利用半导体存储器芯片组成半导体盘已有可能。半导体盘存取速度快，可靠性高，将会得到更广泛的应用。光存储技术也已出现。它存储密度高，对环境条件要求低于磁存储技术。目前半导体盘、磁盘、光盘三种存储手段并存，它们共同的关键问题是提高存储密度。

光存储技术的特点是存储密度高，采用非接触式读写，对环境的要求低于磁记录技术，还可更换介质等。目前光存储技术有三种类型：①只读型（compact disc read-only memory，CD-ROM）；②一次写入型（write once，read many，WORM）；③可擦除型（erasable direct read after write，EDRAW）。

光存储技术是很有发展前途的技术，而且与材料科学出现大领域的交叉。例如，可擦除介质的研究与有机染料、相变材料和磁光材料紧密相关。目前研究上述三类材料以硫系元素碲（Te）的合金最多，如TeGeSn、TeGeAs、TeGeSbS、TeGeSnO等。

（四）人机交互技术

人机交互技术是人与计算机之间通信联络的技术。人通过各种设备和系统对话，从而达到人利用计算机的目的。目前，计算机处理的信息本身是代码（文字、数值）形式，因此人机交互技术以键盘输入技术、显示输出技术和打印输出技术为主。

随着计算机向高功能方向发展，人们希望能得到直观的立体图像，而且要有自然色彩、光泽感、真空感、动态感，要处理的信息量越来越大，信息处理由代码处理发展到图形、图像等非代码处理。这对人机交互技术提出了新的要求。20世纪80年代出现的多媒体技术是在计算机控制下，把数字、文字、语音、图形、图像集成在一起，使计算机与人的关系更友善，使用更方便。人机交互技术的发展必将和多媒体技术的发展相结合。

人机交互技术目前比较重要的发展，有下列几个方面。

（1）输入技术逐步多样化。键盘是目前各种大小计算机必备的输入设备，也是汉字输入的主要手段。通过键盘向计算机输入的是字符。键盘技术已经很成熟。非键盘输入正在兴起。光标式输入技术最常用的是鼠标器。其他光标式输入技术有：跟踪球、图形板、光笔、触摸式屏幕等。美国GO公司开发了PenPoint操作系统，并研制了书写式计算机。采用特殊的笔在屏幕上按触输入，也可以用笔在屏幕上书写输入。这种书写式输入方式更接近于人的日常习惯。

（2）打印技术的更新。打印机是电子计算机系统获得硬拷贝不可缺少的输出设备，目前大量使用的是点阵字符击打式打印机，也是低质量汉字输出的主要手段。击打式打印技术也已很成熟。非击打式常见的有激光印字机、喷墨印字机等。激光印字机是高质量汉字输出的主要手段，它噪声低，采用全页印刷方式，字形完满、清晰。

（3）显示技术向多样化、彩色化发展。显示技术中主要的是CRT（cathode ray tube，阴极射线管）和以LCD（liquid crystal display，液晶显示）为代表的平板显示两大类。CRT在高分辨率、多彩色显示方面占有优势。LCD在低功耗、小体积、重量轻等方面占有明显优势，它在超大屏幕显示中有很强的竞争力。彩色化是各种显示技术，特别是图形、图像显示技术的重要发展方向。LCD是目前便携式微机采用的主要显示技术。LCD在明亮度、对比度以及观察视角上都还有不足之处，但价格低廉。

（4）多媒体技术。多媒体技术是目前研究发展的热门，是计算机人机交互技术不断发展而形成的一种人机信息交流方式。它有两个特点。一是集成性，体现在两个方面：一方面，把数字、文字、图像、图形、语音等信息载体有机地结合在一起，并把结果综合地表现出来，改善了信息的表现方法；另一方面，通过计算机把各种设备，如显示器、视频光盘、CD-ROM以及语言、声音设备，集成并控制起来，在这些部件之间建立逻辑连接，从而形成一个完整的系统。二是交互性，传播信息者和接受信息者之间有信息的实时交换。多媒体技术把音频、视频、图形和计算机技术集成到一个数字环境，需要解决各种信息的集成、交互、同步等问题。

（5）虚拟现实（virtual reality）技术。虚拟现实技术是20世纪80年代后期兴起的计算机图形新技术，它利用计算机来生成逼真的三维视觉、听觉、触觉等感觉形成的虚拟世界。通过一些设备，如三维鼠标器、头盔式三维立体显示器、由六个自由度的力传感器组成的数据手套、立体声耳机等输入输出设备和高性能计算机和相应的软件，操作者可以得到身临其境的真实立体感觉。总体来说计算机技术的发展可用表1来概括。

表1 计算机技术发展的若干阶段及其特点

项目	阶段				
	20世纪50年代	20世纪60年代	20世纪70年代	20世纪80年代	20世纪90年代
计算机系统	逐个设计逐个生产	IBM360系列大型机系列化、兼容性	DEC PDP、VAX DGC NOVA、MV小型机（超级小型机）	微型机迅速发展，PC机标准化，MS-DOS/80×86形成平台	微机，工作站，网络，开放式标准
用户使用方式	汇编语言手工方式编程	高级语言操作系统出现	高级语言成熟，分时分布式操作系统，多用户系统	高级语言应用软件产品化，软件企业局部网络	分布式计算机代替集中式，Client/Server软件投资分量
计算机与用户的界面关系	用户自己上机	批处理终端，大型计算中心	①用户与小型机以及多用户终端开始具有交互性操作、部门式计算中心 ②计算机硬件、软件工业标准化，形成规模性产业 ③计算机与用户/个人的界面越来越密切和多样化	智能终端用户要求加强交互作用，图形界面Windows平台	图形、文字、声音、图像多媒体计算机与通信密切结合计算机与生活

资料来源：李三立《计算机新技术发展综述》，载于《高技术现状与发展趋势》，科学出版社，1993年，229页

计算机技术不仅是一门科学技术，更是一个产业，国际上已形成超过千亿美元的规模。据估计，到2000年，计算机产业年产值约8000亿美元，成为世界第一产业。我国计算机产业还很薄弱，每年只有几十亿人民币的产值，尚未形成规模经济。其产值在世界范围的比重，在20世纪90年代初期尚不到1%。对我国来说，发展计算机产业的任务是相当艰巨的，面临的形势也相当严峻。计算机技术和产业的发展，尤其与人的素质与潜力密不可分。

在知识经济时代发展高技术的过程中，高技术人才将起到决定性的作用。而创新将是高素质人才最必要也是最关键的核心能力，是我国民族振兴、社会经济发展的灵魂。但相比之下，我国目前技术创新和高素质创新型的高技术人才非常缺乏，高技术产业化也十分薄弱。培养把握科技发展趋势、具有较强创新能力的高素质高技术人才，加强人才和知识的储备，是高层次大学迫切需要解决的课题。

三、高技术人才培养

(一) 材料、计算机高技术发展对人才培养的新要求

(1) 由于材料是基于物理、化学、数学等自然科学和电子、化工、冶金、生物等工程技术最新成就，必然要求高技术人才有较宽的知识面、良好的自然科学与工程基础。计算机科学技术具有多学科综合性的特点，它的发展依赖于数学、物理学、机械学、材料科学、化学、生物学、微电子学以至社会科学（如语言学）等传统和新兴学科的支撑，因此作为计算机专业人才，只有具备了广泛的、多学科背景，才有可能实现学科交叉，而学科的交叉往往是实现重大技术突破的条件之一。这些都要求人才需要具备"T"形知识结构。

(2) 设计技术能力，强调对结构、性能和制备技术、工艺、精确检测技术的设计能力，强调对计算机体系结构的重设计能力和计算机功能实现的多学科结合能力，因此，多学科技术的结合以及技术创新和设计能力是至关重要的。

(3) 材料和计算机技术不仅是高技术，更是大产业，因此，需要相应的高技术人才有适应市场的能力，了解国情和需求，有一定的经营管理水平。

(4) 学科交叉能力，要求具备两个学科以上的知识和研究能力。

(5) 与工程应用紧密结合的能力。

(二) 我国材料、计算机技术人才培养存在的问题

(1) 教学方法不适应科学技术的迅速发展。我们总是担心学生会缺乏某方面的知识，在今后的实际工作中束手无策，坚持把尽可能多的知识内容传授给学生，同时又发现要教授的内容实在是无穷无尽。一般本科生在校只有四年时间，不可能学太多的知识内容。为了解决这个矛盾，我们又花很多时间和力气来制订"精确完美"的教学计划和课程，包括必需的但又是蜻蜓点水般的教学内容。同专业学生除了小部分选修课程外，被要求按照相同的教学计划学习。这种方法抹杀了学生的学习自主性，否认了学生的决策力和个性、能力的区别。

(2) 本科专业设置仍旧过窄，把学生的学习范围限定于比较狭窄的传统行业范围内，学习和实践内容有很大的局限性。

(3) 教学内容固化，许多课程和实验实习还停留在传统的内容上，没有及时反映现代科学技术尤其是高技术的最新发展，以及相应基础理论的配套。学生在完成教学计划的规定任务后，已很少有时间和精力去选择更新更高的内容进行自学。

(4) 人才培养的规格不恰当，按照材料高技术的新发展，本科学生的知识和能力已经很难适应专业需求，需要有更高的知识层次和能力。实际培养过程中，本科生、硕士生和博士生的培养规格和要求的界限又是不很清楚。

（三）对高技术人才培养的建议

1. 改革教学方法

要把培养和锻炼学生的创新和设计能力作为教学的根本目的。大学要为学生提供一个良好的环境，其中包括良好的学术氛围、各种学习和实践的机会和学习的自由。在这样的环境中，学生能够充分地发挥主观能动性，锻炼自我选择和决策能力，通过不同的途径学习。可以通过两种途径实行改革。

（1）"宽"知识基础。改变专业设置仍然偏窄的状况，逐步取消本科专业设置，实行按类招生。教学强调宽基础，加强自然科学、人文社会科学、工程科学技术的基础教学，加强实践和实习内容，使学生经过基础教育阶段以后，能掌握基本的科学与工程原理，掌握实验方法和工程方法，以及如何在科研和实际工程问题中应用这些方法，形成初步的工程决策能力，一定的人际交往能力、组织管理与经营能力。

（2）"专"专业知识。在基础教学之后，通过相关高技术的工程或技术设计项目，使学生得到工程师的基本训练，根据项目需要了解相关的专业知识。同时让学生在一定程度上了解相关高技术的最新发展，把握其发展趋势，力求对今后的实际工作起到很好的指导作用，最终能够掌握基本的研究、设计、实验、合作和管理能力。要鼓励学生打破学科的界限，在跨学科领域进行设计工作，增强学科交叉的意识和能力。

2. 合理规划高技术人才的培养规格

高技术的发展要求人才的知识面不断拓宽，研究工作日益向高精尖发展，对人才的要求也越来越高。本科生毕业后可以成为基本的高技术人力资源，如技术员和低级工程师，但很难成为高技术研究开发的核心载体。必须明确高素质的高技术人才必须经过研究生阶段的专业训练。要大力发展本硕一贯制和研究生教育，一般高等院校和专科可以培养从事具体工艺的技术人员，重点大学和研究型大学应当着重培养从事研究开发新材料及相关高技术的研究型人才。只有通过 5~6 年的本科-硕士或 8~9 年的本科-硕士-博士研究生培养，才有可能形成基础宽厚、能力完备、专业精通的高技术人才和工程师。

3. 建立专业平台模式

迈耶和厄特巴克曾提出产品平台的概念。产品平台（product platform）指的是包含在一组产品中的设计思想和组成要素。企业设计的产品技术水平不断提升，是产品平台不断提高的结果。当一个企业的产品平台出现后，就会形成同一平台下的多个产品。

对于专业人才的培养，可以构筑专业平台，包容专业人才培养的教育思想、内容和途径。一个专业平台由若干专业培养模块构成。学生可以在一个平台上进行学习，尽可能地拓宽知识面。在完成一个平台的学习之后，可以提升到更高层次的平台。通过一个专业平台可以培养相同层次的多种类型风格的专业人才。专业平台是拓宽基础和专业设置、锻炼学生的选择能力、促进学科交叉的良好模式。继续教育是完成高技术人才专业平台教育和平台提升的一个重要途径。

第二节　高技术人才素质之实证研究

高技术的迅猛发展，把过去依赖自然资源和资本密集型的经济转变为以依赖人的智力和知识的新型经济。高技术竞争获胜的关键是高技术人才。那么具备何种素质的人才才能更好地适应高技术发展的需要？影响高技术人才成长的主要因素有哪些？为了分析和研究上述问题，我们对"高技术人才素质"这一核心问题进行了实证调查。

本次实证调查以探索高技术人才应具备的素质和高技术人才成长的影响因素为目的，试图通过实证研究的方法，对高技术人才素质从如下几个方面进行研究与分析：①高技术人才素质调查样本背景分析；②高技术人才素质的一般观点分析；③高技术人才的能力状况分析；④高技术人才的成长途径分析；⑤高技术人才成长的激励因素分析。

一、高技术人才素质调查样本背景分析

（一）问卷的发放、回收及审核

自 1998 年 8 月 10 日起共发放出问卷 200 份，截止到 1998 年 12 月 1 日，共回收 192 份，通过对所有收回的问卷进行了严格审核，其中有效问卷 180 份。

（二）调查对象的性质与分布

180 份样本问卷的调查对象，按性质分为三大类：企业、研究机构和高等院校。具体如表 2 所示。

表 2　调查对象性质与地区分布

样本性质	样本数/份	占总样本的百分比
企业	66	37%
研究机构	38	21%
高等院校	76	42%

（三）调查对象的行业分布

这次调查把高技术领域按国家科学技术委员会的划分标准分为九大类。这九大类分别为：生物技术、光电技术、新材料技术、武器技术、核技术、生命科学、

计算机与通信技术、计算机与制造技术一体化和航空航天技术。这次调查几乎在每个行业都有样本,充分体现了对高技术领域的预调查宗旨。调查对象的行业分布状况如表3所示。

表3 调查对象的行业分布

行业	样本数/份	百分比	行业	样本数/份	百分比
生物技术	13	7.3%	光电技术	36	20.2%
新材料技术	13	7.3%	武器技术	4	2.2%
核技术	13	7.3%	生命科学	13	7.3%
计算机与通信技术	61	34.3%	计算机与制造技术一体化	21	11.8%
航空航天技术	4	2.2%	合计	178	100%

注:表中数据进行过修约,故存在合计不等于100%的情况,表中仍计为100%;存在样本缺失,样本数合计为178

(四)调查对象目前从事专业与原来学习学科和专业之间的关系

40.5%的样本对象目前从事专业与原来学习学科和专业相同;34.6%的样本对象目前从事专业与原来学习学科或专业相关;其余的24.9%属于跨学科、跨专业。

二、高技术人才素质的一般观点分析

(1)"高技术的发展是否需要具备独特素质的人才支撑?"

调查的结果表明:95%的调查样本(171份)选择了"是",只有5%的调查样本(9份)选择了否。

(2)高技术人才应当具备独特的素质调查表如表4所示。

表4 高技术人才应当具备独特的素质调查表

选项	样本个数	百分比
同意	113	63%
不太同意	17	9%
较同意	50	28%
不同意	0	0

(3)高技术的本质特征调查表如表5所示。(请选择2~3项程度最重要的选项)

表5 高技术的本质特征调查表

项目	占比	项目	占比	项目	占比	项目	占比
高投资	44%	高附加值	67%	高风险	34%	高速度	46%
高竞争	34%	高智力	59%	产品复杂性高	29%	R&D强度高	37%
技术密集	84%	战略性	53%	高综合性	35%	高回报	40%

（4）"高技术人才与'T'形知识结构之间存在着正相关关系？"

调查表明：持同意观点的样本占80%（144份），持较同意观点的样本占12%（22份）。两者占总样本的92%。

三、高技术人才的能力状况分析

高技术人才应具备的能力分类与重要程度分布如图1所示。

图中各能力分类占比：创新能力89%，自学能力78%，接受和综合新思维的能力85%，解决专业问题的实践能力32%，组织能力22%，观察能力9%，发现能力18%，丰富的想象力16%，实践能力79%，适应新环境的能力63%，协调和组织能力63%。

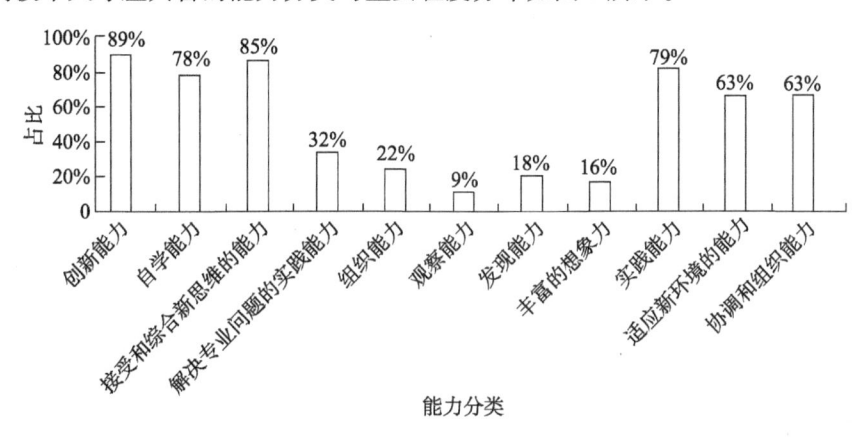

图1 高技术人才应具备的能力分类与重要程度分布

四、高技术人才的成长途径分析

（1）个性（性格、爱好等）与高技术人才成长之间的关系如表6所示。

表6 个性（性格、爱好等）与高技术人才成长之间的关系

关系	样本数/份	百分比
有直接的联系	52	29%
有一定联系	110	61%
没有多少联系	13	7%
根本没有联系	5	3%

（2）高技术人才受教育程度分析如图2所示。

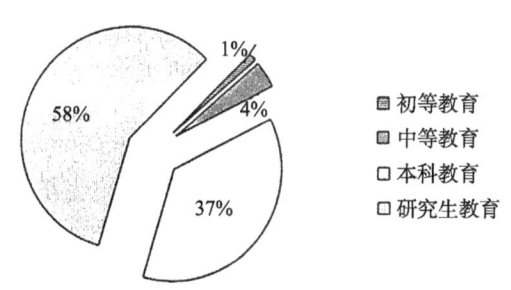

饼图数据：初等教育1%，中等教育4%，本科教育37%，研究生教育58%。

图2 高技术人才受教育程度分析

（3）外界环境对高技术人才成长的影响如表7所示。

表7　外界环境对高技术人才成长的影响

关系	样本数/份	百分比
有相当大的影响	106	59%
有一定程度的影响	61	34%
所受影响不大	13	7%
根本没有什么影响	0	0

五、高技术人才成长的激励因素分析

高技术人才成长的激励因素分析如表8所示。

表8　高技术人才成长的激励因素分析

项目	具体分类													
激励因素	工作有很好的发展前途	工作的性质与条件适合	经济报酬高	单位的管理水平高	生活福利条件好	与同事关系相处融洽	要求进步	领导的支持帮助	能充分发挥个人特长	身心健康	单位内职权关系明晰	有较多的自主权	科技开发资金状况好	仪器设备良好	图书资料丰富	其他
比重	82%	78%	55%	22%	31%	49%	12%	25%	84%	51%	38%	74%	42%	27%	32%	2%

六、实证调查的某些结论

（1）高技术人才与"T"形知识结构[①]的正相关关系。80%（144份）的调查对象同意"高技术人才和'T'形知识结构存在着正相关关系"，12%（22份）较同意上述观点，即92%的人认为，"T"形知识结构是高技术人才较普遍具备的独特素质之一。

（2）高技术人才应具备的重要能力。在180份有效调查问卷中，按重要程度排序为：创新能力（89%）、接受和综合新思维的能力（85%）、实践能力（79%）、自学能力（78%）、协调和组织能力（63%）、适应新环境的能力（63%）。由此，可以粗略地认为，上述能力是高技术人才应具备的基本素质。

（3）个性（性格、爱好）与高技术人才成长有关。29%（52份）调查对象选择了两者之间"有直接的联系"，61%（110份）认为两者"有一定的联系"，即90%的调查对象认为个性培养与将来成为高技术人才有关。

（4）高等教育是高技术人才最重要的实现途径。在教育层次与高技术人才成

---

① "T"形知识结构是国际上很流行的一种观点。"一"表示知识面的宽度，"｜"表示专业掌握的深度。

长的关系调查中，58%（104份）的人认为研究生教育是高技术人才形成的最重要途径，37%（67份）认为本科教育是高技术人才形成的最重要途径，两者之和高达95%，即高等教育是培养高技术人才的最重要途径。

（5）外界环境直接影响高技术人才成长。对于问题"外界环境与高技术人才成长之间的关系"，选择"有相当大的影响"的占59%（106份）、选择"有一定程度的影响"的占34%（61份）。

（6）激励和促进高技术人才形成与成长的因素排在前五位的是：能充分发挥个人特长（84%）、工作有很好的发展前途（82%）、工作的性质与条件适合（78%）、有较多的自主权（74%）、经济报酬高（55%）。

第三节 高技术条件下我国教育的变革对策

经过十多年的发展，高技术对教育产生了许多新的影响，提出了许多远不同于20世纪80年代的新要求，因此，有必要重新考虑与审视高技术引起的教育变革问题及我国的对策。本节提出如下几点高技术条件下我国教育的变革对策。

一、教育的变革观——从应试教育到素质教育

应试教育曾经适应于工业经济的内在要求而存在并产生过积极作用，随着以高技术为第一支柱的知识经济时代的到来，应试教育的弊端越来越明显。

应试教育是与一定的经济社会发展阶段相适应的。当一个国家的经济处于从农业经济向工业经济过渡之中时，经济社会发展一般有三个特点。一是社会经济化，即以经济发展为中心，整个社会的发展主要归结为经济发展。二是经济数量化，即经济的发展主要地表现为片面追求经济数量的增长。三是经济技术化，即为了追求经济数量的增长，主要依靠技术的引进和扩散。这三个特点是新中国成立以来，尤其改革开放以来经济社会发展存在的共同现象。

这种经济社会发展特点对于人才提出了两方面要求：一是培养通用型、标准化人才；二是培养应用型、功利性人才。对人才的通用型、标准化、应用型、功利性要求决定了教育的三个明显特点。一是教育的简单划一性，即从上到下，使用统一的教学大纲、统一的教材、统一的教学进程、统一的人才质量标准。二是教育内容的片面性。经济发展需要什么知识、技术，就传授什么知识、技能，导致专业越分越细，人才的知识结构越来越窄。三是注重教育的应用性、功利性，在培养人才技术技能的同时，忽略创造性和个性培养。正是为了适应这些特点，应试教育成为为实现工业化过程，国家必然与现实的选择。从这种意义上说，应试教育有着与之相适应的经济社会基础，也曾发挥过积极作用。

例如，日本在二战后为了缩短与美国的差距，大约用了20年时间采取应试教

育,强制消化支撑美国和欧洲经济的科学技术成果,把义务教育延长为9年至12年,同时强化"考试主义"教育制度,通过考试迫使学生用尽量短的时间消化科学技术成果。我国目前所面临的择校问题、升学率问题,其实当时在日本都更严重。正是凭借着应试教育模式,日本仅用了15年,花费了101亿美元消化了成本为2000亿美元的人类半个世纪所创造的科技成果,比其他国家节约了30年时间。可见,日本正是利用了应试教育的人才培养战略在20世纪80年代初实现了工业化。无怪乎1984年日本首相中曾根在施政演说中说:"日本的兴盛和繁荣得益于明治维新以来那样一种赶超战略下的教育制度,如果没有那一段的教育,尽快消化世界科学技术成果,日本就不可能追赶上美国。"

因此,当经济社会发展到一定阶段时,必然要求从应试教育转向素质教育。而我国目前正处在这样一个位置上。

首先,我国经济社会的现代化程度的提高[①]对人才培养目标提出了新的要求,要求人才素质综合化,要求人才的个性化和创新能力,要求人才的多样化。这种经济变革及其对人才的要求必然体现为对教育的新要求和需求,于是,应试教育方式越来越无法满足需求,向素质教育转变势在必行。

其次,我国的可持续发展战略,对人才的综合文化素质提出了新要求。1994年我国政府颁布了《中国21世纪议程》,向全世界承诺:中国21世纪将坚定不移地实现经济社会的可持续发展。实现可持续发展的根本出路在于提高全民的教育程度和环境意识,而这些都需要教育来实现。实现"可持续发展"的意识、能力和素质却正是应试教育本身的重大缺陷。因此,要实现中国经济社会的可持续发展,就需要培养持可持续发展观的人,在教育上只能依赖素质教育。

最后,以高技术为基础、教育为支撑的知识经济的到来对人才素质提出了更高的要求,强调教育综合和全面素质,即从强调专业到强调综合,从强调技术到强调知识,从学会应用到学会思维等。教育要满足知识经济与高技术发展的要求,就必须致力于提高人的创造性和个性,而这些都是应试教育无法承担的,因此,必须大力推行素质教育。

综上所述,现阶段我国的教育必须从传统的应试教育转变为素质教育。

二、教育的发展观——"适度超前"发展战略

高技术的发展直接依赖于人才培养,高技术人才培养直接来源于教育。因此,把握高技术所赋予的机遇,实现科教经协调发展,就必须要优先致力于教育的发

[①] 我国经济已经开始走向"社会化",在经济社会化中,经济发展仅仅是一种手段,而目的是推动整个社会的全面进步,实现经济社会的协调发展和整体和谐;我国开始注重经济增长方式转变和增长质量,强调从资源依赖、数量扩张走向科技依赖、集约经营和内涵发展;另外,我国经济不再是简单的技术化,而是科学化、信息化。

展。因此，在高技术条件下，要想实现科教经协调发展，必须确立教育适度超前发展的战略。

教育的适度超前发展，包括三方面内容。

第一，保证教育在各行各业的发展中处于优先的地位。要保证教育在各行各业的发展中处于优先的地位，必须在经济资源的宏观配置和投资方向的选择上，优先保证教育发展的要求。教育投资超前，是高技术的根本要求，也是其他行业升级的内在需要，即高技术的发展和各行各业的发展以教育的优先发展为基础。

第二，教育适度超前于经济发展的总体水平。教育适度超前于经济发展的总体水平包含两个层次：一是指教育投资应走出经济发展总体水平和投资总量的约束，通过改革教育投资体制、管理体制、运行机制，多渠道、多途径筹集教育经费，积累教育资源，以实现教育资源总供给上的超前。二是指超前于当前经济发展的要求，面向未来经济发展，提前实现教育普及和教育程度提高。

第三，教育适度超前的目标是以率先实现的教育现代化带动其他现代化。与高技术发展相适应的是素质教育，即现代化的教育，这要求我国现有教育的现代化。教育的现代化，不仅指教育发展的规模、范围，而且指教育发展的质量，尤其指教育的思想、内容现代化。只有现代化的教育，才是高技术发展的根本途径，才能保证知识的不断进步和更新，才能使人的素质不断提高。那么对于中国来说，为了实现高技术条件下科教经协调发展，教育的"适度"和"超前"到底如何选择？教育投资如何实现超前发展？超前的"适度"是多少？

三、大力发展高等教育，降低相对成本，发挥规模经济，努力实现高等教育大众化

高技术的发展需要高智力的人才作为后盾。高等教育是培养高智力、高层次人才的最重要途径。发展高等教育也因此成为各国适应以高技术为主导的自主基础创新阶段结构调整的重点。因此，中国高技术条件下的科教经协调发展对策必须考虑高等教育问题。

第一，我国高等教育发展目前所处的阶段。美国著名教育史学家马丁·特罗（Martin Trow）20世纪70年代通过分析工业化国家高等教育发展的历程后，提出的高等教育发展的"三段论"[1]——以18~21岁适龄青年接受高等教育比例为标准，高等教育划分为三个阶段：①精英教育阶段，即高等院校仅能容纳15%以内的适龄青年；②大众化教育阶段，即高校能容纳15%~50%的适龄青年；③普及化教育阶段，即高校能容纳50%以上的适龄青年。

特罗的这一划分标准通常被作为国际通行指数，来衡量一个国家高等教育发展所处的水平。在联合国教育、科学及文化组织公布的153个国家的数据中，52%

---

[1] 赵中建, 张敏. 精英·大众·普及型高等教育发展模式述评. 外国教育资料, 1997,（2）: 72-75.

的国家高等教育仍然处于精英阶段，45%的国家高等教育进入了大众化阶段，只有3%的国家高等教育实现了普及。非洲绝大多数国家仍然处于精英阶段；欧洲绝大多数国家早已实现了高等教育的大众化，正向普及阶段发展；南美洲半数以上国家已经进入大众化阶段；北美洲的美国、加拿大两国早已普及了高等教育；亚洲近半数国家或地区已实现大众化，只有包括中国在内的中部地区比较落后；中国的周边国家，韩国已经达到普及阶段，日本、菲律宾等实现了大众化，即使是印度、尼泊尔、马来西亚的高等教育都比我国发达[①]。

因此，我国的高等教育还仅仅是处在精英阶段，而且还属于精英阶段的低级阶段。

第二，从我国高等教育的效益效率上看，我国高等教育的相对成本非常高。1990年，我国高等学校生均经费与人均国民生产总值比为1.93，分别是韩国的32倍、菲律宾的17倍、西班牙的12倍、美国的9倍、泰国的7倍、日本的4倍、古巴的3倍、印度的2.3倍。

另一个衡量效率的指标是师生比，而我国高等学校的师生比非常低。1996年我国高等学校师生比为7.5，位居世界第126位。无论是规模大的国家还是规模小的国家，高等教育的效率都比我国要高。例如，美国师生比是我国的2.8倍、西班牙是我国的3倍、印度是我国的2.5倍、日本是我国的1.8倍。

相对成本高，师生比小，是我国现阶段高等教育效益和效率低下的最直接体现，可见中国高等教育资源的浪费状况非常严重。

第三，从我国高等教育的办学规模上看，国内外研究均表明，高等学校的规模，在一定的范围内，与成本之间存在着明显的相关性。北京大学高等教育科学研究所1989年4月至1990年4月对陕西、贵州、湖北三省进行了广泛的调查，选取了114所高等院校构成样本，收集了数十万个数据，在此基础上，北京大学高等教育科学研究所运用多元回归方法对数据进行了分析，学校规模与生均成本之间的模拟结果如表9所示。其研究的结论是我国高校适度规模为4000人。

表9 我国高等教育生均成本行为的模拟

学校规模/人	生均成本/元			
	3∶1	5∶1	8∶1	10∶1
500	2 501	2 283	1 956	1 738
1 000	2 305	2 087	1 759	1 541
2 000	2 200	1 988	1 661	1 443
4 000	2 157	1 939	1 612	1 394
6 000	2 141	1 923	1 506	1 378
8 000	2 132	1 914	1 586	1 370
10 000	2 127	1 909	1 582	1 365

① 陈中原. 差距和潜力：与国际比较看我国高等教育发展. 科学文萃, 1999, (5): 20。

闵维方1986年研究了我国136所高等学校的规模问题,其结论是临界规模为6000人。上海市教育科学研究院智力开发研究所1994年分析了841所高等学校的数据得出本科院校的临界规模是8000人,专科学校的临界规模是6700人,系的临界规模是470人[1]。

事实上,我国1996年的1032所高等院校中,规模超过5000人的只有153所,约85%以上的高等院校规模在5000人以下,即绝大多数高校没有达到规模经济水平。因此,扩大高等教育的规模,特别是扩大现有学校的规模,提高办学效益,发挥规模经济不仅是必要的,而且是必需的。

综合以上三点可见,我国高等教育的发展阶段,与绝大多数非洲国家差不多。我国高等教育的发展水平,不仅与国民普遍的期望有相当大的差距,而且与基础教育的发展水平极不相称,而摆脱目前这种落后、低效状态的出路只能是大力加快速发展。只有如此,才能实现《全国教育事业"九五"计划和2010年发展规划》的具体目标——2000年,高等学校入学率提高到8%,2010年提高到11%。

四、提高教师工资水平、树立"尊重知识、尊重人才"的社会风气

我国教育过去和现在存在的根本性问题,主要包括三点[2]。

在教学方法上忽视价值理性,重视工具理性,即重视专业、知识、学校本身的技术性实用意义,而忽视其作为塑造人、改造人的人文性质上的意义。

在教学形式上脱离社会现实的实践性,重视学术理性的完美性。突出表现为伦理道德素质教育严重脱离社会发展的阶段;书本知识与社会实践分离等。

在教学目的上重视文化知识传承的同构(应试教育)性,忽视知识创新意义上的解构、重构(创造教育)性。

造成这些根本性问题的一个重要原因是教师角色的缺失。教师并没有赋予职业的内容,相当意义上只是谋取社会生存的手段和工具。教师角色缺失得以产生的一个因素是我国教师的地位不断下降(表10),社会上缺少尊重知识、尊重人才的风气。关于成才,国际上有一个数学公式:$V=f(e, D)$,其中V代表成才,e代表内在的自身素质和努力程度,D代表所处的外部环境。个人素质再好,但没有良好的外部环境,也是难以成才的,对于教师来说也是如此。

五、跨学科与交叉学科科研合作、人才培养

多学科交叉与渗透是创新产生的重要条件之一。随着高技术的发展,学科之间的交叉与渗透越来越广泛和深入。许多重大技术与社会问题都是相当复杂的综

---

[1] 国家教育发展研究中心. 中国教育发展的宏观背景、现状及展望. 北京:中国卓越出版公司,1990。
[2] 定军. 教育:不堪憔悴到如今. 科学文萃,1999,(5):18。

表10 教育部门与工资最高部门的差距和增长比较

项目		年份		
		1985	1990	1997
差距比较	工资最高部门	100	100	100
	教育部门	83	69	69
增长比较	工资最高部门	100	557	692
	教育部门	100	466	580
	各部门平均	100	519	643

资料来源：国家统计局《中国统计摘要1998》

合性问题，需要综合地运用自然科学与社会科学两大门类的多学科知识，并把它们结合成有机的知识系统。因此，在这种新形势下，各国工科教育也出现了一种新的趋势——重视培养和造就跨学科人才。

目前开展跨学科和交叉学科人才培养主要采取如下四种形式。

一是高校和科研机构中的跨学科的教学工作。例如，在美国，通过建立跨学科的课题组、实验室、研究中心、跨系委员会等来协调学科的科研工作和促进交叉学科的发展，并以此来促进跨学科人才的培养工作。

二是各类跨学科课程建设。例如，在美国麻省理工学院，20世纪70年代就开设了海洋工程学、环境工程学、地震工程学、材料工程、核工程、生物物理化学、生物海洋学等跨学科课程；20世纪80年代，又增加了许多新的跨学科课程，如生物医学工程，由电力工程、计算机科学、语言学、哲学、心理学合开的认识科学，由土木工程、机械工程、材料科学与工程、化学合开的矿源工程和管理，由地质学、海洋工程、经济学、政治科学和管理学合开的城市研究工程等[1]。所有美国大学都在尽可能多地使用跨学科计划。

三是组织多方教师开课，学生在多种学科的专家和教授的集体指导下，吸取众家之长，涉及多种学科领域。例如，斯特灵大学的环境科学硕士课程计划就是高度综合性的，五门必修课是环境系统、应用生态学、环境经济学、环境管理以及环境管理的信息技术。选修课内容包括资源、土壤和能源的保护与管理、海湾与河口污染和城市管理等。这些课程计划涉及生物科学、环境科学、管理科学以及经济学等，校方跨系组织有关方面的教师和专家共同指导研究生。

四是建立各种适于培养跨学科人才的机构，形成培养跨学科人才的基地，如美国康奈尔大学的生物技术研究院（Cornell Biotechnology of Institute）和纽约高技术中心（New York State Center for Advanced Technology）。生物技术研究院有康

---

[1] 陈凯. 世界高科技人才培养工作的新趋势：重视跨学科人才的培养. 自然辩证法研究，1996，(10)：61-62。

奈尔大学内几个学院的85名教授、200多名教学人员和100多名研究生，成立中心的目的就是鼓励不同领域的教授从事生物工程的研究工作。

借鉴于国外的经验，我国应加强跨学科与交叉学科人才的培养，并为跨学科和交叉学科科研、合作创造条件。例如，提倡导师指导和集体培养相结合，跨校联合培养、鼓励跨学科跨专业报考等。

六、推广教育与科技结合的新形式——工程研究中心与工程化教育

在世界各国出现的"技术、生产制造、市场"一体化的发展趋势，许多技术问题都处于复杂的系统当中，这就使得新的科学发现、技术突破和市场需求三者紧密联系起来，具体表现在：①工程化发展的广度和深度都发生了深刻的变化，一些重大关键性的工程问题需要多学科的综合性技术来加以解决，从而导致了工程技术的整合性；②工程化技术越来越与市场因素紧密联系起来，从而导致产学研的合作更加紧密；③工程化技术能力的薄弱已越来越成为制约工业界竞争力提高的重要因素，要求工程化技术的创新和扩散过程能有效地满足工业界的需要。在此背景下，多学科与跨学科性的科学和技术研究成为必然性的发展潮流，任何局限于单一学科的研究已无法满足经济和科技发展的需要。这也就对教育的改革和发展提出了新的要求，以适应这种历史发展潮流。

高等院校作为教学和科研的主力军，在发展高技术方面具有诸多优势，如多学科综合研究优势、智力密集优势、研究和开发的高效益优势、高质量信息聚集优势。为了充分发挥高校的优势，促进产、学、研合作，从而有效地促进经济、科技、教育协调发展，世界各国在产、学、研合作的组织机制上进行了积极的探索。

理工科大学作为开展工程技术教育、培养科技人才的重要场所，也随着高技术的发展出现一些新的变化趋势。以美国为例，美国高等教育为适应经济和科学发展的需要，在课程设置方面不断进行改革。在20世纪五六十年代，为了适应当时新出现的高技术发展对人才的要求，高等院校把教学重点放在数学、物理等方面。这一改革的特点是用最新科学理论培养勇于探索和富有创造性的人才。进入20世纪80年代以后，国家之间的竞争决定因素已经日益取决于其技术实力，并且工程化作为技术创新的重要环节，已成为各国增强工业竞争力的瓶颈因素。有鉴于此，美国的高等教育尤其是工科教育，越来越多地把注意力投向了对具有一定工程化知识背景的高技术研究人才的培养。

近年来出现的工程研究中心（Engineering Research Center，ERC）是一种新型的产、学、研合作的组织形式。它以大学为基地，将教育融入科研，在研究过程中培养学生，使学生能在产、学、研合作的实践中吸收许多有益的经验。工程研究中心通过从事有重要工业意义的研究与发展，针对行业或领域发展中的重大关键性、基础性和共性技术问题，持续不断地对实验室的科研成果进行系统化、

配套化和工程化研究开发，不但为企业提供成熟的工艺和技术以及具有高增值效益的新产品，而且为科技、经济的发展培养适应性强、科研能力强的优秀人才。可以说，工程研究中心的出现给各国的教育改革提供了契机。

美国自第二次世界大战后，就成为世界头号工业技术创新领先者。然而进入20世纪80年代之后，美国却日益受到日本和西欧各国的强有力挑战，逐步丧失了在工业技术创新上的领先地位，并面临由此带来的机械制造业劳动生产率下降、就业水平下降和经济出现衰退的困境。许多有识之士指出，出现这种困境的很大一个原因就在于美国工业尤其是制造业未能有效地把工业技术研究成果成功地进行扩散并商业化。为此，在美国政府的大力支持下，美国国家科学基金会开展了一系列合作研究计划，以克服工业界在技术创新过程中的薄弱环节。其中最引人注目的就是工程研究中心计划。该计划于1983年开始，其主要措施就是在一些较有研究实力的大学建立工程研究中心，通过工业界和学术界广泛而积极的参与，提高以大学为代表的学术界进行跨学科的工程化技术研究的能力，促进工业界的技术创新扩散，向工业界提供具有工程化技术背景的工业技术研究人员，为美国工业的未来打下坚实的基础。到1994年年底，美国已建立起21个工程研究中心，涉及来自727家公司的1000多个合作伙伴。作为一种产学研政合作的新型组织形式，工程研究中心在美国受到广泛的关注和支持，并在美国重新夺回其工业技术创新领先地位的努力当中起着积极的促进作用。美国竞争力委员会的一份调查报告表明，20世纪90年代中后期美国在工业关键技术领域的国际竞争能力得到明显增强。

美国工程研究中心计划作为扭转美国工业尤其是制造业国际竞争力下降的重要措施，是美国国家科学基金会自20世纪70年代到80年代末实施的三项重大计划之一，即工业-大学合作研究中心计划、工程研究中心计划和科技合作研究中心计划。工程研究中心计划是在工业-大学合作研究中心计划实践经验基础上以其为构建框架建立起来的，两者在原则上并没有本质性区别。不同之处主要在于工程研究中心明确地强调了工程化研究和工程化教育的地位。

澳大利亚于1990年开始了合作研究中心（Cooperative Research Centers，CRC）计划。该计划性质与美国的工程研究中心计划极其相似。其目标是通过促进产学研合作提高澳大利亚的R&D的有效性和效率，从而使R&D尤其是某些关键工业领域工程化技术能跟上国际上迅速发展的科学技术水平。现已有52个合作研究中心被批准成立，涉及6个主要的工业和R&D领域。由于CRC的总投入已占澳大利亚R&D投入6%左右，因而该计划将对澳大利亚的R&D产生深远的影响。

澳大利亚CRC起因与美国有所不同，它出于如下一些考虑：①科学技术资源的地理性和制度性过度分散状况，严重影响了国家R&D水平的充分发挥；②必须改变以往的科学技术发展与国家目标的实现结合不够紧密的状况；③高等教育必须适应当代技术发展迅猛的现状，使教育规划能充分满足工业界的需要。其核心在于强调提高整个国家层次的R&D水平和R&D资源使用效率。

对于中国来说，一直困扰着工业技术创新过程的问题就是技术成果转化率低下，技术开发与生产以及技术开发与市场化环节之间存在严重脱节的状况。这一方面是由于工业界缺乏足够的工程化能力，另一方面也是因为产学研之间缺乏有效的合作。有鉴于此，并受到美国工程研究中心计划的启发，中国也开始推行工程研究中心计划。

从上述我们可以看出，作为工业乃至国家的竞争力的核心基础，各国都对提高技术创新的能力和效率给予了前所未有的关注。以往的工业实践表明，工程化能力的缺乏已日益成为技术创新的瓶颈制约因素。工程研究中心作为一种新型的产学研合作组织形式，它的一个重要任务就是利用自身在工程化环节上的优势，提高工业界的工程化技术能力。

可以说，工程研究中心的出现给传统的教育模式带来了前所未有的冲击。传统的教育模式是一种以纯学术为导向的教育体制，它以培养具有较高学术研究水平的人才为目标，其根本出发点就是认为科学尤其是基础研究的发展必然会带来经济发展的领先地位。然而社会系统内经济、教育、科技三者的融合趋势使得这种把科技与经济割裂开来的做法越来越无法满足经济竞争和经济发展的需要，它要求一种新的教育模式的产生，也就是说，它要求现有教育体制发生变革，不仅要培养出具有较强学术研究水平的科技人才，还要培养出具有工程化技术知识背景的工程化研究人才和企业家。

工程化教育对社会经济发展起着重要的促进作用。首先表现在人才的培养上，它一方面培养出具有工程化知识背景的高级研究人才，从而有效地改变以往科研与生产脱节的弊端，使科学技术研究尤其是应用基础研究和开发能真正成为工业竞争力的源泉；另一方面也可为工业界直接培养出大批既具有扎实的理论研究基础，又具有充分的工程化知识和能力的工程技术人才。其次，随着工程化教育的进行，可以有效地在社会上树立起一种以工程化为核心的高技术文化，这就在很大程度上克服以往由于文化差异和冲突造成的产学研合作障碍。最后，工程化教育对企业家和企业家素质培养也是极为有利的。由于高技术的发展，企业家对市场变化的敏锐洞察力越来越离不开他自身具有的工程化技术基础。

由于科技发展，工业技术创新的模式变化和速率加快，要求工程化教育能在培养高层次高水平技术人才的如下素质上起积极的作用：①能有效地把握新的创新机会并加以解决，而不是局限于某个技术领域或某个给定的任务；②能从众多的可供选择的技术方案中选择出最为合理的方案，并通过小组合作来完善它；③具有对技术知识的综合和整合能力，并能有效地解决工程化技术问题中的不确定性和模糊因素；④学会在解决工程化技术问题时把社会、环境、市场、战略等因素加以综合考虑；⑤能有效地理解产学研之间的文化差异，从而能在产学研合作中克服由于文化冲突给工程化技术问题解决带来的影响；⑥对技术创新过程的特性及其管理具有充分认识。

从工程研究中心的运行实践来看，工程教育与工程研究、工程实践一样，是工程研究中心的一项重要任务（图3）。在由康普顿领导的一个由美国国家工程院部门成员参加的专题小组提交的题为《工程研究中心指南》的研究报告中明确指出，"改进各级工程教育，并由此增加能为美国工业及其生产率作出创新贡献的学生数目"，是工程研究中心两个主要关联任务之一。

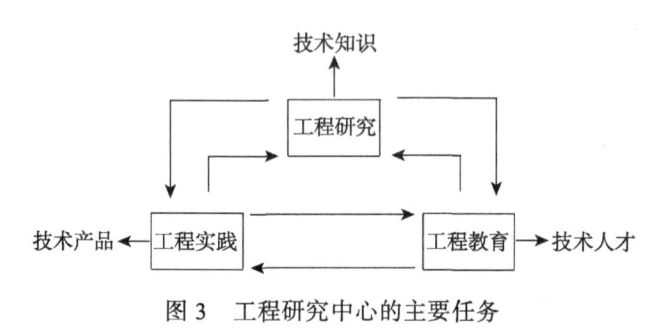

图3 工程研究中心的主要任务

相比较而言，美国工程研究中心对工程化教育极为重视，这主要表现在：①工程化教育被列为工程研究中心的主要职能之一；②在中心组织机构设置上，针对工程化教育设有专门的负责部门；③工程化教育被视为对中心进行评价和监督的重要方面。

美国工程科学学会为工程研究中心计划的建立提出了三个明确的目标：①让学生参与工程化技术实践，对工业界的技术需求有切身的体会，使他们把工程实际与教育结合起来；②工程研究中心应给大量大学生和研究生提供参与工程化实践的机会；③从工程研究中心研究中整理知识，并使之成为新的大学教材。

工程研究中心需要培养一批具有"工程研究中心文化"、能适应未来工业技术发展的新型工程师和研究人才。美国工程研究中心教育方案一般具有如下特征：多学科教育、教育与研究相结合、在教育上与工业的合作、强调综合和设计、小组式的工作和学习方式、对工程实际的了解、终身学习能力的培养等。

美国工程研究中心为积极促进工程化教育的开展和进行，采取了如下一些措施：①加强对研究生工程化技术能力的培养，通过给研究生提供产学研工程化合作研究实践，使他们一方面建立起对工业工程化问题的理解和解决工程化实际问题的能力，另一方面也可通过与工业界专家的接触和交流，获得从课堂上所无法直接学到的技术经验与技巧，并逐步培养起技术研究和开发的合作能力；②通过设立一些与工程技术发展新趋势相适应的新课程，以及更新一些传统课程，使大学教育能适应新的教育模式的发展；③建立起工程化教育网络，使中心积极参与产学研所需要的工程化教育实践，如参与职业技术学校的工程化教育和工业的工程化培训活动。

案例——美国麻省理工学院生物处理工程研究中心

作为美国工程研究计划首批入选的中心之一，美国麻省理工学院生物技术处理工程研究中心成立于1985年。由于在工程化技术开发和工程化教育上的突出贡献，该中心被认为是美国最为成功的工程研究中心之一，并在1994年获得美国国家自然科学基金会的第二轮重新资助。

该中心为了保证工程化教育目标的实现，采用了许多新的教育机制。通过各种工程化教育机制的综合运用，逐步培养起学生解决工业工程化技术实际问题的能力，使之成为对美国21世纪保持工业技术领先地位起至关重要作用的新型工程化技术人才。新的教育机制包括如下内容。

①开设涉及多个系的交叉课程；②为学生开立新的培养计划；③积极开展由国家自然科学基金会设立的培养优秀学生计划；④周期性举办由产学研联合参与的学术讨论会；⑤工业界专家和大学教师联合开立课程；⑥鼓励学生参与产学研联合的工程化技术开发活动。

这种工程研究中心教育过程最大的优点之一就是使学生易于受到工业界的影响。这种影响的作用方式很多，包括走访工业研究人员和工程师、工业专家参与研究和教育计划的制订、与工业研究人员的合作研究、参与工业界开办的交流会议等。这些影响对学生逐步培养起自身的工程化研究能力和素质是大有裨益的。

通过多年的运作实践，美国麻省理工学院生物技术处理工程研究中心在工程化研究和工程化教育上取得了丰硕的成果（表11）。

表11 美国麻省理工学院生物技术处理工程研究中心教育成果表

工程化教育成果		数目
人才培养/人	本科生	289
	硕士	132
	博士	86
工业界工程技术人员培训/人		165
开设新课程/个		8
编著新教材/种		12

在工程化研究方面，研究中心一方面通过对工业技术实践的积极参与，解决了许多工业工程化技术问题，通过技术转移和扩散，提高了生物工业的技术水平；另一方面通过对高水平高层次工程化技术人才的培养，推动了产学研合作的顺利进行，提高了产学研合作效率，并为生物工程工业培养了大批未来型技术人才。在工程化教育上，该中心的教育实践已对麻省理工学院的教育方式产生了深刻的

影响。除了通过开设新课程、与工业界专家联合开立课程和在中心不定期邀请工业界专家举办讲座等形式把工程化研究知识引入大学教育外，还积极建立起工程化教育网络，使产学研共同参与工程化教育实践。该中心对职业技术学校的工程化教育和工业的工程化培训活动均投入了较大的时间和精力，对促进整个社会层次的工程化技术水平的提高和"工程研究中心文化"的形成起到了积极的作用。

对我国工程研究中心运行实践来说，存在的一个主要问题就是对工程化教育的重视程度明显不够，往往把工程化教育放在从属性地位甚至会忽视其的存在。这主要是由于如下一些原因。

（1）由文化差异带来的管理冲突。目前中心直接受校方领导，对于学校来说，它关心的是科研指标的完成，而对工程研究中心的工程化研究和产学研合作问题并没有太大的关注。工程研究中心也面临学术目标与经济目标的冲突。由于中心的人员均为非专职性人员，职称的评定在很大程度上取决于他们在学术上的成果，这就严重影响到人员的积极性。

（2）产学研之间的技术水平不匹配。由于国内工业界技术水平的相对薄弱，中心面临两难的选择。一方面由于国外工业技术发展极为迅速，中心必须投入较大人力、物力和财力来跟踪国外相关技术领域的发展动态；另一方面，国内企业的技术吸收能力较低，其采纳的技术水平也处于较低的层次，使得中心只能开发一些技术含量较低的工业产品和技术投入市场，以维持中心的发展。这就在很大程度上制约了工程研究中心在高水平高素质工程化技术人才培养上应有作用的发挥。

（3）工程化技术人才培养与学校人才培养目标之间的矛盾。对于工程研究中心来说，一个重要的任务就是工程化技术人才的培养。学校传统的人才培养目标是培养具有较高学术水平的研究人才。对参与中心的学生来说，他们既要完成具有一定学术水平的论文，又要参与一些实用性较强的工程化技术开发，如何有效地协调两者就显得极为重要。

对工程化教育忽视的后果是极其严重的，其会使得工程研究中心促进产学研合作、提高工业界的技术和经济竞争力的初衷难以充分实现。从长远的角度来看，提高工业界的技术创新效率和竞争力，最终依赖于人才的培养，尤其是高素质工程化技术人才的培养。

由于缺乏长期性的战略考虑，我国的工程研究中心对工程化教育的重要性缺乏应有认识，在实践上也未在工程化教育上合理地进行投入，这对于从根本上提高我国工业界技术水平和竞争力是极为不利的。为发挥工程研究中心在工程化教育中的应有作用，有如下一些方面是必须加以考虑的：①通过加强工程化教育，建立起"工程化技术文化"，以改变以往产学研合作中文化差异和文化冲突造成的技术合作研究效率低下的问题；②努力协调工程研究中心在工程化技术人才培养与学校人才培养目标之间的矛盾，使学生能有更多机会参与工业的工程化技术问题的解决和产品技术的开发活动，从而对工程化有深刻的理解，并培养起工业界急需的工程化技术能力；③工程研究中心有必要根据自身的工程化实践和对国外同类技术领域技术发展的现状及趋势的了解，对课程设置和教材进行相应调整和补充，以使中心培养出的技术人才能充分满足工业界的工程化技术领域发展的需要；④工程化研究中心应在产学研的协调努力下建立起工程化教育网络，从而能为有效地进行技术教育、技术培训提供组织和制度上的保障。

研究、发展与技术创新的组织结构和团队管理[①]

研究、发展与技术创新的组织结构是实现技术创新战略的重要组织基础,如果没有同战略相适应的组织结构和团队管理,那么再好的战略也无法贯彻实施。研究、发展与技术创新的组织结构与团队管理涉及范围很广,本章仅将研究、发展与技术创新的组织结构和主要的组织与管理,集中在一起进行讨论,分为以下各节。

(1)优化结构及其相关的战略问题。
(2)研究与发展组织结构选择的要素:研究与发展中的集中与分散。
(3)研究与发展的基本组织结构。
(4)矩阵式组织形式。
(5)团队及其组织。
(6)团队的管理与基层组织的特种功能。
(7)研究与发展的领导方式。

第一节 优化结构及其相关的战略问题

实施技术创新战略并提高其实施的效率与效益,同研究与发展组织结构的优化是密切联系的。为更好理解研究与发展的组织结构问题,必须了解研究与发展中有哪些关系到技术创新战略实施的典型的组织问题。一般说,典型的组织问题有:①对应用研究与发展的管理,应是集中的还是分散的?②对新获得(兼并)的研究与发展能力,是否要加以整合或进行集中的管理?③如何通过组织变革以缩短新产品开发周期?④是否要在研究与发展部门中建立市场研究的能力?⑤如何在地域上部署研究与发展力量?这里的地域分布不限于国内,包括在全球范围内的部署。

这些典型的组织问题是同以下战略问题密切相关:①研究与发展是否适应企业经营的需要?②研究与发展是否适应企业的战略目标?③研究与发展能否在组织内外进行有效的沟通(联系)?④研究与发展组织能否吸引到顶尖科技人才?

[①] 节选自:许庆瑞.《研究、发展与技术创新管理》.北京:高等教育出版社,2000:第十三章。

⑤研究与发展中能否有效利用资源？

以上这些战略问题的有效解决均离不开研究与发展的组织。它具有催化剂的功能和作用，组织的优化可以使投入与预期的产出有效地协调，只有当组织获得优化和目标选择得合适时，企业的研究与发展才能达到预期的效率与效益。反之，如果企业的研究与发展组织不能得到优化，其损失与代价是巨大的。据统计，因研究与发展组织不善而造成资源的大量浪费和机会丧失时，损失额往往为其研究与发展费用的20%到50%。由此可见研究发展组织工作的重要性。

系统的行为取决于系统的结构，要提高研究与发展的效率和效益，就先要优化其结构。组织及其结构并无自身的目的，不能脱离环境与战略目标，独立地考虑组织的优化问题，也没有一个抽象的最优结构方案。结构的设计必须考虑和处理好效益与目标间的矛盾。人们往往在发展中"求大"而忽视了效益。在竞争日益激烈的当代社会中，企业为了更快地响应市场需求，必须拥有最合适的资金与人力资源规模，保持适度的柔性进行适宜的管理与控制，既要支持当前的经营业务，又需支持今后的长远发展。这是考虑组织建设和变革的要点。除此以外，推动组织变革的动力还来自以下各个方面：①技术发展迅速，这种技术是企业必须掌握的；②企业研究与发展能力提高的需要；③支持企业在全球范围内发展的需要；④满足顾客增长的需要；⑤在信息技术日益发展的情况下，必须保证组织新的自由度和组织成员发展的需要；⑥经营环境变化对研究与发展所提出的新要求。

以下列举勃林格殷格翰公司（以下简写为BI公司）案例来说明上述的一些因素如何推动组织的变革。

BI公司是一个中等规模的制药企业，其销售额从20世纪90年代初的21亿马克增长到中期的35亿马克。它是德国制药业中最早（1960年）在海外（美国和日本）设立分公司的企业。美国分公司于20世纪70年代中期开始其研究工作，而日本分公司则于20世纪80年代初期开始做研究。

研究与发展的决策最初是采用分散制，各分公司的领导可根据其所在地区的市场需求研制符合该地区特殊需要的新产品。这种结构适合于当时欧洲公司向外发展以争夺美国与日本市场的战略需要，鼓励BI公司针对具体的市场需要发展特种产品。但到了20世纪80年代的中后期，全球范围内药品市场竞争激化，这种将资金大量分散地用于发展地区性产品，而这种产品又不能在地区之间转移的做法，不利于公司在全球范围内的竞争。

20世纪90年代中期，虽然BI公司依然保持了它在美国、日本、意大利及本土（德国）的多个研究中心，但是，对于各个中心应发展哪种新产品，则改由公司统一作出决策。为此，公司建立了一个国际协调委员会，委员会的成员包括：各研究部门的负责人、药品部门负责人以及各地区的研究与发展部与市场部的负责人。

第二节 研究与发展组织结构选择的要素：
研究与发展中的集中与分散

研究与发展组织在选择其结构时，必须同时对以下五个要素进行评价：①使用内部的还是外部的研究与发展资源；②对研究与发展资金的投入和控制，采用集中还是分散的方式；③研究与发展资源的部署（分布），是集中还是分散；④是投入（输入）导向还是产出（输出）导向；⑤采用项目管理方式还是纵向（垂直）领导方式，如何保持两者间的平衡。

一、内部-外部研究与发展的资源

企业在研究与发展上，是依靠自己的内部资源还是仰仗于外部资源，是企业战略及技术创新战略中的一个重要决策与方针问题，也关系着企业的组织建设及组织结构。若干年以前不少企业把运用研究与发展的外部资源视为"不得已而为之"的一种手段。但20世纪末以来逐渐呈现出一种运用外部研究与发展资源的趋势。例如，IBM公司与美国电话与电报公司联合进行超导研究。西门子和IBM公司联合开发64MB的动态随机存储器。飞利浦、美国无线电公司和汤姆逊公司合作开发高清晰度电视。不少日本公司将其1/3以上的研究与发展资金投给美国麻省理工学院，以支持其从事与该公司有关的工业研究。这种资金在20世纪80年代中增加了一倍。欧洲共同体以200亿以上的美元支持国际研究与发展的共同体（consortia）。我国的产学研合作近十年来有了很大发展，不少突出的技术创新成果，如蒿甲醚的成功研制，都是产学研合作创新的成果。据美国国家科学基金会近年来的报道，自1983年美国通过了《国家合作研究法案》后，又于1993年对该法案进行修正，放宽了对合作生产活动的限制。这些鼓励合作研究和合作生产的法案的公布，使全美国范围内的合作大大增加，仅从合资研究一项来看，就从1984~1985年每年10~20多项，增加到1985~1986年的87~115项。[①]

自开放式创新理论提出并被越来越多的人接受后，不少企业已把整合内外创新资源以获得最大创新效益和最快创新速度作为处理创新内外资源的首要准则。特别是知识经济呈现出其强有力的发展趋势后，随着知识的发展和深化，单个从事复杂技术运用的企业已难以掌握创新所需的所有知识，必须依靠其他机构协作提供新产品所需科技知识，如今即便是资金十分雄厚的大制药企业也无力掌握分子生物学的全部分支领域，必须依靠大学和其他企业提供研制新药的生物学知识。因而构建合作网络共同研制和开发已是当前企业提升其创新能力的一个重要途径。

[①] 参见美国国家科学基金会1998年编写的《科学与工程指标》。

推动企业寻求创新外源的力量有技术方面的，也有来自市场方面的，包括：产品与服务的技术内容激增；产品开发的周期需要缩短；合作研究与发展的经验得到了增长；企业、政府和学术机构之间增加了了解和合作的互利因素及愿望。

在研究与发展内、外源的选择和决策上存在着不同的思想与理论。传统管理学的观念是从企业的经济收益出发，把它看作一种经典的"自制或购买"的决策。[①]从以核心能力为基础的战略管理理论来看，这种自制或购买的最终决策准则，应是以怎样有利于企业核心能力的增强为标准。在这一总的原则指导下，具体如何运用这一原则，需要作具体分析。此外，以下几点有助于这个问题的决策。①对于基础技术，如果企业不具备这方面的能力，以购买为宜。因为这种技术已经广泛传播，不值得在这上面浪费资源。②运用各种方法密切监视处于研究与试验中的新兴技术，其方法有：向大学投资、与其他企业合作（以不同本企业在同一市场面上竞争的企业为好），参加研究共同体，同政府合作。③保证在关键技术上，特别是与形成和加强企业核心能力相关的技术的研究与发展的投入。

（一）产业与大学的合作

当前一些市场因素和财务上的推动力驱使产业与大学更紧密合作。这些因素如下所述。①由于政府给大学的研究经费渐趋下降和大学教育经费的不足，大学必须从产业获得资金。②双方提高了协商从事研究、解决面临实际问题的能力。③学术界提高了创业精神。④企业更加懂得了及早同大学建立联系，可以较早获得有关的重要的新知识。

在知识经济条件下，产业日益感觉到大学高质量的知识和智力的作用和对它的巨大吸引力，但往往发现难以克服双方文化上的差距。企业往往不能理解学术性研究和学科的目标，而大学则顾虑对利润的追求会影响到它对智能的追求、经营者会以低价购去具有潜在价值的实验室成果、寻求某种专有知识同自由的学术研究和开放式的思想交流的矛盾。这种种矛盾的产生，根源在于企业与大学有不同的追求目标。在这种客观上存在目标差异的情况下，需要增进相互理解，根据各自的需要和条件，协商确定符合双方利益的合作项目。众多事实表明，大学与产业间的合作可以搞好，而且可以很成功。

（二）政府与产业间的合作

日本一直注意产业与政府间的大规模合作。日本通产省在其中起领导者和组织者的作用，不仅促进了产业间的广泛合作，而且成功地组织了产业内部各企业间成功的合作。在欧洲，欧洲共同体组织了大规模的国际研究与发展共同体和"竞争前"的合作项目。尤里卡（Eureka）计划涵盖了范围广泛的关键技术；Esprite 包括了计算机和通信技术的研究；Brite 是新材料和空间技术；RACE 寻求欧洲范

---

① 即运筹学中的 make-or-buy 的理论、方法。为此要考虑到成本、时间、临界资源量等变量。

围内高速通信网的发展；Comet 关注交流、奖学金和大学与企业间的联系。

美国政府与产业的联系侧重在小企业的创业。美国在这方面的特点是通过国防先进科技研究项目的管理，政府自 1960 年以来对大学的基础科学研究进行了大量投入，并且不断投入以资助鼓励大学实验室成员和风险企业家创办高技术小企业。

我国政府与产业间的合作包括产学研合作和支持小企业的技术发展规划。近年来组织了全国范围的技术创新工程，鼓励和支持重点大企业进行技术创新，并组织若干中小城市开展地区性的技术创新。

（三）企业间的合作

鼓励企业间的合作研究与创新已成为当今发达国家在技术创新方面的重要政策。美国希望企业间能共同开发、相互购买和共享技术。近年来企业间合作研究与创新之所以取得飞速进展，除了前述的环境方面的推动因素外，企业间文化差距比企业与大学间的文化差距要小得多是重要原因，这有利于双方的合作。在科学技术获得迅速而广泛发展的今天，一个企业已不可能在所有的技术领域均具有所需的技术能力，因而必须创造性地寻求取得部分技术专门知识的有效途径，这是推动企业寻求技术合作、利用外源的客观经济基础。

为了顺应这种增强运用外源的需要，企业要注意做好相应的组织变革，主要的有如下内容。①增强管理长期性（而不是个别项目）协作的能力。②建立与创造一种在企业范围内对技术（包括战略技术）进行"自制或购买"选择的决策框架。③增强购买与销售技术的功能，并把它设置在高层管理范围内。④在最高管理层设立技术主管（包括技术战略主管），也可以同时在部门层次上设立技术主管职务。它的主要职责在于：监视外界技术的发展，从中寻找机会和发现威胁，并提出相应的建议；协助确定技术的优先级；在企业范围内推进技术部门与其他部门的沟通；发展专利与许可证战略。

二、研究与发展的集中与分散：资源的部署与管理控制

为了方便起见，这里把两个要素（研究与发展资源部署的集中与分散、研究与发展系统中的集中与分散）结合在一起讨论，因为这两个问题虽有不同的侧面，但也存在着相互联系的方面，均属企业研究与发展体制中重要但又不易得到满意解决的问题。从集中走向分散，继而又从分散回到集中，是一个来回摇摆的问题。为了有利于引起结构优化，拟对两个因素先作个别分析，然后加以综合讨论。

随着企业规模的扩大包括其研究与发展规模的扩大与力量的壮大，为了使研究与发展更好地同营销和制造力量结合，大企业倾向于把研究与发展力量分散地部署于各 SBU（strategic business unit，战略经营单位）或独立的分厂中。这种分散部署研究与发展力量的做法具有以下三个明显的优点：有利于各 SBU 根据市场与顾客需求的变化，迅速地作出反应；有利于划清职责，便于对各部门的考核；

有利于研究与发展同营销和生产结合,缩短新产品研制和投入市场的周期。

但是研究与发展力量的分散部署,将原来一个人数合适、学科配备齐全的完整群体及其所构成的最优的技术中心,拆散为若干个信息不能自给、学科不完整的碎片,由此导致了以下一系列的问题与缺陷[①]:①完整群体的散失造成所积累的知识和经验特别是存在于人头脑中的知识(隐性知识或缄默知识)的散失和费用的增加;②由于人才分散降低了信息交流的质量,减少了学科知识互补的机会;③降低了力量调剂的灵活性和人员间的合作质量。与此同时,管理控制的分散会带来如下缺点:①着重于短期经营目标而忽略长期技术发展与积累;②使有限的研究与发展资金不能集中使用;③权力分散和失控导致公司整体利益受损;④由于力量分散与失控而影响企业的盈利能力。

在我国,自20世纪50年代后期就曾出现过研制力量不适宜地分散到各分厂而带来的损失;20世纪80年代以来又出现了将研究与发展力量分散到各SBU造成的不良后果。从总体上讲,在我国企业的研究与发展力量不强的情况下,力量分散与权力过于分散的组织结构是不适宜的,不利于集中力量形成企业的核心技术能力。集中企业研究与发展力量于企业的技术中心,是适合于当前我国大多数企业状况的。企业在注意集中部署力量和实行统一集中领导的同时,也应根据当时当地的具体情况,处理好集中领导与分权管理的结合,采用多样结构形式,根据环境与条件变化,不失时机地从一种结构转向另一种更合适的结构形式。以下是在具体选择组织结构时可供考虑的一般因素。

第一,企业规模是首要因素。国内外的实践经验表明,大中型企业必须有一个集中的研究与发展中心,它为企业的多个部门服务,集中于长期、高风险的重大项目,并注重专门知识(技术诀窍)的开发,与此同时,各部门可以建立各自的研究发展基地,着重于渐进型的技术创新。在同一产业中,往往存在着多种集中与分散相结合的组织结构与资源配置方式(图1)。

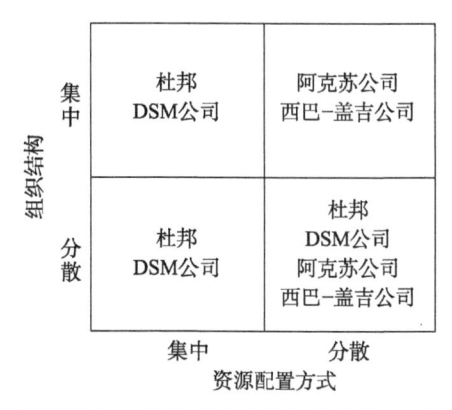

组织结构 \ 资源配置方式	集中	分散
集中	杜邦 DSM公司	阿克苏公司 西巴-盖吉公司
分散	杜邦 DSM公司	杜邦 DSM公司 阿克苏公司 西巴-盖吉公司

图1 化工企业研究与发展的组织结构与资源配置方式

---

① 美国麻省理工学院阿伦教授的研究认为,最合适的研究群体的规模是1000人左右。

第二，技术的共用程度。当某一种技术对若干个部门均很重要时，应将这种研究资源集中进行管理。

第三，在跨国公司进行全球部署研究发展力量时，为取得较高的全球效率，以集中资源和采用自上而下的决策体制更为有利，但必须考虑到地区化这一因素。

第四，地区化是不少产业部署研究与发展力量和决策体制时必须考虑的重要因素。例如，制药业往往要受制于当地政府医药政策与规定的限制；又如食品业要考虑本地区顾客饮食嗜好与习惯。

第五，接近顾客是所有企业均需考虑的重要因素。从这一点要求出发，分散的分布式配置研究与发展力量是一种适宜的结构形式。因而在一些大企业中，有必要在保证集中建立技术中心（研究与发展中心）的同时，将研究与发展力量的一部分配置在各SBU，便于同顾客需求结合，较迅速地作出反应。

第六，便于运用当地的科技人才。科学技术的发展受到社会、历史、经济、教育、文化等多种因素的影响，从而形成了不同国家、不同地区在学科和技术上发展的地域差异。例如，美国拥有软件人才优势，日本拥有电子技术人才优势。又如，我国，在上海、北京等地拥有多种人才，因而把研究部门建立在人才具优势的地域，易于吸收学科人才，增强企业所需的研究与发展力量。我国的长虹、中兴等公司均已在上海、北京等地建立了研究所，并开发出了重大的技术创新成果。

如何综合考虑以上因素进行研究与发展组织结构的选择，是一个复杂的问题。公司在组织结构选择时往往要考虑满足多方面的需要并服从于一个主要目标。例如，当以提高内部效率为主要目的时，采用集中的结构形式；当以满足区域市场为主要目标或以快速响应外部环境为目标时，采用分散的结构；在遇到更为复杂的条件时，往往采用集中与分散相结合的组织形式。

从技术创新的主要任务看，建立组织要能适应变化，能继续学习。这是研究与发展组织和其他技术部门均应具备的主要特征。企业中不同层次关注的重点不同。例如，公司一级，具有较长的学习反馈周期（10年左右），应集中致力于监视主要的科技发展、创造知识、建立新方案、技术定位、技术与人力资源的发展。它同外部知识源的连接大大超过企业内部。大组/部门一级，具有中等的学习反馈周期（5年左右），应着重于跨SBU的综合性开发。SBU层次，学习反馈周期短，应着重在产品方面实现其经营目标，如成本、质量与开发周期等。实现这些目标，必须同内部有关部门（营销、制造等）保持密切联系与合作。

在进行研究与发展的组织结构设计时必须综合平衡上述关系。研究与发展组织结构之所以长时期处于往返摆动的状况，正是由于这种多因素的复杂关系不易处理。近年来欧美大企业从实践经验中概括了以下规则：①支持现有经营业务的研究与发展（如产品、工艺、部门性的）应分散到各部门；②支持新经营业务的研究与发展（如产品、工艺、部门性的）应先集中在公司的中央研究发展部门，以后转移给各有关部门；③支持国外生产的研究与发展，应接近所在国的生产单位，使产品和工艺适应当地条件。

列表说明如下（表1）。

表1　公司研究与发展的分布与资金来源

分类	同一般科技进步有关的重要整合（由公司一级执行）	同生产、顾客、供应有关的重要整合（由部门一级执行）
由公司投入（潜在受益者包括整个公司范围）	〈第Ⅰ区〉 ·监视外部来的研究机会与威胁 ·消化和评价重大的新技术	〈第Ⅱ区〉 ·重大新技术的商业化 ·部门间的综合开发（如生产与材料技术）
由部门投入（部门受益）	〈第Ⅲ区〉 ·重大新技术的开拓性发展 ·为解决部门特殊问题的合同研究	〈第Ⅳ区〉 ·主流产品和工艺开发 ·渐进型改进

资料来源：Tidd 等著 *Managing Innovation*（《创新管理》）

从20世纪50年代到20世纪末近50年内国内外企业研究与发展管理的实践经验表明，研究与发展组织中过于集中与全部分散的组织结构都不可取。

第三节　研究与发展的基本组织结构

基本的研究与发展单位，是指研究与发展机构中因研究与发展需要而组成的最基层的组织单位，如研究与发展部门中的团队、项目组，科研所中的研究室（组）或设计院中的设计室（组）。其规模大小约在几人至几十人之间，也有少数超过一百人的。

确立基本研究与发展单位的组织结构，必须考虑如下几方面因素：①在考虑完成当前任务的同时，一定要充分考虑到科技人员与专职人员的长远发展；②有利于组内组外科技信息的迅速沟通；③在保证上级对基层单位有一定管理权限的同时，应该使项目组（室）的主管人员有相对独立的自主权；④采用适合本组研究性质和任务状况的领导方式与组织形式；⑤有利于科技人员发挥创造性；⑥确保组织内有良好的工作气氛。

为了达到以上各点要求，管理工作的任务就是根据不同情况与任务的要求，选择最合适的组织形式。组织结构的形式很多，如按学科的组织形式、按功能的组织形式、按产品的组织形式、按过程的组织形式、按地区（分散）的组织形式、按项目的组织形式、混合的或矩阵式组织形式等。虽然形式很多，但其中有一些是很难明确地加以区分的，如按项目的组合形式与矩阵式组织形式在某些方面是很接近而且难以清楚地区分的。为此，本节主要讨论三种组织形式：①按学科的组织形式；②按项目的组织形式；③按产品的组织形式。下一节则专门讨论矩阵式组织形式问题。

一、按学科的组织形式

很多研究单位都按照科学与技术的学科来建立其组织，如固体物理研究室、化学研究室、生物化学研究室、激光研究室、冶炼研究室等。图 2 为按学科的组织形式示例。

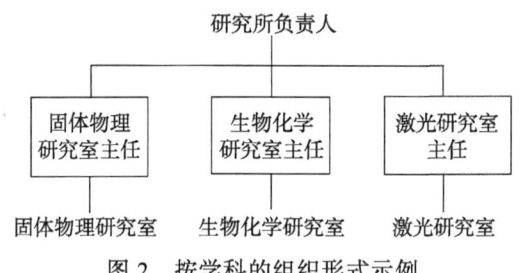

图 2 按学科的组织形式示例

按学科的组织形式一般用于从事基础研究与一部分从事应用研究的单位。按这种形式组成的研究单位同人才培养非常对口，毕业的学生很容易在这类组织中找到专业对口的研究部门。从这方面来看，它有利于专门人才在学科上的发展。这种组织形式的优点是：①专业人员熟悉这种组织形式，很容易在相关的研究课题中找到感兴趣的、专业对口的课题；②相同专业的科技人员在一起，可以互相帮助，有利于在专业上互相交流和共同提高；③有利于新生力量的培养与成长，刚毕业的科技人员容易得到帮助、指点和提高；④有利于科技人员运用其学科基础、过去的研究经验和成就；⑤由于基层领导与科研人员是同一个学科出身，便于进行学术上的领导和组织科研活动，也容易做好考绩与评价工作。

此外，这种组织形式也便于同一学科的专业人员从外界获得新的知识。所以这种组织形式对从事开拓学科新知识的基础研究与基础性的应用研究是非常合适的。它尤其适用于那些发展迅速、知识更新快的学科与领域。

但是对于工业研究，特别是发展性研究来说，情况就不一样了。工业企业的新产品开发具有以下的特点：首先，现代化工业产品往往综合运用了许多学科的多种新技术成就，新产品的研制与开发过程，需要各有关学科技术人才的通力合作；其次，技术进步的加快与世界市场竞争的加剧，要求工业企业加速产品的更新换代。新产品试制的加速，对组织与管理工作提出了越来越高的要求。有人认为工业研究单位能迅速拿出实用的解决方法，比迟迟地拿出最佳方案更为重要。目前，世界主要工业发达国家在工业研究方面，都已把有利于迅速完成新产品开发的组织形式放在更重要的地位上来考虑，在工业研究中呈现了一种广泛采用按产品、按项目的组织形式的趋势。

按学科组织的最严重的一个不足之处，是这种组织形式往往局限于把科研前沿推向某个专业领域。但是，现代科学与技术创新的成就，往往不是依靠单一的学科，而是多种学科的科学技术综合化的结果。学科渗透和"杂交"是促进现代科技进步的一个重要途径。仅仅是相同学科的技术人员聚合在一个组织单位里，也不利于发挥集体创造性。

总之，按学科的组织形式有利于获得新的科技知识，但不利于技术创新和工业的研究与开发。

二、按项目的组织形式

按项目的组织形式不同于按学科的组织形式。它以完成科研项目为中心，把不同学科的科技人才组织在一起。项目组的任务可以是针对某种新产品，也可以是某种工艺过程。把完成同一任务的科技人员组织在一起，具有很多的优点。首先，减少了组织上的隔阂，便于成员间的协作配合和信息交流。其次，一项任务有专人主管与负责，领导力量比较集中，有利于加速任务的完成。再次，按项目的组织形式有利于造就具有广博知识的专门人才。年轻的科技人员与不同专业人员一道工作，有机会结识掌握整个课题或项目全局的领导人，能获得很多新知识，学到许多新观点，掌握他所不熟悉的研究方法，有助于迅速扩大视野，大大增强解决新课题的能力。最后，按项目建立组织，有助于培养集体主义精神和共同取得最终成果的责任感。

项目管理中的协调方式是多种多样的，基本的有两种。一种是运用委员会的领导方式，如设立新产品委员会，它往往由企业高层领导（如副总裁或主管生产技术的总工程师）担任主任，负责新产品开发中的决策与协调工作。另一种是设立项目主管人（亦称作项目经理），由其来主持日常的组织协调工作。项目主管人往往选择能对该项目起主要作用的专职人员来担任。

这两种组织领导方式也可以并存地应用。项目负责人往往局限于本组任务的完成，对全局的考虑比较欠缺。特别是诸如各项目间优先发展的次序等的全局性决策与协调，必须要有高一级的委员会来负责进行。

项目负责人对其项目组内人员的管理权有时是不充分的。例如，在某些临时性的跨学科的项目中，有些科技人员的正式组织关系仍属其学科（或职能）组织。在这种情况下，项目主管人的才能显得特别重要，其不仅要处理好领导与被领导关系，还要善于处理好不同研究组织之间的关系。

在某些研究与发展单位中，按学科（功能）的组织形式和按项目的组织形式往往同时并存。图3为这种混合组织形式的结构示意图。

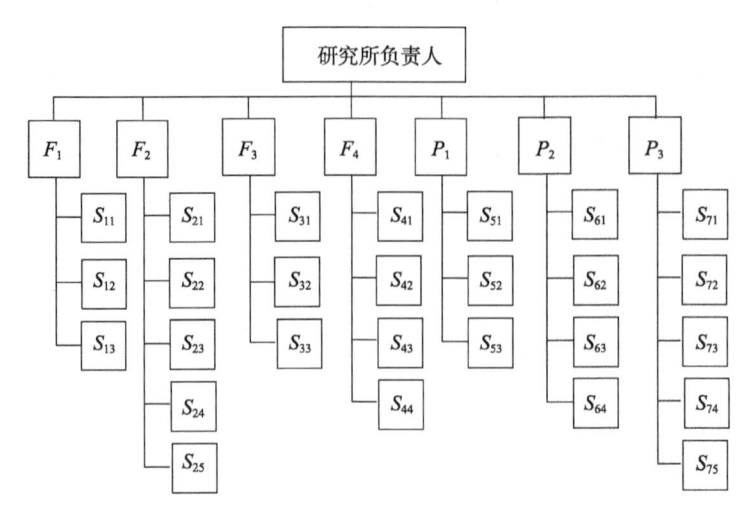

图 3 按学科与按项目的组织形式同时并存的混合组织形式

F_i—学科(功能)组负责人；P_j—项目组负责人；S_{ij}—科技人员

三、按产品的组织形式

按产品的组织形式主要用于工业的研究与发展方面。现代化的大工业往往采用集团的组织形式，在大的工业公司下还设有规模相当大的工厂与企业或 SBU。它们不仅具有相当规模的制造力量和技术力量，还有独立的研究与发展力量，有独立的营销部门。在这种情况下，组织好研究与发展工作是一个重要问题，既要考虑到完成当前的生产与销售任务，又要考虑长远的技术发展与必要的技术储备。在这种大公司中，对于研究与发展有如下三种可供选择的组织形式：集中型组织形式、分散型组织形式、混合型组织形式。

这三种组织已在上节中讨论过，不再赘述。

四、不同组织形式的选择问题

不同组织形式各有其长处与短处，也各有其不同的适用范围。研究与发展管理的任务之一，就是要根据客观环境、任务与科技力量的变化，根据上述确定组织结构的原则与因素，选择不同研究组织最适用的组织形式。下面扼要地讨论选择组织形式时应予注意的几个问题。

首先，所选用的组织形式要服从于研究与发展单位所面临的任务，这是最根本的一条。在任务紧迫的条件下，按项目的组织形式更切合需要。

其次，所选用的组织形式要符合研究与发展工作的性质。组织形式应反映活动构成与需要，因而选择组织形式应从活动的分析开始。一般说来，基础性的研究工作和长期性的试验研究工作宜采用按学科的组织形式，开发性的和工程性的工作宜采用按项目的组织形式。

再次，选择组织形式时，要考虑到资源的合理利用，包括人力、物力和财力的合理利用。一般说来，在科学技术力量不足的条件下，宜采用集中的按学科的组织形式，便于合理安排任务与调节，以避免任务不平衡时的人才浪费现象。

最后，对特定的学科选择其形式时，应该考虑到该学科的知识发展速度，这关系到一个科技人员在其学科（专业）领域里的成长发展问题。一般来说，在学科的知识发展速度慢、完成任务（项目）所需时间不长的情况下，宜采用按项目的组织形式。对于一个知识迅速发展的学科来说，如果让该专业学科人员长期脱离其学科（功能）组，去某个项目组内从事研究与发展工作是不合适的，这会使他落后于原学科（专业）的发展水平。一般说来，从学科组调入项目组（产品组）的工作期限不宜太长，最好是半年到两年左右。

如果把项目完成期（T）和项目所需要的特定学科领域的知识发展速度（dk/dt）作为确定组织形式的主要因素，也就是说，把组织形式作为项目完成期和项目所需某学科知识发展速度（dk/dt）的函数，那么可以得到如图4所示的关系图。它可作为选择组织形式的参考。

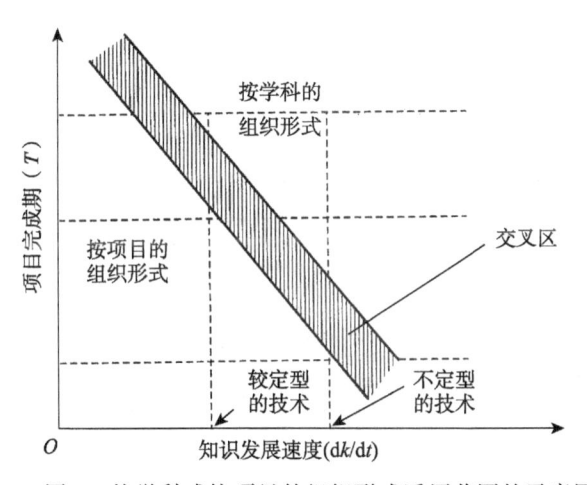

图4 按学科或按项目的组织形式适用范围的示意图

第四节 矩阵式组织形式

上一节分析了基本的研究与发展单位的两类组织形式——按学科的组织形式与按项目的组织形式。从分析中可以看出，它们各有优点与缺点。这就促使人们去思考与探索一种兼顾两者长处的组织形式，既能保证科研与创新成果的高水平，又能缩短研制周期，较快地出成果，出新产品。矩阵式组织形式就是在这种指导思想下产生的。它产生于 20 世纪 50 年代,到 20 世纪 60 年代在美国获得了广泛的应用。

一、矩阵式组织形式及其主要特征

研究与发展单位的矩阵式组织形式是将学科与项目交叉组织起来的一种组织形式,其原理如图 5 所示。

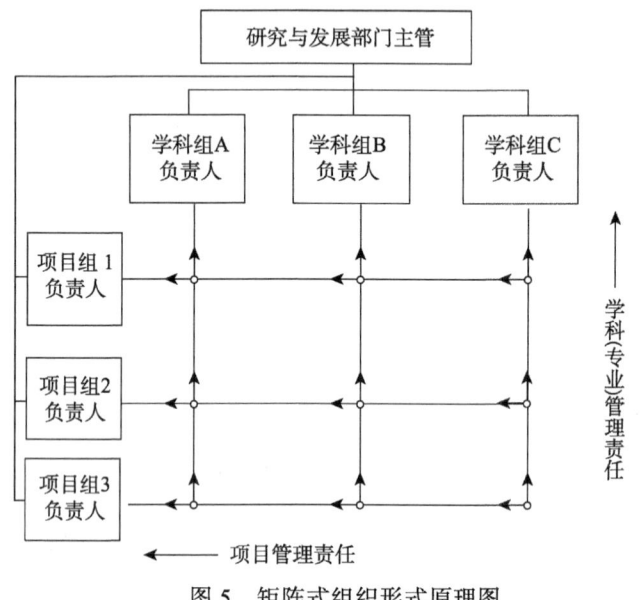

图 5 矩阵式组织形式原理图

在这种矩阵式组织形式里,一个科学技术人员同时接受两个上级的领导:学科组负责人的领导和项目组负责人的领导。项目组负责人负责整个项目(课题)的进度和质量,因而他更多地关心科技人员任务的完成情况,经常对科技人员进行这方面的领导并发出指示。学科组负责人则往往更多地关心科技人员在专业(学科)上的成长与发展。在很多情况下,科技人员要完成项目组负责人分配的任务,在任务不足一人的工作负荷时,他同时还要担负学科组内的任务。在这种情况下,一个下属同时接受两个上级的"多头"领导的矛盾更为突出。

在上述原理图的说明中,已可以看出矩阵式组织形式的某些特征。为了更好地掌握和运用这一形式,进一步讨论如下所述。

矩阵式组织形式最明显、最突出的特点是,有些科技人员或下级主管人员有两个上级,要接受来自两个方面的领导与指挥,而这一点与传统的管理原则不相容。按照传统管理原理,一个下属只能向一个上级报告工作,接受一个上司的指挥。

矩阵式组织形式不能仅仅限于组织上的矩阵结构形式，还应包括采用矩阵式系统，如双重评价系统与控制系统。双重评价系统，即对矩阵式组织形式内的科技人员由两个系统的上级分别考核其业绩，并据以作出最终的评价。此外，要采用适合于矩阵式组织形式的领导方式，培植有利于解决管理中出现的矛盾和平衡两个系统权力的矩阵式的工作方法与传统。

矩阵式组织中各层次人员各有其独特的重要作用。

高层领导（如图 5 中的研究与发展部门主管）应注意处理所属两个平行系统负责人（学科组负责人与项目组负责人）之间的关系，特别是注意平衡两者对其同一下属的权力分配问题（如指挥权、晋升权）。矩阵两侧的领导（学科组负责人、项目组负责人、产品负责人等）同时领导一个下属，需有独特的领导方式，如遇事要多商量，共同决策等。基层工作者（科技人员）同属两个上级领导，要注意处理好同两个上级之间的关系。

在不同的工业部门中，有不同的矩阵式组织形式。目前在国外，这种组织形式已广泛地运用于航天工业、电子工业、计算机工业、化学工业、包装用品工业、银行、医院、保险公司、政府部门及各种专业组织。

大多数矩阵式组织往往给职能部门规定双重领导责任，如把领导责任赋予工程技术部门、生产部门、营销部门等，其目的是使它们能很好地利用各自特定的资源。有时也把双重领导责任赋予产品部门，其目的是保证生产。这一点将在下面矩阵式组织形式的应用中进一步说明。

二、矩阵式组织形式的应用

在下列情况下，适宜采用矩阵式组织形式。①当某项工作必须同时向两个领导部门负责，如工业技术开发项目必须同时向技术部门和营销部门负责。②当科技人员面临很多不确定性问题，要解决这些问题，必须进行大量的高质量的信息处理。③任务的完成受到人力或财力的极大限制。

矩阵式组织形式已在国内各部门中得到广泛应用，一些先进的企业运用这种形式取得了成效。为了更好地理解矩阵式组织形式，现列举几种应用方式如下。

（一）在研究与发展单位中的应用

上一节中我们已讲过按学科与按项目的组织形式同时并存的混合组织形式。这种结构的缺点之一，是在项目组内的学科专业科技人员往往会出现忙闲不均或某一时间内负荷不足的现象。例如，项目组 P_2 需要电子方面的人才，其任务仅为半个人的工作量，若分配一个人就会工作量不足。因而，在工作负荷变动的情况下，采用矩阵式组织形式便有其优越性。图 6 为研究与发展部门的矩阵式组织形式示意图。

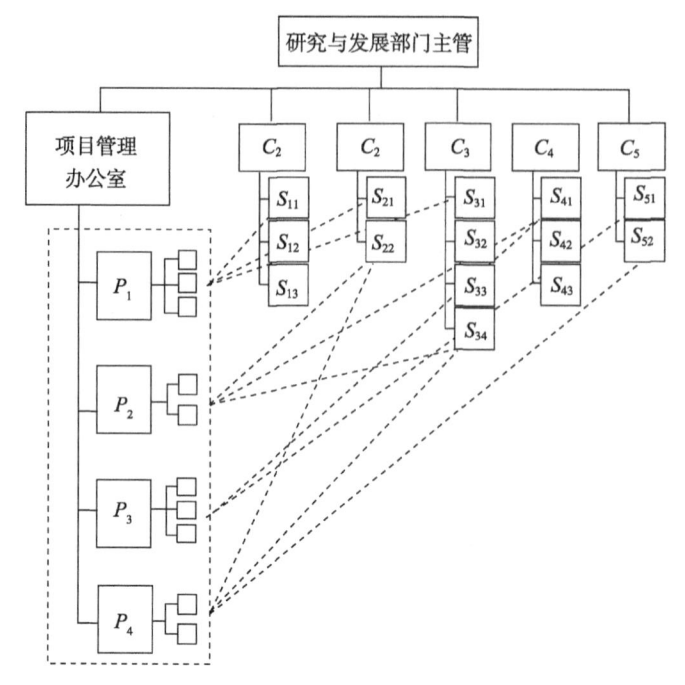

图 6 研究与发展部门的矩阵式组织形式示意图
P_i—项目经理（项目负责人）；C_i—学科组长；S_{ij}—科技人员

在项目管理办公室内，一般设有行政管理干部和"系统"这一层次的工作人员，后者主要负责解决各子系统之间的协调配合问题。例如，华为为了协助项目主管搞好管理与协调，在其中央研究部门内主管下设立的办公室内配备有具有硕士学位（或相当）的工程管理经理（专职管理人员）。

（二）在工业技术开发中的应用

矩阵式组织形式的突出优点，在于它能有效地促进多学科研究与发展项目的顺利进行。与基础性研究相比，开发性研究项目更加需要多学科的协作，因而更适宜于采用矩阵式组织形式。

另外，工业创新是一项多部门的协作性任务，涉及很多部门和方面。同时，新产品开发中遇到的问题带有很多不确定因素，原有的计划与安排常常会被打乱，问题的解决又要依靠各职能部门的协作。如果没有一个合适的组织形式，就会带来两个明显的后果：一是使各职能部门（设计、工艺、工具、生产、计划、供应、销售、财务等）的负责人负担过重；二是使企业领导精力被新产品开发带来的问题牵制，陷入日常琐务。因为，处理新产品开发中出现的新情况，需要在管理方面作出很多的决策和处理更多的信息。

解决问题的方向，一是产生一种新的协调体制去适应多部门协作的新情况；

二是将部分决策权下放，使一部分问题能通过低一级的协调获得解决。实践证明，采用矩阵式组织形式，由各职能部门的代表参加组成新产品项目组或委员会，是一种有效的办法。我国机电行业中把这种组织方式称为"一条龙"的组织形式，即组成一个由新产品项目负责人牵头（产品工程师或管理工程师），由设计、工艺、工具、生产、供应、销售、财务、各有关车间代表组成的新产品工作组，由这一组织进行横向沟通，协调各职能部门，及时解决开发新产品中所出现的种种问题。

图 7 就是把矩阵式组织原理扩大到新产品开发领域的组织形式示意图。参加新产品协调组（委员会）的代表可以全程参与这一工作，也可部分时间参与这项工作。

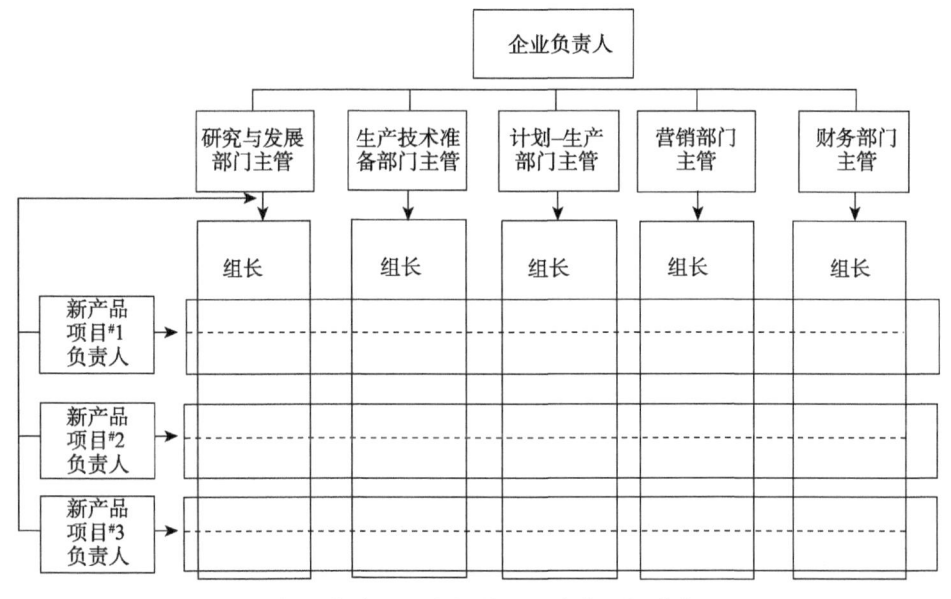

图 7　新产品开发领域的矩阵式组织形式

由于新产品开发存在着规模大小的区别，如开发一架新型的远程飞机和一台仪器，其研究、发展与技术准备的工作量和试制周期相去甚远，因此其组织的规模与所参加的部门也大不相同。那种大规模的产品开发项目组所包括的职能部门遍及整个企业，因此项目组往往由相当于公司副总裁一级的高层领导担任，这种项目组也称为重量级项目组（heavy-weight project team）或重型团队；相反，那些参与部门范围小（通常限于研究与发展部门或技术部门范围之内）的项目组被称为轻量级项目组（light-weight project team）。由于团队在近年来发展了不少新鲜经验，拟专门设立一节加以讨论。

新产品项目组织的牵头单位（牵头人）可以是固定的，也可以是轮换的。采用后一种方式，就是在新产品开发的进程中，根据新产品开发中的阶段性来确定各阶段的牵头单位。例如，在新产品研制的早期阶段可以由研究与发展部门的代表来牵头，进入试生产阶段可以由计划-生产部门负责牵头，进入试销阶段则可以由营销部门牵头。

三、矩阵式组织形式的优缺点

在讨论矩阵式组织形式等问题之后，有必要对矩阵式组织形式的优缺点作一些归纳。矩阵式组织形式有如下优点。

（1）有利于加强责任制，缩短研究与发展周期。在矩阵式组织形式中，有专人对一个研究开发项目的各方面工作负全责。他负责了解、掌握和处理该项目的所有问题，因而与按学科的组织形式相比，可以缩短项目的研制周期。

（2）有利于充分利用技术部门的人力与物力。各项目组可以共同利用研究与发展部门技术系统的各种专门人才，如模型制作人员、计算机程序人员，不必各搞一套，可以节约人力与物力。

（3）有利于科技人员的专业成长。在矩阵式组织形式中，担负项目的科技人员在学科方面还有一个"家"，有学科负责人关心他们的业务知识更新和培训等方面的种种事情。

（4）有利于扩展科技人员的知识面与眼界。长期固定在一个学科组里，知识面很窄，不利于打开科技人员的眼界和发明创新。从学科组转入项目组，再从一种项目组转入另一类项目组，有利于科技人员扩大知识面和成长。

（5）富有灵活性，易于适应工作任务与客观需要的变化。这主要是由于把完成同一任务所需的有关人员集中在一个项目组里，便于及时讨论与决策。

（6）由于项目组与学科组之间的互相促进与互相支持，自然而然地会在费用、时间进度与业绩各方面进行校核和平衡，从而有助于研制效益的提高。

（7）由于决策权的适当下放，可以使高层领导摆脱日常事务的纠缠，集中精力于全面性、长远性、战略性的决策。

矩阵式组织形式也有缺点，主要表现在以下两个方面。①需在管理上进行不断调整，以保持项目系统与学科系统之间的平衡，特别是责与权方面的平衡。②需要在管理上作不懈努力，使项目组与学科组在确保项目时间、进度、费用、业绩上目标一致，以达到较高的经济效益。

四、改进矩阵式组织形式的途径

为了充分发挥矩阵式组织形式的长处和克服其不利的一面，需要注意以下几个方面。

首先，要处理好任务与学科的关系，既要保证按期完成当前研制任务，又要使进入矩阵式组织中的科技人员能不断提高其专业水平。在以研究性任务为主的研究单位，领导要把注意力更多地放在确保研究任务的完成；在以开发性任务为主的研制单位中，领导不能只注意抓眼前的、近期的研制任务，而忽视了矩阵式组织内的科技人员的专业水平的提高，使企业失去技术优势。

其次，注意采用适合于矩阵式组织形式的领导方法与工作方法。矩阵式组织形式最明显的特点之一在于其菱形结构（图8）。它不同于传统的金字塔形结构。处于菱形结构基层的科技人员，要接受两个以上的上级的命令与指挥。解决这种多头领导的矛盾，是矩阵式组织形式面临的一个重要问题。菱形结构是既定不变的，关键是寻找和采用适合这种结构形式的领导方法与工作方法。

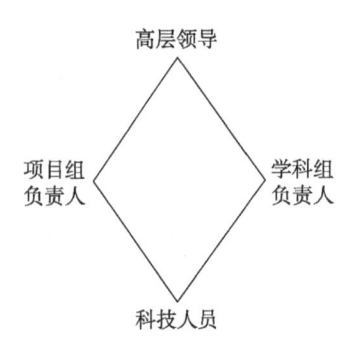

图 8　矩阵式组织形式的菱形结构示意图

对处于菱形顶上的高层领导（在独立的研究所里是所长，在工业公司里是研究与发展部门主管）来说，其领导方法要注意民主与集中相结合，做到既有统一目标又能协调菱形两臂间的关系（两臂是以项目组负责人为一臂，以学科组负责人为另一臂）。具体有以下三点：①由于两臂间的存在矛盾和会同时受到来自两臂的压力，领导在作决策时要注意两臂的平衡，以防挫伤一臂的积极性。②由于菱形结构中有来自多方面的信息，为了有效地处理这些信息和作好关键性决策，高层领导应把自己看作几个关键决策者中的最终决策者，把好关键决策的关，同时又必须创造一个和谐的工作与决策气氛。③高层领导必须制定预期的工作目标和业绩标准，并据以协调各方面的工作。

再次，要注意配备好菱形两臂的负责人。一般来说，项目负责人要求有较强的组织能力和协调能力，最好是配备具有较广博专业知识、有创业精神和组织能力的年富力强的专业人才。这种人才还要善于共事合作，能处理好同各方面（各职能部门、各学科组）的关系。学科组的负责人一般应是在学术方面有较深造诣的科技人员，诸如年龄已过创造的黄金时代的科学家或高级工程师。

最后，在矩阵式组织形式的应用上，可以采用"逐步前进"的办法。矩阵式组织形式从采用到发挥作用，不是一朝一夕的事情。习惯于传统的金字塔形结构形式的人们，对它结构形式上的独特性不能立即适应，从组织上、思想上到领导方式方法上去适应它，需要一个过程。为此，可以采用逐步前进的方法，先建立短期的项目工作组，然后过渡到固定的较长期项目组，进而使整个研究与发展部门全面采取矩阵式组织形式。矩阵式组织形式贵在一个"灵活性"。它不同于传统的刻板的按职能分工、直线下达命令的组织领导方式，它提倡上下左右协商，横向沟通，这些都是发挥系统有效性的现代组织特征，因而矩阵式组织形式的采用可以把管理水平提到一个新的高度。经验证明，在那些一度使用过矩阵式组织形式而后又返回到传统的金字塔形组织结构的单位里，那种管理上的"灵活性"、横向协调、相互协商等方面的优良工作作风，还可能被继续保持和沿用，矩阵式组织形式虽然消逝了，但其"遗风"犹存。这也可以说是采用矩阵式组织形式的一个重要优点。

五、关于组织结构变革与创新的整体设计问题

组织结构是关系到一个企业和组织的效率、效益和创新能力的重大问题，但又是一个复杂的涉及企业和组织的整体问题，它的设计和变革创新不能孤立地从单一的角度来考虑，必须从全局上来把握。

组织设计及其变革创新是一个涉及组织结构、业务流程、报酬系统、人力资源管理、战略的精细化的过程，旨在构造一个有效实现企业战略的组织。在企业的整个发展过程中，需要把上述五个方面（图9）动态地协调配合，企业和组织才能最大限度得益。

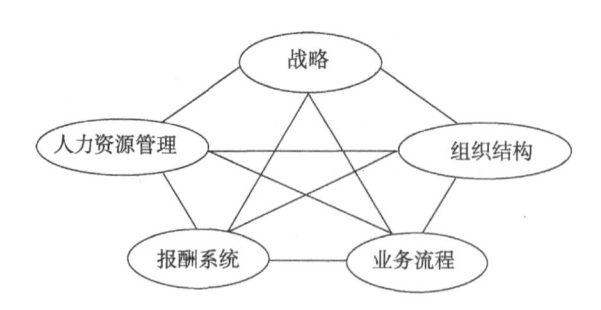

图9 组织设计及变革创新的五角模型

在组织设计、变革与创新过程中，首先要考虑组织的战略——愿景、方向与竞争能力，将企业的战略转化为组织的能力。这有利于理解、实现企业的战略性方向与组织能力的形成。要明确组织的范围与内外环境，以解决存在的问题与寻求变革的机会。表2展示了海尔集团在其发展的三个阶段中，如何协调其战略、组织、文化、市场与技术创新。

研究、发展与技术创新的组织结构和团队管理

表2 海尔战略、组织、文化、市场与技术创新的协同

创新的协同	阶段一 1984~1991年	阶段二 1992~1998年	阶段三 1999年至今
战略创新	名牌战略	多元化战略	国际化战略
结构与流程创新	直线职能制	矩阵、事业本部制	流程型网络结构； 内部市场链
文化创新	质量第一"零缺陷"	创造市场，"真诚到永远"的服务观念	速度、创新； 人人都是SBU
制度与管理创新	全面质量管理（total quality management, TQM）	OEC管理	全面创新管理
市场创新	靠高质量占领市场	靠品牌实现多元化扩张	先难后易，"三个1/3"国际化、本土化
技术创新	引进、模仿创新	模仿基础上的二次创新	模仿创新与自主创新相结合的组合创新； 以技术创新为核心的全面创新模式

注：OEC管理模式是海尔集团于1989年创造的企业管理方法，其中"O"代表overall（全方位），"E"代表everyone（每人）、everything（每件事）、everyday（每天），"C"代表control（控制）、clear（清理）。

其次，企业的组织结构与流程应随企业的成长而演变。图10简要地勾画了当企业由小而大时，其结构由简单向复杂演变的过程。

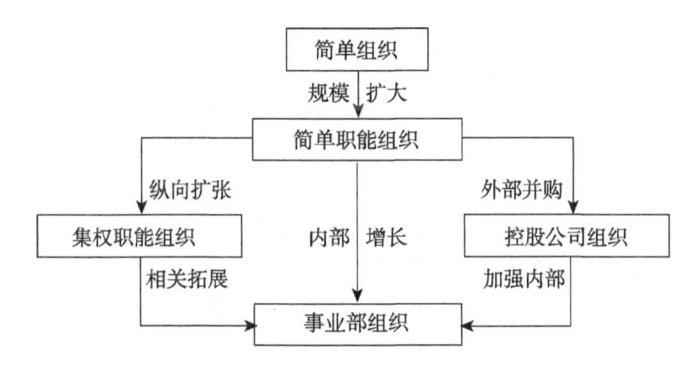

图10 组织结构与流程随企业成长演变

再次，在环境变化日益复杂、竞争日益激烈、技术创新要求缩短周期以尽快满足顾客要求的情况下，如何处理好结构与流程的关系是当今变革与创新中必须认真对待的问题。当前总的趋势是突出流程变革与创新，构建基于流程的组织结构，即以业务流程为中心，围绕业务流程来构建各种职能服务机构（中心）。

图11是一个基于流程的组织结构图。

流程导向的组织结构，包含以下各种结构形式：矩阵结构、整合角色、团队、横向流程、网络。

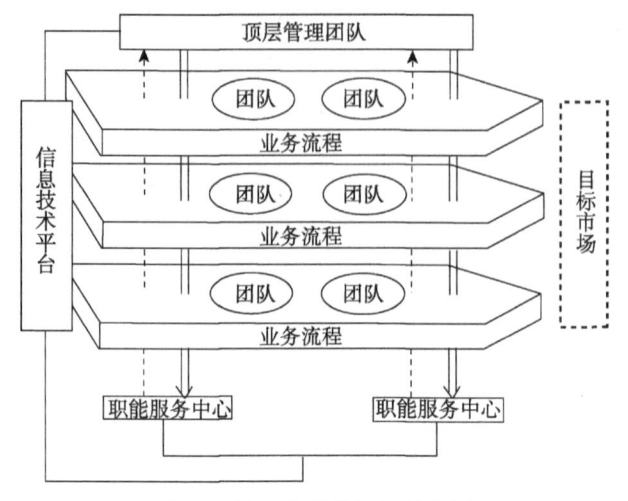

图 11　基于流程的组织结构图

第五节　团队及其组织

团队也称为任务组或工作组，它同小组具有很多共同点，但有其特点。[①]在进入团队的讨论之前有必要简要说明两者的区别。

一、小组、团队与业绩

小组与团队这两个名词往往被互换使用，但它们是有区别的。小组一般有一个明确的领导人，企业会对他进行单独的考核、评价和计酬。团队往往是一组人共享领导权，对他们同时作单个和集体的考核、评价和计酬。表 3 列出了两者的主要区别。

表 3　小组与团队的区别

特征	小组	团队
规模	两人以上，也可以很大	少数，通常在 5~12 人之间
领导	有一个明确的领导人作决策	共享领导权
工作	·成员间明确严格分工 ·每人完成一个独立部分	·成员各自完成一部分任务，共担责任 ·成员各施其互补的技能，共同完成整个产品或过程
核算/评价	领导者评价各成员业绩	成员互评业绩和整个团队业绩
报酬	根据各成员的个人业绩计酬	根据成员和团队整体业绩计酬
目标	组织确定	组织和团队

小组和团队是一个统一的连续体，将其很清楚地划分是困难的，因为两者是属同类的。可以这样说，所有的团队均属小组，但不是所有小组均为团队。因而

---

①团队（任务组）的英文为 team，而小组的英文名为 group。

往往用自主程度，即上级管理指挥、自我管理和半自主管理来加以区别。上级管理指挥明显为小组，自我管理者显然是团队，而半自主管理则介于其间。

小组是一个组织（企业或非营利组织）的骨架，是一个组织的基本的活动单位。因为一个组织或一个部门的业绩与效益都受到小组工作业绩的影响。可以认为，管理的效益（业绩）是由小组（团队）业绩决定的，因而领导和管理好小组（团队），使之具有良好业绩，具有十分重要的意义。一般说来，小组与团队的业绩主要取决于以下各个因素。

（1）小组的结构，包括小组的类型、规模、组成、成员的状况（素质）与目标。

（2）小组的管理过程，包括小组的领导与决策水平、行为规范与凝聚力、对内部矛盾的处理。

（3）组织环境，包括外部环境和宗旨（使命）、战略、文化、组织的结构、系统和过程。

（4）小组的发展阶段。下面对这一点将作专门讨论。

二、小组的发展阶段

据研究，一个研究组（包括产品开发组）的业绩同该小组的所处的生命周期是相关的。[①]研究小组发展周期理论对理解小组的行为及其业绩是十分必要的。

根据罗宾斯（Robbins）的分析，小组的发展可以分为组前期、形成期（阶段1）、风暴期（阶段2）、规范期（阶段3）、成就期（阶段4）和休止期（阶段5）。图12为这一发展过程。

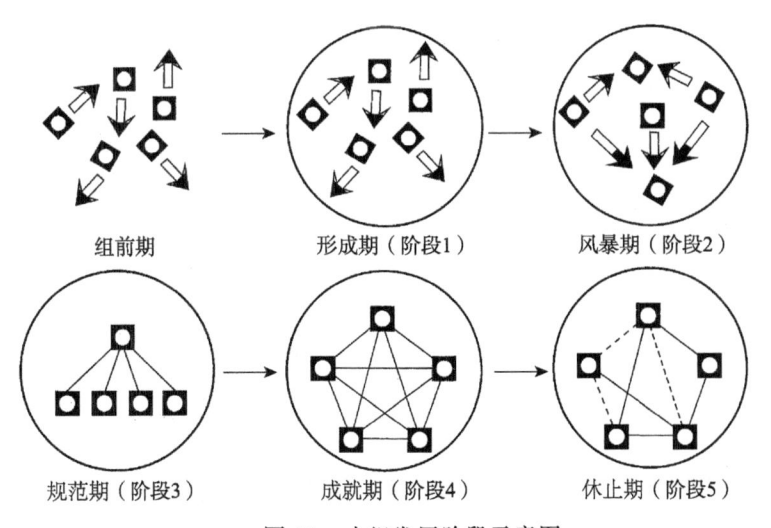

图12 小组发展阶段示意图

---

① 详细说明可参见许庆瑞的《技术创新管理》（浙江大学出版社，1990年）。

在形成期，人们参加小组，并定义小组的目标、结构和确定领导，其特征是具有较大的不确定性。风暴期是各种矛盾丛生的内部矛盾激化阶段，由于成员来自各方，各自的价值观与文化不同，再加上领导与被领导之间的矛盾，此阶段中矛盾最多。渡过此阶段后，将出现一个有序的阶段。在规范期，成员价值观逐渐接近、融合，小组的规范得以确立，人们相互理解，随之进入出成果的黄金时期（成就期）。在成就期，小组充分履行其功能。这也是小组的最后的一个阶段。

对于一些临时性的小组（如团队、工作组等组织）还有一个阶段（休止期）。在此阶段中小组准备解散，以便让有关成员返回自己的功能（学科）组织。在科学技术发展迅速的时代，不宜让科技人员脱离其功能组太久，这样有利于他们较系统地获得学科的新知识和新技能。

小组动态发展的理论提出了对小组进行动态管理的要求，必须根据小组所处的不同阶段，抓住其面临的主要矛盾，因地制宜进行不同方式的管理和调整。只有进行针对性的管理才能及时正确处理小组存在的问题，从而保证小组取得最优的业绩。

三、团队的类型与优势

现代组织的变革，如扁平化、柔性化、网络化和全球化，均是以团队组建为基础。这是因为团队这一组织形式能够更好地集中企业中的各种专家和更快地形成所需的新思想（构思）和新产品，并能使新思想、新产品在短时间内通过企业各环节进入市场，并取得商业上、经济上的成功。在进一步详细讨论团队的优势之前，有必要先分析团队的类型。可以从下列四个方面进行团队的分类，即目的、期限、成员组成与结构（表4）。

表4　团队分类

分类标准	分类结果
目的	·产品开发 ·解决问题 ·再造工程 ·其他特定组织目标
期限	·长期性的 ·临时性的
成员组成	·同功能 ·跨功能
结构	·有指导（管理）的 ·自我管理的

团队可以根据目的组成，如产品开发、新工艺、建立贯彻质量标准 ISO 9001 等分类。

团队可以在同一功能部门内组织，这样的团队是长期性的。临时性的团队包括工作组（task force）、项目组、解决问题小组，以及其他为发展、分析、研究某一经营业务或工作问题而组建的短期工作组。

团队成员可以是同功能的或跨功能的。部门性团队是同功能的，因为其成员来自本部门中的某一特定领域。现代团队组建的趋势是跨功能的，它有利于为实现同一目标进行通力合作与创新。跨功能团队成员来自不同的功能领域和组织层次。

实际工作中，大致将团队划分为三种类型：功能型团队、自我管理型团队和跨功能团队。

团队组织形式之所以得到广泛运用，主要在于它具有很多优点，主要可以概括为以下几个方面。

（1）创造出合作精神。团队成员期望在工作中互相学习、共同提高，因此促进了合作、提高了士气。团队的价值标准鼓励人们追求卓越，与此同时创造出了一种从工作中获取满足感的气氛。

（2）有利于战略思考。运用团队组织，特别是自我管理团队，可以使管理人员从忙于监控、"救急"中摆脱出来，进行战略性思考和做好长期的战略规划。

（3）增强决策的适应性与正确性。将决策权部分地从上层管理移向团队使组织更富柔性。由于团队成员往往比上层管理更了解问题的症结和环境，掌握更多的第一手情况，因而能更妥帖地解决存在的问题。

（4）有利于产品创新。跨功能团队成员来自不同的功能部门，具有多种学科背景和不同方面的多种经验和技能，这样的集体有利于发散思维、创造出新的思想和解决问题的方案。

（5）有利于提高工作业绩。以上各项因素均能促使工作业绩提高。一些采用团队组织形式的大公司的经验表明，团队方式有利于消除低效和浪费，克服官僚主义，促进创新思维和改革，相比于以个人（小组）为基础的工作方式可以大大提高工作的效率和业绩。

正是由于团队的这种优势，"把小组转化为团队"已成为近二十年来一种不可阻挡的趋势，特别是在需要跨功能、多部门合作的研究、发展与技术创新的企业与部门中。

四、高效团队的组织

并非任何团队都是有效率的团队。怎样才能成为一个高效率的团队，先要弄清高效团队的特征。一般来说它包括以下几点。

（1）目标明确。高效率团队需要有一个为所有成员所理解的明确目标和完成该目标的重要意义。目标是鼓励成员把团队目标视为自己的事业并且以献身精神努力工作的重要条件。

（2）具有需要的各种技能。高效率团队必须由具有实现目标所需各种知识和技能的能力较强的成员组成。他们不仅技能高而且思想品质好，能很好地合作。

（3）相互信任。成员间的高度相互信任是高效率团队的重要特征和要求。但信任是有条件而且容易被破坏的，需要精心地培育和维护。一个团队内的相互信任的氛围受到组织文化和管理行动的强烈影响。管理人员可通过下列方面营造相互信任气氛：①加强成员间沟通；②支持成员的创新思想；③尊重成员；④平等、公正待人；⑤守信。

（4）团结一致，共同奉献。

（5）良好的沟通。

（6）相互切磋，提高技能。

（7）适宜的领导。

（8）内外支持。

（9）凝聚力和良好的管理是确保团队高效率运作的重要条件。

影响团队高效运作的因素众多。根据泰勒等对百余个团队（大多是自我管理团队）的调研，团队成功的重要因素是：目标明确；沟通与顾客的介入；团队结构与成员素质。

表 5 列出了该研究的结果。它不仅指出了影响团队成功的因素，同时列出了影响其失败的因素。致使团队失败的主要因素是：人际矛盾；管理者不力；目标不明；阻碍变革；缺乏管理的支持。

表 5 团队成败因素

成功因素	频数	失败因素	频数
目标明确	87	人际矛盾	45
沟通与顾客的介入	83	管理者不力	45
团队结构与成员素质	78	目标不明	40
管理的支持	57	阻碍变革	35
管理行为	45	缺乏管理的支持	35
领导与促进	28	认同/报酬问题	21
培训	25	培训问题	18
认同	13	领导问题	18
		优先级上的矛盾处理不善	14
		沟通问题	13
		人员散失	11

五、团队的凝聚力

团队的凝聚力决定了其能力的发挥与业绩高低。研究表明，凝聚力强的团队，成员合作好、互相学习、同心同德，为小组实现目标团结一致地作出努力，又在共同战斗中增强了凝聚力。图 13 描述了效率与凝聚力的关系。

团队目标与企业目标一致性	凝聚力 高	凝聚力 低
高	极大地提高效率	较好地提高效率
低	降低效率	于效率无显著影响

图 13　效率与凝聚力的关系

许多研究对比了凝聚力强和弱的不同团队，以揭示其对团队业绩的影响。这些研究发现如下内容。

（1）凝聚力强的团队由于成员间相互信任和合作，关系融洽，心情舒畅，工作中失误少。由于业绩好而提高了成员的成就感与满足度，这反过来又进一步促进了团结和凝聚力。

（2）凝聚力强的团队能很好达成上层管理所要求的业绩和效率指标，从而进一步获得管理层的支持。

（3）凝聚力强的团队也可能是低效的，达不到上级管理所要求的效率指标，其往往是一些负面因素作用的结果（如阻碍变革、对某些管理措施有不满情绪）。

（4）处于中等效率的团队，往往是那些凝聚力弱的团队，这种团队里的成员的业绩与效率往往相差甚远，而且不尊重上层管理所提出的效率指标。

（5）凝聚力关系着团队业绩与效率，那么，什么是影响凝聚力的因素呢？影响团队凝聚力的因素主要有如下几个。①目标。只有当团队成员对实现的目标有强烈的认同感时，全体成员间才能产生团结一致实现目标的凝聚力。②规模。规模大小合适也是保持较强凝聚力的重要因素。据统计，保持较强凝聚力的最佳团队规模为 3~9 人。③匀质性。一般来说，素质相似的人在一起易于凝聚，但这对作出富有创新的决策有不利之处。④参与。在一般情况下，给成员以充分参与决策的权利与机会，易于形成较强的团队凝聚力。⑤竞争。竞争会影响凝聚力。如果在团队内加强竞争，会导致成员的外向，会影响团队的凝聚力。如果引向外部竞争，则团队成员会团结一致击败对手。⑥成就。团队在完成目标上越成功，其凝聚力会越强。凝聚力又可以孕育更大的成功。人们所期望的是一个成功与胜利的团队。

凝聚力对团队具有如此大的影响,因而领导的责任在于如何创建和培育有凝聚力的团队,这种团队能经得起高效率运作的考验。领导者要善于运用"参与式的民主管理"来发展凝聚力,要运用开展团队间的友好竞争来促进团队凝聚力与竞争能力的提高。

第六节 团队的管理与基层组织的特种功能

团队的管理主要有四个功能:计划、组织、领导与控制。

计划的重要性在于它关系着目标的确定,而目标明确是有效组织团队工作的首要点。目标的确定是计划工作的重要部分。根据内外环境,正确地确定目标并使之为所有成员所接受和理解,是团队管理的起点和归宿。

组织工作包括团队的责权确立和组织结构的设计和建立。对任何一种团队来说,"我们有多大的权限"都是一个关键问题。及早明确一个团队的责权是建设和管理好团队的前提。一个责权不明晰的团队不可能产生出好的业绩。团队领导的选择和确定也是团队建设中极为关键的问题。另外,如何正确地分配成员的任务和发挥他们的积极性与创造精神,也是团队组织工作的重要方面。[①]

控制中的主要问题有两个,一是如何评价团队的业绩,二是如何设计和采用合适的报酬制度。

关于领导的问题将在第七节讨论。

卓越的创新型企业的成功经验表明,管理好一个团队(小组)不仅要有上述的几种传统的管理功能,从现代研究与发展管理的需要来看,更需要具有各种特殊的功能及其载体。

一、基层组织的五种特殊功能

从上述各章节对技术创新过程的分析中可以看出,成功的创新还需要有如下五种不同的功能。

第一,产生新思想的功能:分析有关市场、技术、工艺、操作方法等各方面的信息,从而得出新产品或新工艺的设想。

第二,创业的功能:通过鉴别、确认、提议,推动和证实一个新的技术设想、方法和程序,以便获得主管部门的批准。

第三,领导项目的功能:通过对各项活动的规划与人员的协调,将一个经过验证了的新设想投入实践。

---

① 限于篇幅,关于如何正确分配小组成员的任务,可参考许庆瑞编著的《研究与发展管理》第七章(高等教育出版社,1986年)。

第四，收集与沟通信息的功能：通过收集信息和疏通信息渠道，了解内外环境的变化。信息的收集可以集中在市场发展方面，也可以集中在制造或技术方面。

第五，指导和辅导的功能：特别是指导缺乏经验的年轻科技人员。

以上所讲的五种功能大多具有独特性与非正式性质。

独特性是指这些功能都是特别功能，这些功能不是什么人都能担当起来的，需要有特种气质和特长的人来担负，不像程序性的技术工作，但凡经过技术训练的人都可以担当起来。因而，不是随便去指定一个人、录用一个人，就能把这一特定功能担负起来。一般来说，刚一进入项目组（课题组）的新手是担负不了这种功能的。据国外统计，70%~80%的科技人员不能胜任这方面的功能。

这类功能的另一个特点是它的非正式性质，一般无法用工作规范来加以具体说明和规定，不列入组织的规章之内。

上述功能及其性质，有三点值得提出和强调：①有一些功能，如产生新思想，往往不仅仅依靠项目组的某个人，而需要有更多人来参加，做到集思广益，这样才有利于保证项目（课题）的成功；②某些有才华的人，不仅限于完成某一方面的功能，还可以身兼"多种功能"，在几个方面发挥作用；③人们在这些功能方面所起的作用也不是一成不变的，随着时间推移和智能的发展，可以在不同阶段担负不同的功能。

这种功能虽具独特性与非正式性质，但却十分重要，缺少了它会影响研究与发展项目的进行。例如，缺乏产生新思想的功能，就会使项目因缺乏创新思想而变得没有活力，使产品技术水平不能提高。

某些单位往往比较重视新思想的产生，但忽视了另一些功能，如创业功能。实际上实现新思想往往比产生新思想要花费更大的力量。如果不具有企业家的创业精神和坚强意志去支持新思想，去克服种种困难，新思想往往会半途夭折。

又如，缺乏领导项目的功能，会使项目落后于进度而突击赶工，影响成果的质量、水平与效益。当然，基础研究与试验发展不同，在基础研究方面不需要过分强调这方面的功能。

再如，缺乏桥梁人物所起的沟通信息的作用，会造成项目进行了一段时间才发现所研制的新产品原来是过时的、落后的。

指导和辅导不适当，往往会造成缺乏经验的青年科技人员把项目过早地转入应用，从而在组织生产时给制造部门带来很多不必要的困难，甚至影响产品的质量。

以上分析说明，这五种非正式的独特功能虽不是科学技术工作本身，但却是研究、发展与技术创新过程中必不可少的有机组成部分，忽略它们将给工作带来不良的后果。

进一步说，上述各种功能的重要性，还表现为它们各自重要作用的阶段性。在开始阶段，新设想产生的功能最重要。稍后一些，支持项目的企业家精神成为推动项目进行的最重要功能。当然，这并不是说，某一种功能重要性突出了，其他功能就消失、不起作用了。随着项目的进行,每一个阶段中有一两种功能的作用会突出出来,其他的功能相对来说变得次要一些。根据这一点,可以看出,在配备人员方面要注意几点:①配备人员要因时制宜,在项目的不同发展阶段,要配备不同功能的人才;②要注意人员流动;③人员的配置不仅要根据技术能力、智力结构,还要注意素质和各种独特的才能。

二、不同功能承担者的特征

经验证明,在研究与发展部门和其他科技单位里,能胜任上述各项重要的独特功能的科技人员,应具备如表 6 中所列出的各种特征。例如,善于做理论抽象工作的人,比实际工作者更能产生新的思想。

表 6　创新过程中的重要功能及其承担者的特征和适合的组织工作

重要功能	人员特征	适合的组织工作
产生新思想	·某一两个领域中的专家 ·善于做概念、理论和抽象思维工作 ·喜爱创造性工作 ·往往独自作出贡献 ·喜欢一人单独工作	·产生新思想与分析其可行性 ·解决问题 ·接触新东西和用不同途径解决问题 ·寻求突破
创业	·强烈关心应用方面 ·具有广泛的兴趣 ·不喜好在基本知识方面作贡献 ·有能量和果断	·向其他人或组织传播新思想 ·争取资源 ·支持别人 ·担负有风险的工作
领导项目	·善于利用信息进行决策和解决问题 ·对他人的需要很敏感 ·知道如何运用组织结构去解决问题 ·了解与熟悉多种学科,并知道如何进行配合(如市场和财务等)	·领导和鼓动小组成员 ·项目的组织与计划 ·组织实现上级部门下达的任务 ·协调组内各成员的工作 ·使项目有效地进行 ·使项目的目标与组织的需要相一致
收集与沟通信息	·具有较高的水平 ·平易近人 ·乐于面对面地帮助他人	·通过杂志、会议、同事或其他公司获得外界发生的各种有关信息 ·把信息传给他人,善于接近同事 ·在组织中成为他人的信息来源 ·在科技人员间进行非正式协调
指导和辅导	·具备开发新思想的经验 ·是一个良友益师 ·能指出目标 ·往往是一个资深人员,了解组织的内情	·作为项目领导人的支持者,进行宣传鼓动、引导和指导 ·作为一个有年资的高级科技人员,提供接近领导的渠道 ·缓解项目组所受的不必要约束 ·协助项目组得到组织内其他部门的帮助 ·为项目取得合法性和组织的信任

表 6 表明,为了使技术创新有效地进行,必须在一个基层科研组织中配备具有各种不同独特功能的科研人员,互相补充。对不同功能的承担者,应予以各种

不同的支持、激励与督促。不能只是片面地从某一个角度和标准（如创造性）去给基层组织（项目组或课题组）选择和配备人员。

具有创造性、善于产生新思想的科学技术人员，是一种特殊人才，应选拔出来，加以培养并用特殊方法来管理。例如，在安排任务时，不能在时间进度上卡得过死，要给予充分的时间，让他们同其他信息源沟通和进行创造性的独立思考。另外，对于这种具有独创才能的人，应分配给较高级的创造性工作，并且让他独自去工作。

技术上的支持者，具有创业精神的企业家，也是一种特殊人才。他们有创造性，但是更善于推进创造性，适合于传播和推广新思想、新产品。他们比具有创造性的科技人员更富于推广和创业的热情。

能有效地对项目进行领导和管理的人物则是另一种类型的人才，他们是具有组织才能的人，善于把不同类型的人协调起来。

技术桥梁人物，既是引入外界科技信息的纽带，又是研究与发展部门内部的科技信息传输的纽带。

研究与发展部门不仅需要有科技方面的信息，同样也需要市场方面的信息。因而，除了技术方面的桥梁人物以外，在研究与发展部门内还需要有市场信息方面的桥梁人物，可以称之为"市场桥梁人物"。担负这种功能的人可以是工程师、科学工作者，也可以是具有技术基础训练的营销人员。他们的精力主要集中在同市场信息的来源进行联系和接触，然后再将它传输给本部门内从事科技工作的同事。市场桥梁人物要大量阅读有关商业市场的报纸、刊物，博览各种有关的展销会，与用户顾客多接触，而且对于竞争方面的情况非常敏感。没有这种人物，会使很多应用研究与试验发展项目因不了解用户需求与市场趋势而陷于盲目性。

担负指导与辅导功能的人物是较有经验的老练的项目领导人或是以前进行过开创性工作的人。他们比较平易近人，作为一个资深人员和前辈，他们能指导与辅导组织内的一般成员，而且他们又可以同高层领导进行对话。这些活动为新思想和新项目的有效进展，创造了重要条件。当研究单位领导人与这些学术上的前辈能协调一致时，这个单位就容易取得成功。

实践表明，很多研究与发展单位不能有效地开展工作，其重要原因之一是基层组织（课题组、项目组内）缺乏具有上述重要功能的人才。履行上述各种功能的科技人员，是不受其专业与部门限制的，他们可以是理科人才，也可是工科人才。

前面已经提到，有些科技人员具有多方面的才能、专业和经历，他们往往兼有一个以上的特种功能。这种多功能的科技人员，一般可以兼作桥梁人物和新思想的产生者。因为作为桥梁人物，他与多方面的外部信息源频繁接触，而且在研究所内部广泛沟通信息，因而可以很自然地把各种渠道所获得的信息加以综合而产生种种新思想、新构思，还可将新思想产生与创业精神两种功能结合于一身，当他有了有价值的新思想后，便努力以企业家所固有的创业精神不屈不挠地去推动这个新思想的实现。还有就是项目领导功能与创业功能的结合与具有指导和辅导功能的技术前辈兼负其他某些功能。

这种兼有多种功能的优点是可以精减人员，使研究与发展组织短小精悍。它符合现代化高技术发展规模趋向于精悍灵活的要求。

多功能结构向研究与发展劳动组织工作提出了一个多阶梯晋升的要求。任务的实现不是靠单一的科技工作，而是依靠多种功能在综合地发生作用，这就要改变过去那种按单一的标准（科技成果）进行评级晋升的办法，采用"多阶梯"晋升办法。

以上所讨论的研究、发展与创新活动中的五种主要功能，可以作为选择、配备人员和进行研究与发展劳动分工的一个重要参考与依据。

三、越界的管理活动

技术创新的过程跨越多个部门和功能领域：从市场研究到研究发展，经试验、试制到生产工程的各个部门，再经过各制造与装配部门，最后进入营销与服务领域。要加速发展新产品、新服务，仅仅依靠运用并行工程及其相关的快速试制方法与工具是不够的。团队要加速试制，除加强内部管理外，必须跨出团队范围，加强同其他部门、团队、小组的联系、协商、解决研究、发展与创新过程中遇到的种种问题，即必须加强超越界面的管理。

团队的越界活动模式主要有三种。①"外交"使团。组织那些善于对外联络、公关的成员，特别是团队领导人、技术桥梁人物和资深的科技人员，经常同上层管理部门和有关兄弟团队进行联系和沟通，让他们了解团队工作的重要性，并取得他们的支持。②工作协调。这是针对团队工作中需要同其他部门进行协调的种种活动，诸如同其他部门讨论设计中必须配合的问题、必须在工作进度上协调的问题（如交货期上的协同）等。③搜索与侦查活动。它包括巡视有关市场、竞争和技术方面的思想和信息。这方面的活动特点与上述两者不同，它往往没有具体针对性，而是以一般性的了解和知识为基础，如了解哪些竞争对手也有类似的研究与发展项目，或是从外部收集技术思想和信息。

从以上这些活动可以看出这类活动是复杂的，但又是非常重要的，它给团队带来大量的市场和技术信息，及时排除工作进程中的问题，保证了团队活动的质量和进度。

不同团队具有不同的越界活动策略。有的着重于"外交使团"活动，做好上下级部门的联络工作；有的偏重对市场上技术方面的研究；有的侧重于独立研究；有的注重于综合地进行上述活动。据研究，那些采用综合地做好各项工作的策略，比单独侧重某一方面（如偏重"外交"或偏重独立研究）更有成效，能取得更好的业绩。

要做好越界管理活动,必须做好人才的选拔与开发。上面已说明了各种特殊功能需要选择具有特定素质的人才。另外,还要注意加强人才选拔和培训工作,组织有计划的培训,使具有一定素质的人才提高技能,把工作做得更为出色。

同时,还需要做好计酬工作,通过加强考评与激励,更好地调动团队成员的积极性与创造性。

四、重型团队的组织

重型团队也称作重量级团队。这种组织形式最早应用于日本企业,而后为各国大企业所采用。

研究与发展复杂的新产品、新工艺,需要把各种能力综合起来,把多个功能部门组织协调起来。这是一项重要但困难的工作,需要克服部门间的组织界限和地域界限。为了解决部门间的界限,使企业的重点新产品(新服务)能得到各部门支持,协调好各功能部门的工作,大企业建立了重型团队。它完全适合当今快速发展新产品(新服务)的需要。

重型团队与轻型团队在组织结构上的区别在于,轻型团队只限于一个领域,主要是技术领域,而重型团队则跨越研究、发展、制造与营销,以至人事、财务等多个功能领域。

同轻型团队相比,重型团队的特征主要有以下三点:①具有更大范围的工作职责;②具有更大范围的资源管辖权力;③团队领导者须具有更高地位和影响力。

在轻型团队的组织结构中,团队负责人一般为中层干部,其级别与地位同功能部门的领导相当,团队中的关键资源(包括主要科技人员)仍由功能部门领导管辖。因而团队在结构上是典型的矩阵式组织形式。轻型团队负责人在一个项目上一般花费25%的时间与精力。

与此相反,重型团队要对同项目有关的所有工作负责并进行处理。这里体现出重型团队的两个"重量级"特征。一是重型团队领导者一般是高层管理者,其级别与地位要比功能部门负责人高。因而,重型团队负责人除了要有较丰富的技能和知识外,还要在组织中具有较重大的影响力。二是重型团队领导者通过团队的核心层功能人员对所负责管辖的工作和人员具有主要的影响。团队核心层人员集中在一个地方办公。这里要指出的是,由于重型团队不是永久性组织,因此对于一般所属科技人员的长期职业生涯和业务提高,功能部门负责人仍负有主要责任。

重型团队虽拥有更多资源、更大的协调范围和责权,但在实际工作中仍会遇到种种矛盾与困难(挑战),主要有以下几种。①与功能部门在资源支配上的矛盾;②与其他部门在获取辅助部门配合与支持上的矛盾,如在试验工厂中安排试制任务上的冲突;③对庞大重型团队的管理上的困难。

为了有效地进行重型团队的管理，可采用以下解决办法。一是慎重选择重型团队的项目负责人，必须选择有独立领导能力，具有广博知识、技能，有跨越功能观点和协调能力的高层管理者。二是在赋予权力的同时，要规定团队的明确目标和责任，并通过承包与合约加以具体规定。三是精选团队核心层的成员，并建立团队内各层次人员的明确责任制；核心层成员是重型团队的负责人之一，他们与重型团队负责人一道对团队工作业绩负有责任，他们之间须有明确的分工。四是在给重型团队进行授权的同时，需要建立一种联系与监督的机制。要在高层领导者中指派执行指导者，负责同重型团队联系并对它进行必要的监督。执行指导者在做好联络工作的同时，须对以下方面进行监控：①所使用的重要资源的利用状况；②对主要客户的定价；③主要的项目进度；④从项目发展转入运作的计划安排；⑤激励与报酬制度；⑥跨项目的有关问题，如资源的优化、优先序及平衡问题。

重型团队组织形式的运用，不可避免地会给企业带来种种问题，企业领导必须悉心研究出现的新情况和新问题，进行必要改革，使这种组织形式真正发挥其效用。20 世纪 80 年代中期日本汽车业运用有 250 人参加的重型团队，战胜了美国汽车业包含 1500 人的团队，在新型车的研制周期、成本、质量上均大大超过了美国企业。

第七节　研究与发展的领导方式

要充分发挥广大科研人员的积极性与创造性，把他们的积极性引向国民经济建设的需要，正确的领导方式与方法是一个重要问题。

一、研究与发展的领导方式

对于研究与发展的领导与管理问题，历来存在着两种不同的观点。

一种观点认为，最好的方式是选择优秀的科技人才，然后放手让他去独自工作，不需任何管理与约束，他们会很好地安排自己的研究工作，产生出新的知识。这种观点形成的实践基础来自早期由著名科学家领导的中心实验室及其管理方式。

另一种观点则认为，研究、发展与技术创新的过程，类似于工业生产中的某些功能，因而其领导与管理的方式也应该是类似的。

这两种观点都是普遍存在而且都很有影响力。近年来"大科学"的发展，特别是一些大规模、综合性、系统性项目的研制成功，为第二种观点提供了有力的支持。另外，许多研究与发展部门的实践表明，如果对于研究人员放任不管，那么往往导致只出"论文"，不出实际所需要的成果。因而，对研究与发展工作必须加强领导和管理这一点已逐渐为人们所认识。但是，对于科研劳动的领导究竟采用什么方式，又因研究与发展工作的多样性以及其他因素的影响而异，最常见的是以下三种：松散的领导方式、指导的领导方式、学术民主的领导方式。

第一种方式大多用于基础研究的早期阶段，特别是对于那些有成就的高水平科研人员尤其如此。

第二种方式主要用于发展工作，特别是具有程序性的科技工作（如工作图设计或试制工作等）。

环境与工作性质对管理与领导方式具有决定性的影响。随着社会环境、文化教育与科学技术的发展，人们已越来越感到学术民主的领导方式，即广泛吸收科研人员参加对研究与发展问题的决策的民主管理方式，是研究与发展工作最为合适的领导方式。当然，这并不排斥在研究与发展各阶段中运用别的领导方式。

研究与发展问题的决策，比其他管理问题含有更多的不确定性。一个复杂研究与发展问题的决策往往涉及多个学科。一个领导人员，即使知识渊博，也很难掌握近代科学发展起来的多种学科，掌握按"爆炸式"速度所产生的大量信息与知识。因而，在科技发展迅速的信息时代里，采用学术民主的领导方式是最合适的。另外，研究与发展工作中相当大的一部分是非程式化的工作，这种工作主要是人的管理问题，处理好人与人之间的关系至关重要。学术民主的领导方式有利于正确处理人们间的关系和调动人们的积极性。

学术民主的领导方式适应研究与发展工作的性质和特点，因此，采用这种领导方式的研究与发展单位一般能取得较好的成效，这已为国内外的实践经验所证实。

二、研究与发展部门领导者的作用和选择

研究与发展部门领导者的作用，在于做好最高层领导与广大科技人员之间的桥梁。这是一种非常重要而不可少的作用。有效的领导也是提高研究与发展成果水平和效率的重要条件。具体来说，表现在以下几个方面：①作为研究与发展部门日常工作的负责人，对整个部门实现业务领导；②向整个部门的科技人员宣传和解释上级的政策和战略，使这些政策和战略贯穿于决策和行动之中；③代表科技人员的利益，并将广大科技人员的意见反映给最高层领导，使这些合理的意见能纳入本单位的目标或经营战略中；④作为研究与发展方面的高层领导人之一，在处理学科与任务的矛盾方面发挥重要作用。

总之，研究与发展部门领导人，是一个沟通最高层领导与广大技术人员之间的桥梁人物（有人把他称为经营上的桥梁人物，以区别于技术桥梁人物）。

对于基层（如科研组、课题组等）第一线的领导人来说，首要问题是如何在研究与发展任务的分配上，掌握得宽紧适度，既要保证本单位研究与发展任务按

时完成，又要在时间上留有余地，使研究与发展人员在工作上有发挥其创造性、进行创造性构思的足够时间。要做到这一点，对一个基层研究与发展领导者来说，既要求具有高超的领导艺术，又要求在科技方面有高深的造诣。研究与发展部门的领导者一般应是一个成熟的、业绩水平高于平均水平的中高级科技人员。

虽然研究与发展部门的领导者要从有经验的科技人员中去选拔，但并不是科技水平高的科技人员都是良好的管理者与领导者。这里还有一个领导者与管理者必须具备的素质与知识问题。为了说明这个问题，我们先来分析一个称职的、有效的领导者应具备的管理能力与条件。一般说来，一个有效的基层领导应具备如下素质和能力：能给被领导者树立一个积极的榜样；能以积极而又灵活的方法处理各项工作；善于识人和用人；在日常任务分配与安排方面具有出色的才干。

根据第一线研究与发展领导者的实践经验，要做好基层的领导与管理工作，必须注意以下几点。①了解被领导的科技人员，熟知他们的长处和短处，知道如何去调动他们的积极性与创造性，知道他们的抱负和目标等。②给被领导者分配适合发挥他们专长的工作，使被领导者均衡地负荷，不使他们经常"突击"和"窝工"。③放手让被领导者挑担子，使他们感到一定的压力，以充分发挥他们的作用，促使他们提高效率，但又不让他们负担过重以致使工作无效。④适当地进行监督，但又不管得过死，以免妨碍人们发挥创造性。⑤使被领导者感到他们的才能能得以充分施展，又使他们在能力和水平方面逐步提高，以备迎接更高一级的任务。⑥为被领导者设定较高的目标和标准，并鼓励他们去达到这些目标和标准。⑦善于让被领导者了解上级的政策、目标与意图，并使他们乐意去实现这些目标和政策。⑧善于接近被领导者，虚心听取他们的意见，经常互相沟通信息。⑨能够在一个组织里起到桥梁的作用。⑩"赏罚公平"，能够及时奖励业绩好和任务完成好的人员，对错误坚持进行批评教育。⑪能及时帮助在完成任务中有困难的科技人员，在他们遇到困难和挫折时，能及时鼓励他们，以免他们丧失信心。

人企合一规律[①]

第一节 人企合一规律的提出

随着历史的车轮跨入 21 世纪，世界各主要发达国家相继从工业社会迈向知识经济时代，我国企业所面临的经济和社会环境也发生了巨大变化。加入 WTO（World Trade Organization，世界贸易组织）后，我国企业人力资源管理将面临更严峻的挑战。因此，进行有效的组织创新和人力资源管理，是我国企业面对知识经济冲击和国际竞争获得优势的关键。

一、人企合一规律的内涵与产生条件

（一）规律的内容和框架图

人企合一规律的内容与实质，可以简括表述为两点：①只有员工和企业的发展目标设定在同一方向，并沿着同一轨道前进，企业才能获得发展和成功；②员工成为产品（劳务）中增值的主导作用者，特别是占比越来越大的知识工作者在企业中的作用与地位空前提高。

这一规律的产生是社会生产力发展的必然结果，具体说来主要有两点：①人，特别是知识工作者在推进生产力发展过程中起到促进革命性变革的作用，从一般劳动力地位，变为主宰生产过程的创造者，知识与智力成为生产力发展中的决定性因素；②拥有智力的知识工作者的价值观的变化和由此而产生的知识工作者的流动性，使凝聚员工，特别是其中的知识工作者变得愈益重要而又困难，成为决定企业成败的重要因素。

基于以上分析，我们提出人企合一规律。

首先，从人力资源管理的角度来说，进行有效的战略性人力资源管理，是企业赢得竞争优势的关键。现代企业人力资源管理的关键环节是提高以知识工作者为主的企业员工的个体智力资本，充分激发他们的积极性和创造性，并通过有效的途径将他们的个体智力资本转换成组织资本，增强企业整体竞争能力。我国企业战略性人力资源管理的基本规律可概括为：以增强组织资本为导向，融育人和用人为一体，运用多种激励手段，最大限度地凝聚以知识工作者为主体的全体员工，充分发挥他们的创造性和积极性。

[①] 节选自：许庆瑞，陈重. 企业经营管理基本规律与模式. 杭州：浙江大学出版社，2001：第九章。

其次，从组织创新的角度来说，组织资本的积累和增长是企业核心能力之源。一方面，适度分权能够促进个体智力资本与团队智力资本的形成和增长；另一方面，有效整合能够促进个体智力资本与团队智力资本向组织资本的转换。因此，我们可以这样来表述企业组织创新的规律，即在适度分权管理基础上进行有效整合，以增强集中领导为先的原则，有效平衡组织的适应性和稳定性，促进企业组织资本的增长。

总的来讲，人企合一规律可以概括为实施集中领导下的分权管理，凝聚以知识工作者为主体的全体员工，运用多种激励手段，融育人和用人为一体的规律。人企合一规律基本框架如图1所示。

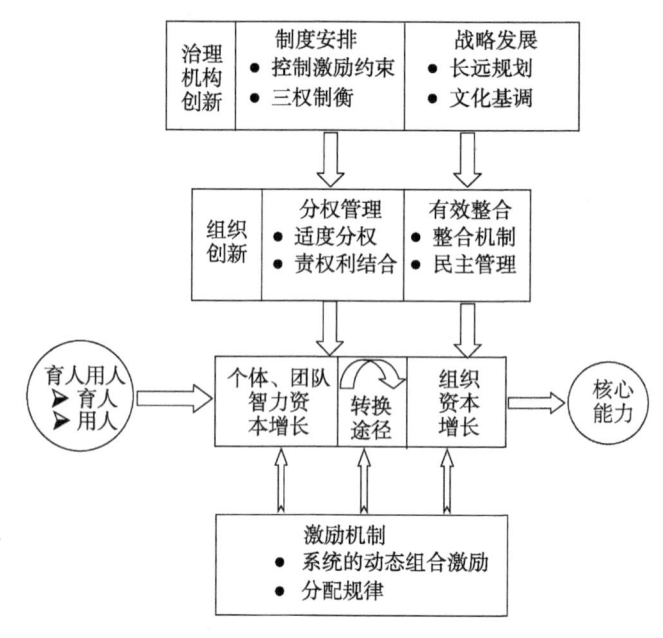

图1 人企合一规律基本框架

（二）运作规律

人企合一规律是我国企业人力资源管理、组织创新以及治理结构变革等方面的总的指导性规律，企业只有遵循这一规律，才能在经营中赢得主动。在实际的运作中，这一规律可以划分成以下运作规律与原则。

（1）凝聚规律：从思想上、感情上和愿景上将员工融于企业生命体中。

（2）激励规律：建立有效的激励分配制度，发挥多种激励的组合效应，充分调动人的积极性。

（3）向组织资本转化的规律：以核心能力为重点，根据企业经营战略的需要加强人力资本投资，促进个体智力资本向组织资本的转换。

（4）集权与分权相结合，增强集中领导为先的原则：构建有机的组织结构体系，有效地实现分权和集权的动态结合，以便最大限度地吸引员工参与企业管理。

（5）共同发展规律：坚持企业与员工的共同发展，使企业和员工成为命运共同体。

二、规律的运用特点与条件

人企合一规律是对我国企业组织与人力资源管理的一般性描述，在不同时期的具体运用中会表现出不同的特点。对处于当前过渡经济下转型时期的我国企业来说，人企合一规律在实际中的运用特点如下所述。

（1）人才尤其是高层次的技术与管理人才，将成为我国企业的主要凝聚对象；建立有效的引人、育人和用人机制，并通过加强思想政治工作来创造尊重知识、尊重人才的企业文化，将是当前企业运用凝聚规律的主要内容。

（2）由于竞争和对人才争夺的加剧，物质激励将成为企业的重要选择，但囿于相对发达的劳动生产率水平和企业发展的需要，企业将逐渐走上物质激励与非物质激励相结合的混合模式；此外，通过实施经理人持股和员工持股等期权激励方式，企业在激励模式的选择上会更趋于动态性和系统性。

（3）转型时期的企业将更加注重企业的制度化建设，并努力促使企业技术与管理方面知识的可编码化，以更有利于个体智力资本和团队资本向组织资本转化。

（4）随着全球化和市场竞争的进一步加剧，企业将会继续实施分权管理，但组织变革的重点将集中在创建科学有效的整合机制上，以体现集中为先的原则；此外，信息化的发展将使企业的沟通，尤其是高层管理人员的沟通更为有效，网络化的企业组织结构使企业对内外部资源的利用更为有效。

（5）在转型时期，新三会主导型、老三会主导型以及新老三会结合型模式将继续并存和发展；在董事会的运行上，企业将把重点放在扩大外部董事和董事会成员专业知识的互补性上，增强董事会工作的科学性，促进企业决策由感性向感性和理性相结合方面发展。

同时，人企合一规律作为一般性的规律，它的运用需要有合适的条件。具体来说为：①建立完善的职业经理人才市场，并具有对职业经理人进行监督与约束的市场机制；②企业的产权明晰；③政府与企业之间的责权利明确；④建立起相对完善的社会化配套服务体系；⑤建立起比较完善的社会保障体系。

第二节 凝聚规律

由于传统管理思想的影响，我国企业长期以来进行的是劳动人事管理，而不是从战略高度对人力资源进行管理。战略性人力资源开发紧紧围绕着人力资源战略和企业经营战略，注重前瞻性和全局性。企业不仅要通过建立有效的育人和用人机制，提高员工的知识和能力水平，还要注重培养员工的奋斗精神、敬业精神和主人翁精神。

一、建立完善的人力资源培训开发体系

第一，人力资源培训开发体系要系统地规划人力资源培训开发目标。不少企业在这方面做得很好。例如，宝钢跨世纪人才开发战略的总体目标是：到21世纪初叶，培养出300名左右高级技术专家、300名左右高级经营专家和300名左右高级技师。邯钢的培训开发战略是计划在企业内形成一种金字塔形的人才结构。第二，要采取多种培训方式，系统地、分层次地进行人力资源开发。为了针对性地培养企业所需的各类人才，我国许多企业纷纷成立了培训中心或企业大学。例如，中兴、东信、西泠制冷等企业建立了培训中心；华立集团、正泰集团和温州东方集团成立了企业管理学院；海尔集团成立了海尔大学；宝钢形成了"两院、两校、两中心"的企业办学体系。第三，为了使培训开发取得良好效果，还需对接受培训开发的员工实施激励。第四，培训开发的效果在很大程度上还取决于企业是否有良好的学习氛围。因此，战略性人力资源开发不仅要重视对员工的培训，而且要重视建立良好的学习氛围，鼓励员工学习。为了能有效地通过学习，促进个体智力资本增长，还要注意隐性知识学习与显性知识学习，从干中学、向榜样学习。

二、加强政治思想工作和企业文化建设，培育员工的职业精神

职业精神对员工能力的发挥起着重要的影响作用。加强政治思想工作，培育党员职工的职业精神，并通过党员的示范作用，影响企业其他员工，是我国企业培养"德才兼备"的人才的重要手段，是企业培养德才兼备的优秀人才的优良传统。党委是企业的一个特有的重要部门，它的主要职能就是引导党员员工的主导价值观和思想意识。目前，我国许多非国有企业也开始在企业设立党组织，目的就在于加强企业员工的思想政治工作，增强员工对企业的认同感，培育员工的职业精神。凝聚人才最重要的是形成"企业上下一心，同舟共济，为祖国争作贡献"的文化氛围。

三、建立竞争淘汰机制，为德才兼备的员工提供充分施展才能的空间

企业优秀人才流失严重，人浮于事，冗员严重，在很大程度上是由于没有在企业内部引进竞争机制，为员工提供足够的职业发展空间。有效的用人机制应该注重以下几个方面。

（1）有效的用人机制要强调竞争淘汰，能力优先。竞争淘汰的用人机制不仅

可以优化员工队伍的结构,而且会给员工提供学习的压力和动力,促进员工不断学习。

(2)有效的用人机制还要在竞争淘汰、能力优先的基础上,为优秀知识工作者提供充分的施展才能的空间。我国企业传统的用人制度强调职务升迁而忽视了专业发展。企业的行政管理职务毕竟是有限的,而且许多专业人员不适合从事管理工作。我国一批优势企业,如华为、中兴、东信、海尔、华立集团等,在20世纪90年代率先引进国外的职业轨道设计。有效的职业发展途径设置把组织目标与员工个人的职业发展目标结合起来,努力为他们确立一条有所依循的、可感知的、充满成就感的职业发展道路。采用这种方式,能够促进员工和企业和谐、有序地发展。

(3)建立人尽其才的用人机制,使员工感到自己的价值能始终如一得到体现。

(4)培育尊重知识和尊重人才的氛围。

综上所述,我们可以将引人、育人、用人相结合,培养凝聚一支德才兼备的高素质员工队伍的人力资源管理概括为:重视战略性人力资源引进开发和思想政治工作,培育德才兼备的高素质员工队伍;建立竞争淘汰机制,为员工提供充分施展才能的空间,在开发中使用、在使用中开发,以使企业与员工共同发展。

第三节 激励规律

有效的激励机制要综合考虑激励的组合性、动态性和系统性等特征,简称为系统的动态组合激励。

一、系统的动态组合激励规律

系统的动态组合激励包括三个特征:组合性、动态性和系统性。企业激励的组合性不仅包括物质激励和精神激励组合,还包括个体激励和团队激励组合、短期激励和长期激励组合。我们通过对25家企业调研发现:①在短期激励和长期组合激励方面,高技术企业比传统企业更倾向于采用长期激励手段。②在个体激励和团队激励组合方面,企业根据自身的不同情况采取了或倾向于个体激励或倾向于团队激励的策略。但那些通常被认为更优秀的企业,如宝钢、邯钢、海尔、海信、华为等虽然处于不同行业,却仍然呈现出向个体—团队激励维度直线中心集中的趋势。这说明,这些企业的个体激励和团队激励组合做得比较好,个体绩效在团队绩效中能得到充分反映。③高新技术企业作为一个整体倾向于长期激励,对个体激励与团队激励二者的关系处理得较好。这反映了该行业在当前中国企业界充满生命力、朝气蓬勃的状态。

激励的动态性强调不同个体、个体的不同职业发展阶段和企业的不同发展阶段,激励特征都有所不同。实证研究发现,在员工职业发展的社会化阶段,物质激励和精神激励所产生的效用都很大;当进入发展阶段时,员工对物质激励需求显著增长,物质激励所产生的效用就超过了精神激励的效用;在创新阶段,员工对工作的成就感需求越来越强烈,这时精神激励的效用超过了物质激励;在稳定化阶段,企业员工力求个人任务活动的常规化,员工的职业发展上升空间几乎没有,员工越来越看重工作福利和报酬,这时物质激励的效用不断上升并最终超过精神激励。企业在不同发展阶段,由于企业内外部环境、企业经营战略和企业激励哲学、企业绩效等特点,企业激励表现出不同的特征。传统国有企业(如邯钢)、从传统国有企业中成长起来的高技术企业(如东信),以及高新技术企业(如华为)的激励方式的变迁往往表现出不同的规律。

激励的系统性是指企业激励作为一个由多种相互联系的要素组成的复杂系统,应该包括实施激励的主体、接受激励的客体、采取激励的手段、激励的力量、激励取得的效果,以及其他控制和辅助因素等。

案例1:华为企业激励系统的变迁

华为作为一种高新技术企业,其激励方式的变迁与传统国有企业(如邯钢),以及从传统国有企业中脱胎出来的高技术企业(东信)的激励方式具有很大的差异。华为从创业一开始就注意以资产为纽带,将员工发展与企业发展联系起来,注重员工的职业发展,注重短期激励和长期激励相结合、个体激励和团队激励相结合。华为的分配方式是一种按劳分配和按知(资)分配高度结合的分配方式,而且华为非常重视企业文化激励,尤其是前景激励。

案例2:邯钢企业激励系统的变迁

邯钢企业激励系统的变迁反映了大多数国有企业激励系统的变化特点。其中,第一个阶段(20世纪80年代)的分配制度与同时期大多数国有企业的分配制度一样,具有平均主义分配的性质,个人收入与个体业绩、团队业绩挂钩不密切。在第一个阶段,物质激励强度较弱,企业比较注重主人翁精神和参与管理等精神激励。在第二个阶段(1992~1995年)开始作为三项制度改革试点企业,实施以岗位技能工资为主的工资制度,建立了一套独具特色的岗位技能工资制(如成本否决和按效分配)。这套工资报酬体系切合企业生产、发展的实际情况,个体业绩和团队业绩在其中能得到充分、明显的反映,二者关系和谐,创造性地组合应用个体激励与团队激励。另外,在这一阶段邯钢进一步强化了以思想政治工作、主人翁精神、参与管理等为主要手段的精神激励机制,并结合物质激励手段,使其落到了实处,获得了职工的认同,因而产生了巨大的激励效果。第三个阶段(1996年至今),邯钢进一步完善企业的激励系统。就企业的发展过程而言,邯钢的组合激励从以精神激励为主,逐步过渡到了目前和谐地组合应用精神激励与物质激励、个体激励与团队激励的新机制。邯钢形成了强势的文化激励，随着企业发展，邯钢的工资奖金激励、职务发展、专业发展、前景激励、主人翁精神激励等都有所增强。

案例3：东信企业激励系统的变迁

东信的激励体系，在第一阶段（1992年之前），分配制度与同时期大多数国有企业一样，具有平均主义分配的性质，个人收入与个体业绩、团队业绩挂钩不密切。在第一阶段，物质激励强度较弱，企业比较注重主人翁精神、榜样和参与管理等精神激励。在第二阶段（1993~1995年），企业抓住机遇快速发展后，开始强调个体收入与个人业绩、团队业绩和企业业绩挂钩，建立良好的个人与团队激励机制，并注重个人的职业发展激励。到第三阶段（1996~1997年）和第四阶段（1998年至今），企业越来越强调拉大工资差别，第四阶段开始注重长期激励，采用虚拟持股制力图将员工发展和企业发展联系起来。此时，激励手段越来越多元化，按劳分配和按资分配共存，激励方式越来越灵活，针对不同的员工群体灵活采取了不同的激励方式。

二、企业激励模式研究

为进一步说明激励的组合性、动态性和系统性特征，可根据研究开发能力和制造能力的强弱将企业分成三类：研究开发型（研发能力强，制造能力弱）、生产经营型（制造能力强，研发能力弱）和混合型（具有一定的研究能力和制造能力）。其中，华为、中兴为研究开发型；邯钢、大连冷冻、镇海炼化等为生产经营型；东信、海尔、海信、西泠制冷、昆明制药等为混合型。我们以邯钢、东信和华为三家企业为主，结合其他企业的情况，综合前面的研究成果，归纳出三类企业激励模式及其特征（表1）。

表1 不同类型企业激励模式比较

项目	典型企业		
	邯钢、大连冷冻、镇海炼化	东信、海尔、海信、西泠制冷、昆明制药	华为、中兴
技术能力特征	以制造为主	研发和制造并重	以研究开发为主
员工构成	员工学历水平较低，工程技术人员比重较低	员工学历水平和工程技术人员比重介于研究开发型和生产经营型之间，属混合型	员工学历水平高，研发人员比重大
激励原则	以按劳分配为主，强调成本和效益	以按劳分配为主，按资分配为辅	强调效率，注重多种生产要素参与分配
激励重点	向苦、脏、累、险单位和主要生产一线倾斜	向销售和研发人员倾斜，研发人员实行项目奖，科技人员收入远高于一般员工	重视对研发人员和销售人员的激励，研发人员实行项目奖

续表

项目	典型企业		
	邯钢、大连冷冻、镇海炼化	东信、海尔、海信、西冷制冷、昆明制药	华为、中兴
股权激励	股权激励效果不明显	开始意识到股权激励的重要性，逐步推行股权激励，但对长期激励考虑少	强调股权对员工的长期激励
薪金激励强度	员工收入水平一般	薪金激励强度中等	实行高薪
福利保证	注重员工福利	注重员工福利	员工福利一般
职业发展激励	对管理和技术人员实行聘任制，进行年度绩效考核，以此决定职务的升降，但效果不理想	·强调培训投入，成立培训中心或企业大学，选送优秀知识工作者到国外培训和高等院校培训 ·实行竞争上岗	·公平竞争的多轨职业升迁制 ·为员工提供各种培训和学习机会 ·对中高层主管实行岗位轮换制
工资制度	以岗位技能工资制为主	·工资制度由岗位技能工资制演变而来，比较灵活 ·拉大工资等级差别 ·科技人员有项目奖，对特殊知识工作者实行谈判工资	实行基于能力的职能工资制，强调执行能力，并考虑潜在能力
团队激励与个体激励	强调分配与个人业绩、部门业绩和公司业绩挂钩，组合激励效果较好	收入与部门业绩挂钩，突出对研发的团队激励	尊重个人和集体奋斗，分配与个人业绩、部门业绩和公司业绩挂钩，突出对研发的团队激励
长期激励与短期激励	倾向于短期激励	由最初倾向于短期激励演变为目前倾向长期激励	强调长期激励
文化激励	重视主人翁精神和榜样激励，强调秩序和节俭	重视企业文化、强调团队精神，但有些企业尚未取得理想效果	强势企业文化
思想政治工作	重视思想政治工作	有些企业忽视思想政治工作，主人翁精神持续下降	放松思想政治工作，主人翁精神持续下降

这三种类型企业激励模式的基本特征可以归纳如下。

生产经营型企业的激励模式的基本特征为：重视体现传统价值观的精神激励与在同行中具有较高社会比较度的物质激励的和谐统一；以岗位技能工资制为主体的非常和谐的个体团队组合激励；倾向于短期激励，缺乏以知识工作者为本的长期激励。

研究开发型的企业激励模式的基本特征为：具有更多现代特征的强势精神激励与绝对强度、相对社会比较度都较高的物质激励的和谐统一；尊重现实业绩与潜在能力的个体团队组合激励；强调长期激励，并与短期激励和谐统一。

混合型企业激励模式的基本特征为：具有更多混合色彩的精神激励与中间型物质激励的组合统一，混合型企业的战略变迁更需要适合企业自身特点的强势企业文化激励作支撑；个体和团队的组合激励以从岗位技能工资制演变而来的工资制度为主体；强调采取以知识工作者为本的长期激励，但效果受企业文化影响。

三、贯彻以按劳分配为主体、多种分配方式并存的分配规律

总的来讲，我国企业的分配制度改革经历了以下四个阶段：第一阶段（1978～1986年），计划经济条件下的按劳分配制度；第二阶段（1986～1992年），第一次提出"以按劳分配为主体，其他分配方式为补充"的社会主义初级阶段的分配原则，实现了我国个人收入分配制度第一次突破；第三阶段（1993～1996年），形成以按劳分配为主、多种分配方式并存的分配格局，第一次提出"按生产要素分配"的概念，实现我国个人收入分配中的第二次突破；第四阶段（1997年至今），实现我国个人收入分配的第三次突破。我国在十五大中提出"坚持按劳分配为主体、多种分配方式并存的制度。把按劳分配和按生产要素分配结合起来"[①]，"允许和鼓励资本、技术等生产要素参与收益分配"[①]。新的分配制度是对马克思主义劳动价值理论的发展，按要素分配是社会主义市场经济的客观要求。但是，企业在贯彻"按劳分配为主体、多种分配方式并存"的分配精神时，还应注意以下几点：按劳分配要坚持效率和公平的原则；按要素分配要坚持以核心要素分配为主，其他要素分配为辅，坚持避免过度两极分化的原则。员工持股是实现"按生产要素分配"的一种良好方式，为了使员工持股达到良好的长期激励效果，要注意员工持股须向关键人才倾斜；员工持股要具有一定的稳定性；开展员工持股计划必须考虑公司的行业属性、成长性等综合因素；员工持股计划应参与企业经营管理。

第四节 向组织资本转化的规律

增强组织资本是提高我国企业竞争能力的关键。目前我国企业主要存在三种资本转换模式：个体智力资本向组织资本转换、团队智力资本向组织资本转换，以及由个体和团队共同参与的共创型资本向组织资本转换。这三种资本转换形式都包括四个阶段：专有知识创造阶段、外显化阶段、扩散阶段以及制度化阶段。这四个阶段不断循环，促进组织资本、个体智力资本和团队智力资本的提高。

一、组织资本的概念和构成要素

组织资本是组织能力的组织支撑平台，它是战略型组织资本、技术型组织资

---

① 《江泽民在中国共产党第十五次全国代表大会上的报告》，https://www.gov.cn/govweb/test/2008-07/11/content_1042080_3.htm[2023-10-16]。

本、管理结构型组织资本、营销型组织资本和文化型组织资本的集成，其关系如图 2 所示。战略型组织资本存量是指企业对战略管理过程进行投资所形成的资本存量，它主要体现了战略管理程序的有效性。技术型组织资本存量是指企业对研究开发子系统、生产子系统（包括技术改造子系统）进行投资所形成的资本存量。管理结构型组织资本存量是指为保证企业的正常经营运作，对组织结构、沟通协调、激励和控制等各项管理职能的改进和提高进行投资而形成的资本存量。营销型组织资本存量是指企业投资于开拓市场的一切活动所形成的资本存量。文化型组织资本存量是指投资于培育企业所特有的理念体系、行为规范和风俗习惯而形成的一种能够给企业带来相应效应的资本存量。

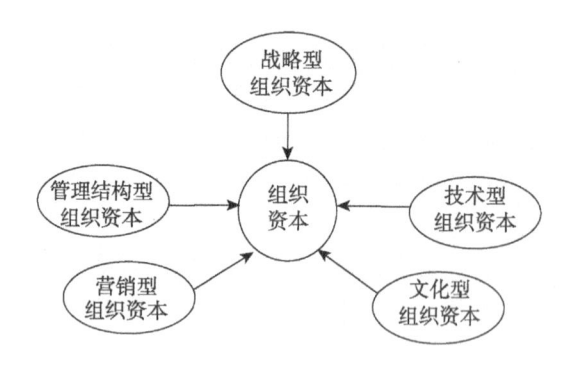

图 2　组织资本构成要素示意图

组织资本的各构成要素之间相互影响、相互作用，因此，组织资本存在着一个结构性问题，即构成组织资本各要素资本之间的均衡程度。良好的组织资本，不仅量化强度大，而且应该保持良好的协调性。只有各要素资本都能均衡协调地发展，组织资本才能持续、稳定地增长。

二、组织资本增长的机理与模式

（一）个体智力资本向组织资本转换

个体智力资本向组织资本转换，是指将个体员工在本岗位上创造的知识、技能和职业精神上升到组织层面。个体智力资本向组织资本转换的障碍主要表现在：①组织规范或制度的约束有时过于强烈，日常活动主要在组织规范的前提下进行创新，否定既有前提的空间较小。②个体新知识的转换依赖于知识的可编码性。由单个人创造的资本形式完全附着在个人身上，尤其在知识创造过程中产生的技能，有时候只能意会不能言传，转换困难。

为了有效地促进个体智力资本向组织资本转换，必须建立一种有效的资本转换机制。①促进创造性张力的形成。创造性张力是员工个体进行学习和知识创造的动力,它是个体智力资本转换的源泉。②促进知识交流和融合。知识交流和融合不仅能促进知识工作者创造知识,还能降低个体智力资本向组织资本转换的难度。知识交流和融合应以企业生产经营中的问题为中心,创造机会让具有不同知识结构和背景的员工进行讨论,由此产生新的思想,并促进这些新思想、新方法和新技术的传播、共享,使它们在传播中得到发展,受到检验。③善于捕获员工个体的知识。每个员工都会创造企业所需的知识,企业需要建立一种捕获机制,使这种捕获机制的触角涉及每个员工,尤其是关键员工,及时发现谁拥有企业所需的专有知识和能力,只有这样才能有效地促进个体智力资本向组织资本转换。良好的知识交流和融合机制,有助于个体知识被组织发现和捕获;组织发现和捕获个体知识并将之上升为组织资本,会鼓励员工创造更多知识,产生新的创造性张力。④促进知识的制度化。企业必须建立一种将员工的发明创造从技术层面到精神层面进行传播与扩散,并加以制度化的机制。企业对员工创造的知识进行整理和提炼,最终加以制度化,这既是上一轮知识创造的结束,同时也为下一轮知识创造奠定了更为坚实的基础。⑤建立有效的激励机制。企业需要建立一种激励机制鼓励员工进行知识创造,尤其是鼓励其将个体知识转化为组织共享知识。由于个人所拥有的知识和技能一旦被传播或传授给别人后,个人建立于某些知识的权威将丧失,因此这个转换过程尤其需要激励。⑥培育学习型文化。创造性张力是个体进行知识创造的基本动力。学习型文化有利于激发企业全体员工的创造性张力,使员工不断投身到知识创造中。企业要以生产、经营中出现的问题为中心,鼓励员工进行学习,鼓励他们相互交流和知识共享,促进组织学习、知识创造和传播。

个体智力资本向组织资本转换的规律可概括为:企业通过战略管理和培育学习型文化,使员工形成创造性张力,员工个体通过知识交流和融合,不断创造和传播知识,在有效的知识捕获和制度化机制下,员工个体创造的知识最终得到组织承认,其创造成果也开始正式地从技术、管理和文化等方面同时向企业进行传播和扩散,从而最终促进企业技术资本、管理资本和文化资本的增长。

(二)团队智力资本向组织资本转换

员工创造的新知识,有时候只能意会不能言传,转换较困难,这是基于个体智力资本的资本转换途径的最大缺陷。基于团队智力资本的资本转换途径则能克服这一问题。团队智力资本向组织资本转换,是指将团队在生产过程中创造的知识、技能和团队精神转移到组织中。企业团队包括正式团队和非正式团队。正式团队包括职能小组与交叉职能小组,如研究开发项目组、攻关小组等;非正式团队如 QC(quality control,质量控制)小组。

团队智力资本转换与个体智力资本转换的主要差别在于:团队的智力资本由团队共享,因此转换的难度要小于个体智力资本的转换;团队的智力资本转换过程中存在着一个关键的团队建设和团队管理问题。为了有效促进团队智力资本的转换,除类似于个体智力资本转换的基本机制外,我们认为,团队智力资本的转换机制还有以下几个关键点。①团队创造性张力的形成。团队创造性张力的形成源于市场信息、企业生产经营中发生的问题或突发事件。②重视团队工作和团队建设。团队建设主要包括:在团队的人员构成上,以任务为导向,由具有不同知识背景的人员共同参与,以促进团队知识创造;加强团队工作的监督管理;注重团队规范、团队民主作风的建设,培育有利于创新的氛围;注重团队创新信息的收集与共享;重视团队工作成果的总结、评估与表彰。③鼓励团队之间、团队与正式职能部门之间相互配合与协作,这是团队工作成功的有效保障。④促进团队工作成果的转化。类似于个体智力资本向组织资本的转化,团队工作的成果既包括实际工作中取得的技术成果或管理成果,如开发的某项新产品,同时也包括团队工作中涌现出的先进事迹,它们可以通过传播表彰,沉淀到企业文化中。

归纳上述分析,团队智力资本转换的机制可以概括为:促进团队创造性张力的形成,注重团队建设和团队管理,形成良好的团队规范;在各相关部门的充分合作下,具有不同知识背景的团队成员进行知识创造;企业从技术、管理、企业文化等方面对团队的工作成果进行扩散、传播与制度化,从而最终促进组织技术资本、管理资本和文化资本等的增长。

(三) 共创型智力资本向组织资本转换

共创型智力资本转换形式是指由企业的关键人物或杰出人物提出新概念,利用企业现有资源,在企业范围内进行大规模的知识创造活动,并把创造的知识以制度的形式保存下来,将在知识创造过程中员工所表现出来的职业精神以文化的形式流传下来。例如,邯钢"模拟市场核算、实行成本否决"经营机制就是一种典型的共创型智力资本转换形式。共创型智力资本转换形式的根本特征在于:首先,是一种从上至下的创新与改造;其次,涉及面广、影响层面深,更可能引起突变型组织资本增长;最后,共创型智力资本的创造过程伴随着资本转换,也就是说,在创造共创型智力资本的过程中,智力资本的转换其实就已经隐含发生了,一边创造,一边转换。

为了有效促进共创型智力资本的转换,除类似于个体智力资本转换的基本机制外,我们认为,共创型智力资本的转换机制还有以下关键点。①科学和民主的决策机制。共创型智力资本的转换是一个典型的从上至下的过程,决策的科学性与民主性与否,直接关系到知识创造和最终智力资本转换成功与否。在专有知识创造过程中,参与的部门越多,就越能有效地避免决策失误;同时所创造的资本形式也越具有组织特征,越有利于转化。②有效的宣传机制。在共享和传播阶段,必须注重多种宣传手段的综合运用,促使员工对新制度、新政策予以充分理解和支持。良好的科学决策和民主决策机制是宣传机制发挥效果的基本前提和根本保障。企业可以综合运用多种宣传手段，如各种例会、厂报、电教台、广播、黑板报、橱窗、专栏等，同时各级干部还要深入基层，倾听普通员工的意见，并加强政治思想工作。

共创型智力资本向组织资本转换的规律可概括为：促进创造性张力的形成，先由企业关键人物或杰出人物提出新概念，然后组织现有资源，通过大量的宣传工作，层层发动、层层参与，进行科学和民主的决策分析，使全体员工共同加入到知识创造的过程中，使组织资本获得显著增长。

此外，组织的相关因素对有效的组织资本转换非常重要，主要表现在：①建立学习型组织；②注重信息网络建设；③善于总结经验、建立文档；④注重团队建设。

第五节　组织变革与创新的规律

在企业管理的各项职能中，组织职能有着重要的意义。组织创新与组织变革，对企业组织资本的增长和核心能力的积累也具有重要的作用。组织创新与变革的必要性可以从两个方面来理解，一是集中与分权相结合、实施适度分权的必要性，二是以加强集中与整合为先导的必要性。

从分权的角度来看，针对我国企业实际，可以把企业经营管理活动中涉及的权力划分为十类：①投资决策，战略抉择；②人员招聘、解雇、晋升；③资源分配和财务；④决定人员报酬；⑤人员业绩评价；⑥设备购买；⑦监督；⑧了解信息；⑨决定工作方式；⑩提出建议和发表自己的看法。把企业的管理层次划分为高层、中层和基层三个层次，分别调查每一类权力在所在的层次中的占比。调查结果如图3所示。

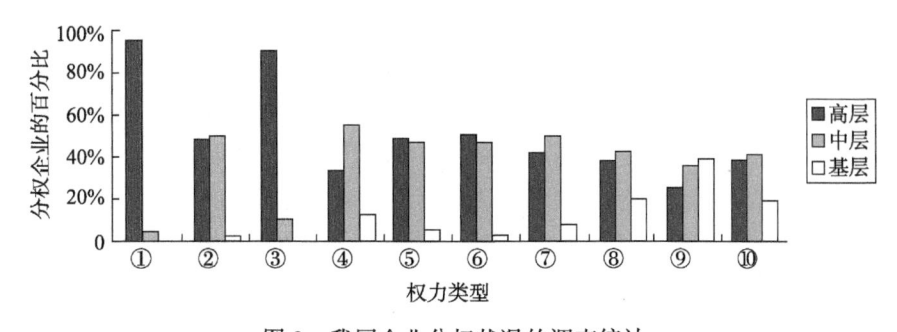

图3　我国企业分权状况的调查统计

调查统计显示：我国企业的分权管理还主要处于由高层管理向中层管理授权的阶段，即分权制组织创新的发展阶段。这比起分权制组织的成熟阶段（②、④、

⑤、⑥、⑧项权力主要由中层管理掌握）以及网络型组织（权力进一步由高层向中基层转移）还有一定的差距。中国加入 WTO 之后，国有企业所面临的竞争环境将更加复杂，分权不足带来的影响将更进一步表现出来。

实践表明，企业本身所处的困境和市场竞争情形的变化也使多数企业认识到实施分权制管理的重要性，许多企业正是通过集中与分权相结合、实施适度分权增强了企业在市场中的灵活性。不仅如此，适度分权对于企业中个体智力资本和团队智力资本的形成具有重要的意义，它将会影响企业组织资本的积累，进而影响到企业核心能力的培育。

但这只是一个方面，企业在分权的同时，如果没有能够同时建立起相应的集中与整合机制，促进个体智力资本与团队智力资本向组织资本的转化，必将导致分权的失败，企业或重新走向集权管理，或在集权与分权之间徘徊反复。许多企业的组织创新与变革实践也正说明了这个道理。

由此可见，组织创新也是一把双刃剑。在分权和整合之间，管理者必须寻求一种适当的平衡。对于当前处于转型经济过渡时期的中国企业来说，需要在加强集中领导为先导的前提下，将分权管理和集中整合相结合，促进企业组织资本的积累和核心能力的培育。因此，企业经营管理的组织变革与创新的规律可以这样表述：在适度分权管理基础上进行有效整合，以增强集中领导为先的原则，有效平衡组织的适应性和稳定性，促进企业组织资本的增长。

第六节 企业民主管理——人企合一的推进器

我国是工人阶级领导的以工农联盟为基础的人民民主专政的社会主义国家，尤其是对于国有企业来说，广大员工是企业的主人。实施与推广民主管理，是由我们国家公有制经济的主导地位所决定的。不仅如此，知识工作者在企业中所占的比重越来越大，管理更加需要民主。可以说，民主管理是人企合一的重要组成部分，是推进人企合一的有效的方式。

具体来说，企业民主管理的内容很多，企业民主管理的形式有以下几种：①信息沟通；②咨询与磋商；③共同决策；④自治管理；⑤自主管理。

在民主管理的诸多形式之中，合理化建议是在我国企业中比较常见的民主管理形式。合理化建议最初起源于我国，它经历了不同的发展阶段：从 20 世纪 50 年代的工人合理化建议运动，经过 20 世纪 60~80 年代的技术革新发展到 20 世纪 90 年代的群体性合理化建议活动与组织学习、技术创新活动的一体化。由于市场竞争加剧和环境变化加速，构建学习型组织，以快速应对环境变化越来越为企业所重视。合理化建议活动又有了新的内涵，即作为群体学习，与组织学习、技术创新一体化。企业普遍加强了对职工的教育培训，职工素质得以提高。于是，合理化建议活动变得更为有效。下面列举两个成功实施合理化建议的模式。

一、宝钢的合理化建议活动模式

宝钢从 1980 年就开始开展合理化建议的活动。1986 年，国务院和上海市出台政策推进企业开展合理化建议的活动。于是，1987 年宝钢正式建立合理化建议的管理制度，把合理化建议活动纳入正规的管理渠道。经过几年的运转，从 1990 年开始，宝钢的合理化建议活动走向快速发展轨道，从表 2 可以看出，宝钢的合理化建议活动每年都会上一个新台阶。从数量上来讲，建议数、人均数、采纳数年均增长速度超过 50%。

表 2　宝钢合理化建议活动 1990~1999 年实绩表

年份	参与人数	建议数/条	建议数增长率	人均数/(条/人)	采纳数/条	采纳率	实施数/条	实施率	经济效益/万元	人均效益/(万元/人)	奖励金额/元
1990	25 366	5 471	—	0.22	3 131	57.2%	1 398	44.7%	5 754	0.23	115 553
1991	25 917	13 225	141.7%	0.51	10 157	76.8%	5 094	50.2%	15 006	0.58	214 445
1992	25 703	19 790	49.6%	0.77	15 943	80.6%	7 981	50.1%	15 525	0.60	472 082
1993	23 537	24 421	23.4%	1.04	19 270	78.9%	10 824	56.2%	22 531	0.96	880 941
1994	22 381	30 201	23.7%	1.35	24 675	81.7%	15 449	62.6%	29 084	1.30	1 312 125
1995	22 847	42 364	40.3%	1.85	37 354	88.2%	25 757	69.0%	32 368	1.42	2 447 275
1996	23 277	71 482	68.7%	3.07	64 435	90.1%	45 169	70.1%	38 041	1.63	4 594 420
1997	23 429	93 052	30.2%	3.97	86 531	93.0%	63 580	73.5%	36 294	1.55	5 537 015
1998	23 971	96 518	3.7%	4.03	93 191	96.6%	69 645	74.7%	42 955	1.79	4 398 810
1999	24 406	107 687	11.6%	4.41	105 584	98.0%	83 181	78.8%	56 817	2.33	4 198 979

从质量上来看，采纳率、实施率连年上升，合理化建议经济效益逐年提高。一方面是整体效益的上升，另一方面是单项效益的增长。例如，1997 年 12 月，设备部提出的"合理优化定修模型,有效降低费用,增加作业时间"，效益达 2968.68 万元，计奖效益 1989.02 万元，按 1%提成约 20 万元。1997 年元月，工程管理处李家富提出的 "5#翻水泵改为倒虹管" 合理化建议，节约成本 1019.03 万元，按 0.5%提成奖励 5 万元。1995 年和 1997 年上海市两届十大工人发明家评选活动，宝钢都有人当选，他们都是从合理化建议活动中脱颖而出的。1995 年的当选者一年提建议高达 50 多条，1997 年的当选者有专利 20 多个，一年有 100 余条合理化建议。

宝钢的合理化建议活动之所以开展得如此有成效，主要有以下经验。

（1）强调组织学习，重视职工教育。宝钢从建设开始，就非常重视教育培养工作，确定了"围绕当前生产经营目标和宝钢中长期发展的需要，开展在职人员岗位培训和继续教育工程为重点"的方针，经多年努力，已建立了一套完整的现代企业的教育培训体制。这套培训体制对培养宝钢所需要的各种人才起了非常重要的作用。①从1989年起，在提倡和实行业余教育并鼓励自学的同时，要求每天以不少于全公司定员的5%的规模进行脱产的岗位培训和继续教育。②经费保证：除每年提取工资总额的1.5%作为职工培训费外，根据每年培训的实际需要还拨给各种专项培训费用。十多年来，年人均教育费用超过150元。③工资制度改革与教育配套：凡业务、技术水平达不到相应要求的工人，其"技能工资"不能晋升，鼓励技能水平已经达到岗位最高技术等级的职工参加纵向或横向培训，提高技能层次和发展一专多能。对各类脱产学习和业余自学的职工，分别建立奖金、奖学金及自学奖励等制度，以提高职工自觉学习的积极性。

（2）有力的激励措施。从1992年开始，宝钢突破国务院、上海市的规定，奖励的最高金额突破1万元，以提高广大职工合理化建议的积极性。1995年开始，实施按项目效益的百分比提成，在奖励数额上不作封顶。至今，单个项目最高奖励金额达20万元。

（3）组织保证。1993年1月，公司成立了合理化建议委员会，明确规定公司一把手带头，党政工团领导一起抓的领导体制。公司各级领导均非常重视合理化建议活动，每年有一次合理化建议表彰会，奖励积极分子，并与先进个人代表聚餐。并且，每次的一等奖都由公司领导总评决定。公司二级单位的领导，不仅自己带头提合理化建议，还亲自审查合理化建议。1998年，公司为了进一步加强合理化建议活动的开展，专门派一个合理化建议考察代表团前往日本学习考察。如此重视合理化建议活动，这样的企业在国内是较为少见的。

（4）活动形式多样化。有时，为了解决生产中的问题，公司会针对专题进行集中活动。从1997年6月开始，每年在公司开展合理化建议月活动。公司能源部利用节日，如"三八"、五四、"七一"、节能月、节能周等活动推进合理化建议活动。

（5）科学合理的效益评价体系。公司从1990年开始立项攻关，研究合理化建议的效益评价体系，并于1994年开始正式实施。评价指标体系分为七大类，每一类分成四项指标。经过两年的实践，1996年又提出修订方案，对效益进行工序分解，按各工序的成本构成进行测算，使效益计算更科学合理。

二、华药的合理化建议活动模式

华药自1958年建厂以来，一直非常重视合理化建议活动。华药建立了"合理化建议—QC小组—技术改进奖励"一体化的技术改进体系。合理化建议解决技术改进课题来源；开展QC小组活动，实施合理化建议和技术改进项目；按照技术奖励条例对成果进行评价和奖励。技术改进体系的建立，提高了科技人员面向生产、与工人相结合的自觉性，形成了以工程技术人员为骨干、广大工人参加的科技大军，持之以恒地开展群众性的技术创新活动，有力地推动了科技工作的开展。

1981年至1995年的15年间，华药每年都有QC小组被评为全国优秀质量管理小组。"八五"期间，企业有21 999人次共出提合理化建议29 523项，采纳17 035项，采纳率达57.7%。"八五"期间华药有9个QC小组获全国优秀质量管理小组称号，27个QC小组获省（部）优秀质量管理小组称号。

华药的合理化建议活动开展得有声有色，1991年至1997年绩效如表3所示。近年来，为了提高合理化建议的创新作用，公司实行促进建议人组织实施的措施，更进一步推进合理化建议。合理化建议活动能从各个侧面反映生产中存在的不足，是开展小改革的重要方法。

表3　华药1991~1997年合理化建议绩效表

年份	参与职工总数/人	提出总数/条	采纳总数/条	实现总数/条
1991	4273	6034	3398	546
1992	4489	7228	3727	672
1993	3472	5064	2638	718
1994	3978	4255	2296	972
1995	3755	4636	2427	819
1996	3050	4178	2228	736
1997	2631	3059	1648	538

除此之外，华药为了调动广大青年职工的积极性，厂团委自1983年以来，积极组织全厂各级团组织及广大团员、青年广泛开展"五小"（小革新、小发明、小创造、小设计、小建议）活动，据统计，1986年至1990年，取得"五小"成果4632项，创直接经济效益333.35万元，其中，2项成果获国家级三等奖，2项成果获省级一等奖，5项成果获市级一等奖，12项成果获市级二等奖，34项成果获市级鼓励奖，厂团委连续5年获市"五小"活动先进集体。华药也非常重视职工的培训，积极提高职工素质，以推进合理化建议和创新。

治理结构与领导班子[①]

第一节 我国企业治理结构的改革与发展

我国从计划经济向社会主义市场经济过渡过程中,需要完成两个方面的发展任务:一是明晰政府与企业的关系;二是为这种关系建立适宜的法律和制度基础。当前我国企业改革的重要步骤在于,通过建立现代企业制度将政府所有权与企业的经营管理权分开。这个变革中最重要和最困难的,就是在公司内部建立一个与社会主义市场经济相容的、新的公司治理结构。

一、我国企业治理结构的改革与发展

我国企业改革经历了放权让利、利改税、承包经营、建立现代企业制度等几个阶段。1978年以前,政府对企业的强有力的控制几乎涉及经营的各个方面,国企自主权非常有限,几乎是政府完成产品计划的加工厂。赢利了,利润归政府,亏损了,政府会补贴。这种治理模式随着市场经济的发展,显露出越来越严重的弊端。

党的十四届三中全会做出了建立社会主义市场经济体制的决定,社会主义市场经济意味着价格和资源配置必须由市场机制来实现。相应地,企业必须转型,在竞争性市场中实现投入与产出,这就要求企业成为具有有限责任和权益的现代公司。这一变革能否成功,很大程度上取决于能否建立一个有效的公司控制系统,来处理好政府与企业之间的新型关系。

总的来看,我国企业改革一直是围绕着企业治理结构的改进和完善而展开的,经过多年的改革,获得了一定成效,但公司治理结构仍然存在着不少问题。改进治理系统是提高企业绩效的重要手段。因此,党的十五届四中全会在论述对国有大中型企业实行规范的公司制改革时,不仅使用了公司法人治理结构概念,并且将治理结构的改革和创新视为公司制的核心。

二、转型期公司治理结构改革的逻辑框架

通过对我国企业改革和治理结构发展现状的调研,可以看出,政府对企业重大决策问题的不适当干预(如经营者的任命等),限制了企业的自主权。事实上,企业改革就是沿着政府放权的路线进行的。相当一部分企业获得了较大的自主权,

---

[①] 节选自:许庆瑞,陈重. 企业经营管理基本规律与模式. 杭州:浙江大学出版社,2001:第十章。

但直至今天，政府的控股地位及随之而来对企业经营的决定性权力，使不少企业经营依然承袭原有模式。另外，"国家所有"缺乏具体而明确的指代，政府代表国家行使功能和进行管理的过程中存在的不完善环节，使得企业经营者有机可乘，从而出现经营者腐败现象。因此，从企业治理结构范围来看（不含外部市场机制），国家控股的所有权结构模式，是造成企业活力不佳的重大原因（第一层次问题）。

这种所有权结构模式，意味着企业治理结构没有达成制衡格局，最突出的是董事会没有起到应有的作用。作为治理结构的核心层，董事会的职责是代表所有者对经营者进行监督和控制，规划企业发展的战略方向。但目前我国大多数企业的董事会都不能很好地发挥这种作用。原因包括：董事会及监事会的权限范围缺乏正式的制度确认和保障；在董事会和监事会的构成上，外部人员欠缺，普遍存在董事长与总经理兼任制，导致制衡机制不完善；监事会目前的构成和来源很难对高层经理和董事进行监督等。更本质的原因，则要归于前述所有权结构的不合理。既然董事会是所有者派出的代表，所有者结构势必影响董事会的结构（第二层次问题）。所有这些问题，最终表现为企业效率低下，活力欠佳，即图1中所示的第三层次问题。

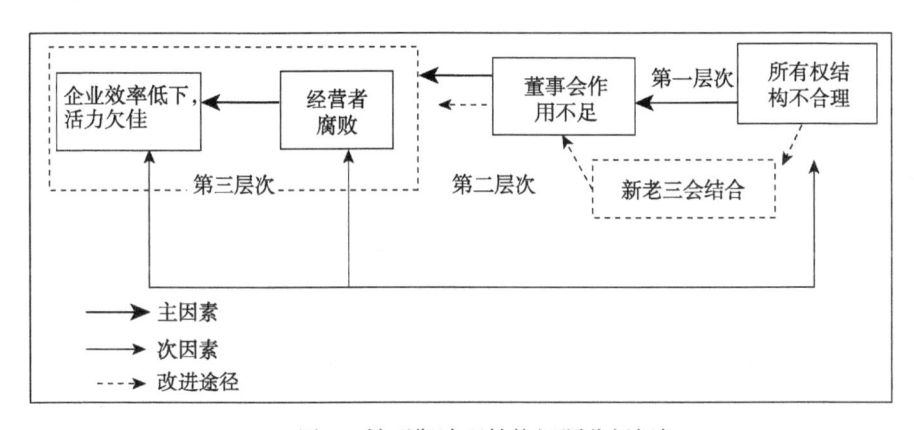

图1 转型期治理结构问题分析框架

因此，企业必须变革所有制结构，向现代公司制方向转型。这个发展和转型过程必然导致领导体制的变革，即新老三会的共存和结合。新三会的建立符合客观需要和发展潮流，但老三会具有特殊优势，曾在我国企业发挥过重要的领导作用，虽然新三会具有制度上的规范优势，但老三会在政治上、文化上的优势也是不能忽视的。因此，实现两者的完美结合，才能使优势最大化，顺利完成治理结构的变革和发展。

基于以上讨论，我国企业治理结构变革应遵循如下思路：在优化产权结构的制度前提下，以加强董事会作用为中心，以新老三会结合为途径，激发创新活力、改善企业绩效。

第二节 转型期治理结构的模式

我国企业正处于转型过程中,由于每个企业都有自己特定的历史背景和产业环境,在治理结构转型过程中出现了形形色色的特征。

一、典型企业治理结构特征比较

根据治理结构与产业及企业性质的相关性,我们分别从传统产业和高新技术产业选取了一些较有代表性的企业进行了调研。从调研结果看,我国企业目前存在三种典型的治理结构,按照治理主体可为以下三种。

第一种是老三会主导型,其特征是基本沿用原先的领导体系,老三会在党的工作和业务决策上占决定性地位;新三会尚未建立或机构虽建立但其职能弱化。这在一些传统产业中较为多见,如邯钢、宝钢等。

第二种是新三会主导型,其特征是原属老三会的职能基本上都已转移到新三会,新三会掌握了经营业务和行政方面的决策权,老三会在企业中的职能被弱化。目前高新技术产业中很多企业属于这种类型,如东信。

第三种是基于分工的新老三会结合型,其特征是老三会继续保持原先在党的工作上的优势,经营业务方面的职能转交给新三会执行,老三会通过干部的培养、教育和监督等方式,对新三会行使职能,起监督作用。与西方的新三会体系相比,这种类型也能形成制衡格局,只不过其范围从"三会"扩大为"六会"。这种类型既承袭了我国传统体系的优势,又引进了现代体系的优势,属于比较理想和完善的类型。这类企业还比较少,目前走在前面的一般是改制较为成功,尤其是产权结构比较合理的企业,如昆明制药等。

这三种典型企业治理结构特点比较如表 1 所示。

表 1　典型企业治理结构特点比较

治理结构分类	代表企业		
	邯钢	东信	昆明制药
国有经济性质	国有独资	国家控股(63.16%)[*]	国家参股(36.8%)[*]
行政干预度	大	较小	小
改制效果	一般	中等	好
业务决策班子	党委会	董事会	董事会
党务决策班子	党委会	党委会	党委会
董事会作用	弱	强	强
党委作用	强	一般	较强
董事长作用	强	很强	很强

续表

治理结构分类	代表企业		
	邯钢	东信	昆明制药
业务和党务互兼情况	党委书记兼副董事长	党委书记兼副董事长	党委书记兼董事长兼总经理
总经理自主权	一般	一般	大
经理激励	一般	一般	强
代表企业	邯钢	东信股份	昆药
职工入股积极性	一般	一般	好
责权利结合	很好	一般	很好
民主管理	好	一般	好

*括号内为国有股占比

我国的企业治理结构尚不存在国际意义上的规范模式，因为我国特定的制度环境决定了我国企业的治理结构多少保留了传统文化的特征。同时，并非只有国际规范才是唯一适合我国的有效模式，事实上，上述三种类型都不乏相对成功的企业，或都有过相对成功的时期。

二、公司治理结构的三种模式

（一）老三会主导型模式：邯钢案例

在实行这种模式的企业中，老三会仍然发挥主要领导作用，其中党委会是主要的治理班子，除了基本的思想政治方面的作用，还参与并负责公司发展战略和重大决策问题。职代会和工会为职工的民主管理提供保障。

党委会在邯钢充分发挥了核心保证作用，凡事关公司发展的重大问题，都通过党政联席会议的形式进行充分协商和讨论；干部的选拔和考核方面，依然注重党委会的政治把关作用，实行"党管干部"原则；工会服从党和行政领导，在党和职工群众之间起桥梁与纽带作用；邯钢的民主管理走向制度化和规范化，职代会具有广泛性，一线工人代表占二分之一。邯钢一方面重视老三会的作用，充分发挥国企的思想政治工作优势和密切联系群众的优势；另一方面，通过加强新三会的建设，加强公司决策的科学性和规范性。邯钢实行党委书记兼副董事长、工会主席兼监事长的模式，其董事会成员全都来自内部，包括公司总经理、党委书记、两位副总经理以及工会主席。这种领导班子结构保证了老三会继续发挥作用，同时也重视新老三会的相互支持和补充。

邯钢这种模式的优势是保留了我国企业的优良传统，保证了治理结构的稳定性和连续性，这种优势在竞争性不太强或公共品产业中尤其明显（正因如此，一些企业目前仍然能保持良好绩效）。这种模式的缺陷是尚未能充分发挥现代企业制度的特有作用。比如，其董事会成员的社会化和知识化程度不够，不能有效利用社会资源；在对经理的激励与制约等方面也有欠缺。

（二）新三会主导型模式：东信案例

新三会主导型模式的特征是：其一，权力体系经历了全面更换，不仅以新三会为治理主体，并且是由董事会形成主导治理班子，由它把握企业的战略发展，监督控制经理人员，经理层则负责具体经营，在新三会体系中营造制衡格局，类似于国际规范模式。其二，老三会不再拥有对经营战略的决策权，而且在行政党务职能上也同时弱化。与老三会主导型相比，这种模式体现了企业向国际规范模式接近和发展的方向，有利于国际交流的加强，但与国际规范相比，在运行上还远未达到顺畅有效，制衡机制尚未形成。东信、中兴等企业就属于这类模式。

作为中国通信产业规模最大的国有企业，东信在改制中获得了长足的进展。老三会的权责基本上已过渡到新三会，董事会在企业发展战略等各方面发挥了决定作用。施继兴董事长在企业中享有很高威望。在董事会结构设置上，吸收西方经验，考虑了专长互补性，并引入外部董事，该公司的治理结构正向知识化、科学化、国际化方向发展。与此相反，老三会地位下降，尽管党委书记兼任副董事长，但实际工作中，党委会的职权包括职代会、工会的职能相对弱化。

这种模式的优势是：在顺应全球经济一体化的世界性潮流中，迈出了改革的步子，为企业的长远发展在制度层面提供了支持和保证。其缺陷是：忽视老三会在党务方面的作用，容易丧失传统中好的一面，如职代会在民主管理、党委会在思想政治工作方面的优越之处；而且，脱离我国实际情况追求西方模式，在文化创新落后于制度创新的情况下，势必影响现代企业制度改制的实效，如职工的思想观念还停留于平均主义、集体负责的情况下，很难真正实行责权利的有效结合。

（三）新老三会结合型模式：昆明制药案例

这种模式的特征是：新老三会实行明确分工，老三会继续保留党的职能，把业务职能转交给新三会体系。与上述类型不同的是，老三会的行政和党务职能得到充分重视并有效发挥，其地位与新三会等量齐观。这在我国现有的治理结构类型中属于较理想的模式，如改制成功的昆明制药。

昆明制药的股本结构包含三部分：国有股、社会法人股和职工股，各占36.8%、43.6%、19.6%，形成了多元投资主体及适当的控股比例。董事会在经营决策中发挥了重要的战略决策与协调作用。同时，职工的民主生活较好，党委会、职代会和工会的作用得到充分发挥。

相对而言，昆明制药这种治理结构属于比较理想的模式，其巧妙的股权结构设置为新三会职能的有效发挥提供了重要基础，而对传统优势的保留和运用，使得企业的改制较为顺畅。实践证明，将我国企业在政治思想方面的优势与西方企业在制度和规范性上的优势结合起来，两者相互辅助，有利于企业的快速成长。

三、治理模式特征比较

根据上述调研和比较结果，对比国际规范模式，将我国目前存在的三类公司治理模式及其特征归结如下，见表2。

表2 我国公司治理模式及其特征

特征	老三会主导型	新三会主导型	新老三会结合型	国际规范模式
产权可转让性	无/小	中等/较高	中等/较高	高
政府干预程度	大	中等/小	中等/小	小
主导治理班子	党委会	董事会	董事会/党委会	董事会
协调机制	行政安排	三会制衡	六会制衡	三权制衡
领导集权度	集中一贯	部分分权	较大分权	分权型
政治与经济的关系	一体化	偏重一方	基于分工的相互支持	独立管理
文化特征	中国传统文化	文化过渡与变迁	中西相融的文化发展与变迁	西方的民主、平等、效率文化
经济和制度背景	计划经济，传统企业制度	转型经济，现代企业制度建设阶段	转型经济，现代企业制度建设阶段	市场经济，现代企业制度

在我国转型经济的大背景下，以上三种模式表现出新旧交替的发展特征，受新旧体制和文化两方面的影响。在老三会主导型模式中，新的特征并非全无，只是未占主导地位；在中间模式中，同样存在新老两方面的特征，只是未能对这两个方面加以妥善处理，新三会主导型中，尽管旧体制在正式制度方面未占主要地位，但其负面影响依然存在，新老三会结合型模式虽然能正视这种历史影响，并进行弃旧扬新，但总的来说，目前在运行中仍然存在一些有待完善的地方。这三种模式表明了我国企业治理结构阶段性发展的轨迹，如图2。

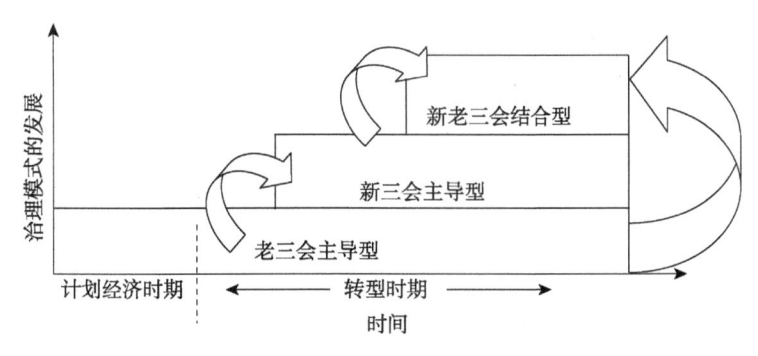

图2 转型时期我国企业治理模式的并存和发展

第三节　董事会问题的成因与改进

新老三会的有效结合，最终能保证董事会在公司治理结构中发挥应有作用。如前所述，董事会是治理结构中的枢纽，董事会不能有效发挥作用，或在运行中出现问题，必然导致整个治理结构的散乱无序，甚至与公司治理的初衷背道而驰。我国存在的"内部人控制"问题，以及企业缺乏活力、绩效不佳等问题，直接原因就可以归结为董事会作用的失效。

一、董事会问题的成因

目前我国企业董事会职能弱化，未能起到应有作用，既存在制度性因素，也存在结构和运行机制上的原因。

（一）制度性缺陷

任何机构要顺畅运转，其基本前提是要建立起井然有序、行之有效的制度。否则，就造成所谓的"名不正，言不顺"。但从目前的《中华人民共和国公司法》来看，对股东会、董事会和经理层的权责划分存在重叠或冲突，如股东会"决定公司的经营方针和投资计划"、董事会"决定公司的经营计划和投资方案"；或者对各个机构的权限规定不当或有缺失，造成经理层在经营管理中享有的权利比董事会更具体，从而造成董事会职权空心化。从监事会的角度看，既没有创设监事会履行职责的程序性保障制度，也缺少监事会对董事会行为的有效制约措施，使得监事会的设置成为"摆设"。

（二）结构缺陷

董事会要对与公司有重大利害关系的、大量的当事人负责，必须在不同利益竞争中取得平衡。这通常与董事会构成及决定构成的方式有关。董事会结构主要包括三个方面：董事会规模，董事的来源、组成以及内部董事与外部董事的比例。据调查，我国一些大公司的董事会规模普遍较大，如浙江某企业不到2000员工，其董事会人数达21人。从1993年对上海17家上市公司的调查来看，资产超过2亿元的企业，董事会平均人数为14.1人。但经验研究证实，董事会规模过大，会变得缺乏效率，因为协调和组织过程的损失超过人数增加所带来的收益；同时，他们也更容易为公司经理所控制。

除了受规模影响外，我国企业的董事会在结构上还存在如下几个方面的缺陷：①内部董事素质偏低，年龄偏大。国企一般是因为某些复杂的人事背景，乡镇企业则往往为顾及"创业元老"的物质和精神需要，将一些不符合需求的人吸收到董事会中。②各董事的专长互补性较差。有的企业则受传统因素影响，偏重某一个方面，造成结构不合理。不少国有企业仍保留了原先基于技术的晋升体制，董事会的成员中，以技术、生产出身为主，缺乏学管理、金融、财务专业出身的人才。③董事会构成单一，外部人偏少。即使部分企业已引入外部董事，但由于旧的体制没有真正改观，外部董事在监控方面还很难真正起作用，只能充任专家顾问角色。这样就使得董事的独立性不能得到保证。

（三）运作机制缺陷与文化塑造

任何一个班子，如果缺乏一种团队精神和协作文化，即使提供了有利的制度环境，设置了科学的结构，也很难产生理想效果。发扬董事会的团队合作精神，发挥董事会的集体效能，既是改善企业"一人说了算""一人决定企业命运"现象的现实需要，更是外部市场环境和竞争特点的客观要求。团队精神和协作意识，与企业文化密切相关，领导班子要拥有较强的凝聚力，成为一个团队，首先需要在企业中培养、塑造这样的文化。

二、改革所有权结构，新老三会相结合，共促董事会建设

以上三个方面是相互影响的：完善的制度为形成合理的组织结构和顺畅的运作机制提供保障；结构缺陷直接影响运作效果。反之，一个拥有良好运作机制的董事会，必然会关注其结构，并在力所能及的范围内使之合理化。追根溯源，董事会的这些问题都是源于所有权结构，国有股控股、股权结构单一直接影响到董事会构成上的不合理和运作机制上的缺陷。在这样的结构之下，要改善上述三个方面，效果是有限的。我国企业在董事会问题上，除了在力所能及的范围内，对其结构作一番实质性的调整、增强互补性和协作性以外，改革所有制结构是解决问题的前提和根本。

新老三会的结合和权力体系的转换是我国转型期特有而又无法回避的问题。这个过程中出现的问题曾导致董事会职能弱化，并将在一段时期内继续影响治理结构的变革与发展。关注新老三会的转换，促进两者的有效结合及合理分工，同样是保证董事会获得应有职权、结构安排合理及运作顺畅的关键所在。在所有制改革的前提下，要使新老三会有效结合，这样才能使董事会在转型过程中发挥应有作用。

第四节 企业领导班子建设

企业领导者是企业的大脑和神经中枢，决定企业的发展，组织企业的运作。人们经常看到，同样的基础，同样的条件，同样的产品，有的企业搞得好，有的企业却搞不好。除了治理结构方面的制度性因素外，还存在一个非常关键的因素，

那就是人的问题，领导者和领导班子问题。当前，有问题的领导班子有以下几种。①观念陈旧，不适应社会主义市场经济的需要，没有能力把企业推向市场的软班子；②面对困难精神不振，畏缩不前，单纯"等靠要"的懒班子；③领导之间不团结，内耗严重，以致影响企业发展的散班子；④贪污受贿、严重以权谋私的坏班子；⑤主要领导独断专行，造成重大决策失误，不能发挥集体领导作用的独裁式班子。

当然，国有企业领导班子多数是好的，企业领导干部素质总体上也在不断提高。其中也涌现了一些成功典型，使所在企业获得了较好的发展，并为其他企业的领导班子建设提供了宝贵的借鉴，为解决上述领导班子问题提供了思路。

一、典型经验及成功案例评析

在企业改革和转型过程中，出现了一些成功的领导班子典范。

案例1：转型期领导班子建设——东信

企业转型时期，东信对领导班子成员提出"四新"要求：新思维、新行动、新目标、新作为。新思维就是要求"做好思想观念的修炼，做好思想观念的重组，吸收新思想，打破旧的思维定式，勇于超越自我，向极限挑战，经常保持积极进取的心态"。这就相当于我们所说的意识修炼。新作为是要求"心中必须有团队，有全局。团结才有力量。要放眼长远，胸怀大局，出以公心，不谋私利，要防止内耗，众人合力，拧成一股绳"。这就是团队型的组织精神。"四新"中，最重要也是最直接的一点就是新行动，就是要对东信进行巨大的，也许是残酷的改革，并且这样的改革不是只进行一次，而是要进行多次，不断地对业务部门的竞争力进行优化。这就是变革使命在东信的具体体现。基于新目标的提出，东信人提出"天行健，君子当自强不息"，持续地、终身地学习，成为"自强不息"的必经且有效的主要途径。

案例2：海信的成功实践

改善企业经营状况的关键是企业领导班子状况的根本改善，这可以从海信的改革发展中得到启示。海信是20世纪90年代我国电子行业脱颖而出的一匹"黑马"，如今，已是同行业唯一一家通过ISO 9001国际国内认证的双料企业。它获得如此快速的发展，就在于有一个过得硬的领导班子。其"过得硬"体现在：①海信以高度的责任感塑造领导集体，要求从总裁到中层干部，都要忘我工作以尽责任；面对市场，要尽到对消费者的责任。这样就不是"懒班子"，而是兢兢业业的创业班子。②在决策方式上，保持重大决策的科学化和创造性。重大决策严格按科学决策程序办事；坚决依靠群众，实行民主决策，不搞"个人说了算"。同时做好后备力量的培养。这样就避免了因为领导独断而造成决策失误的"独裁式班子"问题。

③在用人观和用人方式上，靠以人为本的企业文化管理形成了这个群体强大的凝聚力。努力营造宽松、协调的企业内部环境。对员工强调有"情"的管理，强调个人目标与企业目标相统一。这为海信营造出一个宽松、和谐的心理环境，进而使整个领导系统形成一种上下呼应、良性运行的状态，避免了"散班子"问题。④重视学习，通过全方位、深层次的学习，形成一系列具有特色的领导方式和企业管理理论，使领导干部的知识与能力素养同企业发展和市场环境需要同步提高，解决了"软班子"问题。⑤针对国企的"所有者缺位"从而导致"内部人控制"等问题，海信要求领导层不仅把自己当成企业经营者，还要把自己当成投资者，即保持"错位"状态，并在制度上对班子成员实行有效的激励与制约，对经理层的蜕变起到了一定程度的制约作用。这就解决了"坏班子"问题。

上述企业领导班子的成功实践或领导班子建设的经验，给我们带来如下启示。首先，改善企业经营状况的关键，在于改善企业的领导班子状况。尽管制度方面的问题对企业的生存发展至关重要，但制度始终是在领导的作用下改革的。其次，改善企业领导的本质，在于最大限度地发挥群众的积极性、创造性，并把它引导到企业发展的正确轨道上来。领导是关键，并不是否定群众的作用，而恰恰是为了更好地发挥群众的作用。海信和其他许多优秀企业的经验一再证明，人民群众有无限的创造力，能够不断提高产品的质量和数量，有能力积累更多的资本，有办法赢得市场竞争。海信等成功的领导班子的一个共同之处，就在于他们能挖掘群众的积极性、创造性，对群众有感召力、凝聚力，能够团结更多的群众做出更大的事业。

此外还有一点不应忽视，改善国有企业的领导班子是企业和政府的共同任务。尽管成功经验表明，过硬的企业领导，可以克服和化解各种外部困难，包括市场、体制、政府领导等，但国企毕竟是在政府的领导之下，讲改善企业领导的同时，不能忽视改善政府对企业的领导。目前公司治理问题已成为我国国企发展的瓶颈问题，除了企业自己要加强领导班子建设以外，政府仍需在法律制度、宏观调控等方面，为企业营造一个更宽松的制度环境，提供发展条件。在一个不必依靠企业领导自我"错位"就能实现有效激励与制约的制度框架下，企业的发展必能更为稳健，更富效率。

二、转型期领导班子的有效模式

对于处于经济转型中的我国企业来说，有效的领导班子应该具备如下特征。

（一）以变革为宗旨与核心

时代背景与领导的本质属性，都要求领导工作必须以改革为己任，改革既是企业的生存之道，更是领导的本职所在。因此，领导层不仅自身需要有持久的危机感，在心理上和行为上保持不断变革发展状态，在关键时刻能有大胆甚至不怕冒风险的行动，而且也要在组织中营造一种强烈的危机感及变革与创新的氛围。

（二）以团队和群众为组织基础

事实证明，独裁式的领导已不能适应企业发展的需要，环境的复杂性与多变性需要更多的人联合起来完成领导的职责。这绝不是单纯的数量增添，而是要在具备各种专长的领导者之间结成互补关系，彼此配合，密切合作，如一个团队一般有机运作。此外，加强与群众的联系，也是领导者有效发挥作用的基本保证。

（三）以意识修炼为协调基础

能够看出别人看不出的事物，透视事物的本质，这是领导者的特有能力之一。作为领导者，必须具有驾驭市场、把握机遇、寻求突破的战略思维能力，这是毋庸置疑的。一旦看出别人未看出的事物，寻找到解决问题的方向和途径，就需要采取行动去争取团队其他成员的共识与支持。因此，领导者需要了解对方的心智模式、需要、目标以及其他有关的思想状况。要实现沟通，对自己的心智模式要有比较清楚的了解，并不断完善之。

（四）以持续学习为发展途径

转型时期的组织更应是学习型组织，作为领导层的成员，需要不断学习。无论是企业外部的市场、政策环境，还是直接领导下的企业员工，都处于不断变化之中。领导者需要根据特定环境、特定任务中群体成员表现出来的认知水平，综合考虑需要采取的领导方式。对群体的认知水平的判断，对环境变动状况和趋势的分析，都需要基于一定的理论和实践基础，也就是需要学习。注重学习、重视知识和人才的领导将使企业获得持久的生命力，这无论过去还是现在，都已不乏例证。像海信周厚健总裁、中兴侯为贵总裁等一批优秀的企业家，不仅自己坚持学习，同时要求公司领导层的其他干部们进行知识的扩充和更新。正是这种全方位、深层次的学习，使得海信、中兴等一批企业能在 20 世纪 90 年代强手如林的电子行业中脱颖而出。

六十年"学与创"学术生涯与浙大"创新与发展"研究中心的历程[①]

许庆瑞

《积淀八十载 绽放二十春：浙江大学创新与发展研究中心论文集（第 2 卷）》是继《赛德（RCID）论创新——浙大学人对中国技术创新管理理论的探索》（2004 年 10 月出版）之后又一本汇集了我们创新团队同志们研究心血与成果的文集。与上述一书不同之处在于：这本书的问世是在庆祝中心[②]成立 20 年之际，同时又值我八十寿辰。本书能让读者们更好地了解中心的历史由来与我们团队的学术思想和文化渊源，同时简述了我的学术生涯。

我近六十年的学术生涯，可大致分为三个时期。①"以学为主"的青少年时期，从小学到大学：1935~1951 年。②"从学到创"与"边学边创"的青壮年时期：1951~1978 年。③"创中兼学""以创为主"的中晚年时期：1979 年至今。以下分段简叙。

一、"以学为主"的青少年时期，从小学到大学：1935~1951 年

我的青少年求学时代可以分为小学、中学与大学三个阶段，研究生时期不列入其中。

我从五岁开始入小学（上海道一中小学的小学部）读书。之所以选择这所学校，我想很可能的原因是它距离我家很近，当时我家位于上海新闸路（泰兴路西），离位于北京路、卡德路（今石门二路）交叉口的道一中小学仅一条马路之遥，家人接送我或我独自回家均很方便。

我对道一中小学已经没有什么印象，主要的记忆是，学校很小，教室也不大，小学一年级在一间类似民间客厅的房间内上课，教师给我的记忆也模糊不清，没有留下什么深刻印象或值得回忆的地方。二年级时，父母把我从道一中小学转入了离我家稍远的新闸路小学，而这所学校给我留下了深刻的印象。新闸路小学位于新闸路康定路口，是由市政主办的比较正规化的小学，老师们都受过较好的教

[①] 节选自：陈劲. 积淀八十载 绽放二十春：浙江大学创新与发展研究中心论文集（第二卷）. 杭州：浙江大学出版社，2015：序。

[②] 中心即浙江大学创新与发展研究中心（Reseach Center for Innovation and Development，RCID）。

育，较有素养与风度，穿着也很讲究，男老师都穿着西服来上课。我从二年级开始就上英语课。我还记得英语读本的第一课是："I'm a boy.""You are a girl."。学校的房子建筑也坚固结实，是混凝土整体结构，磨砂的厚厚的墙壁，并装有水汀暖气设备。操场的面积很大，数倍于校舍，下课后学生必须列队去操场上活动，待到下节课上课铃响后，学生们才在班长和老师的指挥下排队进入教室。全班学生成排列齐后，等待班长叫口令，统一就座；下课时也待班长喊口令，一起立齐后，在老师指导下排队出课堂门去操场活动。班主任老师上下课时，必须站在教室门口迎送学生。像这样正规的小学，全上海也没有几所，大多是英国人所办或是教会兴办的学校。在我的记忆里，有这么好的校舍与操场的，除了市政办的这几所中小学外，就是一批犹太人办的学校。犹太人哈同在上海发迹后，购买了不少房地产。同时，为了教育后代，他办了多所犹太学校，其中一所位于西摩路（现今的陕西北路），其校舍大而华贵，操场大而整洁，比我所在的新闸路小学有过之而无不及。

我于五年级后跳过六年级，直接考入了大同附中初中部（大同大学附属中学）。大同附中老师水平较高，英语课语法老师、代数与几何老师及语文老师课都教得很好，我在这些基础课上学得较扎实。

高中时在父亲的安排下，我考入了上海市南洋模范中学高中部（简称"南模"）。这是一所上海数一数二的好中学，师生水平均很高。我刚进入时很不习惯，因为在初中时，教师管得很严，讲课条理清楚，在课堂上基本弄懂和解决问题，回来复习时不需多少时间去消化课堂内容。而在南模不同，有的老师在课堂上讲得很简练，程度好的学生可以跟上，而能力较差的学生就会显得非常吃力。当时南模有些老师是上海交通大学老师来兼课的，往往不自觉地以大学教授的方法来讲课，使学生很难跟上去。由于南模师资水平高，较我之前的大同附中上了一个不小的台阶。不过，对我来说不少基础课使我受益匪浅，如英语的语法与修辞学（rhetoric）、三角（赵型老师讲授）与解析几何、物理（俞养和）、化学（徐宗骏，系上海交通大学老师）。

简言之，由于家庭重视子女教育，我在中小学受到了较好的基础教育，为日后升入大学创造了良好条件。

1947年我考入了上海交通大学工业工程管理系。该系仿照美国工业工程的教学，一、二年级基本上是工学院的基础课，一年级与工学院其他系的课程无大区别。当时我们工业工程系是跟着机械工程系的技术基础课与专业课走的，因而一、二年级基础课基本上是机械专业的。到了二、三年级开始了工业工程的专业基础和专业课，如会计、统计、工业管理、工时学（time and motion study）、成本会计（cost accounting）等。由于1949年新中国刚成立，上海交通大学工业工程系的前两年多的学习基本上是按美国的工业工程的教育培养方式引进教学的，到了三、四年级后才逐步引入苏联的一些课程，但由于当时尚缺乏苏联的教材与教师，基本内容没有实质性的进展。总之在上海交通大学学习的基本上是美国工业工程系的内容。

二、"从学到创"与"边学边创"的青壮年时期：1951~1978 年

1951 年从上海交通大学毕业后，我进入中国人民大学，开始学习苏联的工业经济与企业管理研究生学习。这是我第二个高等教育的学习过程，基本上是苏联的教学内容与方法。苏联教学的特点是崇尚理论学习与研究，这对我提高理论水平与培养理论研究兴趣起了重要作用。这个时期我开始了"从学到创"的过程，因为研究生教学不仅是书本学习，还需要做理论方面的研究。导师给我定下了"技术管理"的学习与研究方向。当时我国企业管理分为八大管理，技术管理是其中之一。

20 世纪 50 年代正是我国及广大企业在"一边倒"的思想指导下全面学习苏联的时代。当时流行的思想是"苏联的今天就是我们的明天"。当时觉得苏联一切都好，苏联是社会主义阵营的领头人，它是社会主义国家，对我们是无私援助，它用最先进的技术援助我们（如用斯大林汽车厂的技术无私地援建长春第一汽车制造厂）。确实，苏联专家、教授对我们也是无私的，把知识传授给我们。

从国家经济建设来看，当时正是第一个五年计划时期，苏联的管理理论和经验，是我们工业企业的发展十分需要的。我攻读研究生的时期正是我国企业从以"计划管理"为中心转向以"技术管理"为中心的时期。技术管理的核心内容是发展品种与提高产品质量。为了结合国家经济建设的需要，我选择了技术管理中的新产品试制与生产技术准备作为研究课题的主要内容。具体的实践基地是上海机床厂，因为它在发展新品种磨床方面很有成就，仿制成功了多种瑞士与苏联的精密磨床。当时我还应机械工业出版社的要求，为他们校译了《苏联机械制造百科全书》第三章"生产作业计划"和第七章"生产技术准备的组织"，并应机械工业出版社之邀写了《新产品试制的组织与计划》一书，书中反映了我们在研究生时期所做的主要研究工作。

这是我学术生涯的第二阶段，是"从学到创"的开始，它是一个较长时期的"边学边创"的过程。在这一段时间里，我开始走出单纯学习苏联与书本知识的框框，开创了探索我们国家自身需要的研究与创新过程。当时我所在的中国人民大学所使用的企业管理教材中，第一次摆脱了单纯学习、仿照苏联编写教材的过程，开始发挥首创精神，建立了自己教材的新体系，列入新产品试制、生产技术准备组织与计划的章节。

从研究生毕业留校当教师的 1955 年秋一直到 1978 年，这段时间里我们边学边教，"学习、研究与教学"三者相结合。当时在中国人民大学上讲台的第一年，

学校就安排我主讲"生产技术准备组织"这新的一章。由于我当年教学经验不足，对新产品试制与生产技术准备缺乏实践经验，教学效果不好。于是我开始了边学边教的过程，认识到从自己理解到在课堂上传授给学生还不是一回事，教学研究是十分重要的。教学与研究结合、深入实际、掌握第一手资料和经验是做好教学与研究的根本和基础。而当时我的母校——中国人民大学具有老区革命传统，崇尚深入实际、与群众结合的革命传统，并提倡同实际部门结合、深入实际做调查研究的学风。

在这段时期里，我们经常带同学下厂实习与调研，与主管部门第一机械工业部（简称"一机部"）及其所属各工业管理局等密切结合，下厂去做蹲点调研。

在20世纪60年代初这段时期里，我们曾随一机部部长汪道涵的调研组在上海机床厂蹲点调查，这对我们培养深入实践进行理论和政策研究的作风有很大影响，也对我们建立学习实践和与职工群众打成一片、一起做调研的思想作风起了很大作用，这对我们此后树立"顶天立地"的思想与作风亦有重大影响。

第二个阶段，是"从学到创"过程中"边学边创"的重要阶段，培养我们把学习理论前沿和学习实践相结合。当时，中国人民大学对于教师进修与提高，提出了一个学习苏联培养副博士的模式，它要求不亚于欧美培养博士生的水平。它要求我们深入学习基本理论及经济学的经典著作，如马克思的《资本论》全书、马列主义的哲学著作等。在工业经济与企业管理方面，要通读200本原著和10年的经济理论杂志与专业杂志。

中国人民大学既强调深入实践，又强调深入理论学习，对加强教师的基本理论修养和实践调研作风有较完整的安排，这对一个教师的全面发展具有重要作用。在中国人民大学学习与工作的十年对我此后的学术生涯起了良好的奠基作用，这为我"从学到创"做好了重要的铺垫，也为我今后带领我们团队攀登学术高峰、开创中国企业创新道路的研究打下了思想基础和理论联系实际的良好作风。没有严格的理论训练和踏实作风，没有刻苦深入学习，是不可能在学术道路上有所创新的正如当时学习的马克思的一句话"在科学上面是没有平坦的大路可走的，只有那在崎岖小路的攀登上不畏劳苦的人，有希望到达光辉的顶点"[①]。

第二阶段后期为我们团队"从学到创"打下了良好的思想理论基础，对形成良好的作风，起了很大的作用。

三、"创中兼学""以创为主"的中晚年时期：1979年至今

20世纪70年代末浙江大学在行政管理系统的归属上起了很大变化，从原归教育部（教委）管理改属中国科学院。当时任浙大校长的钱三强与钱学森及李昌

[①] 引自《马克思主义经典作家论历史科学》，1964年版，第348页。

同志均认为虽然在工业管理方面一直设置有专业来培育人才，而在科学与技术方面却没有专业培养科学与技术管理方面的人才，于是他们向浙大提出设立这么一个为科学与技术管理培养人才的专业和院系。当时，我被授命前往美国寻访这么一个专业，以便仿照他们的经验创办科学与技术的管理院系。1980年我作为访问学者前往美国，首先来到了麻省理工学院的管理学院，当时发现美国并没有专门培养科技管理专业的院系，但却有一些与这方面相关的课程，如"研究与发展管理"、"技术创新管理"、"技术扩散"与"技术转移"、"研究与发展系统动力学"等。我选择了管理学院的技术管理（management of technology）教学组作为学习与研究的基地。当时麻省理工学院这个组的组长是爱德华·罗伯茨（Edward Roberts），他是美国技术管理与创新方面的大师级教授，当时在他的组里还有两名这方面的著名教授，即汤姆·艾伦（Tom Allen）与埃里克·冯·希佩尔（Eric von Hippel），前者以研究"技术信息流"而著名，后者以研究"用户是创新者"和"创新源"而著名。我参加了他们创办的第一期技术管理研究生班的整个学习过程，熟悉了美国的技术管理与创新的基本内容与主要研究方向，同时也了解了管理学院的基本教学与研究方向。一年多后我又赴美国斯坦福大学的工业工程系访问学习了三个学期。

在美国进修学习的这两年，大大缩短了我原有的知识与国际先进管理教学的巨大差距，为我们赶上国际水平进行教学与研究奠定了基础，为我们新的教学和研究提出了方向和路标。在麻省理工学院这一年多时间里，我跟随Edward Roberts教授运用系统动力学研究科研规划，并开始运用定量、半定量的方法研究科技管理与技术创新方面的问题。

1982年秋回国后，我开始进一步利用学到的东西来改革我们的教学与研究。给我印象最深刻的是麻省理工学院的教授把教学与科研紧密结合起来，如Tom Allen把他多年研究技术信息流的成果，写成了一本书，并开出"技术信息流组织"这门课。Eric von Hippel把研究"用户也是创新者"的成果，在他的"技术创新管理导论"课中作为"创新源"的讲授内容。Edward Roberts把研究与发展动力学的研究在他主讲的"系统动力学"中进行讲授，大大深化和刷新了教学内容，也激发了学生研究的思路。这种教学与研究紧密结合的事例，增强了我们搞好教学必须要做科研的信心，从而加强了科研的动力。我们开始了技术创新管理的新方向。1986年起我们浙大被批准招收科技管理的博士生，我第一个博士生（在职的）所做的课题就是技术创新的动力与能力机制。这是一个很重要的"常研常新"的课题，是在近30年后的今天仍然拥有研究价值和空间的重要课题。

从1982年年底开始，我投入全部精力把在美国学习到的技术管理与创新方面的最新成果整理出来，便于大家学习与跟上，花了3~4年时间先后出版了《研究与发展管理》《技术创新管理》两种书。据后来调查，两书均为我国第一本讲研发与技术创新管理的书。

针对我国研究成果实现商品化率低的状况，20世纪80年代初，中国科学院计划局的负责同志告诉我，中国科学院科研成果应用率仅为1%，而据美国科技经济学家曼斯菲尔德（Mansfield）的研究，美国化学工业中的研究成果商品化率为13%~14%。

我开始思考问题之所在。对比中美两国科技力量分布，美国大部分科技力量在基层，在企业里。而我国却分为五路：中国科学院、部属研究院所、地方科研院所、高等学校与企业，其中企业力量很薄弱。针对这个状况，我在1982年末中国科学院管理科学研究组召开的座谈会上，提出了"技术创新应以企业为主体"的观点。这个观点一直未能引起重视。直到20世纪80年代末期才为国家经济贸易委员会所接纳，而真正大力推行却是在20世纪90年代后期到21世纪初。其原因，除人们的认识外，体制障碍是一个重要原因，但愿在进一步的深化改革中我们能彻底地解决这个问题。

因而在近30年中我们RCID创新中心与团队集中力量研究了我国企业自主创新的道路。下面着重讲讲RCID成立20多年来的发展与我们在创新发展上的研究与成果，进而进入"以创为主"的新阶段。

1. 从学到创、创新创业

管理系和我们团队做了两件大事：一是与全国各高校同行一起创建管理院系，把一个原为二级学科的管理专业越级连升两级，成为十大门类中的管理类学科；二是大力开展创新的研究，寻找中国及企业创新的道路。

我们RCID是由老校长路甬祥提议成立的浙大第一个跨学科研究中心。RCID 20余年的历史可以分为三个时期。从1988年中心创建到20世纪90年代中期是起步阶段，这个时期，主要是"从学到创""以创为主"阶段的研究初期。这一阶段成果较多，主要成果是提出了符合我国国情的"二次创新"理论。担负的主要研究项目有以下几个：①国家自然科学基金课题"科技、经济与教育协调发展的系统动力模型"。②国家自然科学基金重大课题的子课题"技术创新与劳动生产率"。③加拿大国际发展研究中心（International Development Research Centre, IDRC）的国际合作项目"我国中小企业的自主创新研究"。④国家经济贸易委员会项目"技术引进的消化吸收"。⑤国家经济贸易委员会项目"技术创新工程"。

这一时期得出的重大成果主要有以下几项：①二次创新理论，首次发表在PICMET（Portland International Centre for Management of Engineering and Technology）1990年年会上。②在科技与教育投资重点分布上，前期（到2010年左右）应以教育为重点。相关结论首次发表在国际系统动力学斯图加特年会的全会报告上并收录在年会会刊中。这个结论也与朱镕基的发言相一致。③首次提出了自主创新的道路问题。④首次提出了技术引进不仅是为了阻挡引进，而是应该出口国际，打入国际市场，做大外汇收入。⑤在国家技术创新工程建设中为国家培养了大批技术创新的领导与干部，联系了一大批包括王选院士领导的方正集团与张瑞敏、杨绵绵领导的海尔集团在内的创新企业，以及浙江省的东信、杭氧等一大批企业。

此外，还有"我国科技发展的道路"等重要项目成果。

这一阶段的后期，美国创新研究的大师麻省理工学院教授 Edward Roberts 和 Eric von Hippel 于 20 世纪 90 年代中期（1994 年前后）来访进行学术交流。当 Eric von Hippel 看到我们的研究硕果累累、颇具水平时，对我们 RCID 作了较高评价，认为我们的研究中心已进入世界 30 余所著名创新研究机构的前十位。

从 20 世纪 90 年代中期到 90 年代末为 RCID 发展的第二阶段。RCID 及其团队继"二次创新"理论后，又研究提出了"组合创新"的理论。理论来源之一是我 20 世纪 80 年代初在斯坦福大学学习到的组合理论（portfolio theory）。其发现的实践基础是在东信与杭氧的创新调研。与早期的博士生吴晓波、王伟强、郭斌、魏江和硕士生张四纲等在杭氧调研时发现，由于产品创新与工艺创新发展极不平衡，其效率低下，绩效与邻厂萧山齿轮机厂相差甚远，从而引发了我们思考产品创新与工艺创新间的平衡与匹配问题。之后与团队中的张钢博士生在东信作深入调研时，又感觉和发现了技术创新必须与组织、文化创新平衡相匹配，才能取得较好的创新与经济效益。又经团队郭斌、陈劲等的协同研究，汇集成了"组合创新"的理论模式。在我们这项成果发表数年后，麻省理工学院的 Edward Roberts 教授在其二度研究世界上创新投入最大的 400 强企业的技术战略研究后，也同样得出了产品创新与工艺创新最终会趋向平衡的结论。这时，我们已超越了欧洲当时仍把创新研究局限于技术方面的状况。

21 世纪初，我们的研究进入了第三阶段，从组合创新进入到全面创新的理论范式。早在 1998 年我们在研究国家自然科学基金的重点课题"我国国有企业经营管理基本规律的研究"时，得出的第二条规律就是"全面创新"的规律。又经过 3～4 年在这方面的进一步深入研究，与团队陈劲、郑刚等一起研发了"全面创新管理"的新范式，这成为我们与美国国家科学基金会资助的中美"技术创新"合作研究的主要交流内容和成果。这项研究也是我们团队坚持长期在海尔集团进行创新合作研究的成果。海尔是全面创新实践的典范，正如张瑞敏说的"全方位创新（意即全面创新）是海尔长期立于不败之地的力量所在"。

在中美创新合作研究中，曾在斯坦福大学任教、后在惠普公司做技术战略研究的孟轲（Menke）教授首先以惠普公司长期创新实践的成功经验说明了全面创新管理是一种规律性的创新范式。

至此，在 RCID 的三个阶段/三个理论的发展史中我们初步揭示了我国企业自主创新的道路，即"二次创新→组合创新→全面创新"。由此，我们逐步创立的中国特色的技术创新管理理论体系受到了国内外的高度赞赏和关注。

2. 关于团队文化的回顾

创新团队 30 年的经历告诉我们,除了要树立正确的学习观与工作观、建立正确的价值观与人生观、学习掌握"理论联系实际"的科学的研究方法外,很重要的一点是培育与掌握良好的团队文化。我们的团队文化可以概括为"高、精、笃、合"四个字。"高"是高标准,高要求。这是达到科学光辉顶点不可少的标准,有创新目标的团队及其成员,必须时刻掌握和贯彻这个"高"标准。

要达到"高"标准,必须要有严格的作风。首要的是"严"要求,严格的作风和纪律,要有"精益求精"的思想作风。

要达到"高"与"严"必须要有"持之以恒,百折不挠"的毅力与作风,也就是"笃"的文化与作风。团队的"合作精神"是达到高标准、严要求的重要条件。我们团队这 30 年的历程,充满了合作互助、共同提高的思想、文化。我们坚持每周开展两次团队学术活动,会上充满了合作互助和思想交锋,共同塑造了团队精神与文化。

"高、精、笃、合"这一团队文化是我们培育了 30 年逐渐形成和发扬的文化,愿它在今后团队的持续发展中不断发扬光大。

3. 简短结束语

在这个阶段还值得一提的是我入选中国工程院院士一事。我的入选可以说是"偶然中的必然与必然中的偶然"事件。早在 20 世纪末、21 世纪初,老校长路甬祥在校时曾让我试报院士。由于未入围,我也就不再放在心上了。时隔七八年,于 2007 年前后,一天我在食堂门口碰见了汪槱生院士,他说:"老许,你为什么不报院士?与你情况类似的某某已报上了,你应该试一下。"他的建议让我下决心再试一次。可以说我的申报是一个偶然事件。但这件事却激发了我们团队学生的热情,他们鼓励我再试一试。很多同事和热心朋友鼎力相助,特别是团队的同志们帮助我一道起草和几度修改申报材料。可当时我怕被别人误解为"自我吹嘘",不想把自己关于技术创新的一系列思想与成果作为"中国企业自主创新道路"的理论体系的观点提出来。然而,我当时的博士生邹晓东一针见血尖锐地指出:"作为院士应该有自己的理论体系,申报中必须提出技术创新理论体系"。这些话唤醒了我。从我被汪院士劝报院士的偶发事件激起,又去寻找当选院士必需的条件,即研究创新规律所得出的必然性——这 30 年的创新研究正是院士所应具备的必要条件和必然性。没有这个耗时 30 年研究得出的"必然性",即技术创新的必然性规律,入选院士的偶然性恐也难以转变为成功的必然性。这是偶然中的必然。

我 2007 年成功入选院士首先是对我们团队同志们 30 年努力的回报。对此我与团队同庆。

我们团队（RCID）20余年的历史，同我学术生涯60年相似，也是一个"从学到创"的20年，是团队同志们共同努力，为国家做出贡献的20年。

展望未来，我们RCID的各个团队已茁壮成长起来。未来的20年将是你们光辉的20年，愿同志们继续加倍努力，为国家创新驱动发展战略做出更大贡献，并取得更大的成功。

第二篇　创新文化

中国古代管理哲理及借鉴[①]

中华民族悠久的历史、灿烂的文化蕴涵着先人的智慧和丰富的管理哲理。借鉴和吸取中国古代管理哲理的精华，会给当今企业经营管理规律的研究带来有益的启迪。

本章研究的中心内容有：古代战略管理思想经典——《孙子兵法》；中庸之道、变易和经权论——古代管理优化和变革的哲理；以民为本、尊贤育民、有无相生——古代管理之道；"求善""求治""治心为上"古代心理型管理方式。

第一节 古代战略管理思想经典——《孙子兵法》

企业的兴旺发达，需要有卓越的经营战略。优秀的企业家要具有强烈的战略意识。《孙子兵法》被公认为世界上最早的战略理论著作。它博大精深、内涵丰富，而其中最具特色的是它的优势理论。

一、"不战而屈人之兵"——战略管理思想的核心：优势理论

孙子主张："百战百胜，非善之善者也；不战而屈人之兵，善之善者也。"（《孙子兵法·谋攻篇》）因而，战略的最高境界是"不战而屈人之兵"；最理想的结局是"自保而全胜"（《孙子兵法·形篇》）。《孙子兵法》论述的是全胜战略，最高目标是全我以存、全敌以降，结果是双方相互保全。西方著名军事家克劳塞维茨的《战争论》主张的是战胜战略，其核心是"战"，"无限制地使用暴力"，最终彻底消灭敌人。因此，它会导致双方俱损，甚至两败俱伤的"胜利"。相比之下，全胜战略无疑更胜一筹。全胜战略是建立在"优势保全"的基础之上的。实施全胜战略的基本条件是我方具有优势，甚至绝对优势。《孙子兵法》通篇围绕如何争取、保持、发挥和创造优势的主题展开。

如何实现"不战而屈人之兵"的战略优势？《孙子兵法》以计算、运筹为先；以"伐谋"为上；以全胜为战略目标。孙子认为，一个国家、一支军队要赢得胜利，需具备以下优势：道德优势、时机优势、地理优势、统帅优势、军纪优势、军力优势、谋略优势、外交优势，这八个方面构成了战略的总体优势，尤为值得一提的是孙子重道、重谋的思想，这是达到全胜战略目标的前提与基础。

[①] 节选自：许庆瑞，陈重. 企业经营管理基本规律与模式. 杭州：浙江大学出版社，2001：第三章。

"道者，令民与上同意也。"在企业里，道表现在两个方面：①"道"是指领导层得民心的程度。越得民心，道德优势越大，企业越有凝聚力。上下同"意"，荣辱与共，则无往而不胜。②"道"又指企业的使命。从广阔的视野来看，企业生存的价值并不是仅仅为了实现利润。松下幸之助认为：不管什么企业，都是为了对社会大众有所贡献而存在的。从战略管理的角度上看，企业必须把最大限度满足顾客（用户）的需求作为最高准则，同时又要对社会、环境保护等作出贡献。企业的道德优势，表现为得民心——企业职工之心与顾客之心。军事上，无论古今，战胜敌人的法宝是"民心"；企业要获得竞争优势，依然需要以民为本。孙子重道的思想寓意深刻，它体现了中国传统的德治思想、民本思想。

孙子重谋的思想涵盖了战略、战役、战术三个层面。其中最重要的是通过"上兵伐谋"达到"不战而屈人之兵"的全胜战略境界。当代的美国战略家从中受到了启发，认识到"确保摧毁"战略是失败的战略。美国战略研究中心斯坦福研究所主任福斯特认为：苏联的核战略重点是打击美国的核战略力量，即孙子"伐兵"的思想，这是最拙劣的、万不得已才采取的"攻城"战略。依照孙子"不战而胜"的思想，用"相互确保生存和安全"取代"相互确保摧毁"。①全胜战略用于经济活动可以是正和游戏，或称双赢游戏。双方没有真正的输家，可以都是赢家。全胜战略的精髓是变冲突为合作，变两败俱伤为双双获利。目前，国际上流行的大银行之间与大企业之间的合并，变你死我活为共同生存，也就是全胜战略的具体运用。全胜战略对企业的长治久安具有重要的意义。

海尔集团以国际市场为导向的经营战略就是一种全胜战略。它在战略目标、品牌、扩张规模、管理、营销等各方面建立优势，确立"创世界名牌""进入世界500强"这两位一体的全球战略目标。海尔集团成功的关键，在于它的全胜战略及确立优势的战略管理思想。

二、"胜兵先胜而后求战"——创造优势的方法、手段和目标

孙子创造优势主要通过造形、创势、虚实为变，争取有利的作战态势等方法和手段实现。

必须先创造"胜兵先胜"的战略态势，树立"所措必胜""立于不败之地"的目标。根据实力对比，决定攻守之势。孙子主张胜在先，战在后。在战前最大限度地集中相对于敌人的优势。有了优势则胜券在握。创造优势的方法：一是以重举轻，"胜兵若以镒称铢，败兵若以铢称镒"（《孙子·形篇》）②。要求具有数百倍于对方的力量优势。二是造"形"，"若决积水于千仞之溪者，形也。"强大的实力要以排山倒海般的态势压向敌人。孙子强调"形"，却立足于实。绝对的力量优

---

① 柴宇球：《谋略论》，蓝天出版社，1991年版，第121页。
② 镒的重量是铢的480倍。

势成为创造胜兵先胜战略态势的基石。

创"势"是指通过奇正变化造成凶猛快捷的进攻态势。势主要由三要素构成。第一，奇正之变，孙子说"凡战者，以正合，以奇胜。故善出奇者，无穷如天地，不竭如江河。"通过奇正之变，掌握主动权，以智取胜。第二，创"势"单靠出奇还不够，需要造成强劲的进攻态势。"故善战者，其势险，其节短。势如彍弩，节如发机"，进攻的险峻态势如张满的弓，出击的节奏如扣动扳机，一触即发，势不可挡。第三，"势"还是一种威力。"善战人之势，如转圆石于千仞之山者，势也。"（《孙子兵法·势篇》）创"势"要达到如同转动圆石从万丈高山滚动而下的磅礴气势和巨大威力。从孙子"势"的思想中可见，他的思维是立体的、动态的。奇正相生、势险节短、择人任势三管齐下，创造了随机应变、先敌主动、锐不可当的最佳进攻态势。

《孙子兵法》论述了在战场上创造优势的各种手段，主要包括先敌主动、虚实变化、迂直之计、后发制人等。

（1）先敌主动。孙子主张，抢先占据有利地形，先敌主动是掌握作战主动权的第一环。这一原则运用于企业管理，与企业产品创新中的领先策略，技术策略中的技术领先策略很相似。要赶在所有竞争对手之前，率先采用新技术，使新开发的产品率先进入并占领市场，从而获得优势和主动。领先还需务求秘密与速度，"微乎微乎，至于无形；神乎神乎，至于无声。"（《孙子兵法·虚实篇》）

（2）虚实变化。创造优势的一个重要手段是分合为变，虚实为变。"故形人而我无形，则我专而敌分。我专为一，敌分为十，是以十攻其一也"，使敌人充分暴露而自己深藏不露。敌方分兵防御，我集中优势兵力，以十击一，取得胜利。分合为变，虚实为变，避实击虚是孙子克敌制胜的妙法。企业经营中运用孙子避实击虚的方法，可避市场饱和之实，击市场空缺之虚。日本的汽车工业正是瞄准美国汽车油耗高的薄弱点，以节油型经济车进入美国市场，获得了成功。当石油危机来临时，制造豪华车的通用、福特、克莱斯勒公司才顿悟其世界霸主地位的丧失。灵活运用先敌主动、分合为变、虚实为变、避实击虚的战术，就能在决胜点上获得优势和胜利。

孙子创造优势的最高境界是"形兵之极，至于无形"，"战胜不复，而应形于无穷"。制胜之法不会重复，而是适应不同的情况，变化无穷。"故兵无常势，水无常形。能因敌变化而取胜者，谓之神"，没有固定的成功模式，没有一劳永逸的制胜之法。"战胜不复"对企业而言，就是善于在各方面不断创新。

（3）迂直之计。战场上，孙子不主张进行正面进攻，"善用兵者，避其锐气，击其惰归"；"以近待远，以佚待劳"。他主张绕道进攻，"军争之难者，以迂为直，以患为利"。尤其当实力、态势都不及对手时，通过迂回曲折的途径，避实击虚，创造战机。迂与直、患与利是对立统一、互相转化的。万向集团勇闯国际市场，用的正是迂直之计。它第一批出口美国的1万套万向节,亏损10多万元,但他们在质量、交货期方面的表现,赢得了外商的信誉。第二年,订单增至4.2万套,企业基本没有亏损。第三年,增至17万套,企业开始盈利。竞争中若是只顾眼前、急功近利,其结果往往是欲速不达,适得其反。

（4）后发制人。创造优势的手段还包括后发制人,"后人发,先人至"(《孙子兵法·军争篇》),以达到反客为主的目的。在现代经济领域的竞争中,后发制人主要表现在对市场领先企业产品的追随与挑战。例如,20世纪70~80年代日本很少进行新产品的研究与开发,而将注意力集中在对美国新产品的窥探和仿制方面,创造性地发挥其模仿能力,神速地推出更符合市场"口味"的改进产品,用迂回、包围的方式蚕食美国所占领的市场。后发制人还有明显的成本优势。日本人通过"后人发,先人至"的方式实现了经济的腾飞。

企业核心能力,从广义而言,就是企业特有的、珍贵的、异质的难以替代的优势,包括在资源、知识、能力方面的优势。在创形造势、形成和保持优势的过程中,孙子一直强调重谋,发挥人的智慧。人的智谋在利用与制造变化、驾驭局势中起着决定性的作用。

三、知彼、知己、知天、知地,"知之者胜,不知者不胜"——预测、决策、权变论

《孙子兵法》在预测、决策、权变方面有精彩的论述,能给我们很好的启示。

预测是制定战略的出发点。两千多年前我国的古人就认为:"凡事豫则立,不豫则废。"(《中庸》)预测不仅要分析现存环境,还要预测、考察未来的环境和变化,考察宏观的、长期的可变因素。《孙子兵法》开宗明义,把"庙算"——预测胜负放在首位。预测的内容主要包括:五事七计、伐谋伐交、因粮于敌、知胜之道。"知"成为贯穿全书的一条认识主线。

（1）五事七计。"五事""七计"体现了对胜负要素的判断和敌我双方的实力对比。在论述决定战争胜败的关键因素时,孙子首先强调的是"道",其次是"天""地",然后才是"将"和"法"。最高明的战略首先是"道"胜。古代讲究师出有名,替天行道。对现代企业家而言,重"道"的含义是多层次、全方位的。既有个人因素——企业家道德形象,是否得"道";又有事业因素——追求真理,使自己的事业成为正义的事业,把最大限度满足顾客(用户)的需求作为自己的最高准则;还有社会因素——认识企业的使命及对历史、社会、顾客大众的价值。宝洁、可口可乐、中萃等大公司,通过捐助我国落后地区和创办希望小学等行动来体现企业的社会责任和使命感。

"天"即天时,也指时代潮流。现代企业顺应天时是要把握时代潮流和宏观环境的特征,如在1973年石油危机爆发之前,有不少研究已表明爆发这种危机的可

能性及其后果，但很少有企业认真对待。日本的汽车制造商及时认清了这一危机，调整了战略，设计生产节能型汽车并打入美国市场，将危机变成进一步发展的机会。

"地"指地理环境。《孙子兵法》全书十三篇，地形、地理方面的研究占了四篇。在这几章中，孙子列举、分析了24种军事地形及各种不同的对策。例如，散地则无战，轻地则无止，争地则无攻，交地则无绝，衢地（四达之地）则合交，重地（入深者）则掠，圮地（山林）则行，围地则谋，死地则战。（《孙子兵法·九地篇》）它不仅指出了在不同地理、地形条件下用兵的规则，还指出了因时因地因人而异、变不利为有利的变则。现代企业家需要对环境变化有深刻的洞察力，使自己的战略在千变万化的环境中进退自如。

（2）伐谋伐交。伐谋伐交也是预测的重要内容之一。孙子视谋略为上上策，外交为上策，"上兵伐谋，其次伐交。"（《孙子兵法·谋攻篇》）《孙子兵法》十三篇，篇篇充满了谋略思想和制胜哲理，如慎战、算战、智战思想。"兵以诈立，以利动，以分合为变者也"（《孙子兵法·军争篇》），"非利不动，非得不用，非危不战"（《孙子兵法·火攻篇》）。

从企业经营实际上看，"伐交"不仅是通过谈判实现本企业战略目的，还需要通过产业内部竞争机制的创新建立新的合作伙伴。"伐交"还包括单凭"伐谋"本身难以达到自己目的时，通过外交手段孤立对手，造成不利于对手的战略态势，迫使其在必要的领域与自己合作，为"伐谋"创造条件。

（3）因粮于敌。预测包括"因粮于敌"和"知胜"的启示。随着国际市场趋于一体化和企业国际化经营水平的提高，"粮"和"用"的内容也发生了转换和变化。较高层次的就地取粮——如海尔集团在国外设厂，仅需提供少数关键技术和少部分关键管理人员即可达到占据第一市场的目的。

（4）知胜之道。"知胜"是孙子预测胜负的重要方面之一。他说："知可以战与不可以战者胜，识众寡之用者胜，上下同欲者胜，以虞待不虞者胜，将能而君不御者胜。此五者，知胜之道也。"（《孙子兵法·谋攻篇》）对企业而言，"知可以战与不可战"主要是根据时机、行业竞争环境、实力对比、是否具有竞争优势等因素决定应采取进攻战略还是防御战略的问题。"识众寡之用者胜"，众寡包括多与少、强与弱、优与劣等多层含义。企业战略家要认清双方的优势与劣势，避免被对方抓住弱点，以己之长攻对方之短。"上下同欲者胜"主要是指企业内部的统一意志，齐心协力，还包括企业与顾客大众之间的共识。前者属于企业文化的范畴。1984年海尔亏损达147万元，张瑞敏受命于危难之际，他提出"要么不干，要干就要拿第一"的名牌战略目标。在生产领域确立了"高标准、精细化、零缺陷"的质量方针，提出"谁砸企业的牌子，就砸了谁的饭碗"的口号。他运用的正是孙子"死地则战"的战略控制方法，"投之亡地然后存，陷之死地然后生"。

面对危机,"上下同欲",企业员工树立了质量意识、名牌意识,形成了"无私奉献、追求卓越"的企业精神。

以上简述的"知胜"要点,是孙子对预见胜负总结的几项重要战略原则。

预测或预见都离不开各种环境与信息。战争与企业经营的一个共同点是都面临高度不确定性、高度危险性的威胁,因而,预测要尽可能地知彼知己、知天知地,使这种不确定性最小化。

知彼知己,相比之下,知彼更难。知彼是制胜的关键。古今中外军事家大多认为:不知敌情,不可以言战。孙子提出的"知彼"方法主要有以下几种。①相敌,直接观察法。历代军事上的杰出将帅都非常重视临阵相敌,能及时去伪存真,发现对方的弱点,灵活决策,出奇制胜。企业经营者亲临第一线调查研究,获取最新动态和第一手资料,对保持经营决策的灵活性、应变性具有重要的作用。②动敌,引导观察法。③用间。孙子归纳出 5 种用间的方法,"因间""内间""反间""死间""生间"(《孙子兵法·用间篇》)。他认为 5 种间谍同时使用起来,谁都捉摸不到,是制胜的一大法宝。无论是军事上还是经济上,用间的目的都是获取对方内部的各种情报。其信息一般及时、准确,具有极高的决策价值,使自己始终处于主动有利的战略位置上。

知己,对企业而言,要做到三知。一知本企业产品所处的市场寿命周期的阶段、消费者和消费发展的趋势,采用相应的竞争手段。二知如何发展企业的核心能力,完善企业创新系统。三知本企业在市场中所处的优势和劣势地位,以便扬长避短,趋利避害。

知彼知己之所以成为制定战略的依据,首先是因为一切扬长避短的谋略,皆在于把己方的主观能动性发挥到最大限度,把敌方的主观能动性压到最小限度,击短抑长。其次,世界上任何事物都不可能长盛不衰,优势总会逐渐减弱的。那些善于从更深层中知彼知己的人,是能够明其始终,把握一切力量、时空、幅度和效率的人,是能够依靠迅速而准确的判断来发现进攻点的人。再次,知彼知己是一个动态发展的过程。由于一切事物都是运动、发展、变化的,要常知常新、知变、先知、尽知。最后,知彼知己与制胜、知胜的辩证关系。"先为不可胜"是知己,胜者先胜己;"以待敌之可胜"是知彼,有待敌方的疏漏,以便乘机攻之,因敌制胜。善于知己则善于制胜,善于知彼则善于知胜。制胜和知胜是孙子全胜战略的精华所在。

如果说知彼知己是侧重于预测人及物的方面,知天知地则着重于观测环境及其变化。战争和市场都以多变为特征。发现和掌握环境变化是战略预测的内容和主要目标之一。"成功出于众者,先知也。"(《孙子兵法·用间篇》)孙子指出了战略预测的极端重要性。"知"是制胜的先决条件。"知"在于获取各方面的信息,提高应变能力,从而在激烈的竞争中立于不败之地。

权变是方法和原则。无论是对军事战略还是企业经营战略，都具有十分重要的价值。"权"的本意是秤砣，在称量物重时，秤砣必须前后移动，才能准确量出物重。权变意指权衡轻重，机动灵活，敌变我变。中国兵法继承哲学"贵变"的传统，强调知变、应变、制变。权变思想贯穿《孙子兵法》全书。

知变是认识"变"的绝对性。孙子说："兵以诈立，以利动，以分合为变者也。"（《孙子兵法·军争篇》）"战胜不复，而应形于无穷"（《孙子兵法·虚实篇》）。由于没有一种矛盾或对抗是完全相同的，因而制胜之法不会重复，应适应不同的情况，变化无穷。"兵无常势，水无常形。能因敌变化而取胜者，谓之神。"（《孙子兵法·虚实篇》）这是适应性、被动性的变化。制变则是用谋略主动制造变化。创造"先为不可胜"的有利态势，掌握战争的主动权。孙子是制变的大师，他主张以奇制胜。"善出奇者，无穷如天地，不竭如江河。"（《孙子兵法·势篇》）"奇"在于攻其不备，出其不意。谁捕获了对方的意外，谁抓住了对方的弱点，谁就找到胜利的支点。以奇制胜的原则在战略上，战术上都可运用。无论多么高明的预见家都不可能把未来发展的细节描绘清楚。根据实际，随机就变，以变制变，因敌制胜，是战略实施阶段的核心问题。企业战略家的智慧单凭应变还不够，需要制变，不断创造新产品，调动顾客的新需求，开辟新的、更广泛的市场。制变的关键在于以智出奇，不断创新。

下棋，千古无同局。设计，万事不同谋。战略，无不讲创造。在实践中不断发展、创新是企业战略的生命和灵魂。

第二节　中庸之道、变易和经权论——古代管理优化和变革的哲理

一、中庸之道与管理的协和观

"中庸"是儒家思想方法的一个重要哲学范畴。"庸"是"用"，"中庸"的本义是"用中"。要求人们的一切言行都要合乎"中"的原则。首先，在人格修养上，孔子认为："中庸"是君子人格的最高道德标准。他说："不得中行而与之，必也狂狷乎！狂者进取，狷者有所不为也。"（《论语·子路》）只有依中庸而行，才能达到和谐、均衡的完美境界。孔子本人是一位"子温而厉，威而不猛，恭而安"（《论语·述而》）的君子人格典范。他要求君子在惠与费、劳与怨、欲与贪、泰与骄、威与猛、矜与争、群与党、贞与谅、乐与淫、哀与伤、学与思的诸多矛盾中，能执其两端而用中，表现中而不偏的"中庸"美德。

儒家的中庸之道，并非折中主义，它有确切的标准——"道"与"礼义"。而折中主义是将两种对立的观点无原则地拼凑起来。"过"与"不及"皆是偏离"道"

而造成的。中庸要求掌握"度"。任何一种美德都有趋于恶行的隐患，美德一旦超越了"度"，就可以转化为恶行，走向谬误。这在本质上是一种哲学思维方法。

中庸作为管理的重要方法，要注意分寸，掌握"适中合度"的原则，以防"过"与"不及"。儒家认为凡事物皆含有两个对立的极端，相反相成，互相渗透和统一。要注意其中的适度和平衡——即"度"的问题。我国古代管理思想的灵魂是追求管理的协和观，强调人与人、人与社会、人与自然之间的协调和均衡。要实现这一管理目标，就需要进行控制，注重管理中的"适度"问题。例如，企业组织上的集权与分权问题，若企业过于集权，分权不够，高层管理会陷于日常事务，对企业发展缺乏长远的战略思考，缺乏对市场变化的应变力；若企业分权过度，下属组织会各自为政，使企业难以实施长远发展战略。因而，在企业管理中应掌握好适度分权的"度"。在"义"与"利"的问题上，企业要兼顾自身之利、职工之利、社会之利和生态环境之利。只顾一头，走极端，无论对企业、对社会都会造成损失。企业经营者的报酬机制，也存在合理取"中"的问题。"过"则脱离职工群众，"不及"则不起激励作用。管理的协和观是以中庸思维方式为基础，以追求管理系统的协调、和谐、稳定为目标的。

中庸思想作为一种方法论原则，一定程度上揭示了质与量互变的辩证关系。中庸就是要把握好从量变到质变的关节点，做到适度管理。其一，管理者要"胸中有数"，树立"度"的观念，在工作中做好基本的数量分析。其二，要实现优化管理，必须在多与少、快与慢、松与紧、刚与柔、进与退等诸多因素中作出最佳选择，以保持事物发展质的稳定性。其三，把握事物量变与质变的界线。当事物在其质的范围内还有发展余地时，要恪守事物的度，不要随意破坏它。日本丰田汽车公司的产品在市场竞争中畅销的原因之一，是根据市场需求的变化不断地调整汽车产品的质量标准，使质量与价格比达到最优化。中庸思想是实现管理优化，达到管理系统协和运作的重要方法。

二、变易——管理变革的哲理

《周易》是我国古代的重要典籍，其中变易的管理方法尤为值得重视。它认为世界上的事物都是不断变化的。万物变化的根源在于阴阳对立面的相互作用，即"刚柔相推而生变化"（《周易·系辞上》）。事物不断发展变化，当发展到一定程度，就会走向它的反面，叫作物极必反。如"先否后喜"，"初登于天，后入于地"（《周易·下经·明夷》）。《周易》提出的主要思想有以下几个。

一要有居安思危、自强不息的发展意识。"危者安其位也，亡者保其存也……是故君子安而不忘危，存而不忘亡。"（《周易注·系辞下》）这种浓厚的忧患意识，要求管理者有预见性，"思患而豫防之"（《周易·既济》）。还要有顽强的开拓进取精神，"天行健，君子以自强不息。"（《周易·上经·乾》）

二要审慎、果决、适变。"适变"的前提是"知变"。《周易》认为，事物发展到了它所容许的最高限度，就要发生突变，向相反的方向发展，即《易》穷则变，变则通，通则久。"（《周易·系辞下》）变通一是要抓住机遇。"几者，动之微，吉之先见者也。君子见几而作，不俟终日。"（《周易·系辞下》）要有先见之明，走在变化和机遇的前头，要敏锐地在"动之微"中预见发展的前景。二是要有时变意识，"唯变所适"（《周易·系辞下》）。"变通者趣时也。"要抓住先机之利，及时调整战略，"君子以慎辨物居方"（《周易·下经·未济》），寻找新的机遇和发展道路。在这方面，国内外企业均不乏成功的先例。例如，美国的蒙圣土公司主营化工，1987年虽一度辉煌，但在20世纪90年代初，该公司就预见到化工行业将下滑，于是提前十年进行了战略转移，从化工转向生物制品，在农产品（番茄新品种）方面获得了很大成功。

三要有改革和创新的意识。《周易》强调顺天应人的变革。"日新之谓盛德。"（《周易·系辞上》）要求每天有所创新。敢于创新是企业保持活力和竞争力的法宝。联想集团就是靠不断创新，才能在高手如云的国际电脑市场上站住脚。《周易》告诉我们要认识和掌握规律，以变应变，唯变所适，不断创新，就能将命运掌握在自己手中。

三、经权论——古代管理哲学的辩证方法论

"经权"是我国古代管理哲学中的辩证方法论。在管理活动中，"经"是指管理的原则和规则，是"变中不易的常理"，"权"是应变的权宜，即管理过程中根据具体情况随机应变的方法、策略和技巧。在古文中，"经"与"常"，"权"与"变"是同义词。对于它们之间的关系，宋代朱熹概括为"常则守经，变则行权"。"经"是判断的准绳，"权"是通过变易达到决策的最优化。孙子"奇正"制胜的用兵之道，就是"经权"在军事领域中的运用。对于有一定优势的企业，"经"或"正"是它的现有的各种优势，"权"和"奇"是它的潜在优势和创新的优势。一般来说，企业的生命周期与其核心技术（或主导产品）周期密切相关。任何技术和新产品都会过时。一旦企业赖以生存和发展的核心技术或主导新产品落后了，企业就会陷入危机。只有通过创新，用新技术和新产品替代过时的技术和产品，才能摆脱危机获得新生。这就是以"奇"保证"正"，以"奇"带"正"。

受到中庸思想的影响和启迪，作为中国古代管理思想规范的经权观追求"执经达权""通权达变"，即"权"与"经"虽是互相对立的双方，但不应互相排斥，而应兼顾之。一方面要持"经"，坚持管理的原则性，"有所不为，有所不变"；另一方面，则要"达权"，要"有所为，有所变"。在"经"与"权"对立两方面，由此达彼，融合变通，以把握事物的全面性和完整性。宋代朱熹的学生陈淳表述了这种关系："经所不及，须用权以通之"，"权虽经之所不及，实与经不相悖，经

穷则须用权以通之。"(《北溪字义·经权》)"经"作为原则若能联系实际，能够在复杂多变的情况下使人们有章可循，它就接近了"权"。把作为应变方法的"权"，上升到理论的高度来总结、表述，也可以成为"经"。"经"与"权"之间有着融合变通的内在联系，如现代管理中的决策跟踪，需要依据实际变化调整决策目标，保持决策思维的灵活性、弹性，防止僵化，使决策活动不只停留在管理的起始阶段，而贯穿于管理的全过程，这就体现了"权变"的思想。

在现代企业组织结构演化中，近年来成功的企业倾向于采用权变制的组织结构。企业将专业人员组成多学科的开发队伍，并引入小组评价体系，采取跨越等级的、开放式的管理，营造有利于创新的氛围。这种权变制的组织结构具有灵活机动、适应性强的特点，使企业能够不断地通过创新来开拓市场，赢得竞争优势。

春兰集团被《日本经济新闻》称为"中国国企改革的样板"。它的经营管理方略是运用"时中"与"权变"管理思想成功的范例。"变"表现为春兰集团审时度势，在多样化中谋求发展，生产摩托车、卡车等。因为它认识到从发达国家的经验来看，家电业迟早会饱和，收益将下降。"不变"表现为春兰集团始终以自主开发为宗旨；对多样化有一定限制，如卡车以收购原有工厂为基础，主要生产市场上缺乏的特种装运车和集装箱车。春兰集团在经营战略上通权达变，有所变，有所不变，给我们树立了良好的范例。

过去，在计划经济条件下，企业只思"守经"而不求"权变"，压制了人们的创造精神。现在，企业管理运用变易与管理的经权观，在求变、应变、创新的过程中，要坚持正确发展方向，做到"权不离经"。

在儒家思想里，"中庸"之道与"经权"观是相互联系，不可分割的。孔子的思想体系中充满着"时中"的辩证法思想，——即随时应变，动态求中。孔子称之为"权"。孟子发挥了孔子"权"的思想，认为"执中无权，犹执一也"(《孟子·尽心上》)，意为"执中"也要注意权变。如果执中"无权"，一味死中道，这与"过""不及"一样是错误的。朱熹提出了"中无定体，随时而在"(《中庸章句》)的命题。"时中只是说做得个恰好底事"(《朱子语类》卷六十三)，人们处理问题既能"随时"又能"恰当"，才是"时中"的真正内涵。时中之"时"是指变动不居，"中"是指应变的原则。"常"与"变"，常中有变、变中有常；"经"与"权"，经中有权，权中有经。这是"时中""经权"的真义所在。它要求人们观察处理问题皆要因时因势而变，切不可死守一途。这一"审时度势"的中国传统思想方法，与当代西方管理中的权变论学派有异曲同工之妙。中国传统的"时中""权变"的管理方法先进之处在于：它的出现早于西方两千多年，非折中主义，是根据实际情况变化不断调整的，因而其精确度、灵敏度更高。审时度势、权衡轻重、洞察秋毫、去留有节、通权达变、因时制宜，根据时代需要自我调整更新，这是我国古代"时中""权"的思想学说超越时代的生命力所在。

第三节 以民为本、尊贤育民、有无相生
——古代管理之道

一、以民为本、仁政、德治、"无为而治"、"修己安人"——管理之"道"

自古以来，伴随着人类的共同劳动和社会组织的出现，管理应运而生。它成为人类无所不在的最普遍的行为之一。孔子的儒家学说、老子的道家学说构成了中国传统文化的主干。孔子和老子不仅是中国古代伟大的思想家、哲学家，他们的学说还是高明的治国之道。

在孔子、老子的学说中，"道"的内涵具有多重性。他们对"道"的解释具有共性和个性。最具个性特征的是：老子以"道"指客观存在的宇宙本源，孔子用"道"指社会的等级秩序。相同的是：他们分别用"道"表示道德，途径，方法及自然、人类社会发展的规律。例如，孔子要求学生"志于道，据于德，依于仁，游于艺"（《论语·述而篇》）。道位于六艺之首，并有别于"德"。《大学》中载："物有本末，事有终始。知所先后，则近道矣。"老子说："天之道，损有余而补不足；人之道则不然，损不足以奉有余。孰能有余以奉天下？唯有道者。是以圣人为而不恃，功成而不处，其不欲见贤。"（《老子·德经·第七十七章》）可见，道既代表客观世界和社会的规律，又指品德高尚之人。孔子、老子的管理之道是多层次的，从高层次而言，是指管理的纲要、管理者自身的修养。主要有以下四个方面。

（一）以民为本，实行"仁政"、"德治"

孔子与老子，虽然政见不同，但在管理上都将以民为本作为指导思想。在反对暴政，以德化民上是共通的。儒家"仁"的基本内容是"爱人"。从"仁爱"的范围看，有三个层次：第一层次是"亲亲"，"仁"是以"孝悌"为本的。第二层次是"仁民"，"博施于民而能济众"（《论语·雍也》），提倡爱民、惠民、养民、利民、富民、安民、教民。从孔子对管仲政绩的评价中可见，"仁者爱人"的最高境界是功在国家，利在民众。这体现了延续几千年的华夏文化的精华。第三层次是"爱物"。宋代以来，儒家由"仁民"扩大到"爱物"，宣传"天地万物一体"的博爱思想。儒家的"仁爱""仁政"体现了以民为本的思想和古代的人道主义精神。

老子突出了人在管理中的地位，将人与天、地、道并举，同列为"域中四大"。他提出"贵以贱为本，高以下为基"（《老子·德经·第三十九章》），"圣人无常心，以百姓心为心"（《老子·德经·第四十九章》），这体现了民为邦本的思想。老子从积极方面指出管理者要以德化民，"重积德，则无不克。"（《老子·德经·第五

十九章》）

（二）顺应自然，"无为而治"

老子管理之"道"的最大特点，是强调顺应"自然"，"无为"就是顺应规律，"治大国若烹小鲜"（《老子·德经·第六十章》），反对管理者违反客观规律，妄作有为。他将管理者分为四等："太上，下知有之；其次，亲之誉之；其次，畏之侮之。"（《老子·道经·第十七章》）第一等最高明的领导者，民众只知其存在。这种领导顺时应势，使管理在不知不觉中渐入佳境。"功成事遂，百姓皆谓我自然"（《老子·道经·第十七章》）。这是老子倡导的达到"无为而治""无为而无不为"的管理最高境界。这是靠"企业文化"而治，也是企业管理的最高境界。第二等是受百姓亲近、赞誉的管理者，意指身体力行儒家仁政、德治教化思想的管理者。第三等是用政令治理、用刑法威胁下属，使百姓害怕、畏惧的管理者。第四等的管理者是用权术、阴谋愚弄、欺骗下属。老子这一科学的管理思想说明了在管理问题上狡诈不如法制，法制不如德治，德治不如无为而治，管理的最高境界是顺应规律。

在现代企业管理中，考察其是否具有民主特征，主要是看企业内部管理者与被管理者之间的关系。若劳动者处于近乎劳动工具的地位，则无民主管理可言。反之，企业中任何人都具有自我管理、自我发展的自由空间。企业经营管理的过程是人与人之间各司其职的分工合作。这样的企业就具有民主管理的特征。新中国成立以来的不同时期，多次强调了劳动者在企业管理中的作用。近年邯钢的成功经验，是以民为本，依靠群众实行民主管理的典范。邯钢将成本指标层层分解，充分发挥每一位劳动者的主人翁积极性、创造性，保证了低成本战略的成功实施。

老子以民为本，"无为而治"管理思想的现代价值，在于它引出了管理上的一个重要问题：集体与个体、统一与个性、集中与自由的关系问题。无论儒家的仁政、法家的法制，还是西方的科学管理，在处理这些问题上都只强调集中、统一、集体的一面。老子则把这一对立的关系有机结合起来。老子"无为"的自主管理，它尊重人的尊严和不同的个性，肯定了人的个体价值，下属具有自主决策、管理的权利，具有民主决策的倾向。老子"无为"的自主管理并不意味着放任自流。管理的艺术还在于"天网恢恢，疏而不失"（《老子·德经·第七十三章》）。管理的"天网"要覆盖它管理的所有领域，同时又不太细，不太具体，没有疏漏。"天网"代表集中、统一，确保了集体的最大利益。老子"无为"与"天网"的对立统一，与"柔弱胜刚强"、"为大于细"、祸福倚伏的辩证思想一样，极为深刻。

（三）"修己安人""修身"，是实现管理目标的根本途径

孔子与老子、儒家与道家尽管社会理想不同，但对实现社会理想的途径是大致相同的，即要求管理者通过"修己安人""修身"，达到实现"仁政""圣人之治"

的管理目标。通过管理者自我管理达到社会管理的目标。其本质都是人本主义管理。

孔子之学，落实在行事上，其实无过于"修己"与"安人"两个方面。修己的极致是达到"圣"的境界；"安百姓"是治国的终极目标，也是儒家追求的"王道"。这就是儒家的"内圣外王之学"。

儒家通过修身达到的"内圣外王"的理想人格，主要有四个基本特征。

（1）"仁爱"思想。"仁"是一切美德的总称。孔子认为："能行五者于天下为仁矣""恭、宽、信、敏、惠。恭则不侮，宽则得众，信则人任焉，敏则有功，惠则足以使人"（《论语·阳货》）。"仁"要求做到"己欲立而立人，己欲达而达人"（《论语·雍也》）；"己所不欲，勿施于人"（《论语·颜渊》）。

（2）"中庸"准则。"中庸"是圣人的一种崇高美德。它要求人的思想、感情、言论和行为都应保持在无过无不及的最佳的尚中状态。

（3）忧患意识和经世胸怀。儒家既讲修身养性，又讲"躬行实践"。儒家设计的理想人格，要求将个人道德的完美、内圣之德外化为"经世济民"，因而具有强烈的忧患意识和参政要求。孟子称："如欲平治天下，当今之世，舍我其谁也？"（《孟子·公孙丑章句下》）范仲淹的"先天下之忧而忧，后天下之乐而乐"，都是历代名士称颂的经世名句。

（4）注重气节和献身精神。儒家为实现自己的"仁爱"理想和"经世"志向，是不惜牺牲自己的宝贵生命的。孔子要求："志士仁人，无求生以害仁，有杀身以成仁。"（《论语·卫灵公》）孟子十分注重坚守气节，他说："富贵不能淫，贫贱不能移，威武不能屈，此之谓大丈夫。"（《孟子·滕文公下》）他还主张"舍生取义"。儒家这种坚守气节和献身精神，正是我国历代志士仁人在民族危亡的紧要关头能够英勇奋斗、视死如归的精神支柱。其在今天社会主义市场经济条件下，对树立新的企业家的崇高形象，具有重要的现实意义。

儒家认为修身是一切管理的基础。孔子说，"政者，正也。子帅以正，孰敢不正？"（《论语·颜渊》），"不能正其身，如正人何？""其身正，不令而行；其身不正，虽令不从"（《论语·子路》）。管理者以身作则，率先"正己"是一种榜样和示范，是实施有效管理不可缺少的前提。儒家要求管理者"修己"—"正己"—"治人"。这些修身、显示榜样力量的论断，开创了中国式管理的优良传统。管理者自身形象的完美具有超越权力之上的巨大影响力。

如何实现从"修己"到"安人"的转化？孔子将德治、礼治作为实现管理的基本手段。他说："道之以政，齐之以刑，民免而无耻；道之以德，齐之以礼，有耻且格。"（《论语·为政》）政与刑是带强制性的硬管理，虽能使百姓免于犯罪，但百姓并无廉耻之心。德与礼是带感化性的软管理，能使百姓有廉耻之心并人心归服。孔子更倾向于使用后者。

(四)管理者的修养

修身所要达到的境界,最高管理者与一般管理者是有区别的。前者要达到圣人的境界,后者则达到君子的境界。儒家对君子有极高的要求。孔子说,"君子不器"(《论语·为政》)"君子博学于文"(《论语·雍也篇》),要求君子博学多能,不能局限于某一专门的知识和技能。 孔子盛赞郑国子产有君子之道:"其行己也恭,其事上也敬,其养民也惠,其使民也义。"(《论语·公冶长》)管理的核心是调节人际关系和管理者的行为。孟子说:"善政不如善教之得民也……善教得民心。"(《孟子·尽心上》)因而,儒家十分注重管理者身教的作用,对人的管理以教育引导为主,以规范、防范为辅。

管理者手中有权,不可避免要面对"义"与"利"的问题。孔子肯定了人有求富、求利的欲望,但要以"义"和"道"为前提。"见利思义","义然后取,人不厌其取"(《论语·宪问》)。孔子的义利观具有双重的价值取向,对于管理者、被管理者要求各不相同。由于管理者具有领导、教化的资格,"放于利而行,多怨"(《论语·里仁》)。管理者必须"先之,劳之"(《论语·子路篇》),"先难而后获"(《论语·雍也篇》),成为"义"的表率,才能使民众心悦诚服。管理者自身的价值取向,只能是先义后利,见利思义。对于民众,孔子实行的是"因民之所利而利之"(《论语·尧曰》),先"富之"而后"教之"的方针,利然后义。孔子义利观的双重价值取向是相辅相成的,构成了管理者与被管理者之间的和谐统一。在我们调查过程中,不少成功企业的领导者都是"义"的表率。管理者身教的作用,成为推动企业发展不可缺少的重要因素。

在道家的经典《道德经》中,老子对最高管理者的素质提出了具体要求,大致有道德、智能等方面。

第一,老子要求"尊道而贵德"(《老子·德经·第五十一章》)。德要遵从"道"。"孔德之容,唯道是从"(《老子·道经·第二十一章》)。老子喜欢用水比喻管理者应有的品德。"上善若水。水善利万物而不争,处众人之所恶,故几于道"(《老子·道经·第八章》)。水公正无私,是低处便流去,甘心停留在人们都厌恶的地方,利万物而无它求。领导者具有水的品格便有影响力。

第二,老子认为最高管理者要淡泊自守,功成谦退。他认为得道之人一定是"敦兮其若朴"(《老子·道经·第十五章》),就像未加工的原料一般敦厚、淳朴自然。要求人们"见素抱朴,少私寡欲"(《老子·道经·第十九章》),这种朴素心地、淡泊性情的人才是高尚的。"金玉满堂,莫之能守。富贵而骄,自遗其咎。功遂身退,天之道"(《老子·道经·第九章》)。老子认为功业成就后,含藏收敛是符合自然规律的,如同昼出夜没,寒来暑往,是很自然的。管理者功成谦退,不仅符合辩证法,而且是一种值得推崇的高尚境界。

第三，在智能素质方面，老子认为管理者要"自知"。"知人者智，自知者明"（《老子·道经·第三十三章》）。管理者重要的工作之一是用人，知人善任。知人的前提是"自知"。知己之短，知彼之长，以达到选用人才，优劣长短互补的最佳组合。"知人"需要察辨识别能力，需要智慧。老子说："知不知，上。"（《老子·德经·第七十一章》）知道自己不足之处的，才算高明。所谓"大智若愚"，正是管理者明白自己有所"不知"，虚心地听取各方意见，集众人智慧形成的"大智"。

第四，要"自胜"。"胜人者有力，自胜者强"（《老子·道经·第三十三章》）。人最难的莫过于征服自己。自胜需要自省、去欲、克己、灭私。战胜自己需要毅力和刚强。企业管理中的"零缺点管理"，就需要管理者时时保持清醒认识，能自知、自省、自胜，保证决策的正确性和科学性。

海尔集团总裁张瑞敏信奉老子的管理哲学，推崇"天下万物生于有，有生于无"（《老子·德经·第四十章》）柔弱胜刚强的哲理[1]。古代管理智慧在海尔发展进程中起了不可低估的作用。

日本在历史上与中国文化有深厚的渊源关系。日本以传统文化为基础，将西方管理经验的有效部分融入本民族文化之中，最终形成了具有日本民族特色的管理模式。日本管理的成功范例说明，我国传统文化中有许多优秀的思想与现代企业精神的发展并行不悖。学习中国古代管理之"道"，把握其中的管理哲学，对建设有中国特色的企业管理现代化具有重要的意义。管理之"道"不明，管理之"术"再精也是枉然。"道"能驾驭"术"，"术"则体现并服务于"道"。

二、尊贤育民、百年树人、任人唯贤、因材施能、扬长避短、多途激励——管理中的用人之道

人是企业中最重要的资源。古代思想家在用人方面有丰富的思想可以借鉴。

（一）尊贤育民，百年树人

孟子注重教育的作用，他提出"尊贤育民""不教民而用之，谓之殃民"（《孟子·告子章句下》）。管仲强调人才的作用，他说："一年之计，莫如树谷；十年之计，莫如树木；终身之计，莫如树人……一树百获者，人也。"（《管子·权修》）"树人"是发现、培养人才。企业实现长远战略目标的关键在于造就人才。例如，春兰集团从业人员中有三分之一是技术人员。为了培养人，设立了自己的春兰学院，并从全国各地招收各类高级人才。现代西方经济学家提出人力资本概念，认为人力资本更优于物质资本，因为人力资本具有升值的特性。"育民""百年树人"与之相通之处，在于看到人的因素蕴藏着巨大的潜力。

---

[1] 李忠义：《海尔企业文化模式剖析》，《经济论坛》，1998年第20期，第26页。

（二）任人唯贤，尊贤养贤

任人唯贤与任人唯亲是选拔人才两条对立的路线。

孔子对选拔人才的观点是：举贤、举直、举所知，即选拔正直、自己了解的、德才兼备的人放在关键岗位上。对什么样的人可以委以重任？老子说："故贵以身为天下，若可寄天下；爱以身为天下，若可托天下。"（《老子·道经·第十三章》）意为：只有不计较个人名利，并甘愿献身于天下的人，才能把天下的重担托付给他。

孟子把能否重用贤士提高到决定国家存亡的高度。他说："不用贤则亡。"（《孟子·告子章句下》）他在尊贤的基础上进一步提出养贤："悦贤不能举，又不能养也，可谓悦贤乎？"（《孟子·万章章句下》）尊贤养士是中华民族的优良传统。秦孝公用商鞅，国富民乐，诸侯亲服；蜀顾诸葛亮，而三分天下。即使到了现代，毛泽东也说，领导者的责任，归结起来，主要地是出主意、用干部两件事[①]。

（三）因材施能，扬长避短

对使用人才和管理者自身，孔子提出了不同的标准。对下属，孔子提出"器之"，即因材使能，像对器具一样，什么样的器皿、什么样的人才派什么用场，用人所长。对领导者自身，孔子要求"君子不器"——要负责、领导全局，而不能把自己放在"器"，即局部、具体工作执行者的地位。管仲认为："言大人之行，不必以先帝常义立之，谓贤"（《管子·宙合第十一》），意即人才要洞察、适应时代的发展变化，不必拘守先例和常规，具有创新精神。这一人才观适应了齐国革新图强的需要。唐太宗李世民提出了"智者取其谋，愚者取其力；勇者取其威，怯者取其慎"（《帝范·审官第四》），形象地阐明了因材施能、扬长避短的用人之道。

就管理者自身来说，大致可分为以德著称的"仁人"和以能著称的"能人"两类。在管理特点上，"仁人"以德服人；"能人"以能取威。从理论上说，德服、才服、力服是管理者进行管理的三种手段。力服只能使人"慑服"；才服可使人"折服"；德服可使人"心服"，是三者中的最高层次。在实际管理中，"仁人"往往过于注重德服，可能出现"仁有余而严不足"，而"能人"则过于注重"力服"，往往威有余而宽不足。在坚持原则方面，"仁人"不动如山岳，"能人"难知如阴阳。"不动如山岳，难知如阴阳"是诸葛亮描写一个优秀将领所具备的坚定不移的原则性与因时而变的灵活性的。正好用来描写"仁人"与"能人"的特点。"仁人"对组织忠心耿耿，决不会拿原则去做交易。"能人"的特点是灵活多变。本来原则性与灵活性是对立统一的。问题在于："仁人"容易死守原则而不知变通，而"能人"则容易过于变通而损害原则。这一特点说明，在对外开拓，需要更多变通的

---

① 《毛泽东选集：第 2 卷》人民出版社，1991 年版，第 527 页。

地方，应起用"能人"，而在企业组织内部管理中，要起用原则性较强的"仁人"。在任用方面，"仁人"以正治国；"能人"以奇用兵。企业最高领导者，究竟是用"能人"还是用"仁人"？一般来说，"仁人"比"能人"更能用人，因而以"仁人"为企业最高管理者较好。值得指出的是：有的管理者兼有"仁人"与"能人"的特点，历史上的诸葛亮、周恩来，自然是最理想的管理者。①在现代企业家中也不乏这种理想的管理者，如张瑞敏、鲁冠球、滕增寿、施继兴、周厚健等。

（四）多途激励

我国大多数企业不仅面临优秀知识工作者缺乏的困境，而且缺乏有效的激励机制，影响了企业员工的积极性。我国古代思想家为了提高管理效能，主张采用多种途径进行激励。概括起来主要有表率激励、尚贤激励、赏罚激励、晋升激励、足欲激励、教育激励、爱民利民激励等。现择要论之。

1. 赏罚激励

通过赏善罚恶，赏功罚过来劝民上进，是厚赏重罚，还是轻赏薄罚？商鞅、韩非主张"厚赏重罚"。诸葛亮主张根据环境、条件、形势而定的权变论。②这两个主张都有合理之处，应综合起来考虑。赏罚不能脱离企业、社会经济实际。在此前提下厚赏重罚，才能适应市场经济发展初期的需要。

2. 晋升激励

晋升激励是指通过职务升迁，使人才更好地发挥作用。墨子提出了一个极为可贵的反传统思想，"官无常贵，而民无终贱，有能则举之，无能则下之"（《墨子·尚贤上》）。这种不拘一格选人才，依据能力、能上能下的思想，至今仍是行之有效的管理原则。

3. 足欲激励

足欲激励即通过满足被管理者的需要来激励其积极进取。管子说："民恶忧劳，我佚乐之；民恶贫贱，我富贵之；民恶危坠，我存安之；民恶灭绝，我生育之。……从其四欲，则远者自亲；行其四恶，则近者叛之。"（《管子》卷第一）顺民四欲，可以赢得人心，使民众为国尽力。这属于物质层次的激励。《吕氏春秋》写道："使民无欲，上虽贤，犹不能用。……故人之欲多者，其可得用亦多；人之欲少者，其得用亦少。无欲者不可得用也。"这提出了通过激发人的欲望来调动人的积极性。管子与吕不韦的观点与现代西方管理者将马斯洛的需要层次论运用于管理实践具有一致性。一些企业实行的"协商工资"就体现了足欲激励的思想。

---

① 胡祖光，《管理金论——东方管理学》，电子工业出版社，1994年版，第48-55页。
② 胡祖光，《管理金论——东方管理学》，电子工业出版社，1994年版，第71页。

4. 教育激励

教育激励即通过对民众的教育，提高其素质和能力，方能取得管理的最佳效益。孔子教育民众的方法是"富之""教之"。孟子说："善教得民心。"（《孟子·尽心章句上》）儒家把教育作为调动民众积极性、实现管理目标的重要方法。

三、"有无相生"与企业文化

（一）"有无相生"、否定思维与管理创新

"有无相生"是老子的一个重要观点。他在讲"有"时非常重视"无"。他说："埏埴以为器，当其无，有器之用。凿户牖以为室，当其无，有室之用。故有之以为利，无之以为用。"（《老子·道经·第十一章》）这句话的意思为：揉黏土制作器皿，由于中间是空的，即"无"，器皿才起到盛东西的作用。建房子开门窗，因为有了门窗和墙壁围成的空间，也就是"无"，房屋才起到供人居住的作用。因此，"有"能给人便利，但"有"是靠"无"才起作用的。如果一般人从肯定思维出发，肯定"有"的作用，则道家从否定思维出发，更肯定"无"的作用。从肯定"有"的正面价值出发，往往表现为尊重传统、循规蹈矩，不标新立异。从肯定"无"的负面价值出发，往往否定现状，具有反传统、反权威、反世俗的意义，善于开拓创新，勇于标新立异。在现代企业管理中，不少企业家将"有无相生"的哲理运用于实践。海尔集团总裁张瑞敏信奉老子哲学，推崇"天下万物生于有，有生于无"（《老子·德经·第四十章》）的哲理。首先，他提出名牌战略，尔后，又提出"二次创业""国门之内无名牌"的观念，大胆否定了原先"创国内名牌"的观点，树立了创世界名牌，进入世界500强的伟大目标。从无到有，又从有到无，敢于不断反省、否定自我、超越自我，攀登新的高峰。

将道家"有无相生"智慧运用于当代企业管理获得成功者不乏其人，如我国企业家根据"有无相生"和产品生命周期理论提出的：以"新"取胜，以"先"取胜，以"变"取胜。"人无我有，人有我优，人优我转"，既善于及时地将"无"转化为"有"，又善于将"有"转化为"无"。在"有无相生"中，使企业永葆青春活力，立于不败之地。

（二）"有形"管理与"无形"管理

人们通常将管理理解为一种看得见、摸得着的"有形"的管理活动。其实，在"有形"管理之外，还存在着各类"无形"的管理。企业文化大致可分为两类，作为行为规范、制度是"有形"的，作为企业哲学、精神、道德、目标、形象和价值观则是"无形"的。有形管理与无形管理各有长短优劣，需要互补兼用。如果将企业组织比喻为一个生命有机体，那么战略是它的目标，结构是它的骨架，文化是它的灵魂。企业文化具有民族性。例如，在日本行之有效的管理经验搬到

美国去就失灵，德国的厂长到中国来管理企业四处碰壁。科学技术可以跨越国界，其成果可以世界通用，而企业管理方法离开本国就要变形。民族文化是企业管理的深层基础。

建立共同的价值观和共同的行为准则，使企业内部形成一种利益的共同体，产生巨大的凝聚力，这是企业文化所能起到的重要作用之一。

企业要留住人，必须赢得人心。管子说："心安，是国安也。心治，是国治也。治也者，心也；安也者，心也。"（《管子》卷第十三）凝聚人要将关心人、培养人放在首位。邯钢凝聚力工程中有以提高邯钢人素质为主要内容的人才工程，包括邯钢金字塔形的人才培养战略和员工的培训体系，为优秀科技工作者提供施展才能的空间。

（三）"消极"管理和"积极"管理

"消极"管理对那些被管理者被迫的、不得已接受的管理。"积极"管理则是被管理者乐意接受、能使其主动性充分发挥的管理。我国古代的韩非是主张法制管理的，他也看到了赏罚功能的局限性。他说："禁奸之法，太上禁其心，其次禁其言，其次禁其事。"（《韩非子·说疑》）他的高明之处在于看到了禁止邪恶、过错最高明的方法是禁止、克制邪恶的思想。法制管理仅可达到"禁其事""禁其言"，无法"禁其心"。要做到这一点，就要在法制之外寻找其他治本的管理方法。从我国古代的"德治"思想到现代的企业文化，这些"软"管理可以弥补法制管理的不足。翻开西方管理史，从"泰勒制"到行为科学，就是从"消极"管理逐步向"积极"管理的过渡。行为科学认为工人既是"经济人"又是"社会人"。企业要满足工人的安全感、归属感、自尊的需要。随着人类文明的进步和发展，管理必然越来越渗透人的主体性和全面发展的因素。

我国古代主张"积极"管理的思想源远流长。《周易》的"观民设教"，"观乎人文，以化成天下"，就是把通过教育提高民众素质作为管理成功之本。老子顺其自然，"无为而治"的管理模式，是尊重民众的主体性，尽量发挥下属的主体性和创造性。这与现代管理中的"自动化管理"有相通之处，其实质是以最小的领导行为取得最大的管理效果。因而，道家的"无为而治"与儒、法家的"有为而治"形成了互补，相得益彰的效果。

孔子的积极管理思想追求一种尽善尽美的管理境界。他说："知之者不如好之者，好之者不如乐之者。"（《论语·雍也》）要使被管理者达到"乐为我用"是一种极高的境界。"乐为我用"是指被管理者对实现管理目标具有主动性。如何达到这一境界，孔子主张使用教育手段。教育使管理目标内化为民众的思想和自觉自愿的行动，从而达到事半功倍的效果。

儒家学说的价值在于把道德放在人生价值体系的首位，把提升人的精神境界当作实现积极管理的最佳方法。孔子的"见利思义""见得思义""知者不惑,仁者不忧,勇者不惧"(《论语·子罕》),无不注重完美的精神境界和献身精神。儒家学说告诉人们:物质、功利不能成为主导人生的东西,道德价值才是人生追求的高层次需求。人类要从功利境界向道德境界升华,成为有高尚理想和道德情操的人。儒家还提倡群体命运高于个体命运,把维护群体命运作为人生价值的最高原则。范仲淹"先天下之忧而忧,后天下之乐而乐"的名言,表现了这一博大的胸怀。这是儒家文化历经千年不朽的积极管理思想的精华。

从某种意义上说,管理学是一门人学。人是向往进步,向往自主自由,追求美好人生的。好的管理不应利用人的弱点,而应当发扬调动人的优点——积极向上之心。在企业文化建设中,要充分发挥先进思想、高尚道德对人的教育、升华作用。

成功企业的经验说明,思想教育、"无形"的管理在企业文化建设中起到了十分重要的作用。

第四节 "求善""求治""治心为上"
——古代心理型管理方式

中国传统管理以"求善""求治"为目标,非常强调心理的作用。孔子说:"己欲立而立人,己欲达而达人"(《论语·雍也》);"己所不欲,勿施于人"(《论语·卫灵公》)。他通过心理尊重、心理修养来调动和发挥人的积极性。在我国古代,"治"具有管理的含义。孟子"劳心者治人"道出了管理的真谛:管理者是从自己的心理活动出发来决策和管理自己和他人的。古人用"人为为人、治心为上"表达心理与管理的关系,如图1所示。[①]

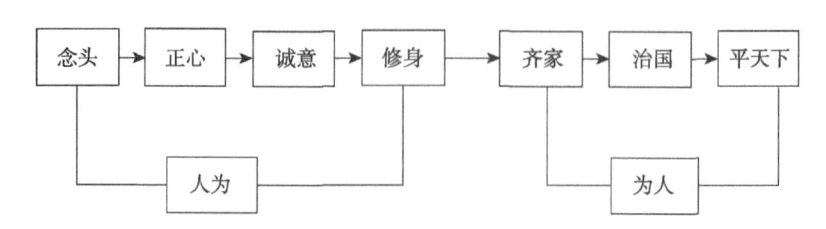

图 1 心理与管理的关系

"人为"与"为人"之间有着相互联系、相互转化的辩证关系。"人为"强调领导者、管理者的修炼和表率作用,"为人"则偏重"导",通过关注被管理者、民众的情感、利益和需求来引导他们的行为。两者之间相互联系,有一个从个人

---

① 颜世富,《东方管理学》,中国国际广播出版社,2000年版,第14页。

行为逐步向为他人服务转变的过程。"人为为人"的灵魂是"治心为上",它是中国传统管理思想的根本原则和主要方法。它主要有以下内容。

一、倡导管理者要以心为本,重视人的"个性"

老子说:"圣人无常心,以百姓心为心"(《老子·德经·第四十九章》)孟子说:"先王有不忍人之心,斯有不忍人之政矣。以不忍人之心,行不忍人之政,治天下可运之掌上。"(《孟子·公孙丑上》)管理者自己首先要有一颗充满能量的心,然后才能以心治心,激发、调节被管理者的心理能量,达到"大治"的目标。

人的个性心理不同,人心不同,各如其面。孔子对此有精辟的论述。学生樊迟问"智",孔子答"知人"。要善于识别各种各样的人。孔子把人的气质性格分为"狂""中行""狷"三种类型。他把人的智力分为三类,"上知""中人""下愚"。有的人能"闻一知十",有的人只能"闻一知二"。他主张"知人善任""因材施教"。孔子对人的个性心理的分析,具有合理的内核,成为管理和教育的依据。

在企业管理上,抓住"企业就是人"这一主题,重视人的个体和个性心理研究。在工作中,"员工"作为整体,管理者是重视的;但是"员工"作为个体,管理者往往认为是无关紧要的。实际上,员工在更多的情况下是以个体的形式出现的。他们更多地考虑个人的地位、利益、尊严和个人价值的实现。根据我们对企业知识工作者(中、高层管理人员和技术人员)的调查,其中积极性充分发挥的只占2%,而积极性较少发挥和很少发挥的占48%。有近一半的知识工作者积极性未得到发挥。其中主要的原因是专业和职务的发展机会不足,工作得不到领导重视;分配不公;忽视长远利益等。因而,管理者要注意员工的心理需求,重视人的个性。因为,人们大多喜欢自己被当成一个个别的人而受到特殊对待。

二、管理者要有良好的心理素质,注重心理调节

中国古代十分重视管理者的心理素质和心理修炼。苏洵在《心术》中说:"为将之道,当先治心……然后可以制厉害,可以待敌。"管理者要调节好自己的心理。《周易》要求管理者自强不息,厚德载物。孔子要求管理者胸怀坦荡("君子坦荡荡")、谦虚谨慎("君子泰而不骄"),勇于改过。孔子针对管理者在不同的发展阶段不同的心理弱点,提出了忠告:"君子有三戒:少之时,血气未定,戒之在色;及其壮也,血气方刚,戒之在斗;及其老也,血气既衰,戒之在得。"(《论语·季氏第十六》)儒家十分重视管理者的心理素质和修养。管理者的影响力若主要来自权力性、强制性,只能使人产生敬畏、服从感。管理者通过品格、才能、情感等自然性影响力实施领导,就能使人产生敬佩、依赖和亲切感。自然影响力是建立在被管理者心悦诚服基础上的。无数事实说明:德高望重、才华卓著的企业家的人格魅力和自然影响力,对企业的成功、企业的向心力和凝聚力都起着深远的影响。

管理过程中要注重双方的心理调节。管理者不仅要加强自我修养,重视自身的心理建设,而且要支配、控制、调节被管理者的心理。苏轼认为:"人主之所恃者,人心而已。……人主失人心则亡。"(《苏轼文集·上神宗皇帝书》)人心是管理的基础。在管理过程中,管理者要善于将被管理者的注意力引向组织目标,统一认识、统一思想,使员工认同企业的价值观和奋斗目标。管理工作注重心理调节,得民心,顺民意,则如同顺水推舟,管理起来很轻松。

"治心为上"强调管理者的自我革命;"以心治心"则强调真实,将真心呈现在管理者与被管理者之间,充分留意被管理者的心理需求,给予更多的信任和尊重,能使被管理者的心理能量得到充分的挖掘和发挥。

中国古代管理非常强调心理的作用,依靠领导者榜样"身教"的力量和道德感召力来调动和团结群众,达到管理的目标。虽然在中国历史上,对于管理方式各家各派有不同的主张,而以人道、仁义、群体为中心,以心理情感为纽带,以情理渗透为原则的心理型管理方式始终占据重要地位。

企业管理要立足国情,发扬民族传统文化的精华,将中西管理文化精华融于一体。中西管理思想的交流、移植和融合,中国传统管理思想在新的历史条件下的改造、重建和创新,是一种必然的历史发展趋势。研究和借鉴古代管理思想的目的是使企业在管理民族化、现代化的道路上不断前进。

而根据表1,项目组合 ac、ad、acd 是效益较好的组合。杭州纺织机械厂正是基于这样的策略,选择了先开发 GA731 和 GD753 剑杆织机系列,然后再进行 D301A 的换代产品开发,将开辟新市场与加强现有市场结合起来,使企业在 D301A 严重滑坡时,能够及时调整生产,摆脱经营困境。

表1 创新项目组合经济效益计算

组合方案				R&D 投入 /万元	净收入的累计折现值 /万元	净现值 /万元	优先级比值	效益排序
a	b	c	d					
1	1	0	0	550	1085	1255	2.28	4
1	0	1	0	430	1790	1360	3.16	1
1	0	0	1	480	1791	1311	2.73	2
1	1	1	0	640	1919	1279	1.99	5
1	1	0	1	690	1920	1230	1.78	6
1	0	1	1	570	1905	1335	2.34	3
1	1	1	1	780	2034	1254	1.61	7

注:a 为 D301A;b 为 D301A 换代产品 D301B、D301E;c 为 GA731;d 为 GD753

组织、文化创新及其与技术创新的协调[①]

企业组织创新与技术创新的内在关联性是非常明显的。一方面，企业组织结构在很大程度上取决于企业生产的技术特征。无论企业信息沟通方式的选择，还是权力与责任系统的设置，都要考虑到企业产品的技术含量及生产产品所应用的工艺、设备的技术特点与水平，还要考虑企业技术创新的规模、范围与频率。另一方面，企业技术创新本质上是一个生产及技术资源重新组合的过程，特别是带有根本性的创新，它必然要求企业相关资源的重新配置。没有组织结构有效调整的推动和保障，企业技术创新很难顺利达成。

一、组织创新与技术创新的协调模式

从组织创新与技术创新这两项创新之间的协调层面来看，可以根据组织创新的不同层次，建立相应层次的协调模式。

（1）在企业整体层次上，组织创新源于市场竞争或技术经济范式的变革，它是企业主导信念和战略的重新定位，因此，这类组织创新更集中地表现为企业制度的创新。具体地说，就是企业内部产权体系、决策体系、管理和组织体系、激励体系、调节体系部分的或整体的创新。发达国家企业组织结构随着技术经济范式的转换，发生的由纯等级结构到职能制结构，由职能制结构到分权制结构，再由分权制结构到权变制结构的演化，就属于这类组织创新；目前我国正在进行的现代企业制度改革，则是社会经济制度引起的企业整体层次的创新。因为企业整体层次的组织创新具有战略转移的深刻内涵，因而对企业技术创新来说，这类组织创新实际上重建了技术创新的运行机制。

（2）在部门层次上，组织创新源于企业的目标与战略，是为了适应市场竞争和更有利于技术创新而进行的部门目标的重新定位以及部门内部或部分部门间资源的重新配置，它并不涉及企业总体的制度框架。这类组织创新属于完善企业现有的技术创新运行机制，其目的是加强技术创新过程中R&D与制造、营销之间的联系，提高技术创新的效率。

（3）在项目层次上，组织创新源于技术创新，是为适应具体的技术创新项目的需要而进行的即时性创新。这类创新一般都具有极强的时效性与灵活性，它的成功往往取决于企业组织结构与文化的配合状态，以及相应技术创新的性质。项

[①] 节选自：许庆瑞，陈重. 企业经营管理基本规律与模式. 杭州：浙江大学出版社，2001：第八章。

目层次组织创新的典型形式是企业为完成某一技术创新而临时组建的具有创新意义的组织，如多功能项目小组、矩阵式项目组、"三结合"项目小组、全过程质量控制小组等。这类组织创新对企业来说虽然只具有局部意义，但它却是企业具体技术创新项目成败的关键，因此，大部分的企业主要集中于该层次的组织创新。

二、企业文化对技术创新的作用与实例

通过文化，经验转化为组织共享，并从一代经营者传到下一代。文化上的共识为组织对话提供含义，为微妙复杂的交流形式提供基础，为组织内部的调节和重组提供机制。这种文化是企业在运转和发展过程中形成的，同时又对企业的运转和发展起着重要影响。企业的组织创新和技术创新在影响文化的演化及变迁的同时，自身也受到企业文化的制约。文化对企业技术创新的影响，在经济转型时期的中国企业得到了充分的体现。在我们的调研过程中，杭州某集团公司就是一个典型的例子。

该集团的前身是集体企业，脱胎于二轻手工业合作社。合作社遗风加上领头人忠厚温良，形成了温情脉脉的浓郁家庭氛围。这种凝聚力曾为该集团的发展作出过很大贡献，但这种更像是社会福利组织而不是经济组织的内部关系，在当今市场经济快速发展、竞争激烈的环境中已越来越不适应企业的发展。企业中得到共同认可的是"安定""知足""公平"的价值观，缺乏风险意识、创新精神和竞争意识，长期积弊之下，扼杀了积极竞争和企业活力。这对现代企业所造成的负面影响是显而易见的。正因为此，该集团董事长决心辞去总裁职位，致力于企业文化的创新。

与此相应，海尔的实践提供了另一方面的证据。海尔连续多年年均增长80%以上，它的成就得益于什么呢？海尔认为主要得益于技术创新，而技术创新首先是文化与观念创新。海尔文化的核心也只有两个字——创新。企业每一个人都要求保持创新精神，这种创新文化理念在企业中的融入贯彻，使得海尔在金融危机形势下仍然实现两位数增长。

三、文化创新的模式与特征

不同企业在技术创新上的不同表现，这往往是企业间的文化差异造成的，而文化差异则是不同类型文化之间差别的具体表现。如果把文化内涵严格限定在与组织及其环境相关的方面，那么，文化可以被理解为当一个特定组织面对环境变化所带来的问题时，本能地设计出的一系列解决方案。从上述文化的层次结构出发，借鉴精神分析模型，可以区分出四类典型的文化，即秩序型文化、效果型文化、参与型文化和创新型文化。这里，理智代表组织的稳定的、可控制的和可预测的方面；情感代表组织的柔性的、个性的和自发的方面；感性代表组织注重于

内部维持和短期活动；悟性代表组织侧重于外向的、未来导向的方面。

基于文化类型，我们将文化差异定义为不同文化类型之间的差别。下面选用五个指标来具体分析四种文化类型之间的差异，如表1所示。

表1 文化差异

项目	秩序型文化	效果型文化	参与型文化	创新型文化
战略计划	短期	中短期	中长期	长期
生产类型	大批量、低成本	大批量、高质量	小批量、多品种	多样化、系列化
企业目标	廉价、高效率	品质优良、信誉	灵活、随时满足顾客要求	创造性、创造新要求
风险与创新意识	淡薄	一般	较强	强
发展观	针对过去	针对现在	现在与未来双重导向	未来导向

从上述分析不难看出，创新型文化的主要特征表现在，它特别强调企业家的创新精神，强调企业战略的长期性、动态性，强调产品结构、生产结构与组织结构的灵活性与创造性。创新型文化是企业由经营导向发展到技术创新导向的必然要求，它的形成要以企业家的创新精神为内核，并培植起以科技、竞争、创新为主导的价值观体系，使企业的目标、战略、生产类型与组织结构互相匹配，适应文化的核心假定和价值观的需要。

文化创新实际上就是不同类型文化之间的更替或变迁的过程。根据我们对我国大中型企业的调研，目前我国企业的文化类型61.2%属于效果型文化（表2）。因而，如果我们把企业文化创新的目标设定在创新型文化的话，那么，对于我国大多数企业来说，文化创新可供选择的模式就有三个：其一，是直接由效果型文化向创新型文化变革；其二，是先过渡到参与型文化，然后再由参与型文化向创新型文化变迁；其三，是由效果型文化向秩序型文化转变，然后再过渡到创新型文化。我国企业文化创新的模式选择如表3所示。

表2 我国企业文化类型状况

项目	具体项目或数据			
	秩序型文化	效果型文化	参与型文化	创新型文化
占比	13.1%	61.2%	19.2%	6.5%

表3 我国企业文化创新的模式选择

创新模式	路径	特点	适用条件
根本创新模式	效果型—创新型	•直接转变 •匹配条件高	企业家主导型企业
渐进创新模式1	效果型—参与型—创新型	•间接转变 •周期较长	科学管理型企业
渐进创新模式2	效果型—秩序型—创新型	•间接转变 •周期一般	家族管理型企业

四、协调创新的实证案例分析

东信(前身为杭州通信设备厂)创建于1958年,经过多年的艰苦创业和不断探索,积极开展技术创新,自觉深化企业组织改革与文化建设。

在实施将"技术引进转为技术吸收及改进"的技术战略中,东信在文化创新方面作了如下工作。

(1)为了减少对国外技术的依赖,振兴自己的民族工业,提出了"产业报国"的企业精神。

(2)为实现产业报国的精神激励,东信公司提出有关文化建设的"凝聚力"工程;对职工自我价值进行激发,通过多种方式为职工价值的实现创造条件。

这样,东信的"超越自我,报效祖国",成为一种高标准的价值观念创新,"凝聚力"工程使企业职工观念的交流、更新,追求目标的设立与实现得到了进一步的落实。东信公司的技术创新与组织-文化创新相结合的情况可以概括为如表4所示。

表4　东信技术创新与组织-文化创新的关联特征

项目	技术引进	技术吸收、改进	自主技术创新
企业整体组织	•合资企业 •一厂多制	•合作创新 •股份制	•合作创新 •股份制
企业部门组织	•职能型组织 •工艺主导型生产组织	•事业部制 •产品主导型生产组织	•事业部制 •产品主导型生产组织
企业R&D组织	研究所下放相关分厂	•建立技术中心 •与高校院所合作	技术中心与厂研究所配合
企业战略	防守型:占领国内市场	风险型:抵减国外冲击	风险型:占领亚洲市场
企业协作交流	开始重视部门	部门交流制度化及协作	部门交流制度
企业激励氛围	•了解国外市场 •引进高层次人才 •提供培训机会	•产业报国 •"凝聚力"工程	•产业报国 •出国培训
新产品产值率	5%	15%	30%
年人均创造的价值/元	7 000~16 000	16 000~24 000	24 000~860 000

上表项目栏目:技术创新阶段

通过表4可以看出,技术创新与组织-文化创新的有效配合,使东信的新产品产值率、年人均创造的价值明显提高。

关于环境、能力与文化的匹配问题[①]

企业经营战略的拟定总是通过与环境发生某种关系而实现。战略的成功与否受环境性质的制约以及环境发生作用的方式的限制，企业经营战略同时也受企业内部因素诸如企业能力、企业文化等的制约。更确切地说，战略是在动态变化中寻求环境与行为主体（企业）的能力及文化的匹配。本章系统地阐明了企业环境与企业能力、企业文化的协调问题，给出了企业环境、能力与文化匹配的理论模式，并通过同我国部分企业实际情况的比较分析，得出了企业环境、能力、文化匹配的有效方式。

第一节 企业环境、企业能力、企业文化的类别

为了能够深入地分析企业内外部因素的协调、匹配关系，有必要将企业的环境水平、能力水平及文化水平按内在的本质联系进行归类。

一、企业环境

企业环境的分析是战略管理中最重要的一环，企业的每一种环境都可以根据其变动程度这个概念加以细分。环境对企业实现有效反应所提供的时间长，则环境变动程度较低；所提供的时间短，则环境变动程度较高。依据变动程度，从低到高，可以把环境分成四种类型：稳定型（S）、反应型（R）、先导型（A）、创造型（I）。

在 I 型环境中企业主动进行开创性活动；在 A 型环境中企业成功的原因在于企业对环境进行预测并采取相应的策略；在 R 型环境中企业大多根据市场需求进行产品的调整；在 S 型环境中企业的产品和市场较为稳定，企业不需作过多的品种调整。企业环境从 S 型到 I 型，意味着环境的变动程度由小到大。

企业的环境又可以时间跨度为主要标志分成两个性质不同的部分，一个是稳定性程度高、较为确定的部分，另一个是稳定性程度低、变化较大的部分，分别称为近期竞争环境和长远战略环境。企业对近期的竞争环境的分析较为容易，而对长远的战略环境的分析与预测则较为困难，企业使用已有的方法就能够较好地

[①] 来源于：1991 年国家自然科学基金项目报告《中国社会主义企业经营战略的理论与方法研究》第七章。

适应近期的竞争环境,而要适应长远的战略环境,企业必须寻求使用新的方法,以取得良好的经营业绩。

企业的环境水平可以用一些指标来确定,如近期竞争环境可用以下指标来分析。①行业周期阶段:在行业生命周期的各个阶段,新产品出现的多少是不同的,行业初期新产品较多,老产品较少,因而行业变动程度由高到低。②市场结构:市场由一个或少数企业垄断时,产品的价格往往由垄断企业控制,而市场结构是多角竞争时,行业中新产品的出现频率及价格的波动都较大,市场结构由竞争趋向垄断意味着变动程度由强变弱。③行业的计划控制程度:行业的稳定程度受企业所受计划程度的影响。国家的计划控制较强(如我国的电力产业),企业在定价、销售等方面的自主权较小,企业活动以生产为主,某些行业实行的生产许可证和定点生产等制度,使企业很难进入和退出行业,因而计划控制强的行业往往比较稳定,而计划控制弱、市场经济机制强的行业稳定性较低。

判别近期竞争环境的水平,还有以下指标:①顾客压力;②需求增长率;③获利水平;④产品多样化程度;⑤产品生命周期长度;⑥新产品出现频率;⑦规模经济性;⑧资金密集程度;⑨成功关键因素。

可以看出,一方面这些指标考虑到中国国情的特点(如行业的计划控制程度这一指标),另一方面有些指标如获利水平等可以通过定量分析来划分。研究表明,这些指标一方面可以通过专家打分法来确定,另一方面则可通过对行业的仔细分析而得到判断,由于这些指标具有一定的相关性和一致性,可以用平均值方法来综合确定。

对每个指标 X_i 根据水平高低分为四个等级,每个等级定为 Y_i,Y_i 为 0.5、1.5、2.5、3.5,对所有的指标打分或分析求值,并取平均值

$$\sum = \frac{\sum_1 + \sum_2}{2}$$

其中,$\sum_1 = \sum_{i=1}^{n} Y_i / n$,$n$ 为指标个数;$\sum_2 = \sum_{i=1}^{n} Y_i / (n-2)$,($i \neq i_1, i_2$,$Y_{i_1}$ 最大,Y_{i_2} 最小)

定义:当 $\sum \in [0, 1)$ 时,环境水平为 S 型。

当 $\sum \in [1, 2)$ 时,环境水平为 R 型。

当 $\sum \in [2, 3)$ 时,环境水平为 A 型。

当 $\sum \in [3, 4)$ 时,环境水平为 I 型。

由此可见,较之以往的环境分析方法(通常是定性的),本章提供了半定量的环境分析方法,进而为进一步把握企业近期竞争环境提供科学依据。

按近期竞争环境的分析方法,同样可以分析环境中的另一类——长远战略环境,其指标体系如图 1 所示。

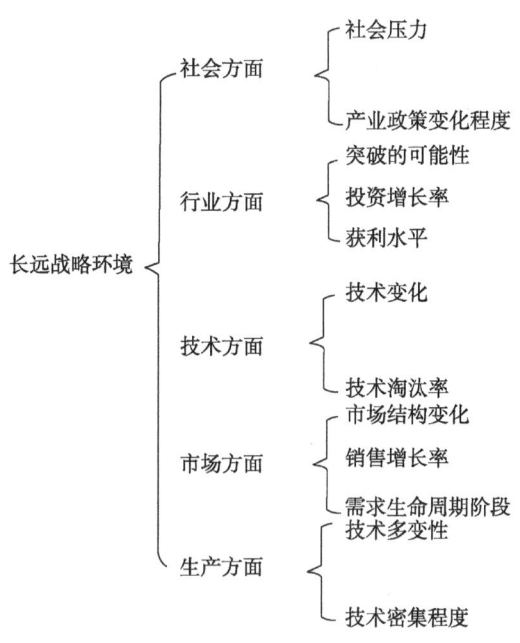

```
                         ┌─ 社会方面 ┬─ 社会压力
                         │          └─ 产业政策变化程度
                         │          ┌─ 突破的可能性
                         ├─ 行业方面 ┼─ 投资增长率
                         │          └─ 获利水平
             长远战略环境 ┤          ┌─ 技术变化
                         ├─ 技术方面 │
                         │          └─ 技术淘汰率
                         │          ┌─ 市场结构变化
                         ├─ 市场方面 ┼─ 销售增长率
                         │          └─ 需求生命周期阶段
                         │          ┌─ 技术多变性
                         └─ 生产方面 │
                                    └─ 技术密集程度
```

图 1　企业长远战略环境的指标体系

二、企业能力

企业能力是指企业进行生产、销售、管理等方面活动的能力。为了适应环境，企业能力可以相应地分为近期竞争能力和长远战略能力，这两种能力又按其能胜任的工作性质，分成四种水平（S、R、A、I）。企业能力同样可以依照环境分析的方法加以确定，如表 1 所示。

表 1　企业能力水平指标划分

能力类别	指标	分类 S	R	A	I
近期竞争能力	企业主要职能部门	生产操作	生产操作	销售	企业策略活动
	企业整体活动重点	生产提高	产品提高	新产品新生产	新技术发展
	生产操作方式	重复性	复杂的操作控制	扩大生产	新技术
	销售方式	产品分销	销售	促销/广告宣传	新的促销方法
	财务职能重点	会计	资金控制	投资控制	资金合理使用
长远战略能力	环境预测分析	没有	没有	基于过去的外推预测	趋势分析技术、人口、社会预测
	管理方式	政策和程序	控制、资金预算、目标管理	长期规划	风险管理能力发展计划、策略规划
	领导方式	监管式的领导	制度、纪律式的领导	鼓励	榜样力量企业家创业精神

续表

能力类别	指标	分类 S	分类 R	分类 A	分类 I
长远战略能力	管理信息结构	基于过去不正规的经验	基于过去正规的经验	基于过去趋势的未来	未来世界的各种可能性
	问题解决方式	由问题引发实验和摸索	由问题引发诊断	先导式最优化	创造式,没有固定方式
	工作重点	生产	生产/促销	促销/R&D	综合管理

注：近期竞争能力反映企业职能部门的能力和企业整体活动重点，长远战略能力主要指企业的综合管理能力，包括环境预测分析、管理方式等。

三、企业文化

文化可以描述为"共同所有和使用的价值观念和信念的系统"这种对文化的理解可转而用于企业文化。企业成员有关企业的价值观念和行为准则的总和构成了企业文化。企业文化与社会文化、民族文化等其他类型文化的区别，在于它是一种经济文化，是文化与经济的结合体，它通过文化形式来统一企业全体职工的意念、思维方式，从而形成强大的凝聚力，支撑着企业经营活动，调节着企业能力的发挥，从而间接影响到企业环境。良好的企业文化是经营战略得以顺利实施的保障。依照企业环境、能力的分析方法，可以对企业文化加以划分，见表2。

表2　企业文化水平指标划分

类别	指标	分类 S	分类 R	分类 A	分类 I
近期竞争文化	企业哲理	保守	小变革	计划	设想
	行为重点	重复性操作	效率	合作的有效性	整体有效性
	对组织变革的反应	有危机感	不满意	预见机会与威胁	不断探索
长远战略文化	对于环境变化的反应	拒绝	适应	预期	探寻
	决策依据	随机	过去经验	前景预测与经验结合	着重于预测未来
	对风险的态度	拒绝	适应常见的风险	寻觅常见风险的解决方法	探索风险与收益的平衡
	行为目标	修改以往目标	降低干扰,提高效率	改进以往行为	发挥潜力

第二节　企业环境、能力与文化匹配的理论模式

研究表明：当企业经营环境确定在一个水平 X 上时，企业能力水平在一段时间内趋向这个水平 X，在这个水平上企业能力水平与环境水平匹配程度较好；有少数企业的能力水平高于 X 这一水平，则这些企业具有良好的经营水平，将带动

整个行业发展；当企业能力是其他情况时，企业经营效果将降低。同样，企业文化水平同企业能力水平相一致或高出一个水平，企业能力将得到很好的发挥或改善，企业能力将有效地支持经营战略的实施。这就是企业环境、能力与文化匹配的理论模式。

企业实现环境、能力与文化匹配的方式有以下两种。

（1）超前反应。企业对环境进分预测，判断未来的机会与威胁，及时调整战略，发展相应的能力，建立起适应未来环境的文化，在此基础上，尽可能利用环境中的机会。这种方式主要适用于长远战略环境。

（2）迟后反应。当企业环境中某些因素已明确显示出企业自身能力与文化不足时，这时企业作出的反应属迟后反应，这种反应方式包括改变企业战略、培养相应的能力与文化、利用环境中的机会等。企业进行这种反应的关键在于尽量减少拖延时间，变被动为主动，以重建企业优势。这种反应方式主要适用于近期竞争环境。

在选择企业环境、能力与文化匹配方式的同时，也应注意根据不同环境，使企业能力、企业文化保持适当比例。图 2 给出了企业环境、能力与文化匹配理论模式的框架。

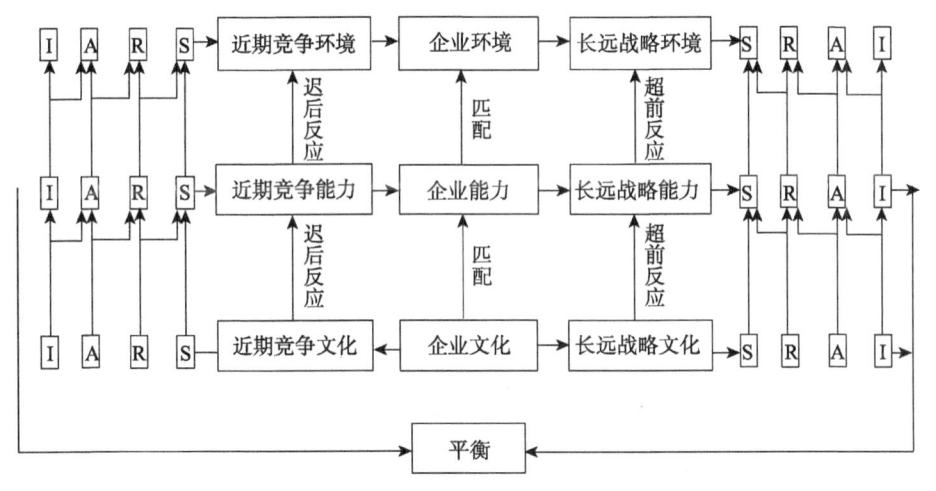

图 2　企业环境、能力与文化匹配理论模式的框架

第三节　我国企业环境、能力与文化匹配的比较分析

为了进一步探讨企业环境、能力与文化匹配的模式，并对已有结论加以验证，这里分析我国医药行业的两家企业：杭州民生药厂与浙江某药厂，从它们的经验与教训中总结有关结论。

医药行业包括原料药制造业、化学药品制剂制造业、中药材及中成药加工业、畜用药品制造业和生物制品业。现有县级以上全民与集体所有制独立核算企业1640家，大中型企业149个，每个企业都生产十几种到几百种产品，每个产品都有十几家企业生产，产品价格、质量、性能水平相差很小，因此，这个行业是一种竞争性很强的行业。

从行业的近期竞争环境来看，产品新颖程度较低，以国外已有产品的研制为主，重复研制、模仿投产的新药较多；顾客对产品质量和性能有较高的要求；产品多样化程度非常高，分成十几大类，上千种产品；产品生命周期较长（平均为15年）；国内技术水平较低，国家对产品价格实行宏观控制和指导，原料药价格波动较大，制剂药价格基本上由各地区确定而较为稳定，因而形成地区间的差价；企业在销售上主要依靠已有的商业主渠道，在促销上依靠自身力量，利用各种宣传媒介促销产品，企业成功关键因素主要是研究与发展以及促销活动。由于规模经济性和资金密集程度较小或适中，新企业进入屏障不是太大。由于农村市场的开拓，全民医疗水平的不断提高，对药品的需求在近十年内还会有较大的增加，产品需求量处于中期增长阶段，近几年每年有一百多家企业进入医药行业，新企业个数每年呈增长趋势，行业生命周期处于早、中期发展阶段。对该行业近期竞争环境的综合判断为 $\sum = 2.5$，为 A 型环境。

从医药行业的长远战略环境来看，行业的技术密集程度较高，技术人员比重较重（约占 6%），技术多样性程度较高，涉及医学、化工、机械等多学科和多专业；投资增长较高，1988 年比 1987 年增长 24.7%，1985 年的投资占"六五"期间的 30.4%。由于国内技术水平较低，技术淘汰率较低；近十年来新药水平不会有较大的提高。在政策方面，十年内新药专利制度可能实施，因而企业对新药的开发研究将更为重视，但短期内不会有太大变化，公费医疗政策对医药需求量很大，如加强用药控制，滋补药品的需求量会明显降低，对治疗药的影响不大。因此，根据以上分析，对企业长期战略环境评判为 2.275 分，为 A 型环境。

因此，医药行业的企业环境是一个变动较大的环境。

再看杭州民生药厂和浙江某药厂在这种环境下的能力水平。从近期竞争能力来看，浙江某药厂的主要职能部门是生产操作，销售人员占全厂工人总数的 1.17%，而杭州民生药厂的主要部门是销售，除已有的销售科外还组建了产品经销公司，销售人员占全厂工人数的 2.4%。浙江某药厂的主要企业整体活动是提高生产，以及一部分的产品提高，新产品新生产很少，而杭州民生药厂的整体活动重点是新生产和新产品，企业积极研制和开发十几种国内属先进的新药，新产品产值达率 10.1%。生产操作方式上，浙江某药厂是复杂的操作控制，而杭州民生药厂是扩大生产，包括适销对路产品的产量大幅度提高（如 21 金维他产量增加 3.5 倍）。销售方式上，浙江某药厂只是产品分销，促销活动较少，而杭州民生药厂重视促销。

财务职能重点上，浙江某药厂只有会计职能，资金控制能力较差，全厂每个生产工人平均负担企管费超过 1000 元，而民生药厂财务上能进行资金控制和投资分析。从以上分析及调查，可知杭州民生药厂和浙江某药厂的近期竞争能力分别为 A 型、R 型。

同样，从长远战略能力看，环境预测分析上，杭州民生药厂进行环境监察，科研部门和销售部门、管理部门对市场、技术和国家政策因素进行预测，而浙江某药厂没有进行环境监察，发展目标欠明确，几个主要产品均亏损。从管理方式来看，杭州民生药厂成立了发展规划小组，制订企业战略规划和能力发展计划，而浙江某药厂的管理系统只是政策和程序，目标管理及资金预算控制等能力较差。领导方式上，两个企业主要依赖制度和纪律，但杭州民生药厂已注意企业精神建设，运用鼓励措施激发广大职工的积极性，而浙江某药厂在某些方面还实行监管式的领导。管理信息结构上，杭州民生药厂对内、外因素都具有较深的认识，决策上能基于未来的各种可能性，而浙江某药厂是基于过去经验，而且还不全面，档案资料不完善。问题解决方式上，杭州民生药厂除由问题引发诊断分析外，试图尽可能早地解决出现的问题，而浙江某药厂主要是由问题引发实验和摸索，分析工作也较少，杭州民生药厂的力量重点放在促销上，对科研也很重视，而浙江某药厂的重点仍是生产。从以上分析及调查，杭州民生药厂和浙江某药厂的长远战略能力分别为 A 型和 S 型。

从企业文化建设来看，杭州民生药厂创立"创优创新、造福人类"的企业精神，倡导并支持技术革新，技术交流，鼓励职工提合理化建议，参与决策，同时着重于职工文化教育，企业凝聚力较强，整体有效性较好，并注重创新精神的培养，发挥企业潜力，因此，其近期竞争文化与长远战略文化均为 A 型。浙江某药厂只注重提高职工福利保健，及开展各种文化活动，职工自主管理的意识较为薄弱，其近期竞争文化与长远战略文化为 R 型。

从经营业绩来看，杭州民生药厂和浙江某药厂原是医疗行业经营较好的企业，各种经济指标都排在前 20 名，但面对紧缩形势和市场疲软的 1989 年，杭州民生药厂的销售收入和利税总额分别比 1988 年增长 14.63% 和 14.89%，人均利税 8597 元/人，高于行业的平均增长水平，而浙江某药厂 1989 年人均利税只有 4193.9 元/人，销售收入和利税总额比 1988 年下降 5.13% 和 10.2%，成为经营较差的企业。以上分析见表 3。

表 3 两个企业环境、能力与文化水平匹配的比较分析

企业	近期竞争环境	长远战略环境	近期竞争能力	长远战略能力	近期竞争文化	长远战略文化	经营水平
杭州民生药厂	A	A	A	A	A	A	较好
浙江某药厂	A	A	R	S	R	R	较差

第四节　我国企业环境、能力与文化匹配模式的探讨

为了探讨我国企业环境、能力与文化匹配的模式，我们以专家答卷与个别企业重点调查的方式，考察了七十余家企业及一些管理部门，结果如下所述。

一、我国企业环境的一般特点

（1）从近期竞争环境看，我国企业都处于同一的计划经济和市场经济相结合的体制之中，但不同行业受到的国家计划控制程度不同，市场结构仍具有较强的垄断性倾向。从顾客压力来看，企业的产品质量和产品的花色品种仍不能满足顾客需求，很多行业处于卖方市场，由于许多产品成本和价格过高，限制了顾客的购买愿望，许多行业正处于成长阶段。从总体来看，企业的经济效益不高，部分获利高的企业则是由于国家制定的保护限制政策；新产品还太少，产品生命周期过长，优等品率所占比例很少，产品多样化程度还偏低；企业规模经济性利用得不够，严重妨碍了大中型企业优势的发挥；企业成功关键因素还限于生产成本和市场控制。

（2）从长远的战略环境看，我国企业产品的技术水平不高，技术进步（包括引进、消化、创新等）仍有很大空间；技术密集程度较低，科技人员比重和素质都较低，职工、管理人员的素质也较差等。由于技术进步、产业政策等因素的作用，企业环境发生较大以至根本变化的可能性是存在的。

二、我国企业能力的一般特点

我国企业能力水平经过近十年的培养有了较大的提高，但企业能力与发达国家的企业所具有的能力相比仍有不小的差距。

由于传统的计划经济体制的影响，很多企业销售人员的素质和数量都不足，企业的重点很多还放在生产上，重视新产品开发的企业较少，销售上以产品分销为主，依赖于已有的商业渠道，自销产品较少，财务上也以会计和资金控制为主，管理水平不高，大多数企业还没有建立起对环境进行分析和预测的习惯，也缺乏相应的责任部门，管理方式也主要依靠政策和程序，以及一些目标管理，只有少数企业进行长期规划，进行战略规划的企业更少，领导方式以纪律和制度为主，管理信息也主要基于过去正规的或不正规的经验，问题解决方式也是由问题引发实验和诊断，很少采用创造式的方法。因此，我国企业能力也处于比较低的水平。

三、我国企业文化的一般特点

作为一种群体意识，企业文化近年来越来越引起企业领导的重视。许多企业

创立了各自的企业精神，建立企业哲理，以创设一个优良的环境氛围，有效地进行经营战略管理。但总体来说，企业文化的建立与经济结合不够紧密，没有引导广大职工关心企业变革，培养创新精神，提高经济效益。职工自主管理的意识尚待加强，不少企业将其与社会文化混为一谈，以致其不能有效地支撑企业能力，最终适应不了经营环境的变更。因此，我国企业文化的建设有起色，但有待于正确认识与精心培养，使之更好地服务于社会主义企业。

由以上分析，可以得出我国企业环境、能力匹配的模式，其主要结论如下所述。

（1）当企业文化水平、能力水平与环境水平一致时，企业将取得较好的经营效益。

（2）企业应根据自己面临的环境特点，采用迟后反应的方式，有选择地增强企业不足的内部能力，培养与环境、能力要求一致的企业文化，提高企业素质，增强企业活力。

（3）企业在加强近期竞争能力、培养近期竞争文化的同时，也要注重企业长远战略能力与文化的培养，兼顾企业长远利益与近期利益。

全员创新的理论来源探究[①]

近年来,激发每个员工的创新积极性,实现全员创新受到了国内外理论界、企业界的广泛关注。众多学者指出:创新不再只是企业研发人员的专利,而应是全体员工共同的行为,企业中的每个员工都可以成为出色的创新源[1-4]。但这些学者没有将这一理念作为一个单独的概念加以阐述,我们基于对全面创新管理的研究,提出了在全面管理理论框架下的全员创新的概念,认为创新是全体员工共同的行为,从基层到高层管理人员,人人都可以成为出色的创新者;而且强调必须对企业战略、文化、组织、制度等方面进行创新才能保证全员创新的整体性和连续性,提高创新绩效。经过这几年的研究,我们进一步将全员创新的概念加以修正和完善,将全员创新中的创新简单定义为"提出创意并把它变为现实"[5],既包括持续性的渐进创新,也包括重大的突破性创新。基于全面管理模式的全员参与并不是简单的自上而下要求每个员工参与创新,同时强调员工的相互协作能力,自发地利用团体和集体的力量进行创新。全员创新也并不是企业的偶然事件,而是在企业的文化、组织结构和流程等要素下形成的常规性活动,必须要求创造出有效的创新方法,良好的创新机制等以保证全员创新的整体性、连续性和高效益,以提高企业的创新绩效。

全员创新概念的提出是以以下两个理论为基础的。①在过去的几十年中,创新研究表明在创新过程中科学知识和科学方法的作用正在逐渐衰退[6],创新概念进一步宽泛化;②人人具有创造力,而且个人创造力的领域和表达方式各不相同。这两个观点为全员创新思想的产生和实施提供了理论支持。

全员创新同其他新思想一样,并不是凭空产生的,而有其广泛的理论渊源。

一、全员创新思想的理论来源

全员创新的思想最早来自简单的"提议制度"。日本更是将传统的建议制度同持续改进(continuous improvement,CI)相结合,形成了具有日本特色的"为持续改进提议制度"。日本的持续改进、质量控制(quality control,QC)小组、全面质量管理(total quality management,TQM)等以全员参与为基础的管理理念,对世界各国的管理方式产生了深远影响,使全员参与的思想深入人心。而苏联则将"合理化建议"的实践传播到了当时主要的社会主义国家,并形成了以全员参

[①] 发表于:许庆瑞,王海威. 全员创新的理论来源探究. 科学学研究,2006,(3):466-469。

与为基础的从 20 世纪 30 年代到 20 世纪 50 年代"斯达哈诺夫运动"。我国也从新中国成立初期开始实行了群众性合理化建议以及"两参、一改、三结合"与班前班后的生产会议活动等多种多样的基于全员创新模式的活动，丰富了群众参加管理和创新的内容。进入 20 世纪 90 年代以来，西方学习型组织、永续创新和创新型组织等概念的提出更是丰富了全员参与创新的思想。

（一）从提议制度到全员创新

第一个有史记载的提议制度是 1880 年在苏格兰威廉·丹尼（William Denny）兄弟造船厂实施的。它旨在鼓励一切创新活动，从最小的改进到可申请专利的重大发明。其后，约翰·帕特森（John Patterson）的国民收款机公司进一步采用并改进了这一制度，形成了独具特色的基层员工参与的"群众智囊团（hundred-headed brain）"运动。多年以来，这种简单的提议制度得到了广泛使用。直到 1996 年，美国航空公司的"美航思想在行动（IdeAAs）"仍是以传统的提议制度为基础的，其目标更加明确化（更多地关注减少成本），管理更加科学化[7]。传统的提议制度在苏联、中国和日本得到了不同的发展，形成了各具特色的制度，这些制度进一步强调了全员的群众参与的重要性。

1. 苏联的"群众性创新活动"

Robinson 对此进行了较为全面的研究[7]。早在"十月革命"胜利后，列宁就为合理化建议制度打下了基础。新的合理化建议制度由苏联学者在一份官方备忘录中首次提出。20 世纪 30 年代初的斯达哈诺夫运动更是将这种群众性创新活动推向了高潮。但是在苏联传统的计划经济体制下，政府为每一个企业订立了一系列不合实际的指标，并且越来越荒唐，妨碍了创新活动，最终成为一场闹剧。

2. 中国的"鞍钢宪法"

我国于 20 世纪 50 年代初期开展了群众性合理化建议与革新运动，并于 20 世纪 50 年代末 60 年代初发展成"两参、一改、三结合"和"技术革新"运动，"两参"即干部参加生产劳动，工人参加企业管理；"一改"即改革企业中不合理的规章制度；"三结合"即在技术改革中实行企业领导干部、技术人员、工人三结合的原则。在当时，它对于调整企业内部的各类人员的相互关系，充分调动全体员工的积极性和创造性，发挥了重大作用。其中，最为典型的就是鞍钢企业的实践，当时称为"鞍钢宪法"，主要内容就是放手发动企业所有员工自觉进行技术与管理，渐进与突破创新结合。鞍钢群众性创新实践在当时的环境下，获得巨大成功并积累了丰富的经验，我国的许多大型企业陆续试行了这种管理制度。但是随着在"大跃进"和"文化大革命"中出现的"以阶级斗争为纲"的实行，社会的混乱使得这种管理制度在执行中与原意出入很大，并最终被企业所彻底抛弃。

3. 日本的"为持续改进提议制度"

日本由于引进这一思想的时间和方式不同所以提议制度也发生了很大变化。日本二战后在美国军方的控制下，由产业内培训和美国空军将提议制度传到了日本[7]，形成了独具特色的"为持续改进提议制度"，又称第二代提议制度。

持续改进，也作 kaizen（改善）。持续改进是企业全体员工共同努力，不断发现问题、分析问题和解决问题，使工作做得更好。并且适时调整、提高标准，巩固 kaizen 活动的已有成果。kaizen 活动始于问题，高度的问题意识是企业开展 kaizen 活动的基本态度。而将其与提议制度相结合，使得问题的发现、分析和解决都来自全体员工的建议，增加了持续改进的有效性。它的成功基于这样的思想，即将员工队伍当作一种资源，生产线上的工人，才是在车间发现问题和解决问题的最佳人选，而提议制度又为这些员工提供了方便之门。

第二代提议制度的绩效显著优于传统的第一代提议制度，如表1所示。形成这种差别的原因主要为：日本公司的制度主要立足于内在激励而非外部激励；日本式的提议制度旨在鼓励全员参与，用参与率来衡量该制度的效果。

表1 1995年日美提议制度统计比较[7]

项目	美（第一代）	日（第二代）
平均每名员工所提建议数/条	0.16	18.5
接受率	38.0%	89.7%
参与率	10.7%	74.3%
平均奖金/美元	458	3.88
平均每条建议节省净金额/美元	5586.00	175.66
每名员工节省净金额/美元	334.66	3249.71

综上所述，自从提议制度产生以来，经历了图1中的变化。相对于其他的提议制度，日本的第二代提议制度较为成功。但是无论怎么发展，其实质都是鼓励基层员工、群众参与到企业的改进、创新活动中。相比于第一代提议制度，日本

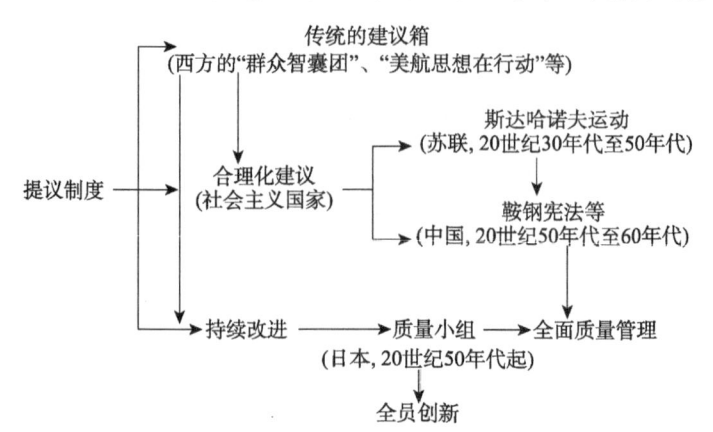

图1 基于全员参与的提议制度的发展

的第二代提议制度更是将参与率作为衡量活动的效果，注重全体员工的参与。但是日本的提议制度将全员参与的范围缩小化，仅将基层员工的创新限定于小的渐进性的改进，这也导致了其平均每条建议的节省净金额严重低于美国的第一代提议制度。这需要我们在全员创新的思想中加以改进。

（二）从全面质量管理到全员创新

全面质量管理起源于美国，朱兰、费根堡姆于20世纪60年代初提出了全面质量控制的概念，但真正促使全面质量管理极大发展的是其在日本的应用和取得的成功。二次大战以后，戴明将全面质量管理的理念带到了日本，得到了日本企业的普遍接受。同时，日本质量管理学家石川馨、田口玄一等结合质量控制小组、kaizen等理论，同时受我国"鞍钢宪法"等运动的影响，极大丰富和发展了全面质量管理的理论和方法。20世纪80年代，全面质量管理作为一种战略管理模式进入企业，得到了进一步的扩展和深化，逐渐成为一种综合的、全面的经营管理方式和理念。质量管理的许多学者都从自身的信念、倾向和业务经验等角度，给出了不同的全面质量管理定义。虽然如此，但全面质量管理的一些基本理念，如顾客为关注焦点、持续改进、全员参与、领导作用等，还是得到大家一致认同的。

全面质量管理要求组织中的每个人都在流程持续发展中担当重要角色，从而由此提出了组织内每个人都应该是创新者，也就是组织内人人创新的概念，这与全员创新的理念也是相同的，但其创新的范围却更多的仅局限于质量方面。

（三）从永续创新到全员创新

Shapiro[2]认为尽管数年来企业不断运用创新手段来提高它们的生产力，但这常常是通过单个创新实现的。创新向来都是由上而下，而不是整个组织的集体行为。公司的目标变为生产优良的机器设备，把员工变成机器人，以及优化所有的变量。为此，他对创新提出了一个全新的考察视角——永续创新（24/7 innovation），激烈的竞争和瞬息万变的市场形势使得企业要想生存发展就必须不停息地去努力创新，企业就像生命体一样，应该要永无休止地自我再造。永续创新就是指组织和其成员能在日常工作中不断提出新观念，以满足顾客天马行空、变幻莫测的需要。也就是指组织上下的每个人随时随地都在创新，使创新像呼吸一样自然。

永续创新成为成功企业的标志，公司所有员工都必须保持永续创新的状态。企业的成员必须在任何时刻创新，真正做到"自发"创新的境地。永续创新虽然体现了组织中全体员工参与创新的重要性，但其重点却是将创新放在时间的维度考虑，更多地强调了全时创新——利用任何时间都进行创新。

（四）从创新型、学习型组织到全员创新

每个组织都需要一个核心能力——创新。创新型组织就是把创新精神制度化而创造出一种创新的习惯。这些创新型组织作为一个组织来创新，即把一大群人

组织起来从事持续而有生产性的创新。他们组织起来使"变革"成为"规范"。组织要想在创新上成为最好的，就必须授权全体员工进行创新。创新非常需要每个员工都能够创造和带来新思想，"让每个员工都要注意学习、配合，努力把创新思想付诸实践，不论创新思想来自何处"[8]。如果想成为一个创新的组织，要记住：创新不是一个节点，是一个网络；不是某几个聪明的少数人使得组织具有创新性，是组织结构的支持和关系的结果，是组织内所有员工的共同努力。

创新的一个重要方面就是学习，在这方面学习型组织的研究给我们提供了很好的借鉴。Garvin[9]认为学习型组织是善于创造、获取和转移知识，并且根据这些新知识和新见解改正行为的组织。他进一步提出学习型组织擅长五种主要活动：系统解决问题，试验新方法，从自己的经验与过去的历史中学习，从其他组织的经验与最佳实践中学习。学习的过程同时就是创造知识、创造产品等的创新过程。学习型组织就是强调组织中的每个人都加入到学习的行列，以达到创新的效果。

创新型组织和学习型强调了组织作为集体来进行创新的重要性，更多的是利用文化等对这种创新行为加以规范化、制度化，强调了全员参与的同时加重了组织及其附属物的重要作用。

二、现有理论总结

全员创新思想的理论来源如图 2 所示。

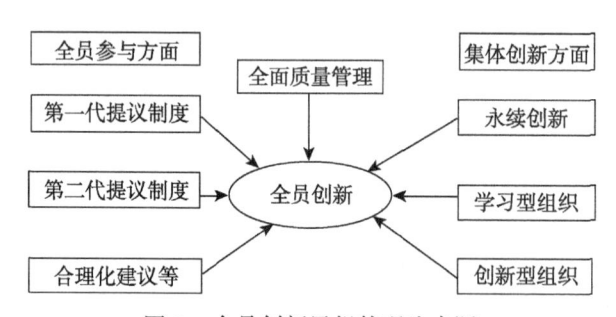

图 2　全员创新思想的理论来源

前面已经指出，基于全面创新管理模式的全员参与并不是简单的自上而下要求每个员工参与创新，同时强调员工的相互协作能力，自发地利用团体和集体的力量进行创新。相对来说，提议制度及其产物强调更多的是员工的参与率，日本的为持续改进提议制度就是将员工参与率作为衡量的一个重要指标，取得了相对于美国的第一代提议制度更好的效益。当然，日本后期的质量控制小组、全面质量管理也开始关注利用集体的力量来进行对质量的全员改进和创新。而永续创新、学习型组织和创新型组织更强调集体作为一个创新整体的作用。

但这些以全员为基础的活动更多地关注于小的渐进性的改进，虽然提议制度的早期包括了重大的创新，但在发展期间却被逐渐抛弃。第二代提议制度更忽视了对企业影响巨大的突破性重大创新的全员参与的研究，这都值得注意。Bessant 提出了"高参与型创新（high-involvement innovation，HII）"的思想[3]。他认为高参与型创新不只局限于渐进性的"做更好的事"，而且经过一定的培训和支持，也适合于重大的创新，其继承了原有的全员对渐进性创新的贡献，又肯定了全员对重大创新的作用，有利于对全员创新的理解。

参 考 文 献

[1] Tucker R B. Driving Growth Through Innovation: How Leading Firms are Transforming Their Futures[M]. San Franeisco: Berrett-Koehler Publishers, 2002.
[2] Shapiro S M. 24/7 Innovation: A Blueprint for Surviving and Thriving in an Age of Change [M]. New York: McGraw-Hill, 2002.
[3] Bessant J R. High-Involvement Innovation: Building and Sustaining Competitive Advantage Through Continuous Change[M]. Hoboken: Wiley, 2003.
[4] Dundon E. The Seeds of Innovation: Cultivating the Synergy That Fosters New Ideas[M]. New York: AMACOM, 2002.
[5] 许庆瑞, 贾福辉, 谢章澍, 等. 基于全面创新管理的全员创新[J]. 科学学研究, 2003, (S1): 252-256.
[6] Steiner C J. A philosophy for innovation: the role of unconventional individuals in innovation success [J]. Journal of Product Innovation Management, 1995, 12(5): 431-440.
[7] Robinson A G, Sam S. Corporate Creativity: How Innovation and Improvement Actually Happen[M]. San Francisco: Berrett-Koehler Publishers, 1998.
[8] Peters T. Get innovative or get dead[J]. California Management Review, 1991, 33(2): 9-23.
[9] Garvin D A. Building a learning organization[J]. Harvard Business Review, 1993: 78-91.

海尔的创新型"文化场"
——全面创新管理研究系列文章[①]

一、研究背景

(一)全面创新管理理论

全面创新管理(total innovation management,TIM)是浙江大学创新与发展研究中心(Reseach Center for Innovation and Development,RCID)基于企业面临的新时代环境和市场竞争规则的变化,在总结借鉴国内外最新创新理论成果后首次提出的创新管理新范式。从1912年美国学者约瑟夫·熊彼特提出"创新"的概念以来,创新管理理论的发展已先后经历了四代。从最初的个体创新、组织驱动的创新、外部创新源理论[1];发展到组合创新[2]、二次创新理论[3]。浙江大学RCID提出的"全面创新管理"属于第五代创新管理理论,是建立在系统学、协同学、复杂性理论基础上的新型技术创新管理模式,对于推动企业技术创新管理的模式变革有着积极的意义。

据RCID研究,全面创新管理的内涵是:以价值增加为目标,以培育和增强核心能力、提高核心竞争力为中心,以战略为导向,以各创新要素(如技术、组织、市场、战略、管理、文化、制度等)的协同创新为手段,通过有效的创新管理机制、方法和工具,力求做到人人创新、事事创新、时时创新、处处创新[4]。并提出了全面创新管理的五角型模型框架(图1)。

该理论分析了企业进行技术创新管理时需要的各种协同创新要素及其内在的协同原理,认为只有全面考虑企业的各技术要素与非技术要素,并在系统、协同框架的指导下,企业才能在技术能力上台阶的基础上取得好的经营绩效。

(二)企业文化建设的重要性与"全员创新"

全面创新管理理论提出伊始,RCID的研究成员们在分析了当前环境下我国企业"创新困境"现状之后,提出正是企业缺乏对非技术因素的重视和忽视了技术、非技术因素之间的协同创新,才陷入了"创新找死、不创新等死"的困难境况。在创新的非技术因素中,企业的文化创新更是薄弱的环节。据RCID2000年对我

---

① 发表于:许庆瑞,朱凌,王方瑞. 海尔的创新型"文化场":全面创新管理研究系列文章. 科研管理,2005,(2):17-22。

国 100 余家大中型企业的调查发现，大多数的企业文化类型是效果型（占 61.2%）和秩序型（13.1%），仅 6.5%的企业是创新型。

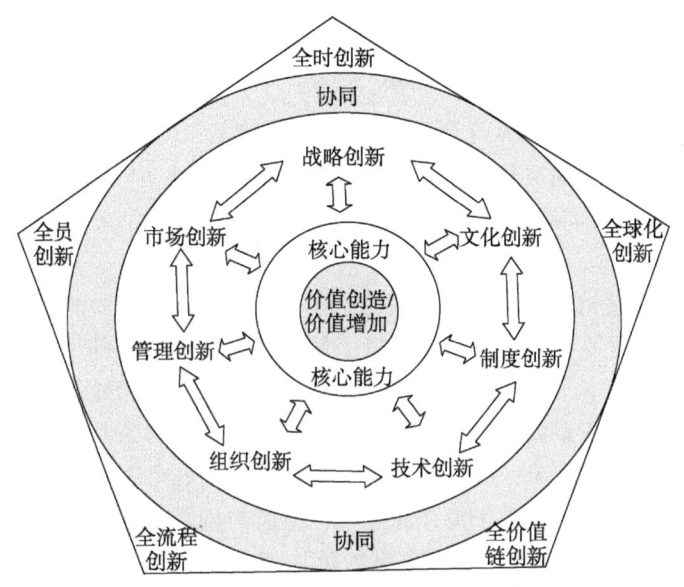

图 1　企业全面创新管理的五角型模型框架

相反，国外学术界和企业界（代表企业如 3M、HP 公司等）却非常重视企业文化建设。甚至有些学者在进行了案例分析后提出：企业文化是决定企业竞争力优势的唯一的最有持久力的来源。当然，此种说法属一家之言，但也充分说明了国外先进企业非常看重文化建设。在企业文化的经典著作《企业文化与经营绩效》和《新规则：后工业化社会制胜策略》中，作者约翰·科特（John P. Kotter）从企业文化与企业长期经营业绩之间的关系层面上剖析了两者的互动性，指出如何运用企业文化来使企业经营业绩增长[5]。《追求卓越》一书中，作者通过企业调查发现，成功公司在介绍其特点时都提到故事、口号、传说，有着丰富的关于自己公司的逸闻、小秘密和玩笑，从组织角度分析，这是很重要的。因为它们表达了一个企业的共同价值观或者说企业文化。书中指出文化对一个企业的作用越大，企业通向市场的道路就越通畅，在管理上的政策手册、组织图表和程序规则的细节[6]。

总之，相关文献中都显示出对文化的、软的方面的重视是成功企业的显著特点，管理的文化含量越大，战略、组织控制，抑或是员工积极性的调动就越有效率，用软性的文化手段管理企业在企业管理理论上是一大突破，以致有人提出要进行"文化管理"。文化虽软，但抓住了它，就抓住了人；而抓住了人，就抓住了管理的本质！

这就涉及我们正在研究的领域了，本文从一个侧面关注了非技术要素（文化创新）在企业技术创新管理中的作用所在：通过文化氛围的营造，培养员工个人的创新素质，在此基础上，通过整合全企业员工的创新能力，并且在企业内各创新要素的协同作用下，从整体上提高企业的创新绩效。下文将以海尔集团为例分析企业文化建设对创新绩效的显著作用。

二、解读海尔创新型文化

（一）海尔"文化管理"的成效

海尔文化的绩效在业界可谓耳熟能详，无论是 OEC 管理使企业走上名牌战略之路，还是用无形的文化资产盘活有形的休克鱼企业、"人人 SBU"市场链作用的发挥等，都从实实在在的经营业绩提高角度说明了企业文化在企业中的重要作用。

OEC 管理通过精细化的管理规则为企业培养了一批高素质的员工，这在现代制造企业中非常重要：只有懂得并坚持了精细化操作规则和科学、有效的执行，才能把降低企业成本（管理成本和生产制造成本）落实到实处。通过在培养高素质员工的管理过程积累的无形文化资产，海尔通过无成本兼并成功激活了红星电器、顺德爱德洗衣机厂等，用最低成本使企业走上了多元化的发展道路[7]。

文化管理的更重要处在于海尔在企业内渲染的创新型氛围：在员工素质得到提高的基础上，鼓励员工"时时、事事创新"，把企业创新的难题通过无形的任务分解，化整为零到每位员工身上，激发员工从各角度开发思路；又通过内部市场化运作，企业各部门所有员工都被市场意识牢牢抓住，使员工在"创新加市场"的指导下，开发出了许多极具市场潜力的产品，"大地瓜"和"小小神通"洗衣机的研制开发都是非常生动的例子。

（二）文化建设方案

（1）环境和氛围培育。海尔在文化建设的过程中充分发挥了全员的优势：在领导者倡导的前提下，海尔鼓励所有员工就企业管理过程中的现象或感想自己作画、写出心里话，即"画与话"，既寓"管理"于乐，又在这个过程中培养了员工的创造性，对员工智力素质的提高可以说不无裨益。

（2）精细制度管理。在现代企业制度中，企业文化建设的一个重要环节即是硬性管理制度的制定与执行，海尔也不例外。与众不同的是海尔实施的是精细化管理方案，体现为制度规章条目设计的缜密，以及在执行过程中员工和管理者的一丝不苟。

（3）文化建设在于协同管理。海尔文化及企业精神就是在这种软性的环境培育与硬性的制度执行中逐渐树立并不断提升的，用全面创新管理的框架、内涵来解读就是企业的文化创新与制度创新的协同、互动，海尔员工的创新素质在企业文化与制度管理的协同作用下不断得到训练，在个人创新能力提高的基础上积蓄了企业持续创新的能力。

从海尔领导者努力营造的企业氛围我们可以观察出，它从"全员"素质入手进行管理的文化模式其实是一种"人本文化"，即认为人是企业中最活跃的因素，其人本思想的核心是：人生而只有主动性和创造性。人本管理认为公司的力量不仅在于员工的能动性，而且在于"对个人价值的坚定信赖"。

"人本"管理的思路确实抓住了企业发展的最根本的"人"的因素，而海尔是如何将每个人的能力整合为巨人的创新合力，不断推动企业攀升，这是我们在思考海尔现象时十分感兴趣的一个问题。在整理、归总海尔管理运行的框架时，RCID虽然提出了全面创新管理模式及其各创新要素的提炼与分析，但美中不足的是在全员创新和"全面创新管理"的运作机制中缺少了一环，即员工的个体能力如何在全面创新管理框架的执行中与各创新要素相关联？以何种方式相互作用？无疑，文化在其中是一个关键的要素，但文化是通过什么样的作用方式来实现这一功能的却在最初的研究中被忽略了。下文中，我们将从作用方式的角度对海尔的文化进行剖析。

三、"文化创新"的作用方式："文化场"

（一）"文化创新"对创新要素的作用方式

之前关注全面创新管理的创新要素之间的关系时，研究人员考虑的是以"技术创新"为核心，其他要素的创新则通过协同技术要素来促进创新绩效，而较少考虑各要素之间交叉的协同关系，尤其是当固定了"技术要素"为全面创新管理的核心后，反而限制了本应是发散式的研究思路。

本文在分析海尔的创新型文化时，发现该创新型文化不仅直接作用于企业的技术要素（如挖掘技术人员的创新思维等），更多、更大的作用反而是通过全员实施的管理思路发生在其他创新要素上，继而再间接地作用于企业的技术要素。

（1）战略创新。战略创新从根本上讲是企业家的问题，海尔张瑞敏的创新观念人所共知，我们所熟知的这些有创造性的管理理念，在海尔企业内部推行的企业精神、价值观等可以说都来自张瑞敏的创新型思维，正是具备了这样一位推行"创新管理"的企业家，海尔才能取得今日中国电子信息百强龙头老大的显赫地位。创新的战略从制定到实施，所需要的是具备创新型思维的管理者和员工，才能把制定创新型战略和创造性地完成战略目标的任务持续地做下去。

（2）管理创新。海尔的OEC管理方式是通过制度细则的制定、管理人员的严格执法和员工的自觉执行才得以成功实施，而在其中，重要的是萦绕在企业全体人员（上至领导者、下至中层管理人员和前线员工）头脑中的"日事日毕，日清日高"观念。研究认为，在海尔实行该制度初始，并不一定能显现出直接效果，应该是在长此以往的制度环境中，海尔人才修炼成了独特的海尔精神气质，所以才能用神奇的文化资产激活管理处于死亡状态的休克鱼企业。

（3）组织创新。组织变革应成为现代企业的日常事务，不能再像以前一样，组织结构稍作调整就会人心惶惶，无法开展正常的工作。无论是渐进式的日常组织调整的小动作，还是曾实施的基于流程的组织改造大手术，由于具备了高素质、适应变革的创新型员工，海尔的组织调整总是既能产生效益，同时也很少会遇到员工层面的阻力。

（4）制度创新。制度是死的东西，再好的制度也需要人来实践，也只有在海尔形成了严于律己的观念后，并且是在全企业范围内每位员工都能领悟到企业文化的真谛后，制度的执行才不会失之偏颇。

（5）市场创新。市场创新要从两个角度来看，一为企业员工处处从市场角度出发的创新思路以及对潜在市场的不断挖掘，二为海尔战略走到第三步——市场化运作这一步时，正是因为有了大量高素质员工的储备，才能成功实施"人人SBU"机制。因此，在市场要素中，海尔文化培育出的"创新加市场"型的员工队伍当然应是成功的首要因素。

（6）技术创新。经分析认为，企业创新绩效不佳的主要原因是企业总把创新任务集中在少数技术人员身上，这样做的不良结果是重要的技术人员流失后核心技术无法控制，继而无法保证企业的核心竞争力；还有就是缺乏技术创新思路的规模效应思考，可以简单地设想，全员群策群力形成的创新力量当然会大于少数一些人的绞尽脑汁，而且，在市场竞争的激烈程度与日俱增的今日，最接近市场端的员工应该能产生比技术人员更符合市场规则的创新思路来。重视挖掘每位员工的创新能力，是海尔管理者的妙招！

从上述分析中可以发现，海尔显著的创新绩效，完全是依靠了一支培育优良、思想创新的高素质员工队伍（从企业家到基层员工），在科学的创新管理（第五代全面创新管理）的指导和执行才达到的。其中，创新型的企业文化通过作用于人，并在此基础上作用于各创新要素，使创新力通过各创新要素的运作融合为企业整体的创新能力，形成了企业不会流失的核心竞争力（因为这种核心竞争力是基于全体员工的）。从这一思路来看，海尔的令人咋舌的企业成长速度就易于解释了。

那么，我们究竟应该怎样理解海尔文化创新的这种作用方式呢？

（二）"文化场"概念的思考

观察海尔的创新规律，我们发现海尔企业文化作用于企业各创新要素（战略创新、组织创新、制度创新、管理创新、市场创新、技术创新）的方式与"场"效应极为类似。

场是一种物质存在的形式，场中存在已知的效应（如引力、磁力或电力），并且在每一点上具有确定的值，如电磁场。

一直以来，企业文化管理都被认为是一种软性管理手段，但如果把海尔文的作用方式与场效应相结合，转换一下思维的角度，我们会发现海尔的创新管理其实是通过"文化场"的效应获取成功的。该"文化场"把各创新要素在全面创新管理框架中的位置都确定在了"持续创新"这一值上，作用于各创新要素的"创新力"源自"全员创新"，这一创新力制衡了各创新要素在全面创新管理中的位置，并通过自组织的过程将各要素调整到了最佳发展状态，或者说创新状态。从这个角度来看，海尔的文化管理其实是一种实实在在的管理手段，虽然"力"无形，但作用效果实际存在，这从本质上是符合"场"效应观念的。

基于上述对文化场概念和海尔全面创新要素在"全员创新"氛围中形成过程的分析，我们给出了文化场形成过程模型（图2）及其作用原理示意图（图3）。

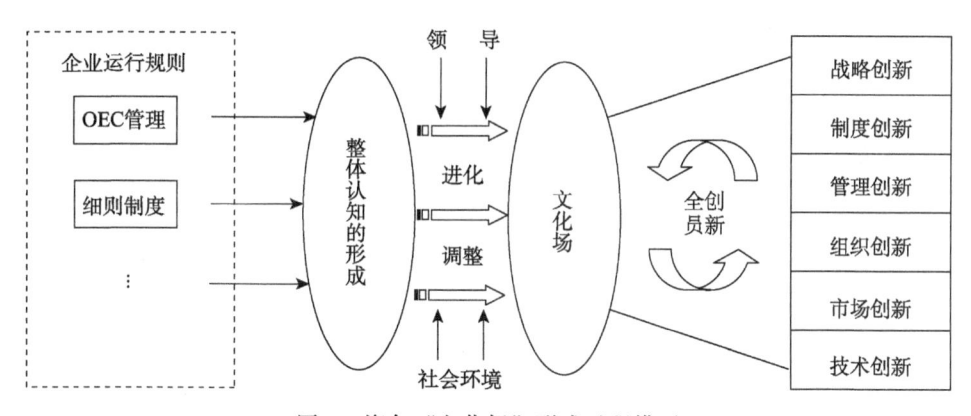

图2 海尔"文化场"形成过程模型

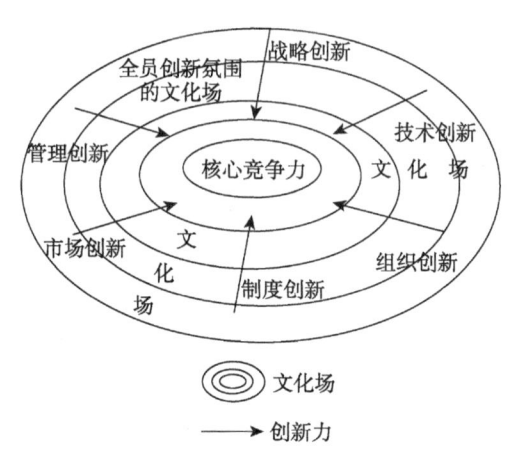

图3 "文化场"作用原理

我们分析，海尔的文化场是一个渐进形成的过程，在制度创新与管理创新的协同作用下，员工形成了整体认知模式（即价值观、文化精神），并在领导管理思路的影响下，经过了适应环境变化的调整过程，形成具有创新作用力的文化场，该文化场将全员创新与企业各创新要素相连接，并在全体员工创新能力不断改进的过程中得到不断的调整，因此显示于图中是一个基于"全员创新"的循环。具体涉及文化场作用于企业各创新要素的场效应方式，我们用图 3 作一解释：制衡各创新要素的创新力来源于"全员创新"的能力，该能力的变化决定各创新要素在文化场中的位置，并最终形成基于全员创新的企业核心竞争力。

四、讨论与展望

无论是由文献获得的理论，还是由海尔实践得来的管理真义，都向我们证明了企业要获得好的创新绩效，如果从企业内部入手，就要从管理理念的树立和管理机制的运行中注重培养和挖掘员工的创新能力，在充分开发了全员范围的人力资源后，自然地实现企业创新的规模效应。

海尔创新成功的背后隐含的是全体员工个体创新能力的提高，这给了我们一点启示：基于培养员工个体能力从而获得企业发展的模式是一种稳健的选择。因为靠这种模式培育出的企业核心竞争力是基于全员范围的，企业拥有了一批高素质的员工队伍，再加上有效的管理手段和全员认同的企业理念，将员工紧紧地吸引在企业所倡导的事业中，企业就会拥有无往不胜的能量。

这与以前强调的企业核心竞争力仅限于技术范畴的概念理解有所不同，我们认为较容易流失的竞争优势并不能作为企业的核心竞争力，因为仅有少数技术人员掌握的高端技术储备作为企业的核心能力极易随着人员的流动造成技术流失，而这也是现代很多企业无论是人力资源管理，抑或是研发资源管理里都涉及的管理难题。

在提出了全面创新管理新理论框架之后，我们随之提出了要培育企业全面创新能力的想法，这种全面创新能力从某一个角度来讲，就是基于对全员创新能力的考虑，即基于个体员工创新能力的不断提高，辅以全面创新管理的运作机制，使企业具备技术优势的同时保证持续创新的能力和永续发展的机会。其间，本文提出的"文化场"概念模型就起到了维系员工与企业各要素（战略、管理、组织、制度、市场、技术等）及不断调整、完善全面创新管理框架的作用。但是，本文仅仅提出了一个概念模型，而对其运作机制还未有深入探讨，今后，我们将继续对该模型的研究，期望能给出较完善的文化场理论。

此外，海尔的创新管理也并非如我们总结提出的全面创新管理理论所期望的那样十全十美，事物的发展总有进化的过程，海尔的全面创新管理之路也是在摸索中逐渐形成的管理模式，还有许多理论上未能解释、企业实践中也会逐步碰到的管理难题，我们期望在今后的研究中，能不断挖掘出更多的企业案例来丰富创新管理的思路，完善、调整全面创新管理的框架模型，从而为更多的企业提供理论层面上的指导。

参 考 文 献

[1] von Hippel E. The Sources of Innovation[M]. New York: Oxford University Press, 1988.
[2] 许庆瑞, 郭斌, 陈劲. Managing innovation portfolio: experiences and lessons in China[R]. Seattle: IEMC 96, 1996.
[3] 许庆瑞. 研究、发展与技术创新管理[M]. 北京: 高等教育出版社, 2000.
[4] 许庆瑞, 郑刚, 喻子达, 等. 全面创新管理(TIM):企业创新管理的新趋势: 基于海尔集团的案例研究[J]. 科研管理, 2003, (5): 1-7.
[5] 科特, 赫斯克特. 企业文化和经营业绩[M]. 曾中, 李晓涛, 译. 北京: 华夏出版社, 1997.
[6] PetersT J, Waterman R H, Jr. In Search of Excellence: Lessons from America's Best-Run Companies[M]. New York: Harper Business, 2000.
[7] 颜建军, 胡泳. 海尔中国造[M]. 海口: 海南出版社, 2001.

企业创新文化体系分析[①]

当前,经济发展全面进入了全球化时代,经受了全球化浪潮洗礼的中国企业,已经意识到我们与世界级企业之间的差距并不完全是在技术、设备、组织结构和流程等物质与组织层面,更是在文化层面,或者说文化与观念的差距才是中国企业与跨国巨头之间的最大差距。因此,中国企业都面临从技术、设备、产品的国际化到管理、组织结构与流程的国际化,再到文化与观念的国际化的挑战。海尔和华为国际化的成功,揭示了中国企业在弥补观念差距方面的艰难历程。一方面,显示了它们学习西方先进企业文化与克服狭隘民族文化的不懈努力,同时也展示了它们探索中国企业创新文化全新内涵的积极进取心;另一方面,中国企业的全球化与本土化之间存在着一种相互融合的关系。企业必须充分吸收和利用西方成熟与优秀的企业管理、组织与文化体系,同时又必须融汇于本国特殊的物质、经济与文化环境中。在此基础上,企业才能形成自身独特的文化软实力,这种文化软实力越来越成为企业国际竞争力的重要元素。

近年来,中国企业利用其市场适应性优势和资源优势,表现出良好的盈利能力和发展能力,部分企业开始通过国际购并进入国际市场,进行了初步的国际化探索。但是,总体上来看,中国企业的国际竞争力还比较弱,距国际领先企业还有较大差距。因此,探索中国企业的国际化过程和国际竞争力提升过程中,如何吸收国际先进文化,同时与中国传统文化相结合,培育具有中国特色的创新文化体系,是一个非常重要的课题。

1. 中国企业创新文化建设的现状

改革开放前的 20 世纪五六十年代,中国一批国有企业在发展过程中逐渐形成了独特的企业文化与企业精神,在经营管理模式创新和创新激励制度方面形成了自身的特色。比如,大庆油田的"铁人精神"、鞍山钢铁公司的"鞍钢宪法"等,都是社会主义精神文明在企业创新文化中的体现。

改革开放后,随着西方企业文化的引入和市场竞争的加剧,基于市场机制的企业创新文化开始出现在中国先进的企业中。例如,海尔提出的 OEC 管理法体现的科学管理思想和"赛马不相马"的人才观念;《华为基本法》对知识、人才和文

[①] 节选自:许庆瑞,刘海兵. 海尔管理创新发展历程(1984—2019). 北京:科学出版社,2020:第四章。

化的强调，以及华为极具竞争性的"狼性文化"和"压强文化"，都代表了中国企业创新文化的发展方向。

近年来，中国企业在企业文化建设中，按照国务院国有资产监督管理委员会提出的"培育一批具有国际竞争力的世界一流企业"的要求和部署，积极开展以文化创新、制度创新、科技创新为内容的企业创新活动，大力推进创新型企业建设，效果显著，主要表现在以下几个方面：①创新意识不断增强，大多数企业都已经将创新作为企业发展的基本推动力量；②创新领域不断拓展，许多企业都从单一的技术创新，逐步推进到组织创新、管理创新、制度创新与文化创新，并开始进入全面创新的新阶段；③创新人才不断涌现，企业家使命和创新精神显著增强，一批以实业振兴国家为使命的企业家涌现出来，成为中国企业创新发展的巨大推动力。

中国中央企业文化建设的推进主要通过企业集团文化建设的两个阶段来完成：一是集团化运作初期的"一主统领"阶段，如国家电网公司的四统一（统一核心价值观、统一发展目标、统一品牌战略、统一管理标准）的文化体系；二是"一主多元"阶段，如大唐集团所属成员企业在核心价值观上与集团保持高度统一，同时培育形成自身的特色文化。同时，央企在基层与专项文化建设方面也逐步推进。在具体工作中推进如质量文化、成本文化、服务文化、创新文化、和谐文化、执行文化、制度文化与规则文化等，取得了显著成效。

当然，央企创新文化建设中还有许多不足之处，根据《中央企业企业文化建设报告2012》的调研分析结果和课题组长期研究的结果，主要存在如下问题（黎群和李卫东，2013）。

（1）调查显示，在"以人为本、诚实守信、员工成长、和谐包容和平等尊重"等人本类和伦理类价值观方面，员工期望高于实际感受，这在一定程度上说明企业仍然存在家长制和官僚制作风，员工仍然感到压抑，以人为本的价值观念还未完全形成。

（2）在"改革创新、做强做优、敬业奉献、世界一流"等创新类和规则类价值观方面，员工期望低于员工实际感受，这说明企业的创新和发展的愿景和管理规范基本上是从上到下的灌输，员工认同度不是很高，还没有形成广泛的创新文化自觉。许多企业的创新还主要通过高层管理的推动，还没有成为企业所有员工的自觉意识，全员创新的观念仍未形成。

（3）多数企业对自主创新重视不够，强调技术引进、技术模仿和集成创新，但很少有原始性创新，导致大多数中央企业没有形成自主创新能力，基本上依赖国外核心技术。中国三大国有汽车企业沦为国外产品组装厂的悲剧就是这个问题的最好体现。

（4）没有明确的创新愿景。多数中央企业没有形成以自主创新成就世界级企业的使命感和愿景，由此缺乏自主创新的动力。

全面创新管理理论认为，只有全面考虑企业的各技术要素与非技术要素，并在系统、协同框架的指导下，企业才能形成持续的创新能力。我国企业正是因为缺乏对非技术因素的重视和忽视了技术、非技术因素之间的协同创新，才陷入了"创新找死、不创新等死"的困难境况。在创新的非技术因素中，企业的文化创新更是薄弱的环节。我们调查发现，我国大多数的企业文化类型是效果型（占61.2%）和秩序型（13.1%），仅6.5%的企业是创新型。这也是许多中国企业陷入上述创新困境的文化根源。

2. 企业文化的内涵与理论框架

著名企业文化专家科特认为，企业文化内涵包含两个层次（科特和赫斯克特，1997）：一是深层次的基本价值观念，如有的企业强调利润至上或股东价值最大化，有些企业强调市场占有与客户至上，还有些企业强调组织和谐与员工成长，都体现了企业不同的基本价值观念；二是浅层次的行为方式或经营风格。科特认为，企业的基本价值观念在一定程度上决定了企业的行为方式和经营风格。目前学界接受度较高的文化分类及标准主要包括科特的六大价值取向、文化维度理论（Hofstede, 1991）、个体主义—集体主义、文化架构理论（Trompenaars和Hampden-Turner, 1998）、高低语境文化（Hall, 1977）和世界区域文化分类等理论。

根据对以上这些文化维度的总结与归纳，从这些文化维度与创新的关系出发，我们设计了下面的企业文化的体系框架，包括如下文化要素。

（1）价值观维度。①价值导向：集体主义与个人主义；②目标期待：长期导向与短期导向。

（2）规制型行为模式维度。①权力距离：权力集中与权力分散；②规范的普世性：规范的普遍化的行为模式与个性化的特殊的行为模式。

（3）认知型行为模式维度。①变异趋向：追求稳定持续地发展与追求不断变异与开拓的趋向；②竞争与合作：提倡组织独立、封闭与相互竞争和倡导开放、共享与合作。

以上是对企业文化的研究现状的论述，下面我们对创新文化的现状进行简要论述。对创新文化的内涵和定义的阐述，可以从不同的角度进行。有学者研究发现，创新文化的内涵包括鼓励探索、包容个性、宽容失败等特质，表现形式包括创新价值观、创新信念和创新意愿等。水常青和许庆瑞（2005）提出创新文化的内涵包括精神及其外在表现，如价值观、行为规则、制度等，认为创新文化的作用是激发创新思想、鼓励创新行为和促进创新实施。Robinson和Cousins（2004）将文化类比为生物基因，将创新文化其视作组织内部最为关键的精神密码。关于创新文化对企业创新的作用，许庆瑞等（2005）定义了文化场的概念。创新文化场是一个渐进形成的过程，在制度创新与管理创新的协同作用下，员工形成了整体认知模式（即价值观、文化精神），并在企业愿景与战略的影响下，经过了适应环境变化的调整过程，形成具有创新作用力的文化场；文化场作用于各创新要素的"创新力"源自"全员创新"，这一创新力制衡了各创新要素在全面创新管理中的作用，并通过自组织的过程将各要素调整到创新状态。

归纳以上各位学者的论述，我们定义创新文化为：多种促进企业形成创新动力、创新激励和创新能力的文化要素组合而形成的文化场。根据这个定义，我们构建了创新文化作用于企业创新的框架，如图1所示。

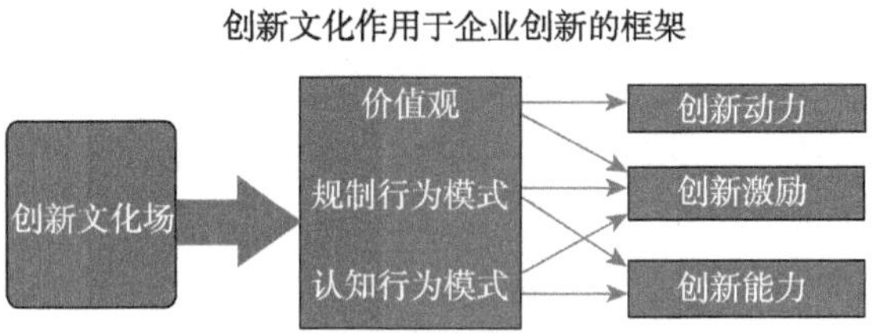

创新文化作用于企业创新的框架

图1 创新文化对企业创新的作用

在图1中，企业通过创新文化建设，形成创新文化场，这一无处不在的文化场体现在企业文化的价值观、规制行为模式和认知行为模式中，并通过这三个文化要素，形成企业的创新动力、创新激励和创新能力。在上述框架中，价值观要素对创新的作用表现为两个方面。①长期导向和短期导向对创新的影响不一致，长期导向会成为企业开展突破式创新的动力，而短期导向有利于企业针对当前市场需求开展渐进式创新。②对个体主义与集体主义文化的创新驱动力进行对比，个体主义相对较强，特别是在技术不确定的环境下，个体主义更有利于鼓励探索和突破性创新，但集体主义文化有利于建立创新导向的发展愿景，有利于各部门之间形成创新协同。

创新文化的规制要素对创新的作用主要是通过企业的决策模式和交流沟通模式对创新过程产生影响，表现在以下两个方面。①权力距离大对创新有负面影响，这样的组织不容忍非正统观点和行为，上级倾向于对下属进行严格的控制和清晰的指示；权力高度分散的组织有利于培养员工的工作自主性与责任心，这会成为他们创新的动力。②普遍主义强调规章制约行为，这样的社会一般具有详尽的制度规定和规范，处理问题不善于随机应变；而特殊主义的社会则强调关系和信任，处理问题灵活度较高，对多样化和变革有更大的容忍度。因此特殊主义文化比普遍主义文化赋予创新的空间更大。

认知要素对创新的作用主要是通过组织对组织持续成功运行的基本逻辑来影响创新过程，表现在以下两个方面。①偏好持续稳定的认知模式趋向于规避风险与变革，管理制度协调一致并逐渐僵化。偏好变异开拓的认知模式易于形成多元的、异质性的企业文化，有利于新思想的产生，同时可以避免群体思维的发生，而群体思维是创新，特别是突破式创新的主要桎梏。②竞争与合作维度对创新的影响是双重的：进取、竞争精神有利于创新，但是过度竞争则会导致组织封闭，不利于对外部创新资源的广泛利用；开放与合作是个人创造力的重要特质，有利于营造和谐的沟通环境。特别是在网络经济条件下，开放、共享与合作具有相对更高的创新驱动作用。

3. 中国企业的创新文化建设

改革开放前的中国经济，在高度集权的计划经济体制下，经过"文化大革命"的动乱和经济的停滞，既没有建立起官僚体制和市场竞争的普遍规范，也没有形成社会共识，社会整合无法达成。中国传统儒学的能动性已经丧失，儒学的迟钝性很充分地显现出来。

改革开放后，中国的经济体制改革开始了两个方面的文化变迁和制度建设：一是普遍性的市场规范和组织规范的建设；二是权力的下放与分散化。但由于传统观念的阻碍与计划经济体制的惯性，到目前为止，中国多数国有企业的创新文化还没有能够形成，其原因有两个方面：一方面是由于"文化大革命"使中国政府与企业丧失了组织整合能力，所以国家和组织层面的能力构筑都没有很好地实现；另一方面，国家与企业整合能力的缺乏使员工没有形成组织共识，没有形成对企业组织的忠诚，由此无法形成基于集体主义的创新文化。但从另一个角度来看，这也使中国企业形成了较好的工作弹性与活跃的创业经济，这在广东与浙江的民营企业中充分地体现出来，由此形成了与市场共生的网络型组织关系。

近年来，创新文化的重要性及其建设在我国的重要地位日益凸显。从国家政策层面上看，2006年《国家中长期科学和技术发展规划纲要（2006—2020年）》颁布，其中创新文化的建设被列为重要任务之一，胡锦涛总书记也在全国科学技术大会上强调了创新文化的重要性，认为应该以"创新文化孕育创新事业，创新事业激励创新文化"[1]。创新型国家的建设需将创新作为重大战略任务，增强自主创新能力，建设创新文化，因为创新文化是实现国家自主创新之路的驱动力和软实力之源。在2013年，习近平总书记就深刻地认识到，创新是引领发展的第一动力，要在全社会营造鼓励人才创新的良好氛围。他在讲话中明确指出，"创新是一个民族进步的灵魂，是一个国家兴旺发达的不竭动力，也是中华民族最深沉的民族禀赋。在激烈的国际竞争中，惟创新者进，惟创新者强，惟创新者胜"[2]。一年

---

[1]《胡锦涛在全国科学技术大会上的讲话（全文）》, https://www.most.gov.cn/ztzl/kxdct30/kxdct30tpxw/200803/t20080317_59817.html[2024-07-01]。

[2]《习近平在欧美同学会成立100周年庆祝大会上的讲话》, https://www.gov.cn/ldhd/2013-10/21/content_2511441.htm[2024-07-01]。

之计，莫如树谷；十年之计，莫如树木；终身之计，莫如树人。要在全社会大力营造勇于创新、鼓励成功、宽容失败的良好氛围，为人才发挥作用、施展才华提供更加广阔的天地，让他们人尽其才、才尽其用、用有所成。他将中国40年来高速发展的根本动力总结为思想引领和观念创新，他指出："40年来，中国人民始终与时俱进、一往无前，充分显示了中国力量。中国人民坚持解放思想、实事求是，实现解放思想和改革开放相互激荡、观念创新和实践探索相互促进，充分显示了思想引领的强大力量。"①

那么，中国应该继续发扬集体主义、强调合作与协同、强调长期发展、强调能力构筑，具有渐进创新优势的东方传统文化？还是转换为以个人自由、强调差异与进化、强调多样化，具有破坏性创新优势的美国创新文化？二者有结合的可能吗？二元性组织或二元性文化有可能在中国形成吗？

显然，中西方的价值观与行为模式存在一定的矛盾，而现代创新文化正是需要具有内在矛盾与张力的文化体系；我们需要结合中国传统文化的集体主义和西方文化的分权化民主，结合中国传统的长期导向对长期稳定的追求和西方短期导向对变化与创新的追求，也需要结合中国传统文化的特殊行为模式和西方的普遍规范。

企业文化的作用体现在相互对立又相互补充的两个方面。①文化的向心性：形成组织成员的协调一致的价值观和行为模式，追求长期稳定的愿景与发展目标。②文化的离心性：使组织能够根据环境变化不断进行变异与创新，追求不断变化的适应性与颠覆性创新。经营不善的公司总在过度稳定的向心文化状态或混沌的离心文化状态下，它们总是通过定期的危机进行变革（大规模组织变革）。一般的企业总是趋向于下列两种状态之一，或者是阶层式的向心文化，如20世纪90年代之前的以西装革履作为员工形象的IBM公司；或者是无政府主义的离心文化。卓越的公司处于上述两个状态之间，即所谓混沌的边缘（布朗和艾森哈特，2000）。这些公司不会发生大规模变革，而是不断进行小的变革与创新，让自己总是处于中间的边缘状态，形成混沌边缘结合的创新文化（图2）。

大型企业集团可以在不同层面强调文化要素的不同方面，由此形成不同层面文化重心与文化分布多样性的结合：首先，在集团层面以向心文化为主，以中国传统文化的集体主义和长期导向价值观作为文化重心，形成产业报国的愿景和民族自立的长期发展战略，同时以基本的普遍规范形成组织整合和整体协调的行为模式；其次，在子公司和事业部层面以离心文化为主，以中国传统文化的特殊化行为模式作为文化重心，同时通过决策权力分散化和短期适应性行为来激发部门

---

①《习近平在博鳌亚洲论坛2018年年会开幕式上的主旨演讲（全文）》，https://www.gov.cn/xinwen/2018-04/10/content_5281303.htm[2024-07-01]。

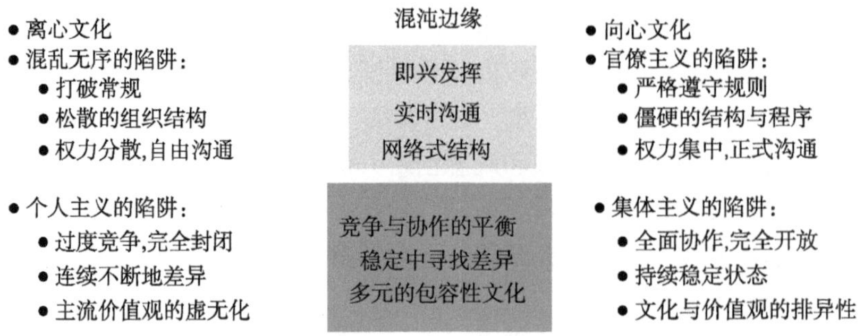

- 离心文化
- 混乱无序的陷阱：
  - 打破常规
  - 松散的组织结构
  - 权力分散,自由沟通

- 个人主义的陷阱：
  - 过度竞争,完全封闭
  - 连续不断地差异
  - 主流价值观的虚无化

混沌边缘
即兴发挥
实时沟通
网络式结构

竞争与协作的平衡
稳定中寻找差异
多元的包容性文化

- 向心文化
- 官僚主义的陷阱：
  - 严格遵守规则
  - 僵硬的结构与程序
  - 权力集中,正式沟通

- 集体主义的陷阱：
  - 全面协作,完全开放
  - 持续稳定状态
  - 文化与价值观的排异性

图 2　混沌边缘的创新文化

与员工的创新创业激情。这样，形成企业集团两个层面的创新文化体系，两个层面既相互对立，又相互补充，形成处于混沌边缘的创新文化体系，如图 3 和图 4 所示。图 3 是企业创新文化体系的价值观维度，图 4 是企业创新文化体系的行为模式维度。

企业集团的创新文化体系

长期导向　　　　　　　　　　　　　　　　　　　　　　基业长青

集团层面的向心文化
产业报国的愿景和
民族自立的长期发展战略

目标导向

子公司和事业部层面的离心文化
鼓励个体自我实现
和短期适应性导向

相互作用形成混沌
边缘的创新文化体系

短期导向

自我实现

个人主义　　　　　　　　价值期待　　　　　　　　集体主义

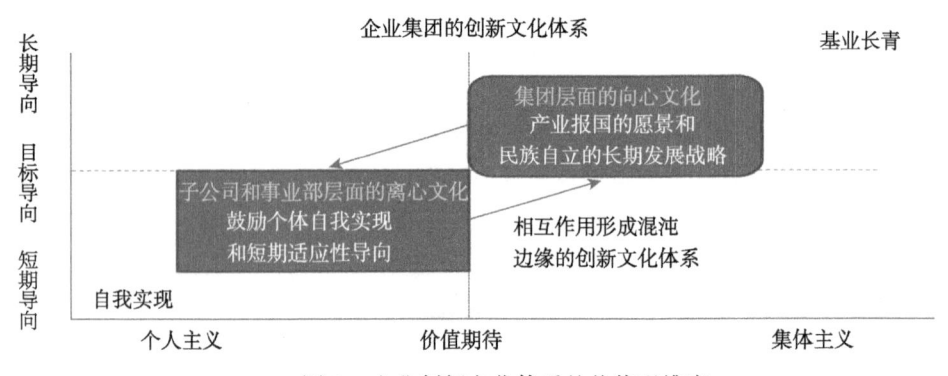

图 3　企业创新文化体系的价值观维度

企业集团的创新文化体系
- 相互作用形成混沌边缘的创新文化体系

特殊的

子公司和事业部层面的离心文化
通过决策权力分散化和特殊适应性行为来激发部门与员工的创新创业激情

规范的普世性

集团层面的向心文化
以基本的普遍规范形成组织整合和整体协调的行为模式

普遍的

权力分散　　　　　　　　权力距离　　　　　　　　权力集中

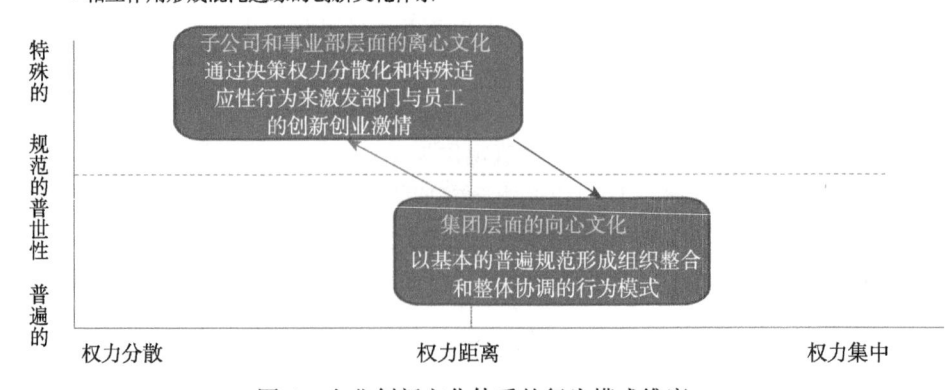

图 4　企业创新文化体系的行为模式维度

4. 案例：海尔创新文化的建设过程

海尔的文化场是由以向心文化的协调一致为主，部分兼容了离心文化的变异性的创新文化构造的。海尔文化创新在企业技术创新管理中的作用体现在：①通过文化氛围的营造，培养员工个人的创新素质；②在此基础上，通过整合企业员工的创新能力，并且在企业内各创新要素的协同作用下，形成创新文化场，从整体上提高企业的创新绩效。

观察海尔的创新体系，我们发现海尔企业文化作用于企业各创新要素（战略创新、组织创新、制度创新、管理创新、市场创新、技术创新），并形成创新动力、创新激励和创新能力的方式与"场"效应极为类似（许庆瑞等，2005）。一直以来，企业文化管理都被认为是一种软性管理手段，但如果把海尔文化的作用方式与场效应相结合，我们会发现海尔的创新管理就是通过"文化场"的效应获取成功的。该"文化场"作用于各创新要素的"创新力"源自"全员创新"，并通过不断调整的组织过程将各要素调整到了创新状态。基于上述对文化场概念和海尔全面创新要素在"全员创新"氛围中形成过程的分析，许庆瑞等（2005）给出了文化场形成过程模型（图5）及其作用原理。

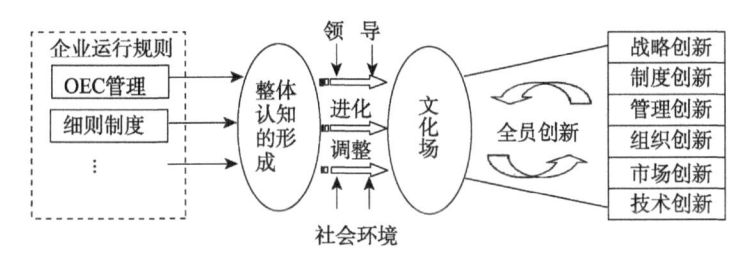

图 5 海尔的文化场

海尔的变革首先是基于对全球市场需求的变化，即从大众标准化需求到个性化需求的变化，这一变化导致用户对大规模标准化生产的旧工业范式的不满，在中国，这一需求变化同时伴随着中国在20世纪90年代以后改革开放的深化和市场经济的确立，这一系列的变化也就伴随着中国社会的思想解放，对传统计划经济的批判，提倡发挥个人的主动性和创造性。

社会价值观的变化伴随着20世纪90年代中后期的信息技术革命在中国的扩散，导致海尔的企业价值体系发生变化，从追求产品价值的创造转变到追求用户价值和员工价值的创造，海尔开始从单纯的制造型企业向制造和服务融合型企业的战略转变。

为了实现这一战略转变，海尔从20世纪90年代后期开始连续创新模式，进行组织模式的变革，从等级制的组织模式、封闭独立的创新模式和强调员工忠诚为特征的工业经济范式转变为水平化的平台和小微组织模式、开放的创新模式和鼓励员工流动与创业为特征的网络经济范式。在海尔的战略变革、企业价值体系和创新模式的变革过程中，文化变革和社会价值观的变化起到了重要的催化作用。

参 考 文 献

布朗，艾森哈特. 2000. 边缘竞争[M]. 吴溪，译. 北京：机械工业出版社.

大内. 1981. Z 理论：美国企业界怎样迎接日本的挑战[M]. 孙耀君，王祖融，译. 北京：中国社会科学出版社.

金吾伦. 2004. 科技文化与制度创新[J]. 科学中国人，(2): 32-34.

科特，赫斯克特. 1997. 企业文化和经营业绩[M]. 曾中，李晓涛，译. 北京：华夏出版社.

黎群，李卫东. 2013. 中央企业企业文化建设报告 2012[M]. 北京：中国经济出版社.

孟建伟. 2005. 创新文化与科学精神[J]. 创新科技，(5): 16-17.

水常青，许庆瑞. 2005. 企业创新文化理论研究述评[J]. 科学学与科学技术管理，26(3): 138-142.

许庆瑞，贾福辉，谢章澍，等. 2004. 创新型文化的构建要素研究[J]. 科学学研究，22(4): 426-431.

许庆瑞，朱凌，王方瑞. 2005. 海尔的创新型"文化场"：全面创新管理研究系列文章[J]. 科研管理，26(2): 17-22.

朱凌. 2008. 创新型企业文化的结构与重建[M]. 杭州：浙江大学出版社.

Hall E T. 1977. Beyond Culture[M]. New York: Anchor Books: 39, 127, 148, 154, 159.

Hofstede G. 1991. Cultures and Organizations: Software of the Mind [M]. Cambridge: McGraw-Hill.

Hofstede G. 2001. Culture's Consequences: Comparing Values, Behaviors, Institutions, and Organizations Across Nations [M]. 2nd ed.Thousand Oaks: SAGE Publications: 500-502.

Kluckhohn C. 1951. The study of culture [M]//Lerner D, Lasswell H D. The Policy Sciences. California: Stanford University Press.

Kluckhohn F R, Strodtbeck F. 1961. Variations in Value Orientations[M]. Evanston: Row, Peterson.

Robinson T T, Cousins J B. 2004. Internal participatory evaluation as an organizational learning system: a longitudinal case study[J]. Studies in Educational Evaluation, 30(1): 1-22.

Schein E H. 1996. Culture: the missing concept in organization studies[J]. Administrative Science Quarterly, 41(2): 229.

Trompenaars F, Hampden-Turner C. 1998. Riding the Waves of Culture: Understanding Diversity in Global Business [M]. 2nd ed. New York: McGraw-Hill.